Introduzione

L' intento di questo libro è fornire una guida ai diversi elementi che compongono la struttura della società italiana. Esperti di molti settori hanno contribuito con articoli brevi, altamente leggibili a illuminare i diversi aspetti della vita di uno dei grandi paesi del mondo.

Quello che emerge non è una fotografia ma un quadro collettivo, non un'arida compilazione ma un ampio e variegato commento alle istituzioni, alla cultura, all'economia, alla politica della società italiana. Ogni autore è stato invitato a essere il più possibile informativo e scientifico ma, nello stesso tempo, è stato incoraggiato a non trattenersi dall'esprimere le sue opinioni. Naturalmente, in un'opera così vasta, non era possibile, e nemmeno desiderabile, raggiungere un'omogeneità di prospettiva. Il lettore attento scoprirà da sé qualche interessante contrapposizione che – mi auguro – servirà, insieme con le brevi bibliografie suggerite, da stimolo per ulteriori letture e riflessioni. Ho anche incluso un numero limitato di testimonianze relative a esperienze di individui a confronto con la famiglia, il lavoro, la politica, la mafia, per ravvivare la massa di articoli, statistiche e cronologie che costituiscono la parte principale del volume. Il libro comincia con le parole di un inglese e finisce con una visione dell'Italia come la percepisce una tedesca che l'ha scelta come il proprio paese. È un piccolo contributo .... stima che tanti cittadini del .... per l'Italia.

I contesti

Le regioni italiane

Paul Ginsborg

La società

Economia e lavoro

Lavoro, impresa
a cura di
Carlo Trigilia

L'Italia pubblica

La cultura

L'Italia nel mondo

Autori

Allasino, Enrico	ricercatore all'Ires Piemonte
Anselmi, Sergio	storico, Università di Ancona
Armani, Giuseppe	magistrato
Ascoli, Ugo	sociologo, Università di Ancona
Bagnasco, Arnaldo	sociologo, Università di Torino
Balistreri, Giuseppe	studioso della Sicilia, filosofo politico
Balloni, Valeriano	economista, Università di Urbino
Barbagli, Marzio	sociologo, Università di Bologna
Barile, Giuseppe	pubblicista
Barravecchia, Giuseppe	ricercatore all'ISPI
Battini, Stefano	studioso di diritto amministrativo
Belloni, Maria Carmen	sociologa, Università di Torino
Berlinguer, Giovanni	professore di igiene del lavoro, Università La Sapienza di Roma
Bevilacqua, Piero	storico, Università La Sapienza di Roma
Blangiardo, Gian Carlo	statistico, Università di Milano
Bobbio, Luigi	studioso delle politiche pubbliche
Boccella, Nicola	economista, Università La Sapienza di Roma
Bosco, Nicoletta	studiosa di scienze sociali
Bruzzone, Emanuele	sociologo, Università di Torino
Cassese, Sabino	studioso di diritto amministrativo
Cesareo, Giovanni	studioso delle comunicazioni di massa
Clemente, Pietro	antropologo, Università di Roma
Collotti, Enzo	storico, Università di Firenze
Colombo, Alessandro	ricercatore all'ISPI
Colombo, Andrea	giornalista
Comminato, Monica	ricercatrice all'Istituto POSTER di Vicenza
Contini, Giovanni	storico, Sovrintendenza archivistica per la Toscana
Coppola, Gauro	storico, Università di Trento
Cordaro, Lisa	ricercatrice all'Istituto POSTER di Vicenza
Covino, Renato	storico, Università di Perugia
Cuaz, Marco	storico all'Istituto per la storia della resistenza della Valle d'Aosta
D'Auria, Gaetano	magistrato della Corte dei Conti
David, Patrizia	sociologa, Università di Ancona
Davico, Luca	studioso di scienze sociali
De Bernardi, Alberto	storico, Università di Bologna
De Luna, Giovanni	storico, Università di Torino
De Mauro, Tullio	linguista, Università La Sapienza di Roma
Dei, Marcello	sociologo, Università di Urbino
Della Cananea, Giacinto	studioso di diritto amministrativo, Università La Sapienza di Roma
Della Peruta, Franco	storico, Università di Milano
Detti, Tommaso	storico, Università di Siena
Di Maio, Amedeo	economista, Università di Lecce
Diamanti, Ilvo	storico, Università di Padova

Dogliani, Mario	giurista, Università di Torino
Dominijanni, Ida	giornalista e saggista
Emiliani, Andrea	soprintendente ai beni artistici e ambientali della Regione Emilia Romagna
Ercole, Enrico	ricercatore all'Università di Torino
Fanfani, Roberto	
Fiumanò, Marisa	psicoanalista, saggista e giornalista
Flores, Marcello	storico, Università di Trieste
Fofi, Goffredo	critico cinematografico, saggista e giornalista
Franchini, Claudio	studioso di diritto amministrativo, Università di Urbino
Franzina, Emilio	storico, Università di Verona
Fugazza, Maria Chiara	storica
Galasso, Giuseppe	storico, Università di Napoli
Gambetta, Diego	sociologo, Università di Oxford
Gasperoni, Giancarlo	sociologo, Istituto Cattaneo, Bologna
Geddes, Marco	epidemiologo, Istituto nazionale dei tumori di Genova
Ghellini, Giulio	statistico, Università di Siena
Gibelli, Antonio	storico, Università di Genova
Ginsborg, Paul	storico, Università di Firenze
Giovannini, Paolo	sociologo, Università di Firenze
Graziani, Augusto	economista, Università La Sapiena di Roma
Guerrieri, Paolo	economista, Università di Napoli
Gurreri, Fabrizia	insegnante di storia e filosofia
Gundle, Stephen	storico, Università di Londra
Jocteau, Gian Carlo	storico, Università di Torino
Magnaghi, Alberto	professore di urbanistica, Università di Firenze
Martelli, Sebastiano	storico, Università di Salerno
Mazzonis, Filippo	storico, Università di Chieti
Mela, Alfredo	sociologo, Politecnico di Torino
Meo, Antonella	studiosa di scienze sociali
Moscati, Roberto	sociologo, Università di Milano
Nassi, Giovanni	presidente progetto Bicocca centro tecnologico
Nava, Paola	storica
Negri, Antonello	storico dell'arte, Università di Milano
Negri, Nicola	sociologo, Università di Torino
Neppi Modona, Guido	giurista, Università di Torino
Ortu, Gian Giacomo	storico, Istituto per la storia della Resistenza della Sardegna
Paba, Giancarlo	professore di urbanistica, Università di Firenze
Paloscia, Raffaele	professore di urbanistica, Università di · Firenze

Pardi, Francesco	geografo, Università di Firenze
Pasquino, Gianfranco	politologo, Università di Bologna
Pepino, Livio,	giudice, Tribunale per i minori di Torino
Perulli, Angela,	sociologa, Università di Firenze
Petrillo, Gianfranco,	storico, ISRMO Sesto San Giovanni
Piazza, Marina,	sociologa, Università di Milano
Pitch, Tamar,	sociologa, Università di Camerino
Pitruzzella, Giovanni,	giurista, Università di Palermo
Pivato, Stefano,	storico, Università di Urbino
Pugliese, Enrico,	sociologo, Università di Napoli
Quadri, Franco,	critico teatrale
Ramella, Francesco	sociologo, Università di Urbino
Rattalino, Piero,	musicologo, Conservatorio di Milano
Regonini, Gloria,	politologa, Università di Milano
Revelli, Marco,	politologo, Università di Torino
Riccardi, Andrea,	storico, Università La Sapienza di Roma
Rochat, Giorgio,	storico, Università di Torino
Rosci, Elena,	psicologa, Università di Milano
Rossi Doria, Anna,	storica, Università della Calabria
Salvemini, Biagio,	storico, Università di Bari
Santarelli, Enrico,	economista, Università di Urbino
Santoro, Carlo Maria,	politologo internazionalista, Università di Milano
Saraceno, Chiara,	sociologa, Università di Torino
Saragosa, Claudio,	architetto e ambientalista
Schizzerotto, Antonio,	sociologo, Università di Trento
Sciarrone, Rocco,	studioso di scienze sociali
Sforzi, Fabio	geografo economico, IRPET, Firenze
Siebert, Renate	sociologa, Università della Calabria
Sinisi, Agnese	studiosa di storia economica
Simonazzi, Anna Maria	economista, Università La Sapienza di Roma
Spinazzola, Vittorio	storico della letteratura, Università di Milano
Stajano, Corrado	giornalista
Tatafiore, Roberta,	giornalista e saggista
Tranfaglia, Nicola,	storico, Università di Torino
Traversa, Giuseppe,	epidemiologo, Istituto superiore di sanità
Trigilia, Carlo,	sociologo economico, Università
Valentini, Chiara,	giornalista
Vesperini, Giulio,	studioso di diritto amministrativo, Università di Napoli
Vicarelli, Giovanna,	sociologa, Università di Ancona
Violante, Luciano,	giurista, presidente della Commissione parlamentare antimafia della XI legislatura
Wolf, Mauro,	sociologo, DAMS, Bologna
Wolter, Christine,	scrittrice
Zagrebelsky, Gustavo,	giurista, Università di Torino

Stato dell'Italia

Coordinamento editoriale	**Luisa Finocchi**
Redazione	**Giuseppe Barile**
Realizzazione	**Marco Musazzi**
Progetto grafico	**Franco Malaguti**
Impaginazione	**Maria Rosa Torri**
Cartografia	**Isabella Cavasino**
Revisione	**Nadia Campi, Cecilia Ferronato, Fiammetta Giorgi, Emanuela Muratori, Luciana Saetti, Gaetano Salinas, Alessandra Tommasi**
Fotocomposizione	**Compos 90 - Milano**

I contesti

Città, territorio, ambiente

Le nuove forme di insediamento urbano

Dal Bel Paese alla «città diffusa»

Giancarlo Paba,
Raffaele Paloscia

99 L'immagine prevalente dell'Italia, il cliché storico geografico più narrato e condiviso, è quello di una terra di città antiche e compatte, giudiziosamente distanziate in un territorio agricolo progettato come «bel paesaggio» e punteggiato da misurati episodi di insediamento rurale e abitativo.

Territorio in frantumi

Dalle viles delle valli ladine al sistema di piccole città del Salento, la progressiva costruzione dello spazio da parte degli abitanti, ha creato un'orditura urbana articolata e multipolare in un ordinamento territoriale equilibrato e armonico.

Così siamo abituati a pensare l'Italia: un insieme di *paesaggi differenti*, come catalogo di opere d'arte ambientale, prima che come macchine utili di produzione e di sopravvivenza. È un'immagine che resiste ancora alla verifica della realtà, malgrado i cambiamenti in corso, ma proprio questi cambiamenti avvolgono la struttura antica dell'Italia in un involucro nuovo e più complesso, meno artistico, se è possibile dire così, più difficile da comprendere e governare.

Essa appare allora come frantumata in un palinsesto di paesaggi vecchi e nuovi, schiacciati gli uni sugli altri, spesso reciprocamente contrapposti e ostili.

Così diventa necessario pensare l'Italia di oggi: un insieme di *paesaggi dissonanti*, derivanti dal tentativo di affiancare agli insediamenti tradizionali una macchina territoriale capace di garantire produzione e lavoro.

Sono appunto questi *nuovi paesaggi* in formazione quelli più importanti per un racconto realistico della figura fisica e umana dell'Italia di oggi, e di questi nuovi paesaggi, più degli altri, si tenta qui una ricognizione critica e interpretativa.

Un sistema di quasi-metropoli

I nuovi paesaggi urbani si affermano sullo sfondo delle grandi trasformazioni del dopoguerra, che è necessario riassumere in breve, prima di analizzare gli ultimi sviluppi.

Le distruzioni belliche e la ricostruzione, la crisi dell'*agricoltura* e la fuga dalle campagne, il «miracolo» economico, il processo di industrializzazione e di urbanizzazione avevano, già negli anni sessanta, modificato profondamente il volto della città e dei territori.

In particolare, si era rafforzato e consolidato un sistema nuovo e superiore di grandi centralità metropolitane:

Densità della popolazione

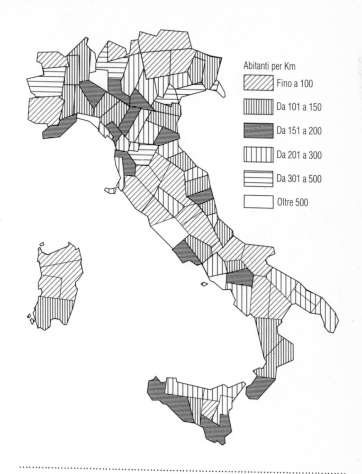

Abitanti per Km

Fino a 100

Da 101 a 150

Da 151 a 200

Da 201 a 300

Da 301 a 500

Oltre 500

la gerarchia urbana si era accentuata vigorosamente, e al suo vertice erano collocate le agglomerazioni urbano-industriali del centro-nord (Milano, Torino, Genova, Bologna, Firenze) e le città amministrative e terziarie del centro-sud, capitali di una dilatazione senza sviluppo (Roma, Napoli, Bari, Catania, Palermo, Cagliari).
Nel resto del Mezzogiorno, impoverito da migrazioni giganteschè, Taranto e Brindisi, Ottana e Porto Torres, Gela e Milazzo diventavano i poli

di una speranza e di un riscatto importati dall'esterno: piattaforme di industria pesante e assistita, che sopravvivono oggi come relitti, abbandonati in un paesaggio che ha dimenticato nel frattempo l'equilibrio, le culture materiali, le identità locali, certo povere e di sussistenza, dell'antica tradizione insediativa e civile.

Questo profondo dualismo territoriale era fittiziamente risarcito dai grandi collegamenti autostradali, che hanno ridotto le distanze e unificato il paese, per lo meno i suoi mercati, solcando con rigidi segni geometrici la ruvidità topografica e sociale di un territorio per il resto polifonico e diviso.

In realtà l'Italia non è mai diventata compiutamente un paese di metropoli. L'espansione rapinosa e veloce degli agglomerati principali ha infatti prodotto non *grandi* città, ma città *obese*: un sistema di *quasi-metropoli* incomplete e inefficienti, cresciute attorno a un'ossatura straordinariamente gracile di trasporti e di comunicazioni.

La grandezza delle città italiane è puramente fisica e materiale: di periferie e di prolungamenti edificati di periferie. La periferia è oggi la parte più grande delle città italiane: il 94,2% dei romani vive in case costruite negli ultimi settant'anni, il 78,7% in case costruite nell'ultimo dopoguerra. L'ingombro di territorio derivante dalla crescita urbana di questo secolo *riempie* lo spazio in modo ormai determinante, anche se manteniamo per pigrizia la tendenza a porre questo ingombro come sfondo invisibile dell'immagine canonica della città e del paesaggio italiano.

La città diffusa

Negli anni settanta e ottanta il quadro territoriale rapidamente costrui-

to nel primo dopoguerra entra in una crisi irreversibile. La crescita delle metropoli si arresta: nuovi modi di produzione si affermano, decentrati e dispersi. Deconcentrazione, dimagrimento demografico e disseminazione insediativa sbriciolano nello spazio regionale le precarie agglomerazioni degli anni precedenti.

Dal 1981 al 1991 la popolazione diminuisce con percentuali superiori al 10% a Milano, Napoli, Torino, Catania, Cagliari, Bologna, Firenze, Genova, e questa tendenza si estende a tutte le città medio-grandi, in particolare nel nord e nel centro.

In questo quadro, il paesaggio urbano che avanza con maggiore prepotenza, e sembra quasi un fiume inarrestabile, è il paesaggio reticolare e distribuito della città diffusa: un'organizzazione insediativa peculiare, insieme rurale e urbana, per la definizione della quale è necessario inventare nuove classificazioni: habitat a bassa densità, urbanoidi, città al plurale, campagna urbanizzata, città orizzontale, aree-sistema della piccola industria, e così via.

In forme differenti, la città diffusa copre l'intero territorio. Il catalogo è questo, incompleto e provvisorio: innanzi tutto gli stessi grandi retri metropolitani, per esempio attorno a Milano e Roma, che diventano costellazioni urbanistiche formalmente indipendenti, ricche di reddito e di attività e povere di senso della città; la Brianza e le altre aree lombarde di opificio diffuso; le città venete di terraferma agganciate in un unico sistema di urbanizzazione dispersa; i distretti territoriali integrati della piccola industria dell'Emilia e della Toscana; la piana intensamente urbanizzata tra Firenze, Prato e Pistoia; l'agglomerazione lineare dell'alto Tirreno da La Spezia a Livorno, groviglio di manifatture, turismo, attività estrattive, economie di montagna, centri universitari, terminali industriali-portuali; il continuo urbanizzato di molti segmenti della costa adriatica, con le vallate di piccola industria che penetrano verso l'interno; il reticolo industriale diffuso del basso Lazio; i bacini interni dell'area metropolitana di Napoli; il sistema urbano-industriale a nord di Bari, le periferie sud di Catania e nord di Cagliari, paesaggi limite dell'edilizia pubblica e abusiva, e così via.

Una nuova grammatica urbanistica

Le diverse incarnazioni della città diffusa hanno personalità e metabolismo differenti, ma anche alcuni caratteri comuni: elevato consumo di suolo; edificazione massiccia dei territori di pianura (e dissesti idrogeologici); mobilità esasperata e multidirezionale degli uomini e delle merci, generalmente su mezzi privati, da un punto all'altro della rete insediativa; estensione dell'aggressione ambientale e della cattura di risorse; diffusione degli scarichi e dei rifiuti; omologazione e spersonalizzazione degli abitati; accerchiamento e marginalizzazione degli insediamenti e dei paesaggi originari. Si affermano nuovi modi di costruire, una nuova grammatica edilizia e urbanistica: le strade-mercato, successioni lineari di laboratori e di edifici-mostra; i paesaggi reticolari della piccola impresa, disseminati di case-laboratorio e di luoghi misti di abitazione, manifattura, stoccaggio, vendita e trasferimento; le grandi isole terziarie-direzionali; le cattedrali della distribuzione e del consumo. E infine i nuovi monumenti suburbani: centri commerciali integrati, complessi fieristici e congressuali, grandi stadi, macchine per il tempo libero e lo spettacolo; piattaforme «dedicate»,

poste nei brandelli liberi della città diffusa, abbracciate a uno svincolo, una strada di scorrimento, una tangenziale.

Il paesaggio urbanizzato scorre da un sistema all'altro senza discontinuità, vertebrato dalla diffusione complementare di ogni sorta di non-luoghi: canali di trasporto, reti di comunicazione, luoghi di interscambio, interporti. È diventato anch'esso un luogo letterario. «Dove finisce una città» scrive Gianni Celati «non è più un limite territoriale, ma un cambiamento nei movimenti di guida, in attesa di essere consegnati alle nostre destinazioni.»

Il paesaggio delle aree dismesse

Qual è il destino delle vecchie periferie in questo processo di diffusione insediativa? Nei territori abbandonati della periferia industriale delle città medio grandi si sta formando una nuova mappa di luoghi urbani: il paesaggio delle aree dismesse.
Una toponomastica bizzarra (in parte già realizzata, in parte ancora sulla carta) si sta affermando: nomi antichi di fabbriche che diventano nomi di luogo, accanto a nomi misteriosi, anglicismi, acronimi, neologismi: Portello-Fiera, Montecity, Garibaldi-Repubblica e Bicocca-Pirelli a Milano; San Benigno e Corte Lambruschini a Genova; Lingotto a Torino; Fiera District, polo tecnologico Navile e Lazzaretto a Bologna; Fiat-Novoli e Fondiaria-Castello a Firenze; SDO – Sistema Direzionale Orientale – a Roma: centro direzionale di Poggioreale a Napoli; Baricentro, Executive Center, Tecnopolis a Bari, e così via.
Questa nuova topografia modifica in realtà la figura di tutte le città medio-grandi: un panorama nascente di pic-

cole cittadelle periferiche, turrite e colorate, verso le quali convergono, nelle occasioni obbligate di consumo o di utilizzo, le popolazioni sparpagliate della città diffusa.

La nuova figura dei centri storici

Anche il paesaggio tradizionale delle città storiche è cambiato profondamente, secondo direzioni diverse, a seconda che si tratti di grandi o piccole città.

I *centri storici delle città più importanti* (Roma, Firenze, Bologna, Venezia, Milano, Torino) si svuotano progressivamente della residenza e delle attività tradizionali, e si riorganizzano sulla base di una nuova geografia interna: il *core* turistico-museale-alberghiero; il microsistema delle strade commerciali centrali, eventualmente articolato per differenze di qualità e di decoro; i settori più fascinosi della città antica «gentrificati» e ripuliti; le zone popolari residue sempre più assottigliate e assediate, quasi zone di resistenza e di testimonianza sociale; le aree interne più degradate e fatiscenti ripopolate da un'umanità marginale e «straniera»; il reticolo notturno dei luoghi di divertimento e di incontro, intrecciato agli altri sistemi, però differenziato per fascia oraria di utilizzo; i luoghi di transito e di circolazione attorno alle inserzioni centrali del sistema di trasporto (stazioni, snodi di scambio). La perdita di qualità dell'abitare dei grandi centri storici deriva da questo sconvolgimento in profondità del metabolismo dei cuori antichi delle città italiane che diventano macchine di usi e di consumi specializzati.

Le *città storiche minori* si costruiscono a poco a poco un destino differente, generalmente più virtuoso e promettente. Hanno subìto anch'esse molte aggressioni nell'età della crescita illimitata e ne portano i segni: qualche ferita nelle aree antiche, l'aggiunta esterna di periferie disordinate, l'urbanizzazione della campagna circostante.

Oggi queste città riscoprono il significato complesso, simbolico, economico e urbanistico, dell'organismo insediativo ereditato dal passato; scoprono il valore, mercantile e sostanziale, della stratificazione dei materiali edilizi, dell'intreccio di attività e di forme dell'abitare.

Questa qualità antica delle aree storiche appare oggi spendibile nel mercato delle città, in quel marketing urbano di nuova formazione, nel quale le città competono con tutte le forze per attirare capitali, investimenti, eventi, abitatori, turisti, consumatori. In questa competizione i vecchi centri storici puntano proprio sul valore differenziale della città come opera d'arte integrale, e questo avviene ormai dappertutto, da Mantova a Siracusa, da Perugia a Lecce, da Lucca ad Ascoli, da Udine a L'Aquila.

Un mosaico di popolazioni

Le forme più complicate e frastagliate dei nuovi paesaggi urbani sono anche il teatro di nuovi comportamenti sociali. Non è possibile fornirne una descrizione sintetica, o tipica; e anzi alla frammentazione delle forme dell'abitare corrisponde una differenziazione profonda dei comportamenti collettivi e degli stili di vita.

Le città italiane, come molte città del mondo occidentale, non hanno più una popolazione, ma sono oramai *un mosaico di popolazioni diverse*, accostate le une alle altre. Sono un ordito di minoranze e di gruppi sociali, ciascuno dei quali ha una propria idea del vivere in città e un proprio sche-

La rete delle piccole città

Volterra, Orvieto, San Gimignano, Cortona, Urbino, Assisi, Spoleto, Pienza sono alcune delle tante piccole città dell'Italia centrale, luoghi di grande bellezza, ricchi di valori storici, culturali e artistici, immersi in un paesaggio armonioso, espressione di un secolare equilibrio nel rapporto tra uomo e natura. Ai margini dello sviluppo industriale e dei flussi del grande capitale immobiliare nei decenni passati, esse hanno vissuto di agricoltura, artigianato e turismo culturale conservando una forte identità locale e, grazie a essa, resistendo all'omologante egemonia culturale della metropoli.

Oggi le piccole città si trovano al bivio tra subordinazione e definizione di un modello alternativo. I caratteri della società post-moderna, in primo luogo l'illimitato fluire delle informazioni che le tecnologie avanzate consentono, tendono a rompere antichi isolamenti favorendo il divulgarsi e l'affermarsi anche dei valori e degli stili di vita di cui esse sono portatrici. Al tempo stesso nuovi rischi si profilano per il rafforzarsi della metropoli come polo accentratore di attività di comando soprattutto finanziarie, di nuove professioni e servizi rari e ricercati, che tendono a farla apparire tuttora come insostituibile luogo d'incontro e di scambio.

In questo contesto circa sessanta centri urbani della Toscana, dell'Umbria, delle Marche — tra cui quelli citati — si sono riuniti in un'associazione, la Rete delle piccole città dell'Italia centrale. Il suo carattere riecheggia quel sistema di relazioni urbane, già attivo nel Medioevo dei comuni, che è stato determinante per il prosperare dei singoli centri e per l'elevata qualità del tessuto urbano che ne è derivata.

Lo scopo è quello di opporsi al dilagare del modello metropolitano proponendo un'alternativa che corre su un doppio binario: la salvaguardia delle singole identità urbane garanzia di uno stile di vita in cui vecchie e nuove solidarietà possono svilupparsi; la creazione di una rete di rapporti e di scambi tra realtà diverse, ma omogenee per valori di riferimento, che, superando i limiti dimensionali, consenta di far proprie ricchezza e vivacità della metropoli, senza soffrirne gli innumerevoli disagi.

Le prime iniziative sono partite: la pubblicazione di una rivista «Eupolis» che affronta dal punto di vista teorico le tematiche del vivere in una piccola città; la produzione di spettacoli teatrali itineranti nei diversi centri; la fondazione di una «Università del territorio», inaugurata con un corso per agenti dello sviluppo, nuova figura professionale specializzata nella gestione del territorio di una piccola città; la messa a punto di progetti per la gestione in comune delle risorse naturali, a cominciare da quelle idriche particolarmente scarse; la valorizzazione dell'artigianato e delle economie locali mediante la creazione di circuiti di produzione, distribuzione e consumo di prodotti tipici.

Un'alternativa al modello metropolitano sembra delineata e il successo dell'iniziativa è testimoniato dalle sempre più numerose piccole città che vi aderiscono o promuovono associazioni simili in regioni diverse del paese.

Giancarlo Paba, Raffaele Paloscia

ma di utilizzo della rete insediativa. La città italiana non è più un *grembo* (così Walter Benjamin definiva San Gimignano) caldo e organico, entro il quale si strutturano comportamenti sociali omogenei. Soffre anch'essa di una crisi di cittadinanza, intesa come forma naturale di appartenenza degli abitanti alla polis.

Per questo più di prima le città italiane sono luoghi di conflitto, di affermazione e di reciproca negazione dei suoi gruppi di abitanti: quindi anche luoghi di conflitto sociale, qualche volta di crudeltà e di aggressività diffusa. Ma forse non è questa la sola direzione di cambiamento.

Disembedded, per usare una formulazione di Anthony Giddens, strappati ai vincoli socio-spaziali della comunità originaria, le molte cittadinanze della città diffusa riscoprono tuttavia una sorta di affetto di secondo grado nei confronti dei propri luoghi di lavoro e di vita.

La riaffermazione prepotente del localismo, la riscoperta della memoria e della tradizione, l'impegno verso il miglioramento urbanistico del proprio ambito territoriale di esistenza, la messa in cantiere di forme attive di ripulitura e risanamento ambientale, l'accanimento restaurativo soprattutto nei centri urbani più piccoli e più nobili, la ricerca di nuove appartenenze e di nuove identità: questi processi di re-interpretazione, individuale e collettiva, del proprio spazio di vita si diffondono.

Un panorama socio-urbanistico molto vario prende forma: comitati di strada e di quartiere, comunità di valle o di montagna, reti urbane di nuova socialità, organismi di lotta contro una fabbrica o un disastro ambientale che si scoprono protagonisti di un progetto alternativo, azioni di cooperazione e di scambio fuori mercato, strutture di aggregazione e di aiuto reciproco, e così via. Nell'intreccio di paesaggi antichi e nuovi che abbiamo raccontato, tra un inferno urbanistico e un paradiso agro-turistico, è anche un paesaggio di luoghi parzialmente liberati, più amichevoli e solidali, che si fa strada con molta fatica.

─────── **BIBLIOGRAFIA** ───────

V. De Lucia, *Se questa è una città*, Editori Riuniti, Roma 1992.

F. Indovina (a c. di), *La città di fine millennio*, Angeli, Milano 1990.

A. Magnaghi, R. Paloscia (a c. di), *Per una trasformazione ecologica degli insediamenti*, Angeli, Milano 1992.

E. Salzano (a c. di), *La città sostenibile*, Edizioni delle autonomie, Roma 1992.

Touring Club Italiano, *L'Italia fisica* (1957); *La flora* (1958); *Il paesaggio* (1963) della serie «Conosci l'Italia». *I paesaggi umani* (1977), *Campagna e industria, i segni del lavoro* (1981) della serie «Capire l'Italia», TCI, Milano.

Chilometri di strade e autostrade
(valori assoluti per gli anni 1970 e 1990 e variazione percentuale)

Area	Anno	Autostrade e strade statali	Strade provinciali, comunali ed extraurbane	Totale
	1970	17 044	115 446	132 490
Italia settentrionale	1990	18 799	118 105	136 904
	var. 70/90	9,3%	2,3%	3,2%
	1970	6 445	32 622	39 067
Italia centrale	1990	6 860	34 514	41 374
	var. 70/90	6,0%	5,5%	5,6%
	1970	2 650	15 259	17 909
Lazio	1990	3 054	16 224	19 278
	var. 70/90	13,2%	5,9%	7,1%
	1970	20 529	75 323	95 852
Italia meridionale	1990	22 607	84 127	106 734
	var. 70/90	9,2%	10,5%	10,2%
	1970	46 668	238 650	285 318
Italia	1990	51 320	252 970	304 290
	var. 70/90	9,1%	5,7%	6,2%

Fonte: ISTAT

Traffico merci
Evoluzione della domanda soddisfatta dai diversi modi di trasporto

Numero indice 1970 = 100	Ferrovie dello Stato	Navigazione			Autra-sporto >50 km	Oleodotti >50 km	Totale
		interna	marittima di cabotaggio	area interna			
1970	100	100	100	100	100	100	100
1975	83	63	102	127	127	127	112
1980	101	58	119	173	191	129	148
1985	100	57	115	209	215	99	155
1986	96	46	125	236	227	105	163
1987	103	59	134	255	235	108	170
1988	108	39	134	264	240	102	173
1989	113	37	129	300	251	111	178
1990	116	33	131	318	257	111	182

Fonte: Ministero dei Trasporti - Conto nazionale dei trasporti, 1991
(tratto da: Ministero dell'Ambiente - Relazione sullo stato dell'Ambiente, 1992)

Tra lunga durata e rotture, il mosaico dei paesaggi storici

Francesco Pardi

99 L'ambiente naturale italiano è senza dubbio uno dei più trasformati dall'uomo. Nel passato preindustriale le colture agrarie, la pastorizia e l'uso dei boschi erano i fattori essenziali dell'azione umana sull'ambiente, intrecciati secondo densità, gerarchie e distribuzioni spaziali assai varie.

Così tradizioni etniche, generi di vita, mercati e assetti politici diversi hanno costruito un mosaico multiforme di quadri ambientali, adattati e rinnovati nella lunga durata. Ma la grande varietà dei paesaggi storici italiani ha subito con l'industrializzazione trasformazioni impetuose, divenute pervasive e rapidissime nell'ultimo mezzo secolo.

I caratteri originali del paesaggio italiano appaiono quindi oggi come un antico manoscritto, già più volte interpolato, sulle cui righe sia stato vergato in una lingua diversa un nuovo testo. Molte delle forme che continuiamo a vedere, interrotte qua e là dalle innovazioni, sono state prodotte da cause che non sono più all'opera, mentre a esse sono giustapposte altre forme costruite da cause recenti e attive.

Strutture dell'agricoltura
Numero e dimensione media delle aziende. Evoluzione 1961-1990

Anno di censimento	N. Aziende milioni	Superficie aziendale		Superficie agricola utilizzata		Superficie
		Totale milioni	Media per azienda	Totale milioni	Media per azienda	%
1961	4,29	26,57	6,2	–	–	–
1970	3,61	25,06	6,9	17,49	4,8	69,8
1982	3,27	23,63	7,2	15,82	4,8	67,0
1990	2,94	22,65	7,7	15,04	5,0	66,4

Fonte: ISTAT Compartimenti principali dell'agricoltura

Il mondo alpino rivive per lo sci

Nella grande varietà del mondo alpino (si pensi soltanto alla complessa ramificazione delle sue valli e alla diversità delle loro esposizioni) è ancora osservabile quasi ovunque un modulo costante: la distribuzione, a diverse altezze sui versanti, di fasce destinate a coltivo, a bosco e a pascolo, accompagnata dalla tendenza degli insediamenti antichi a risparmiare spazio e a rifugiarsi sui terreni improduttivi dei versanti più soleggiati. Retaggio di un intenso popolamento e di un'economia scandita dai ritmi stagionali del pascolo bovino e ovino, questa secolare organizzazione stratificata dei diversi piani montani, dai centri di fondovalle agli insediamenti stagionali d'alta quota, e ancora su fino ai margini dei deserti rocciosi, resta oggi come mero supporto di altri usi e altre economie: le famiglie gravitano sui centri urbani mentre la montagna alta ospita installazioni e insediamenti moltiplicati dalla fortuna del turismo invernale e si rigonfia di popolazione temporanea secondo il ritmo delle precipitazioni nevose. La lentezza della mulattiera, tradizionale legame verticale del mondo alpino, è stata sostituita dalla rapidità degli impianti di risalita e delle piste da sci.

Padania: sempre più uniforme

Nel mondo padano le tracce del paesaggio storico permangono robuste nella regolare maglia agraria e nelle complementari opere di regimazione delle acque. La Padania è stata a lungo una gigantesca palestra di lavori idraulici, ma i suoi segni tipici — fiumi imbrigliati, canali pensili, arginature, colmate ed essiccazioni — dissimulati nella loro evidenza dalla fu-

ga dei piani orizzontali richiedono un occhio non disattento. La sequenza, un tempo discontinua, di città e campagna alla base dei rilievi alpini e appenninici è divenuta una fascia urbanizzata dilatata e sempre più ininterrotta. La distinzione classica tra una Padania alta, e più asciutta, sede di piccole aziende agricole a prevalente coltura promiscua analoga a quella della collina prealpina, e una Padania bassa, più umida, cerealicola e foraggera, scandita dai volumi della grande cascina, appare oggi attenuata dalla maggiore uniformità causata dalle conseguenze delle lavorazioni meccaniche: accorpamento dei lotti, maggiore uniformità delle colture e progressiva riduzione dei tradizionali filari alberati lungo i fossi di scolo. Il paesaggio della pianura è stato quindi banalizzato proprio nei caratteri che costituivano la sua cifra inconfondibile. La cancellazione della maglia fondiaria minuta e differenziata a vantaggio di quella uniforme e a grandi lotti è diffusa in gran parte delle altre pianure e non risparmia una porzione crescente delle superfici collinari.

Appennino: il ritorno del bosco

Nel mondo appenninico la tradizionale articolazione delle attività umane in fasce altimetriche sui versanti, meno estesa in altezza rispetto a quella alpina, ha lasciato una traccia meno evidente ma tuttavia riconoscibile in una prevalenza dei coltivi fino a mezza costa (ma la coltivazione dei grani minori era spinta anche a quote impossibili, come sulle Alpi) e, verso l'alto, in una maggiore diffusione dei boschi che sulle dorsali cedono di frequente il posto ai prati sommitali. Un ambiente montano modellato, nella sua porzione settentrionale, da una costante influenza delle città, e al contrario privo, nel blocco calcareo centrale, di riferimenti urbani significativi, chiuso nelle sue piccole economie di sussistenza e aperto all'esterno solo dalla pratica della transumanza verso i tavolati pugliesi. Ricco di tradizioni comunitarie, il mondo appenninico ha prodotto insediamenti accentrati, spesso fortificati, spinti in qualche caso molto al di sopra dei mille metri. Nell'Appennino la rilevanza delle stazioni turistiche è ridotta e la resistenza del paesaggio storico è contrastata o annullata soltanto sul fondo dei numerosi bacini intermontani (dalla Lunigiana al Vallo di Diano) dove si sono diffuse in disordine espansioni urbane e industriali recenti. Una conseguenza meno nota della polarizzazione umana nei fondovalle e nelle concentrazioni urbane è il ritorno del bosco, sia in Appennino che nelle Alpi, sui terreni abbandonati dalle colture. Al contrario, certe terre pressoché prive di manto forestale, come le dorsali irpine e parte di quelle lucane, testimoniano la traccia perdurante di antichissimi disboscamenti e di un secolare sfruttamento umano e pastorale.

Spariscono i terrazzamenti in collina

I paesaggi collinari dell'Italia centro-settentrionale sono, secondo una definizione molto semplificata, il regno dell'insediamento rurale sparso e della coltura promiscua, caratterizzata dall'alternanza di fasce a seminativo e filari di viti maritate all'acero, e anche integrata, più in Umbria e in Toscana, assai meno nelle Marche, a macchie sparse di bosco. La rilevanza di queste forme storiche è tale da far dimenticare che in queste stesse regioni hanno vasta estensione le zone boscate, i pascoli e i seminativi nudi. Terra di castelli feudali, di città, e di «città in miniatura», questa Italia è anche la terra della casa colonica isolata, modello insediativo imposto dalla conduzione a mezzadria, ricchissimo di variazioni locali; ma all'equilibrio celebrato dei suoi panorami ha dato un contributo decisivo, dall'arco ligure ai versanti umbri, la diffusa pratica del terrazzamento, vero modulo ordinatore della produttività delle pendici così come della loro armonia visiva. Questo paesaggio classico ha subito profonde trasformazioni e altre l'attendono. Con la progressiva sostituzione della coltura promiscua da parte della coltura specializzata, con lo smantellamento dei terrazzamenti a favore di superfici continue, più adatte all'aratura meccanica, il paesaggio storico si avvia a diventare un reperto archeologico.

Latifondi e riforme

Dalle maremme laziali alle vaste plaghe abruzzesi, dal Tavoliere pugliese alle fasce collinari di Campania, Lucania, Calabria e Sicilia, si è esteso per secoli, fino alle riforme fondiarie postbelliche, il latifondo: proprietà vastissime condotte, senza migliorie né investimenti, con il ricorso ai salariati giornalieri o a varie forme di affitto. Di queste terre «lavorative» la forma classica più diffusa era il deserto cerealicolo, ma non mancano esempi di altre forme, come la selva a olivo e a olivo e mandorlo. Accentrato l'insediamento tipico: grandi paesi rurali, che nel Tavoliere pugliese raggiungono dimensioni urbane. Ma i vuoti umani erano punteggiati dalle masserie, a volte fortificate, nuclei di pastorizia ovina. Il latifondo non esauriva il Mezzogiorno ma ne era una parte cospicua; dopo le riforme, le zone che rivelano la mano della piccola proprietà sono aumentate: accanto alla maggiore varietà delle colture cresce anche un insediamento sparso, che provoca in molti casi l'urbanizzazione informale della campagna, rafforzata nelle fasce costiere dalla spinta del turismo.

Saturazione delle coste e ritorno all'entroterra

Tutti i tipi fin qui menzionati hanno avuto, pur con tutta la loro grande varietà, un forte carattere unitario, una certa espressività culturale. Nel loro insieme le coste ne sono prive: si può parlare di paesaggio storico alpino, ma non di paesaggio storico costiero (se non per i singoli casi: il più importante è la Liguria). Le cause sono fisiche e storiche. Cause fisiche: le coste basse sono state per secoli in preda al disordine e alla malaria, quelle alte rocciose, spesso inospitali o popolate da radi villaggi di pescatori. Cause storiche: se si eccettuano gli scali portuali, i presidi militari e qualche città che riuniva in sé entrambi i requisiti, gli insediamenti italiani fuggivano le coste e si rifugiavano sulle alture. La Sardegna rappresenta il caso limite: una terra circondata dal mare con un popolamento tradizionale tutto rivolto verso l'interno. Le coste, insieme alle pianure saturate dalle espansioni urbane e industriali, sono state il teatro della trasformazione più radicale. Nell'ultimo secolo e con maggiore intensità negli ultimi decenni i centri portuali si sono dilatati in vaste zone industriali, le piane costiere impaludate, ormai bonificate, sono state messe a coltura e popolate, le cittadine del turismo marino d'anteguerra si sono ampliate in

città lineari, infine i paesi dell'interno si sono replicati sulla costa, le fasce costiere più appetibili sono state via via occupate da un'urbanizzazione crescente e in certi casi per lunghi tratti ininterrotta. La saturazione turistica delle coste è tale che in alcune regioni centrali e già in atto una sorta di migrazione verso nuovi luoghi di vacanza nelle colline dell'entroterra. Lungo certe coste del Mezzogiorno si completa invece l'accerchiamento o la definitiva sostituzione del «giardino mediterraneo», frutto dell'incontro tra il retaggio della Magna Grecia e l'influsso arabo: insediamento sparso con pergola ombrosa, orti, con pozzo o cisterna, cinti da muri a secco, agrumeti, alberi di fico, palme. In definitiva l'urbanizzazione inarrestabile delle campagne, la costipazione edilizia delle coste ci fanno apprezzare oggi ciò che fino a non molti anni fa veniva considerato niente più che un segno di degrado e miseria: i paesaggi vuoti, gli orizzonti inabitati rappresentano una preziosa riserva di spazio e di silenzio.

▮ Dinamica degli incendi per aree
Superficie totale pervasa dal fuoco (ha)

	1985	1993
Nord Ovest	17 766	18 656
Nord Est	2 228	5 767
Centro	35 123	29 300
Sud	135 523	153 301
Italia	190 640	207 024

Fonte: Elaborazione Censis su dati ISTAT e Ministero dell'Agricoltura

Strutture dell'agricoltura, evoluzione 1961-1990

Distribuzione delle aziende e delle superfici totali per aree regionali e zone altimetriche

Aree regionali/ zone altimetriche	1970		1982	
	N. Aziende milioni	Superficie milioni ha	N. Aziende milioni	Superficie milioni ha
Aree Regionali				
Nord	1,23	9,42	1,04	8,92
Centro	0,58	4,98	0,56	4,67
Sud e Isole	1,80	10,66	1,67	10,04
Zone altimetriche				
Montagna	0,87	8,64	0,74	8,14
Collina	1,75	10,73	1,62	10,09
Pianura	0,99	5,69	0,91	5,40
Italia	3,61	25,06	3,27	23,63

La questione dell'esproprio

Qual è il limite oltre il quale ciò che è considerato interesse della collettività deve prevalere su quello del singolo proprietario? Il diritto di proprietà di un terreno ingloba o meno al suo interno lo ius aedificandi, il diritto cioè di costruire su di esso?

Cinquant'anni di storia repubblicana non sono stati sufficienti in Italia — unico caso nell'Occidente avanzato — per rispondere a queste domande, per definire cioè in maniera chiara e inequivocabile il regime di proprietà dei suoli e con esso il meccanismo e, soprattutto, i costi dell'esproprio per pubblica utilità dei terreni interessati da specifiche previsioni dei piani urbanistici. Nel corso dei decenni la questione è rimbalzata tra i diversi organi dello Stato in un susseguirsi di leggi di carattere urbanistico, spesso molto avanzate — dalla legge 167 del 1962 sull'edilizia economica e popolare, alla legge Bucalossi del 1977 sulle norme per la edificabilità dei suoli, alla legge Galasso del 1985 sulla tutela delle zone d'interesse paesistico e ambientale, per citare alcuni dei casi più noti — ma nelle quali non è stato mai esplicitato, in maniera netta, il principio della separazione tra diritto di edificare e diritto di proprietà. Approvate dal parlamento, a causa di questa ambiguità tali leggi sono state costantemente messe in

Anno di censimento			
1990		variazione percentuale 1970/1990	
N. Aziende milioni	Superficie milioni ha	N. Aziende milioni	Superficie milioni ha
0,91	8,52	–35,2%	–10,6%
0,53	4,51	– 9,4%	–10,4%
1,59	9,62	–13,2%	–10,8%
0,66	7,75	–31,8%	–11,5%
1,53	9,67	–14,4%	–11,0%
0,84	5,23	–17,9%	– 8,8%
3,03	22,65	–19,1%	–10,6%

Fonte: ISTAT Censimenti generali dell'agricoltura

discussione dalla Corte costituzionale che, facendo leva sull'evidente disparità di trattamento tra proprietari di terreni, in ripetute sentenze ha affermato l'incostituzionalità degli articoli relativi all'indennità di esproprio, stabilendone l'abrogazione.

Lo scontro/incontro dei vari attori sociali — in primo luogo amministrazioni locali e proprietari, ma anche imprenditori, tecnici, cooperative edilizie, gruppi di base — coinvolti nel processo di trasformazione fisica della città e del territorio è avvenuto al di fuori della certezza di una consolidata base giuridica di riferimento.

Il governo del territorio e l'organizzazione spaziale delle città ne hanno risentito in maniera evidente. L'incertezza del diritto ha favorito, in assenza di amministrazioni forti e motivate, gli interventi speculativi dei privati sino al diffuso abusivismo che è dilagato soprattutto nelle periferie urbane e lungo le coste del Mezzogiorno, distruggendo tante aree di pregio paesistico e ambientale.

G.P., R.P.

Degrado ambientale

La via italiana all'inquinamento

Claudio Saragosa

99 La situazione del degrado ambientale e dell'inquinamento in Italia non si discosta sostanzialmente da quella degli altri paesi industriali.

Alcuni problemi presentano, tuttavia, una gravità maggiore per i caratteri particolari dello sviluppo urbanistico e industriale, del sistema dei trasporti, della struttura amministrativa del nostro paese. L'intensità assolutamente peculiare dell'inquinamento atmosferico delle città è dovuta principalmente a un sistema infrastrutturale basato prevalentemente sul trasporto di persone e di merci con automezzi privati, sulla diffusione degli impianti di riscaldamento a gasolio e sulle emissioni inquinanti delle concentrazioni industriali periferiche.

L'altra faccia del trasporto privato

Il 75% del trasporto urbano si svolge su gomma (autovetture, mezzi commerciali, autobus); la rete tranviaria e metropolitana si è addirittura ridotta negli ultimi anni, passando dai 572 chilometri del 1975 ai 476 del 1990. La mobilità urbana è responsabile del 75% del totale delle emissioni di ossido di carbonio, del 67% delle emissioni di idrocarburi, del 13% delle emissioni dell'ossido di azoto.
A Roma gli spostamenti su mezzi privati erano il 40% del totale nel 1981 e sono diventati il 60% nel 1991. A Milano, che pure possiede un sistema di trasporto pubblico esteso e relativa-

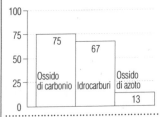

Contributo della mobilità urbana alle emissioni di gas (%)

mente efficiente, il 55% degli spostamenti totali, compresi quelli interni all'area comunale, avviene su mezzi privati, precisamente 2 403 000 contro 1 911 000 (dati 1987). Anche nelle altre città l'assedio motorizzato di pendolari verso il centro è rilevante. Non è possibile un raffronto, per la mancanza di dati omogenei; solo qualche dato per fornire una dimensione approssimata del fenomeno: 285 000 veicoli privati entrano ed escono giornalmente nel comune di Torino, 160 000 veicoli raggiungono giornalmente a Napoli le aree centrali, mentre nel centro urbano di Genova circolano ogni giorno 230 000 automezzi privati.
Il sottodimensionamento del sistema di trasporto collettivo, e in particolare dei collegamenti metropolitani tranviari e ferroviari, è quindi all'origine del più grave problema di inquinamento in Italia ed è questo da-

Veicoli a motore che hanno pagato la tassa di circolazione
(valori assoluti e variazione percentuale 1970/1989)

Area	Anno	Autovetture	Motoveicoli	Totale
Italia settentrionale	1970	6 002 085	2 225 555	8 227 640
	1989	13 210 861	3 457 263	16 668 124
	var. 70/89	54,6%	35,6%	50,6%
Italia centrale	1970	1 324 550	565 955	1 890 505
	1989	3 088 616	949 219	4 037 835
	var. 70/89	57,1%	40,4%	53,2%
Lazio	1970	1 184 375	156 550	1 340 925
	1989	2 643 269	403 235	3 046 504
	var. 70/89	55,2%	61,2%	56,0%
Italia meridionale	1970	2 621 682	763 840	3 385 522
	1989	7 324 685	1 341 520	8 666 205
	var. 70/89	64,2%	43,1%	60,9%
Italia	1970	11 132 692	3 711 900	14 844 592
	1989	26 267 431	6 151 237	32 418 668
	var. 70/89	57,6%	39,7%	54,2%

Fonte: ISTAT
Dati forniti dall'Automobile Club d'Italia

to strutturale che rende solo parzialmente efficaci i tentativi di controllo messi in atto da molte municipalità: aree pedonali, zone a traffico limitato, blocchi temporanei della mobilità, corsie protette per i mezzi pubblici. La forma stessa delle città è un ostacolo al controllo dell'inquinamento derivante dagli spostamenti pendolari: l'urbanizzazione diffusa, la costruzione di grandi aree residenziali lontane dai collegamenti ferroviari, la forte mescolanza di attività e di funzioni, rendono oggi difficile e costoso investire sul trasporto collettivo e più semplice (ma più dannoso) proseguire con la realizzazione di grandi interventi stradali (anelli di scorrimento, tangenziali, penetrazioni autostradali).

Anche il movimento delle merci si svolge prevalentemente su strada, contribuendo all'inquinamento e alla congestione del traffico. L'Italia ha il più alto indice di veicoli circolanti per chilometro tra i paesi sviluppati (80,1 contro il 42,6 degli USA, il 59,2 della Germania, il 32,5 della Francia)

Veicoli circolanti su strada per chilometro

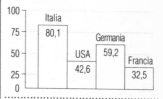

e una delle percentuali più basse del trasporto merci su ferrovia (meno del 20%, contro percentuali che per alcuni paesi europei arrivano fino al 50%). Anche il miglioramento di questo tipo di mobilità è problematico: la rete idroviaria è praticamente inesistente, il cabotaggio costiero sconosciuto, e su una rete ferroviaria arretrata e insufficiente si rovesciano i bisogni contrastanti degli spostamenti veloci a media distanza (alta velocità), dei collegamenti passeggeri a lunga distanza, degli spostamenti pendolari metropolitani, degli spostamenti regionali e del trasporto merci.

Produzione di rifiuti urbani e speciali di origine civile
Stime 1991 (migliaia di t/anno)

Area	Urbani	Speciali di origine civile			
		Assimilabili agli urbani	Fanghi di depurazione di acque civili	Ospedalieri non assimilabili agli urbani	(a) Rottami auto-demolizione
Italia settentr.	8 272	1 767	1 729	55	754,5
Italia centrale	2 401	416	321	36,6	165,1
Lazio	2 300	(c)	440	9,5 (b)	134,1
Italia merid.	7 060	(c)	938	38,9 (b)	368,1
Italia	20 033	3 166	3 428	340,5	1 197,3

Quantità di rifiuti prodotti
Confronti internazionali (migliaia di tonnellate)

	Anno	Urbani	Industriali	Produzione di energia	Agricoltura
Germania	1987	19 483	61 424	11 702	–
Grecia	1989	3 147	4 304	7 680	90
Spagna	1988	12 546	5 108	–	45 000
Francia	1989	17 000	50 000	–	400 000
Olanda	1988	6 900	6 687	1 482	86 000
Gran Bretagna	1989	20 000	50 000	14 000	250 000
Stati Uniti	1986	208 760	760 000	992 479	150 566
Giappone	1988	48 283	312 271	19 828	62 690
Italia	1989	17 300	39 978	–	29 830

Fonte: EUROSTAT - *L'Europa in cifre*, terza edizione, 1992.

I movimenti ecologisti

Il movimento ecologista è forte e ramificato. All'opera dei grandi gruppi ambientalisti nazionali e internazionali (WWF, Legambiente, LIPU, Greenpeace, Italia Nostra, liste verdi) è necessario aggiungere l'attività minuta di una pletora di gruppi locali: studio e conoscenza dei territori, denuncia e controinformazione, mobilitazione e proget-

tazione alternativa.

Nelle città si è formata, in particolare negli ultimi anni, una costellazione spontanea di comitati e di gruppi di base che agisce sull'intero spettro dei problemi ecologici e sociali (traffico, rumore, inquinamento atmosferico, degrado edilizio e urbanistico ecc.) e che costituiscono oramai una presenza politica importante nella dialettica urbana, condizionando talvolta le scelte urbanistiche e ambientali.

Nella difesa del territorio e del pae-

(a) Stima basata sul peso totale dei veicoli radiati (riferimento 1989)
(b) Inclusi i rifiuti ospedalieri assimilabili agli urbani
(c) Dato non disponibile

Fonte: Ministero dell'Ambiente
Relazione sullo stato dell'ambiente,
1989 e 1992

....

Miniere	Rifiuti di emoluzione	Fanghi di depurazione
9 488	11 826	1 750
3 900	–	–
180 000	–	10 000
100 000	–	620
121	7 700	252
230 000	25 000	30 000
1 400 000	31 500	10 400
26 017	57 886	2 001
57 000	34 374	3 500

....

saggio agiscono gruppi locali spontanei e organizzati con attività che vanno dall'opposizione verso nuovi interventi infrastrutturali nocivi (spesso vincenti come i movimenti contro le centrali nucleari o contro nuovi tronchi autostradali) alla difesa di parchi, biotopi ed ecosistemi delicati (aree umide, territori forestali, ecosistemi marini), alla proposizione infine di modelli alternativi di gestione equilibrata e auto-regolata dei sistemi territoriali e ambientali nel loro complesso.

Il trattamento dei rifiuti urbani

La gestione del problema dei rifiuti assume anch'essa un carattere specifico. La quantità di rifiuti urbani non è mediamente superiore a quella delle altre nazioni sviluppate, ma l'intero sistema di allocazione e trattamento dei rifiuti è insoddisfacente.

Ogni anno nelle città italiane si producono oltre 20 milioni di tonnellate di rifiuti; soltanto il 5% viene riciclato e soltanto il 27,1% viene collocato in discariche e impianti autorizzati.

I rimanenti 15 milioni di tonnellate vengono smaltiti in modo illegale, in qualcosa come 4 mila discariche incontrollate di piccole o grandi dimensioni. Sono rari gli impianti di riciclaggio dei rifiuti per produrre materie seconde e gli impianti di compostaggio, capaci di produrre concimi organici per l'agricoltura.

Ai rifiuti solidi urbani è necessario aggiungere i materiali inerti (34,4 milioni di tonnellate annue) e gli scarti del sistema industriale, che ammontano ad altri 40,5 milioni di tonnellate ogni anno. Questi rifiuti sono spesso il prodotto difficilmente controllabile di impianti industriali a rischio, disseminati per tutta la penisola, spesso collocati in luoghi ad alta densità abitativa.

I casi di inquinamento di Seveso (un'esplosione ha diffuso quantità altamente nocive di diossina in un territorio fortemente antropizzato), della Farmoplant di Massa Carrara (una fabbrica ad alto rischio ha disseminato panico con le sue produzioni e misteriose esplosioni), dell'ACNA di Cengio (un'industria ha cosparso di materiali tossici il fiume Bormida, inquinando e distruggendo gli equilibri economici e ambientali di un'intera vallata) sono tra i risultati più noti di una situazione complessivamente pericolosa.

Il dissesto idrogeologico

Il degrado ambientale è inoltre legato ai caratteri dello sviluppo territoriale. La concentrazione della popolazione nelle grandi città ha determinato l'abbandono delle aree agricole marginali, soprattutto nei territori in quota. L'abbandono delle colture, unito alle ferite dei grandi assi infrastrutturali (che hanno attraversato le aree deboli) hanno innescato un processo di crescente degrado territoriale: frane, smottamenti, dissesti idrogeologici, modificazioni del paesaggio e del metabolismo ambientale. Le aree di pianura sono viceversa sottoposte a pesante sfruttamento, con uso elevato di fertilizzanti chimici, anticrittogamici e antiparassitari.

I residui di questi trattamenti hanno determinato processi importanti di degrado ambientale: le falde freatiche si inquinano (in particolare per la presenza di atrazina); le acque meteoriche veicolano a mare i fertilizzanti producendo i fenomeni di eutrofizzazione (è il caso delle mucillagini dell'alto Adriatico). Il tasso diffuso di inquinamento provoca danni ambientali anche a distanza, in particolare sul patrimonio forestale (acidificazione dei terreni a causa delle piogge acide; sedimentazione sulle foglie delle piante di materiali nocivi e impermeabilizzanti). Le foreste costiere sono inoltre corrose dai materiali acidi veicolati dall'aerosol marino la cui azione può giungere a ridurre le piante a scheletri sinistri, come nel caso delle pinete costiere di Migliarino-Tirrenia. La frequenza e la gravità dei problemi ambientali sono all'origine di un panorama molto articolato di iniziative e di gruppi ambientalisti.

	Anno
Italia settentrionale	1972 1990 var. 72/90
Italia centrale	1972 1990 var. 72/90
Lazio	1972 1990 var. 72/90
Italia meridionale	1972 1990 var. 72/90
Italia	1972 1990 var. 72/90

Fonte: ISTAT

La legislazione ambientalistica

Ministero dell'ambiente È dell'8 luglio 1986 la legge n. 349 che concerne l'*Istituzione del ministero dell'Ambiente e norme in materie di danno ambientale*.

Salvaguardia del territorio La prima legge nazionale che si è occupata della salvaguardia del paesaggio è la n. 1497 del 1939. La legge 431 del 1985, riprendendo i principi dettati già dalla 1497/39, vincola le più interessanti bellezze naturali nazionali.

Aria Nel 1966 è stata varata la legge n. 615 detta legge antismog. Questa è stata la prima legge italiana che si sia occupata dell'inquinamento dell'aria. È stata in parte abrogata nel 1988, quando è stato

Concimi chimici e principali antiparassitari distribuiti per il consumo
(valori assoluti per gli anni 1972 e 1990 e variazione percentuale)

Concimi chimici (in migliaia di quintali)					Principali antiparassitari (in quintali)		
Azotati	Fosfatici	Potassici	Complessi	Totale	Anticritto-gamici	Insetticidi	Totale
6 544	5 521	1 198	10 087	23 350	470 344	212 942	683 286
7 593	2 672	1 830	9 438	21 533	506 214	169 649	675 863
13,8%	−106,6%	34,5%	−6,9%	−8,4%	7,1%	−25,5%	−1,1%
1 731	1 362	44	2 146	5 283	124 267	17 262	141 529
2 070	552	163	1 968	4 753	110 724	24 375	135 099
16,4%	−146,7%	73,0%	−9,0%	−11,2%	−12,2%	29,2%	−4,8%
869	393	33	862	2 157	119 408	9 661	129 069
815	170	75	1 040	2 100	84 011	15 668	99 679
−6,6%	−131,2%	56,0%	17,1%	−2,7%	−42,1%	38,3%	−29,5%
5 873	4 297	225	4 447	14 842	587 074	79 491	665 565
4 647	2 333	281	6 085	13 346	360 258	136 502	496 760
−26,4%	−84,2%	19,9%	26,9%	−11,2%	−63,0%	41,8%	−34,2%
15 017	11 573	1 500	17 542	45 632	1 301 093	319 356	1 620 449
15 125	5 727	2 349	18 531	41 732	1 061 732	346 194	1 407 401
0,7%	−102,1%	36,1%	5,3%	−9,3%	−22,6%	7,8%	−15,1%

approvato il DPR n. 703 del 24 maggio 1988 che ha recepito norme dettate dalla CEE. Con questo decreto si sottopone a una autorizzazione regionale la realizzazione e l'esercizio di ogni impianto che causa emissioni nocive.

Acqua La prima legge italiana atta al controllo degli scarichi di qualsiasi tipo in tutte le acque superficiali e sotterranee, interne e marine, pubbliche o private, nonché in fognature sul suolo e nel sottosuolo è la legge n. 319 del 1976 detta legge Merli. Questa normativa detta criteri generali per l'utilizzazione delle acque, organizza unitariamente i relativi servizi, propone la redazione di un piano generale di risanamento delle acque formato sulla base di piani regionali. Alla legge Merli si è aggiunto alla fine degli anni ottanta il DPR n. 236 del 24 maggio 1988 che detta norme in attuazione della direttiva CEE n. 80/778 concernente la qualità delle acque destinate al consumo umano.

Rifiuti La normativa che regola in Italia lo smaltimento dei rifiuti è il DPR n. 915 del 10 settembre 1982. Il decreto reca norme per l'attuazione delle direttive CEE n. 75/442 relativa ai rifiuti, n. 76/403 relativa allo smaltimento dei policlorodifenili e dei policlorotrifenili e 78/319 relativa ai rifiuti tossici e nocivi.

Rumore È recentissimo un DPCM, del 1 marzo 1991, che riporta limiti massimi di esposizione al rumore negli ambienti abitativi e nell'ambiente esterno. Il decreto impone limiti di accettabilità di livelli di rumore validi su tutto il territorio nazionale.

Due esperienze di progettazione ecologica

Bisogno di identità dell'abitare e ricostruzione dei luoghi

Alberto Magnaghi

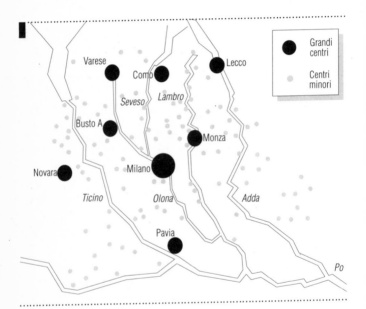

Milano: una città di villaggi

Milano è una delle città più degradate d'Europa: 4 mq di verde pubblico per abitante, traffico caotico, inquinamento dell'aria sopra le soglie di rischio, acqua sempre più scarsa per quantità e qualità. Una conurbazione di caotici insediamenti periferici, che rappresenta il «cuore dell'economia italiana», copre e degrada il ricco reticolo dei sistemi urbani e territoriali storici trasformandolo infine,

con la sua abnorme pressione ambientale, in «area ad alto rischio ambientale» nelle valli dei fiumi Lambro, Seveso, Olona (Decreto del ministero dell'Ambiente del 27 luglio 88), ridotti per l'80% della loro portata a cloache a cielo aperto.

Ma sotto questa colata maleodorante di cemento e di rumore brulicano possibilità e desideri di ricostruire luoghi per l'abitare. Più di 200 tra comitati, associazioni, gruppi locali lavorano da qualche anno alla rinascita di luoghi dotati di senso civile, urbano e comunitario. In ogni quartiere, dal Ticinese al Gallaratese, dai borghi della periferia storica ai nuovi insediamenti, se si supera l'immagine omologante dei palazzoni speculativi, si scoprono sguardi attenti ai particolari dimenticati della città della produzione (aree dismesse, vecchie cascine, percorsi, campi, orti, riviere dei navigli) da cui gli abitanti ritessono pazientemente la trama dello spazio pubblico, la qualità urbana. Questi nuovi movimenti sociali urbani sono frutto di una «mutazione genetica» del rapporto tra abitanti e città che, dalla dominanza di conflitti sindacali e rivendicativi degli anni settanta, si è andato incentrando sulla riappropriazione materiale, affettiva, comunitaria, estetica dei luoghi e dei mondi di vita (vicinato, quartiere, borgo, piccola città). Il bisogno di identità e qualità dell'abitare guida l'azione di ricostruzione dei luoghi. Da una prima fase di contestazione di interventi ritenuti nocivi (superstrade urbane, discariche, megadepuratori, occupazione speculativa di spazi aperti residuali, abbattimento di alberi) i movimenti si sono evoluti verso una dimensione progettuale, puntiforme e frammentaria, ma significativa come mosaico di tasselli per la ricostruzione di un'idea di città dell'abitare.

In questa fase di transizione nel 1988 nasce Ecopolis (Forum per la promozione di progetti socialmente prodotti) che riunisce associazioni ambientaliste, urbanisti, docenti, comitati di base e associazioni di quartiere e agisce da stimolo culturale e aiuto tecnico per i gruppi locali per l'autopromozione di progetti, intorno ad alcune linee guida: trasformare le periferie in luoghi dotati di identità, centralità, spazio pubblico, attività economiche e culturali locali; costruire una città policentrica, multietnica e interculturale; pedonalizzare vaste isole urbane (villaggi) con reti efficienti di trasporto pubblico e di connessioni fondate su verde e acqua; determinare in ogni isola urbana complessità di funzioni, microequilibri ambientali, economie locali e scambi solidali; rivalutare le identità locali (linguistiche, culturali, architettoniche) come protagoniste della riprogettazione della città; ricostruire municipalità locale (centro dell'identità urbana, economica, culturale, artistica) superando la freddezza burocratica del decentramento amministrativo.

Un esempio emblematico di questo percorso progettuale si sta verificando nella zona 10, dove il lavoro di Ecopolis con i comitati di quartiere ha portato alla scomposizione della periferia in 5 «villaggi», dotati di centralità, spazi pubblici, spazi aperti riqualificati, e alla loro ricomposizione in un sistema policentrico connesso da percorsi nel verde e dal sistema delle acque riqualificate a parco. In particolare nel quartiere Adriano il processo di autocostruzione dello spazio pubblico è iniziato con il risanamento di una discarica trasformata in una piazza, la messa a dimora di piante nel parco urbano, la ristrutturazione di una vecchia cascina destinata a un uso sociale. Il progetto prosegue con la riqualificazione del sistema rivierasco del Naviglio e del Lambro, l'organizzazione degli orti urbani, l'utilizzazione di tecniche di bioarchitettura, l'integrazione nello spazio pubblico di nuove residenze, attività produttive, mercati locali, servizi, centri sociali.

La costruzione del villaggio ecologico assume l'obiettivo ambizioso di fermare l'espansione del modello periferico e di costruire la nuova municipalità locale attraverso l'autopromozione degli abitanti.

Valle Bormida:
la città dei paesi

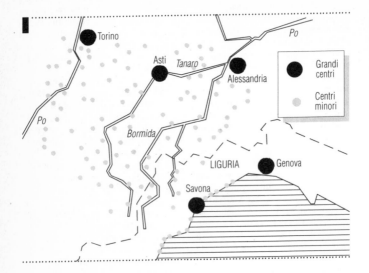

Piemonte meridionale, al confine con la Liguria: una valle che disegna il paesaggio dell'Alta Langa, paesaggio di notevole pregio ambientale (castagneto, terrazzamenti a secco, vigneti, cascine, ma soprattutto una forte identità storica comunitaria), produttivo (nocciola «tonda e gentile delle langhe», dolcetto, moscato, barolo); una fabbrica dell'entroterra ligure, l'ACNA di Cengio, che in cento anni di attività (dal dinamificio alle produzioni chimiche) e di scarichi tossici nel fiume e nell'aria ha portato al collasso l'ecosistema (morte chimica della Bormida, distruzione delle colture rivierasche e dei vigneti, chiusura dei pozzi, i più alti livelli di cancro in Europa), determinando degrado sociale ed economico.
Anche in questa zona «marginale» come nel cuore della metropoli mila-

nese gli abitanti hanno ripreso in mano il proprio destino; dal 1988 la lotta per la chiusura della fabbrica è accompagnata da una profonda trasformazione culturale: l'abbandono del modello urbano-industriale verso un modello agro-terziario fondato sulla valorizzazione delle risorse territoriali (il fiume risanato come fonte di ricchezza, di paesaggio, di cultura; il recupero della collina, dei terrazzamenti, del fitto reticolo di paesi storici di crinale, mezzacosta, fondovalle riconnessi a rete per formare una «città di paesi»; la riqualificazione dell'artigianato, della produzione alimentare in rapporto all'attivazione di un turismo culturale e itinerante; la riscoperta della sapienza produttiva storica, della microimprenditorialità diffusa, delle reti comunitarie solidali).
L'Associazione per la Rinascita della

valle Bormida (l'organismo costituito da un coordinamento di comitati di paese rappresentativi di tutte le componenti sociali) ha imposto sin dall'inizio la contestualità dei due problemi: chiusura dell'Acna come chiusura di un'epoca, «rinascita» come apertura di un nuovo ciclo di sviluppo.

Il piano di rinascita

Il piano di rinascita è stato «prodotto socialmente» nelle riunioni dell'associazione, dei sindaci, nei convegni promossi con il Politecnico di Torino; è dunque il prodotto della trasformazione culturale di un'intera valle che intende riprendere in mano il proprio destino. È stata creata un'«Autorità di valle», una sede di autogoverno che coinvolge nella gestione del progetto di rinascita tutti gli attori sociali che vi si sono riconosciuti. Essa interloquisce con le Comunità montane, le Provincie, le Regioni; promuove i soggetti economici e culturali locali; garantisce il controllo di tutte le complesse operazioni di pianificazione che in sua assenza diverrebbero inevitabilmente oggetto di decisioni esogene.

Risulta evidente la trasformazione politica che l'istituzione di questa autorità propone: le linee di sviluppo nascono all'interno della valle attraverso la pratica di un «patto sociale locale» tra i diversi attori (pubblici e privati, istituzionali e non) che attivano sul territorio canali di espressione dei propri bisogni; queste linee sono successivamente sottoposte agli organi di governo del territorio per la loro contrattazione e gestione. Dalla lotta alla nocività ambientale, come dalla lotta alle condizioni di perifericità nella metropoli, pur nella diversità dei contesti, sorgono e si sviluppano laboratori di nuova democrazia.

Sedimentazioni

Uguali e diversi. Appunti antropologici
Pietro Clemente

Riproduzione
Gian Carlo Blangiardo

Lingua e dialetti
Tullio De Mauro

Cattolicesimo
Andrea Riccardi

Questione meridionale
Piero Bevilacqua

Familismo
Paul Ginsborg

Clientelismo
Alberto De Bernardi

Solidarietà
Paolo Giovannini

Machiavellismo
Gianfranco Pasquino

Trasformismo
Nicola Tranfaglia

Fascismo
Enzo Collotti

Antifascismo
Giovanni de Luna

Un problema Capitale
Filippo Mazzonis

Tutto il peso del passato

Sedimentazioni

La travolgente trasformazione sociale ed economica vissuta dall'Italia negli ultimi trent'anni, così vivamente delineata dall'antropologo Pietro Clemente nell'articolo che apre questa sezione, è la calamita alla quale è automaticamente attratta l'attenzione di ogni osservatore del presente. I cambiamenti che in molti altri paesi europei hanno avuto luogo gradualmente, lungo il corso di molti decenni, in Italia sono avvenuti tutti insieme, con migrazioni traumatiche dal Sud al Nord, dalla campagna alla città, dalla povertà al benessere. Quel che è accaduto in Italia, come anche in Spagna, è una vera e propria rivoluzione sociale, una costante e vitale celebrazione del nuovo.

Ma l'Italia è, nello stesso tempo, un paese nuovissimo e vecchissimo. È una miscela straordinaria, e chiunque voglia capirla deve tenere costantemente a mente questa combinazione. Nella sezione che segue abbiamo scelto di porre l'accento non sulle trasformazioni ma sulle continuità, sulle sedimentazioni del passato che continuano a influenzare pesantemente il presente. Ovviamente, è impossibile rendere giustizia a un tema tanto vasto in un così limitato numero di pagine. Abbiamo operato una prima selezione, necessariamente arbitraria, concentrandoci soprattutto su quegli elementi della cultura politica italiana che hanno spinto studiosi e giornalisti a parlare dei «vizi di origine» dell'Italia o della «patologia» italiana.

Clientelismo, familismo, trasformismo, machiavellismo (quello che i francesi chiamano *esprit florentin*, una miscela di astuzia, frode, inganno e manipolazione); questi sono gli -ismi che sono diventati parole chiave per storici e scienziati della politica, e che è essenziale spiegare il più chiaramente possibile. Sono anche gli -ismi che costituiscono la sfida più grave a ogni governo, sia di destra sia di sinistra, che intenda veramente fare i conti con il passato politico dell'Italia e fondare nuove regole di condotta della vita pubblica.

Naturalmente, non tutte le sedimentazioni sono negative né implicano valori. Sono trattate qui la lingua e la popolazione, la questione meridionale e quella religiosa, così come le molte e complesse solidarietà del passato italiano. Non mancano fascismo e antifascismo, la coppia dicotomica su cui è basata gran parte della storia italiana nel XX secolo. La sezione si chiude con un suggestivo articolo di Filippo Mazzonis sulla grande città che è stata, per citare Pio XII, «la Città eterna, la Città universale, la Città caput mundi, l'Urbs per eccellenza, la Città di cui tutti sono cittadini, la Città del vicario di Cristo», e, possiamo aggiungere, la città delle sedimentazioni per eccellenza, ma *non* (almeno finora) il centro propulsivo e direttivo dell'intero paese.

Paul Ginsborg

Uguali e diversi.
Appunti antropologici

Pietro Clemente

Gli ultimi cinquant'anni hanno visto mutamenti radicali e repentini che hanno modificato realtà secolari, accelerando in maniera esasperata le dinamiche di cambiamento; nonostante questo il passato non è stato cancellato ma costituisce oggi una presenza costante con la quale imparare a convivere, alla ricerca di nuovi e non sempre facili equilibri.

Antefatto

Fare una diagnosi antropologica di come siamo diventati è un rompicapo. È come fare il bilancio della nostra vita. Il passato opera dentro di noi: nostalgie e rimozioni lo condizionano, e condizionano anche il modo di vedere il presente.

Per tentare una valutazione occorre almeno dire chi parla, che cosa ha visto e vissuto chi ne scrive così da consentire ad altri di rapportarsi per consonanza o differenza; occorre anche assumere un paradigma molteplice, se non contraddittorio, e governarne l'uso, giacché la dimensione cangiante e caleidoscopica del nostro mondo non può più essere ridotta a unità. Lo si conosce esplorandone la fisionomia, tentando, «navigando».

Parlo dunque da cinquantenne. Nell'aula delle scuole elementari di piazza Garibaldi a Cagliari eravamo cinquanta bambini con il grembiule bianco, tutti maschi. I più poveri venivano con la testa rasata, in lotta con pidocchi e parassiti vari. Entrava in vigore la Costituzione e s'insediava il primo parlamento della prima repubblica, quella che è finita in questi giorni. Le distanze sociali erano enormi, anche se si sentiva in corso un cammino di avvicinamento tra i ceti. Il mio mondo scolare non era molto diverso da quello del libro *Cuore*.

Ho vissuto il passaggio del DDT, del sapone fatto in casa, dell'assenza di acqua corrente per mesi; ho evitato il tifo, la tubercolosi, la tosse canina, la blefarite, l'echinococcosi; mi sono riscaldato con il bracere e rinfrescato con pezzi di ghiaccio comprati in negozio a dieci lire. La città era piena di mendicanti, itineranti, artigiani, facchini e scaricatori, e macerie della guerra. Dalla campagna e dai parenti arrivavano provviste: pezzi di maiale, vino, marmellate anche di fichi d'India. Il telefono era inimmaginabile, le auto erano pochissime, la televisione doveva aspettare ancora un po' per entrare nelle case, dopo essere entrata nei cinema interrompendo gli spettacoli e nei bar. Il farmaco dominante era il chinino. Non si disdegnavano impiastri, cataplasmi e terapie tradizionali (il medico mi ordinò aglio cotto nel latte come vermifugo), reliquie sotto il materasso e medagliette al collo.

Da allora la mia generazione ha subito tre o quattro accelerazioni traumatiche delle tecnologie e del tempo. Il trauma è stato tanto più grave perché il ceto medio professionale e burocratico cui da qualche generazione appartenevo era modernista, desiderava e propagandava il progresso e quindi ne era indifeso.

Mio nonno pugliese lavorò per il Genio civile in Sardegna, mio padre, agronomo che svalorizzò e trascurò le terre di famiglia perché improduttive, aveva studiato a Portici dove conobbe mia madre, di origine lucana, che portò a Cagliari. Mi fecero studiare a Milano dove ho conosciuto mia moglie lombardo-piemontese. Le mie figlie, nate a Cagliari, sono vissute in Toscana, a Siena, dove sto da vent'anni.

Omologazione e diversificazione

La mia attuale parentela è una rete abbastanza ampia, per restare in Italia. Ma rappresenta anche il popolo nomadico che ha unito il paese ibridandolo, ceto medio mobile, e in questo simile ai carbonai, tagliatori, colporteurs, barrocciai, migranti e ritornanti di un passato rurale assai meno statico di come lo immaginiamo. Per la mia generazione, e per la raggiunta coscienza di un'Italia comune ancora piena di sperequazioni e ingiustizie che veniva dalla generazione della Resistenza, era giusto lottare per l'uguaglianza e la dignità di tutti. A costo di un paradigma semplicista e prevaricatore com'era quello classista e operaio. Essere uguali, creare uno Stato garante di uguaglianza, possi-

bilità di consumi e sistema televisivo, è comunque stato il processo attraverso cui si è avuta la modernizzazione e l'unificazione dell'Italia, nazione tardiva e, ancora nel secondo dopoguerra, contadina. All'inizio degli anni settanta eravamo uguali e italiani come mai era successo nella nostra storia.

Poi l'oscillazione tra uguagliamento (che diveniva la temuta «omologazione» pasoliniana) e diversificazione ha avuto un'inversione netta, che io ho cominciato a vedere alla fine degli anni settanta. Era come se l'unificazione-modernizzazione avesse raggiunto una soglia di tolleranza oltre la quale doveva scattare un meccanismo di ripresa della differenziazione. Caduto, per raggiunti obiettivi, il modello di rivendicazione dell'uguaglianza, si vedevano ora cose ormai da un pezzo ignorate: la varietà dietro l'uguaglianza, e il ritorno del desiderio del passato.

Da quegli anni — almeno nella mia mente — è come se tutto ricominciasse a differenziarsi, e tutti i tempi vissuti da generazioni ed esperienze diverse tornassero a essere presenti. Il nesso televisione unificante e di differenziazione è stato spiegato da molti, io l'ho vissuto dappresso studiando la ripresa dei fenomeni di folklore e di rivendicazione di identità locale. Mi è sembrato un fenomeno sano, di ripresa di radicamento del cuore dell'Italia, che è la provincia diffusa.

Radici mai cancellate

Ora c'è il moderno e il suo contrario. Il tempo non scorre più hegelianamente e la confusione è grande. Abbiamo scoperto che il nostro processo di modernizzazione cancellava allo stesso modo del magico block notes di cui parla Freud (e che fu una delle tecnologie in plastica con cui s'incontrò la nostra adolescenza): sotto restavano le tracce. Le radici sono rimaste in parte e su di esse si è innestata una grande varietà di nuove ramificazioni.

Forse abbiamo trasformato la nostra vita senza mai buttare via davvero l'alternativa che perdevamo, le abbiamo accumulate tutte ai margini di essa, come nei grandi letamai dei paesi rurali, subito fuori dell'abitato; andando a cercare possiamo ritrovare tutto.

Le nuove svariate configurazioni che si connettono con esperienze di più lunga portata sono in parte legate al gigantesco incremento di tempo libero che si è creato: si può essere uguali nell'orario di lavoro e diversi oltre, si può essere diversi nel lavoro e uguali oltre.

Il lunedì tornando al lavoro, impiegati nello stesso istituto di credito si scambiano racconti sulla domenica: il podista, il tifoso, il familista, il buddista, quello che fa volontariato, il play-boy, quello che fa la guerra nei boschi, il cacciatore, il pescatore. Progettano le vacanze estive tra ritorno al paese e scoperta del Terzo mondo, tra una processione d'agosto con i falò e il trekking in Amazzonia, tra un safari automobilistico in Africa e la bella vita con gite organizzate dove il cambio del denaro è più vantaggioso.

La ricerca del tempo perduto

Nel dicembre del 1992 il «Sole 24 ore» ha dedicato un ampio dossier ai musei della civiltà contadina. 109 da Nord a Sud. Sappiamo che sono assai di più anche se non sempre aperti ed efficienti. L'articolo di presentazione comincia con le parole «Alla ricer-

ca del tempo perduto». In effetti c'è stata una frattura del tempo intorno agli anni cinquanta che ha coinciso con una frattura delle attività produttive e degli stili di vita; con la scomparsa del più epico e romantico soggetto della nostra storia: il contadino dei libri delle scuole elementari dalla vanga d'oro. Emigrati e urbanizzati i contadini sono rimasti tali solo o per doppio lavoro o per trasformazione profonda, non priva di forti rischi di gestione chimica-inquinante dell'attività produttiva. Spesso «soli» hanno continuato a scontare in termini di marginalità, anche se benestanti, il centrarsi della vita dei più su spazi-tempi urbani. Si leggono con dolore le belle testimonianze di Revelli sulle donne del Sud che tramite intermediari sposano contadini piemontesi.

Tutta l'Italia ancora contadina conosce questi casi.

La ricerca del tempo perduto, al di là del semplice confronto tra tecnologie protoindustriali e modelli di consumo, ci fa inoltrare in una scoperta inedita delle differenze nel passato. In un certo senso eravamo più «omologati» allora, perché tecnologicamente più dipendenti dai contesti della vita. Per molti soggetti l'esperienza dell'identità regionale è cominciata con la grande guerra, con l'emigrazione e infine con la nascita delle regioni come centri politico-amministrativi: l'identità come reazione comparativa alla mescolanza, o come modalità di accesso amministrativa a risorse e servizi. Le differenze nel passato erano più negli stili sociali, negli universi simbolici che in quelli tecnologici. Cose che in genere i musei contadini non mostrano. Ma è vero che nel passato ricco di differenze i grandi orizzonti morali (come si diventa grandi, cos'è la morte, cos'è la vita) erano fondamentalmente comuni nello spazio, e nel tempo delle generazioni. Assai più che oggi tra un giovane e suo nonno, o anche suo padre.

I musei sono anche guide a vedere il tempo presente «perduto», non solo il passato: gli strumenti esposti in essi sovente si usano ancora, è l'urbanesimo che li ha nascosti alla visibilità comune. È il «cittadino» che considera il mondo finito alla periferia urbana, e lo fa ricominciare fuori di essa solo come oggetto del tempo libero turistico.

Uniformità variegata

Le posture profonde della nostra vita è difficile riconoscerle nei tempi lunghi e insieme in noi. Nei confronti con gli stranieri e le loro società sembra emergere da noi una più forte abitudine alla famiglia, alle relazioni di parentela, anche dopo il '68. La singolarità è un prodotto più recente e urbano, ma i figli tornano a stare a casa a lungo. Il sugo della pasta fatta dalla mamma è sempre il migliore. Il cibo, la dialettica tra tempo quotidiano e tempo festivo, mantengono delle coloriture di «tradizione», la disponibilità diffusa di beni alimentari caratterizzati regionalmente rilancia le differenze nelle diete, regionali o locali. Restano anche tratti culturali più profondi, che l'antropologia ha sempre avuto difficoltà a riconoscere: stili relazionali e modalità etiche di fondo. Continuo a sentire la differenza tra sardi e campani, non solo d'accento ma anche in stile di vita, sotto l'apparenza dell'eguagliamento. Sono gli stili che in un modo di vita ancorato in gran parte a modelli familiari e locali si apprendono in modo implicito da bambini, e restano, a render variegati i processi di uniformazione, insieme ad altri appresi più tardi. Sedimenti che tengono legata la vita dell'Italia a quella dimensione di piccola comunità, di paese e città come collettività di appartenenza, per cui siamo italiani perché prima di tutto siamo senesi, cagliaritani, napoletani del paese-villaggio («paisà») o della regione.

«Fluidazioni»

Il caleidoscopio delle eredità, diversificatesi a contatto con le innovazioni, è un prodotto ibrido e riproduttore di ibridi. L'attenzione alla mescolanza è fatto relativamente recente anche in antropologia, ma strategico. La possibilità in effetti di vivere nel mondo attuale è legata al controllo di «registri» e livelli assai diversificati, cui l'uomo contemporaneo si appaesa con grande velocità, l'ibridismo si presenta sia come co-occorrenza di codici e competenze diverse e al limite contraddittorie, sia come coesistenza di identità differenziate, oltreché in senso letterale come «meticciato» (matrimoni regionalmente misti, mescolanza di «sangue»).

L'Italia attuale è fatta talmente di scambi che si può pensare che le rivendicazioni di identità siano spinte dal desiderio di riconoscersi in modelli culturali «puri» proprio contro il nostro ibridismo. Il fenomeno di emigrati di seconda o terza generazione che aderiscono a movimenti anti-se stessi è noto. Cognomi e pronunce designano strati mescolati ovunque in Italia.

Crescita di competenze, mescolanza di stili

L'ibridazione da molteplicità di competenze comunicative è quella che consente di parlare vari registri linguistici (sardo, italiano scolastico, italiano familiare, lingua straniera, lingua gergal-amicale, televisiva, computeristica, genitoriale, insegnantile, trasgressiva ecc.) ma anche capire codici diversi (videogiochi, traffico stradale, quiz televisivo, fumetto, musica alla moda) o anche comportamenti legati a regole differenti (in palestra, tra i parenti nel paese d'origine rurale, nella politica, sul lavoro, tra amici, con le donne, con i bambini).

Qui i giovani rischiano di perdere qualcosa (lettura, per esempio) e gli anziani non ce la fanno a imparare il nuovo (videogiochi, fumetti...). In passato queste modalità erano molto più uniformi e giocate sui tempi generazionali e le distanze sociali. Ma in questa crescita di competenze c'è un tentativo di non essere solo locali, ma di far crescere la componente «mondo», «umanità» nella nostra vita.

Tutta la comicità italiana è di intonazione vernacolare e gioca su «caratteri locali» divenuti di lettura massiva, che i comici intuiscono meglio degli antropologi, Diego Abatantuono a suo tempo ha aperto l'era dei comici glottomisti.

I menu familiari, come l'accesso alle risorse alimentari, sono tra le cose più innovate rispetto a quaranta, cinquant'anni fa, ma proprio da essi emerge la compresenza di fattori tradizionali e la nuova mescolanza di stili tradizionali. Oggi un sardo emigrato a Torino può mangiare le «orecchiette pugliesi con le cime di rapa», «il fritto misto piemontese», annaffiare con vini veneti; concludere con cannoli alla siciliana usando come vino da dessert la vernaccia di Oristano. Il filo del nuovo e del vecchio si confondono.

Il sistema medico è attraversato ovunque da un altro sistema detto «alternativo» che è ormai paramedico, in cui i pazienti si spostano tra diagnostica ufficiale, «scientifica», medicine sistematiche diverse, tecniche operative non occidentali, pranoterapie varie, fino a forme di magia e occultismo. Si spostano nella tipologia ma anche nello spazio, così come l'ancora vitalissimo popolo dei pellegrinaggi religiosi legati alla sofferenza e al voto. Nelle forme della magia si percepiscono incastri tra diversi sistemi cosmologici, talora con frammenti di televisione. L'ibridazione è la norma, comunque e ovunque concentriamo l'attenzione sulla nostra vita. Viene segnalato, anche quantitativamente, il fenomeno del bricolage dei redditi familiari, sia con le famiglie «multireddito», sia con la presenza di significativi redditi «secondi» e «terzi» o forme di scambio di prestazione che entrano nel computo familiare.

Mancano forse in questa nuova competenza della promiscuità culturale grandi riti comuni: la messa, il football, la politica non sono più orizzonti totali, forse solo le olimpiadi e i campionati mondiali raccolgono un rispetto quasi generale. Resta la televisione come unico rito comune, ed è vero che le grandi soap opera sono l'argomento più trasversale che si possa dare. Ma la televisione è anche zapping e blob. Produce dunque effetti di cambiamento veloce di comprensione di codici, allenamento all'ibridismo e ibridazione di linguaggi iconici.

Individui «di massa»

Ci sono modi dell'uomo sociale di questo tempo che ancora non conosciamo o non ammettiamo del tutto: l'individuo non è più oggi solo legato a un orizzonte comunitario, anche se tale ancora resta, è anche individuo «di massa», legato a un grande sistema collettivo d'uso di beni e di valori che in gran parte non domina, ma lo dominano.

Sono in Toscana da vent'anni: i collegamenti stradali tra Siena, dove abito, e Grosseto, e tra Siena e Firenze sono fortemente mutati proprio da vent'anni, con strade più veloci di raccordo, da allora si richiedono nuovi cambiamenti per incrementare sia la sicurezza sia la velocità. In parte tali cambiamenti sono avvenuti, in parte sono ancora richiesti. Ma dopo la politica dei «rami secchi» si torna a parlare di importanza della «rotaia»: sono tutti snodi della civiltà comune di cui ci si rende poco conto.

Sedimenti

Sedimenti sono sia depositi sul fondo, sia accumuli di esperienza. Doppia faccia del rapporto con il tempo trascorso, con le diverse culture che ha ingerito, con i cambiamenti che ha innestato. Il proprio passato non si sceglie, è lui che sceglie noi. Questa nuova consapevolezza diffusa è sia segno dell'azzardo nel diagnosticare lo stato antropologico del nostro paese, sia del tornare a prevalere delle ragioni della digestione su quelle dell'ingestione. Avere depositi è un fatto normale per ogni forma culturale, riconoscerli è salutare. Accumulare esperienze diverse è il senso della vita sia nella metafora del viaggio sia in quella della saggezza del divenire vecchi. Ci serve un modo di leggere la grande varietà di esperienze accumulate e confuse, diversificate ma con qualche filo che può farle comunicare. Torniamo a sperimentare che non c'è nuovo senza vecchio, né vecchio senza nuovo, e impariamo a destreggiarci. Ancora ci capiamo poco, la navigazione stenta ad avviarsi per la paura di non farcela, forse bisogna rallentare il ritmo dell'accumulo di diversità e di cambiamento: un corso di fiume così impetuoso che rischia di farci travolgere prima di imparare a navigarlo.

BIBLIOGRAFIA

G. L. Bravo, *Festa contadina e società complessa*, Franco Angeli, Milano 1984 (si veda anche l'introduzione di L. Gallino, *Identità della tradizione-tradizione dell'identità*).

E. Guggino, *La magia in Sicilia*, Sellerio, Palermo 1978.

N. Revelli, *L'anello forte. La donna: storie di vita contadina*, Einaudi, Torino 1985.

F. Della Peruta, R. Leydi, F. Stella (a c. di), *Milano e il suo territorio*, Silvana, Milano 1985, voll. 1-2.

J. Clifford, *I frutti puri impazziscono. Etnografia, letteratura e arte nel secolo XX*, Bollati-Boringhieri, Torino 1993.

P. Clemente, *Diversità dietro l'uguaglianza. Tradizioni e trasformazioni nelle italie regionali e locali*, in A. Falassi (a c. di), *Tradizioni italiane: codici, percorsi e linguaggi*, Università per stranieri, Siena 1992.

CENSIS, *L'Italia dei tre censimenti*, Comunità, Torino 1988.

Riproduzione

Gian Carlo Blangiardo

Dalle preoccupazioni per una crescita eccessiva della popolazione si è passati, in meno di un ventennio, alla prospettiva del calo demografico e a una rivoluzione della struttura per età dalle inquietanti conseguenze economiche, sociali e relazionali. Il fattore umano reso scarso dalla dinamica demografica potrà essere fornito dall'immigrazione straniera e a che prezzo?

Quando nel 1861, subito dopo l'Unità d'Italia, il primo censimento demografico ebbe modo di contare circa 22 milioni di italiani (entro i confini di allora), la nuova identità nazionale si incarnava in un popolo equamente ripartito tra maschi e femmine e caratterizzato da una struttura per età assai giovane: poco più della metà dei soggetti non superava i 25 anni, un italiano su 3 ne aveva meno di 15 e la frequenza di anziani, con un ultrasessantacinquenne ogni 24 residenti e un ultraottantenne ogni 250, risultava assai modesta.

Si era in presenza di una popolazione in cui l'alta natalità (quasi 40 nascite annue per ogni 1000 abitanti) si affiancava a condizioni di sopravvivenza assai precarie: la durata media della vita era di poco superiore a trent'anni e la mortalità sottraeva a ogni generazione quasi la metà degli effettivi entro il quinto compleanno.

Una nuova realtà demografica

Da allora molte cose sono cambiate. Gli eventi storici e le continue trasformazioni politiche, economiche, sociali e di costume che hanno interessato la vita del paese dalla seconda metà del XIX secolo ai giorni nostri hanno via via rimodellato il profilo demografico degli italiani. Alle soglie del nuovo secolo emerge l'immagine di un'Italia in cui vivono quasi 57 milioni di abitanti, dove si comincia a manifestare una significativa prevalenza femminile (oltre la soglia dei 60 anni) e la struttura per età risulta decisamente invecchiata: un giovane (0-14 anni) ogni 6 residenti, un ultrasessantacinquenne ogni 7, un ultraottantenne ogni 31.

Un paese in cui la frequenza delle nascite, quasi dimezzatesi nell'arco di un trentennio, è ormai pressoché equivalente a quella dei decessi e in cui, se si prescinde dagli apporti migratori dall'estero, si va sempre più accreditando l'orientamento verso la «crescita zero» o, come sembra più probabile, verso un vero e proprio calo della popolazione. Tutto ciò, mentre la durata media della vita si approssima alla considerevole soglia degli 80 anni, la mortalità infantile tocca livelli minimi fisiologici e la fecondità scende a valori mai raggiunti: in media 1,2-1,3 figli per donna.

Famiglia e figli: fra tradizione e transizione

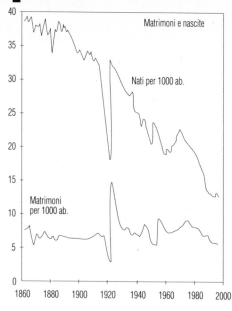

Matrimoni e nascite

Nati per 1000 ab.

Matrimoni per 1000 ab.

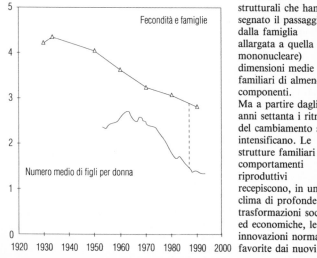

Fecondità e famiglie

Numero medio di figli per donna

Per circa un secolo il processo di formazione e di crescita dei nuclei familiari si è sviluppato nel rispetto della tradizione. La presenza di una nuzialità precoce e generalizzata, normalmente destinata a dar luogo a unioni stabili nel tempo, ha agito da premessa a livelli di fecondità che, per quanto via via più ridotti, si sono mantenuti sempre oltre la soglia del ricambio generazionale e hanno tenuto in vita sino al secondo dopoguerra (pur nel quadro delle significative trasformazioni strutturali che hanno segnato il passaggio dalla famiglia allargata a quella mononucleare) dimensioni medie familiari di almeno 4 componenti.

Ma a partire dagli anni settanta i ritmi del cambiamento si intensificano. Le strutture familiari e i comportamenti riproduttivi recepiscono, in un clima di profonde trasformazioni sociali ed economiche, le innovazioni normative favorite dai nuovi

orientamenti politici e culturali in tema di divorzio, aborto, contraccezione, diritto di famiglia.
Nell'arco di meno di un ventennio la nuzialità si attenua e diventa più tardiva, si affermano nuovi modelli familiari (famiglie unipersonali, nuclei monogenitoriali, convivenze senza matrimonio) e le scelte riproduttive vengono spesso rinviate e ridimensionate rispetto ai progetti iniziali delle coppie.

Si allunga la «linea della vita»

Un secolo di progressi nel campo della medicina, dell'alimentazione, dell'igiene e delle abitudini di vita hanno consentito di raddoppiare la durata media della sopravvivenza degli italiani. In tal senso, un contributo determinante è venuto dal calo della mortalità infantile, ma non sono mancati (soprattutto per le femmine) sensibili miglioramenti anche rispetto alle età centrali e senili. La condizione di parità tra i sessi di fronte alla morte, tipica della seconda metà dell'Ottocento, è andata via via evolvendosi a favore del «sesso debole»: alle soglie del XXI secolo nascere femmina equivale ad attendersi, in media, circa 7 anni di vita in più.

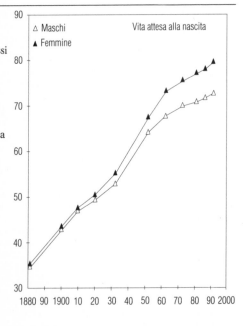

Vita attesa alla nascita
△ Maschi
▲ Femmine

Tendenze e prospettive della natalità

Nel corso degli anni sessanta, in un contesto demografico caratterizzato da circa 15 milioni di famiglie, nascevano annualmente in Italia poco più di un milione di bambini e ancora dieci anni dopo, con due milioni di famiglie in più, ci si manteneva attorno alle 900 mila nascite annue; poi la progressiva discesa sotto gli 800 mila nati nel 1977, i 700 mila nel 1979, i 600 mila nel 1984 per arrivare infine, in un paese con 20 milioni di unità familiari, ai 562 mila nati del 1992. Se la fecondità si attestasse ai livelli di oggi si avrebbero 450-500 mila nati nel primo decennio del XXI secolo e si giungerebbe a circa 300 mila da qui a 50 anni. Se, invece, dovessero proseguire le tendenze in atto è stato calcolato che il limite delle 500 mila unità verrebbe infranto con la prima metà degli anni novanta, si scenderebbe a meno di 400 mila nati cinque anni dopo, a meno di 300 mila nella seconda decade del nuovo secolo e a poco più di 150 mila nella quarta. Le stime provengono da fonti autorevoli e sono conseguite sulla base di calcoli che proiettano nel tempo i comportamenti di oggi. Esse offrono l'occasione per sottolineare come in assenza di nuovi orientamenti nel comportamento riproduttivo della popolazione italiana, giungeranno a manifestarsi nel futuro gli effetti dei rapidi cambiamenti avviati nel recente passato: matureranno cioè, i frutti della minor propensione a far figli che, in pochi anni, si è trasformata da processo graduale a corsa accelerata, al punto da conferire alla popolazione italiana (con il valore medio di 1,2-1,3 figli per donna nel 1992) il primato del più basso livello di fecondità mai registrato nella storia dell'umanità in un collettivo di dimensioni considerevoli.

La scoperta del calo demografico

In particolare, se si suppone che la fecondità resti costantemente ferma ai livelli attuali, emergono prospettive di crescita zero per circa un ventennio cui farebbe seguito un progressivo ridimensionamento della consistenza numerica della popolazione: i quasi 57 milioni di italiani di oggi potrebbero ridursi a 45 entro cinquant'anni. Un regresso numerico ancor più accentuato è quello che scaturisce dall'ipotesi di ulteriori contrazioni della fecondità che assecondino, pur con appropriate soglie limite, la prosecuzione delle tendenze in atto. In tale circostanza il calo demografico si manifesterebbe già a partire dall'ultimo decennio di questo secolo e nello spazio di cinquant'anni si verrebbero a perdere poco meno di 20 milioni di italiani.

Meno sconvolgenti appaiono, invece, i risultati cui si giunge nell'ipotesi di un modello evolutivo che preveda un progressivo, anche se a tutt'oggi poco probabile, recupero di livelli di fecondità capaci di garantire il ricambio generazionale (circa due figli per donna). Quest'ultimo esercizio previsto evidenzia un lieve incremento demografico per circa vent'anni così che, nel primo decennio del prossimo secolo, l'ammontare della popolazione potrebbe salire a circa 59 milioni, per poi ridiscendere ai livelli attuali nel successivo decennio e proseguire con un debole ma progressivo regresso negli anni seguenti.

Si tratta, come si vede, di un ventaglio di alternative ben differenziate. Dal loro esame, anche al di là di ogni vera e propria valutazione su quale potrà essere l'effettivo cammino verso cui ci si indirizzerà, si possono cogliere due importanti spunti di riflessione. Il primo riguarda il contributo e il ruolo fondamentale che avranno i

Un sorpasso annunciato

La forte presenza della componente giovanile, che ha contraddistinto per circa un secolo la struttura per età della popolazione italiana, subisce nel secondo dopoguerra un tendenziale ridimensionamento. I progressi in tema di sopravvivenza sono andati combinandosi con il calo della natalità e hanno favorito un brusco avvicinamento tra l'ammontare della popolazione giovanile e quello degli anziani. Tuttavia, mentre le prospettive di ulteriore crescita degli ultrasessantacinquenni trovano sdrammatizzazione nella moderna ridefinizione delle soglie di ingresso nell'età senile, meno trascurabile sembra essere l'immagine del continuo incremento

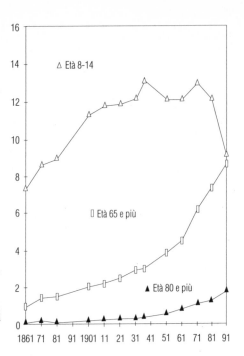

numerico degli ultraottantenni (un limite d'età che è oggigiorno accessibile a circa il 40% dei maschi e a più del 60% delle femmine): vi sono oggi tanti ultraottantenni quanti erano gli ultrasessantacinquenni all'inizio del secolo.

comportamenti in tema di fecondità nel determinare l'ammontare della popolazione italiana nei prossimi decenni. E poiché tali comportamenti verranno posti in essere da generazioni che vanno formandosi tra gli stimoli e il clima culturale di questo fine secolo, è del tutto evidente che il futuro quadro della fecondità dipen-

derà principalmente dal modo con cui gli italiani di oggi sapranno trasmettere a quelli di domani convenienti condizioni ambientali e adeguati modelli di vita.
Il secondo spunto, ricavabile dall'esame del complesso dei tre scenari, consiste nell'impressione di inevitabilità del calo demografico; sia che si debba

▌ Dalle valige di cartone... ai venditori di accendini

Poco meno di 30 milioni di espatriati tra il 1861 e la metà degli anni ottanta, con una perdita di popolazione stimata in circa 8 milioni di abitanti, sono valsi a giustificare l'etichetta di «paese di emigrazione» che ha accompagnato l'Italia sino alla metà degli anni settanta. L'immagine dei bastimenti diretti verso le Americhe nel primo Novecento, così come quella dei treni verso il nord Europa nel secondo dopoguerra, sembra tuttavia appartenere a un ciclo storico concluso e irripetibile. Dal 1973 non solo i rimpatri di cittadini italiani superano gli espatri, ma si va affermando un fenomeno di attrazione di flussi migratori da altri paesi. I circa 150 mila stranieri regolarmente

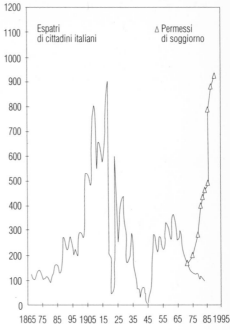

in Italia alla metà degli anni settanta sono saliti a circa 500 mila dieci anni dopo e hanno ormai pressoché raggiunto

un milione di presenze che vanno ad aggiungersi al fenomeno dell'immigrazione irregolare.

---

attendere solo qualche anno (nell'ipotesi di fecondità decrescente o costante), sia che si richiedano alcuni decenni (qualora si verifichi una ripresa dei livelli di fecondità), l'idea che, in assenza di apporti migratori, si giungerà a un ridimensionamento quantitativo della popolazione italiana sembra ormai difficilmente contestabile.

Verso una società più vecchia

Se il salto dai timori per l'eccessiva crescita della popolazione, largamente diffusi nel corso degli anni sessanta, alla quasi certezza del calo demografico, tipica del nostro tempo, può apparire sorprendente a gran parte degli italiani, non meno stupore dovrebbe provocare la consapevolezza delle rivoluzionarie trasformazioni che subirà la popolazione nei prossimi decenni in termini di composizione per età.

Poco più di trent'anni fa si avevano in Italia 25-30 giovani meno che ventenni per ogni 10 soggetti con più di 60 anni; tra 4-5 decenni, sulla base di quanto viene previsto anche solo supponendo costante la fecondità di oggi, tale rapporto risulterebbe invertito: 26 ultrasessantenni per ogni 10 giovani. In termini numerici, i primi verrebbero quasi a raddoppiarsi nell'arco dei prossimi cinquant'anni, con un incremento di 6-7 milioni di unità, giungendo così a costituire il 40% circa della popolazione italiana.

Sul fronte opposto, il calo dei giovani si presenta con un ordine di grandezza pressoché analogo (circa 7 milioni di unità in meno nello stesso intervallo di tempo), ma potrebbe trasformarsi in un vero e proprio crollo se l'ipotesi di ulteriore calo della fecondità dovesse realmente verificarsi. In tal caso, gli attuali 14 milioni di soggetti inferiori a 20 anni verrebbero rimpiazzati da circa 4 milioni di coetanei.

Anche l'ammontare della popolazione in età 20-59 anni, gran parte del potenziale produttivo del paese, potrebbe subire un significativo ridimensionamento. Le generazioni nate più di recente, così come quelle che andranno via via formandosi in futuro, immetteranno infatti nella fascia di età centrali un numero di soggetti sempre meno adeguato a compensare il flusso di uscite prodotto dalle generazioni che vanno via via maturando il sessantesimo compleanno. Dopo una fase di moderato incremento, destinata a esaurirsi con il sopraggiungere del nuovo secolo, il calo numerico degli italiani tra i 20 e 59 anni potrebbe risultare di 8 milioni di unità

nell'ipotesi di recupero della fecondità, di 12 milioni nel caso di fecondità costante o di 15 nell'ipotesi di una sua ulteriore riduzione.

Sconvolti secolari equilibri

Come si vede, l'intensità e la natura dei cambiamenti che si vanno preannunciando è tale da modificare equilibri secolari, da rimettere in discussione la struttura economica, l'organizzazione sociale, la stessa impostazione del sistema di vita degli italiani. Quale potrà essere la collocazione dei 2,3 milioni di ultraottantenni (oggi sono circa 1,8 milioni e solo vent'anni fa erano 900 mila) tra i 57 milioni di individui che vedranno l'avvento del nuovo secolo? E quali condizioni di vita si preannunciano allorché dopo 3-4 decenni i «vecchi» saranno diventati, come si prevede, ben 4 milioni? In che misura la struttura economica e sociale potrà mantenersi in equilibrio se per ogni 10 soggetti in età 20-59 si avranno circa 3 giovani (meno di 20 anni), 7 anziani (60-79enni) e 2 vecchi (ultraottantenni)?

Sono domande inquietanti cui non è ancora possibile fornire risposte convincenti. Il fenomeno dell'invecchiamento demografico è certamente una conquista ottenuta attraverso un controllo sempre più efficace tanto sulla morte quanto sulle nascite non volute. Così, mentre il XX secolo è trascorso nel segno della crescita demografica, il XXI sarà inevitabilmente caratterizzato dall'invecchiamento, l'importante è conoscerne l'intensità e saperne gestire le conseguenze.

Una corretta quantificazione di tale fenomeno e dei meccanismi che ne governano la dinamica rappresenta dunque il primo passo che occorre compiere per ricercare le soluzioni ai numerosi problemi che verranno posti dalle trasformazioni in atto. È un passo, questo, che va compiuto con la consapevolezza che i futuri scenari in tema di invecchiamento demografico sono sin d'ora prevedibili con un alto grado di attendibilità: la consistenza numerica degli anziani del XXI secolo, tutti già nati, è infatti un dato che si può leggere nell'attuale struttura per età degli italiani; solo improbabili cadute della sopravvivenza potrebbero modificare le aspettative in tal senso.

La presenza straniera

Un aspetto della nuova realtà demografica non meno problematico dei precedenti, ma più innovativo e imprevedibile nelle sue manifestazioni è l'immigrazione straniera.

Dopo essere stata per oltre un secolo terra di emigrazione, l'Italia è divenuta, nel breve spazio di poco più di un decennio, meta di consistenti flussi migratori provenienti da numerose aree del mondo in via di sviluppo. Un mondo in cui l'eccessiva crescita demografica e la diffusa disoccupazione, a volte aggravata dall'incertezza, dalle calamità ambientali e dall'oppressione del clima politico, agiscono da fattore di espulsione e spingono ingenti masse di individui verso i paesi industrializzati alla ricerca di un reddito e di migliori condizioni di vita.

La collocazione geografica dell'Italia (paese di «confine» in un'area, come è quella del Mediterraneo, a elevata tensione migratoria), la forte presenza di una componente sommersa nella sua economia (con larghi interessi all'impiego di mano d'opera irregola-

Le politiche per l'immigrazione

Il primo tentativo di vasta portata di produrre una politica di immigrazione in Italia si è avuto nel 1987 con la legge n. 943 che conteneva tra l'altro norme di regolarizzazione degli immigrati presenti in Italia. Gli immigrati si trovavano in massima parte in condizione di irregolarità, per essere entrati in Italia con un visto di soggiorno (in genere a carattere turistico) successivamente scaduto. Dopo il primo intervento legislativo, che però rese possibile la regolarizzazione solo di una parte modesta degli immigrati (circa 120 mila), nel 1990 fu approvato un secondo e più articolato provvedimento: la cosiddetta «legge Martelli» (che regola tuttora l'immigrazione), contenente anch'essa norme volte alla regolarizzazione degli immigrati. Alla fine di quell'anno risultavano così regolarizzate in Italia oltre mezzo milione di persone provenienti da paesi del Terzo mondo. A essi bisogna aggiungere, per aver un'idea dell'immigrazione extracomunitaria in Italia, una quota di non regolari (stimabile all'epoca intorno al 20%). Questa cifra non va confusa con quella degli stranieri presenti in Italia, giacché tra gli stranieri c'è un numero almeno pari di persone provenienti da paesi sviluppati, in gran parte europei.

re e a buon mercato), la sostanziale mancanza di leggi capaci di regolamentare efficacemente (almeno fino al 1990) un fenomeno nuovo e complesso, hanno svolto un ruolo determinante nel favorire l'ingresso e la permanenza sul territorio italiano di un numero di cittadini extracomunitari che viene stimato nell'ordine di 1-1,5 milioni di unità.

Tale presenza, il cui impatto con la struttura organizzativa e gli equilibri socio-economici del paese è già oggi fonte di gravi problemi, sembra destinata a proseguire nel tempo e a svilupparsi con rapidità prospettandosi come una delle grandi emergenze cui far fronte nei prossimi decenni. La lezione della recente storia europea in tema di mobilità internazionale mostra infatti come la singola emigrazione faccia parte di un processo che si prospetta in più fasi: dalla presenza di individui soli, ai ricongiungimenti familiari, allo sviluppo e all'integrazione della seconda generazione, sino all'inserimento di quest'ultima nella società e nel mercato del lavoro. Ma se è vero che l'Italia sta ancora vivendo tra mille difficoltà la fase iniziale di tale processo, è anche vero che proprio l'esperienza internazionale insegna come anche le successive siano tutt'altro che agevoli da gestire allorché ci si propone di salvaguardare gli equilibri socioculturali ed economici del paese ospitante.

D'altra parte non c'è stata, almeno sino alla fine del 1986, alcuna politica nei riguardi del fenomeno dell'immigrazione straniera e forse è stata proprio una tale mancanza di orientamenti a favorire lo sviluppo spontaneo di una presenza guidata da scelte e interessi individuali. Eppure gli obiettivi dei possibili interventi nell'area dell'immigrazione straniera sono da tempo chiari e ampiamente condivisi: contenere il fenomeno entro li-

miti accettabili per gli equilibri del paese e favorire l'integrazione e la valorizzazione del capitale umano che si rende disponibile. Il tutto, eliminando la piaga dell'illegalità e cercando di conciliare i principi di solidarietà con le scelte produttive del sistema economico e le esigenze dell'organizzazione sociale. Solo così si può ritenere che il futuro ruolo dell'Italia nel quadro degli scambi di popolazione tra Nord e Sud del mondo potrà risultare costruttivo per lo sviluppo di entrambe le parti in causa; il processo migratorio non verrebbe infatti a prospettarsi solo come una valvola di sfogo per popolazioni cresciute troppo in fretta, ma rappresenterebbe un'occasione per arricchire gli immigrati di esperienza (anche in vista di un loro reinserimento nei luoghi di origine) e per fornire ai paesi ospitanti, nel rispetto delle esigenze e senza contraccolpi sociali, quel fattore umano che la dinamica demografica tende a rendere sempre più scarso.

─────── **BIBLIOGRAFIA** ───────

Secondo rapporto sulla situazione demografica italiana, Istituto Ricerche sulla Popolazione (IRP-CNR), Roma 1988.

Il futuro degli italiani, Fondazione G. Agnelli, Torino 1989.

G. C. Blangiardo, *Meno Italiani... più problemi*, Bariletti, Roma 1990.

M. Livi Bacci, *Donna fecondità e figli*, Il Mulino, Bologna 1980.

M. Livi Bacci, *La trasformazione demografica delle società europee*, Loescher, Torino 1977.

E. Sonnino (a c. di), *Demografia e società in Italia*, Editori Riuniti, Roma 1989.

R. Volpi, *Storia della popolazione italiana dall'Unità a oggi*, La Nuova Italia, Firenze 1989.

Lingua e dialetti

Tullio De Mauro

In Italia sono parlate 13 lingue minori e una dozzina di dialetti. Il 60 per cento degli italiani possiede un dialetto, e il 14 per cento nient'altro che quello. La cultura e la società ufficiali hanno spesso ignorato o occultato la straordinaria varietà del plurilinguismo nazionale. Eppure la lingua italiana fino al secondo dopoguerra è stata confinata essenzialmente all'uso scritto, come una lingua morta, e ha cominciato a esistere per la maggioranza degli italiani solo negli anni sessanta.

Una peculiarità di lunga durata nella storia delle popolazioni che hanno abitato l'Italia è la persistenza, attraverso le generazioni, di differenziazioni linguistiche numerose e marcate assai più che in altre aree europee e mediterranee.

Le lingue «meno diffuse»

Nel 1992, il parlamento europeo ha censito all'interno della CEE, con intenti di tutela, 28 lingue «meno diffuse» (minoritarie in senso assoluto, come il gaelico o il friulano, o minoritarie solo in certe aree statali, come il tedesco in Francia o Italia o Danimarca). Delle 28, poco meno della metà, tredici, vivono in Italia: (1,2) francese e francoprovenzale in Val d'Aosta; (3) occitanico in Piemonte; (4) tedesco (di varia base dialettale) sul Monte Rosa, nel Bellunese e soprattutto in provincia di Bolzano-Bozen, nell'alta valle dell'Adige; (5) ladino nelle valli dolomitiche di Bolzano, ma anche nel Trentino; (6) sloveno nelle provincie di Gorizia, Trieste e Udine; (7) friulano in Friuli-Venezia Giulia; (8) serbo-croato nel

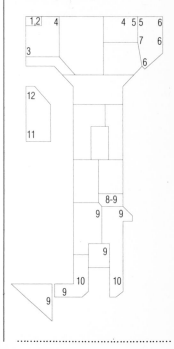

Lingue «meno diffuse» tutelate dalla CEE

Molise; (9) albanese in una folla di comuni nelle regioni del Regno di Napoli dal Molise alla Sicilia; (10) neogreco in Calabria e nel Salento; (11) catalano in Sardegna; (12) parlate sarde in Sardegna (ma l'immigrazione ha creato grandi nuclei sardofoni nelle metropoli del Nord); (13) parlate zingare sinti e rom.

Non basta assommare a queste tredici l'italiano per avere un quadro della pluralità linguistica dell'Italia attuale. Correttamente alcuni repertori internazionali, come *Ethnologue*, considerano idiomi diversi tra loro e rispetto all'italiano almeno alcuni dei dialetti. Questi non sono da confondere con i *dialects* o *dialectes* del mondo anglosassone o francese, ove si tratta, sotto questo nome, di varietà della lingua comune. Anche l'italiano standard ha le sue brave varianti, i suoi *dialects*, l'italiano milanese o settentrionale, l'italiano napoletano, l'italiano romano ecc., cui in fine torneremo ad accennare. Ma in più esistono in Italia, e li chiamiamo *dialetti*, idiomi geneticamente, strutturalmente e tipologicamente assai diversi tra loro e rispetto all'italiano. Chi parla soltanto uno di questi (e ciò accade ancora oggi per circa il 14% della popolazione) dinanzi all'italiano e dinanzi agli altri dialetti si trova come dinanzi a lingue straniere, spesso assai distanti. (È stato mostrato che la «distanza linguistica» tra alcuni dialetti piemontesi o lucani e l'italiano standard è maggiore della distanza di francese e rumeno rispetto all'italiano.)

I dialetti

Se all'italiano, noto ormai (1992) quale prima o, più spesso, seconda lingua all'86% della popolazione, diamo il numero (14), possiamo e dobbiamo aggiungere, tenendo conto della (im)possibilità di reciproca comprensione tra chi parla solo un dialetto, i seguenti grandi raggruppamenti di parlate (spesso ricche di importanti e ancora vive tradizioni letterarie, teatrali ecc.): (15) piemontesi e liguri, (16) lombarde, (17) venete, (18) emiliano-romagnole, (19) marchígiane di transizione, (20) umbro-aretino-chianaiole, (21) abruzzesi e molisane, (22) romanesche e ciociare, (23) napoletane, (24) pugliesi e salentine, (25) lucane, (26) calabresi, (27) siciliane.

Questo elenco è tutt'altro che esauriente: a) ignora, tranne che per la sezione aretino-chianaiola, le parlate toscane, supponendole ottimisticamente tutte prossime allo standard italiano, che trasse la sua origine da una di esse, il fiorentino scritto del Trecento assunto a lingua comune dei colti nel Cinquecento; b) ignora alcune minori enclaves (l'area dei dialetti galloitalici in Sicilia, la minuscola, ma significativa isola armena a Venezia ecc.); c) tralascia le ormai imponenti masse di recente immigrazione dal mondo arabofono, dal sudest asiatico, dall'area cinese ecc. (complessivamente oltre un milione di persone).

Un caso unico nel Nord del mondo

Non c'è paese di lingua romanza (derivata cioè dal latino) in cui accanto al dialetto divenuto attraverso i secoli lingua nazionale coesistano e persistano altrettanti idiomi dialettali diversi. E, possiamo aggiungere, non c'è paese del Nord del mondo in cui, a parità di area e popolazione, vi sia un'analoga presenza, un analogo secolare insediamento di dialetti diversi e di lingue minori altre. Bisogna pensare all'India o all'area bantu, entrambe enormemente più estese, e con

Le principali parlate dialettali

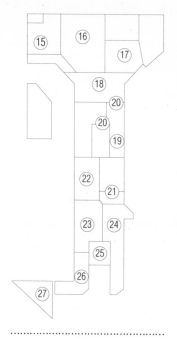

vicende storico-sociali assai diverse dalle europee, per trovare una simile persistenza di idiomi diversi.

Nella comune consapevolezza dei ceti colti italiani la consistenza e quasi la stessa esistenza di un così esteso plurilinguismo individuale (oggi più del 60% della popolazione possiede un dialetto, più o meno diverso dall'italiano, o un idioma alloglotto *e* l'italiano) e di un imponente, storico «colinguismo» (il termine è usato da Renée Balibar per indicare la coesistenza di più lingue in un medesimo contesto storico-sociale) è stata variamente occultata, sottaciuta, contestata. È un ramo recessivo della tradizione intellettuale, ancorché vi appartenga

forse il meglio della storia intellettuale nazionale, quello che, da Dante a Leopardi e Manzoni, a Croce e Gramsci, ha avvertito la significatività e la portata della pluralità di idiomi caratterizzante la storia delle popolazioni italiane.

Eppure, come la migliore linguistica e filologia italiana non hanno mancato di mettere in luce, da B. Biondelli e G. I. Ascoli a C. Devoto, A. Pagliaro, G. Contini, C. Dionisotti, l'intreccio plurilingue è un carattere costitutivo della storia delle popolazioni e culture succedutesi in Italia dalle origini più remote ricostruibili fino ai nostri giorni. Diciamo meglio: a onta della retorica dell'italianità concepita come omogeneità, a onta di politiche scolastiche e di sordità culturali (e anche civili) che hanno indotto, dall'unità politica ai nostri giorni, a occultare o cercare assurdamente di combattere la nativa pluralità idiomatica, se nel confronto europeo e mondiale qualcosa vi è di profondamente e specificamente italiano è proprio la tenace, millenaria persistenza delle differenziazioni linguistiche (e culturali) delle popolazioni che hanno convissuto e vivono nello spazio «che Appennin parte, e il mar circonda e l'Alpe».

Le basi protostoriche

E il mar circonda e l'Alpe: espressione felice, questa di Petrarca, che gli studi di linguistica storica, paleoetnologia e archeologia, storia, hanno confermato. *Circonda*, e non già separa (o *serra* o *divide* come in analoghe perifrasi di Ariosto e Manzoni). Fin dove può giungere l'ipotesi preistorica ben fondata, e giunge la più sicura documentazione protostorica e storica, Alpi e mare non sono stati limiti invalicabili, al contrario. Dai valichi delle Alpi occidentali, che più tardi percorsero gli Annibale e i Carlo VIII, penetrano in Italia le ondate celtiche, che gallicizzano l'Italia padana e cercano di penetrare più a sud, lungo la valle del Tevere, fino a Roma. E di là riuscirono ad affacciarsi i primi gruppi germanici, quei Teutoni fermati da Caio Mario in piena età romana. Dai terrazzamenti, dalle doline delle Alpi orientali scesero in Italia, nel secondo millennio avanti Cristo, i latini prima, e dovevano entrare poi germani e unni, effimere e riassorbite presenze, più tardi ancora le propaggini della grande ondata slava medievale. Dalle sponde dell'Adriatico, a ondate successive, approdarono nella penisola probabilmente gli etruschi, ancor più probabilmente gli antichi italici, osci e umbri, e poi venetici e messapi, e più tardi ancora i coloni greci. Attraverso il canale di Sicilia e il Tirreno con le sue isole approdarono in Italia punici e greci e più tardi gli arabi.

Che Appenin parte; altra espressione felice, che gli studi geostorici e linguistici hanno convalidato. Rispetto ad altre aree europee, lo spazio italiano è solcato da confini naturali interni, appoggio formidabile alle partizioni etnico-linguistiche prima e dopo la creazione della raggiera di strade consolari romane. A essi si appoggiano i solchi che dividono le popolazioni dell'Italia protostorica: galli e liguri, reti e venetici, etruschi e piceni, umbri, osci, latini, messapi, siculi e sicani, punici e greci sulle coste.

Appenin parte: gli etruschi dai galli, più tardi le popolazioni federate alla Repubblica romana dai galli e venetici, più tardi ancora, dopo la riorganizzazione diocleziana dell'Italia e dopo l'avvento del cristianesimo, l'Italia centrata su Mediolanum e aperta ai traffici europei nordoccidentali dall'Italia centrata su Roma e aperta al Mediterraneo e all'Oriente. E molto più tardi, nei nostri anni, l'Appennino è stato il naturale supporto di quella «linea gotica» che bloccò l'avanzare delle truppe alleate su quella stessa soglia che i linguisti conoscono come «linea La Spezia-Rimini». Questa non divide solo i dialetti italiani del Nord, galloromanzi, da quelli centromeridionali, ma divide l'intero dominio neolatino, separando gli idiomi romanzi occidentali e settentrionali (inclusi i dialetti italoromanzi della Padania) da quelli sudorientali (inclusi i dialetti dell'Italia centrale e meridionale).

Il «gene» della diversificazione

L'Italia dell'anno dell'incendio gallico era un mosaico di popolazioni etnicamente e linguisticamente diverse, in cui la latinità era ridotta a un misero isolotto. Da allora, dall'inizio del IV secolo a.C., l'intera storia delle popolazioni italiane si è svolta, nei suoi aspetti linguistici, culturali e sociopolitici, per vie tali che hanno trasmesso attraverso i secoli il gene della diversificazione linguistica.

Certo, sia pure a grandi intervalli, vi sono stati eventi unificanti: così l'espansione progressiva della Repubblica romana tra IV e I secolo a.C., la riorganizzazione augustea delle *Regiones Italiae*, più tardi la cristianizzazione di tutte le popolazioni, poi, dodici secoli dopo, l'elezione del fiorentino scritto trecentesco a comune lingua nazionale di cultura e infine, dopo altri secoli di eventi storici agenti nel senso del rafforzamento delle separazioni tra le diverse aree italiane, l'unificazione politica e i conseguenti processi di unificazione della vita sociale del paese. Ma se si ha la pazienza di esaminare più da presso eventi e processi unificanti, ci si avvede che essi si sono svolti in modo tale da salvaguardare o, quanto meno, da non cancellare le differenziazioni anteriori.

Roma nel IV secolo era una città etrusco-latina, in via di grecizzarsi (*polis* greca la ritenevano, semplificando un po' troppo, i geografi greci): non conobbe — merito insigne! — nazionalismi linguistici. La latinizzazione linguistica di italici, etruschi, sardi, galli, messapi, venetici e, infine, anche di molti centri costieri greci avvenne all'insegna del lasciar fare, per una spinta e con tempi e modi che ciascuna popolazione si scelse. Il risultato fu che già nel I secolo dopo Cristo abbiamo notizia indiretta del formarsi di *dialects* del latino in corrispondenza delle anteriori e in parte ancora sopravviventi diverse comunità preromane. Così mossero i loro primi passi quegli idiomi diversi che sono stati e sono i differenti dialetti italiani.

In modo analogo, la riorganizzazione augustea delle *Regiones* perpetua in larga misura le anteriori partizioni etnico-linguistiche. E la riorganizzazione dioclezianea dell'Italia la taglia in due e, insieme alle *Regiones*, fa da base alle ripartizioni e gerarchizzazioni delle diocesi della Chiesa: un evento unificante, la cristianizzazione, si rifrange in strutturazioni differenziate arealmente correlate ad anteriori differenze.

La scelta del fiorentino

L'analogo avviene con la scelta di una lingua unica. L'elezione del fiorentino a idioma comune si ebbe, fra tardo Quattrocento e Cinquecento, a Napoli, Milano e Roma prima, poi a Ferrara, Venezia e Palermo, poi a Torino, in tempi e modi assai diversi fu dovuta alla decisione delle diverse

corti e dei gruppi di letterati che vi gravitavano intorno. La gente colta conosceva e usava il latino (come nel resto d'Europa) e accettò facilmente l'idea che, tra i grandi dialetti, la lingua comune fosse la parlata strutturalmente più conservativa, dunque più vicina al latino, ornata del prestigio letterario dei tre grandi trecentisti fiorentini e sorretta persuasivamente (di nuovo, non solo in Italia) dalla rete bancaria e finanziaria toscana.

Ma non ci fu allora e poi, per quattro secoli ancora, un'*aula* unitaria, una corte, una classe dirigente, una capitale che proponessero o magari imponessero alle popolazioni di convergere verso la stessa scelta. Né ci fu una scuola: non c'è stata nemmeno dopo l'unità politica del paese, e ha cominciato a esistere solo con gli anni sessanta di questo secolo, una scuola capace di offrire e, di nuovo, se si vuole, di imporre l'adesione alla lingua comune a tutte intere le popolazioni italiane. Di recente qualcuno, forse preso da contingenti intenti politici, ha affermato che l'italianità linguistica non è mai stata in discussione dai tempi di san Francesco e di Dante. Ma questo è un falso storico (e, si potrebbe opinare, anche una sciocchezza: si difende l'unità della patria occultando le fattezze del suo volto?). Il 65% di italiani senza alcun titolo di scuola, risultati tali ancora al censimento del 1951, l'italianità linguistica del paese certo non la mettevano in discussione: ovviamente perché, toltine i toscani e romani, nemmeno sapevano di che si trattasse.

La lingua unica

Così anche questo sicuro elemento unificante, l'italianità linguistica, si è incorporato in processi storici che non

Uso della lingua e dei dialetti

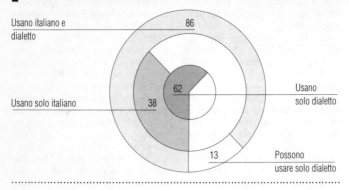

Usano italiano e dialetto — 86

Usano solo italiano — 38

62

Usano solo dialetto

13 — Possono usare solo dialetto

ne hanno fatto un dato comune per tutti i ceti sociali, in modi simili in tutte le regioni. Firenze, Toscana e Roma a parte, la conoscenza dell'italiano per secoli, e fino all'ultimo dopoguerra, è rimasta relegata all'ambito di coloro che sapevano scrivere, l'uso stesso dell'italiano è restato essenzialmente un uso scritto, fatti linguistici interni, nella pronunzia, nel vocabolario, nel periodare, nello stile serbano tracce di questa lunga predominante vita da lingua *morta*, essendo invece le lingue «vive e vere», secondo l'espressione di Manzoni, e cioè lingue sia scritte, scrivibili, sia anche parlate, e usate a pieno titolo per intendersi, i singoli diversi dialetti. A partire dai tardi anni cinquanta, le grandi migrazioni dalle campagne del Sud e del Veneto verso il Nord metropolitano, il diffuso ascolto delle trasmissioni televisive più elementari e la crescita della scolarità di base almeno tra le fasce più giovani (ma è una crescita ancor oggi, nel 1994, incompleta) hanno teso a fare del possesso della lingua comune un bene alla portata di tutti, e l'86% della popolazione, come già si è ricordato, dichiara oggi di avvalersene. Ma solo il 38% parla sempre e solo italiano: più di sessanta italiani ogni cento continuano a usare i dialetti o i tredici idiomi alloglotti che la storia ha radicato in Italia. E tredici italiani su cento continuano a potersi esprimere solo in uno dei dialetti, non in italiano. L'italiano stesso, di conseguenza, è usato d'abitudine secondo moduli differenziati regionalmente (oltre che, come è ovvio, socialmente) specialmente nella pronunzia e nella prosodia, anche se per grammatica e lessico è ormai abbastanza diffusa la capacità di convergere verso standard unitari nello scritto e nel parlato.

BIBLIOGRAFIA

F. Bruni (a c. di), *L'italiano nelle regioni*, UTET, Torino 1992.

T. De Mauro, *L'Italia delle Italie*, Editori Riuniti, Roma 1992[3].

Id., *Storia linguistica dell'Italia unita*, Laterza, Bari 1963, 10ª, ivi 1992.

T. De Mauro, F. Mancini, M. Vedovelli, M. Voghera, *Lessico dell'italiano parlato*, Etas Libri, Milano 1993.

L. Serianni (a c. di), *Storia della lingua italiana*, 3 voll., Einaudi, Torino (in stampa).

Cattolicesimo

Andrea Riccardi

L'Italia, anche quella liberale, è sempre stata un paese cattolico e non ha mai conosciuto il pluralismo religioso. Dal Concordato del 1929, poi recepito nella Costituzione, è uscito uno Stato confessionale che, almeno formalmente, è durato fino al 1984. La guerra fredda ha giustificato l'unità politica dei cattolici. Poi sono venute la revisione del Concordato, la crisi dei partiti. Il processo di secolarizzazione ha investito la società italiana.

Ma la Chiesa cattolica, rinnovata dal Concilio Vaticano II, resta un punto di riferimento per gran parte degli italiani.

Sul piano istituzionale, l'impronta più profonda lasciata dalla tradizionale presenza cattolica nella società italiana è costituita dai rapporti concordatari tra Chiesa cattolica e Stato italiano.

La Conciliazione, ossia il riavvicinamento tra Stato e Chiesa operato mediante i Patti Lateranensi del 1929, affermava, sia pure in maniera ambigua, l'identità cattolica dello Stato italiano. Il cattolicesimo era la religione di Stato secondo quanto stabilito dallo statuto albertino. Il regime delle altre comunità «acattoliche» era quello di culti ammessi nel quadro di uno Stato cattolico, quindi di confessioni religiose di seconda categoria.

Questa condizione giustificò una serie di misure vessatorie nei confronti delle comunità protestanti o dei Testimoni di Geova, che non si esaurirono nemmeno nei primi anni della repubblica.

Il Concordato stabiliva il «carattere sacro» della città di Roma in quanto sede del papa e meta di pellegrinaggi. La legge italiana riconosceva gli effetti civili della celebrazione del sacramento del matrimonio (in base a questo riconoscimento taluni argomentavano che in Italia non si sarebbe potuto introdurre il divorzio).

I Patti Lateranensi, stipulati da Mussolini, vennero recepiti dalla Costituzione repubblicana come «regolamento» dei rapporti tra Chiesa e Stato. L'art. 7, infatti, afferma che la Costituzione italiana riconosce che Chiesa e Stato «sono, ciascuno nel proprio ordine, indipendenti e sovrani» e i loro rapporti sono *regolati* dai Patti Lateranensi.

Dai Patti Lateranensi al Concordato del 1984

La recezione dei Patti Lateranensi nella Costituzione fu sostanzialmente interpretata nell'Italia repubblicana come la conferma di uno statuto di particolare privilegio per la Chiesa cattolica. In un sistema politico, dove la Democrazia cristiana era il partito centrale nelle coalizioni di governo che si succedevano, l'interpretazione del Concordato avveniva in maniera abbastanza favorevole al ruolo pubblico della Chiesa. Jemolo descrive gli anni cinquanta quasi come un «regime confessionale», in cui abbondavano i riconoscimenti ufficiali al cattolicesimo come religione di Stato mentre si prendevano misure limitanti l'attività protestante.

Il Concilio Vaticano II, con la sua affermazione della libertà religiosa e dell'ecumenismo, ha cambiato profondamente le attese dei cattolici verso lo Stato; questo processo si è sviluppato parallelamente all'evoluzione della mentalità e dei comportamenti degli italiani. La legislazione italiana negli ultimi venticinque anni si distaccava dal modello proposto dalla Chiesa cattolica. Nel 1970 veniva introdotto il divorzio; nel 1971 veniva liberalizzata la propaganda anticoncezionale (nel 1968 Paolo VI con l'enciclica *Humanae Vitae* aveva preso posizione contro la limitazione delle nascite); nel 1975 veniva riformato il diritto di famiglia; nel 1978 era introdotto l'aborto.

La revisione del Concordato

Nel 1984, dopo un lungo percorso negoziale, si giunse a un accordo di revisione del Concordato, con esplicito riferimento alla Costituzione repubblicana e al Vaticano II, aggiornando il quadro giuridico dei rapporti tra Chiesa e Stato. Si abrogava in sostanza il riconoscimento del cattolicesimo come religione dello Stato. Gli accordi, tra l'altro, inaugurano un nuovo sistema di finanziamento del clero e delle attività religiose. Il vecchio Concordato garantiva a vescovi e parroci un modesto salario, versato direttamente dallo Stato. Dal 1990 un istituto centrale per il sostentamento del clero gestisce gli antichi «benefici» e riceve versamenti dai cittadini, che possono essere detratti dalla dichiarazione dei redditi. Inoltre lo Stato consente che una percentuale delle tasse sia destinata a opere gestite dalla Chiesa su indicazione del cittadino.

Una religione con pochi concorrenti

Questi processi di cambiamento giuridico e strutturale rimettono profondamente in discussione il quadro professionale della società italiana, che i Patti Lateranensi del 1929 tendevano a restaurare. Infatti, anche al di là degli aspetti giuridici, nella storia dell'Italia unita il cattolicesimo è stato sempre la religione di riferimento per gli italiani, sia nell'adesione come nel rifiuto. Il non cattolico era il non credente, l'agnostico, l'ateo, l'anticlericale, piuttosto che l'appartenente a un'altra comunità religiosa diversa dalla Chiesa di Roma. Il ruolo della Chiesa cattolica nella vita sociale venne fortemente contestato nel Risorgimento per la sua connessione con il problema del potere temporale del papa e la questione romana; ma l'Italia è rimasta sempre un paese cattolico.

Infatti il pluralismo religioso non ha mai caratterizzato la vita nazionale. Gli «altri» rispetto alla Chiesa cattolica, da un punto di vista religioso, consistevano in una piccola e contenuta minoranza, gli ebrei, i valdesi e altre ridotte comunità d'origine straniera, senza una reale competizione con l'influenza del cattolicesimo sul piano religioso. L'italiano ha giocato tradizionalmente la sua identità religiosa nell'adesione o nel rifiuto alla Chiesa cattolica, espressione tendenzialmente unica della religione nel panorama nazionale.

Il confronto con l'anticlericalismo

L'anticlericalismo italiano, sia quello borghese sia quello legato al movimento operaio, è stato caratterizzato da un'opposizione specifica al cattolicesimo. La Chiesa cattolica, nelle varie stagioni della storia nazionale, ha vissuto l'affermazione di alcune forze politiche nel paese, quali la classe dirigente liberale e poi, dopo la seconda guerra mondiale, le sinistre e in particolare il partito comunista, come un antagonismo diretto, tendente alla scristianizzazione dell'Italia. Soprattutto dopo il 1945 la Chiesa cattolica si è impegnata nello scontro diretto con il PCI e nel contenimento della sua influenza sulla società italiana, anche sulla scorta della scomunica del 1949 ai comunisti. La scristianizzazione del paese è stata giudicata dalla Chiesa, fino a qualche decennio fa, come il prodotto dei movimenti storici ostili alla sua presenza e al suo ruolo.

In realtà il cattolicesimo ha sempre rappresentato nella storia dell'Italia unita un'importante forza sociale e politica. Negli anni dell'opposizione allo Stato unitario e alla classe dirigente liberale, la Chiesa cattolica ha dato origine a un forte movimento cattolico, attivo sia sul piano associativo e formativo, sia su quello sociale ed economico. Attorno alla struttura più propriamente ecclesiastica e pastorale si è creato un reticolo aggregativo e sociale di notevoli proporzioni. Questo reticolo ha subito varie fasi di ristrutturazione: negli anni del fascismo si è concentrato sull'aspetto religioso-educativo; dopo la seconda guerra mondiale, in una fase di forte espansione, ha fiancheggiato la Democrazia cristiana; con il Vaticano II si è completamente ripensato alla luce di un progetto di presenza rinnovata della Chiesa nel paese.

I cattolici come forza politica e sociale

Sul piano politico il cattolicesimo italiano ha operato in maniera diretta dando luce, in fasi diverse, a due partiti politici, il Partito popolare e la DC. Quest'ultimo partito di ispirazione cristiana ha realizzato, con il forte appoggio della Santa Sede e dei vescovi, il coinvolgimento delle organizzazioni cattoliche italiane in maniera massiccia più intensamente del Partito popolare. La Democrazia cristiana si è affermata come l'unica formazione politica dei cattolici mentre l'episcopato e la Santa Sede hanno visto nella forte presenza comunista nel paese e nella guerra fredda motivi sufficienti per invocare come necessaria l'unità politica dei cattolici. Questa posizione ufficiale non ha impedito che voti e impegno dei cattolici andassero anche ai partiti di sinistra o di destra. Il problema politico (e quello del ruolo del cattolicesimo politico) rappresenta una costante dei dibattiti all'interno della Chiesa, nell'episcopato e tra i laici.

Fine dell'unità politica dei cattolici

Solo in tempi molto recenti con la crisi del sistema dei partiti, è stata rimessa in discussione l'unità politica dei cattolici, anche se la Chiesa sostiene, almeno in parte, l'opportunità di mantenere la presenza di una formazione di matrice cattolica nello schieramento politico. Passando attraverso la profonda revisione conciliare dei rapporti tra Chiesa e società, la Chiesa cattolica resta convinta dell'esigenza di far sentire il peso della sua presenza nel tessuto socio-politico del paese, come ha recentemente affermato Giovanni Paolo II nel suo messaggio ai vescovi italiani: la Chiesa «è una grande forza sociale che unisce gli abitanti dell'Italia, dal Nord al Sud. Una forza che ha superato la prova della storia».

Roma e il suo vescovo

Il cattolicesimo italiano, nelle sue espressioni religiose come in quelle sociopolitiche, vive profondamente innestato sulla dimensione nazionale. L'Italia stessa è un paese di rilievo prioritario nella geopolitica della Chiesa cattolica che ha a Roma il suo centro. Roma, infatti, è una delle realtà peculiari nel panorama religioso nazionale e internazionale. Si tratta di un centro religioso internazionale di respiro non solo italiano, che attrae in maniera stabile o transitoria numerosi cittadini di altri paesi. Nel cuore della capitale, nonostante le distinzioni realizzate con la creazione dello Stato della Città del Vaticano, ha sede una centrale di relazioni religiose e civili di carattere internazionale connessa per molti aspetti alla vita della città e a quella nazionale.

Nella configurazione nazionale del cattolicesimo la Chiesa italiana presenta al suo interno segmenti diversificati; infatti il processo di unificazione del cattolicesimo italiano è piuttosto recente. Un esempio evidente è il ritardo con cui è nata la Conferenza episcopale nazionale — la prima riunione è del 1952 — rispetto a quella di altri paesi europei, come la Germania e la Francia. La funzione unificatrice del cattolicesimo italiano è stata sempre svolta da Roma e dal papa. Il papa, vescovo di Roma e primate d'Italia, è una presenza sempre significativa nell'orizzonte del paese, anche nei passaggi difficili della sua storia, come nella crisi della seconda guerra mondiale o nel periodo complesso del rapimento e dell'uccisione di Aldo Moro.

Sopravvivenze di identità regionali

Il cattolicesimo italiano presenta marcate identità regionali e, in particolare, la differenziazione tra Nord e Sud. Infatti il Mezzogiorno ha una sua storia religiosa particolare, non solo fatta di antichi contatti con il mondo mediterraneo e non impermeabile agli influssi orientali, ma anche di resistenze all'applicazione del Concilio di Trento. Al contrario il Concilio di Trento ha avuto nell'Italia del Nord una vigorosa recezione (si pensi solo all'attività di Carlo Borromeo a Milano). Nella storia nazionale, l'Italia settentrionale ha vissuto con maggiore partecipazione le vicende religiose dell'Ottocento, con un forte movimento intransigente, mentre il Sud in genere si è meno coinvolto nelle sorti del papato. È certo che le espressioni maggiormente movimentiste della Chiesa italiana, dall'Opera dei Congressi all'Azione Cattolica, si sono largamente propagate tra i cattolici del Nord, mentre hanno trovato più limitata diffusione tra quelli del Sud, più legati alle forme devozionali o alle tradizionali confraternite.

Questa divisione storica del cattolicesimo italiano presenta ancora un'attualità? L'Italia del Nord, come terra delle parrocchie, delle diocesi, della pastoralità tridentina e dei movimenti cattolici, si contrapporrebbe a un Sud caratterizzato dalle processioni e dai santuari, da un'integrazione tra vita religiosa e potere civile, da un'accentuata ritualità della vita cristiana. Questa bipartizione, nell'Italia contemporanea che ha subìto profondi rimescolamenti, è troppo rigida. Il Vaticano II ha avuto applicazione in tutta la penisola, mentre le grandi organizzazioni, come l'Azione Cattolica, hanno ormai una diffusione sull'intero territorio nazionale. Tuttavia permangono alcune caratterizzazioni religiose e di mentalità, seppure in maniera meno accesa del passato, tanto da determinare un'attenzione specifica al Sud come si vede dalla lettera dell'episcopato meridionale nel 1948 e da un documento della CEI sul Mezzogiorno nel 1989.

Un ruolo della Chiesa nella società secolarizzata

Nel Mezzogiorno il tasso dei matrimoni civili è molto più basso che nel Centro e nel Nord. Non si tratta però di un Sud rimasto cattolico di fronte a un Centro-nord secolarizzato. Infatti nel Mezzogiorno, nel corso del *referendum* abrogativo della legge sull'aborto nel 1981, non si è rilevato uno stretto rapporto tra pratica religiosa e scelta contro l'aborto, quale era indicata dall'episcopato italiano. Un rapporto più coerente, a questo proposito, esiste invece nel Nord, dove a un'alta pratica religiosa corrisponde un pronunciamento antiabortista. Si profila un modo diverso di partecipare alla vita pubblica, anche a partire da un distinto modo di intendere la vita religiosa. Il Mezzogiorno presenta dati meno omogenei del Nord nella vita religiosa, con un livello non alto di frequentatori costanti ma con un ampio spettro di frequenze saltuarie.

Le diversificazioni esistenti nel cattolicesimo italiano non hanno impedito all'azione di Roma di forgiare un profilo unitario che s'è andato via via rafforzando. Così la Chiesa cattolica è stata il grande referente religioso della storia nazionale. La limitata diffusione della Riforma protestante nella penisola ha fatto sì che l'Italia fosse esterna al mondo religioso e culturale del protestantesimo. Il cristianesimo italiano, nonostante gli scambi mediterranei con l'Oriente, ha una storia totalmente romana, senza tracce di abbandoni ed eclissi di questa fedeltà nel suo passato.

Dall'Ottocento fino al presente, attraverso molteplici passaggi, il cattolicesimo si è fatto movimento nella società italiana, prima in opposizione allo Stato liberale e come autorganizzazione del paese reale, poi concentrato nella scelta religiosa durante il fascismo, infine impegnato nel quadro del pluralismo democratico a segnare una presenza politica unitaria di ispirazione cristiana.

Nonostante il passaggio da una società confessionale a una secolarizzata e l'attenuazione della pratica religiosa, la Chiesa cattolica conserva un ruolo rilevante nella vita del paese e nella visione di una buona parte degli italiani. Larga parte della vita religiosa è gestita da questa Chiesa. Negli ultimi trent'anni, si sono verificati notevoli cambiamenti nelle istituzioni e tra i fedeli, ma persistono costanti di lungo periodo nella presenza cattolica e nella sua articolazione nel paese.

BIBLIOGRAFIA

G. Martina, *La Chiesa in Italia negli ultimi trent'anni*, Studium, Bologna 1977.

La Chiesa e il potere politico dal Medioevo all'età contemporanea, a c. di G. Chittolini e G. Miccoli, in *Storia d'Italia*, Annali 9, Einaudi, Torino 1986.

G. Alberigo, *Il cristianesimo in Italia*, Laterza, Roma-Bari 1989.

G. Penco, *Storia della Chiesa in Italia*, Jaca Book, Milano 1978, 2 voll.

V. Vinay, *Storia dei valdesi. Dal movimento evangelico italiano al movimento ecumenico (1848-1978)*, Claudiana, Torino 1980.

Questione meridionale

Piero Bevilacqua

Da preoccupazione conservatrice per la fragilità dell'unità nazionale appena conseguita a punto cruciale di ogni progetto politico liberale o rivoluzionario di modernizzazione, la riflessione su questo tema ha impegnato i maggiori intellettuali italiani del nostro secolo, ma ha rischiato di trasformarsi in controversia fine a se stessa. Scomparse le masse di contadini poveri, che avevano costituito il principale dramma del Mezzogiorno, la questione meridionale si concentra ora su debolezza del sistema produttivo, inadeguatezza dei servizi, criminalità organizzata: tutti aggravamenti specifici di problemi nazionali.

La questione meridionale costituisce la prima forma di revisione critica dei modi di formazione della nazione italiana all'indomani dell'unificazione del paese. A metà degli anni settanta dell'Ottocento, vale a dire a quasi un quindicennio dal compimento dell'Unità, apparivano risolti alcuni dei più gravi e sovrastanti problemi che il giovane Stato si era trovato ad affrontare a partire dal 1861: il brigantaggio nelle provincie meridionali era stato domato, l'annessione del Veneto e la conquista di Roma avevano permesso di completare l'unificazione territoriale della penisola, era stata conseguita la costruzione di una struttura amministrativa unitaria, i più allarmanti problemi finanziari e di bilancio dello Stato apparivano superati.

L'unità nazionale vista dal Sud

È dunque all'indomani di questa fase «eroica» della costruzione del nuovo Stato, nelle condizioni di una finalmente conseguita normalità, che alcuni pensosi osservatori si interrogano sulla qualità dell'edificio unitario appena costruito, sulla saldezza della nuova compagine, sul carattere degli equilibri politici interni che venivano a regolare la vita della nuova nazione. Ed essi scorgono un limite, un difetto d'origine, che getta un'ombra sul nuovo edificio così faticosamente messo in piedi e che ne minaccia l'avvenire: l'inglobamento dell'Italia meridionale nel nuovo Stato si è risolto in un atto semplicemente formale, nell'annessione giuridica e politica di un insieme di provincie, che prima formavano il Regno di Napoli, nei nuovi ordinamenti nazionali. È mancato – sostengono questi osservatori – il coinvolgimento della grande massa della popolazione alla costruzione della nuova nazione, la partecipazione dei ceti popolari, prevalentemente contadini e piccoli proprietari, che ora si sente estranea ai suoi ordinamenti, alle sue leggi, ai suoi istituti rappresentativi, alla sua stessa sovranità. Il processo di unificazione nazionale, ricorda Pasquale

Villari nelle sue *Lettere meridionali* pubblicate in volume nel 1875 – e considerate il primo documento di denuncia dell'esistenza di una «questione meridionale» in Italia – è stata una «rivoluzione politica», che ha riguardato ristrette élite intellettuali, ma non ha avuto rilievo sociale, non ha prodotto cambiamenti profondi nella struttura della proprietà fondiaria, non ha modificato in nulla le condizioni di vita della maggioranza dei lavoratori della campagna, che sono rimasti perciò passivi ed estranei al moto unitario. Il nuovo Stato – denuncia perciò Villari – poggia, in una grande area del paese, su ristrette e fragili basi di consenso, non ha radici nella popolazione: e questo lo rende esposto a non pochi pericoli e minacce. Tanto più che nel corso del processo di unificazione non è sorta, nelle provincie meridionali, una nuova e diffusa «classe media» capace di rappresentare, a livello politico e amministrativo, gli interessi generali e impersonali della nazione e quindi in grado di apparire, agli occhi della popolazione, come garante di un ordine più avanzato e più giusto del precedente. I nuovi rappresentanti dello Stato, nel Sud – denuncia ancora Villari – non sono che i vecchi proprietari di un tempo, i quali conservano immutato il loro potere sociale e politico, e ora lo trasferiscono ed estendono nei nuovi ordinamenti liberali. Nei municipi e nelle amministrazioni provinciali, nelle opere pie e nei monti frumentari, non c'è una nuova classe dirigente ad applicare le nuove leggi dello Stato, ma si è insediato il vecchio ceto padronale, che rappresenta in realtà se stesso e i propri interessi materiali, che usa le istituzioni liberali come un proprio privato e personale dominio. Tale severissima critica ai limiti del processo risorgimentale, agli arretrati caratteri di classe su cui si reggevano gli equilibri politici del nuovo Stato in un'area ampia del paese, alla fragilità delle sue basi di consenso fra la massa della popolazione, costituisce dunque l'atto di nascita, la presa d'atto originaria della questione meridionale. Essa, dunque, non nasce come critica o rivendicazione dall'interno del Mezzogiorno rivolta all'altra parte del paese. Lo stesso Villari, meridionale di origine, ma fuoruscito dopo i tentativi insurrezionali del 1848, viveva e insegnava da anni a Firenze. Si tratta piuttosto di una meditata riflessione e a un tempo di un grido di allarme lanciato alla nuova classe dirigente risorgimentale.

Le motivazioni politiche di fondo che presiedono alla denuncia di una questione meridionale in Italia sono infatti di carattere conservatore. Tanto Villari che – come vedremo più avanti – i toscani Leopoldo Franchetti e Sidney Sonnino, erano informati sulle tensioni e le rivolte popolari che percorrevano l'Europa del tempo: essi avevano seguito nel 1871 i fatti della Comune di Parigi e potevano scorgere come tutti gli osservatori colti europei di allora l'avanzare di un movimento socialista, visto come una delle minacce più serie davanti al futuro degli stati nazionali. Per tale ragione era così vivo in loro, e acutamente percepito, il problema della saldezza dello Stato, delle sue basi di consenso, del grado di identificazione culturale fra i cittadini e il potere pubblico. Tale preoccupazione conservatrice aveva tuttavia degli esiti critici importanti, sia perché essa metteva in rilievo i limiti strettamente conservatori del processo di costruzione della nazione, sia perché spingeva a guardare nel profondo delle condizioni sociali che il nuovo Stato aveva ereditato dal passato, e che aveva conservato inalterate.

Le grandi inchieste sociali

L'altra faccia della questione meridionale, quella che in una certa misura ne fonda anche la tradizione più fertile è data dall'analisi, dall'inchiesta, dalla denuncia delle condizioni sociali, civili, culturali della realtà del Sud. È infatti il bisogno di guardare in faccia alle minacce che potevano venire al debole e recente edificio unitario a spingere alcuni giovani intellettuali, come Franchetti e Sonnino, a intraprendere fin dal 1874 i loro viaggi di esplorazione sociale nell'Italia meridionale. Dapprima il solo Franchetti, con il viaggio nelle provincie continentali del Sud – da cui ricaverà, nel 1875, le *Condizioni economiche ed amministrative delle province napoletane* – e poi insieme in Sicilia (dalla cui esperienza nacquero i due volumi di *Sicilia nel 1876*) inaugurarono la fertile stagione delle inchieste sociali condotte con indagini dirette e personali sul campo. Spesso a dorso di mulo e a piedi questi esploratori sociali batterono per mesi le campagne del Sud, visitando villaggi e paesi, interrogando sindaci, proprietari, signori, contadini e osservando pratiche agricole, contratti agrari, consuetudini, modi di vita. I loro viaggi di conoscenza nel Sud costituirono le prime grandi esplorazioni dell'Italia profonda, del paese reale, quello della gente umile alle prese con i problemi della sopravvivenza e del lavoro. Era attraverso queste prime indagini volontarie, condotte da privati, che la nuova nazione prendeva coscienza di sé: sicché i primi capitoli della questione meridionale coincidono anche con le prime espressioni dell'indagine sociale in Italia, con i primi tentativi attraverso cui un paese che si affacciava con fatica alla modernità si formava un'idea delle condizioni reali della sua gente.

La denuncia del latifondo

È in occasione di tali indagini che viene elaborato un modello di rappresentazione del Sud destinato a costituire per decenni un punto di riferimento obbligato per tutte le successive elaborazioni volte a sostenere l'esistenza e le ragioni della questione meridionale. Tanto Franchetti che Sonnino misero in luce e denunciarono gli squilibri profondi nella distribuzione della proprietà terriera, che erano la causa dell'esistenza di migliaia di contadini poveri o senza terra contrapposti a pochi signori detentori di sterminate fortune fondiarie. Essi denunciavano la larga presenza del latifondo e delle colture estensive in tanta parte delle campagne meridionali e siciliane, dominate da rapporti contrattuali arretrati e vessatori nei confronti della popolazione lavoratrice contadina. Arretratezze tecniche, dei sistemi produttivi e delle relazioni sociali nelle campagne, che poi avevano dei riflessi importanti nella vita politica locale: l'assenza di un ceto intermedio di agricoltori faceva sì che il potere personale dei grandi proprietari fosse assoluto e che le lotte politiche ed elettorali si risolvessero nei conflitti e nella contrapposizione di poche influenti famiglie.

In aggiunta a tale quadro, Franchetti forniva una ricognizione minuziosa dei problemi della criminalità che contrassegnavano la realtà sociale di alcune provincie della Sicilia. Si debbono a lui le prime, acute e profonde osservazioni sul fenomeno allora nascente della mafia, destinato a costituire – insieme alla camorra insediata a Napoli e nei suoi dintorni – uno dei *topoi* della rappresentazione del Mezzogiorno.

Le analisi e le denunce di questi autori, seguite di lì a poco dagli studi di altri intellettuali e soprattutto da un grande studioso, Giustino Fortunato, destinato a diventare una figura di spicco nel mondo politico meridionale, nascevano dunque per conseguire obiettivi politici determinati ed erano animate dal fervore dell'occasione civile che le ispirava. Era infatti abbastanza comprensibile che gli scrittori impegnati a denunciare le arretratezze materiali e le storture sociali del Sud ponessero in esclusivo rilievo le realtà da cambiare, i nodi dolenti su cui richiamare, con adeguato pathos emotivo, l'attenzione delle classi dirigenti e dei governi. E perciò il quadro che della società meridionale usciva dalle loro pagine – spesso sorretto da una straordinaria forza analitica – era tutto dominato dall'enfasi posta sui problemi che si intendeva denunciare e risolvere: la permanenza del latifondo, i sistemi colturali arretrati, la miseria dei contadini, la mancanza di strade, l'analfabetismo, l'isolamento materiale e culturale.

La retorica dell'arcaismo

Sparivano da tale illustrazione le città del Sud e le loro nascenti borghesie, il paesaggio della piccola proprietà coltivatrice e dell'agricoltura dominata dall'albero, le realtà artigiane e manifatturiere: tutto quanto di normale e al passo con i tempi quelle regioni potevano allora esprimere. Ed è su tale rappresentazione che spesso gli esponenti degli interessi meridionali, i meridionalisti, nel parlamento, sulla stampa, nel corso delle battaglie politiche ed elettorali son venuti costruendo una questione meridionale intesa come tradizione e come retorica: evocazione reiterata di un Sud immobile nei suoi caratteri arcaici, eternamente alle prese con i suoi irrisolti problemi. Naturalmente, i cam-

biamenti storici che investirono l'intero paese tra Otto e Novecento produssero anche rilevanti mutamenti nei termini del dibattito intorno al Mezzogiorno d'Italia e dunque nella rappresentazione della stessa questione meridionale. Nel corso del quindicennio che precedette la Prima guerra mondiale, all'interno delle regioni nord-occidentali dell'Italia si venne realizzando un vero e moderno processo di industrializzazione, mentre il Sud (allora investito da straordinarie correnti di emigrazione verso le Americhe) accentuava e specializzava le proprie vocazioni agricole.

Dualismo economico e «patto scellerato»

Fu in quella fase che disparità anche antiche fra le due grandi aree del paese si vennero trasformando in un vero e proprio dualismo autodinamico. Le difformità apparvero più gravi e ingiuste di un tempo e la contrapposizione Nord-Sud venne a occupare un posto centrale nella questione meridionale. Fiorì allora una nuova e straordinaria stagione di studi e di battaglie politiche a favore del Mezzogiorno, destinata ad aprire una delle pagine sicuramente più ricche nella storia della questione meridionale. Intellettuali di non comune statura entrarono nell'agone del dibattito politico e dell'analisi sociale portando nuovo alimento alla tradizione del meridionalismo e rinnovandolo profondamente. Alla voce di Fortunato si univa, già dai primi del Novecento, quella di Francesco Saverio Nitti, che scorgeva nell'avvento dell'elettricità un'occasione per dotare il Sud di un moderno apparato industriale: una delle leve più potenti della sua auspicata trasformazione.
Su un versante più decisamente politico si mosse invece Gaetano Salve-

mini. L'intellettuale pugliese vedeva nella politica economica del suo tempo – dominata dalla tariffa doganale del 1887, che proteggeva la grande industria siderurgica e le produzioni granarie – una sorta di «patto scellerato» tra industriali del Nord e latifondisti del Sud. Era in tale alleanza che occorreva trovare la spiegazione dell'immobilità e inferiorità dell'Italia meridionale. E a essa occorreva rispondere con un programma rivoluzionario che prevedesse l'alleanza tra gli operai del Nord e i contadini del Sud per una nuova riorganizzazione dello Stato.

In sintonia con queste posizioni, nel corso degli anni venti, venne elaborando le proprie analisi Antonio Gramsci. Anche egli inseriva la riflessione sul Sud d'Italia all'interno di un progetto di rivoluzione sociale, secondo i canoni di un pensiero politico che si ispirava originalmente ai modelli del marxismo e del leninismo. Ma Gramsci faceva al tempo stesso della rappresentazione del Mezzogiorno un punto importante di una più ampia ed elaborata reinterpretazione della storia d'Italia. Negli anni che precedettero il fascismo, o che l'accompagnarono, prima che si spegnesse ogni voce d'opposizione, il Mezzogiorno fu dunque al centro di un dibattito teso e intenso cui diedero un contributo altri meridionali e meridionalisti: da Antonio De Viti de Marco a Luigi Sturzo, da Guido Dorso a Tommaso Fiore.

Una nuova stagione di interventi

All'indomani della Seconda guerra mondiale, l'esplosione delle lotte contadine in gran parte delle campagne meridionali riportò in primo piano la questione meridionale che il regime aveva cancellato dal suo vocabolario politico. Nuovi protagonisti diedero allora voce ai vecchi e ai nuovi bisogni del Sud di allora: da Pasquale Saraceno a Emilio Sereni, da Manlio Rossi Doria a Francesco Compagna. La riforma agraria avviata nel 1950 e l'istituzione, nello stesso anno, della Cassa per il Mezzogiorno inauguravano una nuova stagione di interventi spostando ovviamente il dibattito politico su un terreno del tutto nuovo. Da allora la questione meridionale ha fatto tutt'uno con i problemi dell'emigrazione, con le trasformazioni dell'agricoltura, con il processo dell'industrializzazione e i suoi limiti, con i caratteri dell'urbanesimo, in genere con i problemi della crescita economica e della modernizzazione delle sue strutture civili. Ultimamente – di fronte al dilagare senza precedenti dell'attività della mafia, della camorra e della 'ndrangheta in tre regioni del Sud – la questione meridionale ha quasi finito con il coincidere con la questione criminale.

La letteratura meridionalista

Intorno alla questione meridionale si è venuta producendo una letteratura di analisi sociale, di indagine e ricognizione materiale, di pensiero politico, di amplissime dimensioni. Ed essa costituisce senza dubbio uno dei tratti più originali della storia politica e culturale dell'Italia contemporanea, cui hanno contribuito alcuni fra i maggiori intellettuali italiani del nostro secolo. Nessuna questione regionale all'interno dei singoli stati europei – né, per esempio, la questione basca in Spagna né la questione irlandese in Gran Bretagna – hanno dato vita a qualcosa che somigliasse, per ampiezza di analisi sociale e per intensità e durata di dibattito politico, alla tradizione del meridionalismo.

Ed è indubbiamente questo dato a illuminare il carattere di costruzione politico-intellettuale di tale questione: vale a dire l'essere stata l'Italia meridionale oggetto di un investimento intellettuale di straordinarie dimensioni che ha finito nel bene e nel male per assorbirne le diversità e articolazioni interne, trasformandone spesso gli svolgimenti materiali e la storia in controversia.

I caratteri «deboli» della nuova questione meridionale

Oggi, la questione meridionale si presenta con caratteristiche che potremmo definire «deboli». Con la scomparsa definitiva delle masse contadine povere è venuto meno uno degli aspetti sociali più rilevanti del problema meridionale. Le campagne hanno progressivamente conosciuto una modernizzazione tecnico-produttiva di significativa ampiezza. D'altra parte l'indubbia crescita economica degli ultimi decenni, l'aumento rilevante dei redditi e dei consumi, la scomparsa di molti vecchi squilibri rispetto al resto del paese, hanno tolto ai problemi d'un tempo molte delle asprezze che li avevano sin lì accompagnati. Alcune regioni come l'Abruzzo hanno conosciuto processi di trasformazione economici e strutturali che l'hanno ormai equiparato per molti aspetti alle aree dell'Italia centrale. E fenomeni analoghi, benché meno omogenei, ha conosciuto anche la Puglia. La diffusione, localizzata in alcune aree costiere, di piccole e medie industrie, più o meno autonome dai grandi gruppi industriali del Nord, ha cambiato in parte il panorama economico e sociale di un tempo.
Di fronte a tale mutato scenario la questione meridionale non appare più come un problema di miseria sociale e di arretratezza, di irriducibile dualismo fra Nord e Sud. Essa tende essenzialmente a concentrarsi in tre problemi essenziali: la permanente fragilità del sistema produttivo meridionale (accresciuto dalla crisi industriale che ha investito l'intero paese negli ultimi anni), l'inadeguatezza dei servizi civili e territoriali, la diffusione della criminalità organizzata. Oggi, per la verità, tali problemi vedono ulteriormente scolorire, per così dire, la loro specificità meridionale, per diventare in qualche modo una sorta di aggravamento specifico di problemi nazionali. Ed è secondo questa ottica più razionale e meno controversistica, più storico-scientifica e meno politica, che è venuta esprimendosi una nuova riflessione sull'Italia meridionale a partire dalla seconda metà degli anni ottanta. Un gruppo di studiosi di varia provenienza culturale e formazione ha dato vita infatti a un centro di ricerca, l'Istituto meridionale di storia e scienze sociali (IMES) e a una rivista, «Meridiana», che hanno rinnovato i metodi di studio su questa area del paese.

BIBLIOGRAFIA

P. Bevilacqua, *Breve storia dell'Italia meridionale dall'Ottocento a oggi*, Donzelli editore, Roma 1993.

S. Cafiero, *La nascita della Cassa,* in *Studi in onore di Pasquale Saraceno*, Giuffrè, Milano 1975.

M. Rossi Doria, *Gli uomini e la storia. Ricordi di contemporanei*, con introduzione di P. Bevilacqua, Laterza, Roma-Bari 1990.

M. L. Salvadori, *Il mito del buongoverno. La questione meridionale da Cavour a Gramsci*, Einaudi, Torino 1960.

R. Villari, *Il Sud nella storia d'Italia. Antologia della questione meridionale*, Laterza, Bari 1966, 2 voll.

Familismo

Paul Ginsborg

Il familismo è un rapporto specifico fra famiglia, società civile e Stato nel cui quadro i valori e gli interessi della famiglia sono contrapposti agli altri momenti principali della convivenza umana. La versione italiana di questo rapporto non è costante ma non è neanche un miraggio. La caratterizzano unità familiari fortemente coese, una società civile relativamente debole e una sfiducia nello Stato centrale profondamente radicata.

Nella letteratura popolare, tra i giornalisti e i commentatori stranieri si è diffusa nel tempo una convinzione quasi unanime sulla natura della famiglia italiana: èssa si distingue sia per la sua straordinaria compattezza, sia per il grande potere che detiene e la centralità di cui gode nella società italiana. Di più, secondo lo stesso modo di vedere, le caratteristiche prorompenti della famiglia sono state una delle più importanti e longeve specificità della storia italiana. Peter Nichols, per molti anni corrispondente da Roma del «Times», ha descritto la famiglia italiana nel suo *Italia, Italia* (1973) come «il più celebre capolavoro della società italiana attraverso i secoli, il baluardo, l'unità naturale, il dispensatore di tutto ciò che lo Stato nega, il gruppo semisacro, il vendicatore e il rimuneratore». Luigi Barzini Jr., nel capitolo dedicato alla famiglia del suo notissimo *Gli Italiani* (1964), si era spinto anche oltre: «Gli studiosi hanno sempre ravvisato nella famiglia l'unica istituzione fondamentale del paese, la creazione spontanea del genio nazionale, adattata nel corso dei secoli alle mutevoli condizioni, il vero fondamento del predominante ordinamento sociale, qualunque esso sia di volta in volta». Barzini poneva ai suoi lettori la domanda: «La famiglia continuerà sempre a dominare?», ed era un quesito che per lui costituiva niente di meno che «l'interrogativo centrale della storia e della vita politica italiana».

Una rete familiare fortissima

Se dalle opinioni giornalistiche, spesso frutto di notevole acume ma per definizione superficiali, passiamo alla ricerca sociologica contemporanea, troviamo subito una conferma sostanziale dell'attuale compattezza, centralità e specificità della famiglia italiana. Nel 1989 l'ISSP (International social survey programme) ha pubblicato statistiche comparate relative alle reti sociali di sette paesi (Australia, Austria, Gran Bretagna, Ungheria, Italia, Stati Uniti e Germania federale). È da notare subito che nell'indagine mancano i paesi islamici e che l'Italia è l'unico paese mediterraneo preso in considerazione. Pur tenuto conto di questi limiti, la specificità della famiglia italiana emerge in modo nettissimo. Da tutta una serie di indicatori – il numero di figli sopra i diciotto anni che vivono in famiglia, la vicinanza geografica alla madre di figli sposati, la quantità di contatti tra gli uni e l'altra, l'aiuto finanziario dato dai genitori ai figli – l'Italia emerge con una rete familiare fortissima. In particolare, le risultanze sembrerebbero confermare le conclusioni di più di uno studio antropologico sugli strettissimi rapporti esistenti in Italia tra le generazioni e sulla matricentricità della famiglia italiana.

Un rapporto tra famiglia, società civile e Stato

Sarebbe un grave errore, però, identificare queste caratteristiche con il familismo *tout court*. Il termine familismo, per avere una sua utilità scientifica e culturale, deve essere usato in modo specifico e non semplicemente per descrivere l'attaccamento alla famiglia e la compattezza interna del nucleo familiare. Bisogna pensare il familismo come un rapporto tra famiglia, società civile e Stato, nel cui quadro i valori e gli interessi della famiglia sono contrapposti a quelli degli altri momenti principali dell'associazionismo umano. Il familismo esiste quando trionfano forme esasperate di privatismo familiare, di perseguimento esclusivo degli interessi familiari, di cecità o sordità verso i bisogni di gruppi più estesi della ristretta

cerchia familiare, di rifiuto di un rapporto con lo Stato basato sull'obbligo reciproco. Il concetto di familismo dunque ha connotazioni fortemente negative, anche se è necessario evitare giudizi sommari e riconoscere la complessità dei rapporti tra la famiglia e il mondo esterno. In determinate circostanze – per esempio quelle di uno Stato con aspirazioni totalitarie – il familismo può perfino diventare un rifugio obbligato.

La tesi di Banfield

Fu l'antropologo Edward Banfield, con il suo studio del 1958 sullo sperduto paese lucano di «Montegrano» (in realtà Chiaromonte), a suscitare una vivacissima discussione sull'esistenza e sulla natura del familismo in Italia. Banfield coniò il termine «familismo amorale» (l'aggettivo sembra ridondante, ma Banfield spiega che vuole distinguere tra atteggiamenti «morali» all'interno della famiglia e quelli «amorali» all'esterno), per descrivere l'incapacità «degli abitanti di agire insieme per il bene comune, o più in generale per qualsivoglia fine che trascenda l'interesse materiale immediato del nucleo familiare».
Per spiegare questo atteggiamento, Banfield attribuisce un ruolo centrale a tre fattori: la *forma* della famiglia che si osserva a Chiaromonte (nucleare e non estesa), l'alto tasso di mortalità e un determinato assetto fondiario. A sua volta, è la forza del familismo in quanto fenomeno culturale che spiega il rapporto deformato tra famiglia, società civile e Stato.

Il dibattito sul familismo

Anche se lo stesso Banfield è stato abbastanza cauto nel postulare la rappresentatività di Chiaromonte, limitandosi a sostenere semplicemente che «per taluni aspetti» si tratterebbe di un fenomeno «abbastanza "tipico"», riscontrabile in altre regioni rurali del Sud, altri studiosi dell'Italia hanno teso a estendere drasticamente la categoria del familismo, in senso sia geografico che cronologico. Per l'antropologo Carlo Tullio Altan il familismo è stato uno dei caratteri specifici della storia della società italiana. È un tipo di vincolo che si ritrova dappertutto nella penisola e lo si rintraccia già nel XV secolo nei diari e nella corrispondenza dell'umanista toscano Leon Battista Alberti. Per Tullio Altan «prevalentemente rimase e rimane tuttora in gran parte della società italiana, sia al Nord che al Sud, il punto di vista della morale individualistico-familistica albertiana, con le sue disastrose conseguenze sociali: la vera e profonda matrice del qualunquismo nazionale».

La costante sfiducia nello Stato

Nella mia *Storia d'Italia dal dopoguerra a oggi* (1989) ho cercato di prendere le distanze da questo tipo di condanna inappellabile, sostenendo piuttosto che le famiglie italiane, almeno negli ultimi cinquant'anni, hanno mostrato atteggiamenti fluttuanti nei confronti della società civile e una costante sfiducia nello Stato. In certi periodi, come nel Nord durante la Resistenza e nel Sud durante l'occupazione delle terre negli anni quaranta, oppure durante le lotte sociali dei primi anni settanta, molte famiglie italiane, lungi dal presentare forme esasperate di privatismo si sono impegnate a fondo nella lotta comune e nell'organizzazione della società civile. In altri momenti, invece, come negli anni ottanta, la maggioranza delle famiglie ha mostrato una forte tendenza a «chiamarsi fuori» per seguire strategie meramente familistiche. Inoltre, le moderne condizioni economiche e sociali, dagli anni del «miracolo economico» in poi, hanno accentuato in misura considerevole la tendenza della famiglia al privatismo. Gabriella Gribaudi, in un articolo del 1993, ha gettato ulteriori dubbi sull'utilità del concetto di familismo, quanto meno nella sua applicazione al Mezzogiorno da parte di studiosi postisi nella scia di Banfield. Prendendo come campo d'indagine la Napoli contemporanea, la Gribaudi mostra come qualsiasi concezione di un tipo unico di famiglia o di un'ideologia univoca delle famiglie, anche in un'area ristretta come il ventre di Napoli, si riveli del tutto fuorviante. Ci sono famiglie di artigiani che hanno un'interazione feconda e costante con la società circostante, mentre ci sono famiglie camorristiche del tutto diverse per struttura e regole di condotta. Ben pochi riscontri stanno a indicare che siano le famiglie nucleari piuttosto che le famiglie estese ad alimentare il familismo, o che si possa parlare in genere della famiglia meridionale come più familista di quella settentrionale. In conclusione la studiosa riscontra che il portato della sua ricerca «rende del tutto vano il concetto di familismo e qualsiasi generalizzazione sulla famiglia».

La forma nazionale del familismo

È questo un opportuno e utile correttivo delle tesi drastiche di Tullio Altan, ma vi è il rischio di liquidare senza mezzi termini quello che in realtà è un elemento importante e ricorrente della cultura politica italiana. Come ha scritto di recente Norberto Bobbio, in Italia «per la famiglia si sprecano impegno, energie e coraggio, ma ne rimane poco per la società e per lo Stato». La versione italiana del familismo è definita da unità familiari fortemente coese (centrate attorno alla madre e con pregnanti solidarietà intergenerazionali), da una società caratterizzata, specialmente nel Sud, da rapporti verticali più che orizzontali e da una sfiducia nello Stato centrale profondamente radicata. Svariati studi, da quello di D. Pitkin per il Lazio a quelli di L. Pinna per la Sardegna e di G. De Napoli per la Calabria, hanno identificato atteggiamenti familistici e solo la mancanza di una moderna antropologia urbana ha impedito che in Italia si arrivasse a una descrizione del fenomeno più ricca e aggiornata.

Il ruolo dello Stato

Ciò che è importante, dunque, non è negare l'esistenza del fenomeno, dal momento che ogni paese ha forme di familismo (nel caso della Gran Bretagna basta ricordare i forti atteggiamenti familistici dei lavoratori dell'automobile del sud urbano studiati da Goldthorpe e altri nei primi anni sessanta). Si deve piuttosto cercare di comprenderne le variazioni nel tempo, da città a campagna, da una regione del paese all'altra, da ceto a ceto, da famiglia a famiglia. Il familismo italiano non è una costante, ma non è neppure un miraggio.

In conclusione sembra opportuno tornare alla spiegazione del familismo come fenomeno. I tre elementi materiali di Banfield (forma della famiglia, assetto fondiario, tassi di mortalità) sono evidentemente assai meno soddisfacenti come spiegazione generale di quanto possa esserlo un'interpretazione fondata sulla debolezza e l'inefficacia storiche delle politiche pubbliche in Italia. È indubbio che nel corso del tempo il familismo è stato rinforzato dai molteplici fallimenti dello Stato italiano. Nella maggior parte delle aree cruciali dell'attività statuale – la creazione di una pubblica amministrazione efficiente e trasparente, l'elaborazione di un sistema fiscale equo, l'offerta di servizi sociali, l'incoraggiamento delle organizzazioni autonome della società civile, la protezione e lo sviluppo degli spazi pubblici (parchi, riserve naturali ecc.) – le politiche pubbliche sono state tra le più modeste d'Europa. Lo Stato italiano, fin dall'Unità, di rado ha mostrato un volto benevolo verso le famiglie italiane ed esse a loro volta lo hanno guardato con una costante diffidenza e scarsa lealtà: nella maggior parte dei casi le famiglie italiane hanno scelto la strategia di stringere i ranghi e si sono mosse su terreno pubblico ostile ricorrendo alle prassi dei rapporti clientelari tradizionali e alle reti di parentela. Nel corso del tempo tali prassi sono diventate modello comune in molti settori della sfera pubblica, per cui non è del tutto contraddittorio parlare di stato familistico. In merito può bastare un esempio, preso ai massimi livelli. Quando nel novembre 1986 Bettino Craxi, allora presidente del consiglio, si recò in visita a Pechino, il suo seguito di familiari, parenti, amici e conoscenti ammontava a cinquantadue persone, tra le quali figuravano il figlio Bobo con fidanzata, la figlia Stefania, la compagna di Claudio Martelli e il fotografo privato di Craxi. Come ebbe a commentare causticamente Giulio Andreotti: «Sono qui in Cina con Craxi e i suoi cari». Quando lo Stato manca di radici solide e di valori universalistici, e quando il vincolo familiare è forte come lo è in Italia, esiste sempre il rischio che il familismo infetti la sfera pubblica oltre che quella privata.

La famiglia cattolica

Un'ultima chiave d'interpretazione va ricercata nell'ideologia cattolica. Anche se bisogna guardarsi dall'identificare in maniera meccanica la teologia cattolica della famiglia con il familismo, è possibile individuare elementi dell'insegnamento cattolico relativo alla famiglia che nel lungo periodo hanno rinforzato valori familisti. La priorità che nella famiglia cattolica si attribuisce agli obblighi *interni* rispetto a quelli *esterni* (indissolubilità, devozione, capacità dei genitori di educare i figli in maniera cristiana), la manifesta preminenza che la famiglia cattolica si assegna rispetto alla società civile (preminenza di ordine sia storica sia etica, come spiegava l'*Enciclopedia cattolica* nel 1950), la tenace diffidenza e l'ostilità della Chiesa cattolica nei confronti dello Stato unificato, sono altrettanti elementi che sono valsi a far sedimentare in Italia una particolare versione del rapporto tra pubblico a privato.

Resta l'interrogativo di Barzini: in Italia la famiglia continuerà a predominare per sempre? È probabilmente lecito rispondere: sì, finché lo Stato non sarà in grado di instaurare un circolo virtuoso tra se stesso, la famiglia e la società civile. Tuttavia, anche nella più positiva eventualità, è assai improbabile che atteggiamenti tanto radicati scompaiano in tempi brevi.

BIBLIOGRAFIA

E. Banfield, *Le basi morali di una società arretrata* (a c. di D. De Masi), Il Mulino, Bologna 1976.

C. Tullio Altan, *La nostra Italia*, Feltrinelli, Milano 1986.

G. Gribaudi, *Familismo e famiglia a Napoli e nel Mezzogiorno*, «Meridiana», n. 17, 1993, pp. 13-41.

Legami familiari in alcuni paesi industrializzati

	Regno Unito	USA	Austr.	Germ. Occ.	Austria	Ungh.	Italia
% di genitori che vivono con:							
figlio adulto	32	21	30	40	39	37	60
figlia adulta	29	14	25	26	25	30	58
% di figli adulti che non vivono con i genitori la cui madre abita:							
a meno di 15 min. di distanza	32	27	24	38	37	43	57
da 15 min. a 1 ora di distanza	40	31	33	30	35	35	26
da 1 a 5 ore di dist.	19	19	20	22	23	19	8
a più di 5 ore di dist.	9	23	23	9	4	4	8
% di coloro che vivono vicino alla madre							
(meno di 1 ora di dist.) e la vedono tutti i giorni	11	16	7	20	17	32	32

Fonte: R. Jowell, S. Withers Poon, L. Brook (a c. di), *British social attitudes*, London 1989, pp. 89, 91-92.

Clientelismo

Alberto De Bernardi

Le relazioni clientelari costituiscono la norma dei rapporti sociali nelle società rurali arretrate. Negli anni cinquanta, mentre nell'Italia del Centro-nord le ultime vestigia del sistema clientelare sparivano, nel Sud la DC di Fanfani se ne appropriava per realizzare il proprio radicamento e incanalare il consenso.

Tra i caratteri peculiari che connotano il processo di formazione della nazione, non solo come entità politico-istituzionale, ma anche come insieme di vincoli e di proiezioni che ridefiniscono l'identità collettiva, uno spazio del tutto particolare occupa la persistenza dei fenomeni clientelari. Dietro molte delle «questioni» che hanno attraversato, e attraversano tuttora, la storia d'Italia – dalla «questione meridionale» alla «questione democristiana», alla «questione criminale» – si delinea con prepotenza il problema del clientelismo, come persistenza nella lunga durata di una forma storica di scambio/relazione tra i soggetti sociali e di integrazione dei gruppi sociali marginali nella compagine nazionale che contrasta con il dispiegarsi dell'autorità pubblica e con la comparsa di forme collettive di lotta politica e sociale proprie di una moderna democrazia.

Il ruolo mediatore dei notabili

Le ricerche storiche, antropologiche e sociologiche da tempo hanno messo in evidenza come le relazioni sociali imperniate sulla coppia cliente-patrono costituiscono la norma più diffusa nelle società rurali che hanno conosciuto bassi tassi di modernizzazione. Se tracciamo un quadro sintetico dell'organizzazione sociale e dei rapporti politici delle campagne italiane ottocentesche, emerge immediatamente la pervasività del sistema clientelare come strumento attraverso il quale le élite agrarie locali mediavano i rapporti tra il potere politico centrale – la mano pubblica — e le classi subalterne. Il potere dei notabili locali affondava le sue radici nella dialettica contadino-proprietario: è qui che si formano le basi materiali delle relazioni di soggezione, di ineguaglianza, di coercizione autoritaria sul cui tronco si sviluppano tanto il paternalismo quanto il clientelismo. Nella subalternità della condizione contadina si costituisce la necessità ineludibile del *patronage* notabilare: il «signore», il grosso affittuario, il ricco mercante, infatti, presidiano in maniera esclusiva i rapporti – le «giunture critiche», come le ha definite Sydal F. Silverman – tra la comunità locale, tra il «mondo contadino», disperso e separato, e il centro. Il centro è la città, è il mercato, è la pubblica amministrazione, è la politica, sono le informazioni. In cambio del potere, il notabilato locale, attraverso la «raccomandazione», la catena delle «amicizie», il «favore» garantisce «protezioni», tutela diritti, mette in contatto le classi inferiori con la pubblica amministrazione, con lo Stato. Si tratta in buona sostanza della sopravvivenza di dinamiche sociali di ascendenza feudale, che rimangono attive fino alle soglie del xx secolo in tutte le Italie agricole.

Nonostante modelli sociali differenziati, gradi diversi di mercantilizzazione dell'agricoltura e di sviluppo economico il sistema clientelare pervade le campagne padane come l'Italia mezzadrile, il Veneto rurale come la Sicilia del latifondo: omogeneità che appare come la spia più significativa dell'arretratezza della società rurale italiana.

Il filo rosso dell'arretratezza

Ed è inseguendo il filo rosso dell'arretratezza che cominciano a essere meno oscure le ragioni della persistenza con cui il fenomeno clientelare percorre le vicende dell'Italia novecentesca fino a nostri giorni, anche quando molte delle condizioni che avevano presieduto alla sua formazione progressivamente vengono meno.

È infatti nella lentezza con cui si afferma in tutte le piaghe del paese lo «sviluppo economico moderno», capace di coniugare industrializzazione con modernizzazione sociale e istituzionale, che si rintracciano le cause principali della resistenza di quell'«integrazione disorganica» delle masse dentro lo Stato – come l'ha acutamente definita il sociologo Luigi Graziano – garantita dal potere clientelare rispetto alla più moderna ed effettiva integrazione promossa dalle istituzioni e dal sistema politico.

In alcuni casi la resistenza è stata così marcata che è riuscita quasi a sostituire per intero il potere pubblico,

erodendone nel profondo la legittimazione.

Da questo punto di vista il caso dell'Italia meridionale è emblematico. In queste regioni il sistema economico sostanzialmente agrario si disgrega molto più lentamente che nel resto dell'Italia; rimane così piuttosto asfittico il processo di formazione di una borghesia urbana mentre la borghesia rurale moderna, nata dalla distribuzione delle terre ecclesiastiche e comunali resta un ceto ristretto che non riesce a strappare ai «baroni» il controllo della terra; parallelamente le dinamiche del mercato, provenienti prevalentemente dall'esterno, non sono in grado di innescare processi di accumulazione e di sviluppo autonomi e autopropulsivi.

In questo contesto lo Stato, che fin dai primi decenni postunitari si è affermato utilizzando alternativamente la forza delle armi o la dispensazione paternalistica dei sussidi e delle «leggi speciali», – è del 1904 la prima, quella sulla Basilicata – non ha né la forza né la legittimazione sociale per garantire processi di nazionalizzazione delle classi sociali, capaci di contrapporsi ai meccanismi di riproduzione del sistema clientelare.

Le sue rigide gerarchie, le regole di dipendenza che si celano dietro la catena degli arbitri e della violenza che permeano buona parte della società siciliana, calabrese e campana sono così forti e dinamiche da riuscire ad adattarsi anche alla formazione della società di massa come quella che si afferma anche nel Mezzogiorno dopo la Prima guerra mondiale.

In una società che rimane sostanzialmente poco aggregata – «sciolta», per dirla con Pasquale Turiello, il primo studioso del clientelismo in Italia – il potere municipale, il suffragio universale diventano funzionali all'articolazione di nuove strategie clientelari finalizzate alla formazione di blocchi di interesse relativamente allargati. Fin dall'età giolittiana, soprattutto intorno alla gestione del denaro pubblico si formano reti clientelari complesse che innervano tutta la vita politica.

I «partiti» locali spesso sono semplicemente la forma moderna attraverso cui lottano le diverse fazioni per acquisire risorse e poteri da utilizzare in senso privatistico nell'interesse esclusivo dei gruppi vincenti.

Lo Stato e il controllo sociale nel Sud

E nel conflitto ancora irrisolto tra la legittimità/autorità dello Stato e le capacità di controllo sociale del potere clientelare si esaurisce buona parte della vita politica del Mezzogiorno. Il risultato è la mancata modernizzazione della vita politica del Sud, nella quale non riescono a strutturarsi pienamente sistemi collettivi di organizzazione degli interessi (sindacati, associazioni di categoria) e forme di rappresentanza basate su solidarietà ideali (partiti di massa) in grado non solo di orientare il consenso, ma soprattutto di legittimare lo Stato e il regime politico. A questo fenomeno non è sfuggito lo Stato liberale, non sfugge un regime autoritario come il fascismo; non sfuggirà nemmeno lo Stato democratico.

In effetti negli anni cinquanta le ultime vestigia del sistema clientelare si decompongono nell'Italia settentrionale e soprattutto centrale, dove erano riuscite a sopravvivere maggiormente alimentate dai meccanismi di funzionamento della società mezzadrile.

Con l'irreversibile declino della società rurale e l'affermazione della proprietà contadina che costituiscono i fenomeni salienti delle campagne ita-

liane negli anni cinquanta e sessanta si sfarina il potere degli agrari, chiave di volta del *patronage* clientelare; il mercato e i consumi di massa integrano i ceti rurali subalterni e li spingono all'interno di circuiti spaziali e culturali che travolgono le residue mura invisibili dentro cui era racchiusa la vita contadina e bracciantile.

Il partito politico, nuovo mediatore

Ma il clientelismo non scompare del tutto: si modifica ulteriormente, gestito direttamente dai nuovi soggetti che regolano la vita democratica, i partiti politici.

Sono i partiti che si assumono il ruolo di «mediatori» tra i cittadini e lo Stato, sostituendo in questo modo i vecchi notabili.

Nel Mezzogiorno, dove il peso degli intrecci clientelari era maggiore e dove, per questo, l'azione collettiva aveva maggiormente stentato a imporsi, l'affermazione dello stato dei partiti e la lotta politica tra i nuovi soggetti della vita collettiva, invece di destrutturarla definitivamente assume il modello clientelare come forma dominante delle relazioni sociali.

Come hanno messo in luce gli studi di S. Tarrow e di P. Allum, è la DC di Fanfani che nella seconda metà degli anni cinquanta esprime compiutamente, facendosene levatrice, il processo di sussunzione del clientelismo da parte dei partiti per realizzare il loro radicamento nella società e incanalare il consenso.

Ora i nuovi «mediatori» sono i burocrati di partito: sono loro che dispensano favori, controllano pacchetti di voti, costruiscono carriere e soprattutto regolano l'erogazione del denaro pubblico attraverso le amministrazioni locali e in particolare attraverso la Cassa del Mezzogiorno, vera cassaforte del potere democristiano nel Sud.

Il potere cleptocratico

Il sistema clientelare gestito dai partiti di governo riesce a integrare le associazioni di tipo secondario che con la massificazione e la modernizzazione della società meridionale si sono venute costituendo: la CISL, le ACLI, la Coldiretti invece di costituire gli strumenti attraverso i quali si organizzano gli attori sociali e si cimentano nella dinamica dei conflitti di classe propri della democrazia, vengono ridotti a lobby che canalizzano gruppi di interesse parziali, all'ombra del potere democristiano.

L'effetto di questi processi sulla società meridionale è devastante: non solo si perpetuano le debolezze secolari della società civile delle regioni del Sud, che non riesce a liberarsi dalle soggezioni imposte, spesso con la violenza, dalla macchina clientelare; ma soprattutto non riescono a imporsi quei diritti di cittadinanza garantiti dallo Stato che costituiscono l'essenza stessa della democrazia moderna. Nel passaggio di un «diritto» in un «favore» che costituisce la base materiale del potere clientelare, si produce una devitalizzazione dello stato di diritto e la riaffermazione del potere come arbitrio proprio delle società autoritarie e premoderne.

Negli ultimi dieci anni, quando il flusso del denaro pubblico cresce a dismisura per le politiche di sostegno alla domanda e per i finanziamenti speciali alla ricostruzione dopo il terremoto dell'Irpinia (1982), si assiste al dilagare di questa partitocrazia clientelare che trova i suoi emblemi nella Napoli di Antonio Gava, nell'Avellino di Ciriaco De Mita, nell'Abruzzo di Romeo Gaspari, nella Palermo di Vito Ciancimino e di Salvo Lima; ma anche nel Veneto di Bisaglia e nella Milano di Bettino Craxi, a dimostrazione dell'estensione nazionale di un fenomeno patologico che mina alle radici la vita civile nazionale e che alimenta quel potere cleptocratico travolto da «tangentopoli».

BIBLIOGRAFIA

P. Allum, *Potere e società a Napoli nel dopoguerra*, Einaudi, Torino 1975.

L. Graziano, *Clientela e politica nel Mezzogiorno* in *Il sistema politico italiano* a c. di P. Farneti, Il Mulino, Bologna 1973.

L. Graziano (a c. di), *Clientelismo e mutamento politico*, Franco Angeli, Milano 1974.

G. Gribaudi, *Mediatori. Antropologia del potere democristiano nel Mezzogiorno*, Rosenberg & Sellier, Torino 1991.

S. Tarrow, *Tra centro e periferia*, Il Mulino, Bologna 1979.

P. Turiello, *Governo e governati in Italia*, Zani, Bologna 1890.

Solidarietà

Paolo Giovannini

All'Italia postunitaria sono mancate la solidarietà sociale e la tensione etica che distinguono le società europee più complesse e integrate. Nel dopoguerra e fino agli anni settanta il solidarismo di classe è sembrato il più capace di espansione. Ma di fronte all'incertezza politica delle sinistre, hanno avuto corso strategie individuali poco sensibili alle solidarietà sociali e di classe, fino alla contestazione del modello universalista del welfare. È un ritorno a premoderni interessi locali e di basso profilo o piuttosto il preannuncio di più laiche strategie di solidarietà sociale?

Tra Settecento e Ottocento le società europee vivono grandi e per certi versi drammatiche trasformazioni, nel passaggio da società agricole e manifatturiere a società a produzione industriale di beni, e nella formazione più o meno dolorosa degli stati nazionali. Filosofi, storici e scienziati sociali registrano e interpretano questo passaggio prevalentemente in termini di transizione verso la complessità, una transizione che introduce nelle società del loro tempo elementi di nuova differenziazione, sotto la spinta di quel processo onnipervasivo che è la divisione del lavoro. Le nuove società nascono, come è ovvio, sulla crisi delle vecchie, introducendovi nuove ragioni di conflitto e indebolendo le vecchie ragioni della solidarietà.

Da comunità a società

È il passaggio che Tönnies ha definito, una volta per tutte, da *comunità a società*, e al quale hanno reagito, con diverse preoccupazioni etiche e politiche, i principali scienziati sociali dell'epoca: chi, come Marx, vedendovi soprattutto lacerazioni, contrasti e nuove e più gravi oppressioni, chi invece, come Ferguson o Durkheim, vedendovi nuovi e più elevati motivi di solidarietà, di consolidamento etico della società, di una società dove gli uomini sono sì sempre più diversi tra loro, ma proprio per ciò legati solidalmente dalle proprie differenze. In Italia il debole e distorto avvio del processo di industrializzazione – prima e dopo l'unificazione – non modifica che parzialmente il tradizionale assetto sociale e culturale del paese. L'economia italiana rimane sostanzialmente rurale, e per di più con profonde diversità tra Sud, Centro e Nord nei rapporti sociali e di produzione (latifondo, mezzadria e azienda agricola). L'unica politica del paese – nel sostanziale fallimento dei tentativi di integrazione nazionale – non riesce a tradursi in unità morale e culturale, e l'Italia rimane culturalmente e socialmente divisa. Nord e Sud segnalano la più profonda di queste divisioni, che concentra sistematicamente nel Nord l'asse positivo della disuguaglianza (la proprietà economica, la direzione politica, l'esperienza del lavoro e dell'industria) e nel Sud quello negativo: una divisione del paese che si dimostrerà esemplarmente in tutta la sua gravità nella scelta postunitaria dell'emigrazione di massa dal Sud verso il resto del mondo, una scelta di puro *exit*, che rimarca la persistente separatezza tra le due aree del paese e ne indica con chiarezza il basso grado di integrazione funzionale.

Sfida unitaria e interessi locali

Ma molte altre differenze permangono e si riproducono nel tempo, rimarcate dagli invisibili confini morali e culturali delle vecchie città-stato medievali o degli staterelli pre-unificazione. La forza coesiva della *solidarietà risorgimentale*, che per un breve periodo aveva tenuto insieme almeno buona parte della classe dirigente italiana di fronte alla sfida unitaria, cede rapidamente il terreno a una *solidarietà degli interessi* che si cementa proprio sul piano locale, sancendo ulteriormente uno stato di frammentazione sociale e culturale del paese, e mirando ad aggregare in una prospettiva localistica e di basso profilo le stesse classi subalterne (o le loro rappresentanze politiche).

Per molti versi, dunque, la situazione italiana sembra fin dall'inizio caratterizzata da una bassa *solidarietà organica*, nel senso che Emile Durkheim dà a questa espressione: una solidarietà eticamente fondata, capace di tenere insieme una società complessa. L'Italia è ancora lontana dai livelli di sviluppo moderno delle vicine società europee; la sua integrazione interna resta scarsa mentre stenta a prendere corpo quello che i sociologi chiamano processo di *individuazione*, vale

a dire di crescita generalizzata dell'autonomia e della personalità individuale. Sopravvivono, invece, numerose zone geografiche e sociali a bassa differenziazione interna, dove persiste una *solidarietà meccanica*, ripiegata nei confini angusti della comunità. È debole o inesistente infine, anche nelle aree più sviluppate del paese, quella tensione etica che costituisce la vera e imprescindibile natura della solidarietà nelle società avanzate, le quali non possono contare esclusivamente sulla forza aggregante degli interessi o delle relazioni di mercato (dove gli attori restano reciprocamente estranei ed eticamente indifferenti).

Come giocano queste condizioni di partenza nello sviluppo dei legami solidaristici lungo la ormai ultracentenaria storia d'Italia? La solidarietà, come è noto, nasce nei momenti di crisi e conosce gli andamenti dei movimenti sociali, accompagnandosi al loro stato nascente e rifluendo o mutando natura via via che essi si vengono istituzionalizzando o – più semplicemente – a seguito del loro insuccesso. Nel suo stadio nascente, la solidarietà risponde in forma forte a un valore o a un interesse centrale e quasi esclusivo (la nazione, la classe, l'etnia ecc.), ma alla lunga ha bisogno di «laicizzarsi» e trovare un nuovo equilibrio tra gli interessi principali in gioco. Rimane, pur sempre, un «nocciolo duro» della rete solidaristica, che resiste fino all'estremo, alla decadenza o alla crisi del valore centrale di riferimento. A volte, neppure la scomparsa fisica della sua base sociale comporta di per sé l'annullamento totale del valore: esso può riprodursi culturalmente, lasciando ad altri (ad altre classi, ad altre ideologie) di rielaborarlo, rivisitandone e riproponendone in forma nuova l'eredità culturale e politica (è stato, per esempio, il caso dei tessitori manuali inglesi o dei contadini di molti paesi del mondo sotto la forza disgregatrice dell'industrializzazione).

La cultura contadina

Proviamo, sulla base di questa traccia interpretativa, a ricostruire alcuni andamenti tipici del fenomeno solidaristico in un paese contadino, cattolico, con radicate tradizioni locali come l'Italia. La cultura contadina, che ha per sua natura una forte valenza comunitaria e solidaristica, si arrocca però – nelle diffuse condizioni di oppressione sociale e di scarsità estrema delle risorse – intorno alla cultura limitata del villaggio e, non di rado, nell'estremo fortilizio della famiglia estesa. Il cattolicesimo che la permea, poco universalista e a bassa razionalizzazione, conserva tratti magici non secondari e organizza localmente, intorno al borgo paesano, i propri riti e i propri culti. Sottoposte alle tensioni della modernizzazione capitalistica (dalle crisi agrarie di fine Ottocento alla definitiva dissoluzione dei rapporti sociali in agricoltura dopo la seconda guerra mondiale), le classi rurali scelgono ora la strada dell'*exit* (nelle sue diverse modalità: verso il resto del mondo, verso il Nord, dalla campagna alla città) ora quella del ribellismo sociale o del movimento organizzato di lotta. Queste diverse strade, pervase tutte da vaghi tratti millenaristici e da speranze di riscatto sociale, confluiscono massicciamente in questo dopoguerra nelle città, nelle industrie, nelle loro istituzioni e organizzazioni. Dove più antica e radicata era l'influenza della Chiesa, la cultura e l'ideologia contadina transitano e informano di sé le organizzazioni di rappresentanza, dai partiti ai sindacati alle associazioni, favorendo il costituirsi di aree a forte omogeneità culturale e politica e con un profilo solidarista decisamente interclassista. Dove invece si fa sentire il peso e l'influenza dei partiti di ispirazione marxista, il passaggio alla città e all'industria porta anche il segno di una diffusa radicalizzazione politica: succede così al Nord, dove i contadini meridionali inurbati intessono rapidamente legami solidaristici di stampo classista con i ceti operai settentrionali; succede così anche nelle più quiete emigrazioni a raggio locale del Centro Italia, dove però la bassa polarizzazione sociale favorisce il diffondersi di una cultura politica di opposizione su base comunitaria.

Solidarismo di classe

Pur con queste differenze, l'Italia che esce dalla seconda guerra mondiale e che affronta con successo il passaggio di massa alla società industriale, presenta indubbiamente un volto unitario e aggregato come mai prima di allora. Le grandi crisi che l'hanno percorsa – la guerra e l'invasione, l'antifascismo e la Resistenza, lo sforzo individuale e sociale per la ricostruzione, la crisi irreversibile del vecchio mondo rurale e il passaggio all'industria e alla città – vi hanno radicato rapporti solidaristici di nuovo segno. Una *solidarietà nazionale*, che politicamente ha vita breve (termina pochi anni dopo la guerra) ma che sotterraneamente conserva radici solide, come dimostrano in maniera emblematica sia la grande emigrazione dal Sud al Nord, nella quale si stabilisce per la prima volta una reale complementarità tra le due aree del paese, sia la transizione tutto sommato pacifica alla nuova società industriale. Una *solidarietà di classe*, più forte al Centro e nelle zone industriali del

L'evoluzione delle classi sociali in Italia
1881-1983 (dati percentuali)

	1881	1921	1951	1971	1983	Variazioni 1881-1983
1. «Borghesia»	1,9	1,7	1,9	2,5	3,3	+ 1,4
2. Classi medie urbane	23,4	16,3	26,5	38,5	46,4	+ 23,0
Di cui: impiegati privati	0,6	0,8	5,2	8,7	10,2	+ 9,6
impiegati pubblici	4,1	5,0	,0	11,0	15,8	+ 11,7
artigiani	14,2	4,9	6,0	5,3	5,8	– 8,4
3. Coltivatori diretti	22,5	37,0	30,2	11,9	7,6	–14,9
4. Classe operaia, di cui:	52,2	45,0	41,2	47,1	42,7	– 9,5
(a) salariati agricoli	35,6	21,8	11,8	6,1	4,0	–31,6
(b) operai dell'industria	13,2	19,6	22,9	31,1	26,1	+ 12,9
(c) commercio, trasporti, servizi	3,4	3,6	6,5	9,9	12,6	+ 9,2
«Contadini» (3 + 4a)	58,1	48,8	42,0	18,0	11,6	–46,5

Fonte: Paolo Sylos Labini, *Le classi sociali negli anni '80*, Laterza, Roma-Bari 1986

Nord, dove più antica era la tradizione di radicalismo politico e dove guerra e Resistenza, con i loro attori sociali e politici e con il loro effetto dimostrativo, avevano segnato più profondamente gli animi e la testa della gente; una solidarietà di classe sostenuta ideologicamente da una dottrina universalista e messianica (il marxismo), che allarga progressivamente la sua influenza alle istituzioni e alle organizzazioni di rappresentanza e di governo. Meno visibile, perché mimetizzata sotto le forme del solidarismo cattolico o di quello comunista, una *solidarietà comunitaria* di assai tenace durata nelle aree del paese meno sconvolte dalle emigrazioni e dal gigantismo dei nuovi rapporti di produzione, che si dimostreranno poi le più capaci di resistere alle periodiche crisi economiche e politiche del paese.
A lungo, fino alla seconda metà degli anni settanta, il solidarismo di classe (che sorregge un movimento sindacale tra i più forti d'Europa e che

si esprime politicamente nell'adesione ai partiti di sinistra) appare il più capace di espansione e consolidamento, sotto la spinta della modernizzazione capitalistica del paese e per l'impulso ideale dei movimenti sociali, organizzati e non: primo fra tutti, lo «strano» movimento del '68-69, che unisce solidamente studenti e operai, ceti medi e classe operaia, giovani di tutte le appartenenze, con positive ricadute politiche ed elettorali per i partiti di sinistra e specialmente per il PCI che si protrarranno fino al 1975-76. A partire da quegli anni, molte cose cambiano. La parabola dei movimenti di fine anni sessanta è ormai al suo termine. La loro parziale istituzionalizzazione ha prodotto vistosi successi elettorali e politici della sinistra, ma poi – di fronte alla sua incerta capacità di proposta e di governo – si assiste a un diffuso ritiro della delega e a un parallelo inasprirsi delle tensioni sociali, fino all'estremo limite dell'azione terroristica.

Secolarizzazione e crisi della politica

È, questo, un passaggio cruciale della società italiana, che ha al suo centro un movimento sociale a forti tratti subculturali e controculturali – il movimento del '77 – oscuramente intrigato con la stessa esperienza terroristica. Elettoralmente, si assiste a una diaspora a sinistra e in parallelo a una crescita rilevante dell'astensionismo elettorale; socialmente, a un rifluire della gente nella «propria politica», negli spazi privati e personali. Declina rapidamente la voglia di mobilitazione collettiva e si affermano invece strategie individualiste, poco o nulla sensibili alle solidarietà sociali o di classe. La società si secolarizza, e i comportamenti si fanno più laici e disincantati. È un processo generale che investe le società europee, ma accelerato in Italia dalla drammaticità degli atti terroristici, che spingono molti al rifiuto di una concezione totalizzante della politica e alcuni al rifiuto della politica *tout court*.

Negli anni ottanta, che godono anche di una più dinamica situazione economica, queste tendenze si rafforzano fino al limite della frantumazione sociale e politica, in un effervescente e concitato richiamo ai valori dell'individualismo, della libera iniziativa e del mercato. L'indebolimento della capacità socializzatrice delle principali istituzioni sociali, dalla famiglia alla scuola alla Chiesa – per non parlare dei partiti e dei sindacati – si accompagna a una crisi generale della politica, che raggiunge il suo massimo e insieme il suo punto di svolta alla fine del decennio. Tutto, improvvisamente, cambia. La caduta del muro di Berlino è, a suo modo, l'ultimo episodio rilevante di solidarietà etico-politica internazionale. A esso e per esso segue un processo rivoluzionario ancora in corso, di cui non è facile rintracciare il senso e la direzione. In Italia, si accelera e giunge a compimento definitivo la crisi della vecchia politica, e si consumano i residui modelli di solidarietà sociale e nazionale. La nuova e più drammatica scarsità delle risorse disponibili aggrava le già forti tendenze centrifughe. La solidarietà si *localizza*, socialmente e spazialmente. *Socialmente*, si frantumano le vecchie aggregazioni sociali, mentre i gruppi più forti (lavoratori autonomi, ceti professionali e dei servizi, classi operaie protette, disoccupati organizzati ecc.) mettono in campo strategie di resistenza al declino, con alterni successi pratici e ideologici. *Localmente*, si rafforzano le appartenenze su base comunitaria, che portano al riemergere di vecchie solidarietà meccaniche: anche qui, sono le aree più forti del paese a mobilitarsi con più vigore, contestando radicalmente i residui modelli nazionali di solidarietà, primo fra tutti il già declinante modello universalista di *welfare*. Riemerge, pericolosamente, un dualismo etico, tra i *noi* e gli *altri*, che rischia di far arretrare l'Italia a una situazione premoderna e direi precristiana. Ma, forse, si tratta di una reazione esasperata (e momentanea) ai guasti prodotti da una solidarietà male intesa e peggio amministrata, e nuove e più laiche strategie di solidarietà sociale, nazionale e internazionale potrebbero trovare spazio e legittimazione.

BIBLIOGRAFIA

R. Dahrendorf, *1989. Riflessioni sulla rivoluzione in Europa*, Laterza, Roma-Bari 1990.

A. Accornero, *La parabola del sindacato*, Il Mulino, Bologna 1992.

M. Ferrera, *Modelli di solidarietà*, Il Mulino, Bologna 1993.

Machiavellismo

Gianfranco Pasquino

Tra i politici della Prima repubblica abbondano le volpi e, per quanto rari, non mancano nemmeno i leoni. Ma è difficile sostenere che astuzia e violenza siano state usate solo nell'interesse della collettività, come prescriveva Machiavelli. All'imperativo anticomunista si sono intrecciati attentati efferati, ambizioni di potere sfrenate, corruzione senza limiti di cui sarebbe ingiusto far carico al fiorentino.

Messer Niccolò Machiavelli porta poca o nessuna responsabilità per la teoria e la pratica del machiavellismo. Infatti, né la notissima affermazione «il fine giustifica i mezzi» né la separazione fra morale e politica possono essergli attribuite senza moltissime specificazioni e qualificazioni. Al contrario, le modalità cosiddette machiavelliche di pensare e di fare politica costituiscono la degenerazione di alcuni principi vigorosamente e rigorosamente argomentati nella teoria politica di Machiavelli.

Politica e morale

Il pensiero di Machiavelli è laico e realista. Separa la politica non dalla morale, ma soltanto dalla morale religiosa così come interpretata dalla Chiesa. Quel pensiero si sforza di ricercare e di trovare la verità effettuale per analizzarla nella maniera più disincantata possibile, ma non senza principi morali. A Machiavelli è stata, invece, erroneamente fatta risalire l'idea che la politica non debba mai curarsi di nessun principio morale mirando sempre e comunque a conseguire i suoi fini quali che siano i mezzi. Insomma, al politologo fiorentino viene attribuita una sorta di teorizzazione anticipatrice della sessantottina «pratica dell'obiettivo». Al contrario, a fondamento della teoria di Machiavelli sta il riconoscimento che il Principe, e comunque chiunque abbia responsabilità politiche, debba volere e sapere assumersi le responsabilità di violare alcuni principi morali nell'interesse superiore della collettività. Il Principe deve consapevolmente accettare di stare «ne lo malo necessitato», anche se, naturalmente, il bene è di gran lunga preferibile. Ben più significativamente, Machiavelli sta all'origine della tradizione di pensiero e di azione che si chiamerà «ragion di Stato». Anche in questo caso, però, l'interpretazione corretta deve prendere le mosse dalle leggi della politica in un mondo di conflitti, e l'analisi va indirizzata alle modalità con le quali ridurre le conseguenze negative, dolorose per le collettività, derivanti dall'ineludibilità dei conflitti. Ciò detto, resta la verità effettuale di comportamenti che al machiavellismo si richiamano più o meno esplicitamente. L'uso della frode e dell'inganno che Machiavelli giustifica soltanto come estrema ratio pubblica è stato spesso considerato come accettabile in politica. Molti uomini politici hanno spostato l'attenzione e l'azione dalla formazione di volontà collettive nazional-popolari, che Gramsci correttamente individuava come l'obiettivo fondamentale del Principe di Machiavelli, alla manipolazione per la conquista del consenso politico.

Governanti machiavellici con i governati

Le inesorabili necessità dell'azione di governo sono diventate spregiudicate tecniche per l'acquisizione, il mantenimento, la riproduzione del consenso. Quanto poteva essere giustificato nei rapporti fra principi, i quali tutti avevano la possibilità di ricorrere a «machiavellismi», è stato trasportato nei rapporti fra i governanti e i governati. Laddove non operano il coraggio personale e l'assunzione esplicita di responsabilità nei gravi momenti delle scelte fondamentali per la vita e il destino delle loro collettività, i politici diventano mediocremente machiavellici. Ad alcuni di loro si attribuisce quello che i francesi hanno chiamato *esprit florentin*: un misto di astuzia, frode, inganno, manipolazione. Questi sono gli uomini politici che, nella famosa espressione di Machiavelli, sono più che disposti a usare della golpe. Altri, invece, vorranno, molto più raramente, data la necessità di coraggio anche fisico che questo richiede, usare del lione fino alla crudeltà.

Difficile dire quanto la politica italiana abbia corrisposto ai canoni del machiavellismo. Gli esponenti maggiori della classe politica risorgimentale: Cavour, Mazzini e Garibaldi, ne furono certamente esenti. Né i governanti della Destra storica né quelli della Sinistra storica furono machia-

vellici. Purtuttavia, è vero che sia Cavour nei rapporti internazionali che Giolitti in quelli interni seppero abilmente utilizzare l'astuzia. È soltanto nel secondo dopoguerra che quantità più o meno modiche di machiavellismo impregnano l'azione degli uomini politici italiani.

Da Togliatti ad Andreotti

Una tipologia approssimativa non può fare a meno di rilevare come parecchi fra di loro abbiano preferito la frode e la manipolazione, probabilmente senza disdegnare la violenza e la crudeltà ma camuffandole. La doppiezza della politica di Togliatti, con la somministrazione di una verità sulla strategia del PCI e sulla natura dell'Unione Sovietica ai dirigenti comunisti e di una corrispondente illusione alle masse degli elettori comuniste, è un ottimo esempio di astuzia e di manipolazione, in parte nell'interesse nazionale in parte nell'interesse di partito. La combinazione di astuzia spicciola e frode politica è stata attribuita in massimo grado a Giulio Andreotti, la volpe per eccellenza della politica italiana. Altri, ma il machiavellismo non c'entra più, e infatti il suo nome è già doroteismo, hanno esibito comportamenti riferibili piuttosto ai serpenti biblici. Di colombe non se ne sono viste tranne, forse, Enrico Berlinguer e, in misura minore, Aldo Moro la cui arte della persuasione è stata assimilata dai suoi detrattori al machiavellismo dell'astuzia. Con ogni probabilità, è la pratica complessiva del sistema politico della Prima repubblica che si è rivelata machiavellica. Il fine, variamente interpretato e declinato, di bloccare il comunismo ha giustificato ogni mezzo: dagli efferati atti terroristici culminati in stragi ai diffusi fenomeni di corruzione degenerati in sistema. Quel fine ha altresì fatto sospendere qualsiasi giudizio morale su comportamenti politici deprecabili che poco avevano a che fare con la tutela degli interessi della collettività e molto con la promozione delle carriere politiche personali. In definitiva, un regime politico sostanzialmente stagnante, in una situazione internazionale che gli consentiva – tanto quanto gli imponeva – di rimanere ingessato, ha goduto di pochissime opportunità per produrre Principi, incarnazioni di scopi collettivi, figure tragiche di leader disposti a rischiare senza confondere il piano politico collettivo con i propri interessi personali di potere, di carriera, di arricchimento. Ed è davvero difficile individuare quei pochi che, per parafrasare Machiavelli, «accusandoli i fatti, gli eventi li scusino», vale a dire che le loro criticabili gesta siano state ispirate da interessi generali e abbiano avuto effetti positivi per la collettività. Poiché la parabola della politica italiana del dopoguerra si è ormai avviata alla sua definitiva conclusione, è in qualche modo possibile darne una valutazione facendo ancora ricorso in maniera appropriata a Machiavelli. È sufficiente segnalare quanto e quanto gravemente la maggior parte degli uomini politici della Prima repubblica italiana si siano ingaglioffiti.

BIBLIOGRAFIA

S. De Grazia, *Machiavelli all'inferno*, Laterza, Roma-Bari 1990.

N. Machiavelli, *Il Principe* (introduzione e note di F. Chabod), Einaudi, Torino 1961.

G. Sasso, *Niccolò Machiavelli. Storia del suo pensiero politico*, Il Mulino, Bologna 1980.

Trasformismo

Nicola Tranfaglia

La distorsione clientelare della rappresentanza parlamentare e la confusione tra governo e opposizione nascono da carenza di egemonia della classe dirigente che non sa scegliere un partito politico come punto di riferimento. Il trasformismo è diventato la chiave della politica repubblicana con Aldo Moro, il compromesso storico e il craxismo.

Di «feconda trasformazione» dei partiti e di «unificazione delle parti liberali della Camera» parlò, a quanto pare per la prima volta, Agostino Depretis in un discorso elettorale dell'ottobre 1876 nel mezzo di quella che sarebbe stata definita una «rivoluzione parlamentare» e che aveva sancito l'avvento della sinistra al governo della penisola. Depretis era allora il leader riconosciuto di quella parte, dal 25 gennaio di quell'anno presidente del consiglio.

Il suo governo era circondato di grandi attese dopo il severo governo della destra storica che aveva avuto il merito indiscusso di consolidare e sviluppare il processo di unificazione e di creazione del nuovo Stato ma, nello stesso tempo, si era conquistata una notevole impopolarità per la politica economica condotta (la tassa sul macinato e la ferrea determinazione di raggiungere in pochi anni il pareggio del bilancio) nei confronti delle grandi masse popolari e per la chiusura oligarchica mostrata per chi non facesse parte di una classe dirigente assai ristretta.

Ma, dopo alcuni anni, quella «feconda trasformazione» che aveva visto passare molti esponenti della destra storica nelle fila della maggioranza parlamentare, appariva a molti osservatori come un metodo di governo assai criticabile in quanto si era tradotto in una scarsa distinzione tra maggioranza e minoranza, mediazione clientelare al posto di quella politica, diffusione e aggravarsi del clientelismo e della corruzione, elevata a risorsa politica fondamentale.

La critica di Mosca al parlamentarismo

Fu quindi uno dei maggiori studiosi del sistema politico italiano, Gaetano Mosca, fondatore con Pareto e Michels di quella teoria delle élite che avrebbe diffuso nel mondo la fama della nostra scienza politica, a tentarne una teorizzazione individuando nel trasformismo una delle cause essenziali della crisi del parlamentarismo in Italia. Nella sua *Teorica dei governi* che è del 1884, lo studioso siciliano scrisse che, proprio a causa della pratica trasformistica, «la Camera dei deputati viene così diventando una parziale e fittizia rappresentanza del Paese: giacché, di giorno in giorno, una quantità sempre maggiore di forze vive, di elementi atti alla direzione politica ne resta esclusa. I membri di essa non rappresentano che una quantità di interessi essenzialmente privati, la cui somma è lungi dal formare l'interesse pubblico».

Mosca indicava una distorsione del-

la rappresentanza parlamentare nell'aggregazione e disaggregazione dei deputati sulla base della somma di interessi privati piuttosto che del bene comune e nell'allontanamento dalla vita politica di chi non accettava né poteva inserirsi in una simile pratica. Ma lo studioso non si domandava quali fossero le cause della fortuna del trasformismo, un aspetto della politica italiana che si sarebbe riproposto in alcune fasi dell'azione di Giolitti e, con particolare forza, nell'Italia repubblicana, malgrado l'esistenza di partiti modernamente organizzati.

I giudizi di Croce e Gramsci

Benedetto Croce, in un suo saggio sui partiti del 1912 e poi, sedici anni dopo, nella *Storia d'Italia dal 1871 al 1915*, dà una risposta indiretta al problema, offrendo un'interpretazione positiva, pur con qualche riserva, del fenomeno come espressione fisiologica piuttosto che patologica del sistema politico: la dissoluzione dei partiti politici nella maggioranza di governo è per il filosofo napoletano il superamento di divisioni partitiche che spesso non sono fondate e ostacolano la gestione della cosa pubblica. È il punto di vista di un osservatore aristocratico che, soltanto dopo la vittoria del fascismo, guarderà con minore ostilità all'azione dei partiti politici o almeno di alcuni di essi.

Qualche anno dopo è Antonio Gramsci, nei *Quaderni del carcere*, ad affrontare il problema facendone uno dei sintomi principali dell'anomalia italiana. A suo avviso, il trasformismo è la conseguenza del «carattere passivo» della rivoluzione italiana che porta all'unificazione nazionale, vale a dire dell'egemonia esercitata dai moderati sul Partito d'Azione che pure ha un ruolo centrale nella mobilitazione del popolo e nella conquista del Mezzogiorno. «I moderati – afferma Gramsci – continuarono a dipingere il Partito d'Azione anche dopo il 1870 e il 1876 e il così detto "trasformismo" non è stato che l'espressione parlamentare di questa azione egemonica intellettuale, morale e politica.»

In altri termini, a differenza dell'impostazione di Mosca che constatava il fenomeno e ne dava un giudizio negativo ma un po' esterno, il ragionamento di Gramsci mette in luce il fatto che alla base del trasformismo ci sono fattori storici precisi che occorre individuare e indagare. E che non si tratta di una categoria statica definibile una volta per tutte ma piuttosto di un processo storico da analizzare volta per volta.

Nell'Italia liberale come in quella repubblicana (il discorso sul regime fascista ha caratteristiche proprie: ci sono senza dubbio elementi di pratica trasformistica che, tuttavia, sono condizionati, soprattutto dopo il 1929, dalla dittatura personale di Mussolini e richiederebbero un'analisi particolare), dal momento in cui agiscono i partiti politici, perché si possa parlare di trasformismo, bisogna che si verifichino alcune condizioni di base.

Carenza di egemonia

Innanzitutto, e qui ritorniamo alla categoria evocata da Gramsci, una carenza di egemonia della classe dirigente che ha difficoltà a scegliere un partito politico come punto di riferimento fondamentale ed è presente, divisa, in più formazioni politiche.

Quindi una scarsa distinzione nei progetti di società che vengono avanzati o addirittura la mancanza di progetti per l'avvenire e l'appiattimento della politica sulla pura gestione del potere e dei privilegi individuali e di gruppi più o meno ristretti: ma un simile modo di governare apre inevitabilmente la strada alle aggregazioni clientelari, a una connessione stretta tra la politica e gli affari, a un uso massiccio della corruzione come risorsa politica. Quando si verificano, nella storia dell'Italia contemporanea, le condizioni perché il trasformismo diventi l'elemento centrale, la chiave di volta delle spiegazioni?

Senza l'illusione della completezza, indicherei tre momenti in particolare che coincidono con crisi politiche cruciali del nostro passato recente: la politica di Giovanni Giolitti dopo il 1907, quella di Moro dopo il 1964, il craxismo degli anni ottanta.

Da Giolitti a Moro e a Craxi

Negli anni che precedono la crisi del sistema liberale e portano prima all'intervento nella grande guerra, poi al fascismo, l'uomo politico di Dronero che ha già espresso e realizzato le scelte riformiste consentite dagli assetti parlamentari e dagli interessi dei gruppi dominanti, deve accontentarsi di governi che ondeggiano in più occasioni tra la destra e la sinistra senza decidere per l'una o per l'altra fino a quando, con la decisione dell'impresa di Libia e la concessione del suffragio universale, Giovanni Giolitti piega a destra sperando che le masse cattoliche possano far da argine all'avanzata socialista e alle divisioni del mondo liberale. Sono gli anni nei quali la pratica trasformista si concretizza in una serie di atti e di episodi che non è qui il caso di rievocare ma che trovano, per citarne solo due, una trattazione nella *Storia di dieci anni* di Arturo Labriola e nel *Ministro della malavita* di Gaetano Salve-

mini, entrambi eccessivi nelle accuse a Giolitti ma significativi dell'atmosfera e dei governi del tempo.

Di trasformismo si può parlare anche per la politica condotta da Moro presidente del consiglio dei governi di centro-sinistra, soprattutto nel periodo tra il 1964 e il 1970. Negli anni dal 1962 al 1964 si era espressa al massimo delle sue possibilità, dati i rapporti di forza nel paese, una stagione di riforme nel settore scolastico, sanitario, previdenziale, dei diritti civili ma il peggioramento della congiuntura internazionale e le forti resistenze di una parte ampia della DC all'ulteriore cammino conducono a una condizione di immobilismo e di gestione statica del potere, all'interno della quale i socialisti sono cooptati nei metodi clientelari e spesso corrotti del partito cattolico, allontanandosi sempre più dal paese e dalla rappresentanza degli interessi pubblici.

«Compromesso storico» e «collaborazione conflittuale»

Ma è negli anni settanta e ottanta, prima con il tentativo di «compromesso storico» lanciato dal segretario del PCI Enrico Berlinguer e che trova proprio in Moro un attento interlocutore, poi con il fallimento di quella strategia e l'instaurazione del pentapartito e della «collaborazione conflittuale» tra la DC e il PSI di Bettino Craxi che le pratiche trasformistiche occupano il campo e caratterizzano il tramonto e la lunga agonia della Prima repubblica.

In quest'ultima fase si accentua un fenomeno a livello parlamentare e di rapporti tra partiti di governo e partiti di opposizione che possiamo chiamare trasformistico o anche di democrazia consociativa. Già negli anni del centrismo alla contrapposizione parlamentare tra governo e opposizione di sinistra sulle scelte fondamentali (politica estera, per esempio, ma non soltanto) si contrapponeva, a livello di commissioni parlamentari e di legislazione ordinaria, una sia pur limitata collaborazione e contrattazione tra partiti al governo e partiti all'opposizione, ma è nei secondi anni sessanta e negli anni settanta che le pratiche consociative e trasformistiche si estendono e provocano un fenomeno individuato e studiato, sia pure in maniera non del tutto esauriente, da costituzionalisti e osservatori del sistema politico.

Il consociativismo

«La ratifica di queste pratiche – ha osservato Alfio Mastropaolo – con la modifica dei regolamenti del 1971 e con l'avallo della "centralità" del parlamento, che ha segnato la prassi di oltre un quindicennio, si è limitata a prender atto di un'evoluzione avvenuta già da tempo e che aveva permesso al maggior partito di opposizione di trasformarsi in componente di una maggioranza legislativa alterna a quella di governo, in grado di imporre una vera e propria cogestione dell'attività parlamentare.»

Naturalmente non si può dare un giudizio del tutto negativo di una simile prassi: essa ha attenuato i conflitti di partito che per la loro asprezza ideologica avrebbero potuto divenire elementi di distruzione del sistema politico; inoltre, in un sistema che non pareva prevedere alternative di governo sia per asserite ragioni internazionali sia per le divisioni nella sinistra e la tendenza dei due maggiori partiti (PCI e PSI) a dialogare con la DC meglio che l'uno con l'altro, è parsa una via di uscita spregiudicata a un

blocco del sistema. Ma occorre anche dire che tale prassi ha rafforzato un'antica tradizione di scarsa distinzione tra governo e opposizione, di battaglie politiche frontali cui si accompagnano accordi più o meno clandestini e sconosciuti, se non ai gruppi dirigenti nazionali, di sicuro agli iscritti e alla pubblica opinione democratica.

Crollato quell'edificio, i rischi di una fuoruscita trasformistica dal vecchio sistema sono forti e tutt'altro che scongiurati. Soprattutto di fronte a forze politiche, dell'uno e dell'altro schieramento, che accantonano i programmi e fondano tutta la loro strategia sull'immagine e sulle trovate estemporanee.

─── **BIBLIOGRAFIA** ───

A. Mastropaolo, *Il ceto politico*, Firenze 1991.

G. Carocci (a c. di) *Il trasformismo dall'Unità a oggi*, Unicopli, Milano 1992.

G. Carocci, *Storia d'Italia dall'Unità a oggi*, Feltrinelli, Milano, 1990[2].

Fascismo

Enzo Collotti

Tra le eredità del regime: lo statalismo e il centralismo; l'intreccio della grande impresa con la burocrazia di stato; l'inclinazione nei cittadini a non assumersi responsabilità e ad accettare la subordinazione gerarchica; la creazione di un grande apparato di impiegati assistiti – il parastato – che godeva della sicurezza del posto di lavoro e che, con gli anni, divenne un corpo separato all'interno del sistema istituzionale.

Nella storia dell'Italia del secolo XX il fascismo non ha rappresentato una semplice parentesi. Così come le sue radici affondavano nella storia dell'Italia prefascista, così i suoi effetti non si sono esauriti con la cessazione formale delle istituzioni create dal regime fascista. La dittatura trasformò profondamente lo Stato liberale che, nell'età giolittiana, aveva avviato un processo di democratizzazione e di parlamentarizzazione graduale (interrotto però dalla Prima guerra mondiale e dalla disciplina collettiva imposta dalla mobilitazione totale). Il fascismo trasse la spinta per dare l'assalto al potere dello Stato principalmente dalla mentalità combattentistica che spinse larghe masse della piccola e media borghesia, ma anche di ceti proletari e proletarizzati, ad accettare una soluzione autoritaria dei problemi politici dell'Italia all'uscita dalla guerra.

La liquidazione dello Stato liberale

Il mutamento complessivo dei rapporti tra lo Stato e la società fu certamente l'elemento qualitativamente più rilevante della trasformazione istituzionale e culturale che caratterizzò l'epoca del fascismo rispetto alla tradizione liberale. L'obiettivo teorizzato dallo stesso Mussolini, era di assicurare il controllo politico, sociale e culturale totale dello Stato su tutte le isole potenziali di autonomia all'interno della società. Già la vecchia dottrina nazionalista aveva elaborato la concezione dello Stato forte, come momento di sintesi della volontà della nazione ma anche concentrazione di tutti i poteri e soprattutto di tutte le energie. Lo Stato totale o totalitario, secondo la stessa terminologia fascista, doveva servire a riunire in un solo fascio le energie della nazione, in funzione duplice: come presupposto di una forte politica estera capace di potenziare la grandezza della nazione e di assicurarle il ruolo di grande potenza; e come presupposto della massima concentrazione delle energie produttive all'interno, contro il pluralismo politico e sociale che aveva caratterizzato l'età liberale e che aveva consentito il sorgere e l'affermazione di un forte movimento dei lavoratori. Il fascismo, per contro, era assolutista in politica estera e antipluralista per eccellenza nella sua visione della società e dei rapporti tra i diversi ceti. Con la Carta del lavoro del 1927 esso dichiarò estinta la lotta di classe, come se fosse possibile abolire differenze e conflitti di classe con un manifesto politico e con un atto volontaristico.

Teoria e pratica del corporativismo

Al posto di soggetti sociali chiaramente definibili e identificabili anche negli aspetti conflittuali dei loro rapporti, il fascismo pretese di imporre la visione fittizia di una armonia prestabilita, la concezione organicistica che trovò espressione, almeno sulla carta, nell'ideologia del corporativismo. Mistificando l'eguaglianza tra lavoratori e datori di lavoro, il corporativismo privilegiava nella realtà la parte padronale, che nel sistema corporativo realizzò un intreccio non solo funzionale con la burocrazia di Stato. Molte delle difficoltà che incontrò l'affermazione di principî e di pratiche democratiche nell'Italia dopo il fascismo nacquero dalla persistenza di regole, di consuetudini, di mentalità che derivavano dagli schemi antipluralistici imposti dal fascismo.

La visione dello Stato forte non può essere dissociata dal ruolo di uomo forte che fu attribuito al duce, come capo carismatico del fascismo. Al di là delle sue funzioni istituzionali, la dittatura mussoliniana si manifestò con una forte accentuazione dei caratteri personali del duce, enfatizzandola sua poliedricità (il duce agricoltore, il duce aviatore, il duce sportivo), le sue attitudini istrioniche, i suoi atteggiamenti gladiatori, in cui si mescolavano il suo passato di agitatore politico dall'oratoria demagogica e di giornalista e i tratti delle sue origini popolari. In realtà, la valutazione del peso della figura del capo in un regime come quello fascista è tutt'uno con la leggenda e il mito che intorno a essa furono costruiti. Quel mito fu appunto uno degli elementi fondamentali del consenso di cui fu circondato Mussolini: nella stessa misura in cui ne accentuava il distacco dalle masse, il mito rappresentava anche, per quel tanto di misterioso che racchiudeva, l'elemento di attrazione che le legava indissolubilmente al duce.

Gerarchia e deresponsabilizzazione

Si esercitava in tal modo anche la funzione di delega a una persona, a una indefinita autorità superiore, su cui contava il meccanismo della dittatura per legittimare se stessa e dare una base di legittimazione al potere personale di Mussolini. Nel costume degli italiani l'esempio della dittatura mussoliniana contribuì fortemente all'inclinazione ad attendere sempre tutto dall'alto, ad assumersi scarse responsabilità, ad accettare la subordinazione gerarchica, che consente anche nella vita quotidiana, ma soprattutto nei rapporti tra lo Stato e i cittadini, tra l'amministrazione e il pubblico, l'alibi permanente della deresponsabilizzazione e dell'anonimato. Se nell'immaginario collettivo la figura del duce veniva caricata di tutti gli attributi positivi, a sottolineare l'onnipotenza del capo, nei rapporti di fatto essa serviva a legittimare la costruzione di una scala gerarchica dall'alto verso il basso, che riservava una larga misura di arbitrio e arbitrato al vertice della gerarchia: il duce (o chi per lui) interveniva a comporre i conflitti tra poteri e competenze diverse ma si serviva anche dei suoi poteri politici e del suo carisma per fare accettare, al di là di ogni legalità o principio normativo, scelte dettate unicamente da ragioni di opportunità o dall'esigenza di affermare la sua autorità e la sua onnipotenza.

Centralismo e antipluralismo

Il ruolo del duce al centro e al vertice del sistema non sarebbe concepibile senza la realizzazione di quell'ampia misura di accentramento di poteri che fu tipica del regime fascista e che dilatò sino al parossismo la stessa tradizione centralista dello Stato liberale, che derivava dai modi in cui si era realizzata l'unità d'Italia e dalla formazione della classe dirigente piemontese che ne era stata la protagonista. La distruzione delle autonomie locali, che fu non a caso una delle prime misure con le quali il fascismo operò per liquidare gli avversari politici e uniformare la periferia al centro in un sistema povero di tradizioni di autogoverno; la distruzione del sistema pluripartitico e del pluralismo sindacale con la sempre più accentuata presenza del partito fascista come partito unico e degli organismi corporativi come sostitutivi dei soggetti sindacali; la centralizzazione infine dell'informazione e della stampa: non furono che i fattori principali del processo di monopolizzazione di tutti i poteri da parte di un nuovo ceto politico-amministrativo fascista o fascistizzato.

L'espressione più radicale di questo sviluppo fu rappresentata certo dalla compenetrazione tra vecchia e nuova burocrazia, tra burocrazia tradizionale e burocrazia di nuova estrazione più tipicamente fascista. Nessun settore dell'amministrazione fu indenne da questi sviluppi; in alcuni settori nei quali era stato più forte il richiamo della cultura nazionalista – amministrazione dell'interno, diplomazia – questo processo fu quasi spontaneo; ma neppure l'istituzione scolastica o l'amministrazione della giustizia rimasero estranei alla «fascistizzazione». Non si trattò di uno sviluppo di carattere meramente formale; bensì di un meccanismo che tendeva a concentrare in un vertice gerarchico-autoritario la somma più larga di poteri e di discrezionalità, con l'ampia possibilità di una cooptazione, in cui sui criteri di competenza prevalevano spesso, in un sistema privo di controlli esterni (fossero di natura parlamentare o di opinione pubblica), opzioni politiche (gli iscritti al partito fascista, gli squadristi e via dicendo) o francamente clientelari, legate fra l'altro a eredità di notabilati locali o al peso di fattori politico-territoriali (il fascismo padano piuttosto che quello toscano).

Statalismo e parastato

Lo statalismo che fu tipico del periodo fascista, anche come continuazione del tipo di intervento dello Stato nell'economia e in altri settori della vita sociale (dal mercato del lavoro agli istituti assistenziali) che già era stato accelerato dalla grande guerra, si coniugò a questo particolare centralismo, in cui funzioni organiche e potere personale si fondevano e si confondevano spesso senza che fosse possibile distinguere i due diversi livelli.

I fattori nuovi che all'inizio degli anni trenta spinsero lo Stato a intensificare l'intervento nell'economia, come nel caso della creazione dell'IRI per fare fronte alle conseguenze della grande crisi sulle industrie in dissesto, non furono di per sé specifici del fascismo: specifico del fascismo fu, piuttosto, il modo dell'intervento; così come specifica del fascismo fu la creazione di quel grande apparato di impiegati-assistiti che fu il parastato, la proliferazione di «enti inutili», nei quali erano aggregati i membri della nuova burocrazia di Stato creata con la formazione dell'IRI e dei grandi enti previdenziali e assistenziali. Fu questa nuova burocrazia di Stato, che dilatò l'area dei ceti medi, in un'epoca in cui i cosiddetti «nuovi ceti medi» in altri contesti europei erano incrementati dall'espansione di servizi e reti distributive, che in Italia arriverà soltanto con il *boom* degli anni cinquanta. Questa burocrazia di Stato fu una vera scuola di acquiescenza al potere costituito, cinghia di trasmissione di modelli politici e culturali improntati all'autoritarismo del ceto dominante e al conformismo nelle opinioni politiche e nei comportamenti di costume.

Una burocrazia di Stato portatrice di una mentalità d'ordine, chiusa nei suoi privilegi corporativi, garantita dalla sicurezza del posto di lavoro, che con gli anni divenne un corpo di fatto autonomo all'interno del sistema istituzionale. Nel dopoguerra, di fronte alle difficoltà di realizzare sostanziali riforme nel senso dell'attuazione della Costituzione repubblicana, della democratizzazione dell'amministrazione e della stessa articolazione del potere – quali la riforma delle leggi di polizia, la democratizzazione delle forze armate, la democratizzazione delle amministrazioni locali, l'autonomia delle regioni, il ruolo delle istituzioni giudiziarie –, si fece allusione alle forti resistenze che provenivano dall'interno dell'amministrazione, non soltanto a causa della persistente mentalità antidemocratica ma anche per la cristallizzazione di interessi di gruppi; si parlò allora non a caso di «corpi separati». Con ciò si indicavano appunto quei settori dell'apparato dello Stato che perseguivano interessi particolari e direttamente contrari ai nuovi orientamenti democratico-repubblicani. Corpi separati furono anche i settori del parastato di cui si impadronirono determinate forze politiche anticipando

il sistema di lottizzazione partitica che si sarebbe generalizzato negli anni settanta. Una situazione alla quale aveva contribuito certo anche il fallimento sostanziale dell'epurazione dopo la liberazione e che incominciò a modificarsi sensibilmente soltanto sul finire degli anni sessanta.

I Patti Lateranensi

Infine, non bisogna dimenticare il peso che ebbe nel caratterizzare il regime fascista il sostanziale accordo con la Chiesa cattolica, dopo la conclusione dei Patti Lateranensi del 1929. I rapporti così stabiliti tra Stato e Chiesa, che contro la tradizione liberale cavouriana definivano lo Stato italiano come Stato confessionale, ebbero conseguenze di lungo periodo non soltanto dal punto di vista della persistenza di una mentalità clerico-moderata, in cui si sommavano l'autoritarismo fascista e quello della tradizione cattolica, ma proprio sotto il profilo dei rapporti di potere. Non a caso nel momento della crisi interna del regime fascista – tra la fine del 1942 e l'inverno del 1943 – sotto il peso delle sconfitte militari, la Chiesa si profilò come il fattore morale e sociale capace, con la sua autorità, di assicurare la tenuta istituzionale e il passaggio a una gestione postfascista in un clima di sostanziale continuità moderata.

─────── **BIBLIOGRAFIA** ───────

A. Aquarone, *L'organizzazione dello Stato totalitario*, Einaudi, Torino 1965 (e successive ristampe).

R. De Felice, *Biografia di Mussolini*, Einaudi, Torino 1965.

G. Quazza, *Fascismo e società italiana*, Einaudi, Torino 1973.

Antifascismo

Giovanni de Luna

Nell'Italia del dopoguerra, l'antifascismo è stato qualcosa di più di una negazione pura e semplice del fascismo. Ha unito i costituenti. È la forma specifica che nel nostro paese assumevano la difesa dei diritti civili, dell'uguaglianza, della giustizia, l'antirazzismo (quelle che in Francia sono le virtù repubblicane). Ma ha anche significato rottura di schemi, scelte artistiche e culturali innovative, anticonformismo. Per cui si è potuto parlare di «antifascismo esistenziale» e, persino, di una sua dimensione antropologica.

La definizione dell'antifascismo rimbalza lungo una serie di cerchi concentrici in una direzione che va dal particolare al generale, partendo dal cerchio più stretto, quello che lo identifica con la pura e semplice negazione del fascismo. In questo caso, per precisarne le principali caratteristiche, è indispensabile riferirsi all'ambito più vasto dello scontro che, per tutto il Novecento (dalle rovine della prima guerra mondiale alle macerie del muro di Berlino) ha opposto il fascismo e il comunismo. Nel confronto militare diretto, tra il 1941 e il 1945, il primo fu sconfitto, il secondo restò in piedi nella dimensione totalitaria impressagli dallo stalinismo. Ma fino a quando è esistito il «comunismo reale» dell'URSS, non è mai stata cancellata del tutto, almeno in sede teorica, l'eventualità di una ripresa attiva del suo nemico naturale. Questi residui «potenziali» del fascismo hanno a loro volta determinato la continuità dell'antifascismo, lungo un percorso al cui interno ogni nemico, sopravvivendo, garantiva paradossalmente la ragion d'essere del suo avversario. Per l'Italia, questo tipo di lettura ha

due conseguenze interpretative di immediato rilievo. La prima ancora l'antifascismo a un «lungo periodo» in cui quella della contrapposizione al fascismo del ventennio è solo una «fase», cui sono seguite in successione le altre sue diverse caratterizzazioni assunte durante la Resistenza e (nell'ambito della storia dell'Italia repubblicana) nella ricostruzione, negli anni del centrismo, in quelli del centro-sinistra, fino agli sviluppi «militanti» del decennio 1970-1980. La seconda ne propone un'interpretazione complessivamente riduttiva che finisce per sottolinearne in maniera esclusiva i soli aspetti più immediatamente politici.

Al di là degli schieramenti

A essere penalizzato – in questa ottica – è l'antifascismo della clandestinità e della cospirazione che proprio per il suo scarso seguito politico nel paese viene considerato quasi esclusivamente nella prospettiva di una introduzione alla Resistenza, di una fase preparatoria, priva di una sua autonomia e di una sua specificità. La bibliografia relativa conta, così, un numero ridotto di titoli, per di più distribuiti irregolarmente, fittissimi su alcuni temi, radi e sporadici su altri. I tre ambiti nei quali fondamentalmente allora si svolse la storia dell'antifascismo politico (il carcere e il confino, il mondo dei fuoriusciti, la cospirazione all'interno del paese) sono rappresentati in modo disuguale dal dibattito storiografico. La ricerca sui partiti si è soffermata, in particolare, sulle vicende parigine e moscovite di Giustizia e Libertà e del PCI, privilegiando la ricostruzione del dibattito politico nei suoi sviluppi all'estero, dove, per ovvie ragioni, ebbe modo di manifestarsi liberamente. Un altro filone storiografico, invece, quello essenzialmente legato alla memorialistica, ha sottolineato la dimensione carceraria, documentando, con opere anche di grande spessore, l'esperienza di una intera generazione politica che fece il suo apprendistato all'interno delle strutture repressive del regime.

La lettura in chiave riduttivamente politica dell'antifascismo si applica anche alla sua caratterizzazione nell'Italia repubblicana, a partire dagli esordi, quando assunse la configurazione di un «patto sulle procedure» (Antonio Baldassarre) in cui si incarnò la nostra identità nazionale nel momento in cui fu varata la carta costituzionale. Allora la Costituzione, per sanare la radicalità del conflitto sociale, scelse un comune nemico contro cui «tenere insieme» le varie forze politiche costituenti. Si decise di unirsi sulla base di certi valori, riassumibili appunto nella contrapposizione al fascismo. Fu una scelta radicalmente diversa da quella della «Legge Fondamentale» della Repubblica federale tedesca che assunse come suo nemico permanente il comu-

nismo e come sua tacita premessa il disconoscimento dello stato tedesco orientale. Fin dalla conclusione del processo d'impianto della repubblica, quindi, l'antifascismo si sarebbe caratterizzato come schieramento, dapprima come elemento di legittimazione di alleanze politiche precostituite, in seguito (in termini ancora più restrittivi) come riferimento per maggioranze governative, come fu per i governi della ricostruzione e come è stato, nella seconda metà degli anni settanta, per le maggioranze di «solidarietà nazionale» con il PCI.

In realtà, l'opposizione al fascismo durante il ventennio e le procedure politiche che ne scaturirono restano soltanto i due versanti più restrittivi lungo i quali è possibile studiare l'antifascismo. In un cerchio più largo, infatti, lo si può affrontare esplorando i paradigmi teorici che vi sono confluiti. In questo senso, per esempio, è meglio parlare di antifascismi. Fascismo-parentesi, fascismo-rivelazione, fascismo-reazione di classe, sono tre filoni interpretativi a cui corrispondono diverse posizioni politiche, diverse opzioni culturali, diverse dimensioni progettuali.

Un agente di trasformazione sociale

Anche nei comportamenti collettivi di alcuni soggetti sociali (nella classe operaia, coniugato con l'attenzione per i momenti economico-rivendicativi; negli intellettuali, dove si intreccia con spinte marcatamente connotate in senso etico), l'antifascismo si presenta con caratteri difficilmente riconducibili ai suoi soli aspetti politici e partitici avendo anzi assunto in più di un'occasione le vesti di agente e interprete della trasformazione sociale nel nostro paese (Nicola Gallerano): per esempio, nella Resistenza, ma anche in alcuni momenti della storia dell'Italia repubblicana, come quelli del luglio 1960 che portarono alla caduta del governo Tambroni. Ci si può inoltre riferire all'antifascismo come a una forma particolare di concezione della politica, definita attraverso elementi che appartengono drammaticamente alla realtà del nostro tempo: la tolleranza, la libertà, i diritti degli uomini, l'uguaglianza, la giustizia, l'antirazzismo, il rispetto delle regole della convivenza civile. C'è, però, in questo senso un problema di tipo terminologico oltre che di sostanza: questi valori non appartengono in esclusiva all'antifascismo. In alcuni momenti storici essi hanno compiutamente delineato l'identità della sinistra; più in generale appartengono al sedimento storico della democrazia. Non a caso in Francia, al termine antifascismo si preferisce quello di «cultura repubblicana» da contrapporre alla «cultura antidemocratica» che oggi si incarna in Le Pen (George Couffignal). Nella tradizione di derivazione azionista, per esempio, questa è sempre stata l'accezione prevalente. «La storia dell'antifascismo è lunga e le sue origini sono lontane» – affermava Ferruccio Parri nel suo discorso del 12 luglio 1960, nella camera infuocata dall'«affare Tambroni», per illustrare la richiesta di mettere l'MSI fuorilegge – «Possiamo dire che in esse si riassumono e si raccolgono tutte le tradizioni migliori dello spirito italiano, di libertà e di aperture, che lo guidano per tappe liberatrici successive, a cominciare dalla prima rivoluzione illuminista del Settecento».

Senza mezzi termini, per Parri l'antifascismo era da considerarsi l'unica esperienza democratica concretamente vissuta dall'Italia del Novecento, identificando il suo fondamento ultimo nel «superamento del vecchio Stato liberale di diritto – formalmente di diritto – oltre che di quello fascista». «Io non so, non credo che si possano definire regimi democratici quelli che avevamo prima del fascismo», disse l'allora presidente del consiglio nel famoso discorso alla Consulta, per l'apertura dei lavori, il 26 settembre 1945.

Un paradigma culturale democratico

Nei cerchi più esterni si incontrano accezioni ancora più ampie dell'antifascismo, forse le più seducenti dal punto di vista storiografico, come quella che scaturisce dalla scelta di studiare l'antifascismo, oltre che nelle sue interconnessioni con il protagonismo della società civile, anche con i fermenti culturali derivati dal suo paradigma, partendo dalla considerazione che, almeno in alcuni momenti (come il già citato snodo tra gli anni cinquanta e gli anni sessanta) l'antifascismo è sembrato veramente in grado di offrire una piattaforma di riferimento complessivo a tutti gli intellettuali che «sperimentavano» nuove piste di creatività e di innovazione. Studi recenti (Pestalozza, Rondolino, Jona, Liberovici), per esempio, dedicati alla musica colta, al folklore musicale e al cinema, hanno dimostrato come, coniugati con l'antifascismo, questi filoni artistici e culturali esplicano una loro valenza innovativa in senso lato; e non si tratta soltanto di una predilezione tematica. I dati quantitativi offerti da Pestalozza sulle opere che assumono la guerra partigiana come tema portante sono molto significativi ma non esauriscono il discorso; in realtà, almeno fino alla fine degli anni settanta, la Resistenza si è imposta come fattore culturalmente determinante della ricerca e della definizione di una musica italiana che, dopo il fascismo, «fosse in tutti i sensi, nel senso del materiale sonoro, delle forme, del linguaggio, del modo di comunicare, nuova». La questione è esattamente nei termini in cui la pone Gianni Rondolino in un suo saggio sul cinema: se, cioè, «la cultura e la pratica dell'antifascismo... siano rintracciabili non soltanto in quei film che hanno trattato fatti e temi dell'antifascismo, ma anche e soprattutto nei film che hanno affrontato argomenti di attualità, di cronaca, di costume... e ci hanno dato della realtà quotidiana dell'Italia repubblicana un'immagine che possiamo definire antifascista e, in termini onnicomprensivi, "democratica"». Di fatto, quindi, nella cultura, l'antifascismo ha voluto dire dinamismo, rottura di schemi consolidati, ardita sperimentazione di vie nuove, rifiuto di rifugiarsi in un compiaciuto rapporto di adesione allo «stato di cose presenti». Pestalozza sottolinea con forza la carica dirompente con cui si spezza la fissità dei generi musicali tradizionali attraverso un interscambio tra l'alto e il basso che appare come la traduzione sul piano musicale del rifiuto del principio autoritario del «ciascuno al suo posto». L'insofferenza verso i compartimenti stagni in cui era frammentata la società italiana e l'assenza di fluidità di comunicazione tra vari segmenti sociali, rinchiusi dal totalitarismo fascista nell'angustia degli esclusivismi corporativi, fu la molla che fece scattare nei giovani approdati all'antifascismo la voglia di conoscere gli altri, di frequentare gli operai se si era studenti, e viceversa. Manzoni che scrive musica per le canzoni politiche e Jona che scrive il libretto della prima opera dello stesso Manzoni sono l'esempio concreto di questa circolarità, di questo fecondo interscambio tra generi diversi che è il segno di-

stintivo di ogni cultura autenticamente democratica. E poi, il gusto dell'esplorazione e la formazione di «un linguaggio sottratto a ogni prevedibilità», la ricerca di una musica (come ci ricordano Emilio Jona e Sergio Liberovici) che enfatizza il conflitto, assumendolo come elemento dinamico, come il momento in cui affiorano le energie migliori annidate nel corpo sociale, in cui si ridisegnano tutti gli stereotipi e le banalità sedimentatesi sui «caratteri originali» degli italiani: sono questi gli elementi che attribuiscono all'antifascismo la capacità di mediare il protagonismo dei soggetti sociali con le «rotture» artistico-musicali. L'esperienza del gruppo dei Cantacronache (restituitaci sempre da Jona e Liberovici), che nella loro musica libera e spontanea lasciarono affiorare l'insofferenza di un'intera generazione verso un fascismo inteso come la sedimentazione di tutto quanto di oscurantista, bigotto e arcaico si era innestato sui valori rurali raggrumatisi nella famiglia italiana, non sarebbe stata possibile senza la mobilitazione dal basso che, nel luglio 1960, spezzò la crosta dell'immobilismo politico consolidatosi negli anni del centrismo degasperiano. Il fastidio per l'idiozia delle canzonette di successo si coniugò allora con il rifiuto intransigente di tutti i «vizi» del nostro costume collettivo.

Unanimismo e parzialità

A queste considerazioni è legato il filone di studi più recente che tende a collocare l'antifascismo nella realtà viva del paese, confrontandosi – già per il ventennio – non solo con la rete cospirativa, l'impianto organizzativo, i percorsi ideologici, ma anche e soprattutto con «gli uomini e le donne in quanto individui concreti, con le loro fedi e passioni, con i prezzi pagati, le privazioni subite», restituendo concretezza e spessore «agli atteggiamenti, ai codici di comportamento, ai modi di vita, alle idee, alle visioni del mondo» di quelle classi popolari nelle quali l'antifascismo trovò la propria linfa vitale (Paolo Corsini e Gianfranco Porta). L'«antifascismo esistenziale», la categoria interpretativa applicata per la prima volta da Guido Quazza in termini essenzialmente generazionali, viene oggi declinata lungo un versante più vasto, delineando, in termini più generali, un'altra Italia, quella «non acquisita dal fascismo, che meno subì i processi di acculturazione e le iniziative volte a destrutturare le identità precedenti». Fascismo e antifascismo vi appaiono come i due fronti opposti di una battaglia che avveniva tra due diverse concezioni del mondo: da una parte il conformismo, l'ossequio ai potenti, l'abitudine al compromesso, dall'altra una spinta all'azione unita alla consapevolezza che solo nella lotta continua per l'affermazione delle proprie idee ci sia la possibilità di realizzarsi compiutamente come uomini liberi. In questo senso, l'approdo all'antifascismo viene visto come la sanzione politica di una diversa divisione del mondo che nasce già all'interno della famiglia, del paese, degli amici, di un fitto reticolo di relazioni che disegna, dal basso, il profilo di un'altra Italia, un'Italia guardata con sospetto e con diffidenza, da chi non ha mai capito perché tanti operai, tanti contadini, tante casalinghe abbiano affrontato – nel nome dell'antifascismo – lunghi anni di galera pur di non rassegnarsi al conformismo e all'opportunismo della maggioranza.

In questo senso, indicare (G. E. Rusconi) nell'antifascismo il tentativo di costruire un paradigma di autoriconoscimento di tutte le parti in causa (per poi imputargliene il fallimento) equivale a costruire un ossimoro interpretativo. L'antifascismo non ebbe mai tra i propri obiettivi quello di costituirsi in «mito di fondazione» per una identità nazionale unanimistica e patriottica; consapevolmente, anzi, ha privilegiato la propria parzialità, sia durante il ventennio – quando si contrappose nettamente all'Italia fascista e agli italiani fascisti –, sia nella Resistenza con la scelta matura e consapevole di iniziare una guerra civile, sia, infine, nella stessa storia dell'Italia repubblicana quando ha alimentato i comportamenti antagonistici di quanti non si sono riconosciuti non solo nelle scelte politiche che scaturivano dagli equilibri governativi, ma anche e soprattutto nel «carattere» degli italiani che di quelle scelte costituivano lo sfondo antropologico.

BIBLIOGRAFIA

C. Pavone, *Una guerra civile. Saggio storico sulla moralità nella Resistenza*, Bollati Boringhieri, Torino 1991.

P. Corsini, G. Porta, *Avversi al regime. Una famiglia comunista negli anni del fascismo*, Editori Riuniti, Roma 1992.

E. Jona, S. Liberovici, *Canti degli operai torinesi dall'800 agli anni del fascismo*, Ricordi-Unicopli, Milano, 1990.

G. E. Rusconi, *Se cessiamo di essere una nazione*, Il Mulino, Bologna 1993.

Un problema Capitale

Filippo Mazzonis

Roma non è mai riuscita a diventare il centro propulsivo e direttivo dell'intero paese. Lo dimostra l'evidenza politica, storica, culturale. Anche la storia urbana, nonostante le buone intenzioni di uomini come Nathan o Petroselli, è quella di una città senza progetti di grande respiro. Così il *caput mundi* è diventato la capitale della burocrazia «che consuma e non produce» e dei palazzinari, oltre che della Chiesa. Nel presente periodo di transizione, il suo ruolo resta tutto da definire.

«La scelta della capitale [...] è determinata da grandi ragioni morali. È il sentimento dei popoli quello che decide le questioni ad esse relative. Ora, o signori, in Roma concorrono tutte le circostanze storiche, intellettuali, morali, che devono determinare le condizioni della capitale di un grande Stato [...]. Ho detto, o signori, e affermo ancora una volta che Roma, Roma sola deve essere la capitale d'Italia. Ma qui cominciano le difficoltà del problema.» (Camillo Benso conte di Cavour, Discorso alla Camera dei Deputati, tornata del 25 marzo 1861). Negli oltre 130 anni di sviluppo nazionale della storia d'Italia colpisce l'assenza di un centro realmente unitario che indirizzi il processo di modernizzazione e ne simboleggi adeguatamente il livello via via raggiunto. Sintomo dei *dualismi* che hanno caratterizzato il paese, è questa una costante che ha segnato la vita italiana dall'Unità in avanti.

Un paese senza centro

Roma non è mai stata un centro realmente unitario e unificante benché su di essa i democratici risorgimentali avessero da sempre puntato le proprie aspettative per la capitale della «Terza Italia» (aspettative non di rado intrise di romantico utopismo e benché anche i moderati, come stanno a dimostrare le parole riportate all'inizio del più illustre di loro, si fossero alla fine convertiti all'idea.

Appuntamenti mancati con la storia

Già nel 1871 Roma capitale, lungi dal contribuire al superamento del *dualismo* Nord-Sud, fu subito considerata dagli uni lo strumento politico atto «a ristabilire l'equilibrio delle influenze nell'indirizzo dell'amministrazione pubblica» (come disse Antonio Scialoja al Senato), dagli altri la sede in cui «trionferà il mezzogiorno, agitato dall'elemento romano» (come prontamente scrisse l'autorevole Guido Borromeo a Minghetti).
Anche storicamente Roma risultò inferiore al suo ruolo. Nelle due occasioni più drammatiche (1915-18 e 1943-45), in cui le forti tensioni della prima grande prova nazionale o le terribili dilacerazioni provocate dalla

guerra civile e dall'occupazione straniera coinvolsero direttamente o indirettamente tutta la popolazione, il centro decisionale era altrove (a Udine o sulla «linea del Piave» durante la Grande guerra; a Brindisi, a Bari, a Salerno, perfino a Ravello, durante la Resistenza). Solo due volte sembrò che gli italiani guardassero a Roma come al centro del paese: quando nell'ottobre del '22 Mussolini vi converse per portare al re «l'Italia di Vittorio Veneto» e negli anni cinquanta quando fu formulata l'equazione «capitale corrotta-nazione infetta».

Produzione culturale e immaginario collettivo

La stessa carenza di un centro unificante si riscontra sul piano culturale, sia per la carenza di iniziative di rilievo che vi si organizzano, sia per il non eccelso prestigio delle sue istituzioni pubbliche e private (a parte l'Accademia dei Lincei, tornata a nuova vita grazie all'impegno di Quintino Sella, e al di là del fatto che una cattedra all'Università romana de «La Sapienza» resta la meta più ambita nel *cursus honorum* di moltissimi accademici: ma questo è un altro discorso), sia perché nel campo dell'editoria di cultura, come in quello della stampa, rare e recenti sono le attività di una certa consistenza e di dimensione nazionale. Sicché il panorama complessivo risulta sconfortante e tale da non reggere il confronto non solo con le grandi capitali dell'Occidente, ma anche con non poche città italiane e, perfino, con la situazione esistente nell'ultimo decennio dello Stato pontificio: tutto ciò a dispetto di un patrimonio artistico straordinario e unico al mondo.

D'altronde nell'immaginario collettivo, accantonata rapidamente la «Terza Roma» cara a Mazzini e Garibaldi, l'immagine-simbolo che finì per prevalere non fu tanto quella della capitale d'Italia, ma quella del *caput mundi*, ancorata alle vestigia della grandezza antica, cantata da poeti e letterati dell'ultimo Ottocento e del primo Novecento (dal Carducci di *Nell'annuale della fondazione di Roma*, passando per una miriade di minori, fino al Pascoli di *A Roma eterna*, esaltata fuori di misura dal regime fascista e neppure del tutto trascurata, sia pure con diversità di toni e di prospettive, come diremo più avanti, dalla classe politica egemone in età repubblicana). Quella che era una tappa obbligata di tutti i *Grands Tours* di una volta è divenuta una sorta di comodo rifugio nel passato, la cui attrattiva è stata tanto più forte, quanto maggiore si aveva contezza della decadenza del presente.

Una città senza progetto

Se, infine, dalla storia nazionale si passa a quella urbana, ci si renderà conto che Roma non è stata capitale neppure *di per sé*, dal punto di vista, cioè, delle strutture proprie: nel senso che, a partire da quel fatale 20 settembre, a essa è mancata la programmazione necessaria a un'organizzazione strutturale-amministrativa *adeguata* alle nuove esigenze e alla funzione che era chiamata a svolgere. Ben lo sapevano i più responsabili e pensosi tra gli intellettuali e i politici di fine secolo (tanto fra i progressisti che fra i moderati) quando sostenevano che «né l'amministrazione del Comune, né il Governo ebbero un *adeguato concetto* di ciò che Roma doveva divenire, o se l'ebbero mancò ad essi l'energia per porre ad atto tutti i mezzi rispondenti allo scopo». Si tratta di considerazioni valide, purtroppo, ancora oggi, come ben sanno i romani, anche se in passato non sono mancate le buone intenzioni (da Pianciani che voleva dotare Roma delle industrie necessarie a fare di «una magnifica capitale da sagrestia» una città adatta «ai bisogni della civiltà moderna», a Sella che voleva dar vita alla «capitale della scienza e dell'amministrazione», a Nathan che sognava «una grande Metropoli ove scienza e coscienza indirizzino insieme ai destini patrii, rinnovate attività artistiche, industriali, commerciali»), né sono mancati interventi coronati da parziale successo (come il risanamento delle borgate operato dalla giunta presieduta da Petroselli). In altri termini, se si escludono le realizzazioni attuate negli anni tra le due guerre (quando Mussolini, affidandosi all'opera del «piccone demolitore» e all'ingegno di disciplinati esecutori, volle fare di Roma il simbolo concreto delle «aspirazioni imperiali dell'Italia fascista»), nella storia di Roma capitale si avverte la mancanza di un progetto organico e di programmi di ampio respiro in grado di caratterizzare le linee del suo sviluppo.

Quali le cause e a chi le responsabilità dell'innegabile degrado romano, del venir meno di quel ruolo di capitale che tutti fin da subito dichiaravano di voler attribuire a Roma? Non esiste, ovviamente, una spiegazione univoca (fermo restando, sullo sfondo, quel modello interpretativo gramsciano relativo alla mancanza di una classe dirigente nazionale e alla carenza di capacità egemonica dei diversi gruppi dominanti), per cui occorre preliminarmente cercare di individuare i diversi livelli di risposta.

Punto di partenza o di arrivo?

Il primo livello è di carattere storico-politico e riguarda le ragioni stesse (quelle reali, questa volta) sottese alla scelta di Roma da parte di quei moderati che, fino a poco tempo prima, si erano rivelati così tiepidi verso una soluzione unitaria. Per loro Roma non rappresentava l'obiettivo primario di un progetto organico di costruzione del nuovo Stato unitario, ma l'espediente ideologico per eluderne i tanti problemi e, al contempo, per porre un qualche freno, almeno momentaneamente, alle spinte centrifughe e alle tendenze campanilistiche in atto: non sarebbe stata il punto di partenza di un profondo processo di rinnovamento della società mediante la creazione di un nuovo sistema istituzionale, bensì doveva considerarsi il punto di arrivo del processo risorgimentale, che veniva a sancire i rapporti di forza determinatisi al suo interno. Una decisione, che, per come fu presa e per come fu mantenuta nel decennio seguente, non poté non riflettersi sul futuro sviluppo della capitale e condizionarlo grandemente.

La capitale della burocrazia

Il secondo livello è, appunto, di carattere istituzionale-amministrativo. L'opzione in favore di un forte accentramento delle istituzioni e dell'amministrazione dello Stato ha fatto sì che la capitale, invece di essere il centro propulsivo e direttivo dell'intero paese auspicato dai più nobili Padri della Patria, diventasse la sede dove dovevano trovare soluzione (o venivano disattese) le più diverse e complesse esigenze locali, facendo di Roma il simbolo concreto di un potere che mortificava ogni aspirazione di autonomia. Agli occhi degli italiani, Roma, sinonimo di governo accentratore e di potere politico corrotto, con tutti i palazzi ministeriali e le sedi di rappresentanza delle maggiori società pubbliche e private operanti sull'intero territorio, è la «città burocratica» per eccellenza, la «città degli impiegati» (immagini queste, peraltro, ampiamente, confermate dalle statistiche), ovvero, secondo polemiche non solo recenti, «la città che consuma e non produce», che contribuisce ad aggravare, anziché sanarlo, il dissidio tra paese «produttivo» e paese «improduttivo» (altra faccia della medaglia, come notava Chabod, del dissidio *paese reale-paese legale*).

I palazzinari

Il terzo livello, relativo all'assenza di una coerente ed effettiva pianificazione urbanistica, affonda le radici in quella vera e propria «vocazione speculativa» che costituisce una componente tutt'altro che secondaria del modello di sviluppo economico italiano. Il fenomeno, pure in conseguenza di quanto detto ai due punti precedenti, non ha risparmiato la capitale; al contrario, vi si è espresso con ulteriore virulenza e con effetti devastanti, dal momento che, a Roma, potere e ricchezza sono sempre derivati (oltre che da inconfessabili rapporti con il potere politico) dalla grande proprietà fondiaria (i latifondi dell'Agro romano) e da quella immobiliare, ambedue gestite, con proprio cospicuo vantaggio, ora dalle grandi famiglie aristocratiche, ora dalle istituzioni religiose, ora dagli esponenti di una borghesia rampante e vorace (i famosi *palazzinari*). Iniziatasi e svoltasi all'insegna della speculazione e in assenza di serie regolamentazioni (i vari piani regolatori di volta in volta progettati non ebbero seguito, ovvero, come quelli del periodo fascista, furono spregiudicatamente adattati alle novità del dopoguerra),

la vita della città eterna è stata urbanisticamente segnata da due avvenimenti principali, emblematicamente passati alla storia come la «febbre edilizia» (1882-87) e il «sacco di Roma» (anni cinquanta del nostro secolo). Vi è poi un quarto livello sul quale vale la pena di soffermarsi, anche perché la storiografia vi ha sempre dedicato poca (o nessuna) attenzione. Mi riferisco al rapporto che lega Roma alla Chiesa, o meglio al papato.

La sede apostolica

Credo che siano largamente noti i termini e il senso dei dibattiti e delle polemiche ancora recentemente suscitati dall'intervento costante, vivace e immediato (nel significato etimologico del termine, cioè senza mediazioni) della Chiesa nelle vicende romane, soprattutto, ma non solo, in occasione delle elezioni amministrative. Un intervento che, per come viene realizzato e per il fatto che non di rado vi è direttamente coinvolta la suprema gerarchia ecclesiastica, non trova *sufficiente* giustificazione nel fatto che il papa è il vescovo di Roma e che, pertanto, questa è la sua diocesi. Neppure è *sufficiente* cercare una risposta di comodo nella personalità, umana e politica, di questo o quel pontefice, visto che da Pio IX in avanti (forse con l'esclusione dei soli Giovanni XXIII e Paolo VI) non vi è stato papa che non si sia sentito in dovere di prendere posizione nel merito delle scelte e delle decisioni assunte o da assumere da parte della cittadinanza e dei suoi organi di governo autonomo. A monte del problema e tali da determinarne la continuità e la portata politica così esorbitante vi sono due ordini di motivazioni, ambedue effetto di processi storici di lungo periodo.

In primo luogo, da tempo ormai Roma, nel comune sentire dei suoi cittadini (prima ancora che nel gioco dei rapporti internazionali), era innanzitutto la città della Chiesa. Esisteva, infatti, un rapporto millenario di integrale simbiosi, in cui, più che la legittimità dei titoli di potere (sovente messi in discussione), pesò il carattere di vera e propria osmosi tra le vicende dell'istituzione ecclesiastica e la vita della città attraverso i secoli: una storia lunga e ricca di contraddizioni, ma il cui senso complessivo era efficacemente riassunto nel vecchio adagio, assai in voga nell'Ottocento, «dov'è il Papa, ivi è Roma».

La città santa

Vi è poi un ben più complesso ordine di motivazioni che collega il problema all'avvento e all'affermazione della rivoluzione borghese, la quale, com'è noto, comportò per la Chiesa la perdita del ruolo egemonico di cui essa aveva goduto nella società feudale prima, in quella dell'*Ancien Régime* poi. L'estendersi del fenomeno anche all'Italia impose alla Chiesa di adeguarsi alla nuova realtà: vi provvide Pio IX , il cui pontificato segnò, pertanto, l'inizio dell'età contemporanea per la storia della Chiesa. Questa, affinché l'operazione giungesse a compimento, dovette naturalmente sopportarne i costi, che però furono contenuti entro i limiti previsti. Ciò che non era stato previsto, e Pio IX continuò a opporvisi fino all'ultimo, fu che l'«odiosa usurpazione» venisse estesa anche alla «città eterna»; il dominio su Roma era considerato indispensabile dalla Chiesa, al fine di poter esercitare in piena autonomia e indipendenza il suo «primato universale», sì da inserirsi in maniera non subalterna nel nuovo modello di società che si era affermato. Simile posizione essenzialmente difensiva venne modificandosi sotto i pontificati successivi, non perché venisse meno la rivendicazione di Roma, bensì perché se ne modificarono le motivazioni e la prospettiva, dal momento stesso in cui la strategia complessiva della Chiesa nei confronti della società contemporanea ebbe nuova e più ampia formulazione e codificazione nella *Rerum Novarum*: la condanna della rivoluzione borghese e del modello di società che ne era scaturito non era affatto annullata, ma superata dalla rivendicazione del diritto-dovere della Chiesa di esercitarvi la propria egemonia. La «città santa» veniva dunque a rappresentare il punto di partenza, il centro propulsore in cui avrebbe dovuto avere inizio e da cui prendere avvio il movimento per la grandiosa opera di riconquista. Ben si comprendono allora l'attenzione e la cura alla vita (non solo religiosa ma anche politica in senso lato) di Roma sempre mostrata dai pontefici in prima persona.

Così si spiega perché Pio X impegnò tutte le forze cattoliche in una lotta senza quartiere contro l'attività dell'amministrazione Nathan, affinché venisse abbattuto una volta per sempre l'esperimento «rivoluzionario» e «antireligioso» (per usare le espressioni tolleranti de «La Civiltà Cattolica»), che un «ebreo-massone», appoggiato dai «rossi», aveva avuto l'ardire di guidare «nel centro del cattolicesimo».

«Roma o Mosca»

Il «carattere sacro della Città Eterna, sede vescovile del Sommo Pontefice, centro del mondo cattolico e meta di pellegrinaggi» ottenne alto e formale riconoscimento nel secondo comma dell'art. 1 del Concordato del 1929. Un'ulteriore e più importante svolta (conseguenza, principalmente, dell'estendersi degli effetti rovinosi e perversi della crisi del '29) si verificò nel corso degli anni trenta e in maniera più decisiva con l'ascesa al soglio pontificio di Pio XII, primo «romano di Roma» a divenire papa dopo più di due secoli. Il significato del suo messaggio è chiarissimo: fuori di un nuovo modello di società capitalistica redenta dal cattolicesimo – un nuovo modello che abbia le sue fondamenta storiche e geo-politiche nell'«Europa cristiana e carolingia» e riconosca in Roma la sua capitale ideale e spirituale –, non vi è speranza di salvezza, ma solo la disperazione delle tenebre della barbarie comunista. In altri termini, ma sempre suoi, la scelta drastica e senza alternative è nel binomio «Roma o Mosca». La «città sacra ed eterna» non rappresenta, dunque, più il punto d'inizio da cui si irradia la mobilitazione cattolica, bensì è diventata la meta finale da cui la Chiesa, erede autentica della grandezza imperiale romana, eserciterà (e in cui celebrerà) la propria riconquistata egemonia. Si tratta di un disegno lungamente preparato, che Eugenio Pacelli, ancora segretario di Stato, aveva già formulato in un discorso pronunciato nel febbraio del 1936. Una volta divenuto papa e scoppiato il temuto conflitto mondiale, la rinnovata espressione di tali convinzioni fu costantemente sorretta da un'azione diplomatica e assistenziale tesa a preservare il più possibile Roma dagli orrori della guerra (e condotta con un impegno e con forme che non ebbero riscontro nei confronti delle spaventose tragedie accadute in quegli anni terribili), sì da meritare al pontefice l'unanime riconoscenza della popolazione romana e l'onorifico titolo di *Defensor civitatis*.

La nuova questione romana

Confortato dal felice superamento di queste prove e forte di un accresciuto prestigio anche internazionale, Pio XII coglieva l'occasione dell'incontro con il collegio cardinalizio alla vigilia di Natale del 1945 per ribadire che «Roma apparirà veramente come la Città eterna, la Città universale, la Città *Caput mundi*, l'*Urbs* per eccellenza, la Città di cui tutti sono cittadini, la Città del Vicario di Cristo, verso il quale si volgono gli sguardi di tutto il mondo cattolico; né l'Italia, terra benedetta che accoglie nel suo seno questa Roma, ne rimarrà diminuita, ché anzi splenderà agli occhi di tutti i popoli come partecipe di questa grandezza e di questa universalità». Così, l'immagine della capitale d'Italia andava viepiù stemperandosi, per lasciare il posto all'immagine della «vera» Roma, la «città sacra», sede del papato e capitale di un mondo riscattato dall'«auspicata rinnovazione religiosa».

Tanto visionarismo utopico e messianico, pur riuscendo a contagiare un politico solitamente poco incline agli entusiasmi, come il trentino De Gasperi non assunse dimensioni concrete: più forte del messaggio del papa fu l'interesse dei proprietari di aree e dei grandi speculatori (grazie alla benevola condiscendenza di amministrazioni comunali amiche e benedette dalla Chiesa).

Da allora molta acqua è passata sotto i ponti che attraversano il Tevere e molte cose sono nel frattempo mutate e non di poco: nella politica internazionale come in quella interna, nell'atteggiamento della Chiesa verso la società contemporanea e nei suoi rapporti con lo Stato. Non poche novità sono pure intervenute nei comportamenti delle istituzioni ecclesiastiche e del mondo cattolico nei confronti della difficile realtà romana: basti pensare all'impegno profuso dalle organizzazioni di volontariato per affrontare alcuni problemi più drammatici (emarginazione, immigrazione ecc.).

Non rendersi conto di ciò e non cogliere la presenza di fermenti che aprono la prospettiva alla speranza di possibili soluzioni future, sarebbe indubbiamente un errore.

È altrettanto indubbio, però, che le vicende qui sinteticamente ricordate hanno avuto un peso e un'importanza tali sugli avvenimenti successivi da condizionarli pesantemente, ben oltre i limiti temporali entro i quali si sono verificate. Molti segnali sembrano confermarci che la questione della capitale (non solo, ma anche, per quanto attiene ai rapporti con la Chiesa) sia tuttora una questione irrisolta.

───────── **BIBLIOGRAFIA** ─────────

A. Caracciolo, *Roma Capitale. Dal Risorgimento alla crisi dello stato liberale*, Editori Riuniti, Roma 1956.

F. Chabod, *Storia della politica estera italiana dal 1870 al 1896*, Laterza, Bari 1962^2 (in particolare: pp. 179-323).

S. Lanaro, *L'Italia nuova. Identità e sviluppo. 1861-1988*, Einaudi, Torino 1988 (in particolare: pp. 70-81).

I. Insolera, *Roma moderna. Un secolo di storia urbanistica, 1870-1970*, Einaudi, Torino 1992.

F. Mazzonis, *La chiesa di Pio XII: dalla riconquista alla diàclasi*, Teti, Milano 1988; Id., *Divertimento italiano. Problemi di storia e questioni di storiografia dell'unificazione*, Franco Angeli, Milano 1992 (in particolare: pp. 343-397).

S. Soldani e G. Turi (a c. di), *Fare gli italiani. Scuola e cultura nell'Italia contemporanea*, Il Mulino, Bologna 1993, 2 voll. (in particolare: I. Porciani, *Stato e nazione: l'immagine debole dell'Italia*, I, pp. 385-428).

Le regioni italiane

Piemonte - Gian Carlo Jocteau

Valle d'Aosta - Marco Cuaz

Lombardia - Franco Della Peruta Gianfranco Petrillo

Trentino-Alto Adige Gauro Coppola

Veneto - Emilio Franzina

Friuli-Venezia Giulia Marcello Flores

Liguria - Antonio Gibelli

Emilia-Romagna - Paola Nava

Toscana - Tommaso Detti

Umbria - Renato Covino

Marche - Sergio Anselmi

Lazio - Fabrizia Gurreri

Abruzzo - Filippo Mazzonis

Molise - Sebastiano Martelli

Campania - Giuseppe Galasso

Puglia - Biagio Salvemini

Basilicata - Agnese Sinisi

Calabria - Piero Bevilacqua

Sicilia - Giuseppe Balistreri

Sardegna - Gian Giacomo Ortu

Ogni paese ha le sue diversità e identità regionali. Che cosa sarebbero la storia, la geografia e la politica della Francia senza le sue regioni, senza le grandi differenze tra la mediterranea Provenza, l'atlantica Bretagna, la continentale Alsazia? Ci sono poi paesi europei che, accanto a identità *regionali*, hanno parti del territorio nazionale che rivendicano identità *separate*, nazionalità separate. Nel caso italiano, l'analisi della diversità delle sue regioni è essenziale per capire il paese nel suo insieme. Con poche eccezioni (Sicilia e Alto Adige in particolare), non possiamo parlare seriamente – con buona pace di Umberto Bossi – di rivendicazioni autonomiste, di identità chiaramente separatiste durante la storia dello Stato unitario. Si può, invece, certamente riscontrare, e analizzare, fortissime identità regionali che hanno il loro punto di partenza negli stati che precedettero l'unificazione. È difficile sopravvalutare l'influenza del Granducato sull'odierna Toscana. O quella della Serenissima sul Veneto. La diversità storica può sembrare sottoposta a un processo di omologazione sotto i colpi di maglio della cultura scolastico-televisivo-pubblicitaria, ma in realtà riesce a rielaborare continuamente se stessa all'interno del suo contesto.

Ovviamente, le regioni sono a loro volta creazioni artificiali che possono corrispondere o non corrispondere agli antichi confini e alle reali diversità. In un paese che vanta una tradizione così forte di autonomie municipali e di antiche città stato, se si dovesse rendere giustizia ai territori e alle tradizioni di Feltre e Belluno, di Pisa e Livorno, di Barletta e Brindisi, la ricognizione della nazione-stato dovrebbe avvenire su una carta a scala molto più grande. Una tale scala va al di là dei nostri intenti. Ci siamo proposti, invece, di non trascurare le differenze storiche e geografiche che all'*interno* delle regioni e di non esitare a risalire nel tempo per cercare spiegazioni delle realtà odierne. Agli storici, ai sociologi, ai giornalisti e ai geografi che hanno contribuito a questa sezione abbiamo posto due domande: qual è l'identità della vostra regione? perché? Le risposte che seguono portano al cuore dell'Italia contemporanea.

Paul Ginsborg

Piemonte: nelle città-fabbrica lo spettro della deindustrializzazione

Gian Carlo Jocteau

La diminuzione dei posti di lavoro in un panorama industriale poco differenziato fa incombere sulla regione e sul suo capoluogo ombre inquietanti, che richiamano il periodo seguito al trasferimento della capitale a Firenze.

Dietro l'immagine di una società e una cultura prevalentemente uniformi e omogenee, si nasconde una realtà regionale caratterizzata, nel passato come nel presente, da forti elementi di contraddizione, di disparità e talvolta di paradosso. Soggetto a una monarchia con antiche radici, solo nel corso del Settecento il Piemonte, che per lungo tempo era stato disegnato da giurisdizioni e da confini diversi, fu unificato nello Stato sabaudo. Governato da una dinastia più dedita all'esercizio delle armi che alla promozione dell'arte e della cultura, diede corpo a un moderno Stato assoluto, dotato di una burocrazia esemplarmente efficiente. Periferico per collocazione geografica e provvisto di disagevoli vie di comunicazione, manifestò una precoce e costitutiva apertura ai rapporti con la Francia e con l'Europa. Sede durante la Restaurazione di uno dei regimi più reazionari della penisola, divenne a metà Ottocento il centro propulsivo del liberalismo italiano.

Le risorse morali dei piemontesi

Dotato a lungo di una classe dirigente e di un'aristocrazia che univano alla modestia delle fortune la fedeltà e la sottomissione al potere, vide fiorire nell'ultimo secolo iniziative e talenti imprenditoriali fortemente innovativi, di rilievo nazionale e spesso europeo. Di tradizioni cattoliche talora sconfinanti nella bigotteria, diede i natali a uomini di fede eccezionalmente creativi e dinamici, che operarono in terreni cruciali della realtà sociale contemporanea ed è progressivamente approdato a una secolarizzazione che nel contesto italiano appare particolarmente accentuata. Parte essenziale del «triangolo industriale», è stato a lungo caratterizzato da un dualismo economico definito dalla compresenza di poli di sviluppo e di arretratezza. Terra di emigrazione sino al primo dopoguerra, è stato in seguito la meta per eccellenza di flussi immigratori che per la loro portata e la loro intensità hanno modificato e sconvolto i suoi stessi fondamenti antropologici e culturali. Dominato dalla presenza soverchiante di un'industria a lungo improntata a criteri organizzativi rigidamente tayloristici, ha visto sorgere una classe operaia che è stata protagonista, spesso con funzioni egemoniche, della storia del movimento operaio. Se un elemento di continuità si può scorgere sotto questa varietà di vicende, esso risiede verosimilmente nella continuità, all'insegna della disciplina, dell'etica del lavoro o della gerarchia sociale, tra l'assolutismo militaresco del Settecento e del primo Ottocento e la città-fabbrica, disegnata sul modello del fordismo, che configura la Torino novecentesca. Ma tra l'uno e l'altra si deve comunque rilevare una fase, assai viva e dinamica, che con la parentesi critica degli ultimi decenni dell'Ottocento si estende dal periodo risorgimentale fino al fiorire di iniziative che caratterizzò l'età giolittiana e il primo dopoguerra.

Prima del triangolo

È indubbiamente agli anni del decollo dell'economia italiana che occorre rifarsi per ritrovare i segni della svolta che, facendo di Torino un polo del triangolo industriale, avrebbe dato alla regione il suo volto caratteristico. Ma già in precedenza il Piemonte, seppure in misura minore della Lombardia e della Liguria, era attivamente inserito nei circuiti industriali e commerciali. Se la produzione della seta, in collegamento coi mercati francesi, costituiva allora l'attività economica più rilevante, anche l'industria del cotone e soprattutto quella della lana (in particolare nel Biellese) andavano acquisendo una presenza e una fisionomia significative. Il panorama dell'agricoltura era nettamente diversificato fra le zone orientali del Novarese e del Vercellese, ove prevalevano moderne aziende capitalistiche dedite alla coltura del riso e all'allevamento, e quelle restanti, più povere e caratterizzate dalla presenza particolarmente diffusa di una piccola proprietà contadina che per raggiungere l'autosufficienza doveva frequentemente ricorrere all'emigrazione stagionale. Queste differenze territoriali, che per molti versi sarebbero sussistite fino a tempi recenti, davano sin da allora all'economia piemontese aspetti tipicamente dualistici, che si riflettevano nella coesistenza di tessuti sociali fortemente segnati dalla modernizzazione accanto ad altri durevolmente ancorati ai costumi e ai valori della tradizione. La presenza di queste difformità non deve tuttavia offuscare la stretta connessione sussistente tra le vicende del Piemonte e quelle del suo capoluogo. Torino, piccolo borgo nel corso del Medioevo, era divenuta capitale di Stato nel Cinquecento prima di esserlo nell'Italia unificata e la sua crescita urbana, proseguita sino agli anni settanta del Novecento, doveva portarla infine a comprendere più della metà della popolazione dell'intera regione. I flussi migratori che stanno all'origine di questo fenomeno e che coinvolsero dal secondo dopoguerra lavoratori e famiglie di molte parti d'Italia erano alimentati inizialmente (e non cessarono mai di esserlo anche in seguito, quando la loro quota divenne complessivamente minoritaria) dalle popolazioni delle campagne e delle vallate alpine circostanti, con esiti più o meno marcati di spopolamento e di abbandono delle aree più povere.

La crescita di Torino e del Piemonte conobbe una fase di arresto dopo il 1864, quando il trasferimento della capitale a Firenze causò una crisi e un arretramento della vita economica e sociale che furono ulteriormente aggravati nei decenni successivi dai riflessi della nuova politica protezionistica seguita dai governi della sinistra. La guerra doganale con la Francia, interrompendo i classici canali di commercializzazione dei prodotti agricoli e industriali piemontesi, influì allora pesantemente soprattutto sulla coltura e sulla lavorazione della seta, che già era in difficoltà per le conseguenze della malattia del baco e della crescente concorrenza asiatica.

Arriva la grande industria

Fu la svolta di fine secolo, come si è detto, a porre le basi della ripresa economica piemontese e a dare, nello stesso tempo, alla regione alcuni dei tratti salienti che la avrebbero caratterizzata fino ai giorni nostri. La nascita di una nuova imprenditoria, legata alla politica giolittiana e impegnata nei più moderni settori tipici della seconda rivoluzione industriale, si accompagnò allora al consolidamento delle più tradizionali produzioni della lana e del cotone.

Al sorgere dell'industria metalmeccanica, che oltre alle aziende automobilistiche dell'area torinese vide prendere corpo nella vicina Ivrea l'importante esperienza della Olivetti, si collegarono una dinamica politica dei servizi urbani e uno sviluppo rilevante dell'energia idroelettrica, fondata sullo sfruttamento delle acque alpine. Non si trattò però di uno sviluppo territorialmente uniforme, giacché gli squilibri regionali preesistenti non ne risultarono sostanzialmente alterati e solo il Biellese e parte del Novarese e dell'Alessandrino tennero il passo dell'industrializzazione, mentre risultò aggravato il divario tra le aree trainanti e il Cuneese e l'Astigiano.

Fu in ogni caso la Prima guerra mondiale a porre le condizioni, qui come altrove, per l'affermarsi della grande industria. Sulla scia della mobilitazione bellica, la FIAT, che contava 4300 operai nel 1914, giunse nel 1918, anche attraverso incorporazioni e creazioni di nuove società, ad avere più di 40 000 dipendenti, che corrispondevano al 60 per cento degli occupati nell'industria metalmeccanica piemontese. Questa situazione non configurava tuttavia ancora il monismo produttivo che avrebbe successivamente caratterizzato la realtà torinese. Nel corso degli anni venti l'industria idroelettrica e quella dei tessuti sintetici mostrarono infatti notevoli segni di vitalità e attraverso imprese del rilievo della SIP di Ponti e della SNIA di Gualiano diedero al panorama economico cittadino un promettente quanto effimero volto pluralistico. Le conseguenze della grande crisi, che le travolse entrambe, determinarono però un'identificazione sempre più chiara e univoca dei destini dell'economia torinese con quelli della FIAT e delle produzioni a essa collegate. L'azienda automobilistica, che riuscì a superare le difficoltà di quegli anni, intraprese un'ulteriore crescita, che dopo la parentesi bellica proseguì ininterrotta nel corso dei decenni successivi.

Un destino chiamato FIAT

La scelta di concentrare nell'area metropolitana la produzione e gli investimenti di quella che si avvia a divenire la maggiore industria italiana ebbe nel frattempo una ratifica decisiva sul finire degli anni trenta, con la costruzione e l'inaugurazione del nuovo stabilimento di Mirafiori. La città, che contava nel 1921 circa 500 000 abitanti, superò i 700 000 nel 1940, i 900 000 nel 1957 e il milione nel 1959, per raggiungere un culmine di quasi 1 200 000 nel 1974 (la popolazione sale a più di due milioni comprendendo i numerosi comuni della cintura), quando l'intera regione contava quattro milioni e mezzo di persone.

Le ondate migratorie

All'originaria immigrazione piemontese si erano via via sovrapposte quella veneta (ancora maggioritaria nel corso degli anni cinquanta) e infine quella meridionale. Ne conseguì un processo di integrazione che, a causa delle carenze delle abitazioni e dei servizi, fu inizialmente assai difficile e che diede luogo sul più lungo periodo a un rimescolamento culturale che non trova riscontri nel contesto italiano. Le conseguenze furono altrettanto serie sul piano delle relazioni industriali: se dopo la parentesi del «biennio rosso» e del secondo dopoguerra il fascismo prima e il centrismo poi avevano offerto un quadro politico entro cui impostare un governo sostanzialmente discrezionale della forza lavoro, i precari equilibri si ruppero alla fine degli anni sessanta, quando le lotte sindacali raggiunsero una radicalità, una violenza e una durata senza precedenti, e si ricostituirono solo negli anni ottanta, attraverso una durissima sconfitta operaia. Nel 1971 più del 55 per cento dell'occupazione industriale piemontese era concentrata nel capoluogo; nelle altre aree della regione il decennio precedente aveva visto consumarsi la grave crisi del settore tessile, ampiamente radicato nelle zone a ridosso delle Alpi, ma nel frattempo andavano consolidandosi o affermandosi altri centri produttivi, soprattutto nel Canavese, ove la Olivetti si accingeva a introdursi nel campo dell'informatica, e nel Cuneese, con la Michelin e con le crescenti fortune dell'industria dolciaria Ferrero.

Il calo demografico che si è registrato in Piemonte a partire dalla metà degli anni settanta riflette soprattutto la diminuzione di più di duecentomila unità della popolazione del capoluogo. Paragonabile in Italia solo a quello verificatosi in Liguria, questo decremento risulta dalla concomitanza di diversi fattori. Agli effetti di un sensibile calo della natalità si sono infatti progressivamente aggiunte le conseguenze di una diminuzione dell'occupazione industriale dovuta in un primo tempo a processi di ristrutturazione produttiva e organizzativa e successivamente al manifestarsi di una crisi economica di estrema gravità.

Una «questione settentrionale»?

Negli ultimi anni ha iniziato infatti a incombere sul Piemonte e su Torino lo spettro della deindustrializzazione, in un contesto che rischia di richiamare alla mente, per la serietà delle difficoltà che presenta, il periodo buio che succedette allo spostamento della capitale a Firenze. È una crisi che coinvolge la FIAT, col relativo indotto, insieme alla Olivetti e a varie altre aziende, e che si è manifestata con una repentinità e una simultaneità che, al di là delle più generali difficoltà dell'economia nazionale, sembrano rinviare ai problemi specifici delle singole imprese e dei settori produttivi che ne sono coinvolti, mettendo in luce nello stesso tempo i rischi connessi a un panorama industriale scarsamente pluralistico. Nell'incertezza del presente, le previsioni catastrofiche sono verosimilmente avventate allo stesso modo dei facili ottimismi, ma appare comunque indiscutibile che le possibili prospettive di ripresa sono subordinate a misure di promozione e di sostegno che trascendono l'ambito strettamente regionale, per coinvolgere direttamente le politiche economiche governative.

BIBLIOGRAFIA

V. Castronovo, *Il Piemonte*, Einaudi, Torino 1977.

Valle d'Aosta:
si può vivere di solo paesaggio?

Marco Cuaz

Gli orizzonti dell'antica *petite patrie* sono oggi quelli di un luogo di incontro di popoli. Il benessere legato al turismo e all'autonomia fiscale hanno consentito di assorbire i contraccolpi del crollo dell'agricoltura e della crisi industriale. Ora però occorre alzare il livello della proposta turistica e culturale.

Circondata dalle più alte montagne d'Europa e posta agli estremi confini d'Italia, la Valle d'Aosta ha sempre legato i suoi destini alla montagna e alla strada romana che, attraverso i valichi del Piccolo e del Gran San Bernardo, collegava l'Italia al nord e all'occidente d'Europa. Ai margini di quella strada, seguendo le alterne vicende della politica e del clima, era cresciuta una città, fondata dai romani nel 25 a.C., e si era insediata una popolazione di 50-100 000 montanari, impegnati a strappare alla natura selvaggia ogni lembo di terra coltivabile. Fra quei monti «aspri e sterilissimi», sconosciuti fino all'Ottocento alla maggior parte del mondo civile, su di un territorio composto per un quinto di rocce e di ghiacci, per tre quinti di boschi e di pascoli di difficile accesso, si era organizzata una civiltà alpina le cui frontiere non coincidevano con quelle della politica, ma si modellavano sui rilievi e sui passaggi che la natura consentiva agli uomini e agli animali.

L'economia tradizionale

Nell'economia tradizionale, quasi immobile fino alla rivoluzione turistica e industriale del primo Novecento, l'allevamento del bestiame e la vendita delle carni e dei formaggi, costituivano la principale fonte di reddito, seguita dallo sfruttamento del patrimonio boschivo. Molto bassi erano i rendimenti agricoli. Lo scarso terreno utile allo sfruttamento intensivo richiedeva una lotta quotidiana contro la natura per rimodellare con terrazzamenti i fianchi delle montagne, scavare ruscelli per l'irrigazione, riportare in alto la terra scesa a valle, ripulire il terreno dalle grandi quantità di materiali rocciosi. Si seminavano i cereali fino ai duemila metri d'altezza, ma i raccolti delle migliori annate erano appena sufficienti a nutrire i due terzi della popolazione e la sopravvivenza dipendeva in larga misura dalla raccolta delle castagne e dal rifornimento di grano e di sale proveniente dalla pianura. Il sottosuolo era ricco di minerali, ma scarsità di capitali, arretratezza di mezzi tecnici, difesa dei privilegi economici da parte della feudalità e del patrimonio boschivo da parte delle comunità, diffidenza verso gli imprenditori stranieri bloccavano qualsiasi possibilità di valorizzare il patrimonio di ferro, di rame, di piombo, di carbone.

Civiltà alpina e organizzazione comunitaria

Questa civiltà alpina era attraversata da una rete di solidarietà che attenuava la conflittualità sociale e trovava nell'organizzazione di comuni, confraternite e consorzi, i suoi strumenti nella lotta contro la natura. L'integrazione dell'economia agropastorale obbligava a consolidare la struttura comunale intorno alla gestione delle terre comuni e a conciliare il collettivismo pastorale e l'individualismo agricolo. L'avaro regime delle piogge costringeva a imbrigliare l'acqua dei ghiacciai in una rete di canaletti che si dipartiva dai grandi ruscelli artificiali e richiedeva un costante lavoro di manutenzione e una democratica utilizzazione delle risorse idriche. Il riassetto dei sentieri e dei ruscelli, la raccolta del legname e delle pietre impegnavano l'intera comunità, stimolando la solidarietà del villaggio. Le transumanze, la guardia alle mandrie e la lavorazione del latte, si facevano senza distinzione di proprietà e i sindaci dovevano provvedere a far rispettare le regole dell'alpeggio, la ripartizione dei prodotti in base al numero dei capi, la distribuzione di una quota ai poveri. Guardie campestri e delle acque sorvegliavano il patrimonio consortile, il cui usufrutto era organizzato da regolamenti che salvaguardavano lo sfruttamento collettivo delle risorse comuni, offrendo una protezione contro le incertezze del clima e un'opportunità di sopravvivenza ai più poveri.

Un corridoio al centro dell'Europa

Crisi e prosperità dipendevano dall'apporto del commercio, dalla transitabilità della strada, dalle congiunture politiche e climatiche che favorivano o ostacolavano il passaggio dei mercanti. Fiorente in età imperiale e decaduta nell'alto Medioevo, l'economia valdostana conobbe il massimo splendore nel tardo Medioevo, quando l'antica «via delle Gallie» fu al centro dell'economia europea, sul grande corridoio che legava le città di Firenze e di Anversa e al centro di un ricco triangolo tra i mercanti di Lione, di Ginevra e di Milano. La favorevole congiuntura internazionale del Tre e del Quattrocento aveva portato ricchezza alle Alpi nord-occidentali.

La città di Aosta, quasi scomparsa dopo la caduta dell'Impero romano, aveva raggiunto la sua massima espansione; si erano costruiti i maggiori castelli, i grandi canali di irrigazione, la notevole rete di locande e le comunità erano state sufficientemente ricche da poter acquistare molti diritti signorili sulle acque, i boschi, i pascoli, i forni, i mulini.

In un mondo che ancora non conosceva frontiere nazionali, e dove i valichi univano le popolazioni dei due versanti della montagna, erano le chiuse di fondo valle a costituire il maggior ostacolo alla comunicazione e a segnare le frontiere del mondo alpino. In quel tempo una fitta trama di rapporti collegava il Vallaise, la Savoia e la Valle d'Aosta; mercanti, funzionari, religiosi si muovevano in uno spazio intramontano che si ramificava fino ai grandi centri commerciali di Ginevra e di Lione. Ne discese la formazione di un'area linguistica, quella franco-provenzale, i cui confini non erano segnati dallo spartiacque alpino ma debordavano su entrambi i versanti della montagna e la diffusione del francese come lingua letteraria, in una valle gravitante politicamente e religiosamente al di là delle Alpi.

Il dramma dell'isolamento

La favorevole congiuntura ebbe fine nella prima metà del Cinquecento, quando la Valle d'Aosta precipitò nell'isolamento e nella miseria. Lo stabilirsi del calvinismo in Svizzera, con la conseguente chiusura del valico del Gran San Bernardo, la dissoluzione dello Stato sabaudo, con la definitiva perdita di Ginevra, la crisi complessiva dell'economia italiana e lo spostamento verso vie marittime del commercio internazionale, e in ultimo il raffreddamento climatico della seconda metà del Cinquecento, segnarono la fine della secolare fortuna della «via delle Gallie». Perduta la funzione di corridoio commerciale, la montagna divenne il campo di battaglia delle milizie degli stati moderni, impegnati a ridefinire con le armi il più vantaggioso assetto delle linee di confine. Alle carovane dei mercanti subentrarono i reggimenti di soldati, con il loro corredo di violenze e di rapine e la loro eredità di briganti e di disertori. L'antico crocevia internazionale divenne un territorio di frontiera che divideva i nascenti stati nazionali e i preziosi valichi alpini si trasformarono in temuti veicoli dell'eresia, della peste e della guerra. Trascurata dalle comunità che cessavano di trarne profitto, la strada romana andò rapidamente in rovina, scomparve la rete di ospizi e paesi un tempo fiorenti si ridussero a rovine abitate da povera gente.

Le radici dell'identità politica della Valle

A quest'epoca la Valle d'Aosta costruì la sua identità politica. Nel febbraio del 1536, crollato lo Stato sabaudo nel corso del conflitto franco-imperiale, il Ducato d'Aosta fu obbligato a dotarsi di istituzioni politiche, amministrative e giuridiche autonome, di una milizia e di una diplomazia indipendente e divenne a tutti gli effetti uno Stato indipendente, legato unicamente da un vincolo di fedeltà a casa Savoia. Dopo il 1560, durante la ricostruzione dello Stato sabaudo, Aosta riuscì a conservare gran parte delle istituzioni nate nell'emergenza del 1536. Unica eccezione all'interno degli Stati sabaudi, sopravvissero gli Stati generali e il loro organo esecutivo, il *Conseil des Commis*, dotato dei più ampi poteri politici. Il diritto consuetudinario locale, consolidato nella raccolta del *Coutumier* (1588), regolava la giurisprudenza, al di fuori delle leggi in vigore nello Stato. Un donativo deliberato dall'Assemblea dei tre stati sostituì l'imposta ordinaria e nessuna tassa poté essere introdotta in Valle senza il consenso dei valdostani.

Nell'età moderna, mentre gli altri territori sabaudi venivano progressivamente riassorbiti all'interno dello Stato creato da Emanuele Filiberto e dai suoi successori, la Valle d'Aosta poté costruire, in due secoli di autogoverno, una forte identità politica, difesa e conservata per tutta l'età dell'assolutismo. In particolare, di fronte ai frequenti conflitti che opposero le classi dirigenti valdostane alla corte torinese, soprattutto nell'età di Vittorio Amedeo II, l'identità politica valdostana assunse una particolare consapevolezza di se stessa, obbligata a giustificare sul piano storico e giuridico il regime particolare di cui godeva la Valle. Da questa esigenza nacque l'opera del massimo teorico delle *libertés et franchises* del Ducato di Aosta, Jean-Baptiste De Tillier, il quale, per giustificare il diritto della Valle a considerarsi una «provincia separata», elaborò la tesi della «dedizione volontaria» dei valdostani a casa Savoia (di cui sarebbe stata testimonianza la Carta delle Franchigie del 1191), caricò di significati politici l'antica idea di una Valle «intramontana» (*nec citra nec ultra montes sed intra montes*, come aveva affermato nel 1661 il vescovo Albert Bailly per rivendicare contro la Chiesa romana i privilegi gallicani del clero locale) e fece propria la tesi dei *Pays d'Etat* francesi, sull'opportunità della limitazione del potere regio da parte di Stati provinciali, offrendo una risposta teorica al progetto assolutista di casa Savoia.

Il mondo delle libertà e delle franchigie valdostane fu cancellato dalle riforme settecentesche, dal regime napoleonico, dal liberalismo ottocentesco che guardava alle riforme sociali e all'unificazione italiana come opportunità per la Valle d'Aosta di uscire dall'isolamento e dalla miseria. Ma, all'indomani dell'unificazione nazionale, che faceva della Valle l'estrema periferia di uno Stato centralizzatore, nel quale il progetto di «fare gli italiani» prevaleva sul rispetto delle minoranze linguistiche, il problema si ripose in termini drammatici. In pochi anni la Valle d'Aosta perse il suo statuto di provincia, conobbe i primi attacchi alla lingua francese, vide triplicare le imposte e abolire i dazi doganali che avevano salvaguardato la piccola industria locale, e non vide il realizzarsi di quelle promesse (strade, ferrovia, trafori) per le quali aveva aderito al Risorgimento. La debole economia valdostana non resse il confronto con il mercato nazionale. Circa un quarto della popolazione dovette emigrare nel primo cinquantennio dell'Unità. Il sentimento patriottico rimase sostanzialmente estraneo alla cultura di montanari di frontiera, legati alla lingua francese e agli orizzonti della *petite patrie*. Accanto alla *grande Patrie*, un'Italia mai rinnegata ma sempre lontana, i valdo-

stani coltivarono con affetto crescente l'attaccamento al *Pays*, di cui incominciarono a studiare la storia, le tradizioni, il folklore, a dare dignità letteraria al dialetto franco-provenzale. Di fronte agli attacchi all'uso e all'insegnamento della lingua francese, alla penetrazione sommessa e inesorabile di una lingua italiana che sconvolgeva i quadri tradizionali della società contadina e cattolica, si moltiplicavano le pretese, nacquero le prime associazioni in difesa della lingua materna.

La nascita e lo sviluppo di tensioni autonomiste fu la risposta alla crisi della Valle d'Aosta post-unitaria. Dapprima fu essenzialmente una lotta per il riconoscimento da parte dello Stato del diritto di una minoranza di lingua francese di utilizzare e insegnare la propria lingua materna. Ma ben presto divenne un consapevole processo di costruzione di un'identità culturale, fondata, oltreché sulla lingua, sulla storia, sugli usi, i costumi, le tradizioni, il dialetto, tutti quegli elementi che potevano dare il senso di appartenenza alla *petite patrie*. In ultimo, nel crogiuolo politico dell'Italia del primo dopoguerra, fra i dibattiti sul principio dell'autodeterminazione dei popoli e nell'alveo dell'antistatalismo di matrice cattolica, divenne prorompente la domanda di autonomia politica.

Dalla Resistenza alla regione autonoma

Intanto la crescita del turismo e l'industrializzazione sconvolgevano l'economia e la cultura valdostana. Nato dalla scoperta romantica della montagna e dalla promozione delle stazioni termali di Saint-Vincent e di Courmayeur, il turismo trasformò l'immagine della Valle, facendone una patria dell'escursionismo alpino, dove, tra monumenti romani e castelli medievali, i villeggianti potevano sfruttare le virtù miracolose dell'aria e dell'acqua. Intorno a questa immagine i valdostani costruirono un progetto di promozione e di vendita del paesaggio che, con la diffusione novecentesca della pratica dello sci e l'istituzione delle ferie, avrebbe garantito alla Valle una fama internazionale e un'essenziale fonte di reddito. La grande industria irruppe nei primi decenni del Novecento per sfruttare il patrimonio minerario e la ricchezza di energia elettrica. Ne rimase sconvolta la millenaria economia agro-pastorale; Aosta e i paesi della bassa Valle crebbero a dismisura mentre la montagna veniva abbandonata e una forte immigrazione di manodopera italiana accelerava i processi di trasformazione linguistica e culturale. Durante il ventennio fascista, industrializzazione, burocratizzazione e italianizzazione forzata furono aspetti diversi di una stessa politica che lasciò un'eredità di malcontento nella classe dirigente e negli ambienti contadini valdostani.

Non a caso, all'interno della Resistenza valdostana, riemersero con forza tensioni autonomiste e anche sogni di annessione alla Francia che affondavano le loro radici in un ventennio di rabbia impotente contro la politica del regime. Nel febbraio del 1948, la concessione dell'autonomia regionale e l'approvazione dello statuto speciale, discusso e precario punto di equilibrio fra le spinte separatiste di una parte della cultura locale e i timori di disgregazione dello Stato presenti in molte forze politiche italiane, coronava l'antica aspirazione dei valdostani all'autogoverno e inaugurava la sperimentazione di forme politiche nuove che invertivano la tendenza di un secolare processo di costruzione dello Stato su modelli accentratori.

Ma voleva anche essere il primo passo verso la realizzazione degli auspici dello storico Federico Chabod e del martire della Resistenza, Emile Chanoux, che in forme diverse avevano espresso durante la guerra un sogno comune: trasformare i territori di frontiera da baluardi militari e terre di contrapposti irredentismi, in luoghi di incontro di popoli, dove le frontiere potessero unire e non più dividere dolorosamente le nazioni.

Nuove sfide

La nascita della regione autonoma a statuto speciale costituì per la Valle d'Aosta una grande opportunità di sviluppo, condizione essenziale di una ripresa economica resa possibile dallo sviluppo del turismo, dalla crescita dell'industria siderurgica, dalle risorse del casinò di Saint-Vincent, dalla ritrovata centralità nelle vie di comunicazione attraverso i trafori del Monte Bianco e del Gran San Bernardo (1964-65), una ricchezza che ha segnato l'inversione dei fenomeni migratori, portando la Valle d'Aosta, per la prima volta nella sua storia, nel 1961, a superare i centomila abitanti, quasi un terzo dei quali immigrati da altre regioni italiane. Oggi, grazie anche all'approvazione, nel 1980, della legge sul riparto fiscale che assegna alla regione i nove decimi delle entrate tributarie, la Valle d'Aosta conosce un periodo di notevole benessere, con un reddito medio pro-capite fra i più alti d'Italia; ma dietro le cifre della contabilità regionale si celano anche fenomeni preoccupanti: il crollo dell'agricoltura e l'abbandono della montagna, la crisi strutturale della maggior parte delle industrie, un'imprenditorialità e una vita culturale troppo legate all'assistenzialismo regionale, uno sviluppo abnorme del settore terziario. Dalla capacità di investire la ricchezza in attività produttive, di salvaguardare i beni paesaggistici, di alzare il profilo della proposta turistica e della vita culturale, di stimolare un'economia di mercato meno legata ai sussidi della regione, dipende il futuro di una Valle che deve attrezzarsi per affrontare la nuova sfida dell'Europa.

--- **BIBLIOGRAFIA** ---

L. Colliard, *La culture valdôtaine au cours des siècles*, Aoste 1975.

M. Cuaz (a c. di), *Aosta. Progetto per una storia della città*, Musumeci Aosta, 1988.

B. Janin, *Le Val d'Aoste. Tradition et renouveau*, Aoste 1991[3].

Le province a maggiore concentrazione di soggetti economici in Italia
(indicatore sintetico relativo)

Fonte: CENSIS XXVII rapporto.

Lombardia: primato economico e proposte politiche

Franco Della Peruta

Il principale tratto distintivo della Lombardia antica e moderna sta nella sua dinamica operosità, che le è valsa una sorta di primato sulle altre regioni italiane. Ma nella regione hanno preso vita anche molte delle esperienze che hanno marcato la vita dell'Italia sul piano politico.

La Lombardia quale è delimitata dai suoi attuali confini amministrativi non corrisponde a una realtà geografica, economica e sociale nettamente definita, con tradizioni storiche e culturali unitarie; essa è invece il risultato di complesse vicende e sedimentazioni storiche che hanno un punto di riferimento centrale nella funzione svolta nel corso dei secoli da Milano, la città più importante della regione e per un lungo periodo capitale di uno Stato.

La formazione dello spazio geopolitico lombardo

Nel Medioevo il termine Lombardia definiva uno spazio geopolitico assai più esteso di quello che identifica oggi, perché abbracciava quasi tutta l'Italia settentrionale di lingua gallo-romanza. La ripresa demografica ed economica avviata nel secolo XI si sostanziò in un vigoroso processo di crescita urbana e nella messa a coltura di nuove terre, con la moltiplicazione degli insediamenti rurali. Parallelamente si consolidarono i nuovi organismi cittadini, i comuni, con la conseguente frammentazione della «grande Lombardia» in un fitto reticolo di stati-città. La crisi di queste piccole formazioni statali verificatasi nel corso del XIII secolo portò alla formazione – tra la fine del Duecento e gli inizi del Trecento – di un ampio Stato incentrato nella signoria milanese dei Visconti. Il dominio visconteo nel momento della sua massima espansione territoriale abbracciò ampie zone del Piemonte orientale, dell'Emilia, della Svizzera ticinese, del Veneto e della Liguria. Al tempo stesso però Mantova si costituiva in un'altra signoria autonoma, governata dal 1328 dai Gonzaga.

Dallo Stato di Milano al Lombardo-Veneto

Le vicende successive alla fine del dominio visconteo continuarono a rendere difficile la determinazione di una fisionomia e di un'identità regionali della Lombardia. La crisi che seguì la morte di Gian Galeazzo portò infatti a una riduzione della compagine statale creata dai Visconti, con la perdita del Bergamasco e del Bresciano passati nel 1428 a Venezia. Neppure la congiunzione nel ducato di Milano retto da Francesco I Sforza (1450-66) di un ampio insieme di territori, con l'aggregazione della parte orientale del Piemonte, di Piacenza e Parma e della Svizzera ticinese, contribuì a fissare con chiarezza l'ambito territoriale della regione. Nel Cinquecento e nel Seicento, quando Milano fu governata dalla Spagna, si parlò non di Lombardia ma di Stato di Milano, ridotto però dalla perdita del Ticino, della Valtellina e di Parma e Piacenza. E la denominazione di Stato di Milano risultò ancora largamente prevalente rispetto a quella di Lombardia austriaca anche quando, in seguito alla guerra di successione spagnola, Milano e Mantova con i loro territori passarono agli Asburgo d'Austria, i quali dovettero però rinunciare alle terre a occidente del Ticino trasferite ai Savoia.

Dopo la parentesi rivoluzionaria e napoleonica (1796-1814), durante la quale le province della regione odierna vennero integrate nella Cisalpina, nella Repubblica italiana e nel Regno d'Italia, la Lombardia con la restaurazione (1815) entrò a far parte del Regno lombardo-veneto, il nuovo Stato inserito nei domini asburgici. E da quel momento la Lombardia sul piano amministrativo si connotò in maniera pressoché definitiva, con la sua superficie e i suoi termini presenti, prima come «compartimento» dell'unitario Regno d'Italia nato nel 1861, e poi come una delle regioni dell'Italia repubblicana previste dalla Costituzione del 1948 e attuate a partire dal 1970.

Un'operosità economica proverbiale

Il principale tratto distintivo della Lombardia antica e moderna va individuato nella sua dinamica operosità economica, che è valsa a conferirle una condizione di superiorità e una sorta di primato nei confronti delle altre regioni italiane, attestato al giorno d'oggi da alcuni dati statistici essenziali (relativi al 1989-1991).

Partiamo dalla popolazione. La Lombardia – con una superficie di quasi 24 000 km² (Italia = 301 000) – è la più popolata regione italiana, con circa 9 milioni di abitanti rispetto ai 57 milioni di tutta la repubblica. E quindi anche la densità è assai elevata: 371 abitanti per km² (Italia = 188), seconda solo a quella della Campania (414), ma superiore a quella della Liguria (309), del Lazio (198), del Veneto (238), del Piemonte (169) e di tutte le restanti regioni italiane.

Il popolamento

Il numero degli abitanti, stabilizzatosi in questi ultimi anni in seguito al crollo della natalità (mai inferiore all'8 per mille), aumentò costantemente dagli ultimi decenni del Settecento, e con ritmi più rapidi dopo il raggiungimento dell'unità nazionale. Tra il 1871 e il 1971 la popolazione crebbe infatti di cinque milioni di unità, vale a dire del 141,6%, di contro a una crescita percentuale nello stesso secolo della popolazione globale italiana del 91,9%. Assai sostenuto fu l'incremento soprattutto dopo la fine della Seconda guerra mondiale, fra il 1951 e il 1971, quando gli abitanti della regione aumentarono di oltre due milioni di persone: un fenomeno dovuto per una metà all'incremento naturale (eccedenza delle nascite sulle morti) e per l'altra metà all'afflusso di massicce ondate migratorie provenienti da varie parti d'Italia e soprattutto dal Mezzogiorno. Si è così delineata una tendenza alla «meridionalizzazione» della Lombardia, che ha funzionato come un gigantesco «crogiuolo» nel quale si sono andate integrando – in un processo talora faticoso e non lineare – immigrati provenienti da regioni più arretrate e

spesso di origine rurale; ai quali si sono aggiunti in questi ultimi anni consistenti contingenti di immigrati dal
Terzo mondo ed extracomunitari.
Questa popolazione è distribuita in
maniera assai varia all'interno del territorio regionale, con punte minime
di addensamento nelle zone alpine
(provincia di Sondrio). Una quota
elevata dei lombardi è concentrata
nella provincia di Milano; ma fino
agli anni ottanta gli aumenti più rilevanti hanno riguardato l'alta pianura asciutta e le zone collinari preal-
pine tra Ticino e Adda, mentre i comuni della bassa pianura hanno conosciuto un decremento del numero
dei loro abitanti.

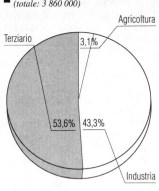

Gli occupati in Lombardia
(totale: 3 860 000)

Agricoltura
Terziario   3,1%
53,6%   43,3%
Industria

Un quinto del PIL è lombardo

Passando ora a tracciare un rapido
panorama economico della regione,
la Lombardia, con il 16% della popolazione nazionale e il 18% della popolazione attiva, partecipa alla formazione del Prodotto interno lordo
(PIL) con una quota pari a oltre il
21%. Tra i settori produttivi quello
industriale ha conservato a lungo il
maggior rilievo; ma in questi ultimi
anni il suo peso è stato prima bilanciato e poi superato dal terziario e dai
servizi. Su 3 860 000 occupati l'industria ne ha infatti 1 673 000 di contro ai 2 067 000 del terziario e ai
120 000 dell'agricoltura. Nonostante
questa riduzione della sua presenza
relativa, accentuata dalla recessione
che ha colpito l'Italia nel 1993, la funzione delle imprese industriali – caratterizzate dalla compresenza di
grandi aziende come la Montedison,
l'Alfa Romeo, la Pirelli, la Breda, la
Dalmine, la Franco Tosi e di un fit-
tissimo tessuto di aziende medie e piccole – è tuttora centrale nella vita produttiva della regione.

Grandi imprese e distretti industriali

Più di un quarto della produzione industriale italiana è dato dalla Lombardia, dove moltissime imprese hanno rinnovato i propri impianti. Al
tempo stesso si è avuta una larga diffusione degli insediamenti, che hanno in generale abbandonato i centri
storici, avviati a una progressiva terziarizzazione, per localizzazioni vecchie e nuove. Così, accanto al declino di poli industriali tradizionali come quello metalmeccanico di Sesto
San Giovanni, si è avuto lo sviluppo
di nuovi «sistemi» in cui si sono integrate un numero rilevante di piccole
aziende specializzate, concentrate
spesso in aree artigiane o manifatturiere tradizionali: metallurgia brescia-
na (lavorazione del tondino); la meccanica fine, che nei distretti di Mon-
za e Gallarate ha sostituito il tessile;
i mobilifici della Brianza; la coltelle-
ria e rubinetteria di Lumezzane; il
tessile-laniero di Gandino; i maglifi-
ci della Lomellina; i calzaturifici di
Vigevano e Parabiago, le calzetterie
di Castelgoffredo.

Il terziario avanzato

Quanto al terziario va rilevato anzitutto che molte imprese industriali tendono a razionalizzare i loro «servizi» interni destinati alla programmazione, alla commercializzazione, al controllo di qualità e allo sviluppo, riducendo la quota di forza lavoro destinata alla produzione vera e propria e aumentando invece quella impegnata nelle mansioni della distribuzione e della promozione commerciale. Le richieste del «terziario avanzato» hanno poi moltiplicato le imprese che dedicano la loro attività alla fornitura di consulenze, informazioni, *know-how* in materia di organizzazione e amministrazione aziendale, funzioni amministrative, gestione del personale, avvalendosi sempre più spesso dell'applicazione dell'informatica. E infine la «terziarizzazione» si è concretata nell'impulso deciso trasmesso alle attività finanziarie, bancarie, e commerciali (la Borsa di Milano concentra il 90% degli scambi azionari di tutta l'Italia); e anche nello sviluppo dell'editoria (Mondadori e Rizzoli), delle agenzie pubblicitarie e delle case di moda.

In conformità con le radicali trasformazioni degli assetti produttivi intervenute in Italia e nei paesi più avanzati, il ruolo dell'agricoltura lombarda è andato radicalmente riducendosi rispetto a un passato relativamente recente: quello in cui – ancora alla fine dell'Ottocento – la maggioranza della popolazione lombarda era fatta di contadini. Ma a fronte della diminuzione del numero degli addetti al settore primario si è avuto negli ultimi decenni un buon aumento della produttività (cerealicoltura e comparto lattiero-caseario), dovuto in gran parte ai processi di meccanizzazione e motorizzazione sviluppatisi nella bassa pianura irrigua. Ed è in virtù

di questi processi che fra l'altro si è venuto riducendo, fin quasi a scomparire, quel ceto dei braccianti che nell'Ottocento e nella prima metà del Novecento aveva costituito uno dei più tipici soggetti sociali del mondo produttivo e sindacale lombardo.

Centralità del territorio e vie di comunicazione

Varie sono le ragioni dell'affermazione del primato produttivo della Lombardia. Un largo spazio va dato alla centralità del territorio lombardo, nel cuore della pianura padana, vicino al grande porto di Genova, collegato alle evolute regioni dell'Europa centrale dai passi alpini del Sempione, del Gottardo, del San Bernardino e da una rete ferroviaria delineata già a metà Ottocento.

Ma non vanno sottaciute le millenarie inclinazioni imprenditoriali e lo spirito di iniziativa commerciale maturate nei «lombardi», una parola che già nel Medioevo era sinonimo di mercante. Qualità e vocazioni che si applicarono inizialmente a un'agricoltura che in alcune plaghe irrigue (come il Lodigiano) già nel Cinquecento era all'avanguardia dell'Europa anticipando la più celebre «rivoluzione agraria» inglese del Settecento. E proprio l'agricoltura della fascia mediana e di quella bassa tra Settecento e Ottocento funzionò – attraverso la gelsibachicoltura, la produzione della seta greggia, l'avanzata del prato e dell'allevamento del bestiame – come volano e serbatoio dell'accumulazione di quei capitali che avrebbero poi dato la spinta alla protoindustrializzazione della seconda metà dell'Ottocento e poi all'industrializzazione novecentesca, che ebbe i suoi punti di forza nei settori cotoniero e metalmeccanico.

La fucina politica

Sul piano politico, nell'ultimo secolo, nella regione presero vita molte delle esperienze più significative che marcarono e trasformarono la vita civile dell'Italia. Negli anni 1880-1900 si radicò in Lombardia il Partito radicale di Felice Cavallotti, mentre nel 1882 venne fondato a Milano il Partito operaio italiano, la prima esperienza di una formazione politica a base sindacale del nostro paese. Sempre sullo scorcio dell'Ottocento prese forma l'attività del gruppo socialista di orientamento marxista (Filippo Turati e Anna Kuliscioff) che ebbe una parte di grande rilievo nella nascita e nello sviluppo del Partito socialista italiano. E sempre in Lombardia tra la fine dell'Ottocento e il periodo giolittiano venne creata una ramificata struttura sindacale – imperniata sulle federazioni di mestiere e sulle Camere del lavoro – diffusa sia tra gli operai dell'industria che tra i salariati agricoli. Subito dopo la grande guerra si diffuse largamente nelle zone medie e alte della regione e nel Cremonese il Partito popolare di ispirazione cattolica, che insieme al Partito socialista fu uno dei protagonisti della vita pubblica del travagliato dopoguerra. Sempre in Lombardia fu fondato e riuscì a procurarsi dal 1920 un seguito relativamente largo il fascismo, che fece a Milano e nelle campagne della regione alcune delle sue prime prove squadristiche; anche se il regime di Mussolini dovette registrare durante il ventennio, accanto al largo consenso dei ceti medi, l'opposizione o il dissenso di gruppi rappresentativi di intellettuali e di lavoratori delle fabbriche. E grande fu, infine, il contributo dato dalla classe operaia lombarda alla Resistenza, alla liberazione e all'avvento e al consolidamento della repubblica.

Gli anni del cambiamento

Fino agli anni settanta la vita civile e politica della Lombardia fu dominata dalla presenza di una fortissima classe operaia e da una operosa borghesia urbana, impregnate entrambe da un forte rigore etico e professionale. Esse si esprimevano nel profondo e autentico radicamento sociale delle tradizioni politiche principali della storia d'Italia: quella «rossa», sia nella variante «riformista» del PSI e del PSDI sia in quella dapprima «operaista» e poi semplicemente «riformatrice» del PCI; quella «bianca» del cattolicesimo popolare e democratico, organizzato non solo nella DC ma in sindacati e associazioni di volontariato; quella liberale della grande borghesia imprenditoriale e finanziaria, anch'essa travasata in forme organizzative diverse. La prima era più radicata nella periferia operaia di Milano, nella sua «cintura» di comuni viciniori e in parte della Bassa irrigua. I cattolici godevano ovunque di forte radicamento organizzativo, particolarmente rilevante nella fascia prealpina e nell'altipiano asciutto. Nelle città l'Assolombarda, il Partito liberale, il Partito repubblicano, il Partito socialdemocratico, oltre alle correnti di centro e di destra della DC, davano voce agli interessi concreti della borghesia produttiva. Grande era il contributo di correttezza ed efficienza amministrativa, soprattutto negli enti locali, offerto da queste componenti culturali pur nello scontro degli opposti modi di sentire ideologico e politico. Dopo il «miracolo economico» e le grandi lotte operaie degli anni sessanta e settanta, l'asse portante dell'economia lombarda si spostò dalla grande e media industria pesante a quella leggera, rivolta ai consumi di massa e all'esportazione. Questo e il successivo processo di deindustrializzazione e terziarizzazione, intrecciandosi alla mutazione demografica, hanno fatto tramontare quel mondo, pur senza farne inaridire del tutto le radici. Speculazione finanziaria e cultura dell'immagine hanno trionfato nel capoluogo e nelle altre prospere città lombarde più rapidamente e più profondamente che altrove. Negli anni ottanta, mentre si scatenava la corsa alla speculazione sulle aree lasciate libere dalle gloriose fabbriche «dismesse», alla Milano degli operai e dei grandi industriali si sostituiva quella che un noto slogan chiamò la «Milano da bere», popolata da agenti di borsa, speculatori immobiliari, stilisti, pubblicitari, personaggi della televisione. Le si contrapponeva quella, minoritaria, del lavoro precario, dei giovani dei «centri sociali», degli immigrati extracomunitari, degli emarginati, in parte terreno di coltura della droga e della microcriminalità. La cosa pubblica cadeva preda di un sistema politico sempre più autoreferenziale e arrogante, peggiorando visibilmente l'efficienza amministrativa, mentre la capitale della finanza finiva per essere il terreno per operazioni sempre meno limpide, spesso collegate con le ben più clamorose e palesi attività della grande criminalità organizzata.

Nel progressivo manifestarsi della crisi nazionale della pubblica amministrazione, del sistema politico e dello stesso Stato, la capacità di creare ricchezza anche nelle nuove condizioni provocava in ampi strati della società lombarda l'insorgere di una crescente sfiducia nei confronti dei partiti, eredi indegni di quelle lontane tradizioni culturali, e addirittura il rigetto dei valori stessi su cui esse si fondavano, a cominciare dalla solidarietà sociale e nazionale. Ciò dava luogo a forme sempre più forti di autodifesa egoistica e di arroccamento localistico, che hanno trovato sbocco politico nell'insorgere della Lega Lombarda, perno di un più ampio movimento di protesta organizzatosi come Lega Nord in tutte le regioni settentrionali. Privo, al di là di un piuttosto generico obiettivo federalista, di plausibili sbocchi ricostruttivi, questo fenomeno ha però creato a Milano le condizioni ambientali in cui all'inizio degli anni novanta la magistratura ha potuto avviare l'opera, poi diffusasi in altre città italiane, di smantellamento dell'intreccio tra politica e malaffare che ormai rischiava di soffocare la stessa democrazia italiana. Ancora una volta Milano rivelava, sia nel male di Tangentopoli che nel bene di Mani pulite, il proprio ruolo di punta nella società italiana, del quale pretendeva di rendersi interprete il fenomeno, nuovissimo per il paese, della comparsa sull'agone politico nazionale di un *businessman:* dato l'*humus*, si trattava naturalmente del più coerente interprete della «Milano da bere», cioè l'imprenditore edile e *tycoon* editorial-televisivo Silvio Berlusconi. Il 1994 vede Milano e la Lombardia a una scelta decisiva per sé e per l'Italia: tra la ricostruzione di un terreno di valori comuni e la corsa spietata al «si salvi chi può».

Gianfranco Petrillo

Trentino-Alto Adige: una cultura per difendere la qualità della vita

Gauro Coppola

La relativa solidità e tenuta di questa regione anche in presenza di congiunture sfavorevoli non sarebbe comprensibile senza far riferimento a una solida cultura comunitaria e solidaristica. Fortemente dipendente dalla spesa pubblica, il modello trentino e altoatesino ha avuto successo nel contrastare il degrado e lo spopolamento della montagna.

Come altre regioni montane alpine, la regione Trentino-Alto Adige, è spesso descritta con immagini antropologiche stereotipate: area marginale, con prepotente condizionamento naturale, esposta a continue quanto effimere colonizzazioni; lenta nel superare arretratezze congenite e storiche; austera, come si addice a un'area montanara, ma fondamentalmente soggetta ad altri sistemi più dinamici. Chiusura e conservazione appaiono essere, pertanto, i limiti permanenti di questo modello, sia pure temperato, sul piano sociale, da una solida cultura etnica, comunitaria, solidaristica e da un profondo spirito autonomistico.

Questa immagine, pur fondandosi in tratti obiettivi, non coglie correttamente il significato storico delle esperienze della regione e della sua popolazione. La struttura tormentata della geomorfologia montana, con i limiti che essa pone ai processi di antropizzazione, può facilmente indurre a generalizzazioni derivate. Tuttavia gli stessi elementi, a una rilettura attenta, possono essere interpretati diversamente e spiegano fenomeni altrimenti difficilmente comprensibili, primo tra questi la relativa solidità e

tenuta di questa regione, anche in presenza di eventi e di congiunture decisamente sfavorevoli.

Natura, economia, società, politica, religiosità: il complesso intreccio dei valori fondamentali della vita umana si dispiegano, in quest'area di civiltà, in modi e forme che segnano in modo peculiare il paese e la sua popolazione.

Certamente il fattore geo-morfologico e naturalistico ha fortemente condizionato fin dall'inizio il processo di antropizzazione: l'estensione dei ghiacciai, i declivi impervi, la prevalenza della medio-alta montagna, l'intensità boschiva, la molteplicità dei laghi alpini, che oggi appaiono una ricchezza tesaurizzata e valorizzabile, si correlano all'angustia dei fondovalle, all'esiguità delle pianure, in una parola alla ristrettezza di terreno produttivamente coltivabile.

Un paese agricolo affamato di terra

La fame di terra e la bassa produttività del suolo hanno connotato da sempre questo paese che, peraltro, non può non definirsi rurale: è all'agricoltura che gran parte della popolazione riservava i suoi sforzi maggiori per assicurare, se non l'impossibile autosufficienza alimentare, almeno uno stock di produzione di base per il consumo familiare. Un'agricoltura povera di mezzi e di investimenti, in cui era fondamentale il lavoro umano e l'obiettivo primario era il contenimento del degrado della fertilità naturale del terreno. Un'agricoltura basata sulla policoltura, almeno fino all'età moderna, quando a un processo, sia pur lento, di mercantilizzazione dell'economia e a un allentamento della propensione all'autoconsumo, si accompagnò la tendenza, nelle zone più favorite, a concentrare gli sforzi su coltivazioni specifiche, più remunerative per la loro maggiore e migliore collocabilità sul mercato, non solo interno: la viticoltura, in particolare, ampiamente diffusa in fondovalle, soprattutto lungo il corso dell'Adige; la gelsobachicoltura, autentica ricchezza dell'area meridionale della regione fino ai primi decenni del nostro secolo; la tabacchicoltura e per ultimo, ed è storia recente, la frutticoltura che, insieme al comparto vitivinicolo, connota ancora favorevolmente l'immagine agricola del Trentino-Alto Adige.

Sfruttamento comunitario delle risorse

Ma il settore primario era costituito anche dall'allevamento e dal bosco: se per la coltivazione era protagonista la piccola azienda familiare diretto-coltivatrice, nella zootecnia e nella silvicoltura predominava lo sfruttamento comunitario delle risorse. La transumanza degli ovini, ma ancor più la gestione delle mandrie bovine, con la complessa pratica della monticazione e dell'alpeggio e, d'inverno, la collocazione del bestiame in pianura, si esercitava sul fondamento del pascolo prevalentemente comunale e sull'organizzazione collettiva del lavoro degli operatori.

Analogamente, l'utilizzo delle cospicue risorse boschive prevedeva una precisa regolamentazione comunitaria che contemperasse le esigenze dei singoli con l'interesse generale; ed erano le comunità generali (le vicine, i comuni) autonomamente ordinate in forme istituzionali articolate, a farsi carico della gestione economica e della stessa tutela del patrimonio boschivo. Il settore agricolo e silvo-pastorale, però, nonostante l'impiego massiccio di lavoro, non avrebbe potuto consentire da solo redditi sufficienti e tantomeno solide ricchezze. L'economia regionale era fondamentalmente mista, occorrendo, già all'interno stesso della famiglia colonica, forme di integrazione di reddito che consentissero un pareggio del bilancio familiare e, talvolta, la formazione di un modesto surplus di ricchezza utile a consolidare sistemi e modi di organizzazione produttiva.

L'artigianato, in particolare del legno e tessile, la manifattura domestica, rare ma presenti forme protoindustriali di manifattura tessile, il lavoro nelle miniere, nei servizi, nei trasporti, il piccolo commercio ambulante hanno assicurato entrate aggiuntive al reddito agrario. È il mondo dei «mille mestieri» che da sempre ha connotato la montagna, favorito in parte dalla lunga stasi invernale dei lavori campestri, ma anche dalla consapevolezza della fragilità di un sistema economico basato su comparti, come quello agricolo, per molti aspetti marginali o comunque non sufficienti.

Solo il turismo ha fermato l'emigrazione

Un altro fenomeno importante per la regione era rappresentato dall'emigrazione temporanea o stagionale. Praticata da tempi remoti, essa non era tanto una spia di specifiche situazioni di disagio economico e sociale o di emergenza di fronte a sfavorevoli eventi naturali; era, invece, un modo consolidato di impiegare lavoro e professionalità in sistemi economici più ricchi e articolati: anche questo serviva a integrare la carente economia locale e a rivitalizzarla con le rimesse e le conoscenze acquisite altrove. Quando, alla fine dell'Ottocento, il flusso migratorio da temporaneo diventerà imponente e permanente, starà a significare una profonda crisi del sistema: crisi agricola, sicuramente, ma anche crisi del tessuto artigianale e manifatturiero di fronte alle trasformazioni industriali dei paesi a economia forte, di fronte alle quali l'ambiente non ha saputo, potuto o voluto rispondere a sua volta con un processo di industrializzazione, tali da consentire adeguati impieghi locali di manodopera.

E in effetti, se si accentuano gli impianti idroelettrici, occorrerà attendere la seconda metà del nostro secolo per verificare un significativo sviluppo industriale in alcune aree della regione. Solo la nascita dell'industria turistica ha consentito, e non dappertutto, un freno al disgregamento del sistema economico, soprattutto dell'alta montagna.

Le vicende della storia economica dei territori trentino-tirolesi permette di individuare alcune caratteristiche di comportamento e di risposta del paese di fronte ai mutamenti economici. Innanzi tutto è significativa la predilezione per la piccola azienda, agricola o manifatturiera, a gestione familiare, fortemente motivata da un coesivo spirito di clan su cui si innesta un individualistico senso del possesso. La presenza di ampi possedimenti fondiari è fenomeno raro: anche laddove la legislazione scoraggia una frantumazione della proprietà (maso chiuso), l'azienda è pur sempre a misura di una unità familiare, sia pure allargata. Anche nel settore manifatturiero è difficile individuare contesti produttivi che non poggino, almeno in parte, sul lavoro domiciliare e domestico. In secondo luogo va sottolineata la propensione a gestire i problemi più complessi e generali con formule comunitarie e con soluzioni solidaristiche. La grande vitalità delle comunanze, dei comuni rurali, delle «magnifiche comunità», delle «regole» e vicine nel passato (ma in taluni casi anche nel presente), come anche, in tempi più recenti, lo sviluppo imponente del cooperativismo nei settori del credito, del consumo e della produzione, attestano l'attenzione a forme controllate e regolamentate, ma non delegate, di governo collettivo degli interessi comuni.

Una cultura della compatibilità

Un altro elemento distintivo sta nella consapevolezza che si ha dei limiti del sistema: l'antinomia innovazione-conservazione è spesso risolta da una sorta di cultura delle compatibilità di un contesto socialmente, economicamente e geograficamente difficile e delicato. Molte innovazioni appaiono pertanto funzionali al consolidamento del quadro complessivo, così come momenti di gelosa conservazione appaiono attenti a evitare fratture laceranti dello stesso quadro.

L'organizzazione politica della regione può essere vista, nella sua vicenda storica, come un'interfaccia coerente del sistema economico e sociale. A un primo approccio sembra caratterizzata da una confusione dei poteri territoriali, da una pluralità di centri di dominio e di potestà, nonché da realtà etniche, linguistiche e sociali tra loro intrecciate. A ben vedere, quello che emerge è un modello politico-istituzionale complesso ma ordinato, in cui i problemi della gestione del potere si risolvono con i criteri del contratto politico e dell'autonomia.

Le origini storiche dell'autonomismo

Se il referente istituzionale più importante era, fin dal Medioevo, la contea principesca del Tirolo, che governava direttamente una non piccola parte del territorio, l'esperienza più interessante è rappresentata dai principati vescovili di Trento e di Bressanone, dei quali il conte del Tirolo è semplice, ma non disinteressato, tutore. Il Principato vescovile di Trento, territorialmente più compatto, e quello di Bressanone, più piccolo e frantumato, evidenziano il lungo percorso, spesso conflittuale, attraverso il quale i centri di potere locale si sono assicurati una gestione sovrana, contenuta ma sostanziale, nei campi dell'economia, della politica, dell'ordinamento della società civile. Il periodo più maturo di questo equilibrio è comunemente considerato il XVI secolo quando la revisione delle competenze e delle prerogative tra principati, contea del Tirolo e impero rende più stabile e più chiaro il ruolo dei singoli soggetti istituzionali, permettendo a queste realtà di giocare un ruolo non secondario anche a livello internazionale. Ma, già nel XVIII secolo, con l'affermarsi in Europa del modello dello Stato moderno, queste singolari entità perdono gradatamente la loro legittimazione, tanto da poter essere ricondotte, dopo l'esperienza napoleonica, nel più ampio grembo dell'impero austro-ungarico.

Se il vertice istituzionale è già espressione eloquente di una volontà di tutela di prerogative proprie, all'interno della stessa realtà regionale esistono altri organismi che si ispirano allo stesso criterio di definizione degli ambiti di potere: la grande feudalità con le proprie giurisdizioni, le città con i propri statuti, le comunità generali e i comuni rurali con le loro carte di regola. Anche in queste formazioni è stato visto, talvolta esasperandone il significato, un segno di quella cultura autonomistica che sembra connotare la storia di questa regione (come di altre regioni alpine). Il Trentino-Alto Adige contemporaneo è profondamente intriso della sua storia. La tormentata e spesso drammatica vicenda legata alle differenze etnico-linguistiche ha potuto stemperarsi facendo ricorso proprio al criterio di un'ampia autonomia politica e amministrativa, espressione moderna di un'antica e consolidata prassi di rapporti tra popolazione e poteri. Ma altri tratti esprimono una sedimentazione di lungo periodo: una cultura per certi versi ancora «rurale» nonostante il forte processo di inurbamento della popolazione, un radicato senso della famiglia incoraggiato da una robusta religiosità, un solidarismo diffuso e organizzato, anche politicamente autorevole, un uso tendenzialmente equilibrato del territorio motivato dalla consapevolezza dei limiti dell'ambiente e dalla tutela di interessi futuri.

Su questi tratti socio-economici si è sviluppata la storia del Trentino-Alto Adige dopo il secondo conflitto mondiale.

Gli accordi De Gasperi-Gruber

Gli accordi De Gasperi-Gruber e la creazione della regione a Statuto speciale, subito dopo la guerra, rilanciano il tema dell'autonomia a livello istituzionale.

In questa prima fase si determinano, non senza contrasti, le direttive di fondo sulle quali far operare l'istituto regionale. Una seconda fase, che inizia negli anni sessanta e che porta alla revisione dello Statuto di autonomia nel 1971, vede insieme la crisi dell'istituto regionale e il consolidarsi delle due province-regione del Trentino e dell'Alto Adige. La contrapposizione etnica, la ridefinizione degli ambiti dei poteri tra Stato e istituzioni locali, l'avvio del contenzioso per la composizione del cosiddetto «pacchetto» di prerogative per la provincia tirolese, il *loss von Trient*, che di fatto determina una divaricazione degli indirizzi delle due province, la tutela della minoranza ladina, rappresentano i momenti salienti di questo travagliato percorso che solo recentemente sembra essere giunto a una sua positiva conclusione.

Spesa pubblica e modernizzazione del territorio

Prende corpo un ampio processo di modernizzazione del territorio, favorito anche dai cospicui flussi finanziari connessi alla speciale natura dell'autonomia regionale, come risposta ai nuovi compiti riconosciuti dal potere centrale sul piano amministrativo: la creazione di specifici strumenti legislativi, i piani urbanistici provinciali, l'istituzione di strutture intermedie tra provincia e comuni come i comprensori, la fondazione di enti finanziari provinciali per lo sviluppo, sono alcuni dei più significativi interventi tesi ad adeguare l'organizzazione politico-amministrativa alle nuove possibilità di governo del territorio. Di fatto l'azienda amministrativa pubblica diventa, con la sua articolazione di servizi sociali e culturali, il fulcro non solo occupazionale, ma di intervento, di trasmissione e di trasferimento delle risorse.

Mutamenti sostanziali si verificano anche sul piano economico. Nel settore agricolo, positivamente supportato da una larga rete di cooperative di servizio e di credito, l'orientamento specializzato nei comparti vitivinicolo e della frutticoltura consente di cogliere i vantaggi di un mercato qualitativamente esigente. Nel settore manifatturiero, gli incentivi pubblici favoriscono la creazione di poli industriali, come quelli di Rovereto, Trento e Bolzano, attirando in regione iniziative ed esperienze anche dall'esterno. Analogamente il settore turistico e alberghiero conosce una nuova e più intensa stagione.

Anche sul piano socio-culturale si notano processi, se non radicali, certamente intensi di modernizzazione: la fondazione di istituti di alta ricerca scientifica e tecnologica, l'istituzione dell'Università di Trento, l'allargamento e la qualificazione dell'associazionismo culturale e di volontariato, il passaggio da una consapevolezza delle compatibilità ambientali a una vera e propria cultura ecologica, almeno nei centri urbani.

Autonomia e particolarismo

Questo articolato movimento, che certamente ha condotto la regione trentino-tirolese a un elevato standard di qualità della vita, ha peraltro vaste zone d'ombra. Sul piano istituzionale, il proposito autonomistico, se ha determinato uno spostamento significativo del potere dallo Stato agli enti locali, non ha però risolto il problema dei rapporti tra provincia, regione, comprensori e comuni: le province-regione sono talvolta sembrate più accentratrici dello Stato stesso e la burocrazia provinciale non sempre è risultata più elastica ed efficace. Anche sul piano culturale lo stesso principio e l'uso, talvolta strumentale, della propria tradizione storica, sono stati spesso motivo di chiusura e di particolarismo, più che base per un ampio confronto.

Comunque, per quanto discutibile nei metodi e negli effetti, la politica socioeconomica attivata nel Trentino e nell'Alto Adige ha contrastato il degrado e lo spopolamento cui il particolare modello di sviluppo nazionale ha obbligato buona parte delle aree montane.

Un'area montana che ha evitato il degrado

Sul piano economico, infine, il generoso utilizzo di abbondanti risorse finanziarie pubbliche ha condotto a un tipo di sviluppo indubbiamente peculiare, da alcuni definito, se non drogato, certamente assistito, comunque fragile, e d'altro canto ha rallentato e condizionato la formazione di un ceto imprenditoriale locale, capace di misurarsi con gli intensi mutamenti dell'economia nazionale e internazionale.

─── BIBLIOGRAFIA ───

C. Mozzarelli e B. Olmi (a c. di), *Il Trentino nel Settecento fra Sacro Romano Impero e antichi stati italiani*, Il Mulino, Bologna 1985.

G. Coppola e P. Schiera (a c. di), *Lo spazio alpino: area di civiltà, regione cerniera*, Liguori, Napoli 1991.

P. Schiera (a c. di), *1948-1988. L'Autonomia trentina. Origini ed evoluzioni fra storia e diritto. Atti della sessione storica*, Trento 1988.

O. Barriè (a c. di), *Storia del Trentino contemporaneo*, Verifiche, Trento 1985.

La dotazione di infrastrutture e servizi per il territorio: le prime 10 regioni

1985			1992			Guadagni o perdite di posizione
Posiz. in grad.	Regioni	Indice sintetico	Posiz. in grad.	Regioni	Indice sintetico	
1	Trentino A. A.	49,47	1	Trentino A. A.	52,02	0
2	Liguria	47,61	2	Liguria	49,08	0
3	Friuli V. G.	45,57	3	Friuli V. G.	47,70	0
4	Valle d'Aosta	44,56	4	Valle d'Aosta	45,28	0
5	Abruzzi	38,26	5	Lazio	43,85	1
6	Lazio	38,07	6	Abruzzi	42,75	–1
7	Toscana	37,73	7	Emilia Romagna	42,19	3
8	Piemonte	37,31	8	Veneto	42,11	3
9	Lombardia	37,15	9	Marche	42,00	3
10	Emilia Romagna	37,01	10	Toscana	41,09	–3

Fonte: elaborazione CENSIS su dati Banca d'Italia, SEAT, SIP, ISTAT.

Veneto: una società dinamica al bivio tra globalizzazione e leghismo

Emilio Franzina

Il benessere e l'aumento della ricchezza privata si accompagnano a denatalità, precoce invecchiamento, squilibri cultural-esistenziali. Il pieno impiego ha comportato l'attrazione di manodopera immigrata che contribuisce a tenere sotto controllo il costo del lavoro. Lo sviluppo mostra segni di usura ma continua.

Il fenomeno delle leghe, spia e motore di una più vasta crisi politica nazionale è stato tenuto a battesimo – il lessico liturgico è di rigore – in quella che per decenni era stata considerata la roccaforte del mondo cattolico italiano e quindi del Partito democristiano più forte e socialmente radicato di tutto l'Occidente. Dopo aver mosso i suoi primi passi con altro nome e con altri leader nelle elezioni europee del 1979, la Liga Veneta, «madre di tutte le leghe» come ama definirla il suo mentore Franco Rocchetta, è passata fra il 1980 e il 1992 di successo in successo, affermandosi prima come formazione capace di rivendicare l'identità regionale anche sulla scena politica e poi come movimento generatore di novità e di cambiamento.

Crisi della cultura «bianca»

L'insorgere e l'ascendere della Lega riscontrano naturalmente la crisi della subcultura «bianca» e delle sue storiche connessioni con la società locale mediate quasi sempre dal magistero e dallo sforzo organizzativo della Chiesa. Proprio nel Veneto esse vantavano una tradizione più che secolare di saldezza appena insidiata, e in modo saltuario per giunta, dal laicismo e dal progressismo dei maggiori centri urbani, particolarmente di Venezia. Vero pilastro dell'assalto autonomista o *soi disant* federalista al regime dei partiti della prima repubblica, anche nella fase della leadership lombarda di Umberto Bossi, la componente veneta originaria manifesta così una forza dirompente e nella graduatoria delle province stilata in base al risultato elettorale leghista del 1992 figura non a caso in posizioni di rilievo: dopo Bergamo, Brescia, Varese e Como (oscillanti tra il 27,6 della prima e il 24,9 dell'ultima) seguono compatte Vicenza (anche essa 24,9), Treviso (24,5), Verona (23,7), e Belluno (21,9).

La ricognizione politica ed elettorale non solo rileva tendenze clamorose e confermate dalle consultazioni amministrative parziali del 1993, quando in mano leghista cadono, se non i capoluoghi come Venezia e Belluno (dove anzi si affermano i cartelli di due diverse alleanze progressiste), i centri intermedi e minori da Castelfranco a Feltre a Montebelluna: assai più significativamente investe anche le ragioni e le contraddizioni profonde della storia regionale recente e meno recente. Il crollo quasi repentino e rovinoso della DC dorotea nei suoi feudi sino a ieri più fidati non è merito esclusivo del leghismo, ma è prevalentemente suo ove si consideri la difficoltà con cui, in anni di poco precedenti e per temi quali la corruzione e le commistioni fra politica, affari e criminalità, si era potuta muovere una magistratura lungimirante, ma sprovvista ancora di legittimazione. Le inchieste condotte a suo tempo dai giudici Stiz, Palombarini e Tamburino a Treviso e a Padova non sono poi tanto distanti, nello spirito, dalle indagini e dai procedimenti istruiti, anni più tardi, dai magistrati Casson, Mastellone e Nordio a Venezia o Papalia a Verona. Buona parte di esse, pur portando alla decapitazione dei vertici regionali DC (sotto accusa finiscono, uno dietro l'altro, i presidenti dell'ente Regione Bernini, Cremonese e Frigo), verte però sul lato oscuro dello sviluppo che aveva premiato l'intera area veneta nel corso degli anni ottanta e si inserisce in un quadro psicologico e ambientale destinato a deflagrare fra il 1992 e il 1993, travolgendo il suo tradizionale ceto politico dominante e di complemento.

L'identità esclusa

Presidente della regione, allo scadere del 1993 è dunque, a sorpresa, un uomo del PDS, Giuseppe Pupillo, ex comunista ed ex psiuppino, mentre all'opposizione di estrema sinistra, altrettanto paradossalmente, si ritrova uno degli alfieri della battaglia contro autonomi e operai degli anni precedenti, Severino Galante, ora deputato di Rifondazione comunista, ossia due esponenti di quell'«identità

esclusa» che, secondo il sociologo Riccamboni, attraversa impotente, ma non sempre minoritaria, la storia del Novecento in Veneto.

Mentre i resti della DC si aggrappano a figure un tempo marginalizzate o addirittura esterne, come l'on. Tina Anselmi e l'outsider toscana Rosy Bindi, che assistono al parto di un nuovo Partito popolare, quelli del PSI, a lungo egemonizzato dal più inquisito degli inquisiti, l'ex ministro Gianni De Michelis, sono allo sbando. Sorprendentemente, però, le ultime amministrative confermano la diversità urbana di Belluno e di Venezia, nel solco esatto della tradizione, e le due città si danno per sindaci uomini relativamente nuovi della sinistra storica come Fistarol o abbastanza manovrieri come il filosofo neoplatonico Massimo Cacciari. Un trend politico secolare, se si aggiunge la persistenza provvisoria del già «rosso» Polesine, si intravede avallato persino nell'indubbia inversione di tendenze che non impediranno all'episcopato veneto di pronunciarsi per tempo in favore della Lega per bocca di mons. Pietro Nonis, fatto vescovo di Vicenza da Karol Woityla, ma già scaltro politico e uomo di potere democristiano sin dai consessi accademici del suo ateneo patavino. Le profezie e le voglie autonomiste del defunto capo doroteo Antonio Bisaglia, colui che si era impadronito negli anni settanta della DC veneta subentrando al proprio padrino, anch'egli ormai dei più, Mariano Rumor, sembrano avverarsi, così, sotto le bandiere di nuove forze politiche, ma con le prime benedizioni di una parte del clero: «Lo Stato – aveva confidato nel 1982 Bisaglia al politologo Ilvo Diamanti – ha considerato molto spesso la mia regione un'area isolata, esterna rispetto alle scelte strategiche del paese. Ha concentrato la sua attenzione o sulle grandi aree metropolitane, che noi per fortuna non abbiamo, o sul Mezzogiorno. Così l'area intermedia è stata sacrificata. Per lo sviluppo effettivo delle potenzialità del Veneto, l'ostacolo principale è nella visione centralistica che prevale ancora in Italia: centralista e burocratica. Se ciò fosse possibile, direi che il Veneto sarebbe pronto a partecipare a uno Stato federale. Ma l'Italia no, non sarebbe pronta. L'ostacolo è nello squilibrio troppo forte tra la coesione culturale del Veneto e quella generale».

La profezia di Bisaglia

Il manifesto protoleghista di Bisaglia che a tutto rinviava fuorché alla tradizione di Cattaneo, poggiando sulla rivendicazione d'una certa originalità etnoculturale veneta, in realtà presagiva i tempi della rivolta fiscale e del modello di sviluppo in odore di crisi. Ma la crisi della decade 1990 sembra essere soprattutto d'ordine culturale. Prescindendo infatti dalla tenuta di alcuni indicatori quali il dialetto – usato in famiglia e sul lavoro più che in ogni altra parte della penisola rispetto all'italiano – o il solidarismo, articolato in una vera miriade di associazioni di volontariato (soprattutto cattolico e sperimentato quindi, oltreché in Veneto, in tutte le zone di espansione missionaria della Chiesa dall'Africa all'America Latina, ma non nel continente asiatico e assia poco nelle zone d'influenza islamica), il panorama offerto dal Veneto risulta inquietante ben al di là e al di fuori dei contesti pressoché di confine – l'ex Jugoslavia è a pochi passi – e nella stessa dinamica economica e occupazionale. Scomparsi i grandi scrittori del passato prossimo (G. Comisso, G. Piovene, D. Buzzati, A. Barolini,

N. Pozza ecc.), silenti o quasi i superstiti come A. Zanzotto, L. Meneghello, o M. Rigoni Stern, sospetti di leghismo gli ex DC come F. Cibotto e gli ex pasoliniani come F. Camon, le sorti della cultura regionale alta, sembrano affidate a iniziative istituzionali inegualmente sorrette dal finanziamento pubblico (la rete di accademie locali, gli istituti di ricerca ora effettivi e ora, come il «Jacques Maritain» di Preganziol, pretestuosi e di comodo, la Biennale di Achille Bonito Oliva, la veneziana Mostra del Cinema, teatri gloriosi come la Fenice o l'Arena, le stesse università proliferate di numero e per sedi con la nascita dell'ateneo di Verona e con l'apertura di inutili succursali come quella di Padova), o alla buona volontà di poche fondazioni vecchie e nuove (per una Fondazione Benetton che nasce alla fine degli anni ottanta, ce ne sono almeno due private in pericolo di vita sul finire del 1993 quando Bruno Visentini lancia l'ultimo accorato appello in favore della prestigiosa Fondazione Cini agonizzante a denari e quando scompare a Vicenza Demetrio Zaccaria, munifico inventore e sovventore de «La Vigna», eccezionale centro e biblioteca, in sintonia con il modello agroindustriale veneto, di rare pubblicazioni, di ricerche e di studi enologici di rilievo europeo).

Rovesciamento dei valori tradizionali

Alla leva delle vecchie generazioni di romanzieri e scrittori si giustappone appena la voce di qualche brillante storico o di qualche sociologo polivalente come il verde mestrino Gianfranco Bettin, il cui racconto, *Qualcosa che brucia* (Milano 1989), fotografa a dovere lo sfascio del tessuto culturale veneto incombente alle soglie del terzo millennio. Il rovescia-

Movimento anagrafico: Veneto e Italia
(al 20 ottobre 1991)

	Movimento naturale		Trasferimento di residenza			
	Nati		Iscritti da		Cancellati per	
	vivi	morti	altro comune	estero	altro comune	estero
Veneto	37 960	40 916	74 464	10 232	71 385	2 679
Italia	556 175	547 131	1 012 434	132 970	1 053 190	58 900

mento della tavola di valori tradizionale e la massiccia secolarizzazione dei costumi che si riflettono sin nell'andamento delle dinamiche demografiche, con un calo di nascite e un invecchiamento medio della popolazione paurosi a Venezia, ma temibili anche altrove (vedi tabella sopra), lascia poche speranze al buonumore sdrammatizzante della sensibilità d'*antan* costretta a rivolgersi per un sorriso ai ritmi graffianti della musica etno-rock dei Pitura Freska, un complesso che mette alla berlina gli usi impropri del territorio e specie di Venezia invasa la notte dal concerto dei Pink Floyd. Il Veneto, conferma Bettin, è ormai la regione dei Pietro Maso (il giovane di Montecchia di Crosara che stermina brutalmente l'intera famiglia per impadronirsi dell'eredità paterna spalleggiato da un gruppo di balordi coetanei sui vent'anni) e d'una criminalità inedita o imprevista.

In testa alle classifiche per reati e benessere

Il traffico e il consumo di droga, che hanno sempre in Verona un punto di snodo di portata europea, fanno da contraltare alle smanie egoistiche di parricidio politico nei confronti della DC e del vecchio sistema di potere, portando in luce, nei cento paesi dello sviluppo decentrato, le contraddizioni e i veleni della modernità ri-

tenuti appannaggio contraddittorio ora dell'aborrita arretratezza meridionale e ora delle non meno vituperate metropoli, ricetto e sentina di vizi innominabili.

Dai ponti delle autostrade, sulle vetture di passaggio, piovono con esiti mortali massi scagliati da altri ventenni frustrati e stretti in gruppo non meno dei calcistici ultras, come accade a Pastrengo, sull'Autobrennero, nel dicembre del 1993. Ma covi e circoli di naziskin ruspanti dediti a spensierate aggressioni, contro immigrati e barboni, fioriscono anche tra la Valle dell'Agno e quella dell'Alpone. Lungo la Riviera del Brenta, poi, la vecchia malavita locale s'intreccia senza sforzo coi clan trapiantati di camorristi e mafiosi mentre le «bande dei giostrai», smascherate agli inizi del 1994 dall'operazione di polizia detta «Luna-Park», si rivelano inopinatamente venete e responsabili di decine di sequestri: gli stessi che, magari attribuiti a meridionali o a pastori sardi, avevano atterrito la regione e l'intero paese negli anni precedenti. Persino nel tabernacolo riparato delle virtù regionali di più antica ascendenza contadina, la casa e la famiglia, o nelle relazioni interpersonali fra i sessi, s'insinua il tarlo corrosivo di un primato assai poco desiderabile: le statistiche della violenza in ambito familiare e dei delitti passionali o consumati per gelosia proiettano il Veneto al vertice delle classifiche nazio-

Popolazione residente per province e regione

Province e Regione	1990	1991	1992	+/-% 92/91	
Belluno	213 985	213 131	213 333	0.09	
Padova	821 559	818 121	321 465	0.41	
Rovigo	248 165	247 647	247 187	0.19	
Treviso	745 988	745 595	752 254	0.89	
Venezia	830 743	828 704	816 145	-1.52	
Verona	791 492	783 778	788 215	0.57	
Vicenza	749 051	752 282	756 309	0.54	
Veneto	4 400 983	4 389 258	4 394 908	0.13	

Nota: I dati relativi agli anni 1991 e 1992 sono provvisori.

Depositi bancari
al 31 dicembre (miliardi di lire correnti)

Provincia e Regione	1990	1991	1992
Belluno	2 818	3 088	3 274
Padova	12 751	14 138	14 759
Rovigo	3 012	3 314	3 479
Treviso	9 768	10 861	11 559
Venezia	9 869	10 657	11 228
Verona	12 106	13 117	14 128
Vicenza	10 717	11 700	12 661
Veneto	**61 041**	**66 875**	**71 088**

Popolazione residente nei capoluoghi e nelle province del Veneto
Rapporti di urbanizzazione

Province e Regione	1991			1992	
	Capoluogo	Capoluogo e aree di influenza	Provincia intera	Capoluogo	Capoluogo e aree di influenza
	A	B	C	A	B
Belluno	35 830	43 392	213 131	35 340	42 998
Padova	214 573	334 634	818 121	213 212	334 472
Rovigo	52 160	70 053	247 647	51 951	69 819
Treviso	83 536	169 150	748 664	82 853	169 323
Venezia	314 754	394 499	816 162	304 912	385 105
Verona	259 207	377 929	783 778	263 223	382 413
Vicenza	109 519	162 228	752 282	109 682	162 967
Veneto	1 069 579	1 551 885	4 379 785	1 061 173	1 547 097

% su anno precedente		
1990	**1991**	**1992**
-2.38	-3.99	0.95
2.10	-4.18	4.09
-2.03	-2.09	1.86
9.60	-0.53	8.93
-1.10	-2.45	-15.15
4.82	-9.75	5.66
7.16	4.31	5.35
3.65	-2.66	1.29

La classifica del «Sole 24 ore»

La classifica delle province, pubblicata annualmente dal quotidiano economico «Il sole 24 ore» sulla base di un indice sintetico del benessere, pone le province venete in buona posizione e Belluno, in particolare, al quinto posto. Le tabelle di questa pagina sono elaborazioni dell'Unioncamere del Veneto su dati ISTAT.

	% B/C	
Provincia intera	**1991**	**1992**
C		
213 333	20,4	20,2
821 465	40 9	40 7
247 187	28,3	28,2
752 254	22,6	22,5
816 145	48,3	47,2
788 215	48,2	48,5
756 309	21,6	21,5
4 394 908	35,4	35,2

nali con un 7,7% di reati, pari al quoziente del Lazio, inferiore di poco a quello della Calabria, ma superiore a quelli (5,8%) della Sicilia, della Campania e delle Puglie. Il rapporto Italia '93 dell'Eurispes, al riguardo, è preciso quanto impietoso.

Tra tolleranza reale e intolleranza ideologica

Il Veneto rimane ricco e propenso al risparmio ma la sua etica corrente è mutata. Archiviata con buona pace di molti nostalgici la pia e ipocrita provincia democristiana del film *Signore & Signori*, ambientato a Treviso da Pietro Germi, anche la sessualità e l'erotismo postmoderni degli anni novanta si velano di umori imprevisti ed estenuati, in netta controtendenza rispetto alle aperture farisaicamente concesse, di norma, da una religione ammiccante e sempre in bilico fra tolleranza reale e intolleranza ideologica conclamata. Dalle alcove trasgressive di un tempo si passa alla sessualità esibita di Tinto Brass, cineasta astuto ai confini della pornografia, o alla grafica coinvolgente e disinibita, come potrebbe essere in ogni altra parte del mondo occidentale, di Milo Manara.

La tradizione si disperde, ma il Veneto conserva il suo posto, nella classica graduatoria del «viver bene» italiano. Pur tenendo conto che le inchieste in materia del «Sole 24 ore» non fanno testo per ognuno degli indicatori presi in considerazione, le stime del 1993 ricalcano quelle di pochi anni prima né il Veneto vi figura certo, al cospetto d'altre regioni, come un Paradiso perduto o per lo meno così a rischio come potrebbero far intendere le sue mille tensioni interne.

Vivere a Belluno

La vita, secondo tali stime, è a cinque stelle a Belluno, la città capoluogo che si colloca al 5° posto in assoluto in Italia, ma anche altri centri urbani piccoli (come Vicenza al 30°) e medi (come Verona al 22°) segnalano il permanere di una situazione agli antipodi del disagio materiale e simile a quella che si trovava alla base del successo arriso, dagli anni del boom in poi, al Veneto rampante.

Per quanto interessato da fenomeni inauditi e persino simbolicamente imbarazzanti di rottura, come la sostituzione all'uso di emigrare dei suoi lavoratori della realtà dolente di un'immigrazione straniera in costante ascesa, è in campo economico e produttivo, infatti, e non più in quello culturale e sociale, che sembra snodarsi tutto sommato, fra paure e timori, il filo rosso della continuità.

E questo è un segno della irriducibilità della regione alla casistica generica delle cosiddette «tre Italie», teorizzata a suo tempo dai sociologi dello sviluppo, nel segno di un'operosità e di un'inventiva a tratti diaboliche e comunque rilanciate nell'export dalla svalutazione monetaria di fine 1992, con frequenti adattamenti alla filosofia toyotista. Ciò accade non solo nel caso della multinazionale delle magliette Benetton a Treviso, bensì pure in quello della miriade di produttori evocati nel corso degli ultimi decenni dalle fasi alte dello sviluppo, ma sorretti in realtà da un lascito più che secolare di robuste economie esterne, di strategie capitalistiche raffinate e di culture imprenditoriali d'alto profilo. L'assetto occupazionale, certo, entra in sofferenza nel corso del 1992, ma si distacca dai ben più preoccupanti livelli nazionali persino durante la disastrosa annata del 1993 quando le forze di lavoro risultano in equilibrio, e sia pur precario, per colpa soprattutto della destrutturazione che investe Marghera e il polo mestrino (nel 1993 il tasso di disoccupazione regionale è del 6,5% in Veneto contro il 13,6 in Italia, con punte di poco superiori al 4 in provincia di Vicenza e di Treviso).

Distretti industriali opulenti e immigrazione

La regione dei distretti industriali opulenti perché assestati in sagace equilibrio fra gli interessi della grande e della piccola impresa, insomma, non demorde. Anche perso il puntello delle facili agevolazioni e degli scandalosi sgravi fiscali garantiti un dì dalla leadership democristiana non meno che nel Mezzogiorno assistito, essa denota una perdurante dinamicità e riversa i motivi d'insoddisfazione contingenti (nonché le speranze di una speciale deregulation garantita però dall'alto) nelle fortune elettorali del nuovo soggetto politico ch'è intravisto dai più nella Lega. Intanto l'esportazione se ne avvantaggia e il flusso degli immigrati che trovano impiego nelle fabbriche non fa registrare il crollo da alcuni temuto e da molti pessimisticamente previsto.

Venezia «usa e getta»

Al quadro tutto sommato rassicurante delle città cosiddette medie e minori (sia commerciali e del terziario come Verona e Padova sia delle imprese e delle manifatture come Treviso e Vicenza, tuttora la prima provincia industriale del paese) che formano l'ossatura della grande metropoli nascosta del Veneto centrale, dalla periferia di Verona alle porte di Mestre, coi rispettivi «quartieri» do-

Popolazione nei capoluoghi *(migliaia di unità)*

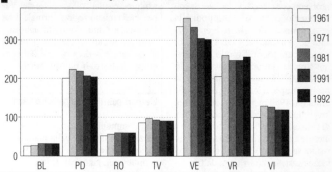

Movimenti valutari delle esportazioni per province *(miliardi di lire)*

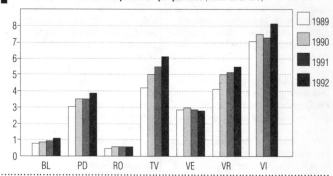

Distribuzione flussi turistici nei comprensori

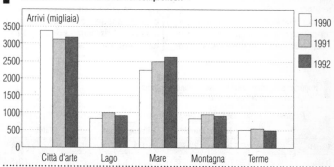

tati d'autocoscienza localista e con problemi crescenti di viabilità e di collegamento celere si contrappone la nota sempre più dolente e cronicizzata di Venezia: nel 1992 il capoluogo lagunare tocca il fondo col minimo storico di ogni epoca – poco più di 75 000 abitanti – diminuendo la propria popolazione di oltre 110 000 unità dal 1950 mentre i suoi cittadini invecchiano ben al di sopra della media nazionale e la città, offrendosi inerme agli sfasci delle maree e del turismo selvaggio «usa e getta», non viene neanche più risarcita da funzioni (disattese) di capitale internazionale della cultura, dalle attività cantieristiche di un porto che quasi non c'è più, e persino dall'esecrato sfogatoio mestrino dove le industrie e il polo chimico si dibattono a loro volta in un'imponente crisi occupazionale che nessun intervento sembra in grado di arginare.

Il movimento turistico che non risolleva le sorti di Venezia, regge, in Veneto, nelle città d'arte, ma anche lungo i litorali adriatici e nelle zone di montagna a dispettto di un'attrezzatura mediamente inferiore, per qualità, a quelle della Romagna e dell'Alto Adige (le presenze alberghiere ed extraalberghiere, comunque, passano da 41 318 migliaia nel 1989 a 46 165 nel 1991 e lì, più o meno, si fermano nell'anno successivo).

I fattori che avevano agevolato lo sviluppo impetuoso della regione, dunque, sembrano aver subito processi di erosione, ma ciò non ha influito sensibilmente sulla collocazione del Veneto nella macro-regione virtuale della Padania e sull'interattività delle sue strutture urbane, delle sue politiche di crescita e delle strategie dei suoi gruppi industriali più qualificati.

L'export non teme la globalizzazione

Negli immani processi di divisione spaziale del lavoro e nella planetarizzazione delle logiche produttive e commerciali, gli apparati locali e i sistemi più duttili e reattivi della piccola come della media impresa si sono rivelati in grado di spogliarsi da sé di anacronistiche attribuzioni e hanno cominciato a riaprirsi all'esterno. Alla Luxottica di Agordo (11 milioni di paia d'occhiali nel 1993, 2400 addetti suddivisi in quattro stabilimenti del Veneto, 630 miliardi di fatturato e un utile netto in aumento rispetto al 1992 del 30% circa) Giorgio Del Vecchio, artefice della recente internazionalizzazione della sua azienda e in testa, sempre nel '92, alla lista dei contribuenti italiani con 12 miliardi di reddito dichiarato, ricanta ad Antonio Calabrò, comunque stiano le cose, l'affascinante motivo della specificità di una via veneta allo sviluppo e la va a cercare nella sua storia di sacrifici e di lavoro: «È terra d'emigranti, questa. Di gente abituata a partire, a rischiare, a cercare la fortuna lungo le strade del mondo. E

Importazioni, esportazioni e saldi: Veneto e Italia
Stime ISTAT (in miliardi di lire)

Regione	1990	1992	1990	1992	1990	1992
	Importazioni		Esportazioni		Saldi	
Veneto	20 421	22 882	25 155	27 826	4 734	4 944
Italia	217 703	225 746	203 515	209 728	–14 188	–16 018

forse le radici del successo internazionale delle imprese venete stanno proprio nella nostra storia». Un simile convincimento, espresso dai protagonisti della trasformazione in atto nel «rispetto» della tradizione, può essere anche strumentale e anzi pare fatto apposta per spoetizzare gli acuti soloni della sociologia togata, che annusano discontinuità e fratture per ogni dove, ostinandosi a trascurare l'incidenza dei fattori storici e culturali, ma almeno come ideologia e come mito sorregge all'alba del nuovo millennio altri soggetti e altri critici. «La forza del Veneto – secondo l'economista Maurizio Mistri – "starebbe" in quel brodo "brodo primordiale" che sono poi le condizioni socioculturali all'interno delle quali l'artigiano riesce a trasformarsi in imprenditore». Sicché la favola che rischia a tratti di naufragare tra gli scogli e le prospettive non sempre fauste d'una globalizzazione mal dominabile dai centri periferici e «minori», sullo slancio dell'export in continua ascesa, si ricicla donando argomenti alla stessa vulgata leghista: «L'intero Mezzogiorno – sentenzia Mistri – con il 30% della popolazione copre il 10% dell'export italiano; da solo il Veneto arriva al 13%, più o meno la quota del Piemonte che ha la FIAT dalla sua».
Altri segnalano i nuovi orizzonti e quasi i nuovi confini della flessibilità produttiva e delle filosofie aziendali che hanno impresso una svolta nel tipo di penetrazione sui mercati esteri o nella «de-localizzazione» perseguita da un numero crescente di ditte venete.

Marco Polo è trevigiano

La crescita più veloce (o la retromarcia più lenta), rispetto al resto d'Italia, del Veneto industriale già democristiano e attualmente leghista, si avvale però anche di strumenti pericolosi quali il trasferimento fuori regione e addirittura fuori paese degli stabilimenti (la sola Diadora di Caerano San Marco, vicino a Treviso, produce quasi un terzo dei 7 milioni di paia di scarpe annue che la tengono in cima alle classifiche del suo settore merceologico, in fabbriche della Cina popolare). Sono strumenti, questi, che alla lunga potrebbero rivelarsi armi a doppio taglio e cioè assai più indicate di altre a interagire con la destrutturazione culturale e morale in corso nell'habitat di una regione già sufficientemente debilitata dai fenomeni sopra ricordati di grave degrado ambientale e psicologico.

--- BIBLIOGRAFIA ---

I. Diamanti, *La Lega. Geografia, storia e sociologia di un nuovo soggetto politico*, Donzellli Editore, Roma 1993.

M. Rebershak (a c. di), *Venezia nel secondo dopoguerra*, Il Poligrafo, Padova 1993.

G. Riccamboni, *L'identità esclusa. Comunisti in una subcultura bianca*, Liviana, Padova 1992.

B. Anastasia e G. Corò, *I distretti industriali in Veneto*, Nuova Dimensione, Portogruaro 1993.

Unioncamere, *Relazione sulla situazione economica del Veneto nel 1992*, Istituto Padano di Arti Grafiche, Rovigo 1993.

M. Sarpellon (a c. di), *Veneto in cifre 1992*, Giunta del Veneto (Statistica), Venezia 1993.

A. Calabrò, *Il miracolo veneto? Si chiama Marco Polo*, in «La Repubblica Economia», 18 novembre 1993.

Friuli-Venezia Giulia:
la ricerca del porto perduto

Marcello Flores

Municipalismo triestino e autonomismo friulano si sono saldati in una comune, ma anche riduttiva, protesta anticentralista che ha trasformato le istanze di difesa della lingua e dell'identità culturale in una variante locale della realtà leghista. Nella regione si registrano le alterne vicende di due modelli di sviluppo a confronto, l'uno «evolutivo», l'altro «involutivo».

Alcuni anni fa le città capoluogo del Friuli-Venezia Giulia (Trieste, Udine, Pordenone, Gorizia) risultavano ai primi posti nelle classifiche sulla «qualità della vita» nelle città italiane. Nell'ultimo sondaggio compiuto da «Il Sole - 24 ore» alla fine del 1993 solo Gorizia, al quarto posto, manteneva un'invidiabile posizione di primo piano.

Gli avvenimenti internazionali, e in particolar modo il conflitto tra le repubbliche dell'ex Jugoslavia, hanno indubbiamente rappresentato un forte ostacolo al proseguimento della crescita economica e culturale di una regione che aveva costituito, nell'ultimo quindicennio, una parte rilevante di quel «modello nord-orientale» portato più volte a esempio di iniziativa, dinamismo, laboriosità, coscienza civica.

Il modello nord-orientale

Il Friuli-Venezia Giulia è una regione fortemente disomogenea. Lo è sul piano del territorio come pure su quello della popolazione, della cultura, della tradizione storica. Nella co-

scienza nazionale italiana l'immagine di Trieste e del Friuli è quella di terre irredente conquistate per ultime e con il sangue all'unità del paese. La regione, nel suo insieme, è stata spesso vista come la sentinella dei confini della patria e il baluardo dell'italianità contro i popoli slavi e contro la minaccia del comunismo. Trieste, tornata all'Italia nel 1954 dopo nove anni di amministrazione alleata, continuò a essere una città a cui lo Stato italiano dava un'assistenza interessata. Fu un assistenzialismo economico che aveva obiettivi politici, e i cui risultati furono il rafforzamento di un ceto burocratico-amministrativo e l'appoggio saltuario a settori produttivi cui non fu mai concesso, per opportunità politica e interferenze di altre regioni italiane e altri stati europei, di imporsi in un'area geografica in cui avrebbero potuto svilupparsi maggiormente.

Popoli molto diversi

L'integrazione dei profughi istriani contribuì ad accentuare le difficoltà di «nazionalizzazione» della città giuliana, favorendo una modificazione in senso nazionalista e, al tempo stesso, anticentralista e antigovernativo dell'identità politico-ideologica della città. Fu anche per il peso numerico e politico degli istriani che la consistente minoranza slovena di Trieste rimase, malgrado la sua vivacità e omogeneità culturale, una sorta di entità separata mai del tutto integrata con la città.

Nel 1963 venne istituita la regione a Statuto speciale Friuli-Venezia Giulia. Trieste divenne il capoluogo di una «regione di confine» di cui facevano parte sia la provincia di Gorizia sia l'area del monfalconese che il Friuli nel suo insieme.

Si trattava di dar luogo a un'integrazione tra popolazioni molto diverse e con alle spalle una tradizione produttiva e un'eredità culturale assai differenti. Il Friuli, pur essendo una regione prevalentemente agricola con una rilevante quota di territorio in zone di montagna, aveva conosciuto fin dall'inizio del secolo degli importanti insediamenti industriali. Nel 1905 Udine era la quindicesima città industriale d'Italia, seconda sola a Vicenza nella vasta area delle Tre Venezie.

«Fare da soli»

Fu la prima guerra mondiale a interrompere il processo di modernizzazione che era in atto nella città e in alcune zone della regione, accentuando l'arretratezza sociale e culturale delle aree rimanenti. Nel secondo dopoguerra il Friuli riprese la propria marcia verso la modernità: la città di Pordenone, che nel 1968 avrebbe dato vita a una nuova provincia, divenne uno dei centri propulsori dello sviluppo economico iniziato con il «boom» della fine anni cinquanta e dell'inizio anni sessanta e rimase una delle capitali dell'industria italiana di elettrodomestici.

Un'ulteriore e decisiva spinta all'emergere del Friuli come realtà economica di primo piano nel panorama nazionale venne dalla tragedia che colpì la regione nel 1976: un terremoto, con epicentro a Gemona, che provocò un migliaio di morti, moltissimi feriti e la distruzione di interi paesi. La ricostruzione mise in evidenza le caratteristiche di tenacia e laboriosità della gente friulana, nonché l'orgoglio di «fare da soli». In realtà l'aiuto dello Stato fu massiccio, ma venne utilizzato dalla società friulana in senso produttivistico, soprattutto per dare nuovi orizzonti alle piccole e medie imprese industriali della regione e far loro compiere un salto qualitativo decisivo verso la produzione per l'esportazione.

Nostalgie mitteleuropee

Fin dal suo sorgere la Regione cercò di trovare un compromesso tra le sue diverse «anime». Udine accettò che Trieste fosse capoluogo regionale in cambio di una programmazione che tenesse conto del carattere maggioritariamente «friulano» della regione. Al di là della contrapposizione, spesso fittizia e strumentale alle battaglie politiche, tra un autonomismo friulano sempre più consapevole dei propri tratti originali e un localismo triestino imbellettato di nostalgia mitteleuropea, l'istituzione della Regione contribuì pesantemente alla terziarizzazione del tessuto produttivo.

Trieste divenne sempre più una città dove il settore della pubblica amministrazione prese il posto di quello industriale, costretto a ridimensionarsi più volte. La continua «ricerca del porto perduto», invece che una lucida consapevolezza della trasformazione in corso costituì il filtro culturale-sentimentale con cui la città continuò a guardare se stessa. Il risentimento anticentralista e localista trovò un momento di coagulo nell'opposizione che si manifestò agli accordi di Osimo (novembre 1975) con cui Italia e Jugoslavia regolarono il loro lungo contenzioso e le pendenze ancora esistenti tra i due stati.

L'ipotesi di una zona franca industriale italo-jugoslava a cavallo del confine suscitò preoccupazioni diverse (il timore di un dissesto ambientale nel Carso, la paura di uno spostamento dei rapporti etnici che indebolisse l'«italianità» di Trieste, l'invidia suscitata da una situazione di privilegio che non poteva certo essere ampliata all'intera regione) che si mescolarono tra loro ed ebbero come risultato una forte affermazione, nelle elezioni amministrative del 1978, della «Lista per Trieste», una lista civica che tolse voti un po' a tutti i partiti, ma in particolar modo alla DC.

Dalle liste civiche alla Lega

Il municipalismo triestino, con un forte connotato moderato venato di qualunquismo e provincialismo, differiva notevolmente dall'autonomismo friulano che aveva trovato nel Movimento Friuli la sua espressione politica e amministrativa, e che conobbe i maggiori successi nelle elezioni. Quest'ultimo, infatti, trovava consensi in tutti i settori della società, coagulando interessi diversi attorno alla difesa della lingua e dell'identità culturale tradizionale. Negli ultimi anni, tuttavia, la crisi del sistema politico italiano ha appiattito sempre più l'autonomismo friulano nel gran calderone della protesta anticentralista, impoverendone l'originalità e riducendolo a variante locale della realtà

leghista lombardo-veneta. Questo hanno dimostrato le ultime elezioni amministrative (con la vittoria della Lega nord nella regione e la conquista della poltrona di sindaco a Udine e Pordenone), mentre Trieste ha ritrovato il legame con la propria migliore tradizione liberal-nazionale portando alla carica di primo cittadino una personalità del mondo industriale appoggiata da un ampio schieramento progressista.

All'interno della Regione sono convissuti, fin dal suo sorgere, due modelli di sviluppo: uno «involutivo», che ha cercato di frenare il regresso relativo attraverso l'espulsione di forza-lavoro e il lento miglioramento delle condizioni di vita di chi restava (soprattutto le classi di età più avanzata); l'altro «evolutivo» che ha teso ad attrarre forza-lavoro, avvantaggiandosene e cercando di aumentare il tenore di vita di un numero sempre più ampio di persone.

Due modelli

Il primo modello, concentrato a Trieste e in parte a Gorizia, ha utilizzato fino all'estremo la protesta contro il governo centrale e le sovvenzioni elargite dallo Stato, unendo alle rivendicazioni localistiche la glorificazione di un passato mitizzato e facendo della propria decadenza un elemento di forza oltre che d'identità. Tra il 1981 e il 1991 l'occupazione dell'industria è scesa a Trieste del 32% e il numero delle imprese del 30%. Gli addetti all'industria sono il 19% della popolazione. Il porto è il settimo d'Europa e il trentasettesimo del mondo per movimento marittimo. Il secondo modello, che ha conosciuto diversi e alterni momenti di fortuna e di crisi nel pordenonese e nell'udinese, ha costituito per quelle aree il tramite verso

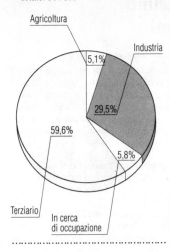

La popolazione attiva in Friuli
Totale: 504 200

Agricoltura — 5,1%

Industria — 29,5%

59,6%

5,8%

Terziario / In cerca di occupazione

una sorta di «europeizzazione», che a sua volta è stata il veicolo per una più completa nazionalizzazione delle masse friulane. Il passaggio da un autonomismo fondato su una forte identità linguistica e culturale a uno appiattito sulla polemica anticentralista e antipartitica è segno, anch'esso, di una tendenziale omogeneizzazione del Friuli alle altre aree del nord Italia.

Il Friuli si omologa al nord Italia

Su un territorio di 784 514 ettari solo il 38% è in pianura, mentre il 19% è in collina e ben il 43% in montagna. La percentuale di terreno improduttivo è del 21,2% contro il 13,1% della media italiana e la superficie agraria del 78,8% contro l'86,9%. La popolazione residente in regione è calata da 1 229 929 del 1981 a 1 192 456 del 1991 (–8,1% a Trieste, –4,9% a Gorizia, –1,23% a Udine,

+ 0,03 a Pordenone). Nel 1991 il saldo demografico è stato di –6226, con una perdita di popolazione soprattutto nelle zone montane e nelle fasce d'età oltre i 60 anni (–22,3%) e fino ai 19 (–18,7%).

Il numero degli appartenenti alle forze di lavoro è di 504 200, di cui il 39,7% femmine; quello dei non appartenenti alle forze di lavoro è di 681 900, di cui il 61,7% femmine. Gli occupati lo sono per il 5,1% in agricoltura, il 29,5% nell'industria (di cui il 30% nelle costruzioni), il 59,6% nel terziario e altre attività; il 5,8% è in cerca di occupazione. Gli addetti all'industria sono circa la metà degli addetti ai servizi. I dipendenti statali costituiscono il 2,97% della popolazione contro la media del 3,3% dell'Italia e del 2,37% dell'Italia settentrionale.

Il rapporto degli occupati sulla popolazione residente è dunque del 38,6% contro la media nazionale del 37,3%; quello dei disoccupati è del 5,4% contro il 10,2%. L'interscambio commerciale complessivo è stato appannaggio per il 41,9% della provincia di Udine, per il 30,7% di Pordenone, per il 17,2% di Trieste e per il 10,1% di Gorizia. Nelle importazioni dall'estero la regione ha contato per l'1,58% delle importazioni italiane (contro l'1,69% del 1988) e nell'esportazione per il 2,90% (contro il 2,83% del 1988). Le vicine repubbliche della ex Jugoslavia sono ancora i principali partner commerciali della provincia di Trieste, mentre la Germania lo è per quella di Udine.

BIBLIOGRAFIA ---

Annuario del Friuli-Venezia Giulia 1991-92, Marsilio, Venezia 1991.

E. Apih, *Trieste*, Laterza, Roma-Bari 1988.

F. Tentori, *Udine*, Laterza, Roma-Bari 1988.

Liguria: dopo il declino, l'identità in frantumi

Antonio Gibelli

Dopo le ferite inferte dalla chiusura delle fabbriche, dalla crisi del porto di Genova, dalla cementificazione del paesaggio, resta in vita ben poco della regione di un tempo. Oggi si punta ai rapporti privilegiati con aree esterne, la Provenza in primo luogo.

Colombiadi: un amaro risveglio

Genova, 1892, quarto centenario colombiano: le celebrazioni furono «tanto fastose – scrive uno storico dell'economia regionale – da suscitare nel paese un diffuso senso di ammirazione e di stupore». Genova, 1992, quinto centenario colombiano: la festa del rilancio internazionale di Genova in nome del grande navigatore diventa al contrario – nelle parole di un noto commentatore politico che riflettono uno stato d'animo assai diffuso – un «sigillo della disfatta»: «Genova si accorse che il mondo l'aveva dimenticata, nessuno venne a vedere l'Expo, di cui peraltro nessuno sapeva». Genova non è tutta la Liguria, ma certo da sempre riassume tanta parte della realtà regionale. Basterebbe dunque questo confronto tra due date simboliche della storia celebrativa locale per segnare il cammino involutivo compiuto dalla regione negli ultimi cento anni.

La Liguria è oggi una regione in fase di accentuato declino, cui si apre un futuro probabilmente improntato alla marginalizzazione. Il passato di grandezza sembra ormai lontanissimo e perduto per sempre: non solo quello della repubblica aristocratica, prota-gonista indiscussa della storia moderna mediterranea ed europea, ma anche quello di Genova e della Liguria nel secondo Ottocento, attori di primo piano nell'unificazione nazionale, nel decollo industriale italiano, nella modernizzazione del paese. In questi processi la regione è sembrata anzi svolgere un ruolo di battistrada, uscendo però altrettanto precocemente di scena. L'ultima fase di «grandezza» della Liguria contemporanea – quella del primato marittimo-portuale e dell'impetuoso processo di espansione industriale – si situa infatti tra gli anni ottanta dell'Ottocento e gli anni venti di questo secolo.

Grande industria sì, ma assistita

Le premesse del declino risalgono all'indomani della prima guerra mondiale, quando si verificò il crollo di alcuni grandi colossi dell'industria che erano stati protagonisti del conflitto, a cominciare dall'Ansaldo dei Perrone. Gli sviluppi dell'industria di Stato negli anni trenta, e la presenza sempre più marcata della componente pubblica nell'economia industriale regionale hanno mascherato e diluito nel tempo gli effetti di questo processo, ma insieme li hanno resi irreversibili, introducendo nel sistema economico e negli attori sociali una mancanza di flessibilità che ha pregiudicato la ricerca di alternative. Da sempre fortemente debitrice dell'iniziativa statale (si pensi alla figura di un grande armatore ottocentesco come Raffaele Rubattino, o alla stessa dipendenza della crescita Ansaldo dalle commesse pubbliche nel settore delle ferrovie e nella produzione bellica) l'imprenditorialità locale ha finito per perdere via via ogni autonoma capacità propulsiva.

Il ridimensionamento della base industriale, cominciato all'indomani della seconda guerra mondiale, è proseguito pressoché ininterrotto – dapprima lentamente poi in maniera più accelerata – nei decenni successivi, fino a divenire precipitoso negli anni ottanta, senza che si affacciassero prospettive di riconversione o trasformazione. La regione ha così perso la sua identità storica senza essere in grado di elaborarne una nuova.

Le ricadute sociali di questo declino e di questa perdita di identità appaiono profonde. La società locale è disillusa, frammentaria più che diversificata, vecchia e fortemente ripiegata su se stessa, complessivamente chiusa e scarsamente dinamica.

Primati negativi: spopolamento, invecchiamento, disoccupazione

Dal punto di vista demografico, il forte incremento che aveva caratterizzato la regione ottocentesca pur in presenza di vistosi fenomeni di emigrazione transoceanica, e che era proseguito nel corso del Novecento (tra il 1901 e il 1971 è del 70%, superiore a quello registrato in regioni come il Piemonte e l'Emilia), a partire dagli anni settanta si è rovesciato in un decremento sempre più marcato e de-

cisamente superiore alla media nazionale.

All'inizio degli anni novanta la regione è così tornata al livello demografico degli anni cinquanta, ossia al di sotto di 1 700 000 residenti. Ciò è dovuto non solo alla contrazione dei flussi immigratori e a un tasso di natalità tradizionalmente basso e in caduta nettissima dagli anni sessanta, ma anche alla composizione della popolazione per età, sempre più squilibrata a favore delle fasce alte.

La Liguria è la regione in senso stretto più «vecchia» d'Italia: nel 1991 gli anziani (sopra i 64 anni), che erano già il 15,5% dei residenti nel 1971, sono saliti al 21%, contro una media nazionale del 14,8%. A questa composizione concorrono sia la struttura demografica di base sia gli apporti di un'immigrazione di pensionati (specie dalle regioni padane), attratti dal clima mite.

Tramonto del principale porto italiano

Il peso percentuale dell'occupazione industriale tra le attività non agricole è sceso dal 54,47% del 1951 al 32,28 del 1981 al 25,12 del 1991 (assai più di quanto sia sceso nell'area nord-occidentale del paese, dove il calo è limitato all'ultimo decennio, e il bilancio è comunque positivo rispetto al 1951). Anche le attività portuali, specialmente a Genova, incapaci di adeguarsi alle necessarie trasformazioni tecniche e di organizzazione del lavoro, hanno registrato un progressivo declino, subendo pesantemente i colpi della concorrenza dei porti mediterranei (prima Marsiglia e poi Barcellona) ma anche nord-europei. Tra gli altri primati negativi della regione va segnalato oggi il più alto tasso di disoccupazione e di inoccupazione giovanile dell'Italia centro-settentrionale, che trova riscontro nei tassi di scolarizzazione molto elevati cui non corrispondono sbocchi adeguati nel mercato del lavoro. In particolare nel decennio che precede l'ultimo censimento sono stati perduti in Liguria 42 000 posti di lavoro, e i giovani sono andati a infoltire le liste di collocamento (che hanno toccato quasi 100 000 iscritti).

La Riviera sotto il cemento

Accanto al declino industriale, nel secondo dopoguerra si sono verificate una notevole espansione del settore terziario e un'autentica esplosione del turismo di massa che ha visto nella regione una meta privilegiata. Quest'ultimo, scatenando la famigerata «speculazione edilizia» (immortalata in pagine indimenticabili da Italo Calvino), ha dato l'ultimo, decisivo colpo alla trasfigurazione del territorio con la cementificazione dell'area costiera e la definitiva scomparsa del paesaggio tradizionale che tanto aveva contribuito ai successi turistici della regione ottocentesca anche sul piano internazionale. In tal modo la Liguria, che è la più piccola regione italiana dopo la Valle d'Aosta coi suoi 5413 km², ha ormai steso una sorta di conurbazione continua su oltre la metà dei 367 km² circa di territorio con pendenza pari o inferiore al 6% su cui poteva contare.

Si sono così venuti esasperando i tratti di una regione precocemente e altamente urbanizzata che avevano nettamente caratterizzato la sua fisionomia storica, dominata dal dualismo costa-entroterra, dalla presenza di un'agricoltura generalmente esile e sempre ai limiti della sussistenza, dalla proiezione sulla fascia litoranea e sui comuni capoluogo delle principali attività economiche. Soltanto negli ul-

timi decenni la saturazione e il congestionamento residenziale dell'area urbana hanno cominciato a produrre un'inversione di tendenza, con perdite consistenti dei comuni costieri e in particolare dei capuoluoghi a favore di aree decentrate: nel periodo tra il 1973 e il 1991 i comuni dell'entroterra, molti dei quali erano stati in precedenza depauperati da fenomeni di vero e proprio abbandono, sono gli unici a registrare una sostanziale tenuta demografica.

Ciò non ha peraltro alterato i caratteri di fondo dell'insediamento, tant'è che nel 1991 la popolazione residente rimane concentrata per il 53% nei capoluoghi di provincia, e per l'82,9 in comuni classificati dall'ISTAT come urbani.

C'era una volta la classe operaia

L'insieme dei fenomeni prima ricordati ha modificato in profondità il panorama sociale. Per molti decenni la Liguria è stata considerata regione fondamentalmente «operaia», per la consistenza e il protagonismo del suo proletariato industriale e portuale. Tra Ottocento e Novecento è stata teatro di imponenti lotte, che per certi versi anticipavano il modello dell'Italia giolittiana, e laboratorio di un movimento socialista con forti ambizioni modernizzanti. Nel secondo dopoguerra ha visto una crescita imponente delle organizzazioni di massa imperniate sulla figura dell'operaio di mestiere (già protagonista di primo piano della Resistenza e della Ricostruzione), che ruotavano attorno a un Partito comunista dotato di robuste radici e di un'influenza molto estesa. Successivamente – con lo stillicidio di chiusure e trasferimenti di aziende – ha subito una lenta metamorfosi che ha finito per farne sempre più regione di «ceti medi» (secondo la classificazione di Sylos Labini) specialmente impiegatizi, e più precisamente inseriti nella pubblica amministrazione: in questo settore gli occupati erano nel 1991 il 21,5% del totale, contro il 15,5 in Piemonte e il 12,9 in Lombardia. Ma l'elaborazione dei dati del 1981 indicava fin da quell'anno nel 42% la percentuale degli impiegati sul totale dell'occupazione regionale, con una prevalenza degli impiegati esecutivi e degli insegnanti. La trasformazione economica, la crisi dell'assetto industriale e la frammentazione sociale hanno così tolto peso a un protagonista di grande rilievo, erodendo le basi della sua «visibilità» e del suo peso politico, mentre si incrinava il meccanismo di regolazione politica dell'economia che era stato tipico dell'esperienza postbellica. Anche su questo piano l'identità storica della regione si è indebolita.

Tendenze centrifughe

Questo profilo necessariamente sintetico rischia di risultare sommario se non si ricorda un dato fondamentale, anche questo in qualche misura appartenente all'eredità storica della regione: la frammentazione. Regione costitutivamente esile, non unificata se non nel senso del dominio da parte dell'antica repubblica, proiettata in relazioni molteplici con almeno altre cinque regioni (la Provenza, il Piemonte, la Lombardia, l'Emilia e la Toscana), abituata a cercare altrove (spesso oltremare) gli spazi della sua iniziativa, la Liguria ha conosciuto processi di relativa omogeneizzazione più che di autentica integrazione sotto l'impulso dell'industrializzazione. Ma nella fase di crisi di questo assetto, ha visto accentuarsi le tendenze centrifughe, la segmentazione e la proiezione in rapporti privilegiati con aree esterne: ne è un esempio la tendenza marcata dell'estremo Ponente all'integrazione con la Provenza e il basso Piemonte, ribadita di recente in dichiarazioni pubbliche.

Proprio quello del Ponente – con lo sviluppo di un'agricoltura specializzata, l'intreccio tra questa e le attività turistiche, la forte componente di immigrazione meridionale mantenutasi nel tempo – rappresenta un caso di percorso relativamente autonomo da quello del contesto regionale, meno esposto di altri all'attuale crisi involutiva. Oggi più che mai, dunque, è forte la tendenza a parlare non di una sola ma di molte Ligurie, non sempre delimitate chiaramente in senso geografico, più spesso mescolate e sovrapposte: e, tranne qualche eccezione, si tratta di Ligurie in crisi, a economia assistita, depressa, o in equilibrio fortemente involutivo, incapaci di fronteggiare adeguatamente la sfida delle trasformazioni in corso. Sicché non parrà strano che la regione nel suo complesso, pur essendo tuttora caratterizzata da livelli elevati di reddito pro-capite, abbia visto costantemente decrescere, dal 1982, la quota di partecipazione alla produzione del reddito nazionale.

BIBLIOGRAFIA

G. Giacchero, *Genova e Liguria nell'età contemporanea, un secolo e mezzo di vita economica 1815-1969*, 2 voll., Cassa di Risparmio di Genova e Imperia, Genova 1970.

M. Bini, M. Palumbo, *Il mutamento sociale in Liguria. Terzo rapporto dell'osservatorio socio-economico*, Marietti, Genova 1990.

Emilia-Romagna:
a una svolta la cultura dei servizi

Paola Nava

Le città emiliane sono in cima alla classifica del benessere e le amministrazioni locali continuano a offrire servizi di alta qualità, trasformando gli utenti – imprese, famiglie – in protagonisti attivi. È il modello di «disintegrazione produttiva e integrazione sociale». Ma l'azione combinata di crisi economica, differenziazione dei bisogni, nuovi soggetti sociali impone la ricerca di nuovi criteri di intervento.

Il rapporto città-campagna

Piazze che si riempiono di nebbia d'inverno, che scoppiano di sole d'estate; chiese, teatri; strade strette, portici; case, stabilimenti; e tutt'intorno la campagna, i paesi. Una geografia semplice: una parte piana (la pianura e la «bassa»), solcata dalla via Emilia, un'altra collinare e montuosa: fiumi, torrenti, chiuse...

L'immaginario emiliano-romagnolo rimanda costantemente a un rapporto di scambio particolare, forte e diretto, tra città e campagna, che pare di poter leggere persino nelle fattezze delle persone, nel loro carattere aperto e deciso, così come in gran parte della storia politica della regione.

Cultura e tradizioni illustri

Si tratta, ovviamente, di una storia tutt'altro che lineare, che abbraccia vicende complesse e differenziate: Ravenna, formale e aristocratica, capitale imperiale e ponte verso Bisanzio e l'Oriente; Ferrara, città estense, centro raffinato di cultura umanistica, laboratorio di urbanistica moderna, poi dominio dei papi; Parma, ducato di Maria Luigia d'Austria, colta, elegante, illuminata; Bologna, fin dal Medioevo comune opulento, indipendente e ambizioso (vincerà l'esercito imperiale e farà prigioniero Enzo, figlio di Federico II), sede dello studio e poi dell'università. Storie diverse, che rimandano a un passato ricco di cultura e di tradizioni.

I movimenti sociali

La storia dell'Ottocento e del Novecento porta il segno della lotta e dell'emancipazione dei contadini, dei braccianti, degli operai, dalla loro capacità di aggregarsi, di costruire sindacati, leghe, cooperative. Ma è anche storia della loro capacità di governo. In Emilia si è costituito un saldo intreccio tra movimenti sociali, ideologie politiche, Stato, a partire dal municipalismo socialista, esperienza breve perché schiacciata dal fascismo, ma interessante e articolata negli aspetti amministrativi oltreché negli scopi sociali. Tale esperienza è stata ravvivata e generalizzata nel secondo dopoguerra e realizzata compiutamente a partire dagli anni sessanta, quando alla progettualità delle amministrazioni di sinistra che investiva campi come politica, lavoro, cultura, si aggiunsero gli effetti del boom economico e della modernizzazione. Tre infatti sono i capisaldi che si intrecciano nel disegnare la storia della regione del secondo novecento; l'industrializzazione diffusa e la «specializzazione flessibile», il ruolo delle istituzioni e la cultura dei servizi, il peso della famiglia e dei legami familiari, all'interno dei quali si articolano genealogie di donne che si trasmettono saperi e culture.

Qualche crepa nel modello emiliano

Sul modello emiliano di «disintegrazione produttiva e integrazione sociale», molto è stato scritto: tra i caratteri, una molteplicità di imprese diffuse sul territorio, in genere di dimensioni medie, piccole e piccolissime, quasi sempre a conduzione familiare, un artigianato composto in gran parte di imprese che producono in proprio o per conto terzi, e con una presenza diffusa di lavoro a domicilio; un'articolazione della produzione che va dai meccanismi di precisione alle macchine agricole, alle maglierie, alle ceramiche, alle scarpe, al settore alimentare. Con straordinari percorsi imprenditoriali, di uomini (e più raramente donne) che si sono «fatti da sé» e spesso, a partire dagli anni cinquanta, dopo il licenziamento dalla fabbrica a seguito di lotte operaie. Tutto questo ha portato una condizione di benessere diffusa: anche tra famiglie artigiane e operaie con più redditi lo stile di vita era soddisfacente, tanto da rendere il benessere una

chiave importante di lettura dello sviluppo della regione.

Oggi, il quadro presenta crepe di origine differente; da un lato la crisi economica e occupazionale preoccupa e comprime i consumi. Dall'altro, l'accumulo di denaro richiama criminalità; sia essa quella delle bande che assaltano e uccidono nei supermercati, sia quella, ancora più preoccupante, della mafia e del riciclaggio di denaro sporco. L'Emilia è infatti tra le regioni a più alta penetrazione mafiosa nel sistema bancario e finanziario. A ciò si accompagna lo smercio di droga, gestito, pare, più da gruppi estranei che omogenei al contesto territoriale. Se questi fenomeni – legati a processi di modernizzazione e rilevabili comunque sull'intero territorio nazionale – sono preoccupanti, non dimentichiamoci che, in tutte le statistiche sul «grado di benessere» in Italia, la regione risulta sempre ai primi posti e le sue città quelle in cui vivere è più dolce.

Città dove vivere è più dolce

La specificità delle origini e del percorso – da sfruttati a produttori, quindi a imprenditori – la si rinviene soprattutto nel sistema cooperativo, fortissimo nella regione, nel campo dell'edilizia, del consumo, dei prodotti agricoli e di trasformazione.

È questa una storia che ha più di cento anni, che combina vicende politiche con organizzazione imprenditoriale, dalla nascita (nel 1886 se ne contano 116) – per sostenere l'occupazione, ottenere maggiori salari, dare dignità al lavoro ed emancipazione sociale – fino alla creazione di un imponente sistema di imprese presente, ormai operante sui mercati internazionali.

Le cooperative a un bivio

L'economia cooperativa è parte integrante della realtà emiliano-romagnola di questo secolo, ma sarebbe sbagliato ridurla ai suoi aspetti di mercato: è stato infatti un fenomeno di sviluppo politico, di integrazione sociale, di scambio e interrelazione con le istituzioni. Oggi, due sono sostanzialmente gli interrogativi che il movimento cooperativo si pone: il primo, sul permanere della propria specificità, vista la tendenza a mutuare modelli organizzativi dalla grande impresa privata, e sulla scelta dei quadri e dei dirigenti; il secondo, sull'espansione della propria attività limitatamente ai settori più conosciuti o a tutto campo. Ma è l'intero sistema produttivo emiliano a reinterrogarsi di fronte alla crisi economica e alle trasformazioni intervenute nell'economia regionale; si è assistito negli ultimi dieci anni a ristrutturazioni e concentrazioni nell'industria, alla mortalità di imprese a conduzione familiare o alla loro sostituzione con altre forme di management, all'arrivo di grandi gruppi stranieri che hanno acquistato imprese rinomate. A queste trasformazioni si è risposto in maniera diversa: chi centrando i propri sforzi su scelte d'impresa innovative e dinamiche, magari riorganizzandosi in gruppi più grandi, chi invece lasciandosi assorbire. Ne risultano penalizzate le imprese più piccole, con minori risorse e appoggi e con tecnologie arretrate.

Le amministrazioni locali e lo scambio politico

Anche le amministrazioni locali (regione e comuni), si trovano di fronte a nuove problematiche, sia per la riduzione dei finanziamenti statali, sia perché diverse oggi sono le domande che vengono da soggetti che si differenziano nei bisogni.

Il concetto su cui ha ruotato il modello emiliano con le sue città laboratorio di servizi collettivo, invidiato anche all'estero, è stato quello di erogare servizi per ampie fasce di popolazione gestendolo in termini di scambio politico – a livello materiale e simbolico – assicurando, nello stesso tempo, la protezione dei più deboli. Gli attori sono stati da un lato le amministrazioni, poi gli operatori, quindi gli utenti e i cittadini. Dalla fine degli anni sessanta si è andata precisando una più appropriata formula di «stato sociale», che ha rappresentato un'interrelazione ancora più stretta tra pubblico e privato cioè tra lo Stato e le famiglie e le persone. La cultura dei servizi ha trasformato quindi gli utenti in attori, tramite i meccanismi della partecipazione e sostituendosi in molti casi a lavori di cura svolti dalle famiglie (e dalle donne soprattutto, all'interno di queste). Si pensi agli asili, all'assistenza domiciliare ed altre simili realtà. Tuttavia, già dalla fine degli anni settanta, sia per effetto dei movimenti legati a nuovi soggetti sociali – il femminismo in particolare – che per una crescita degli attori-utenti del welfare state, si è approfondita la dinamica dei bisogni e delle differenze come base dei diritti di cittadinanza. Questi fenomeni, portati da uno scenario di complessità sociale che ha sviluppato generalizzazione e dissonanze, hanno aperto un conflitto che richiede risposte: si tratta del passaggio da una formula ampiamente generalizzata che la cultura dei servizi ha offerto con successo nel passato, a una che interpreti bisogni di identità, collettive e individuali, di compresenze di più formazioni sociali.

Soggetti sociali alla ribalta

Altro dato emergente e problematico è quello di gruppi sociali che aumentano rapidamente la loro consistenza; e di altri che scompaiono. Tra i primi, gli anziani, dotati di risorse e bisogni da soddisfare, e che costituiranno una fetta sempre più ampia della società; e poi gli extra-comunitari, anch'essi in aumento.

Tra i soggetti che diminuiscono di numero stanno i bambini; il calo delle nascite (anche se si registra ultimamente una debole ripresa della natalità) pare irreversibile. La tendenza al «figlio unico» esaurisce l'esperienza di essere madre/padre e favorisce condizioni familiari di vita più tranquille, compatibili con impegni di lavoro femminili, ma significa investimenti affettivi ed emozionali non inferiori al passato.

Certo, il salto è grande rispetto alla famiglia emiliana tradizionale, complessa, sedimentata nel mondo mezzadrile e travasata in quello operaio, che – anche quando si divide per fenomeni di urbanizzazione – sa conservare rapporti stretti fra generazioni tanto da far parlare di «intimità a distanza». Oggi – come dappertutto nell'Occidente – molte cose sono cambiate: è aumentato il numero di separazioni e divorzi, si sono moltiplicate le famiglie di fatto, spesso con la presenza di figli nati da legami precedenti, si è procreato molto meno.

Questo processo di trasformazione ha creato e sta creando non pochi problemi perché il sostegno, economico ed emotivo, tra i membri delle famiglie ampie e complesse viene meno e mancano assistenza e socialità. Le amministrazioni comunali offrono già servizi ai padri soli con figli. I giovani padri mostrano un forte cambiamento rispetto al passato per quanto riguarda sia dialogo e vicinanza, sia il tempo rivolto agli affetti, suggerendo modelli maschili più ricchi che nel passato ma anche una dimensione sociale che ha ormai del tutto delegittimato il patriarcato e aperto nuove frontiere fra i ruoli familiari e sociali.

Da «rezdore» a imprenditrici

Di questo le donne sono state protagoniste; le donne emiliane, con la loro straordinaria storia di emancipazione, nelle campagne e nelle fabbriche, capaci di individuare, accanto ai vincoli familiari e giuridici, percorsi di realizzazione del femminile.

Dalle «rezdore» o «arzdoure» della famiglia mezzadrile, alle operaie delle manifatture dei tabacchi o della Bloch, alle artigiane e alle imprenditrici, è passato tra le generazioni un «carattere sociale femminile» forte, che ha in sé saperi e culture della cura e della responsabilità domestiche, del lavoro per la produzione, delle reti sociali, della politica.

Oggi, rispetto a tre elementi della modernità, la riduzione nelle scelte demografiche e la ridefinizione dei ruoli familiari, la crescita della scolarizzazione femminile, che in Emilia Romagna vede le ragazze superare i maschi nell'acquisizione del diploma secondario superiore, l'accesso diffuso al lavoro anche in nuove professioni, si vedono semmai i limiti di quell'emancipazione che, nella misura in cui veniva socialmente svalorizzata (ma era anche, per l'ambivalenza femminile oscillante tra ruolo pubblico e privato, una forma di auto-svalorizzazione) non significava reale autonomia. È quindi sul versante dell'identità che si gioca la partita fatta di nuove risorse e nuovi compiti.

**Universalità
o flessibilità del welfare?**

Rispetto al contesto della cultura dei servizi con cui soggetti e domande diverse si vanno oggi a confrontare, un orientamento di valore rimane il rispetto delle differenze; che vuol dire riprogettare e riorientare i servizi non secondo un principio di universalità (fatto salvo il bisogno di chi non ha mezzi) ma imparando a usare risorse che provengono dalla società (per esempio il volontariato), intrecciando pubblico e privato, muovendosi nell'ambito di una flessibilità di tempi e di bisogni, a seconda delle esigenze e delle differenze dei cittadini.

───── **BIBLIOGRAFIA** ─────

S. Brusco, M. Russo, *Le peculiarità del modello emiliano*, in *Distretti, imprese, classe operaia. L'industrializzazione in Emilia Romagna*, Franco Angeli, Milano 1992.

Per una storia dell'Emilia Romagna, Il lavoro editoriale, Ancona 1985.

Osservatorio del mercato del lavoro – Regione Emilia Romagna, *Rapporto annuale sul mercato del lavoro in Emilia Romagna*, giugno 1993.

▌La riviera romagnola

Questi versi, collocabili cronologicamente nella Romagna degli anni trenta, scritti da Tonino Guerra e confluiti in una delle scene più poetiche dell'*Amarcord* di F. Fellini sono quanto di più appropriato per descrivere almeno un aspetto dell'evoluzione della realtà romagnola di quest'ultimo secolo. Montagne di mattoni hanno invaso i paesi e le cittadine della costa romagnola dove l'industria dei bagni aveva dimensioni già rispettabili verso la fine dell'Ottocento (grazie anche a Paolo Mantegazza, che suggeriva le abluzioni nelle acque di Rimini come terapia contro scrofola, rachitismo e sterilità).

Il termine «riminizzare» è persino entrato nel linguaggio corrente come sinonimo di edificazione selvaggia. Certo, anche qui occorre guardarsi dagli stereotipi. Sull'immagine della Romagna, infatti, si accumulano facilmente gli stereotipi: regione a tinte forti e forti contrasti, terra di radicati odi anticlericali, di generosi banditi (il Passatore), di ribellismi (la settimana rossa), di personaggi destinati a segnare le vicende italiane (B. Mussolini, P. Nenni). Guglielmo Ferrero, psichiatra di scuola positivista, nel saggio *Violenti e frodolenti in Romagna*, definiva il tipo romagnolo esemplare a livello europeo per violenza e primitivismo. E aggiungeva: «Un buon romagnolo ha pochi di quei biso-

È mi non è féva i madéun
è mi ba è féva i madéun
mè a faz i medéun: os-cia i madeùn:
Méilla, dismélla al muntagni ad
　　　　　　　　　　　　　[madéun
e mè la chèsa gnént

Mi nonno faceva i mattoni
Mi padre faceva i mattoni
io faccio i mattoni: ostia i mattoni:
Mille, diecimila le montagne
　　　　　　　　　　　[di mattoni]
e io la casa non ce l'ho

gni fittizi e artificiali che la civiltà raffinata va continuamente creando per aumentare i piaceri e i tormenti dell'uomo; ma dà invece una libera, una potente espansione ai bisogni naturali. Una specie di animalità sana e forte è ancora il fondo delle abitudini dei romagnoli...». I prefetti dello stato liberale e di quello fascista avrebbero considerato vangelo le osservazioni di Ferrero e in particolare la tesi dell'atavico ribellismo.

A ogni modo, i destini del movimento operaio, da Bakunin a Occhetto, sono stati spesso decisi proprio in Romagna.

Non è forse a Rimini che nel 1871 M. A. Bakunin sfascia la prima Internazionale voluta da C. Marx? E non è forse ancora in Romagna che, nel 1876, Andrea Costa lancerà quella *Lettera agli amici di Romagna* suggerendo l'abbandono degli antichi ideali anarchici? Non è poi nelle campagne ravennati che Nullo Baldini getta le fondamenta del movimento cooperativistico? A Rimini poi, oltre un secolo più tardi, Bettino Craxi avrebbe tracciato i futuri (abortiti) destini dell'Italia socialista sotto la piramide di Panseca e Achille Occhetto avrebbe definitivamente abbandonato la tradizione comunista tenendo a battesimo il Partito democratico della sinistra. Ma le singolarità politiche della Romagna non appartengono solo

al movimento operaio di tradizione anarchica, socialista e comunista. La seminagione di repubblicani romagnoli come Aurelio Saffi («Il Giovanni Battista di Mazzini»), Alessandro Fortis, Antonio Fratti ha avuto in Romagna più fortuna che altrove. Ancor oggi nelle due province romagnole il Partito repubblicano, che nazionalmente nelle ultime tre consultazioni politiche ha attinto percentuali complessivamente non superiori al 4%, ha in alcune cittadine romagnole raggiunto percentuali ragguardevoli: alle elezioni politiche del 1992 tre roccaforti storiche del repubblicanesimo romagnolo come Ravenna, Cesena e Forlì hanno attribuito al partito di La Malfa rispettivamente il 19,02%, il 17,04% e il 15,75%.

Al di là delle varie colorazioni, il «filo rosso» che congiunge l'esperienza politica della Romagna in quasi un secolo e mezzo di vita unitaria si può identificare in una radicata idea laica repubblica: un'idea che nasce e si sostanzia nelle lotte risorgimentali contro il dominio pontificio, passa nella propaganda degli anarchici, dei socialisti e, dal secondo dopoguerra, dei comunisti. Una tradizione repubblicana e laica che si afferma nel referendum monarchia-repubblica del 2 giugno 1946 nel corso del quale i nostalgici sabaudi ottengono un misero 16% di suffragi e si riconferma in ▶

▶

occasione del referendum sulla abrogazione della legge Baslini-Fortuna sul divorzio che assegnerà a Ravenna la più elevata percentuale nazionale di no all'abrogazione.

Certo, in questi ultimi anni, mentre i poetici mattoni di Tonino Guerra sono cresciuti a dismisura, soprattutto sulla costa, quasi tutti i romagnoli posseggono una o più case (talvolta un albergo) e depositi bancari fra i più pingui in Italia. Restano le tinte forti e i contrasti violenti, quasi a dar ragione a Federico Fellini che, interrogato sul principale carattere dei romagnoli, poco tempo prima della sua morte, lo indicava nella tendenza all'iperbole e all'esagerazione.

La tradizione moralista e bacchettona del socialismo e del comunismo (cui erano invisi i divertimenti «borghesi») ha trasformato una cittadina come Rimini in uno dei più grandi parchi di divertimenti del mondo, in testa alla classifica nazionale della spesa pro capite per il divertimento (150 000 lire al mese). Ravenna, la città di Nullo Baldini, della cooperazione rossa e degli scariolanti delle canzoni popolari è divenuta la città di Arturo Ferruzzi e, poi, di Raul Gardini, ossia di uno dei maggiori imperi finanziari e commerciali del mondo (almeno fino all'estate 1993).

E, tuttavia, la Romagna è rimasta rossa e, nelle elezioni del 1992, il PDS di Occhetto e i nostalgici di Rifondazione, insieme, hanno sfiorato il 41 per cento dei voti.

La «romagnolità», ha sintetizzato Lucio Gambi, cercando di andare al di là degli stereotipi, «è in primo luogo uno stato d'animo, un'isola del sentimento, un modo di vedere e di comportarsi, generati da una lunghissima esperienza storica comune. È un atteggiamento radicato da parecchi secoli e divenuto abitudine [...] ad andare incontro ai problemi della società con una singolare miscela di mentalità pragmatica e di istanza ideologica. Una miscela per lo più condita anche da un discretamente copioso ottimismo. E il cui sbocco si coglie molto di frequente in un'aspirazione o in un disegno che ha destinazioni politiche».

Stefano Pivato

───── **BIBLIOGRAFIA** ─────

L. Gambi, *Romagna: regionalismo ambientale, regionalismo culturale, regionalismo politico*, in «Padania», 1991, n. 9, pp. 5-15.

E. Rosetti, *La Romagna*, Hoepli, Milano 1894.

Toscana: nella «Terra delle città» l'innovazione non cancella il passato

Tommaso Detti

Nella eccezionale permanenza di alcune fondamentali strutture territoriali – campagne civilizzate, città dove si concentra una parte cospicua dei beni culturali del pianeta – è racchiusa l'identità toscana. Per un ventennio anche la crescita industriale si è svolta dentro quelle strutture. Il segreto è nell'intreccio incessante tra modernizzazione e tradizione.

Se c'è in Italia una regione dall'identità compiutamente definita, questa è la Toscana. Appartata e come protetta dal mare Tirreno e dalla catena appenninica, che la racchiudono per tre quadranti da sud a est, essa ha mantenuto stabili per secoli i confini che la separano dal resto della penisola. La forza e la continuità straordinarie di una fisionomia regionale già profilatasi abbastanza chiaramente intorno al Mille trovano la loro espressione più eloquente nella quasi perfetta coincidenza tra i confini idrogeologici, l'area linguistica dialettale e i contorni esterni delle circoscrizioni religiose, politiche e amministrative succedutesi dal Medioevo a oggi. In nessun'altra parte d'Italia si riscontra un fenomeno del genere. Colpisce, anzi, che le carte del dialetto toscano e delle diocesi della Tuscia alla fine del XIII secolo ricordino il profilo attuale della regione più di quelle del Granducato di Toscana fra Cinquecento e Settecento. Ai Medici e ai Lorena mancavano infatti – oltre ai territori di Piombino e Ortebello – la Lucchesia e vaste porzioni dell'odierna provincia di Massa-Carrara, che sarebbero state acquisite tra l'e-

tà napoleonica e l'unificazione nazionale.

Nel segno della continuità

La fisionomia della Toscana rispecchia insomma una storia antichissima, i cui caratteri originali hanno potuto conservarsi non solo grazie ai suoi tratti geografici, ma anche e soprattutto per la funzione di tutela esercitata dalla presenza plurisecolare di uno Stato regionale, quale appunto fu (nella sostanza oltre che nel nome) il Granducato di Toscana. Tale identità sarebbe tuttavia definibile soltanto per differenza se non si tenesse conto del fatto che le sue radici affondano ancora più lontano nel tempo: tralasciandone le estreme propaggini, è indubbio che il luogo costitutivo dei caratteri più solidi e duraturi della fisionomia della Toscana sia l'età dei Comuni. Ma Comune, è noto, vuol dire città. Per quanto abusata, come non ricordare allora la celebre affermazione cattaneana della città come «principio ideale delle istorie italiane»?

Se non che nella Toscana del primo

Trecento il fenomeno urbano era tanto corposo, che in questo caso non è esagerato considerare quella di Carlo Cattaneo come una imperfetta approssimazione alla realtà. In poche decine di migliaia di chilometri quadrati vi si trovavano una metropoli come Firenze, le grandi città di Siena, Pisa e Lucca e altri vivaci centri di media grandezza quali Arezzo, Pistoia, Prato, Volterra e Cortona. Con più di 5000 abitanti per ciascuna, inoltre, a quel tempo non usurpavano certo il nome di città San Gimignano, Massa Marittima, Montepulciano, Montalcino, Colle, San Miniato e Grosseto. Ospitando entro le loro mura un terzo dei toscani, questi centri facevano della regione l'area più urbanizzata d'Europa. Che, come è stato scritto, la Toscana del basso Medioevo fosse «una terra di città» non autorizzerebbe tuttavia a individuare nell'urbanesimo il dato fondamentale della sua identità nel lungo periodo. Poli nevralgici di un grande sistema commerciale e finanziario internazionale, le città toscane ricevettero infatti un duro colpo dalla catastrofe demografica del XIV secolo. Vero è che mantennero ancora a lungo il loro dinamismo, ma nel Cinquecento erano ormai irrimediabilmente decadute sia rispetto a quelle di altre aree del continente, sia nel loro rapporto con le campagne, come indica un tasso di urbanizzazione sceso dal 30 al 20%.

La funzione «genetica» della mezzadria

Fatto sta che all'epoca della fioritura comunale le città-stato avevano già plasmato le strutture territoriali della regione, conferendo loro quei connotati che sarebbero rimasti intatti quasi fino a oggi. A questa funzione «genetica» esse non assolsero con la semplice conquista dei rispettivi contadi, ma acquisendo direttamente il possesso della terra e investendovi le loro risorse. Strumento essenziale per modellare le campagne toscane fu la mezzadria, che favorì l'articolazione delle terre in poderi e la costruzione di un denso reticolo di case coloniche, ville e strade: quell'insediamento sparso e quell'irripetibile paesaggio agrario, cioè, che sono altrettanti tratti distintivi della Toscana. L'inversione del rapporto città-campagna che accompagnò la decadenza dell'età moderna non alterò, ma al contrario accentuò questi caratteri di fondo: divenute centri politico-amministrativi e annonari, queste città un tempo manifatturiere e mercantili si consolidarono infatti come poli territoriali a scala regionale, continuando a trasfondere nelle campagne una tradizione e una civiltà cittadine.

Differenziazioni interne

Alla vigilia dell'età contemporanea, una regione agricola come la Toscana era dunque ancora e sempre una «terra di città». Sotto questo profilo la sua storia si riassume anzi in un lentissimo processo di riconquista dei livelli di urbanizzazione del basso Medioevo, durato ben cinque secoli. Ma ciò che più conta è che tale processo ha insistito costantemente sulle medesime strutture, sviluppandosi lungo direttrici precostituite. È un dato immediatamente percepibile riferendosi alle differenziazioni interne alla Toscana, che è indispensabile esaminare anche perché appaiono tanto marcate, quanto sono nitidi i suoi confini esterni. Nell'Ottocento una profonda frattura divideva il bacino dell'Arno e dei suoi affluenti dal resto della regione. Qui si trovavano quasi tutte le città, qui era fittissima la rete dei borghi che le univa alla campagna intensamente edificata e coltivata a vite e ulivo. Estesa per un terzo della superficie del Granducato, questa Toscana che è stata chiamata «del fiume» ospitava due terzi degli abitanti (l'88% dei quali in agglomerati urbani) e il 72% del lavorativo arborato, detenendo quasi tre quarti della rendita agraria con una redditività per ettaro superiore di oltre cinque volte a quella del resto della regione. Prescindendo dalle montagne, nell'«altra Toscana» costituita dalle zone centro-meridionali pochi nuclei abitati si stagliavano invece solitari in un vasto territorio poco popolato, coltivato estensivamente e solo in parte strutturato in grandi poderi.

La campagna urbanizzata

Ebbene, se confrontiamo l'ottocentesca «Toscana del fiume» con la «terra delle città» del basso Medioevo, la sola differenza rilevante consiste nell'espulsione da tale area dei centri un tempo grandi, ma decaduti, di Siena e Volterra. La forza di un'identità di così lungo periodo, tuttavia, si misura soprattutto sulla sua capacità di reggere all'impatto delle grandi trasformazioni del Novecento. Decisivo appare allora il paragone tra queste mappe del passato e la carta della «campagna urbanizzata», fulcro dell'industrializzazione diffusa tipica della Toscana contemporanea: nel 1971 essa ricalcava lo schema di sempre con una fedeltà impressionante, non smentita dall'appendice filiforme sopraggiunta a ricongiungere Empoli e Siena attraverso la Valdelsa, per prolungarsi a sud lungo la via Cassia. Tuttora pressoché immutata, questa formazione territoriale è la base su cui insistono non solo gli attuali sistemi metropolitani di

Firenze-Prato-Pistoia e Pisa-Livorno-Pontedera, ma anche quelli urbani di Lucca e della Versilia, della Valdelsa e del Valdarno superiore.

Il modello toscano

Solo parzialmente estranea a tale zona, a completare l'odierna «geografia dello sviluppo» della regione non resta che una «quarta Toscana», sovrapposta alle aree urbane e rurali e alle campagne urbanizzate introducendo un significativo elemento di novità nel territorio regionale. Si tratta della fascia costiera, assurta nel dopoguerra a un ruolo non secondario con l'espandersi del turismo balneare. Caratterizzata com'è da un'insolita integrazione fra attrezzature turistiche e impianti industriali, neppure questa moderna «Toscana del mare» è però disancorata da antichi punti di riferimento: benché fortemente ridimensionate, molte delle industrie che la costellano sono quanto resta di impianti le cui origini si perdono nel tempo perché legate allo sfruttamento di ricchezze naturali come il marmo, il ferro e altri minerali.

Perché la Toscana divenne rossa

Sebbene tra Firenze, Prato e Pistoia fosse localizzato nel 1981 il terzo polo industriale d'Italia dopo quelli di Milano e di Torino, il «modello toscano» di sviluppo si è comunque imperniato sull'industrializzazione leggera della campagna urbanizzata, e non per caso. Le piccole imprese proliferate in settori tipici molto orientati verso l'*export*, dal tessile alla lavorazione di cuoio e pelli, vi hanno infatti trovato un terreno fertile sia per la predisposizione agli scambi favorita da un *continuum* di insediamento sparso, frazioni, borghi e città, sia per la persistenza di «pluriattività» e manifatture come la lavorazione della paglia a Signa, il tessile pratese o le concerie di Santa Croce, sia anche per una tradizione di rapporti culturali, turistici e commerciali con l'estero, consolidatasi attorno a centri urbani carichi di storia. Interagendo con tale tessuto, un prerequisito decisivo dell'industrializzazione diffusa di quest'area è risultata proprio quella mezzadria, che pure per secoli aveva immobilizzato l'economia e la società della regione, consentendo di «mettere tra parentesi il mondo».

Che cosa c'è dopo la «modernizzazione precoce»?

Come «pietra di paragone di ogni discorso sullo sviluppo postbellico» la mezzadria si è posta innanzi tutto con la sua crisi. Quando 400 000 coloni abbandonarono repentinamente i campi, per la prima volta nel 1955 l'occupazione industriale superò in Toscana quella agricola e si deve forse alla solidità della loro integrazione comunitaria se questo esercito non andò a ingrossare i flussi migratori verso il nord, impiegandosi in loco nell'industria e nel terziario. Ma le radici endogene della mobilitazione di mercato avviatasi negli anni cinquanta, ancora una volta, risalgono più indietro nel tempo. Relativamente indipendente, fondata sul superlavoro, non estranea al mercato e strutturata come una piccola unità aziendale, la vecchia famiglia mezzadrile ha predisposto la cultura sociale di queste zone al lavoro autonomo e all'imprenditorialità, costituendo il substrato insostituibile delle piccole industrie della campagna urbanizzata di questo dopoguerra.

Né è contraddittorio che una così diffusa adesione al mercato si sia verificata in un'area già contraddistinta da quella solida subcultura politica territoriale che ha fatto e tuttora fa della Toscana una «regione rossa». Anche questo fenomeno rinvia infatti alla mezzadria, se è vero che sia la vittoria socialista nel 1919 (43,9%), sia i successi elettorali del PCI a partire dal 1946 (33,7%) si collegano a grandi ondate di lotte contadine. Quella stessa mezzadria che aveva reso la Toscana un abusato simbolo della pace sociale, ne fece una «regione rossa» quando le famiglie coloniche si ribellarono al suo paternalismo; la tradizione socialista e comunista ha continuato poi a rappresentare questa società anche negli anni più recenti. «Industriale», peraltro, la Toscana lo è stata per appena un ventennio, dato che nella seconda metà degli anni settanta il settore terziario ha sostituito quello secondario come prima fonte di occupazione. Benché coerente con un'identità di lungo periodo fondata sulle sue campagne civilizzate e su città ove si concentra una quota molto rilevante dei beni culturali del pianeta, il modello di sviluppo che ha presieduto alla crescita industriale del dopoguerra è dunque durato lo spazio di un mattino?

Modernizzazione e tradizione

Che un'analoga coerenza stia caratterizzando le dinamiche attivate da questa «modernizzazione precoce» e tuttora in atto, in verità, non mancano elementi per ritenerlo. Tuttavia la crisi che oggi attanaglia le società sviluppate sembra di tali proporzioni, da apparire epocale. Riuscirà la Toscana a salvaguardare anche in futuro la sua identità, riconducendo come sempre il nuovo entro le stabili coordinate nelle quali si condensa la sua lunga storia? Nessuno può dirlo. Sappiamo però che neppure l'innovazione più radicale e veloce cancella il passato: in questo scorcio del XX secolo si direbbe anzi che quanto più il cambiamento è rapido e profondo, tanto più esso lo incorpori, magari trasfigurandolo, in un intreccio incessante di modernizzazione e tradizione. Ed è certo che in tali processi la Toscana può gettare sul piatto della bilancia un passato particolarmente pesante.

---- **BIBLIOGRAFIA** ----

G. Mori (a c. di), *La Toscana*, Torino 1986 (in particolare i saggi di G. Mori, D. Preti, A. Bagnasco, G. Becattini e G. Bianchi).

La Toscana dal Granducato alla Regione. Atlante delle variazioni amministrative territoriali dal 1890 al 1990, Venezia 1992.

C. Pazzagli, *La terra delle città. Le campagne toscane dell'Ottocento*, Ponte alle Grazie, Firenze 1992.

«Le quattro Toscane» dello sviluppo postbellico
La campagna urbanizzata, le aree turistico industriali, le aree urbane, la campagna (1972)

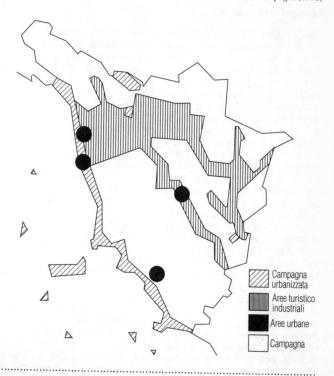

Campagna urbanizzata

Aree turistico industriali

Aree urbane

Campagna

Umbria: uno sviluppo tardivo, ed è subito crisi

Renato Covino

Nata con l'unità d'Italia, la regione ha superato faticosamente arretratezze e campanilismi, fino ad agganciarsi al treno del «miracolo economico» che ha interessato le regioni del centro e del Nord-est del paese. Ma le difficoltà degli anni ottanta e l'attrazione esercitata dalle regioni limitrofe ne rimettono in questione l'identità.

Le origini delle province umbre

Unica regione dell'Italia peninsulare senza sbocco al mare, con un territorio di limitata estensione (8434 km²), in maggioranza montuoso e collinare e solo per un 15% pianeggiante, l'Umbria deriva il suo nome dall'antica popolazione italica che abitava un vasto territorio a cavallo del Tevere. Gli Etruschi costrinsero gli Umbri a ritirarsi a est del Tevere e nella ripartizione augustea l'attuale Umbria risulta divisa tra la VI *regio*, in cui sono compresi gran parte del Casentino e dell'*ager gallicus*, e la VII *regio* denominata Etruria. Tale divisione sarà destinata a rimanere nel corso dei secoli. Se la fascia a ovest del fiume farà successivamente parte del corridoio bizantino e della Tuscia, quella orientale costituirà il longobardo ducato di Spoleto. Il Tevere rappresenterà anche uno spartiacque linguistico, un momento di differenziazione tra i diversi dialetti. Se l'età comunale porta a una frammentazione territoriale, alla nascita di identità destinate a pesare nel corso dei secoli, pure la sostanziale divisione prima delineata sarà destinata a costituire uno dei tratti fondamentali dell'area umbra.

Quando Egidio Albornoz inizia la costruzione dello Stato pontificio, divide il dominio ecclesiastico in cinque province tra cui figura il Ducato di Spoleto; i territori umbri che non ne fanno parte si distribuiscono nelle altre province.

Nella tradizione geografica cinquecentesca, inaugurata da Flavio Biondo e proseguita da Leandro Alberti, l'Umbria è l'area collocata tra l'Appennino, il Tevere e il Nera o l'Aniene. Tale tradizione verrà ripresa dai cartografi secenteschi: la carta di Giovanni e Cornelio Blaeu del 1623-31 porta a margine la scritta «Umbria ovvero ducato di Spoleto». Fino all'unità permane la divisione tra la delegazione di Perugia e quella di Spoleto, mentre Orvieto rimane in quella di Viterbo e Gubbio con Pesaro-Urbino.

La politica estera tiene a battesimo la regione

Solo con l'unità la configurazione della regione inizierà ad avere l'assetto attuale. La provincia dell'Umbria raggrupperà gli attuali territori che oggi la compongono, a essi verrà aggiunta la Sabina (che sarà scorporata nel 1923). I motivi di tale configurazione sono politico-diplomatici e militari, dettati dalla necessità di un controllo forte su un'area di confine con i resti dello Stato pontificio. Quando, nel 1864, Pietro Maestri, direttore generale della statistica, disegnerà i compartimenti statistici su cui si modelleranno nella manualistica i confini geografici delle attuali regioni italiane, terrà presente tale configurazione.

Fatti politici e criteri funzionali, più che vocazioni e gravitazioni territoriali e fatti socio-economici, sono così all'origine dell'attuale Umbria. Le aree che vanno a comporre la regione si configurano come economie e società con scarsi contatti tra loro. Articolazione e differenziazione prevalgono su uniformità e attrazione reciproca. Ciò pone al nuovo stato unitario un problema di scelta dell'interlocutore locale, che viene individuato nelle classi dirigenti perugine, in sintonia con le scelte della destra e argine potenziale sia alle spinte sanfediste sia alle ansie democratiche che si agitano nell'Umbria meridionale.

Virtù della mezzadria (più povera di quella toscana)

Funzionale a tale progetto è la difesa degli equilibri sociali stabili, del tradizionale rapporto città-campagna, di un'unità dei ceti urbani in contrapposizione a un mondo rurale caratterizzato dalla disgregazione, naturale portato del rapporto mezzadrile e dell'appoderamento. La mezzadria che aveva iniziato a diffondersi nel XIII secolo, si era estesa a macchia d'olio tra la fine del Settecento e il primo cinquantennio dell'Ottocento, fino a divenire forma di conduzione dominante. Essa aveva il vantaggio di garantire, su terre generalmente povere, le rendite dei proprietari e la sussistenza dei contadini, ma anche la difesa del territorio dalla permanente minaccia delle acque e dell'estensione del bosco. Naturalmente la povertà dei terreni e la pochezza delle rendite non consentivano un'accumulazione tale da indurre processi di modernizzazione nelle campagne. Malgrado ciò, per le classi dominanti la mezzadria divenne il simbolo di un equilibrio sociale ed economico, «patto pacificatore per eccellenza» basato sulla solidarietà operosa tra contadini e proprietari.

I limiti della rendita agraria

Se tra il 1870 e il 1910 mezzadria e coltura promiscua si estendono (i seminativi arborati passano dal 18,67% al 29,46% della superficie agraria e forestale), tutti gli altri indicatori della modernizzazione nelle campagne presentano valori tipici di un'agricoltura povera e arretrata. Ancora nel 1910 le colture legnose specializzate raggiungono l'1,4% della superficie agraria, quota che salirà nel 1930 all'1,7%. Allo stesso modo, se nel 1890 il carico di bestiame raggiunge i 92,1 kg per ettaro, nel 1910 si passa ai 125,7, mentre nel 1930 si raggiungono i 179,2, segno questo della lentezza con cui avanza la rivoluzione foraggera nelle campagne umbre. D'altra parte le rese unitarie per ettaro risultano essere molto più basse delle medie nazionali. Infine l'arretratezza economica viene confermata dalla percentuale degli addetti all'industria sulla popolazione residente che dall'1,3% del 1870 passano nel 1910, malgrado lo sviluppo della grande impresa a Terni, al 4,8%, quota che sale negli anni trenta in pieno periodo autarchico al 6,9%.

Se, per un verso, la diffusione della mezzadria favorisce la crescita della popolazione, rappresentando lo strumento attraverso cui viene garantita la sopravvivenza dei contadini, pure essa, nella sua incapacità di indurre processi significativi di crescita produttiva, attiva i flussi migratori di fine secolo verso l'estero. Dal 1901 al 1911 emigrarono dall'Umbria oltre 113 000 abitanti su una popolazione complessiva che non supera i 750 000 residenti.

L'industria autarchica

La conflittualità contadina matura nel primo dopoguerra e a essa le classi dirigenti rispondono con l'adesione massiccia al fascismo, visto come strumento capace di garantire la tenuta generale degli equilibri tradizionali. Così durante il ventennio in Umbria aumenteranno gli addetti all'agricoltura, le superfici destinate ai cereali e, al tempo stesso, cresceranno negli anni trenta le industrie legate al ciclo autarchico e bellico.

Alla fine del secondo conflitto mondiale tutti gli elementi che avevano caratterizzato l'Umbria a partire dall'Ottocento risultano essere ancora operanti.

Il quadro è caratterizzato da una mezzadria povera; dall'abitato sparso che ancora nel 1951 riguarda il 42,9% degli abitanti della provincia di Perugia e il 36,2% di quella di Terni. Le città sono piccole e, nella maggioranza dei casi, tradizionali, divise tra loro da rivalità municipali, mentre i processi di modernizzazione risultano limitati e frenati dal tentativo di mantenere sostanzialmente intatti i rapporti sociali esistenti.

Lotte contadine e migrazioni

Rapidamente però gli equilibri costruitisi nel corso dei decenni tendono a destrutturarsi. L'apertura dei mercati internazionali porta alla crisi delle attività produttive legate alla politica autarchica e alla guerra.

Inizia la liquidazione del comparto minerario seguita dal rapido ridimensionamento dell'industria aeronautica e della siderurgia.

Ma il fenomeno più importante è la ripresa della pressione contrattuale dei contadini a cui corrisponde la disperata resistenza dei proprietari terrieri, questo in un momento in cui nel resto del paese inizia un ciclo economico caratterizzato da un impetuoso e diffuso sviluppo industriale. La tradizionale povertà della mezzadria umbra i cui redditi sono notevolmente inferiori a quelli dei mezzadri toscani o marchigiani, unita alle difficoltà di mutare la natura del patto e alla scarsa possibilità di alternative di lavoro, provoca la nuova grande ondata migratoria degli anni cinquanta-sessanta. Tra il 1951 e il 1971 si ha un saldo migratorio negativo di oltre 100 000 persone su poco più di 800 000 abitanti, a malapena compensato da quello naturale. L'Umbria perde popolazione in assoluto e, contemporaneamente, aumenta l'indice di invecchiamento della popolazione, che raggiunge valori più alti della media nazionale.

Verso l'industrializzazione diffusa

Il declino della mezzadria e dell'abitato sparso provoca anche un mutamento del ruolo delle città maggiori. Terni, Perugia, Foligno conoscono proprio negli anni della grande migrazione una crescita demografica sostenuta. Inizia a diffondersi intorno ai centri maggiori o lungo la Valle umbra e la Valtiberina, a partire dagli anni sessanta, un tessuto di piccole e medie industrie soprattutto nei settori alimentare, tessile e dell'abbigliamento, meccanico. Ciò ha fatto parlare dell'Umbria come di un'area del sistema industriale italiano centro-nordorientale arrivata in ritardo, in cui l'industria diffusa appare più fragile e la maglia dei distretti industriali si mostra più rada e fortemente protesa verso territori limitrofi esterni alla regione.

Le condizioni di questo sviluppo, per certi aspetti eccezionale e insperato, sono per un verso da ricercare proprio nei residui del tessuto mezzadrile: dalla tenuta della famiglia plurinucleare e dal cumulo dei redditi prodotti, al liberarsi di un'abbondante mano d'opera a buon mercato disponibile a forme di lavoro marginale e stagionale, a una forte propensione al risparmio. Ma vi è anche la diffusione – soprattutto a opera dello Stato e in generale del settore pubblico – di un terziario impiegatizio e dei servizi che se da una parte appare sovradimensionato, dall'altro diviene erogatore di servizi di qualità, almeno se paragonati alla media italiana, fatto questo che ha consentito di compensare con forme di salario indiretto livelli salariali e di reddito altrimenti estremamente bassi.

Crisi e patologie nelle «città del silenzio»

Con gli anni ottanta questo nuovo equilibrio è entrato in crisi. Dapprima le difficoltà dell'industria pubblica localizzata nel ternano, poi la crisi delle piccole e medie imprese, infine la riduzione delle risorse pubbliche e il ridimensionamento della rete dei servizi, hanno prodotto una crisi economico-sociale simile a quella degli anni cinquanta. Attraverso essa passa anche l'appannamento di un'identità regionale faticosamente affermatasi e continuamente insidiata dalla forza attrattiva di aree confinanti più dinamiche. Le proposte di smembramento della regione tra Lazio e Toscana, le spinte endogene di zone che puntano a scindersi dal corpo della regione, il municipalismo risorgente si cumulano così alla crisi economica e sociale, mentre ancora contenute forme di patologia sociale si diffondono anche in quelle che una volta erano le tranquille città del silenzio.

L'Umbria vive così una fase difficile, in cui la sua stessa sopravvivenza come unità politica, amministrativa, culturale ed economica appare a rischio, a meno che non emerga una nuova idea di modernità intorno alla quale ridefinire la fisionomia della regione e i rapporti tra i diversi territori che la compongono.

─────── **BIBLIOGRAFIA** ───────

H. Desplanques, *Campagne umbre. Contributo allo studio dei paesaggi rurali dell'Italia centrale*, Perugia 1975.

Orientamenti d'una regione attraverso i secoli: scambi, rapporti, influssi storici nella struttura dell'Umbria, Atti del x Convegno di Studi Umbri, Perugia 1978.

R. Volpi, *Le regioni introvabili. Centralizzazione e regionalizzazione dello Stato pontificio*, Il Mulino, Bologna 1983.

R. Covino e G. Gallo (a c. di), *L'Umbria*, in *Storia d'Italia. Le regioni dall'Unità a oggi*, Einaudi, Torino 1989.

Marche: lavoro, parsimonia e «distretti industriali»

Sergio Anselmi

Federazione inquieta di cento antiche cittadine, passate da un'economia esclusivamente agricola alla creazione di distretti industriali; regione priva di un polo trainante ma capace di omogeneizzare i diversi centri salvaguardandone le peculiarità.

Regione dell'Italia centrorientale a prevalente economia piccolo-industriale e ad alta produzione agricola. Marche residua nel nome l'insieme delle *marken* medievali del Sacro romano impero franco-germanico, poste a guardia del suo confine meridionale ove Ancona è porto naturale delle relazioni con Venezia, il Levante e il Sud.

Una federazione inquieta

Entrate a far parte dello Stato pontificio secondo la duplice politica ecclesiastica di conquista cruenta e di aggregazione pattizia nei secoli XIV-XVI, «le Marche» si espressero culturalmente ed economicamente come un'inquieta federazione di cento antiche cittadine, orgogliose delle testimonianze e delle tradizioni più remote: da quelle gallo-piceno-greche, a quelle etrusco-romane, bizantine, longobarde. Nel fatto, centri di modesta consistenza abitativa, ma di ferma consapevolezza di sé, su un territorio precocemente sfeudalizzato e privo (come, invece, non è accaduto in altre regioni con Firenze, Milano, Venezia, Genova, Bologna, Napoli, Palermo, Roma) di un polo veramente trainante, capace di imporre il proprio dominio e condizionare lo sviluppo dell'intera area.

Tuttavia Macerata e Fermo da un lato, Urbino e Pesaro dall'altro, Ancona da un terzo finirono con il dar luogo a zone abbastanza omogenee al loro interno, anche sotto il profilo linguistico, costituendo nel tempo tre entità culturali: il Ducato Roveresco, orientato verso Venezia e Firenze; il Governatorato della Marca, direttamente connesso a Roma; l'enclave orientaleggiante di Ancona, grande emporio del medio Adriatico, in perenne oscillazione tra osservanza pontificia e indipendenza marittimo-mercantile, soprattutto interessata alle relazioni con Dalmazia, Ragusa, Smirne e con l'Europa balcanica, conquistata dalla Sublime Porta Ottomana. Nel pieno del XVII secolo l'egemonia pontificia scompagina gli assetti di diritto e di fatto esistenti e la Roma papale consolida il proprio potere su un territorio che va dal Lazio, all'Umbria alle Marche, alla Romagna e all'Emilia.

Le Marche, nel loro pur composito insieme, costituiscono la «provincia» più ricca di questo territorio (manifatture e granaglie ma anche commercio interno ed estero), che però non resiste alla generale recessione dell'Adriatico quando la grande storia si fa più centro-europea e atlantica.

Così la regione, tra aristocratici di poco conto, prelati, padroni e contadini, giunge stremata al Regno d'Italia napoleonico (1808) e più ancora – nonostante qualche tentativo di riforma operato dalla curia romana negli anni della Restaurazione – all'Unità nazionale (1861), che aggrava ancor più il quadro, dovendo da allora le Marche competere con le più agguerrite economie del nord-ovest nell'ambito del nuovo mercato costituitosi tra le Alpi e il profondo Sud.

Produttrici sonnolente

Le cento cittadine marchigiane, «minuscole metropoli» di contadi coloniali, ricchi di oltre cinquecento castelli e ville, assumono allora il ruolo quasi esclusivo e sonnolento di produttrici di granaglie, attraverso centomila poderi di modesta superficie ma di forte resa, di gran lunga eccedente il consumo interno, tornando così a una vocazione antica ma, questa volta, priva del vivace contorno manifatturiero e commerciale dei secoli XIV-XVI.

Il sistema agricolo marchigiano, affermatosi nella forma del contratto mezzadrile dalla seconda metà del Trecento e da allora diffusosi su tutto il territorio regionale, produce più esiti: l'edificazione sulla superficie agricola utilizzata di oltre 100 000 case rurali (una ogni podere); il presidio capillare del territorio da parte dei coloni; l'abbellimento delle città, ove i proprietari terrieri con il surplus delle loro rendite costruiscono palazzi, chiese, teatri e commissionano opere d'arte; un accettabile livello di vita da parte dei meno abbienti. Questi ultimi però, aumentando di numero in un'area capillarmente coltivata, dovranno emigrare in ragione di circa 300 000 tra 1890 e 1914, quando la popolazione oscillava su 1 100 000 abitanti, per tre quarti residenti nelle campagne, deviando dalla tradizionale emigrazione stagionale nelle maremme tosco-laziali e da quella a Roma, ove maceratesi e ascolani, soprattutto, tra i vari mestieri di poco conto, facevano gli esattori di imposte «a domicilio».

Così, con poche industrie (Ancona, Jesi, Pesaro, Chiaravalle, Fano, Portocivitanova, Senigallia, Ascoli Piceno, Fabriano) e poche ferrovie, la regione arriva alla seconda guerra mondiale, con una popolazione in lenta crescita e il 75% della ricchezza prodotto dall'agricoltura.

Energie nascoste

La guerra investe pesantemente la regione e nello sconvolgimento che ne segue libera energie nascoste. I mezzadri, che da tempo svolgevano nelle loro case piccole attività manifatturiere, integrando così il proprio reddito agricolo, lasciano le campagne e potenziano con la loro offerta di lavoro a basso costo e ad alta produttività i modesti poli industriali già esistenti, mentre nelle campagne si afferma l'agricoltura meccanizzata.

Nasce così su uno sfondo agricolo un'informale serie di «distretti» caratterizzati dalla presenza di calzaturifici, pelletterie, tessiture, mobilifici, laboratori di strumenti musicali, officine meccaniche, fabbriche di elettrodomestici.

Un territorio fragile

Il territorio, privo di pianure, è franoso, anche perché non più sostenuto da intense alberate, vigne al traverso dei colli, querce camporili, foraggere fittonanti, sapienti rotazioni colturali, siepi vive, nonché privato del sistema di drenaggio delle acque eccedenti la necessità dei coltivi. Di qui, data anche l'intensità produttiva in ogni settore, la debolezza del territorio. L'indiscriminato uso dei concimi e dei fitofarmaci, pari a 168 kg annui per residente, turba l'equilibrio vegetazionale e idrico: si produce molto con poca gente e si distrugge il tradizionale paesaggio agrario, costruito attraverso un millenio di sapiente coltivazione per piccole ma autosufficienti unità poderali, tutte implicanti la continua presenza della famiglia colonica sul fondo.

Con il 3,6% della superficie agraria utilizzabile sul totale della penisola, la regione produce oggi il 10% del grano, il 9% delle barbabietole, il 6% di altri cereali, il 3,2% dell'uva oltre a olive, ortaggi, oleaginose ecc.

Delicato passaggio dal semplice al complesso

La popolazione, 1 400 000 abitanti, vive distribuita sul territorio (2,3% della superficie italiana) di 246 comuni, articolati in quattro province. Il maggior centro urbano è Ancona, che tocca appena i 100 000 abitanti. La media degli abitanti per comune è quindi di 5700 membri circa, ma si contano alcuni municipi con meno di 200 persone e taluni con meno di 100. La laboriosità è elevata quanto la propensione al risparmio e i redditi, pro capite e pro famiglia, si collocano nella fascia medio-alta del paese. Buoni i servizi pubblici di base. Non esiste sostanziale disoccupazione mentre molto ambito è «il posto» nel settore pubblico. Non è detto, però, che il sistema delle piccole imprese (industriali

e turistiche) possa sopravvivere a lungo senza trasformarsi, mentre le eccedenze agricole costituiscono un problema. Neppure la criminalità (se si esclude quella connessa al rampantismo degli impazienti: protesti cambiari, fallimenti, bancarotte ecc.) è diffusa nella regione in modo pesante: rapine e furti di maggior consistenza non hanno un'area di facile praticabilità, e questo per l'alto controllo sociale che una popolazione di origine contadina esercita sul territorio. Nel 1990 si sono avuti nell'intera regione 8 omicidi, una cifra in sé alta, ma tra le più basse della penisola. Tuttavia, alcune avvisaglie di rapine a mano armata e di traffici un tempo impensabili, pur sostanzialmente contenute, sono spia di un ambiente che cambia anche sul piano morale: è il passaggio dalla società semplice a quella complessa, già individuata nel concetto di «grande trasformazione».

Tra rispetto delle peculiarità e omogeneizzazione

Dotata di molte città «second best», la regione dà luogo a un sistema di comparti bene integrati ma ancora gelosi delle proprie peculiarità, necessariamente in via di omogeneizzazione. Tra le cose curiose di questa terra vanno annoverate cinque università (Ancona, Ascoli Piceno, Camerino, Macerata, Urbino), nelle quali operano tutte le facoltà oggi presenti in Italia. Esse sono, da un lato il portato della storia «signorile» (Camerino, Ducato dei Varano; Urbino, Ducato Roveresco; Macerata, Governatorato pontificio), dall'altro prodotto del nuovo assetto economico della regione (Ancona: Agraria, Biologia, Economia, Ingegneria, Medicina) o della proliferazione accademica di origine clientelare (Ascoli Piceno: Architettura). Né mancano accademie e licei musicali.

L'assenza storica di una città «first best» conferma ancora una volta il «plurale» del quale s'è detto all'inizio, che ha riscontro anche nel consistente numero delle diocesi ecclesiastiche, oggi ridotte a 13 dalle 26 di qualche anno fa. Anche esse, veri e propri «centri di polarità terziaria», hanno contribuito a dare alla regione quel tratto molteplice che oggi tende a scomparire.

Il controllo del territorio

Che poi le Marche (nonostante la brutta fascia costiera sconvolta dal turismo straccione degli anni settanta, responsabile della lunga edificazione urbanoide del litorale a sud di Ancona) restino ancora di gradevole aspetto, sia negli interni collinari, sia sulla montagna appenninica (dal Vettore al Catria al Nerone), sia nella forma delle città e dei castelli, può apparire misterioso, ma ciò è certamente dovuto alla misura delle cose, che essendo piccole, consentono un migliore controllo da parte di tutti: un controllo esercitato da gente riservata e parsimoniosa, che poco ama le stravaganze vistose e le spese facili, anche se a volte deve subirle per le intemperanze della coalizione di assessori acculturati (dicono) e architetti smaniosi, egualmente privi di solidi rapporti con le radici locali.

Terza Italia e dualismo economico

La domanda che oggi molti si pongono è: il modello NEC (nord-est-centro), caratterizzato da «industrializzazione senza fratture» (G. Fuà) – e alcuni dicono «senza fatture e con molto lavoro nero» – fino a quando potrà resistere nell'Italia del dualismo economico-culturale, dopo la fase delle tre Italie? È vero però che oggi tutti i macroindicatori sociali – sui quali peraltro più di un dubbio è lecito, nel senso che il sommerso marchigiano con i suoi indotti parrebbe ancora produrre assai più dell'ipotizzabile – collocano questa regione nel comparto «ricco», forse più ricco di quanto sembri, dell'Italia europea, nella quale è ancora percepibile l'ambiente urbano-rurale che nutrì personaggi quali Raffaello Sanzio, Giacomo Leopardi, Gioacchino Rossini e i loro epigoni: da Vincenzo Cardarelli a Orfeo Tamburi a Giovanni Omiccioli.

BIBLIOGRAFIA

S. Anselmi (a c. di), *Economia e società: le Marche tra XV e XX secolo*, Il Mulino, Bologna 1978.

S. Anselmi (a c. di), *Le Marche*, in *Storia d'Italia. Le regioni*, Einaudi, Torino 1987.

S. Anselmi e A. Antonietti, *Marche*, Scala Edizioni, Firenze 1989.

Lazio: i tempi lunghi dell'emancipazione dall'Urbe

Fabrizia Gurreri

Un territorio costretto da secoli a essere la periferia, il contado della «città eterna». Benché questo disequilibrio sia entrato in crisi da più di centoventi anni, forse soltanto oggi i tempi sono maturi per un'emancipazione da Roma e per la conquista di un'identità regionale.

Latium nunc Campagna di Roma, così si legge in margine alla mappa di Gerardo Marcatore redatta alla fine del XVI secolo.

Quella dicitura ci ricorda che il termine Lazio è uno dei più antichi della tradizione toponomastica e della terminologia geografica italiana. Ma evidenzia anche la reale configurazione nel corso dei secoli di quell'area che s'identifica con il territorio di Roma e, in ultima istanza, con il suo contado. Al tempo stesso la scritta aiuta a comprendere come la regione, nei confini odierni, sia più il frutto di scelte politico-amministrative che il risultato di una vicenda unitaria.

Il Lazio, infatti, comprende territori con caratteristiche morfologiche e antropologiche molto diverse fra loro; frammenti di storie e culture dotati in origine di legami prevalenti con altre entità regionali finitime, oppure in qualche modo dipendenti da esse. L'aggregazione è avvenuta non per affinità geografica, ma per effetto dell'attrazione di un centro urbano, che è insieme tradizionalmente suggestivo e quantitativamente sempre più soverchiante.

Le componenti del tutto

Un rapido giro d'orizzonte consente d'individuare quali componenti, strappate a vocazioni e appartenenze diverse che non cessano di lasciare le loro tracce, concorrano a mettere insieme il tutto. Nel quadrante settentrionale vi sono compresi quei territori che sotto il nome di *Tuscia suburbicaria* da tempo immemorabile facendo riferimento all'antica Etruria e che poi, sfuggiti all'occupazione longobarda, sarebbero entrati a far parte del Ducato Romano con il nome di *Patrimonium Sancti Petri*. A Oriente s'innalzano le montagne della Sabina, appartenute per secoli al comprensorio umbro e inserite nel Lazio, con tutti i comuni reatini e fino a Cittaducale, solo in epoca fascista. E ancora nei nostri anni venti, con altre correzioni di confine, si attribuì al Lazio un ulteriore estremo prolungamento in pieno Appennino abruzzese, mentre verso Mezzogiorno la variazione risultò anche più consistente, trasferendo dalla provincia campana di Caserta tutti i territori fin presso l'antica enclave pontificia di Pontecorvo, ossia fra Terracina e

Minturno sul mare, Cassino e Sora all'interno. Così, quel che resta è il nucleo «primigenio», costituito da una pianura con al centro i Colli Albani, estesa dal Tirreno alle terre collinari della Bassa Sabina, fino ai primi contrafforti tiburtini. Questo quadrilatero, in stretto collegamento con la Città eterna dalla sua fondazione, corrisponde al cosiddetto *Latium vetus*, l'area originariamente occupata dalla piccola tribù dei latini. Più tardi si sarebbero aggiunti i territori della pianura pontina, fino al Circeo e al golfo di Gaeta, e quelli lungo la valle del Sacco a formare il *Latium Novum*. «Cuore» della regione è dunque la pianura che circonda Roma, l'Agro Romano, per secoli luogo di proprietà latifondistiche e deserti pascoli, punteggiati da ruderi di millenarie costruzioni e distruzioni.

La capitale d'Italia, nel suo caotico sviluppo da città ad area metropolitana, si è impossessata della campagna circostante, stravolgendone il paesaggio più tipico, sotto la spinta incontrollata della speculazione edilizia. Ma le trasformazioni dell'Agro pontino in quest'ultimo mezzo secolo sono state anche più profonde. Con la cosiddetta «bonifica integrale» una vasta area paludosa, fino allora coperta da una fitta macchia mediterranea, si popolava di coloni romagnoli e veneti. Tra il 1932 e il 1938, nascevano *ex novo* sei comuni, tra cui Littoria (poi Latina), eretta nel 1934 alla dignità di capoluogo dell'omonima e inedita provincia. Quest'irruzione demografica di migliaia di contadini provenienti da lontane parti d'Italia, contribuì a rendere più evidente la fisionomia di una regione composta da frammenti di altre terre anche lontane, saldati amministrativamente intorno a Roma.

«Lazio di Roma»

Urbe ricca di tradizioni culturali, antica e simbolica; centro emblematico e cosmopolitico della cattolicità mondiale, dove la lingua italiana era vasta estesamente già da secoli; Roma ha esercitato storicamente una funzione soverchiante, più che una leadership, direttamente e ravvicinatamente propulsiva, rispetto al suo più o meno vasto ambito regionale. Capitale d'Italia, dopo il venti settembre, non per una reale egemonia socioeconomica ma per un'ideale missione universalistica che, nel gran coro intonato da pubblicisti e uomini politici, avrebbe dovuto assolvere quale polo internazionale della scienza e del pensiero laico rinnovatore del mondo. Infine – il discorso più volte sviluppato da Alberto Caracciolo – Roma «capitale designata» fin dal 1851 come la più «neutrale» fra tutte in Italia. Una città neutrale, ma pervasiva e una regione «residuale», ma intricata a quella irrevocabilmente, almeno fino a oggi. A un'analisi storica, in estrema sintesi, il Lazio appare un territorio centripeto, incerto per identità, accerchiato quanto a localizzazione fisica e geografica. Un «Lazio di Roma», impensabile senza quest'ultima.

Una difficile identità regionale

All'atto dell'annessione al Regno d'Italia la distribuzione degli abitanti e degli insediamenti è uno tra gli elementi che concorrono alla difficile identità regionale del Lazio. Roma – che con oltre duecentomila abitanti era il maggiore centro italiano, dopo Napoli – appariva isolata nel panorama urbano della regione: un'enorme testa, al centro di uno spazio deserto, dal quale appena emergevano centri urbani periferici, di scarso rilievo demografico. La mancanza di un'articolazione urbana, gerarchicamente ordinata, si conferma osservando il sistema dei collegamenti terrestri che, senza soluzioni di continuità nel sussenguirsi dei secoli, è dato da una raggiera di strade consolari disegnate per favorire gli spostamenti a grande distanza e convergenti sopra un'unica grande città: l'*Urbe*, appunto. Le comunicazioni intermedie e i raccordi trasversali erano sempre stati relativamente poco importanti, rispetto alle direttrici fondamentali che fanno capo a Roma.

La fragilità dell'armatura urbana si accompagnava a un altro segno degli squilibri del paesaggio regionale: la separazione storica degli abitanti dai luoghi dell'attività agricola. In contrasto con le regioni dell'Italia settentrionale e dell'Europa nord-occidentale, dove erano dominanti gli insediamenti rurali con case sparse, nel Lazio, come in quasi tutta l'Italia meridionale, le popolazioni rurali vivevano concentrate in grossi villaggi collinari e montani, distanti dai campi coltivati. Un fattore ambientale, che da secoli impediva un pieno controllo degli agricoltori laziali sul proprio territorio, era la malaria.

Il «paludismo» delle pianure aveva storicamente contribuito a respingerli sulle alture, dove vivevano concentrati in borghi rurali e città «contadine» che davano luogo a ristretti mercati interni, fondati su circuiti di autoconsumo.

Ma la persistenza di questi insediamenti, nello scorrere dei tempi fino all'età contemporanea, va messa in relazione con la struttura fondiaria e produttiva dell'agricoltura laziale, segnata dal lungo predominio dalla cerealicoltura estensiva. Caratterizzati da un'alta densità di popolazione e da un eccessivo frazionamento fondiario, accanto alla presenza di grandi

proprietà private e comunali, gravate da estesissimi usi civici, i territori interni rappresentavano infatti l'altra faccia del latifondo, nel senso che le loro economie erano non solo complementari, ma subordinate alle esigenze di manodopera avventizia del piano. Le grandi aree cerealicole costiere sottraevano risorse, in primo luogo umane, al resto della regione, ostacolandone lo sviluppo. E poiché i proventi della commercializzazione del grano scivolavano sul territorio, incanalandosi verso Roma, ove risiedevano i detentori della rendita fondiaria e i principali intermediari di questo commercio – i cosiddetti «mercanti di campagna» – le risorse sottratte si riversavano e concentravano nella capitale pontificia poi italiana, costituendo una delle ragioni storiche della solitudine di Roma nel panorama urbano del Lazio.

La crisi dei disequilibri

Ma gli antichi disequilibri fra centro e periferie, città e campagna, colline e pianure, che si erano formati e rafforzati dal Medioevo all'età moderna, consegnando al secolo XIX l'anacronistico sistema insediativo del Lazio, sono entrati in crisi negli ultimi centoventi anni. In termini di accrescimento della popolazione la regione, negli attuali confini amministrativi, si è quintuplicata, passando da 1 173 065 abitanti censiti nel 1871 a 5 031 230 nel 1991. Ma contemporaneamente alla «rivoluzione demografica» si assiste all'esasperazione del ruolo monopolizzante della capitale, che oggi sfiora i tre milioni di residenti, e al capovolgimento del peso demografico fra zone interne e zone litoranee. Queste ultime infatti, complice anche il mercato del sole e del mare, hanno conosciuto una tumultuosa espansione mentre quelle montuose, o comunque accidentate, costituiscono una vasta area di spopolamento.

Già nel periodo tra le due guerre mondiali la lunga dorsale di rilievi, che caratterizza l'orografia del Lazio centrale e meridionale, sulla spinta del peggioramento delle già critiche condizioni di vita, cominciò a espellere uomini e cultura. In questi anni, sebbene frenati dalla politica ruralista, gli spostamenti delle popolazioni furono imponenti. Riflesso delle difficoltà che andavano inesorabilmente aggravando, nelle zone rurali, il rapporto popolazioni/risorse, in assenza di adeguati sviluppi soprattutto nell'industria; e anticipazione delle due tendenze fondamentali che si sarebbero accompagnate, dal secondo dopoguerra in avanti, alla dinamica demografica della regione: lo spopolamento da una parte e l'ulteriore congestione della capitale dall'altra. In questo contesto appare non meno significativa la crescita dei capoluoghi di provincia. Più che un'alternativa allo sviluppo di Roma, che già superava nel 1936 il milione di abitanti, i progressi dei capoluoghi di provincia sembrano rappresentarne il complemento: la seconda valvola di sfogo della crisi dell'agricoltura tradizionale, mentre la battaglia del grano e gli orientamenti autarchici del fascismo frenavano le trasformazioni colturali in corso nei primi decenni del Novecento. La coincidenza cronologica con la riforma delle circoscrizioni amministrative tra il 1927 e il 1934, seguita all'aggregazione di nuovi territori, sembra rafforzare la tesi che il volano di sviluppo dei capoluoghi laziali sia stato da allora condizionato dal gonfiamento del settore terziario, finalizzato alla produzione di ceto medio artificiale a fini di stabilizzazione sociale.

Il secondo dopoguerra: l'urbanizzazione

Gli anni del secondo dopoguerra, che corrispondono alla maturazione della società industriale e terziaria italiana, rappresentarono per il Lazio una fase tumultuosa di crescita, che approfondì gli squilibri regionali e la frattura tra le diverse ed economicamente divergenti componenti del territorio. Roma esasperava il ruolo di «città regionale», aumentando con ritmo esponenziale il carico di abitanti, con conseguenze gravissime causate dall'esplosivo, quanto incontrollato, fenomeno di urbanizzazione. Contemporaneamente si era venuta sviluppando l'area pontina, favorita dallo scivolamento della popolazione dai borghi montani e collinari verso le pianure litoranee, secondo un modello demografico-urbanistico comune a tutto il meridione della penisola. Le trasformazioni agricole, l'incremento delle produzioni intensive sugli spazi bonificati avevano contribuito, infatti, a selezionare una maglia di città agricole e industriali, che gravitavano su Latina, la quale alle funzioni di capoluogo aggiunse compiti di leadership economica e commerciale.

Gli anni settanta: inversione di tendenza

Ma al di fuori della provincia di Roma e Latina, tutto il Lazio interno mostrava agli inizi degli anni settanta un'immagine di abbandono. Tuttavia, il trend otto-novecentesco e le dinamiche e i processi demici svoltisi nel tumultuoso periodo del «miracolo economico» registrano una battuta di arresto e una controtendenza negli anni più recenti. In particolare, in quest'ultimo decennio, il fenomeno più rilevante riguarda Roma che si contrae, subendo per la prima volta nella storia della capitale d'Italia, una diminuzione della popolazione residente. I flussi migratori sono andati rapidamente mutando per provenienza e per entità negli ultimi anni, sia sotto il profilo di abbandoni, che sotto il profilo di arrivi. Per esempio Roma si conferma come un'area di forte richiamo su forze di lavoro straniere «non comunitarie», talvolta clandestine. Contemporaneamente, si verificano processi centrifughi di redistribuzione della popolazione verso i comuni dell'hinterland, seguendo un modello manifestatosi in Italia e altrove, specie riguardo ai fenomeni della mobilità e dello sviluppo dei grandi complessi metropolitani. Il quadro si arricchisce se si guarda non solo ai progressi dei centri della provincia romana, ma anche a quelli di altre aree nell'ambito regionale. L'intero sistema regionale, per la prima volta nella sua storia post-unitaria, sembra infatti assumere carattere policentrico, anche per effetto delle localizzazioni industriali, favorite dalla legge della Cassa per il Mezzogiorno. Uno sguardo ai principali insediamenti residenziali e produttivi esistenti al giorno d'oggi rivela oltre all'area metropolitana, che comprende la città di Roma, Pomezia, i Castelli e la zona Tiburtino-Nomentana, due principali aree meridionali. Quella pontina, che si addensa lungo l'asse costiero da Pomezia fino al confine sud-occidentale della regione; e l'altra, che dal polo industriale di Colleferro, si estende lungo la valle del Sacco e del Liri, con due grosse agglomerazioni nel Frusinate e nella zona di Cassino. Allo spostamento del baricentro del Lazio verso sud fa da debole contrappeso la crescita, a nord, della capitale, dei comuni della valle del Tevere, che si sviluppano lungo un'asse longitudinale da Civita Castellana a Viterbo. Infine, un'altra area urbana,

più periferica, si viene enucleando tra Rieti e i comuni di Cittaducale e Leonessa, segnati da un recente processo di crescita economica.

Segnali di crescita

L'economia rurale, che ancora negli anni sessanta di questo secolo era preponderante in tutte le province del Lazio, esclusa quella di Roma, ha perso oggi quasi tutto il suo antico peso. Quali che siano gli indicatori considerati – gli attivi, l'alfabetizzazione, la distribuzione del reddito per settori economici, la ricchezza per abitante – tutte le statistiche mostrano che, pur conservando disequilibri importanti, la regione ha conosciuto in poco più di un secolo di storia unitaria una modernizzazione, segnata dalla crescita strutturale e culturale. La deruralizzazione si è tradotta negli spazi in una continua e tangibile ridefinizione degli insediamenti, espressione dei mutati modelli culturali, cognitivi, economici, etici attraverso i quali la collettività costruisce le proprie relazioni con l'ambiente. Un ambiente, quello del Lazio, storicamente «periferico» e dipendente da Roma, anche e soprattutto in relazione ai comportamenti politici.

Oscillazioni politiche

Più che altrove, nella regione della capitale la relazione tra «centro» e «periferia» è densa e ravvicinata in rapporto a interessi pragmatici e ideologici. E l'elettorato del Lazio, negli anni della prima repubblica, si è orientato sostanzialmente verso il partito di maggioranza governativa, la Democrazia cristiana, che nelle elezioni del 18 aprile 1948 ottenne qui un successo quasi plebiscitario. Un fondamentale contributo a quell'affermazione venne allora dalle province meridionali e soprattutto dai comuni rurali del Frusinate, dove più forti si dimostrarono i legami del partito cattolico con il notabilato tradizionale e le corrispondenti schiere di sostenitori. Ma anche tra i nuovi ceti borghesi, gli impiegati, i funzionari e i burocrati delle città capoluogo, con la sola eccezione di Rieti, si affermava l'egemonia scudocrociata. Di contro la sinistra unita nel Fronte popolare subì una secca sconfitta, ottenendo percentuali molto elevate solo in alcune «isole», situate nei Colli Albani, nel Reatino e soprattutto nelle aree mezzadrili del Viterbese. Da allora e fino alle elezioni del 1994, sul piano elettorale poco è mutato. L'aumento dei voti del Partito comunista, che alla metà degli anni settanta «sorpassava» la DC, conquistando la capitale, il suo hinterland e le aree a forte concentrazione urbano-industriale del Lazio, è stato riassorbito negli anni ottanta. Così l'avanzata della destra neofascista a Latina e in alcuni centri della provincia è stata una perturbazione in un quadro statico. Le elezioni politiche del 1994 hanno infranto l'equilibrio. Lo spostamento a destra si era già manifestato a Roma nelle amministrative dell'autunno precedente, nonostante la vittoria del sindaco progressista al secondo turno. Nelle politiche la coalizione guidata da Forza Italia e da Alleanza nazionale ha sfaldato più che altrove l'elettorato ex DC. Nelle borgate di Roma, in Ciociaria, in ampie zone del Reatino e del Viterbese, le clientele hanno seguito la nuova collocazione politica di noti dirigenti locali accanto a Berlusconi e Fini. L'elettorato «comunista» ha dimostrato fedeltà ma ciò non ha impedito la sconfitta dei progressisti nella maggioranza dei collegi uninominali.

I tempi sono maturi

Qual è, dunque, il grado di autonomia conquistato dal Lazio rispetto alla capitale? Quale il grado di integrazione raggiunto nell'ambito più generale dei processi storici che caratterizzano il mondo contemporaneo? Mentre permangono dei dubbi sul futuro di alcune zone poco inserite nel mercato ed economicamente fragili, i mutamenti d'intensità e di direzione dei flussi migratori «tradizionali» anche nelle zone di origine dei migranti, la caduta di attrattiva della capitale, il consolidarsi dell'impreditorialità locale, dall'agricoltura intensiva, al turismo, al terziario «avanzato», sono segnali positivi, che potrebbero anche preludere a un moderno e autopropulsivo processo di sviluppo della regione. I tempi di un'emancipazione da Roma e dagli interventi speciali e straordinari dello Stato sembrano maturi. Coincideranno per il Lazio con la conquista di un'identità regionale? Difficile dirlo. Certo è che la risposta si colloca in una dimensione internazionale.

BIBLIOGRAFIA

R. Almagià, *Lazio*, Torino 1966.

A. P. Frutaz, *Carte del Lazio*, Istituto nazionale di studi romani, Roma 1972.

C. Brezzi, C. F. Casula, A. Parisella, *Continuità e mutamento. Classi, economia e cultura a Roma e nel Lazio (1930-1980)*, Teti, Milano 1981.

E. Guidoni (a c. di), *Lazio*, Firenze 1990.

A. Caracciolo (a c. di), *Il Lazio*, in *Storia d'Italia. Le regioni dall'Unità a oggi*, Einaudi, Torino 1991.

Lazio. Istituzioni e società nell'età contemporanea, Roma 1993.

Abruzzo: un modello vincente con due nei, clientelismo e provincialismo

Filippo Mazzonis

Nessun'altra regione si è allontanata così in fretta dal suo passato rurale e sottosviluppato. Dagli anni sessanta le «prosperose campagnole» non scendono più «le valli in fior» per «faticare» in pianura.

La modernizzazione avviene senza traumi, con l'indice di criminalità più basso d'Italia mentre redditi, consumi, scolarizzazione avvicinano l'Abruzzo all'Italia del Centro-nord.

La svolta degli anni sessanta

Da terra di confine a cerniera tra Nord e Sud, da regione *schiacciata* nel sistema meridionale a componente a pieno titolo del modello economico-sociologico della «Terza Italia», ovvero, ancora, (e sarebbe questa la più recente definizione) inserita (almeno in parte) in quel «Nord-est allargato», che, secondo Giuseppe De Rita, rappresenterebbe in prospettiva il nuovo «centro propulsore dell'economia nazionale»: il processo di svolta che ha così radicalmente cambiato l'immagine dell'Abruzzo (ma pure la sua realtà) risale a tempi molto recenti e si risolve in tempi assai stretti, al punto che nel giro di 20-25 anni può dirsi compiuto.

Il termine *a quo* da prendere in considerazione si situa all'inizio degli anni sessanta. A partire da allora, infatti, tutti gli indicatori mostrano che si è innescato un processo di radicale trasformazione in un sistema che per secoli si era mantenuto statico e chiuso in se stesso anche a causa della morfologia del territorio (questo è per 7/10 coperto da montagna, mentre

nella parte litoranea, malsicura per la minaccia dei predoni, non erano mai stati costruiti dei veri porti ma solo dei «caricatori»).

Una società statica

Le possibilità di sopravvivenza erano state a lungo legate al consumo locale per la sussistenza e all'esportazione, in condizioni di assoluta subalternità, dei prodotti della pastorizia e dell'agricoltura, via Puglia, nei centri più ricchi dell'Italia del nord e dell'Europa. I benefici di tali commerci erano goduti altrove, a Napoli o a Roma, le due capitali su cui gravitavano i maggiori proprietari di terre e di armenti. Siamo di fronte a una situazione sociale di lunga durata che va grosso modo dal XIII secolo fino al periodo tra le due guerre mondiali e oltre. La sua sostanziale stabilità era stata resa possibile anche in età moderna e contemporanea (nonostante l'emergere di fenomeni come il brigantaggio) grazie ai movimenti migratori sia stagionali (la transumanza dei pastori, la discesa a «faticare» nelle pianure dell'agro romano o della Maremma toscana o nei cantieri della capitale ai tempi della febbre edilizia) sia permanenti, che svuotavano le comunità di montagna dei 9/10 dei loro abitanti.

Dall'unità alla grande guerra furono circa 700 000 gli emigrati permanenti, nel secondo dopoguerra se ne andarono altri 450 000, per un totale complessivo di poco inferiore al numero degli attuali abitanti della regione. Ancor oggi risiedono a Roma più di 100 000 persone nate in Abruzzo: ossia un'intera città per popolazione seconda solo a Pescara.

L'Abruzzo immaginario della letteratura e delle canzoni

Nella cultura e nell'immaginario collettivo nazionale questa realtà evoca pagine letterarie da Boccaccio a D'Annunzio ai neorealisti ma anche una celebre canzonetta, *O campagnola bella*, che nella prima strofa cantava:

All'alba, quando spunta il sole
là nell'Abruzzo tutto d'or
le prosperose campagnole
discendono le valli in fior

Ma a partire dagli anni ottanta questa realtà appare, allo studioso come al visitatore, radicalmente cambiata. Innanzitutto, il ruolo prima svolto dall'agricoltura (non parliamo della pastorizia, entrata da tempo in crisi) è stato assunto dall'industria e dalle attività terziarie.

La crescita industriale

La crescita impetuosa del settore industriale nel ventennio 1961-81 (tanto più stupefacente, in quanto verificatasi in corrispondenza, almeno in parte, con un periodo di forte emigrazione) ha avuto la funzione più determinante sul piano innovativo. Effetto di forze propulsive differenti (una *endogena*, derivante dalla trasformazione di attività artigianali a carattere familiare o dal progressivo abbandono di quelle agricole soprattutto nelle zone a mezzadria diffusa, e l'altra *esogena*, collegata agli investimenti di grandi imprese a livello nazionale e internazionale), il fenomeno ha coinvolto tutte le province, diversificandosi sia per quanto riguarda la produzione (dai settori più tradizionali delle pelli e del tessile-abbigliamento, a quelli tecnologicamente più avanzati delle telecomunicazioni, della meccanica, della chimica ecc.), sia per la tipologia di ampiezza (oltre il 20% della forza lavoro è occupata in aziende con più di 500 addetti). La sua consistenza e stabilità è stata dimostrata quando la battuta di arresto degli anni ottanta ha comportato un calo dell'occupazione nel settore di gran lunga inferiore alla media non solo del Mezzogiorno, ma anche nazionale.

La vocazione turistica

La regione ha (ri)scoperto e potenziato una vera e propria vocazione turistica. Sfruttando abilmente la posizione geografica (grazie al nuovo scorrevole sistema autostradale offre la soluzione più comoda ai residenti nel Lazio che aspirano a una seconda casa), le attrattive climatico-ambientali (tra le quali non va dimenticato il Parco Nazionale) e l'immagine complessiva di sede ideale per vacanze familiari, l'Abruzzo è la regione del Mezzogiorno che conta il più alto numero di presenze turistiche e che è in grado di assicurare la maggiore ospitalità non alberghiera.

Nuove gerarchie urbane

In conseguenza dei fenomeni appena descritti (ma anche del consistente rientro di emigrati, la maggior parte dei quali al paesello d'origine ha preferito nuove residenze dotate di maggiori attrattive economiche) è profondamente mutato il panorama degli insediamenti abitativi, determinando nuove gerarchie urbane. Al primo posto c'è Pescara, autentico «baricentro economico» della vita abruzzese, seguita da L'Aquila, confermata nel proprio ruolo di capoluogo della regione, e, quindi, dagli altri due capoluoghi di provincia, Chieti e Teramo, cui possono ormai affiancarsi per importanza altri centri quali Avezzano, Lanciano, Sulmona, Vasto e, anche, Giulianova. Si è così delineato un sistema di rapporti con il territorio fra i più coerenti dell'Italia meridionale: per questi motivi il Progetto '80 (com'è noto, lo sforzo più serio che sia stato tentato di pianificare il territorio nazionale) individuava nel «sistema metropolitano alternativo abruzzese» la possibilità di alleggerire il congestionamento delle zone intorno alla capitale.

Si tratta di una trasformazione strutturale, che se posta in relazione agli effetti immediati (reddito prodotto, livello dei consumi ecc.) con i tempi brevi della sua realizzazione non ha praticamente riscontro in altri contesti. Essa è stata accompagnata dal progressivo consolidarsi di un aggregato di fenomeni, sociali e culturali, dall'andamento dei tassi di natalità, mortalità e invecchiamento, alla situazione igienico-sanitaria complessiva, dall'incremento degli indici di scolarità a ogni livello degli studi e dal decremento di quelli relativi all'analfabetismo, alla nascita di un sistema universitario autonomo e decentrato e alla crescita complessiva dell'infor-mazione locale, che confermano l'impressione del compiersi per l'Abruzzo di un processo di «modernizzazione», assai simile a quello dell'Italia centro-settentrionale. Il tutto, senza che a questo tipo di sviluppo seguisse l'anomia, ossia il venir meno dei valori propri di una società e delle regole di comportamento tra i singoli, che, a detta di E. Durkheim, è l'inevitabile conseguenza dei processi di industrializzazione. Il dato è confermato dal fatto che l'indice di criminalità della regione è il più basso d'Italia.

A incrinare l'ottimismo di tutte queste considerazioni, intervengono però due ordini di fattori.

Il ruolo del mercato politico

Il primo riguarda una serie di contraddizioni e di limiti intrinseci alle caratteristiche proprie del modo in cui il *modello abbruzzese di sviluppo* è stato realizzato. Al centro della questione c'è il ruolo determinante esercitato dal mercato politico. Nella duplice veste di arbitro e mediatore (praticamente) unico, consentitagli da un consenso elettorale ben più forte nella regione che a livello nazionale, il ceto politico dominante convogliava la domanda pubblica, concedeva agevolazioni creditizie e fiscali alle imprese, elargiva posti di lavoro e sussidi, mediava tra le spinte delle grandi imprese, che obbedivano a interessi e disegni di carattere extra-regionale, e quelle di una microimprenditorialità mossa da strategie familistiche e di affermazione sociale, dotata di scarsa autonomia (in buona parte collegata a marchi nazionali o internazionali) e di un livello non molto alto di capacità tecnologico-manageriale. Assente ogni strategia di programmazione regionale, le logiche perverse del mercato politico hanno fatto sì che la tendenziale diffusività industriale si risolvesse in «un certo numero di contenitori territoriali tra loro scarsamente o per nulla interconnessi» (come osservava nel 1990 l'Associazione interregionale camere di commercio), con effetti negativi sia sull'occupazione (in tema di disoccupazione l'Abruzzo è assai più vicino alla situazione del Mezzogiorno che a quella del Centro-nord) sia, in termini particolarmente gravi, sugli equilibri territoriali e ambientali (e non ci si riferisce tanto alla mancanza di reale pianificazione urbanistica che ha caratterizzato, per esempio, la cosiddetta «conurbazione» Chieti-Pescara, bensì al mancato riequilibrio tra fascia costiera e montana e al conseguente crescente depauperamento di questa), e hanno altresì favorito, o almeno consentito, la realizzazione di un sistema turistico fortemente sbilanciato a vantaggio della fascia litoranea settentrionale e a scapito di quella meridionale e delle villeggiature montane.

Isolamento culturale

Infine, per la loro natura intrinsecamente conservatrice e per il paternalismo che ne caratterizzava la gestione clientelare, quelle stesse logiche hanno contribuito a rafforzare il tradizionale isolamento culturale della regione e a perpetuarne gli effetti «patologici» («provincialismo», «vittimismo», «familismo», subalternità del ruolo sociale della donna, scarso senso dello Stato e della pubblica amministrazione: il tutto condizionato, ora, da una concezione piccolo-borghese della vita e dei rapporti sociali): se ciò ha evitato agli abruzzesi, come già si è detto, le conseguenze più traumatiche del processo di modernizzazione (consentendo loro una maggior

flessibilità reattiva), è pur vero che li ha lasciati sprovvisti degli strumenti atti ad affrontarne gli inevitabili contraccolpi e i prevedibili momenti di crisi.

La crisi degli anni ottanta

Ma a inferire il colpo più grave all'ottimismo relativo alle prospettive del *modello abruzzese* è stato il clima di recessione mondiale dei primi anni novanta: il ristagno economico, data la caduta verticale della domanda pubblica e i limiti del mercato nazionale, risparmia solo le imprese dotate di una forte autonomia (quelle, cioè, che hanno un marchio proprio) e i cui prodotti sono destinati all'esportazione. Per farvi fronte si richiede uno sforzo di adeguamento e, al caso, di riconversione del sistema industriale regionale che appare assai difficile, considerando che le uniche imprese dotate delle necessarie capacità tecnico-manageriali e produttive sono spinte da interessi ed esigenze extra-regionali e che manca la struttura amministrativa in grado di supplire alle carenze dell'imprenditoria locale fornendole l'indispensabile supporto tecnico.

Virtù e limiti del «provincialismo»

Un tratto tipico della lunga durata della storia dell'Abruzzo contemporaneo è il *provincialismo* che, storicamente, è il frutto dell'egemonia di un notabilato locale rissoso al proprio interno e assai poco disponibile ad aprirsi, in quanto fondamentalmente preoccupato di confermare il proprio potere nel proprio ristretto ambito sociale. Questo tratto ha finito per condizionare i rapporti tra la regione e il resto del paese. Se, infatti, l'influenza della storia abruzzese *nella* e *sulla* storia contemporanea italiana si è rivelata assai scarsa o nulla (al di là dell'enfasi con cui da taluno si è accolto il *modello abruzzese* e malgrado la presenza attiva e di rilievo nella politica e nella cultura nazionali di tante personalità abruzzesi: da Bertrando e Silvio Spaventa a Gabriele D'Annunzio, da Benedetto Croce a Gioacchino Volpe, da Giacomo Acerbo a Raffaele Mattioli, da Ignazio Silone a Panfilo Gentile e a Ennio Flaiano), in senso inverso il rapporto tra vicende nazionali e regionali ha sortito un duplice, costante e, solo per certi versi, paradossale risultato: da una parte, un forte ritardo nel recepire le tendenze culturali e il senso dei grandi processi di trasformazione sociale in atto nel paese, per appropriarseli poi in maniera per lo più ripetitiva; dall'altra, una straordinaria capacità di percepire l'approssimarsi di mutamenti politici a livello nazionale e di adeguarvisi con grande senso di anticipazione, quasi se ne fosse previsto l'esito finale. Una sorta di «trasformismo *anticipato*», di cui vi sono ripetuti esempi nella storia abruz-

zese: c'è solo da augurarsi che la prontezza con cui la magistratura abruzzese si è adeguata al clima di «Mani Pulite» (con un numero di arresti poco inferiore alla stessa Milano, che ha un numero di abitanti tre volte maggiore!) non ne sia una nuova manifestazione, bensì l'annuncio di *tempi nuovi*.

─────── **BIBLIOGRAFIA** ───────

R. Colapietra, *Abruzzo. Un profilo storico*, Carabba, Lanciano 1977.

C. Felice, *Il disagio di vivere. Il cibo, la casa, le malattie in Abruzzo e Molise dall'Unità al secondo dopoguerra*, Franco Angeli, Milano 1989.

L. Ponziani, *Due secoli di stampa periodica abruzzese e molisana*, Interlinea, Teramo 1990.

S. Turone, *Agonia di un regime. Il caso Abruzzo*, Laterza, Roma-Bari 1993.

Per una storia sociale dell'Abruzzo contemporaneo, «Trimestre», 1990, n. 3-4.

Abruzzo e Molise. Ambienti e civiltà nella storia del territorio, in «Cheiron», 1993, n. 19-20.

Molise:
prudente transizione al nuovo

Sebastiano Martelli

Una civiltà contadina, fino a vent'anni fa dissanguata dall'emigrazione, eppure fortemente legata alla sua cultura tradizionale e alla sua letteratura sta affrontando con ottimismo la sua «transizione al futuro», che coniuga persistenza di valori comunitari e innovazioni introdotte dal terziario moderno.

«Il Molise è terra di contadini [...]. La natura del terreno, spesso impervio, con comunicazioni sempre difficili, la povertà del sottosuolo, hanno impresso un carattere immutabile nei secoli al lavoro della gente che lo abita. [...] La coltivazione è opera delle braccia, i campi sono solcati dall'aratro tirato da animali o rotti dalla zappa e dal bidente. Questa ruralità pressoché totale della gente molisana è l'origine dei suoi difetti e delle sue virtù.»

Caratteri immutabili

Così presentava la regione ancora nel 1948 il maggiore scrittore molisano del Novecento, Francesco Jovine, nel volume che il Touring Club dedicava all'*Abruzzo e Molise* per la collana «Attraverso l'Italia». Una regione la cui fisionomia socio-economica non era stata modificata neppure dall'esodo migratorio e dai rivolgimenti politici e sociali dell'immediato dopoguerra: «si conserva tenacemente attaccata alle sue tradizioni secolari. Fermissimi vi rimangono i vincoli familiari e le usanze che accompagnano ritualmente gli atti supremi della vita: il nascere, il morire e le nozze». Anche il ciclone della guerra, che pure

aveva attraversato la regione lasciando lutti e rovine, poco sembrava aver modificato e Jovine poteva offrire a un pubblico nazionale e internazionale un'immagine della regione non diversa da quella incastonata nel suo *Viaggio nel Molise* compiuto per «Il Giornale d'Italia» nel 1941: «un'aria di medioevo contadino, domestico e livellato; probo, tenace, fortemente attaccato alle tradizioni, fedele alle antiche leggi dell'ubbidienza». Questa di Jovine non era solo una rappresentazione letteraria della regione, funzionale a un uso narrativo (che pure ci fu con racconti e romanzi, come *Signora Ava* e *Lettere del Sacramento*) ma anche una sintesi efficace dei fattori genetici e dei processi di lunga durata che avevano segnato la storia della regione.

«Regione senza nome»

L'autonomia del Molise fu riconosciuta nel 1806-1811 con i provvedimenti legislativi di Giuseppe Bonaparte e Gioacchino Murat. Fu questo un passaggio storico fondamentale per una regione fino ad allora «senza nome e senza fatti propizi, senza strade, amministrata da autorità lontane e quasi straniere», come scriveva Vincenzo Cuoco, che di quel nuovo assetto amministrativo era stato uno dei maggiori artefici. Ma lente saranno le «ricadute» nell'ambito economico-sociale, sulle condizioni di vita e i bisogni primari (alimentazione, abitazioni, igiene, malattie) usi e costumi e stratificazioni antropologiche (mentalità, modi di essere di fronte alla vita e alla morte); una civiltà contadina segnata dalla «cultura della fame e della povertà», da una condizione di disagio materiale e psicologico che perdura fino al secondo dopoguerra. L'inchiesta agraria del 1884, l'inchiesta sanitaria del 1886 e soprattutto l'inchiesta parlamentare sulle condizioni dei contadini nelle province meridionali del 1909 testimoniano ampiamente un quadro regionale segnato da forti permanenze – dal nutrirsi all'abitare, dall'ammalarsi al morire – e una scarsa incidenza anche dei mutamenti politico-istituzionali intervenuti nel corso dell'Ottocento come pure un assai limitato protagonismo delle *élite* dirigenti.

Una società sconvolta dall'emigrazione

Tra il 1880 e il 1920 la regione viene investita da un esodo di dimensioni bibliche con l'emigrazione di 327 000 molisani. Solo nell'ultimo ventennio dell'Ottocento, in conseguenza della grave crisi agraria degli anni settanta, partì più del 40% della popolazione. Nel primo decennio del Novecento approdarono nelle Americhe 130 000 molisani a fronte di una popolazione censita nel 1901 di 394 953 abitanti. Ciò non poteva non innescare forti elementi di rottura e trasformazione nell'assetto socio-economico. E non si trattò solo di una migliorata alimentazione e di modificate strutture abitative con le «casette bianche e pu-

lite» degli «americani» che sostituivano le «luride stamberghe» contadine, vere e proprie «arca di Noé» con uomini e bestie in perenne promiscuità. L'emigrazione sconvolse i rapporti produttivi mettendo in difficoltà con il rialzo dei salari e il ribasso dei prezzi dei cereali i medi proprietari, già resi impotenti dalla frammentazione delle proprietà terriere. I fattori che «fanno capo al fenomeno dell'emigrazione, notava all'inizio del secolo il meridionalista molisano Enrico Presutti, trasformano profondamente i piccoli gruppi sociali»: il medio proprietario tende a scomparire sostituito da un nuovo strato sociale di piccoli proprietari coltivatori, che acquistano le terre con i risparmi dell'emigrazione; si modificano anche i rapporti sociali, perché il contadino va acquisendo una diversa «coscienza di sé, della sua forza, del suo valore. Egli non ha più quel contegno di umile dipendenza di fronte a ogni *galantuomo*». È la prefigurazione di una «democrazia rurale», sorta sotto la spinta dell'emigrazione, cui si affidano i processi di cambiamento nella regione e nel Mezzogiorno, ma che trova una parziale smentita già nella zona costiera molisana dove, con l'eversione della feudalità e con l'assalto alle terre demaniali, la borghesia concentra nelle mani gran parte dei terreni disponibili. La figura del massaro diventa centrale e con essa la mezzadria. L'emigrazione accelera l'erosione delle rendite dei *galantuomini* e più che altrove fa emergere le caratteristiche negative di questa classe minata dall'assenteismo e incapace dello stile di vita rudemente laborioso e parsimonioso, tipico del massaro. È una classe «in agonia» che mira solo a uscire dal proprio status per passare al ceto delle professioni: di qui la caccia al piccolo impiego e agli uffici elettivi; si va insomma delineando la fisionomia della classe sociale che, dilatatasi con la guerra e l'avvento del fascismo, segnerà profondamente la storia regionale del Novecento.

Una borghesia debole

La terra e la lotta per il suo possesso costituiscono l'elemento di lunga durata intorno a cui si aggrega la storia regionale. Nel lungo confronto tra la borghesia e le masse contadine, dalla divisione dei demani del primo Ottocento al brigantaggio postunitario e anche oltre, dalle lotte che precedono l'avvento del fascismo agli ultimi fuochi del secondo dopoguerra, la terra resta al centro dello scontro sociale. Ne emerge una borghesia debole che non riesce a essere mai classe egemone né durante la fase risorgimentale né nel nuovo Stato unitario. Con questi limiti la classe borghese «farà» la storia della regione, quella sociale e politica e quella culturale, anch'essa segnata dal lungo confronto col mondo contadino. L'unità territoriale e l'autonomia amministrativa conquistate in periodo francese erano strettamente correlate all'ascesa del ceto civile regionale e a una coscienza intellettuale maturata in età illuministica. Non è un caso che tale passaggio storico fondamentale coincida col momento più alto di tutta la storia della cultura regionale. G.M. Galanti, F. Longano, F. De Attellis, V. Cuoco, G. Zurlo, G. Pepe proietteranno oltre i confini regionali e meridionali la provincia molisana, dandole una identità storico-culturale. Essi, come altri intellettuali dell'Ottocento, muoveranno dalla riscoperta della civiltà sannitica – alimentata dai miti vichiani, dall'utopia illuministica e dalla lunga tradizione storico-erudita — per costruire e affermare quella identità che il frazionamento minacciava di disperdere e che il nuovo Stato unitario sembrò in parte rimettere in discussione con l'aggregazione Abruzzo-Molise, artificiosa e priva di supporti storici e socio-economici.

L'aggregazione Abruzzo-Molise

Ne consegue un prolungamento della battaglia per l'autonomia ancora per un secolo fino alla definitiva separazione dall'Abruzzo. In questo quadro la cultura e la letteratura diventano l'unico spazio-tempo dell'identità regionale, registrando la lunga durata della civiltà contadina e la non irresistibile ascesa della borghesia che gestisce luoghi del sapere e circolazione delle idee, stretta in un inevitabile e perdurante confronto col mondo contadino, anche là dove acquisterà un protagonismo urbano, come accade nella città capoluogo, Campobasso, a partire dalla metà dell'Ottocento. È proprio questa borghesia urbana a dare la maggiore spinta propulsiva alla cultura dell'ultimo trentennio dell'Ottocento, verificabile tra l'altro nella mobilità intellettuale e nella diffusione di nuovi strumenti come la stampa periodica.

Gli inizi del secolo, che vedono il tracollo di buona parte della classe dei *galantuomini*, coincidono anche con l'inizio di una progressiva chiusura della cultura locale, con un'unica fase di parziale ripresa nel decennio postbellico.

Non è un caso che alla letteratura dialettale – che non manca di movimenti e protagonisti interessanti a cominciare da E. Cirese – la borghesia provinciale affidi la sublimazione della tradizione e della «molisanità»; mentre intellettuali e scrittori della diaspora (F. Jovine, G. Rimanelli, L. Incoronato, F. Del Vecchio) assicurano la presenza della regione nel panorama culturale nazionale.

Per anni il Molise, come lo avevano percepito e descritto Iovine e Cirese, resterà la terra rocciosa e avara della *fatìa* contadina. Dagli anni cinquanta in poi la fuga degli intellettuali dalla provincia si accentua proprio nel momento in cui i nuovi processi di trasformazione, l'avvento del consumismo, dell'omologazione di massa, la forte terziarizzazione del tessuto sociale richiedono punti di riferimento che non siano solo quelli politici e clientelari.

Nel secondo dopoguerra ancora una volta al Molise tocca il primato per il tasso di emigrazione. Il carico demografico (che nel 1951 raggiunge il suo massimo storico con 406 000 abitanti, per lo più legati alla terra), una superficie agraria esigua e gestita con sistemi arcaici, il declino della pastorizia e l'impoverimento della montagna, sono tra i fattori determinanti di un nuovo esodo, che raggiunge le dimensioni di quello tra Ottocento e Novecento.

Dal 1946 al 1986 abbandonano la regione circa 260 000 persone, di cui il 53% solo nel periodo 1946-1960. L'esodo si arresta solo nei primi anni settanta quando alcuni insediamenti industriali, la rottura dell'isolamento, la dilatazione del terziario e altre dinamiche di sviluppo generale del paese creano via via condizioni più favorevoli. Inizia una transizione da quella «stasi» che ancora a metà degli anni sessanta mostrava i segni di una regione dalla forza lavoro «qualitativamente e quantitativamente impoverita», con una «congenita debolezza del sistema produttivo» e una «stentata formazione del capitale produttivo», che potremmo definire tratti tipici di una regione «arretrata».

L'autonomia

L'autonomia regionale dagli Abruzzi, ottenuta nel 1963, ha indubbiamente ravvivato un sentimento di identità in cui convergono la ricerca delle radici, l'attaccamento a un vissuto tradizionale, il ricupero di conoscenze storico-culturali (la riscoperta della civiltà sannitica), ma anche la ricerca di una propria strada verso lo sviluppo.

Le novità industriali dell'ultimo ventennio, favorite da una imprenditorialità sia extraregionale che locale – l'industria alimentare in particolare – sia pure non integrata, la scolarizzazione di massa, la terziarizzazione e l'omologazione ai modelli di consumo e di vita nazionali provocano livelli di crescita tra i maggiori del Mezzogiorno e danno anche al Molise il volto della modernizzazione. Emblematica è anche l'inversione della curva demografica: i 299 775 abitanti del 1971 salgono a 314 695 nel 1981 e a 334 680 nel 1991. L'immagine di questa modernizzazione – al di là degli stereotipi dell'arretratezza funzionali spesso alle strategie della politica assistenziale – è ambivalente.

Un sistema ecologico integro

Nell'epoca postindustriale e di ridefinizione di indicatori e valori dello sviluppo e della qualità della vita, la regione presenta un sistema ecologico in gran parte integro e un paesaggio non investito da insediamenti industriali stravolgenti, con scarsa concentrazione urbana e persistenza di una popolazione diffusa in piccoli centri. Se a ciò si aggiunge assenza di conflittualità e il più basso indice nazionale di devianza e di criminalità, il Molise può assumere l'immagine di una «isola», che, evitando i fenomeni devastanti di disgregazione di altre regioni del Mezzogiorno, può realizzare un positivo modello di «transizione al futuro» (S. Bucci), incrociando la persistenza dei valori tradizionali comunitari e familiari con le nuove dinamiche di innovazione diffuse soprattutto dal terziario.

Ma c'è, a contrasto, un'altra immagine del Molise che scaturisce dalle letture di diversi indicatori: il più alto indice di popolazione anziana e di pensionati rispetto al quadro nazionale, il più basso tasso di natalità, l'ancora elevato indice di ruralità e le larghe sacche di agricoltura arretrata; l'assenza di strutture culturali adeguate (biblioteche, centri di servizi culturali e di ricerca) non compensate dalla recente istituzione universitaria che ha bisogno di tempi lunghi per un reale e positivo radicamento nel territorio; l'assenza di librerie ed edicole in gran parte dei piccoli centri: la lettura dei quotidiani per abitante è un quarto di quella media nazionale e poco più della metà di quella media meridionale.

Aspetti da valorizzare

E ancora: i livelli bassi nei consumi soprattutto familiari e quelli alti dei risparmi sono indicatori di una positiva «modesta tendenza al consumismo» e di una persistenza dei valori della civiltà contadina di sobrietà e risparmio utilizzabili in «dinamiche di autonomia» (S. Bucci) e di rischio imprenditoriale o piuttosto indici di un'economia familiare di autoconsumo e produzione autonoma e di scarsa propensione verso investimenti produttivi?

Per una valutazione complessiva occorre tener conto dei guasti provocati nel tessuto civile da un pervasivo sistema politico assistenziale e clientelare, e dall'allineamento alla omologazione generale di valori e referenti avvenuta in tutto il paese. E tuttavia permane l'impressione che i tempi siano più propizi che in passato a una valorizzazione di alcuni dati costitutivi dell'identità regionale.

BIBLIOGRAFIA

C. Felice, *Il disagio di vivere. Il cibo, la casa, le malattie in Abruzzo e Molise dall'Unità al secondo dopoguerra*, Franco Angeli, Milano 1989.

C. Quintano, *Il sistema industriale del Molise*, Il Mulino, Bologna 1986.

S. Bucci, *Transizione al futuro: una sfida dal Molise*, Franco Angeli, Milano 1994.

S. Martelli, G. Faralli, *Molise*, La Scuola Editrice, Brescia 1994.

Campania:
l'eredità della storia

Giuseppe Galasso

Nelle tre aree distinte entro cui l'unità regionale si è articolata, Napoli è stata un fondamentale polo di aggregazione. Ma la scarsa creatività della cultura politica tradizionale è una delle componenti della crisi di oggi, che registra l'incapacità della città di esercitare nel territorio una moderna funzione metropolitana.

Tre nuclei di gravitazione

Nella sua storia la regione che attualmente chiamiamo Campania ha costantemente avuto tre diversi nuclei di gravitazione e di aggregazione. Il primo è costituito dalla pianura intorno al Volturno, che si spinge verso il Garigliano da un lato e verso il Sarno dall'altro. Il secondo consiste nell'area appenninica che si sviluppa dai massicci o gruppi del Matese, del Taburno e del Partenio verso l'interno. Il terzo è formato dalla pianura intorno al Sele con l'attigua zona montuosa del Cilento fino al Golfo di Policastro.

Solo con l'unificazione italiana nel 1860 queste tre zone cominciarono a essere comprese, come altre parti d'Italia, in un'unica circoscrizione amministrativa, denominata appunto Campania. Precedentemente esse avevano costituito per secoli tre distinte province del Regno di Napoli, e cioè la Terra di Lavoro la prima, il Principato Ulteriore la seconda e il Principato Citeriore la terza. Al di fuori di esse si trovava Napoli, pressappoco con il territorio della sua attuale provincia, in quanto, come capitale del Regno, godeva di un particolare e separato regime amministrativo. Durante il Medioevo le tre zone avevano costituito tre diverse formazioni statali, e cioè, rispettivamente, il Principato di Capua, il Ducato di Benevento e il Principato di Salerno. Sempre a parte era stata Napoli, che costituiva allora un Ducato a sé (ma anche Amalfi e Gaeta costituirono nello stesso periodo piccoli potentati autonomi). Più indietro ancora nel tempo, in età antica, la prima zona, molto segnata dalla penetrazione greca ed etrusca, aveva visto formarsi i popoli dei Campani e degli Oschi; la seconda era stata territorio dei Sanniti; la terza, anch'essa con qualche penetrazione greca ed etrusca, territorio dei Lucani.

Una costante tendenza all'integrazione

In origine il nome Campania, etimologicamente legato a quello di Capua e volgarmente interpretato come «regione di campi», era appartenuto solo alla prima zona, che poi nel Medioevo fu denominata Terra di Lavoro, ossia paese di lavoro agricolo, di coltivazione dei campi, e quindi in modo intrinsecamente connesso con la denominazione antica. L'estensione del nome alle altre due zone, che si ebbe nel 1860, passava quindi sopra alle caratteristiche fisiche e naturali dell'attuale regione campana, nella quale i campi non mancano, ma la pianura è poca e occupa appena un quarto o poco più della superficie totale e dove invece dominano le montagne, con cime spesso assai alte nel contesto appenninico, con le loro valli e conche e con i loro altipiani.

Per di più, da un punto di vista geografico, la regione appare difficile a definirsi entro confini stabili e chiaramente riconoscibili, legata com'è a quelle vicine da forti interferenze orografiche, idrografiche e geologiche. Tuttavia, l'adozione del nome Campania per tutta la regione attuale non era ingiustificata: sia perché l'elemento centrale di tutte le sue varie zone era sempre stato costituito dall'agricoltura (anche se attività manifatturiere e mercantili vi hanno avuto spesso manifestazioni di grande rilievo); sia perché in età moderna le tre province di Terra di Lavoro e dei due Principati avevano fortemente gravitato su Napoli; sia perché il rapporto fra il territorio e il mare era sempre stato meno rilevante del rapporto fra le poche pianure e le prevalenti montagne. Inoltre, nel corso dei secoli fra montagne e pianure si era determinata una costante tendenza all'integrazione, prima con la pressione dei Sanniti e dei Lucani, poi con quella dei Longobardi, inizialmente stanziatisi a Benevento, sulle pianure e verso il mare (Capua e Salerno furono appunto due principati longobardi) e, infine, con l'azione della monarchia che, partendo da Napoli, tese a sottomettere al suo potere le zone circostanti dominate dall'aristocrazia feudale (con la sola eccezione di Benevento, che dal secolo XI in poi appartenne alla Chiesa di Roma).

In questa lunga vicenda di contrapposizioni e di lotte si era sempre realizzata, nei vari periodi, una profonda compenetrazione, materiale e morale, dei modi di vita e delle energie dei popoli delle pianure e delle coste con quelli dei popoli delle valli e delle montagne dell'interno. La formazione del popolo degli Oschi, la genesi dei dialetti campani (nettamente distinti dagli altri dialetti meridionali), il sistema viario e la rete dei rapporti commerciali fra Napoli e la regione ne sono stati esempi significativi in epoche storiche diverse. E ciò senza contare che ripetutamente – sotto Roma durante l'età antica, nel Regno di Napoli e nell'Italia unita durante l'età moderna – tutte le zone sono vissute nella stessa entità politica, e che anche ciò ha contribuito a determinare fra esse motivi di solidarietà e di comunione, che sono affiorati pure nei periodi di divisione e di contrasto.

Unità storica, prima che geografica

Se si esamina nei dettagli la vita di ciascuna delle tre aree che si sono indicate, la loro complessiva rispondenza alla reale articolazione geografica del territorio campano appare ancora meglio e la loro inclusione in una sola circoscrizione amministrativa risulta ancor più giustificata. Ne risulta, cioè, che storicamente, oltre che geograficamente, la Campania una regione dai confini mobili, oscillanti, ma anche che la sua unità storica ha finito col rivelarsi più consistente di quella geografica. La nota storica è, anzi, accentuata dal fatto che ovunque, nelle varie zone della regione, emerge, come motivo caratterizzante della sua umanità, la difficile convivenza fra popolazioni sveglie, vivaci, sensibili, impulsive, appassionate e una natura meno generosa di quanto appare là dove è generosa e più avara di quanto appare là dove (e questo prevale) è avara. Perciò nell'agricoltura di pianura come di montagna, nel lavoro dei campi – fondamento, come si è detto, della fisionomia storica della regione – la fatica dell'uomo deve essere sempre maggiore di quanto non si pensi e il premio sempre minore di quanto ci si aspetti.

La centralità di Napoli

Alla tripartizione storica è subentrata nel 1860 la divisione attuale in cinque province con l'istituzione di quelle di Napoli e di Benevento. Si è accennato che Napoli, per ragioni diverse nelle varie epoche, ha sempre avuto un ruolo particolare nell'ambito della regione, così come del Mezzogiorno. Ruolo che si è tradotto, fra l'altro, in ripetuti episodi nella storia della cultura mediterranea, italiana ed europea, tanto che la cultura stessa è fra le strutture portanti della sua fisionomia cittadina e di quella regionale. Benevento non poteva, a sua volta, restare isolata come per otto secoli lo fu sotto i papi, né poteva costituire un comune fra gli altri del Principato Ulteriore. Il suo ruolo storico ed economico ha consentito facilmente di individuarla come capoluogo di una nuova provincia, che si distingue da quelle di Avellino un po' come in antico si distingueva il Sannio caudino da quello irpino. Si aggiunga che, per effetto di disposizioni del 1927, fu sottratta alla Terra di Lavoro, e aggregata alle attuali province di Latina e di Frosinone, la vasta zona oltre il Garigliano da Gaeta fin quasi a Terracina e da Cassino a Ceprano. Ma neppure ciò ha alterato la fisionomia dell'unità definita nel

1860. Anche per la scomparsa dell'antica monarchia di cui Napoli era capitale, ciò ha semmai accentuato la centralità napoletana rispetto alla regione, facendone un elemento ancor più aggregante che per il passato. Centralità che ha reso più netta, infatti, l'evidenza del quadro regionale. Chiarissimo è il contòrno dialettale della Campania, con le sue parlate meno energiche e aggressive, ma anche meno rustiche e aspre di quelle calabresi, e più musicali e sostenute di quelle delle regioni vicine. Chiaro è anche il contorno antropologico e socioculturale, per cui il folclore campano costituisce un'area ben distinta e il comportamento sociale è, nell'insieme, così come il comportamento politico, abbastanza unitario. L'accresciuta gravitazione campana su Napoli, specie dopo l'istituzione della regione nel 1970, è perciò anch'essa un elemento da cogliere *in progress* nella fisionomia e nell'immagine di un'area dalla storia così complessa.

Problemi vecchi e nuovi

Ciò non vuol dire che Napoli sia diventata una metropoli regionale paragonabile ad altre ex capitali italiane. La città, malgrado molti progressi (essa è tuttora una sede fra le più importanti dell'economia italiana), è afflitta da vecchi e nuovi problemi tanto da presentare una casistica ricorrente di fenomeni di crisi e di degrado: una città-problema per definizione. A sua volta, la regione, pur essa molto progredita rispetto al 1860 – specie in alcune zone – e progressivamente più unitaria, è rimasta lontana dal livello medio di sviluppo italiano. Se il capoluogo non è riuscito a offrire a essa una moderna guida, essa non è riuscita, a sua volta, a offrire a Napoli un quadro di base adeguato all'esercizio di moderne funzioni metropolitane. Le estese zone appenniniche interne restano fra le più depresse dell'intero Mezzogiorno. Il foltissimo addensamento sulle coste intorno a Napoli e a Salerno e nelle pianure retrostanti (addensamento che è fra i tratti più antichi e costanti della storia regionale) non vede corrispondere alla sua portata demografica una struttura economica proporzionalmente avanzata e robusta: osservazione che vale ancora di più se è riferita a Napoli considerata in sé e per sé.

Una tradizione politica scarsamente creativa

Le vicende recenti non hanno alterato un motivo che pure emerge da tutta la storia della Campania, ossia la scarsa creatività politica delle sue popolazioni, se si astrae da ripetute manifestazioni di spirito particolaristico. La capacità amministrativa appare costantemente superiore a quella politica. Più che l'invenzione e lo sviluppo di nuovi moduli costituzionali dal consistente respiro etico-politico e dall'efficace funzione sociale, si è affermata la capacità o, meglio, abilità nel gestire i moduli via via imposti o imitati dall'esterno (come si vide con la struttura imperiale romana, con quella monarchica fondata dai Normanni, con quella del regime rappresentativo introdotto con l'unificazione italiana). Per di più, questa abilità nella gestione e nell'amministrazione è spesso stata compromessa da elementi deteriori. Non che si debba pensare a fattori naturalistici o etnici. Si tratta, più verosimilmente, della spinta di tradizioni lentamente accumulatesi, mentre anche la tendenza al particolarismo costituisce essa stessa una manifestazione di attitudine politica, un modo peculiare di essere politico, sicché il parlare di apoliticità o di insufficiente senso civico non sarebbe pertinente. È il caso, piuttosto, di dedurne che anche una tradizione di scarsa creatività politica non vuol dire impossibilità o incapacità di dar vita a una società civile in grado di vivere esperienze di vita pubblica profondamente significative e innovatrici, come nella storia delle popolazioni campane molto spesso e in forme assai cospicue è, infatti, accaduto.

BIBLIOGRAFIA

G. Galasso, *Motivi, permanenze e sviluppi della storia regionale in Campania*, in Id., *L'altra Europa. Per una storia antropologica del mezzogiorno d'Italia*, Milano 1982.

F. Barbagallo (a c. di), *Storia della Campania*, Napoli 1978.

G. Pugliese Carratelli (a c. di), *Storia e civiltà della Campania*, Napoli 1991-1993 (i tre volumi finora pubblicati arrivano alla fine del secolo XVI).

Puglia:
vecchi e nuovi equilibri regionali

Biagio Salvemini

La civiltà contadina dei grandi borghi ha conosciuto fin dall'Ottocento profonde trasformazioni. Interprete della vocazione commerciale della regione, Bari ha acquisito un ruolo primario, divenendo un centro di gravitazione tra i più importanti del Mezzogiorno. Ma la conseguente rottura di antichi equilibri ha prodotto nuove gerarchie territoriali e richiesto il concorso massiccio dell'intervento pubblico oggi in difficoltà.

Parlare di Puglia può essere un esercizio complicato. Le rappresentazioni generali rischiano di essere fuorvianti e i discorsi devono riempirsi di incisi e distinguo.

Il modo di abitare, di coltivare, di scambiare a cui allude la foto di copertina di innumerevoli guide della regione – quello dei trulli – è totalmente estraneo all'esperienza della grande maggioranza dei pugliesi di oggi e di ieri. I giganteschi e frondosi olivi della Puglia meridionale resi celebri da Renato Guttuso non sarebbero riconosciuti dai protagonisti della produzione olearia di punta della regione, che hanno da sempre a che fare con tronchi ritorti abbondanti di frutti e avari di ombra; la pietra sobria dei duomi romanici diventa immaginifica nelle chiese e nei palazzi del barocco leccese; il contadino salentino parla una lingua incomprensibile a Bari o a Foggia. Le coppie di immagini contrapposte, ciascuna vera ma non riassuntiva, non pugliese, possono facilmente moltiplicarsi: c'è una Puglia proiettata sul mare e una Puglia profondamente agreste, una

Puglia di microfondi e una di latifondi, una Puglia di città e una di case sparse, una Puglia comunista, patria dei Di Vittorio e dei Grieco, e una democristiana quanto il Veneto.

Tre realtà radicalmente differenti

Non si tratta comunque di una realtà infinitamente molteplice o frantumata. La risistemazione amministrativa di età normanna ha disegnato nella parte orientale di quella che era stata la Apulia romana, tre province dotate per secoli di caratteri riconoscibili e radicalmente diversi.

A nord il convivere del latifondo produttore di grano per l'esportazione e del gigantesco fenomeno della transumanza delle greggi fra i pascoli estivi degli Abruzzi e quelli invernali del Tavoliere segna profondamente il volto della Capitanata. Per usare le parole di un osservatore cinquecentesco, essa è «provincia assai giovevole alle altre del regno, ma in quanto a sé la più inutile che vi sia»: «è malissimo abitata», «priva di alberi e di legna, poverissima di acqua», «infettata» d'estate; e però, «dall'altro canto produce grano, orzo, et altre biade in tanta quantità che veramente si può chiamare il granaio non solo di Napoli e del regno, ma di molte città d'Italia, (...) e nutrisce la maggior parte del bestiame del regno, che da' luoghi montuosi e freddi discende al piano». Al centro di questa provincia Foggia, grande mercato cerealicolo e sede della «Dogana della mena delle pecore» istituita dagli aragonesi a fini fiscali, si afferma come polo fra i più importanti del Mezzogiorno, confermando l'«inutilità» di questa terra a se stessa e consegnandola, da un lato, al commercio internazionale del grano e della lana, dall'altra ai pastori abruzzesi.

A sud, in Terra d'Otranto, la mercantilizzazione non ha effetti così estremi. Ampie fasce di agricoltura contadina, una rete fitta di piccoli e medi insediamenti, poteri feudali resistenti convivono con un grande porto «coloniale» come Gallipoli, il massimo emporio oleario del Mediterraneo di età moderna, dominato dalle navi e dai mercanti inglesi. Il capoluogo, Lecce, rimane a lungo la città provinciale del Mezzogiorno continentale con maggiori pretese di urbanità di antico regime, con le scenografie barocche, le chiese, i palazzi in cui la feudalità dispiega i suoi cerimoniali e spende i redditi ricavati dalla commercializzazione di decime e terraggi.

Stretta fra queste due aree diversissime, dotate entrambe di centri di attrazione importanti e proiettate in opposte direzioni, la provincia di Terra di Bari sembra possedere un'identità meno definita. Qui il latifondo cerealicolo e pastorale della vasta area collinare delle Murge schiaccia lungo un tratto di costa adriatica una striscia a oliveti: un mutamento repentino di colori, di colture, di tipi umani porta il viaggiatore da un'area di molta terra e uomini radi, di suoli nudi e paesaggi desolati, di feudatari e «bracciali», a un'altra di poca terra e molti uomini, di alberi e giardini, di contadini e marinai. D'altronde mancano polarità forti: il centro dal quale la provincia prende nome, Bari, è emerso dalla crisi del Tre-Quattrocento, per consistenza demografica e funzionale, come *uno* fra i nodi di un sistema policentrico poggiato su un gruppo di grandi borghi che si ergono sulla campagna deserta.

Campagne e grandi borghi

È un mondo risultato a lungo enigmatico agli occhi di osservatori abituati ai modelli insediativi europei «normali», articolati in poche città con funzioni secondarie e terziarie che dominano amministrativamente ed economicamente vasti contadi punteggiati di villaggi. Nel Barese la campagna penetra profondamente dentro le mura dei borghi, ne circonda le piazze e i grandi edifici del potere e del culto con cerchi concentrici di edilizia povera destinati a residenza dei contadini. Di lì gli uomini partono prima del giorno per lavorare campi spesso lontani e vi tornano la sera, lasciando corti arabe e gli intrichi di strade alle donne. A differenza dei contadini insediati a ridosso degli appezzamenti che lavorano, uomini e donne hanno con la terra un legame superficiale, privo di implicazioni simboliche consistenti; essi ne vendono e ricomprano frammenti senza che questo significhi un mutamento di condizione sociale, si sposano precocemente senza attendere di conquistare un'azienda autonoma, non costruiscono famiglie-ceppo attorno alla trasmissione del possesso e della casa degli avi, ma in larghissima proporzione famiglie semplici neolocali, in cui i beni si trasmettono anche lungo la linea femminile e i tassi di mortalità, natalità e nuzialità sono alti quanto quelli delle grandi capitali europee. Tutto ciò in un ambiente di precoce mercantilizzazione e specializzazione produttiva, di contatti quotidiani con prodotti e valori di mondi lontani, di abitudine a muoversi per terra e per mare. L'immagine del Sud d'Italia come terra di mondi contadini chiusi è del tutto incapace di leggere questa società che funziona dentro un sistema di flussi intensi di merci e di uomini.

Una fitta rete di scambi

Tracciato sulla carta, tale sistema corregge in qualche misura l'immagine di lacerazione e reciproca estraneità dei singoli pezzi del territorio regionale pugliese. I flussi lunghi del commercio di lana, olio e grano scambiati con manufatti, ferramenta, legname, provocano altri flussi di dimensione piccola e media. La domanda di manodopera prodotta dal latifondo cerealicolo di Terra di Bari, della parte settentrionale di Terra d'Otranto, del Tavoliere foggiano non vincolato a pascolo, è violentemente oscillante a seconda delle fasi del calendario agricolo, e nei momenti acuti – alla semina e soprattutto alla mietitura – può essere soddisfatta solo in piccola parte attingendo alla popolazione locale. Per il resto occorre richiamare con alti salari braccia da un'area vasta, in particolare dalle zone dell'oliveto, il cui calendario agricolo presenta un vuoto in estate, che gli olivicoltori riempiono andando in massa a mietere. La microazienda olivicola raggiunge un suo precario equilibrio solo grazie alla notevole integrazione del salario della mietitura, e il latifondo trova fra gli olivicoltori gran parte della forza-lavoro indispensabile a valorizzarlo. Oltre che a livello della produzione, essi stringono rapporti al momento della commercializzazione, dato che la specializzazione produttiva fondata sul commercio a lunga distanza di olio, lana e grano impone lo scambio a breve distanza di grano, carni, pelli e formaggi dell'interno, contro olio, frutta, pesce, prodotti orticoli della costa. I fitti boschi di olivi e le distese coltivate a grano diventano fra loro complementari, alimentano le rispettive diversità e le le utilizzano. Questo sistema di flussi si annoda e si organizza nelle piazze dei borghi: lì la famiglia contadina, condannata a un livello basso di autoconsumo, acquista non solo i manufatti ma il cibo stesso, lì giungono i terminali del commercio a lunga e a media distanza che collega la regione olearia a quella granaria, si contrattano prestazioni lavorative, si realizza la compravendita frequente dei microfondi connaturata al rapporto strumentale con la proprietà, si stipulano contratti di fitto a breve e brevissimo termine. Il tutto per il tramite di sensali, notai, giudici a contratto, agrimensori, professionisti di ogni tipo di intermediazione. Non essendo il profilo del contadino pugliese definito dal rapporto fra uomo e natura ma da un rapporto «artificioso» fra uomini, i suoi insediamenti non sono dormitori, ma ambienti di vita associata aperti agli impulsi esterni, luoghi di fondachi e osterie, scambi monetari e contrattualità giuridicamente regolata.

La rottura di antichi equilibri

Era indispensabile far cenno a questi «caratteri originari» secolari non solo perché essi hanno lasciato segni vistosi nel paesaggio, negli edifici, nei tipi umani e nelle mentalità, ma anche perché permettono di dar conto dei percorsi del grande mutamento ottocentesco e, in qualche misura, dei suoi esiti. Un mutamento che qui non si configura come irruzione del mercato, da secoli connaturato alla vita sociale dell'area, ma come rottura dei suoi equilibri territoriali di lungo periodo, come una vicenda di emarginazioni e polarizzazioni nuove.

Significativamente non sono i grandi centri settentrionale e meridionale – Foggia da un lato e Lecce-Gallipoli dall'altro – ad avere un ruolo primario nella trasformazione; essi anzi subiscono un netto degrado relativo. L'abolizione della dogana e dei vincoli di pascolo sulla terra e la connessa crisi della pastorizia transumante sottraggono a Foggia funzioni amministrative e mercantili importanti, compensate solo in parte dal dilagare del grano nella piana dei pascoli invernali. E così, mentre il Molise, rimasto a lungo dentro i confini amministrativi della Capitanata, se ne stacca sanzionando la fine delle complementarità economiche fra montagna e pianura, la pianura cerealicola comincia a gravitare verso Terra di Bari, in particolare verso il porto di Barletta, pienamente inserito nei giochi della Borsa napoletana e della speculazione internazionale e per questo diventato il massimo porto granario del Mezzogiorno. All'altro capo della regione l'olio di Gallipoli non regge all'accrescersi dei concorrenti mediterranei e all'emergere dei succedanei: il grande porto decade e finisce per svuotare le pretese di Lecce come capitale provinciale. Mentre i piccoli insediamenti policolturali della zona del Capo e delle Serre si fanno ormai irreversibilmente marginali, Brindisi e Taranto vanno ritagliandosi

ruoli autonomi e si proiettano esse pure verso Terra di Bari: già al momento dell'Unità la disgregazione amministrativa della provincia, realizzatasi alcuni decenni dopo, si presenta come una questione sul tappeto.

Anche in Terra di Bari la grande trasformazione ha effetti dirompenti. Le piazze dei grandi borghi erano state, per gruppi sociali ristretti ma significativi, palestre di imprenditorialità preziosa per affrontare a un livello più ampio la rivoluzione commerciale e industriale; Bari in particolare era riuscita a raggiungere nel mercato oleario in età moderna un ruolo non del tutto subordinato ai mercati esteri, e aveva accumulato risorse mentali e materiali messe a frutto nella nuova situazione. Poggiando le sue richieste di nuove funzioni amministrative e di infrastrutture viarie e portuali sulla crescita imponente dei flussi oleari che a partire dai primi decenni dell'Ottocento passano dai suoi moli, in pochi decenni Bari si emancipa dalla collocazione secolare di *agrotown* in un tessuto di centri di taglia e ruoli simili. La città cresce impetuosamente sul piano demografico e funzionale fino a configurare il fenomeno urbano più importante del Mezzogiorno continentale dopo Napoli, diventa centro nodale di un'area di gravitazione debordante dai confini della vecchia provincia verso quelle contermini, che vedono relativamente indebolirsi la capacità di attrazione dei loro capoluoghi storici.

Nuove gerarchie territoriali

Lungo questo percorso comincia finalmente a diventare riconoscibile uno spazio regionale: la Puglia si fa largo fra le varie Puglie non omogeneizzandole, ma comprendendole dentro un nuovo e più stringente sistema di gerarchie territoriali. Le cifre globali della produzione, della commercializzazione, della popolazione regionale aumentano vistosamente, ma le medie nascondono il divaricarsi di situazioni contigue, l'emarginazione di zone una volta vitali, l'esasperazione di problemi antichi che si fanno esplosivi soprattutto quando, con l'Unità, la rete amministrativa residua viene spazzata via. La modernizzazione ottocentesca cresce sull'aggressione indiscriminata agli equilibri naturali, sulla preponderanza dell'intermediazione rispetto all'investimento produttivo, sulla subordinazione delle scelte colturali alla domanda internazionale. La crisi determinata dalla guerra commerciale con la Francia negli anni ottanta dell'Ottocento – qui particolarmente drammatica – mette in luce il carattere economicistico, aggressivo, scarsamente espansivo di questo primo regionalismo pugliese a carattere mercantile, e pone ai gruppi di potere il problema del governo dei processi, della gestione, di un territorio e di una società che avevano visti sconvolti i propri equilibri secolari.

La crisi dell'intervento pubblico

I modi in cui i gruppi di potere accolgono questa sfida segnano ancora oggi il volto di aree importanti della Puglia. La capacità espansiva della modernizzazione rimane limitata, e deboli rimangono gli istituti, gli atteggiamenti, le figure preposte alla mediazione e al controllo sociale. Nelle aree di punta della regione il compito di compensare le disuguaglianze e di depotenziare i conflitti che ne conseguono non è attribuito agli attori sociali, ma allo Stato, attraverso forme di organizzazione della rappresentanza e di selezione del personale politico, che puntano sulla capacità di strappare al governo grandi interventi. Di qui alcuni elementi che segnano la Puglia attraverso il mutare dei quadri istituzionali dell'Italia novecentesca: la violenza dei conflitti emblematicamente rappresentati dal socialismo braccantile, e il carattere di grande laboratorio per la gestione pubblica del territorio che le province pugliesi assumono in età liberale come in quella fascista e repubblicana, con la bonifica del Tavoliere e l'acquedotto pugliese, gli appoderamenti dell'Opera nazionale combattenti negli anni venti e quelli dell'Ente riforma negli anni cinquanta, e infine i giganteschi interventi della Cassa per il Mezzogiorno.

La crisi di questo modello è sotto gli occhi di tutti, visibile nelle innumerevoli case coloniche abbandonate, nelle grandi cattedrali industriali assediate dagli scioperanti, nella limitata consistenza dell'indotto, nella debolezza di molte fra le iniziative imprenditoriali, spesso poggiate sulla elusione di massa di leggi e norme. Al tempo stesso, la crisi emerge come indebolimento dei nessi che davano unità a un territorio strutturalmente molteplice.

──── **BIBLIOGRAFIA** ────

L. Masella e B. Salvemini (a c. di), *La Puglia*, Einaudi, Torino 1989.

J. Lieutaud, *La Pouille, un exemple de programmation industrielle dans le Mezzogiorno italien*, Ecole française de Rome, Roma 1991.

Basilicata: un laboratorio per il Mezzogiorno del 2000

Agnese Sinisi

Per molto tempo le principali «cause modificatrici» (F.S. Nitti) di questa regione furono viste nei terremoti o in altri fenomeni distruttivi come i disboscamenti e l'emigrazione. Oggi la modernizzazione passa per le avanzate attività agricole del Vulture e della valle dell'Ofanto e per l'organizzazione industriale in stile giapponese importata dalla FIAT.

Una regione descritta abitualmente come il paradigma di un Mezzogiorno arcaico, immobile nelle sue strutture economiche e culturali, è stata scelta dalla FIAT per il suo nuovo stabilimento automobilistico, organizzato secondo i canoni nipponici. L'immagine della Basilicata si è a lungo identificata con quella dei Sassi di Matera, case scavate nelle rocce tufacee, architetture preistoriche, abitate però fino negli anni cinquanta da quasi 20 000 persone e, perciò, simbolo della immutabile povertà dei contadini lucani. Lo stabilimento di Melfi diventerà il nuovo volto della regione? E non ci sarà il pericolo che ciò avvenga a scapito di una Basilicata nuova che, intanto, stava sviluppandosi attraverso attività agricole condotte con criteri avanzati?

Povertà e isolamento, senza dubbio, hanno segnato per secoli la realtà della Basilicata. La sua configurazione geografica ha reso sempre molto difficili le comunicazioni e gli scambi. Caratterizzata da bacini idrografici paralleli, separati da crinali montani e collinari – la superficie territoriale, di circa 10 000 km², è costituita per il 92% da montagne e colline –, la Basilicata ha poi limitati tratti di costa: molto stretto quello sul versante tirrenico a Maratea; più esteso quello sul versante ionico, ma, fino al secondo dopoguerra, paludoso, privo di porti e pressoché disabitato. I resti archeologici delle antiche colonie greche costituivano le uniche tracce di insediamento umano. La difesa dalla malaria, le forme di utilizzazione del suolo e le esigenze delle famiglie contadine, legate ad un'economia agro-silvo-pastorale – agli inizi del XIX secolo, circa metà del paesaggio agrario era composto da pascoli e boschi – hanno spinto la popolazione lucana a concentrarsi in centri abitati situati in posizioni elevate, di non facile accesso, come Potenza, capoluogo dal 1806 della provincia Basilicata e oggi capoluogo di regione.

Evoluzione della società rurale

I caratteri storico-ambientali, tuttavia, non legittimano un'immagine immobilistica della Basilicata sia per le profonde trasformazioni che hanno segnato la regione a partire dagli anni cinquanta, sia perché la società rurale, disgregatasi in questi ultimi decenni, era già espressione di importanti e relativamente recenti processi di mutamento storico. Basti solo considerare che tra il 1815 e il 1908 la metà della superficie boschiva regionale venne distrutta, conseguenza dei grandi mutamenti economici e politici del XIX secolo come l'abolizione della feudalità e la privatizzazione delle risorse collettive (in primo luogo i terreni demaniali). Drasticamente ridimensionate le attività legate all'allevamento transumante, si vennero in questo modo a rompere gli equilibri che per secoli avevano integrato le economie montane a quelle delle aree collinari-pianeggianti. All'impoverimento delle aziende contadine delle zone montane, costrette a fronteggiare fenomeni sempre più gravi di dissesto territoriale, corrispose nelle aree nord-orientali della regione – parte del Melfese, colline e pianure del versante ionico – il consolidamento delle grandi aziende cerealicole, relativamente dinamiche perché gravitanti sui porti commerciali pugliesi.

L'emigrazione

La rottura dei vecchi equilibri economico-ambientali condizionò i processi demografici. Dapprima si intensificò la mobilità interna, soprattutto periodica, delle popolazioni montane: nella prima metà dell'Ottocento anche il 50% degli abitanti dei centri montani migrava nelle aree del litorale ionico per i lavori agricoli stagionali nelle grandi aziende. L'emigrazione transoceanica, nei decenni postunitari, coinvolse sempre e principalmente gli abitanti delle zone montane, incidendo sensibilmente sulla popolazione regionale che ebbe un decremento assoluto di oltre il 10% dal 1881 al 1921 (nel 1881 la Basilicata contava 524 504 abitanti).

Si inaugura l'intervento pubblico nel Mezzogiorno

La forte incidenza dell'emigrazione e la devastazione dell'assetto territoriale rendevano la Basilicata – come sottolineavano i meridionalisti liberali di origine lucana, Giustino Fortunato e Francesco S. Nitti – una realtà emblematica della «questione meridionale». Perciò proprio in Basilicata si sperimentarono le prime forme di intervento pubblico a favore del Mezzogiorno: nel 1904 una legge speciale per la Basilicata stanziò fondi per le opere pubbliche, lo sviluppo del credito agrario e il riassetto del territorio. Con il blocco dell'emigrazione transoceanica, avvenuto durante il fascismo, emerse nettamente la fragilità dell'economia rurale della regione. Le zone montane risultavano più povere perché private di una risorsa esterna come le rimesse degli emigrati, mentre nelle zone della cerealicoltura estensiva, come il litorale ionico, la grande azienda latifondistica, seppur «modernizzata» (parziale meccanizzazione e uso di concimi chimici), non era in grado di suscitare una crescita della produttività agricola come dell'economia regionale. Nel dopoguerra la situazione della Basilicata era una delle peggiori del Mezzogiorno: nel 1950, gli addetti all'agricoltura costituivano i 3/4 della popolazione attiva, la produzione agricola risultava essere inferiore a quella degli anni venti, mentre la concentrazione della proprietà fondiaria era elevatissima con il 55% della terra nelle mani di possessori di aziende superiori ai 50 ettari.

La riforma agraria

La riforma fondiaria degli anni cinquanta, grazie alla pressione del movimento contadino, ha inciso sulle grandi proprietà, con oltre 50 000 ettari espropriati e assegnati ai contadini. Ma in Basilicata, come nel resto del Mezzogiorno, sono ben presto emersi i limiti della riforma: dei 10 000 poderi assegnati ne sono rimasti in attività la metà. La crescita agricola si è verificata solo nelle zone, come nel Metapontino, dove l'intervento pubblico si è realizzato in forme più ampie con opere di bonifiche, costruzione di dighe artificiali e di sistemi irrigui.

Nell'ultimo quarantennio i processi di trasformazione sono stati relativamente rapidi. Dal 1951 al 1971, a causa dell'emigrazione, la popolazione si è stabilizzata sopra i 600 000 abitanti. Gli addetti all'agricoltura sono passati dal 73,1% della popolazione attiva nel 1951 al 28% nel 1981. Il declino demografico e produttivo dei comuni rurali è stato in parte compensato dal popolamento e dallo sviluppo del litorale ionico (il Metapontino in particolare) e soprattutto dalla crescita dei due centri urbani, Potenza e Matera, gli unici che hanno una popolazione superiore ai 50 000 abitanti (la maggior parte della popolazione lucana è distribuita in piccoli centri dai 600 ai 9 000 abitanti). Si tratta di una crescita legata essenzialmente alle funzioni amministrative dei due capoluoghi di provincia, che si è espressa in un'espansione urbanistica, specialmente nel caso di Potenza, disordinata e squilibrata. Il centro storico, degradato, ha subito gravissimi danni con il terremoto del 23 novembre 1980; con la ricostruzione post-terremoto se ne è intrapreso il recupero. Non si sono invece ancora realizzati interventi a salvaguardia dei Sassi di Matera, il suggestivo complesso architettonico ormai disabitato – la popolazione si è insediata in nuovi e moderni quartieri –, ma di grande valore storico e culturale.

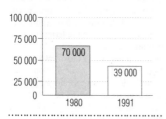

Occupati in agricoltura

(grafico a barre: 70 000 nel 1980, 39 000 nel 1991)

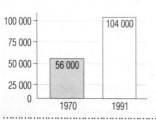

Occupati nei servizi

(grafico a barre: 56 000 nel 1970, 104 000 nel 1991)

La struttura dell'occupazione

Le forme di crescita dei due centri urbani riflettono le debolezze della struttura produttiva della Basilicata. Al costante declino degli occupati in agricoltura (nell'ultimo decennio si è avuta una ulteriore diminuzione da 70 000 nel 1980 a 39 000 nel 1991) ha corrisposto una crescita nel settore dei servizi: da 56 000 occupati nel 1970 a 104 000 nel 1991 soprattutto nella pubblica amministrazione e nelle piccole attività commerciali. L'occupazione industriale, in crescita negli anni sessanta e settanta (fino a 64 000 occupati nel 1975), si è ridotta negli anni ottanta: 50 000 occupati nel 1991, ma per oltre due terzi nel settore delle costruzioni e non in quello industriale in senso stretto. A determinare un netto calo dell'occupazione è stata soprattutto la crisi del nucleo industriale della Val Basento, creato dopo la scoperta negli anni sessanta di giacimenti di metano e caratterizzato da industrie chimiche. Di qui gli squilibri nel mercato del lavoro con l'aumento delle persone in cerca di occupazione (oltre il 20% nel 1991). Di qui il disagio sociale, manifestatosi con la diffusione nei centri del litorale ionico, del Materano e delle zone interne, di fenomeni di criminalità organizzata, collegata a quella delle regioni limitrofe, anche se la Basilicata presenta una situazione di minore degrado del tessuto civile.

Il terremoto del 1980

L'evoluzione della realtà regionale negli anni ottanta è stata notevolmente condizionata dal sisma del 23 novembre 1980. In effetti, i terremoti – come osservava Francesco S. Nitti –, insieme all'emigrazione e ai disboscamenti, sono da considerare le principali «cause modificatrici» della Basilicata contemporanea (si tenga presente che nel 1851 e nel 1857 la regione fu segnata da gravi eventi sismici). Le perdite umane e materiali provocate dal sisma del 1980 sono state rilevanti soprattutto nei comuni della montagna del Potentino e dell'Alto Melfese, dove si sono fatte più precarie le condizioni dell'economia agricola locale.

L'industria che viene dall'esterno

I finanziamenti erogati dallo Stato per la ricostruzione post-terremoto, al di là dei fenomeni di corruzione, sono stati utilizzati soprattutto per opere pubbliche di discutibile utilità e per la realizzazione di nuovi poli industriali (Pescopagano, Valle di Vital-

ba, S. Nicola di Melfi). Analogamente ai precedenti tentativi di industrializzazione, lo sviluppo delle attività produttive è affidato a iniziative esogene piuttosto che a forze imprenditoriali locali e autonome. Così l'insediamento del nuovo stabilimento Fiat a S. Nicola di Melfi, se viene a creare rilevanti opportunità occupazionali (7000 addetti), rischia anche di avere un incontrollato impatto sul territorio. Vi sono i pericoli di inurbamento selvaggio e di degrado ambientale. Vi è poi l'eventualità di un arretramento e abbandono delle attività agricole che, nell'area coinvolta (dal Vulture alla pianura irrigua della Valle dell'Ofanto), sono tra le più avanzate del Mezzogiorno. Lo stabilimento Fiat di Melfi, attivo dal 1994, si basa su organizzazione e tecnologia mutuate dall'industria automobilistica giapponese. La Basilicata viene quindi a essere un «laboratorio sperimentale» per il Mezzogiorno del 2000. È da notare che la localizzazione del nuovo stabilimento Fiat in questa regione debole e periferica, simbolo della cultura contadina meridionale in tante opere letterarie e cinematografiche del secondo dopoguerra, a partire da *Cristo si è fermato a Eboli* di Carlo Levi, non è casuale: nel nuovo modello giapponese di organizzazione del lavoro le forme culturali preindustriali giocano, infatti, una funzione rilevante.

─── **BIBLIOGRAFIA** ───

R. Giura Longo, *La Basilicata moderna e contemporanea*, Edizione del Sole, Napoli 1992.

SVIMEZ, *L'industrializzazione del Mezzogiorno: La Fiat a Melfi*, Il Mulino, Bologna 1993.

A. Sinisi, *Economia, istituzioni agrarie e gruppi sociali in Basilicata (1815-1914)*, Giannini, Napoli 1989.

Calabria:
classi dirigenti senza un progetto

Piero Bevilacqua

La società civile, assediata dalla 'ndrangheta, si accontenta di gestire i flussi di risorse che giungono dallo Stato. Pochi i punti di forza – un'agricoltura moderna, l'università di Arcavacata – da cui partire per rilanciare la regione.

Nonostante i suoi 7800 chilometri di coste, la Calabria è stata e continua in larga parte a essere una regione a economia di terra, segnata da deboli ed episodici rapporti con i suoi mari. A parte Reggio, antico insediamento della Magna Grecia, i suoi centri maggiori, Cosenza e Catanzaro, si trovano nell'entroterra e sono caratterizzati da vocazioni originarie di tipo difensivo e rurale.

Ma il territorio è prevalentemente montuoso e collinare, con un misero 9% di pianure e la parte pianeggiante è stata per secoli scarsamente utilizzabile a causa della presenza della malaria che scoraggiava l'insediamento stabile della popolazione e inibiva le attività marittime.

Quando i calabresi
producevano per l'Europa

Il profilo economico-sociale con cui la Calabria fa il suo ingresso nell'età contemporanea non sono comprensibili prescindendo dalla sua collocazione entro il Regno di Napoli che, esaurita la fase della dipendenza-integrazione con le economie mercantili delle grandi città del Nord, era tornato alla funzione di produttore di materie prime agricole (olio, mandorle, seta grezza, agrumi) per i grandi paesi dell'Europa, innanzitutto Inghilterra e Olanda, che le commerciavano a livello internazionale.

Insieme al Regno di Napoli la Calabria è stata inserita nelle sfere di influenza delle maggiori economie del mondo. È stata in contatto costante con le forze economiche e con le linee di traffico del grande mercato internazionale, ma quasi sempre in una posizione subalterna, senza mai esprimere un'autonoma classe mercantile in grado di orientare l'economia della regione e una classe dirigente che si ponesse obiettivi elevati di governo civile.

Vocazione agricola
e liberismo dopo l'unità

All'avvento dell'unificazione l'economia della Calabria assume una caratterizzazione sempre più decisamente agricola, con il favore del buon andamento dei mercati internazionali e della politica liberista inaugurata dal Regno d'Italia. Vengono quindi privilegiate le produzioni destinate ai mercati esteri: olio, vino, agrumi. Entra in crisi la sericoltura (allevamento del baco da seta, filatura e torcitura) che aveva collegato attività agricole e produzione manifatturiera. Alcune industrie, come la ferriera di Mongiana, che produceva armi per l'esercito borbonico, vengono chiuse per gli elevati costi di gestione.

Si sfalda l'aristocrazia fondiaria

Fu in questa fase che la borghesia terriera assunse un più deciso profilo. Essa sorgeva per un verso dallo sfaldamento della vecchia aristocrazia fondiaria, che sempre più spesso doveva vendere le proprie terre per risolvere problemi di indebitamento o per ripartire fra gli eredi il patrimonio familiare. In parte essa sorgeva anche dal seno della classe dei fittavoli, dei massari, e dei piccoli proprietari grazie ai risparmi accumulati nel tempo all'interno dell'impresa familiare. A tali tendenze spontanee diede un importante contributo il nuovo Stato, il quale, all'indomani dell'Unità, immise nel mercato fondiario una massa considerevole di terre e di beni immobili, prima appartenuti alla Chiesa. In Calabria furono allora acquistati ben 6197 lotti per un totale di 36 387 ettari di terra, che si aggiungevano alle migliaia di ettari del demanio in corso di quotizzazione sin dall'inizio del secolo. Tale processo di redistribuzione della proprietà fondiaria, se in parte favorì le famiglie dei grandi proprietari, più spesso rafforzò la borghesia agraria imprenditoriale e introdusse talora nel possesso della terra figure nuove, soprattutto commercianti arricchitisi con la vendita dei prodotti agricoli.

All'indomani dell'Unità, gli esponenti politici liberali che furono chiamati a rappresentare la regione in parlamento appartenevano per lo più a vecchie famiglie della grande proprietà, spesso con qualche merito di lotta antiborbonica nel proprio recente passato. Si trattava in genere di più o meno potenti casati come quello dei Morelli (grandi usurpatori delle terre demaniali della Sila) e dei Compagna in provincia di Cosenza, dei Barracco e dei Lucifero in provincia di Catanzaro (grandi proprietari di terre nel crotonese) degli Spanò-Bolano e dei Melissari in provincia di Reggio Calabria. Queste famiglie e poche altre assunsero una vera e propria leadership a livello locale, grazie all'eredità di antichi rapporti di dominio su una società segnata da forti elementi di gerarchizzazione. Ma ora esse venivano estendendo e al tempo stesso trasformando tale potere grazie alla possibilità di rappresentare l'autorità politica del nuovo Stato unitario all'interno della regione e il peso e l'«opinione» di questa all'interno dello Stato.

Crisi agraria ed emigrazione

Con gli anni ottanta lo scenario economico cambia rapidamente. La crisi agraria che investe le campagne europee si riflette anche sulla regione. Nello stesso periodo la guerra commerciale con la Francia colpisce tradizionali prodotti di esportazione calabrese e soprattutto interrompe lo straordinario flusso di mosto e di vino con cui la Calabria – insieme al resto del Sud e soprattutto alla Puglia – aveva alimentato per un buon decennio l'industria enologica francese, impossibilitata a utilizzare i propri vigneti a causa della fillossera. Per effetto della crisi agraria intorno agli anni ottanta inizia l'emigrazione verso le Americhe. Negli ultimi due decenni dell'Ottocento l'emigrazione calabrese s'indirizza verso l'Argentina e il Brasile, paesi poco popolati che cercano manodopera a basso costo per le loro campagne. Ma col volgere del secolo il flusso migratorio cambia rapidamente e le nuove ondate di contadini e artigiani si dirigono verso gli Stati Uniti per trovare collocazione e lavoro nelle grandi città. È stato calcolato che fra il 1876 e il 1915 circa 879 000 persone siano partite dalla regione che allora contava meno di un milione e mezzo di abitanti. Nel corso del primo quindicennio del Novecento la partenza dalle campagne di tanta mano d'opera costrinse i proprietari terrieri a innalzare i salari, mentre la rarefazione del bracciantato nelle zone latifondistiche spinse padroni e fittavoli a fare più largo ricorso alle macchine agricole. Grazie alle rimesse inviate alle famiglie o ai risparmi direttamente portati dagli americani, una inedita circolazione di denaro dava la possibilità alle famiglie contadine di innalzare il proprio tenore di vita, di sfuggire all'usura, di comprare la casa e la terra.

Un nuovo ceto politico

Tali trasformazioni, comunque, non ebbero la forza, da sole, di produrre un cambiamento significativo nelle strutture economiche fondamentali della regione. Non nacquero nuove manifatture, e anzi scomparvero quelle che ancora resistevano. Nel primo quindicennio del secolo, mentre nelle regioni nord-occidentali del paese era in atto un processo di industrializzazione, la Calabria, pur percorsa da un nuovo dinamismo, finì coll'accentuare le proprie vocazioni agricole, specializzandosi nella produzione di frutta e verdura e, in genere, nella valorizzazione dell'arboricoltura impiantata nelle terre di collina.
Sul finire dell'Ottocento alla vecchia élite agraria subentra in parte una

schiera di professionisti, soprattutto avvocati, che operano a livello locale e in parlamento come portavoci di meno ristretti interessi sociali. Già nel 1889 il 47% dei membri dei consigli provinciali calabresi è composta da avvocati. Si tratta di un nuovo ceto di politici di professione che hanno larghi rapporti con i più diversi strati sociali e che occupano gli spazi istituzionali offerti dal moderno Stato rappresentativo: il comune, la provincia, il parlamento. Lo scontro fra diversi schieramenti e famiglie si fa sempre più aperto a mano a mano che la politica si mostra terreno importante per ottenere potere e risorse.
Già allora del resto – anche se il fenomeno acquisterà un maggior rilievo più tardi – la crescita, pur modesta, dei centri urbani capoluogo favoriva la formazione di nuovi strati professionali, legati soprattutto alle funzioni amministrative periferiche dello Stato. E tale fenomeno forniva dunque nuovi quadri alla società civile e alla lotta politica. È in quella fase che si diffondono nelle città, ma anche nei più grossi comuni non capoluogo, le società di mutuo soccorso: istituti che coinvolgono in un nuovo tipo di socialità e di aggregazione politica i ceti popolari, benché spesso sotto il controllo dei notabili locali. Sul finire del secolo si fanno progressivamente strada gli ideali socialisti e le prime formazioni sindacali, che tendono a collocare ancora ristretti settori del proletariato urbano e rurale su un terreno di organizzazione politica di tipo nuovo, in aperto conflitto con la società esistente e i suoi ordinamenti. L'esperienza dell'emigrazione contribuisce a creare condizioni che favoriscono la diffusione degli ideali socialisti nelle città e nelle campagne. Ma è soprattutto dopo la prima guerra mondiale che anche in Calabria nasce un vero e

proprio movimento socialista, con proprie strutture organizzative e che dà vita, nelle campagne, alle prime occupazioni dei latifondi.

La modernizzazione fascista

Lo squadrismo calabrese non ebbe l'ampiezza manifestata in altre regioni. E tuttavia il movimento popolare, tanto socialista quanto cattolico – che nel frattempo aveva organizzato ampi strati di lavoratori in leghe e sindacati – venne travolto. Il regime fascista, pur nelle forme dispotiche di uno Stato dittatoriale, mise in atto una sorta di modernizzazione autoritaria incoraggiando la partecipazione subalterna della popolazione alla vita politica. L'obbligo di presenziare alle manifestazioni e di militare nelle organizzazioni collaterali del regime, per esempio, sottrasse le donne dal chiuso ambito domestico, favorendone l'ingresso nella vita pubblica.

Sul piano economico e sociale la regione rimase per tutto il ventennio nelle sue fondamentali strutture agrarie. Le campagne costituirono anzi l'obiettivo di un ambizioso tentativo di modernizzazione dall'alto che ebbe nella bonifica della Piana di Sibari, di S. Eufemia Lametia e di Rosarno alcuni degli episodi più rilevanti di trasformazione territoriale e ambientale.

Le lotte per la terra e la riforma agraria

All'indomani della guerra, la Calabria fu al centro della lotta contadina per la terra che si protrasse per tutta la seconda metà degli anni quaranta. E dalla Calabria venne il primo ministro dell'agricoltura di fede comunista della storia d'Italia, Fausto Gullo, che favorì con una serie di leggi il movimento popolare e l'occupazione delle terre incolte. Anche in risposta alle lotte e ai morti contadini che si ebbero allora nella regione, nel 1950 il governo avviò la riforma agraria, che liquidò il latifondo e diede alle masse contadine l'accesso alla proprietà coltivatrice, mentre incominciarono i primi provvedimenti della Cassa per il Mezzogiorno. Gli sforzi del nuovo organismo si concentrarono soprattutto sull'agricoltura e sulle infrastrutture del territorio. Una sempre più fitta rete di strade venne finalmente a collegare i vari centri fra di loro e con gli assi viari più importanti. L'antico isolamento di tante terre interne e villaggi finiva per sempre. Nel frattempo l'emigrazione, che era ripresa sin dal dopoguerra, svuotava progressivamente, talora drammaticamente, le campagne. Si calcola che in questo secondo dopoguerra siano emigrati dalla regione, fra il 1946 e il 1976, circa 759 000 persone.

Scomparivano così le vecchie figure dei contadini poveri che a lungo erano state uno dei segni sociali distintivi della Calabria. Le campagne – soprattutto le aree di pianura – assumevano un volto più moderno grazie al nuovo dinamismo di aziende capitalistiche o diretto-coltivatrici. Nel frattempo la popolazione abbandonava le zone interne riversandosi sulle coste e dando vita a una forma di urbanesimo spontaneo (in taluni casi selvaggio) che si concentrava soprattutto nei centri maggiori. Fra il 1951 e il 1981 circa 500 mila abitanti – un quarto dei 2 milioni complessivi – occupavano l'area di Catanzaro, Cosenza, Crotone, Lametia, Reggio Calabria. Come in altre aree del Mezzogiorno e del resto della penisola, la popolazione si è andata addensando lungo le coste, gravitando sul mare più per godere degli spazi di sponibili che per intraprendere attività economiche. La fioritura di localizzazioni turistiche che si è manifestata lungo le coste, negli ultimi decenni, è avvenuta più nella forma delle soluzioni individuali (costruzione di seconde e terze case) che non dello sviluppo di infrastrutture e di servizi collettivi, in grado di incrementare significativamente l'industria delle vacanze e di farne una realtà economica adeguata alle potenzialità naturali della regione.

I partiti e l'intervento nel Mezzogiorno

Mutavano intanto i rapporti che la popolazione aveva con il vecchio notabilato liberale. La DC, partito dominante a livello nazionale dopo il 1948, vide crescere le sue fortune grazie alla riforma agraria e alle istituzioni collaterali con cui si era venuta radicando nelle campagne (Ente Sila, Coldiretti, Federconsorzi). Da quei punti di forza essa venne costruendo una fitta rete di rapporti assistenziali e clientelari che, trasformati nel tempo, durano tuttora. Il Partito comunista ha svolto un ruolo di opposizione e di rappresentanza degli strati più poveri, raccogliendo soprattutto nel corso degli anni settanta il consenso di vasti settori di ceto medio urbano. Il PSI, che fino al 1964 si è mosso in sintonia col PCI, ha tuttavia svolto un ruolo importante, soprattutto negli anni a cavallo fra il sessanta e il settanta, perché – tramite un suo segretario nazionale e ministro dei lavori pubblici, Giacomo Mancini – ha favorito l'inserimento della Calabria all'interno del processo di modernizzazione che investiva il paese. La costruzione dell'autostrada e di un'ampia rete di nuove infrastrutture, la nascita di una università pilota nei pressi

di Cosenza, sono alcuni dei lasciti di quella esperienza.

Il potere clientelare

Negli anni successivi, scomparsi i grandi progetti modernizzatori, la regione ha conosciuto una stagione sempre più dimessa sotto il profilo politico. Le risorse messe a disposizione dallo Stato sono state gestite sempre più direttamente dai partiti di governo (soprattutto DC e PCI) che le hanno usate a fini di potere clientelare. La società civile della regione si è come afflosciata su se stessa, paga di ricevere e di gestire i flussi esterni, mentre l'opposizione di sinistra – che aveva svolto sino ad allora una funzione di organizzazione e di controllo – ha perso progressivamente terreno e si è andata disgregando. La criminalità organizzata, sotto la denominazione della 'ndrangheta, ha trovato in questo contesto e ambiente il terreno favorevole su cui prosperare diventando, fra gli anni settanta e ottanta, una componente interna della vita regionale.

Oggi la Calabria si presenta con pochi punti di forza su cui far leva per il proprio sviluppo. Essa può sicuramente vantare aree di moderna e prospera agricoltura: le numerose aziende collocate nella Piana di Sibari e di Crotone, sul versante ionico, o quelle della pianura di Sant'Eufemia e Rosarno sul versante tirrenico. L'università di Arcavacata e i centri di ricerca dell'area di Cosenza si vanno delineando come un «polo» culturale di crescente importanza, destinato a offrire alla regione personale intellettuale e saperi specializzati. Minore efficacia manifesta invece l'altro polo funzionale, che sul finire degli anni sessanta era stato assegnato a Catanzaro. Diventata capoluogo di regione, la città posta al centro geografico della Calabria non è ancora riuscita – dal 1970 a oggi – a diventare il centro di governo e di propulsione del suo sviluppo complessivo. Mentre, nel frattempo, altri comuni meno popolosi ma dotati di entroterra più ricco e dinamico – come Crotone e Vibo Valentia – sono diventati a loro volta capoluoghi di provincia, indebolendo oggettivamente la centralità politica di Catanzaro.

Il caso di Gioia Tauro e il problema Reggio

Del tutto fallimentare è risultato invece l'obiettivo con cui si voleva assegnare a Reggio Calabria e alla sua provincia il ruolo di centro industriale della regione. Diventato insostenibile, per ragioni di mercato internazionale, l'insediamento del Quinto Centro Siderurgico presso Gioia Tauro, l'area del Reggino è stata indubbiamente quella che ha tratto meno vantaggi dagli ultimi sprazzi di progettualità riformatrice che hanno interessato la Calabria tra la fine degli anni sessanta e i primi anni settanta.

La regione, dunque, non riesce ancora a esprimere una piena distribuzione e gerarchia funzionale dei suoi spazi e dei suoi centri propulsori, ma soprattutto appare ancora drammaticamente inadeguata dal punto di vista delle sue attività produttive, in particolare industriali. Pur avendo conosciuto, anche in questi primi anni novanta, una vivace fioritura di piccola imprenditoria non legata a grandi gruppi esterni, la regione rimane dotata di una gracile struttura manifatturiera. Le fabbriche tessili e le officine meccaniche di Reggio Calabria non appaiono in grado, insieme alla sparsa e disorganizzata piccola industria dispersa nel territorio, di forni-

re il supporto economico su cui la regione possa fondare la propria autonomia di reddito e le proprie prospettive di crescita.

BIBLIOGRAFIA

P. Bevilacqua, *Le campagne del Mezzogiorno tra fascismo e dopoguerra. Il caso della Calabria*, Einaudi, Torino 1980.

P. Bevilacqua, A. Placanica (a c. di) *Storia d'Italia. Le regioni dall'Unità a oggi. La Calabria*, Einaudi, Torino 1985.

G. Cingari, *Storia della Calabria dall'Unità ad oggi*, Laterza, Bari 1982.

L. Gambi, *La Calabria*, UTET, Torino 1978.

G. Galasso, *Economia e società nella Calabria del Cinquecento*, Feltrinelli, Milano 1975.

A. Placanica (a c. di), *La Calabria moderna e contemporanea*, Gangemi editore, Roma-Reggio Calabria 1992.

A. Placanica, *Storia della Calabria dall'antichità ai giorni nostri*, Meridiana libri, Roma 1993.

Sicilia:
la ricerca di una nuova identità

Giuseppe Balistreri

Il mito della diversità ha a lungo caratterizzato l'immagine della Sicilia. Posta di fronte alle istanze della moderna realtà italiana, la regione ha assunto un'identità ambigua, divenendo terreno di verifica della tenuta stessa dello Stato unitario. La crisi odierna, che affonda le sue radici nelle contraddizioni da sempre presenti nella realtà dell'isola, ripropone il problema di una fisionomia in positivo ancora da costruire, tra vocazione mediterranea e interdipendenza con l'Europa.

Fattori di lunga durata

In tutti i suoi aspetti costitutivi, da quelli riguardanti la vita materiale alle forme di rappresentazione mentale, la Sicilia sembra segnata da caratteri fortemente marcati, che mantengono una straordinaria continuità nel corso dei secoli. Il latifondo, che fu introdotto dai romani, è riuscito a sopravvivere, come elemento determinante nell'economia dell'isola, fino alla riforma fondiaria del 1950, e ancor oggi le sue tracce sono iscritte nel paesaggio rurale di gran parte della Sicilia interna centro-occidentale. Le pratiche economiche appaiono da sempre contraddistinte da una scarsa razionalizzazione tecnica della produzione. In relazione a ciò, una funzione di freno hanno avuto certamente i rapporti sociali dominanti e la precaria condizione del contadino, soprattutto per la breve durata con cui venivano fissati gli affitti di terra. Resta il fatto che l'orientamento prevalente, dapprima solo nei ceti feudali e poi anche nella classe media, è stato quello di considerare la terra un bene di prestigio e non un mezzo di produzione. E sebbene già in epoca borbonica e poi soprattutto dopo l'Unità d'Italia si siano realizzate trasformazioni anche in questo senso, e una serie di fattori tenda a fare della proprietà terriera un'azienda produttiva, il riorientamento in senso capitalistico delle attività agricole non si è verificato. Che questo sia da addebitare alle penalizzazioni che la Sicilia ha subito dalle vicende di mercato oppure alla sua inadeguata dinamicità economica interna rimane ancora una questione controversa. È certo che una scarsa propensione all'investimento produttivo appare addirittura un dato costante di lunga durata.

Gli elementi di continuità si mostrano ancora più rilevanti se ci spostiamo dal campo dell'economia a quelli dell'amministrazione e della politica. L'uso di parte e la corruzione dei funzionari appare un comportamento consolidato, riscontrabile in tutte le epoche. E così pure lo scarso senso della dimensione pubblica, il clientelismo, la gestione personalistica del potere e delle risorse comuni. Anche qui una razionalizzazione della sfera pubblica è stata da sempre impossibile; l'uso a piegare le disposizioni legali a favore degli interessi particolari, oppure il non tenerne conto, è stato una tendenza abituale.

Perfino l'indole dei siciliani sembra impressa in uno stampo rimasto inalterato lungo il mutare delle generazioni e, come è stato fatto, se ne può dare un'idea citando a scelta un passo di Cicerone, un testo del XVI o del XVII secolo o un autore contemporaneo.

Il paradigma dell'arretratezza

Eppure, malgrado queste impressionanti continuità e la persistenza di tratti così fortemente marcati, è difficile tracciare una identità univoca della Sicilia. Se proprio si volesse farlo bisognerebbe richiamarsi alle ambiguità e ai paradossi che la contraddistinguono, più ancora che ai contrassegni di così apparente compattezza. L'univocità della Sicilia è in parte un prodotto dell'ottica necessariamente unilaterale con la quale dal 1861 si è definita la «questione siciliana», di cui è diventato elemento fondamentale il paradigma dell'*arretratezza*. In realtà, secondo i criteri intrinseci delle società agrarie, la regione finché non è stata investita dai processi di modernizzazione accelerata che l'unificazione nazionale richiedeva, ha conosciuto una certa tendenza all'equilibrio – pur nella variabilità e nella imprevedibilità delle annate granarie – nel rapporto tra popolazione, risorse, produzione e consumi. A partire dall'età del riformismo illuminato e per tutta l'epoca borbonica, essa è stata inoltre investita da un processo di crescente (ma certamente non dirompen-

te) miglioramento dei fattori produttivi. Già agli inizi dell'Ottocento, come notava allora Paolo Balsamo, la Sicilia era più ricca e meglio coltivata che nei tempi passati, ma essa (ed è qui il problema di fondo) non teneva il passo con le trasformazioni agrarie in corso nel resto dell'Europa (in particolare dell'Inghilterra, assunta come termine di confronto). Tutti i «progressi» sono rimasti nell'orbita di una formazione sociale e produttiva di tipo tradizionale.

Il mito della diversità

La costruzione dell'identità siciliana sembra allora, per un verso, il prodotto in negativo delle istanze di civilizzazione da cui l'isola è stata investita all'interno della nuova realtà nazionale. Al paradigma dell'arretratezza però, le élites locali hanno risposto con il mito della *diversità* – l'altro versante di un'identità siciliana artificiosamente costruita. Il sicilianismo è divenuto l'ideologia con cui le classi dirigenti isolane hanno cercato di rovesciare l'accusa di inadeguatezza economica e civile che veniva rivolta alla Sicilia, nella rivendicazione della propria autonomia e della propria separatezza rispetto al resto della nazione. Ma queste invenzioni contrapposte sono state possibili solo perché di per sé la Sicilia, dal momento dell'unificazione nazionale in poi, non è stata in grado di offrire un'immagine forte e obiettiva della propria identità.

Un crocevia di modelli e di culture

Innanzitutto per la sua stessa collocazione la Sicilia è stata sempre un'entità bifronte, terra di confine in cui hanno trovato modo di convivere e di scontrarsi mondi e culture diverse. Luogo indeterminato malgrado i contorni precisi, isola e continente, essa è stata legata per cultura e per interessi ai centri delle correnti decisive di traffico e di comunicazione di merci, di uomini, di idee, e nello stesso tempo esclusa, «sequestrata» da essi. Oggi si trova su una delle linee di passaggio in cui il nord del mondo diventa sud, e il sud stenta a diventare nord. In contrasto con l'immagine di secolare immobilità che pure la caratterizza, la storia della Sicilia è scandita da improvvisi e rapidi sommovimenti con cui essa di volta in volta ha innescato una nuova direzione di marcia ed è ripartita da capo. Ma già anche in se stessa la regione non è mai stata una, ci sono state sempre almeno due Sicilie l'una in contrasto con l'altra. In primo luogo vi è la distinzione, che è storica, geografica, economica, civile, tra Sicilia occidentale e Sicilia orientale,

e quindi tra Sicilia del latifondo da un lato e Sicilia della piccola proprietà e dei contratti di enfiteusi dall'altro. Nella stessa parte occidentale, se all'interno dominano le distese brulle e arse dal sole della grande proprietà, nell'area costiera vi fa da contrasto la ricca agricoltura dei vigneti e degli agrumeti. Il quadro poi si complica se si osservano ulteriori molteplici sfaccettature. Nel suo profilo storico, la regione ha una forte configurazione rurale, la quale però nello stesso tempo è dominata da rilevanti aggregazioni urbane. Eppure, malgrado la predilezione per l'insediamento cittadino, non si è prodotta una forma vera e propria di civiltà urbana. Dove avrebbero potuto esserci delle autonomie cittadine, si è invece sovrapposto l'istituto monarchico. D'altra parte, da sempre retta da un'autorità centrale, la Sicilia non ha mai conosciuto un tipo di potere accentrato e sovrano in senso moder-

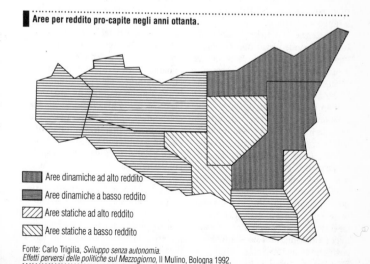

Aree per reddito pro-capite negli anni ottanta.

▨ Aree dinamiche ad alto reddito

▰ Aree dinamiche a basso reddito

▨ Aree statiche ad alto reddito

▨ Aree statiche a basso reddito

Fonte: Carlo Trigilia, *Sviluppo senza autonomia.*
Effetti perversi delle politiche sul Mezzogiorno, Il Mulino, Bologna 1992.

no. Il commercio è stato in ogni epoca di importanza vitale per l'isola, ma non si è sviluppata una borghesia mercantile, e quando vi è stata, è rimasta, senza possibilità di sviluppo, un corpo estraneo.

Un'identità ambigua

Arcaica e moderna, arretrata ma in regola con gli indici di crescita, disamministrata eppure assistita in modo impareggiabile, caratterizzata da una bassa produzione locale di reddito ma progredita nel livello dei consumi; dotata di un'ampia autonomia istituzionale, ma fortemente dipendente dai sostegni finanziari dello Stato; un inferno se si guarda al carattere delle relazioni civili, allo stato della legalità, all'uso della violenza, ma prodiga di tempi privati e sociali di vita, di occasioni di godimento e forme di solidarietà personali ignoti alle aree di intensa industrializzazione: questa è la Sicilia odierna. Perfino di un fenomeno come la mafia si è stentato a lungo a capire se fosse una forma di resistenza di matrice feudale alle istanze di modernizzazione, oppure il modo peculiare con cui la Sicilia ha attuato i suoi processi di mutamento sociale. Tutto ciò che è chiaro e distinto qui assume i contorni sfumati dell'ambiguità. E uno scrittore come Leonardo Sciascia, che per tutta la sua vita ha cercato di catturare la Sicilia, oggetto sfuggente del suo odio-amore, a essa ha finito per assomigliare un po'. Apparentemente tersa, solare, tagliente, l'argomentazione e la prosa narrativa sciasciana diventano un percorso diretto non a sciogliere un enigma, ma a costruirlo. Rimane il dubbio che anche una tale immagine di sfinge non sia alla fine una costruzione artificiosa.

Di certo, non un'identità forte, ma la questione stessa dell'identità è diventata il tratto peculiare dei siciliani. Non meraviglia che essi si siano sempre affaticati a definire chi sono, per poi mantenere continuamente in sospeso la risposta. Forse perché, non essendosi la loro storia oggettivata in nulla di determinato, i siciliani possono giungere all'idea di appartenenza e di identità collettiva solo nel momento in cui si pone il problema dell'*ubi consistam*. Se si confronta alle altre regioni italiane, la Sicilia è l'unica che fa della propria mancanza di identità nello stesso tempo il suo tratto distintivo e il suo peculiare titolo di riconoscimento.

La Sicilia nell'Italia unita

All'indomani dell'unificazione la regione non poteva che estendere il suo nodo problematico all'intera nazione, al cui interno venne a svolgere un ruolo ben più insidioso delle forme di aperto rifiuto (a cui rimase sostanzialmente immune per la sua fedeltà di fondo ai valori risorgimentali) che si manifestarono nel Mezzogiorno continentale. All'atteggiamento di aristocratico distacco (emblematico, per quanto si tratti di una trasfigurazione letteraria – giacché tutta la letteratura siciliana di rilevanza nazionale è la coscienza infelice della sua realtà politica –, il diniego opposto dal principe di Selina nel Gattopardo), si accompagnò, con carattere più esteso e pervasivo, la strategia di sposare il cambiamento come forma di resistenza al cambiamento stesso. La Sicilia si adeguò e mise a frutto, attraverso i ceti che monopolizzavano le risorse pubbliche o per opera di coloro ai quali si aprivano inusitate prospettive di ascesa sociale, la nuova realtà dell'Italia unita.

L'Italia ha trovato nella Sicilia non

l'ostacolo esterno al suo essere nazione, ma il luogo del suo stesso travaglio nel divenire veramente tale. La regione non costituisce il problema nazionale, ma il luogo in cui le difficoltà dell'Italia nel costituirsi come nazione hanno avuto la loro formulazione. Sul finire del Settecento G.W. Goethe sbarcò nell'isola e disse: la Sicilia contiene l'enigma dell'intera Italia. Parole sibilline allora, ma che oggi suonano profetiche. Sulla soluzione del problema siciliano (che consisteva nella difficoltà di costruire le relazioni economiche in base a una società di mercato e nel deficit di legalità) veniva a definirsi la tenuta del nuovo Stato unitario e la capacità dell'intero paese di adeguarsi ai criteri di amministrazione e di strutturazione dell'economia richiesti dalle esigenze della civilizzazione moderna. Proprio perché offrì il terreno di verifica, la Sicilia si trovò a esprimere l'Italia e non a esserne la negazione.

La crisi di oggi

Attualmente l'isola, con la chiusura fallimentare del ciclo storico che parte dall'ultimo dopoguerra, è in pieno sbandamento economico, civile, politico. Infruttuosi si sono rivelati i disegni di farne una regione agricola moderna e i progetti di industrializzazione. L'edilizia non può più continuare a essere il suo settore trainante e l'economia dell'assistenza è divenuta ormai insostenibile. Lo spirito civico, per quanto in ripresa, risente della lunga latitanza, e un'intera classe politica allo sbaraglio (in questo certamente, ancora una volta, in forte consonanza con la vicenda nazionale) non si ritira senza lasciare terra bruciata. La Sicilia dunque ha oggi di fronte inesorabilmente tutto intero il problema della pro-

pria identità, come costruzione a cui essa deve porre mano fattivamente. Da questo appuntamento con la sua storia e con le sue responsabilità, può dipendere la tenuta unitaria dell'intera nazione (per una sorta di nemesi storica il vento separatista questa volta spira dal nord). Il ruolo che essa può in prospettiva assumere, tra vocazione mediterranea e interdipendenza con l'Europa continentale, rimane però ancora, con pericoloso ritardo, da definire.

─────── **BIBLIOGRAFIA** ───────

M. Aymard e G. Giarrizzo (a c. di), *Sicilia*, Einaudi, Torino 1987.

P. Balsamo, *Memorie inedite di publica economia ed agricoltura*, Sciascia, Caltanissetta-Roma 1983.

O. Cancila, *L'economia della Sicilia. Aspetti storici*, il Saggiatore, Milano 1992.

G.C. Marino, *L'ideologia sicilianista*, Flaccovio, Palermo 1988.

F. Renda, *Storia della Sicilia dal 1860 al 1970*, Sellerio, Palermo 1984.

L. Sciascia, *La corda pazza*, in Id., *Opere* 1958-1971, Bompiani, Milano 1987.

Sardegna:
le radici del passato

Gian Giacomo Ortu

A lungo considerata una terra ai margini dei grandi flussi mediterranei, la Sardegna ha recuperato la ricchezza del suo passato. Attraverso le tracce della storia affiora una fisionomia profonda; la memoria, se sottratta alle tentazioni del folclore, può diventare risorsa decisiva per il futuro.

Ai margini della storia

C'è un passo di *La Terre et l'evolution humaine* di Lucien Febvre che oppone il tipo dell'isola-incrocio, cui apparterrebbero la Sicilia e Creta, poste all'intersezione di importanti rotte commerciali e di molti passaggi della storia, al tipo dell'isola-prigione, fuori delle grandi vie di comunicazione, fuori della storia e perciò divenuta riserva «di vecchie razze estinte, di antichi costumi, di antiche forme sociali bandite dai continenti». La Sardegna, al pari della vicina Corsica, sarebbe appunto un'isola-prigione.

Questa metafora di Febvre è forse la più elegante tra le innumerevoli che hanno dato forma al motivo dell'isolamento sardo. A fine Settecento, nella sua *Storia naturale di Sardegna*, il gesuita lombardo Francesco Cetti mostrava come l'insularità avesse consentito la conservazione in Sardegna di molte specie animali e vegetali altrove scomparse, e determinato il nanismo di molti suoi quadrupedi. Qualche lustro dopo, nel 1805, l'impatto con modi di vita e con barriere mentali che gli restavano impenetrabili faceva dire a Joseph de Maistre che il sardo era «sprovvisto del più

bell'attributo dell'uomo, la perfettibilità». Tutto l'Ottocento fu quindi attraversato dall'immagine della Sardegna quale fossile delle più desuete, barbare e feudali forme economiche e civili. Sul principio del Novecento, le stesse scienze sociali, mentre avviavano la prima indagine «positiva» su mentalità, costumi e comportamenti dei sardi, elevavano a criterio metodologico l'individuazione e l'isolamento di quei loro tratti che apparivano peculiari e difformi rispetto alle presunte «normalità» italiane ed europee. Un criterio che, utilizzato con discrezione, poteva muovere a indagare le strutture profonde della società e della storia sarda, per comprendere il perché dell'analfabetismo, della scarsa cura dei bambini, di abitazioni povere e senza luce, dell'abigeato e del banditismo, delle tante patologie a carattere endemico. Ma anche un criterio che, esibito senza ritegno, arrivava ad assumere tali peculiarità e difformità quali tratti antropologici costitutivi del sardo, come avveniva in quei molti studi della criminologia positiva che, saldando profilo cranico e profilo morale del sardo, specialmente barbaricino, ne facevano il tipo del delinquente nato.

Suggestionati dagli osservatori forestieri, molti intellettuali indigeni vi hanno fatto eco nelle cose che scrivevano di sé e della propria terra. Non che le cose dette fossero sempre false, e talora avevano persino buona veste letteraria, come nelle opere di Grazia Deledda, e più di recente nel *Giorno del giudizio* di Salvatore Satta: il fatto è che a questi intellettuali, troppo spesso, mancava il senso di una identità collettiva costruita a fatica e con pena nella storia. «È certo più facile scrivere la storia naturale della Sardegna che non la storia dell'uomo in Sardegna – sosteneva negli anni sessanta Giuseppe Dessì – più facile parlare delle formiche e delle api che popolano l'isola, che parlare della storia dei giudicati... Perciò se penso agli uomini, li vedo come formiche e api, li vedo come specie che dura immutata nei millenni.»

Le tracce di molte culture

Se mai lo è stato in passato, oggi non è difficile scrivere dei sardi nella storia. L'epoca della preistoria meno lontana, quella nuragica (XVIII-III sec. a.C.) rivela negli scavi più recenti una Sardegna già ricettiva di apporti di altre culture, mentre da tempo gli studi sull'età classica mostrano il profilo fascinoso di coste urbanizzate, con città che recano anche verso l'interno le influenze puniche e romane: Calaris, Nora, Tharros, Turris, Olbia... Su quali basi, allora, può reggersi ancora il mito di una originaria e incontaminata civiltà nuragica, che avrebbe trasmesso in eredità alle popolazioni del centro montano e pastorale le fibre di una indomita capacità di resistenza alle invasioni del mare? E quale fondamento di realtà si deve riconoscere al luogo comune della Sardegna due volte isola, per il mare che la circonda e per le sue coste malariche e inospitali, quando queste coste ci appaiono così ricettive di esperienze di vita urbana e di vita di mare? Certo, il sistema delle città sarde si dirada andando verso l'interno, e mai ha avuto un risalto simile a quello siciliano, ma in quale epoca storica la Sardegna è stata dominio esclusivo dei pastori e dei contadini? In verità, i suoi minerali, il suo sale e il suo grano hanno sempre attivato quella circolazione di uomini, manufatti e beni che, se non è valsa a rimediare del tutto ai danni dello scarso popolamento, ha tenuto tuttavia l'isola costantemente esposta al confronto e allo scontro con gli altri popoli del Mediterraneo.

Nell'orbita di Bisanzio

Occupata dai Vandali tra il 455 e il 534 d.C., la Sardegna torna nel seno della romanità, ora greca e orientale, per un periodo imprecisato. A Bisanzio e alla sua civiltà occorre comunque riandare per capire aspetti ancora vivi della cultura sarda tradizionale: le forme di una devozione più ritualistica che partecipe, il segno stilizzato e aniconico che caratterizza molti suoi manufatti tradizionali, in specie i tappeti, quella ispirazione ieratica che si può cogliere in molti suoi scultori (Francesco Ciusa, Costantino Nivola).

Lo sviluppo delle città

Tra il IX e il X secolo s'avvia l'età dei giudici, con dinastie diverse, ma tutte imparentate, che regnano sui quattro staterelli nei quali si è frammentata l'unità dell'isola, una volta cessati i rapporti con Bisanzio. Divisa ma autonoma, la Sardegna s'immerge nuovamente nel seno della latinità, con una lingua che nelle sue due varianti, campidanese (meridionale) e logudorese (settentrionale), appare già formata e matura nei testi dell'XI secolo. In seguito, attratta nell'orbita delle influenze pisane e genovesi, essa conosce la sua stagione forse più propizia, con città che si dotano di statuti e di organi di autogoverno e una campagna che si apre alle sollecitazioni di un mercato mediterraneo che ha ripreso a pulsare.

Dall'età giudicale alla conquista aragonese

È nella tarda età giudicale che precipita la decadenza della signoria fondiaria e si realizza una profonda mutazione del popolamento rurale, con i contadini, liberi o servi, che abbandonano le domus signorili e si raccolgono nelle comunità di villaggio. Assumono un ruolo preminente quattro città: Villa di Chiesa, la città dell'argento, che emerge per le attività minerarie e di conio; Sassari che subentra all'antica Turris con un movimento verso l'interno che ne segnala la precoce vocazione al dominio fondiario; Cagliari, che abbandona la laguna di S. Igia per attestarsi a presidio militare e commerciale attorno al suo castello; Oristano, che si stacca per gemmazione dall'antica Tharros collocandosi allo sbocco della valle del Tirso, dove intercetta ogni trasferimento d'uomini, animali e cose tra il nord e il sud dell'isola.

Nel 1297 il pontefice Bonifacio VIII concede la Sardegna a Giacomo II d'Aragona, costituendola al contempo in regno unitario. La conquista effettiva s'avvia nel 1323, ma dopo la vittoria sui pisani e la resa di Cagliari, conseguita anche per l'appoggio del giudice arborense essa procede a fatica per quasi un secolo, prima di piegare la resistenza di questa stessa stirpe giudicale, l'unica che nel XIII secolo fosse riuscita a preservare la propria indipendenza da Genova e Pisa. Nella seconda metà del Trecento prima Mariano e poi la figlia Eleonora riescono quasi a unificare la Sardegna nella lotta contro la corona d'Aragona, con uno sforzo che s'applica anche alla codificazione nella carta de logu del diritto territoriale e indigeno, ma l'epopea degli Arborea si consuma infine nel massacro di Sanluri del 1409. Lascia tuttavia, per quanto a lungo sopita, la memoria di una comprovata dignità nazionale.

L'età aragonese non è certo felice per la Sardegna, che perde molta della sua vitalità urbana, mentre le campagne sono assoggettate all'ordinamento feudale e piegate alla coltivazione esclusiva dei cereali. Ne deriva quell'assetto degli spazi produttivi secondo il sistema del *bidatzone*, o dei due campi, che rinserra a difesa le comunità contadine, assediate fin nell'abitato dalle greggi erranti. La «barbarie» pastorale della Sardegna risale soprattutto a questa età. Ma il dominio aragonese reca anche forme nuove di organizzazione politica e le cortes, assemblee rappresentative dei ceti (ecclesiastico, nobiliare e cittadino), dopo aver contribuito ad acclimatarvi le élites d'origine iberica, consentono all'isola l'esperienza di una unità anche costituzionale.

Alla periferia dell'impero spagnolo

Dal 1479, con l'unificazione delle corone d'Aragona e di Castiglia, la Sardegna si ritrova periferia insignificante di uno stato immenso ed egemone in Europa. Ed è forse questa stessa condizione, per la sofferenza morale che produce, a far maturare le prime espressioni di una cultura storica e di una cultura giuridica non del tutto subalterne al diritto e alla storiografia spagnola: Arquer, Fara, Dexart, Vico. Il loro riflesso politico è un contenzioso con la Corona di Spagna che si fa aspro nel Seicento, sino all'assassinio del viceré Camarassa nel 1668. Tra le due fazioni che allora si fronteggiano, e che dividono specialmente l'aristocrazia, l'una tiene il campo per il re, mentre l'altra si schiera a difesa dei diritti e privilegi del *Regnum Sardiniae*.

La rivoluzione antifeudale di Angioy

Il fenomeno durevole di questa opposizione politica e istituzionale produce i suoi frutti migliori a fine Settecento, nella rivoluzione antifeudale e nazionale di Giovanni Maria Angioy, che il 28 aprile del 1794 infligge un brutto «scommiato» a tutti i piemontesi, viceré in testa. Il Regno sardo-piemontese, costituitosi nel 1720 al termine della guerra di successione spagnola, ha in effetti saldato realtà troppo aliene. E neppure quel parco riformismo sabaudo che approda nel 1761-65 alla «rifondazione» delle università di Cagliari e Sassari, nel 1767 al riordino dei Monti frumentari e nel 1771 all'istituzione dei consigli comunitativi, può evitare che le reciproche incomprensioni, nel clima di «commozioni» prodotte dalla Rivoluzione francese, diano esca all'esplosione di una seconda grande epopea nazionale sarda.

Vengono alla superficie in quella circostanza tutte le tensioni prodotte da secoli di dominazione straniera: l'insofferenza rurale nei confronti dei baroni, l'aspirazione delle élites indigene a ruoli meno subalterni, l'idea di una «costituzione» sarda che nessun dominio straniero può conculcare... Ma decisivi nell'insorgere del moto angioiano sono soprattutto gli umori e le opinioni che si sono diffusi tra i giovani, che frequentando le due università sarde vi hanno ricevuto il contagio di nuove idee, moderne e illuministiche.

Le radici dell'autonomismo

Il moto angioiano è in verità un crogiuolo di esperienze politiche, culturali e morali che resta ancora attivo nell'Ottocento: nello sforzo lodevole delle élites intellettuali di ricomporre a unità l'intera vicenda storica dell'isola (Manno, Angius, Siotto Pintor, Aspreni, Tuveri) ma anche nell'endemico sovversivismo contadino e pastorale che incalza ogni atto con cui il governo piemontese cancella i poteri feudali e quindi accompagna il processo difficoltoso di modernizzazione delle campagne.

Sono soprattutto queste tradizioni, le più vicine nel tempo, che consentono al movimento sardista del primo dopoguerra, tempratosi nell'esaltazione bellica della Brigata Sassari, di dare unità e coerenza al progetto dell'autonomia sarda. (Il Partito sardo d'azione sarà fondato da ex combattenti nel 1921).

Durante il ventennio fascista, per mille rivoli, l'autonomismo filtra in tutto lo schieramento democratico sardo, ed è capace di ispirare, grazie soprattutto all'azione e al pensiero di Emilio Lussu, la stessa opzione regionale della Costituzione repubblicana. Ma questo autonomismo novecentesco, e le stesse odierne rivendicazioni per la tutela della lingua sarda, non si possono intendere al di fuori della vicenda storica che abbiamo rapidamente tracciato.

La memoria come risorsa

Questa stessa vicenda mostra, inoltre, come la memoria e l'identità collettiva possano costituire per la Sardegna anche una risorsa per il futuro. Se si guarda alla miriade di iniziative di revival, festività, riti, spettacoli, concorsi, e poi musei, mostre, fiere, si vede bene che esse attingono al tempo lungo delle molteplici tradizioni locali. Non si tratta sempre di folclore, ma piuttosto di una regione che riscopre una parte importante delle sue ricchezze, delle sue risorse umane e culturali.

Le prospettive economiche

Il tiro può sembrare corto. Eppure né la grande industria, né il turismo di massa hanno sinora proposto alternative credibili di sviluppo. La petrolchimica è apparsa sterile di managerialità locale, e se il turismo elitario e rutilante dell'Aga Khan ha almeno il merito d'aver fatto scoprire agli stessi sardi la bellezza della loro terra, il turismo medio ha prodotto l'orrore degli insediamenti che deturpano coste e mare. È vero che le coste calamitano quei capitali che l'interno dell'isola, sempre più svuotato di futuro, non ha potuto che respingere, ma forse la loro occupazione non sarebbe stata così devastante se i sardi avessero avuto una maggiore consuetudine di vita col mare.

Ove si conciliasse con il rispetto dei valori ambientali l'industria turistica avrebbe tuttavia potenzialità enormi, sulla sterminata linea di costa, e anche su una vasta campagna che aspetta d'essere animata da iniziative che sappiano fare buon uso delle molte risorse disponibili (pascoli, boschi e coltivi, siti archeologici e siti d'alto valore paesaggistico, legni e pietre lavorabili...). Se per alcune attività minerarie s'è forse chiuso un ciclo, il sottosuolo dell'isola conserva ancora riserve importanti di minerali vari, e una nuova e adeguata carta geologica e mineralogica può certamente contribuire a programmarne l'estrazione e l'utilizzo in forme nuove.

Intanto, i tradizionali centri minerari, alcuni del tutto abbandonati, in particolare nel Sulcis-Iglesiente, offrono scenari, attrezzature e manufatti di straordinario interesse archeologico-industriale.

Non si può invece guardare con ottimismo a quelle attività pastorali che, pur esprimendo una società densa di valori umani e culturali importanti per tutta l'isola, conservano tuttavia esigenze e ritmi che sono in conflitto con un generale ammodernamento produttivo e civile delle campagne. Tra i tanti paradossi della storia sarda c'è anche quello di una pratica pastorale arcaica che acquista lena lungo tutto il Novecento, senza mai cedere un palmo di terreno alla modernità agricola e industriale.

E non c'è che un mezzo, forse, per vincere la partita: popolare la campagna, perché gli uomini scaccino le pecore, e l'acqua il fuoco.

─────── **BIBLIOGRAFIA** ───────

M. Brigaglia (a c. di), *La Sardegna*, Edizioni Della Torre, Cagliari 1982.

J. Day, B. Anatra, L. Scaraffia, *La Sardegna medioevale e moderna*, UTET, Torino 1984.

Storia dei Sardi e della Sardegna, Jaca Book, Milano 1988 (4 voll.).

R. Laconi, *La Sardegna di ieri e di oggi*, Edes, Cagliari 1988.

S. Dessanay, *Identità e Autonomia in Sardegna*, Edes, Cagliari 1991.

Si moltiplicano le proposte di nuove macroregioni

Federalismo o regionalismo?

Il cambiamento del quadro politico, dopo le elezioni del 1994, e l'affermazione della Lega Nord come componente della nuova coalizione di maggioranza hanno messo all'ordine del giorno un tema – quello della riforma federalista – che certamente, fino a ieri, non era in cima alle priorità della maggioranza degli italiani. E infatti è tutt'altro che chiaro che cosa debba intendersi per federalismo: se una coesistenza di sovranità tra stati membri di una confederazione, il che stravolge l'attuale forma dello Stato e contrasta con un principio fondamentale della Costituzione, oppure una ristrutturazione profonda della istituzione regionale, per esempio nel senso indicato dai lavori della commissione bicamerale per le riforme istituzionali. (Il rapporto consegnato dalla commissione ai presidenti delle camere nel gennaio 1994 delinea già, tra l'altro, una possibile nuova attribuzione di competenze legislative esclusive alle regioni, la loro autonomia finanziaria, l'elencazione di tributi propri, la possibilità di indebitarsi ecc.)

L'ideologo della Lega Nord, Gianfranco Miglio, sembra inclinare verso la prima soluzione. La sua proposta prevede tre-quattro macroregioni cui si affiancano le cinque regioni autonome (la cartina di p. 222 mostra la soluzione a tre unità). Un cardine della riforma è l'autonomia impositiva totale. L'opposizione progressista mostra interesse, o comunque non preclusione, verso la seconda soluzione, quella di una ristrutturazione delle regioni attuali.

Nell'incertezza, ha suscitato interesse uno studio della Fondazione Agnelli che fa riferimento a dodici macroregioni, costruite, rispetto all'originario disegno dello statistico Pietro Maestri (1864), in modo da ottenere unità di dimensioni non troppo diverse tra loro, abbastanza grandi da consentire un rapporto equilibrato con lo Stato ma non tanto da incoraggiare tentazioni secessioniste (vedi cartina a p. 223). Tra i requisiti di queste regioni si segnalano la comparabilità con le dimensioni medie delle grandi regioni europee e la capacità di pervenire all'autonomia finanziaria. Le regioni che la proposta della Fondazione Agnelli scompone e aggrega a quelle limitrofe coincidono in molti casi, con quelle che l'analisi delle pagine precedenti ha mostrato, in un modo o nell'altro, in crisi di identità (Liguria, Friuli-Venezia Giulia, Umbria, Marche...).

Tra le virtù del regionalismo a forte ispirazione federalista i suoi fautori elencano la responsabilizzazione dei centri di spesa, il miglior funzionamento della macchina amministrativa, la trasparenza, il controllo da parte degli elettori sulla gestione delle risorse. Ma, al di là degli auspici e delle dichiarazioni di intenti, la questione della ripartizione delle competenze tra Stato e regioni è tutta da affrontare, e con essa quella ancora più delicata della revisione, che si renderebbe necessaria, del sistema di «pesi e contrappesi» dei poteri dello Stato.

G. B.

■ Le tre macro regioni della Lega

VALLE D'AOSTA

TRENTINO-ALTO ADIGE

FRIULI-VENEZIA GIULIA

ETRURIA
MARCHE
UMBRIA
LAZIO
ABRUZZO

PADANIA
PIEMONTE
LIGURIA
LOMBARDIA
VENETO
EMILIA-ROMAGNA
TOSCANA

SUD
MOLISE
CAMPANIA
PUGLIA
BASILICATA
CALABRIA

SARDEGNA

■ regioni autonome

SICILIA

Le dodici macro regioni della Fondazione Agnelli

La società

Le strutture sociali

a cura di
Arnaldo Bagnasco

Una società complessa, ma prima ancora complicata

Arnaldo Bagnasco

99 Il termine *società complessa* indica che la struttura delle società avanzate è meno ordinabile con poche e semplici categorie. Se immaginiamo la società come un sistema, osserviamo che i suoi diversi sottosistemi diventano più indipendenti gli uni dagli altri, e che ognuno tende a crescere con logiche riferite a se stesso.

Tenere insieme le parti della società (ma anche progettare trasformazioni) diventa allora una faccenda più complicata. Un riflesso di ciò è che gli interessi si aggregano meno facilmente in fronti ampi: sulla scena politica e sindacale si vedono meno grandi classi, mentre piccoli gruppi esprimono piuttosto interessi corporativi o lobbystici che progetti di governo della società.

La società italiana ha varcato la soglia della complessità sociale e incontra i problemi che ne derivano. Tuttavia, arriva all'appuntamento anche con una sua particolare complessità originaria, che deriva dal fatto che l'esperienza del capitalismo industriale non l'ha resa socialmente e culturalmente omogenea, per lo meno non tanto quanto altre società oggi avanzate: le novità hanno preso vie diverse, all'incrocio fra diverse eredità del passato e possibilità che si aprivano.

Una specificità italiana

L'Italia ha poi solo poco più di cento anni di storia politica unitaria: anche le differenze regionali sono dunque marcate. Quella italiana non è in definitiva solo una società complessa, è anche una società complicata. In ciò sta forse la ragione di una caratteristica che sempre stupisce gli osservatori stranieri: la scarsa capacità di governo complessivo e, al tempo stesso, la grande adattabilità e vitalità del corpo sociale.

Tre tendenze di fondo

Tre grandi tendenze sembrano emergere ovunque: una profonda ristrutturazione dell'industria, che ne diminuisce il peso e cambia il volto di alcune categorie professionali; una crescita relativa dei cosiddetti «ceti medi»; la tendenza a nuove polarizzazioni fra «chi è dentro» e chi «resta fuori».

Il peso delle diverse classi, e il suo cambiamento in un cruciale quindicennio di passaggio, sono indicati nella tabella seguente.

Italia alla fine degli anni sessanta ci si interrogava stupiti sui piccoli protagonisti che stavano industrializzando nuove regioni. Nella tabella, l'ampliamento della piccola borghesia urbana è anche dovuto a questo tipo di artigiani e piccoli industriali. Questo

Mutamenti della struttura di classe 1974-1989
(valori percentuali e numero indice: 1974=100)

	1974	1989	1974/89
«Grande borghesia»	1.3	4.1	344
Ceti impiegatizi	20.2	32.4	179
«Piccola borghesia» urbana	16.4	19.3	132
«Piccola borghesia» rurale	10.1	5.0	56
Classe operaia	45.9	35.4	86
Salariati agricoli	6.1	3.8	67

Fonte: Paci (1991)

Piccola e grande industria

L'Italia è in questo secolo un paese industriale, ma la prima cosa da osservare è che in confronto ad altri paesi sviluppati la grande industria ha sempre pesato poco, mentre hanno avuto e hanno maggiore importanza le piccole imprese. Le figure, la cultura, le forme di organizzazione degli interessi tipiche del mondo sociale della grande industria si sono dunque poco diffuse. Per di più si è sempre trattato di un fenomeno quasi soltanto radicato in alcune regioni del Nord-ovest. Spesso quando si è immaginato presente e futuro di classi come gli operai o i manager si è ragionato come se l'Italia fosse Torino, ma Torino era un'eccezione. Se nel pieno dello sviluppo, nei «trenta gloriosi» anni del dopoguerra, in Inghilterra ci si chiedeva come salvare le piccole imprese che stavano scomparendo, in

sviluppo si è diffuso in città medie e piccole, dove la società è rimasta poco polarizzata, la mobilità sociale forte, la cultura più omogenea, l'amministrazione efficiente. Essere operaio o imprenditore a Torino oppure a Bassano del Grappa non è esattamente la stessa cosa.

Deindustrializzazione

Ancora negli anni settanta, quasi la metà degli attivi lavoravano come operai dell'industria o del terziario. Quindici anni dopo la percentuale è scesa al 35. Non se ne deve trarre la conclusione esagerata che l'Italia si è deindustrializzata.

Oggi l'industria pesa meno nella stratificazione sociale, ma la deindustrializzazione appare soprattutto come conseguenza della terziarizzazione, vale a dire in relazione all'aumentato peso dei servizi. Inoltre, dobbiamo mettere in conto una forte ristrutturazione industriale che ha aumentato la produttività del lavoro.

La «fabbrica integrata» alla giapponese, che richiede operai, tecnici, impiegati più professionalizzati e responsabili sta introducendo nuovi caratteri nelle figure di classe della grande impresa.

Questa area di modernizzazione è però ristretta, mentre la recessione fa coincidere ristrutturazioni e aumento della disoccupazione. Anche la piccola impresa si modernizza, e le sue figure sociali cambiano. Trova però sue strade senza puntare alla concentrazione produttiva e adattandosi a seconda delle risorse locali che è capace di costruire.

La nuova industria non sta omogeneizzando la società italiana. L'immagine si rafforza se si pensa che l'industria ha continuato a essere poco presente in Mezzogiorno.

Chi protegge i ceti medi?

La crescita dei ceti medi si è verificata ovunque, con l'aumento degli impiegati e poi con le nuove professioni della finanza, del commercio, della ricerca, dei servizi alle imprese. Si potrebbero individuare diverse specificità italiane, stando anche però attenti agli stereotipi. Per esempio, non è vero che abbiamo troppi impiegati pubblici rispetto agli altri paesi. Fermiamoci solo su una particolarità, non di poco conto però: ci dice parecchio del passato italiano, e individua uno dei punti più delicati della trasformazione che ci attende.

Mentre i ceti medi tradizionali – contadini, artigiani, commercianti, liberi professionisti autonomi – con lo sviluppo quasi ovunque si sono ridotti, sostituiti da grandi organizzazioni e più lavoro dipendente, in Italia hanno tenuto la scena. In certi casi – lo abbiamo appena visto – una parte si è inventata un nuovo ruolo attivo per l'economia. In altri, si è trattato di figure e attività inefficienti e anche parassitarie.

Da dove è derivata la capacità di resistenza di questi ceti «teoricamente in declino»? Le ragioni sono diverse, ma il nocciolo della questione sta in un meccanismo politico. In un paese dove gran parte dei ceti popolari erano rappresentati dal più grande partito comunista dell'Occidente, ritenuto dagli altri attori politici non legittimato a coalizioni di governo, la base elettorale dei partiti di governo è stata appunto il ceto medio tradizionale, che dunque ha avuto particolari protezioni e sostegno, sino a tollerarne l'effetto frenante per lo sviluppo.

Evasione fiscale «virtuosa»?

Per esempio: chi pensa seriamente che la tolleranza fiscale dipenda solo dall'inefficienza amministrativa? E tuttavia anche qui si manifesta la magia della complicazione italiana: l'evasione fiscale non ha anche favorito la crescita delle piccole industrie? Certamente, specie all'inizio, anche se non è assolutamente corretto pensare alle piccole imprese come economia sommersa. Arrivati però a questo punto, al momento in cui solo un'amministrazione efficiente e una società che non spreca possono garantire infrastrutture e servizi indispensabili per la concorrenza internazionale, bisogna mettere anche in questione privilegi indebiti dei ceti medi tradizionali: ecco un campo di conflitti di classe prossimi venturi.

Chi è dentro e chi no

Una delle più nuove contraddizioni della modernità è un asse di stratificazione che polarizza da una parte chi «è dentro» e dall'altra «chi resta fuori». Il processo ha a che fare con le classi tradizionali, ma è anche in parte nuovo. Da un lato si forma una «classe media» che in questo senso allarga i suoi confini, composta da classi e ceti diversi, anche popolari. Chi negli anni dello sviluppo ha avuto un lavoro sicuro e una famiglia solida, si è comprato la casa e ha risparmiato in vari modi, investendo in azioni o in BOT, è «dentro», può resistere alle difficoltà della crisi e ha predisposto un solido punto di partenza per i suoi figli. Chi ha avuto un lavoro marginale o si è arrangiato nell'economia sommersa, chi non è arrivato a una pensione decente, chi ha una certa età, non è qualificato ed è stato estromesso dalla ristrutturazione industriale, chi non è salito insomma sul carro della crescita al momento buono rischia ormai, con il ridimensionamento del welfare e la crisi occupazionale, di «restare fuori», in certi casi sulla via dell'emarginazione sociale.

Sindromi metropolitane

È la sindrome delle grandi metropoli mondiali, che accalcano nelle periferie gli esclusi del gioco. In Italia questa tendenza è presente, in crescita, ma ancora debole. Ciò è dovuto anche alla presenza di un tessuto urbano più diffuso, dove gli adattamenti sono più facili. Ma la tendenza è stata anche contrastata da sistemi di sostegno alle famiglie che, pur con i loro costi, hanno impedito finora il degrado sociale. La famiglia è sempre da tenere presente fra persone e condi-

zioni di classe. Il nostro paese ha il primato in Europa della più lunga permanenza dei giovani in famiglia: molti figli verso i trent'anni vivono ancora con i genitori. Chi può seriamente pensare che questo sia solo da attribuirsi al mammismo italiano, e non a forme di adattamento che in questa complicata società le persone si inventano per rimanere «dentro» o per resistere anche se si è «finiti fuori»?

BIBLIOGRAFIA

M. Paci, *Classi sociali e società post-industriale in Italia*, in «Stato e mercato», n. 32, 1991.

A. Bagnasco, *La costruzione sociale del mercato. Studi sullo sviluppo di piccola impresa in Italia*, Il Mulino, Bologna 1988.

A. Pizzorno, *I ceti medi nel meccanismo del consenso*, in F. Cavazza, S. Graubard (a c. di), *Il caso italiano*, Garzanti, Milano 1974.

Si diffonde il coltivatore part-time

I contadini:
estinzione o ridefinizione?

Emanuele Bruzzone

«Oggi la questione contadina è stata per la maggior parte risolta, non tanto a causa delle trasformazioni agrarie e del miglioramento delle condizioni economiche e sociali di chi vive in agricoltura, quanto con la scomparsa di buona parte dei contadini.»

Così, scriveva verso la metà degli anni ottanta Paolo Sylos Labini (avendo in mente soprattutto la situazione del Sud).

Spopolamento delle campagne

A partire dal dopoguerra il mondo contadino ha subìto scosse fortissime: l'esodo agricolo e lo spopolamento delle campagne hanno interessato molte zone, con migrazioni interne verso le grandi aree urbane del Nord come del Sud. Gli occupati in agricoltura sono ormai scesi intorno ai due milioni di unità, superano di poco l'8% della popolazione attiva e contribuiscono al reddito nazionale per un valore che non arriva al 4%.

Di questi 1,2 o 1,3 milioni, a seconda delle fonti statistiche, sono i coltivatori diretti indipendenti, un aggregato sociale e professionale che, pur assottigliandosi, continua a essere molto eterogeneo.

Se non andiamo troppo per il sottile, e consideriamo la classe contadina nel suo insieme, questa piccola

borghesia rurale nel 1951 pesava per il 30% nella struttura di classe italiana. A metà degli anni novanta la sua incidenza è scesa intorno al 5%. È interessante notare come questo declino sia continuato ben oltre la fase tumultuosa della deruralizzazione di vaste aree del paese: nel quindicennio 1974-89 proprio i contadini costituiscono il grande gruppo socio-professionale che più diminuisce in termini relativi; si tratta di una diminuzione del 44% a fronte per esempio della diminuzione del 24% della classe operaia (in anni di deindustrializzazione) o del 33% degli stessi salariati agricoli.

Prevalgono i lavoratori indipendenti

Declino quantitativo dunque, ma persistenza, come si diceva, di peculiarità proprie del settore e della diversificazione interna, a cominciare dal fatto che l'agricoltura continua a presentare, nei confronti degli altri settori, la quota più elevata (oltre il 50%) di indipendenti sul totale degli addetti.

Il rapporto indipendenti/dipendenti nell'industria è uno a sei, nel terziario uno a tre.

La diversificazione interna del settore, e dunque del mondo contadino, risulta evidente se dai dati sugli occupati si sposta lo sguardo a quelli relativi alle aziende.

Dimensioni aziendali e produttività

Su tre milioni circa di aziende agricole censite nel 1990 soltanto il 4% risulta classificato come strettamente capitalistico, con grandi dimensioni e conduzione a salariati. Predomina ovunque l'assetto a conduzione diretta, che concerne i 3/4 della superficie agricola totale.

Oltre i 2/3 della produzione complessiva sono forniti da non più del 10% delle aziende; in tale ambito moderno e produttivo, accanto a quella capitalistica svolge un ruolo ormai consolidato e crescente, più al Centronord ma anche al Sud, l'impresa familiare contadino-capitalistica, in genere con impegno continuativo dell'intero nucleo familiare e con ricorso variabile a manodopera esterna.

Un altro 20% di aziende medio-piccole concorre per circa 1/4 alla produzione nazionale: le conducono coltivatori diretti in genere più anziani, spesso senza successori, con elevato ricorso a differenti risorse di spesa pubblica assistenziale, i cui margini si stanno assottigliando.

Part-time farming

Troviamo infine, largamente maggioritaria per numero (circa il 70% delle aziende), ma quasi insignificante per apporto produttivo (1/10 della produzione) la fascia di aziende di piccoli e piccolissimi coltivatori, dove l'autoconsumo prevale di gran lunga sull'acquisizione di reddito monetario. Si tratta di un'agricoltura residuale, dove si addensa molto lavoro agricolo part-time di operai, impiegati, pensionati, emigranti ritornati, pur classificati tutti nelle statistiche come coltivatori diretti. Da notare che il part-time farming interessa peraltro anche realtà meno marginali, riguar-dando infatti oltre 1/3 delle aziende agricole italiane gestite da persone che hanno al di fuori la loro attività prevalente. A seconda delle situazioni, il part-time può essere un aggiustamento riuscito oppure un adattamento precario obbligato. Un conto è il *part-timer* che, in un'area sviluppata del Centro-nord, può combinare risorse e opportunità di un mercato del lavoro extra-agricolo dinamico con quelle di una sua azienda agricola mediamente efficiente. Altra condizione è quella, ben più frequente in aree del Sud, di un operaio-contadino che riesce a mettere insieme le due precarietà di un lavoro irregolare extra-agricolo con l'autosussistenza appena garantita dal suo appezzamento di terra. L'attuale diffusione del part-time se, da un lato, può venir letta come anticamera della fine dei contadini, dall'altro rappresenta piuttosto un sintomo di loro possibili ridefinizioni. Alcune ricerche mettono in luce che la pluriattività investe non solo e non tanto il singolo coltivatore quanto spesso la famiglia rurale nel suo insieme. Lo spazio che si apre è quello di diverse e nuove attività combinabili e praticabili in aree specifiche: l'agriturismo, la produzione agro-biologica economicamente sostenibile, la gestione degli ambienti naturali antropizzati sono attività dove nuove figure polivalenti di contadini possono investire e sviluppare in nuove direzioni le loro risorse culturali tradizionali.

BIBLIOGRAFIA

P. Bevilacqua (a c. di), *Storia dell'agricoltura italiana in età contemporanea. Uomini e classi*, Marsilio, Venezia 1990.

M. Paci, *Il mutamento della struttura sociale in Italia*, Il Mulino, Bologna 1992.

ISTAT, *Caratteristiche strutturali delle aziende agricole*, Roma 1991.

Una «centralità politica» di tipo nuovo

Dove va la classe operaia

Nicoletta Bosco

99 Negli anni ottanta l'attenzione rivolta alla classe operaia registra una parabola discendente. Diminuiscono gli operai dell'industria, tradizionalmente ritenuti per definizione la «classe operaia». Al tempo stesso resta difficile definire i caratteri di categorie come i lavoratori precari o gli operai del terziario.

Al di là delle letture ideologiche, quali sono i contorni di questa classe che si trasforma in un contesto di profonda recessione nazionale e internazionale? Alla fine degli anni ottanta un libro sugli operai FIAT aveva per sottotitolo: *Viaggio all'interno della Fiat. La vita, le fabbriche di una classe che non c'è più.*

Tramonto del protagonismo

Il gioco di parole è significativo: la discussione sulle trasformazioni e sull'esistenza stessa della classe operaia ha infatti assunto spesso toni che hanno impedito una valutazione attenta delle trasformazioni dell'organizzazione e del mercato del lavoro. Gli effetti che crescenti interdipendenze su scala internazionale e le nuove forme di organizzazione avranno sulla struttura di classe non sono ancora chiari. Tale scarsa conoscenza si riflette nelle tesi che confondono, amplificandoli, il tramonto del protagonismo sociale, proletariato e crescita della marginalità politica dei lavoratori dell'industria.

Redditi reali in declino

I dati del Ministero delle finanze relativi ai redditi del 1991 mostrano una situazione paradossale: il reddito operaio medio (19 194 000) ha infatti quasi raggiunto il reddito medio dichiarato dai gioiellieri e ha superato quello degli esercenti di bar e degli albergatori. Ma tralasciando gli aspetti folcloristici sull'evasione fiscale, il dato più preoccupante in relazione ai redditi operai riguarda il crescente divario tra l'andamento dei prezzi e quello delle retribuzioni: l'eliminazione della scala mobile ha infatti determinato la mancata copertura dei salari; nel 1992, le retribuzioni orarie medie sono cresciute del 4,7% contro un'inflazione del 5,7%. I dati provvisori del censimento generale dell'industria e dei servizi confermano, rispetto a dieci anni fa, una tendenza alla riduzione della base produttiva. Non si tratta di una dinamica esclusivamente italiana: il lavoro diminuisce quantitativamente e pesa meno contrattualmente in tutto il mondo industrializzato.

Un milione di addetti in meno

Vediamo innanzitutto com'è mutato, nel decennio 1982-92, il peso della classe operaia in Italia. I dati ISTAT sulle rilevazioni delle forze di lavoro mostrano una diminuzione di circa un milione di addetti: per quanto riguarda i maschi questa è principalmente imputabile alle dinamiche del settore industriale dove gli operai passano da 3 949 000 a 3 285 000. Per quanto riguarda l'occupazione femminile si evidenzia, a fronte di una considerevole diminuzione dell'occupazione nell'industria (–243 000), un consistente incremento delle attività terziarie (+267 000). A conferma poi del profondo e persistente divario tra Nord e Sud basti ricordare che, tra i paesi CEE, l'Italia nel 1992 registra il divario più elevato (19 punti percentuali) tra la regione con il tasso di disoccupazione più basso e quella con il tasso più elevato. Il tasso di disoccupazione medio italiano è del 9,5%, sale al Sud al 16,2% e raggiunge, per le donne, il 24,3%. La struttura produttiva continua a essere fortemente sbilanciata a livello territoriale: il grosso dell'industria si concentra al Nord con il 60% delle unità locali. Al Sud, con poche eccezioni, sono quasi assenti imprese ad alta tecnologia.

Cambia il lavoro industriale

La diminuzione della classe operaia, particolarmente significativa tra il 1981 e il 1989, è imputabile principalmente al calo dell'occupazione nelle grandi imprese e sembra in parte arginata dalla tenuta della piccola e media industria e dall'apporto degli operai dei servizi. Non bisogna dimenticare che negli ultimi anni solo le piccole imprese sono state capaci di produrre nuova occupazione facendo dunque crescere il peso di componenti della classe operaia diverse da quelle della grande industria. I cambiamenti del lavoro industriale, l'aumento dei tecnici, le nuove figure professionali dei servizi collegati all'industria, le mansioni degli operai altamente qualificate contribuiscono ad accrescere l'articolazione e le diversità dei lavoratori dipendenti. La ristrutturazione produttiva si accompagna a una conflittualità relativamente bassa e a una diminuita sindacalizzazione. Si moltiplicano le identità di gruppo e i percorsi di vita individuali, e si incrina la rappresentanza unitaria dei sindacati tradizionali.

Per i giovani la fabbrica non è più appartenenza

L'industria ha però continuato ad assorbire anche quote consistenti di manodopera giovanile a bassa qualificazione per tutti gli anni ottanta, prima che una nuova crisi ne limitasse l'afflusso. Alcune inchieste recenti (Alfa, Zanussi, OM) riportano giudizi unanimi sul peso della condizione dei giovani operai. I nuovi assunti sono delusi, isolati e distanti dal proprio lavoro. La loro condizione è molto lontana dalla partecipazione a quella cultura del lavoro che accomunava gli operai di altre generazioni e che considerava la fabbrica un luogo di appartenenza e di aggregazione. All'inizio degli anni novanta le questioni relative al lavoro e ai suoi protagonisti, l'aumento della cassa integrazione, il peggioramento delle condizioni di lavoro, il ripristino del lavoro notturno delle donne, gli aggravi dei carichi di lavoro, la questione dell'orario di lavoro, le liste di mobilità, i licenziamenti sono di nuovo ritornati al centro del dibattito. Il lavoro operaio recupera centralità politica anche se, questa volta, non si fonda sull'esistenza di un soggetto collettivo forte sul piano rivendicativo e propositivo rispetto ai processi di ristrutturazione in atto. Piuttosto, i processi di innovazione capitalistica, il decentramento della produzione su scala mondiale ne aumentano in molti casi la precarietà.

Meno operai non vuol dire meno lavoro

L'assottigliarsi della fascia dei lavoratori non corrisponde esattamente alla riduzione del tempo lavorato: si lavora in pochi e si lavora molto in condizioni di crescente instabilità. Non è tanto la contrazione quantitativa degli operai a mutare le coordinate del lavoro ma si è piuttosto trasformata la dislocazione produttiva ed è cresciuta la flessibilità del lavoro. Non ci sono più i blocchi omogenei di lavoratori che caratterizzavano la fabbrica fordista, e questo provoca trasformazioni considerevoli del territorio industriale e trasformazioni della composizione sociale in molte situazioni locali.

La cronaca ci dice che la «classe operaia esiste ancora» o quanto meno che continuano a esistere gli operai e stanno ricominciando a far sentire le loro voci: dagli operai di Crotone ai nuovi assunti di Melfi. Il ruolo del lavoro all'interno del sistema capitalistico non sembra, per il momento, destinato a scomparire ma si pone piuttosto come sfida cruciale della modernità.

──────── BIBLIOGRAFIA ────────

A. Accornero, N. Magna e P. Naville, *Gli operai*, in D. De Masi e A. Bonzanini (a c. di), *Trattato di sociologia del lavoro e dell'organizzazione*, Franco Angeli, Milano 1988, vol. II.

M. Paci, *Classi sociali e società postindustriale*, in «Stato e Mercato» agosto 1991, n. 32.

G. Lerner, *Operai. Viaggio all'interno di una classe che non c'è più*, Feltrinelli, Milano 1988.

Tra conservazione e innovazione

Il mondo eterogeneo dei ceti medi

Luca Davico

Una categoria definita in negativo

Chi sono i ceti medi, o meglio chi ne fa parte? È una vecchia questione che non ha mai avuto una soddisfacente soluzione. La categoria stessa di ceto medio risulta d'altronde residuale e perciò eterogenea; designa ciò che non sta né in alto (classe dirigente, borghesia, élite...) né in basso (classe operaia, classi popolari, under-

class...), e pone la spinosa questione di definire con precisione i doppi confini di una «classe che non è una classe». Certamente ne fanno parte artigiani e commercianti, ma già non è più chiaro se, per esempio, vi appartengono anche i liberi professionisti, che secondo alcuni starebbero invece tra le classi più elevate. Certamente tra i ceti medi troviamo anche insegnanti, tecnici e impiegati, con loro stili di vita e modelli di consumo, che a volte sfumano verso quelli operai.

Le scelte politiche dei ceti medi

Quanto alla politica, i ceti medi appaiono connotati da forti ambivalenze, da oscillazioni tra conservazione e mutamento.

Nell'Italia del dopoguerra, i ceti medi urbani hanno costituito un importante serbatoio elettorale dei partiti di governo e soprattutto della Democrazia cristiana: questo spiega una loro particolare protezione all'ombra dell'azione politica. È però anche vero che in certe fasi o momenti – il voto a sinistra a metà degli anni settanta, per esempio – o per alcune sue componenti – per esempio la contestazione giovanile attivata in gran parte da figli della borghesia, o da giovani esponenti di nuove categorie professionali senza storia sociale – le classi medie hanno espresso significative spinte verso il cambiamento.

Ma è soprattutto in campo economico che è emersa una vocazione di ceti medi agenti di modernizzazione: sia nel senso di dare corpo concretamente ai processi di terziarizzazione, sia introducendo forti elementi innovativi nei settori produttivi dell'artigianato e della piccola industria. Ciò è evidente in particolare nei centri di provincia (soprattutto nell'Italia centrale e nord-orientale), con un'economia basata proprio su piccole imprese, di solide radici artigiane, ma allo stesso tempo attente all'innovazione tecnologica e organizzativa.

L'eterogeneità del ceto medio è resa ancora più evidente dall'assenza di una precisa identità di classe: non solo non esiste un interesse comune da difendere, ma spesso le diverse componenti combattono in nome di corporativismi contrapposti.

Opposti corporativismi

I contrasti tra ceti autonomi e dipendenti esplodono, per esempio, sulla questione fiscale. Mentre i dipendenti sono soggetti a tassazione alla fonte, professionisti e lavoratori autonomi autodichiarano al fisco i propri redditi. I primi lamentano di pagare, insieme agli altri dipendenti, l'85% della spesa sanitaria, e chiedono maggiore equità fiscale, anche con accertamenti e automatismi induttivi. Gli autonomi si ribellano a una crescita della tassazione (ottenendo, fra l'altro, frequenti condoni), e denunciano evasioni fiscali e lavoro sommerso anche fra i dipendenti, attaccando gli impiegati pubblici in quanto troppo garantiti e improduttivi.

Il mito del posto sicuro

Il mito italiano del posto impiegatizio garantito recentemente comincia a vacillare – lista di mobilità, qualche licenziamento in più – persino nella roccaforte del pubblico impiego, anche a causa delle privatizzazioni. Nuove tecnologie, terziarizzazione, nuove professioni spostano il baricentro sociale verso le attività intermedie. È però difficile pesare questa nebulosa situazione. Grosso modo, si può stimare che la categorie sociali che stanno nel mezzo pesino oggi in Italia per circa la metà della popolazione attiva. Un secolo fa pesavano per circa un quarto. A farli aumentare è stata soprattutto la crescita del terziario.

BIBLIOGRAFIA

C. Carboni (a c. di), *I ceti medi in Italia tra sviluppo e crisi*, Laterza, Roma-Bari 1981.

P. Sylos Labini, *Le classi sociali negli anni 80*, Laterza, Roma-Bari 1986.

Un paese di imprenditori piccoli piccoli

Maria Carmen Belloni

Chi oggi si azzardasse a fare una foto di gruppo della grande imprenditoria italiana avrebbe problemi di messa a fuoco. Il gruppo ritratto apparirebbe infatti ben diverso da quel ristretto numero di avventurosi condottieri a cui «Time» e «Newsweek», verso la metà degli anni ottanta, dedicavano le loro copertine, e che facevano collocare l'Italia al quinto posto tra le potenze industrializzate. La foto risulterebbe dunque «mossa» non solo per il probabile ridimensionamento del numero degli attori, ma anche per la ridefinizione del ruolo da essi svolto nell'economia del paese, nonché per il mutamento del complesso legame produzione-finanza-politica caratteristico del sistema industriale italiano fin dalla sua costituzione e che aveva toccato la sua fase di massima compiutezza nel decennio precedente.

Grandi imprenditori ridimensionati

Anche la grande imprenditoria ha dovuto attraversare, anche a prezzo di drastiche ridefinizioni, la tempesta che sta investendo l'intero sistema politico-economico italiano. Ciò non può destare sorpresa, perché nel capitalismo nazionale il legame tra stato e mercato, tra scelte produttive e politiche, o più spesso partitiche, si è sempre presentato come una matassa inestricabile. Peculiarità che si è realizzata, per lungo tempo, anche

grazie al numero ristretto e al carattere dinastico dei grandi gruppi imprenditoriali, che operavano in situazioni di mercato perlopiù protetto o sovvenzionato dallo Stato, attraverso patrimoni prevalentemente familiari e con presenza limitata di capitali stranieri.

Negli anni ottanta l'espansione dell'industria italiana, paragonabile, come vitalità, solo alla ricostruzione postbellica, si era alimentata di alcuni elementi di novità innestati in modo originale sulla struttura tradizionale della sua imprenditoria. Agnelli, Romiti e il loro management realizzano una ristrutturazione importante della FIAT. Mentre si erano esaurite, tranne poche eccezioni, le grandi famiglie che avevano avviato l'industrializzazione, nuovi imprenditori rampanti si affermano sulla scena: di questi Berlusconi può essere considerato la figura emblematica. Nella seconda metà del decennio si manifesta però una tendenza accentuata alla finanziarizzazione del capitale, con interessi meno strettamente legati ai campi produttivi precedenti, la quale si accompagna alla crescita del debito delle società di produzione verso le banche. Proprio questo squilibrio spinge alla riduzione degli investimenti, al contenimento delle spese di ricerca, peraltro sempre relativamente neglette, alla cessione a volte di quote di imprese o di intere produzioni. L'immagine di De Benedetti, per fare un esempio fra altri, diventa quella dell'imprenditore-finanziere. Nel campo aperto della finanza internazionale però, tutti i nostri grandi si trovano piuttosto spaesati. Sul versante nazionale, si mantiene il legame con lo Stato e l'apparato dei partiti, in modi che a volte varcano anche la soglia dell'illecito penale. Si accentua inoltre, negli ultimi tempi, l'investimento nel settore dei mezzi di comunicazione di massa, soprattutto televisivi.

Capitalisti «assistiti»

Il quadro economico complessivo dell'imprenditoria italiana si definisce meglio se a esso si accosta la caratterizzazione sociale dei suoi componenti, diversificata a seconda del livello di sviluppo delle varie aree e della funzione di sostegno svolta dallo Stato. In effetti il legame tra Stato e imprenditori è sempre risultato centrale fin dall'origine del processo di industrializzazione, tanto che l'individuazione delle forme da esso assunte permette di tracciare l'evoluzione dell'imprenditoria italiana e l'eterogeneità della sua composizione. Storicamente, le grandi famiglie imprenditoriali, disponendo di pochi capitali, si affermano grazie al sostegno statale realizzato attraverso opportuni sgravi fiscali e politiche sostanzialmente protezionistiche; in alcuni settori, come la siderurgia, la cantieristica e, successivamente, l'aeronautica, il sostegno statale si manifesta addirittura come erogazione di capitali a fondo perduto. Se questo sostegno, che non mancherà anche in seguito, permette il decollo di una parte del sistema industriale, si viene però a creare, e si afferma come una delle specificità del caso italiano fino ai nostri giorni, anche un tipo di imprenditore «assistito», che si localizza soprattutto in aree economicamente arretrate, e in settori legati alla rendita urbana connessi all'intervento statale per la realizzazione di infrastrutture.

Il manager pubblico

Ma la figura di più difficile definizione, e in un certo senso più ambigua, risulta quella dell'imprenditore pubblico, che svolge funzioni manageriali in imprese controllate direttamente dallo Stato, in cui i molteplici organi di controllo e di decisione tendono a sovrapporsi a quelli direttivi e in cui è incerta la separazione tra funzione politica e tecnica. L'imprenditoria pubblica, che nasce con la creazione dell'IRI negli anni trenta e si consolida con la fondazione delle grandi imprese di Stato e l'espansione delle partecipazioni statali, non perseguendo prioritariamente finalità di redditività economica, ha finito per mostrare elementi strutturali di debolezza: deficit spaventosi e un indebitamento destinato a rivelarsi insanabile (a cui si spera di porre rimedio, con esiti ancora tutti da verificare, con un piano di privatizzazioni diffuse), nonché commistione tra interessi di partito e politiche manageriali.

L'affresco dell'imprenditoria italiana si definisce meglio se si colgono i particolari della sua composizione interna, non solo rispetto alla contrapposizione pubblico/privato, ma rispetto alle molte Italie delle differenti aree di sviluppo, alle svariate produzioni, ai molteplici percorsi formativi imprenditoriali e manageriali, alle diverse dimensioni aziendali.

I piccoli imprenditori della «Terza Italia»

Accanto a quella che a prima vista può apparire una monocultura industriale localizzata nelle aree a maggior sviluppo, appare un fitto tessuto di imprese radicate in bacini produttivi locali, specializzate nelle produzioni più disparate, e che forse, più che non la grande imprenditoria tradizionale, meglio rappresentano lo slancio innovativo del sistema economico italiano: dall'oreficeria al vetro, dai mobili ai rubinetti, dal software ai formaggi, alle calzature, alle calze, alle maglie, ai coltelli, alle pentole ecc. Piccole, medie aziende con a capo imprenditori, diversi non solo per il fatto che gestiscono capitali più ridotti, ma anche per origine sociale e formazione, e per modo di impostare il rapporto tra politica e impresa.

Una nuova leva femminile

Nelle aree tradizionali dello sviluppo, questo tipo di imprenditore si forma infatti più come dirigente che non come erede, spesso attinge a un patrimonio tecnico rilevante e mira alla realizzazione di un'idea originale, il suo agire è orientato più alla produzione e al mercato che non alla finanza; proprio tra queste figure comincia a presentarsi una nuova leva femminile, benché ancora molto contenuta e circoscritta prevalentemente alla produzione di servizi. Un serbatoio sociale ancora più diversificato (figli di artigiani, di commercianti, di operai) ha alimentato l'esplosione imprenditoriale delle aree della «Terza Italia» (Centro e Nord-est), favorendo la crescita a economia diffusa di regioni come l'Emilia, il Veneto o le Marche.

Dopo un periodo felice, la piccola e media imprenditoria risente delle difficoltà legate all'accesso al credito e alla mancanza di infrastrutture; tuttavia la varietà della sua composizione interna non consente generalizzazioni sul piano dei comportamenti né economici né politici: da un lato, mentre alcuni imprenditori recedono, altri più presenti sul mercato estero si consolidano notevolmente, dall'altro l'insoddisfazione diffusa dà luogo, a seconda dei casi, a una volontà di maggiore impegno civile e politico o a forme di individualismo e localismo. Nell'immaginario internazionale, le piccole imprese concorrenti sui mercati mondiali fanno comunque ancora dell'Italia un paese di imprenditori.

BIBLIOGRAFIA

A. Martinelli, A. M. Chiesi, N. Dalla Chiesa, *I grandi imprenditori italiani*, Feltrinelli, Milano 1981.

M. Moussanet, L. Paolazzi, *Gioielli, bambole, coltelli*, Il Sole 24 Ore libri, Milano 1992.

Chi resta fuori

Vecchie e nuove forme di povertà

Nicola Negri

Quando si pensa ai poveri viene subito in mente chi ha pochi soldi. In effetti, il reddito è un importante indicatore delle possibilità che le persone hanno di partecipare ai modi di vita considerati usuali in una società. Redditi medi o discreti segnalano che esse sono riuscite a partecipare in modo adeguato agli scambi e alla cooperazione sociale, traendone adeguate ricompense e gratificazioni. Il contrario indicherebbero redditi particolarmente lontani dalla media.

La linea della povertà

Simili considerazioni reggono la definizione della soglia internazionale della povertà economica: l'*international standard poverty line*. Secondo questa definizione è economicamente povera una famiglia di due persone con un reddito inferiore o uguale al reddito medio pro-capite del paese in cui vive. Se le informaizoni sul reddito sono carenti, come nel caso italiano, si può fare riferimento ai dati sulle spese sostenute dalle famiglie per i consumi. Il ragionamento viene poi esteso per calcolare le soglie di povertà degli individui che vivono da soli, oppure per i nuclei di tre, o più componenti. Nel fare ciò si assume che le famiglie possano fruire di diverse «economie» a seconda del numero dei membri. Si considera, per esempio, che due persone che vivono insieme, non devono spendere in riscaldamento o in vitto il doppio di una persona sola. Si individua, in tal modo, una linea di povertà: la cosiddetta linea «del 50%». I membri delle famiglie che si collocano sotto questa linea costituirebbero l'insieme delle persone che sono state «tagliate fuori» dal mercato del lavoro, dei beni e dei servizi, e che perciò vedono la loro sopravvivenza compromessa. Se a tali persone è riconosciuta la cittadinanza, allora il patto di solidarietà su cui si regge ogni nazione dovrebbe garantire loro un sufficiente sostegno, in grado di far fronte all'emergenza economica. Inoltre, esse avrebbero anche il diritto alla rimozione delle barriere sociali e alla compensazione degli *handicap* personali che ostacolano la loro integrazione sociale. In assenza del riconoscimento di questi diritti o di adeguate politiche che ne garantiscano l'esercizio, le persone economicamente povere risulterebbero anche formalmente o di fatto escluse dal sistema dei diritti sociali di cittadinanza.

La situazione italiana

Un carattere della situazione italiana è dato dalle differenze nella distribuzione territoriale della povertà economica. Per esempio, sulla base dei dati ISTAT del 1988, si è registrato nel Nord Italia una presenza di poveri inferiore al 9 per cento. Nel Sud la percentuale è risultata superiore al 26 per cento. La punta massima si rileva in Calabria (oltre il 35 per cento). La povertà economica sembra colpire definiti gruppi sociali. Sono a rischio i soggetti deboli rispetto al mercato del lavoro e le persone anziane. L'incidenza della povertà economica è elevata anche fra le famiglie numerose che possono contare su un unico percettore di reddito e fra quelle costituite da un genitore solo con figli a carico, specie quando il capo famiglia è una donna. Tuttavia, questi rischi non sono ovunque identici. Per esempio, alla fine degli anni ottanta un ultra-settantacinquenne del Centro-nord aveva una probabilità poco superiore al 22 per cento di diventare povero. Per un coetaneo residente in meridione questa probabilità saliva oltre il 41 per cento. Simili differenze confermano che il problema della povertà ha una dimensione locale. Deve quindi essere affrontato con interventi tagliati su misura, calibrati sulla situazione. È necessaria, perciò, una ricostruzione dettagliata dei processi di impoverimento.

I meccanismi che generano precarietà

Quanto più la lente di ingrandimento utilizzata per l'analisi è potente, tanto più il fenomeno della povertà economica si presenta sfaccettato e con qualità variabili nel tempo. Non sembrano univoci i meccanismi che alimentano i rischi di caduta sotto la soglia della povertà, né sono costanti le caratteristiche delle persone coinvolte da questi rischi. La disoccupazione può investire nuove figure: per esempio, le donne che si affacciano sempre più numerose sul mercato del lavoro, oppure i lavoratori della grande impresa, un tempo garantiti e in seguito espulsi dai processi di innovazione tecnologica. L'immigrazione da paesi non europei concorre a generare nuove situazioni di precarietà.

In passato alcuni genitori restavano soli con il carico dei figli, a causa delle guerre, delle malattie, delle pericolose condizioni di lavoro, talvolta dell'emigrazione. Oggi, fra le cause della formazione di nuclei familiari a rischio, occorre considerare il peso di separazioni e divorzi. Perfino il prolungamento della vita, connesso al maggior benessere della popolazione e al progresso della medicina, concorre a creare situazioni economicamente fragili: coppie di anziani soli, genitori anziani a carico di figli anziani e così via.

Cause non economiche

Lo stesso significato di povertà economica sfuma. Quando l'analisi si addentra nei particolari trova che l'insuccesso scolastico, l'insicurezza del lavoro, le eccessive aspettative, stati di abbandono e solitudine, possono spezzare la vita di uomini e donne che vivono in famiglie che si collocano sopra la linea della povertà. Prima di essere tagliate fuori dal mercato dei beni e dei servizi, le persone possono essere danneggiate in modo irreversibile dalle violenze esercitate dai genitori stessi o dal coniuge. Inoltre, la loro sopravvivenza può essere compromessa dall'alcolismo o dalla tossicodipendenza. Al contrario, sotto la soglia del 50% si possono trovare casi di immigrati dal terzo mondo che stanno perseguendo con successo strategie di inserimento sociale e di fuga dalla povertà dei paesi di origine.

Indicatori ambigui

Il reddito o il livello di consumo sono quindi degli indicatori ambigui. Attualmente, in Italia, considerando solo la posizione rispetto alla linea di povertà, si rischierebbe di confondere individui impegnati a cercare lavoro, con progetti e riferimenti di identità saldi, con altri soggetti emarginati ormai disfatti e privi di autonomia. Casi di vita disperata potrebbero sfuggire, perché nascosti in famiglie con risorse economiche non abbastanza lontane dalla media. Né si riuscirebbe a capire quelle situazioni in cui, ai fini di promuovere l'integrazione sociale, la concessione di un sussidio è del tutto inefficace.

Con il termine nuove povertà spesso si indicano questi nuovi aspetti della indigenza economica e si segnala la diffusione di altri tipi di disagio insostenibile, seppure di natura non economica. Per dare conto che il problema non è solo di reddito, a livello istituzionale si parla sempre più frequentemente di lotta contro l'esclusione sociale, piuttosto che di lotta contro la povertà. Questa sostituzione è stata promossa dalla stessa Comunità europea attraverso una apposita risoluzione formale, presa nel 1989. Tuttavia, l'introduzione di una diversa terminologia da sola non basterebbe per promuovere adeguate politiche sociali. L'uso di nuove definizioni sarà tanto più proficuo quanto più serve a ricordare che oggi l'impoverimento ha un carattere sociale e processuale e non trova cause univoche e assolute. Rari sono gli eventi che sono in grado di spiazzare qualsiasi persona, gettandola in condizioni di vita insostenibile. Conta non solo la disponibilità di risorse ma anche la capacità di usarle, fronteggiando le difficoltà. Perciò l'età, il sesso, l'istruzione, il contesto sociale e familiare di un individuo sono rilevanti, quanto il reddito e a volte di più, per comprendere i meccanismi che hanno generato i poveri.

--- **BIBLIOGRAFIA** ---

Commissione di indagine sulla povertà in Italia, *Secondo rapporto sulla povertà in Italia*, Franco Angeli, Milano 1992.

P. Guidicini, G. Pieretti (a c. di), *La residualità come valore: povertà urbane e dignità*, Franco Angeli, Milano 1993.

■■■■ Il contributo dell'immigrazione

Verso una società multietnica

Enrico Allasino

Gli immigrati stranieri in Italia sono, secondo le stime, 1-1,5 milioni di persone. La cifra è incerta non solo per la presenza di immigrati irregolari non contabilizzati, ma anche per la logica dei sistemi di rilevazione. Essa non è immediatamente confrontabile con quelle relative ad altri paesi europei, sia per la difformità dei criteri di classificazione sia per la diversa rilevanza dei gruppi di popolazione immigrata. Occorre distinguere tra stranieri in generale, stranieri provenienti da paesi extracomunitari (termine usuale in Italia, ma quasi inutilizzato altrove), cittadini di più o meno remota origine immigrata (seconda, terza generazione) che continuano a essere considerati immigrati o minoranze etnico-razziali.

La definizione dei problemi sociali non corrisponde quindi alla sola dimensione quantitativa delle presenze. In ogni caso in Italia la percentuale di stranieri nella popolazione è tra le più basse nella CEE anche se per quantità assolute l'Italia viene dopo Germania, Francia e Regno Unito.

Un fenomeno inatteso che interessa il Sud Europa

Ciò che ha dato rilievo all'immigrazione straniera in Italia è stata soprattutto la rapida crescita delle presenze, la sorpresa causata da un fenomeno inatteso e controintuitivo e le difficoltà nell'affrontare la situazione. Dopo le massicce immigrazioni nelle aree più industrializzate dell'Europa degli anni cinquanta e sessanta, volute per rispondere alle esigenze di manodopera (effetto *richiamo*), il blocco dell'immigrazione in quei paesi alla metà degli anni settanta portò, con i ricongiungimenti familiari e la crescita delle seconde generazioni, alla stabilizzazione degli immigrati, ma dirottò i nuovi migranti verso i paesi del sud Europa. Nella fase attuale predominano i fattori di *spinta*, si moltiplicano i paesi di emigrazione e i movimenti si fanno sempre più complessi. Questa elevata turbolenza si traduce nella difficoltà a controllare i flussi in entrata e nella maggiore eterogeneità degli immigrati che entrano in Italia, ma anche negli altri paesi europei.

Oggi il quadro dell'immigrazione straniera in Italia è quindi assai composito: non vi è quasi affermazione generale che non trovi eccezioni e non richieda precisazioni. I nordafricani sono il gruppo più numeroso, ma le aree di provenienza sono moltissime,

e ancora maggiore è l'eterogeneità dovuta alle differenze di lingua, religione, cultura, opinione politica, trasversali rispetto alle stesse nazionalità, che talora viene dimenticata usando etichette onnicomprensive e semplificatrici (marocchini, musulmani, africani ecc.).

Anche le condizioni di vita che la società offre agli immigrati sono profondamente diverse a seconda delle aree. Ciò è evidente nell'inserimento lavorativo: esiste una certa specializzazione «etnica» nei lavori, ma i livelli e i tipi di occupazione variano sensibilmente tra le regioni. Schematicamente, il Mezzogiorno offre molti lavori precari e sottopagati; al Nord è più difficile trovare un'occupazione ma essa è più spesso regolare e continuativa.

Immigrazione, occupazione, economia sommersa

È stata subito notata la apparente contraddizione tra l'afflusso di immigrati e l'alto tasso di disoccupazione italiano. Questo ha spinto a vedere nell'immigrazione una minaccia per i lavoratori italiani. Le ricerche hanno mostrato invece che la manodopera immigrata occupa posti complementari a quelli degli italiani, almeno nelle regioni del Nord, e svolge compiti disattesi ma insostituibili nei mercati del lavoro locale. Resta certamente una quota non indifferente che vive di espedienti, nell'economia sommersa o nell'economia criminale, ma ciò non va attribuito a propensioni perverse degli immigrati stessi, quanto a debolezze e distorsioni della nostra società. In fatto di lavoro nero e di organizzazioni criminali gli italiani non sono certo allievi degli immigrati.

Mancano invece due importanti fattori di omogeneizzazione e di stabilizzazione: il lavoro nelle grandi imprese, che imponeva a migliaia di immigrati esperienze di vita e di lavoro comuni e condivise con la classe operaia nazionale e la presenza di una popolazione immigrata già stabile che può agevolare l'inserimento dei nuovi arrivati.

In Italia la situazione è ancora molto vicina a quella del primo afflusso, con una elevata instabilità sociale e territoriale dei migranti e con una scarsa dimestichezza delle amministrazioni italiane a confrontarsi con gli stranieri.

Quest'ultimo è un nodo fondamentale: molti problemi degli immigrati sono in fondo gli stessi degli italiani, accresciuti dalla loro condizione di stranieri e di marginali: trovare un lavoro, una casa e tutelare la propria salute sono tre passaggi fondamentali. Fallire anche solo in uno può essere fatale.

La situazione giuridica degli stranieri

Su tutto pesa poi l'incertezza sulla condizione giuridica degli stranieri, dovuta anche a una applicazione discutibile della legislazione vigente. Le pubbliche amministrazioni italiane riconfermano le proprie difficoltà ad affrontare e risolvere i problemi sociali, specie per popolazioni che hanno scarsa forza politica. Lo stesso problema dei clandestini, sovente richiamato per esigere maggiore severità, è in larga misura legato all'inefficienza delle amministrazioni tanto nei controlli esterni quanto nell'intervento sociale sui presenti.

Ne risulta un'immagine dell'immigrazione largamente basata sui problemi dell'ordine pubblico e dell'assistenza, alimentata dalla mancata soluzione dei problemi, che porta a minimizzare il contributo che gli immigrati danno e possono dare alla società e all'economia italiana. In questo quadro, il rispetto delle culture e l'apertura a una futura società multietnica rischiano di fallire clamorosamente se gli immigrati saranno costretti a vivere in condizioni degradanti.

BIBLIOGRAFIA

U. Melotti, *L'immigrazione, una sfida per l'Europa*, Edizioni Associate, Roma 1992.

G. Mottura (a c. di), *L'arcipelago immigrazione. Caratteristiche e modelli migratori dei lavoratori stranieri in Italia*, Ediesse, Roma 1992.

P. L. Zanchetta, *Essere stranieri in Italia*, Franco Angeli, Milano 1991.

Immigrati:
incroci di sguardi

Sono meno di quanti immaginiamo gli immigrati che si sono riversati in Italia. Sembrano tanti perché la loro pelle li rende visibili nei nostri mondi urbani, perché frequentano i punti di arrivo delle città. Nessuna proporzione con Francia, Germania, Inghilterra. Eppure è polemica diffusa. L'uomo della strada li moltiplica e li accusa di tutto. Quella che stiamo vivendo in questi anni è una grande frammentazione etnica e il disagio che ne consegue è segno di insicurezza verso i modelli di riferimento. Traspaiono tuttavia ancora in una società fortemente individualizzata culture dell'accoglienza tipiche della nostra tradizione, forti e vivaci, per lo più femminili. È il modello familiare quello che ancora consente di classificare l'altro come possibile figlio, fratello, sorella che ha bisogno. Modello familiare e cristiano che traspare, insicuro di essere all'altezza dei tempi, dietro quello frettoloso e pratico, laico e rinchiuso in mille piccoli gusci, del mondo italiano «americanizzato».

Gli stranieri stanno creando una nuova antropologia su di noi con la vivace letteratura, con le testimonianze di vita che su di loro vengono raccolte e che parlano di noi mentre parlano della loro vita.

Il bello antropologico delle nuove presenze è una combinazione di essere altrove ed di stare a casa, che in altri modi Claude Lévi Strauss aveva previsto come futuro dell'antropologia.

La stazione Termini sul far della sera non fa paura, come alcuni credono, anzi dà sicurezza perché diventa un villaggio somalo, ha la serenità dei villaggi. È quando vanno via che fa paura.

È un fatto nuovo e importante che dalla loro angolatura di lavoro o di socialità gli immigrati ci guardino e ci descrivano, che vedano il nostro stesso mondo con occhi diversi. Ne parla un ricchissimo volume torinese (Uguali e diversi) che aiuta a capire come queste nuove presenze indichino che siamo in un mondo «comune», e a capire come è cambiata l'Africa: non primitivi ma uomini e donne di civiltà in cammino, con grandi tradizioni e grandi problemi economici e sociali. Una donna racconta della scuola coranica, in Somalia, e dice, voi lo chiamate «catechismo», come a dire che «tutto il mondo è paese». Ma rammenta poi che al ritiro da tale scuola di una ragazza, perché le sono venute le mestruazioni prima di concludere i tre anni «i genitori regalano al maestro dei beni, vestiti, sandali e una mucca. Il mio insegnante ha voluto i soldi della mucca. Al mercato mio padre è andato, ha chiesto quanto costava e glieli ha dati al maestro. Io ho salutato e portato alla scuola del Corano vassoi tondi con soia rossa, riso olio e chicchi di caffè».

Nelle voci di queste donne vediamo noi stessi diventati più chiusi, nascosti in quei condomini dove le donne somale non conoscono nessuno e vengono prese dalla nostalgia delle loro vite all'aperto e piene di socialità, dove non c'è mai l'inverno. E ricordiamo che nei nostri paesi meno urbanizzati ancora si lascia la chiave sulla porta e ci si aiuta, e che le nostre regole antiche ci avevano collocato tra i popoli più ospitali. Ci colpisce scoprire che il nostro mondo è così poco fatto per accogliere gli altri.

Vien da desiderare negli anni prossimi di poter avere dentro la nostra, la loro memoria, e su di noi il loro sguardo che ci aiuta a essere meno certi della nostra vita, e nei nostri occhi la loro presenza confrontante: loro, donne somale cui non piacciono le cose antiche ma gli spazi verdi; che credevano che Roma fosse come Manhattan e sono rimaste incantate da Villa Borghese, che ci accusano di tutti i loro guai, ma si accontentano di essere considerate con amicizia, nel loro complesso modo di apprendere una vita propria dentro la nostra, tra i blue jeans con cui viaggiano in autobus e gli abiti somali colorati, ampi e lievi con cui s'incontrano alla stazione Termini. Una donna dice «unico paese che mi sento protetta è stazione Termini. Tutti somali». Mentre un'altra, sposata con un italiano, critica il «pidgin» a cui sono adusi i somali, imputando al colonialismo e anche al marito questo linguaggio: «ci hanno insegnato a parlare come Tarzan. Tarzan scoprire, io andare, io mangiare».

Donne che ci chiedono anche di essere distinte, non considerate come le nigeriane che si prostituiscono o come i marocchini che rubano, cosa che appare come una richiesta di privilegi rispetto ad altri, quasi un ulteriore esclusivismo tra ospiti poveri nelle nostre città, ma può esser letta anche come invito a riconoscere persone dove siamo abituati – dai nostri rapporti opachi, generici, massivi – a vedere solo immigranti, stranieri, neri o gialli. Noi possiamo coltivare la possibilità di vederci criticamente e di imparare la vita di altri mondi: come i Tamil induisti che a Palermo hanno preso a venerare Santa Rosalia, o i senegalesi che visitano il nostro paese, saggi da Mille e una notte travestiti da «vucumprà», che nel loro pellegrinaggio per il mondo alla fine del quale torneranno a casa come Ulisse, pieni d'esperienza della vita, si sono fermati tra noi, come mille altri «ospiti» di altre culture.

Nei limiti delle leggi, giuste o necessarie, che difendono ancora questi gracili mondi che chiamiamo nazioni, è vero però che nel pianeta diventato piccolo, si è quasi costretti a essere fratelli, e che su scala più larga torna a essere efficace ciò che dissero i «Ragazzi di Barbiana» nel Mugello dove insegnò Don Milani, e cioè che «sortirne da soli è l'avarizia, e sortirne insieme è la politica».

Pietro Clemente

Orari sempre più flessibili

Maria Carmen Belloni

I cambiamenti nell'impiego del tempo sono manifestazioni particolarmente significative delle trasformazioni della società sia a livello organizzativo, dove corrispondono a evoluzioni dei processi produttivi e a ridefinizioni delle risorse, sia a livello simbolico, dove le modificazioni dell'importanza relativa attribuita a vari aspetti della dimensione temporale sono indicative di cambiamenti nelle gerarchie dei valori diffusi.

Orari di lavoro e stili di vita

In Italia la transizione dall'organizzazione temporale agricola a quella industriale, avviatasi nel secondo dopoguerra e compiuta negli anni sessanta-settanta, si realizza con la diffusione degli orari industriali e con la generalizzazione del diritto alle ferie e al riposo festivo. Nei decenni successivi l'espansione del terziario e l'affermazione del cosiddetto quaternario hanno prodotto spesso ridefinizioni negli orari di lavoro e dei servizi, avviando un processo di flessibilizzazione del tempo.

I diversi regimi di orario, che contraddistinguono l'organizzazione del lavoro nelle varie aree della produzione e dei servizi e che si realizzano in modo non omogeneo nel paese, tendono d'altra parte a definire anche i tempi della vita privata e i ritmi della vita collettiva. Così le specializzazioni economico-organizzative delle varie città e il loro grado di differen-

ziazione produttiva orientano la popolazione a comportamenti temporali che si traducono in abitudini e stili di vita peculiari: Roma, Torino e Milano possono considerarsi tre esempi tipici di organizzazione dei ritmi temporali urbani in relazione a regimi di orario rispettivamente di tipo burocratico-amministrativo, industriale, terziario-quaternario.

Lo studio del tempo impiegato in Italia nelle diverse attività della vita quotidiana ha messo in luce non solo la diversa consistenza di queste, ma anche la differente accessibilità, da parte di vari segmenti di popolazione, al tempo sociale. Persiste, per esempio, un forte squilibrio temporale tra maschi e femmine rispetto alle attività più strettamente legate ai ruoli (nelle attività domestiche e di cura le donne impiegano cinque ore e mezza al giorno e gli uomini un'ora e dieci minuti, mentre nel lavoro un'ora e mezza contro quattro ore e dieci).

La curva del tempo libero

Un altro indicatore temporale di differenza è l'età, attraverso cui si evidenziano vincoli e opportunità inerenti alle varie fasi del corso della vita, nonché il permanere di una concezione tradizionale dei ruoli familiari: per esempio la curva del tempo libero, che presenta innalzamenti nelle età giovanile e anziana, rimane costantemente squilibrata a favore degli uomini (complessivamente cinque ore e venti contro quattro ore e dieci), e persiste più a lungo depressa tra le donne delle età centrali. Maggiore omogeneità pare invece riscontrarsi rispetto alla collocazione professionale: ciò conferma come il modello di allocazione del tempo sia sostanzialmente costante tra il nostro paese tra diversi strati sociali e aree e rispecchi, pur con varianti quantitative, quello tipico dei paesi a sviluppo avanzato.

Percorsi di vita meno rigidi

Un altro aspetto della modificazione nell'uso del tempo affermatasi nelle società contemporanee e, in questi ultimi anni, anche in Italia, si riferisce alla cosiddetta deistituzionalizzazione dei corsi di vita, ossia alla flessibilizzazione dei percorsi di entrata/uscita nelle varie fasi dell'esistenza, di cui sono esempi il ritardato ingresso nel lavoro e la dilazionata costituzione del nucleo familiare (o la ricostituzione di uno nuovo), la procreazione differita, il precoce ritiro dall'attività lavorativa preludente a volte all'avvio di nuove attività professionali (tipico è il fenomeno dei «baby-pensionati», verificatosi soprattutto nelle pubbliche amministrazioni).

«Orari atipici»

Evoluzione delle tecnologie a disposizione dell'attività produttiva e di servizio, ampliamento della domanda di servizi, processi di urbanizzazione diffusa, mutamenti nella struttura demografica e nella composizione della popolazione costituiscono condizioni che favoriscono la diffusione di principi di flessibilizzazione all'interno dell'organizzazione del lavoro, culminanti negli «orari atipici» (dall'utiliz-

zazione di fasce orarie inusuali, di periodi notturni, di giorni festivi ecc., agli esperimenti di concentrazione del lavoro nel finesettimana, in alcuni periodi dell'anno ecc.). Nel complesso le profonde modificazioni relative alla sfera temporale verificatesi soprattutto nell'ultimo decennio hanno evidenziato la rilevanza degli aspetti organizzativi del tempo e delle politiche finalizzate al suo governo: da un lato le ristrutturazioni produttive e la crescente crisi occupazionale si traducono in liberazione di una massa di tempo che diviene socialmente disponibile, dall'altro la rivendicazione del diritto al tempo interessa fasce sempre più ampie di popolazione in termini di richiesta sia di tempo di lavoro per tutti, sia di ridefinizione degli orari della vita quotidiana, sia di tempo libero.

Effetti perversi

L'intensa urbanizzazione e la complessiva crescita dei consumi, affermatesi già dal dopoguerra ma esplose dall'inizio degli anni ottanta, hanno evidenziato alcuni nodi problematici nell'organizzazione temporale della società italiana. Le città, soprattutto le grandi, di produzione e di servizio, attirano temporaneamente popolazione (i cosiddetti *city users*) che induce sovraccarico organizzativo in determinate fasce orarie; la concentrazione delle attività in alcune aree e ore, la scarsa affidabilità dei mezzi di trasporto pubblico e la diffusione dell'automobile producono ingovernabilità del traffico con effetti «perversi» quali, per esempio, la rallentata velocità di spostamento e l'inquinamento; il modello abitativo e organizzativo domestico ad ampio uso di tecnologie e di beni provoca scarsità di risorse energetiche con conseguente innalzamento delle tariffe; la domanda allargata di servizi, la flessibilizzazione degli orari di lavoro, l'aumentata presenza della popolazione femminile sul mercato del lavoro danno luogo spesso a un conflitto di regimi temporali che complica le organizzazioni familiari ed è fonte di squilibri sociali.

Accessi paritari al tempo sociale

Su queste problematiche si innesta l'esigenza di razionalizzazione del tempo, rinvenibile, negli ultimi anni, in interventi e proposte legislative. Si possono leggere sotto questa luce, da un lato, i tentativi di ridefinizione dei tempi di vita (come le proposte di flessibilizzare maggiormente gli ingressi/uscite nel/dal lavoro, di spostare la fine del rapporto di lavoro, di introdurre periodi transitori precedenti l'ingresso in lavori più stabili, di rendere possibili periodi «sabbatici» per la formazione o per esigenze personali), dall'altro gli interventi definibili di emergenza, finalizzati a desincronizzare comportamenti e consumi (si veda, per esempio, l'introduzione di fasce orarie a tariffe differenziate per elettricità e telefono, o di uso temporalmente regolamentato di spazi urbani) e infine quelli, su cui attualmente si stanno impegnando molte città, di armonizzazione e coordinamento dei tempi e degli orari urbani secondo logiche di integrazione tra i servizi che permettano ai cittadini accessi paritari, non emarginanti, al tempo sociale. Emerge dunque, soprattutto in quest'ultimo approccio, come la regolamentazione del tempo venga considerata ormai uno strumento centrale nelle politiche urbane e come il tempo sia ritenuto un bene scarso, oggetto di controllo collettivo.

L'uso del tempo quotidiano

Dal 1993 l'Italia dispone di una rilevazione nazionale sull'uso del tempo quotidiano, condotta dall'Istituto Centrale di Statistica (ISTAT, *Indagine multiscopo sulle famiglie. Anni 1987-91. 4. L'uso del tempo in Italia*, Roma 1993). L'indagine evidenzia sia una struttura dell'organizzazione temporale analoga a quella di altri paesi industriali sia alcune specificità locali.

Nel complesso la popolazione adulta impiega, mediamente, ogni giorno undici ore e mezza in attività fisiologiche, due ore e cinquanta minuti nel lavoro, tre ore e mezza in attività domestiche, quattro ore e quaranta minuti in attività di tempo libero, un'ora e mezza in attività di formazione e partecipazione e in spostamenti.

Cause strutturali e contingenti, come la composizione demografica «invecchiata», la crisi occupazionale, il ritardato ingresso dei giovani nel lavoro, la diffusione del riposo festivo e prefestivo fanno sì che la massa più consistente di tempo (oltre quello necessario all'autoriproduzione) sia rappresentata dal tempo non impiegato in attività lavorative professionali o domestiche, o di servizio ad altre. La dominanza del tempo libero all'interno del tempo socialmente erogato, tipica delle società moderne, è peraltro in Italia più contenuta che in altri paesi occidentali e non corrisponde a durate ridotte degli orari lavorativi, ma piuttosto alla limitata consistenza della massa lavoratrice. Infatti il tempo medio di lavoro (riferito a chi svolge l'attività) si mantiene su moduli ampi, estendendo si per sette ore e un quarto, e raggiungendo le otto ore per i maschi delle età centrali. Le donne investono meno tempo degli uomini nel lavoro retribuito, ma le durate rilevate (6h 30'), evidenziano la scarsa diffusione, tra di esse, di moduli lavorativi part-time, largamente presenti altrove. Altra specificità italiana è la notevole consistenza del tempo finalizzato ad attività domestiche e di cura, che si traduce in un modello fortemente squilibrato rispetto al genere. Il fatto che questo risulti confermato al variare della condizione occupazionale, dell'area geografica e del grado di urbanizzazione, è indicativo della persistente tradizionalità dei ruoli familiari.

─────── **BIBLIOGRAFIA** ───────

L. Balbo (a c. di), *Tempi di vita. Studi e proposte per cambiarli*, Feltrinelli, Milano 1991.

A. M. Chiesi, *Sincronismi sociali. L'organizzazione temporale della società come problema sistemico e negoziale*, Il Mulino, Bologna 1989.

C. Saraceno, *Età e corso della vita*, Il Mulino, Bologna 1986.

A. Tempia, *Ricomporre i tempi*, Ediesse, Roma 1993.

▌Gestirsi il proprio tempo

L'esperienza di una mamma manager raccolta da Giovanni Contini

V.M. ha 43 anni. È sposata. Dirige un periodico femminile

Nasce da una famiglia di piccola borghesia antifascista emiliana, «mio nonno era un furente antifascista». Durante gli anni del liceo, dai quindici anni, milita nel Partito Comunista d'Italia (marxista-leninista). Si iscrive a Lettere, a Milano, ed entra a far parte del Movimento Studentesco dove milita a lungo, «poi sono stata presa dalla buriana femminista». Laureata, insegna italiano e storia, non nei licei, «sempre negli istituti tecnici, perché dovevo fare qualcosa con il proletariato, avevo questo mito...» Nel 1974 si sposa. Il marito «faceva un po' il fotografo, un po' il bluesman». Seguendo il suo compagno, appassionato di musica, comincia a frequentare Radio Popolare, per caso. Lì scopre una vocazione per il giornalismo radiofonico, «mi sono scoperta con questo grande amore per la radio, fortissimo». Lascia la scuola e si impegna nella radio a tempo pieno, oc-cupandosi di programmi per le donne oppure dirigendo programmi a «microfoni aperti». A ventisette anni, la sua situazione economica è ancora precaria. Con il riflusso ideologico, lascia Radio Popolare e inizia a collaborare come giornalista a molte testate diverse. La vita di giornalista free lance, che dura due anni e mezzo, rappresenta per lei una grande scuola ma è anche molto stressante. V. accetta quindi di entrare a lavorare a un mensile di moda maschile, quanto di più lontano dalla sua formazione e dalla sua sensibilità. All'interno del giornale fa carriera diventando presto capo servizio. Quando Vera ha trentadue anni il direttore generale dei periodici della Mondadori le chiede se vuole dirigere un settimanale popolare di fotoromanzi. Due anni e mezzo dopo diventa direttore di una delle maggiori testate femminili. Nel frattempo, divorziata dal marito, si risposa con un importante giornalista, «e all'alba dei miei 43 anni l'ho convinto a fare un bambino, lui non voleva».

▶

▶ *In casa vive anche il figlio che suo marito ha avuto da un precedente matrimonio, ventiduenne. Siamo a metà luglio del 1993.*

M: *Il bambino è nato in luglio, casualità fortunata, quindi io per esempio ho fatto i 15 giorni di luglio abbastanza facilmente, poi c'era agosto e mi sono presa le vacanze di agosto che avrei fatto comunque, a settembre ero già di nuovo in pista. Quindi non ho praticamente interrotto, ho gestito sempre il giornale. Abbiamo il Macintosh e facciamo la videoimpaginazione, quindi mi hanno installato un Macintosh a casa e io ero in collegamento costante con la redazione; e da casa, con la pancia, dell'ultimo mese, io vedevo tutto il giornale, potevo correggerlo, rifarlo. Ho lavorato al telefono, con questo mezzo meraviglioso. Io facevo il giornale da lì, con la collaborazione della mia redazione, venivano loro a casa mia se c'era bisogno di fare una riunione. Fino, letteralmente, al giorno in cui sono venuta in ospedale: la mattina avevo fatto delle riunioni sulla moda [...]. Adesso non vorrei passare per un'eroina, perché come figura mi è odiosa, lo dico banalmente perché è così; in ospedale, il bambino aveva, credo, tre giorni, ho fatto una copertina; io ero in clinica, quindi in una stanza agibile: sono venuti e abbiamo scelto i colori della copertina. Io stavo bene, sdraiata, comoda... Poi sono tornata a casa e lì è stato l'unico momento di vera confusione della mia vita, quando sono tornata a casa con il bambino. Ammetto che ho avuto un attimo di sbalordimento, piangevo per un nonnulla e i tempi non riuscivo più a gestirli perché ero in totale balia di lui, il primo figlio della mia vita:* non capivo quasi nulla, mi spaventavo. Lui piangeva e io andavo in tilt, pur considerandomi una razionale. Tutto mi turbava, tutto mi spaventava. Ciò nonostante il giornale ho continuato a gestirlo. In agosto sono stata via con il bambino ma il mio capo redattore mi ha raggiunto dov'ero e abbiamo lavorato. In settembre ho ricominciato a lavorare. Ho continuato a fare il giornale, non ho sentito una interruzione. Son finita sui giornali per questa roba qui, ma per forza! Uno che riesca a gestirli anche da incinta. Insomma era divertente, come idea: effettivamente è bizzarro fare il giornale attraverso il computer. È anche bizzarro il fatto che se uno è materno, e io lo sono abbastanza, se faccio finalmente un figlio mio (però anche il figlio dell'altro me lo gestivo volentieri): il giornale è un po' figlio anche quello, quindi non è che uno può mollar tutto improvvisamente e chiudersi. Uno tenta di conciliare anche lì le varie figliolanze.*

C: E da allora?

M: *Da allora, dunque, io ho un orario di lavoro assolutamente normale, uguale a quello di tutti quanti, per di più facendo il direttore posso permettermi di arrivare in redazione alle dieci, le dieci e mezza, se è il caso. E quindi io lavoro sempre, grosso modo, dalle dieci del mattino alle sette di sera. Il resto del tempo è dedicato sostanzialmente al bambino piccolo, con la presenza anche del grande che gestisco quanto ai pasti.*

C: Le sette e mezzo di sera ha detto? La mattina a che ora esce da casa?

M: *Tra le nove e le nove e mezza. Prima succede questo. Normalmente il bambino si sveglia verso le sei* *e mezza, per mangiare. Quindi io gli do il latte, la pappa; poi lui dormicchia ancora un po', io se ci riesco dormicchio ancora un po', ma insomma: mio marito si alza alle sette al più tardi, quindi dalle sette siamo tutti in piedi. Alle sette e mezza il bambino si sveglia, io quindi prendo il piccino e con lui faccio quattro cose tecniche: lo lavo e lo cambio, anche per toccarlo un po', smanacciarlo un po', e faccio colazione, con il bambino, e leggo i giornali; almeno un quotidiano sempre, me lo faccio portare a casa per avere subito un po' di notizie. Faccio tre cose contemporaneamente: mangio, leggo il giornale e gioco un po' col bambino. La priorità va al bambino: se il bambino piange io non faccio colazione, non mangio, non leggo il giornale, tengo il bambino. Ma il bambino non piange perché è simpatico e collaborativo: chiacchiera, gioca, sta lì tranquillo. Alle otto e un quarto arriva la tata del bambino, allora io do indicazioni alla tata sul bambino, sulla casa, perché lei fa anche da mangiare, quindi sulle cose da fare.*

C: Ma nel periodo dell'allattamento? Mi racconta la settimana con l'allattamento?

M: *Sì, è la più complicata. Appena uscita dall'ospedale, tutto agosto non c'era problema; luglio e agosto lei consideri che sono stata sempre con il bambino. Allattavo il bambino, lo allattavo 5 o 6 volte al giorno, quindi praticamente sempre. In settembre invece ho fatto una cosa diversa, ho cominciato ad allattarlo meno, ho inserito in mezzo al mio normale allattamento prima una poppata artificiale e poi due. Quindi quando c'era quella poppata lì in mezzo, io schizzavo*

fuori e facevo qualcosa. Per cui, per esempio, correvo qui. Fra una poppata e l'altra avevo sei ore; però una [...] solo di viaggio, quindi era un po' faticoso. Quando era solo una poppata è stato un casino, anche perché avevo sempre l'angoscia di arrivare troppo tardi, di perdere la poppata successiva, quindi è stato un po' stressante [...] Il bambino va d'accordissimo con questa signora, l'ama molto. Veniva già da me a fare le pulizie e si è proposta lei stessa come tata del bambino. Sono fortunatissima perché lei viene e a una certa ora subentra sua figlia che ha vent'anni. Sono anche due figure femminili differenti, una di quarant'anni e una di venti, va bene anche per il bambino.

C: Loro si occupano del bambino e della casa.

M: *Io di nuovo faccio il cervello, però. Io spiego tutto quello che devono fare, faccio biglietti scritti, sono odiosa, scrivo tutto, faccio mappe di tutto: «il bambino deve mangiare questo, deve fare quest'altro [...]». Loro sono in casa e fanno il braccio e io faccio la mente. Tendenzialmente gestisco [...] Per la spesa invece vado io personalmente e faccio portare tutto a casa: faccio delle cose geniali [...] uso il freezer moltissimo, vado in un piccolo supermercato che porta le cose a casa...*

C: E suo marito?

M: *Arriva alle dieci e mezza [...]*

C: Non mangia con voi?

M: *No, quasi mai, proprio sforzandosi una volta alla settimana. Quindi ci vediamo pochissimo. Io considero il bambino orfano di padre (ride)... sì, è poco presente.
[...] Le regole e i tempi con il bambino sono diversissimi, anche psicologicamente. Io prima quando*

►

ero libera guardavo la televisione leggendo i giornali [...] facevo sempre un paio di cose insieme. Adesso non più, non ricordo da quando è nato il bambino di aver visto una trasmissione continuativamente.

C: Pensa che questo possa essere qualcosa che influenza anche la sua vita professionale?

M: *Mentre la mia vita professionale prima era molto invasiva, invadeva di sé anche la mia vita privata, per cui s'intrecciavano: andavo al cinema, parlavo con le persone, come dire? tutto era lavoro, ogni cosa mi suscitava un'idea, adesso sono molto separata: quando sto lavorando, lavoro concretamente, quando esco di qui stacco di netto. La cosa brutta sa cos'è (me lo avevano detto, e lo sto verificando sulla mia pelle)? quando si tenta di conciliare una lavoro impegnativo con un bambino impegnativo si ha in qualche modo un senso di colpa nei confronti di entrambi. Io mi sento comunque – pur essendo in pace con me stessa nel senso che sto facendo entrambe le cose, mi sembra, adeguatamente – però nell'inconscio, un po' conscio, mi sento un po' inadeguata in entrambe le parti.*
Di là dico «Be' gli dedico poco tempo, povero bambino...», e di qua capisco che sto tradendo anche questa creatura, perché comunque prima le dedicavo più tempo adesso quando mi occupo del bambino ho sempre la sensazione di abbandonare il giornale.

C: Il senso di colpa sia in un posto che nell'altro?

M: *Sì ma arrivo a dirle molto più in relazione al lavoro. Quando la domenica non prendo in mano la penna, io che prima ero abituata...*

un'occhiatina, quattro idee, due articoli... non c'era mai uno stacco netto dal lavoro, si intrecciava sempre. Invece adesso arrivo alla fine della domenica che non ho fatto niente.

C: E il sabato?

M: *Di sabato mi occupo sempre della creatura. Il sabato la mattina mi lascio un po' di tempo per me, ma proprio pochissimo: un parrucchiere se capita o l'estetista, piuttosto che un'acquisto o l'estetista, un paio d'ore. La tata arriva al sabato un pochino più tardi e si ferma fino all'una.*

C: Non va mai fuori Milano?

M: *È difficile per via di questo mio marito, che lavora tutto il sabato fino al pomeriggio quindi da sola mi secca. Poi sono molto meno mobile con il bambino.*

C: Quindi si riposa con il bambino.

M: *Mi stanco moltissimo io con il bambino! No, no, non mi riposo affatto! Sono mamma a tempo pieno e non ho né il fisico né l'abitudine. Poi adesso che è piccolo lo devo sollevare, portare, gestire... Quando torno da queste mie scappatelle il sabato mattina, minuscole, sempre con quel filo di senso di colpa di cui le ho detto sono a sua disposizione. Quando mio marito c'è va bene, perché quando arriva solo spartirsi il bambino cambia la vita.*

C: Lui si occupa del bambino?

M: *Quando c'è se ne occupa; lo ama e se ne occupa. Però sempre nei tempi suoi, con una divisione dei tempi micidiale. Comunque la notte è mia; il bambino si sveglia di notte, adesso poi mette i denti: e di notte lui non sente e quindi non si pone il problema, e io mi alzo. Lei consideri che c'è sempre questo aspetto, che psicologicamente* *incide molto: il bambino lo volevo io, con tutte le mie forze e ho combattuto per dieci anni. E lui non voleva. Alla fine ha ceduto solo su pressioni molto insistenti. E poi io sono una combattiva. Questa cosa mi mette nella condizione di non poter fare troppe richieste, mi sembra che questo bambino l'ho voluto io, e mi devo assumere le responsabilità. Poi io ho anche queste strane forme di femminismo bizzarro per cui so contemporaneamente essere ultra aggressiva e però non ho bisogno di nessuno che mi rompa le balle, perché intanto ci penso io, garantisco io, gestisco io: non ho bisogno di nessun altro, il bambino lo gestisco io. Che è un po' eccessivo, però...*

I consumi

Gli italiani non si realizzano più nei consumi

Sugli status symbol prevalgono i consumi di «sicurezza»

Giuseppe Barile

Le famiglie hanno stretto la borsa

La recessione che ha colpito l'Italia nei primi anni novanta, al pari di altri paesi industrializzati, ha introdotto nelle scelte dei consumatori cambiamenti significativi. Nel 1993, di fronte a una riduzione del PIL dello 0,7 per cento rispetto all'anno precedente, per la prima volta nel dopoguerra, i consumi delle famiglie sono diminuiti e la diminuzione è stata marcata: –2,1%. Inoltre le variazioni voce per voce rispetto al 1992 sono state alquanto difformi. Non si è trattato, insomma, di un semplice taglio dei consumi superflui né tantomeno di una riduzione generalizzata ma, piuttosto, di una modificazione coerente della struttura della spesa e, nello stesso tempo, dell'affiorare di un atteggiamento diverso nei confronti del significato simbolico attribuito ai consumi. Probabilmente è presto per parlare di nuovi valori. Pochi anni non sono certo sufficienti perché si manifestino e divengano misurabili dei cambiamenti di mentalità, che hanno luogo nella lunga durata. Tuttavia, è indubbio che, sul piano dei comportamenti, i mutamenti, magari temporanei, sono stati sensibili e sembrano destinati a lasciare traccia.

Il dato più macroscopico tra le variazioni dei consumi delle famiglie è il crollo degli acquisti dei mezzi di trasporto, –21,5 per cento. È l'effetto di una comprensibile reazione dei consumatori che, di fronte a una decurtazione effettiva, o anche solo temuta, del proprio reddito, procrastinano l'acquisto dell'automobile.

Contrazioni sensibili riguardano pure gli acquisti di abbigliamento e calzature (–5,8 per cento), di apparecchi radio, tv, hi-fi (–4,8), di mobili e articoli per la casa (–4,4). Restano sostanzialmente stazionari i consumi alimentari: essi costituiscono una spesa piuttosto rigida, che solo una prolungata depressione potrebbe indurre a una netta flessione. Ma vi sono anche categorie di spesa che registrano un incremento: le comunicazioni (la bolletta del telefono, 6,2 per cento), il tabacco (4,5 per cento), le bevande analcoliche (2,7%), i libri e i giornali (1,5 per cento).

La «qualità vera»

Il quadro tracciato da questi dati è alquanto sommario. Esso coincide, però, significativamente, con le analisi e le previsioni svolte dal CENSIS a riguardo dei consumi privati nel suo XXII rapporto sulla situazione sociale del paese 1993, uscito verso la fine dell'anno, e nella precedente Indagine sulle famiglie italiane (1993). Il rapporto, in particolare, già segnalava una caduta del consumo più accentuata del decremento del reddito; una diminuzione più brusca del consumo di alcuni beni di «status» come le

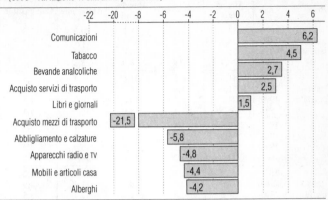

I consumi degli italiani
(1993 - variazione % sull'anno precedente)

Comunicazioni	6,2
Tabacco	4,5
Bevande analcoliche	2,7
Acquisto servizi di trasporto	2,5
Libri e giornali	1,5
Acquisto mezzi di trasporto	-21,5
Abbligliamento e calzature	-5,8
Apparecchi radio e TV	-4,8
Mobili e articoli casa	-4,4
Alberghi	-4,2

Fonte: ISTAT.

automobili, le moto di cilindrata elevata, l'elettronica, l'alta fedeltà (e quindi una nuova gerarchia dei consumi); una tendenza al rafforzamento dei prodotti dotati di «qualità vera» a scapito di quelli «a qualità solo promessa». Le famiglie, in altre parole, annettono più importanza all'istruzione dei figli, alla salute, all'acquisto della prima casa. Queste scelte avvengono a scapito dell'acquisto di un nuovo modello di auto, del rinnovo dell'abbigliamento firmato, dell'alimentazione ricercata. Il che autorizza a concludere che «l'atteggiamento verso il consumo non è meramente una variabile dipendente del reddito disponibile, ma sottende un cambiamento (...) nelle modalità stesse del consumare».

Identikit del nuovo consumatore

Il nuovo consumatore, com'è delineato nel rapporto CENSIS, spende meno, insegue un rapporto qualità-prezzo più alto anche se ciò comporta ricerche prolungate, manifesta un interesse che sembrava dimenticato per le caratteristiche di solidità, di durata, di attitudine a un uso ripetuto dei beni di consumo che acquista. Ciò significa che dedica più tempo alla raccolta di informazioni sulle caratteristiche dei beni offerti e sulle condizioni di offerta, ai confronti, alla ricerca delle occasioni. Anche i bisogni sono sottoposti a più accurata introspezione e analisi, il che permette di stabilire che tipo di bene occorre veramente e di rifiutare articoli nuovi e sofisticati (per esempio, nel campo sempre innovativo dell'elettronica di consumo e anche dell'informatica) proprio perché più complicati del necessario. La convinzione soggiacente è che sia possibile conservare per l'essenziale la qualità della vita acquisita spendendo meno e che sia sbagliato attribuire a beni ordinari di uso corrente un valore di status symbol.

La grande distribuzione

Il ricorso alla grande distribuzione diventa più frequente e, nell'acquisto

Valori dei consumi delle famiglie *(valori percentuali)*

Area	Anno	Alimentari	Tabacchi	Abbigliamento	Abitazione	Combustibili
Italia settentr.	1974	34,9	1,5	9,5	10,9	3,7
	1980	28,1	1,5	10,4	11,1	5,1
	1990	21,1	1,0	8,6	14,7	5,3
	1991	20,4	0,9	8,0	15,3	5,3
Italia centrale	1974	41,6	2,3	11,6	11,4	4,5
	1980	31,8	1,9	10,8	11,2	4,6
	1990	24,8	1,1	9,1	14,0	4,5
	1991	24,5	1,1	9,0	14,7	5,4
Lazio	1974	42,4	2,9	10,5	15,7	3,1
	1980	35,2	2,1	8,6	13,1	4,4
	1990	23,9	1,5	7,2	16,9	4,2
	1991	22,1	1,2	7,0	18,7	4,5
Italia merid.	1974	45,7	2,6	11,1	13,1	3,2
	1980	37,0	2,1	10,2	11,4	4,9
	1990	27,8	1,5	9,3	15,3	3,5
	1991	26,8	1,4	9,1	16,8	3,7
Italia	1974	41,9	2,1	11,0	12,9	3,8
	1980	31,6	1,8	10,5	11,4	4,5
	1990	23,5	1,2	8,7	14,9	4,4
	1991	22,7	1,1	8,3	15,8	5,0

Fonte: ISTAT.

dei prodotti di base, il consumatore più avveduto mostra crescente interesse per i prodotti senza marca, offerti ai prezzi più bassi. Nuovi centri di vendita si specializzano nell'offerta di pochi prodotti altamente standardizzati.

Questo comportamento si è diffuso tra tutti i generi di consumatori compresi quelli che, negli anni ottanta, erano considerati i target più alti. Anche i compratori appartenenti alle fasce economiche elevate si rivolgono di volta in volta a segmenti di mercati diversi, trasgredendo agli standard di consumo che in passato il marketing e le strutture della distribuzione avevano loro assegnato. Ognuno è più attento a usufruire del massimo valore del suo denaro. Ciò non comporta però necessariamente una proporzionale degradazione degli standard dei segmenti inferiori.

L'evoluzione verso comportamenti di consumo diversi non significa, come si è detto, rinuncia a difendere gli aspetti sostanziali della qualità di vita acquisita e giudicata irrinunciabile.

Soglie da non varcare

Vi sono dunque soglie verso il basso che gli stessi settori del pubblico caratterizzati da fasce inferiori di reddito rifiutano di superare. È questo un altro degli elementi chiave del cambiamento, l'idea di una «qualità di cittadinanza» sotto la quale non si può scendere, quale che sia il livello di reddito del consumatore. Segnali di questa irrinunciabilità si possono cogliere nel crescere tra il 1991 e il 1992 delle spese per medici, accertamenti diagnostici, ricoveri ospedalieri, e l'aumento dei passaggi dalla scuo-

Area	Anno		Mobili	Sanità (igiene)	Trasporti	Istruzione	Altre spese
Italia settentr.	1974		7,5	3,1	2,6	5,7	14,6
	1980		8,6	1,7	14,5	6,4	12,6
	1990		7,8	2,7	16,3	7,4	13,1
	1991		6,8	2,6	17,5	7,3	15,9
Italia centrale	1974		7,8	2,9	10,1	5,8	2,0
	1980		8,4	1,2	13,2	5,9	11,0
	1990		7,0	2,1	17,1	6,9	13,4
	1991		6,3	2,0	17,1	6,7	13,2
Lazio	1974		6,4	3,1	8,2	5,7	2,0
	1980		7,2	1,0	12,4	5,9	10,1
	1990		7,2	1,6	18,4	6,8	12,3
	1991		7,0	2,0	18,8	6,4	12,3
Italia merid.	1974		7,5	2,7	7,6	4,8	1,7
	1980		8,3	1,5	13,9	6,3	4,4
	1990		7,6	1,7	14,8	5,8	12,7
	1991		7,5	1,9	15,2	5,8	11,8
Italia	1974		7,9	3,2	9,1	5,9	2,2
	1980		8,3	1,3	13,2	6,0	11,4
	1990		7,6	2,3	16,5	6,9	14,0
	1991		7,3	2,4	16,9	6,8	13,7

▌Un bene di consumo particolare: la casa

Le famiglie italiane considerano la casa in proprietà al terzo posto tra i beni irrinunciabili, dopo l'istruzione dei figli e la salute, confermando il peso che la preoccupazione per il futuro ha acquistato nella formazione delle preferenze.

Anche il mercato delle abitazioni ha risentito del clima di recessione del 1992-93, già sottoposto agli impulsi diversi dell'inasprimento fiscale sulla casa e della fine dell'equo canone (con l'introduzione dei patti in deroga). L'incertezza domina il quadro. Il numero dei contratti di compravendita nel 1992 è diminuito del 16,3 per cento riportando il mercato alla situazione di cinque anni prima, dopo un periodo di crescita intensa. Calo della domanda e eccesso di offerta hanno portato a un calo dei valori al mq. specialmente nelle aree centrali delle grandi città (a Torino, Milano e Roma il crollo nelle aree centrali è stato rispettivamente del 24, del 28,8 e del 21 per cento; nelle aree semicentrali, del 25, del 36 e del 25,6 per cento). Resta intanto problematico il soddisfacimento della domanda marginale di alloggi rappresentata da anziani, immigrati e studenti, per i quali è indispensabile un intervento condotto con criteri innovativi da soggetti privati e pubblici.

Strettamente legato all'abitare e in generale alla vivibilità nelle aree urbane, è il problema dei parcheggi la cui presenza è indicata come irrinunciabile dal 60% degli italiani.

Spesa per manifestazioni culturali e sportive

Anno	Teatro	Cinematografo	Trattenimenti vari	Manifestazioni sportive
1970	5,3	58,3	25,5	10,9
1975	6,1	58,8	22,6	12,5
1980	9,7	40,3	34,4	15,5
1985	11,3	24,4	45,5	18,8
1990*	11,7	16,7	50,2	21,4
1991*	13,3	17,1	50,6	19,0

(*) La voce *Teatro* comprende anche concerti e spettacoli di musica leggera.

Tassi di equipaggiamento delle famiglie per alcuni beni durevoli
Confronti internazionali in % (1990)

	Frigorifero	Forno a microonde	Lavatrice	Numero in automobili per 1000 abitanti
Germania	95	19	93	473
Grecia (a)	99	0,3	58	172
Spagna	99	9	95	250
Francia	98	19	90	419
Italia	49	4	94	460
Paesi Bassi	83	12	94	340
Portogallo	92	2	66	125
Regno Unito	81 (b)	50	87	430

(a) 1988   (b) Compresi i congelatori

Fonte: Bollettino delle Comunità europee; Commissione n. 3 - 1993, 26° anno.

la media a quella secondaria. Anche l'informazione (giornali, riviste) e la cultura (libri, teatro, cinema) sono considerate irrinunciabili, purché abbiano le caratteristiche rispondenti a bisogni reali. L'accento viene posto sulla crescita non solo quantitativa ma anche, e prevalentemente, qualitativa dei bisogni sociali.

Consumo di welfare

Si tratta, ovviamente, di una visione che si fonda in gran parte sul consumo di servizi offerti oggi dal welfare state (quello legato alla salute, alla previdenza, all'istruzione ecc.). Ma ciò è visto in modo meno passivo. Così, dall'indagine sulle famiglie italiane condotta dal CENSIS nel 1993 risulta che oltre il 90 per cento degli interrogati ritiene che la famiglia italiana dovrà trovare un modo diverso, più competitivo e responsabile, per guadagnare, spendere, investire, tutelare il benessere dei propri membri, visto che molte «protezioni» vengono meno. Nondimeno, una percentuale poco inferiore di famiglie afferma che i servizi pubblici fondamentali – sanità, istruzione, previdenza – devono continuare a essere forniti gratis.

L'indebolimento della ricchezza familiare

I fenomeni	Gli indicatori
La erosione delle rendite finanziarie e immobiliari	– Nel 1993 le famiglie hanno percepito quale rendimento dai Titoli di Stato 14 500 miliardi in meno dell'anno precedente – La pressione fiscale sulla casa è aumentata tra il 1990 e il 1993 di circa il 150%
L'accrescersi del prelievo fiscale	– La pressione fiscale in percentuale del PIL è passata dal 39,1% del 1990 al 42,4% del 1992. Il gettito tributario nei primi cinque mesi del 1993 è cresciuto di oltre 6700 miliardi rispetto allo stesso periodo del 1992
Il restringersi della base dei redditi del lavoro	– L'occupazione nel 1993 è calata di 65 400 unità
La progressiva perdita della capacità di risparmio delle famiglie	– I saldi finanziari delle famiglie sono diminuiti di 18 438 miliardi tra il 1990 e il 1992 (dal 14,7% all'11,6% in rapporto al PIL)
L'arretramento dei consumi	– I consumi nel 1992 sono calati in termini reali dell'1,9%; nel 1993 del 2,1%

Fonte: elaborazioni e stime CENSIS su indagini proprie e dati ISTAT, Ministero delle Finanze, Banca d'Italia, OCSE.

Valore attribuito alle varie tipologie di spesa

Tipologia di spesa	Irrinunciabile	Importante	Poco importante	Per nulla importante
Istruzione dei figli	81,3	14,6	2,1	2,0
Spese per la salute e il benessere	51,4	43,9	4,0	0,8
Casa di proprietà	46,3	41,9	9,7	2,1
Informazione (giornali, riviste ecc.)	18,3	67,3	13,0	1,5
Cultura (libri, teatro, cinema ecc.)	17,2	68,5	13,1	1,3
Investimento dei risparmi	16,2	60,4	20,1	3,2
Sport e tempo libero dei figli	11,6	75,0	11,3	2,1
Alimentazione ricercata	3,0	23,1	48,7	25,1
Arredamento domestico	2,2	42,6	47,4	7,7
Abbigliamento di qualità	1,0	18,7	56,4	24,0
Automobile sempre nuova	1,0	5,6	49,6	43,8

Fonte: CENSIS, Indagine sulle famiglie italiane, 1993.

A ogni modo oltre il 90 per cento delle famiglie è disposto a risparmiare sulle spese quotidiane per poter spendere per le cose veramente importanti (ancora una volta la salute, il benessere fisico e psichico dei membri della famiglia, l'educazione e l'istruzione dei figli, la cultura e l'informazione «di cui oggi si ha bisogno») e già oggi molti (79%) integrano servizi pubblici e privati per provvedere ai propri bisogni di salute o di assistenza.

Come sono lontani gli anni ottanta

Il confronto con gli anni ottanta (e settanta) si impone. Per parecchi anni, la società italiana ha trovato negli atti di consumo uno strumento di materializzazione dei valori individuali, di espressione personale, di rappresentazione di sé. L'Italia (cioè i due terzi più favoriti degli italiani) ha dato ampio spazio all'impulso e allo spreco, divenendo sempre più recettiva e sensibile alle più raffinate proposte del mercato, dando luogo a vistosi fenomeni di consumismo aggressivo e prepotente (il cosiddetto edonismo reaganiano), strettamente legato a immagini di successo rampante e di autoaffermazione.

In seguito, la componente di ostentazione e di spreco è stata attenuata, da un lato, dalla più sofisticata e consapevole scelta dell'eccellenza (sia sul piano estetico sia su quello tecnologico) e da una più acuta sensibilità verso la dimensione della libertà individuale (anche nei confronti dei consumi stessi, che venivano desacralizzati); dall'altro, dalla sensibilità ecologica, che ha introdotto elementi di attenzione (più o meno ideologici) verso gli aspetti distruttivi del consumo. «In un panorama in cui i consumi comunque crescono e tendo-

La spesa alimentare

L'alimentazione italiana conserva un sottofondo tradizionale, indicato dalla ancora cospicua presenza dalle componenti *pane* e *cereali* non di marca e *frutta* e *ortaggi freschi*. Nel periodo considerato si rileva un notevole aumento della quota di carne e, soprattutto, pesce, espressione di una maggiore disponibilità economica e di una correzione dell'alimentazione nella direzione dell'aumento delle proteine. Negli anni ottanta, in particolare, il consumatore italiano si è mostrato interessato a incorporare in un pasto tradizionale consistente un insieme di generi sofisticati con valore di simbolo di stato (vini di marca, spumanti, salmone affumicato, formaggi stranieri), configurando il paradosso di una «esclusività di massa». Nella crisi del 1993 questi comportamenti sono stati sensibilmente rettificati con una maggiore attenzione al prezzo e un ricorso nuovo a prodotti senza marca e di qualità standard.

Spesa per gene(
(composizione

Frutta e ortaggi

Latte,
formaggi e uova

Pane e cereali

Frutta e ortaggi

Latte,
formaggi e uova

Pane e cereali

Fonte: ISTAT.

no a un innalzamento verso standard di qualità medio-alta», si legge nello studio del CENSIS sui *Consumi 1990*, che all'epoca poneva l'accento sulla maturazione autonoma del comportamento dei consumatori, si avverte «una loro diminuita possibilità di saturare la capacità individuale e collettiva di esprimere scelte di valore».

Le difficoltà economiche del 1992 e soprattutto del 1993 hanno imposto con più precipitazione nuovi atteggiamenti. Le preoccupazioni correnti e l'incertezza del futuro hanno avuto l'effetto di ridimensionare drasticamente l'idea che il consumo dei beni di lusso o di livello medio-alto sia la principale forma di riconoscimento sociale. Per la prima volta, nel comportamento degli italiani i consumi di «cittadinanza» hanno preso il sopravvento, a scapito di quelli individuali.

imentari e bevande
rcentuale 1970 e 1992)

24,9% 30,6%   Carne e pesce
                4,4%   Olio e grassi
12,7%   8,0%   Bevande
        12,8% 6,6%
                Altri generi

22,7%   33,4%   Carne e pesce
                4,0%   Olio e grassi
14,1%   7,0%   Bevande
        11,7% 7,1%
                Altri generi

Le donne

Una rivoluzione non ancora compiuta
Anna Rossi Doria

Il rischio di una nuova marginalità?
Marina Piazza

Diritto, diritti
Tamar Pitch

Oltre la logica della tutela
Ida Dominijanni

Una battaglia aperta
Ida Dominijanni

Le donne tra parità e differenza

Una rivoluzione
non ancora compiuta

Anna Rossi Doria

❯❯ La storia delle donne italiane è giunta a un passaggio decisivo, avviato ma non ancora compiuto: alla rottura irreversibile di uno schema antico e tenace di subordinazione e di un'immagine di debolezza, non si è ancora sostituita l'affermazione di una piena autonomia e di un'immagine di autorevolezza.

Ne è un esempio piccolo ma significativo il fatto che in un'opera come questa alle donne sia destinata una sezione separata, mentre è evidente che in tutte le sezioni esse dovrebbero costituire parte integrante dell'analisi. Non si tratta certo di un'eccezione, ma al contrario di una conferma della norma non scritta oggi vigente nel nostro paese: in tutti i campi – dalla ricerca alla legislazione ai mass media – l'influsso della cultura femminista, che da oltre vent'anni insiste sul fatto che i sessi sono due, mentre a uno solo sono improntate le strutture sociali, culturali e politiche, è stato da un lato recepito, ma dall'altro molto ridotto. Sempre più spesso la consapevolezza si traduce nella assegnazione di uno spazio riservato al sesso che presenta problemi «particolari», come in passato non avveniva. Ma non diventa quasi mai la scelta di una revisione complessiva dell'impostazione «generale» sulla base dell'esistenza di due sessi, come in futuro dovrà accadere.

La specificità del caso italiano

Uno sguardo inevitabilmente sommario sulla metà della popolazione italiana di oggi non può non muovere da tale constatazione. Ovviamente occorre collocarsi nel contesto del generale passaggio di epoca, anch'esso avviato ma non compiuto, che gli eventi degli ultimi anni, a partire dallo spartiacque del 1989, hanno determinato in tutta Europa. Se si riaprono gli interrogativi sulla esistenza o meno di una specificità del «caso italiano» e dei suoi caratteri, per quanto riguarda le donne la risposta sembra affermativa da almeno due punti di vista: le tracce persistenti della lunga egemonia cattolica e i caratteri peculiari del femminismo italiano degli anni settanta.

L'egemonia cattolica (favorita già nell'Italia postunitaria anche dal disinteresse sia del regime liberale che del movimento operaio, rafforzatasi durante il fascismo e proseguita fino alla rottura – o meglio, alla rivelazione della rottura – rappresentata emblematicamente dal referendum sul divorzio del 1974) ha conferito valore al ruolo materno della donna, sia nella famiglia sia nella società, ma insieme ha posto limitazioni e ostacoli alla sua possibilità di costruirsi come individuo. È un'eredità di lungo periodo, i cui effetti sono ancora presenti nella cultura femminile italiana, nonostante la secolarizzazione del mondo cattolico, evidente da molti segni, a partire da quello più macroscopico: la caduta della natalità, che è oggi al livello più basso del mondo.

La peculiarità del femminismo italiano degli anni settanta – nato insieme al movimento del Sessantotto ma andato molto oltre sia nel tempo sia nei contenuti – sta nel fatto che esso, a differenza di quello di altri paesi, ha sempre rifiutato l'ipotesi di un universo a parte delle donne, cioè della costruzione di una mera subcultura, lavorando invece in uno stretto intreccio con la politica in generale, e con quella della sinistra in particolare. Il femminismo aveva anticipato le critiche alla sinistra proprio sui punti su cui sarebbe esplosa la crisi di quest'ultima, e aveva costruito negli anni settanta e ottanta strutture organizzative via via diverse ma sempre del tutto autonome da quelle della sinistra. Negli anni novanta esso sembra tuttavia risentire delle difficoltà di quest'ultima, specie nella definizione problematica, malgrado la ricchezza di elaborazione teorica e di lavoro collettivo, di obiettivi concreti per la battaglia politica delle donne.

L'ultima particolarità del nostro paese che qui vogliamo segnalare è più recente: uno dei caratteri originali degli anni novanta è il fiorire di un nuovo associazionismo femminile che si diffonde nella società civile. Si tratta anzitutto di un associazionismo delle professioni: oltre alla rivitalizzazione di vecchie sigle, quali la FIDAPA (Federazione italiana donne nelle arti, professioni, affari) e l'AIDDA (Associazione imprenditrici e dirigenti d'azienda), si diffondono le nuove, dalle Donne in carriera al Comitato delle prostitute, dalle aggregazioni di avvocate a quelle di donne della Confcommercio e della Confesercenti, dalle storiche alle produttrici di vino, dalle giornaliste alle artigiane. C'è poi un'altra forma, che nasce su obiettivi più specifici, ma tocca sfere di valore politico generale: basta citare il ruolo svolto di recente dalle donne del Comitato di Ustica o dalle Donne del digiuno a Palermo dopo l'uccisione di Giovanni Falcone e Paolo Borsellino.

Una contraddizione apparente

Le specificità del caso italiano – molte altre se ne potrebbero ricordare – possono aiutare se non a spiegare almeno a cogliere alcune delle principali contraddizioni che oggi le donne italiane devono affrontare. La prima è una contraddizione più apparente che reale: quella tra lotta per la parità e rivendicazione della differenza sessuale. Si tratta in realtà di una falsa alternativa imposta alle donne in cui esse stanno sempre più strette e che in varie forme sempre più contestano. Da un lato, infatti, l'affermazione della differenza ha bisogno dell'uguaglianza, dall'altro l'uguaglianza ha bisogno di essere ridefinita in base alla differenza. Tuttavia, la parte egemonica del femminismo italiano si oppone oggi con nettezza a ogni politica di parità, e un esempio di quanto questa sfida sia difficile è rappresentato dalla recente legge sulle pari opportunità. Concepita per uscire da quella falsa alternativa, essa è stata dominata da logiche politiche conso-

Livelli di istruzione della popolazione sopra i 14 anni per sesso *(1992)*

		Senza titolo e licenza elementare	Licenza media	Diploma	Laurea
di cui:	Maschi	25,0	43,3	24,5	7,2
	14-19	9,9	81,5	8,7	0,0
	20-24	6,5	61,4	31,7	0,4
	25-29	6,7	55,1	33,4	4,9
	30-59	30,0	37,8	23,4	8,8
	60 e oltre	57,9	17,1	13,1	11,9
Femmine		19,9	38,9	33,0	8,2
	14-19	5,7	74,4	19,9	0,0
	20-24	3,8	48,7	46,8	0,7
	25-29	3,8	44,8	43,5	7,8
	30-59	27,8	32,9	28,5	10,9
	60 e oltre	59,0	15,4	16,7	8,9

Fonte: elaborazione CENSIS su dati ISTAT indagine Forze Lavoro, 1992.

ciative, perdendo la sua carica iniziale e rimanendo in larga misura inattuata. Un'indagine del Censis presentata alla I Conferenza nazionale della Commissione nazionale di parità presso la presidenza del consiglio nel gennaio 1992 sottolineava che le commissioni erano presenti in meno di metà delle province e nel 20% dei comuni, che le risorse irrisorie non erano in genere destinate a progetti, ma solo a corsi di formazione, oltre a essere distribuite per il 49% al nord, il 30% al centro e solo il 21% al sud.

Un esempio: la discussione sul lavoro notturno

Che quella tra parità e differenza sessuale non sia una vera contraddizione è dimostrato dal fatto che le sue manifestazioni diventano sempre più spesso una leva di cambiamento della definizione di uguaglianza, non più intesa come omogeneità: le donne, che per prime e con più forza hanno rivendicato la differenza non come in-

feriorità ma come valore, cercano di estendere questo cambiamento a cerchie sempre più ampie. Un esempio recente: nel 1992 la Corte di giustizia europea ha decretato che il divieto del lavoro notturno alle donne lede il principio di parità tra i sessi, e la Commissione CEE ha invitato Belgio, Francia e Italia a denunciare la convenzione dell'Ufficio internazionale del lavoro del 1948 che lo vietava. In Italia, queste misure hanno provocato, dopo l'introduzione del turno di notte alla FIAT (prima a Termoli, Cassino, Melfi, poi anche a Mirafiori) un dibattito tra le sindacaliste, il cui asse portante è diventato l'obiettivo dell'abolizione del lavoro notturno non più per le donne, ma per tutti. È possibile che negli anni futuri la dialettica tra uguaglianza e differenza dia frutti anche nel campo del sapere, dopo la rivoluzione degli ultimi vent'anni nelle percentuali di scolarizzazione: tra gli iscritti alle scuole superiori e all'università le donne sono passate rispettivamente dal 42,5% e dal 38,2% del 1972-73 alla metà e un po-

Disoccupate secondo la classe di età e il titolo di studio

Titolo di studio	Anno	Classi di età			
		14-24	25-29	30-49	50-59
Licenza elementare*	1981	5	4	22	6
	1992	4	4	27	10
Media inferiore	1981	19	5	7	—
	1992	47	32	39	3
Media superiore	1981	11	6	5	—
	1992	28	25	21	1
Laurea	1981	—	2	1	—
	1992	—	6	7	—
Totale	1992	79	67	94	14

* compresi gli analfabeti
Fonte: elaborazione CENSIS su dati ISTAT.

co di più (anche se le percentuali di diplomati e laureati rispetto agli iscritti sono ancora diverse per i due sessi).

La politica: le donne ancora in secondo piano

Nell'Italia di oggi, una vera contraddizione è invece quella tra la grande forza sociale acquisita dalle donne e lo scarso peso culturale e simbolico che esse ancora esercitano nel contesto generale. In particolare, alle enormi rotture verificatesi negli ultimi vent'anni nella sfera del lavoro e della famiglia si contrappongono le altrettanto enormi continuità nella sfera politica, dall'esiguità della rappresentanza femminile al silenzio delle donne (e sulle donne) nel recente dibattito intorno al passaggio dalla prima alla seconda repubblica. Se da un lato, tra i caratteri fondamentali della società italiana di oggi può essere indicata «la sempre più evidente accelerazione del cambiamento del ruolo femminile» (26° *Rapporto Censis*, 1992) e persi-

no nella magistratura, preclusa alle donne dall'unità d'Italia fino alla legge del 1963, la loro presenza sta diventando massiccia, dall'altro lato nella sfera politica quest'ultima rimane esigua e poco incisiva, ribadendo nella sostanza quei caratteri di esclusione e di estraneità delle donne che hanno caratterizzato fin dalle origini le democrazie occidentali.
Le donne elette nelle elezioni politiche del 1992 sono state l'8,1% alla camera e il 9,6% al senato, per un numero totale di 82, con un calo rispetto alla legislatura precedente: alle elezioni del 1987, infatti, il «patto fra donne» femministe e del PCI aveva fatto aumentare le elette di quest'ultimo, tanto da portare alla cifra complessiva di 102 deputate e senatrici (di cui 52 elette per la prima volta), la più alta mai raggiunta. Nella legislatura 1987-1992 le difficoltà di una politica «trasversale» fra donne di diversi partiti – tentata anche nei consigli comunali e provinciali – sono state grandi, e quindi le elette sono riuscite raramente (per esempio, nelle discussio-

ni sulla legge finanziaria) a incidere in quanto tali sulle scelte generali. Riguardo alla politica delle donne, oltre all'approvazione della citata legge n. 125 sulle azioni positive e le pari opportunità, un vero dibattito si è avuto paradossalmente solo su una legge lasciata cadere dalla stessa relatrice per il disaccordo sostanziale delle donne su questioni di principio di grande rilievo: quella sulla violenza sessuale, discussa in tre fasi, tra camera e senato, nel 1988 e 1989, e mai approvata. Cosa accadrà alla rappresentanza femminile con le nuove leggi elettorali è difficile prevedere, così come è difficile sapere se abbia un qualche significato il recente aumento di don-

ne ministro (3 nel governo Ciampi) Quel che più conta, non è certamente facile prevedere in quali forme l'enorme elaborazione delle donne, femministe e non, riuscirà a tradursi non solo in pensiero, come già sta avvenendo, ma anche in azione politica generale. È probabile tuttavia che i grandi cambiamenti in corso nel diritto, nel lavoro, nella politica e nella cultura delle donne italiane – le quattro parti in cui è articolata questa sezione –, malgrado le sopravvivenze del passato e le nuove contraddizioni, stiano modificando i rapporti tra i sessi, in modi che finiranno col dar luogo a nuove configurazioni generali in ciascuno di questi campi.

Donne e lavoro

Il rischio di una nuova marginalità?

Marina Piazza

Se si dovesse sintetizzare in una frase l'esperienza delle donne in questa fase storica in Italia, potremmo dire che studiano di più, fanno meno figli e lavorano per il mercato più che negli anni sessanta e in modo più qualificato che negli anni cinquanta.

Dovremmo forse anche dire che sono impigliate in contraddizioni più intricate che nei decenni precedenti. E aggiungere che negli anni novanta non mostrano affatto progresso lineare, ma al contrario presentano forti incognite e qualche probabile inversione di tendenza.

Queste «semplici» affermazioni in realtà non fanno altro che registrare un cambiamento delle forme di vita delle donne così profonde da aver intaccato e modificato la loro identità.

La rivoluzione degli anni settanta

Nell'immediato dopoguerra le donne lavoravano soprattutto nell'agricoltura e nell'industria, come contadine, braccianti e operaie. Dalla fine degli anni cinquanta, il mutamento della struttura economica è coinciso con un mutamento della loro presenza sul mercato del lavoro. La domanda delle imprese selezionava le giovani, mentre le adulte facevano corrispondere alla nascita dei figli il ritiro dal mercato. Questa fuoriuscita è stata letta come conseguenza del boom economico: l'aumento dei salari del capofamiglia avrebbe indotto le donne ad assumere la figura sociale della casalinga. Ma essa è stata letta anche, più correttamente, come fuoriuscita dal mercato «forte» per entrare in quello «debole», marginale, spesso dunque non rilevabile dalle statistiche ufficiali.

Nel corso degli anni settanta, tuttavia, sono maturate innovazioni nei comportamenti e negli stili di vita, tali da trasformare rapidamente il quadro. È iniziato infatti un processo di riduzione della fecondità, che nel giro di vent'anni ha portato l'Italia all'ultimo posto nel mondo per quanto riguarda la natalità. Il numero medio dei figli per donna è passato da 2,7 nel 1964 a 2,4 nel 1971 a 1,3 nel 1987 per attestarsi nel censimento del 1991 sul 1,1. In concomitanza e coerenza con la riduzione delle nascite, si sono avuti la tendenza a posporre l'età della prima maternità, la contrazione del numero dei matrimoni, e la crescita di quelli civili, la diffusione di metodi contraccettivi, l'aumento di convivenze fuori del matrimonio, l'incremento delle separazioni e l'introduzione del divorzio.

L'altro fatto innovativo è stata la crescita della scolarizzazione femminile, iniziata nella metà degli anni sessanta ed esplosa negli anni settanta/ottanta, mentre la scolarizzazione maschile ha seguito un andamento per così dire fisiologico. L'indice di scolarità femminile in Italia – cioè la percentuale di ragazze che frequentano la media superiore sul totale della popolazione tra i 14 e 18 anni – è passato, infatti, dal 46% nel 1972 al 56,8% nel 1985.

Lo stesso tipo di tendenze emerge dove si è rivelata una forte e progressiva femminilizzazione della popolazione studentesca: nel 1960 su 100 iscritti le donne erano 26,9, nel 1984 sono salite a 45,9 e nel 1987 sono diventate 48,4.

Fondamentalmente sembra caduto un pregiudizio, ancora molto forte trent'anni fa, che induceva le famiglie (e forse anche le stesse ragazze) a pensare come normale un percorso di scarsa scolarizzazione perché funzionale e direttamente orientato allo scopo principale di sposarsi e di fare dei figli. Oggi, nel senso comune, l'ordine appare invertito: il primo progetto nella vita delle ragazze è infatti quello di studiare e di costruire un proprio itinerario professionale. E solo un evento imprevisto e straordinario, legato più al caso che ha un programma chiaramente definito, può eventualmente interferire e interromperlo.

L'accesso al mercato del lavoro

Questi elementi di innovazione sociale e culturale hanno concorso a determinare un'entrata massiccia nel mercato del lavoro, coincidente e coerente con la terziarizzazione del mercato stesso e con le politiche di *welfare* che si sono sviluppate a metà degli anni settanta.

La creazione dei servizi territoriali (in particolare nidi, scuole materne, tempo pieno nelle scuole elementari e medie ecc.) e dei servizi di decentramento amministrativo ha consentito o favorito infatti un accesso più ampio di donne al mercato del lavoro; molte di queste stesse donne hanno trovato inoltre occupazione nel terziario dei servizi, creando così quel «circolo virtuoso» che permarrà per tutto il decennio ottanta e che vedrà le donne protagoniste della nuova occupazione nei servizi e nel terziario pubblico e privato, e le vedrà insieme assumere un ruolo propositivo e critico rispetto al funzionamento e alle modalità dei servizi stessi.

Alla metà degli anni ottanta il tasso di attività delle donne sul mercato ha raggiunto i livelli del 1959 e la crescita è continuata sensibilmente. Nel 1990 le donne rappresentavano il

Tassi di femminilizzazione per rami e classi di attività economica in Italia ai censimenti del 1971 e 1981

Gruppi e classi di professioni	Tassi di femminizzazione	
	1971	1981
LIBERE, TECNICHE, SCIENTIFICHE	41,7	46,3
insegnanti e assistenti	66,6	72,7
scrittori, giornalisti, articolisti	19,6	29,7
membri del clero e assistenti	2,3	5,2
medici, farmacisti, infermieri	49,9	52,2
magistrati, notai, avvocati	3,7	10,0
agronomi, biologi, veterinari	9,8	20,5
fisici, chimici, ingegneri e geometri	2,6	5,8
matematici, statisti, economisti, commercialisti	9,8	21,5
impiegati tecnici	8,2	13,7
AMMINISTRATIVE E ASSICURATIVE	28,6	37,6
imprenditori e direttori P.A.	8,4	13,1
imprenditori amministrativi direttivi e di concetto	28,5	42,1
imprenditori amministrativi esecutivi	41,2	45,9
membri dei corpi armati	0,0	0,0
membri dei corpi di polizia	0,4	1,5
INERENTI ALL'AGRICOLTURA	29,0	36,5
conduttori aziende agricole	26,9	30,9
lavoratori agricoli	33,3	44,2
lavoratori forestali e carbonai	2,8	6,1
pescatori e cacciatori	0,6	3,4
ESTRAZIONE E LAVORAZIONE MINERALI	9,3	13,0
sondatori e minatori	1,6	5,8
fonditori e laminatori	9,8	13,0
fabbriferrai, tornitori, orafi	10,6	15,1
meccanici montatori, riparatori	7,0	10,7
carpentieri e saldatori	6,4	6,9
frantumatori e cementatori	16,8	21,1
COSTRUTTORI, ENEL, GAS, ACQUA	2,5	4,1
capimastri e muratori	1,0	2,6
elettricisti e radiotecnici	9,5	9,1
gasisti e idraulici	0,7	2,3

34,5% del totale delle persone occupate. Vi è stato dunque un aumento dell'occupazione, ma anche della disoccupazione, interpretabile come ricerca di prima occupazione o reingresso nel mondo del lavoro dopo anni di inattività. Non va messo l'accento tuttavia soltanto sul dato dell'incremento quantitativo, quanto anche sulla trasformazione delle forme di partecipazione al mercato, che sembrano essersi attestate, almeno per l'ultima generazione, su un modello simile a quello dei maschi: ingresso più tardo dovuto alla più alta scolarizzazione, e permanenza stabile lungo il corso di vita, in un impiego full-time.

Gruppi e classi di professioni	Tassi di femminizzazione	
	1971	1981
TRASFORMAZIONE PRODOTTI	**41,7**	**43,9**
panettieri, macellai, vinicoltori	26,6	31,7
selezionatori tabacco	88,6	59,5
filatori e tessitori	55,5	56,1
maglieristi, sarti ecc.	77,3	80,9
conciatori, calzolai, ecc.	38,3	52,5
segatori, falegnami, mobilieri	8,6	11,6
analizzatori, petrolieri ecc.	25,9	24,5
cartai, tipografi, fotografi	24,1	23,4
verificatori e imballatori	60,3	56,9
COMMERCIANTI E PUBBLICI ESERCIZI	**36,9**	**42,0**
esercenti di negozio	38,9	43,0
assistenti di vendita ecc.	31,6	36,4
esercenti alberghi e caffè	48,0	46,9
portieri, cuochi, camerieri	33,0	46,1
INERENTI AI TRASPORTI	**1,4**	**2,5**
macchinisti ferroviari, tramvieri	1,0	1,4
ufficiali di coperta ecc.	0,5	2,0
piloti e motoristi	0,0	7,6
noleggiatori e spedizionieri	11,6	10,6
facchini e assistenti	3,0	7,1
INERENTI AI SERVIZI	**49,1**	**54,2**
esercenti cinema e teatri	26,1	29,9
assistenti sociali, interpreti	76,8	78,3
indossatori, guide ecc.	60,9	54,9
barbieri e parrucchieri	51.3	64,5
spazzini e pulitori	12,0	25,3
domestici, portinai, bidelli	53,1	55,4
addetti ai servizi n.a.c.	9,1	14,6
professioni n.a.c.	23,4	30,4
Totale	**27,0**	**32,9**

Una discriminazione che continua?

Se consideriamo gli andamenti del mercato del lavoro, proprio la maggior concentrazione di donne nel terziario (risultato combinato della preferenza delle imprese e di una spiccata propensione delle donne stesse verso questo tipo di impieghi) ha implicato il fatto che negli anni passati l'occupazione femminile crescesse nel nostro paese parallelamente alla crescita di questo settore dell'economia. Le tendenze di sviluppo economico hanno rappresentato per le donne un accrescimento delle possibilità occupazionali proprio mentre l'occupazione maschile veniva ridotta in base a

■ **Famiglie nucleari con un solo genitore per sesso ed età del genitore in Italia.**
Valori assoluti (dati in migliaia) e percentuali

Anni	monogenitore maschio		monogenitore femmina		totale nuclei monogenitore	
	v.a.	%	v.a.	%	v.a.	%
1983	202	14,7	1169	85,3	1371	100
1988	244	15,8	1302	84,2	1546	100
1990	272	17,1	1319	82,9	1591	100

Fonte: ISTAT «Indagine multiscopo sulle famiglie 1987-1991».

■ **Famiglie nucleari con un solo genitore per sesso ed età del genitore**
Dicembre 1989/novembre 1990. Valori assoluti (dati in migliaia) e percentuali

	Italia settentrionale		Italia centrale		Italia meridionale		Italia	
	v.a.	%	v.a.	%	v.a.	%	v.a.	%
Maschi								
meno di 35 anni	3	2,2	3	5,8	2	3,3	8	3,2
35-44 anni	18	13,0	6	11,5	11	18,0	35	13,0
45-54 anni	43	31,2	12	23,1	15	24,6	70	27,9
55 anni e oltre	74	53,6	31	59,6	33	54,1	138	55,0
Totale	138	100	52	100	61	100	251	100
Femmine								
meno di 35 anni	63	9,5	27	10,3	29	10,8	119	10,0
35-44 anni	111	16,7	49	18,7	38	14,2	198	16,6
45-54 anni	138	20,8	66	25,2	62	23,1	266	22,3
55 anni e oltre	353	53,1	120	45,8	139	51,9	612	51,2
Totale	665	100	262	100	268	100	1195	100

Fonte: ISTAT «Indagine multiscopo sulle famiglie 1987-1991».

un criterio di segregazione. Con questo termine non si vuole esprimere nessun giudizio di valore ma solo descrivere una realtà, dato che in questa situazione la segregazione è stata almeno in senso quantitativo, un punto di forza per l'occupazione femminile.

La stessa cosa non si può dire tuttavia da un punto di vista qualitativo, poiché alla divisione sessuale del lavoro per il mercato si è sovrapposto un processo di discriminazione, di svantaggio, sia attraverso la propensione a collocare più le donne che gli uomini negli spazi meno privilegiati (ruoli più esecutivi, funzioni meno strategiche ecc.), sia attraverso una minore attribuzione di valore (il contenuto di cura alla persona di molti lavori femminili è frequentemente oggetto di un riconoscimento sociale ed economico inferiore a quello riservato al contenuto tecnologico di molti lavori maschili). Tuttavia, nonostante la permanenza di diseguaglianze e disparità, si può sinteticamente affermare che le donne hanno messo solide radici, negli anni ottanta, nel mondo del mercato.

La vita quotidiana: un lavoro diventato visibile

Vi è un altro elemento da sottolineare: il fatto che – al di là di un senso comune superficiale – in questi anni il lavoro di cura ha cominciato a pesare di più. Il paradosso in cui siamo immersi è che in questi anni non solo è divenuto complesso (con tutte le funzioni aggiuntive – di mediazione, di organizzazione ecc. – che derivano proprio dalla presenza dello Stato sociale), ma ne è stata sottolineata l'importanza, sia dalle donne che l'hanno reso visibile come lavoro che richiede coinvolgimento personale, tempo, attenzione, professionalità, sia dalla società.

Aspetti della vita quotidiana, prima affidati a una prassi falsamente ritenuta naturale, sono divenuti oggetto di riflessione sul piano della cultura e dell'etica.

Oggi avere e crescere un figlio o gestire una famiglia comporta capacità organizzative, strategiche, di attenzione psicologica più forti di quanto non comportasse nelle generazioni precedenti. A ciò si deve aggiungere lo spazio concreto che inizia ad avere nella vita quotidiana l'altro grande perno della rivoluzione demografica di questi anni: l'aumento della durata della vita e quindi la presenza di anziani che, benché spesso non conviventi sotto lo stesso tetto, devono essere seguiti e accuditi. E ancora va sottolineato che, nonostante qualche lieve tendenza alla condivisione tra uomini e donne, registrata nelle fasce più giovani e più culturalizzate, il peso fondamentale del lavoro di cura è sulle spalle delle donne. Entrambi i lavori dunque, quello professionale e quello familiare, sono cresciuti, sia dal punto di vista materiale, sia dal punto di vista dell'importanza simbolica.

Questo può essere letto come ampliamento di esperienze e come occasione di esprimere maggiore creatività; e tuttavia bisogna sottolineare anche la forte pressione e la possibile intollerabilità che concorrono a suscitare non solo sensazioni di fatica e insofferenza, ma anche di ambivalenza e di ambiguità. Siamo in una fase paradossale, in cui le donne hanno acquistato realmente forza sul piano sociale, all'interno tuttavia di un contesto che salvaguarda la struttura di base dei ruoli di genere. Alle donne la società propone due messaggi ugualmente forti e simmetrici nella scala dei valori – l'investimento professionale e quello nella sfera affettiva familiare, stringendole così nella morsa dell'ambivalenza e inchiodandole a un ferreo sillogismo: se la famiglia non funziona bene è perché le donne lavorano; se la qualità del lavoro professionale non risulta soddisfacente è perché la famiglia assorbe troppo.

Un quadro in trasformazione

La crisi attuale ha rimesso in discussione la partecipazione delle donne al mercato del lavoro che abbiamo fin qui descritto e che sembrava abbastanza consolidata. Sono molti i fattori che paiono concorrere a modificare il quadro.

Innanzitutto l'espulsione già in atto – e in crescita nelle previsioni di tendenza – dall'industria, che colpisce fortemente anche le donne, concentrate nei settori e nelle fasce più a rischio. In secondo luogo, la crisi del terziario, che fino a ora aveva garantito l'assorbimento di una parte rilevante dell'offerta femminile. In terzo luogo, all'interno di questo settore, la riorganizzazione programmata, che sta diventando operativa, e i tagli del pubblico impiego, tradizionale serbatoio di mano d'opera femminile mediamente qualificata e «valvola di sicurezza» tipicamente italiana, rispetto alla presenza ben maggiore di part-time in tutti i paesi europei.

Oltre ai meccanismi di espulsione in atto, si ha una concomitanza di fattori, quali il taglio – o comunque lo scarto tra domanda e offerta – dei servizi sociali, la rilevanza dei tetti di reddito nella definizione dei costi può produrre una fuoriuscita calcolata delle donne dal mercato del lavoro o più verosimilmente strategie di non rientro da cassa integrazione, mobilità o espulsione, che derivano da un'analisi del rapporto costi/benefici nel breve periodo.

Tendenze di questo genere non possono essere immediatamente ricondotte a un cambiamento radicale degli atteggiamenti femminili, ma evidenziano la possibilità di un vantaggio «secondario» nell'uscita dal mercato, per rientrare nel lavoro informale o in settori precari, di lavoro «nero» o «grigio».

È vero però che le definizioni tradizionali di «mercato forte» e «mercato debole» si stanno sfumando o comunque stanno assumendo valenze diverse e persino contrapposte rispetto agli anni settanta/ottanta. La domanda di flessibilità infatti non può più essere considerata residuale o tipica di segmenti deboli del mercato e coinvolge contemporaneamente uomini e donne.

Ci si può chiedere se in presenza di questa trasformazione le donne non si trovino ad affrontare maggiori difficoltà. Non solo perché l'impiego fisso full-time solo recentemente è diventato per loro un modello di riferimento e, come tutti i modelli appena introiettati, tende a presentarsi e a essere rivendicato con maggiore rigidità. Ma anche perché la richiesta di flessibilità si scontra con la rigidità dei servizi sociali, o comunque interferisce pesantemente con l'organizzazione complessiva della vita familiare.

In realtà, proprio perché muoversi in molteplici campi di esperienza è un comportamento ormai interiorizzato a livello profondo e non può essere interpretato come un fenomeno superficiale nonostante i segnali negativi, sembra improbabile che le donne siano disposte a fungere da capri espiatori (o vittime designate) della crisi. Si delinea dunque uno scenario mobile, in cui le battute d'arresto per le donne sono possibili, ma non inevitabili.

Dalla tutela legislativa alla prassi politica

Diritto, diritti

Tamar Pitch

Nuovo diritto di famiglia, divorzio, legalizzazione dell'interruzione di gravidanza, leggi di parità e pari opportunità, abolizione di norme penali come la punizione dell'adulterio femminile e il delitto d'onore hanno reso più moderno e razionale il nostro ordinamento giuridico, registrando mutamenti sociali e culturali che rendevano certe norme obsolete, inapplicabili e di fatto costantemente trasgredite. L'hanno reso anche più egualitario: rivelando tuttavia al tempo stesso i limiti dello strumento giuridico nella battaglia per ottenere, al di là dell'eguaglianza formale, un'eguaglianza che non si traduca, nei fatti, in una assimilazione delle donne agli uomini.

Convivono oggi due letture diverse dello statuto dei diritti per quanto riguarda le donne. Nella prima di queste impostazioni si sottolinea che, sul piano formale e sul piano dei principi, donne e uomini godono degli stessi diritti fondamentali (salvo di uno, la piena sovranità sul proprio corpo, negata dalla legislazione sull'aborto): l'ineffettività di alcuni o lo scarso «uso» di essi per/da parte delle donne richiedono, si dice, garanzie giuridiche specifiche per il sesso femminile o comunque ulteriore normazione. Nel settore del lavoro, per esempio, si guarda con favore alla nuova normativa (legge 125, 1991), detta delle pari opportunità, disposta per integrare e rendere effettiva la vecchia legge di parità (1977). In campo penale, oltre che alla necessità di cambiare la normativa sulla violenza sessuale, ferma al Codice Rocco (il dibattito su una nuova legge è ormai vecchio di quindici anni), si fa riferimento a progetti di configurazione di un nuovo illecito, le molestie sessuali, e non mancano voci che denunciano la scarsa efficacia delle norme esistenti, e dunque la necessità di norme nuove, per trattare la questione dei maltrattamenti e delle violenze familiari. L'ineffettività dei diritti politici passivi, testimoniata per esempio da una percentuale di elette al parlamento pressoché costante (ed esigua: tra il 7 e il 10% del totale) da quando questi diritti sono stati conquistati, ossia dal 1946, spinge molte/i a chiedere la previsione normativa di quote nelle liste di candidati/e (ciò che è avvenuto con la legge n. 81, 1993 sull'elezione del sindaco, che all'art. 7, comma 1, stabilisce che «Nelle liste dei candidati nessuno dei due sessi può essere, di norma, rappresentato in misura superiore ai due terzi») e/o una più incisiva legislazione sociale, tesa a diminuire l'incidenza dei compiti di cura domestica e familiare che ancora gravano soprattutto sulle donne.

Questa posizione attribuisce a diritti e diritto un'efficacia sia simbolica che «pratica» rispetto all'obiettivo dell'eguaglianza sostanziale fra donne e uomini.

Diritti e differenza

Vi è però una diversa lettura, che ponendo l'accento sull'inefficacia pratica di molte leggi, i loro effetti perversi, la loro frequente contraddittorietà sul piano simbolico, ritiene da un lato che non occorrano nuove leggi, ma al contrario sia necessario creare «vuoti giuridici», dall'altro che non ci vogliano nemmeno nuovi diritti, sia pure specifici rispetto al sesso, poiché il linguaggio dei diritti sarebbe incapace di dar conto della differenza sessuale.

Tuttavia, se è comune a quest'area di opinione l'idea che diritto e diritti debbano come minimo venir decentrati sia nella riflessione che nell'azione politica delle donne, debbano cioè sempre essere individuati come luoghi pratici e simbolici da depotenziare, ciò non equivale, per molte, all'abbandono del piano giuridico, della scena giudiziaria, della prassi giurisdizionale come terreni di azione, riflessione, conflitto. Sia che si invochi assieme alla decriminalizzazione dell'aborto la previsione di un principio costituzionale che sancisca «l'inviolabilità del corpo femminile», sia che si faccia riferimento alla cosiddetta «pratica dei processi», dove si instaurano rapporti tra magistrate, avvocate, clienti, questi terreni (e altri ancora, come quelli offerti dall'operare di case antiviolenza e dalle prassi innovative che esse producono nei rapporti con altre istituzioni pubbliche e private) sono spesso colti come luoghi di produzione normativa autonoma. Ciò che comunque ambedue le aree di opinione qui sommariamente descritte rivelano è certamente un'insoddisfazione, ma all'interno di un quadro giuridico che, al paragone di altri ordinamenti, è, almeno dal punto di vista formale, nient'affatto scandoloso. Basti pensare agli Stati Uniti, dove un emendamento costituzionale (il famoso ERA Egual rights amendement) che doveva sancire il principio della parità tra uomini e donne è stato bocciato; i contorcimenti di una recente disposizione CEE

▮ L'aborto e la legge

Nel dibattito pubblico che portò all'approvazione della legge che, nel 1978, legalizzava l'interruzione di gravidanza entro i primi 90 giorni dal concepimento, erano prevalenti, fuorché da parte femminista, considerazioni di tipo sociale. La legge era necessaria, si diceva da sinistra, per porre fine alla «piaga sociale» dell'aborto clandestino, che affliggeva particolarmente donne economicamente e culturalmente «deboli». La legge poteva essere tollerata, si diceva da parte di molti cattolici, nella misura in cui serviva a prevenire il ricorso all'aborto, «male sociale» in quanto tale. Di libertà femminile parlavano, con accenti e motivazioni diversi, soltanto femministe e radicali. E anche nel dibattito femminista le posizioni divergevano significativamente.

La legge approvata vincola la liceità dell'interruzione volontaria di gravidanza all'esistenza di seri pericoli per la salute fisica e psichica della donna e quindi all'ottenimento di un certificato medico. Se questo vincolo ha un valore soprattutto simbolico e non crea vere difficoltà, la necessità per le minori di ottenere il consenso dei genitori o del giudice tutelare, la facoltà di obiezione di coscienza da parte di medici e personale sanitario, e complementarmente l'obbligo di abortire in strutture pubbliche o in case di cura autorizzate, si sono rivelati come ostacoli seri alla possibilità di abortire legalmente.

Come del resto è successo in altri casi (per esempio, nel dibattito della regolamentazione della prostituzione ma anche in quello, degli anni settanta e ottanta, sulla legislazione a proposito di droga), le preoccupazioni civili e sociali sono presto scivolate in preoccupazioni «morali». La legge, disposta per mettere un freno, almeno in parte, all'aborto clandestino, viene accusata di non eliminare il ricorso; o, viceversa, viene difesa proprio perché le cifre dimostrano che il ricorso all'aborto legale è in realtà in diminuzione. L'aborto diventa insomma, nel dibattito pubblico recente, ciò che era l'aborto clandestino, ossia piaga sociale, dove però si dà a «sociale» una valenza diversa.

È infatti così definito non più come aggravamento delle condizioni delle donne «deboli» ma in quanto sostanzierebbe un rifiuto della maternità non solo rivelatore di condizioni socioeconomiche e culturali negative ma, peggio, di irre-

sui congedi di maternità, che li equipara, per legittimarli, a una malattia temporanea; le oscillazioni delle legislazioni europee sull'aborto (vedi, per esempio, la recente pronuncia della corte costituzionale tedesca, che proclama l'illiceità dell'aborto e l'impunibilità della donna). Il diffondersi, tra le donne, dell'idea che non si abbia bisogno di nuove leggi, ma semmai, al contrario, di maggiori spazi di autonomia non giuridicamente normata dentro cui sperimentare liberamente altre modalità di rapporto, affrontare conflitti, produrre innovazioni che non si irrigidiscano immediatamente in norma giuridica, ha a che fare con la percezione di una propria forza, individuale e collettiva, ben lontana da quella sensazione e quell'ideologia della debolezza che caratterizzavano la fase storica di

Interruzioni volontarie di gravidanza effettuate in Italia dal 1980 al 1990
Rapporto di abortività (quoziente per 1000 nati vivi).

	Anno	Totale	Rapporto di abortività
Italia settentrionale	1980	109 737	471,0
	1985	92 535	447,9
	1990	68 429	332,1
Italia centrale	1980	26 610	502,9
	1985	23 386	497,7
	1990	17 209	376,7
Lazio	1980	21 129	368,9
	1985	23 315	456,9
	1990	17 377	341,4
Italia meridionale	1980	62 787	208,7
	1985	70 956	262,0
	1990	58 270	223,8
Italia	1980	220 263	342,0
	1985	210 192	365,2
	1990	161 285	286,5

sponsabilità femminile diffusa. Il passaggio da un linguaggio politico-sociale a un linguaggio «etico», da parte di chi - non si tratta più solo di cattolici e conservatori - chiede una revisione della legge, traduce allora il disagio ormai esplicito di fronte a una normativa che, sia pure tra mille ambiguità e difficoltà, riconosce alle donne un qualche controllo della propria capacità riproduttiva.
Nel dibattito femminista, d'altra parte, che questa sia la posta in gioco è assolutamente chiaro. L'ipotesi della pura e semplice decriminalizzazione, di contro alla legalizzazione, che continua a considerare l'aborto come un reato al di fuori delle modalità previste dalla legge stessa, un tempo idea di poche, si fa strada, come uno dei modi per ribadire e sancire la piena sovranità femminile sul proprio corpo e se stesse.

Tamar Pitch

cui le leggi che prima citavo sono il prodotto. Spesso richieste come argine all'arbitrio dell'apparentemente non regolato, dove forza e potere maschile potevano dispiegarsi, oggi esse sono utile terreno per il manifestarsi (anche) di forza femminile, senza che nuove norme siano necessarie per legittimare questa forza stessa. Oltre la parità formale, oltre l'eguaglianza intesa come assimilazione delle donne agli uomini, si va forse meglio affermando tra queste ultime la tendenza a non affidare le proprie richieste alla soluzione legislativa, confidando meno nello strumento giuridico e più nella propria prassi politica.

─── **BIBLIOGRAFIA** ───

Diritto sessuato?, numero monografico di «Democrazia e diritto», n. 2, 1993.

La politica delle donne

Oltre la logica della tutela

Ida Dominijanni

Accade alla politica delle donne in Italia, a quasi un quarto di secolo dagli inizi del movimento femminista, un fenomeno ben noto alle studiose della lunga durata. E cioè che essa appare, più che sommersa, fagocitata dai cambiamenti del contesto. Quasi che nella cosiddetta «rivoluzione italiana» non ci fosse spazio né posto per la rivoluzione femminile; e che di nuovo il problema politico dei rapporti fra donne e fra donne e uomini dovesse ridiventare secondario rispetto ai movimenti tellurici da cui è investito il sistema Italia.

Basterebbe questa osservazione per dare ragione a quante/i scorgono nel «nuovo che avanza», più che l'impronta di una rivoluzione progressista, quella di una rivoluzione passiva, in cui i veri soggetti del cambiamento vengono messi fuori scena da processi di segno moderato e trasformista. Ma, senza entrare nel giudizio di merito sui mutamenti in atto – giudizio che divide, del resto, lo stesso femminismo – è utile precisare per quali motivi essi interessino tanto fortemente, e oggi più che mai, le modificazioni in corso nella politica delle donne.

La specificità del femminismo italiano

La prima ragione, che dovrebbe essere scontata ma non lo è ancora, sta nella natura squisitamente politica del femminismo italiano. Il quale, malgrado venga tuttora interpretato dai più (e da molte) come movimento sociale di emancipazione e di protagonismo femminile, ha messo fin dalle origini al centro della propria agenda teorica e pratica la questione del che cosa e del come della politica: del suo ambito e delle sue pratiche. La separazione femminile dalla politica maschile non è mai stata separatezza dal, ma viceversa continua interrogazione e critica del contesto – come dimostra del resto l'impatto, caso unico in Occidente, del femminismo radicale su un partito di massa come il PCI-PDS e, più in generale, su tutto il campo della sinistra.

Va aggiunto che la critica femminista della politica si è esercitata, nei venti e più anni che abbiamo alle spalle, su alcuni degli stessi punti di tensione su cui il nostro sistema sta oggi rivelando i propri limiti: separatezza della politica dall'emotività individuale e sociale, mancanza di pratica ovvero di coinvolgimento della soggettività nei tentativi di trasformazione, obsolescenza della forma-partito, inadeguatezza della funzione rappresentativa parlamentare, scissione tra fini e mezzi, sovrapposizione dell'uso del potere all'esercizio dell'autorità.

Un'occasione d'autonomia

Il movimento delle donne non è arrivato dunque impreparato alla crisi della politica che ha sconvolto l'Italia. Anzi questa crisi, proprio perché riguarda le forme tradizionali che il femminismo ha messo per primo in discussione, dà ragione alla sua elaborazione e sembrerebbe aprire, per le donne, un'occasione nuova di presenza sul campo. Senonché questo esito non è affatto scontato. In primo luogo perché non è chiaro se la fase attuale si evolva nella direzione, indicata dalla critica femminista, di una riappropriazione della politica da parte dei soggetti, e non in quella opposta di una maggiore delega. In secondo luogo, perché l'esaurimento dell'assetto complessivo che aveva retto il paese nel cinquantennio repubblicano, e in particolare la mutazione genetica di un partito di massa come il PCI, dovrebbe portare il movimento delle donne a dichiarare e praticare fino in fondo la propria autonomia e la propria posizione asimmetrica rispetto alla sinistra, mentre in alcuni suoi settori continua ad agire,

al contrario, l'attrazione per una posizione «derivata» dalla sinistra e dalle sue scelte (come dimostra l'esito della prima Conferenza nazionale delle donne del PDS). Infine perché, nella situazione che si è aperta, molto forte è la tendenza a fare ricorso «alle donne» genericamente intese più che alla risorsa del femminismo: nei sondaggi (per esempio quello comparso poco prima delle ultime elezioni amministrative sul settimanale femminile a grande diffusione «Donna moderna») che scoprono un'improvvisa voglia di «governo femminile» negli italiani, non è difficile riconoscere il ricorrente appello alle virtù salvifiche del gentil sesso, chiamato come sempre alla supplenza e alla cura in mestieri degradati – la professione politica in questo caso – più che al riconoscimento e all'assunzione di una nuova qualità dell'agire pubblico.

I limiti dell'emancipazionismo

Va aggiunto a questo quadro un elemento ulteriore di complicazione, interno all'ormai molto sfaccettato prisma della politica femminile (tanto sfaccettato da rendere problematico l'uso dello stesso termine «movimento delle donne», che qui manteniamo per brevità). Esso riguarda l'antica dialettica fra parità e differenza, che nel femminismo radicale e nei luoghi di lavoro e nelle istituzioni si ripresenta oggi come contraddizione fra teoria-pratica della differenza sessuale e come prospettiva delle pari opportunità. Mentre nel primo caso si lavora al superamento definitivo della logica della tutela del sesso femminile, nel secondo questa logica è confermata con continui aggiustamenti dei dispositivi delle «quote». Nel sistema politico (più complessa la geografia nei luoghi di lavoro, che comunque non sfuggono alla burocratizzazione delle commissioni per le pari opportunità), i riflessi più rilevanti riguardano le nuove leggi elettorali, che prevedono la presenza di un 30 per cento di donne nelle liste per le elezioni comunali e l'alternanza di candidature maschili e femminili nelle liste destinate al recupero proporzionale (l'alternanza non vale per i collegi uninominali) per l'elezione della camera dei deputati. Questa nuova normativa, voluta soprattutto dalle donne del PDS, ha incontrato l'opposizione delle forze conservatrici e della Lega, ma suscita molte riserve anche nel femminismo e nel senso comune femminile: essa infatti non risolve, ma elude il problema del perché poche donne abbiano voglia di candidarsi alle istituzioni rappresentative, e del perché tanto spesso le donne non votino le donne. Parla la realtà dei fatti: riempire quel 30 per cento è difficile quando a questa norma non corrisponda un terreno preparato dalla pratica politica; quanto all'alternanza uomo-donna nelle liste per la camera, si vedrà alle prossime elezioni. A proposito della legge elettorale, molto si è dibattuto, soprattutto in casa PDS, se il sistema uninominale agevoli o penalizzi le donne rispetto a quello proporzionale, per arrivare alla conclusione che nessun sistema elettorale è di per sé favorevole o sfavorevole perché il problema decisivo resta quello della (difficile) mobilitazione del desiderio femminile nei confronti della competizione elettorale e della costruzione di reticoli sociali femminili capaci di sostenerlo.

Mai come oggi è evidente che la logica della quantità non solo non va incontro, ma rischia di contrapporsi all'istanza femminista di rinnovamento della politica. Non si tratta di portare più donne nelle sedi politiche tradizionali (la presenza di tre ministre

nel governo Ciampi non lo ha certo connotato «al femminile», anche se va annoverato fra i tratti politicamente rilevanti dell'anno trascorso il conflitto aperto da Maria Pia Garavaglia con le gerarchie cattoliche in materia di contraccezione); né di riservare spazi per le donne nel nuovo scenario che si va disegnando nel passaggio dalla prima alla seconda repubblica - e nel quale spiccano forse più alcune personalità femminili nel campo cattolico che in quello laico-progressista (emblematico il caso di Rosy Bindi). Si tratta piuttosto di confermare l'alterità del femminismo rispetto alla politica tradizionale e ai suoi aggiustamenti trasformisti di oggi. Quell'alterità non domanda più separatismo visibile, modalità superata alla quale si è andata via via sostituendo la pratica della relazione fra donne nei luoghi «misti». Ma richiede oggi la stessa radicalità di ieri, soprattutto nel riconoscere dove si riproduce il conflitto fra i sessi. Passa su questo crinale la linea di demarcazione fra un generico protagonismo femminile neo-emancipazionista e la crescita di libertà e autorità femminile che il femminismo ha messo al mondo.

Riviste maschiliste?

Valgano due esempi, di diversa natura ma entrambi significativi. Il primo tocca la questione dell'aborto, che nel corso dell'anno è tornata più d'una volta alla ribalta, con continue scomuniche da parte della Chiesa e con pericolosi tentativi di revisione della 194 su iniziativa di parte non solo cattolica ma anche laica (il '93 si è aperto con un'allarmante dichiarazione in tal senso dell'allora presidente del consiglio Giuliano Amato): a dimostrazione che il conflitto fra i sessi nel campo del controllo della riproduzione non solo si placa ma si accentua, e si allarga dalla questione dell'aborto a quella più ampia delle tecniche di procreazione assistita.

Il secondo esempio riguarda lo scenario più propriamente politico, e anzi il suo principale attore «nuovo», la Lega. Formazione politica che raccoglie moltissime donne, eppure caratterizzata da un'impostazione maschile aggressiva e ottusa, come dimostrano il linguaggio del suo leader, l'episodio dell'attacco volgare di quest'ultimo a Margherita Boniver, l'ideologia ormai nota come «celodurismo»; e l'effetto di contagio che questo insieme di atteggiamenti ha avuto sul linguaggio politico comune, complici i mass media e a vantaggio delle tendenze neofasciste che si sono manifestate nell'ultimo voto amministrativo. Al di là dei pericoli rappresentati dalle esplicite intenzioni fa-

milistiche e antifemministe dei programmi leghisti, è un segno profondo e preoccupante, che non per caso ci viene rimandato dal linguaggio, come sempre più veloce della politica nel registrare cambiamenti sociali e del senso comune. È il segno di una regressione profonda in quel rapporto fra sessualità e politica che il femminismo ha messo a fuoco un quarto di secolo fa, indicando nella liberazione del desiderio femminile la base di una liberazione della politica, e che oggi si presenta rovesciato, nella forma di una rivincita dell'aggressività sessuale maschile, non a caso parallela a un esaurimento della passione politica. C'è il rischio che i risultati della critica femminista siano diversi dalle sue finalità e che la crisi della politica, che il movimento delle donne ha contribuito a evidenziare, abbia un esito regressivo invece che liberatorio.

Una battaglia aperta

Ida Dominijanni

99 La cultura femminista si trova al confine fra la sua capacità di generare un nuovo senso comune femminile e il rischio di essere ricondotta al senso comune tradizionale sul femminile.

Niente sarebbe più sbagliato, oggi, che delineare una situazione caratterizzata da un'avanguardia culturale femminista da una parte e dall'eterna ripetizione e riproduzione degli stereotipi tradizionali sulle donne dall'altra. Se pure di avanguardia si trattasse, il femminismo italiano è stato ed è un'avanguardia capace di dare voce

e interpretare il mutamento sociale femminile; per questo la sua cultura – la cultura della differenza sessuale, non una generica cultura rivendicativa ed emancipazionista – ha insieme registrato e influenzato il senso comune forse più delle culture femministe di altri paesi, talvolta più legate ai circuiti accademici ma più separate dai circuiti sociali e massmediali. Tuttavia, per sua stessa natura questa non è una conquista che si fa una volta per sempre; come tutti gli spostamenti che hanno a che fare con l'ordine culturale, linguistico e simbolico, è piuttosto una battaglia che si combatte, si vince e si perde tutti i giorni.

Rappresentazioni stereotipate

Il campo principale nell'Italia di oggi è costituito, ovviamente, dai mass media. Giornali, televisioni, cinema non possono infatti ormai fare a meno di registrare il mutamento femminile; ma raramente si sottraggono alla tentazione di rappresentarlo riconducendolo, alla fine, non tanto a vecchi e improponibili stereotipi quanto a una loro versione modernizzata, in cui il mutamento stesso si spunta, diventa innocuo e conciliato con le immagini tradizionali della femminilità. Alcuni esempi: i settimanali femminili a grande diffusione, tutti ostinatamente legati a un'idea di donna perennemente in bilico fra padronanza di sé e recupero dei vecchi ruoli; i settimanali d'opinione, che sfornano un'inchiesta alla settimana sui comportamenti dell'ex sesso debole (le donne sono diventate una quota consistente dei lettori della carta stampata, dunque fanno vendere, dunque bisogna parlarne), ma non smettono di «illustrarla» con i nudi in copertina; l'immissione massiccia di figure femminili nei programmi televisivi, quasi sempre in ruoli secondari ma non più puramente esornativi, alle quali non viene comunque quasi mai conferita l'autorità che si deve invece a commentatori, esperti, opinionisti del sesso forte; l'impostazione data alla cronaca sui giornali, dove comportamenti femminili che richiederebbero un'interpretazione originale vengono ricondotti a una casistica scontata o, peggio, a una lettura misogina.

I ritardi dell'editoria

Se il campo dei mass media è quello principale, non è tuttavia l'unico in cui si sposta e si ridisegna continuamente il confine fra riconoscimento e riduzione della cultura femminista. Spostiamoci sull'editoria, a partire dal seguente episodio. Nel giugno 1993 la casa editrice Einaudi dà alle stampe l'edizione italiana del saggio *Sexual Personae* di Camille Paglia, best seller americano oggetto negli Usa, tre anni fa, di un acceso dibattito. In ottobre, il mensile «Noidonne» dedica a questo evento culturale la copertina, con il titolo «Arriva la femminista misogina» e un articolo, firmato dalla filosofa Rosi Braidotti, che smonta gli argomenti antifemministi di Paglia, «un vero repertorio degli standard più comuni volto a rilegittimare il patriarcato». Vale la pena di chiedersi come mai una casa editrice di qualità come la Einaudi decida improvvisamente di colmare la sua storica disattenzione verso la saggistica femminista traducendo questo e non altri testi, nella enorme quantità di titoli che le University Press americane sfornano nel campo degli *women's studies* e che l'editoria italiana si guarda bene dal riproporre. I nostri editori si stanno accorgendo con grande ritardo (ritardo ingiustificato, dato il successo dei classici del femminismo e dei testi di Luce Irigaray, l'ultimo, *Io amo a te*, Bollati), che la saggistica femminista «tira», potendo contare su un mercato preparato dal movimento delle donne, ben più solido di quello della saggistica ordinaria; e rispondono seguendo la scorciatoia dei best seller piuttosto che la strada più lunga della scelta dai cataloghi stranieri orientati alla ricerca (basti pensare a quello inglese di Routledge). Oppure scegliendo i titoli più commercializzabili: poca filosofia, poca linguistica, poco decostruzionismo, meglio la sessualità o la «guerra tra i sessi» versione Usa. Si spiegano così le traduzioni di altri best seller americani riproposti nel 1993 da editori italiani, a metà strada tra l'affondo di qualità e la ricerca del tema facile per il grande pubblico femminile: dall'ottimo *Contrattacco* di Susan Faludi (Baldini e Castoldi), sull'antifemminismo dell'America reaganiana, all'analogo *La guerra contro le donne* di Marilyn French (Rizzoli), da *Revolution from within* di Gloria Stenheim (Rizzoli) a *Perversioni femminili* di Louise Kaplan (Cortina) al saggio di Deborah Tanner sull'incomprensione linguistica fra uomini e donne (*Ma perché non mi capisci*, Frassinelli).

A questa consapevolezza delle buone promesse del mercato editoriale femminile ha contribuito, nel corso del tempo, il successo non solo delle piccole case editrici femministe come la Tartaruga, ma anche delle collane di studi sulle donne e di narrativa femminile aperte da alcuni editori di qualità («Soggetto donna» di Rosenberg e Sellier, la collana sulla differenza sessuale curata da Luisa Muraro per gli Editori Riuniti, quella di studi religiosi curata da Adriana Valerio per D'Auria, la solida «Astrea» di Giunti). E, più di recente, il massiccio investimento nelle discipline «al femminile» della Laterza, che ha da poco completato la sua *Storia delle donne* in più volumi cui ha affiancato, nel corso del 1993 i volumi *Barocco al femminile* e *Psicoanalisi al femminile*, parte di un più vasto progetto che vedrà presto una storia delle donne italiane, anch'essa in più volumi.

Le elaborazioni del movimento

Se questo mercato culturale esiste e va ampliandosi, il merito va ascritto, in un paese come l'Italia in cui non sono mai stati istituzionalizzati i *women's studies*, pressoché interamente al lavoro culturale del movimento femminista, delle sue riviste, delle sue istituzioni. Fra queste ultime, vanno ricordate in primo luogo la comunità filosofica «Diotima» di Verona, la comunità scientifica «Ipazia» di Bologna, la Società italiana delle storiche: esempi, sia pure diversi tra loro, di un lavoro intellettuale che si radica dentro e a lato dell'università senza l'ingabbiamento che l'istituzionalizzazione dei *women's studies* ha rischiato di comportare in altri paesi. Di «Diotima» dev'essere menzionato, oltre ai due ultimi seminari sul tema del rapporto fra autorità e potere (di prossima pubblicazione nel quarto dei volumi che ne documentano l'attività), un convegno (di donne e uomini) che all'inizio dell'estate 1993 ha posto la questione di una possibile «autoriforma» dell'università italiana, centrata non sulla richiesta di una nuova legislazione ma su una diversa pratica del lavoro intellettuale e della didattica. Della Società italiana delle storiche va ricordato il seminario annuale che si tiene a fine agosto a Pontignano con la partecipazione delle migliori storiche italiane. Più in generale, crescono nelle università italiane, in tutte le discipline, corsi in cui il sapere sessuato circola e trova ascolto in una diffusa domanda di genealogia da parte delle studentesse. Così pure all'esterno delle università non c'è disciplina o aggregato professionale, dalla letteratura alla psicoanalisi al diritto, che non sia attraversato da una domanda di sessuazione del sapere e da una consapevolezza del conflitto tra i sessi (da citare, per l'entità dei contributi femminili e maschili, la quantità di fonti incorporate e l'attualità bruciante dei temi trattati, il numero 2 del 1993 della rivista «Democrazia e diritto» dedicato al diritto sessuato).

Quando alle istituzioni più propriamente legate al movimento, il Centro culturale Virginia Woolf di Roma, il Centro documentazione donna di Bologna (promotore recentemente di un progetto di coordinamento delle biblioteche e degli archivi del movimento delle donne), la Libreria delle donne di Milano, l'Associazione Il filo d'Arianna di Verona sono solo i primi nomi di un elenco che sarebbe troppo lungo e che si radica nelle città grandi e piccole del Nord come del Sud, con l'ausilio di una consistente rete di librerie delle donne e di centri e gruppi che lavorano su tematiche particolari.

Infine, ma non certo ultime per il ruolo di elaborazione e diffusione che hanno storicamente svolto, le riviste. Il 1993 ha registrato la chiusura di due importanti testate culturali del movimento, «Memoria», la più importante rivista italiana di storia delle donne nata undici anni fa, e «Reti», rivista di cultura politica promossa nel 1987 da un gruppo di donne dell'allora PCI e del movimento femminista.

Le ragioni, argomentate negli ultimi rispettivi numeri, sono di diversa natura, ma più decisivo per entrambe, più che le difficoltà economiche, è risultato il giudizio sulla necessità di chiudere un ciclo politico-editoriale per poterne forse aprire un altro. Diversa la situazione di «Noidonne» storica testata, oggi mensile, dell'UDI, che rischia di trovarsi costretta da ragioni economiche a ridimensionare

Vuoto di legge intorno alla prostituzione

C'è un gran disordine nel mercato sessuale oggi. Cambiamenti strutturali sono avvenuti: le donne, nella prostituzione di strada, sono state largamente sostituite da transessuali e travestiti. C'è la crescente prostituzione delle e dei tossicodipendenti e l'arrivo della prostituzione dei paesi dell'est e del terzo mondo. Si registra una caduta dei prezzi delle prestazioni «semplici», sia perché c'è una sovrabbondanza di offerta di questo tipo, sia perché la domanda dei clienti si è fatta estrema, specializzata. C'è la paura dell'Aids. Tutto questo è calato in una situazione come quella italiana, dove il

razzismo è arrivato tardi ma è scoppiato virulento, dove il malessere sociale si addensa in città sempre più invivibili e ci si è accorti quasi improvvisamente che da noi non c'è mai stata un'organizzazione del sesso commerciale in quartieri e luoghi appositi e la si reclama a gran voce. La proposta di riforma della legge Merlin è inattuata e inattuale: piuttosto c'è voglia di «controriformarla». Ed è possibile che prima o poi qualcuno (qualcuna?) riuscirà ad avviare questo processo. Sull'onda di un disordine sociale di tipo nuovo.

Credo che non si tratti oggi di chiedere nuove leggi ma di pretendere il vuoto di legge su questioni dirimenti della sessualità come aborto, violenza sessuale e prostituzione, esperienze – «sventure» direbbe Luisa Muraro – che non tutte le

l'ottimo rilancio della propria formula che aveva tentato nel marzo del '93. Difficoltà economiche anche per «Nuova Donna Woman Femme» altra storica testata teorica del femminismo italiano, che tuttavia continua le sue pubblicazioni, mentre altre riviste di analisi teorica e politica nascono o continuano a uscire ovunque (fra le ultime «Elle Effe» a Bologna, fra quelle consolidate «Lapis» a Milano, diretta da Lea Melandri e edita dalla Tartaruga, e «Madrigale» a Napoli).

Segno da non sottovalutare, questo delle difficoltà economiche – in presenza di un mercato femminile della lettura che, come abbiamo visto, si va espandendo –, che obbliga a ripensare lo scarto fra ricchezza culturale e politica del femminismo italiano e scarsità delle sue autonome risorse finanziarie.

donne fanno ma che riguardano tutte le donne.

L'obiettivo non sarebbe dunque abolire la prostituzione, o distogliere chi si prostituisce dal proprio commercio (non siamo mica l'esercito della salvezza!), ma sottrarre la prostituzione alla definizione e alla normazione maschile. Non possiamo sottrarre il corpo femminile (o le sue sembianze, come nel caso dei travestiti e delle transessuali) al «mercato patriarcale e capitalistico», ma possiamo pretendere che non si costruiscano statuti normativi differenziati, linguistici, morali o di ordine pubblico che dividono le donne.

Estratto da: Roberta Tatafiore, *Fare vuoto di norma intorno alla prostituzione* in «Democrazia e diritto» n. 2, 1993

La famiglia

**a cura di
Paul Ginsborg**

La famiglia italiana
oltre il privato per superare
l'isolamento
Paul Ginsborg

Le famiglie
senza matrimonio
Marzio Barbagli

La nuova
sessualità
Marisa Fiumanò

Crescita zero:
un fenomeno, molte cause
Chiara Saraceno

Le lunghe adolescenze
dell'Italia d'oggi
Elena Rosci

La famiglia italiana oltre il privato per superare l'isolamento

Paul Ginsborg

99 Ogni tentativo di operare generalizzazioni riguardo alla famiglia italiana è impresa azzardata. Non esiste *la* famiglia italiana, bensì tante famiglie *differenti*, ciascuna con una propria storia e una propria parabola, con i suoi segreti, le sue aspirazioni e delusioni, i suoi conflitti e le sue passioni.

Studiando la famiglia occorre stabilire distinzioni relative a dimensioni e tipo, classe e regione, città e campagna, ma anche così non rendiamo sufficiente giustizia all'infinita ricchezza della materia.

Le strutture

Nondimeno delle generalizzazioni si impongono. Per la storia della famiglia nell'Europa occidentale, come ha fatto rilevare Marzio Barbagli, la data realmente significativa non è il mitico 1968, bensì il 1965. È da allora in poi che le tendenze caratteristiche del periodo postbellico, dal baby boom alla stabilità dei matrimoni, prendono a invertirsi e cominciano a essere sostituite da una netta caduta del tasso di fecondità e dall'accresciuta instabilità del matrimonio, da una maggiore varietà di forme della famiglia; cresce il numero dei single, come pure cresce il numero delle famiglie senza matrimonio, le famiglie monoparentali (formate da un solo genitore e dai figli), le famiglie ricostituite (nate dalle seconde nozze dopo il divorzio).

Mentre alla metà del XIX secolo, con tassi elevati di fertilità e di mortalità, le famiglie europee avevano un gran numero di figli, pochi dei quali avevano la ventura di conoscere i propri nonni, alla fine del XX secolo, con i bassi tassi di fertilità e mortalità, la struttura di età della famiglia si è spostata drasticamente dalla giovinezza alla vecchiaia. A tutti questi cambiamenti va poi aggiunto il declino costante, iniziato assai prima del 1965, delle dimensioni degli aggregati domestici (*household*).

La versione italiana di queste dirompenti trasformazioni è suggestiva e affascinante, perché combina un elemento di *cambiamento estremo* con molti altri elementi di *forte continuità*. L'Italia, come gli altri paesi dell'Europa meridionale, si inserisce in ritardo nell'evoluzione della famiglia che si innesca nel 1965 in Svezia e Danimarca. Tuttavia, almeno per quanto riguarda un'area particolare, quella della caduta del tasso di riproduzione, nell'arco di soli venti anni l'Italia supera tutti gli altri paesi. Nel 1970, secondo statistiche Eurostat, il numero medio di figli per donna era in Italia di 2,42, ossia attorno alla media europea. Venti anni dopo era scesa a 1,27, vale a dire all'ultimo posto nella Comunità europea. È significativo osservare d'altro canto che nel 1990 i due paesi che precedevano l'Italia in ordine al tasso di natalità nell'ambito CEE erano la Spagna e la Grecia. Le ragioni di questa straordinaria inversione di tendenza sono discusse più avanti nell'articolo di Chiara Saraceno.

Confronti internazionali

Tuttavia svariati altri indicatori suggeriscono che la struttura delle famiglie italiane è una delle più resistenti al mutamento, talché classiche generalizzazioni relative alla coesione e alla compattezza della famiglia italiana continuano a riscuotere un credito considerevole. Se esaminiamo tre serie di cifre che, prese insieme, rappresentano indicatori certi di mutamento radicale nelle forme della famiglia e nella vita familiare (il numero di famiglie monoparentali, il numero di divorzi, il numero di figli nati fuori del matrimonio), troviamo che l'Italia è tra i paesi con i dati meno mutevoli. Le famiglie monoparenterali, materia di angosciato dibattito nella maggior parte dei paesi europei ma non in Italia, erano l'8,2% delle famiglie italiane totali (cifre 1989), rispetto al 12-13% di Germania e Francia, al 14% di Danimarca e Regno Unito e al 25% degli Stati Uniti. I divorzi per 1000 abitanti (cifre 1989-90) erano 0,5 per l'Italia, 1,9 per la Francia, 2,2 per la Germania, 2,9 per il Regno Unito. I figli nati fuori del matrimonio in percentuale del numero totale di nascite (cifre 1990) erano 6,3 per l'Italia, 27,9 per il Regno Unito, 30,1 per la Francia e un impressionante 46,4 per la Danimarca. Se a questi indicatori aggiungiamo il numero relativamente basso delle famiglie italiane senza matrimonio (esaminate più avanti da Marzio Barbagli), ci facciamo un'idea di come strutture e norme delle famiglie italiane siano rimaste sostanzialmente tradizionali. Non sorprende pertanto che, nel quadro di un'indagine mediante questionario pubblicata nel 1987 (Palombo), la gran maggioranza degli italiani intervistati abbia espresso la preferenza per il modello di famiglia costituito da una coppia sposata con due figli.

Un'ultima notazione sul numero dei componenti. In Italia essi sono stati in costante declino per tutto il XX secolo, passando da 4,3 persone nel 1936 a 3,6 nel 1961 e a 2,8 nel 1990 (rispetto a 2,55 persone del Regno Unito nel 1987). Molte tendenze rilevate per l'Italia hanno seguito andamenti europei, come l'aumento delle famiglie costituite da una sola persona, ma è interessante sottolineare due elementi più tradizionali del caso italiano: il gran numero di nuclei con cinque o più membri che si riscontra ancora nel sud e nelle isole (in quelle regioni nel 1981 il 22,7% del totale delle famiglie), e il numero consistente di famiglie estese esistente nelle regioni centrali e nordoccidentali del paese (14,7% del totale nel 1981).

Le relazioni intrafamiliari

Se spostiamo l'osservazione dalla struttura delle famiglie italiane alle relazioni intercorrenti *all'interno* di esse, ancora una volta ci colpisce il modo in cui un mutamento macroscopico e rapido è stato filtrato e assorbito da prassi e consuetudini tradizionali. Le famiglie italiane continuano a essere fortemente matricentriche;

una qualità che è stata celebrata innumerevoli volte, mai forse in maniera smaccata e ricorrente quanto al festival della canzone di Sanremo.

«Sono tutte belle le mamme del mondo/quando un bambino si stringono al cuor/Sono l'immagine di un bene profondo/fatto di sogni, rinunce ed amor». Con questo testo Giorgio Consolini e Gino Latilla vinsero il festival del 1954, e da allora l'esaltazione del mammismo è proseguita senza tregua.

Nondimeno le mamme del 1994 sono molto diverse da quelle del 1954. In proporzione assai maggiore vivono in aree urbane, vanno a lavorare, godono di indipendenza economica, vivono una vita sociale piena. Come ha evidenziato A. Schizzerotto nel contributo che apre la sezione sul sistema scolastico, lo studio delle coorti più recenti (quelle nate tra il 1952 e il 1967) indica che le giovani donne superano i giovani uomini per quanto riguarda il grado di istruzione. In presenza di mutamenti tanto radicali, ci si aspetterebbe che nell'ambito della coppia gli atteggiamenti siano cambiati in maniera corrispondente, con un accentuato spostamento verso la «coppia simmetrica», nella quale le responsabilità della casa e della famiglia vengono assunte alla pari. I dati osservabili tendono invece a indicare come non sia questo il caso, tranne che in certi gruppi minoritari dei ceti medi. Le donne in effetti operano in una condizione di obbligata «doppia presenza», dovendo portare avanti l'attività lavorativa e dovendo al tempo stesso addossarsi quasi per intero la responsabilità dei figli, del cibo e dei lavori domestici. I cambiamenti intervenuti nel mercato del lavoro extradomestico non si sono accompagnati a una corrispondente trasformazione della società domestica. Al protrarsi della matricentricità si è associato il perpetuarsi della cosiddetta «famiglia lunga». La percentuale assai elevata di figli adulti che continuano a vivere tra le pareti domestiche è uno straordinario aspetto della famiglia italiana che Elena Rosci esamina nel suo articolo sull'adolescenza (vedi sotto). Nell'ambito della «famiglia lunga» atteggiamenti e relazioni sono cambiati in misura considerevole, ma ancora una volta il risultato netto tende a confermare la coesione della famiglia. Adolescenti e

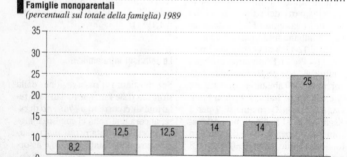

Famiglie monoparentali
(percentuali sul totale della famiglia) 1989

Italia	Germania	Francia	Danimarca	Inghilterra	Stati Uniti
8,2	12,5	12,5	14	14	25

Figli nati fuori dal matrimonio
(percentuali sul totale delle nascite) 1990

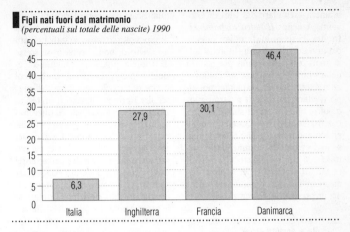

giovani hanno cercato di innescare un processo di «individuazione», di differenziazione culturale e in termini di tempo libero dai genitori, di socializzazione con i propri pari, ma continuano comunque a vivere in casa e a contribuire materialmente ed emozionalmente a quella che De Rita ha giustamente definito la «famiglia-impresa».

Il declino del patriarcato (più marcato al Centro e al Nord che nel Sud) ha favorito questi processi. Il ruolo del padre è divenuto alquanto incerto, ma la ridefinizione del ruolo in autorità «democratica» o «fraterna» ha accresciuto le possibilità di «individuazione» connesse con la solidarietà. La solidarietà, in effetti, resta una chiave di volta delle relazioni interne alla famiglia italiana, come evidenziano soprattutto i legami fortissimi che passano tra famiglia di origine e famiglia di procreazione (la famiglia da cui si proviene e quella che si va a formare). Diversamente da molti paesi dell'Europa settentrionale (ancora una volta si rivela valido lo spartiacque Nord-Sud), il ruolo dei nonni è cruciale in quanto si prendono cura dei nipoti mentre i genitori sono al lavoro. A loro volta gli anziani nei loro ultimi anni assai spesso non sono assistiti da istituzioni ma dai loro figli, specie delle figlie femmine, il cui carico di incombenze nell'ambito della famiglia si appesantisce ulteriormente. In effetti negli ultimi anni in Italia il numero degli anziani ricoverati in istituti assistenziali è diminuito. Questa non è solo la conseguenza logica di uno stato che offre meno servizi che altrove; ma è indice altresì della saldezza dei vincoli tra le generazioni.

Tensioni latenti

C'è peraltro il pericolo, descrivendo così le relazioni intrafamiliari, di dare una visione eccessivamente idilliaca della famiglia italiana, trascurandole aree endemiche di tensione, conflitto e di disgregazione. Il che vale soprattutto per le famiglie marginali delle periferie urbane, vittime delle drammatiche condizioni descritte in maniera esemplare dal film di Giovanni Amelio, *Il ladro di bambini*. Inoltre, le relazioni familiari intense del tipo descritto sopra (fondato sulla matricentricità, sulla persistenza della «famiglia lunga», sul contatto intergenerazionale frequente) possono rivelarsi soffocanti e paralizzanti, oltre che foriere di spinte di tipo creativo o affettivo. Queste famiglie presentano molte qualità e i loro pregi sono decantati dai commentatori cattolici più tradizionalisti. C'è però il rischio di scambiare per «chiesa domestica» ciò che in realtà è un vulcano in precaria quiescenza.

Famiglia e società civile

Passando dall'interno all'esterno della famiglia italiana, si impone all'attenzione l'area di grande interesse ancorché poco indagata costituita dai legami, o dalla loro mancanza, tra famiglie e società civile. È stato messo in rilievo altrove in questo libro (vedi alla Sezione «Sedimentazioni», l'articolo sul *Familismo*) che la versione tipicamente italiana del familismo consiste di unità familiari fortemente coese, una società civile relativamente debole, specialmente nel Sud, e una sfiducia nello stato centrale profondamente radicata. Sarà utile pertanto approfondire gli elementi costituenti di tale definizione.

Per quanto riguarda gli atteggiamenti verso il mondo esterno, come scrive Elena Rosci più avanti, «i genitori italiani trasmettono precocemente ai figli l'immagine di una società densa di pericoli e incognite, difficile da affrontare da soli e con i propri coetanei. A fronte del pericolo reale o presunto collocato all'esterno la famiglia si candida al ruolo di alveo rassicurante». Conclusioni psicologiche generali di questo tipo, d'altro canto, vanno qualificate con considerazioni storiche. Nella storia della Repubblica più di una volta le famiglie italiane hanno scelto di non ritrarsi in se stesse di fronte a «una società densa di pericoli e incognite», ma al contrario di uscire dal guscio familiare e di perseguire i propri interessi tramite l'azione collettiva. La lista di quei momenti è piuttosto lunga. Si può iniziare con i contadini toscani del 1943-44 che rischiavano la vita per nascondere prigionieri di guerra, ebrei e altri perseguitati, e finire con gli «associati per amore» degli anni ottanta studiati da Gabriella Turanaturi, le associazioni dei familiari delle vittime della bomba alla stazione di Bologna o di quelli del disastro aereo di Ustica, oppure con le mamme di Primavalle che lottano per tenere i loro figli e il loro quartiere liberi dalla droga. Tutti questi esempi di «familismo morale» smentiscono ogni generalizzazione semplicistica che definisca gli atteggiamenti delle famiglie italiane verso la società civile entro uno schema monolitico di spinte difensive e al tempo stesso predatorie.

D'altro lato, è difficile dipingere un quadro del tutto ottimistico delle relazioni che intercorrono tra la famiglia italiana e la società civile. E questo per svariate ragioni. La prima è che il familismo non deve essere visto, come lo ha visto Banfield, soprattutto come espressione di arretratezza, ma altresì come fenomeno intrinsecamente connesso alla società moderna. La problematica relativa alla «privatizzazione» della vita familiare è oltremodo complessa, ma è indubbio che tutta una serie di elementi che emergono con il miracolo italiano – gli aspetti dell'urbanizzazione, l'intrattenimento orientato all'ambito domestico, la crescita eccezionale del mezzo di trasporto privato, la straordinaria fioritura dell'impresa a conduzione familiare – sono altrettanti fattori che spingono la famiglia italiana più verso l'isolamento e la competizione che verso la cooperazione.

In secondo luogo, è innegabile che la società civile italiana ha presentato maggiori caratteri di debolezza rispetto a quella che si è instaurata in paesi più settentrionali.

Questo vale, in termini storici, soprattutto per il Sud e le isole, ed è un dato che sussiste tuttora. Se prendiamo il numero delle associazioni come un primo indice di una tradizione civica, come ha fatto Robert Putnam, troviamo che la Liguria ha un'associazione (escluse le società sportive) ogni 2117 abitanti, mentre la Sardegna ne ha solo una ogni 13100 (cifre del 1982 in poi).

È inoltre il caso di tornare a sottolineare la misura in cui le interazioni tra le famiglie italiane e la società civile avvengono per collegamenti verticali piuttosto che orizzontali. In altre parole, le relazioni padrone-cliente restano di gran lunga più importanti, specialmente nel Sud, di quelle basate su legami orizzontali di uguaglianza. L'origine familiare di questo fenomeno va accostata alla tradizione del *comparaggio*, che si innestò nel mondo cristiano tra il III e il IX secolo, dapprima connesso all'ufficio di padrino e madrina nel battesimo. La presenza del vincolo parentale è andata via via scadendo nell'Europa settentrionale e nell'America del Nord, ma è rimasta d'importanza vitale nella cultura familiare dell'Europa meridionale nel corso dell'ultimo secolo. Il nuovo associazionismo descritto da Arnaldo Bagnasco e dai suoi collaboratori nel presente volume si scontra su queste basi antropologiche, le stesse peraltro che hanno portato in Italia al trionfo del clientelismo.

Famiglia e Stato

La storia della relazioni tra la famiglia e lo Stato in Italia non è una storia felice. Fino dall'Unità, raramente lo Stato italiano ha agito nei confronti delle famiglie come benefattore, ovvero come istituzione capace di salvaguardare e promuovere la società civile. Ha invece presentato alla società una faccia ostile, indifferente e spesso repressiva, specialmente alla società delle classi subalterne. Dopo la seconda guerra mondiale, la propaganda politica della Democrazia cristiana traboccava di retorica sulla famiglia ma in realtà la politica dei democristiani nei confronti della famiglia si ridusse a poca cosa, specie se paragonata a quella attuata dai loro omologhi della Germania occidentale. In Italia istituzioni sociali e previdenziali come l'INAM e l'INPS erano modelli di inefficienza.

In una serie di aree – edilizia pubblica, servizi sanitari, previdenza sociale, assegni familiari, asili nido, scuole materne – lo stato italiano si limitava al minimo, lasciando il resto nelle mani di organizzazioni private, soprattutto la Chiesa. Il vincolo tra contesto caritativo e famiglia restò pertanto assai più saldo di quello tra la famiglia e lo stato.

Questo quadro si trasforma radicalmente alla fine degli anni sessanta e i primi anni settanta. Non solo ci sono le grandi battaglie per il divorzio e l'aborto, combattute e vinte, ma numerose misure intervengono a trasformare le relazioni tra Stato e famiglia: l'istituzione della scuola materna statale (1968), l'introduzione degli asili nido comunali (1971), la fondamentale riforma del diritto di famiglia (1975), l'introduzione dei consultori familiari (1975), l'atteso avvento del servizio sanitario nazionale (1978).

Fu quello un periodo, come ha scritto Adriana Seroni, non solo di azione di massa da parte delle donne italiane per la legge sull'aborto, ma anche di una «mobilitazione sotterranea e paziente di donne, amministratori e operatori sociali per gestire le nuove leggi».

Le grandi speranze degli anni settanta furono esaudite solo in parte. La riforma del diritto di famiglia aveva rappresentato un grosso passo avanti, determinando una soluzione di continuità con la sostanziale tradizione patriarcale rispecchiata dal codice civile fascista. Ma in certe aree, in specie la salvaguardia della situazione economica della donna dopo il divorzio o la separazione, molto rimane ancora da fare.

Quanto ai nuovi servizi sociali offerti dallo Stato alle famiglie, Ugo Ascoli e i suoi colleghi hanno analizzato ampiamente le carenze (vedi oltre). È importante rilevare in particolare il fallimento dei consultori familiari, che non sono stati in grado di divenire a tutti gli effetti dei centri di consulenza e di sostegno per le famiglie: i fortissimi squilibri regionali in tutti i servizi diretti alla famiglia: la consistenza irrisoria degli assegni familiari. Nel 1980 fu istituita presso il Ministero del lavoro una Commissione nazionale per i problemi della famiglia, ma le sue raccomandazioni, pubblicate nel 1983, fecero ben poco per cambiare le relazioni Stato-famiglia. Soprattutto, a partire dai primi anni novanta, si è registrata in Italia una tendenza crescente a mettere in dubbio la desiderabilità stessa di una seria politica della famiglia. La regressione a modelli thatcheriani non potrà non chiudere la porta alla spinta progressiva innescata negli anni settanta. C'è il pericolo reale di confondere la legittima richiesta per una maggiore efficienza e produttività dei servizi sociali con un attacco a tutto campo contro le politiche dello Stato nei confronti della famiglia.

Un'esperienza bolognese

Quanto effettivamente rimanga ancora da fare nell'area delle relazioni famiglia-società civile-stato è adombrato da un recente rapporto elaborato dal comune di Bologna. In quella città, nota sul piano internazionale per la qualità dei servizi sociali, l'indagine ha messo in luce problemi crescenti di isolazionismo a livello delle famiglie (il che tenderebbe a confermare le tendenze di lungo periodo verso l'atomizzazione esistenti nella società moderna). Per il comune di Bologna pertanto il problema non è più semplicemente una questione di servizi, ma diviene quello di predisporre il contesto e fornire gli stimoli per indurre le famiglie a rompere l'isolamento e a gettare le basi di una società civile attiva. Il bolognese Centro di Famiglia può essere considerato un primo, modesto passo verso una riconsiderazione delle relazioni tra Stato e famiglia nell'Italia contemporanea.

───── **BIBLIOGRAFIA** ─────

R. Palomba (a.c.d.), *Vita di coppia e figlie*, La Nuova Italia, Firenze 1987

C. Saraceno, *Sociologia della famiglia*, Il Mulino, Bologna 1988.

M. Barbagli, *Provando e riprovando*, Il Mulino, Bologna 1990.

G. Turnaturi, *Associati per amore*, Feltrinelli, Milano 1991.

A. Golini (e altri), *Famiglia, figli e società in Europa*, Fondazione Agnelli, Torino 1991.

R. Putnam, *La tradizione civica in Italia*, Mondadori, Milano 1993.

Come cambia il costume

Le famiglie senza matrimonio

Marzio Barbagli

99 Da molti anni, nei paesi occidentali, il numero di persone che si sposano si sta riducendo. Questo mutamento è iniziato quasi trent'anni fa in Svezia e in Norvegia e si è diffuso in seguito prima nell'Europa centrale e poi in quella meridionale.

Ovunque, esso è stato accompagnato da tre importanti tendenze: il prolungamento della permanenza dei figli in famiglia, l'aumento del numero di giovani che vivono soli, la diffusione delle convivenze *more uxorio* (o famiglie di fatto o unioni libere, come vengono anche chiamate). In Italia, la prima di queste tendenze è stata più forte che negli altri paesi, mentre la terza lo è stata meno.

200 mila famiglie di fatto

Secondo l'ISTAT, vi sono nel nostro paese 200 mila famiglie di fatto. È probabilmente una cifra inferiore a quella reale. Inoltre, in Italia sono forse più diffuse che altrove le convivenze mascherate: quelle in cui due persone di sesso diverso mantengono due abitazioni separate, ma passano insieme gran parte del tempo libero, sia di giorno che di notte. Ma anche tenendo conto di tutto questo, è indubbio che in Italia le famiglie senza matrimonio siano ancora oggi molto meno frequenti che in altri paesi occidentali. Già all'inizio degli anni ottanta queste famiglie erano oltre un milione nella Germania occidentale. Alla fine di quel decennio esse erano circa un milione e mezzo in Francia e quasi due milioni e mezzo negli Stati Uniti.

Oltre a essere meno diffuse, le convivenze *more uxorio* del nostro paese sono anche parzialmente diverse da quelle degli altri paesi occidentali. In Francia, in Germania o negli Stati Uniti, esse sono in genere formate da giovani adulti, appena usciti dalla famiglia di origine o, comunque, non ancora sposati. In Italia, invece, esse sono più frequentemente costituite da persone di quaranta o di cinquanta anni, separate legalmente o di fatto. Ma, per quanto meno rigida che in altri paesi, la tendenza alla diffusione delle famiglie *more uxorio* è in corso anche in Italia. Lo si ricava dall'andamento di vari indicatori. In primo luogo, negli ultimi trent'anni è aumentata la quota dei matrimoni preceduti da una convivenza (Sabbadini, 1991). In secondo luogo, è cresciuta la percentuale delle persone che prima di sposarsi convivono con il partner almeno durante il fine settimana o nei periodi di vacanza (La Mendola, 1992).

■ Composizione per età degli uomini conviventi *more uxorio* in cinque paesi

	Australia	Stati Uniti	Repubblica federale tedesca	Francia		Italia	
	1982	1986	1983	1975	1985	1983	1988
Fino a 34 anni	70	65	66	37	60	32	26
35 anni e oltre	30	35	34	63	40	68	74
Totale	100	100	100	100	100	100	100

Fonte: Barbagli (1990) e Sabbadini (1991, b).

■ Coppie non coniugate in Italia nel 1988 per ripartizione territoriale

	Valori assoluti	Per 100 coppie della stessa zona
Nord ovest	71 000	1,8
Nord est	49 000	1,8
Centro	19 000	1,7
Sud e Isole	10 000	0,6
Italia	199 000	1,4

Fonte: Sabbadini (1991, b).

■ Coppie non coniugate in Italia nel 1988 per tipo di comune di residenza

	Valori assoluti	Per 1000 coppie della stessa zona
Centri delle aree di grande urbanizzazione	58 000	2,5
Periferia delle aree di grande urbanizzazione	15 000	1,3
Altri comuni con oltre 2000 abitanti	116 000	1,2
Altri comuni fino a 2000 abitanti	9 000	0,9

Fonte: Sabbadini (1991, b).

Nati fuori del matrimonio

In terzo luogo, è salita la quota dei figli naturali, nati fuori del matrimonio, che nel 1992 ha toccato il 7%. Tale quota ha raggiunto il 14% nella Valle d'Aosta, il 12% nel Trentino Alto Adige, e ha superato il 9% in Emilia, in Liguria e nel Friuli. Essa è inoltre molto più alta nei capoluoghi che negli altri comuni (a Bologna, per esempio, ha raggiunto il 16%). In quarto luogo, le convivenze *more uxorio* sono più diffuse negli strati più dinamici della popolazione: tipicamente, fra i laureati dei grandi centri urbani delle regioni settentrionali. In quinto luogo, vi sono stati importanti cambiamenti nel costume. Circa l'80% dei giovani italiani ritiene che sia «ammissibile vivere insieme senza essere sposati» e il 43% pensa

Procedimenti di scioglimento degli effetti civili dal matrimonio (divorzi)

	1980		1990		1992		variazione 1980/1992
	v.a.	%	v.a.	%	v.a.	%	
Italia settentrionale	5 849	54,6	17 252	62,3	14 906	62,2	60,8%
Italia centrale	844	7,9	2 681	9,7	2 690	11,2	68,6%
Lazio	1 444	13,5	1 914	6,9	1 621	6,8	10,9%
Italia meridionale	2 566	24,0	5 835	21,1	4 740	19,8	45,9%
Italia	10 703	100	27 682	100	23 957	100	55,3%

Fonte: ISTAT.

Procedimenti di separazione personale dei coniugi

	1980		1990		1992		variazione 1980/1992
	v.a.	%	v.a.	%	v.a.	%	
Italia settentrionale	16 201	57,6	24 538	55,7	24 111	56,4	32,8%
Italia centrale	2 519	9,0	4 476	10,2	5 026	11,8	49,9%
Lazio	4 524	16,1	5 994	13,6	5 728	13,4	21,0%
Italia meridionale	4 876	17,3	9 010	20,5	7 889	18,5	38,2%
Italia	28 120	100	44 018	100	42 754	100	34,2%

Fonte: ISTAT.

che anche a loro questo potrebbe capitare (Cavalli e De Lillo, 1993). Infine, sono mutate profondamente le norme giuridiche. Anche in Italia, come negli altri paesi occidentali, è in corso da anni una tendenza all'equiparazione fra famiglia naturale e famiglia legittima. Questo è avvenuto in modo particolare riguardo alle relazioni fra genitori e figli. La riforma del diritto di famiglia del 1975 ha stabilito che i figli naturali riconosciuti hanno gli stessi diritti di quelli legittimi non solo per il mantenimento e l'educazione, ma anche rispetto all'eredità dei genitori.

La famiglia anagrafica

Ma si è verificato anche nel settore fiscale o in quello della sicurezza sociale. Così, per esempio, già dal 1958 il regolamento della legge sull'anagrafe stabilisce che per famiglia debba intendersi quell'insieme di persone legate non solo da vincoli di matrimonio, di parentela, di affinità, adozione e affiliazione, ma anche semplicemente da «vincoli affettivi, coabitanti e aventi dimora abituale nello stesso comune». Restano invece importanti differenze tra le famiglie di fatto e quelle di diritto riguardo ai rapporti patrimoniali e ai problemi che sorgono al momento della scissione, cosicché il partner più debole (di solito la donna) è meno tutelato quando non vi è stato un matrimonio.

I motivi che conducono in Italia a formare una famiglia di fatto sono vari. Negli strati più poveri della popolazione meridionale si ricorre ancor oggi, come un tempo, a brevi periodi di convivenza prematrimoniale per vincere l'opposizione dei genito-

Tipologie di famiglie in Italia
dicembre 1989/novembre 1990 (valori percentuali sul totale di famiglie).

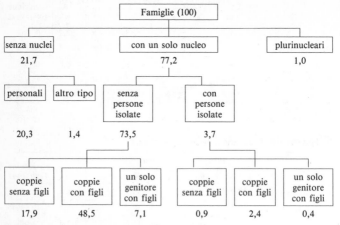

Fonte: ISTAT «Indagine multiscopo sulle famiglie 1987-91».

ri o più semplicemente per ridurre le spese di celebrazione delle nozze. Alcune donne divorziate o vedove convivono con un uomo per motivi di convenienza economica, perché se lo sposassero perderebbero il diritto all'assegno di mantenimento o alla pensione di reversibilità. Alcuni uomini e alcune donne separati legalmente o di fatto convivono per alcuni anni in attesa della sentenza di divorzio, che permette loro di risposarsi.

Matrimonio di prova

Vi sono infine, fra i giovani, coloro che formano delle famiglie di fatto o perché rifiutano di sposarsi per motivi ideologici o invece perché, preoccupati dal crescente numero di separazioni e di divorzi, considerano la convivenza *more uxorio* come una forma di «matrimonio di prova» o infine perché (ed è il caso delle donne con alti livelli di istruzione e forti aspirazioni di carrie-

ra) in questo tipo di famiglia è più facile rinegoziare diritti e doveri con il partner con cui si abita, spingerlo a contribuire allo svolgimento del lavoro domestico, ottenere degli spazi per la propria attività professionale.

────── **BIBLIOGRAFIA** ──────

M. Barbagli, *Provando e riprovando. Matrimonio, famiglia e divorzio in Italia e in altri paesi occidentali*, Il Mulino, Bologna 1990.

A. Cavalli, A. De Lillo, *Giovani anni '90*, Il Mulino, Bologna 1993.

S. La Mendola, *Gente comune. La famiglia coniugale in Veneto*, Fondazione Corrazin, Padova 1992.

L. L. Sabbadini, *Le convivenze prematrimoniali*, in *Le famiglie italiane degli anni '80*, a. c. di A. Menniti, IRP, Roma 1991 (a).

L. L. Sabbadini, *Le libere unioni*, in *Le famiglie italiane degli anni '80*, a. c. di A. Menniti, Irp, Roma 1991 (b).

La nuova sessualità

Marisa Fiumanò

99 Si può ancora parlare oggi, quasi a metà degli anni novanta, di costumi e fantasie sessuali tipicamente italiani?

Si possono contare i fantasmi che li sostengono e le passioni che li caratterizzano, oppure essi hanno perduto la maggior parte delle loro prerogative nazionali? Un libro recente dedicato a questo tema, che percorre cento anni di storia italiana dall'Ottocento a oggi, si arresta, non a caso, alla fine degli anni cinquanta, con la chiusura delle case di tolleranza e i sequestri di romanzi famosi come *La ciociara* di Alberto Moravia e *Ragazzi di vita* di Pierpaolo Pasolini, ritenuti all'epoca lesivi del pudore. Certamente la soglia degli anni sessanta segna il tramonto di un'epoca e probabilmente si può datare da allora l'affievolirsi progressivo di caratteristiche peculiari dell'approccio degli italiani alla sessualità.

Produzioni fantasmatiche

Se si prendono in considerazione solo gli ultimi dieci anni si constata che, a parte i deboli influssi dei dictat vaticani in materia, c'è ben poco che in questo campo differenzi l'Italia da altri paesi europei. Due eventi, infatti di portata mondiale, sembrano funzionare come perni di un discorso sulla sessualità completamente sovvertita e in cui è difficile raccapezzarsi, tanto radicale è la sua mutazione: mi riferisco al diffondersi del virus HIV e

alla sperimentazione delle tecniche riproduttive applicate alla fecondazione artificiale. Il loro impatto ha prodotto effetti macroscopici sul reale, ma ha anche innescato una produzione immaginaria che ha funzionato come moltiplicatore rispetto alla loro incisività, risvegliando potenti produzioni fantasmatiche che toccano i nodi, essenziali ed eminentemente enigmatici, dell'intreccio fra sessualità, morte e riproduzione; temi universali, giacché riguardano la specie umana e i mutamenti epocali che va subendo in questo scorcio di secolo.

Poiché la «peste del secolo» e la potenza acquisita dalla tecnologia scientifica travalicano i confini geografici, l'azione che esercitano sull'immaginario sociale e gli effetti che producono non possono essere considerati fenomeni esclusivamente nazionali. Siamo di fronte a una mutazione sociologico-culturale di non poco conto perché, in un'epoca ancora relativamente recente, l'immaginario che governava la sessualità degli italiani aveva marcati caratteri nazionali illustrati, per esempio, dal genio di Federico Fellini o dal talento recitativo di Alberto Sordi. *La dolce vita* e *I vitelloni* del grande regista o il «gallismo» provinciale messo in scena dall'attore di talento, tratteggiavano delle rappresentazioni della sessualità tipicamente italiane almeno tanto quanto potevano esserlo, agli occhi degli stranieri, il mare, il cielo, gli spaghetti e il mandolino.

L'inizio di un mutamento

Quel modello fu abbandonato alla fine degli anni sessanta quando la promiscuità romantica rivendicata dai «figli dei fiori» prima e dagli «indiani metropolitani» poi, propone altre modalità di rapporto fra i sessi che si riferivano inoltre a una fascia generazionale più che a una tradizione nazionale. Il carattere nazionale di una sessualità maschile cavalleresca, disponibile e perennemente desiderante nei confronti delle donne, appariva ormai preistoria e i suoi documenti filmici materiale da archivio. Era ormai difficile isolare delle caratteristiche relative al costume e alle fantasie sessuali che si distinguessero nettamente da quelle rintracciabili in altri paesi europei.

Pur mutando, la questione sessuale manteneva però in Italia una sua specificità di approccio e di elaborazione: i movimenti politici e il femminismo italiani ancoravano sessualità e politica l'una all'altra; la cosiddetta «doppia militanza» delle donne impegnate attivamente sia nei gruppi politici sia nel femminismo, per esempio, testimoniava della necessità, allora vivissima, di distinguere e al tempo stesso intrecciare le questioni poste dal conflitto uomo-donna e da quello fra classi sociali. La dialettica fra movimenti femminili e movimenti rivoluzionari conosceva inoltre in Italia un'intensità e un fervore di elaborazione proporzionali sia alla violenza e alla durata dello scontro sociale sia al ribaltamento di costumi operato dalle donne in una sola generazione e con un divario, rispetto alla generazione precedente, maggiore di

quanto non fosse in altri paesi europei. Lo scarto operato dal femminismo rispetto alla cultura patriarcale è stato in Italia più profondo e incisivo che nel resto dell'Europa; rivoluzione sessuale e femminismo, benché già avessero dei caratteri sovranazionali, in quanto partecipi di culture e movimenti esterni ai nostri confini, erano contrassegnati da un'ideologia e producevano un discorso che comprendeva la sessualità come una sua essenziale articolazione; la battaglia per la legalizzazione dell'aborto e il suo successo costituivano, da questo punto di vista, l'anello di congiunzione tra una visione libertaria, laica e progressista del rapporto sessuale e la rivendicazione del diritto delle donne all'autodeterminazione.

I movimenti giovanili e quello delle donne, benché si pretendessero internazionalisti, mantenevano un rapporto profondo con la nostra cultura e avevano caratteristiche differenziate e specifiche rispetto ad analoghi movimenti di altri paesi: basti pensare al peso dello scontro con un humus culturale profondamente cattolico e all'egemonia politica mantenuta in Italia dalla destra malgrado le battaglie laiche e progressiste.

Un'altra inversione di rotta

Forse proprio a causa della radicalità dello scontro politico-culturale, l'estinguersi dei movimenti contestativi e rivoluzionari aveva lasciato un proprio sedimento culturale, una concezione più libera e disinibita della sessualità e una irrinunciabile acquisizione di soggettività e autonomia da parte delle donne. Agli inizi del decennio scorso i primi allarmi dovuti al diffondersi della sindrome da immunodeficienza prima e l'effetto scardinante prodotto dagli interventi spettacolari delle tecnologie riproduttive poi, hanno contribuito a sterilizzare, o a disattivare temporaneamente, gli effetti residuali dei movimenti degli anni settanta e dei loro prodromi degli anni ottanta.

Amore-morte

Questa perdita di caratterizzazione avvenuta nel tempo, relativamente breve, di una sola generazione, non è stata causata da una sostituzione fisiologica o da un cambiamento dovuto a mutamenti generazionali, ma da «accidenti» sorti all'esterno di logiche solo politiche, storiche o culturali. Il diffondersi di un'epidemia, da cui è difficile proteggersi e che è impossibile combattere, produce un sentimento d'impotenza, rispetto alla malattia, accompagnato da fantasie di colpa, di peccato e di punizione legate alla sessualità; fantasie, peraltro, profondamente solidali con l'ideologia cattolica, tornata oggi alla ribalta come non succedeva da almeno due decenni. L'AIDS ha dato corpo a fantasmi arcaici potenti, come quello dell'orrore del contagio, peraltro sfruttato da alcuni sieropositivi come mezzo minaccioso ed efficace per mendicare. La sessualità, tanto più se deviante, assume il carattere di veicolo di morte, il che è tanto più spaventoso in quanto la morte, come evento naturale e quotidiano e non solo come spettacolo mediatico, è stata socialmente cancellata. La sua reintroduzione violenta attraverso una malattia «sessuale» risulta così insopportabile che, malgrado il loro numero sia così massiccio, le morti da AIDS, ancor più delle altre, vengono rimosse: se ne tace la causa, si nascondono gli ammalati, aggiungendo alla loro sofferenza il peso dell'emarginazione e della vergogna. Riprende vigore l'etica cattolica, il suo elogio dell'astinenza e del sesso solo coniugale.

Tecniche per l'immortalità

Mentre il pericolo di contagio da AIDS viene sentito come allarmante e minaccioso, molto meno pericolose e incombenti appaiono le conseguenze delle tecniche applicate alla riproduzione umana che invece non sarebbero, oggettivamente, meno preoccupanti. Uno dei motivi di questo divario di reazioni rispetto a due fenomeni che, sia pure per motivi diversi, sovvertono qualsiasi precedente discorso sulla sessualità, consiste nel fatto che essi funzionano, immaginariamente, come operatori di segno opposto. Se l'uno produce impotenza e morte, l'altro appare come una specie di suo antidoto, come un esaltatore di onnipotenza: le tecnologie riproduttive applicate alla procreazione ambiscono, più che - e oltre a -, rendere fertili donne sterili, a sostituirle nella loro funzione, potenziandola e abrogandone i limiti.

La scommessa ultima delle tecniche di fecondazione artificiale è l'immortalità rincorsa attraverso sperimentazioni audaci - congelamento di ovuli ed embrioni, tentativi di clonazione degli stessi e gravidanze portate avanti per settimane in uteri artificiali o sconnessi dal corpo - che in Italia vengono praticate nella più totale discrezionalità. La funzione - immaginaria - di compensazione esercitata dalle tecnologie riproduttive rispetto all'impotenza nei confronti dell'AIDS, è di grande importanza, ma del tutto inesplorata. Potrebbe in parte spiegare la lentezza, l'imbarazzo, se non l'inerzia, della normativa legislativa che, in Italia più che altrove, è estremamente permissiva e lascia il campo completamente aperto all'iniziativa privata. La

Chiesa, peraltro, battendosi per l'ammissibilità della sola fecondazione omologa, cioè quella effettuata con il seme del marito, ha ottenuto che fosse l'unica praticabile legalmente e ha così, di fatto, indirizzato verso i centri privati tutte le altre richieste.

Procreazione senza sesso

AIDS e tecniche di fecondazione, pur essendo «accidenti» assolutamente eterogenei, si collocano in una serie molteplice di fattori, tra loro sinergici, che tendenzialmente disgiungono la procreazione dal sesso e rendono rischiosa, nell'immaginario e nella realtà, la pratica di quest'ultimo. Il risultato, visibile nei rapporti che gli adolescenti maschi e femmine intrattengono tra loro, è l'indebolimento della dialettica sessuale e la sua tendenziale diserotizzazione. Il narcisismo androgino, l'abbigliamento sessualmente indifferenziato, la preminenza del gruppo rispetto ai singoli testimoniano di una difficoltà nell'occupare una posizione sessuata. Rispetto a un ribaltamento epocale in cui si inseriscono la *ubris* tecnologica e l'impotenza della ricerca scientifica, ha ancora buon gioco la posizione vetero-cattolica che lega indissolubilmente procreazione e sessualità consentendole solo all'interno dell'istituzione familiare; paradossalmente rappresenta il solo riferimento, coercitivo, usurato ma coerente, in cui sessualità e procreazione trovano definizione e confini.

――――― **BIBLIOGRAFIA** ―――――

P. Sorcinelli, *Eros. Storie e fantasie degli italiani dall'Ottocento a oggi*, Laterza, Roma-Bari 1993.

La scelta di procreare

Crescita zero: un fenomeno, molte cause

Chiara Saraceno

In Italia la riduzione della fecondità è iniziata relativamente tardi (all'inizio di questo secolo), ma il fenomeno è accelerato fortemente e costantemente a partire dalla seconda metà degli anni sessanta. Mentre in altri paesi il contenimento della fecondità ha una storia più lunga e oggi assistiamo a un rallentamento e talvolta a una inversione di tendenza (per esempio, in Francia e in Svezia), in Italia il fenomeno sembra continuare, facendo di questo paese quello a fecondità più ridotta, con 1,3 figli per donna.

Incertezza sul futuro e individualismo

Le possibili spiegazioni di una fecondità così ridotta e in tempi così brevi sono diverse. Alcuni fattori sono simili a quelli di altri paesi: aumento del valore dei figli, e di conseguenza di ciò che si intende garantire loro; mutamento nella percezione di ciò che fa di una vita una «buona vita»; individualizzazione dei diversi componenti la famiglia, in particolare, delle donne, specie a seguito della aumentata scolarizzazione e partecipazione al mercato del lavoro da parte di queste ultime.

Altre spiegazioni tuttavia sono specifiche della situazione italiana e mirano a dar conto, appunto, della sua peculiarità. Innanzitutto, il fenomeno della riduzione della fecondità in Italia (con tutte le differenze regionali che lo caratterizzano) si è accompagnato a profonde trasformazioni nell'assetto politico, economico, sociale, ambientale del paese. Quasi ogni generazione dall'inizio del secolo ha sperimentato un qualche grosso rivolgimento che ha toccato anche i modi di fare e agire nella vita quotidiana. Potremmo, da questo punto di vista, parlare della difficoltà a trasmettere da una generazione all'altra – per difficoltà di sedimentazione ed elaborazione adeguate – forme di orientamento e sistemi di priorità. La riproduzione, sia come generazione che come trasmissione, è avvenuta entro un regime di incertezza che non può non avere avuto effetti anche sulle scelte di procreazione.

Lo Stato sociale sta a guardare

In secondo luogo, nonostante i continui appelli al valore della famiglia e alla solidarietà familiare, o forse proprio per questo, lo Stato sociale italiano sostiene pochissimo la famiglia e la procreazione, sia sotto forma di servizi, sia sotto forma di sostegno al reddito delle famiglie che hanno figli, forse perché sono ancora troppo freschi i ricordi delle campagne demografiche del regime fascista. Non esiste nessuna forma di assegno per i figli minori, e anche l'assegno per il nucleo familiare pagato sulla base del reddito alle famiglie di lavoratori dipendenti, oltre a essere una prova dello stato di bisogno, solo indirettamente può essere conside-

rato come riconoscimento del costo di allevare la prole. I figli, in compenso, rimangono economicamente dipendenti più a lungo che in altri paesi. I servizi per l'infanzia sono veramente generalizzati e universalistici solo per quanto riguarda i bambini dai tre anni in su (cioè dalla scuola materna in poi); le scuole elementari e medie funzionano per lo più solo a metà tempo, con costi organizzativi notevoli per le famiglie e in particolare per le madri, per le quali avere un figlio, e soprattutto più di un figlio, può rendere difficile stare sul mercato del lavoro e raggiungere l'autonomia economica.

Nonostante l'esistenza di una buona legge in tema di diritti delle madri lavoratrici (e parzialmente anche in tema di congedi di paternità), fecondità e partecipazione al mercato del lavoro sono oggi in tensione per le donne, in Italia forse più che in altri paesi industrializzati: non solo per la citata carenza di sostegni e servizi, ma anche perché l'organizzazione del lavoro, dei tempi di lavoro e delle carriere, è poco attenta ai problemi di chi ha figli piccoli. D'altra parte, lavorare per le donne-madri non è solo una scelta, ma corrisponde insieme a una necessità familiare e a un investimento assicurativo: per sé e per i propri figli. È noto infatti che il rischio di impoverimento assoluto o relativo di donne e bambini a seguito della separazione o della vedovanza sia tanto più elevato quanto più precaria o assente è la partecipazione della donna al mercato del lavoro.

Ricerche effettuate in questi anni segnalano come coorti successive di donne dal dopoguerra a oggi abbiano disegnato modelli di comportamento e di corso di vita in cui la riduzione della fecondità assumeva un ruolo simbolico di volta in volta diverso: dalla maternità responsabile degli anni cinquanta e sessanta, ove la fecondità era ancora declinata entro il quadro di riferimento delle solidarietà e appartenenze familiari, quando non comunitarie, alla maternità scelta e decisa sulla base di progetti sempre più individualizzati – rispetto al figlio/a, ma anche rispetto a se stesse.

Per le più giovani conta la «progettazione di sé»

Quest'ultimo fenomeno è particolarmente visibile per le coorti più giovani, in particolare quelle nate negli anni sessanta e settanta. È la coorte del «sorpasso» nei tassi di scolarità rispetto ai coetanei maschi – un sorpasso dai significati e interpretazioni ambivalenti, ma che comunque apre alle giovani donne spazi e opportunità di progettazione di sé, prima inedite. Sono donne-figlie su cui è stato molto investito, in termini di risorse e aspettative, soprattutto da parte delle madri. È anche la coorte che, nelle zone e settori più ricchi di opportunità, dà per scontata la partita con l'altro sesso e il lavoro remunerato come dimensione normale della vita adulta. Si tratta di un atteggiamento che insieme risponde a mutate definizioni di genere femminile e ad aspettative rispetto a una «buona vita», individuale, ma anche di coppia e familiare.

In altre parole, queste giovani donne sanno, e lo vedono sperimentato dalle donne più anziane, che avere un lavoro remunerato è una condizione non solo per una maggiore autonomia economica ma anche per il benessere delle famiglie e, in particolare, per mantenere il livello di consumi e il tenore di vita a cui si sono abituate come figlie. In questo trovano concordi anche i coetanei.

Nuove difficoltà di accesso al lavoro

Nel suo accesso al lavoro, questa coorte tuttavia incontra difficoltà nuove rispetto alle coorti precedenti e in parte da queste provocate: accanto a quelle che incontra insieme ai coetanei maschi, in un mercato del lavoro fortemente segregato per sesso, sconta un restringimento delle possibilità dovuto da un lato agli aumentati ingressi delle coorti femminili immediatamente precedenti, dall'altro al restringimento di taluni tradizionali sbocchi dell'occupazione femminile, quale l'insegnamento, a motivo proprio della riduzione delle nascite messa in atto dalle coorti precedenti. Perciò una quota consistente di questa coorte deve provarsi nel mercato «misto», in realtà maschile per presenze e aspettative dei datori di lavoro.

Il ruolo dei conflitti tra i sessi

Benché i conflitti di sesso non siano molto tematizzati da questa coorte in modo esplicito, essi sembrano apparire almeno in controluce nei posponimenti del matrimonio e della maternità rispetto all'ingresso stabile nel lavoro. Più che il modello di una possibile condivisione e redistribuzione dei compiti, perseguito con relativo insuccesso dalle coorti precedenti, questa coorte nei suoi comportamenti sembra far proprio quello di un'autonomia economica e sociale da un possibile partner (mentre nei rapporti con i genitori può esservi una dipendenza economica prolungata). Potrebbe sembrare che più che sulla reciprocità, questi progetti e comportamenti siano fondati su un certo grado di sfiducia nei rapporti tra i sessi. E tuttavia essi si accompagnano ad attese di uguaglianza, di riconoscimento, a rifiuti di separatezze che, per quanto possano apparire ottimistiche, ingenue, o scarsamente elaborate, non possono essere ignorate come elementi di un processo di ridefinizione dei rapporti tra i sessi ancora *in progress*, che potrà avere anche effetti sulle stesse scelte di procreazione. Gli ultimi dati disponibili sulla fecondità per coorte, in effetti, sembrano suggerire che le coorti più giovani (quelle nate tra il 1950 e il 1955) stanno dando vita a un nuovo modello di fecondità: tardivo, ma forse meno ridotto di quello delle coorti che le hanno precedute.

─────── **BIBLIOGRAFIA** ───────

N. Federici, *Procreazione, famiglia, lavoro della donna*, Loescher, Torino 1984.

A. Golini e altri, *Famiglia, figli e società in Europa*, Edizioni della Fondazione Giovanni Agnelli, Torino 1991.

C. Saraceno, *Trasformazioni nel corso di vita femminile*, in Id., *Pluralità e mutamento. Riflessioni sull'identità al femminile*, Franco Angeli, Milano 1987.

In famiglia fino a ventinove anni

Le lunghe adolescenze dell'Italia d'oggi

Elena Rosci

L'adolescenza, fase di passaggio dall'infanzia all'età adulta, ha assunto negli ultimi vent'anni una fisionomia nuova che attrae l'attenzione di studiosi di discipline diverse quali la sociologia, la psicologia sociale e la psicoanalisi.

Il fenomeno dell'«adolescenza lunga» interessa tutto l'Occidente ma assume in Italia dimensioni assolutamente sconosciute nelle altre realtà europee. La caratteristica distintiva principale del nostro paese, rispetto alle altre nazioni industrializzate, sembra essere proprio questa: l'80% dei giovani italiani tra i 15 e i 29 anni vive in famiglia e, fra i ventinovenni, circa la metà dei maschi e più di un quarto delle giovani donne vivono ancora con i propri genitori (Cavalli, De Lillo 1993).

Il fenomeno descritto assume notevole interesse in quanto influenza la struttura stessa della famiglia, e incide sui rapporti che in essa si intrecciano da un lato e sulla concezione stessa dell'età adulta dall'altro.

Sono state proposte interpretazioni diverse, ma forse solo apparentemente contrastanti, del tipo di rapporti che si instaurano quando i figli già adulti vivono in famiglia.

Famiglie senza conflitti

La prima intende la «famiglia lunga» come un luogo opprimente dove i giovani sperimentano una condizione di dipendenza e di subalternità affettiva nei confronti dei genitori che, proteggendo i figli in un abbraccio caldo e soffocante, impediscono loro di individuarsi e di separarsi, di «vedere» il proprio futuro e di costruirlo. La condizione del giovane adulto che vive nella casa «di procreazione» sarebbe allora quella di un eterno bambino, che non si assume gli oneri e gli onori che l'autonomia porta con sé in quanto invischiato in relazioni totalizzanti e onnipervasive.

La seconda interpretazione vede questo fenomeno come l'effetto di un processo di democratizzazione e modernizzazione della famiglia italiana. La descrizione delle relazioni familiari muta radicalmente, siamo di fronte a figli che godono all'interno della famiglia di spazi di autonomia assai ampi, di un rispetto e di una *privacy* sconosciute alle generazioni precedenti. Si tratta di situazioni dove le differenze generazionali si attenuano, in cui genitori e figli vivono all'interno di una sorta di «patto fraterno» che consente relazioni paritetiche. In questo caso la separazione dai genitori sarebbe rimandata *sine die* non tanto in quanto segnata dalla colpa e dalla paura ma piuttosto perché la dimensione del conflitto, quale motore fondamentale dell'autonomia, sarebbe assai attenuata se non assente. All'autonomia dalla famiglia viene così contrapposta l'autonomia nella famiglia. Le due spiegazioni sono solo apparentemente antinomiche.

«Morte del padre»

Ciò che accomuna entrambi gli scenari delineati è l'assenza della conflittualità, del contrasto, dell'urgenza ad avventurarsi verso mete proprie, considerata un tratto tipico dell'età giovanile. Siamo di fronte agli effetti di un evento che la cultura sociologica ha annunciato da tempo e ha denominato «morte del padre».

È il padre, infatti, che ponendosi come terzo nella relazione fra la madre e il figlio innesca quella fondamentale situazione di conflitto che dà avvio al processo di crescita e promuove le istanze emancipative.

La scomparsa del padre padrone, del dittatore che sottomette moglie e fi-

gli, che non dà consigli ma ordini, che non ha opinioni ma dice la verità è stata salutata come una conquista, forse la più importante, del nostro secolo. Ma valori quali l'autonomia, l'assunzione di responsabilità, il coraggio, l'esplorazione del mondo esterno e l'acquisizione di competenze sono fondamentali per consentire all'adolescente l'individuazione di sé e la separazione dalla famiglia. In «una società senza padri» queste istanze sono sostenute con meno forza in quanto mitigate dalla tolleranza, dalla protezione, dall'affetto, dalla comprensione per il fallimento e l'errore. È così che il conflitto si attenua, e la permanenza nella famiglia diviene possibile: i ruoli in essa presenti si sono infatti ravvicinati, i genitori d'oggi invecchiano più lentamente e i figli rimangono con loro anche quando sono adulti.

La tendenza alla convivenza protratta, forse mai così forte nella storia dell'uomo, appare sostenuta da entrambi i poli della relazione: i genitori e i figli.

Le ricerche attuali mostrano infatti che i genitori italiani trasmettono precocemente ai figli l'immagine di una società densa di pericoli e incognite, difficile da affrontare da soli e con i propri coetanei. A fronte del pericolo reale o presunto collocato all'esterno la famiglia si candida al ruolo di alveo rassicurante, capace di proteggere da un lato, di offrire una condizione di benessere prolungato dall'altro. Tali valori, sintonici alla tutela dell'età infantile, appaiono inadatti o assai parziali nella fase adolescenziale in cui le condotte esplorative sono il motore e lo strumento del processo di crescita.

Sul versante dei figli il desiderio di autonomia si ridimensiona: allo stacco netto fra il dentro e il fuori sembra contrapporsi una politica dei piccoli passi. Si realizzano così significative ma parziali incursioni nel mondo esterno: i viaggi di studio, la consuetudine a trascorrere il fine settimana con gli amici o con il partner, il considerare il lavoro stabile come una prospettiva a lungo termine in un presente che privilegia la sperimentazione di sé in aree diverse per capire che cosa piace. Ma il porto sicuro cui tornare è la casa dell'infanzia.

I giovani sembrano quindi sperimentare contemporaneamente desideri di protezione e di appartenenza da un lato e desideri di esplorazione e autonomia dall'altro. Una condizione naturale in adolescenza, ma oggi il secondo polo, quello dell'autonomia, appare connotato con meno urgenza, per molti si è sbiadito.

È così che i figli con un lavoro stabile, con una relazione sentimentale ormai consolidata e una casa propria, bella come quella dei genitori, magari ubicata nello stesso quartiere, decidono di sposarsi e di andarsene ma sentono di non poterlo fare perché la madre e il padre sono ormai anziani e soffrirebbero troppo per la separazione. Allora, pur non desistendo dall'impresa, ormai datata, della propria autonomizzazione, rimandano ancora per qualche tempo il momento della separazione, per vedere come vanno le cose, senza troppi conflitti ma ormai forse, anche senza grandi passioni.

─────── **BIBLIOGRAFIA** ───────

A. Cavalli, A. De Lillo (a c. di), *Giovani anni '90*, Il Mulino, Bologna 1993.

G. Charmet, *Belletà*, Boringhieri, Torino 1993.

G. Charmet, E. Rosci, *La seconda nascita*, Unicopli, Milano 1992.

V. Melchiorre (a c. di), *Nuovi padri e nuove madri*, Edizione Paoline, Milano 1992.

E. Scabini, P. Donati, *La famiglia «lunga» del giovane adulto*, Vita e Pensiero, Milano 1988.

▌«Comunque, mi sono annullata»

L'esperienza di una casalinga napoletana raccolta da Giovanni Contini

E. T. ha 37 anni. È sposata e madre di due bambine.

Suo padre è operaio alla Remington. Dopo di lei nascono un fratello e una sorella. Si diploma in ragioneria a 19 anni, inizia a lavorare in un'azienda commerciale come segretaria. Si sposa a 26 anni. L'azienda fallisce. Lei trova un altro lavoro, sempre in un'azienda commerciale, come impiegata di concetto. Nasce una figlia e l'azienda assume un'altra impiegata «non sposata, non fidanzata» per sostituirla, ma Emma continua a voler restare e la ditta accetta perché ha dato buona prova di sé. Lavora part-time (e talvolta rimane tutto il giorno, sostituendo un collega malato) per cinque anni e mezzo. Nasce poi una seconda figlia, ed Emma decide di lasciare il lavoro; suo marito lavora come insegnante di matematica la mattina e come biologo in un'impresa privata il pomeriggio; la madre di Emma comincia ad avere disturbi di vecchiaia e non può occuparsi delle nipoti (il padre è morto nel 1992).

«Ho dovuto rinunciare a qualcosa di mio per la famiglia. Anche se alla

▶

► *fine sono felice di farlo, però, co-munque, mi sono annullata, io»* «non mi sento realizzata, in casa; c'è qualcosa che mi manca». Il marito vorrebbe che Emma tornasse a lavorare. Lei avrebbe potuto organizzarsi con asilo nido, baby sitter, «persone estranee», ma ha deciso di gestire le sue figlie in prima persona, e rivendica la sua scelta. Le figlie hanno, oggi, nove e quattro anni.*

C: *Aiuta la figlia più grande nei compiti?*

E: No, aiuto no. Le sto vicino, l'ascolto, con discrezione. Certamente non glieli faccio io. Lei ripete la storia: io gliela sento; fa l'italiano: io gli do uno sguardo se ha fatto un errore. L'aiuto in questo senso. Certamente il tema non glielo faccio io. In prima elementare più l'aiutavo, perché hanno più bisogno di essere aiutati, quando cominciano a scrivere. Poi, pian piano, l'ho lasciata.

C: *Tutte cose, comunque che, se lei fosse andata a lavorare...*

E: Non avrei potuto fare, oppure non lo so a che ora. E poi mia figlia fa sport che aveva tre anni, la grande. Prima ha fatto piscina, nonostante io lavorassi la portavo in piscina; poi, dopo, adesso, sta facendo ginnastica artistica, e la porto a fare, tre volte la settimana, ginnastica artistica...

C: *Allora: la bambina la porta in piscina e a ginnastica artistica?*

E: No. Le accompagno tutte e due, io, a scuola. Le accompagno e vado a prenderle...

C: *Quanto tempo ci mette?*

E: Pochissimo, pochi minuti.

C: *Quindi lei si alza, prepara la colazione, porta le bambine...*

E: ... Preparo anche da mangiare, perché in effetti, due giorni alla setti-mana, la più grande fa il tempo pieno. E quindi deve portarsi panino, eccetera.

C: *La bambina piccola sta a scuola tutto il giorno...*

E: fino... sì, le tre e mezza.

C: *Mentre la grande soltanto due giorni la settimana...*

E: Sì, fino alle tre meno un quarto. Gli altri giorni l'una meno un quarto.

C: *Ecco, nei giorni in cui le bambine sono a scuola fino alle tre, lei cosa fa, la mattina?*

E: Eh niente: generalmente le accompagno a scuola, poi: molto vario. A volte ho da fare qualche commissione al centro per mio marito, oppure in banca...

C: *Le famose bollette da pagare... le paga lei, come tutte le donne?*

E. No, no, devo essere sincera: in questo mi aiuta mio marito. Però quando lui non può andare dà a me questi compiti. Oppure, ecco: documenti, 'ste cose qui: capita spesso che vado io a farli. Poi faccio la spesa. E, poi ritorno a casa. E poi pulisco la casa e, niente, a volte mi vedo con qualche amica, la mattina; capita, qualche volta. Oppure devo accompagnare mamma da un medico, quando può capitare. Oppure io devo andare da un medico. Oppure una spesa, un supermercato queste cose qui. La mattina.

C: *Quando vengono queste amiche sue, cosa fa? Continua a fare i lavori di casa mentre le riceve?*

E: Dipende, se ho da fare continuo, generalmente mi fermo un attimino, ci pigliamo un caffè, chiacchieriamo. Però tutto molto veloce, perché loro lo sanno (ride) che io corro sempre.

C: *E a pranzo suo marito torna a casa?*

E: No, no. Mai. Quasi mai, può capitare raramente. Io quattro giorno pranzo insieme a mia figlia, la grande; e due giorni da sola.

C: *Nei giorni in cui pranza da sola? Ci ha qualche amica che pranza con lei...?*

E: No, no. Generalmente pranzo da sola, e basta.

C: *La mattina che fa? Legge qualche libro, segue qualche programma alla televisione...?*

E: No, non accendo la televisione; libro nemmeno, perché non ho tempo. Al limite un quotidiano, lo sfoglio [...] Ma comunque non sempre.

C: *E quando c'è sua figlia?*

E: Quando c'è mia figlia devo preparare il pranzo, mangiamo insieme, poi andiamo a prendere la piccola che esce alle tre e mezza; e poi, tre giorni alla settimana, andiamo al Vomero (perché non è vicina la palestra, devo prendere la tangenziale) la porto su al Vomero. A fare ginnastica artistica. Solo la grande. L'anno prossimo comincerà pure la piccola a fare un po' sport.

C: *E cosa farà anche lei ginnastica artistica?*

E: No, penso piscina, la più piccola, sì.

C: *Senta, e poi?*

E: Ah, poi torniamo, e, chiaramente: i compiti e la cena.

C: *E la cena la fate tutti quanti insieme?*

E: Insieme... a volte anche da sole, perché mio marito viene abbastanza tardi, quindi siccome le bambine si svegliano presto le faccio lo stesso cenare, a loro, verso le sette...

C: *E aspetta suo marito per cenare con lui...*

E: Sì, sì. Le faccio mangiare prima, altrimenti può capitare che lui viene tardi, quindi...

C: *Quindi, con suo marito, vi vedete abbastanza poco...*

E: No, pochissimo. Pochissimo, sì.

La salute

Un paradosso italiano

Salute e (mala)sanità

Giovanni Berlinguer   99 La salute degli italiani non è mai stata così buona, soprattutto a causa dei
miglioramenti avvenuti negli ultimi quindici anni.

L'attesa di vita (*life expectancy*), che
indica la probabile longevità media
degli abitanti, è fra le più alte del
mondo: 73 anni per gli uomini e 80
per le donne. Dall'altro lato i servizi
sanitari sono fra i più discussi e criti-
cati d'Europa. Non passa giorno senza che i giornali segnalino disfunzioni
con conseguenze spesso tragiche, a
danno di malati, causate da mancata
assistenza; e un'indagine comparativa
internazionale sul grado di soddisfazione dei cittadini verso i servizi sanitari del proprio paese ha visto l'88 per

Per esempio, il rischio relativo di
morte (prendendo come base la
media = 100), per le età comprese fra
18 e 54 anni, distinto secondo il titolo di studio dei soggetti, risulta come
è indicato nella tabella qui sotto.
Anche il funzionamento dei servizi
presenta molteplici diversità. Dal
1978, con la legge che ha fuso tutte le
forme di assistenza mutualistica nel
Servizio sanitario nazionale, il diritto
legale all'assistenza è diventato universale ma la qualità dei servizi è divenuta più diseguale. È migliorata in

Rischio relativo di morte secondo il grado di istruzione (media = 100)

Grado di istruzione	Uomini	Donne
Analfabeta	155	144
Elementare	114	102
Medie inferiori	90	93
Medie superiori	73	82
Laurea	58	83

cento degli italiani rispondere «sono
insoddisfatto»: la cifra più alta in Europa. Ambedue gli aspetti del paradosso richiedono attenuazioni e distinzioni. La salute è mediamente migliorata ma restano diffuse malattie
prevenibili ed evitabili. Persistono
inoltre notevoli differenze nella loro
distribuzione sociale e geografica.

alcune zone, soprattutto nel Centro-
nord, e peggiorata in altre, soprattutto nel Sud e in molte grandi città. Ha
punte di eccellenza di livello internazionale, le aree di *depressione* più simili al Terzo mondo che all'Europa.
Tuttavia, pur facendo le necessarie
precisazioni e distinzioni, il paradosso segnalato all'inizio è una realtà. La

spiegazione più logica, che è ben nota all'analisi storico-scientifica ma è quasi sempre trascurata da coloro che si occupano di politiche sanitarie e di allocazione di risorse per questo settore, è che il livello di salute di una popolazione dipende, da un punto di vista globale, più da fattori ambientali, economico-sociali e culturali che dall'assistenza medica. Questa tesi ha avuto una precisa conferma nell'Italia attuale.

Le cause del miglioramento

Negli anni sessanta e settanta, nel paese, si sono infatti manifestati potenti *fattori di salute* che hanno esercitato un'influenza positiva sul benessere fisico dei cittadini. Vi è stato un aumento della ricchezza, non per tutti ma per molti, distribuito in modo relativamente equo. Sono cresciute l'istruzione e l'informazione, e con ciò la capacità di conoscere e controllare la propria salute. Sono migliorate le condizioni di nutrizione e di abitazione, come pure in molti casi l'igiene e la sicurezza nelle fabbriche. Sono stati maggiormente riconosciuti i diritti delle donne; la legge che ha legalizzato l'aborto, per esempio, ha consentito che il fenomeno passasse dalla clandestinità, spesso lesiva e mortifera, all'assistenza negli ospedali pubblici, e ha anche avviato negli ultimi anni una fase di notevole riduzione. Si è manifestata, nei singoli, la tendenza ad avere più cura del proprio corpo e della propria salute. Anche quando, a partire dagli anni ottanta, i movimenti sociali che avevano concorso a migliorare la salute degli italiani si sono attenuati, l'acquisizione di una più alta *coscienza sanitaria* da parte della popolazione ha continuato a influire positivamente, e a contrastare in qualche misura il peso negativo del peggioramento dei servizi assistenziali.

Una crisi soprattutto italiana

Tale peggioramento è dovuto a molteplici fattori. Alcuni sono comuni ad altri paesi europei, e si collegano alle difficoltà incontrate da tutti i sistemi di assistenza sanitaria pubblica e di welfare state (difficoltà molto maggiori sono apparse negli Stati Uniti proprio per l'assenza di un welfare state e per la prevalenza delle assicurazioni private, al punto da indurre la presidenza Clinton a proporre radicali riforme, le quali potranno avvicinare gli Usa alle esperienze europee): spese crescenti ed efficacia calante, medicalizzazione spinta, predominio delle alte tecnologie e delle cure ospedaliere sulla prevenzione e sull'assistenza di base, servizi burocratici e impersonali. Altri fattori sono invece tipici dell'Italia.

Fra questi vanno posti in primo piano i sistemi di governo della sanità pubblica, settore finito nell'occhio del ciclone di Tangentopoli. Negli anni 1992-1993 i vertici della sanità italiana sono stati posti sotto accusa dalla magistratura. In una sola inchiesta giudiziaria, motivata da cospicui imbrogli e favoritismi nella registrazione e nella fissazione dei prezzi dei farmaci, sono stati coinvolti contemporaneamente il ministro, il direttore dell'Istituto superiore di sanità, il presidente della commissione governativa dei medicamenti, il preside della facoltà medica di Napoli, il presidente della più grande Unità sanitaria locale del Sud (fratello del ministro), i direttori del Policlinico e della I clinica medica dell'università di Roma, i titolari delle maggiori imprese farmaceutiche italiane. Nulla di paragonabile è accaduto in alcun paese europeo; e in Italia è stato questo, probabilmente, l'episodio di corruzione che ha suscitato l'indignazione più diffusa e profonda, sia per la natura del bene coinvolto, la salute, sia perché il pagamento di tangenti ha coinciso con provvedimenti governativi di restrizione dei servizi sanitari, a danno dei lavoratori e dei cittadini più poveri, rendendo così più palese e odiosa l'ingiustizia da loro subita. Misure restrittive di tipo analogo sono state adottate, negli ultimi anni, anche da altri paesi europei, come una delle possibili soluzioni alle difficoltà dei sistemi di welfare state, ma non hanno suscitato reazioni così indignate come in Italia.

I limiti della riforma

Anche a prescindere dalla corruzione e dalla concussione, i sistemi di governo della sanità pubblica sono stati spesso caratterizzati da inadempienze, inefficienze, irresponsabilità, sia al Centro che in molte regioni e USL. L'esempio più clamoroso è quello del piano sanitario nazionale che avrebbe dovuto delineare chiaramente gli obiettivi di salute e i mezzi per raggiungerli. La legge istitutiva del Servizio sanitario nazionale (dicembre 1978) faceva obbligo al governo di emanarlo entro un anno, ma esso è stato promulgato solo quindici anni dopo, nel 1993, e contiene solo la fissazione degli standard assistenziali. Uno degli elementi che ha favorito questo malgoverno, abbastanza diffuso anche se non generalizzato, sta in alcuni difetti della stessa legge di riforma sanitaria approvata nel 1978. Essa, pur rappresentando un passo avanti rispetto al sistema mutualistico, previde un ordinamento troppo centralizzato, non definì chiaramente le responsabilità; e soprattutto non

distinguendo la funzione politico-rappresentativa da quella gestionale, favorì l'interferenza dei partiti nella direzione dei servizi.

Il problema della qualificazione

Altri fattori hanno pure influito sul deterioramento dell'assistenza sanitaria. Il principale è probabilmente l'eccessivo numero dei medici e la scarsa qualificazione (mi riferisco al livello medio) di gran parte del personale. L'Italia è probabilmente il paese al mondo che ha più medici in rapporto alla popolazione: uno per ogni 200 abitanti, con concentrazioni di un medico per cento abitanti in alcune grandi città, e con la tendenza verso una crescita ulteriore (solo nel 1992 i nuovi laureati sono stati circa diecimila). L'eccessiva quantità è congiunta spesso a una difettosa qualità, sia dell'insegnamento e della frequenza all'università (anche da parte dei professori: quelli di materie cliniche sono infatti molto impegnati in attività professionali esterne), sia dell'aggiornamento, che è del tutto facoltativo, sia delle verifiche dopo la laurea e durante le successive attività, che sono affidate a iniziative spontanee. Per i medici del servizio pubblico, ma anche per gli infermieri, le assunzioni sono spesso avvenute senza concorso, e le promozioni si sono spesso decise «sul campo», in base all'arbitrio personale degli amministratori o a «leggi di sanatoria», che hanno a volte trasformato i portantini in infermieri professionali e gli assistenti medici in dirigenti di reparto.

Scelte già superate?

La situazione all'inizio del 1994 può essere esaminata da due punti di vista: quello dei servizi e quello della salute. Il primo tema è caratterizzato da una grave contraddizione. Sono entrate infatti nella fase applicativa, con lievi modifiche, le leggi elaborate dall'ex ministro della sanità, il pluri-incriminato Francesco De Lorenzo. Esse però recano non solo la sua impronta personale, ma anche il segno di tempi politici in via di superamento: per l'Italia, i tempi dei governi dominati dalla DC e dal PSI; e per il quadro internazionale, i tempi delle scelte sociali e sanitarie dominate dalle tendenze reaganiane e thatcheriane, che negli Stati Uniti e negli orientamenti dell'Unione europea sono ora oggetto di molte critiche, anche per gli effetti negativi prodotti sui diritti e sulle pari opportunità dei cittadini. Questi provvedimenti, che sono stati definiti «riforma della riforma», sono stati così commentati da *La salute degli italiani. Rapporto 1993*: «Manca al motore della riforma una credibilità politica; è difficilmente attuabile un'equa ripartizione delle spese in un paese caratterizzato da un sistema fiscale dei più iniqui e da una carenza cronica di controlli; resta infine irrisolta la ripartizione delle competenze, in primo luogo quelle finanziarie, fra Stato e Regioni e, all'interno delle Regioni, fra queste e i Comuni». Bisogna anche aggiungere che nel campo politico l'opposizione, pur essendo riuscita a impedire che il Servizio sanitario venisse del tutto smantellato, non è riuscita a ostacolare la sua erosione e il crescente ricorso, per chi può farlo, alla medicina privata, dovuto alle difficoltà di accesso e alle deficitarie qualità attribuite da molti al servizio pubblico. E ora, essa si trova dinanzi al pericolo di attardarsi in un «conservatorismo di sinistra»; e alla sfida di dover elaborare proposte di modifica delle leggi e politiche sanitarie atte a superare la crisi del Servizio, a integrare le attività pubbliche con quelle private, e a riconquistare con la qualità la fiducia dei cittadini.

Nuove minacce per la salute

Il secondo tema, la salute, si trova anch'esso a un punto critico. Rischiano infatti di esaurirsi alcuni dei fattori che avevano prodotto il sensibile miglioramento avvenuto negli anni precedenti. Disoccupazione, aree di povertà e fenomeni di marginalità possono infatti causare un aumento delle patologie di natura fisica e psichica. Le condizioni di inquinamento, in particolare nelle città, stanno già provocando con maggiore frequenza broncopneumopatie croniche e tumori polmonari. Anche la maggiore coscienza sanitaria individuale dei cittadini, se non fosse accompagnata da politiche collettive di prevenzione, anziché produrre modifiche ambientali e stili di vita più salubri potrebbe essere deviata (come in parte già accade) verso merci e servizi poco garantiti nei loro effetti, come per esempio i «prodotti ecologici» che di verde hanno soltanto il colore della pubblicità. A causa di un insufficiente impegno collettivo (in questo caso dei sindacati e delle autorità sanitarie), le stesse condizioni di igiene e di sicurezza nelle fabbriche, nelle aziende artigiane e nelle campagne rischiano di peggiorare; in molti casi sono già peggiorate a danno dei lavoratori immigrati, e non solo di essi. Vi è infine la condizione degli anziani, che costituiscono un'aliquota percentualmente crescente della popolazione. Questo fatto, che può essere interpretato non solo come «un problema», ma più ancora come un risultato del miglioramento della salute e delle condizioni di vita, se non fosse accompagnato dall'integrazione e da un'adeguata assistenza sanitaria (soprattutto domiciliare) diverrebbe davvero il problema medico e sociale di maggior rilievo e drammaticità negli anni futuri. In sintesi, il paradosso che è stato descritto all'inizio potrebbe essere risolto positivamente se si consolidassero i fattori di salute che hanno agito negli ultimi decenni, e se migliorasse contemporaneamente la qualità dei servizi sanitari; ma se ai primi subentrassero condizioni di maggiore morbosità, e se la crisi dei servizi prose-

guisse e fosse anzi accentuata dal maggior aggravio di richieste di assistenza, le prospettive potrebbero divenire peggiori.

──────── **BIBLIOGRAFIA** ────────

G. Berlinguer, *La milza di Davide. Viaggio nella malasanità fra ieri e domani*, Ediesse, Roma 1994.

M. Geddes (a c. di), *La salute degli italiani. Rapporto 1993*, La Nuova Italia Scientifica, Firenze 1994.

─────────────────────────────────

4000 miliardi per farmaci inefficaci, dubbi o pericolosi

Cittadini sottoposti a rischi inutili

Giuseppe Traversa

Una riflessione sul settore del farmaco in Italia non può non essere influenzata dall'indagine avviata nel corso del 1993 dalla magistratura di Napoli. È emerso un quadro di corruzione gravissimo, ancor più che per la quantità di denaro coinvolta, per la capillarità della sua diffusione (dalle singole pratiche di registrazione a quelle di aumento del prezzo dei farmaci), per il coinvolgimento degli ultimi due ministri della sanità (De Lorenzo e, sebbene in misura minore, Garavaglia) e per il ruolo chiave che il prof. Duilio Poggiolini (direttore generale del Servizio farmaceutico del ministero della sanità) ha potuto esercitare in venti anni di permanenza alla guida di questo delicato settore. Come è stato possibile? In realtà un tale livello di corruzione non si sarebbe potuto realizzare e mantenere nel tempo se non vi fosse stato un forte consenso, fatto anche di equivoci oltre che di supporto interessato, intor-

no alla negazione di alcuni principi scientifici e culturali.

─────────────────────────────────

Efficacia: un parametro superfluo?

Il primo equivoco riguarda il campo di applicazione del farmaco in risposta ai bisogni di salute. Si è cercato di far credere che i farmaci fossero in grado di trattare bisogni sanitari via via più «elusivi» e che di conseguenza fossero importanti quasi allo stesso modo, per i cittadini di una società avanzata, sia i farmaci efficaci che i farmaci eufemisticamente chiamati «di minore profilo terapeutico». Così, come riportato da alcuni ricercatori italiani, farmaci che si propongono in Italia come neurotrofici (cioè di supporto ai nervi periferici) o cerebroattivi (che dovrebbero combattere l'invecchiamento cerebrale) o cardiotrofici (per il sostegno dell'apparato cardiovascolare) sono arrivati nel 1991 a gravare di circa il 9% sulla spesa farmaceutica. Era un atteggiamento diffuso anche fra clinici e ricercatori prestigiosi da un lato accusare di presunzione coloro che esprimevano giudizi sulla inefficacia dei farmaci, dall'altro sostenere che anche i farmaci di minore profilo terapeutico, fino alla camomilla e al rabarbaro, potessero risultare certamente utili nella pratica medica, soprattutto per il trattamento del paziente anziano.

Il secondo equivoco, ma forse in questo caso sarebbe più corretto parlare di falso, ha riguardato la presunta difficoltà di distinguere, sulla base di criteri scientifici ben fondati, i farmaci efficaci da quelli non efficaci. In realtà esistono farmaci in grado di modificare almeno uno degli esiti rilevanti di una malattia: la mortalità, la morbosità, il dolore, il deterioramento della qualità della vita. Vi sono invece sostanze, a volte anche promettenti sulla base delle ricerche precliniche, per le quali nel corso delle sperimentazioni ciò che emerge non va al di là della modifica di qualche parametro strumentale o di laboratorio. Alcuni di questi farmaci, si pensi ai gangliosidi o agli immunostimolanti, sono stati immessi nel Prontuario terapeutico nazionale (PTN) e successivamente mantenuti in attesa che venissero fornite dalle aziende produttrici prove della efficacia.

I due punti precedenti spiegano come mai sia stato del tutto conseguente, da un lato considerare le varie liste di farmaci essenziali dell'OMS, e in generale qualsiasi lista limitata ai farmaci efficaci, come «roba da Terzo mondo»; dall'altro favorire lo sviluppo di un PTN nel quale i farmaci che presentano una documentazione inadeguata o assente dell'efficacia sono arrivati a rappresentare il 25% circa della spesa farmaceutica lorda del Servizio sanitario (che per il 1992 ha raggiunto i 17 mila miliardi, il 17% circa della spesa sanitaria complessiva). Rilevantissimo è stato il ruolo giocato da buona parte dei più famosi clinici italiani nell'avvalorare scelte che nulla avevano a che vedere con le necessità terapeutiche dei cittadini.

La carenza di un'informazione indipendente

In un contesto simile non sorprende, e si arriva così al terzo equivoco, che venisse considerata accettabile, nella pratica medica corrente, l'estensione delle indicazioni dell'uso dei farmaci efficaci anche al trattamento di condizioni che non hanno alcuna possibilità di avvantaggiarsi, se non per l'effetto placebo, dall'impiego di una terapia. L'uso inappropriato di farmaci efficaci, che si tratti di antibiotici nel raffreddore o di antiulcera nei «bruciori» di stomaco o di antinfiammatori nelle più lievi artropatie, non è certo una peculiarità nazionale. Ciò che è peculiare è però l'assenza sia dei meccanismi di valutazione della qualità dell'attività prescrittiva, sia di un'attività indipendente di informazione e di formazione continua. In un'indagine condotta nel 1991 è emerso che solo il 20% delle Usl italiane, e l'8% di quelle del sud, effettua nel corso di un anno un'iniziativa di formazione sul tema della prescrizione dei farmaci.

Un argomento ambiguo

Il quarto aspetto riguarda il silenzio sugli effetti indesiderati dell'uso dei farmaci (le reazioni avverse), con la motivazione apparente di evitare un ingiustificato allarmismo. È vero che è privo di significato discutere di tossicità dei farmaci se non si tiene conto dei benefici attesi, avendo chiara l'impossibilità, anche teorica, di eliminare ogni effetto indesiderato. Tuttavia, l'argomento dell'allarmismo è ambiguo, intanto perché fin dal caso della talidomide è stato spesso utilizzato per evitare la pubblicizzazione di gravi reazioni avverse. In secondo luogo perché, se si fosse impostato in modo non ideologico e con buon senso il problema della tossicità, alla prescrizione e assunzione di un farmaco si sarebbe associata più cautela nei casi di dubbia utilità, e più tranquillità e fiducia nei casi di uso obbligato.

Rischi inutili per milioni di cittadini

Il notevole impiego di sostanze inefficaci, l'uso inappropriato di sostanze efficaci, l'uso di farmaci non di prima scelta a causa degli effetti collaterali connessi sarebbero dovuti risultare intollerabili proprio per il rischio al quale sono stati inutilmente e ripetutamente sottoposti milioni di cittadini, oltre che per la sottrazione di risorse da altri impieghi prioritari. Non mancano certo gli esempi. Sostanze inefficaci come i gangliosidi (neppure citate nei più accreditati testi di farmacologia) sono stati sospettati di provocare, come reazione avversa, una paralisi a volte anche mortale (la sindrome di Guillain Barré). Sostanze efficaci come i farmaci antinfiammatori provocano una lesione gastroduodenale grave (ulcera peptica o emorragia digestiva) in circa un caso ogni 100 prescrizioni e sono verosimilmente responsabili del 10-15% di tutti i casi di ulcera; se vale senz'altro la pena di correre il rischio quando si tratta di ridurre un dolore di media o elevata gravità, certo vi dovrebbero essere molti più dubbi quando questi farmaci vengono utilizzati an-

che per i più lievi mal di schiena. Che cosa pensare poi, quando si scopre che ancora nel 1991, a Roma, erano prescritte oltre centomila confezioni di cloramfenicolo, un antibiotico che può provocare gravi alterazioni del sangue fino all'insorgenza di leucemie, e che potrebbe essere tranquillamente sostituito da altri antibiotici più sicuri?

Ticket e consumo dei farmaci

Un accenno, infine, alle politiche di contenimento della spesa e in particolare agli interventi basati sul ticket. Seguendo il principio «cambiare tutto perché nulla cambi», sono stati via via adottati nuovi sistemi di ticket senza mai procedere da parte degli organismi decisionali a una benché minima valutazione degli effetti ottenuti dal precedente intervento. Si è giunti nel 1993 ad approvare una normativa sul ticket che, con l'eccezione dei farmaci cosiddetti salvavita, era basata sull'imposizione di un tetto massimo di ricette per la popolazione esente (la cosiddetta normativa dei bollini) e di una franchigia del 50% di compartecipazione per i non esenti. Proprio un'analisi condotta sugli effetti dell'applicazione del sistema dei bollini nel 1993 ha messo in evidenza come il consumo di farmaci (a carico del SSN e dei privati) sia rimasto stazionario, mentre si è realizzato uno spostamento dalla spesa pubblica (che si è ridotta di circa il 20%) a quella dei singoli cittadini (che è aumentata in misura equivalente). Il ticket, cioè, anziché essere utilizzato quale «segnale» di un eventuale uso inappropriato dei farmaci efficaci (e in tal senso, essere limitato ai farmaci per i quali è presente un maggiore rischio di uso improprio ed essere contenuto a poche migliaia di lire in modo da evitare l'iniquo meccanismo delle esenzioni) è servito a mantenere elevato il consumismo farmaceutico e, insieme con i connessi meccanismi di esenzione, a ritardare ogni serio intervento di revisione del Prontuario terapeutico.

I ritardi dell'industria

Se gli equivoci finora ricordati fossero serviti, come veniva da più parti reclamato, a incentivare gli investimenti in ricerca effettuati dall'industria per lo sviluppo di farmaci realmente innovativi, si potrebbe almeno sostenere che sono stati, sì, sacrificati gli interessi degli utenti attuali, ma con un vantaggio sia per il sistema industriale che per gli utenti futuri. In realtà è avvenuto l'opposto. Proprio l'assenza di interventi rigorosamente selettivi (se si preferisce, la presenza di un mercato protetto) spiega perché gli investimenti in ricerca dell'industria farmaceutica nazionale siano nettamente inferiori alla media dei paesi più avanzati: nel 1990 si è passati da investimenti pari al 10% del fatturato in Italia al 16% nell'area OCSE. Come risultato, secondo un'indagine riportata nel 1992 dalla rivista inglese «Scrip» (una delle più prestigiose nel campo dell'informazione sui farmaci), emerge che nessuno dei 20 principi attivi più venduti a livello mondiale nel corso del 1992 è frutto della ricerca italiana. Tradotto in termini economici, a questo fatto corrisponde un deficit crescente di anno in anno nella bilancia commerciale del settore farmaceutico: secondo dati della Farmindustria tale deficit è stato di circa 1700 miliardi nel 1990.
A parte quanto di stretta competenza dei giudici, è necessaria una profonda revisione dei meccanismi istituzionali preposti alla gestione del set-tore. Non si tratta «solo» di adeguare le strutture, centrali e locali, che hanno il compito di valutare l'efficacia prima dell'immissione in commercio di un nuovo farmaco, o l'appropriatezza dell'uso nella pratica corrente, o la rilevanza degli effetti indesiderati associati. Insieme, devono essere definite regole sui conflitti di interesse per tutti coloro che ai livelli consultivi e operativi di fatto concorrono a formare i giudizi di valore e a diffondere i comportamenti pratici.

--- **BIBLIOGRAFIA** ---

N. Montanaro, A. Vaccheri, N. Magrini, *Gangliosides therapy and overuse of coadiuvants in Italy*, «Lancet», 1992, 340, pp. 374-375.

R. Raschetti, B. Caffari, M. Magrini, M. Montanaro, G. Traversa, *Farmaci: razionalizzare le prescrizioni*, «Prospettive sociali e sanitarie», 1992, 20, pp. 3-9.

G. Traversa, P. Pasquini, A. Bottoni, R. Da Cas, G. Di Giovanbattista, P. Martino, R. Raschetti, *Indagine sulla prescrizione di antibiotici in medicina generale*, «Informazione sui farmaci», 1993.

G. Traversa, B. Caffari, M. Maggini, R. Raschetti, *Assistenza farmaceutica: gli effetti del ticket 1993*, Assessorato Sanità Regione Umbria, settembre 1993, pp. 46-52.

Farmindustria, *Indicatori farmaceutici 1991*, Centro studi Farmindustria, Roma 1991.

L'evoluzione delle malattie

Nuove patologie
in una società che cambia

Marco Geddes

Le trasformazioni sociali ed economiche che hanno interessato il paese nel corso di questo secolo sono state la causa dei cambiamenti nella frequenza e nelle caratteristiche delle malattie. All'inizio del Novecento l'Italia, paese prevalentemente agricolo, presenta ancora un quadro simile a quello attuale del Terzo mondo: alta mortalità infantile, diffusione di malattie infettive, in primo luogo la tubercolosi e la malaria, presenza rilevante di patologie legate alla denutrizione e malnutrizione, fra le quali la pellagra.

La diffusione dell'industrializzazione, l'urbanizzazione, l'aumento del reddito pro capite hanno modificato largamente il quadro collocando l'Italia, anche sotto tali aspetti, in linea con gli altri paesi industrializzati. Parallelamente si è realizzata una «transizione» demografica, con il passaggio da una situazione di alta natalità e mortalità a una fase di decremento della mortalità e mantenimento di elevata natalità, caratterizzata quindi da un rapido aumento della popolazione. Successivamente è stato raggiunto l'attuale stadio, a bassa natalità e mortalità, con popolazione stabile e tendente, secondo alcune proiezioni, a una riduzione.

Se l'evoluzione demografica e sanitaria non differisce da quella di altri paesi europei, i tempi della sua realizzazione e l'entità di alcuni fenomeni sono caratteristici dell'Italia; inoltre permangono nel paese forti diversità fra il Centro-nord e il Sud.

L'incremento della vita media

La speranza di vita della popolazione italiana era, negli anni cinquanta e sessanta, assai bassa rispetto a molti altri paesi europei, simile a quella della Spagna e della Grecia; nel corso di questi decenni la situazione si è modificata e la vita media nel Sud Europa è maggiore, rispetto a quella di molti degli altri paesi del centro-nord. In Italia l'aumento è stato maggiore nella popolazione femminile, cosicché le differenze fra i sessi si sono accentuate, passando da 2.2 anni nel 1931 a 6.7 nel 1991.

Uno dei fenomeni più vistosi, che ha contribuito grandemente a modificare le speranze di vita, è stata la riduzione della mortalità infantile, cioè dei morti nel primo anno di vita.

Anche il numero di nati morti e la mortalità perinatale (dalla 22° settimana di gravidanza alla 1° dopo il parto) si sono ridotti, seppure in misura meno evidente. Gli andamenti di tali parametri dal 1931 al 1991 sono riportati nel grafico qui accanto.

La mortalità infantile, che in Italia negli anni sessanta era circa il doppio di quella rilevata in Francia, Inghilterra o Svizzera, mentre attualmente è simile, si è ridotta per molteplici fattori: miglioramenti nella alimentazione, maggiore cura della prole, riduzione dell'affollamento in conseguenza delle maggiori disponibilità abitative e della riduzione del numero dei figli, migliori condizioni

Vita media dal 1931 al 1991 in Italia

Anno	Maschi età	Femmine età	Differenza anni maschi/femmine
1931	53,8	56,0	2,2
1951	63,7	67,2	4,5
1961	67,2	72,3	5,1
1971	69,0	74,9	5,9
1981	71,1	77,8	6,7
1991	73,7	80,4	6,7

Fonte: ISTAT: *Sommario di statistiche storiche 1926-1985*, Roma 1986; M. Geddes: *La salute degli italiani - Rapporto 1992*, La Nuova Italia Scientifica, Roma 1992.

igieniche. In altri termini tale andamento è il riflesso, più che di un miglioramento nel sistema sanitario, di un innalzamento del tenore di vita della popolazione. Più lenta e meno visto- sa la riduzione della natimortalità e della mortalità perinatale, gli altri due parametri, riduzione che comporta tra l'altro una forte capacità di selezione e intervento sulle gravidanze a rischio.

Andamento della mortalità infantile, mortalità perinatale e natimortalità in Italia, anni 1931-91

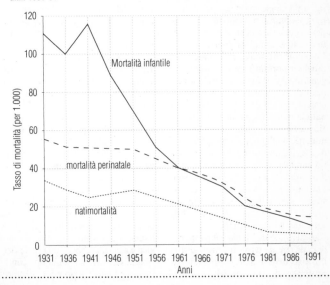

Morti per grandi gruppi di cause in Italia; 1926 e 1990. Tassi per 100 000

	1926	1990
Malattie infettive	281,6	3,6
Tumori	58,4	254,6
Disturbi psichici e malattie del sistema nervoso	186,0	25,0
Malattie del sistema circolatorio	194,9	401,8
Malattie dell'apparato respiratorio	327,1	61,1
Malattie dell'apparato digerente	271,6	49,9
Incidenti	47,8	49,5
Mortalità generale	1724,0	933,0

Fonte: ISTAT: *Sommario di statistiche storiche 1926-1985*, Roma 1986; ISTAT: *Annuario statistico italiano 1992*.

Le cause attuali di mortalità

Con l'aumento di speranza di vita e la riduzione della mortalità infantile, si è assistito a un drastico cambiamento nel quadro nosologico. Da patologie prevalentemente infettive, acute, monocausali e reversibili, si è passati a patologie croniche, multicausali, i cui danni si possono mitigare ma per le quali raramente è possibile ottenere una completa guarigione.

Le modifiche sono evidenziate nella tabella riportata sopra: la mortalità generale si è drasticamente ridotta, il peso delle malattie infettive appare trascurabile e fortemente ridimensionata la mortalità per disturbi psichici, malattie del sistema respiratorio e malattie dell'apparato digerente. Le due cause di morte più rilevanti sono rappresentate dalle malattie dell'apparato circolatorio, il cui tasso è raddoppiato, e dai tumori, il cui tasso si è quintuplicato rappresentando ormai la prima causa di morte al di sotto dei 65 anni di età.

Caratteristico dell'Italia è il permanere di differenze territoriali nella distribuzione delle malattie, specchio di profonde diversità storiche e socio-economiche. Mentre il Nord presenta da anni un quadro simile a quello del centro Europa con elevata incidenza di malattie cardiovascolari e di tumori e con bassa mortalità infantile, nel Sud tali patologie, seppure in notevole crescita, hanno una minore importanza. Nel Meridione la riduzione della mortalità infantile è stata assai più tardiva e la persistenza di patologie infettive più rilevante, in conseguenza di peggiori condizioni igieniche e di una minore funzionalità dei servizi sanitari. Il quadro è in parte contraddittorio. Una serie di fattori di rischio, quali la motorizzazione, l'inquinamento, l'abitudine al fumo, una alimentazione ricca di grassi animali e di calorie sono più diffusi nella popolazione del Nord, in particolare in quella maschile. Tutto ciò spiega la più breve attesa di vita rispetto ai maschi residenti al Sud.

A livello generale le patologie in aumento, quale l'Aids, i tumori e i problemi sanitari e assistenziali connessi all'invecchiamento della popolazione hanno modificato il quadro nosologico e richiederebbero una forte flessibilità del sistema sanitario, con la riconversione di personale e strutture.

Il primo caso a Roma nel 1981

Aids: le categorie più colpite

Al 30 giugno 1993 erano stati notificati in Italia 17 864 casi di Aids; l'80,2% rappresentato da maschi e il 19,8% da femmine. Il numero di soggetti sieropositivi è stimato attualmente nell'ordine delle 100 000 unità.

Dal primo caso, identificato a Roma nel 1981, si è verificata, come in molti altri paesi, una rapida diffusione della malattia; l'incidenza (numero di nuovi casi per anno) è passata negli uomini da 5,4 per milione nel 1985 a 116,2 nel 1992; nello stesso periodo nelle donne è passata da 1,7 a 33,2.

Rispetto alle altre nazioni europee, per numero assoluto di casi, l'Italia si colloca terza; superata dalla Francia (24 211 notifiche al 31.3.1993) e dalla Spagna (18 347); valutando in rapporto al numero di abitanti è preceduta da Spagna, Francia, Svizzera e Pincipato di Monaco.

La patologia si presenta in Italia con caratteristiche peculiari sia in relazione alle categorie a rischio che alle notevoli diversità nella distribuzione territoriale. Il fenomeno ha interessato infatti, particolarmente, i tossicodipendenti, fra i quali si concentra la maggioranza dei malati di Aids. La distribuzione percentuale secondo il tipo di trasmissione risulta la seguente: tossicodipendenza 66,4%; omosessualità 14,6%; tossicodipendenza/omosessualità 2,4%; emofilia 1,1%; trasfusioni 1,3%; eterosessualità 7,8%; altro/non determinato 6,5%.

Il quadro sopra descritto differisce molto da quello degli Stati Uniti e dei

Casi di AIDS registrati

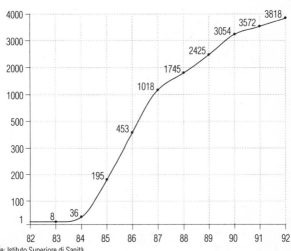

Fonte: Istituto Superiore di Sanità

▶ paesi dell'Europa settentrionale, dove gli omosessuali rappresentano oltre il 70% dei casi registrati, ed è invece più simile a quanto si verifica nei paesi del sud Europa, come la Spagna. La prevalenza di infezione fra i tossicodipendenti pone notevoli problemi di sanità pubblica. Infatti tale popolazione è portata ad adottare meno di altre categorie a rischio le misure di prevenzione. L'alta quota di donne tossicodipendenti infette aumenta le probabilità di contagio materno-infantile, spiegando così l'elevato numero di casi (362) pediatrici e facilita, attraverso la prostituzione, la trasmissione della malattia alla popolazione eterosessuale. La diffusione al di fuori delle categorie a rischio avviene anche in seguito alla reintegrazione sociale e lavorativa di soggetti maschi sieropositivi ex tossicodipendenti. Notevoli, inoltre, le differenze nella diffusione della patologia fra le varie regioni. Essa si concentra nelle aree metropolitane (oltre il 25% dei malati è residente a Milano o Roma) e ha una maggiore incidenza nel Lazio e nelle regioni del nord.

Ristrutturazione dei reparti e incentivi al personale

L'Aids è dal 1988 una malattia infettiva a notifica obbligatoria e i casi vengono segnalati al centro operativo Aids (COA) dell'istituto superiore di sanità. L'attuale legislazione stabilisce che nessuno possa essere sottoposto, senza il suo consenso, ad analisi tendenti ad accertare l'infezione; tale normativa, contro la quale si sono levate voci critiche favorevoli all'introduzione del test obbligatorio in alcune categorie, quali i carcerati e gli immigrati, si basa sul diritto alla riservatezza e sulla convinzione della inefficacia degli accertamenti obbligatori per contenere la diffusione dell'HIV. A fianco di una specifica legislazione, lo Stato ha attivato una serie di finanziamenti e iniziative, con incentivazioni economiche per il personale e con uno stanziamento di 2100 miliardi per la costruzione e la ristrutturazione dei reparti di ricovero. Le indagini sul finanziamento illecito ai partiti nel corso del 1993 non hanno risparmiato neanche i fondi destinati a tali programmi, suscitando enorme scalpore nell'opinione pubblica.

I limiti della prevenzione

Negli ultimi anni sono state promosse campagne di prevenzione sia da parte delle amministrazioni periferiche sia su scala nazionale. Il materiale prodotto è di buon livello. Manca tuttavia una adeguata diffusione nelle categorie più a rischio (per esempio fra la popolazione carceraria) e una valutazione dell'impatto delle diverse iniziative e dei risultati in termini di modifica sia delle conoscenze che dei comportamenti. I limiti più gravi sono infine da rilevarsi in una scarsa diffusione dell'educazione sessuale nelle scuole, nella posizione della Chiesa cattolica, che, contraria a qualsiasi mezzo anticoncezionale, condanna l'uso del profilattico, e nella scarsa collaborazione di alcuni ministeri, in primo luogo quello della pubblica istruzione, tradizionalmente vicini alle posizioni della Chiesa.

M.G.

Tossicodipendenze

Marco Geddes

Il problema delle tossicodipendenze in Italia si è manifestato negli anni settanta, in ritardo rispetto agli Usa e ad altri paesi industrializzati. Esso ha acquisito tuttavia, nel corso di un ventennio, una enorme rilevanza politica e sociale.

Alla sua diffusione non è estraneo il fatto che una componente importante della malavita organizzata che controlla la raffinazione e la distribuzione degli stupefacenti è rappresentata dalla mafia e da altre organizzazioni malavitose italiane, le quali negli anni settanta hanno riconvertito la loro organizzazione, volta al controllo del mercato del lavoro e al contrabbando di tabacco, proprio nel settore della droga.

Il primo morto per overdose di eroina si è avuto nel 1973; da allora il numero di decessi si è mantenuto in crescita fino al 1991; nel 1992 si è registrata invece una riduzione del 12.7% rispetto all'anno precedente.

Sebbene l'andamento della mortalità per overdose sia soltanto indicativo, poiché è in relazione anche alla tipologia delle droghe e alle abitudini degli utenti, esso indica una forte diffusione delle tossicodipendenze. Altri «indicatori» ne confermano il notevole incremento: le persone denunciate per spaccio sono passate da 17 876 nel 1984 a 30 617 nel 1991; nello stesso periodo il numero di operazioni di sequestro è aumentato da 8319 a 21 082 e l'eroina sequestrata da 457 kg a 1290 kg.

Nei limiti delle conoscenze del fenomeno, studiato nel 1990-91, è possibile tracciare un identikit del tossicodipendente italiano. Questi è una persona più frequentemente di sesso maschile, di età intorno ai 27-28 anni, che ha avuto una esperienza di «buco» 8-9 anni prima e che fa uso di eroina endovena, nella maggioranza dei casi più volte al giorno. Solo un quarto dei soggetti ha lavoro stabile, mentre oltre il 50% è stato in carcere anche più di una volta: i tossicodipendenti incarcerati rappresentano oltre il 30% del totale dei detenuti.

Alcune caratteristiche comportamentali, quali l'uso di scambiarsi siringhe, la promiscuità dei rapporti, la prostituzione diffusa nel 10-20% delle donne facilitano la diffusione dell'Aids e di altre patologie infettive, quali l'epatite virale.

Al problema si è risposto sia con la istituzione di servizi che con nuove norme. Nella realizzazione di strutture riabilitative sono impegnati gruppi laici e, in misura ancora maggiore, cattolici, i quali operano grazie a proprie risorse economiche e al contributo del servizio sanitario nazionale e degli enti locali.

Il numero dei tossicodipendenti in carico ai servizi è andato aumentando nel corso degli anni. Alla fine del 1992 quelli in trattamento presso i servizi sanitari pubblici risultavano 59 737, mentre presso le comunità terapeutiche 17 148.

La normativa sulla droga è stata oggetto di molteplici proposte e di aspre polemiche. La legge del 1975 era fortemente orientata al recupero e a fare emergere il fenomeno dalla clandestinità; il possesso di modiche quantità per uso personale era considerato non punibile.

La successiva legge del 1990 (26 giu-

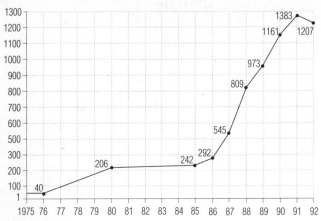

Morti in Italia per abuso di sostanze stupefacenti

Fonte: Ministero dell'Interno.

gno 1990, n. 162) ha accentuato fortemente gli aspetti repressivi, abbandonando il principio di non punibilità per modica quantità, e offrendo la cura quale alternativa alla punizione. La normativa, pur presentando tali aspetti discutibili, contenuti in articoli peraltro aboliti dal referendum popolare del 1993, ha dato luogo a un deciso potenziamento dei servizi per la cura e il recupero dei tossicodipendenti (Sert) presso le Unità sanitarie locali.

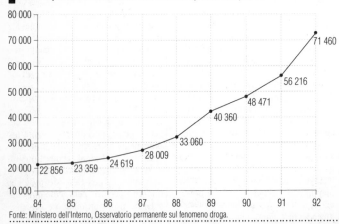

Tossicodipendenti in trattamento nelle strutture pubbliche e private

Fonte: Ministero dell'Interno, Osservatorio permanente sul fenomeno droga.

Bioetica all'avanguardia ma la legislazione è bloccata

Giovanni Berlinguer

La bioetica, un campo della filosofia morale che ha assunto rapidamente caratteristiche di avanguardia perché collegata agli appassionanti e sconvolgenti progressi delle scienze biologiche e alle loro applicazioni, è nata come disciplina autonoma negli anni settanta, e ha consolidato la sua dottrina con la prima *Encyclopaedia of Bioethics*, apparsa nel 1978. In Italia, tuttavia, ha stentato ad affermarsi e all'inizio, quando si è diffusa, non ha avuto spiccati caratteri di originalità. Nelle prime fasi hanno dominato infatti due tendenze. La principale è consistita in una riproposizione dell'antica identità teorica fra morale e religione, e in tale quadro la bioetica è stata intesa praticamente come una dottrina esplicativa delle posizioni ufficiali della Chiesa cattolica. L'altra tendenza, rimasta per qualche tempo isolata, ha operato principalmente nell'interpretazione e nell'introduzione dei risultati delle scuole di pensiero angloamericane. Soltanto nell'ultimo decennio sono cresciute in Italia correnti autonome, che non sono riducibili alla distinzione fra laici e cattolici, in quanto all'interno di ambedue i campi esistono notevoli differenze di orientamento. In questa fase di maggiore autonomia e maturità, l'affermazione e il confronto delle diverse scuole può contribuire a correggere le unilateralità dei temi e degli indirizzi predominanti. Infatti, sebbene si definisca internazionale, la bioetica è in realtà prevalentemente «nordista» (in quanto ha finora trascurato le culture e le realtà del Sud del mondo) e angloamericana. Può essere perciò di grande importanza integrare le correnti egemoni con apporti originali di culture di matrice latina e mediterranea.

Agli sviluppi teorici hanno corrisposto anche la creazione e il consolidamento di strutture operative e istituzionali.

Strutture operative e istituti di ricerca nel campo della bioetica

Fra i principali centri nati negli ultimi anni si possono elencare l'«Istituto di bioetica» dell'Università cattolica del Sacro Cuore (Roma), il centro per la formazione in politica e in etica «Politeia» (Milano), la «Scuola di medicina e scienze umane» dell'Istituto San Raffaele (Milano), il «Centro di bioetica» di Genova, il «Centro di bioetica» dell'Istituto Gramsci (Roma), il «Progetto etica e medicina» della Fondazione Lanza (Padova).

Distribuzione geografica dei principali centri pubblici per la procreazione assistita in Italia

La cartina mette in risalto l'elevata concentrazione dei centri pubblici per la procreazione assistita (ossia la fecondazione artificiale) nelle regioni nord-occidentali e centrali della penisola. Del tutto sprovvista l'Italia meridionale.

Fonte: *La cicogna tecnologica*, a c. di N. Frontali, Edizioni Associate 1992.

Nelle Università si sono create le prime cattedre e i primi corsi di perfezionamento in questa disciplina; sono nati comitati etici in numerose istituzioni (scientifiche e ospedaliere) per valutare programmi di ricerca e casi pratici; e dal marzo 1990 è stato costituito, con decreto del presidente del consiglio dei ministri, il Comitato nazionale per la bioetica (con sede a Roma), quale organo consultivo del governo e del parlamento. Esso ha approvato documenti su numerosi temi, fra i quali la terapia genica, l'accertamento della morte, la sicurezza delle biotecnologie, l'assistenza ai malati terminali, i trapianti in generale e i trapianti nell'infanzia, l'informazione e il consenso all'atto medico, la sperimentazione animale e umana.

Una legislazione inadeguata

Agli sviluppi culturali e alla ricchezza di prese di posizione non ha corrisposto un analogo fervore di attività legislative e normative. Dopo la legge del 1978 che garantì l'assistenza in caso di aborto (approvata con il 51% dei voti in parlamento e confermata in un referendum con il 68% di voti a favore), si è anzi verificata una stagnazione. Negli ultimi anni i soli provvedimenti adottati dal parlamento riguardano la sperimentazione animale, le trasfusioni di sangue e l'accertamento di morte. Non è stata invece aggiornata, dopo anni di discussioni parlamentari, la legge sui trapianti, per un dissidio profondo tra i favorevoli e i contrari al «consenso presunto» per la donazione degli organi; e non è stata finora stabilita alcuna regola per la procreazione assistita. In questo caso, la paralisi normativa deriva dall'opposizione degli ambienti legati alla Chiesa cattolica, ostili per principio a tale pratica, i quali sostengono che qualunque norma significherebbe una sua legittimazione poiché «colpire l'abuso significa riconoscere l'uso». Gli abusi si sono perciò moltiplicati (ha suscitato, per esempio, molto clamore anche all'estero la facilità dell'inseminazione artificiale di donne anziane in Italia), e si sono attenuate le garanzie sanitarie e giuridiche e i controlli sui centri che praticano la procreazione assistita. Negli ultimi anni è emerso, come in altri paesi, il problema etico della ripartizione delle risorse per la salute. Ma la discussione si è incentrata sulle priorità nell'allocazione dei finanziamenti già disponibili, e non ha affrontato se non marginalmente il tema della *priorità della salute* in rapporto ad altre esigenze, e della mobilitazione per questo fine delle risorse globali della società e degli individui.

L'associazionismo

Associazionismo, quali prospettive?
Arnaldo Bagnasco

Le associazioni volontarie e il volontariato
Antonella Meo

I cittadini in prima linea
Rocco Sciarrone

Tradizione e sperimentazione: le associazioni culturali
Enrico Ercole

Individualismo, corporativismo, solidarietà
Alfredo Mela

BIBLIOGRAFIA

G. Berlinguer, *Questioni di vita. Scienza, etica e salute*, Einaudi, Torino 1991.

A. Bompiani, *Bioetica in Italia. Lineamenti e tendenze*, EDB, Bologna 1992.

S. Rodotà (a c. di), *Problemi di bioetica*, Laterza, Bari 1993.

La società civile entra in scena

Associazionismo, quali prospettive?

Arnaldo Bagnasco

❱❱ Alexis de Tocqueville, nobile francese preoccupato per la fine dell'antico regime a causa della rivoluzione, visitò nella prima metà del secolo scorso gli Stati Uniti e rimase colpito dallo straordinario sviluppo in quel paese delle libere associazioni fra le persone. Gli parve allora che proprio le associazioni di ogni genere fossero la garanzia della libertà individuale, perché non lasciavano le persone sole di fronte a un potere politico che per questo stesso fatto poteva diventare totalitario, nonostante le migliori intenzioni di ideologi e uomini di governo, dopo che erano venute meno le vecchie affiliazioni di famiglia, di ceto, di territorio, tipiche della società tradizionale.

Da allora le libere associazioni volontarie sono considerate una ricchezza della società; il loro sviluppo è il segno che la società civile è viva e respira. I sociologi di lingua inglese – bisogna dire, con qualche saggezza – hanno finito in seguito per non comprendere fra le associazioni volontarie quelle politiche, certo importantissime, ma con particolari compiti nel campo appunto specifico delle nuove istituzioni politiche.

Per motivi analoghi si possono poi escludere le associazioni economiche, quelle che con termine giuridico chiamiamo società, le quali danno vita a imprese industriali e commerciali, e anche i sindacati.

Associazionismo di sviluppo

Abbiamo così tracciato un quadrilatero, ai cui vertici troviamo collocate la società tradizionale, la società politica, la società economica e quella che possiamo chiamare la società civile. La società civile, della quale le libere associazioni sono un'espressione, si fa strada più o meno stretta a seconda dei tempi e dei luoghi, fra società tradizionale, società economica e società politica, ognuna con propri tipici attori, ruoli, funzioni e regole. La ricerca comparata mostra quale che il numero di associazioni, e la partecipazione a queste, crescono di solito al crescere dello sviluppo di un paese, anche se poi sono in gioco altri fattori. In Europa, l'Italia ha relativamente poche associazioni: meno della Francia o della Germania, per esempio; d'altro canto, in Italia, il Mezzogiorno ne ha meno del Centronord. Il fenomeno è però in crescita ovunque nel nostro paese: la società civile sembra affacciarsi sulla scena.

«Familismo amorale»

Nel primo dopoguerra, l'antropologo americano Edward Banfield venne nel Mezzogiorno e cercò di individuare le ragioni dell'apatia della gente nelle zone più povere. Da buon americano, la prima cosa che notò, rovesciando l'esperienza di Tocqueville, fu appunto la mancanza di associazioni. La società era a suo giudizio centrata sulla famiglia, e ogni possibile tessuto sociale allargato era impedito da quello che chiamò il «familismo amorale»: la famiglia giustifica tutto, per essa si può al limite anche rubare, fuori della famiglia non esiste sufficiente fiducia reciproca per investire in progetti comunitari.

Da allora si discute su quanto Banfield sia realmente riuscito a vedere e a capire con la sua ricerca in uno dei più poveri paesi della Basilicata. Possiamo però in sintesi conservare un'immagine: la società civile, in un senso ampio che comprende in modo non ancora differenziato le associazioni politiche ed economiche, non riusciva o stentava a emanciparsi dalla società tradizionale. In seguito, con riferimento esplicito o meno a Banfield, il termine «familismo amorale» è stato spesso adottato per indicare una particolarità della società italiana, o di sue parti, indipendentemente dalla zona geografica, che consisterebbe appunto in una difficoltà di emancipazione della società civile dal-

la società tradizionale. Negli anni dello sviluppo il riferimento si è però precisato e arricchito di significato, comprendendo l'innesto di società tradizionale e società politica. In un senso traslato, si è definita allora con «familismo amorale» una politica gestita come affare di famiglie in lotta fra loro, alle quali si appartiene per distribuirsi risorse, nel disprezzo dell'interesse generale. La società civile poteva allora essere vista come risucchiata verso la società politica e la società tradizionale intrecciate fra loro.

Un passaggio importante

Non avremo qui la pretesa di ricostruire la storia culturale della società italiana. Ricordiamo però un passaggio importante del recente passato: alla fine degli anni sessanta, mentre la società economica cresceva e gli effetti dello sviluppo si diffondevano, migliorando condizioni di vita, istruzione e aspettative delle persone, fu proprio il modo di essere delle società economica a venir messo in questione. La società civile entrò in scena come poteva, con movimenti collettivi di operai, studenti e altre categorie sociali che non si sentivano rappresentati a sufficienza nella società economica e nelle sue forme di organizzazione, ma neppure adeguatamente rappresentati e difesi dalla società politica.

Per quanto molto diversi, i movimenti collettivi possono anche essere considerati una variante delle associazioni in momenti di emergenza, quando la società è in effervescenza, quando il vecchio è messo in questione e il nuovo non è ancora trovato.

Il defluire dei movimenti negli anni che seguirono ha dato gradatamente spazio alla crescita di più ordinate associazioni. A poco a poco la società civile ha cominciato a respirare con maggiore regolarità.

Il familismo diventa intollerabile

Un secondo terremoto doveva però liberare altro spazio per le associazioni. Questa volta siamo ai giorni nostri, alla più profonda crisi della società politica del dopoguerra, insieme alla quale viene improvvisamente alla superficie anche il familismo amorale cresciuto questa volta nell'intreccio fra società politica e società economica. In mezzo a molti rivolgimenti, e qualche volta anche concausa di questi, l'associazionismo cresce e si fa forte.

Nuovi spazi si trovano per le libere associazioni: la pretesa è ora di associazioni culturali svincolate dai partiti, di associazioni per il tempo libero non soffocate dalla società economica, di specifiche società della cittadinanza per testimoniare e promuovere diritti e per rifondare la politica. Le associazioni sono in prima linea contro il familismo amorale e un nuovo meccanismo sociale sembra innescarsi in punti diversi della società. Ci si accorge, per una serie di circostanze, che se la dipendenza politica o economica delle associazioni era fino a ieri accettata o addirittura ritenuta normale, ora non appare più tale. Più in generale, nuove vie alla libera associazione volontaria si rivelano ora improvvisamente possibili, mentre prima apparivano complicate da seguire o con esiti troppo incerti e troppo lontani.

Agli occhi di molte persone, insomma, i meccanismi che riproducevano il familismo amorale diventano visibili e il familismo stesso non sembra più necessario; addirittura per molti

ormai, diventa intollerabile: la gente ne tira le conseguenze.

La società civile diventa adulta

I fenomeni sociali sono ciclici, ai flussi seguono i riflussi. C'è però motivo per ben sperare nel fatto che il nuovo meccanismo al quale ci siamo riferiti – il diffondersi di comportamenti di rottura del familismo, che si percepiscono ora come possibili – si è davvero innescato in punti diversi della società, in modo indipendente negli uni e negli altri. E questo in parti della società economica, come di quella politica, e naturalmente, per quanto qui ci interessa, di quella civile. Forse si può dire che la società civile era davvero pronta a entrare pesantemente in scena. La conseguenza a lungo termine, prevista con un certo ottimismo, ma non senza concretezza, potrebbe essere la seguente: aspettiamoci un certo riflusso, una certa ripresa in futuro dei vecchi vizi del familismo amorale, magari anche mediante l'associazionismo, aspettiamoci che la società civile sia spinta di nuovo verso l'angolo, o che comunque ci sarà chi proverà a farlo, tuttavia è difficile che in futuro essa rimanga schiacciata come prima. Detto in altri termini: possiamo ragionevolmente pensare che le libere associazioni volontarie, segno e realtà di una società civile diventata adulta, sono entrate sulla scena per rimanerci.

BIBLIOGRAFIA

A. de Tocqueville, *De la démocratie en Amérique*, Parigi, 1835-40, trad. it., *La democrazia in America*, in *Scritti politici*, vol. II, UTET, Torino 1968.

A. Mortara (a c. di), *Le associazioni italiane*, Franco Angeli, Milano 1985.

Una realtà in piena crescita

Le associazioni volontarie e il volontariato

Antonella Meo

Il 21% della popolazione italiana fra i 18 e i 74 anni ha in tasca la tessera di un'associazione; 2 punti percentuali in più rispetto alla metà degli anni ottanta. Le associazioni più frequentate sono quelle sportive (ne fanno parte il 30% degli iscritti ad associazioni); seguono in ordine decrescente quelle culturali (18,4%), religiose (16%), ricreative (16%), socio-sanitarie (15%), ecologiche (10,2%) e socio-assistenziali (6,3%).

Risposta a un bisogno personale

Si tratta di forme associative molto diverse fra loro quanto ad attività, funzioni, assetto organizzativo, modalità di partecipazione; sono incluse sia associazioni storiche di grandi dimensioni presenti diffusamente sul territorio nazionale sia aggregazioni locali poco strutturate. Al di là della loro eterogeneità, il dato più significativo, che accomuna le diverse associazioni, è questo: se così tanti cittadini vi aderiscono volontariamente è perché esse danno effettivamente risposta a un loro bisogno. Un italiano su dieci prende parte alle attività associative con continuità, almeno una volta alla settimana; inoltre sono sempre più numerose le persone che si iscrivono a più d'una associazione. La scelta di associarsi sembra essere legata soprattutto al soddisfacimento di un bisogno di incontro e di espressività. Le motivazioni

prevalenti sono «stare con altri» e «fare qualcosa insieme ad altri». Anche coloro che dichiarano di essersi affiliati per perseguire un obiettivo specifico, mostrando un orientamento più strumentale, rivelano un'esigenza sottostante di socialità e di aggregazione.

La crescita più significativa dell'associazionismo in Italia si è verificata nello scorso decennio. La crisi di molte agenzie di socializzazione, per esempio la famiglia e la scuola, la dissoluzione di ideologie e di punti di riferimento forti, la fine dei movimenti degli anni settanta, potrebbero spiegare l'esigenza di aggregazioni in ambiti sociali di portata più ridotta, forse più facilmente controllabili da parte dei singoli e meno impegnativi sul piano ideologico.

Prestatori di servizi

Il bisogno di socialità può tradursi in qualcosa di più della semplice partecipazione a un'associazione e assumere anche la connotazione altruistica di prestazione di servizi. In questo caso si parla di «volontariato» termine con cui si designano quelle forme associative che sono specificamente orientate alla produzione, libera e gratuita, di servizi a beneficio della collettività. Queste presentano la duplice natura di opportunità associativa e di agenzie di servizio e costituiscono un'importante attivazione delle risorse altruistiche presenti nella società.

Si dedica al volontariato l'11% degli italiani fra i 18 e 74 anni. La maggior parte opera nel settore socio-assistenziale e svolge prevalentemente attività di accoglienza, cura e riabilitazione, inserimento e recupero sociale di persone in condizioni di disagio e di emarginazione. Altri ambiti di intervento sono l'educazione, l'animazione e la cooperazione internazionale.

Il profilo medio del volontario, simile a quello dell'associato in generale, identifica un individuo di sesso maschile (59% dei volontari), di età compresa fra i 25 e i 44 anni, stabilmente occupato, per lo più in ruoli impiegatizi, con livello di scolarizzazione elevato e reddito medio-alto. La disposizione ad associarsi sembra interessare maggiormente i ceti medi, dato confermato anche a livello internazionale. È quindi da respingere lo stereotipo del volontario come una persona socialmente e produttivamente marginale che ha molto tempo libero. Al contrario, si tratta di un soggetto pienamente inserito nella società che, avendo risolto i suoi bisogni primari, decide di soddisfare nell'attività del volontariato i propri bisogni di espressività.

Una concezione più secolarizzata

Sia il volontariato sia l'adesione associativa in senso ampio sono maggiormente diffusi nelle regioni del nord e del centro Italia, mentre risultano meno presenti nelle regioni meridionali; inoltre sono più radicati nei centri di medie dimensioni piuttosto che nelle grandi città. La disposizione ad associarsi e a impegnarsi nella realizzazione di servizi per gli altri sembra più forte dove la società civile locale presenta maggiore vitalità e dove è più facile sviluppare relazioni sociali a «misura d'uomo».

La diffusione del volontariato è avvenuta nel nostro paese a partire dalla fine degli anni settanta; e il decennio successivo ha rappresentato la fase di maggiore espansione, ma l'onda sembra prolungarsi agli anni novanta, anche se con una tendenza meno accentuata. Le associazioni costituitesi nel decennio scorso presentano caratteri nuovi rispetto alle associazioni filantropiche e caritative cattoliche di tradizione ottocentesca. L'orientamento assistenzialista e una concezione etica dell'impegno volontario inteso come dovere morale di chi presta soccorso sono stati superati da una concezione più secolarizzata del volontariato inteso come forma di tutela delle categorie sociali più deboli e al tempo stesso forma di responsabilizzazione dei cittadini intorno alla produzione di beni pubblici. Questa trasformazione ha toccato anche le associazioni di matrice cattolica, che rappresentano tuttora la componente più presente. Oggi l'impegno volontario non sembra richiedere una stretta affinità ideologica al gruppo né un forte legame di appartenenza ma la disponibilità alla realizzazione pratica di un servizio.

Dove lo Stato non arriva

Nel corso degli anni ottanta il volontariato è passato da una fase pionieristica di sperimentazione a una di progressiva specializzazione e professionalizzazione degli interventi, a cui ha corrisposto una maggiore strutturazione delle sue associazioni. Tale sviluppo ha posto in primo piano il problema del rapporto con il settore pubblico. Nella gran parte dei casi questo avviene in una logica strumentale: in un periodo di contrazione della spesa pubblica e di forte differenziazione della domanda sociale prevale, da parte delle istituzioni, la tendenza a delegare al volontariato prestazioni che esse non sono in grado di offrire. Non si può parlare di una collaborazione programmatica e sistematica fra pubblico e privato; il volontariato non prende parte né può intervenire in modo propositivo nella progettazione e verifica dei servizi. Un passo in direzione di un rapporto più collaborativo è tuttavia avvenuto recentemente con la promulgazione della legge-quadro sul volontariato (agosto '91), con cui lo Stato riconosce la funzione sociale del volontariato, ne promuove lo sviluppo e stabilisce i principi e le regole che devono disciplinare i suoi rapporti con i soggetti pubblici.

Il volontariato, da un lato, sperimenta modalità innovative di intervento per rispondere a bisogni non ancora riconosciuti e garantiti dal settore pubblico, dall'altro opera a fianco dei servizi esistenti per dare risposte più efficaci ai bisogni dei più deboli, tutelati in modo inadeguato. Inoltre, stimola una maggiore sensibilità per gli aspetti relazionali, ponendo in primo piano l'esigenza di umanizzare e personalizzare le prestazioni, e fornisce ai cittadini nuove identità associative specifiche in un periodo caratterizzato dalla crisi delle identità collettive.

BIBLIOGRAFIA

Iref, *IV Rapporto sull'associazionismo sociale*, CENS, Milano 1993.

C. Ranci, *La mobilitazione dell'altruismo. Condizioni e processi di diffusione dell'azione volontaria in Italia*, in «Polis», 1992, n. 3, pp. 467-505.

U. Ascoli, *Nuovi scenari per le politiche sociali degli anni '90: uno spazio stabile per l'azione volontaria?*, «Polis», 1992, n. 3, pp. 507-533.

Autoorganizzarsi per tutelarsi

I cittadini in prima linea

Rocco Sciarrone

Sul finire degli anni ottanta lo spazio della società civile si articola in dinamiche associative diverse rispetto a quelle che facevano riferimento al modello delle organizzazioni politiche tradizionali.

L'inefficienza dimostrata dal sistema politico da un lato, la crisi di legittimazione e di consenso dei partiti politici dall'altro, aggravata dalle inchieste della magistratura sulla corruzione, contribuiscono all'affermarsi di forme di auto-organizzazione dei cittadini.

Etica e cultura prima della politica

Si tratta di aggregazioni della società civile che tendono a rimanere distinte e autonome dalla sfera della politica organizzata e che toccano temi relativi alla definizione, alla tutela e all'estensione dei diritti di cittadinanza. La logica di azione che le caratterizza poggia su motivazioni etiche e culturali, prima che politiche. Questo non implica un rifiuto della politica, ma un modo diverso, più attivo, di rapportarsi a essa. I cittadini per tutelare i propri diritti danno vita a modalità di interazione e di associazione inedite. Non si accontentano di delegare ma vogliono intervenire direttamente e concretamente.

Alla base la condivisione di un obiettivo

L'associazione può avere origine da problemi o esigenze di gruppi ristretti della popolazione, ma la dimensione locale e particolare che la caratterizza tende a essere condivisa collettivamente e ad assumere una rilevanza pubblica.

Le associazioni della cittadinanza si focalizzano su temi specifici che fanno riferimento a una condizione comune di svantaggio, ingiustizia, lutto. Sono spesso associazioni poco formalizzate e monotematiche, orientate al raggiungimento di uno scopo circoscritto nel tempo e nello spazio. L'unico requisito richiesto per la partecipazione è l'accettazione e il perseguimento dell'obiettivo; non sono rilevanti i principi ideologici e le eventuali appartenenze, anzi è ritenuta fonte di arricchimento la diversa estrazione culturale e politica degli aderenti. L'azione è diretta a influenzare l'opinione pubblica e le autorità istituzionali: non si utilizzano, però, canali tradizionali (partiti, sindacati), ma se ne creano di nuovi, attraverso l'uso diretto dei mass media, l'impiego di argomentazioni di tipo tecnico-scientifico, la costituzione di comitati di esperti o garanti.

Controllo e critica

Caratterizzandosi come organizzazioni di autotutela e autopromozione dei cittadini, svolgono, nei confronti del legislatore e dell'amministrazione pubblica, un ruolo di controllo e di critica ma anche di definizione dell'agenda politica. Le azioni intraprese mirano a una riformulazione e a un allargamento dei diritti di cittadinanza. Non si rivendica soltanto l'inclusione di gruppi e soggetti non garantiti, ma anche l'elaborazione di diritti di cittadinanza «congrui», ossia differenziati a seconda dei gruppi di riferimento, delle comunità di appartenenza, delle condizioni di sesso e di età, o semplicemente delle diverse esperienze di vita. Alcuni gruppi si mobilitano per il riconoscimento di diritti negati o disattesi, oppure per la denuncia di normative disapplicate o obsolete. Altri si concentrano sulla protezione della sfera privata del cittadino, affrontano temi tradizionalmente ritenuti personali quali la sessualità, la salute, la sofferenza, la morte.

La mobilitazione «familista»

Negli ultimi anni è andata diffondendosi una mobilitazione basata su legami familiari o comunitari. Si tratta delle associazioni dei familiari delle vittime di stragi, di calamità naturali, di disastri dovuti alle inadempienze delle amministrazioni pubbliche. Le emozioni diventano, in questi casi, risorse da utilizzare nell'azione collettiva: si esibisce con dignità il proprio dolore per manifestare indignazione verso la sfera pubblica. L'azione è indirizzata alla richiesta di verità e giustizia, all'accertamento delle responsabilità, al sostegno delle autorità giudiziarie o alla denuncia della loro inefficienza.

Nel modello di mobilitazione «familista» troviamo anche le associazioni di familiari di soggetti appartenenti a gruppi svantaggiati o non sufficientemente tutelati (disabili, malati di mente, alcolisti, tossicodipendenti).

Scegliendo di rendere visibile il proprio disagio, da un lato si svolge un'attività di sensibilizzazione dell'opinione pubblica, dall'altro si denunciano le disfunzioni dei servizi pubblici. Gli aderenti a queste associazioni non esprimono quella solidarietà, tipica del volontariato, basata sulla prestazione di servizi per supplire alle carenze pubbliche, ma intendono affermare il diritto alla cura, il rispetto del malato, o del soggetto debole e della sua famiglia. Un esempio significativo è rappresentato dal Tribunale per i diritti del malato, che si occupa dello stato dei diritti del cittadino in rapporto al servizio sanitario pubblico.

Distribuzione dei volontari per stato professionale nelle aree territoriali
(valori assoluti e percentuali)

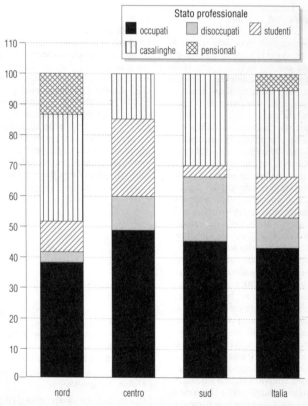

Fonte: E. Casolini, N. Sgaramella, *Il volontariato tra società e istituzioni*, Franco Angeli, Milano 1992.

D'altra parte, sono sempre più numerose le associazioni di tutela che si propongono la difesa dei diritti delle identità deboli, dei vecchi e nuovi poveri, dei minori, degli immigrati, dei detenuti, delle minoranze culturali e etniche. Si possono richiamare, tra le altre, le esperienze del «Telefono azzurro» e del «Telefono rosa» che si caratterizzano come centri di ascolto, di informazione, di consulenza, di tutela contro ogni tipo di abuso nei confronti dei bambini e delle donne.

Un panorama variegato

Nella sfera delle associazioni per la tutela ricadono le associazioni ambientaliste che costituiscono una realtà maggiormente consolidata, seppure fortemente variegata al suo interno, e le associazioni dei consumatori e degli utenti che svolgono un'azione di controllo, informazione e denuncia sulle frodi nei prodotti alimentari, sullo stato dei servizi pubblici e di altri servizi importanti. Inoltre, accanto ad associazioni che hanno obiettivi mirati, per esempio nel campo dei rapporti del cittadino con la pubblica amministrazione, se ne costituiscono altre che rivendicano istanze di miglioramento della qualità della vita e, insieme, di liberazione della soggettività.

Presentano un orientamento più universalistico le associazioni pacifiste, antimilitariste, non violente, di obiezione di coscienza, che hanno largo seguito nel mondo giovanile. Nel caso delle associazioni contro le discriminazioni razziali, sessuali e religiose, non si tratta di affermare soltanto diritti ordinari; come per esempio quello delle pari opportunità, ma di allargare ulteriormente il sistema dei diritti di cittadinanza in modo da riconoscere e valorizzare le diversità e le specifiche identità.

Sono in crescita, infine, i comitati e i gruppi di cittadinanza che si associano per sostenere la lotta contro la mafia; si fanno portatori di una domanda di sicurezza (come le associazioni antiracket), chiedono la moralizzazione della politica e la difesa dei valori di libertà, di tolleranza, di trasparenza nell'esercizio delle funzioni pubbliche (come i circoli di «Società Civile»).

Particolarismi ciechi

D'altra parte, nelle forme di associazione della cittadinanza non mancano elementi negativi e rischi di degenerazione, quando si caratterizzano come mera difesa di gruppo e mostrano segni di intolleranza verso tutto ciò che è diverso. È il caso di quei gruppi di cittadini che costituiscono comitati per l'ordine pubblico e, con il pretesto di garantire la propria sicurezza, organizzano vere e proprie campagne di repressione nei confronti di immigrati, nomadi, transessuali, prostitute. È questa l'altra faccia della cittadinanza attiva.

BIBLIOGRAFIA

L. Manconi, *Solidarietà, egoismo*, Il Mulino, Bologna 1990.

G. Turnaturi, *Associati per amore*, Feltrinelli, Milano 1991.

Un mondo spesso dinamico e capace di innovazione

Tradizione e sperimentazione: le associazioni culturali

Enrico Ercole

Due aspetti hanno contribuito, negli ultimi anni, a lasciare in un cono d'ombra l'associazionismo culturale in Italia.

In primo luogo l'affermazione della cosiddetta industria culturale. Nata in ritardo rispetto ad altri paesi a economia avanzata, l'industria culturale è cresciuta rapidamente e stampa, radio e televisione hanno occupato la scena culturale e del tempo libero, relegando ai margini l'associazionismo, che è stato pertanto percepito come un aspetto minore e quasi residuale. In secondo luogo quella caratteristica specificamente italiana che consiste nell'intreccio tra subculture politiche e società civile. L'associazionismo culturale si è così sovente appiattito su divisioni e tematiche politiche, e sovente partitiche.

Difficile quantificare

Una conseguenza della scarsa attenzione ricevuta è la difficoltà a quantificare l'associazionismo culturale. Dalle indagini demoscopiche emerge un alto tasso di associazionismo e il numero di iscritti alle grandi associazioni organizzate a livello nazionale (come ACLI, AICS, ARCI, ENDAS) è elevato. Questi dati vanno però interpretati con una certa cautela, in quanto molte persone si iscrivono solo per usufruire di sconti e facilitazioni nei consumi culturali. Al tempo stesso esiste un associazionismo «sommer-

so», scarsamente visibile e con collegamenti informali, ma diffuso sul territorio e con campi di interesse molteplici.

Varietà e confini incerti

Le associazioni costituiscono comunque un aspetto vitale della scena culturale italiana. Si tratta di un insieme variegato e dai confini ampi e non ben definiti, di una miriade di associazioni di varia struttura. In gran parte organizzate con il volontariato dagli associati, e con finalità non di lucro, dedite allo studio, alla promozione, alla fruizione, alla produzione, alla conservazione di cultura. Si va dai gruppi di sperimentazione teatrale alle associazioni per il tempo libero, dalle società di studio della storia locale ai circoli di pratica sportiva. Tra di esse si trovano, ovviamente, sia associazioni per il perseguimento di uno scopo sia associazioni a carattere espressivo, relazionale e solidaristico. Questi due aspetti coesistono anzi all'interno di gran parte delle associazioni.

Uno spazio intermedio

La numerosità e varietà delle associazioni culturali è legata alla crescita e diversificazione della domanda e dell'offerta culturale verificatisi in Italia nel dopoguerra, a cui hanno contribuito i profondi mutamenti della società italiana, quali la crescita della scolarizzazione, l'innalzamento dei livelli di reddito, l'aumento del tempo libero e la diffusione dei mezzi di comunicazione di massa.

In questa crescita del complesso della cultura e delle attività legate all'utilizzazione del tempo libero, le associazioni culturali hanno occupato uno spazio per così dire intermedio tra le grandi istituzioni culturali pubbliche e private (scuola, mezzi di comunicazione, musei, teatri, fondazioni) e l'insieme dei gruppi di persone che, in modo informale e non continuo nel tempo, coltivano un proprio interesse culturale (un gruppo di amici che si riunisce per suonare oppure per giocare a scacchi).

L'offerta culturale dei governi locali

A partire dalla seconda metà degli anni settanta, ha giocato un ruolo specifico nella vita dell'associazionismo culturale in Italia la crescita dell'offerta culturale dei governi locali, i cui aspetti più noti e dibattuti sono le feste estive e l'«effimero». L'iniziativa pubblica si è manifestata anche in molte direzioni e ha comportato un rapporto tra le associazioni e i governi locali, che sono i più vicini ai cittadini e pertanto più facilmente accessibili e più sensibili ai loro bisogni. Questo rapporto ha contribuito a stimolare la nascita di nuove associazioni culturali e ha permesso a numerose di quelle già esistenti di avere accesso a risorse. Ne hanno beneficiato sia l'associazionismo tradizionale, orientato alla fornitura di servizi riservati agli aderenti, come per esempio i circoli ricreativi, sia le nuove strutture di aggregazione più rivolte alla produzione e organizzazione del consumo di beni culturali, nate nel cli-

ma politico della prima metà degli anni settanta e caratterizzate all'inizio da una forte valenza politica: cooperative librarie, centri di animazione, teatri di base, cineclub, radio locali. A questi gruppi, alcuni dei quali sono sopravvissuti stemperando con il passare del tempo la forte valenza politica iniziale, si sono in seguito affiancate associazioni di base con più definiti obiettivi culturali, dalla salvaguardia dei beni ambientali al decentramento culturale. In questo modo si è strutturato un associazionismo culturale più solido e più consapevole, che ha precisato le sue finalità e che tende a superare le linee tradizionali di divisione politica. Un mondo sovente caratterizzato da sorprendente vivacità, capacità di innovazione e «imprenditorialità» associativa.

Negli ultimi tempi la constatazione della persistenza e vitalità delle associazioni culturali, in presenza di un consolidato mercato dei media e della crisi dei partiti, ha messo in luce lo spazio e il ruolo specifici e irriducibili che loro compete nel complesso della società. Ruolo e spazio peraltro difficili da delimitare, in quanto in continua ridefinizione tra finalità strumentali ed espressività e fra tradizione e sperimentazione.

BIBLIOGRAFIA

A. Anfossi, F. Garelli, G. Chito, «Associazioni culturali», in *Componenti culturali della qualità urbana*, ETAS, Milano 1989.

M. Caciagli (a c. di), *Governo locale, associazionismo e politico culturale*, Liviana, Padova 1986.

F. Rositi, *Mercati di cultura*, De Donato, Bari 1982.

Verso nuovi valori

Individualismo, corporativismo, solidarietà

Alfredo Mela

In questi anni si è diffusa nel nostro paese, come in tutto l'Occidente, la percezione di una grande trasformazione dei valori che ispirano il comportamento e la vita sociale dei cittadini. A questa, però, non sempre corrisponde la disponibilità di informazioni precise e di schemi interpretativi adeguati. Tra gli schemi usati, uno dei più classici è quello che legge la storia degli ultimi due secoli come un continuo processo di passaggio da una società tradizionale, fondata su forme di coesione forti (la famiglia, la comunità locale), a una società moderna sempre più individualistica. Se poi ci si riferisce agli ultimi 15-20 anni, entra in gioco un secondo schema derivato dal primo, secondo cui oggi entrano in crisi anche i legami che la società industriale ottocentesca e poi quella fordista avevano ricreato dopo la fine delle forme tradizionali di coesione: la solidarietà tra lavoratori, i vincoli derivanti dalla condivisione di ideali politici o dalla partecipazione alle istituzioni democratiche. Dunque, la transizione verso un modello «postindustriale» o «postmoderno» starebbe dando impulso a una società del tutto individualistica, dove le ideologie perdono ogni capacità aggregativa e la comunanza di interessi serve solo a promuovere rivendicazioni corporative, e quindi incapaci di offrire contributi per la riorganizzazione complessiva del sistema.

La modernizzazione «concentrata»

Come spesso accade, schemi di questo tipo, basati su distinzioni nette, rischiano di nascondere molte cose essenziali. Se si parla dell'Italia, nel valutare le trasformazioni sociali e culturali che essa subisce negli anni recenti, non si deve dimenticare che, a confronto con altri paesi, la fase della modernizzazione è stata vissuta in forma molto più «concentrata» e con forti sbalzi nelle diverse regioni. La prima industrializzazione è decollata con oltre un secolo di ritardo rispetto all'Inghilterra e ha interessato intensivamente solo alcune regioni settentrionali; lo stesso modello fordista ha caratterizzato in forma piena solo alcuni grandi centri del Nord a partire dalla fine degli anni cinquanta. Nel contempo, altri modelli di sviluppo locale (specie nella Terza Italia) si sono mossi secondo linee proprie e la loro originalità ha rappresentato una sfida per economisti e sociologi «ortodossi». Altri ancora, specie al Sud, hanno prodotto un complicato intreccio tra fattori di crescita industriale, di economia assistita e di arretratezza. Alla fine degli anni settanta, e questa volta in sintonia con altri paesi occidentali, si è avviato un processo di transizione postindustriale, con esiti ancora fluidi, ma sempre spazialmente eterogenei.

L'evoluzione dei valori e dei vincoli sociali ha risentito di questa complessa condizione. Il carattere concentrato e squilibrato della industrializzazione e le grandi migrazioni dal Sud al Nord hanno ostacolato la sedimentazione di una cultura industriale diffusa e omogenea. Anche nelle città del Nord-ovest, dove quest'ultima si era già radicata nella prima metà del secolo, è stata rimessa in discussione dall'arrivo dei nuovi lavoratori immigrati portatori di una cultura non assimilabile a quella dei lavoratori residenti. È dunque difficile sostenere che, nelle stesse aree più avanzate, l'industrializzazione abbia prodotto una cultura integralmente individualistica. A maggior ragione questo non è vero per i contesti in cui dominano forme economiche più tradizionali o in quelli basati sulla piccola e media industria, in cui ha avuto un ruolo essenziale la solidarietà basata sulla famiglia e sui rapporti di fiducia personali.

Italia, paese della solidarietà?

La mancata egemonia dell'individualismo significa allora che l'Italia ha coltivato più che altri paesi una cultura della solidarietà? Anche a questo proposito occorre essere cauti a ricorrere a schemi troppo semplicistici. La risposta dipende, infatti, dal senso che si attribuisce all'idea della solidarietà. In Italia ha senz'altro avuto forte peso il senso di solidarietà basato su legami familiari, così come hanno avuto sviluppo forme di organizzazione della solidarietà centrate sulla Chiesa cattolica o sui sindacati e i partiti della sinistra. Nella famiglia, però, il sostegno reciproco si esaurisce in un ambito limitato; nelle grandi organizzazioni religiose o a base ideologica si manifesta in modo non del tutto staccato da preoccupazioni di proselitismo e, inoltre,

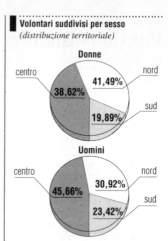

Volontari suddivisi per sesso
(distribuzione territoriale)

Donne
centro — 38,62% — 41,49% nord — 19,89% sud

Uomini
centro — 45,66% — 30,92% nord — 23,42% sud

Fonte: E. Casolino, N. Sgaramella, *Il volontariato tra società e istituzioni*, Angeli, Milano 1992.

presuppone una delega e una certa professionalizzazione dei ruoli. Insomma, si pratica una solidarietà anche (certo, non esclusivamente) in vista della crescita dell'organizzazione e lo si fa mediante «opere» e associazioni dotate di una solida burocrazia interna e spesso intrecciate da vincoli politici con le istituzioni dello Stato assistenziale.

Individualismo come atteggiamento culturale

Ma, se tutto questo è vero a proposito del recente passato, allora non troppo paradossalmente si potrebbe ipotizzare che la nuova ondata di mutamenti che investe il paese potrebbe avere come conseguenza un incremento tanto dell'individualismo (anche sotto la forma del corporativismo, da intendersi come individualismo tipico di gruppi di interesse) quanto della solidarietà.
L'individualismo che potrebbe cresce-

re di peso nell'Italia postindustriale è da intendersi soprattutto come atteggiamento culturale: non tanto puro egoismo di interessi, ma incremento del valore attribuito al soddisfacimento di esigenze delle singole persone. Individualismo come ricerca della realizzazione di sé, e ciò anche all'interno di strutture basate su relazioni forti, come la famiglia, oppure nell'esperienza lavorativa, o nel tempo libero. Una ricerca senza direzioni fisse, che può indirizzarsi in molti campi, dalla cura del corpo alla relazione con la natura, dalla sfera affettiva a quella degli interessi culturali.

Una solidarietà più civica e laica

Al tempo stesso, la solidarietà che si potrebbe diffondere ha un carattere più civico e laico di quella tradizionale, anche quando, come spesso avviene, sorge sul terreno dell'associazionismo a base religiosa. «Laico» nel senso che si rivolge, con un certo pragmatismo e con un minor grado di idealizzazione dei problemi, a fornire aiuto a persone e a gruppi in difficoltà, con un atteggiamento sperimentale che non disdegna di verificare volta per volta l'efficacia dei mezzi usati. E «civico» nel senso che la solidarietà potrebbe diventare un atteggiamento diffuso, connesso con l'esperienza della società civile e con il tentativo di rimuovere ciò che ostacola la fruizione da parte di tutti dei diritti di cittadinanza.

—————— **BIBLIOGRAFIA** ——————

CENSIS, *I valori guida degli italiani*, Istituto Poligrafico dello Stato, Roma 1989.

R. Gubert (a c. di), *Persistenze e mutamenti dei valori degli italiani nel contesto europeo*, Reverdito, Trento 1992.

La vita religiosa

a cura di
Andrea Riccardi

La Chiesa di fronte a una società secolarizzata
Andrea Riccardi

L'apparato, le forze in campo
Andrea Riccardi

Culti nuovi e tradizionali, movimenti emergenti
Andrea Riccardi

La Chiesa di fronte
a una società secolarizzata

Andrea Riccardi

99 Il ruolo della Chiesa cattolica nella società italiana ha subìto un ridimensionamento, mentre il suo rapporto con il paese e le sue istituzioni è a un punto critico.

Questo processo è avvenuto dopo il Concilio Vaticano II, frutto – secondo quegli ambienti tradizionalisti cattolici forti nella Chiesa italiana del postConcilio – delle aperture del cattolicesimo di Giovanni XXIII e di Paolo VI. In realtà la crisi attraversata dalla Chiesa fa parte delle trasformazioni della società italiana con il «miracolo economico», il consumismo e la diffusione di nuovi modelli di comportamento.

Gli indici di questa crisi di secolarizzazione della società italiana sono chiarissimi. Dopo il Vaticano II si assiste a una crisi del clero con un forte abbandono del sacerdozio e un calo del numero delle «vocazioni» ecclesiastiche e religiose. Questo fenomeno si inserisce – sembra – in un processo di disaffezione generalizzato dalla pratica religiosa. Secondo Burgalassi, in un'inchiesta del 1968, il 36-37% degli italiani andava regolarmente a messa con punte molto alte nel Nord (tra il 40% e il 51%) e più basse al Sud (sul 38-39%). Gli anni postconciliari sono stati caratterizzati dalla parabola discendente della pratica religiosa. Secondo un rapporto ISPES del 1990 la frequenza domenicale attuale è sul 30% (con il Nord fino al 33% e il Centro sino al 26%).

La frequenza domenicale alla messa si abbassa notevolmente nelle aree urbane, con il 19,1% a Milano, il 15% a Roma, il 15% a Napoli, il 7,9% a Firenze, il 4% a Bologna.

Credenti ma incoerenti

Si può dire, allora, che l'Italia non è più un paese cattolico? Il numero di coloro che apertamente non si riconoscono nella Chiesa di Roma o in altre comunità religiose è aumentato, ma non come alcune previsioni sulla secolarizzazione potrebbero far credere. Secondo un'indagine della Fondazione Agnelli (1987), il 10% della popolazione italiana (circa 5-6 milioni di italiani) non si riconosce in nessuna fede religiosa. All'interno di questo gruppo il 3,2% dichiara di non credere in Dio e il 2% si dice indifferente, mentre il 4,7 esprime una forte incertezza sull'esistenza di Dio. L'inchiesta della Fondazione Agnelli disegna una geografia di italiani che, al 90%, riconosce l'esistenza di Dio. Quella dell'Eurisko (1985) attestava un 85% di italiani che si dichiara di fede cattolica. La percentuale è in ogni modo molto alta.

La crisi postconciliare e la secolariz-

Presenza di cattolici in Italia

	1970	1978	1980	1988
Popolazione	54 025 000	56 700 000	57 040 000	57 440 000
Cattolici (battezzati)	52 500 000	55 285 000	55 620 000	56 258 000
% battezzati sulla popolazione	97,2	97,5	97,5	97,9

Fonte: Annuario statistico della Chiesa
(Tratto da: ISPES, «Rapporto Italia '90», Vallecchi editore 1990).

zazione non hanno quindi inciso in maniera molto profonda sulla fede religiosa degli italiani, né ha rimesso in discussione il loro rapporto con le istituzioni e i riti della Chiesa. Tuttavia il loro comportamento è meno caratterizzato dal conformismo sociale cattolico, caratteristico del mondo italiano e, soprattutto, degli ambienti rurali. Il problema che l'autorità ecclesiastica ha identificato con maggior chiarezza negli ultimi anni, come emerge dalla linea pastorale della CEI, è quello di un'«incoerenza» tra il dirsi credenti e la conformità esistenziale agli insegnamenti della Chiesa. Si tratta di una questione, quella del rapporto tra prescritto e vissuto, che si sviluppa nel lungo periodo: si è espressa in altri modi in precedenti stagioni storiche ma oggi tende a manifestarsi con molta evidenza pubblica.

Il voto per il divorzio e l'aborto

Parecchi italiani che si dicono cattolici non condividono l'insegnamento della Chiesa in fatto di etica. L'Italia ha rivelato il suo carattere di paese secolarizzato già nel referendum abrogativo del 1974 sulla legge del di-

vorzio, in cui il fronte dei *sì* venne sconfitto; questo atteggiamento fu confermato nel 1981 con il referendum abrogativo della legge sull'aborto, durante il quale gli italiani trasgredirono massicciamente le indicazioni della Chiesa (il 67,5% si espresse per il mantenimento della legislazione, mentre solo il 59,3% si era detto a favore del divorzio). Il cambiamento dei valori che ha caratterizzato la società italiana, tra gli anni settanta e quelli ottanta, poteva far prevedere, se non la scomparsa del cattolicesimo, la sua riduzione a uno spazio residuale e tradizionale.

Ambigua secolarizzazione

In realtà la secolarizzazione si è rivelata un fenomeno ambiguo e complesso. Se da un lato gli italiani mostrano più elasticità e autonomia nei confronti dell'etica cattolica e una ridotta fedeltà alla frequenza dei riti, non si può dire che abbiano rotto drasticamente le proprie relazioni con la Chiesa, le sue istituzioni, i suoi messaggi. Tuttavia – ed è il vero cambiamento – il cattolicesimo non rappresenta più l'unica proposta religiosa nella società italiana, come è stato in sostanza fino a un decennio fa. La trasformazione degli ultimi decenni della storia religiosa italiana non è solo nel senso di un'accresciuta secolarizzazione e di un ridotto ruolo del cattolicesimo nella vita degli italiani, quanto nello sviluppo del pluralismo religioso.

Si allarga il «mercato» religioso

Il fenomeno non consiste nello sviluppo numerico delle comunità religiose storicamente presenti in Italia, che non fanno alcuna azione di proselitismo. Si tratta piuttosto dell'accresciuta presenza del «mercato» della religione nella vita degli italiani: l'orientamento religioso – anche nella pastorale della Chiesa postconciliare – è sempre più legato alla scelta personale, piuttosto che alla trasmissione tradizionale soprattutto attraverso la famiglia o l'ambiente. Nel «mercato» del religioso, si inseriscono con forza competitiva aggregazioni religiose nuove, come quelle ispirate alle religioni orientali, o meno recenti, quali i Testimoni di Geova.

Non si può certo ancora parlare di un'Italia multireligiosa; infatti il numero degli italiani non cattolici e aderenti ad altra comunità religiosa diversa dalla Chiesa di Roma raggiunge approssimativamente il milione. Viene poi da chiedersi come, al di là del proselitismo, si verrà organizzando la trasmissione delle «nuove religioni» di generazione in generazione.

Tradizione e scelte individuali

È certo che l'orientamento religioso degli italiani è sempre di più caratterizzato dalle scelte individuali. Di questo nuovo clima si è accorta la Chiesa di Roma, che dopo il Vaticano II ha profondamento mutato i moduli della propria pastorale. Nelle analisi della Conferenza dei vescovi italiani, il paese è divenuto un terreno di «evangelizzazione». La Chiesa cattolica sente di non dover confidare sul peso della secolare tradizione che la colloca al centro della storia religiosa italiana, quanto su una rinnovata azione nei vari gruppi e ambienti della popolazione. Nel 1975 un documento ufficiale della CEI così descriveva la situazione religiosa italiana: «Permane, è vero, una certa tradizione che riconosce ancora alcuni valori cristiani, ma diviene sempre più fragile e meno rilevante. Non sembra, perciò, eccessivo dire che l'Italia è un paese da evangelizzare».

Piani pastorali

La presenza della Chiesa italiana nella società si è rimodellata negli ultimi due decenni. La liturgia in lingua italiana, un rinnovamento dei metodi della trasmissione della fede, cioè la catechesi, la formazione di gruppi, associazioni, comunità di vario orientamento, ha ridato dinamicità al profilo dell'azione della Chiesa nella società italiana. Una serie di piani pastorali, tra cui «Evangelizzazione e sacramenti», «Comunione e comunità», hanno teso a ridare identità religiosa agli italiani che frequentavano le istituzioni ecclesiali o si ritrovavano in esse. Questo impegno non ha determinato l'uscita dalla crisi del cattolicesimo italiano.

Tra Vangelo e cultura

Giovanni Paolo II, primo papa non italiano dal 1523 ma ben accolto dagli ambienti italiani, ha inteso ridare alla Chiesa italiana una presenza dal tono più forte nella società. Così nel 1985, al convegno dei cattolici italiani a Loreto, ha detto: «Occorre superare [...] quella frattura tra vangelo e cultura che è, anche in Italia il dramma della nostra epoca [...] in modo che il cristianesimo continui a offrire, anche all'uomo della società industriale avanzata, il senso e l'orientamento dell'esistenza». I quindici anni di pontificato di Giovanni Paolo II hanno inciso sulla Chiesa italiana, in cui i sintomi di difficoltà dell'immediato postconcilio si sono attenuati o sono scomparsi. Restano per il cattolicesimo i problemi del rapporto con una società profondamente trasformata.

Secolarizzazione e rafforzamento della presenza della Chiesa cattolica non sono due fenomeni che tendono a escludersi in maniera così drastica, come può sembrare a prima vista. È innegabile la secolarizzazione dei costumi degli italiani, come si può vedere dai comportamenti personali e familiari. I matrimoni celebrati con rito civile sono aumentati (nel 1970 costi-

Matrimoni 1970-1988

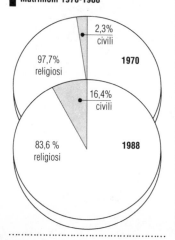

2,3% civili
97,7% religiosi
1970

16,4% civili
83,6 % religiosi
1988

tuivano il 2,3% mentre nel 1988 il 16,4%). Sembra che il matrimonio subisca una certa «desacralizzazione» e «deistituzionalizzazione». Anche se – come osserva F. Garelli – la famiglia continua a essere un'istituzione molto importante nell'orizzonte degli italiani, nonostante la fortissima riduzione del tasso della fecondità e l'instabilità coniugale.

«Religione diffusa»

Esiste una maggioranza di italiani che vive in riferimento al cattolicesimo, seppure in una maniera piuttosto allentata. A questo proposito i sociologi parlano di una «religione diffusa» o di «una religione implicita» o «religione di scenario». Si tratta di un fenomeno che non è solamente una sopravvivenza residuale d'una secolare tradizione, ma rappresenta una persistenza con aspetti di riviviscenza. L'area e l'intensità di questo riferimento religioso non è facilmente rilevabile ma la sua durata lungo gli ultimi decenni lascia intendere che non si tratta del residuo di una società confessionale eclissata.

A confronto di questa maggioranza, esiste una minoranza impegnata o quantomeno stabile nella pratica religiosa. Si tratta di circa un terzo degli italiani. Quasi il 10% della popolazione italiana, secondo alcune indagini, fa parte di gruppi, associazioni, movimenti, qualificati per la loro ispirazione religiosa. Nel quadro della crisi della militanza nella società italiana e di un accentuato pluralismo, i gruppi e movimenti religiosi mantengono un livello di partecipazione molto alto e una spiccata identità. È un aspetto significativo del rafforzamento della presenza della Chiesa nel contesto di una società secolarizzata.

Sacerdoti, religiosi non sacerdoti e religiose professe
Valori assoluti e variazione percentuale 1978/1988

		1978	1980	1982	1984	1986	1988	var.78/88
Sacerdoti		64 416	63 729	62 242	61 240	60 769	59 828	– 7,7%
di cui	diocesani	41 627	40 649	39 772	39 320	39 510	39 137	– 6,4%
	religiosi	22 789	23 080	22 470	21 920	21 259	20 691	–10,1%
Religiosi non sacerdoti		6 856	6 626	6 308	5 708	5 534	5 318	–28,9%
Religiose professe		149 780	146 182	145 641	141 148	137 431	133 128	–12,5%

Fonte: Elaborazione ISPES su dati Annuario statistico della Chiesa
(Tratto da: ISPES, «Rapporto Italia '90», Vallecchi editore 1990).

La stampa cattolica

La stampa cattolica sorregge la presenza della Chiesa nella società, ma con una maggiore diffusione nel settore dei periodici che in quello dei quotidiani. Tra i quotidiani i due soli giornali cattolici, «L'Avvenire» e «L'Eco di Bergamo», pubblicano rispettivamente 90 000 e 61 000 copie, collocandosi a un livello piuttosto basso rispetto ai grandi quotidiani italiani. «L'Osservatore Romano», che ha la sua edizione principale in lingua italiana, si colloca fuori dal panorama dei giornali cattolici italiani per il suo carattere di «portavoce» ufficioso della S. Sede. Se i quotidiani cattolici appaiono piuttosto deboli, forti invece sono i periodici legati al

Parrocchie e quasi parrocchie in Italia — *valori assoluti*

		1978	1988
Con Parroco		25 136	23 352
di cui	diocesano	23 000	21 288
	religioso	2 136	2 064
Senza Parroco		3 356	2 482
di cui	amministrazione da altro Parroco o Vicario	3 274	2 405
	affidate a diaconi permanenti o religiosi non sacerdoti	–	16
	affidate a religiose	7	8
	affidate a laici	7	3
	totalmente vacanti	68	50
Totale		28 492	25 834

Fonte: Elaborazione ISPES su dati Annuario statistico della Chiesa
(Tratto da: ISPES, «Rapporto Italia '90», Vallecchi editore 1990).

la Chiesa. Tra di essi si staglia «Famiglia Cristiana» che vende oltre al milione di copie ed è il settimanale italiano più venduto nel paese. Tra i mensili «Il Messaggero di S. Antonio» supera le 900 000 copie. Le riviste cattoliche si qualificano per il loro carattere popolare.

Accanto a queste riviste esiste un importante reticolo di periodici diocesani (131 in tutta Italia nel 1989), che vende circa 1 200 000 copie in media alla settimana, significativo del radicamento locale del cattolicesimo.

Vescovi, nuovi intellettuali

La presenza massiccia e capillare degli organismi cattolici e delle associazioni e istituzioni legate alla Chiesa non rimette in discussione il carattere ormai secolare della società italiana. Si verifica quasi un paradosso: gli italiani sono una popolazione attenta alla Chiesa, ma non totalmente disponibile a trasformare questo atteggiamento in adesione totale ai suoi insegnamenti.

L'opinione pubblica italiana è caratterizzata rispetto a quella di altri paesi europei da una forte attenzione ai pronunciamenti di alcune emergenti personalità del mondo ecclesiastico e del papa.

I «vescovi nuovi intellettuali», un fenomeno denunciato da G. Vattimo nel 1992, non riguarda certo tutto l'episcopato italiano, ma alcune personalità particolari come il card. C.M. Martini o il card. I. Biffi, la cui opinione riceve molto ascolto tra i mass media nazionali. L'Italia non può più dirsi né uno Stato cattolico né una società confessionale; appare però un paese dove la popolazione è legata al fenomeno religioso e la Chiesa e i suoi leader hanno uno spazio nell'opinione pubblica.

Gli editori cattolici più conosciuti

Paoline	30,6
Piemme	15,0
Dehoniane	7,2
Elle Di Ci	6,0
Jaca Book	5,3
Città Nuova	4,0
Ancora	3,8
SEI	3,8
Morcelliana	3,4
Queriniana	3,1
Vita e Pensiero	1,8
Altri	16,0

Autori ritenuti fondamentali

Carlo Maria Martini	10,4
Vittorio Messori	9,9
Gianfranco Ravasi	6,9
Sant'Agostino	5,5
Giovanni Paolo II	3,0
Jacques Maritain	2,9
Luigi Giussani	2,8
Alessandro Manzoni	2,5
David Maria Turoldo	2,5
Romano Guardini	2,1
Carlo Carretto	1,9
Altri	49,6

Fonte: «Avvenire», 26 marzo 1994.

BIBLIOGRAFIA

G. Alberigo (a c. di), *Chiese italiane e Concilio*, Marietti, Genova 1988.

A. Riccardi (a c. di), *Le Chiese di Pio XII*, Laterza, Roma-Bari 1986.

A. Riccardi, *Il potere del papa da Pio XII a Giovanni Paolo II*, Laterza, Roma-Bari 1993.

Chiesa in Italia, a c. della redazione de «Il Regno», supplemento al numero 5 del 1-3-1993 «Il Regno», EDB, Bologna.

G. Brunetta e A. Longo (a c. di), *Italia cattolica. Fede e pratica religiosa negli anni novanta*, Vallecchi, Firenze 1991.

L'apparato, le forze in campo

Andrea Riccardi

La Chiesa cattolica italiana è divisa in 227 diocesi: 39 sedi metropolitane, 21 sedi arcivescovili, 157 sedi vescovili, 7 abbazie territoriali, 2 prelature territoriali e l'ordinariato militare con giurisdizione sulle forze armate. Il papa è alla testa della Chiesa italiana, come vescovo di Roma (esercita questa sua funzione tramite un cardinale vicario) e primate d'Italia. Tradizionalmente è stato sempre il leader del cattolicesimo italiano. Dopo il Concilio Vaticano II, Paolo VI ha teso a una forte responsabilizzazione dell'episcopato italiano nella gestione del cattolicesimo nazionale.

Il ruolo dell'episcopato

I vescovi italiani sono 250 tra ordinari e ausiliari. Nove di essi sono cardinali (cioè partecipano all'elezione del papa oltre che direttamente alle consultazioni nella Curia romana). Il numero delle sedi diocesane è stato ridotto negli ultimi decenni con l'accorpamento, con un unico vescovo e una sola struttura diocesana, di varie diocesi spesso dalle dimensioni piccole. I vescovi si riuniscono nella Conferenza episcopale italiana (CEI), una delle più folte del mondo cattolico. La Conferenza tiene la sua sessione ordinaria almeno una volta l'anno. È la CEI che prende posizione, a nome della Chiesa cattolica, sui problemi maggiori del paese e della Chiesa. Alla CEI spetta anche la gestione e la distribuzione delle risorse economiche, che pervengono alla Chiesa dopo il nuovo accordo del 1984 con lo Stato. Alla testa della CEI c'è un presidente, nominato dal papa, coadiuvato da tre vicepresidenti e da un vescovo segretario generale. La Conferenza si articola in conferenze episcopali regionali, oggi quasi coincidenti con le regioni civili. Le conferenze regionali sono un'istituzione risalente al 1889, piuttosto antica rispetto alla CEI, che invece ha preso l'avvio negli anni cinquanta e si è affermata dopo il Vaticano II.

La Chiesa cattolica celebra il suo culto secondo il rito romano, quello prevalente nel cattolicesimo. Nella diocesi di Milano si conserva il rito ambrosiano – ed è un'espressione di particolare identità diocesana – differente da quello di Roma in alcuni particolari. Solo in due piccole diocesi, Lungro (27 parrocchie) e Piana degli Albanesi (15 parrocchie) si celebra il culto con il rito bizantino, per l'antica provenienza orientale dei fedeli, specie albanese. Del resto nell'Italia meridionale esisteva una presenza religiosa e monastica di rito orientale che si è andata estinguendo, non senza lasciare tracce sulla religiosità popolare.

L'unità fondamentale di base della Chiesa cattolica è ancora la parrocchia territoriale. Infatti le 227 diocesi italiane svolgono il loro lavoro religioso e pastorale principalmente attraverso le parrocchie. Alcune di esse sono di antica istituzione, come quelle dei centri urbani o di parecchie zone rurali, mentre le più nuove si trovano nelle periferie delle città e in aree di recente popolamento. Le parrocchie italiane sono delle più diverse dimensioni, da quelle urbane molto popolose a quelle extraurbane, spopolate. Le parrocchie italiane sono 25 844 (e si calcola che il 50% di esse abbia meno di 1000 abitanti). In media c'è una parrocchia, come realtà religiosa di base, ogni 2200 italiani. Un problema rilevante per la Chiesa italiana è quello della costruzione di nuovi edifici parrocchiali nelle aree urbane di recente costituzione.

L'impegno della Chiesa non si articola solo sull'unità parrocchiale: parecchie iniziative fanno capo a centri diocesani o nazionali, associazioni o movimenti. La pastorale dei militari è curata organicamente in una diocesi non territoriale. Le singole diocesi istituiscono centri pastorali presso ospedali o istituti di cultura. Inoltre l'insegnamento di religione nella scuola pubblica o privata rappresenta uno spazio notevole gestito unicamente dalla Chiesa, che vi impegna docenti ecclesiastici o laici. Numerosi santuari, la maggior parte di antica tradizione ma alcuni anche più recenti, sono centri di religiosità popolare e meta di pellegrinaggi da ogni parte d'Italia (e alcuni anche con un'irradiazione internazionale). La religiosità popolare rappresenta, al di fuori della pastorale ordinaria delle diocesi, un mondo caratterizzato da forte spontaneità.

Il clero diocesano

Il clero italiano è composto da 36 150 preti diocesani («secolari»), cioè dipendenti da un vescovo e incardinati in una diocesi. Si può calcolare che nell'intero paese ci sia un prete dio-

cesano ogni 1500 abitanti circa e ogni 8 km² di territorio. Il numero dei preti diocesani è maggiore nell'Italia centrosettentrionale: si calcola che al Nord ci sia un prete diocesano ogni 1300 abitanti, ogni 1460 al Centro, ogni 2080 nelle isole e ogni 2200 al Sud. I sacerdoti sono in genere più numerosi nelle diocesi piccole e carenti in quelle più vaste.

Gli ordini religiosi

Accanto ai preti diocesani opera il clero religioso composto di 19 272 elementi appartenenti a ordini o congregazioni religiose, in parte attivo nelle parrocchie (l'8% delle parrocchie italiane è gestito da religiosi) o in altre opere. Il clero religioso dipende dal vescovo solamente per l'attività pastorale nelle diocesi, mentre per gli altri aspetti fa capo ai propri superiori. Complessivamente in Italia, tra diocesani e religiosi, ci sono più di 55 000 preti (quindi uno ogni 1000 abitanti). Nel 1961 i preti italiani erano circa 66 000. Il clero italiano, per il difficile reclutamento degli anni sessanta-ottanta e per una ondata di abbandoni dello stato ecclesiastico, presenta un fenomeno di accentuato invecchiamento, peraltro comune alle chiese dell'Europa occidentale.

Sono anche attivi in Italia 998 diaconi permanenti, in parte sposati, che coadiuvano l'attività del clero (nel 1970 erano solo 7). I seminaristi italiani sono 3239. Si può notare che, dopo la crisi di reclutamento degli anni sessanta-settanta (il punto più basso fu toccato nel 1975), il loro numero è risalito anche se non arriva a ricoprire i vuoti lasciati dall'invecchiamento del clero (nel 1961 i seminaristi erano 9300). I membri delle congregazioni o degli ordini maschili (preti o non) sono 26 841.

Le religiose italiane sono invece 125 661, impegnate in tutti settori della vita della Chiesa, dalle parrocchie, all'assistenza, all'educazione. I religiosi sono maggiormente presenti nelle diocesi di medie e vaste dimensioni. Nel complesso, tra preti diocesani, diaconi, religiosi e religiose, ci sono più di 200 000 «figure religiose», per usare una categoria di F. Garelli, presenti nel paese, nonostante la diversità delle loro funzioni. Si potrebbe dire che c'è una «figura religiosa» circa ogni 290 abitanti. Due terzi di queste «figure religiose» sono donne, appartenenti a ordini o congregazioni religiose.

I laici

Gli organismi e le associazioni, in cui si svolge l'attività dei laici italiani, sono numerosi, venendo a costituire quasi un arcipelago di istituzioni dal profilo molto differente tra loro. Alcuni sono riconosciuti ufficialmente dalla Chiesa a norma del Codice di diritto canonico. Il fenomeno dell'associazionismo cattolico è fortemente articolato al suo interno e – secondo alcune stime degli anni ottanta – giunge a toccare un po' meno di quattro milioni di italiani. I movimenti di spiritualità e di impegno religioso, come l'Azione Cattolica (l'associazione più strettamente connessa alla CEI), quelli di tipo politico-sociale o quelli di volontariato, si collocano accanto ad associazioni di tipo formativo, quali gli scouts, o gruppi sportivi e di categoria. Il rilevante sistema educativo cattolico (dalla scuola materna a quella dell'obbligo, alle scuole superiori fino agli istituti universitari) è accompagnato da una rete associativa di ex allievi e sostenitori. La scuola cattolica, che abbraccia circa il 7% della popolazione scolastica italiana con particolare preferenza per le fasce più giovani, può contare su più di 1600 istituti e oltre 31 000 docenti (di cui il 68% laici).

L'attività assistenziale

Accanto al campo religioso, la Chiesa cattolica è molto impegnata nel settore sociale e assistenziale con particolare attenzione agli anziani (di cui 84 000 viventi in strutture cattoliche), ai minori o ai giovani a rischio (almeno 80 000 in strutture permanenti), ai portatori di handicap (40 000 ospitati), famiglie in difficoltà, tossicodipendenti e alcolisti, stranieri, ammalati (38 000 in strutture della Chiesa), detenuti o ex detenuti, nomadi. Si calcola, con una forte approssimazione, che operino in Italia circa 5000 istituti e centri socio-assistenziali, utilizzati da più di mezzo milione di persone. Il personale retribuito e volontario operante in queste strutture è stato stimato all'incirca di 85 000 unità.

── **BIBLIOGRAFIA** ──

F. Garelli, *Religione e Chiesa in Italia*, Il Mulino, Bologna 1991.

Italia multireligiosa

Culti nuovi e tradizionali, movimenti emergenti

Andrea Riccardi

Fino a non molti anni fa, in Italia, il non cattolico era tendenzialmente il laico o il non credente. Il paese, con un'altissima percentuale di battezzati, conservava il suo carattere di «nazione cattolica». Esistevano solo due componenti non cattoliche tradizionali, numericamente molto ridotte, l'ebraismo e il protestantesimo valdese. Negli ultimi decenni si sono sviluppate in Italia nuove aree religiose piuttosto estese. Si può dire che l'Italia da nazione cattolica sia divenuta un paese multireligioso?

I valdesi

La presenza della comunità ebraica e di quella valdese non ha mai posto in discussione la preponderanza religiosa del cattolicesimo. La Chiesa valdese italiana (recentemente integratasi con la piccola Chiesa metodista) conta 173 comunità sul territorio nazionale. Il valdismo rimonta all'antico movimento medievale ed è di tradizione riformata calvinista. I membri della Chiesa sono circa 30 000, di cui la metà residenti nelle valli valdesi in Piemonte. Il valdesi gestiscono a Roma la facoltà valdese che è il più importante centro teologico protestante del paese. Si calcola che l'area protestante raccolga nel suo complesso circa 200 000 fedeli, valdesi-metodisti, battisti, avventisti, Chiesa dei fratelli, Assemblee di Dio, luterani e altre denominazioni.

Gli ebrei

Gli ebrei italiani, riuniti nell'Unione delle comunità ebraiche (UCEI), sono circa 35 000. Un'importante componente di immigrati è rappresentata dagli ebrei provenienti dal mondo arabo dopo la seconda guerra mondiale (in particolare egiziani e libici). Le comunità ebraiche maggiori sono a Roma (qui i 12 000 ebrei hanno un'antica origine romana) e a Milano. Dopo il 1948 circa 5500 ebrei (di cui 3500 nati in Italia) partirono per andare a vivere in Israele. La popolazione ebraica è generalmente concentrata nelle città. La gran parte degli ebrei italiani appartengono al rito italico: non possono cioè essere considerati né sefarditi (provenienti dalle comunità del mondo arabo) né askenaziti (provenienti dalle comunità dell'Europa centrale e orientale), anche se esistono cospicue minoranze di sefarditi (più del 24%) e di askenaziti (più del 12%). Un'intesa con lo Stato italiano nel 1987 ha riconosciuto l'organizzazione e le istituzioni della comunità. La comunità ebraica svolge un notevole ruolo nella vita del paese e si segnala anche per il particolare impegno contro le riemergenti manifestazioni di razzismo e antisemitismo.

Le comunità ortodosse

Si trovano in Italia anche comunità ortodosse, seppure piuttosto esigue e divise in varie giurisdizioni. Accanto a gruppi di italiani convertiti all'ortodossia e legati a varie Chiese ortodosse, ci sono fedeli stranieri come i greci, i romeni, i russi... Un metropolita d'Italia, istituito nel 1991, ha sede a Venezia e dipende dal patriarcato ecumenico di Costantinopoli, ma non tutti gli ortodossi della penisola fanno capo alla sua giurisdizione. Sono state aperte recentemente due chiese copte egiziane (quindi non calcedonesi e divise dal mondo ortodosso) a Milano e a Roma. Una comunità etiopica – sempre non calcedonese – vive a Roma, composta da cristiani eritrei ed etiopici.

Testimoni di Geova e nuovi culti

Oltre alle comunità religiose storiche, come quella ebraica e protestante, o a quelle ortodosse, si sono sviluppati in Italia vari movimenti di origine cristiana, come i Mormoni, i Testimoni di Geova, la Chiesa del Regno. Secondo alcuni calcoli questa area di movimenti d'origine cristiana arriverebbe ad abbracciare circa 350 000 persone. Si tratta in gran parte di Testimoni di Geova (150 000 aderenti e altrettanti simpatizzanti), che hanno conosciuto una grande diffusione dal secondo dopoguerra. Contrari al servizio militare e alle trasfusioni di sangue, essi hanno vissuto una serie di conflitti con lo Stato. La centrale della «filiale» italiana è a Roma. Gli ultimi due decenni di propaganda geovista sono stati molto intensi in Italia ed hanno mostrato una buona capacità di penetrazione. I nuovi culti e movimenti emergenti, in cui l'origine cristiana è inesistente o molto poco chiara, raccolgono organizzazioni differenti ma in crescita, come la Chiesa dell'Unificazione, la Chiesa di Scientologia, le realtà neo-orientali,

come gli Arancioni e gli Hare Krsna, i centri buddisti, la Meditazione trascendentale. Si presume che questa area abbracci circa 200 000 persone. La diffusione di questi movimenti – all'interno dei quali bisogna distinguere tra membri e simpatizzanti – è iniziata nelle aree urbane del Centronord, in particolare tra il 1972 e 1974, per avere poi un'altra ondata di espansione dalla fine degli anni settanta. Tra i nuovi culti si delinea un'area abbastanza vasta e in forte crescita dal punto di vista proselitistico (a differenza delle denominazioni cristiane storiche e dell'ebraismo) ma non ancora pienamente consolidata.

La presenza musulmana

La presenza musulmana in Italia è stata tradizionalmente di entità insignificante, in collegamento con la storia coloniale del paese. Solo nell'ultimo decennio i musulmani italiani sono divenuti la seconda comunità da un punto di vista numerico in Italia, anche se una grandissima parte di questa comunità è composta da cittadini non italiani. I musulmani in Italia sono circa 300 000, molti immigrati recentemente nel paese. La componente maggioritaria nella comunità è quella marocchina (circa 100 000 fedeli), segue quella tunisina con 50 000 presenze, senegalese (con la strutturazione della confraternita dei muridi sul territorio nazionale), algerina, eritrea, somala, libica... Pochi gli italiani musulmani, provenienti sia da matrimoni misti che da conversioni, di origine piuttosto recente. Le strutture dell'Islam in Italia sono ancora in uno stadio di formazione: i due centri maggiori sono a Milano e a Roma, dove è stata ultimata la costruzione della più grande moschea del paese. Permane il grosso problema della rappresentatività della comunità islamica che non ha raggiunto una sua espressione unitaria a livello nazionale di fronte allo Stato.

I rapporti tra le chiese

Tra Chiesa cattolica e denominazioni cristiane storiche si è sviluppato, fin dalla fine del Concilio Vaticano II, un costante dialogo ecumenico che risente dell'andamento di quello a livello internazionale, ma è sostanzialmente improntato a una forte cordialità. Sono buoni i rapporti tra la Chiesa cattolica e la comunità ebraica, come è stato sottolineato con la visita di Giovanni Paolo II alla sinagoga di Roma nel 1986. Anche le relazioni tra cristiani e mondo musulmano italiano non sono difficili (anche per una certa fragilità della leadership musulmana italiana), seppure in larga parte impostate sulla solidarietà agli emigrati. Non si segnalano polemiche tra cattolici, chiese cristiane, ebrei, a proposito di azioni proselitistiche condotte nell'ambito dei fedeli delle altre comunità. Una forte attenzione critica viene esercitata invece da parte della Chiesa cattolica nei confronti della propaganda dei nuovi movimenti religiosi, con una preparazione dei propri fedeli all'impatto con essi. All'Italia come «nazione cattolica» e come paese occidentale secolarizzato, si va aggiungendo un terzo profilo, quello di una società multireligiosa.

―――― **BIBLIOGRAFIA** ――――

O. Schmidt di Friedberg, M. Borrmans, *Musulmans et Chrétiens en Italie*, in «Islamochristiana», n.19, 1993, pp. 153-198.

V. Ianari, *L'Islam fra noi. Conoscere una realtà vicina e lontana*, Elle Di Ci, Torino 1992.

La mafia

Cosa nostra in Sicilia
Diego Gambetta

Un modello di risposta istituzionale alla mafia
Luciano Violante

Le donne, la mafia
Renate Siebert

Un'industria che offre protezione

Cosa nostra in Sicilia

Diego Gambetta

99 Fino a tempi recenti i fatti di Cosa nostra, in quanto distinti da generiche manifestazioni di criminalità e corruzione, erano circondati di mistero. Solo nell'ultimo decennio, grazie al monumentale lavoro dei magistrati siciliani, molte cose sono diventate più chiare.

Fino a tempi recenti non si era sicuri neppure dell'esistenza di Cosa nostra. I fatti che circondano questa organizzazione, in quanto distinti da generici fatti di criminalità o corruzione, sono diventati più chiari solo nell'ultimo decennio grazie al monumentale lavoro di indagine dei magistrati siciliani. Ma l'incertezza che ha circondato l'esatta natura di Cosa nostra è talmente profonda che permane una certa confusione. Inoltre, gli interessi dei mass media aumentano il «rumore» intorno al fenomeno. Comportamenti e organizzazioni che dovrebbero essere tenuti distinti vengono confusi e non è sempre agevole separare realtà e finzione. Ogni omicidio che avviene in Sicilia è automaticamente definito «un delitto di mafia»; ogni pregiudicato di origine meridionale arrestato è «un boss»; ogni vetrina infranta è un'intimidazione estorsiva. È un campo invece in cui è indispensabile essere cauti, evitare le semplificazioni e le deduzioni affrettate; occorre evitare soprattutto di fare della mafia un mito: prima che uomini d'onore i mafiosi sono uomini come gli altri.
Vi è poi un altro ostacolo alla comprensione del fenomeno. Se consideriamo le principali istituzioni esistenti, dalla grande industria al governo, dai partiti politici alle società segrete, dalle sette religiose ai sindacati, la mafia non sembra corrispondere appieno a nessuna di queste. Ci troviamo così in difficoltà nel reperire, tra le categorie che siamo soliti applicare ad altri campi, quelle adatte a comprendere questo. Le definizioni più diffuse – «la mafia come metodo», «la mafia imprenditrice», «circuito potere-profitto» – non aiutano a distinguere il fenomeno da altri poiché risultano generiche. Per esempio, la ricerca del potere per accrescere il profitto (e viceversa), è un fine attribuibile a qualsiasi grande impresa. Persino il mero coinvolgimento in traffici illeciti, ancorché organizzato, costituisce una rete a maglia troppo larga per cogliere ciò che la mafia ha di specifico.

La differenza specifica

Qual è dunque la *differenza specifica* della mafia, l'attributo senza il quale l'oggetto stesso perde contorni precisi? Sin dal secolo scorso si è parlato di mafia in associazione con altri mercati: mafia delle acque, degli agrumi, dei mulini, delle miniere, del latifondo, dei mercati all'ingrosso, delle braccia, delle costruzioni, della droga: si è parlato di mafia imprenditrice, finanziaria e, naturalmente, di mafia politica. Senza una «stampella» la nozione di mafia sembra incapace di reggersi. Invece, ci si trova di fronte un fenomeno specifico che si distingue dai mercati in cui opera, esattamente come un'impresa di assicurazioni si distingue dai mercati che essa assicura. La mafia rappresenta un mestiere a sé stante, un'industria vera e propria che ruota intorno all'offerta di protezione. Il mafioso esercita il ruolo di garante o protettore in transazioni delicate e complesse in cui possono nascere dispute. Il suo ruolo si manifesta nella regolazione di una varietà di controversie – potenziali o effettive – riguardanti beni sia legali sia soprattutto illegali: crediti non riscossi, bidoni ricevuti, contratti non rispettati, accordi fragili e rischiosi.

In Sicilia parecchi ricorrono ai mafiosi come ricorrerebbero alla forza pubblica o a un tribunale. Vi hanno rubato la macchina o in casa? Vi recate dal mafioso della zona e gli chiedete di aiutarvi a recuperare la refurtiva. Talvolta riesce. Vi costerà un po' meno di quello che vi sarebbe costato se il maltolto fosse sparito per sempre. Talvolta vi viene il sospetto che il mafioso e i ladri siano in combutta e che in realtà si tratti di una truffa. Questo succede. Succede perché il mafioso vende protezione secondo convenienza e dunque può scegliere di venderla ai borseggiatori anziché alle vittime, ai rapinatori anziché ai negozianti. O comunque può scegliere di arbitrare tra i due. I mafiosi non sono vincolati ad alcuna forma di diritto universale. A volte possono proteggere due parti in modo equanime,

altre volte ne proteggono una, altre ancora una più dell'altra. Per questo motivo, paragonare la mafia a uno Stato legittimo è fuorviante, perché quello della protezione mafiosa è piuttosto un mercato. La mafia nasce e si rinnova in un mondo dove i diritti non esistono, neppure i più elementari diritti di proprietà. Ogni qualvolta avviene un atto che noi riconosciamo come «furto», questo viene invece trattato come una mera disputa tra derubato e derubante, in cui nessuno dei due ha dei diritti sanciti a priori e in cui i mafiosi si ergono a soli arbitri.

Una scelta economica

La scelta di quale cliente proteggere è una scelta economica: il mafioso preferisce proteggere, poniamo, i negozianti se ha davanti a sé un orizzonte economico di lunga durata perché in questo caso gli conviene sostenere chi produce reddito, anziché chi si limita a sottrarlo; viceversa, se il mafioso sente la polizia o altri mafiosi soffiargli minacciosamente sul collo e sa che le sue probabilità di sopravvivere a lungo sono limitate, sceglierà di vendere protezione ai ladri per ottenere il più possibile il prima possibile. È comunque vero che si ricorre all'arbitrato mafioso in casi in cui non si può parlare di estorsione poiché l'incidente è chiaramente indipendente dalla volontà del mafioso: se qualcuno vi deve dei soldi o se avete un incidente stradale o, ancora, se dovete dei soldi a qualcuno e desiderate una dilazione. Tuttora, dato che il diritto civile impiega anni a risolvere le dispute, è comprensibile che si sia tentati di ricorrere al mafioso. Lo stesso giudice Giovanni Falcone notò che se la giustizia civile non diventava più efficiente «Don Peppe» avrebbe continuato a intervenire in sua vece. Ma i più grandi consumatori di protezione mafiosa non sono i cittadini comuni, ma coloro che operano fuori della legge: non c'è niente di peggio per un criminale che essere derubato o bidonato dai suoi compari perché non saprebbe a chi rivolgersi per ottenere, per così dire, giustizia. Il mondo in cui la protezione è veramente molto richiesta, è il mondo dei traffici illegali perché, anche se lo Stato è efficiente, *comunque* l'illegalità dei traffici li esclude dalla protezione statale. Per chi opera nei mercati illegali il problema di farsi proteggere è cruciale: quando non esiste un'industria specializzata, essi cercano di farsi giustizia da soli; ma se ci sono mafiosi disponibili – venuti alla ribalta per ragioni storiche che non posso esplorare qui – i delinquenti saranno fatalmente attratti a diventarne i clienti. Non solo, vale anche il nesso opposto: potendo contare sulla protezione mafiosa si avrà un incentivo ulteriore a darsi ai traffici illeciti.

Un esempio di protezione

L'intervento dei mafiosi come garanti non si manifesta solo laddove le merci scambiate sono esse stesse illegali, ma anche laddove, essendo le merci perfettamente legali, sono solo gli accordi di scambio a essere organizzati in modo illegale. La corruzione e la collusione nell'assegnazione degli appalti pubblici sono casi di questo genere.

Nella sua confessione Baldassarre Di Maggio, l'autista di Salvatore Riina, ha raccontato, per esempio, di come Angelo Siino, un costruttore, si sia rivolto ai mafiosi, proponendo loro di aiutarlo a «coordinare» le offerte ai concorsi pubblici per poter ottenere margini di guadagno maggiori. Dopo una certa indecisione da parte di Riina che valutò la faccenda con la stessa cautela con cui l'avrebbe valutata un assicuratore, i mafiosi decisero di aiutare l'imprenditore. Per prima cosa essi si impegnarono «a accreditare Siino presso le altre imprese».

«Accreditare» significa dare a Siino la licenza di far uso di un marchio che gli dia credibilità, la licenza in altre parole di «spendere» il nome dei mafiosi quando propone agli altri imprenditori di colludere.

La «coda» per gli appalti

Una delle forme di collusione più diffuse è una specie di coda, secondo cui solo un'impresa alla volta presenta un'offerta tale da vincere un determinato appalto, mentre le altre o si astengono o fanno offerte in eccesso a quella prescelta per candidarsi invece a appalti successivi. Affinché gli imprenditori possano fidarsi che ciascuno faccia la sua parte, occorre che siano sicuri che se qualcuno cercasse di «fare il furbo» e di saltare la coda, verrà punito, occorre, in altre parole, una garanzia. La vendita di protezione consiste molto semplicemente nell'offrire questa garanzia. Così molte imprese riescono a colludere con successo. Un imprenditore ha dichiarato: «Credi che senza una mano forte noi teniamo in coda 160 imprenditori? Perché la coda funzioni, venga rispettata, e si arrivi all'appalto uno per volta, occorre la minaccia credibile dell'uso della forza». Questa minaccia la offre Cosa nostra. Il geometra Giuseppe Li Pera, coinvolto nella stessa inchiesta, spiega: «Cosa nostra, si cura che i vari appalti siano distribuiti equamente fra le ditte interessate».

I progetti mafiosi

E i profitti? La confusione tra mercati protetti e mercato della protezione, tra la mafia e i suoi clienti, induce a confondere il profitto dei mafiosi con il profitto del settore da essi protetto, per cui il profitto degli appalti (o del commercio della droga) vengono considerati genericamente «profitti mafiosi». Non è così. Sarebbe come chiamare «profitti assicurativi», l'insieme dei profitti dei Lloyds e delle imprese di navigazione da essi assicurate. Il mafioso in cambio del servizio offerto chiede all'imprenditore solo una percentuale sul valore dell'appalto. Baldassarre Di Maggio dice: «Noi trattenevamo il 5%, (di cui) il 3% restava all'organizzazione mafiosa e il 2% veniva consegnato a Siino per pagare i politici». Quel 3% non è profitto che deriva direttamente dall'attività edilizia – in questo consiste la confusione – ma compensa un servizio diverso e specifico, vale a dire l'attività di protezione degli accordi di collusione tra imprenditori indipendenti.

L'organizzazione

Le famiglie mafiose sono circa un centinaio e sono distribuite in gran parte nella Sicilia occidentale. Esse sono legate tra loro come le imprese di un cartello; «Cosa nostra» è il nome più recente utilizzato per indicare questo cartello e l'insieme di norme che lo regola. Il carattere più radicato della mafia non consiste però in un'organizzazione centralizzata. Ciò che le famiglie mafiose hanno in comune è piuttosto un patrimonio di reputazione, assimilabile a un «marchio di fabbrica», a una garanzia di qualità della protezione. La stessa minaccia o decisione presa da un gruppo di protet- tori che non è in grado di rivendicare in modo convincente di essere parte riconosciuta di «Cosa nostra» è meno efficace e più costosa da far rispettare. La reputazione di Cosa nostra è distinta da quella di ciascuna famiglia o membro di essa, ma tutti ne beneficiano e hanno un interesse collettivo a conservarne le caratteristiche distintive. La reputazione in questo campo è il capitale più importante. Se si guarda a Cosa nostra in questo modo si riesce a spiegare l'apparente ambivalenza nei rapporti tra famiglie mafiose, in cui coesistono conflittualità e cooperazione, lotte fratricide e identità condivisa.

È perlomeno dalla fine degli anni cinquanta che le famiglie di alcune province siciliane hanno cercato di creare rapporti sistematici e di istituire un insieme di regole per amministrarli. Questo non significa che le famiglie mafiose abbiano perduto l'indipendeza sottomettendosi a una struttura centralizzata, né che la turbolenza di questo settore sia scomparsa. L'affiliazione ha continuato a essere controllata da ogni singola famiglia, e la famigerata «commissione» – formata in prevalenza dai capi delle famiglie della sola provincia di Palermo – non ha svolto funzioni di governo o preso decisioni in contrasto con il valore delle famiglie principali. Si trattava piuttosto di una sede di discussione in cui venivano negoziate le suddivisioni del mercato, decise eventuali azioni comuni e in cui si sorvegliavano gli standard di comportamento necessari al settore nel suo insieme. La commissione si preoccupava in particolare di fissare le norme riguardanti il reclutamento, la reputazione, i diritti di proprietà e la legittimità dello sfruttamento del marchio «mafioso». Si preoccupava anche di regolare la divisione territoriale tra famiglie che in Sicilia è la forma prevalente di suddivisione degli affari. (Il territorio, però, non rappresenta una condizione necessaria per l'operare dell'industria di tipo mafioso. Cosa nostra negli Stati Uniti, per esempio, ha contato su una suddivisione per settore anziché per area geografica, spesso con notevoli guadagni di efficienza).

Cosa nostra non è l'unico «marchio»

L'impressione generale che si ricava dalle fonti giudiziarie rimane comunque quella di un mondo tormentato e confuso, turbato da anomalie, confini incerti, situazioni incongruenti, norme disattese e informazioni distorte. La stessa affiliazione raggruppa sotto la medesima etichetta ruoli distinti. Normalmente il ruolo di membro iniziato comporta la possibilità non solo di consumare protezione, ma soprattutto di fornirla; equivale a una licenza commerciale. Ma è anche vero che quando un cliente è troppo ingombrante e difficile da controllare, il suo legame con la famiglia può essere sanzionato dall'iniziazione, anche se costui continuerà esclusivamente a farsi proteggere. Inoltre, i modi in cui, una volta acquisita, questa licenza viene adoperata variano grandemente; alcuni membri agiscono in modo spregiudicato senza curarsi delle norme e si muovono sui mercati internazionali, altri rimangono per tutta la vita semplici venditori ambulanti, altri ancora emigrano in cerca di fortuna. Certuni, una volta iniziati, non si fanno più vedere, e altri si dimostrano così sciocchi da essere semplicemente ignorati. Ma in un universo come questo tutto ciò è inevitabile. Quel che davvero è notevole nella mafia siciliana è la lunga serie di elaborati tentativi per controllare tali turbolenze messi in atto dopo la seconda guerra mondiale. Nulla di simile – almeno nulla che ne abbia avuto successo – è stato messo in atto dai gruppi nel resto dell'Italia meridionale – come la camorra e la 'ndrangheta. Va infine ricordato che l'industria della protezione è un arcipelago complesso: Cosa nostra stessa non è che un marchio particolare di questo arcipelago, anche se forse è il più importante, e certo è il più noto. Ma, nella stessa Sicilia, esistono altri cartelli, operanti nella stessa industria, con i loro relativi «marchi»: a Catania si trovano Malpassoti, Carcagnusi, Cursoti; nell'agrigentino, esistono gruppi noti come Stidde, stelle.

───────── **BIBLIOGRAFIA** ─────────

G. Falcone, M. Padovani, *Cose di Cosa Nostra*, Rizzoli, Milano 1991.

L. Franchetti, *Condizioni politiche ed amministrative della Sicilia*, vol. I, di L. Franchetti e S. Sonnino, *Inchiesta in Sicilia*, Vallecchi, Firenze (1876) 1974.

D. Gambetta, *La mafia siciliana. Un'industria della protezione privata*, Einaudi, Torino 1992-1994.

P. Reuter, *Disorganized Crime. The economics of the visible hand*, MIT Press, Cambridge Mass. 1983.

C. Stajano (a c. di), *Mafia. L'atto di accusa dei giudici di Palermo*, Editori Riuniti, Roma 1992.

Un modello di risposta istituzionale alla mafia

Luciano Violante

99 Le organizzazioni mafiose non sono separate dai processi economici, sociali, politici che investono il territorio nel quale operano. Vivono all'interno della nostra società.

Hanno rapporti d'affari, politici, finanziari anche con il mondo legale; si avvalgono delle nostre regole, delle nostre istituzioni e dei nostri servizi a loro vantaggio; sono sempre più spesso imprenditrici, tanto nel mercato legale quanto nei mercati criminali.

Sono inoltre fortemente competitive perché capaci di sviluppare intimidazione e violenza, disponibili alla corruzione, in possesso di colossali quantitativi di danaro, in grado di assicurarsi ancora oggi un elevato grado di impunità. Si spostano praticamente in tutto il mondo, sviluppando in diversi paesi, dall'Australia al Sud America, molteplici rapporti tanto con organismi legali quanto con il mondo del crimine.

Aumenta la complessità delle organizzazioni mafiose

Lo sviluppo delle organizzazioni mafiose nel tempo è caratterizzato da una crescente complessità. In Sicilia, per esempio, Cosa nostra è passata dal latifondo ai suoli urbani, seguendo il processo di urbanizzazione che si è sviluppato in tutta Italia, e quindi anche in quella regione, verso la fine degli anni cinquanta. Negli anni settanta Cosa nostra entra massicciamente nel traffico di stupefacenti. Negli anni ottanta si impadronisce di una fetta consistente degli appalti pubblici e sviluppa la tendenza, preesistente, agli investimenti finanziari all'estero, anche perché deve amministrare i grandi utili del traffico di stupefacenti. A ciascuno di questi passaggi corrisponde una modifica delle caratteristiche di Cosa nostra. È evidente che il modello organizzativo della mafia agraria non è idoneo a gestire sui mercati internazionali le migliaia di miliardi frutto del traffico di stupefacenti. Il passaggio dalla coppola al cachemire, da Corleone a Zurigo, comporta una profonda modifica di regole, tipo di relazioni sociali e politiche, abitudini mentali.

Il processo di modernizzazione è analogo per la camorra e per la 'ndrangheta, le altre due grandi organizzazioni mafiose italiane. La camorra ha il suo grande mutamento negli anni ottanta, quando riesce a impadronirsi di gran parte della spesa pubblica del dopo-terremoto. Il 23 e 24 novembre

1980 un terremoto colpisce la Campania e la Basilicata; causa 2735 morti, oltre 8850 feriti; vengono distrutti molti centri abitati. Vengono stanziati complessivamente più di 50 000 miliardi. Alla fine del 1990, dieci anni dopo il sisma, risiedevano ancora in roulotte, container e prefabbricati leggeri 28 572 persone. Il danaro pubblico era finito in gran parte nelle mani delle organizzazioni della camorra. È evidente che l'impossessamento di decine di migliaia di miliardi non poteva essere effettuato dallo stesso tipo di organizzazione che si curava del contrabbando di sigarette.

Anche la 'ndrangheta si sviluppa nell'alveo della spesa pubblica. La costruzione dell'autostrada Salerno-Reggio Calabria negli anni settanta, la realizzazione, nello stesso periodo, del v Centro siderurgico, negli anni ottanta, della centrale Enel di Gioia Tauro sono tre momenti essenziali per la nascita in Calabria della «mafia dalle scarpe lucide», quella che ha preso il posto della vecchia 'ndrangheta di contadini e pastori.

Il sistema della mafia-azienda

Le organizzazioni mafiose sono oggi capaci di coniugare l'omicidio brutale con il sofisticato investimento finanziario, la regola ancestrale del silenzio omertoso con la riservatezza del consiglio di amministrazione di una moderna Spa, il tradizionale rapporto con la politica imperniato sullo scambio voto-favore con il nuovo intreccio che garantisce l'impunità, i grandi affari e la delegittimazione degli avversari comuni attraverso l'uso sapiente di mezzi di comunicazione.

Si tratta di un sistema complesso e sofisticato che può definirsi mafia-azienda: il complesso di beni e servizi organizzati per l'esercizio dell'impresa mafiosa. (Vedi anche: *La mafia-azienda si sconfigge sul piano finanziario*, nella sezione «Giustizia penale e società».) Si tratta di beni illegali, come le armi, e di beni legali come le macchine per il movimento terra. I servizi possono essere criminali, dal trasporto di stupefacenti alla raccolta del profitto delle estorsioni, o legali, dalla consulenza giuridica alla direzione di attività lecite. L'azienda mafia ha cioè la capacità di operare tanto sul terreno legale quanto sul terreno illegale. La sua attività legale si distingue rispetto alla apparentemente analoga attività di una qualsiasi azienda per tre fattori:
a) l'origine criminale del capitale investito;
b) le modalità – corruzione, intimidazione, violenza - con la quale si conquista fette di mercato;
c) la garanzia tacita del ricorso a queste modalità se quelle legali si rivelano insufficienti ad assicurare il successo;
d) la strumentalità delle attività legali rispetto a quelle criminali, che restano le più redditizie in assoluto, ma che si sviluppano più facilmente se possono usufruire delle opportunità offerte da coperture legali.

Sinergia tra legale e illegale

Il traffico di stupefacenti, per esempio, può essere meglio organizzato e può avere maggiori garanzie se si avvale, poniamo il caso, delle strutture di una società di import-export. La sinergia tra legale e illegale rende pressoché imbattibile sul mercato la mafia-azienda; la possibilità di violare le regole senza pagare tutti i costi dell'illecito le conferisce una marcia in più rispetto a qualsiasi azienda legale.

La mafia-azienda produce essenzialmente ricchezza e consenso sociale. I mezzi con i quali opera sono, oltre a quelli ordinariamente usati da qualsiasi azienda per produrre e commercializzare beni e servizi legali, la corruzione, l'intimidazione e la violenza. I capitali, oltre che da attività formalmente lecite, derivano dal traffico di stupefacenti, dall'estorsione, dall'usura e da altri delitti. Le commesse pubbliche si ottengono con la corruzione. La concorrenza si regola eliminando con la violenza o con l'intimidazione le aziende competitive dal mercato.

Il consenso sociale è essenziale per la natura stessa del fenomeno mafioso. La mafia infatti, a differenza delle altre forme di criminalità organizzata, intende essere sovrana sul proprio territorio, contestando la sovranità dello Stato o, al massimo, puntando a una convivenza con gli organismi dello Stato fondata sul principio di non interferenza reciproca.

Importanza del consenso sociale

Il consenso è acquisito grazie alla distribuzione delle risorse, legali e illegali; all'intermediazione con i pubblici poteri al fine di far ottenere ai propri clienti come favore ciò che dovrebbe ottenersi come diritto o, più spesso, ciò che non si potrebbe ottenere perché non se ne ha il diritto; alla capacità di risolvere controversie private e di assicurare la «pace» nei quartieri o nelle città.

Per la mafia-azienda è essenziale il rapporto con la politica. Esso serve per assicurare impunità, la partecipazione a grandi affari, l'utilizzazione dei mezzi di comunicazione al fine di screditare gli avversari comuni e far circolare posizioni, tesi, opinioni favorevoli.

Le attività della mafia-azienda

Traffico di stupefacenti, contrabbando di sigarette, estorsioni, usura, gioco d'azzardo, manipolazione delle aste giudiziarie e fallimenti, riciclaggio, appalti pubblici, condizionamento del voto nelle elezioni amministrative e politiche, benefici per propri clienti, intimidazione di concorrenti, avversari, magistrati e giurati, garanzia di accettabili condizioni di vita per i collaboratori della mafia-azienda che siano detenuti, «aggiustamento» dei processi per evitare le condanne, ricorso all'omicidio e alla strage.

La mafia-azienda si muove quindi su una molteplicità di livelli e opera con una molteplicità di strategie, apparentemente distanti l'una dall'altra, ma in realtà strettamente sinergiche e funzionali.

Questa molteplicità dei livelli di azione mafiosa ha richiesto un'azione di risposta con le stesse caratteristiche. La legislazione antimafia oggi in vigore (si tratta di oltre cento leggi) è frutto della consapevolezza della complessità del fenomeno mafioso e della conseguente necessità di affrontarlo su tutti i piani.

Indagate le connessioni mafia-politica

Il parlamento ha manifestato da tempo un'accentuata consapevolezza delle connessioni fra mafia e politica. Già la legge istitutiva della Commissione parlamentare d'inchiesta sulla mafia nella decima legislatura aveva

Cento leggi contro la mafia

Le principali materie sulle quali oggi interviene la legislazione antimafia sono:

a) *sul terreno penale*
• difesa del processo penale da operazioni dirette a inquinare le prove;
• trattamento penitenziario di particolare rigore per l'imputato e per il condannato per mafia, al fine di interrompere le sue relazioni con i complici e con l'ambiente di provenienza;
• sequestro e confisca del patrimonio illegalmente acquisito dal mafioso;
• previsione di una speciale ipotesi di usura a danno degli imprenditori;
• forti riduzioni di pena per i cosiddetti «pentiti», al fine di favorire la rottura dell'omertà che caratterizza le organizzazioni mafiose;
• costituzione presso le maggiori procure della repubblica di specifiche direzioni antimafia per rendere permanente e specializzata l'azione di contrasto alla mafia.

b) *per la difesa del mercato dai condizionamenti mafiosi*
• punizione dell'illecita concorrenza con violenza e minaccia; impossibilità per il mafioso di ottenere il rilascio di licenze, concessioni, autorizzazioni amministrative;
• punizione severa delle attività di riciclaggio; controlli sul sistema bancario e sulle società finanziarie; censimento degli intermediari finanziari; obbligo di segnalare le operazioni considerate sospette;
• revisione generale della legislazione sui lavori pubblici per prevenire l'ingresso nel settore di imprese a capitale mafioso;
• offerta di garanzie per gli imprenditori danneggiati dalle estorsioni (cosiddetta legge antiracket).

---

dato mandato alla Commissione di «accertare e valutare la natura e le caratteristiche dei mutamenti e delle trasformazioni del fenomeno mafioso e *di tutte le sue connessioni*». Il mandato venne riconfermato negli identici termini per la commissione istituita nella XI legislatura, operante dall'ottobre 1992 al marzo 1994.

Sciolti i consigli comunali infiltrati

I successivi interventi del parlamento su questa materia hanno individuato tre direttrici principali:
a) scioglimento dei consigli comunali e provinciali per collegamenti diretti o indiretti di singoli amministratori con esponenti della criminalità organizzata o per condizionamento degli amministratori stessi da parte di tali forme di criminalità;
b) limitazione dell'elettorato passivo e sospensione o decadenza dalle cariche nelle amministrazioni locali in caso di rinvio a giudizio per il delitto di associazione per delinquere mafiosa e per alcuni altri delitti relativi alla criminalità organizzata. È evidente che il far derivare conseguenze così gravi dal rinvio a giudizio nasce da una valutazione particolarmente preoccupata delle connessioni tra criminalità organizzata e politica e, insieme, dalle difficoltà di molti partiti politici nel liberarsi dai condizionamenti locali di personaggi non degni di rivestire pubblici incarichi. In particolare la Commissione antimafia aveva accertato,

in quel turno di tempo, che molti dei candidati a elezioni amministrative e regionali erano imputati, o erano stati condannati per reati gravi, nonostante in precedenza, i segretari nazionali di tutti i partiti politici avessero accettato l'impegno, proposto dalla stessa Commissione, a non candidare un tale genere di persone;

c) repressione dello scambio elettorale con la mafia.

La repressione dello scambio elettorale

Per iniziativa parlamentare si introdussero nel 1992 due nuove norme incriminatrici. La prima integra la definizione di associazione per delinquere mafiosa, tipizzata dall'art. 416 bis codice penale: costituisce associazione mafiosa anche quella che si avvale «della forza di intimidazione del vincolo associativo e della condizione di assoggettamento e di omertà che ne deriva... al fine di impedire od ostacolare il libero esercizio del voto o di procurare voti a sé o ad altri in occasione di consultazioni elettorali» (riconoscimento della funzione politica della mafia). La seconda disposizione punisce lo scambio elettorale politico-mafioso, individuato come promessa di voti effettuata dall'aderente all'associazione mafiosa, che riceve in cambio somme di danaro. La maggioranza parlamentare escluse peraltro l'estensione della punibilità ai casi in cui non si fosse dato danaro, ma si fossero promesse altre utilità, come apparati, forniture ecc., caso invece assai frequente.

La Commissione antimafia, punto di raccordo tra istituzioni

Alla complessità e alla molteplicità dei livelli di azione mafiosa corrisponde, dunque, una pari complessità e molteplicità dei livelli di risposta istituzionale. Permane però un problema strategico. Mentre nel mondo mafioso i diversi livelli di intervento sono sinergici, orientati nella stessa direzione, ciascuno produttivo di utilità per l'altro e all'altro coeso, nel mondo legale permangono rivalità di corpi, separatezze burocratiche, difficoltà di comunicazione. Sono difetti oggi presenti in misura ridotta rispetto al passato e tuttavia capaci ancora oggi di non rendere fluida e permanente l'azione antimafia. Nella XI legislatura la Commissione antimafia ha ritenuto fosse proprio compito, nell'ambito delle competenze affidatele dal parlamento, porsi come punto di raccordo tra le varie istituzioni dello Stato, gli enti locali, le regioni, al fine di sviluppare le necessarie sinergie e collaborazioni. Non esisteva più, a differenza del passato, l'esigenza primaria di aggiornare o integrare le risposte legislative; c'era, e permane, l'esigenza di far funzionare al meglio le leggi e le istituzioni esistenti.

Non si è trattato, naturalmente, di una scelta arbitraria: la legge istitutiva prescrive che la Commissione ha il compito di accertare la congruità delle leggi e della conseguente azione dei pubblici poteri e di formulare le proposte di carattere legislativo e amministrativo ritenute opportune per rendere più coordinata e incisiva l'iniziativa dello Stato, delle regioni e degli enti locali.

Contrastare la separatezza e l'isolamento delle istituzioni

Questo accertamento non è stato svolto in modo ispettivo, ma sollecitando, sulla base delle richieste formulate da varie istituzioni, dagli stessi componenti della Commissione e da privati cittadini, il funzionamento ottimale di ciascun ente, organismo e istituzione. Un esempio: molti uffici giudiziari del Sud lamentavano la mancanza di magistrati e il ministro della giustizia si accingeva a distribuire circa 600 posti di magistrato in tutta Italia; la Commissione ha segnalato al ministro l'opportunità che, in relazione alle esigenze della lotta contro la mafia, almeno la metà di quei posti fosse destinato al Mezzogiorno. Il ministro ha accolto la proposta. Un altro esempio: la gestione commissariale dei comuni sciolti per mafia ha posto i funzionari incaricati dell'esercizio di tale gestione di fronte a ostacoli di straordinaria complessità. La Commissione ha sentito molti di questi commissari, ha elaborato proposte correttive e integrative della legge sullo scioglimento dei consigli comunali per infiltrazioni mafiose, le ha discusse con il ministro dell'interno, che le ha fatte proprie in un decreto legge, poi approvato dal parlamento. Se c'era un ufficio giudiziario che lamentava la mancanza di idoneo personale di polizia, accertata la fondatezza della lamentela, la segnalazione veniva trasmessa al Ministero dell'interno, che in genere provvedeva tempestivamente. Quest'opera di connessione, svolta da un organismo parlamentare, senza poteri di intervento amministrativo diretto e, quindi, senza alcuna forma di sovraordinazione gerarchica, costituisce il necessario complemento dell'azione delle singole istituzioni contro la mafia: superata la tradizionale condizione di separatezza-isolamento, le istituzioni si avvalgono di quel di più che viene dalla sinergia e dalla cooperazione.

Al modello coeso e integrato della mafia-azienda si è così cominciato a contrapporre, con risultati positivi, un modello integrato e sinergico di risposta istituzionale.

Le donne, la mafia

Renate Siebert

99 Il femminile, il maschile, le proiezioni e le attese reciproche ascritte ai ruoli di uomo e donna assumono una valenza molto forte nell'ambito mafioso.

Il rapporto tra donne e mafia rappresenta un tema, fino a ora, largamente inesplorato e tocca storie di donne di ambienti sociali, età, cultura e tradizioni familiari molto eterogenei.

La mafia, prima di tutto, è un'organizzazione segreta, esclusiva e rigidamente maschile, a carattere totale. Intendo dire con questo che non ammette distinzioni tra privato e pubblico, che tende a strumentalizzare parentele, relazioni intime e amicizie e che esercita un controllo sociale ferreo. La morte, in maniera monotona e ossessiva, domina sia la realtà materiale che quella simbolica di chi vive in ambito mafioso. Donne e uomini ugualmente. E, tuttavia, con esiti diversi.

L'angoscia di morte

L'angoscia di morte che accompagna tutto ciò che ha a che fare con la mafia contamina anche il pensiero. Da una parte, da un punto di vista politico e giornalistico, il tema, nella sua drammaticità reale, viene «espulso» dall'orizzonte di esperienza e consumato in forma di telenovela o film poliziesco. *La Piovra*, *La scorta* o sceneggiati simili tendono a produrre e riprodurre una rappresentazione sociale che riduce la mafia a un gioco tra guardie e ladri, tra buoni e cattivi. In questo modo la minaccia profonda che la mafia rappresenta per la società civile intera, per l'integrità e la garanzia dell'individuo, viene oscurata e velata.

Dall'altra parte questa angoscia è capace di produrre, sottilmente, meccanismi di difesa tali da annullare la percezione stessa della vicinanza e onnipervasività della mafia. Accade allora che più si è vicini e più si tende a diventare strabici.

Sotto questo aspetto, l'indagare sul significato che il fenomeno mafioso riveste per le donne e ascoltare i vissuti di quelle donne che per scelta o per destino vi si sono trovate coinvolte, assume un interesse particolare: le donne, proprio perché escluse dalle decisioni, dall'esercizio immediato del potere mafioso e dal mestiere di uccidere, appaiono molto coinvolte su altri piani. Come dice Piera Aiello, vedova di mafia: «Io ero una spugna». L'insinuazione del dominio mafioso in tutte le sfere della vita quotidiana, dal rapporto tra i vicini al legame fra generazioni, dalle scelte matrimoniali all'intimità, fa sì che le donne, volenti o nolenti, seppur escluse formalmente ed estranee da un certo punto di vista, siano pienamente addentro a tutto ciò che concerne il dominio mafioso sulle nostre vite.

Questo vale per le donne che provengono da ambienti mafiosi o che sono entrate a farne parte tramite il matrimonio. In modi diversi, tuttavia, vale anche per le tante donne, lontane per nascita, cultura e storia personale, che si sono dolorosamente trovate a dover fare i conti con l'«Onorata società»: madri, mogli, figlie di magistrati, poliziotti o professionisti, nemici della mafia e per questo assassinati. Un comune dolore unisce donne di «uomini contro la mafia» e donne di mafiosi che, da sole, si sono ribellate al dominio della morte. Un'unione a tratti contraddittoria, traversata da conflitti burrascosi che, tuttavia, è riuscita a diventare uno degli architravi del movimento contro la mafia. Delle donne che vivono in ambiente mafioso sappiamo ben poco. Solo nei momenti di rottura, motivati dall'uccisione di un marito o figlio, oppure in qualche rara occasione di deposizione in un processo, si apre uno squarcio sulle loro vite. Eventuali ipotesi vanno quindi formulate con estrema cautela.

La partecipazione femminile ai traffici illeciti

Tenendo fermo il divieto formale e sostanziale, per le donne, di essere affiliate a Cosa nostra, esistono tuttavia vari modi di partecipazione all'attività criminale di questa organizzazione: da una parte un grande numero di donne è coinvolto nei traffici internazionali della droga, dall'altra parte lo smercio al minuto degli stupefacenti è affidato a una rete di «lavoro a domicilio» che vede in prima fila donne-casalinghe e bambini, anche piccoli, che agiscono da staffette e da mediatori con i tossicomani.

Dacché il traffico e lo smercio della droga sono diventati una delle attività prevalenti delle cosche, il coinvolgimento delle donne è aumentato. Questa partecipazione femminile alle attività illecite, tuttavia, non va scambiata per un ingresso delle donne in Cosa nostra.

Subordinazione e sfruttamento di un esercito di spacciatrici o corrieri della droga oltre oceano vengono imposti col ricatto e la minaccia di morte. L'omertà richiesta, tuttavia, non viene gratificata da una garanzia di appartenenza, come nel caso delle famiglie degli affiliati. Le trasgressioni vengono spesso punite con la morte. Casi di donne e bambini assassinati dalla mafia, in opposizione all'ideologia del mafioso galantuomo, tutto casa, chiesa e famiglia, hanno costellato la storia e la cronaca.

Analogo discorso, con le dovute distinzioni, vale anche per quelle donne che entrano nei traffici illeciti a livelli più alti: intermediarie in transazioni finanziarie, donne che offrono le proprie case, i propri salotti come centrali di smistamento, signore insospettate. Entrano ed escono dall'orbita mafiosa, sono donne criminali, non fanno parte in senso vero e proprio di Cosa nostra; salvo diventare mogli o amanti fisse di qualche boss.

La famiglia mafiosa

In caso di parentela il discorso cambia. Le donne delle famiglie mafiose, o quelle donne che per via del matrimonio entrano a far parte dell'ambiente dell'Onorata società, *appartengono* alla mafia; sono prive, per de-

finizione, della libertà di scegliere se restare in quest'orbita o uscirne. Soprattutto per quanto riguarda le mogli dei boss, la loro complicità appare palese e fuori dubbio: prive di libertà e di potere decisionale partecipano tuttavia allo status elevato, al consumo vistoso e, soprattutto, al «rispetto» che dal controllo del territorio deriva al proprio clan. Magari odiate, ma sempre riverite, appaiono mediatrici strategiche e parassite allo stesso tempo.

Ma sotto l'apparenza di vite agiate, l'ombra della morte violenta deve causare non pochi incubi. I conflitti vengono a galla, di solito, attraverso il lutto per il proprio uomo oppure, più spesso e più lacerante ancora, per un figlio. Di fronte a una perdita così grande, a volte, queste donne diventano collaboratrici preziose per la giustizia. In bilico tra due orizzonti di valori e di orientamento etico – il mondo mafioso dell'omertà e dell'appartenenza totale e l'ordinamento giuridico e civile dei diritti individuali – la loro collaborazione oscilla tra vendetta e domanda di giustizia, entrambe alimentate da un profondo dolore.

Tra vendetta e domanda di giustizia

Ma l'amore materno è un'arma a doppio taglio. È per amore dei figli, per non mettere a repentaglio la loro vita che molte donne stanno al gioco della mafia, ma è proprio per lo stesso motivo, a causa della disperazione per la morte di un figlio, che le donne poi «tradiscono».

Nella lotta alla mafia, nella difficile testimonianza di un fenomeno che prospera per la sua «invisibilità» – dove il testimone non osa, e nessuno mai testimonia per il testimone – le donne rivestono un ruolo di primo piano. Il loro dolore è diventato un fattore materiale di cambiamento nel conflitto tra ordinamento democratico legale e questa forza sovversiva, totalitaria e illegale che fa fortemente leva sulle emozioni, i sentimenti e i rapporti intimi (oltre che, ovviamente, sull'economia e la politica). L'esperienza soggettiva della perdita, del lutto, del dolore è diventata, nell'Italia di questi anni bui, lo stimolo per una forte rivendicazione etica e politica. Le emozioni si sono rivelate una preziosa risorsa pubblica e le donne rivestono un ruolo particolare in queste forme di protesta.

Contro la mafia si sono levate voci di donne «del popolo», per lo più provenienti da ambienti mafiosi o, quantomeno, collusi con la mafia. E contro la mafia si sono impegnate donne di ambienti sociali del tutto estranei alla mafia, come le vedove, le sorelle e le madri di uomini assassinati per il loro impegno antimafia. Al di là delle singole storie, al di là della loro ovvia diversità di classe, di *status*, di età, di biografia insomma, tutte sono *uguali* – a mio modo di vedere – per quanto riguarda il coraggio, l'impegno civile, il dolore. Solo a partire dal riconoscimento di ciò che le unisce, credo sia sensato riflettere su ciò che le separa.

Le donne contro la mafia

La scelta di disobbedire alle leggi non scritte della mafia, di rompere il cupo cerchio dell'omertà costa, tuttavia, molto caro. Innanzitutto si rischia la propria vita e, peggio, quella dei propri cari. Tutte le donne che hanno fatto esperienza di questa rottura si sono trovate sole, isolate dai vicini di casa e dagli abitanti del quartiere e, nella maggior parte dei casi, ripudiate dai propri familiari, genitori, fratelli, sorelle, zii. Chi di loro, «prima»,

aveva un'attività commerciale, un bar, un negozietto, una macelleria, si è trovata, «dopo» e come per incanto, senza più clienti. Sole, ricattate e povere, queste donne, con la decisione di rivelare ciò che sanno, scelgono di cambiare radicalmente mondo: punti di riferimento, relazioni, luoghi fisici, lavoro. Ciò che si perde è più che evidente, ciò che si guadagna è totalmente ignoto. Solo una salda integrità interiore, emozioni e sentimenti forti possono indurre a una tale scelta.

Abbandonare la mafia per affidarsi allo Stato e ai valori della società civile spesso, purtroppo, ha serbato amare esperienze.

Eppure queste donne non si sono rassegnate. Un senso forte di ribellione, una domanda di giustizia emotivamente caricata e, soprattutto, fedeltà alla memoria degli uomini assassinati, mariti, fratelli o figli che siano, hanno dato loro coraggio. Per alcune, tuttavia, la presenza di altre donne – donne contro la mafia unite in associazione e presenti al loro fianco nei processi e nelle varie contrattazioni con le istituzioni – è sicuramente stata di grande aiuto.

Un forte impulso alla lotta contro la mafia e allo sviluppo di un rinnovato senso civile è venuta da parte di quelle donne che – a mo' di testimone – hanno raccolto il lascito etico e professionale dei loro uomini, assassinati dalla mafia proprio a causa del loro impegno.

--- **BIBLIOGRAFIA** ---

F. Bartolotta Impastato, *La mafia in casa mia*, La Luna, Palermo 1987.

L. Medeo, *Le donne di mafia*, A. Mondadori, Milano 1994.

R. Siebert, *Le donne, la mafia*, il Saggiatore, Milano 1994.

Economia
e lavoro

Il sistema economico

a cura di
Augusto Graziani
Nicola Boccella

I nodi: collocazione nel mercato internazionale e piena occupazione

Economia al bivio

Augusto Graziani

99 Il destino economico dell'Italia moderna venne in larga parte segnato quando, nell'immediato dopoguerra, fu presa la decisione di dare al paese la struttura di economia aperta e di inserire l'economia italiana nel contesto economico dell'Europa occidentale.

La veloce integrazione europea, favorita dagli Stati Uniti nell'intenzione di creare un solido blocco occidentale da contrapporre al blocco sovietico, e sanzionata dall'ingresso nel mercato comune europeo (1958), inserì l'Italia nel complesso dei paesi industrialmente avanzati (Francia, Germania, Belgio, Paesi Bassi). In tale collocazione l'industria italiana poté agevolmente svilupparsi nelle produzioni a tecnologia non avanzata (siderurgia, petrolchimica, autoveicoli, macchine utensili, elettrodomestici, televisori, mobili per ufficio, maglieria), produzioni nelle quali non incontrava concorrenza all'interno del mercato comune europeo mentre godeva della protezione doganale comunitaria rispetto ai concorrenti esterni.

L'Italia nell'economia internazionale

Il quadro internazionale iniziale venne tuttavia rapidamente modificato dall'intervento di tre eventi principali. In primo luogo, la comparsa nel mercato internazionale dei nuovi paesi industriali. Dapprima i paesi dell'America Latina, poi con aggressività e organizzazione ben diversa e superiore, i paesi asiatici (Giappone, seguito da Corea del Sud, Taiwan, Hong Kong,

PIL ai prezzi di mercato

Area	Anno
Italia settentrionale	1973
	1980
	1989
Italia centrale	1973
	1980
	1989
Lazio	1973
	1980
	1989
Italia meridionale	1973
	1980
	1989
Italia	1973
	1980
	1989

Fonte: ISTAT.

Singapore) invasero i mercati mondiali con prodotti del segmento tecnologico intermedio, il medesimo nel quale si era specializzata l'industria italiana, rispetto alla quale i nuovi paesi industriali potevano contare su costi del lavoro largamente inferiori. In secondo luogo, l'allargamento progressivo della Comunità europea, con il passaggio da sei a dodici paesi e con l'inclusione di paesi in via di industrializzazione (Irlanda, Spagna, Portogallo, Grecia), portò all'interno dello spazio economico europeo nuovi concorrenti diretti dell'industria italiana. Infine, nel 1989, con la caduta del muro di Berlino e la dissoluzione del blocco delle economie socialiste, numerosi paesi dell'Europa dell'Est (Repubbliche Baltiche, Polonia, Boemia, Croazia) ricadranno gradualmente nella sfera economica della Germania unificata entrando anch'esse nello spazio economico europeo come concorrenti diretti dell'industria

italiana. L'insieme di questi eventi che ebbero luogo negli anni settanta e ottanta, trasformarono il così detto «miracolo economico italiano» nella situazione attuale di crisi diffusa dell'industria e di disoccupazione crescente.

Una via d'uscita per l'industria

Nel corso degli anni ottanta, l'industria italiana si è trovata a un bivio, senza che a tutt'oggi si siano delineate una scelta e una soluzione sicure. L'industria italiana si trova oggi stretta, da un lato, da un gruppo di paesi a tecnologia avanzata (Germania, Francia, Gran Bretagna, Stati Uniti, Giappone), i quali, ciascuno nel suo campo, sono in grado di dominare il mercato mondiale, dall'altro, da una schiera crescente di paesi di nuova industrializzazione, che possono vantare costi del lavoro enormemente più

Totale Miliardi di lire	%	Per abitante Miliardi di lire	%	Per occupato Miliardi di lire	%
46 160,0	57,1	1 800,2	122,3	—	—
190 960,5	56,3	7 577,3	127,2	18 670,4	113,3
648 400,9	54,3	24 985,6	120,5	54 126,9	104,7
8 265,0	10,2	1 380,1	93,8	—	—
36 482,6	10,8	6 033,7	101,6	15 893,0	96,5
125 625,8	10,5	21 022,4	101,4	48 237,9	93,3
7 436,4	9,2	1 557,2	105,8	—	—
29 838,7	8,8	5 881,0	99,0	16 658,0	101,1
119 309,6	10,0	23 107,2	111,4	56 617,3	109,5
18 956,6	23,5	988,5	67,2	—	—
81 786,2	24,1	4 029,0	67,8	13 155,0	79,8
300 125,7	25,2	14 254,4	68,7	43 682,6	84,5
80 818,0	100,0	1 471,8	100,0	—	
339 068,0	100,0	5 941,0	100,0	16 477,0	100,0
1 193 462,0	100,0	20 741,4	100,0	51 693,7	100,0

bassi. Una possibile via di uscita potrebbe essere quella di imprimere all'industria italiana, o almeno ad alcuni dei settori che la compongono, un impulso che le consenta di entrare nel gruppo delle tecnologie avanzate. I settori che oggi vengono considerati come tecnologicamente d'avanguardia sono quelli dell'elettronica, dell'energia nucleare, delle telecomunicazioni, ma in nessuno di questi l'Italia può considerarsi affermata nel mercato internazionale. Per recuperare il terreno perduto, l'Italia dovrebbe darsi una politica industriale coerente, a simiglianza di quanto hanno fatto i paesi industrialmente avanzati, sia europei che extraeuropei. La via opposta potrebbe essere quella di insistere nella struttura industriale di oggi, cercando di abbassare il costo del lavoro fino a rendere l'industria italiana competitiva sul piano dei prezzi, visto che non lo è su quello della priorità tecnologica. Ma si tratta di una strada difficilmente praticabile, dal momento che non è concepibile che il costo del lavoro nell'industria possa essere ridotto a livelli simili a quelli asiatici, o dei paesi che (come la Turchia, la Tunisia, l'Algeria) potranno tra breve fare il loro ingresso nel mercato dei prodotti industriali. Di fronte a questa alternativa, l'industria italiana ha finora percorso vie intermedie. La grande impresa ha battuto la via della così detta innovazione di processo, rinnovando impianti e macchinari, adottando i processi produttivi più avanzati. Questa linea, mentre comporta licenziamenti massicci nella grande industria, non garantisce una priorità tecnologica, dal momento che processi produttivi simili possono essere adottati anche dai paesi concorrenti. Al tempo stesso, l'industria italiana ha cercato di trasferire le produzioni dai grandi impianti a imprese di dimensioni minori. Ciò ha consentito di fatto la riduzione del costo del lavoro e ha prodotto al tempo stesso una profonda *frammentazione del mercato del lavoro*, che appare ormai diviso tra un segmento, sempre più ridotto, di operai di fabbrica tutelati dalla legislazione e dall'azione sindacale, e un segmento, ormai dominante, di lavoratori sempre meno tutelati e in parte crescente addetti a lavori precari.

Sull'onda di questa manovra, ha avuto luogo il veloce decollo economico di regioni come il Veneto, l'Emilia-Romagna, le Marche, l'Umbria, la Toscana che, una volta eminentemente agricole, si sono rapidamente convertite all'industria secondo tipologie proprie che le distinguono sia dal primo «triangolo industriale» sia dal Mezzogiorno e danno luogo alla così detta «terza Italia».

Infine, sempre nel tentativo di ridare competitività all'industria italiana, nel luglio del 1992 è stato raggiunto un accordo sul costo del lavoro, in base al quale è stato soppresso l'adeguamento automatico dei salari ai prezzi (la così detta clausola di scala mobile), e nel settembre del 1992 la lira italiana ha abbandonato gli accordi del Sistema monetario europeo ed è stata svalutata di circa il 30%. Con la crisi valutaria del 1992, si è sancita nei fatti, anche se non ufficialmente, la divisione della Comunità europea in gruppi di paesi «a due velocità»: un nucleo di paesi forti rotanti intorno al marco tedesco (Germania, Francia, Paesi Bassi, Belgio, Danimarca e, anche se tuttora fuori della Comunità, Austria) si è di fatto distaccato dalla corona dei paesi deboli periferici (Gran Bretagna, Irlanda, Spagna, Portogallo, Italia, Grecia), le cui valute non danno affidamento di stabilità a lungo andare.

Non sembra invece che le autorità economiche italiane intendano tracciare il disegno di una solida politica industriale. Al contrario, la linea oggi dominante è quella della privatizzazione, linea che conduce a sottrarre al settore pubblico il controllo di quelle strutture produttive che in passato sono servite a far compiere all'industria italiana cospicui passi in avanti. Basti ricordare che negli anni cinquanta e sessanta, l'affermarsi in Italia della siderurgia a ciclo integrale e della petrolchimica, così come il trasferimento di cospicui settori produttivi nelle regioni meridionali del paese, è stato realizzato a opera di imprese pubbliche a partecipazione statale. È innegabile che, con gli anni, nelle imprese del settore pubblico si erano annidate considerevoli inefficienze, ma la necessità di una riforma non giustifica in sé la scelta di una politica di privatizzazione estesa a tutti i settori.

L'integrazione dei mercati finanziari

L'integrazione commerciale dell'economia italiana è stata accompagnata da una decisa integrazione monetaria e finanziaria che ha svolto una funzione altrettanto rilevante sull'evoluzione del paese in quanto ha costretto di fatto la politica economica italiana a seguire vie simili a quelle battute dagli altri paesi europei.
Una differenza fondamentale separava il Sistema di Bretton Woods, al quale l'Italia aveva aderito nel 1947, dal Sistema monetario europeo al quale l'Italia aderì nel 1979. Ambedue erano sistemi volti a instaurare un regime di cambi esteri stabili. Il primo, che abbracciava un numero elevato di paesi ed era basato sul dollaro come mezzo di pagamento e come moneta di riserva, consentiva ai paesi partecipanti di limitare i movimenti di capitali finanziari; il secondo, ristretto ai paesi della Comunità economica europea, tende alla creazione di una moneta unica e alla piena libertà nei movimenti di capitali.
La differenza fra i due sistemi si riverbera sulla possibilità per ogni paese di attuare una politica economica indipendente. Un paese che voglia stimolare l'economia interna allo scopo di combattere la disoccupazione, dovrà ridurre i tassi di interesse, ma se i movimenti di capitali sono liberi, la riduzione dei tassi in un paese isolato produce immediatamente una fuga di capitali. Analogamente, alla lunga, i cambi possono essere tenuti stabili soltanto se i paesi partecipanti hanno tassi di inflazione simili. L'integrazione monetaria e finanziaria impone dunque ai paesi partecipanti una politica monetaria comune, con tassi di inflazione e tassi di interesse simili; il che può significare dare la priorità assoluta alla stabilità monetaria rispetto ad altri possibili obiettivi di natura sociale come la piena occupazione o una ridistribuzione più equa dei redditi personali.
L'Italia degli anni ottanta si è trovata stretta da vincoli simili. L'adesione allo SME, l'accettazione di una politica di cambi stabili e la liberalizzazione dei movimenti di capitali, hanno portato di volta in volta la necessità di seguire una politica di tassi di interesse elevati (allo scopo di evitare fughe di capitali) o di perseguire la stabilità monetaria al di sopra di qualsiasi altro obiettivo.
All'atto della adesione allo SME, le autorità monetarie italiane sostennero che una politica di cambi stabili avrebbe esplicato effetti benefici, in quanto avrebbe costretto l'industria italiana a migliorare la propria competitività internazionale senza fare affidamento, come era invece avvenuto negli anni settanta, sulle svalutazioni ricorrenti della lira. Alla prova dei fatti, l'effetto dei cambi stabili si

è rivelato molto tenue; nel 1992, come già ricordato, la lira ha dovuto essere svalutata in misura considerevole, e la disoccupazione si è abbattuta sull'economia italiana in misura simile se non maggiore a quella degli altri paesi avanzati.

Gli squilibri territoriali

Negli anni ottanta, i vincoli della politica monetaria e le difficoltà dell'industria italiana hanno esercitato ripercussioni anche su uno dei problemi strutturali maggiori dell'economia italiana, quello dello squilibrio territoriale fra Mezzogiorno e Centro-nord. La politica di intervento nel Mezzogiorno ha avuto il contenuto di deliberata politica di industrializzazione soltanto nel quindicennio fra il 1958 e il 1975. È quella l'unica epoca in cui il divario economico che divide il Mezzogiorno dal Centro-nord e dal Nord Europa abbia dato segno di volersi ridurre concretamente.

Dopo di allora l'intervento nel Mezzogiorno ha preso un orientamento diverso. Mentre l'industria italiana avviava un complesso processo di ristrutturazione, nel Mezzogiorno venne avviata una politica di sostegno dei redditi personali. Venne in tal modo evitato un allargamento eccessivo del divario fra Nord e Sud, allargamento che avrebbe riaperto i flussi migratori dal Mezzogiorno, ma la formazione di capacità produttiva venne arrestata.

I guasti prodotti da questa svolta emergono evidenti non soltanto sul terreno immediatamente economico (dal momento che il livello dei redditi personali è stato in qualche misura salvaguardato), ma soprattutto sul terreno dell'equilibrio politico e sociale. Una società che trae alimento da sussidi pubblici, la cui sommini-

strazione non è automatica ma largamente discrezionale, è necessariamente fondata sul potere clientelare della classe politica. Una società la cui struttura produttiva si riduce invece di espandersi è necessariamente afflitta da disoccupazione strutturale (è infatti cosa nota che la disoccupazione italiana, al di là dell'ondata congiunturale che ha colpito tutti i paesi industrializzati, è largamente concentrata nel Mezzogiorno). Infine un'economia fondata sui trasferimenti anziché sulla produzione non può non provocare il risentimento delle altre regioni che si sentono spossessate di parte della loro ricchezza.

Questi tre ordini di problemi si sono andati accumulando nelle regioni meridionali nel corso degli anni ottanta. La disoccupazione ha toccato livelli insostenibili, con il corredo di disordine sociale e diffusione di criminalità, organizzata e spicciola. Ha preso piede in misura crescente la sensazione che il ritardo del Mezzogiorno non rappresenti un problema che la nazione debba risolvere ma se mai un problema dal quale le regioni del Nord devono affrancarsi. Nella visione ormai dominante, il problema è quello di evitare che il ritardo del Mezzogiorno inceppi lo sviluppo delle altre regioni: di qui le proposte di accentuare il decentramento federale dello Stato, di assegnare largamente alle singole regioni i compiti di prelievo fiscale e di spesa pubblica, di rendere autonomi i sistemi regionali di assistenza sanitaria.

Il problema della disoccupazione

La presenza di un vasto Mezzogiorno non industrializzato e per molti aspetti depresso rispetto al rimanente del paese ha fatto sì che l'economia italiana, anche nelle fasi di sviluppo più fiorente, sia stata afflitta da una sorta di disoccupazione cronica. La disoccupazione era presente nei primi anni del secolo, all'epoca del primo decollo industriale, e si manifestava con imponenti emigrazioni transoceaniche (nel 1913 si toccò il culmine delle partenze con quasi un milione di emigrati); era ancora presente fra le due guerre, anche se ufficialmente negata dai governi fascisti, e fu una delle spinte di fondo che indussero i governi di allora a tentare l'avventura coloniale; riemerse in misura prepotente nell'immediato dopoguerra e alimentò l'esodo biblico, stimato in quattro milioni di persone, dal Mezzogiorno verso le regioni del Nord e verso i paesi europei (si ricordi la famosa esclamazione che si vuole De Gasperi abbia rivolto ai contadini calabresi: «Volete trovare un lavoro? Imparate le lingue straniere»). Nonostante il progresso realizzato dal paese, la disoccupazione non mostra di voler scomparire. Si può dire che oggi la *disoccupazione strutturale* sia concentrata nel Mezzogiorno e che colpisca soprattutto i giovani e le donne. Nelle altre regioni, la disoccupazione si presenta in forma di *disoccupazione congiunturale*, connessa quindi a fasi di crisi che colpiscono singoli settori o particolari regioni. All'infuori del Mezzogiorno, la disoccupazione degli anni ottanta, connessa alla ristrutturazione industriale, ha colpito soprattutto le regioni della grande industria (Piemonte, Liguria e in parte la Lombardia) mentre ha risparmiato in buona parte le regioni della piccola e media industria che, proprio quando la crisi raggiungeva il culmine, hanno potuto trarre vantaggio dalla svalutazione della lira (settembre 1992) e accrescere le esportazioni.

La situazione assai più articolata che presenta oggi il mercato del lavoro (coesistenza di piena occupazione e disoccupazione, diseguaglianze regionali) fa sì che, nonostante il permanere della disoccupazione, l'Italia sia diventata un paese importatore di mano d'opera. La presenza di lavoratori immigrati, per lo più addetti a lavori precari sottopagati, frammenta ulteriormente il mercato del lavoro. Sebbene si moltiplichino gli interventi e i progetti volti ad alleviare il dramma della disoccupazione, si deve ritenere che misure concentrate unicamente sul mercato del lavoro non possano risultare sufficienti e che il vero nodo da sciogliere sia quello della collocazione internazionale dell'industria italiana. La tendenza odierna a insistere sulla riduzione nella dimensione dell'impresa, lo sviluppo del lavoro autonomo, la precarizzazione crescente della forza lavoro, fanno purtroppo pensare che l'industria italiana abbia rinunciato, almeno nel momento attuale, a darsi un assetto più avanzato sul piano tecnologico e che essa ricerchi invece una maggiore competitività attraverso la riduzione del costo del lavoro. Se questa sarà la strada prescelta, l'industria italiana non potrà sottrarsi a crisi ricorrenti dovute alla difficoltà di trovare collocazione stabile nel mercato internazionale e sarà difficile per il paese raggiungere stabilmente una situazione di piena occupazione.

─────── **BIBLIOGRAFIA** ───────

V. Valli, *Politica economica. Metodi, strumenti, economia italiana*, La Nuova Italia Scientifica, Firenze 1993.

A. Bagnasco, *Tre Italie. Le problematiche territoriali dello sviluppo italiano*, Il Mulino, Bologna 1977.

P. Guerrieri, C. Milana, *L'Italia e il commercio mondiale*, Il Mulino, Bologna 1990.

Glossario

Bilancia dei pagamenti

Conto nel quale sono registrate le transazioni economiche intercorrenti fra un paese e il resto del mondo. A formare il conto delle transazioni internazionali concorrono sia le operazioni correnti che le operazioni in conto capitale. Le partite correnti sono costituite da: a) esportazioni e importazioni di merci e servizi; b) consumo di beni e servizi da parte di italiani all'estero e di stranieri in Italia; c) remunerazione dei fattori produttivi italiani temporaneamente all'estero e di fattori produttivi esteri temporaneamente in Italia; d) contributi alla produzione da parte della CEE; e) trasferimenti a titolo gratuito in entrata o in uscita.

I rapporti economici in conto capitale riguardano sia i trasferimenti gratuiti destinati a investimenti (contributi per acquisto di beni strumentali, risarcimenti per danni di guerra ecc.), sia acquisti e vendite di beni immateriali.

Cambio (tasso di cambio effettivo e tasso di cambio reale)

Cambio: prezzo di una moneta espresso nei termini di un'altra moneta. Il tasso di cambio si determina attraverso il rapporto fra la quantità di valuta nazionale e una unità di valuta estera. Per esempio: la quantità di lire italiane che si devono pagare per acquistare un dollaro. Questo rapporto misura il tasso di cambio effettivo (o nominale). Se il tasso di cambio effettivo aumenta, la valuta nazionale si de-

prezza (svalutazione); viceversa, se il tasso di cambio effettivo diminuisce, la valuta nazionale si apprezza (rivalutazione).

Il tasso di cambio reale è costituito dal tasso di cambio effettivo corretto dalla differenza fra il tasso di inflazione interno e quello esterno. Per esempio, se il tasso di cambio effettivo aumenta del 20% e se il tasso di inflazione interno è superiore a quello estero del 7%, allora il tasso di cambio reale è aumentato del 13%.

Se il differenziale di inflazione è nullo, allora il tasso di cambio reale coincide con quello effettivo.

Consumi

Consumi privati: beni e servizi acquistati dalle famiglie;
consumi pubblici: servizi non destinabili alla vendita prodotti dalla pubblica amministrazione.

Esportazioni

Merci prodotte nel nostro paese e cedute in cambio di valuta estera al resto del mondo, nonché i servizi (trasporti, assicurazioni ecc.) prestati da imprese nazionali all'estero. Sono solitamente valutate a prezzi FOB (Free on board).

Importazioni

Le merci di provenienza estera che entrano nel nostro paese per fini di consumo o di produzione e i servizi prestati da operatori stranieri a residenti.

Inflazione

Crescita generalizzata e continua dei prezzi.

Investimento

Spesa per l'acquisto di beni capitali (macchinari, edifici).

OCSE

Organizzazione per la cooperazione e lo sviluppo economico. Organismo internazionale istituito nel 1961. Ha come obiettivi: a) favorire lo sviluppo economico; b) aumentare il livello dell'occupazione; c) eliminare gli ostacoli agli scambi internazionali; d) assicurare aiuti e assistenza tecnica ai paesi in via di sviluppo. Per consentire il raggiungimento di questi obiettivi, l'OCSE elabora studi e proposte per i paesi membri. I membri sono: Australia, Austria, Belgio, Canada, Danimarca, Finlandia, Francia, Germania, Giappone, Gran Bretagna, Grecia, Irlanda, Islanda, Lussemburgo, Norvegia, Nuova Zelanda, Paesi Bassi, Portogallo, Spagna, Svezia, Svizzera, Turchia, USA.

Piano Delors

Insieme delle proposte per una strategia a medio termine contro la disoccupazione in Europa, contenute nel Libro bianco *Crescita, competitività, occupazione* presentato dalla commissione europea presieduta da Jacques Delors alla fine del 1993. Per migliorare il funzionamento del mercato del lavoro e avviare a soluzione il problema della disoccupazione vengono individuate le seguenti priorità di intervento: sviluppo dell'istruzione e della formazione durante l'arco della vita; aumento della flessibilità esterna e interna del mercato del lavoro; incremento del decentramento; riduzione del costo relativo del lavoro poco qualificato; rinnovo della politica occupazionale per ridurre la quota di spesa pubblica destinata all'assistenza e incrementare quella dedicata alle «misure attive».

PIL

Prodotto interno lordo. Il valore complessivo dei beni e servizi prodotti da un sistema economico in un determinato periodo di tempo, usualmente un anno. Il termine «lordo» indica che sono compresi gli ammortamenti (perdita di valore subita dagli impianti e macchinari per logorio fisico e/o obsolescenza). Se dal PIL vengono detratti gli ammortamenti si ottiene il Prodotto interno netto.

Il PIL a prezzi correnti misura la produzione sulla base dei prezzi di mercato in vigore in quel dato anno. Per confrontare il PIL di un anno con quello di un altro anno bisogna tener conto del diverso livello dei prezzi. Si ricorre al PIL a prezzi costanti, così i beni e servizi prodotti nei diversi anni vengono tutti valutati a un identico livello di prezzi, riferiti a un anno base.

Popolazione attiva

L'insieme delle persone che sono occupate o che sono in cerca di occupazione. Le persone in cerca di occupazione sono costituite dai disoccupati e da quanti avendo superato i 14 anni sono in cerca di prima occupazione.

▶

Popolazione non attiva

È costituita da quanti si trovano nelle seguenti condizioni: studenti, casalinghe, persone ritirate dal lavoro, inabili.

Prezzi correnti

I prezzi rilevati in un determinato periodo di tempo per un paese.

Prezzi costanti

Prezzi rilevati per un dato periodo di tempo, riferiti cioè a un dato anno (detto anno base). I prezzi in vigore nell'anno base vengono utilizzati per calcolare le variazioni in valore di una serie storica (per esempio il PIL).

Rapporto Delors

Nella riunione del Consiglio europeo di Hannover del giugno 1988, in vista della realizzazione graduale dell'unione economica e monetaria, venne istituito un comitato con l'incarico di studiare e di proporre le tappe concrete del processo di unificazione. La presidenza del comitato fu affidata a Jacques Delors, presidente della commissione europea. Ai lavori del comitato furono invitati a partecipare – a titolo personale – i presidenti o i governatori delle banche centrali. Al termine dei lavori, il comitato ha elaborato un «Rapporto sull'unione economica e monetaria nella comunità europea». Nel Rapporto la strategia dell'unificazione fa perno su tre aspetti: a) la scelta dello SME come base per la costruzione dell'unione monetaria; b) il principio secondo il quale unione economica e monetaria devono avanzare simultaneamente; c) l'introduzione di restrizioni fiscali vincolanti.

Risparmio

Quella parte del reddito che non è spesa in consumo.

Spesa pubblica

La spesa pubblica comprende le spese effettuate dalla pubblica amministrazione per l'acquisto di beni e servizi destinati alla produzione dei servizi pubblici, e le spese per trasferimenti alle imprese e alle famiglie. Queste spese possono essere distinte in spese correnti e spese in conto capitale.
Esempi di spese correnti sono quelle relative all'acquisto di materiale di consumo, dal pagamento di stipendi e pensioni, alle sovvenzioni a favore delle imprese, alle agevolazioni creditizie. Esempi di spese in conto capitale sono costituite dalle spese connesse alla costruzione di edifici pubblici e dalle agevolazioni creditizie a favore delle imprese (investimenti lordi).

Svalutazione

Peggioramento del tasso al quale una moneta si scambia con un'altra. Se una moneta si svaluta, occorre una maggiore quantità di moneta nazionale per ottenere una unità di moneta estera. La svalutazione tende a favorire le esportazioni, mentre fa salire il prezzo delle importazioni in termini di moneta nazionale.

Il quadro macroeconomico

Nicola Boccella

L'Italia nel contesto internazionale

I paesi industrializzati (compresi nell'OCSE) hanno registrato per il 1993 una fase di rallentamento dello sviluppo, prolungando quella crescita inadeguata delle economie che si trascina dall'inizio degli anni novanta. Il PIL dei paesi industrializzati è aumentato dell'1,1 per cento, con una crescita inferiore perfino a quella ottenuta nel 1992, quando era stato raggiunto un incremento dell'1,6 per cento. Per l'insieme dei paesi industrializzati

Indicatori macroeconomici dei principali paesi industrializzati

		1991	1992	1993
		Variazioni percentuali		
Prodotto interno lordo				
	Stati Uniti	– 1,2	2,1	2,5
	Giappone	4,0	1,3	0,0
	Germania	1,0	2,0	– 1,6
	Altri paesi	– 0,7	1,1	– 0,3
Totale paesi industrializzati		0,2	1,5	1,1
Prezzi al consumo				
	Stati Uniti	4,2	3,0	3,1
	Giappone	3,3	1,7	0,9
	Germania	4,8	4,7	4,6
	Altri paesi	5,4	4,6	4,0
Totale paesi industrializzati		4,6	3,3	3,1
		Miliardi di dollari		
Saldi bilance correnti				
	Stati Uniti	– 3,7	– 66,0	– 99,0
	Giappone	72,9	118,0	147,0
	Germania	–19,9	– 26,0	– 28,0
	Altri paesi	–61,6	– 70,5	– 75,8
Totale paesi industrializzati		–23,0	– 39,0	– 24,0
		In percentuale della forza di lavoro		
Disoccupazione				
	Stati Uniti	6,7	7,4	7,0
	Giappone	2,1	2,2	2,5
	Germania	6,7	7,7	10,1
	Altri paesi	9,2	10,1	11,6
Totale paesi industrializzati		7,2	7,9	8,5

Fonte: Fondo Monetario Internazionale, OCSE.

Le fonti statistiche sull'economia italiana

Le pubblicazioni più accessibili dell'ISTAT per conoscere i principali dati sull'economia italiana, sono le seguenti:

■ *I conti degli italiani*. Pubblicazione annuale che illustra in forma divulgativa i principali aspetti quantitativi dell'economia italiana: produzione, reddito, occupazione, esportazioni, importazioni, prezzi.

■ *Annuario statistico italiano*. Corredando con note illustrative e rappresentazioni grafiche le tabelle numeriche, consente una facile lettura dei dati fondamentali della vita economica, demografica e sociale. Viene, inoltre, fornito un quadro panoramico della corrispondente situazione degli altri principali paesi del mondo.

■ *Compendio statistico italiano*. Sintetizza i risultati delle rilevazioni statistiche di maggior interesse. Le regioni in cifre. Fornisce i dati relativi alle singole regioni e alle due grandi ripartizioni geografiche: Centro-nord e Mezzogiorno. A livello territoriale va inoltre segnalata la pubblicazione dell'Unioncamere.

■ *I conti economici regionali*, edizioni Franco Angeli di Milano. Di grande utilità è la recente pubblicazione curata dall'ISTAT:

■ *Rapporto annuale*. La situazione del paese.

Per i confronti con gli altri paesi della CEE si possono consultare le statistiche Eurostat.

uno dei pochi dati positivi va individuato nel calo dell'inflazione. Va evidenziato che la riduzione della crescita dei prezzi è stata agevolata sia dal calo della domanda sia dall'aumento della disoccupazione. Nel 1993 nei paesi industrializzati ha raggiunto l'8,5 per cento della forza di lavoro. Questa percentuale è ancora più elevata per i paesi della Comunità europea, dove si segnala l'11,6 per cento. L'elevata quota di disoccupazione non è attribuibile solamente a variabili congiunturali, essendo ormai evidente la presenza di una componente strutturale, che può essere ridotta solamente nel medio-lungo periodo.

L'economia italiana risente del ciclo internazionale sfavorevole e vede accentuarsi la negativa fase congiunturale in atto già dalla fine degli anni ottanta per effetto delle difficoltà interne. Il PIL a prezzi correnti ha raggiunto i 1 565 711 miliardi di lire con un incremento in termini reali rispetto all'anno precedente pari allo 0,4 per cento.

Il rallentamento della crescita del PIL è determinato soprattutto dalla contrazione della domanda interna e solo in parte reso meno grave dalla dinamica positiva della domanda estera.

Per spiegare l'andamento positivo della domanda estera, vanno ricordati due aspetti. Il primo è relativo al contenimento della dinamica salariale che, associandosi al ridimensionamento della domanda di beni di consumo e di investimenti, ha favorito il rallentamento dell'inflazione.

Il secondo va individuato nella forte svalutazione del cambio della lira. La modesta dinamica dei prezzi interni e la forte svalutazione non solo hanno ridato slancio alle esportazioni ma hanno anche consentito il recupero di quote di mercato interno. Si è, così, registrato nel corso dell'ultimo anno un incremento delle esportazioni del 7,5 per cento e un decremento delle importazioni di poco inferiore ai 2 punti percentuali.

Quanto al contributo negativo della domanda interna il dato di maggior rilievo va individuato nei consumi delle famiglie che si riducono di circa

Italia. Conto economico delle risorse e degli impieghi

	Valori a prezzi costanti		Variazioni percentuali	
	1992 mld.	1993 (b) mld.	1992	1993 (b)
PIL ai prezzi di mercato	1 507 190	1 565 711	5,7	3,9
Importazioni beni e servizi	276 515	304 858	5,9	10,3
Totale risorse	1 783 705	1 870 569	5,7	4,9
Consumi finali interni	1 217 939	1 253 754	6,9	2,9
— delle famiglie	951 013	979 895	7,3	3,0
— collettivi	266 926	273 859	5,3	2,6
Investimenti fissi lordi	288 054	290 080	2,2	0,7
— attrezzature	135 154	135 357	1,0	0,2
— costruzioni	152 900	154 723	3,4	1,2
Variazioni delle scorte *(a)*	4 415	5 922	–0,4	0,1
Impieghi interni	1 510 408	1 549 756	5,5	2,6
Esportazioni beni e servizi	273 297	320 813	6,7	17,4
Totale impieghi	1 783 705	1 870 569	5,7	4,9

(a) In percentuale: contributo alla crescita del PIL. *(b)* Previsioni.

Italia. Valore aggiunto e prodotto interno lordo ai prezzi di mercato

	Valori a prezzi costanti		Variazioni percentuali	
	1992 mld.	1993 (a) mld.	1992	1993 (a)
Beni e servizi destinabili alla vendita	841 978	844 985	1,3	0,4
Agricoltura	39 745	40 262	1,3	1,3
Industria	336 095	330 661	–0,5	–1,6
— In senso stretto	279 217	274 750	–0,5	–1,6
— Costruzioni	56 878	55 911	–0,9	–1,7
Servizi	466 138	474 062	2,7	1,7
Servizi non destinabili alla vendita	111 112	111 445	0,7	0,3
Servizi nel complesso	577 250	585 508	2,3	1,4
Totale valore aggiunto	953 090	956 430	1,2	0,4
Prodotto interno lordo	962 037	965 893	0,9	0,4

(a) Previsioni

Fonte: Ministero del bilancio e della programmazione economica, *L'economia italiana nel 1994. Relazione previsionale e programmatica,* Roma 1993.

l'1,4 per cento. Per comprendere l'importanza di questa caduta può essere utile rammentare che a partire dal secondo dopoguerra i consumi delle famiglie avevano registrato sempre una dinamica positiva. Sulla contrazione della spesa per consumi hanno inciso sia la caduta del reddito, sia il calo dell'occupazione e l'incertezza sulle prospettive di sviluppo. Quanto agli investimenti, va rilevato che la spesa per il 1993 si contrae per il terzo anno consecutivo. La dinamica negativa è da attribuire non solo alla caduta della domanda interna ma anche agli elevati livelli di tassi reali di interesse e al limitato grado di autofinanziamento. La riduzione della spesa per investimento è più accentuata per macchine e attrezzature e relativamente più lieve per le costruzioni. Notevolmente elevata è, infine, la caduta dell'attività di investimento della pubblica amministrazione.

La fase recessiva, che il quadro macroeconomico pone in evidenza, innesca una caduta dei livelli di occupazione, secondo un'intensità mai registrata nel corso degli ultimi vent'anni. La contrazione dell'attività industriale aggrava gli squilibri strutturali fra domanda e offerta di lavoro. Nel nostro paese la diminuzione dell'occupazione si è manifestata rapidamente dalla seconda metà del 1992. Il drastico ridimensionamento della domanda di lavoro è concentrato nel settore industriale ma interessa anche il terziario. Una tendenza negativa si registra, infatti, nel commercio, nei servizi sociali, sanità e istruzione e nei servizi pubblici. In termini assoluti, nel 1993 la diminuzione di occupazione nell'industria è pari a circa 160 000 unità. A fronte di questa tendenza, il fenomeno nuovo rispetto al passato è costituito dall'arresto della crescita dell'occupazione nel terziario. La diminuzione complessiva, consi-

derando anche la dinamica dell'agricoltura e del comparto delle costruzioni, è di circa 200 000 unità.

La perdita dei posti di lavoro dipendente, sia per l'industria che per il terziario, non è uniforme dal punto di vista territoriale, coinvolgendo in misura diversa le varie regioni, cominciando da quelle più industrializzate: Lombardia, Piemonte, Campania, Lazio, Puglia, Veneto, Marche. Viceversa, la diminuzione di lavoro autonomo è diffusa soprattutto nelle regioni meridionali con più modesti livelli di industrializzazione.

▮ I documenti della politica economica italiana

Sono tre i più importanti rapporti annuali sull'economia e la politica economica italiana:

▪ la *Relazione generale sulla situazione economica del paese*, pubblicata a fine marzo dai ministeri del tesoro e del bilancio-programmazione economica;

▪ la *Relazione annuale del governatore della Banca d'Italia all'assemblea dei partecipanti*, presentata alla fine di maggio;

▪ la *Relazione previsionale e programmatica*, pubblicata a fine settembre dal ministero del bilancio e della programmazione economica.

Un'ampia sintesi di questi documenti viene pubblicata dalla rivista *Mondo economico* rispettivamente ad aprile, giugno e ottobre di ogni anno.

Può, inoltre, essere un'utile integrazione la lettura del *Rapporto del Censis al CNEL*, pubblicato annualmente dalla casa editrice Franco Angeli di Milano.

Punti di forza e vulnerabilità strategica del made in Italy

La collocazione internazionale dell'economia italiana

Paolo Guerrieri

Commercio estero e bilancia dei pagamenti

Per i conti con l'estero dell'Italia, il 1993 è stato un anno davvero favorevole. La bilancia dei pagamenti ha registrato, con riferimento all'intero anno, un attivo superiore ai 2100 miliardi di lire, con una netta inversione di tendenza rispetto al pesante disavanzo del 1992 (32 548 miliardi). A tale dato positivo ha contribuito soprattutto il risultato della bilancia commerciale (esportazioni e importazioni di merci) che dovrebbe chiudere con un surplus di oltre 29 000 miliardi (dati fob). Il miglioramento, rispetto all'anno precedente, dovrebbe così superare i 32 000 miliardi. Benché in misura molto minore, questo miglioramento ha interessato anche l'interscambio di servizi, dopo i forti disavanzi degli ultimi anni.

Anche la bilancia delle partite correnti potrebbe chiudere il 1993 con un modesto ma significativo avanzo, con una conseguente lieve riduzione del debito estero dell'Italia. Un risultato, quest'ultimo, da non trascurare,

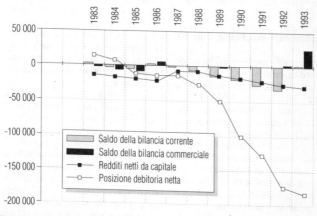

Partite correnti e posizione debitoria netta dell'Italia verso l'estero
(miliardi di lire)

Fonte: nostra elaborazione.

visto che il saldo delle partite correnti aveva subito un netto peggioramento a partire dalla seconda metà degli anni ottanta, e così le passività nette verso l'estero e l'onere per interessi a esse collegato (vedi figura alla pagina precedente). (Vedi anche, più oltre, *La politica monetaria e i suoi vincoli* di A. Simonazzi). In conseguenza di questo netto progressivo peggioramento della posizione netta sull'estero, il rosso dei redditi netti da capitale – che figurano nelle voci della bilancia delle partite correnti (25 638 miliardi nel 1992 pari a oltre due terzi del disavanzo corrente) – dovrebbe risultare assai elevato anche nel 1993 (valore stimato circa 28 000 miliardi), ma potrebbe essere più che compensato, in questo caso, dal saldo netto positivo derivante dalle merci, dai servizi e dai trasferimenti.

Sul fronte dei movimenti netti di capitale, viceversa, non si sono avute variazioni di rilievo rispetto al 1992. La loro composizione, tuttavia, è mutata sensibilmente, con forti aumenti degli investimenti esteri in Italia (oltre 104 mila miliardi nel 1993, di cui oltre 98 mila per scelte di portafoglio).

Gli effetti della svalutazione della lira

Al netto miglioramento dei conti con l'estero ha contribuito, innanzi tutto, il forte deprezzamento reale che a partire dal settembre 1992 la lira ha accusato nei confronti sia del dollaro sia del marco. Il risultato è stato un guadagno consistente della competitività-prezzo delle nostre merci, con un cambio reale della lira ritornato, nel 1993, ai livelli della seconda metà degli anni settanta, vale a dire agli anni precedenti l'ingresso del nostro paese nel Sistema monetario europeo. La marcata svalutazione della nostra moneta ha favorito una forte crescita delle esportazioni italiane nel corso del 1993, soprattutto sui mercati extra-europei (+ 32% in valore), anche per la sostenuta espansione che ha caratterizzato questi ultimi a fronte del ristagno dell'area europea.

Ma il riequilibrio del saldo commerciale è stato favorito anche dalla fase di recessione attraversata dalla nostra economia. La pronunciata flessione della domanda interna, che ne è conseguita, ha provocato una caduta delle nostre importazioni, quest'ultima alimentata anche dalle persistenti diminuzioni dei prezzi assoluti e relativi (in dollari) delle materie prime e dagli aumenti di prezzo innescati dalla stessa svalutazione.

Una lettura d'insieme dei dati sopra ricordati sembra indicare una vera e propria svolta nei conti con l'estero dell'Italia, a confronto di un disavanzo delle partite correnti che nel 1992 aveva registrato uno dei risultati più negativi degli ultimi decenni (pari a circa il 2,2% del PIL). Tanto più che i risultati dello scorso anno hanno permesso di arrestare l'emorragia di riserve della nostra banca centrale, assicurando una modesta, ma significativa crescita di queste ultime.

Il nuovo favorevole trend degli scambi commerciali ha spinto molti osservatori a guardare con crescente ottimismo alle opportunità offerte dall'inserimento internazionale della nostra economia e a sostenere la cessazione di quel vincolo estero che in passato aveva fortemente condizionato la crescita dell'economia italiana, anche se con modalità e intensità spesso influenzate dagli andamenti del ciclo economico. In questa prospettiva, i forti e duraturi guadagni di competitività-prezzo acquisiti dall'Italia, grazie alla svalutazione della lira, vengono letti come in grado di assicurare per il futuro una crescita trainata dall'esterno, attraverso l'aumento delle esportazioni, unitamente a consistenti attivi delle partite correnti al netto degli interessi. Se sul piano macroeconomico interno – sostengono sempre queste tesi – verranno assicurate condizioni altrettanto favorevoli, soprattutto in termini di una dinamica salariale moderata e in grado di salvaguardare i margini di competitività fin qui acquisiti, le esportazioni e il mercato internazionale potrebbero garantire all'Italia un nuovo periodo di crescita stabile e sostenuta.

Ma tali argomentazioni appaiono assai poco convincenti se si allarga il campo di analisi e si guarda alle specifiche modalità di inserimento internazionale dell'economia italiana ereditate dal passato. Se i guadagni di competitività-prezzo accumulati in quest'ultimo periodo dall'industria italiana sono innegabili, è altrettanto vero che a condizionare negativamente le possibilità di sviluppo dell'Italia restano i vincoli posti dall'elevato passivo accumulato in questi anni dalla nostra posizione netta sull'estero (vedi oltre) e soprattutto i problemi strutturali che affliggono da tempo la collocazione internazionale della nostra industria.

La presenza tuttora assai consistente di queste debolezze fondamentali deve spingere a una lettura meno affrettata degli avvenimenti più recenti, per inserire in una cornice più adeguata il risanamento che si è verificato in quest'ultimo anno nei conti con l'estero dell'Italia.

Regime dei cambi e uscita dallo SME

Nel corso del 1993 è proseguito il deprezzamento della lira, che ha perso mediamente un ulteriore 20% nei confronti del dollaro e un ulteriore 10% nei confronti del marco e del franco francese. La svalutazione della nostra moneta era iniziata, com'è noto, nell'autunno 1992 con l'uscita dell'Italia dagli accordi di cambio dello SME (Sistema monetario europeo) e con l'affermarsi di un regime di fluttuazione libera del tasso di cambio della lira, anche se ancora fortemente influenzata dagli interventi della Banca d'Italia.

Un insieme di crisi assai gravi, d'altro canto, avevano investito lo stesso SME nel periodo a cavallo tra la fine del 1992 e la prima parte del 1993, con l'uscita dagli accordi di cambio, oltre la lira, anche della sterlina, e svalutazioni ripetute di altre monete come la peseta, lo scudo portoghese e la sterlina irlandese. Fino a trasformare lo SME in un regime di cambi «quasi flessibili» attraverso un consistente ampliamento della banda di fluttuazione (15%).

Lo SME, a partire dalla sua nascita nel marzo 1979, aveva rappresentato il tentativo, da parte dei paesi europei, di gestire un'area di relativa stabilità dei cambi, nominali e reali. Ma il suo funzionamento ha conosciuto nel tempo modifiche assai profonde, passando attraverso tre grandi fasi di cambiamenti. La prima (1979-83) è quella connotata da frequenti riallineamenti e da «parità striscianti» (*crawling peg*), seguita da una fase di maggiore stabilità tra le valute europee (1983-87), in cui si è fatto largo uso degli accordi di cambio, da parte dei paesi membri, a fini di disciplina interna e di sostegno alle politiche deflazionistiche adottate. I legami stabili che si instaurano tra le valute dei paesi membri e il marco erano il riflesso della struttura gerarchica dello SME in quanto imperniata sulla valuta tedesca e sulla politica monetaria della banca centrale tedesca. A partire dal 1987, data dell'ultimo riallineamento, e fino alla crisi del 1992, lo SME entra in una terza fase e si trasforma di fatto in un sistema di cambi fissi tra le valute europee. Ma la stabilità imposta ai tassi di cambio nominali, in assenza di adeguati interventi e politiche correttive a livello comunitario, non impedisce, anzi in qualche modo favorisce l'accumularsi di squilibri crescenti in Europa, in termini di crescenti differenziali di competitività reale tra i paesi membri dell'accordo. E tali squilibri nel regime di liberalizzazione piena dei capitali e delle valute che si era nel frattempo affermato in Europa, unitamente ai dubbi crescenti insorti sul processo di realizzazione dell'Unione monetaria europea, diventano i fattori determinanti la crisi dello SME del 1992-93.

L'uso interno degli accordi di cambio

La politica economica adottata dall'Italia nel corso dell'ultimo decennio è in parte il riflesso di questa più generale evoluzione dello SME, soprattutto con riguardo all'uso interno che viene fatto della partecipazione agli accordi di cambio, ai fini di importare una disciplina esterna ed esercitare una pressione all'aggiustamento del sistema nazionale. La politica del cambio forte in Italia è accompagnata così da una politica monetaria non accomodante, ovvero da elevati tassi d'interesse, nominali e reali. L'obiettivo è un processo di disinflazione e di stabilizzazione macroeconomica, in un quadro di risanamento del disavanzo pubblico. I risultati raggiunti sul piano della riduzione dell'inflazio-

ne sono stati notevoli. Non così quelli ottenuti in tema di riduzione del disavanzo pubblico. Ma ancor più limitati sono stati gli effetti sul piano dell'aggiustamento dell'economia reale.

La politica del cambio forte, sostenuta da una politica di austerità monetaria, si prefiggeva di favorire una consistente ristrutturazione e risanamento del sistema produttivo italiano, la cui fragilità competitiva era da tempo dovuta a una concentrazione troppo elevata, rispetto ai nostri maggiori concorrenti europei, su produzioni mature e a basso contenuto tecnologico. L'apprezzamento reale della lira doveva così servire a esercitare una pressione competitiva sulle imprese, spingendole verso processi di ammodernamento e di riconversione produttiva, così da favorire l'abbandono delle produzioni più mature e tradizionali, a elevata elasticità di prezzo, e l'entrata in produzioni tecnologiche più sofisticate.

Ma ciò si è verificato solo in minima parte. Il processo di razionalizzazione-ristrutturazione ha interessato in primo luogo i settori di vantaggio comparato dell'Italia. I beni di consumo più tradizionali e i settori della meccanica strumentale (macchine industriali), con forte presenza di imprese di ridotte dimensioni, si sono così ristrutturati anche grazie all'apporto di fattori tecnologici e innovativi, consolidando e rinnovando su basi nuove in questi anni la loro competitività internazionale. Ma per il resto del sistema produttivo, e in particolare per le industrie ad alta intensità di R&S (settori *science based* o *high tech* come l'informatica, la componentistica elettronica, le telecomunicazioni, la chimica fine e il farmaceutico) e a forti economie di scala (quali la chimica di base, gli autoveicoli, l'elettronica di consumo, la metallurgia), – tutte produzioni dominate dalla presenza di dimensioni aziendali medio grandi – i processi di ristrutturazione avviati negli anni ottanta, in termini di riduzione della manodopera e recuperi di produttività-profittabilità, non hanno esercitato effetti altrettanto positivi sul piano del rafforzamento della competitività, interna e internazionale. Quest'ultima al contrario è peggiorata drammaticamente negli ultimi anni.

Il risultato è stato un graduale ma netto peggioramento della situazione dei nostri conti con l'estero, a partire dalla seconda metà degli anni ottanta e fino all'estate del 1992 e in particolare del saldo corrente, a cui ha contribuito, ovviamente, la secca perdita di competitività-prezzo delle nostre produzioni. In seguito ai crescenti disavanzi di bilancia corrente il debito estero dell'Italia è salito fortemente, e così gli oneri per interessi che sono andati ad accrescere il disavanzo corrente, in un circolo vizioso che si è autoalimentato. Se all'inizio degli anni

ottanta la posizione netta sull'estero (incluse le riserve ufficiali) dell'Italia era in leggero attivo, alla fine del 1992 il passivo superava i 173 000 miliardi, pari all'11,5% del PIL. In conseguenza, sono saliti fortemente anche gli esborsi per interessi, ovvero il passivo dei redditi da capitale, che è una voce della bilancia corrente.

I vincoli posti dall'elevato debito estero continuano dunque a condizionare negativamente le possibilità di sviluppo dell'Italia. Al riguardo il deprezzamento reale della lira potrà esercitare effetti positivi, come già avvenuto nel 1993 con l'avanzo commerciale e corrente, che seppur modesto servirà ad arrestare la crescita del debito estero; ma, dall'altro, rappresenta un evento negativo per l'onere del debito estero, per cui l'effetto svalutazione certamente non basta. Tanto più quando si considerino le debolezze strutturali che affliggono da tempo la collocazione internazionale della nostra industria.

La collocazione internazionale dell'Italia

Come altri paesi industrialmente più avanzati, anche l'Italia ha visto crescere sensibilmente in questi anni il proprio grado di apertura commerciale e di internazionalizzazione produttiva. Il dato che meglio caratterizza questo crescente inserimento sui mercati internazionali dell'industria italiana è la peculiarità del suo modello di specializzazione internazionale se confrontato con quelli degli altri maggiori paesi.

L'evoluzione assai positiva che ha caratterizzato nel 1993 gli scambi commerciali dell'Italia appare confermare, almeno fino a oggi, tali peculiarità, con riferimento sia ai tradizionali punti di forza che alle più recenti

preoccupanti debolezze della specializzazione internazionale dell'Italia. La competitività internazionale delle produzioni italiane, in questi ultimi anni, è risultata decisamente in crescita nei settori della meccanica strumentale a elevata diversificazione d'offerta, quali in primo luogo le macchine agricole e industriali, la componentistica meccanica, gli apparecchi e materiali elettrici; si è mantenuta su livelli elevati nei settori tradizionali, prevalentemente destinati al consumo, quali il tessile-abbigliamento, le pelli e cuoio, le calzature, la ceramica, i prodotti in metallo; ha subito arretramenti nei prodotti ad alto contenuto tecnologico e alta inten-

Evoluzione della specializzazione internazionale dell'Italia
(indicatore di contributo al saldo commerciale*)

	1970-73	1976-79	1985-87	1992	1993 (Gen-Giu)
Prodotti agricoli	−10,87	− 8,36	− 6,89	− 5,19	− 4,93
Prodotti energetici	−14,09	−22,36	−14,47	− 5,52	− 6,71
Altre materie prime	− 1,55	− 1,35	− 0,99	− 0,78	− 0,85
Industria alimentare	− 5,68	− 4,42	− 3,82	− 2,95	− 2,76
Prodotti tradizionali	19,07	20,83	23,29	19,21	19,34
Prodotti ad alta diversificazione d'offerta	6,83	6,91	9,77	9,87	11,27
Prodotti a elevate economie di scala	6,22	8,49	− 4,25	− 7,13	− 8,06
Prodotti ad alta intensità di R&S	− 0,87	0,22	− 1,82	− 4,52	− 4,62

*Indicatore di vantaggi (>0) o svantaggi (<0) comparati rivelati
Fonte: Elaborazione su dati OCSE e ISTAT, Banca Dati SIE World Trade.

sità di R&S; è nettamente peggiorata nella maggior parte dei settori a elevate economie di scala produttive e organizzative (settori come gli autoveicoli, l'elettronica di consumo, le macchine per ufficio, la chimica, la metallurgia). Come si vede dalle due tabelle riportate in questa pagina anche la performance commerciale più recente, al di là del dato complessivo di generale miglioramento, conferma questo quadro d'insieme.

Il consolidamento della nostra posizione competitiva in un insieme di beni tradizionali, spinge a sottolineare la diversità della specializzazione dell'industria italiana rispetto ai modelli che caratterizzano tutti gli altri paesi avanzati (Stati Uniti, Giappone, Francia, Germania, Regno Unito) e che presentano posizioni commerciali deficitarie più o meno pronunciate nelle produzioni tradizionali. Per ciò che concerne, poi, il secco arretramento nei prodotti ad alta intensità di R&S, è vero che di fronte alla poderosa avanzata dell'industria giapponese e, negli anni più recenti, dei

Gruppi di prodotti

Tradizionali (1)

Elevata diversificazione d'offerta (2)

Elevate economie di scala (3)

Alta Intensità di R&S (4)

Totale Manufatti

(1) Prodotti tessili, abbigliamento, calzature, pelli e cuoio, mobilio, prodotti in metallo ecc.

(2) Macchine per l'agricoltura, macchine utensili, macchine per l'industria, altra meccanica strumentale ecc.

* L'indicatore misura i contributi relativi al saldo commerciale complessivo di un paese derivanti dagli otto raggruppamenti di prodotti elencati nella tabella 1. Valori positivi (negativi) dell'indicatore segnalano i raggruppamenti di prodotti che offrono un contributo (negativo) al saldo commerciale più che proporzionale al loro peso sul totale dell'interscambio, rappresentando vantaggi (svantaggi) comparati e punti di forza (debolezza) della specializzazione commerciale internazionale di un paese.

La formula utilizzata per calcolare l'indicatore di contributo al saldo commerciale è la seguente

$$\text{ICS} = (\frac{(Xi\text{-}Mi)}{(X+M)/2} - \frac{(X\text{-}M)}{(X+M)/2} \times \frac{(Xi+Mi)}{(X+M)}) \times 100$$

Xi = Esportazioni totali del gruppo di prodotti i
Mi = Importazioni totali del gruppo di prodotti i
X = Esportazioni totali   M = Importazioni totali

Saldi commerciali dei settori manifatturieri italiani per aree geografiche
(*miliardi di lire*)

Mondo		OCSE		CEE		Paesi non OCSE	
1992	1993	1992	1993	1992	1993	1992	1993
	(Gen-Giu)		(Gen-Giu)		(Gen-Giu)		(Gen-Giu)
42 004	25 741	39 596	23 938	28 864	17 370	2 408	1 802
21 585	14 973	8 964	6 461	6 619	4 742	12 620	8 512
-14 915	- 4 675	-16 752	- 7 975	-13 312	- 6 678	1 837	3 299
-10 075	- 4 242	-12 367	- 5 685	- 7 328	- 3 105	2 292	1 443
38 599	31 797	19 441	16 739	14 843	12 329	19 157	15 056

(3) Autoveicoli, elettrodomestici, chimica organica, chimica inorganica, elettronica di consumo ecc.

(4) Farmaceutica, chimica fine, prodotti elettronici intermedi e di investimento, telecomunicazioni, aerospaziale ecc.

Fonte: Elaborazioni su dati ISTAT, OCSE e ONU della Banca Dati SIE World Trade.

nuovi concorrenti asiatici, tutti i paesi comunitari, e non solo l'Italia, hanno accusato un sensibile deterioramento della posizione concorrenziale in tali produzioni. Ma l'industria italiana è l'unica a registrare posizioni persistentemente deficitarie, con un netto peggioramento negli ultimi anni.

Il fatto più rilevante di questi anni è, tuttavia, rappresentato dal consistente deterioramento della nostra competitività in un insieme di settori a elevate economie di scala produttive e organizzative e mediamente caratterizzati da imprese relativamente grandi (settori come quello degli autoveicoli o come l'elettronica di consumo, la chimica, la metallurgia). In tale gruppo di settori, che coprono oltre il 40% del commercio mondiale ed esercitano una forte influenza sulla bilancia commerciale, la produzione e l'occupazione di tutti i paesi più avanzati, l'industria italiana ha visto indebolirsi le proprie posizioni e ha accusato negli ultimi anni consistenti e crescenti deficit commerciali. Alla luce di queste evidenze, si può parlare di un vero e proprio impoverimento della base produttiva italiana, che è destinato a pesare negativamente sull'efficienza e sulla capacità di crescita dell'intero apparato produttivo.

Manca una politica industriale

Le cause di tutto ciò sono molte: una politica economica che ha penalizzato il settore produttivo; delle strategie di impresa inadeguate alle sfide poste dai radicali cambiamenti tecnologici in atto; l'assenza nell'ultimo decennio di una politica industriale e tecnologica degna di questo nome; l'uso distorto delle imprese pubbliche, largamente presenti in molti dei più importanti settori a elevate economie

di scala e intensità di R&S, e asservite in questi anni a logiche politico-partitiche dagli effetti nefasti. Come si vede nella prima tabella, la svalutazione della lira ha contribuito nel corso degli ultimi mesi del 1993 a migliorare le performance commerciali di alcuni di questi settori, ma da sola non può invertire tendenze strutturali negative che ostacolano le possibilità di una solida ripresa nel medio periodo della nostra industria sui mercati internazionali.

Questi punti deboli della collocazione internazionale dell'industria italiana risultano ancora più marcati se si prendono in esame le diverse specializzazioni dell'Italia nei confronti delle diverse aree geo-economiche con cui essa intrattiene scambi commerciali. I dati della seconda tabella mostrano come esista una significativa dicotomia del modello di specializzazione italiano allorché vengono distinti, all'interno dell'interscambio italiano, gli scambi con i paesi avanzati da quelli con i paesi in via di sviluppo non-OCSE.

L'industria italiana vanta delle eccedenze commerciali in settori a contenuto tecnologico e di lavoro qualificato medio-alto (meccanica strumentale e prodotti ad alta intensità di R&S) nei confronti dei paesi in via di sviluppo, mentre nei rapporti commerciali con i paesi più avanzati si riscontrano deficit più o meno elevati. I saldi attivi sono assicurati in misura determinante dai settori tradizionali, a più basso contenuto tecnologico. Ancora nel 1993, nei confronti dei paesi industrializzati, con cui si svolge oltre il 70 per cento del nostro interscambio, la collocazione produttiva internazionale dell'Italia appariva assai più debole di quanto le analisi aggregate comunemente rivelino. E tali aspetti di forza e di debolezza non si attenuano estendendo l'analisi alla posizione dell'Italia sul piano dell'internazionalizzazione delle sue imprese e produzioni. Nell'ultimo decennio la competizione tra imprese e paesi è stata sempre più caratterizzata da una crescente internazionalizzazione delle strutture produttive, sia nelle forme tradizionali degli investimenti diretti all'estero, sia nelle modalità relativamente nuove delle varie tipologie di accordi di collaborazione tra imprese. Ne è derivata una fase di globalizzazione dei mercati e di internazionalizzazione delle produzioni, in cui la competizione non è riconducibile univocamente alle dinamiche commerciali ma è il risultato dell'interagire di più piani: commerciale, investimenti diretti e accordi tra imprese. Il grado di internazionalizzazione dell'attività produttiva è così divenuto un fattore di primaria importanza ai fini di garantire una struttura industriale competitiva.

Internazionalizzazione

L'internazionalizzazione della produzione italiana è cresciuta fortemente negli ultimi anni, ma il divario da colmare nei confronti degli altri maggiori paesi (quali Francia e Germania) resta assai ampio. Nell'insieme è ancora scarsa la propensione dell'industria italiana a investire all'estero. Le nostre imprese sono ovunque poco presenti e, là dove è maggiore, questa presenza è quasi sempre limitata a poche imprese per settore. Per ciò che concerne gli investimenti esteri in Italia, la presenza delle multinazionali è in generale più forte nei settori a più elevato contenuto tecnologico, in cui vi è una certa sproporzione tra investimenti esteri in uscita e investimenti esteri in entrata, con il prevalere di questi ultimi. Il sottodimensionamento degli investimenti italiani all'este-

ro va letto contestualmente alla elevata propensione delle imprese italiane a formulare accordi con imprese estere. Ma anche in questo caso è una propensione limitata a un numero ristretto di imprese e motivata, nella maggior parte dei casi, dalla necessità di acquisire tecnologie.

Il dato che meglio riassume la collocazione internazionale dell'industria italiana è un modello di specializzazione assai diverso da quello dei paesi più avanzati, con punti di forza, negli ultimi anni, sempre più concentrati su settori tradizionali e relativamente più debole in molti comparti di «importanza strategica», a forti economie di scala e ad alto contenuto di innovazione tecnologica. Tali debolezze strutturali ereditate dal passato richiedono politiche industriali all'altezza della competizione globale. Il miglioramento più recente dei conti con l'estero e la rinnovata competitività di prezzo delle nostre produzioni certamente offrono un contesto assai favorevole per poterle realizzare. Ma se tale positiva opportunità non dovesse essere colta, anche risultati estremamente positivi quali quelli raggiunti dai conti con l'estero nell'ultimo anno, potrebbero venir presto vanificati dal mutare della combinazione assai favorevole di fattori interni ed esterni che li hanno determinati.

BIBLIOGRAFIA

P. Guerrieri, C. Milana, *L'Italia e il commercio mondiale*, Il Mulino, Bologna 1990.

F. Onida, *Collocazione internazionale e fattori di competitività dell'industria italiana*, in S. Micossi, I. Visco (a c. di), *Inflazione, concorrenza e sviluppo* (L'economia italiana e la sfida dell'integrazione europea), Il Mulino, Bologna 1993.

Agricoltura, industria, servizi

Le attività produttive si riorganizzano: al centro l'industria dei beni capitale

Valeriano Balloni,
Enrico Santarelli

Cambiamenti della struttura produttiva

Nel corso degli ultimi due decenni l'economia italiana si è modificata profondamente. Gli anni settanta, in particolare, hanno visto la definitiva affermazione della vocazione industriale del paese, mentre nel decennio successivo è divenuta più evidente l'integrazione delle attività produttive dell'industria con quelle dei servizi e, sia pure in misura inferiore, dell'agricoltura.

La dinamica dell'occupazione illustra chiaramente questi mutamenti strutturali (vedi tabella).

Tra il 1970 e il 1992 il contributo dell'agricoltura all'occupazione totale si è dimezzato, quello dell'industria si è ridotto di un quarto, mentre quello dei servizi destinabili alla vendita – che includono credito e assicurazione, trasporti e comunicazioni, commercio, alberghi e pubblici esercizi, locazione di fabbricati, servizi alle imprese e servizi vari – è aumentato del cinquanta per cento. In pratica, in meno di venticinque anni, l'Italia sembra essere riuscita a trasformarsi da paese a chiara connotazione agricola e ru-

Unità di lavoro: rapporti di composizione (*in %*)	1970	1980	1992
agricoltura	18,9	13,6	9,2
industria	38,1	35,9	28,7
industria in senso stretto	*28.0*	*27,9*	*21,4*
servizi destinabili alla vendita	29,0	34,0	43,4
servizi non destinabili alla vendita	18,7	13,9	16,5
Totale	100 (19994)*	100 (22063)*	100 (23244)*

* Valori assoluti in migliaia di unità.

rale, in cui l'industria si era sviluppata soprattutto nelle regioni nord-occidentali, in moderna economia industriale fortemente terziarizzata. Dopo il 1970 l'industria si è rapidamente diffusa anche nelle regioni centrali e nord-orientali del paese, mentre sul fronte occupazionale le mansioni inferiori sono state in parte sostituite da quelle a maggiore qualificazione. Anche in questi anni l'industrializzazione sembra tuttavia essersi diffusa non uniformemente sul territorio nazionale e, in particolare, essere proceduta a rilento nelle regioni meridionali, dove soltanto alcune aree (per esempio, il nord della Puglia) hanno visto l'industria privata svilupparsi adeguatamente.

L'apporto dell'industria al valore aggiunto

Questa trasformazione, malgrado sia stata così ragguardevole dal punto di vista della struttura occupazionale, appare meno evidente qualora si esamini il contributo, espresso a prezzi costanti, dei tre grandi aggregati produttivi alla formazione del valore aggiunto (vedi tabella). Nell'arco dell'intero periodo considerato, l'apporto dell'industria al valore aggiunto è sceso di poco meno di un decimo, mentre più marcata è stata la caduta del peso dell'agricoltura, a vantaggio soprattutto dei servizi destinabili alla vendita. Va comunque osservato che l'agricoltura si è andata progressivamente specializzando e che la trasformazione di molti prodotti agricoli si è trasferita dal comparto agricolo a quello industriale. Di conseguenza, se le attività dell'industria agro-alimentare fossero contabilizzate all'interno dell'agricoltura il ridimensionamento di questo settore risulterebbe molto meno marcato. Per l'Italia nel suo complesso, a valori correnti (vedi tabella qui sotto), si evidenzia una notevole crescita dei servizi destinabili alla vendita e una cospicua flessione dell'industria e dell'agricoltura.

Valore aggiunto al costo dei fattori
(rapporti di composizione in %; valori correnti e valori costanti a prezzi 1980)

	1970		1980	1992	
	correnti	costanti		correnti	costanti
agricoltura	8,7	8,2	6,2	3,6	5,9
industria	39,8	37	37,7	29,3	34,5
industria in senso stretto	29,8	26,1	30,2	23,2	27,9
servizi destinabili alla vendita	40,1	41,5	44,1	52,7	48,3
servizi non destinabili alla vendita	11,4	13,3	12	14,4	11,3
Totale	100 (63147)*	100 (263728)**	100 (381644)*	100 (1449774)*	100 (497437)**

* Miliardi di lire correnti
** Miliardi di lire a prezzi 1980.

Le dinamiche della produttività

Il modo più immediato per comprendere la relazione tra il mutamento strutturale dell'occupazione e del valore aggiunto è data dallo studio delle dinamiche della produttività, misurata in termini di valore aggiunto per unità di lavoro (vedi tabella).

Tra il 1970 e il 1980, come pure tra il 1980 e il 1992, i tassi di variazione medi annui composti della produttività del lavoro, a valori costanti, appaiono significativamente difformi tra i settori. In particolare, sia nel primo che nel secondo periodo risultano estremamente elevati i differenziali di crescita tra industria in senso stretto e servizi, mentre l'agricoltura e l'industria nel suo complesso presentano dinamiche sostanzialmente analoghe.

A valori correnti l'andamento della produttività nei tre settori è invece più omogeneo. Ciò avviene in virtù del fatto che i prezzi dei servizi tendono ad aumentare a una velocità superiore a quella che può essere riscontrata nell'industria e nell'agricoltura. Le cause di queste difformità nell'andamento dei prezzi sono molteplici e interrelate, quindi di difficile valutazione.

Vi è infatti chi ritiene che le imprese del settore industriale, più esposte alla concorrenza internazionale di quanto lo siano quelle di servizi, debbano necessariamente contenere l'aumento dei prezzi, poiché altrimenti perderebbero quote di mercato a vantaggio dei produttori esteri. Vi è anche chi sostiene che un aumento del valore monetario dei servizi destinabili alla vendita (non di quelli della pubblica amministrazione, sottratti al controllo efficiente del libero mercato) potrebbe essere comunque dovuto non già alle posizioni di dominanza di cui godrebbero le imprese sui mercati interni e alla differente struttura dei costi rispetto all'industria, bensì a un cambiamento nella struttura di questi servizi. Ai servizi tradizionali si sono infatti rapidamente aggiunti (soprattutto negli anni ottanta) servizi nuovi, di qualità superiore, per i quali è lecito attendersi un corretto apprezzamento da parte del mercato. Infine, vi sono altri studiosi per i quali l'aumento più rapido dei prezzi dei servizi rispetto a quelli dell'industria è da attribuire, in aggiunta alle imperfezioni del mercato, alle minori opportunità che avrebbe questo settore nello sfruttare il progresso tecnico e le correlate economie tecniche di scala. È però assai probabile che con l'avvento delle tecnologie

Tassi medi annui composti di variazione della produttività del lavoro
(valori correnti e valori costanti)

valori	1970-80		1980-1992	
	correnti	costanti	correnti	costanti
agricoltura	18,0	3,2	8,7	3,5
industria	17,9	3,4	10,2	3,5
industria in senso stretto	*18,1*	*4,1*	*10,5*	*4,0*
servizi destinabili alla vendita	17,0	1,4	9,5	0,6
servizi non destinabili alla vendita	15,5	− 0,9	10,6	− 0,1
Totale	17,6	2,5	10,2	1,9

elettroniche anche nei servizi, soprattutto negli anni più recenti, sia ormai possibile sviluppare metodi indiretti di produzione a elevata produttività del lavoro.

Per quanto riguarda invece l'agricoltura, l'andamento dei prezzi non è di fatto da attribuire all'operare delle forze di mercato, ma deriva piuttosto dai regimi di coordinamento e controllo attuati dalla Comunità europea. Resta comunque scontato che gli aumenti di produttività registratisi negli ultimi venti anni in questo settore sono essenzialmente dovuti ai cambiamenti delle tecniche di produzione, dei modelli di conduzione aziendale e dei sistemi di prodotto. Questi cambiamenti hanno infatti consentito il mantenimento sostanziale dei volumi di produzione pur in presenza di una marcata contrazione dell'occupazione. Si tratta dunque di uno sviluppo autentico dell'efficienza.

Cambiamenti nell'organizzazione interna dei settori

Durante il periodo del quale ci stiamo occupando sono avvenuti cambiamenti strutturali di ampia portata sia nell'agricoltura che nell'industria e nei servizi. Pertanto, la maggiore attenzione che nel presente paragrafo verrà dedicata ai processi di ristrutturazione dell'industria è giustificata dalla convinzione che a questo settore si connettono funzionalmente i mutamenti di struttura, la gestione e la performance della parte più moderna dell'agricoltura e di ampie classi di servizi. In altre parole, l'industria è l'elemento che plasma, di fatto, la struttura dell'intero sistema economico.

L'agricoltura

Anche in Italia, analogamente a quanto avvenuto negli altri paesi industrializzati, la crescita del prodotto lordo per abitante ha continuato negli ultimi decenni ad associarsi a una riduzione della quota di prodotto fornita dall'agricoltura. Proseguendo il cammino intrapreso già negli anni cinquanta e sessanta, l'agricoltura italiana è stata interessata anche dopo il 1970 da un intenso processo di specializzazione della produzione e da una serie di trasformazioni organizzative e tecnologiche. Questo processo di modernizzazione non può però ancora dirsi concluso poiché, nonostante la riduzione consistente verificatasi negli ultimi venti anni, l'occupazione agricola continua ad avere nell'economia italiana un peso maggiore rispetto a quello che presenta negli altri paesi CEE ad analogo livello di sviluppo o negli Stati Uniti, dove gli addetti in questo settore rappresentano ormai meno del 3% del totale.

Le trasformazioni occorse hanno tuttavia determinato una sempre più stretta integrazione dell'agricoltura propriamente detta con settori industriali e di servizi collocati sia a monte (meccanico, chimico, mangimi ecc.) che a valle (trasformazione alimentare, distribuzione ecc.) del ciclo produttivo principale. Così, mentre gli agricoltori si occupano anche della produzione di servizi (agriturismo), l'agricoltura si è tendenzialmente integrata nel più vasto settore agroalimentare. Questa evoluzione rende ovviamente più difficile individuare correttamente la linea di demarcazione fra agricoltura e industria e conferma come nelle moderne economie di mercato le attività produttive tendano a integrarsi sempre di più.

Malgrado gli importanti progressi segnati con lo sviluppo del comparto agro-alimentare, l'agricoltura italiana si sta adeguando con un certo ritardo a quanto avvenuto in altri paesi europei a causa degli elementi dualistici ancora presenti nella nostra agricoltura, all'interno della quale coesistono elementi di modernità e di arretratezza. Per esempio, mentre l'età media degli addetti risulta in generale piuttosto elevata (abbondano quelli in età pensionabile e scarseggiano i giovani), emerge il ritardo delle aree meridionali e di quelle di alta collina e montagna a causa di strutture produttive arretrate e di eccessivo impiego di forza lavoro a bassa qualificazione. Nelle regioni settentrionali – in particolare il Veneto e tutta la Padania – sono invece ormai largamente diffuse le aziende agricole a elevata capitalizzazione, che riescono a coniugare l'efficienza produttiva con il rispetto dell'ambiente e la tutela dell'assetto idrogeologico.

L'industria

I processi di ristrutturazione dell'industria italiana, che hanno preso corpo negli ultimi venti anni, hanno portato ad assetti organizzativi più articolati (sviluppo delle attività decentrate di tipo specialistico) e al contempo più coordinati (la cooperazione tra imprese si sostituisce alla gerarchia dell'impresa integrata e al puro scambio di mercato). Ci limiteremo qui a considerare due aspetti che appaiono di grande importanza per comprendere i futuri assetti e il grado di efficienza del sistema industriale italiano. Il primo aspetto riguarda i cambiamenti nel grado di integrazione delle attività produttive, il secondo lo sviluppo dell'industria dei beni capitale.

Un modo per dar conto del primo fenomeno e misurarne l'intensità consiste nell'esaminare l'andamento della quota del valore aggiunto sul fatturato delle imprese, allo scopo di evidenziare le variazioni percentuali degli input intermedi per unità di prodotto che le imprese acquistano all'esterno da altre imprese. In base ai dati disponibili, i valori di tale rapporto hanno il seguente andamento: a) per le piccole imprese (meno di 200 addetti) tendono ad aumentare fino al 1981, quando segnano un massimo storico (32%), per poi ridursi fino a toccare il valore minimo (26,8%) nel 1988; b) per le grandi imprese (più di 500 addetti) i valori tendono ad aumentare fino al 1974, anno in cui segnano un massimo storico (38%), per poi ridursi gradualmente fino a toccare valori simili a quelli delle piccole imprese.

Alla luce dei fatti, è plausibile supporre che il processo di ristrutturazione (o, meglio, destrutturazione) della grande industria inizi con i drastici mutamenti delle relazioni industriali susseguenti all'«autunno caldo» del 1969. Tuttavia, esso assume un carattere strutturale – cambiamento di tecniche, di modelli organizzativi e di rapporti tra imprese – verso la fine degli anni settanta, per ampliarsi ulteriormente negli anni successivi. All'inizio degli anni ottanta, in questo processo si delinea con chiarezza lo sviluppo di industrie ausiliarie e specialistiche, all'interno delle quali diviene dominante il ruolo delle piccole e medie imprese che presentano caratteri da manuale. Soltanto nei dodici anni successivi è possibile parlare di una nuova, autentica divisione del lavoro tra imprese, iniziata nei primi anni settanta con un decentramento produttivo dozzinale e improvvisato, attuato dalle grandi imprese per sottrarsi al controllo di un sindacato divenuto forte e aggressivo.

Il settore dei beni di investimento

Per quanto riguarda il secondo fenomeno, occorre analizzare la consistenza e i cambiamenti avvenuti in quei particolari sottoinsiemi di industrie che producono beni strumentali o beni di investimento. L'interesse per questi settori si fonda sul postulato secondo il quale al loro interno il progresso tecnico è continuo e avviene a un ritmo superiore a quello con cui si realizza in altri settori. Ne consegue che un sistema industriale è tanto più efficiente quanto maggiore è al suo interno la consistenza e la vivacità imprenditoriale dell'industria dei beni capitale.

Per poter individuare la presenza di tendenze significative nell'evoluzione dell'industria dei beni capitale, possono essere esaminati i seguenti indicatori: a) il rapporto di composizione delle unità di lavoro e del prodotto lordo; b) la produttività del lavoro; c) la capacità produttiva potenziale.

Per quanto concerne gli indicatori relativi al punto a), l'industria dei prodotti in metallo, macchine, attrezzature e simili – costituente il sottoinsieme delle industrie che operano in prevalenza come produttori di beni capitale – aumenta notevolmente il suo peso.

Il suo contributo passa infatti, in termini di addetti, dal 24,3% del 1970 al 27,2% del 1990 e, in termini di valore aggiunto, dal 20,2% del 1970 al 28,5% del 1990.

Una ulteriore conferma della vitalità di questo comparto è fornita dall'andamento della produttività e della

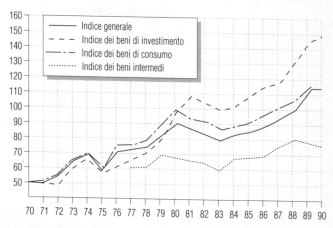

Indici della produzione industriale per destinazione economica (1970=100)

Indice generale
Indice dei beni di investimento
Indice dei beni di consumo
Indice dei beni intermedi

Fonte: nostre elaborazioni su dati ISTAT.

Indice della capacità produttiva potenziale

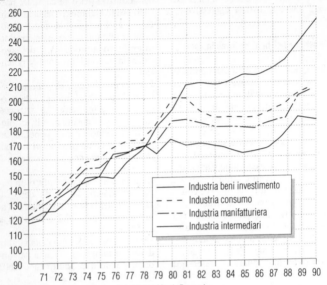

Fonte: nostre elaborazioni su dati ISTAT e indagini ISCO-Mondo Economico.

produzione. Dai dati disponibili, risulta infatti che tra il 1970 e il 1990 i tassi di variazione tanto della produttività che della produzione (si veda in particolare l'impennata alla fine degli anni settanta dell'indice della produzione dei beni di investimento presentato nella figura della pagina precedente) si sono mantenuti al di sopra sia di quelli medi dell'industria manifatturiera che di quelli di molti altri settori sottoposti a radicali processi di riorganizzazione.

Speciale attenzione, ai fini di una interpretazione non convenzionale dei cambiamenti strutturali del sistema industriale italiano, merita infine l'andamento dell'indicatore c), cioè della capacità produttiva potenziale (CPP) dei beni di investimento. L'indicatore CPP si ottiene dividendo l'indice della produzione industriale per l'indice di utilizzo della capacità produttiva, che a sua volta rappresenta il rapporto tra capacità produttiva impiegata e livello massimo di produzione ottenibile con il capitale e il lavoro già destinati a una specifica produzione. Il concetto di CPP ha avuto usi diversi negli studi economici. In questo caso esso consente di vedere se nei processi di ristrutturazione dell'industria vi è stato un adeguamento dell'offerta di beni coerente con i cambiamenti avvenuti nelle condizioni di domanda (relativi sia alla varietà che alla qualità dei beni richiesti) e con la disponibilità di nuove tecnologie. L'andamento dell'indice CPP dei beni di investimento (come indicato nella figura di questa pagina) risulta assai particolare; esso non sembra infatti conciliarsi con le intepretazioni convenzionali dei cambiamenti strutturali del sistema produttivo italiano. In effetti, nel corso del periodo considerato si manifestano in quest'indice due accelerazioni: la prima è relativa agli anni 1977-81, la seconda riguarda il periodo 1985-90. È soprattutto questa seconda accelerazione a distinguere il comparto dei beni di investimento. A nostro giudizio, l'aumento della domanda di beni capitale non può, se non in minima parte, essere attribuita alle grandi imprese, in quanto in quegli anni esse avevano già portato a buon punto i processi di ristrutturazione, né tantomeno alla domanda estera (si veda in proposito il *Rapporto sul commercio estero 1990* dell'ICE). Pertanto essa deve attribuirsi ai sistemi di piccola e media impresa, sottoposti proprio in quel periodo a profonde revisioni degli assetti produttivi. Giocano a sostegno di questa tesi le simmetrie che, nel periodo indicato, sussistono tra l'andamento dell'indice degli investimenti per le piccole imprese e l'indice CPP. Questa interpretazione costituisce il cardine della tesi che intendiamo sostenere: il formarsi in Italia di una moderna industria dei beni capitale, coerente con sistemi di produzione specialistici, diversificati, coordinati da varie forme organizzative (stellari, a rete ecc.), cioè di un'industria adeguata alle necessità dei «nuovi» sistemi di piccola e media impresa.

I servizi

Molti elementi concorrono a dimostrare che lo sviluppo dei servizi e il complessivo processo di terziarizzazione siano stati un fattore di stimolo al consolidamento della struttura industriale del paese.

Già con il decentramento della produzione industriale negli anni settanta si è assistito a una crescente integrazione fra industria e servizi, testimoniata da un aumento del peso del terziario utilizzato direttamente nell'industria. In particolare, nel processo di terziarizzazione dell'economia italiana negli anni settanta e ottanta un ruolo di notevole rilevanza è stato occupato dai servizi alla produzione, sviluppatisi per soddisfare le esigenze delle imprese industriali in tutte quelle attività che possono determinare un miglioramento sia qualitativo sia quantitativo della produzione. Questo comparto include i servizi per l'area organizzativa, tecnico produttiva, commerciale, amministrativa e finanziaria, oltre a tutte quelle attività di servizi che risultano legate all'utilizzo di strumenti e sistemi informatici. Si tratta dunque di servizi che nascono come un naturale distacco di attività precedentemente svolte all'interno delle imprese industriali e che segnano un tangibile progresso per l'organizzazione del settore. In pratica, l'industria ha enucleato una serie di attività di natura immateriale in tutte quelle fasi del ciclo produttivo in cui alla specializzazione esterna attiene una efficienza maggiore di quella che può essere conseguita tramite de-specializzazione interna.

La crescita complessiva del terziario in termini di addetti e valore aggiunto è avvenuta però anche a seguito di un processo autonomo di specializzazione e divisione del lavoro all'interno del settore stesso, nel quale si sono modificate e modernizzate, soprattutto negli anni ottanta, le condizioni di produzione. Fermo restando lo sviluppo notevole del credito e delle assicurazioni, a questo riguardo possono essere ricordate le trasformazioni avvenute durante l'ultimo decennio nella distribuzione commerciale. Limitandosi alla sola distribuzione alimentare, che è la componente più ampia di questo segmento, si può osservare come fra il 1980 e il 1989 il contributo dei supermercati al valore aggiunto del comparto sia passato da meno dell'8% al 29%, a testimonianza di un parziale avvicinamento alla struttura distributiva di paesi quali la Francia (41%), la Germania (35%) e il Regno Unito (31%).

Lo sviluppo dei servizi non destinabili alla vendita (istruzione, giustizia, sanità, difesa ecc.), è stato invece favorito soprattutto dall'espansione della pubblica amministrazione, in particolare nelle aree ritardatarie o di deindustrializzazione in cui l'industria non si è sviluppata o ha incontrato difficoltà. A una crescente dimensione di questo settore non ha però fatto riscontro maggiore efficienza nell'erogazione di servizi non destinabili alla vendita. Si può dunque affermare che l'accresciuto peso di questo comparto non ha in generale avvantaggiato le attività produttive, contribuendo anzi in misura decisiva all'aumento del disavanzo pubblico.

Tornando al caso dei servizi alla produzione, un fenomeno caratteristico degli ultimi anni è stato l'intenso processo di creazione di nuove imprese. A partire dal 1985, la formazione di nuove imprese è stata nettamente più accentuata in questo settore che nell'industria e ha interessato tutto il paese, comprese le aree di minore industrializzazione. La crescita di questo comparto può dunque essere intesa sia come aspetto di un più generale processo di auto-attivazione del comparto stesso, che coincide con un aumento nel numero delle imprese di servizi alla produzione nelle aree caratterizzate da livelli crescenti di industrializzazione, sia come risposta alle modificazioni nella struttura della domanda di servizi da parte dell'industria. L'aumento della quota di servizi contenuta in ciascuna unità di prodotto industriale che si è verificato nel periodo in esame si è infatti associato da un lato a un processo di divisione e specializzazione del lavoro tra imprese di servizi alla produzione, dall'altro all'offerta di servizi innovativi e a maggiore valore aggiunto resa possibile dalla diffusione della tecnologia dell'informazione.

Le politiche per la crescita dei settori

I governi che si sono succeduti alla guida del paese negli ultimi venti anni non sembrano essere stati capaci di formulare e attuare strategie di settore, coerenti con un qualche modello di economia di mercato. Di conseguenza, gli interventi progettati e attuati dall'operatore pubblico sono stati di tipo «riparatore» piuttosto che «anticipatore».

Per tradizione, la politica agraria italiana ha continuato, o meglio si è limitata, a occuparsi di interventi volti a sostenere il reddito dei produttori, mentre più debole è stato l'impegno a rendere più efficienti le strutture produttive. Tutto ciò è apparso in linea con l'azione della CEE, tesa prevalentemente a regolamentare i prezzi per la creazione del mercato unico. Meno efficace, anche nella CEE, è stata invece l'azione volta a promuovere le modifiche delle diverse strutture aziendali caratteristiche dei vari paesi membri.

Il modo in cui hanno preso forma le direttive della CEE e i correlati aiuti in materia di ammodernamento e potenziamento delle strutture agricole, maggiore mobilità della proprietà terriera, miglioramento dell'informazione e della cultura professionale degli agricoltori, assistenza per l'innovazione e lo sviluppo organizzativo è in larga parte da scoprire, codificare e valutare. È comunque opinione diffusa che la politica comunitaria abbia fallito sul piano dei processi di ammodernamento e omogeneizzazione delle strutture produttive nei diversi paesi. Gli squilibri spaziali all'interno della Comunità non si sono ridotti e l'Italia, in particolare, risulta il paese che ancor oggi presenta il maggior disavanzo nell'interscambio agroalimentare.

Considerato che la politica agraria di iniziativa nazionale ha mantenuto in Italia un carattere di puro trasferimento passivo, non stupisce che, a distanza di molti anni, restino ancora irrisolti i problemi di riequilibrio delle strutture produttive Nord-Sud e di uno sviluppo delle nuove specializzazioni coerente con i cambiamenti avvenuti nelle condizioni di domanda. Non diversamente da quanto si è verificato per il settore agricolo, la politica per l'industria è apparsa anch'essa alquanto frammentaria. Se accettiamo l'idea che nel nostro paese l'alternativa a una struttura produttiva organizzata intorno a un piccolo gruppo di grandi imprese (e grandi famiglie) sia un modello nel quale un ampio gruppo di medie imprese a conduzione forte coordina insiemi di piccole imprese specialistiche (sia industriali che di servizi), allora risulta chiara l'insufficienza delle politiche industriali adottate negli ultimi venti anni.

Per tutti gli anni settanta la politica italiana a favore dell'innovazione ha avuto l'obiettivo generale di promuovere la ricerca scientifica e tecnologica, ma si è purtroppo concretizzata in una serie di interventi scarsamente coordinati tra loro. Con la legge 46 del 1982, divenuta operativa solo due anni più tardi, si è per la prima volta cercato di dare ordine alla materia, riorganizzando i «fondi» per la ricerca applicata e l'innovazione tecnologica. Di questa legge ha però beneficiato soltanto la grande impresa.

A testimoniare l'interesse delle piccole e medie imprese a innovare attraverso il progresso tecnico incorporato nei beni capitale vi è anche il successo riscosso dalla legge 1329 del 1965 – meglio conosciuta come legge Sabatini – e dalla legge 696 del 1983, che hanno avuto un impatto notevole sullo sviluppo degli investimenti in macchinari e impianti.

Le direttive della CEE sui sussidi alle imprese

In materia di politiche per l'innovazione e per la ristrutturazione di alcuni settori in crisi occorre tener conto degli orientamenti della CEE, che tende a condannare o a bandire gli interventi indiscriminati di aiuto e sussidio alle imprese. Di conseguenza, essendo la legge 46 fortemente indiziata di irregolarità, un riordino delle politiche compatibili con gli orientamenti comunitari è stato tentato con la legge 317 del 1991. Questa legge sembra rispettare le direttive comunitarie (anche se la Commissione delle comunità europee ha eccepito su alcuni punti), in quanto ambisce a risolvere situazioni di squilibrio territoriale senza incidere direttamente sul processo competitivo. La sua rilevanza pratica va ravvisata nell'attenzione posta sui problemi dei distretti industriali, nei quali ha luogo spazialmente la divisione del lavoro tra imprese, e sulla loro necessità di dotarsi di strutture che promuovano le nuove tecnologie. Ci si riferisce in particolare – ed ecco la connessione con la politica per i servizi – a quelle strutture, già sperimentate in alcune aree del paese, che forniscono «servizi reali» di natura tecnica e organizzativa. I pregi specifici di alcune leggi in materia di politica industriale perdono comunque valore in assenza di un disegno strategico che dia coralità agli interventi volti a creare ambienti favorevoli alla crescita e all'affermazione del «nuovo» modello di sviluppo basato sulla media e la piccola impresa. Di conseguenza, fino a quando le politiche per la formazione professionale, il credito, i trasporti e le comunicazioni verranno elaborate disgiuntamente dalle politiche per l'industria, sarà difficile per l'economia nazionale attuare quelle trasformazioni strutturali che potrebbero portarla a conquistare una posizione di primissimo piano nel contesto europeo e mondiale.

──────── BIBLIOGRAFIA ────────

V. Balloni, E. Santarelli, A. Sterlacchini, *Ristrutturazione dell'industria e innovazione nelle piccole imprese*, CLUA, Ancona 1992.

G. Fabiani, *Sviluppo agricolo e sistemi territoriali*, in G. Fuà (a c. di), *Orientamenti per la politica del territorio*, Il Mulino, Bologna 1991.

G. Fuà, *Crescita economica. Le insidie delle cifre*, Il Mulino, Bologna 1993.

R. Piergiovanni, E. Santarelli, *La demografia d'impresa nel comparto dei servizi alla produzione in Italia. Un'analisi territoriale*, «Note Economiche», n. 3, 1993.

Un caso da manuale

L'industria della moda

L'industria della moda è costituita da tre comparti produttivi; il tessile, l'abbigliamento e le calzature. Questi tre comparti, nel complesso, producono la maggior parte di beni che definiscono materialmente il concetto di moda inteso come «foggia corrente del vestire e dell'acconciarsi, legata a una determinata epoca e al gusto di una determinata società».

In Italia, questa industria fornisce un tangibile contributo in materia di occupazione, reddito e esportazioni. Gli occupati nel 1992 erano più di 1 150 000 unità, pari al 22-23% degli addetti all'industria manifatturiera. Non meno importante risulta il contributo che essa offre alla formazione del PIL (circa il 14%) mentre è importantissimo il suo saldo positivo esportazioni-importazioni: oltre 23 000 miliardi e in crescendo (vedi figura).

La struttura dell'industria della moda è estremamente frammentata: negli anni novanta si stima che siano attive oltre 100 mila imprese aventi una dimensione media di circa 10 addetti. I dati statistici vanno tuttavia interpretati poiché nell'ultimo decennio ha preso gradualmente consistenza un processo di ricomposizione in cui si è intensificata la formazione di imprese a «rete» di medie dimensioni, vale a dire imprese che coordinano insiemi anche estesi di piccole unità produttive giuridicamente indipendenti.

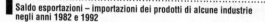

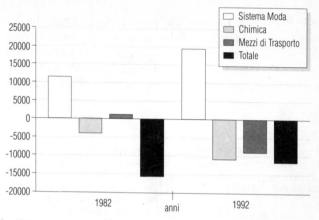

Saldo esportazioni – importazioni dei prodotti di alcune industrie negli anni 1982 e 1992

Fonte: Rapporto sul Commercio Estero, ICE, 1991.

I casi più noti di questo tipo di imprese a «rete» nel particolare comparto del prêt à porter sono per esempio quelli di Genny Moda, Byblos, Gerani, Max Mara, intorno ai quali ruotano festoni di 30-40-60 e più laboratori specializzati; nel comparto delle calzature troviamo Della Valle, Zeis Excelsa (marchio Dock Step), Pollini, Magli, intorno ai quali ruotano insiemi altrettanto ampi di piccoli laboratori indipendenti.

Le circostanze da cui originano i cambiamenti strutturali dell'industria della moda sono da rintracciarsi negli squilibri che si sono delineati nelle condizioni di domanda e di offerta soprattutto nel corso degli anni ottanta. Dal lato della domanda si è improvvisamente intensificato un cambiamento generazionale nella cultura e nel comportamento dei consumatori già delineatosi alla fine degli anni settanta.

Il consumatore che l'industria della moda si è trovato di fronte è un soggetto colto, esigente, creativo, che apprende rapidamente e che coltiva il piacere di progettare le proprie scelte, ancor prima di attuarle.

I metodi di progettazione, sviluppo e realizzazione dei prodotti ordinati sui vecchi sistemi di produzione si sono dimostrati sempre più inadatti ad attuare le qualità nuove, coerenti con le esigenze di quel tipo di consumatore finale. È questa la circostanza che spiega gli squilibri e i conseguenti processi di ristrutturazione che hanno consentito all'industria italiana della moda di riguadagnare la frontiera dell'efficienza e mantenere la leadership nel mondo.

V. B.

Scopi e controindicazioni della manovra

Le privatizzazioni

Augusto Graziani

99 Come altri paesi europei, anche lo Stato italiano ha avviato una politica di privatizzazioni a largo raggio. A tale politica sono stati impressi ritmi particolarmente serrati sotto i governi Amato (1992) e Ciampi.

Gli scopi dichiarati di tale manovra sono essenzialmente due: acquisizione di una maggiore efficienza e risanamento delle finanze pubbliche.

La ricerca dell'efficienza

Sul terreno dell'efficienza, i sostenitori delle privatizzazioni fanno notare che le imprese pubbliche e a partecipazione statale, proprio perché collocate sotto la supervisione di un apposito dicastero governativo e quindi esposte di fatto all'influsso dei partiti politici, si erano largamente discostate da criteri di corretta amministrazione aziendale. Ciò era avvenuto sia nella nomina dei dirigenti (che vedeva sovente favoriti uomini di fiducia delle aree politiche dominanti), sia nella economicità della gestione (condotta sovente senza alcuna attenzione al contenimento dei costi), sia nella politica delle acquisizioni (politica che ha fatto confluire nell'area delle imprese a partecipazione statale una molteplicità di imprese in difficoltà, assunte nell'area pubblica con criteri occasionali, non escluso quello di sollevare i proprietari privati da perdite e da responsabilità). Per contro, un'impresa privata, costretta a ri-

spettare i vincoli del mercato dovrebbe dare sotto ogni rispetto garanzie di gestione più rigorosa.

Sul terreno del risanamento finanziario, sebbene le autorità governative abbiano dichiarato ufficialmente che i proventi delle privatizzazioni verranno utilizzati non già per finanziare la spesa corrente bensì per ridurre il debito accumulato, non si può ragionevolmente sperare di conseguire risultati considerevoli in termini quantitativi: le privatizzazioni potranno fruttare alcune decine di migliaia di miliardi mentre il debito accumulato si avvia a toccare i due milioni di miliardi. È però lecito sperare in un beneficio indiretto in quanto l'alienazione delle imprese in perdita dovrebbe almeno ridurre il disavanzo corrente.

Qui si innesta la prima delle molteplici riserve che vengono avanzate contro la manovra delle privatizzazioni. La vendita di imprese di proprietà pubblica è in sé un'operazione di mercato e può avere successo a condizione che lo Stato ponga in vendita imprese dalle quali gli acquirenti possano sperare di trarre un profitto. Ma perché ciò avvenga è necessario che l'impresa ceduta sia vitale, o che essa venga alienata a prezzi di particolare favore. Si profila quindi il pericolo che lo Stato sia costretto a cedere imprese economicamente sane, trattenendo nell'area pubblica le imprese senza speranza; oppure che, nella necessità di trovare un acquirente, vengano praticati prezzi tanto bassi da ridurre i proventi a cifre poco significative.

Le situazioni di monopolio

Dal punto di vista del consumatore, altre riserve possono essere formulate. In primo luogo, un antico principio di teoria economica, riconosciuto anche dai liberisti più convinti, insegna che là dove sussiste un monopolio naturale (e cioè una situazione in cui l'impresa produttrice non potrà che essere l'unica offerente), è consigliabile che l'attività venga gestita dallo Stato. La gestione pubblica può essere condotta con criteri di interesse generale, mentre il privato persegue il profitto che la situazione di monopolio gli garantisce. Sotto questo profilo, si dovrebbe concludere che le aziende produttrici di energia elettrica, acqua, gas, trasporti urbani sono esempi di imprese che, destinate come sono ad agire in condizioni di monopolio naturale, non andrebbero privatizzate.

Le imprese strategiche

Una seconda perplessità riguarda le imprese che, per la tecnologia avanzata di cui fanno uso o per il ruolo chiave che svolgono nel tessuto industriale, vanno considerate strategiche. Anche per imprese di questa fatta molti esperti ritengono che dovrebbe essere preservato il controllo pubblico; ciò soprattutto in vista dell'eventualità che imprese di carattere strategico possano essere acquisite da gruppi stranieri, i quali non avrebbero alcuna remora a porre l'industria nazionale in posizione di subordinazione tecnologica.

Il controllo del credito

Considerazioni non dissimili inducono taluni a considerare con sospetto la privatizzazione delle aziende di credito. A torto o a ragione, il settore del credito viene considerato una delle leve di comando della politica industriale. Tutti concordano nel ritenere che il credito dovrebbe essere somministrato in base a una valutazione rigorosa della vitalità delle iniziative finanziate e, sia pure nel rispetto degli obiettivi che la politica industriale si prefigge, escludendo l'influsso di qualsiasi area politica. Molti considerano però erroneo dedurre che il credito vada lasciato alla valutazione di soggetti privati, i quali, anche se rispettosi dei vincoli del mercato, hanno necessariamente un orizzonte temporale più ristretto del soggetto pubblico.

Su questi temi, il governo italiano ha finora preso posizioni molto flessibili, affermando la più grande apertura rispetto all'eventuale ingresso di gruppi stranieri, con la sola esclusione di quelli appartenenti a paesi che ostacolano l'ingresso dei capitali italiani; il governo ha altresì finora rifiutato di individuare settori strategici da sottrarre a priori alla privatizzazione.

Si è invece acceso un dibattito, che a volte ha diviso anche i membri del governo, in merito ai criteri che dovrebbero presiedere alla cessione di imprese pubbliche. Da un lato, si sono schierati i sostenitori della così detta impresa ad azionariato diffuso (detta anche, con termine anglosassone public company), e cioè di una società il cui capitale azionario risulta frammentato tra una miriade di piccoli azionisti, nessuno dei quali da solo potrebbe esercitare un influsso apprezzabile sulla conduzione della società. È noto che forme societarie simili possono agevolmente dare luogo a un potere incontrollato dei dirigenti; ma, ribattono i sostenitori, essa presenterebbe il vantaggio di ampliare le dimensioni del mercato azionario, richiamando in borsa la massa dei risparmiatori e facendo finalmente della borsa il vero polmone di finanziamento dell'impresa.

Di contro si sono schierati i sostenitori di un tipo di impresa dotata di un riferimento stabile (detto anche «nocciolo duro»), e cioè di una società nella quale uno o più soci, detentori di pacchetti azionari consistenti, siano in grado di stabilire l'indirizzo di gestione. Questa forma garantirebbe gli azionisti di minoranza da eventuali scalate da parte di gruppi stranieri e, assicurando la continuità della gestione, ispirerebbe al piccolo azionista una fiducia assai maggiore.

Chi sono i compratori

Un primo episodio di privatizzazione che, a suo tempo, ebbe vasta risonanza, ebbe luogo allorché, alla fine del 1986, l'Alfa Romeo Alfa Sud venne venduta alla FIAT. Negli anni successivi, la politica delle privatizzazioni stentò a prendere piede (è stato calcolato che, fra il 1988 e il 1992, IRI, ENI e EFIM, mentre attuavano 94 dismissioni, acquisivano ben 144 nuove imprese), per riprendere in termini concreti nel 1992.

Un passo preliminare, compiuto nel luglio di quell'anno dopo aver posto l'EFIM in liquidazione, è consistito nel trasformare l'IRI, l'EMI, e l'INA in società per azioni di diritto privato (misura analoga era stata presa in precedenza per le Ferrovie dello Stato). Nella prima fase, lo Stato attraverso il Ministero del tesoro, è rimasto proprietario del pacchetto azionario; nella seconda fase, è stato dato avvio alla cessione del pacchetto azionario delle imprese operative a soggetti privati. La stessa misura è stata presa per le grandi banche, trasformate anch'esse in società per azioni, con attribuzione del pacchetto azionario ad altrettante fondazioni.

Dopo di allora, le privatizzazioni si sono svolte secondo un piano annunciato nell'aprile del 1993.

Le privatizzazioni nel settore manifatturiero hanno interessato l'Italgel (alimentare, ceduta alla Nestlè), la Cirio Berto, i De Rica (alimentare, ceduta alla FISVI, società costituita da cooperative di agricoltori meridionali e dalla Parmalat; il settore olii è stato rivenduto alla Unilever), la Nuovo Pignone (meccanica ad alta tecnologia, ceduta, a gruppi stranieri capitanati dalla General Electric), la SIV (Società italiana vetro, ceduta a una società formata dal gruppo inglese Pilkington e dalla italo-argentina Techint), la Cementir (ceduta al gruppo Caltagirone), le Acciaierie di Piombino (cedute al gruppo Lucchini).

Nel settore bancario e finanziario, sono state avviate le privatizzazioni della Banca Commerciale Italiana, del Credito Italiano e dell'IMI (Istituto mobiliare italiano). Per questi istituti, sebbene si sia seguito il criterio della formazione di un azionariato diffuso, si sono già costituiti gruppi detentori di pacchetti consistenti (quali la francese Paribas e la tedesca Kommerzbank). Seguiranno l'INA, l'ENI, l'ENEL e la STET, finanziaria delle telecomunicazioni.

L'altra faccia del modello di sviluppo italiano

Economia informale

Enrico Pugliese

99 L'interesse per la problematica dell'economia informale si sviluppa in Italia nella seconda metà degli anni settanta. Ma è soprattutto nel corso degli anni ottanta che il termine, proveniente soprattutto dalla letteratura anglosassone, si afferma in Italia.

Nel decennio precedente si era parlato di «economia sommersa», o di «economia parallela» e, soprattutto, di «lavoro nero».
La modificazione della terminologia utilizzata riflette anche un cambiamento di orientamento degli studiosi e una attenzione ad aspetti diversi del fenomeno. Il termine economia informale designa infatti una serie di realtà profondamente diverse, a volte contraddittorie, aventi tuttavia delle caratteristiche comuni. La prima di queste è che l'occupazione e il reddito prodotto da queste attività tendono a sfuggire alla rilevazione statistica. Ed è proprio questo aspetto che in passato aveva fatto preferire il termine «economia sommersa» che, per altro, è tuttora quello più frequentemente usato nel linguaggio corrente.
Il termine economia informale designa un insieme di attività produttive prevalentemente (ma non necessariamente) svolte con lavoro autonomo a elevato impiego di mano d'opera, tendenti a eludere le regolamentazioni statali e sindacali relative alle condizioni di lavoro. Queste attività inoltre possono essere volte sia alla produzione per autoconsumo, sia alla produzione per il mercato, eludendo in generale anche le imposizioni fiscali. È evidente la vastità del campo di situazioni rientranti sotto un'unica voce. I diversi autori che si sono occupati del fenomeno a seconda del loro orientamento scientifico e politico, ne hanno privilegiato aspetti differenti, il che ha portato talvolta a interpretazioni riduttive della natura dell'economia informale e dei motivi che sono alla base della sua diffusione. È comunque importante sottolineare che nello scorso quindicennio l'intera gamma dei fenomeni rientranti nella definizione data sopra hanno fatto registrare una significativa espansione in molti paesi. La crescita delle attività e delle occupazioni informali in qualche modo deriva anche dalla crisi del modello di sviluppo economico del dopoguerra, caratterizzato da una progressiva crescita dell'occupazione regolare alle dipendenze e sottoposta alla regolazione statale e alle garanzie di difesa sindacale.
Una significativa distinzione da fare è quella tra «economia informale di mercato» ed «economia informale non di mercato» [V. Capecchi e A.

Pesce, 1983]. Quest'ultima, che si riferisce alla produzione di beni o servizi non destinati alla vendita, bensì all'autoconsumo o al reciproco aiuto comunitario, ha richiamato in maniera particolare (e forse oltre misura) l'attenzione degli studiosi negli anni ottanta. In particolare in Francia (dove è stata appunto coniata l'espressione *hors marché*) il fenomeno è stato visto come una spinta alla demercificazione del lavoro e dell'attività produttiva.

Informale: scelta o costrizione?

L'importanza data all'attività informale «non di mercato» si collega anche alle convinzioni di alcuni studiosi relative alla ricerca da parte dei giovani di soluzioni di lavoro e di vita alternative. Il lavoro informale sarebbe l'effetto di una scelta e non una condizione di ripiego. E questo riguarda anche il lavoro informale di mercato. Lo stesso ritardo dell'età di ingresso nell'occupazione, sarebbe dovuto a questa scelta e alle opportunità offerte dalla diffusione del lavoro informale. Più in generale nel corso degli anni ottanta c'è stata sottolineatura estrema degli elementi di autonomia e di libertà che pure possono ritrovarsi alla base della diffusione del fenomeno. Alcuni studi sulla doppia occupazione hanno teso a sottolineare non solo l'ovvia convenienza del datore di lavoro, ma anche un interesse dei lavoratori a sfuggire al controllo fiscale e in generale alla «normazione universalistica» [L. Gallino, 1982]. Insomma l'occupazione informale non deriverebbe solo da una stretta condizione di necessità degli interessati ma anche da una preferenza. Questa interpretazione – che è in netto contrasto con gli studi degli anni settanta che avevano denunciato

il lavoro nero e le forme di sfruttamento a essi connesse – è prevalsa negli anni ottanta. È difficile dire se per modificazione del contesto o per semplice modificazione del clima culturale.

Lavoro nero e decentramento produttivo

Il problema del lavoro nero e della economia sommersa nel decennio precedente era stato visto nelle sue strette connessioni con quello del centramento produttivo. Sulla base della documentazione empirica veniva messo in luce un processo di allocazione all'esterno di attività produttive da parte di grandi imprese, al fine di ridurre i costi del lavoro. All'interno dei piccoli stabilimenti e dei laboratori nati per effetto dei processi di decentramento produttivo le condizioni di lavoro diventavano molto peggiori di quelle esistenti nell'impresa madre.

Inoltre, soprattutto negli stabilimenti di più piccole dimensioni, a volte il lavoro non veniva neanche dichiarato. Si trattava – e non infrequentemente si tratta tuttora – di lavoro nero da un duplice punto di vista: primo, perché non dichiarato; secondo, perché praticato in piena violazione delle norme che proteggono il lavoro.

Naturalmente, la diffusione delle piccole imprese e delle attività di piccole dimensioni, spesso al limite tra «formale» e «informale», non deriva solo dai processi di decentramento produttivo, ma da un più generale processo di dispersione produttiva, cioè di riduzione della scala dimensionale prevalente delle attività industriali [A. Bagnasco, 1988]. In altri termini l'incidenza crescente di aziende e stabilimenti di piccole dimensioni non è tanto l'effetto della frammentazione di aziende più grandi, ma il risultato di un autonomo processo di sviluppo di un sistema di piccole imprese diffuse nel territorio.

All'attenzione per queste problematiche ha corrisposto negli anni ottanta una messa in secondo piano dell'interesse e dell'attenzione per la questione del lavoro nero e dell'assenza di garanzie sindacali nelle piccole e piccolissime imprese soprattuto nel Mezzogiorno.

La ricerca del PIL sommerso

L'individuazione dell'esistenza di un consistente settore di attività economiche informali di mercato, vale a dire l'esistenza di un consistente (o almeno ritenuto tale) settore di economia sommersa, ha portato, così come in altri paesi, a un dibattito sulla entità e sulla portata di questo settore e del suo contributo al PIL nazionale. Ma in Italia si è andati oltre: nella seconda metà degli anni ottanta, durante la presidenza del consiglio Craxi, un dibattito sulla collocazione dell'Italia nella graduatoria delle principali potenze industriali spinse a effettuare una correzione dei dati della contabilità nazionale tenendo conto anche del contributo dell'economia sommersa. Si riteneva, soprattutto in ambito governativo, che il numero delle persone occupate e il contributo alla produzione globale fossero talmente significativi da collocare a livello internazionale l'Italia in una posizione di molto maggior rilievo economico.

In realtà le accurate stime condotte dall'ISTAT hanno portato all'individuazione di una rilevante quota di occupazione occulta, ma essa non è risultata comunque, tale da modificare in misura decisiva né l'occupazione complessiva, né il reddito nazionale, né tantomeno la distribuzione territoriale dell'occupazione.

BIBLIOGRAFIA

A. Bagnasco, *La costruzione sociale del mercato*, Il Mulino, Bologna 1988.

V. Capecchi, F. Bimbi (a c. di), *Struttura e strategia della vita quotidiana*. Franco Angeli, Milano 1988.

L. Gallino, *Occupati e bioccupati*, Il Mulino, Bologna 1981; Id., *Il lavoro e il suo doppio*, Il Mulino, Bologna 1988.

«Inchiesta», n. 58-69, 1983 (numero speciale su *Economia informale, conflitti sociali e futuro delle società industriali*), in particolare l'articolo di V. Capecchi – A. Pesce, *Se la diversità è un valore*.

«Inchiesta» n. 88-89, 1990 (numero speciale su *Tre Italie o nuovo dualismo?*), in particolare l'articolo di E. Mingione, *Il sistema italiano delle divisioni regionali e i processi di informalizzazione*.

Inflazione, recessione, mercati finanziari, accordi di cambio

La politica monetaria e i suoi vincoli

Annamaria Simonazzi

Negli anni settanta l'Italia ha conosciuto un processo di elevata inflazione, seguito negli anni ottanta da una prolungata disinflazione. Il tasso di inflazione, che negli anni settanta aveva raggiunto punte superiori al 20%, nella prima metà degli anni ottanta scende progressivamente fino alla punta minima del 4,7% nel 1987, per poi stabilizzarsi su valori intorno al 6%. La grave recessione internazionale degli ultimi anni ha avuto effetti anche in Italia: nonostante la pesante svalutazione della fine del 1992,

Indice generale dei prezzi al consumo per l'intera collettività nazionale
(variazioni percentuali rispetto all'anno precedente)

*La figura mostra il tasso di variazione annuo dei prezzi al consumo. È evidente l'eccezionalità dell'esperienza degli anni settanta. In questo decennio il tasso di inflazione si è assestato su valori assai più elevati di quelli registrati nei due decenni precedenti. Sono visibili gli effetti delle due crisi petrolifere del 1973 e del 1979 e della svalutazione della lira del 1976. La figura mostra anche gli effetti sul tasso di svalutazione della lira del 1976. La figura mostra anche gli effetti sul tasso di inflazione delle politiche recessive attuate dai paesi industrializzati all'inizio degli anni ottanta. Nel caso dell'Italia, però, la riduzione del tasso di inflazione, abbastanza sostenuta nella prima parte del decennio, si arresta nella seconda parte, de-terminando così il permanere di differenziali di inflazione rispetto ai principali paesi concorrenti.
L'indice generale dei prezzi al consumo per l'intera collettività nazionale è elaborato dall'ISTAT. Per il periodo 1952-1967 il grafico si riferisce all'indice dei prezzi al consumo per le famiglie di operai e impiegati, anch'esso elaborato dall'ISTAT.*

che ha superato il 25% nei confronti delle principali monete, il tasso di inflazione nel 1993 è stato pari al 4%, il valore più basso da 25 anni (come mostra il grafico qui accanto).

L'esperienza italiana si inserisce in un processo più generale di inflazione e di disinflazione comune a tutti i paesi industrializzati. L'aumento generale del tasso di inflazione degli anni settanta è stato determinato principalmente da shock di offerta: aumento dei salari, del prezzo delle materie prime e soprattutto del petrolio. Fattori strutturali specifici a ciascun paese si sono cumulati a questi fattori generali nel determinare il differenziale d'inflazione rispetto al più alto trend generale.

Disinflazione: la svolta degli anni ottanta

La politica monetaria può alimentare il processo di inflazione, consentendone la prosecuzione, o può tentare di contrastarla. La risposta delle autorità economiche è stata assai diversa negli anni settanta e negli anni ottanta. Negli anni settanta la priorità dell'obiettivo dell'occupazione aveva suggerito l'adozione di politiche monetarie accomodanti. Negli anni ottanta, in risposta al secondo shock petrolifero, prevale invece l'obiettivo della stabilità dei prezzi e le politiche monetarie diventano di conseguenza assai più restrittive. Nel 1979 il governatore della *Federal Reserve*, Paul Volcker, imbocca con decisione la via della disinflazione, attuando una stretta creditizia che nel 1981 porta i tassi di interesse americani al 18%. Sale anche il valore del dollaro, sostenuto dapprima dagli elevati tassi di interesse e in seguito dalle aspettative di ulteriore apprezzamento. L'inversione di rotta della politica monetaria americana si trasmette velocemente agli altri paesi industrializzati. La recessione mondiale conduce a una caduta dei prezzi delle materie prime e rallenta l'inflazione nei paesi industrializzati. I tassi di interesse nominali scendono tuttavia meno velocemente dell'inflazione, traducendosi in elevati tassi di interesse reali. L'aumento dei tassi reali e le fluttuazioni dei cambi nominali, in particolare l'apprezzamento del dollaro e il conseguente deterioramento delle ragioni di scambio per l'Europa, hanno costituito nella prima metà degli anni ottanta una nuova fonte di inflazione che si è sostituita alle fonti di inflazione dal lato dell'offerta degli anni settanta.

Fra le cause che hanno contribuito al persistere di tassi di interesse elevati vi sono la crescente integrazione finanziaria e i mutamenti istituzionali che si sono verificati sui mercati finanziari nazionali e internazionali. In questo arco di tempo si è assistito infatti a un processo di deregolamentazione dei mercati finanziari che ha avuto inizio nei principali centri finanziari (Stati Uniti e Inghilterra) e si è poi diffuso agli altri paesi. Questo processo di liberalizzazione ha interessato sia i mercati interni, con lo smantellamento più o meno graduale del sistema di controlli diretti del credito (in vigore per esempio nel Regno Unito, in Francia e in Italia) sia i mercati internazionali, con l'eliminazione dei controlli sui movimenti di capitali. La gestione della politica monetaria interna si è sempre più incentrata sulle variazioni dei tassi di interesse, mentre la crescente mobilità dei capitali, accentuando la velocità e l'intensità di trasmissione delle politiche monetarie fra i diversi paesi, ha instaurato un legame più stretto fra i tassi di interesse internazionali. L'onere della difesa della stabilità interna ed esterna delle moneta è così ricaduto su un unico strumento, il tasso di interesse, la cui soglia minima veniva stabilita dal paese che, di volta in volta, si trovava ad attuare la politica monetaria più restrittiva.

Il controllo della base monetaria

L'esperienza italiana si inserisce con caratteristiche sue proprie in questi sommovimenti internazionali, cui si aggiungono gli effetti della partecipazione dell'Italia agli Accordi europei di cambio (AEC) del Sistema monetario europeo (SME). Le conseguenze delle scelte operate in materia di politica del cambio, di politica monetaria e di deregolamentazione dei mercati finanziari sono andate ben oltre il controllo dell'inflazione ripercuotendosi sul tasso di crescita dell'economia e sull'occupazione.

Quando l'Italia entra a far parte del Sistema monetario europeo nel 1979, il differenziale di inflazione con la Germania era di 14 punti percentuali e si mantiene sopra i 10 punti fino

al 1983. L'obiettivo della stabilità dei cambi, pur all'interno di una banda di oscillazione (±6%) assai più ampia rispetto a quella prevista per gli altri paesi aderenti all'accordo, richiedeva una riduzione del differenziale di inflazione, pena la perdita di competitività dell'industria italiana. La politica monetaria diviene conseguentemente più restrittiva. All'inizio degli anni ottanta si predispongono gli strumenti e si approvano i mutamenti istituzionali necessari per un più stretto controllo della base monetaria, accettando le più ampie variazioni dei tassi di interesse che si fossero rese necessarie.

Negli anni settanta, il finanziamento del disavanzo pubblico aveva rappresentato il più rilevante canale di creazione di moneta. Il «divorzio» fra Banca d'Italia e Tesoro, stipulato nel 1981, annullando l'accordo con il quale la Banca d'Italia si impegnava ad acquistare residualmente i titoli non collocati nelle aste, prefigura un diverso sistema di finanziamento del disavanzo pubblico, con la creazione

Fabbisogno settore statale in % del PIL

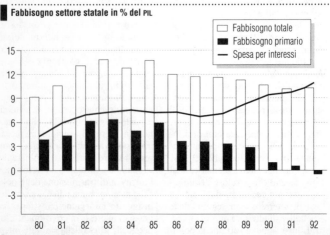

Fonte: Ministero del Tesoro

Il controllo dei flussi finanziari in Italia

La Banca Centrale può regolare il volume globale del credito bancario direttamente, cioè imponendo, mediante provvedimenti amministrativi, regole o vincoli di comportamento agli intermediari finanziari (controllo diretto del credito) *oppure* indirettamente, *attraverso il controllo della base monetaria, che determina la quantità massima di credito che le banche possono creare* (controllo indiretto del credito). *Nel secondo caso la quantità e il costo del credito viene decisa dal mercato.*

Negli anni settanta erano stati introdotti in Italia due tipi di controllo diretto del credito: il «vincolo di portafoglio», che fissava una quota minima dei depositi (e del loro incremento) che le aziende di credito dovevano impiegare nell'acquisto di titoli, e il «massimale» sui prestiti, che stabiliva il tasso massimo di incremento dei prestiti bancari.

Il ricorso al controllo diretto rispondeva a finalità di controllo selettivo oltre che quantitativo del credito, era volto cioè a indirizzare i flussi finanziari verso settori che si riteneva di dover privilegiare. Con l'introduzione del massimale nel 1973, per esempio, si voleva evitare che gli effetti della politica monetaria restrittiva ricadessero interamente sulle piccole e medie imprese. Il vincolo di portafoglio era invece volto a salvaguardare il finanziamento degli investimenti, garantendo un flusso regolare e a tasso contenuto verso i titoli a medio-lungo termine, emessi principalmente dagli istituti di credito speciale. L'esistenza di un massimale, ponendo un limite alla crescita dei prestiti bancari anche quando la disponibilità di riserve eccedenti avrebbero consentito di aumentarne l'offerta, ha canalizzato gli impieghi bancari verso i titoli pubblici.

Il ricorso a questi provvedimenti è stato gradualmente abbandonato: il vincolo di portafoglio è stato considerevolmente attenuato nel 1979 e abolito alla fine del 1986, il massimale sui prestiti bancari è stato accantonato nel 1983 salvo reintrodurlo nuovamente, per breve tempo, in due occasioni di forti pressioni speculative sul mercato dei cambi.

di un ampio mercato dei titoli del debito pubblico, sottoscritti direttamente dai risparmiatori. L'abolizione del vincolo di portafoglio e del massimale sui crediti restituiscono alle banche la loro funzione di intermediazione e al tasso di interesse la funzione di regolatore del credito. I tassi di interesse reali passano dai valori negativi degli anni settanta a valori positivi crescenti. Si riduce la quota di debito finanziata con moneta e aumenta l'onere per interessi, per l'effetto congiunto dell'aumento dello stock di debito, della quota finanziata con titoli e del tasso di interesse (vedi il diagramma qui accanto).

Nella prima fase di funzionamento dello SME, fra il 1979 e il 1987, il tasso di inflazione (misurato con l'indice dei prezzi al consumo) si riduce di circa 15 punti, ma il differenziale con la Germania, pur riducendosi, rimane ancora intorno ai 5 punti. I frequenti riallineamenti nei primi anni di vita dell'accordo consentono un recupero solo parziale dei differenziali di inflazione nei confronti della Germania, e si traducono pertanto in un apprezzamento reale del cambio bilaterale lira/marco. Gli effetti negativi sulla competitività verso l'Europa vengono compensati, fino al 1985, dai miglioramenti verso l'area del dollaro.

La «sferza» dello SME

Con il 1987 si vara una nuova politica verso lo SME con l'adozione di due decisioni cruciali: liberalizzare i movimenti di capitale e conservare fisso il tasso di cambio nei confronti delle altre monete aderenti agli accordi di cambio.

Alla base della scelta a favore della stabilità del cambio stava l'argomentazione secondo la quale un inasprimento della disciplina del cambio avrebbe aggredito lo zoccolo duro dell'inflazione, azzerando il differenziale che ancora separava l'Italia dai paesi più virtuosi dello SME. Si riteneva, infatti, che il merito dei progressi ottenuti dai paesi europei nella riduzione dell'inflazione nella prima metà degli anni ottanta dovesse essere attribuito all'effetto di disciplina esercitato dagli accordi di cambio.

La maggior disciplina avrebbe anche promosso la ristrutturazione industriale, incoraggiando processi di razionalizzazione, spronando le imprese a resistere a richieste salariali non giustificate da variazioni della produttività, contrapponendole direttamente alle sacche di rendita dei settori protetti (quelli cioè al riparo dalla concorrenza internazionale). Non erano mancate voci di dissenso, tra cui quella dell'ex governatore della Banca d'Italia Paolo Baffi, che fin dal 1988 aveva messo in guardia dall'usare il cambio per fini diversi dall'equilibrio dei conti con l'estero. Se usato come sferza avrebbe colpito le imprese già esposte alla disciplina della concorrenza internazionale, lasciando immuni i settori interni che forniscono beni

Settori esposti alla concorrenza internazionale, settori protetti e inflazione

La responsabilità maggiore per il persistere dell'inflazione è stata attribuita al settore dei servizi, che può far lievitare i prezzi sia perché al riparo della concorrenza estera, sia perché poco soggetto alla concorrenza interna per un sistema di protezioni legali e corporative (licenze, iscrizioni agli albi professionali ecc.). I servizi prodotti dal settore privato (servizi destinabili alla vendita) e dalla pubblica amministrazione (servizi non destinabili alla vendita) incidono, direttamente e indirettamente, sui costi delle imprese industriali, esposte alla concorrenza estera. Se, per queste ultime, la traslazione dei maggiori costi sui prezzi è vincolata dalla stabilità del cambio, l'inflazione nel settore terziario si ripercuote sui profitti delle imprese o sull'altra variabile di costo, il salario.

e servizi non commerciabili con l'estero. Questi avvertimenti si sono rilevati corretti. Il nuovo regime di cambio non è stato capace di produrre i risultati sperati sull'inflazione, che sul finire degli anni ottanta è risalita a valori superiori al 6%, accentuando l'apprezzamento del cambio reale della lira, sia nei confronti delle valute europee, sia nei confronti dell'area del dollaro.

Liberalizzazione dei movimenti di capitali

Alla politica monetaria è spettato il compito addizionale di garantire la stabilità dei cambi in un nuovo regime di mobilità dei capitali.

L'Italia (come la Francia) aveva mantenuto, anche negli anni ottanta, una normativa assai restrittiva sui movimenti di capitali. Questi controlli avevano aiutato a difendere la parità del cambio negli intervalli fra i diversi riallineamenti, scongiurando il ricorso ad aumenti considerevoli dei tassi di interesse in occasione di crisi speculative. Nel giugno 1988 il consiglio dei ministri economici e finanziari della Comunità europea (ECOFIN) approva la decisione di liberalizzare completamente i movimenti di capitali dei paesi membri entro il 1° luglio 1990 (con l'eccezione di Spagna, Irlanda, Portogallo e Grecia, cui viene concesso un periodo più lungo). In ottemperanza alle direttive della Comunità europea, la Banca Centrale ha proceduto a un graduale smantellamento dei controlli sui movimenti di capitale a breve e a lungo termine. La liberalizzazione valutaria era stata preparata dal già ricordato passaggio dai controlli diretti al controllo indiretto del credito. La temporanea reintroduzione dei controlli diretti (massimale sui prestiti) in occasione di crisi valutarie (gennaio-giugno 1986; settembre 1987 e primi mesi del 1988), volta a evitare aumenti eccessivi dei tassi di interesse, è stata definitivamente abbandonata con il procedere della liberalizzazione dei movimenti di capitali.

Al momento della liberalizzazione era assai diffuso il timore che questa avrebbe comportato notevoli deflussi di capitali, che avrebbero messo a repentaglio la stabilità del cambio all'interno dello SME. La gestione della politica monetaria è stata pertanto improntata ad ancora maggiore prudenza, attenta a mantenere un differenziale di sicurezza nei confronti del marco.

Il rialzo dei tassi tedeschi, volto a contenere le spinte inflazionistiche indotte dall'unificazione, ha limitato ulteriormente la possibilità di riduzione dei tassi di interesse italiani. L'aumento dei tassi europei, sulla scia dei tassi tedeschi, ha determinato un differenziale crescente rispetto ai tassi americani, alimentando un enorme afflusso di capitali, che se da un lato consentiva di finanziare i crescenti disavanzi delle partite correnti, dall'altro rischiava di compromettere il rigore della politica monetaria. La creazione di base monetaria del canale estero veniva pertanto sterilizzata con la distruzione di moneta attraverso il canale del Tesoro.

I costi della difesa della lira

La decisione di difendere a oltranza la stabilità del cambio è stata gravida di conseguenze. La perdita di competitività dei prodotti italiani si è tradotta in disavanzi crescenti delle partite correnti, che hanno alimentato un debito estero il cui servizio assorbe ormai una quota rilevante del surplus commerciale. L'auspicato processo di riqualificazione della struttura produttiva è consistito soprattutto in un processo di razionalizzazione che ha ridotto la base produttiva e l'occupazione industriale, aggravando il bilancio pubblico, per gli oneri dovuti alla cassa integrazione e ai prepensionamenti.

Sui conti pubblici si sono abbattuti anche i costi derivanti dalla necessità di mantenere i livelli dei tassi reali relativamente elevati. Nonostante la crescente pressione fiscale, che ha condotto a un avanzo primario nel 1993, la spesa per interessi ha continuato ad alimentare i disavanzi, mantenendo elevato il rapporto disavanzo/PIL.

La crisi valutaria del 1992

L'ondata speculativa del settembre 1992 ha posto fine alla strenua difesa della parità della lira nei confronti delle monete aderenti agli AEC. L'inversione nei flussi netti di capitali era avvenuta già fin dall'inizio del 1992. L'esito del primo referendum danese, che respinge il trattato di Maastricht, non fa che precipitare una situazione già precaria. La crisi di fiducia nella stabilità del cambio si trasmette, fra giugno e luglio, al mercato dei titoli pubblici, provocando una caduta del prezzo dei BTP. Gli investitori esteri, per evitare perdite di cambio, vendono obbligazioni in lire, facendo salire di 3 punti il tasso di interesse sull'interbancario. Le banche commerciali europee e americane negoziano linee di credito a tasso fisso in lire con le banche italiane, preparano cioè le munizioni per l'attacco. Le munizioni continueranno peraltro a essere fornite, seppure a prezzo più elevato, dalle banche italiane anche nel pieno della crisi, avendo le autorità centrali rinunciato alla possibilità di reintrodurre misure temporanee di controllo dei movimenti di capitali, prevista dagli accordi comunitari in caso di crisi valutaria.

L'uscita della lira dagli Accordi di cambio non è stata seguita, come era temuto da più parti, da un'impennata dell'inflazione, che anzi ha continuato a diminuire. Lo stato depresso della domanda, interna e internazionale, ha contribuito a contenere i costi dei prodotti di importazione e i prezzi delle imprese. La caduta dei consumi ha frenato l'aumento dei prezzi nel terziario, mentre lo stato di diffusa disoccupazione ha ridotto il potere contrattuale dei sindacati che, già nel luglio 1992, avevano concordato con le imprese la definitiva ces-

Redditi netti da capitale, saldo delle partite correnti, debito estero in rapporto al PIL e quota dei redditi da capitale sulle esportazioni *(percentuali e miliardi di lire)*

Debito estero* in rapporto al PIL	1979	1987	1988	1989	1990	1991	1992
Redditi netti da capitale	–672	–8 573	–9 278	–11 366	–16 000	–19 992	–25 638
Partite correnti	+940	–2 066	–7 623	–15 142	–17 782	–26 598	–32 734
Debito estero/PIL	–2.6	5,3	5,8	7,8	9,7	10,6	13,5
Reddito da capitale/esportazioni	1,1	5,7	5,6	5,9	7,9	9,6	11,7

*Escluso l'oro della Banca Centrale
Fonte: Banca d'Italia.

I saldi negativi delle partite correnti (seconda riga) hanno determinato una crescita del debito estero che ha innescato un circolo vizioso. Il crescente indebitamento con l'estero, infatti, ha richiesto pagamenti netti per interessi (prima riga) così elevati da spiegare da soli gran parte del saldo negativo delle partite correnti.
L'ultima riga della tabella mostra come la crescita dei pagamenti netti per redditi da capitale sia stata assai più rapida della crescita delle esportazioni. Nel 1992 i pagamenti netti per interessi rappresentavano, infatti, più del 10 per cento delle esportazioni complessive di merci.

La caduta degli impieghi delle banche

Per la prima volta dal dopoguerra, nel 1993 gli impieghi complessivi delle banche italiane sono diminuiti in valore assoluto. La flessione degli impieghi è dovuta principalmente alla caduta della domanda di credito conseguente al prolungato ristagno dell'attività economica e al crollo della domanda di investimenti. Può aver influito anche, dal lato dell'offerta di credito, la cautela delle banche nel concedere nuovi finanziamenti, in un contesto di elevato livello delle sofferenze bancarie e di ridotta redditività delle imprese.

sazione del sistema di indicizzazione automatica dei salari. Mentre il basso livello della domanda interna ha ridotto le importazioni, la svalutazione ha ridato fiato alle esportazioni, che tuttavia faticano a crescere in un mercato europeo estremamente depresso. L'aumento delle quote nei mercati extra-europei non è d'altra parte sufficiente per trainare la crescita del reddito nazionale: dopo un aumento dello 0,9% in termini reali nel 1992, il tasso di crescita del PIL nel 1993 sarà negativo in Italia, come in molti altri paesi dell'Europa.

Tassi di interesse ancora troppo alti

A differenza di quanto accaduto in Inghilterra, l'abbandono dell'impegno a difendere il cambio non ha condotto a una riduzione rilevante dei tassi reali di interesse. Nelle attuali condizioni di integrazione internazionale, ulteriori riduzioni dei tassi, indispensabili per alleviare le gravi condizioni dell'economia, sono vincolate dal livello dei tassi vigente negli altri paesi. La riluttanza della Bundesbank ad allentare le condizioni monetarie rende sempre più difficile il mantenimento di cambi fissi anche per quei paesi che, come la Francia, hanno raggiunto, con una pesante deflazione, i livelli di inflazione più bassi all'interno dello SME. Le tensioni speculative che hanno investito nel luglio 1993 le valute aderenti agli Accordi di cambio (principalmente il franco francese e il franco belga), e che hanno costretto ad allargare la banda di fluttuazione a ±15%, dimostrano che anche i mercati percepiscono ormai la difficoltà di conciliare la stabilità del cambio con l'obiettivo della crescita interna. Anche al di fuori di un regime ufficiale di cambi fissi, tuttavia, quando vi sia libertà di movimento dei capitali, l'obiettivo esterno finisce con il prevalere su obiettivi interni. In queste condizioni, politiche di sostegno del reddito e dell'occupazione in Italia sono possibili soltanto nell'ambito di un programma di reflazione coordinato a livello della Comunità europea. Ma le reazioni dei principali paesi europei al piano Delors non fanno ritenere che l'obiettivo dell'occupazione sia ritornato ai primi posti nelle agende tedesche o francesi.

─────── BIBLIOGRAFIA ───────

R. S. Masera, S. Rossi, *La bilancia dei pagamenti. I conti con l'estero dell'Italia, la lira, i problemi dell'unione monetaria europea*, CEDAM, Padova 1993.

F. Cotula (a c. di), *La politica monetaria in Italia*, Il Mulino, Bologna 1989.

Dopo un quindicennio di spesa senza limiti

Il lento risanamento della finanza pubblica

Amedeo Di Maio

99 Lo stato della finanza pubblica italiana e il disavanzo cronico del bilancio dello Stato sono oggetto di acceso dibattito da molti anni.

La spesa pubblica

Per comprendere le ragioni che hanno condotto al dissesto delle finanze pubbliche occorre considerare sia le entrate sia le uscite dello Stato. Un esame della composizione della spesa pubblica rivela che, per quanto riguarda le dimensioni della spesa corrente così detta «di scopo» o «di base» (quella cioè rivolta ad apprestare servizi pubblici, come istruzione, giustizia, difesa e simili), l'Italia non si discosta dagli altri grandi paesi industrializzati; l'anomalia della spesa pubblica italiana risiede per intero nel carico elevato degli *oneri finanziari*,

cioè degli interessi passivi che lo Stato deve annualmente corrispondere ai possessori di titoli del debito pubblico.

È proprio la massa abnorme degli interessi da pagare annualmente su titoli emessi in passato che rappresenta oggi il fattore di squilibrio della finanza pubblica italiana.

L'anomalia italiana

Come risulta dalla tabella qui sotto negli anni più recenti, la spesa corren-

Rapporto tra spesa corrente e Prodotto interno lordo

	1980	1988	1989	1990	1991	1992
Stati Uniti	30,6	30,6	30,4	31,2	31,4	32,5
Giappone	21,8	21,8	21,4	21,3	21,1	21,5
CEE	38,4	39,4	38,6	39,0	40,2	40,6
Germania	41,3	40,6	39,4	40,0	42,2	42,4
Francia	41,3	44,7	43,7	43,7	44,1	44,3
Regno Unito	35,5	33,2	32,5	33,2	34,9	36,9
Italia	32,4	37,6	38,0	38,8	39,2	39,2

Fonte: Ministero del bilancio e della programmazione economica (i dati relativi alla Germania a partire dal 1991 si riferiscono alla Germania unificata).

te di base (quella cioè effettuata per allestire servizi pubblici), è rimasta stabile intorno al 38-39% del Prodotto interno lordo, cifra questa che assegna all'Italia una spesa pubblica addirittura più contenuta della media europea (la cifra corrispondente per l'intera Comunità europea è del 40,6%). Ben diverso il caso degli oneri finanziari che sono andati rapidamente crescendo, fino a rappresentare l'11,5% del Prodotto interno lordo, laddove la media della Comunità raggiunge appena il 5,3% (vedi tabella in basso).

Torniamo alla spesa di base. Nell'analizzare il suo andamento passato, possiamo distinguere due periodi, dei quali il primo copre gli anni cinquanta e giunge fino alla metà degli anni settanta, il secondo va all'incirca dal 1975 alla fine degli anni ottanta.

Prima fase:
costruzione dello Stato sociale

Nel primo periodo, l'espansione della spesa pubblica è motivata soprattutto dall'intento di realizzare un moderno «Stato sociale», e quindi dall'accrescersi dei servizi pubblici, sia per l'ampliarsi dei servizi resi a ogni singolo cittadino sia per l'estendersi dei servizi a cerchie più vaste di beneficiari. Sotto questo profilo, l'espansione della spesa pubblica è stata conseguenza di esigenze fisiologiche di un moderno paese europeo.

È così che, nel corso del primo dei due periodi che abbiamo individuati, si espandono le spese per l'istruzione, per la sanità, per la previdenza e l'assistenza. Negli anni sessanta viene estesa la durata della scuola dell'obbligo; si istituisce la scuola materna statale, la scuola media diviene scuola media unica, con la soppressione delle vecchie scuole di avviamento alle quali venivano indirizzate le classi meno abbienti, viene infine liberalizzato l'accesso all'università. Il sistema pensionistico viene di fatto reso universale, vengono ampliate le categorie percettrici di assegni familiari. L'assistenza sanitaria viene estesa indistintamente a tutti i cittadini. Negli stessi anni, viene sviluppata l'edilizia popolare e vengono effettuati rilevanti investimenti nelle infrastrutture (per esempio, viene completata l'autostrada da Milano a Reggio Calabria).

Rapporto tra spesa pubblica per interessi e PIL

	1980	1988	1989	1990	1991	1992
Stati Uniti	1,2	1,9	2,0	2,1	2,2	2,2
Giappone	3,2	4,2	4,0	3,9	3,8	3,8
CEE	3,1	4,6	4,7	5,0	5,0	5,3
Germania	1,9	2,9	2,7	2,6	2,8	3,5
Francia	1,5	2,8	2,8	3,1	3,2	3,3
Regno Unito	4,7	3,9	3,7	3,4	3,0	2,9
Italia	**5,3**	**8,1**	**8,9**	**9,6**	**10,2**	**11,5**

Fonte: Ministero del bilancio e della programmazione economica (i dati relativi alla Germania a partire dal 1991 si riferiscono alla Germania unificata).

Distribuzione della spesa statale

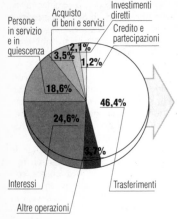

Persone in servizio e in quiescenza — Acquisto di beni e servizi 3,5% — Investimenti diretti 2,1% — Credito e partecipazioni 1,2% — 18,6% — 46,4% — 24,6% — 3,7% — Interessi — Altre operazioni — Trasferimenti

Destinatari dei trasferimenti

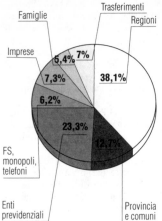

Famiglie 5,4% — Trasferimenti Regioni 7% — Imprese 7,3% — 38,1% — 6,2% — 23,3% — 12,7% — FS, monopoli, telefoni — Enti previdenziali — Provincia e comuni

La riduzione del debito pubblico

È accaduto anche in altre epoche storiche che il debito pubblico italiano raggiungesse cifre molto elevate in relazione al Prodotto interno lordo. Nel 1861, anno dell'unificazione, il debito era pari al 45%; nel 1900 superava il 100% per toccare il livello massimo del 125% nel 1920. Nel 1947, come conseguenza della elevata inflazione precedente, il rapporto fra debito e Pil era sceso al 24% e per circa venti anni si assestò intorno al 30%.

Negli anni settanta, il rapporto comincia a crescere, supera il 100% nel 1992 e tocca il 111% nel 1993. Per realizzare una riduzione del peso del debito, è indispensabile una riduzione della spesa per interessi che grava sulla massa di titoli pubblici in circolazione, spesa che nel 1992 ha raggiunto il 24,6% dell'erogazione complessiva da parte dello Stato.

La riduzione del debito pubblico non può che essere frutto di un processo graduale, con l'esclusione di ogni provvedimento coattivo di conversione del debito pubblico. Come si legge nella Relazione presentata nel maggio del 1992, dall'allora Governatore della Banca d'Italia Ciampi: «Ogni ipotesi di manovra forzosa sul debito è iniqua e gravida di pericoli; la diffusione del possesso dei titoli, lo sviluppo e l'integrazione dei mercati la rendono di fatto impraticabile».

Clientelismo e sprechi

Sebbene la spesa pubblica di questo periodo sia destinata, in parte preponderante, a soddisfare una domanda di servizi pubblici espressa dalla collettività, non si possono ignorare gli sprechi che a essa si accompagnano: spesso l'occupazione nel settore pubblico cresce unicamente per soddisfare l'obiettivo di assorbire forza lavoro altrimenti disoccupata, o addirittura allo scopo di acquisire consensi elettorali; si diffonde la concessione di pensioni di invalidità non giustificate; nel settore sanitario, gestito di fatto senza limiti di spesa, vanno ricordati gli abusi nell'uso dei farmaci e l'eccesso nelle giornate di degenza che contribuiscono a gonfiare indebitamente la spesa pubblica.

In questa prima fase, nonostante l'espansione della spesa pubblica risulti giustificata dall'accrescimento dei servizi prodotti, maturano alcuni elementi di squilibrio che preparano il dissesto degli anni successivi. In primo luogo, gli enti decentrati di spesa (enti locali, ospedali, enti pubblici), perennemente in disavanzo, accollano il ripiano dei loro bilanci allo Stato. Questi interviene regolarmente con provvedimenti di sanatoria, in parte giustificati dal fatto che le tariffe praticate dalle grandi aziende di servizio pubblico (tariffe ferroviarie, dei trasporti urbani, dell'energia elettrica, dell'acqua potabile, del latte) vengono tenute il più possibile stabili nell'intento di attuare una redistribuzione dei redditi mediante la somministrazione di servizi pubblici a prezzi inferiori a quelli di mercato.

Questo fattore di squilibrio viene accentuato negli anni settanta dal maggiore decentramento amministrativo. Nel 1970, senza sopprimere le province, viene istituito l'ente regione e molte spese vengono delegate ai comuni, senza peraltro attuare alcun decentramento delle entrate. Questo sistema, che attribuiva agli enti decentrati funzioni di spesa, obbligando lo Stato a finanziare gli enti stessi mediante trasferimenti, apriva la strada a comportamenti di spesa poco responsabili. In secondo luogo, è lo stesso bilancio dello Stato a essere liberato da vincoli precisi dacché una sentenza della corte costituzionale (1966, n. 1) stabilisce che l'obbligo, previsto dall'art. 81 della Costituzione, di indicare in ogni legge che preveda nuove spese i mezzi per farvi fronte, può essere soddisfatto con l'emissione di nuovi titoli del debito pubblico.

Seconda fase: scambio politico

Nella seconda metà degli anni settanta, si apre una nuova fase, nel corso della quale prende il sopravvento la spesa per il sostegno dei settori produttivi. Aumentano le spese per la difesa, e crescono i trasferimenti alle imprese in concomitanza con la ristrutturazione che l'industria italiana è chiamata a effettuare dalla pressione crescente della concorrenza internazionale. Negli stessi anni, molte imprese in difficoltà, ancorché prive di rilevanza strategica o di interesse pubblico, vengono assorbite dal sistema delle partecipazioni statali. Per contro, l'estensione dei servizi sociali viene rallentata e si effettuano alcuni interventi volti a limitare la spesa sociale (si introducono limiti di reddito per il godimento di assegni familiari e di alcuni tipi di pensioni, si rendono più restrittivi i criteri per la corresponsione dei trattamenti di invalidità).

Ciononostante, la spesa sociale continua ad aumentare in virtù di diversi fattori: nel settore dell'istruzione, fattori demografici congiunti all'aumento del reddito, fanno crescere di molto la domanda di istruzione, che in quegli anni raggiunge la sua punta massima; in pari tempo, aumenta il numero di soggetti aventi diritto alla pensione in base a leggi emanate in precedenza; la riforma sanitaria e l'autonomia di spesa accordata alle USL (Unità sanitarie locali) determinano una consistente crescita della spesa, senza peraltro corrispondenti vantaggi sul piano dell'efficienza dei servizi. La politica di contenimento delle tariffe pubbliche viene proseguita, questa volta non più per motivi sociali, ma nell'intento di combattere l'inflazione (si ritiene infatti che un aumento delle tariffe arrecherebbe agli enti pubblici miglioramenti di bilancio insufficienti a giustificare la spinta che esso imprimerebbe al livello generale dei prezzi). Questo criterio non viene applicato peraltro ad altri prezzi controllati, come le tariffe dell'assicurazione obbligatoria sugli autoveicoli (RCA) o il prezzo della benzia (anzi su questo prezzo si trasferiscono regolarmente gli aumenti dell'imposta di fabbricazione, facendo affidamento sulla rigidità della domanda che garantisce un aumento di gettito proporzionale all'aumento del prezzo).

A questi si aggiungono altri fattori, più strettamente politici, di espansione della spesa pubblica: si continua a largheggiare nell'assegnazione di pensioni di invalidità civile (pensioni che divengono una sorta di sussidio alla disoccupazione), cresce la spesa per prepensionamenti; nella scuola, il numero di insegnanti cresce più del numero degli studenti e il rapporto docenti/studenti giunge a superare la media CEE; nella sanità cresce il rapporto fra dipendenti e degenti. La strategia di accrescimento dell'occupazione si estende all'intera pubblica amministrazione e in particolare agli enti e alle aziende locali.

Mentre dunque la mancanza di precisi limiti di spesa caratterizza ambedue i periodi individuati, nel primo domina la finalità di accrescere la produzione di servizi pubblici, mentre nel secondo domina l'obiettivo di aiutare il sistema produttivo ad acquisire una maggiore efficienza attenuando gli squilibri che ciò crea nel mercato del lavoro. Poiché, nonostante l'aumento della pressione tributaria, il gettito delle imposte ha coperto la spesa in misura sempre minore, è stato necessario ricorrere in misura crescente all'indebitamento pubblico.

Le entrate fiscali

Il sistema tributario ha avuto in Italia un ruolo determinante nella creazione dei disavanzi pubblici. Per molti anni l'Italia è stata l'ultimo paese della CEE quanto a pressione tributaria; questa è cresciuta in modo trascurabile fino al 1989 e soltanto nel 1992 ha raggiunto la media dei paesi della CEE.

È dunque plausibile immaginare che fra Stato e contribuenti inclini all'e-vasione fiscale si sia instaurata una sorta di accordo implicito. Tale accordo si è manifestato in due modi: da un lato, alla riforma tributaria del 1971 non ha mai fatto seguito l'adeguamento dell'apparato burocratico che sarebbe stato necessario per condurre una lotta consistente alle evasioni; dall'altro, la legislazione tributaria è sempre stata formata da una pletora di norme che consentono elusioni legali, da variazioni continue nelle procedure, dall'imposizione di adempimenti formali che soffocano la reale possibilità per l'autorità finanziaria di compiere controlli sostanziali ed efficaci.

Il dissesto dei conti pubblici

I fattori indicati sopra hanno fatto dell'Italia un paese anomalo nell'insieme dei grandi paesi industrializzati. Il debito pubblico accumulato ha raggiunto in Italia il 120% del Prodotto interno lordo, mentre nella media dei grandi paesi industrializzati (il così detto Gruppo dei 7, formato da Stati Uniti, Canada, Gran Bretagna, Germania, Francia, Giappone e Italia) esso rappresenta appena il 60%. L'esigenza di adottare misure per il risanamento dei conti pubblici, già evidente in sé, è divenuta imprescindibile dopo la ratifica degli accordi di Maastricht, entrati in vigore nel novembre del 1992, che prescrivono a tutti i paesi che intendono fare parte della futura unione monetaria europea di ricondurre i conti pubblici entro la situazione media comunitaria.

Verso il risanamento

Il governo insediato dopo le elezioni politiche dell'aprile 1992 si è trovato a fronteggiare una situazione derivante da difficoltà strutturali dell'economia italiana e dalle poco attente politiche di bilancio messe in atto in un arco di tempo molto prolungato. Nel luglio del 1992, il nuovo governo ha proceduto a un inasprimento della tassazione. Fin qui, il governo ha seguito la linea instaurata in precedenza, tendente a migliorare la situazione della finanza pubblica soprattutto attraverso un aumento della pressione tributaria. Il prelievo tributario in proporzione al Prodotto interno lordo è infatti andato crescendo senza interruzione e dal 36% del 1983 è giunto al 41,8% del 1992. Questo accrescimento è stato ottenuto attraverso un aumento dei tributi diretti e dei contributi sociali. Un effetto non secondario nell'aumento della pressione tributaria, è stato svolto dal cosiddetto «drenaggio fiscale»: con l'inflazione, che negli anni ottanta toccò punte molto elevate, i redditi monetari crescevano velocemente e (in virtù del principio di imposizione progressiva) venivano colpiti da aliquote sempre più elevate, pur trattandosi di redditi che aumentavano nella sola misura monetaria senza un aumento corrispondente nella capacità d'acquisto del contribuente. Il drenaggio fiscale ha colpito soprattutto i redditi da lavoro dipendente e ha provocato un aumento di gettito delle imposte dirette. Le imposte indirette hanno invece mantenuto stabile il loro peso sul PIL.

L'aumento della pressione tributaria

Il risultato di questo insieme di circostanze è stato una riduzione costante del fabbisogno dello Stato al netto delle spese per interessi: nel 1992, per la prima volta negli ultimi trent'anni, il bilancio dello Stato, se si trascura la spesa per interessi, ha realizzato un avanzo netto di 6200 miliardi pari allo 0,4% del Prodotto interno lordo.
Con l'approvazione, avvenuta nel dicembre 1993, della legge finanziaria

per il 1994, il governo ha avviato un vasto programma volto non più ad accrescere la pressione tributaria, ma a ridurre la spesa pubblica attraverso un insieme di riforme che toccano tutti i settori (pensioni, sanità, pubblico impiego, finanza locale). I risultati di questa linea di azione stentano a farsi sentire soprattutto a causa della crisi che ha colpito, insieme agli altri paesi industrializzati, anche l'economia italiana. Da un lato, la caduta dei tassi di interesse ha ridotto il peso degli oneri finanziari, ma dall'altro il rallentamento dell'attività economica ha prodotto una caduta del gettito delle imposte. Il processo di riequilibrio dei conti pubblici ha subito così una forzosa battuta di arresto che, se si prescinde da nuove eventuali manovre di prelievo tributario, potrà essere superata soltanto con la ripresa dell'economia.

――――― **BIBLIOGRAFIA** ―――――

L. Bernardi (a c. di), *La finanza pubblica italiana. Rapporto 1993*, Franco Angeli, Milano 1993.

A. Chiancone, F. Osculati (a c. di), *Il merito della spesa pubblica*, Franco Angeli, Milano 1993.

D. Franco, *L'espansione della spesa pubblica in Italia (1960-1990)*, Il Mulino, Bologna 1993.

P. Giarda, *L'evoluzione della spesa pubblica in Italia: alcuni fatti e qualche proposta*, in Ente Einaudi, *Oltre la crisi*, Il Mulino, Bologna 1986.

■ Equità fiscale e mobilità dei capitali

La tassazione della ricchezza finanziaria

Il problema della tassazione della ricchezza finanziaria e dei redditi che essa produce (dividendi distribuiti da società commerciali, interessi su obbligazioni, su titoli di Stato, su depositi bancari e su altre forme di giacenze liquide) è oggetto di discussione accesa.

Nell'ambito del dibattito sul debito pubblico e sulla necessità di ridurne il peso, si è ventilata l'ipotesi di colpire la ricchezza finanziaria mediante un'imposta patrimoniale. Nel 1992, allorché venne applicato un prelievo una tantum del 6 per mille sui depositi bancari, alcuni pensarono che questo fosse un preludio a un'imposta generale sui titoli pubblici. L'idea di un'imposta patrimoniale sulla ricchezza finanziaria fu peraltro accantonata; venne invece introdotta, nel quadro della crescente autonomia di imposizione concessa agli enti locali, la nuova imposta comunale sugli immobili (ICI).

Resta sempre vivo il dibattito sul modo corretto di configurare un'imposta sui redditi provenienti da ricchezza finanziaria.

■ *Un primo criterio è quello della equità fiscale nei confronti del contribuente. Sotto questo profilo, è evidente che tutti i redditi personali e societari vanno colpiti da imposta: e poiché la ricchezza finanziaria contribuisce ai redditi privati alla pari della ricchezza immobiliare, anche i redditi che essa produce, così come ogni altro reddito da capitale, dovrebbero essere sog-*

getti a tassazione. Anzi, in presenza di un sistema di imposizione progressiva, in virtù del quale i redditi più elevati sono colpiti con aliquote più forti, i redditi derivanti da ricchezza finanziaria dovrebbero, al pari di tutti gli altri redditi, confluire nella dichiarazione resa annualmente dal contribuente. Questo principio trova già applicazione in alcuni paesi (per esempio, in Danimarca e nei Paesi Bassi) e la sua estensione all'Italia è stata di recente proposta da formazioni politiche della sinistra. Proposte simili sono dettate dalla constatazione che, in Italia, i titoli del debito pubblico, avendo la natura di titoli al portatore, sono sottratti a qualsiasi imposta che non sia una ritenuta secca alla fonte. Tale trattamento di favore risulta ingiustificato, dal momento che i titoli di Stato sono divenuti una forma di risparmio tipica non soltanto di modesti risparmiatori ma anche di titolari di fortune elevate.

■ Un secondo punto di vista è quello di chi considera i mercati finanziari non più dal lato del contribuente possessore di titoli, bensì dal lato di coloro che emettono titoli e li collocano presso i risparmiatori. Gli emittenti di titoli finanziari vanno dal tesoro dello Stato, alle società commerciali, alle istituzioni bancarie che raccolgono depositi e rilasciano certificati di deposito, ai fondi comuni di investimento. In questo insieme, gli emittenti privati si contrappongono al tesoro dello Stato, grande emittente pubblico. È evidente che il trattamento tributario applicato ai redditi da titoli si riflette immediatamente sugli emittenti perché, quanto più mite il prelievo fiscale praticato su una classe di titoli, tanto più facilmen-

te l'emittente può collocarli presso i risparmiatori. Sotto questo profilo, il tesoro ha sempre usufruito di un trattamento di favore in quanto i titoli di Stato hanno continuato a godere della natura di titoli al portatore, anche quando le azioni di società commerciali sono divenute per legge nominative; di conseguenza, i redditi dei titoli pubblici sono sempre sfuggiti ai rigori dell'imposta progressiva.

Dal canto loro, gli emittenti privati (grandi imprese aventi forma di società per azioni) hanno sempre denunciato tale regime di favore accordato al Tesoro dello Stato e hanno a più riprese richiesto che anche i titoli pubblici vengano resi nominativi e sottoposti al regime fiscale applicato ai titoli privati.

■ Infine un terzo punto di vista mette in primo piano l'estrema mobilità della ricchezza finanziaria. Mentre la ricchezza immobiliare (terreni, immobili urbani, case di abitazione) non può essere spostata da un paese all'altro, gli investimenti finanziari circolano fra i diversi mercati con la più grande facilità e celerità. I grandi progressi realizzati nella tecnica delle comunicazioni e una svolta della legislazione di tutti i paesi avanzati, divenuta, nel corso degli anni ottanta, decisamente favorevole alla piena libertà nei movimenti di capitali, hanno reso i mercati finanziari di tutto il mondo pienamente integrati. In queste condizioni, viene sentita in misura sempre maggiore l'esigenza di una legislazione fiscale omogenea, almeno per i paesi che fanno parte del medesimo spazio finanziario. In mancanza, è inevitabile che i titolari di ricchezza finanziaria trasferiscono i loro patrimoni, non appena questi raggiungono una consistenza adeguata, in quei mercati che di volta in volta assicurano il trattamento fiscale più mite (i così detti «paradisi fiscali»). Una improvvisa tassazione più severa dei titoli pubblici, pur giusta in linea di principio, esporrebbe un paese come il nostro, nel quale la quantità di titoli pubblici in circolazione è elevatissima, a una violenta fuga di capitali: la massa imponibile ne risulterebbe ridotta, le riserve valutarie verrebbero repentinamente assottigliate, mentre il gettito fiscale non aumenterebbe di molto.

L'esigenza più pressante è dunque quella di realizzare una armonizzazione della tassazione nell'intero spazio finanziario nel quale i capitali si possono liberamente muovere, a cominciare dallo spazio europeo, nell'ambito del quale la libertà di movimento dei capitali è stata realizzata a partire dal 1990.

Viceversa, i regimi tributari vigenti nei singoli paesi europei sono molto vari. In alcuni (come è il caso della Danimarca e dei Paesi Bassi) i titolari di redditi finanziari sono sottoposti a tassazione ordinaria con obbligo di inserimento nella dichiarazione dei redditi. In altri (per esempio, il Belgio) il contribuente paga un ritenuta fissa del 10% ma, se ha diritto a un regime più favorevole, può includere i redditi finanziari nella dichiarazione annuale. In altri ancora (Francia, Germania, Regno Unito, Spagna, Austria) viene applicata una trattenuta fissa che oscilla fra il 15% e il 35%; in questi paesi gli intermediari finanziari debbono peraltro informare il fisco dei pagamenti effettuati ai singoli beneficiari (fa eccezione il Lussemburgo, nel quale non viene applicata alcuna ritenuta fiscale alla fon-

te). In alcuni paesi, infine (fra questi l'Irlanda e la Grecia) vige una ritenuta fissa ma i titoli pubblici ne vanno esenti. In Italia il regime è più complesso: i dividendi azionari vengono assoggettati a una ritenuta d'acconto del 10% e vanno inclusi nella dichiarazione annuale; i titoli di Stato vengono assoggettati alla ritenuta del 12,50%, senza obbligo di denuncia, mentre gli interessi sui depositi bancari vengono assoggettati alla trattenuta del 30% (si tratta, come è facile constatare, di un regime favorevole ai titoli di Stato). Fin dal 1989, la Commissione della CEE ha cercato di perseguire due obiettivi, armonizzazione fiscale e cooperazione fra stati nell'accertamento delle evasioni e delle frodi fiscali.

Sul terreno della armonizzazione fiscale, la CEE non ha realizzato molti passi in avanti, soprattutto a causa delle resistenze opposte dal Lussemburgo, paese che ha sempre cercato di risultare attraente ai capitali provenienti dall'estero. La Commissione della CEE ha formulato la proposta di applicare una trattenuta alla fonte con aliquota unica del 15% (una media fra le aliquote oggi in vigore), con facoltà per gli stati membri di applicare aliquote superiori ai propri residenti. Sul terreno della collaborazione, la Commissione ha proposto l'istituzione di un sistema di informazione reciproca fra Stati membri in merito ai redditi finanziari.

Nessuna di queste proposte ha finora raccolto il consenso unanime dei 12 paesi partecipanti; l'ampliamento della Unione europea a 16 paesi potrebbe rendere ancora più difficile la realizzazione dell'uno come dell'altro obiettivo.

Augusto Graziani

Garantiti, precari, disoccupati

Dualismo e vincoli del mercato del lavoro

Enrico Pugliese

99 Occupazione e disoccupazione in Italia presentano due specificità rispetto alla maggior parte dei paesi industrializzati: un'incidenza particolarmente bassa del numero degli occupati sul totale della popolazione; un'alta concentrazione territoriale (nel Sud) e demografica (tra i giovani) della disoccupazione.

Il basso rapporto occupati/popolazione, che costituisce una costante del mercato del lavoro italiano da oltre un quarto di secolo, non comporta di per sé un alto tasso di disoccupazione, giacché molte persone possono restare fuori dal mercato del lavoro. È il caso delle casalinghe, particolarmente numerose in Italia e ancora di più nel Sud. Le cause del fenomeno sono da ricercare essenzialmente nei grandi processi di esodo agricolo, migrazione interna e inurbamento che hanno comportato per gli uomini il passaggio a un'occupazione extra-agricola e per le donne, nella maggior parte dei casi, la semplice uscita dalla popolazione attiva.

Pochi gli occupati

Quanto alla disoccupazione, a livello nazionale essa non si discosta molto dalla media europea (11 per cento). Ma, mentre le regioni del nord presentano tassi inferiori rispetto a quelli dei paesi europei più sviluppati, le regioni del sud lamentano

tassi eccenzionalmente elevati. Inoltre, molto più che negli altri paesi europei, la disoccupazione colpisce i giovani in cerca di prima occupazione.

La spiegazione, in questo caso, va cercata in un modello di sviluppo che fino a tempi recenti si è caratterizzato per la concentrazione dell'occupazione industriale tra i lavoratori di sesso maschile nelle classi di età intermedie, ossia una fascia di lavoratori ritenuti al contempo più capaci di sostenere i ritmi e i carichi di lavoro richiesti dalle imprese e più affidabili in quanto gravati da responsabilità familiari. (Nel frattempo, le donne occupate nei settori in declino, come il tessile, venivano espulse o marginalizzate).

L'area protetta del mercato del lavoro

D'altra parte, la garanzia di stabilità degli occupati nell'area del mercato del lavoro centrale è stato fino a tempi recentissimi uno dei cardini del siste-

Redditi interni da lavoro dipendente e unità di lavoro, reddito medio per unità di lavoro (a)

Anno	Redditi interni da lavoro dip. (mld. di lire correnti)	Unità di lavoro dipendenti (migliaia)	Reddito medio per unità di lavoro (migliaia di lire corr.)	
1980	184 063	15 409,1	11 945	
1981	224 032	15 300,6	14 642	
1982	260 859	15 336,8	17 009	
1983	300 156	15 210,4	19 734	
1984	334 994	15 188,0	22 056	
1985	374 051	15 403,9	24 283	
1986	404 065	15 472,8	26 115	
1987	438 837	15 528,1	28 261	
1988	482 553	15 699,6	30 737	
1989	528 340	15 794,6	33 451	
1990	590 898	15 984,9	36 966	
1991	644 846	16 049,6	40 178	

(a) I redditi da lavoro dipendente comprendono tutte le competenze in denaro o in natura, al lordo delle ritenute previdenziali ed erariali, corrisposte ai lavoratori dipendenti nonché gli oneri sociali a carico dei datori di lavoro.

ma italiano di relazioni industriali. Essa è ora messa in discussione dalla ricerca di flessibilità da parte delle imprese e in generale dalla crisi industriale. Ma ha dominato per lunghi anni.

Con riferimento a questi fenomeni si è giustamente parlato di dualismo nel mercato del lavoro italiano. Sono state individuate da una parte una componente di lavoratori che gode di stabilità occupazionale e protezione sindacale (che rientra cioè nel cosiddetto «sistema delle garanzie»), dall'altra un'area di lavoratori (e lavoratrici) occupati più o meno precariamente, comunque fuori dall'area di protezione sindacale. Nel settore privato dell'economia l'area delle garan-

zie riguardava soprattutto i lavoratori delle grandi fabbriche. I lavoratori dello Stato rientravano — e rientrano tutt'ora — anch'essi in questa area protetta del mercato del lavoro.

Inversione di tendenza

L'altra area comprende i lavoratori delle piccole e piccolissime imprese, la maggior parte degli occupati in agricoltura, i lavoratori delle piccole imprese del terziario, insomma i lavoratori precari localizzati soprattutto nel Mezzogiorno.

Fino alla seconda metà degli anni settanta la tendenza sembrava essere quella della riduzione dell'area del-

	Numeri indici a base mobile		
	Redditi interni da lavoro dipendente	Unità di lavoro dipendenti	Reddito medio per unità di lavoro
1980	—	—	—
1981	121,7	99,3	122,6
1982	116,4	100,2	116,2
1983	115,1	99,2	116,0
1984	111,6	99,9	111,8
1985	111,7	101,4	110,1
1986	108,0	100,4	107,5
1987	108,6	100,4	108,2
1988	110,0	101,1	108,8
1989	109,5	100,6	108,8
1990	111,8	101,2	110,5
1991	109,1	100,4	108,7

Le unità di lavoro comprendono gli impiegati, gli operai e le categorie assimilate che prestano la loro attività alle dipendenze di altri.
Fonte: ISTAT.

l'occupazione precaria, una riduzione dell'occupazione autonoma e un incremento degli occupati nelle aziende industriali di grandi dimensioni. Ora la tendenza appare chiaramente invertita.

A partire dall'inizio degli anni ottanta — e dalla pubblicazione dei primi dati del censimento della popolazione del 1981 — emerse che il modello italiano di sviluppo dell'occupazione andava cambiando. Innanzitutto la crescita occupazionale nel decennio precedente aveva riguardato in maniera preponderante le regioni della cosiddetta Terza Italia (le regioni del Centro-Nord-est), caratterizzate dallo sviluppo della piccola impresa. In secondo luogo in tutto il paese l'occupazione nelle unità industriali di grandi dimensioni si era ridotta a vantaggio dell'occupazione nelle unità produttive di piccole e piccolissime dimensioni. Infine è mutata anche la distribuzione degli occupati nei diversi settori di attività. (Si veda a questo proposito l'articolo di A. Perulli, *Come'è cambiata l'occupazione*, nella sezione seguente).

La disoccupazione degli ex operai

L'incidenza di lavoratori industriali sul totale delle forze di lavoro ha subito una riduzione, che si è aggravata negli ultimissimi anni, quando sono cominciati i licenziamenti in massa di lavoratori industriali anche da grandi fabbriche.

Questi eventi recenti hanno modificato anche la struttura della disoccupazione in Italia. Al suo interno si evidenzia – per altro come problema sociale di grande rilievo – la disoccupazione degli ex operai. Questa è la vera novità della disoccupazione italiana degli anni novanta, che mette in discussione elementi di sicurezza da lungo tempo consolidati con pesanti implicazioni sul piano sociale e culturale (e ovviamente con riflessi negativi anche sulla forza del sindacato). Gli elementi di sofferenza umana derivanti da questa esperienza della disoccupazione hanno portato su questo problema un nuovo interesse degli studiosi e dei mezzi di comunicazione.

I giovani e le donne

In termini numerici comunque, la quota predominante continua a essere rappresentata dai giovani in cerca di prima occupazione e, all'interno di questa categoria, la componente femminile ha un peso molto significativo. Il basso tasso di occupazione femminile in Italia assume manifestazioni diverse in rapporto alla classe di età delle donne. Mentre le giovani continuano a insistere nel cercare del lavoro anche in condizione di difficoltà (per effetto di una spinta emancipatrice che le porta a uscire dalla condizione di casalinga), quelle più avanti nell'età fuoriescono più frequentemente dal mercato del lavoro.

Il quadro si caratterizza, dunque, per pochi occupati, poche occupate, e molti disoccupati, soprattutto giovani e donne.

Queste caratteristiche si presentano accentuate nelle regioni del Mezzogiorno. Qui sono al contempo più bassi i tassi di attività e di occupazione (in particolare quelli femminili) e più alti, ben oltre il doppio della media nazionali, i tassi di disoccupazione. Nel Mezzogiorno alla minore occupazione corrisponde anche una struttura dell'occupazione più arretrata. Più bassa è l'incidenza dei lavoratori occupati nell'industria e più alta è quella dei lavoratori agricoli, più alta è infine l'occupazione precaria. La struttura occupazionale italiana è caratterizzata da un profondo dualismo tra Nord e Sud: dualismo che riflette quello più generale tra paesi dell'Europa del nord e paesi dell'Europa mediterranea.

──────── **BIBLIOGRAFIA** ────────

P. Calza Bini, *La disoccupazione: i punti di vista*, Liguori, Napoli 1993.

Ministero del lavoro e della previdenza sociale, Annuario su *Occupazione e politiche del lavoro in Italia*, Annate varie.

M. Paci, *Mercato del lavoro e classi sociali in Italia*, Il Mulino, Bologna 1973; *Il mutamento della struttura sociale in Italia*, Il Mulino, Bologna 1992.

E. Pugliese, *Sociologia della disoccupazione*, Il Mulino, Bologna 1993.

Tre Italie, due modelli di regionalizzazione

Squilibri territoriali

Nicola Boccella

Il declino del triangolo industriale

Il modello di organizzazione economica del territorio si presenta all'inizio degli anni novanta articolato in tre principali tipologie:

a) l'area nord-occidentale, di più antica industrializzazione;

b) l'area nord-orientale e del Centro;

c) il Mezzogiorno.

Il modello di organizzazione territoriale dell'area nord-occidentale è caratterizzato dalla presenza della grande impresa.
A partire dagli anni settanta quest'area ha conosciuto un accentuato processo di deindustrializzazione, non sempre compensato da uno sviluppo del terziario. Nel contempo, si è interrotto quell'intenso processo di accentramento della popolazione, dell'occupazione e delle attività produttive che aveva caratterizzato i decenni precedenti. Infatti, il modello di sviluppo che fino alla metà degli anni settanta aveva contraddistinto quest'area era incentrato sulla grande impresa e su una forte tendenza all'urbanizzazione.
Il quadro si modifica per effetto sia del processo di ristrutturazione delle imprese di grandi dimensioni sia della tendenza all'incremento delle unità locali minori.
I principali flussi migratori diretti in quest'area si arrestano; si registrano, sempre più intensamente, rientri della forza lavoro in precedenza emigrata. L'area di più antica industrializzazione registra un declino determinato sia dalle modifiche intervenute nell'organizzazione produttiva, sia dal venir meno dei vantaggi localizzativi propri della grande impresa, sia dalla crisi dei settori in cui vi era marcata specializzazione. A partire dalla seconda metà degli anni settanta le attività produttive evidenziano tassi di crescita superiori alla media nazionale nell'area del Centro e del Nord-est, e non più nelle regioni nordoccidentali.

Il modello NEC

L'articolazione territoriale dello sviluppo muta radicalmente e nelle regioni nord-occidentali e centrali prende corpo e si consolida un modello con caratteristiche completamente diverse.
Nel Nord-Est e nel Centro il processo di industrializzazione fa perno sulle imprese di piccole e medie dimensioni; le unità produttive si presentano territorialmente diffuse. In questo quadro, il consolidamento della struttura produttiva si concilia con una struttura decentrata delle unità locali, modificando quel rapporto fra impresa e territorio che aveva caratterizzato l'area nord-occidentale. Il modello di organizzazione diffusa è agevolato da una fitta rete di servizi alla

popolazione e da un'efficiente dotazione infrastrutturale. Nella fase iniziale, il processo di sviluppo di quest'area si avvantaggia di un'abbondante offerta di lavoro e di uno stretto legame con il settore rurale delle piccole aziende familiari. Nelle fasi successive, l'espansione avviene grazie ai progressi sia tecnici che organizzativi. Si accentua sia l'integrazione fra le imprese, sia la specializzazione della produzione di qualità e di piccola serie. La formazione di questo modello e la sua rapida evoluzione costituiscono modifiche strutturali degli stessi processi produttivi. La scala minima efficiente si va riducendo e le imprese minori riescono progressivamente a svincolarsi da una posizione di totale dipendenza dalle imprese committenti. L'evoluzione di quest'area è strettamente connessa non solo con quanto registrato nel Nord-ovest, ma anche con quanto avviene nel Mezzogiorno.

L'industria del Sud resta isolata

Il Mezzogiorno rimane un'area territoriale con connotati suoi propri. Salvo limitate realtà territoriali, non si è realizzata una dinamica accentuata dell'occupazione manifatturiera. L'industrializzazione al Sud, rapportata alla popolazione residente e all'occupazione degli altri settori di attività, è ancora modesta e insufficiente a colmare i divari interregionali. Nell'area centro-settentrionale i cambiamenti non sono stati meramente quantitativi ma anche qualitativi. Si tratta di mutamenti nella struttura sociale, nella capacità innovativa dell'imprenditoria locale, nell'organizzazione del terziario, nella riorganizzazione dell'attività commerciale. Si è, cioè, realizzata una coevoluzione del comparto manifatturiero e dell'intera struttura economica. Nel Mezzogiorno si sono formati spazi industriali concentrati ma isolati mentre in altre aree del paese lo spazio industriale è concentrato e globale. È in questo secondo caso che viene agevolata la formazione di un insieme di rapporti di scambio fra le diverse imprese: ogni impresa riceve un flusso di *input* da altre imprese, ogni impresa fornisce un flusso di *output* ad altre imprese.

L'insieme di queste interconnessioni e una ricca ed efficiente dotazione infrastrutturale agevola la formazione di una regione economica, avviando un processo di regionalizzazione incentrato sull'apparato industriale.

L'aggregazione sociale avviene intorno alla spesa

Nel Mezzogiorno un tale processo di industrializzazione non si è mai realmente avviato, nonostante che forme locali di sviluppo, embrionalmente organizzate, siano riscontrabili in alcune sue aree. Nel Sud il processo di regionalizzazione non si è formato attorno a uno sviluppo industriale ma sulla gestione delle risorse pubbliche, dei trasferimenti monetari sia alle imprese sia alle famiglie. Siamo, perciò, in presenza di due diversi modelli di regionalizzazione: il primo che vede come baricentro il sistema industriale e il secondo che si aggrega attorno alla gestione dei flussi di spesa pubblica. La recessione tende ad accentuare queste diversità. La necessità di ristrutturare l'apparato industriale del Centro-nord pone in secondo ordine il problema del riequilibrio territoriale.

Relativamente ai processi di industrializzazione, il nocciolo del problema consiste nel fatto che l'impresa locale al Sud non solo non ha visto ridursi la propria dipendenza dall'esterno dell'area ma, soprattutto, non è riuscita a esercitare un effetto espansivo sul livello occupazionale e produttivo, come, invece, si è registrato nell'area nord-orientale e centrale.

─────── **BIBLIOGRAFIA** ───────

G. Garofoli, *Modelli locali di sviluppo*, Franco Angeli, Milano 1991.

G. Fuà (a c. di), *Orientamenti per la politica del territorio*, Il Mulino, Bologna 1992.

C. Triglia, *Sviluppo senza autonomia*, Il Mulino, Bologna 1992.

Occupazione, investimenti, crescita: si riapre il divario

Mezzogiorno più lontano dal Nord

Nicola Boccella

Esiste ancora una «questione meridionale»? Ha ancora un significato distinguere le due grandi ripartizioni del paese, Centro-nord da un lato e Mezzogiorno dall'altro lato? È, dunque, ancora indispensabile predisporre misure di politica economica territorialmente diversificate?

Il tramonto della politica meridionalista, il venir meno degli incentivi alle imprese e la caduta degli investimenti in opere pubbliche a favore dell'area meridionale suggerirebbero di rispondere negativamente a queste domande. E, tuttavia, se guardiamo i dati più recenti della disoccupazione nel nostro paese il problema degli squilibri territoriali si ripresenta, irrisolto.

Nel 1993 il tasso di disoccupazione nel Mezzogiorno ha raggiunto il 18,9 per cento, contro il 7,7 per cento del Centro-nord. I dati sulla disuccupazione «allargata» (comprensiva delle persone che hanno cercato un lavoro prima dell'ultimo mese preso in esame) evidenziano un quadro più drammatico: il tasso di disoccupazione raggiunge il 24,1 per cento nel Mezzogiorno a fronte del 9,5 per cento del Centro-nord.

Nel 1993 il calo dell'occupazione è stato più marcato al Sud, con una variazione in termini percentuali pari a –4,6, che non al Centro-nord (–1,8 per cento).

Tutti i principali settori di attività segnalano una caduta dell'occupazione; ma è nel Mezzogiorno che la dinamica negativa è sistematicamente su valori più elevati. Il peggioramento congiunturale della disoccupazione acuisce lo squilibrio fra le due principali ripartizioni del paese.

I dati sulla povertà elaborati dalla Commissione governativa, confermano questa forte disparità territoriale: i poveri nel Mezzogiorno sono 4 397 000 pari al 20,8 per cento della popolazione residente; nel Centro-nord si registrano 2 431 000 unità, pari al 6,7 per cento della popolazione.

Eppure, nel lungo periodo trascorso dall'avvio dell'intervento straordinario a favore del Mezzogiorno molte cose sono cambiate. Alcune aree si sono industrializzate; altre hanno regi-

PIL, consumi delle famiglie e investimenti fissi per abitante nel Mezzogiorno (*in percentuale del Centro-nord*)

Anno	PIL	Consumi delle famiglie	Investimenti fissi per abitante
1970	58,4	68,8	85,3
1980	59,3	70,2	72,0
1985	59,9	71,5	75,5
1990	58,6	70,6	66,0
1992	58,9	69,6	63,0

Fonte: SVIMEZ.

strato un parziale, ma significativo, processo di industrializzazione; altre ancora hanno via via perso i connotati di povertà. Si tratta di trasformazioni che sono particolarmente esposte alle fasi recessive che investono l'economia italiana.

Per effetto di questi processi, si sono formate tre diverse realtà che, a grandi linee, possono essere così identificate: a) la prima area coincide con le regioni in cui più recente e sostenuto è stato il processo di industrializzazione (Abruzzo, Molise e parte della Puglia); b) la seconda è relativa alle regioni con un apparato industriale più antico e un'economia più matura, ma che attraversano una fase di accentuato ristagno industriale (Campania, Puglia); c) la terza area comprende sia le regioni con un modesto indice di industrializzazione, date dal rapporto tra addetti al comparto industriale e popolazione (Calabria, Sicilia), sia quelle realtà territoriali nelle quali un iniziale processo di industrializzazione sembra essersi arrestato (Basilicata).

Il dato di fondo è che nonostante gli sforzi profusi per il processo di industrializzazione, il divario Nord-sud è ben lungi dal ridursi.

L'andamento del PIL delle due ripartizioni illumina ampiamente questo aspetto. Il PIL meridionale, espresso

in termini percentuali rispetto a quello del Centro-nord, scende dal 59,3 per cento del 1980 al 58,2 per cento nel 1989, per assestarsi su un valore prossimo al 59 per cento all'inizio degli anni novanta. Nel corso degli anni settanta la percentuale era stata prossima al 61 per cento. L'inversione di tendenza può essere collocata intorno alla metà degli anni ottanta, quando il Mezzogiorno contribuisce in misura via via inferiore alla ripresa economica.

Per poter disporre di un quadro più completo è indispensabile affiancare ai dati relativi all'andamento del PIL l'analisi della dinamica dei consumi delle famiglie e degli investimenti fissi per abitante.

Relativamente ai consumi delle famiglie nel Mezzogiorno si registra una dinamica più accentuata rispetto a quella che si realizza nel Centro-nord. Il divario rilevabile per questo indicatore stabile nel corso degli anni ottanta, segnala un peggioramento nel primo biennio degli anni novanta. Come illustrano i dati della tabella il punto cruciale relativo ai differenziali territoriali va individuato nel diverso *valore* e nella diversa *dinamica* che assumono il divario dei consumi privati da un lato e quello del prodotto per abitante dall'altro lato. Infatti, il divario dei consumi privati per abitante rimane sistematicamente inferiore al divario relativo al prodotto per abitante. Quanto agli investimenti fissi per abitante, fino alla prima metà degli anni settanta si registra una riduzione costante della diseguaglianza, mentre nel periodo successivo si verifica una tendenza diametralmente opposta e il divario torna ad accentuarsi drasticamente. Questa dinamica non è causata da un differenziale fra due andamenti entrambi positivi (come avviene per il PIL) ma è il risultato dell'agire congiunto di una dinamica positiva per il Centro-nord e di un decremento reale per il Mezzogiorno, con una variazione negativa pari allo 0,8 per cento annuo.

Il riacutizzarsi del divario, che evidenzia la debolezza dell'apparato produttivo meridionale, ha innescato forti squilibri sul mercato del lavoro. Il deterioramento della posizione relativa del Mezzogiorno nel quadro dell'economia nazionale non può essere interrotto se non attraverso un intervento di ampio respiro. In questa prospettiva, è indispensabile agire su due fronti. Da un lato, si tratta di intervenire sulla domanda di lavoro con un insieme di incentivi finalizzati più alla crescita delle imprese già esistenti, che alla nascita di nuove iniziative. Dall'altro lato, occorre modificare le condizioni di offerta di lavoro, attraverso una revisione globale dell'intero sistema dei trasferimenti.

Lavoro, impresa

a cura di
Carlo Trigilia

I paradossi di un capitalismo leggero
Carlo Trigilia

Grandi imprese più deboli nel mercato globale
Angela Perulli

Localizzazione e distretti industriali
Fabio Sforzi

Com'è cambiata l'occupazione
Angela Perulli

Emergono nuove relazioni industriali
Francesco Ramella

Le pensioni in balía degli equilibri politici
Gloria Regonini

——— **BIBLIOGRAFIA** ———

M. D'Antonio (a c. di), *Il Mezzogiorno: sviluppo o stagnazione?*, Il Mulino, Bologna 1992.

N. Boccella (a c. di), *Stato, mercato, Mezzogiorno*, Liguori, Napoli 1993.

«Delta», Rivista bimestrale della Caripuglia, numero speciale 54-57, 1993.

Dinamismo privato e disordine pubblico: due facce della stessa medaglia

I paradossi
di un capitalismo leggero

Carlo Trigilia

99 L'Italia è un paese di piccole imprese: il 98% delle imprese manifatturiere ha meno di 100 addetti e occupa il 60% della manodopera industriale.

Alla fine degli anni ottanta solo 8 società italiane, di cui la metà pubbliche, erano incluse nella classifica di «Fortune» delle 500 più grandi imprese industriali del mondo (la Germania ne aveva 32, la Gran Bretagna 43, la Francia 29). Debole presenza complessiva della grande impresa, ruolo di particolare rilievo di quella pubblica, vivacità e diffusione del tessuto di piccole e medie imprese; questi tre aspetti istituzionali del capitalismo italiano affondano le loro radici nella storia di un paese arrivato tardi all'industrializzazione. Tuttavia, nell'ultimo ventennio, l'Italia sembra aver accentuato il profilo di capitalismo leggero, caratterizzato da flessibilità di reazione agli stimoli di mercato specie in settori tradizionali o di beni intermedi dove prevalgono le piccole e medie aziende. Le grandi imprese, dopo la crisi degli anni settanta, si sono ristrutturate, hanno visto crescere notevolmente produttività e profitti fino alla fine del decennio successivo, ma non sono riuscite a migliorare la loro quota di esportazioni nel mercato internazionale e a conquistare posizioni nelle produzioni tecnologicamente più avanzate. Le grandi imprese pubbliche, dopo aver giocato un ruolo iniziale non trascurabile nel sostenere lo sviluppo basato sulla produzione di massa, hanno via via perso capacità propulsiva e disegno strategico. Negli ultimi decenni sono divenute piuttosto il luogo di uno scambio perverso tra dirigenti e classe politica di governo. Le possibilità di carriera della dirigenza erano legate alla capacità di soddisfare domande politiche particolaristiche, o addirittura di finanziare la classe politica. In cambio il management riceveva fondi pubblici per tenere in vita aziende in crisi, con deficit sempre più consistenti.

Crisi della produzione di massa

Le piccole imprese hanno sempre avuto un ruolo importante nel sistema economico, ma il loro peso è diventato più rilevante a partire dagli anni settanta. In quel periodo lo sviluppo economico italiano è stato segnato da due fenomeni peculiari. Da un lato si è avuta una crisi della produzione di massa delle grandi imprese che, pur essendo un fenomeno diffuso tra i paesi industrializzati, ha assunto in Italia caratteri più dirompenti. Il paese ha visto infatti esplodere una conflittualità molto più consistente per le carenze accumulate nella fase precedente sul terreno delle relazioni industriali e delle politiche sociali a favore del mondo del lavoro. Dall'altro lato, però, la società italiana offriva risorse istituzionali particolarmente favorevoli per cogliere più rapidamente e massicciamente di altri paesi le nuove opportunità per modelli di organizzazione flessibile basati sulle piccole e medie imprese. Si è trattato di un aggiustamento non pianificato (anche se favorito dalla politica di svalutazione degli anni settanta) che ha tratto vantaggio da una serie di risorse economiche, sociali e politiche diffuse in alcune aree del Centronord, specialmente nella Terza Italia. Ha preso così forma il paradosso di un dinamismo economico che non solo ha compensato la crisi delle grandi imprese ma ha anche sostenuto il disordine pubblico. Infatti, attenuando i costi della crisi economica, il dinamismo basato sulle piccole imprese ha di fatto anche ridotto la pressione per un cambiamento dei comportamenti politici che agisse sul deficit pubblico e sull'inflazione, e ha finito per indebolire quelle forme di concertazione che avevano preso forma verso la fine degli anni settanta. In vari paesi la compresenza di un doppio deficit – dei conti pubblici e della bilancia commerciale – ha in genere provocato tentativi riusciti di riordino delle politiche pubbliche nei primi anni ottanta. In Italia, invece, il dinamismo locale basato sulle piccole imprese ha contribuito a sostenere la bilancia commerciale nonché il livello, tradizionalmente elevato, del risparmio delle famiglie, che ha a sua volta favorito il finanziamento del debito pubblico, dilazionando il problema del rientro. I governi dello scorso decennio hanno così potuto continuare politiche permissive di cui hanno in particolare beneficiato le grandi imprese del Nord (fiscalizza-

zione degli oneri sociali, Cassa integrazione, prepensionamenti), ma anche il Mezzogiorno, che è stato oggetto di una consistente redistribuzione assistenziale di risorse, incapace di favorire uno sviluppo autonomo.

Keynesismo perverso

Tuttavia, se la combinazione di dinamismo economico e disordine pubblico ha garantito lo sviluppo degli anni ottanta, attraverso una sorta di keynesismo perverso essa ha lasciato l'economia del paese non solo con un enorme debito pubblico, ma anche con consistenti problemi di innovazione. Tali problemi riguardano le grandi imprese, che stentano sul terreno delle produzioni di qualità e a più alta tecnologia; investono poi il ruolo, tutto da ridefinire, delle imprese pubbliche; ma coinvolgono anche i sistemi di piccole imprese, sempre più stretti tra la concorrenza dei paesi a basso costo del lavoro nelle produzioni di minore qualità e quella delle grandi imprese estere, divenute più flessibili, nei prodotti di maggiore qualità.

Queste difficoltà sono state acuite dalla carenza delle politiche pubbliche manifestatasi in campi cruciali come quelli della formazione professionale, del sostegno alla ricerca e all'innovazione, e in tutti gli interventi che non sono divisibili, non sono trasformabili in misure distributive e erogatorie, ma richiedono la produzione di servizi collettivi – o comunque forme di cooperazione efficace tra soggetti privati e pubblici – dai quali dipende il rendimento delle imprese. Quello italiano è dunque un capitalismo che sembra più capace di sfruttare le risorse di flessibilità del suo tessuto sociale, ma che tende a limitare gli impegni più complessi, più rischiosi e a resa più lunga, per i quali mancano quei requisiti istituzionali, di cultura imprenditoriale, di politiche pubbliche, di relazioni industriali, di assetto proprietario delle imprese che – come mostra l'esperienza di altri paesi – sono necessari per orientarsi in tale direzione.

La ricerca di flessibilità, specialmente nei settori leggeri, ha largamente attinto alle risorse culturali, sociali e politiche dei localismi, specialmente nel Nord del paese: l'imprenditorialità diffusa, strettamente legata alla famiglia; i rapporti informali tra le imprese e imprese e lavoratori; ma anche a relazioni industriali praticate a livello di azienda o di contesti locali, in modo spesso più cooperativo di quanto ci si potrebbe attendere. In questo modo è stato possibile raggiungere un elevato dinamismo economico anche in assenza di forme di organizzazione economica più strutturate e orientate al lungo termine che presuppongono relazioni industriali più istituzionalizzate e cooperative e politiche pubbliche più efficaci e affidabili.

Un quadro istituzionale incerto

D'altra parte, si può ipotizzare che proprio la presenza di un contesto istituzionale percepito come rischioso e incerto, specialmente con riferimento alle politiche pubbliche e alle relazioni industriali abbia scoraggiato la crescita di investimenti più a lungo termine. La scarsa affidabilità delle istituzioni distanti dall'esperienza diretta e dai contesti locali non favorisce tali investimenti, a meno che non godano di una protezione politica particolaristica, e finisce per alimentare una cultura imprenditoriale improntata a diffidenza verso la politica, cui si accompagna spesso la ten-

denza a trarre tutti i vantaggi possibili sul piano particolaristico (come mostrano le vicende giudiziarie di «Mani pulite»).

Il controllo delle famiglie

Un altro fattore istituzionale di notevole rilevanza è costituito dalla struttura proprietaria delle imprese. Il capitalismo italiano ha un carattere fortemente familiare, che lo distingue sia dal capitalismo anglo-americano, basato sul ruolo prevalente del mercato azionario, sia da quello di tipo tedesco o giapponese (diffuso anche nel nord Europa), che è caratterizzato da rapporti di coinvolgimento diretto delle banche e di altre istituzioni finanziarie nel capitale delle aziende, con lo sviluppo di relazioni di cooperazione a lungo termine con il management delle imprese. In Italia non solo le piccole ma anche le grandi imprese sono strettamente controllate dalle famiglie. Non va trascurato il contributo specifico che questa struttura delle imprese ha dato al dinamismo dell'economia italiana, specie nel campo delle piccole e medie aziende. Ma c'è il rovescio della medaglia. Il controllo familiare costituisce un vincolo non indifferente dal punto di vista dell'approvvigionamento del credito a lungo termine, ed è fonte di incertezza nella fase di trapasso generazionale (una fase che molte piccole imprese cresciute nell'ultimo ventennio si trovano oggi ad affrontare). Entrambi questi aspetti possono dunque ostacolare l'innovazione e gli impegni più a lungo termine e più rischiosi. In particolare, la carenza di istituzioni finanziarie efficaci rende le imprese italiane più dipendenti da decisioni politiche quando sono necessarie complesse operazioni di finanziamento e di ristrutturazione, ma ciò introduce un elemento di scarsa prevedibilità.

In conclusione se il dinamismo economico locale ha potuto compensare la crisi delle grandi imprese e l'inefficienza delle politiche e delle relazioni industriali, nello stesso tempo ha ritardato il necessario aggiustamento istituzionale. Negli ultimi anni i nodi sono però venuti al pettine: le inefficienze delle istituzioni (delle politiche economiche, delle relazioni industriali, delle strutture finanziarie) hanno finito per minare le basi economiche e sociali del dinamismo locale, mentre le grandi imprese private non hanno avuto un rendimento brillante e quelle pubbliche sono state travolte dalla crisi. L'inflazione, il debito pubblico, gli alti tassi d'interesse, la crescente pressione fiscale, hanno indebolito progressivamente, dalla fine degli anni ottanta la competitività complessiva dell'industria italiana, fino a rendere inevitabile la svalutazione (1992). È apparso chiaro che il dinamismo economico basato sulla flessibilità a breve e il disordine pubblico non possono più coesistere come in passato. È giunto veramente al termine il paradosso dello sviluppo italiano?

Nonostante le innovazioni e l'uso flessibile del lavoro

Grandi imprese più deboli nel mercato globale

Angela Perulli

Nel panorama europeo, l'Italia è una nazione *late comer*, cioè ritardataria rispetto al processo di industrializzazione. Il decollo industriale avviene solo alla fine dell'Ottocento, nell'età giolittiana e avrà il suo compimento dopo la prima guerra mondiale, delineando in Italia settentrionale quello che poi sarà chiamato «triangolo industriale» (Milano-Torino-Genova). Si formano allora i tratti distintivi dell'industria manifatturiera nazionale: la progressiva concentrazione e specializzazione del lavoro negli opifici tessili e meccanici; il consolidamento nel settore siderurgico di un sistema caratterizzato da un complesso intreccio di rapporti fra mano pubblica e mano privata all'ombra del protezionismo e delle sovvenzioni pubbliche, specie nell'industria bellica.

Dalla siderurgia l'intervento statale si estende progressivamente anche ad altri settori (cantieristica, ferrovie ecc.). Dopo la profonda crisi che segue la prima guerra mondiale, siderurgia e meccanica hanno una forte ripresa negli anni venti ma vengono colpite severamente dalla «grande crisi» del 1929. In questo contesto matura la scelta del nuovo regime fascista a favore di un maggior intervento dello Stato in campo industriale con la creazione dell'IRI (Istituto per la ricostruzione industriale) nel 1933; una scelta che avrebbe profondamente segnato la storia successiva del capitalismo italiano.

Nella ripresa postbellica e nella ricostruzione, l'industria pubblica, soprattutto siderurgica ma anche chimico-energetica (ENI, Ente nazionale idrocarburi creato nel 1953), assume un ruolo rilevante per lo sviluppo dell'industrializzazione di massa in Italia fornendo acciaio a basso costo (alla fine degli anni cinquanta l'Italia divenne un paese esportatore e non più importatore) e allentando il vincolo energetico.

Il miracolo economico e l'industria pubblica

L'industria privata, all'indomani della Liberazione, avvia complessi processi di riorganizzazione e di ristrutturazione della propria base produttiva, adattandosi alla produzione di massa a larga scala di cui raccoglierà i frutti fra la fine degli anni cinquanta e i primi anni sessanta, con il «miracolo economico». Imprese come FIAT, Olivetti, Pirelli, Zanussi, e altre sono protagoniste di questa fase che si caratterizza per: concentrazione territoriale nel triangolo industriale, integrazione verticale, divisione funzionale e diversificazione dei mercati, standardizzazione delle produzioni, intensificazione del lavoro con la massiccia applicazione delle forme di organizzazione del lavoro di tipo taylorista.

Di fronte alla FIAT di Valletta, che rappresenta la faccia autoritaria del modello paternalistico con cui l'Italia si avvia al «miracolo economico», sta l'altra faccia, quella «comunitaria», proposta da Adriano Olivetti, la cui azienda – meno avvantaggiata in termini di mercato della FIAT – si concentrerà sulla diversificazione dei prodotti, sull'internazionalizzazione dei mercati e delle *partnership*, sulla sperimentazione organizzativa (le «isole» di produzione e montaggio). Nonostante la fase espansiva che, con la parentesi recessiva del 1964-65, si prolunga sino alla fine degli anni set-

tanta, il peso complessivo delle grandi imprese resta però limitato rispetto a quello di altri paesi industriali. Dei quattro grandi gruppi il cui fatturato supera i mille miliardi annui, nel 1969 solo uno — la FIAT — è privato.

Un'altra caratteristica delle grandi imprese, confermata durante il «miracolo economico», è la debole propensione verso l'espansione sui mercati internazionali, limitata ai paesi di lingua neolatina, alle ex colonie europee, ai paesi tecnologicamente arretrati, ai non allineati. Tale comportamento sembra volto a evitare conflitti diretti con la concorrenza europea e nordamericana, con l'unica eccezione della politica energetica svolta da Enrico Mattei e dall'ENI negli anni sessanta nel bacino mediterraneo.

Dal taylorismo al decentramento produttivo

La produzione di massa che aveva, dunque, basi meno diffuse rispetto ad altri paesi subisce una crisi più radicale legata alla profonda conflittualità sociale che caratterizza il nostro paese. L'esplosione della conflittualità sociale nell'«autunno caldo» del 1969 e la reazione ai processi di riorganizzazione del lavoro affermatisi negli anni sessanta nella grande impresa e poi la crisi economica seguita allo *shock* petrolifero del 1973, innescano un processo di «decentramento produttivo» che modifica profondamente il sistema industriale italiano: tra il 1971 e il 1981, il numero degli stabilimenti, classificati come piccoli (6-20 addetti) e i relativi addetti aumentano di oltre il 50%. Negli anni ottanta la ristrutturazione del sistema industriale procede da un lato verso l'innovazione tecnologica degli impianti e il riassetto finanzia-

Le prime trenta società italiane
Fatturato 1992 (milioni di lire)

		Fatt. 1992	
1	Enel Spa		30 007 845
2	Fiat auto Spa		22 456 484
3	Sip Esercizio Telecomunicazione Spa		20 906 760
4	Agip Petroli Spa		14 109 159
5	Snam Spa		10 815 606
6	Ibm Semea Spa		8 613 589
7	Ilva Spa		6 111 832
8	Esso Italiana Spa		5 512 989
9	Alitalia Linee Aeree Italiane Spa		5 427 368
10	Autogerma Spa		5 311 683
11	Iveco Spa		5 259 137
12	Italiana Petroli Spa		4 758 836
13	Ente Ferrovie dello Stato		4 734 928
14	Agip Spa		4 123 315
15	Unil It Spa		3 814 634
16	Alenia Aeritalia & Selenia Spa		3 779 391
17	Praoil Aromatici Raffinazione Spa		3 608 793
18	Olivetti Spa		3 603 367
19	La Rinascente Spa		3 592 675
20	Ford Italiana Spa		3 575 917
21	Rai Radiotelevisione Italiana Spa		3 471 998
22	Enichem Anic Srl		3 406 198
23	Standa Spa		3 244 508
24	Renault Italia Spa		2 797 499
25	Kuwait Petroleum Italia Spa		2 792 543
26	Publitalia 80 Concessionaria Spa		2 609 147
27	Esselunga Spa		2 482 719
28	Barilla Alimentare Dolciaria Spa		2 477 938
29	Jacorossi Spa		2 435 189
30	Italtel Italiana Telecomunicazioni Spa		2 413 984

Fonte: Supplemento a «Mondo Economico», n. 52 del 25 dicembre 1993.

rio e dall'altro verso un uso più flessibile della forza-lavoro: nei venticinque grandi gruppi industriali che superano i 500 miliardi di fatturato annuo nel 1986, dal 1981 al 1986 gli addetti calano del 18% e si verifica un incremento del fatturato del 64,2%.

Scarsa penetrazione nei mercati esteri

Resta, comunque, confermata la difficoltà delle grandi imprese italiane a conquistare o a sottrarre quote di mercato internazionali crescenti alla concorrenza, anche perché le aree d'intervento sono sempre più i paesi industrializzati: questo fenomeno si realizza malgrado una tendenza alla concentrazione che riprende in maniera molto evidente, soprattutto dalla metà del decennio, e in cui alcuni gruppi vengono a dominare i rispettivi settori (FIAT, Olivetti, Pirelli ecc.) o in cui si forma un duopolio pubblico-privato (soprattutto nel settore chimico, ENI e Montedison/Ferruzzi). Il monopolio del settore auto conquistato dalla FIAT che assorbe tutte le principali concorrenti nazionali (Lancia, Autobianchi ecc.) si conclude con l'acquisizione dell'Alfa Romeo dalle Partecipazioni statali; ma questo rafforzamento sul mercato interno segna anche il fallimento di *join ventures* con *partners* stranieri (giapponesi) e la perdita di presidi produttivi all'estero (SEAT). Analogamente fallisce la scalata Pirelli al gruppo tedesco Continental e anche l'Olivetti mostra segni di difficoltà, pur essendo l'impresa tradizionalmente più impegnata a diversificare le proprie relazioni internazionali. La mancata concentrazione della chimica italiana in un polo unico pubblico-privato (ENIMONT) indebolisce le possibilità di penetrazione internazionale in questo settore.

Un indicatore della difficoltà dell'industria italiana ad accrescere il proprio peso e ruolo sui mercati internazionali è dato dalla classifica di «Fortune» (le 500 più importanti imprese del mondo): nel 1987, l'IRI era al quarto posto per il fatturato ma nel 1991 scende al settimo; la FIAT, dall'ottavo scende al quindicesimo; l'ENI, dal quindicesimo al ventunesimo; la Montedison era al quarantottesimo posto nel 1987, mentre la Ferruzzi Finanziaria nel 1991 è all'ottantunesimo; l'Olivetti, che nel 1987 era al centodiciannovesimo posto, scompare nel 1991; infine la Pirelli passa dal centoventiduesimo posto al centosettantasettesimo.

Collusione con la classe politica

I primi anni novanta sono segnati da due fenomeni: la scoperta di un rilevante coinvolgimento dei più grandi gruppi industriali in pratiche di corruzione e di finanziamento illecito dei partiti e la grave crisi produttiva e finanziaria delle imprese pubbliche maturata negli anni precedenti. In particolare, queste ultime, prive di un quadro strategico, appesantite da una gestione sempre meno attenta ai risultati economici e con un management coinvolto in rapporti collusivi con la classe politica, non possono più godere del tradizionale sostegno costituito dai finanziamenti dello Stato. La situazione del debito pubblico rende infatti impossibile la continuazione di tale pratica. La necessità di un consistente processo di privatizzazione si fa quindi strada, anche se le modalità concrete che esso assumerà, e quindi gli effetti sul sistema industriale italiano, sono ancora da verificare.

--- **BIBLIOGRAFIA** ---

F. Barca, M. Magnani, *L'industria fra capitale e lavoro*, Il Mulino, Bologna 1989.

F. Bonelli, *Il capitalismo italiano. Linee generali di interpretazione*, in *Storia d'Italia*, Annali 1, Einaudi, Torino 1978.

V. Castronovo, *L'industria italiana dall'Ottocento a oggi*, A. Mondadori, Milano 1980.

P. C. Padoan, A. Pezzoli, F. Silva (a c. di), *Concorrenza e concentrazione nell'industria italiana*, Il Mulino, Bologna 1989.

G. Sapelli, *Organizzazione, lavoro e innovazione industriale nell'Italia tra le due guerre*, Rosenberg & Sellier, Torino 1978.

V. Zamagni, *Dalla periferia al centro*, Il Mulino, Bologna 1990.

La geografia delle piccole imprese

Localizzazione e distretti industriali

Fabio Sforzi

Le interpretazioni del processo d'industrializzazione italiano sono state a lungo dominate dal paradigma dualistico che ha riguardato sia le coordinate geografiche dello sviluppo (Nord e Sud) sia il carattere dimensionale delle unità produttive (grandi e piccole imprese) e la loro specializzazione manifatturiera (settori moderni e settori tradizionali). Di conseguenza, l'industrializzazione italiana si identificava con il Triangolo industriale e i grandi stabilimenti dell'industria pesante ivi localizzati.

Le economie di localizzazione

La disattenzione per l'effettiva dimensione territoriale del fenomeno dell'industrializzazione nasceva dalla convinzione che l'organizzazione del processo produttivo fosse efficiente solo nei grandi stabilimenti in quanto capaci di conseguire le economie di scala. La possibilità che risultati di efficienza analoghi si potessero ottenere anche mediante una diversa organizzazione del processo produttivo non era neppure presa in considerazione. In sostanza, era trascurata la possibilità, teorica prima ancora che pratica, che numerosi piccoli stabilimenti specializzati in una o più fasi di uno stesso processo produttivo e concentrati in una stessa località potessero conseguire economie nella produzione attraverso le economie esterne di localizzazione.

Fatti economici e territorio

Le economie esterne di localizzazione rappresentano risparmi di costo che sono in gran parte al di fuori del controllo diretto del singolo stabilimento, dipendendo da relazioni cooperative che esso è capace di organizzare mediante la costituzione di reti localizzate che lo connettono ad altri stabilimenti in uno stesso processo produttivo; così che la loro comprensione presuppone lo spostamento del fuoco dell'analisi dall'impresa all'industria localizzata. In altri termini, in un tale modello di organizzazione della produzione le imprese sono meno importanti individualmente che come parte del sistema produttivo da esse territorialmente costituito.

Si può ritenere, quindi, che il ritardo con cui è stata colta l'importanza delle piccole imprese nel processo di industrializzazione avvenuto in Italia nel secondo dopoguerra risalga almeno in parte alla non inclusione del territorio nell'analisi dei fatti economici. Il concetto di «distretto industriale» che ha nelle economie esterne di localizzazione il principale fondamento teorico si afferma pienamente solo negli anni ottanta.

Tuttavia, non va trascurato che il prestigio delle piccole imprese (sotto forma di sistemi locali territorialmente organizzati) ha tratto vantaggio anche dalla contemporanea crisi delle grandi unità produttive verticalmente integrate e dall'enfasi che alcuni analisti stranieri hanno posto sull'or-

Le aree di piccola impresa in Italia

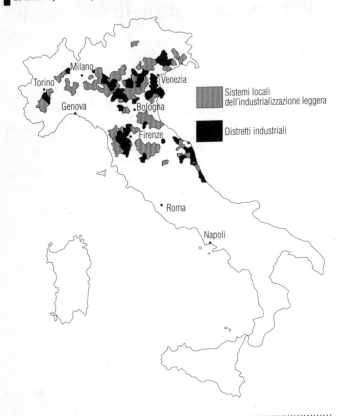

Sistemi locali
dell'industrializzazione leggera

Distretti industriali

(Torino, Milano, Genova, Venezia, Bologna, Firenze, Roma, Napoli)

ganizzazione industriale tipica dei sistemi locali di piccole imprese fissandola nel concetto di specializzazione flessibile e facendone lo spartiacque rispetto al modello fordista di produzione fino ad allora dominante.

Ciò ha mostrato sotto una diversa luce i casi storici di sviluppo socioeconomico che hanno contrassegnato numerose realtà locali e regioni italiane fin dal secondo dopoguerra, sot-

traendoli definitivamente all'eccezionalità localistica o alla dipendenza da meccanismi di redistribuzione territoriale. Prato, Empoli e Santa Croce, in Toscana, Carpi e Sassuolo, in Emilia sono diventati paradigmi del modello toscano e del modello emiliano di sviluppo. Mentre dal punto di vista della specializzazione manifatturiera la loro appartenenza a industrie leggere (soprattutto di beni di consumo durevole per la persona e per la casa, insieme ai macchinari necessari per produrli) ha trovato riscontro nel vantaggio competitivo che attraverso di esse l'Italia consegue nel commercio internazionale.

Centralità del fattore umano

La rivalutazione del ruolo economico delle piccole imprese non sarebbe però completa senza il riconoscimento di centralità, nel modello di organizzazione industriale che la caratterizza, alle cognizioni umane e al modo in cui esse alimentano la formazione di competenze tecniche. L'organizzazione e le cognizioni sono gli agenti della produzione che si trovano alla base dello sviluppo locale, il quale oltre alla produzione di merci riproduce anche i valori, le conoscenze e le istituzioni che ne orientano il cambiamento. In ultima istanza, caratteristiche economiche e caratteristiche sociali diventano non separabili nell'interpretazione del modello di sviluppo locale fondato sulle piccole imprese. Non sorprende, perciò, che il distretto industriale sia stato proposto come concetto socio-economico e qualificato come modello di sviluppo locale oltre che come modo di organizzare la produzione.

La definizione di una mappa delle piccole imprese in Italia presuppone una regionalizzazione del territorio in sistemi locali. Si tratta di entità geografiche che sono configurate dalle relazioni che si stabiliscono fra differenti località attraverso i comportamenti quotidiani della popolazione e che sono misurate dall'autocontenimento relativo che si realizza fra domanda e offerta di posti di lavoro con riferimento agli spostamenti giornalieri. Questi ultimi definiscono confini che compendiano occupazione, ricreazione, acquisti, contatti sociali, in quanto attività limitate nel tempo e nello spazio.

Perciò, le aree di piccola impresa non corrispondono semplicemente a concentrazioni territoriali di unità produttive manifatturiere di modeste dimensioni (quanto a occupati), ma a sistemi locali dominati dal modello di sviluppo della piccola impresa. Vi prevalgono situazioni socio-professionali e attività produttive dove le diverse forme di lavoro autonomo (dai piccoli imprenditori agli artigiani ai lavoratori a domicilio) definiscono i tratti salienti del tessuto socio-economico locale; dove è elevata la partecipazione al lavoro delle donne sposate e dei giovani; dove si configurano reti di relazioni specializzate fra le unità produttive dell'industria locale. All'interno dei sistemi locali di piccole imprese i distretti industriali emergono come sistemi locali caratterizzati dalla presenza di un'industria principale che ne determina lo sviluppo.

Dimensione e dinamica dei sistemi locali

Nei sistemi locali dell'industrializzazione leggera l'occupazione nelle industrie manifatturiere era nel 1981 il 19,5 per cento dell'intero paese, e vi erano singole industrie che raggiungevano quote ragguardevoli (l'industria delle calzature rappresentava il 57,6 per cento, l'industria della concia il 52,7 per cento, l'industria della ceramica il 39 per cento, le industrie tessili il 30,7 per cento; mentre l'industria degli strumenti musicali rappresentava ben oltre la metà dell'occupazione nazionale: il 63,2 per cento).

Rispetto al 1971 l'occupazione aveva avuto una crescita del 35,7 per cento nelle industrie manifatturiere, di gran lunga la più elevata fra le diverse categorie di sistemi locali che ripartiscono l'economia dell'intero paese, e del 34,7 per cento riguardo all'occupazione nel suo insieme.

Soltanto i distretti industriali avevano avuto nello stesso periodo prestazioni migliori (una crescita dell'occupazione manifatturiera del 37,6 per cento e complessiva del 36,7 per cento). Il decennio 1981-1991 è stato in Italia un periodo di ridimensionamento generalizzato dell'occupazione industriale accompagnato da fenomeni di terziarizzazione localmente diversificati.

I distretti industriali, per esempio, hanno sperimentato uno spostamento verso i servizi delle fasi che compongono la loro organizzazione produttiva; mentre i poli manifatturieri hanno conosciuto processi di deindustrializzazione. Nell'insieme, i dati di cui si dispone indicano un'ulteriore crescita della concentrazione territoriale dell'industria nei sistemi locali dell'industrializzazione leggera (il coefficiente passa da 1,32 a 1,40) e nei distretti industriali (da 1,44 a 1,53), oltre a una diminuzione di occupazione (rispettivamente: –4,1 e –5,2 per cento) meno negativa che altrove e della media nazionale (–10,1 per cento).

I tre modi di essere della piccola impresa (concentrazioni territoriali di piccole imprese, sistemi locali e distretti industriali) continuano a coesistere nella realtà dell'Italia contemporanea, ma ormai sia gli studiosi sia i responsabili della politica economica sono convinti che è necessario conoscere la dimensione geografica e organizzativa della piccola impresa per comprenderne l'effettiva natura: la località non è più un termine meramente descrittivo né la dimensione d'impianto è sufficiente a identificare il modello di produzione.

Imprese attive per 1000 abitanti per regione

Regioni	I semestre 1993(*)
Piemonte	68,6
Valle d'Aosta	80,1
Lombardia	72,9
Trentino-Alto Adige	67,9
Bolzano	69,8
Trento	66,0
Veneto	71,3
Friuli-Venezia Giulia	64,9
Liguria	68,3
Emilia Romagna	77,9
Toscana	78,2
Umbria	64,9
Marche	76,4
Lazio	49,0
Abruzzo	66,2
Molise	55,6
Campania	53,9
Puglia	50,8
Basilicata	50,9
Calabria	49,6
Sicilia	48,5
Sardegna	55,5
Italia	**63,1**

(*) Popolazione al 31.12.1992
Fonte: elaborazione CENSIS su dati CERVED.

BIBLIOGRAFIA

A. Bagnasco, *Tre Italie. La problematica territoriale dello sviluppo italiano*, Il Mulino, Bologna 1977.

G. Becattini (a c. di), *Mercato e forze locali: il distretto industriale*, Il Mulino, Bologna 1987.

S. Brusco, *Piccole imprese e distretti industriali*, Rosenberg & Sellier, Torino 1989.

ISTAT-IRPET, *I mercati locali del lavoro in Italia*, Franco Angeli, Milano 1989.

F. Pyke, G. Becattini e W. Sengenberger (a c. di), *Distretti industriali e cooperazione fra imprese in Italia*, Studi & Informazioni, Quaderni 34, Banca Toscana, Firenze 1991.

I caratteri della transizione italiana al postindustriale

Com'è cambiata l'occupazione

Angela Perulli

I principali mutamenti nella composizione della forza lavoro dal dopoguerra a oggi si possono sintetizzare in tre punti: aumento della presenza femminile, anche se in misura minore rispetto ad altri paesi; progressivo ridimensionamento del settore agricolo a favore dell'industria prima, e del terziario poi; prevalenza degli addetti ai servizi all'interno del lavoro dipendente.

La partecipazione femminile

Il tasso di attività (ossia la percentuale degli appartenenti alle forze lavoro sul totale della popolazione) nel 1991 in Italia è del 42% circa (è un dato da considerare con una certa cautela perché non registra la quota, assai rilevante, del lavoro non istituzionale), confermando quello rilevato nel 1987 dall'EUROSTAT che nel panorama europeo poneva l'Italia dietro a paesi come la Gran Bretagna (49%) e la Germania (46%), e con valori simili a Francia, Belgio e Lussemburgo (43%).

Vi è stato un aumento del tasso di attività lavorativa femminile (che cresce a partire dal 1961 passando dal 22% circa al 30% del 1991) e una diminuzione di quello maschile (che dal 61% del 1951 scende al 54% del 1991).

Nel 1991 le donne rappresentano il 37,1% della forza lavoro. Tale percentuale, secondo i dati EUROSTAT, nel 1987 era del 36,1% ponendo l'Italia in una posizione intermedia tra i paesi europei che vedono la percentuale più alta della Danimarca con il 45,6%, seguita dalla Francia con poco più del 42% e quella più bassa di Irlanda (30,5%), Spagna (32,5%) e Grecia (34,3%). L'Italia, insieme alla Germania, si caratterizza per uno sviluppo debole del settore dei servizi finali che è invece tipico di sistemi come quelli statunitense o scandinavi e che contribuisce notevolmente in quei paesi all'aumento del tasso di occupazione femminile. Ciò può essere fatto risalire, tra le altre cose, al peso particolare che ha nel nostro paese la famiglia e a una politica che punta sulla «autosomministrazione dei servizi» da parte dell'istituzione familiare.

Il nuovo equilibrio tra settori

Accanto alla diversa proporzione di uomini e donne nella forza lavoro, un'altra tendenza che deve essere sottolineata riguarda il mutato peso dei diversi settori. Possiamo individuare due passaggi principali: 1) gli anni cinquanta e sessanta durante i quali si compie il processo di transizione dell'Italia da società agricola a società urbana e industriale; 2) la metà degli anni settanta e gli anni ottanta, caratterizzati dalla crescita del settore dei servizi, del lavoro impiegatizio e professionale, della tecnocrazia che pone le basi per il passaggio verso una società di tipo «post-industriale». È questo il periodo delle grandi ristrutturazioni produttive che investono tutti i paesi occidentali e dunque anche l'Italia e che nel nostro paese si manifestano inizialmente nelle forme del decentramento territoriale della produzione, nello sviluppo dell'economia diffusa e dei distretti industriali che si affermano principalmente nelle regioni del Centro e del Nord-est. La ristrutturazione investe poi le grandi fabbriche con una forte spinta alla riorganizzazione del lavoro in termini di «flessibilità» della produzione e di decentramento dei servizi.

Come si può notare dalla tabella qui sotto, tra il 1951 e il 1991 nella composizione settoriale dell'occupazione si ha un crollo dell'agricoltura, una parabola disegnata dall'industria che raggiunge la punta più alta nel 1981 a cui si accompagna la grande espansione nei servizi.

Evoluzioni per grandi regioni

Questi trend generali subiscono delle specificazioni a livello di aggregazioni geografiche. Lo sviluppo della società industriale nel nostro paese ha storicamente disegnato tre grosse

Popolazione residente attiva per settore di attività economica. Italia.
(percentuali)

	1951	1961	1971	1981	1991
Totale					
Agricoltura	42,2	29,1	17,2	11,1	8,5
Industria	31,3	39,5	42,0	39,5	32,0
Altre attività	26,5	31,4	40,8	49,4	59,5
Totale	100,0	100,0	100,0	100,0	100,0
Maschi					
Agricoltura	42,5	28,5	16,7	10,5	8,3
Industria	32,4	42,3	45,6	44,8	37,3
Altre attività	25,1	29,2	37,7	44,7	54,4
Totale	100,0	100,0	100,0	100,0	100,0
Femmine					
Agricoltura	41,4	30,8	18,6	12,1	8,8
Industria	27,9	31,1	32,5	28,9	22,1
Altre attività	30,7	38,1	48,9	59,0	69,1
Totale	100,0	100,0	100,0	100,0	100,0

Fonti: I dati del 1951, 1961, 1971 e 1981 sono tratti dai censimenti; quelli del 1991 dall'annuario ISTAT.

Composizione forza lavoro per settore e per area geografica
(percentuali)

	Nord-ovest[1]			Nord-est[2]		
	1971	1981	1991	1971	1981	1991
Agricoltura	8,7	6,5	4,4	16,2	10,9	7,4
Industria	57,2	47,7	40,6	46,8	40,2	36,9
Altre attività	34,1	45,8	55,0	36,9	48,9	55,6
	Centro[3]			Sud e isole[4]		
	1971	1981	1991	1971	1981	1991
Agricoltura	20,8	12,8	7,7	27,7	19,5	12,2
Industria	43.3	40,6	34,6	32,4	26,5	22,8
Altre attività	35,8	46,6	57,7	39,9	54,0	65,0

1 Valle d'Aosta, Piemonte, Lombardia, Liguria
2 Trentino-Alto Adige, Friuli-Venezia-Giulia, Veneto
3 Emilia-Romagna, Toscana, Umbria, Marche
4 Lazio, Campania, Abruzzo, Molise, Puglia, Basilicata, Calabria, Sicilia, Sardegna

aree: le regioni del «triangolo industriale» a Nord-ovest; il centro e il Nord-est (la «terza Italia»); il Sud e le isole.
Adottando la suddivisione dell'Italia in quattro aree (vedi tabella qui sopra) otteniamo i seguenti andamenti della composizione settoriale della forza lavoro: nel Nord-ovest il settore agricolo ha un peso marginale che decresce inarrestabilmente; il settore industriale prevale inizialmente, ma tra il 1971 e il 1991 si manifestano gli effetti della crisi che ha investito la grande industria caratteristica di questa zona. Tale ridimensionamento è andato a favore del terziario. Nel Centro e Nord-est si rileva il peso maggiore ma ormai fortemente ridimensionato dell'agricoltura che ha caratterizzato la commistione tra quest'attività e quella industriale in tali zone. Il settore industriale, formato prevalentemente da piccole e medie imprese, subisce un declino anche in queste aree ma in misura più limitata e anche in questo caso a favore del settore terziario. Al Sud e nelle isole si conferma una maggiore vocazione agricola anche se non si smentisce la tendenza al marcato ridimensionamento del settore. Il settore industriale decresce e il terziario, che ha tradizionalmente rivestito un ruolo importante, ha un incremento assai rilevante giungendo a rappresentare il 65% degli occupati nel 1991.

Il lavoro dipendente

Un'ultima evoluzione che deve essere sottolineata è quella relativa al lavoro dipendente. Nel 1960 la quota del lavoro dipendente era pari al 49,1% della forza lavoro occupata ed era distribuita per il 17,5% nell'agricoltura, per il 60% nell'industria e per il 22,4% nei servizi. Le donne rappresentavano soltanto il 23,6% del totale, riflettendo con ciò sia la scarsa femminilizzazione della forza lavoro che la loro prevalente collocazione nel settore agricolo e in quello terziario in qualità di «coadiuvanti». Dopo un decennio si registrano già dei profondi mutamenti destinati a caratterizzare anche il periodo successivo: i lavoratori dipendenti costituiscono nel 1970 il 68,4% degli occupati (di questi il 9,3% sono in agricoltura, il 52,6% nell'industria e il 38,1% nel terziario). La crescente terziarizzazione della forza lavoro accompagnata dal declino del settore agricolo e dalla contrazione del settore industriale che abbiamo già segnalato si conferma anche nell'andamento del lavoro dipendente che nel 1992 registra il 4,8% degli occupati in agricoltura, il 36,2% nell'industria a vantaggio del terziario che si attesta come settore principale (58,7%) del lavoro dipendente, mentre il totale dei lavoratori dipendenti costituisce il 71,8% degli occupati.

Servizi finali e intermedi: confronto con la Germania

L'Italia sembra dunque seguire il percorso inaugurato da altri paesi dell'Occidente industrializzato che ha portato al prevalere degli occupati nei servizi su quelli nell'industria (per esempio Stati Uniti e Svezia). Interessante notare che nel panorama europeo l'Italia, rispetto al passato, ha superato in questo processo di «terziarizzazione» un paese come la Germania che presenta oggi un tasso di occupati nei servizi più basso dell'Italia. In questo paese, infatti, il settore industriale continua ad avere un peso rilevante e determina anche la con-

figurazione e l'entità del terziario attraverso la richiesta dei cosiddetti «servizi intermedi» (cioè servizi professionali, finanziari, assicurativi ecc.).

In Italia, invece, l'espansione degli occupati nei servizi può essere messa in relazione con l'espansione dei consumi e della domanda di servizi finali cui ha risposto in questi anni soprattutto il settore privato. Nel corso degli anni ottanta le unità di lavoro dipendenti registrano un incremento del 30% tra il 1980 e il 1991 (mentre nel settore pubblico tale incremento è del 13,9%).

La transizione verso la società post-industriale dal punto di vista occupazionale si caratterizza dunque per una sua forma specifica di modernizzazione economica e sociale: i servizi intermedi si espandono lentamente e ciò avviene più sotto il segno del settore terziario e finanziario che non di quello produttivo; i servizi sociali pubblici non sembrano particolarmente sviluppati mentre crescono rapidamente i servizi finali privati.

─────── **BIBLIOGRAFIA** ───────

P. Sylos Labini, *Le classi sociali negli anni '80*, Laterza, Roma-Bari 1986.

M. Paci, *Il mutamento della struttura sociale in Italia*, Il Mulino, Bologna 1992.

M. Paci, *Classi sociali e società post-industriale in Italia*, in «Stato e Mercato», n. 32, 1991, pp. 199-217.

Emergono nuove relazioni industriali

Francesco Ramella

Il sistema di relazioni industriali che si sviluppa nel secondo dopoguerra in Italia risulta fortemente influenzato, nella sua struttura di fondo, dagli squilibri presenti nell'economia italiana e dalla polarizzazione ideologica che divide i maggiori partiti. Quello che si afferma è un sistema a elevata centralizzazione e dipendenza politica, caratterizzato dalla debolezza e dalla divisione delle organizzazioni sindacali.

La stagione delle grandi lotte operaie

Gli anni sessanta vedono una prima, parziale, inversione di tendenza. Il mutamento del quadro politico insieme alla crescita del potere di mercato dei lavoratori, in conseguenza del boom economico producono un rafforzamento della capacità rivendicativa dei sindacati e un primo decentramento della struttura contrattuale. È anche al clima di attese suscitato dal centro-sinistra e alle delusioni provocate da quest'ultimo sul piano delle riforme sociali, che si deve, alla fine del decennio, l'esplosione di un conflitto operaio che per la sua intensità e radicalità non ha uguali negli altri paesi occidentali, sfuggendo all'inizio al controllo degli stessi sindacati.

Nel periodo che intercorre tra il 1968 e il 1973 le giornate di lavoro perse per scioperi, in Italia, sono circa due volte e mezzo superiori a quelle della Gran Bretagna, più o meno il doppio di quelle degli Stati Uniti e pari a trenta volte quelle della Germania occidentale.

La forte crescita della componente operaia legata all'industria di massa, la sua concentrazione territoriale, l'assenza di efficaci politiche sociali che accompagnassero il processo di industrializzazione e di urbanizzazione, nonché l'intensificazione dei ritmi produttivi avvenuta negli anni precedenti, insieme al debole radicamento aziendale delle organizzazioni sindacali, sono gli elementi più rilevanti per spiegare l'emergere di questo ciclo conflittuale.

Dopo anni di debolezza, le maggiori confederazioni riescono a utilizzare questa ondata di mobilitazione dal basso per rovesciare i rapporti di forza nei confronti delle controparti (il tasso di sindacalizzazione complessivo passa nel giro di un decennio dal 27,7% del 1967 al 49% del 1977) e per aumentare il proprio peso nel sistema politico, avviando un processo unitario che tende a rafforzare l'indipendenza dai partiti.

Il ruolo avuto dagli operai comuni nelle lotte di questo periodo rende conto altresì della centralità che hanno assunto all'interno della strategia generale dei sindacati confederali contenuti rivendicativi dai caratteri fortemente ugualitari come gli aumenti uguali per tutti, l'inquadramento unico e la parificazione normativa operai-impiegati, l'unificazione del punto di contingenza.

Egualitarismo e crisi della rappresentatività

L'azione congiunta di questa politica salariale dei sindacati e del meccanismo di indicizzazione delle retribuzioni (la «scala mobile») in cifra uguale per tutti, in un periodo di elevata inflazione come quella degli anni settanta, hanno avuto così l'effetto di produrre una riduzione dei differenziali retributivi: se nel 1969, fatto uguale a 100 il salario reale medio di un operaio comune, il salario di un operaio specializzato era pari a 155, nel 1977 tale differenza era scesa a 127; analogamente, posto che nel 1972 la retribuzione media annua di un operaio raggiungeva all'incirca il 58% di quella di un impiegato, nel 1979 tale percentuale era salita al 72,5. Questo livellamento retributivo ha finito, però, per causare non poche difficoltà ai sindacati e spiega in larga misura la crisi di rappresentatività che, in seguito, si è registrata presso le fasce di forza lavoro più qualificate.

Già a partire dalla seconda metà degli anni settanta gli equilibri che avevano caratterizzato l'evoluzione delle relazioni industriali nel periodo precedente si modificano profondamente. La crisi industriale che colpisce in particolare gli operai delle grandi fabbriche, ovvero i nuclei di maggiore forza sindacale, induce i sindacati a comportamenti difensivi e a una maggiore moderazione salariale (la «svolta dell'EUR» del 1978) in cambio di una gestione concordata delle politiche di ristrutturazione industriale e di misure a sostegno dell'occupazione.

Dalla svolta dell'EUR all'abolizione della scala mobile

Si tratta dei primi tentativi di «scambio politico» che avranno ulteriori svi-

luppi negli anni ottanta. Anche a seguito dei mutamenti avvenuti nel quadro politico – che vedono l'inserimento del maggior partito di opposizione (il PCI) nella maggioranza di governo – prevale una tendenza alla ricentralizzazione delle relazioni industriali, finalizzata al controllo delle spinte salariali e alla gestione congiunta della crisi economica da parte del governo e delle parti sociali. Tuttavia, l'uscita del PCI dall'area del governo (nel 1979) e i limitati risultati degli accordi e delle «leggi contrattate» (sulla ristrutturazione industriale, sull'occupazione giovanile ecc.), creano rapidamente un clima meno favorevole alla concertazione.

Dopo l'accordo «triangolare» del 1983 (relativo al controllo della dinamica retributiva legata ai meccanismi di indicizzazione salariale e all'allentamento della legislazione vincolistica sul mercato del lavoro), il successivo tentativo del governo Craxi di ridurre per decreto la scala mobile – in seguito alla mancata intesa con le organizzazioni sindacali – comportò una forte spaccatura all'interno di queste ultime. La CGIL, infatti, si oppose e, sebbene divisa, appoggiò il referendum abrogativo del decreto promosso dal PCI. Ne risultò un'elevata politicizzazione delle relazioni sindacali e un complessivo indebolimento politico delle maggiori confederazioni.

La questione della flessibilità

Dopo queste vicende che hanno rivelato la scarsa istituzionalizzazione della concertazione centralizzata, la seconda metà degli anni ottanta si caratterizza come un periodo di decentramento e differenziazione delle relazioni industriali mentre acquista rilevanza il tema della *flessibilità*. Assumono così un ruolo più importante momenti di concertazione condotti a livelli territoriali decentrati e forme di contrattazione partecipativa (a livello aziendale, di impresa, di settore) concernenti le modalità di utilizzo della forza lavoro e la gestione dei processi di ristrutturazione e di innovazione produttiva. Nonostante il mutamento dei rapporti di forza nel mercato del lavoro, l'indebolimento subito nella forza sindacale non si è tradotto tuttavia in un drastico arretramento nella tutela dei diritti dei lavoratori. Ne sono testimonianza, tra l'altro, i risultati raggiunti sul piano retributivo.

I diritti dei lavoratori

Nel 1990 il livello pro capite del reddito dei lavoratori dipendenti, a parità di potere d'acquisto, è superiore alla media europea con esclusione della Francia: fatto pari a 100 il reddito percepito dai lavoratori italiani, quello dei lavoratori inglesi è pari a 86,1, quello dei tedeschi a 94,9, quello dei francesi a 103,5. Sono dati questi che nascondono, tuttavia, andamenti differenziati nei vari comparti dell'economia. Mentre il settore industriale dal punto di vista dell'incremento del reddito si è mosso su valori inferiori a quelli inglesi e simili a quelli tedeschi, il settore pubblico invece ha fatto registrare, comparativamente, la dinamica più sostenuta nell'ultimo decennio: in Italia, dal 1981 al 1990, i redditi nel pubblico impiego sono cresciuti in media in termini reali del 26,4%, mentre in Inghilterra la crescita è stata del 15,8%, in Germania solamente dell'1% e in Francia addirittura negativa (-4,7%).
Un elemento distintivo che comunque caratterizza ancora oggi le relazioni industriali italiane è il dato sulla con-

flittualità legata al mondo del lavoro. Per quanto i livelli si siano notevolmente ridotti (fatto pari a 100 il numero delle ore perse per conflitti di lavoro nel 1975, nel 1991 tale ammontare è sceso a 11), tuttavia, su un piano comparativo, i differenziali di conflittualità rispetto agli altri paesi europei rimangono piuttosto elevati: il numero di giornate di lavoro perse ogni 1000 lavoratori dipendenti, nel periodo 1980-1987, in Italia è stato pari, in media, a circa 10 volte quello dei lavoratori francesi, a poco meno del doppio di quello degli inglesi e a più di 38 volte di quello dei tedeschi.

Sindacati e terziario

I dati sulla riduzione della conflittualità vanno letti anche alla luce dell'andamento della sindacalizzazione. Infatti, dopo la forte crescita negli anni settanta in tutti i settori produttivi, il periodo successivo ha fatto registrare una sostanziale inversione di tendenza. Il tasso di sindacalizzazione (a eccezione del settore pubblico in cui è salito al 48,2% dei lavoratori organizzabili) ha mostrato un trend decrescente: in agricoltura il livello della sindacalizzazione è sceso nel 1990 all'84,6%, nel settore industriale al 41,7% e nel terziario privato al 24,1%. È inoltre cresciuta notevolmente la componente dei non attivi (che ha raggiunto una consistenza pari al 39,4% degli iscritti). Sono dati che segnalano le difficoltà che i sindacati registrano nei vari comparti del lavoro dipendente e che emerge in maniera particolare nel settore più dinamico dell'occupazione, quello del terziario privato, dove il tasso di sindacalizzazione è caduto negli anni ottanta di 14,5 punti percentuali. La rappresentatività delle grandi confederazioni generali del lavoro, infatti, si è fortemente indebolita e si è assistito, specie nel settore pubblico, a una elevata frammentazione della rappresentanza del mondo del lavoro, con forme di mobilitazione e azioni conflittuali che sono sfuggite al diretto controllo dei sindacati tradizionali. Questa mobilitazione, avvenuta spesso in aperta polemica nei confronti delle organizzazioni confederali, da un lato ha rivitalizzato l'esperienza del sindacalismo autonomo (da sempre presente nel pubblico impiego), dall'altro ha dato vita a nuove forme di partecipazione e di rappresentanza organizzativa attraverso i «comitati di base» (COBAS) sorti, in special modo, nella scuola e nei trasporti.

Gli accordi del 1993

Le relazioni industriali italiane attraversano perciò una fase di notevoli trasformazioni di cui non è possibile individuare con chiarezza i tratti distintivi. Da questa fase di transizione sembrano emergere, però, alcuni segnali di novità che vanno nella direzione di ridurre il basso livello di «istituzionalizzazione» che ha caratterizzato a lungo il sistema italiano. In particolare si sono registrati alcuni accordi centralizzati finalizzati a una riforma delle relazioni industriali; una riforma volta a garantire una maggiore prevedibilità dei rapporti sindacali attraverso una più elevata formalizzazione e proceduralizzazione delle relazioni tra le parti. Vanno in questo senso sia i provvedimenti varati per disciplinare la contrattazione nel pubblico impiego, sia la regolazione del diritto di sciopero nei servizi pubblici essenziali, sia i recenti accordi (luglio 1993) sulla riforma della struttura contrattuale (che individua materie e tempi della contratta-

zione, articolandola su due livelli) e sulle rappresentanze sindacali unitarie a livello di azienda, le cui procedure di elezione, maggiormente democratiche e aperte, potrebbero arginare i problemi di rappresentatività sindacale e favorire un processo di riaggregazione unitaria.

BIBLIOGRAFIA

F. Alacevich, *Introduzione alle relazioni industriali in Italia*, in F. Alacevich e P. Giovannini, *Politica e lavoro. Cultura sindacale e relazioni industriali in Italia*, Angeli, Milano 1994.

G.P. Cella, *Criteri di regolazione nelle relazioni industriali italiane: le istituzioni deboli*, in P. Lange e M. Regini (a c. di), *Stato e regolazione sociale*, Il Mulino, Bologna 1987.

M. Regini, *Confini mobili. La costruzione dell'economia fra politica e società*, Il Mulino, Bologna 1991.

Famiglie e Stato di fronte alle incertezze del futuro individuale

Le pensioni in balía degli equilibri politici

Gloria Regonini

In fatto di vita e di morte gli italiani vantano due singolari primati. Fanno pochissimi figli e sono eccezionalmente longevi. Si tratta degli esiti di fenomeni complessi, le cui implicazioni sono state discusse in questo volume sotto i diversi profili della demografia, della tutela della salute, della famiglia, degli stili di vita ecc. Comunque sia, le due dinamiche conducono fatalmente all'invecchiamento della popolazione e ciò basta a far crescere rapidamente il costo del sistema pensionistico italiano, rendendone la gestione sempre più problematica.

Chi pagherà per le pensioni

Tutti i principali trattamenti previdenziali pubblici si basano sul criterio della ripartizione. In questo tipo di sistema pensionistico i contributi versati dai lavoratori attivi non vengono accantonati e adeguatamente investiti per garantire la protezione futura, come nel sistema detto a capitalizzazione, ma immediatamente spesi per finanziare le prestazioni previdenziali in atto. L'aumento del numero degli anziani beneficiari delle prestazioni e la diminuzione di quello dei lavoratori attivi che le finanziano generano, quindi, una situazione chiaramente insostenibile nel lungo periodo.

Quelli demografici non sono gli unici fattori che minano il sistema previdenziale. A causa dell'allungamento dei percorsi scolastici, si è innalzata l'età di ingresso nel mercato del lavoro e, quindi, del versamento dei primi contributi. D'altra parte la terziarizzazione e la ridefinizione dei confini tra lavoro dipendente e lavoro libero-professionale hanno creato, rispetto all'obbligo contributivo, una zona grigia che sfugge ai controlli e alle sanzioni. Ma la stragrande maggioranza dei cittadini è assicurata all'interno di uno schema pubblico obbligatorio e questa assicurazione costituisce per la quasi totalità degli anziani l'unico tipo di reddito, dato lo scarsissimo sviluppo di fondi integrativi.

In un sistema con queste caratteristiche le tendenze di cui abbiamo parlato all'inizio generano contraccolpi immediati e squilibri costanti, e richiedono l'intervento continuo del legislatore per tamponare le falle. Questo fa sì che milioni di pensionati vedano il loro livello di vita dipendere, in ultima istanza, dagli *equilibri politici* che si determinano.

Se poi consideriamo i trattamenti previsti dal nostro sistema previdenziale, notiamo due dati di rilievo:

— le norme sono mediamente più favorevoli rispetto ad altri paesi per quanto riguarda l'età del pensionamento e il sistema di calcolo. Entrambi questi aspetti sono stati rivisti dalla riforma Amato del 1992, ma con una gradualità che permetterà effet-

tivi risparmi solo tra un decennio;
— i rendimenti dei versamenti contributivi sono molto diversificati tra le diverse categorie, e per alcuni gruppi (donne con pensione d'anzianità del pubblico impiego, alti dirigenti dello Stato, autonomi con pensione d'invalidità) sono di assoluto favore. Anche a questo proposito sono stati introdotti correttivi, ma la perequazione è ancora lontana.

Previdenza e assistenza

Questa situazione sanziona la diversa capacità di pressione e i frastagliati *legami di clientela* tra gruppi sociali e partiti politici, che fanno delle pensioni una delle merci di scambio più frequenti nel rapporto tra elettori ed eletti.

Ma le tensioni scaricate sul settore previdenziale si fanno ancora più pesanti per l'assenza di iniziative in settori contigui. Gran parte delle politiche che in altri paesi hanno per obiettivo la difesa del reddito dei cittadini indigenti, in Italia assumono la veste di trattamenti pensionistici. Negli anni settanta è stato così per le pensioni d'invalidità, che in molte zone ad alta disoccupazione sono diventate una forma di salario sociale. Anche il trattamento riservato agli anziani ultrasessantacinquenni poveri si chiama pensione, sia pure sociale. E sono «pensione» anche le somme erogate per garantire un reddito minimo agli anziani con carriere contributive insufficienti. L'ambiguità è accentuata dal fatto che tutti questi trattamenti sono effettivamente di competenza dell'INPS, il maggiore istituto previdenziale italiano, e fino alla fine degli anni ottanta sono stati gestiti in un regime di commissione contabile con gli interventi propriamente assicurativi.

La politica verso gli anziani si risolve di fatto nell'erogazione di denaro a causa dell'assenza di servizi alle persone diffusi e funzionanti. Infatti gli enti locali, salvo alcune eccezioni, non sono in grado di garantire assistenza a domicilio, case per anziani e altre forme di tutela attiva del benessere della terza età. D'altra parte come in molti altri paesi, anche in Italia il pensionamento anticipato è una risorsa molto utilizzata nelle crisi aziendali per ridurre l'esubero di forza lavoro. Infine, occorre ricordare che l'esistenza di condizioni particolarmente vantaggiose, per esempio per le donne del pubblico impiego, ha costituito per anni l'unica forma di flessibilità e l'unico margine di scelta individuale rispetto a norme sui tempi e sui vincoli della vita lavorativa estremamente rigide e monolitiche

Un sovraccarico di aspettative

Per tutti questi motivi, il sistema previdenziale italiano soffre di un *sovraccarico di funzioni e di aspettative* che in altre nazioni sono convogliate verso aree diverse dell'intervento pubblico. In parte questo dato trova una spiegazione in una consapevole strategia delle organizzazioni sindacali, che negli anni cinquanta e sessanta hanno preferito dare un'impronta contrattuale e assicurativa a larga parte delle politiche sociali, nella convinzione che questa impostazione avrebbe esaltato il loro ruolo e liberato dal legame clientelistico-assistenziale chi si trova in una condizione di bisogno. Ma questa scelta si è rapidamente armonizzata con la tendenza dei governi a procedere per inerzia, «stiracchiando» gli interventi che già esistevano per adeguarli a nuove funzioni, anziché assumere un ruolo di progettazione più attivo nel campo delle politiche della povertà, dell'occupazione, dei tempi di vita.

Le conseguenze sono rilevanti. La spesa pensionistica in Italia assorbe circa il 14% del Prodotto interno lordo. Nello stesso tempo cresce l'influenza politica degli anziani, e persino negli Stati Uniti e nella Gran Bretagna degli anni ottanta i governi neoliberisti si sono guardati bene dal proporre tagli in questo settore.

Le preferenze dei padri e dei figli

In Italia il problema si carica di tensioni ancora più forti. Ma ciò presenta il vantaggio di rendere trasparenti le implicazioni metacontabili insite nella finanza previdenziale. Nelle argomentazioni correnti, la necessità di sanare lo squilibrio tra entrate e uscite in ultima analisi rinvia a un imperativo sia economico sia etico: non addossare sulle spalle delle generazioni future i debiti sconsideratamente contratti da chi le ha precedute. Ma la possibilità di fissare il dare e l'avere tra una generazione e l'altra sottintende una serie di considerazioni su come classificare i costi di «produzione» e di «smaltimento» di quel particolare prodotto che è l'uomo. Chi può stabilire quanto valgono le risorse che lasceremo in eredità alle nuove generazioni? Come quantificare i rispettivi debiti senza fare ricorso ad argomenti extraeconomici, cioè senza considerare il valore della responsabilità individuale, della famiglia, delle istituzioni?

L'attuale assetto dei conti previdenziali ha stretti legami con il fatto che, nella nostra società, il mantenimento dei bambini è demandato alla famiglia ed è considerato una questione di consumi privati mentre, con l'affermarsi dei programmi di protezione sociale, il mantenimento degli anziani è divenuto un problema più impersonale, demandato al loro rapporto con i fondi previdenziali. Ciò è tanto più vero in Italia, dove le politiche a sostegno del reddito delle famiglie con figli sono praticamente irrilevanti, mentre la dipendenza dell'anziano dagli schemi previdenziali pubblici è totale. Questa forbice forse permette di spiegare i due dati da cui siamo partiti: l'estrema ritrosia delle famiglie ad affrontare i costi di una nuova nascita e il relativo benessere degli anziani.

In fondo, rivedere questi rapporti significa decidere in quale misura la sopravvivenza dei bambini e degli anziani deve essere una questione di famiglia, da gestire sul piano delle relazioni personali, oppure affidata all'importo di un anonimo assegno mensile. Sono in gioco le preferenze dei figli e quelle dei padri: non è detto che collimino, e non è detto che esistano arbitri capaci di mediare.

BIBLIOGRAFIA

M. Ferrera, *Modelli di solidarietà*, Il Mulino, Bologna 1993.

R.F. Pizzuti, G.M. Rey (a c. di), *Il sistema pensionistico. Un riesame*, Il Mulino, Bologna 1990.

L'Italia pubblica

I poteri dello Stato

**a cura di
Guido Neppi Modona**

I futuri rapporti tra i poteri dello Stato

Democrazia maggioritaria e controlli di legalità

Guido Neppi
Modona

99 L'intero sistema istituzionale italiano sta subendo trasformazioni di grande rilievo, a seguito del crollo del sistema politico dei partiti che ci ha governato per quasi un cinquantennio, in conseguenza del passaggio dal sistema elettorale proporzionale a un sia pure imperfetto modello maggioritario.

Si può quindi a ragione parlare di fine della prima repubblica, ma il passaggio alla seconda repubblica è circondato dalla massima incertezza sulla dislocazione e sui futuri rapporti tra i poteri dello Stato. Obiettivo di questa sezione dedicata ai poteri pubblici è appunto una ricognizione delle disfunzioni e delle distorsioni rispetto al modello costituzionale che hanno connotato gli ultimi anni della vita politica e istituzionale italiana, nonché una prima indicazione delle prospettive verso cui si muove il nuovo sistema.

Crisi dei valori

Va però subito precisato che se l'individuazione delle cause della crisi è stata piuttosto facile e immediata, non altrettanto può dirsi per le prospettive del nuovo sistema politico-istituzionale. Al contrario, la crisi dei valori ha radici sociali, politiche, culturali e morali, talmente profonde da rendere problematica la possibilità di porvi rimedio mediante operazioni di ingegneria costituzionale, quali sono per esempio il nuovo sistema elettorale di tipo maggioritario o le prospettive di una forma di governo presidenziale o semi-presidenziale. Tanto è vero che l'incertezza riguarda non solo l'assetto di tutti i soggetti tra i quali la Costituzione distribuisce i poteri di governo: partiti, corpo elettorale, parlamento, governo, capo dello Stato, ma anche ruolo e funzioni degli organi di controllo, dal potere giudiziario alla corte costituzionale.

Le prospettive che il parlamento si riappropri del suo ruolo di legiferare mediante leggi generali e astratte, superando la prassi deteriore delle leggi particolari, dettate per favorire questa o quella corporazione, questo o quel ceto privilegiato, sono messe in discussione da un sistema elettorale che, pur richiamandosi al modello maggioritario, non pare idoneo a evitare che gli eletti siano portatori di interessi settoriali e microsettoriali; anzi potrebbe favorire proprio la proliferazione degli interessi particolari espressi dai singoli candidati nei collegi uninominali.

Nel mettere sotto accusa la degenerazione corruttivo-affaristica del sistema dei partiti, la nuova legge elettorale e i referundum che l'hanno preceduta hanno infatti misconosciuto lo stesso ruolo costituzionale dei partiti, delineato dall'art. 49 della Costituzione come luogo di rappresentanza intermedia degli interessi generali degli elettori che si riconoscono in questo o quel programma politico.

Assai incerta appare anche la futura forma di governo. La delegittimazione del parlamento ha rafforzato le prospettive di una trasformazione della forma di governo parlamentare verso modelli presidenziali o semipresidenziali: il timore che il parlamento, malgrado la riforma elettorale e l'esito delle elezioni del 27-28 marzo 1994, continui a essere incapace di esprimere una maggioranza stabile e omogenea o, peggio, divenga palcoscenico di operazioni di trasformismo, potrebbe accelerare il passaggio verso forme di personalizzazione del potere di governo, mediante l'elezione del primo ministro da parte del parlamento o direttamente da parte del corpo elettorale.

La composizione degli organi di controllo

Questo quadro di grande confusione e incertezza coinvolge anche gli organi di controllo del potere di governo, i cosiddetti contrappesi, il cui ruolo dovrebbe essere potenziato e rivisitato nella democrazia di tipo maggioritario prefigurata dalla riforma del sistema elettorale e dall'esito del voto. È certo, per esempio, che la composizione, le modalità di designazione e le maggioranze necessarie per nominare o eleggere i componenti della corte costituzionale e del consiglio superiore della magistratura dovrebbero essere modificati in una democrazia di tipo maggioritario: per evitare, appunto, il rischio che i componenti di tali organi siano espressione solo della maggioranza che è risultata vincente nella competizione elettorale. Ma a livello politico il dibattito su queste tematiche non è neppure iniziato.

Infine, incertezze accompagnano anche le sorti della magistratura, massima espressione dei controlli di legalità sull'operato dei pubblici poteri.

L'indipendenza della magistratura

È constatazione assolutamente pacifica che le garanzie di indipendenza dal potere esecutivo, riconosciute dalla Costituzione a tutta la magistratura e, quindi, anche agli uffici del pubblico ministero, hanno reso possibili le azioni giudiziarie contro il sistema di corruzione politico-affaristica che hanno segnato la fine del vecchio regime politico. È però altrettanto scontato, come insegna l'esperienza comparata, che i sistemi di democrazia di tipo maggioritario sono caratterizzati dalla tendenza a monopolizzare tutte le leve del comando politico e istituzionale e dall'insofferenza verso i controlli esercitati dalla magistratura sulla legalità dell'operato dei pubblici poteri. In particolare, in quei sistemi vige il principio della discrezionalità dell'esercizio dell'azione penale, affidata a pubblici ministeri in genere nominati dal governo, inevitabilmente poco propensi a intervenire contro esponenti della maggioranza di governo. Tale schema è peraltro controbilanciato dal principio (e dalla prassi) dell'alternativa, sinora sconosciuto nella tradizione politica italiana.

Nel settore dei rapporti tra giustizia e potere politico, uno degli interrogativi più attuali è se la nuova maggioranza di governo sarà disponibile a sottoporsi a controlli di legalità analoghi a quelli che negli ultimi due anni hanno consentito alla magistratura italiana di processare un intero ceto dirigente, ovvero se l'esperienza storica del crollo del vecchio regime indurrà la maggioranza uscita vittoriosa dalle elezioni a proporre forme di controllo politico sull'esercizio dell'azione penale da parte del pubblico ministero.

Se dovesse prevalere questa prospettiva, di cui la divisione delle carriere tra giudici e pubblici ministeri costituisce la logica premessa, si dovrebbe comunque tenere presente la consolidata tradizione dei paesi di democrazia maggioritaria, ove la dipendenza del pubblico ministero dal governo è controbilanciata da forme di responsabilità politica in caso di inerzia del pubblico ministero, ovvero da meccanismi in grado di attivare forme di azione penale sussidiaria, affidate a organi indipendenti dal governo.

La partecipazione politica delle minoranze

Più in generale, è tutto il sistema dei pesi e contrappesi a essere messo in discussione: nei modelli di democrazia maggioritaria si restringono gli spazi di rappresentatività e di partecipazione politica delle minoranze e le sedi delle decisioni politiche e istituzionali tendono a essere monopolizzate dalla maggioranza: di qui l'esigenza che il potere giudiziario – per

definizione terzo e imparziale – sia posto in grado di assicurare alle minoranze escluse dal circuito politico e istituzionale l'esercizio dei fondamentali diritti di libertà e di partecipazione sanciti dalla Costituzione e di garantire il rispetto delle regole del gioco.

I primi passi della seconda repubblica saranno dunque contrassegnati da scelte istituzionali di grande rilievo in entrambe le direzioni della conservazione delle garanzie fondamentali dell'ordinamento democratico delineato dalla Costituzione e dell'adeguamento di meccanismi e principi costituzionali ai nuovi assetti del modello di democrazia maggioritaria. Non è difficile prevedere che il settore della giurisdizione sarà al centro dell'attenzione, prima ancora di eventuali modificazioni della forma di governo, del potere normativo, dei rapporti tra il potere centrale e quelli locali, sulla scia delle tematiche del federalismo e del neoregionalismo.

Il sistema delle autonomie

È ancora una volta l'esperienza comparata ad ammonirci che l'agibilità delle garanzie giurisdizionali – e la preliminare difesa dei principi dell'indipendenza e dell'autonomia della magistratura – è il nodo, centrale e nello stesso tempo emblematico, dei livelli di libertà che il nuovo modello di democrazia maggioritaria sarà in grado di assicurare: il perno attorno al quale ruoterà l'intero sistema delle autonomie, da quelle individuali a quelle collettive, da quelle istituzionali a quelle locali, nelle varie articolazioni in cui le stesse si esprimono nel tessuto politico, sociale, economico, culturale.

Potere di governo

Mario Dogliani

99 Il potere di governo è il potere di assumere decisioni vincolanti per l'intera collettività nazionale: è il segmento del potere politico che il diritto riesce a organizzare artificialmente e a rendere «pubblico», perché visibile e partecipato.

Nella logica della Costituzione non fanno dunque parte del potere di governo né i poteri sociali, né i poteri occulti. La scienza politica li considera costitutivi del sistema politico, ma per il diritto costituzionale restano poteri «altri», da garantire (mantenendoli però nella loro sfera prepolitica, come nel caso del potere religioso), o da limitare (come nel caso del potere delle concentrazioni economiche o di quello degli strumenti di comunicazione di massa) o da eliminare (come nel caso dei poteri occulti). La ragion d'essere del costituzionalismo democratico sta infatti nel tentativo di porre come base materiale del potere di governo solo la volontà dei cittadini, considerati - e resi il più possibile - uguali.

Il rischio
del continuismo

Questa distinzione tra poteri pubblici e poteri di fatto – gli uni *costituiti*, gli altri solo *regolati*, dal diritto – oggi non può più essere data per scontata a causa delle trasformazioni che il potere di governo sta subendo. Tali trasformazioni hanno il loro epicentro proprio nelle sistematiche e «istituzionalizzate» violazioni che sono state perpetrate sia da poteri privati sia da poteri pubblici nei confronti dei confini che dovevano tenerli separati. Sull'onda della delegittimazione della politica che questa commissione ha comportato si stanno verificando contemporaneamente due fenomeni: da un lato si stanno ridisegnando quei confini, riducendo l'ambito dei poteri pubblici; dall'altro, più in profondità, si sta affermando una concezione per così dire «continuista» del rapporto di questi ultimi con i poteri sociali forti. La politica si è appiattita sulle logiche «protezionistiche» dell'economia (rispondendo all'esigenza di mediazioni protette, in funzione antimercato), ma dal paese non sembra salire una domanda di più potere di governo «vero», ma invece un ribellismo che vuole meno potere di governo *tout court*. Il rischio è che, cacciata una classe politica parassitaria e rapace, si istituzionalizzi semplicemente la cronica debolezza del potere di governo; debolezza che non potrà non continuare a rivelarsi anche come subalterna complicità negli affari.

I soggetti della politica pubblica

Per meglio comprendere e valutare le trasformazioni in atto è utile partire dallo schema costituzionale vigente. La Costituzione italiana distribuisce il potere di governo tra cinque soggetti: i partiti , il corpo elettorale, il parlamento, il governo, il presidente della repubblica.

Ai partiti spetta scrivere l'agenda politica. È questo il significato dell'art. 49 Cost.: attribuire agli stessi cittadini associati in partiti (e non ai poteri spontanei, i partiti , forti per la diseguale distribuzione della ricchezza) il compito di individuare gli interessi che devono formare oggetto del pubblico dibattito; individuare cioè le proposte alternative da inserire all'ordine del giorno della discussione politica.

Al corpo elettorale, attraverso le elezioni e i referendum, spetta scegliere quale gerarchia dare a questi interessi, e quale soluzione a queste proposte. Successivamente, spetta di nuovo ai partiti (quelli che hanno ottenuto la maggioranza) scrivere il piano d'azione concreto degli organi dello Stato e selezionare gli uomini che lo realizzeranno (membri del governo, dirigenti dell'amministrazione centrale e degli enti pubblici).

Al parlamento spetta formalizzare l'accordo di maggioranza e produrre la legislazione necessaria a realizzarlo; e spetta assumere, tendenzialmente anche con il concorso delle opposizioni, le decisioni più rilevanti per la continuità costituzionale (approvare le revisioni della Costituzione, eleggere il capo dello Stato, eleggere parte dei membri della corte costituzionale e del consiglio superiore della magistratura, risolvere le questioni di rilevanza pubblica non suscettibili di formare oggetto di decisioni della maggioranza di governo – come nel caso delle leggi sul divorzio e sull'aborto e così via).

Al governo è attribuito il compito di dirigere l'attività legislativa del parlamento (salvo i casi appena ricordati) e di orientare l'attività della pubblica amministrazione: sia delle enormi e piramidali burocrazie ministeriali che dei numerosissimi enti pubblici, economici e non.

Al capo dello Stato, infine, è riservata la funzione di intervenire per risolvere le crisi di governo, arbitrando la composizione delle nuove maggioranze e l'eventuale decisione estrema di sciogliere anticipatamente le camere.

Frantumazione e riorganizzazione occulta del potere

Questo schema – e cioè questa «forma (del potere) di governo» – ha avuto configurazioni concrete diverse a seconda dell'assetto che il sistema dei partiti ha via via presentato. L'Italia ha avuto una forma di governo sostanzialmente maggioritaria ai tempi dell'indiscussa *leadership* degasperiana (un sistema «all'inglese»), che è diventata sempre più frammentaria (sempre più «a multipartitismo centrifugo») quanto più la posizione dei leader della Democrazia cristiana, partito di maggioranza relativa e perno delle alleanze di governo, si è indebolita: all'interno, nei confronti delle correnti, e all'esterno, nei confronti dei partner della coalizione, in un contesto di democrazia bloccata che spingeva solo ad allargare sempre più la medesima alleanza di centro. Tutta la storia del «potere di governo» è la storia della progressiva frantumazione e vanificazione della sua organizzazione giuridica, e della progressiva concentrazione occulta della sua organizzazione di fatto.

La frammentazione dei partiti, l'estendersi delle coalizioni, la concorrenzialità loro interna, l'assenza di un blocco sociale di riferimento, la convenzione anticomunista e quella, conseguente, anti-alternanza, hanno reso il circuito costituzionale sopra descritto un circuito vuoto: l'attività di governo si era ridotta a una strategia del ragno (la coalizione dalle mille sfaccettature) che attirava i più diversi gruppi sociali concedendo benefici a spese dell'erario e producendo inflazione, mentre garantiva il proprio perpetuarsi con i proventi che le derivavano dall'arbitraggio dei grandi affari sostenuti dalla spesa pubblica.

Il voto di scambio

La pratica su larga scala del voto di scambio, a mezzo delle risorse così procurate, e l'appoggio in termini di consenso elettorale dei poteri privati (anche criminosi) avvantaggiati, chiudevano il cerchio della democrazia manipolata e bloccata. I risvolti di questa situazione, concernenti il funzionamento degli organi costituzionali, sono ampiamente noti: il governo era una giustapposizione di «delegazioni di partito», il numero dei ministri e dei sottosegretari aumentava per rispondere alle logiche spartitorie, la responsabilità collegiale del consiglio era vanificata, la presa delle segreterie di partito si esercitava in modo ferreo per la tutela dei rispettivi interessi parziali, il potere di nomina (sia all'interno dell'amministrazione centrale che negli enti pubblici) veniva esercitato in modo spregiudicato, l'orizzonte dell'attività politica nel suo complesso si accorciava sempre più (e l'ammontare del debito pubblico è il più chiaro sintomo di questa miopia), l'attività legislativa era in balia dell'anarchia dei gruppi parlamentari, che non trovavano più nel governo il loro «comitato direttivo», e il governo provvedeva alle proprie esigenze legislative inflazionando l'uso dei decreti legge.

Delegittimazione dei partiti

Questa situazione muta nel 1993, a seguito della messa fuori gioco a opera delle inchieste giudiziarie dei protagonisti della precedente fase politica. Per quel che riguarda il «potere di governo» non si può però parlare di un «ritorno» alla legalità costituzionale, ma dell'avvio di una fase che, come si è detto prima, è ancora incerta e ambigua, e sotto certi aspetti non priva di elementi di pericolosità. Elenchiamone alcuni tratti.

Il referendum del 18 aprile 1993 abroga in modo «manipolativo» le leggi elettorali, introducendo un vincolo di indirizzo nei confronti del parlamento per l'adozione di un sistema elettorale di tipo maggioritario. L'elemento di pericolo sta nel fatto che l'intera campagna referendaria è stata condotta sotto lo slogan del carattere «di per sé» parassitario dei partiti politici. È stato cioè posto sotto accusa non solo il sistema della corruzione, ma quello della rappresentanza intermedia (in contraddizione con l'esperienza di tutte le grandi democrazie europee che sono fondate su partiti fortemente strutturati).

Contemporaneamente viene abrogata per via referendaria gran parte della (pessima) legge sul finanziamento pubblico dei partiti. Anche qui l'elemento pericoloso, sul piano dei principi, sta nel fatto che si è accreditata come conquista di civiltà l'idea che i partiti debbano essere sostenuti dai contributi privati dei loro sostenitori, dimenticando che invece «i partiti politici devono... essere resi indipendenti dagli interessi economici privati per mezzo di un'assegnazione di sufficienti entrate fiscali, in modo da ricoprire il loro ruolo nello schema costituzionale», perché «se la società non sopporta i costi di organizzazione, e il finanziamento dei partiti dipende dai gruppi di interesse più forti economicamente e socialmente, gli interessi di questi gruppi sono destinati a ricevere un'eccessiva attenzione»; il che «è ancora più probabile quando i membri meno favoriti della società, essendo stati impediti di fatto dalla loro mancanza di mezzi a esercitare il loro equo grado di influenza, si rinchiudono nell'apatia e nel rancore». (J. Rawls, *Una teoria della giustizia*, Feltrinelli, Milano 1982, p. 195).

Una repubblica semipresidenziale?

La delegittimazione dei partiti e del parlamento fa emergere in primo piano il ruolo del capo dello Stato, e il baricentro della responsabilità del governo si sposta verso quest'ultimo, secondo le richieste di quanti avevano lanciato lo slogan del «governo del presidente». La forma di governo italiana, da parlamentare diviene sostanzialmente semi-presidenziale. Sintomo evidente di questo mutamento è la dichiarazione rilasciata al momento del conferimento dell'incarico dal presidente Carlo Azeglio Ciampi: «D'intesa con il capo dello Stato non procederò a consultazioni formali: intendo corrispondere nella lettera e nello spirito all'art. 92 della Costituzione» («Corriere della Sera» del 27 aprile 1993). L'affermazione può essere intesa in due modi: come rifiuto di farsi imporre liste bloccate di «delegazioni» dei partiti (come si era arrivati a dire nel periodo precedente), il che sarebbe effettivamente conforme alla lettera e allo spirito della Costituzione; oppure come «precedente» volto ad affermare che non è necessario accertare l'esistenza di una base parla-

mentare che sostenga con la sua fiducia il governo, e allora si sarebbe del tutto fuori della Carta del 1948. Ulteriore significativo sintomo di questo spostamento verso una forma più semi-presidenziale che parlamentare è dato dal fatto che il 22 maggio 1993, con decreto del presidente della repubblica, su proposta del presidente del consiglio e sentito il consiglio dei ministri, è stata revocata la nomina di un sottosegretario. Il decreto era motivato in base al fatto che quest'ultimo, pur essendo stato rinviato a giudizio, non lo avrebbe comunicato al presidente del consiglio, non ottemperando all'invito, che questi aveva rivolto ai sottosegretari prima del giuramento, di astenersi dal giuramento stesso qualora fossero stati pendenti procedimenti penali nei loro confronti: è stato esercitato – in un'ipotesi moralmente ineccepibile – un autonomo potere presidenziale di nomina-revoca che nel passato era sconosciuto.

Il nuovo sistema elettorale

Le nuove leggi elettorali hanno introdotto un sistema misto maggioritario-proporzionale. È troppo presto per capire con chiarezza quali effetti produrranno, ma si può con ragionevolezza pensare che il sistema dei partiti tarderà a riassestarsi in due-tre schieramenti sufficientemente nitidi e internamente coesi. In conseguenza i partiti e frammenti di partiti, vecchi e nuovi, tenderanno a sfruttare al massimo le possibilità strategiche che la legge offre per perpetuare, in modo più o meno interstiziale, la loro sopravvivenza. Ne conseguirà frammentazione parlamentare e inevitabile trasformismo (quello che si è anche grottescamente evidenziato al momento della formazione delle liste e delle alleanze elettorali).

È il timore di una simile eventualità – l'incapacità del parlamento di esprimere una maggioranza stabile, malgrado le innovazioni elettorali – che tiene viva la prospettiva del presidenzialismo, che vede nell'esistenza di un premier «investito» direttamente dal voto l'unico perno possibile del sistema istituzionale. Un orientamento non presidenzialista, ma comunque influenzato dalle tesi che enfatizzano la necessità della «personalizzazione del potere», è stato fatto proprio dalla commissione parlamentare per le riforme istituzionali, la cui proposta, comunicata alle presidenze dei due rami del parlamento l'11 gennaio 1993, prevede una modifica delle disposizioni costituzionali: il primo ministro è eletto dal parlamento e poi nominato dal presidente della repubblica; il primo ministro nomina con proprio decreto i ministri e allo stesso modo può revocarli, il parlamento può esprimere la sfiducia al primo ministro solo mediante l'approvazione di una relazione motivata che contenga l'indicazione del successore; la mozione votata per appello nominale, deve essere approvata dal parlamento a maggioranza dei suoi componenti.

Partiti o maschere?

Riepiloghiamo. La forma di governo precedente, parlamentare, era imperniata sul ruolo dei partiti, garantito dalla legge elettorale proporzionale. Le innovazioni in atto non hanno un orientamento chiaro. Se riusciranno a strutturarsi nuovi partiti sul modello di quelli europei, uno dei quali *pro labour*, l'evoluzione futura potrà rompere le incrostazioni lasciate dai partiti/superfetazioni degli anni ottanta, e salvaguardare i principi di fondo della democrazia che stanno alla base della Costituzione del Quarantotto. Se ciò non avverrà, il ruolo che era originariamente dei partiti – di architravi del sistema costituzionale – verrà ricoperto da qualche «maschera» – partitica o istituzionale – che dovrà la propria forza alla sua continuità (senza più la relativa e artificiale autonomia di cui si è detto) con i poteri socialmente ed economicamente dominanti.

Revisione della Costituzione: gli articoli 138 e 139

Articolo 138. *Le leggi di revisione della Costituzione e le altre leggi costituzionali sono adottate da ciascuna Camera con due successive deliberazioni ad intervallo non minore di tre mesi, e sono approvate a maggioranza assoluta dai componenti di ciascuna Camera nella seconda votazione.*
Le leggi stesse sono sottoposte a referendum *popolare quando, entro tre mesi dalla loro pubblicazione, ne facciano domanda un quinto dei membri di una Camera o cinquecentomila elettori o cinque Consigli regionali. La legge sottoposta a* referendum *non è promulgata, se non è approvata dalla maggioranza dei voti validi. Non si fa luogo a* referendum *se la legge è stata approvata nella seconda votazione da ciascuna delle Camere a maggioranza di due terzi dei suoi componenti.*

Articolo 139. *La forma repubblicana non può essere soggetto di revisione costituzionale.*

L'inflazione legislativa e la moltiplicazione delle fonti

Come cambia il potere normativo

Gustavo
Zagrebelsky

99 Sarebbe certamente un'esagerazione negare che, ancora oggi, la legge rappresenti il centro della vita del diritto, l'espressione primaria del potere normativo.

In un sistema parlamentare (tale è tuttora la forma di governo faticosamente vigente in Italia) il movimento che, a partire dalla pluralità delle forze politiche, sociali e culturali, porta a determinazioni unitarie, valide per tutta la collettività — il processo di unificazione politica — si esprime essenzialmente nella sede parlamentare per mezzo della legge. Poiché non esiste altro luogo istituzionale in cui il pluralismo possa esprimersi più pienamente che in parlamento, ogni riduzione dello spazio riconosciutogli nel processo legislativo si trasforma obiettivamente in una riduzione della democrazia pluralista.

Il primato insidiato

Ma questa è soltanto una prima indicazione, che non deve far pensare alla legge come alla fonte esclusiva del diritto, quale era nell'Ottocento, nel cosiddetto stato di diritto legislativo. Il primato della legge parlamentare è oggi insidiato in vario modo, cosicché si può dire che, rispetto a un passato in cui essa troneggiava senza rivali e senza condizionamenti nella sua funzione costitutiva dell'ordine giuridico, la legge è stata detronizzata. Nelle organizzazioni politiche attuali, il diritto non ha più un padrone esclusivo e la costruzione dell'ordinamento giuridico è divenuta un problema complesso che la legge non è più in grado di risolvere da sola.

Si tratta di una condizione critica in cui tutto l'apparato pubblico è coinvolto, insieme ai cittadini che dell'ordinamento giuridico e delle sue norme sono i destinatari. Ma questa condizione difficile non può essere considerata un accidente storico, una situazione alla quale può porsi riparo solo attraverso qualche modificazione tecnica dell'organizzazione del potere legislativo. È invece una condizione strutturale di tutte le democrazie pluraliste. In Italia, le conseguenze negative poi appaiono più evidenti che altrove, poiché da noi tutto è accentuato da un peggior funzionamento delle istituzioni e da una ipertrofia della rappresentazione partitica che ha portato a una svalutazione inflattiva della legge, in un contesto di spirito pubblico che non aiuta il miglioramento.

Nel segno del particolarismo e dell'emergenza

Il pluralismo sociale esistente in Italia si trasforma spesso in assalto corporativo particolaristico e molto aggressivo delle risorse pubbliche e in una illegalità diffusa che pretende di essere regolarizzata *a posteriori*, attraverso il riconoscimento dei fatti compiuti. Questo rende particolarmente difficile il compito, proprio della legge, di regolare organicamente, preventivamente e stabilmente la vita sociale. Esiste una rete inestricabile di rapporti settoriali perennemente in movimento, refrattari a qualunque regola.

Questo significa che le leggi generali — quelle che hanno di fronte a sé i cittadini come tali e non questa o quella categoria di cittadini — e le leggi astratte — quelle dettate preventivamente in vista di assetti giuridico-sociali stabili — sono divenute progressivamente più rare. La massa delle leggi prodotte in parlamento è prevalentemente composta da leggi particolari, dettate per favorire questa o quella categoria, e da leggi concrete, dettate retrospettivamente per far fronte a «emergenze» che si sono già determinate, rispetto alle quali la legge non è che un rimedio tardivo. Crescono così quelle che si denominano «leggi-provvedimento», per distinguerle dalle «leggi-ordinamento», che esprimevano uno stabile disegno razionale nella regolazione dei rapporti sociali. Sono espressione di questo fenomeno di impotenza regolativa le leggi personali, le leggi eccezionali e speciali, le leggi di emergenza «a termine», le leggi di sanatoria, le amnistie, i condoni, le proroghe le deroghe ecc.

La generalizzazione del privilegio

Dal punto di vista dei contenuti legislativi, il parlamento, attraverso la legge, è diventato dispensatore diretto e concreto di provvidenze e benefici particolari, sostituendosi all'autorità amministrativa. Si parla perciò di «amministrativizzazione» della legge. La distorsione rispetto ai sacri principi dello stato di diritto è grave. Il provvedimento amministrativo, per essere valido, deve corrispondere alle condizioni fissate in generale dalla legge. Ma la legge che fa quel che dovrebbe essere dell'amministrazione non ha parametri generali sopra di sé, né vincoli di equità distributiva, e può essere perciò espressione dell'arbitrio più incontrollato. Se la legge particolare è *in malam partem* — cioè limita i diritti dei cittadini — questi hanno gli strumenti per difendersi di fronte alla corte costituzionale, invocando l'incostituzionalità delle leggi discriminatorie. Ma, nel caso contrario, se la legge è *in bonam partem*, e si traduce in un privilegio, mancano gli strumenti per contrastare questo degrado della legge a strumento di favoritismi. Il saccheggio delle risorse pubbliche avviene spesso attraverso questo genere di leggi di privilegio, che innescano processi di rincorsa da parte di quanti erano in principio esclusi. Ma la generalizzazione del privilegio è non l'eliminazione del privilegio, ma la sua diffusione.

La legge contrattata

Un'altra degenerazione del potere legislativo risiede nel fatto che, in mancanza di autorevoli indirizzi politici e di fronte a corporazioni dotate di forti poteri sociali di interdizione, ogni legge di rilevante incidenza sociale deve essere contrattata con le «parti sociali». La legge contrattata, che ha preso il posto della legge come espressione di un potere d'insieme e perciò politico, ha portato a quel che si è definito la «privatizzazione» della legge. Sotto l'aspetto di un atto di autorità pubblica, anzi del massimo tra questi atti, si nasconde spesso un mercanteggiamento di interessi, non sempre tutti pienamente degni.

L'altro lato del pluralismo, nella sua versione accentuatamente corporativa, si vede all'opera nell'attività del parlamento. Ogni uomo e sottogruppo politico, traendo la sua forza elettorale non indifferenziatamente dalla «nazione», come voleva il costituzionalismo classico, ma da questo o quel gruppo sociale, si adopera per soddisfarne i loro appetiti, invece di contrastarli in nome di una visione politica d'insieme. Il corporativismo sociale alimenta così la disgregazione politica del parlamento e questa quello. L'idea stessa di un bene pubblico ha perso terreno ed è stata sostituita dalla somma dei «beni» delle singole parti sociali rappresentate in parlamento, le quali cercano punti d'incontro possibili, non certo condizionati da logiche e coerenze unitarie.

Il groviglio delle «leggine»

Questo spiega ulteriormente l'altissimo numero di leggi e la loro straordinaria mutevolezza. Una vera e propria caotica inflazione, attraverso le famigerate «leggine». La legge, un tempo strumento principe di certezza nella vita giuridica, è divenuta essa stessa causa di incertezza.

Questa è la realtà di oggi, in mancanza di indirizzi politici veri e propri e in presenza di un diffuso scetticismo circa la stessa possibilità che la vita collettiva possa essere tenuta insieme da qualche progetto, ideale o, perché no, ideologia generali. Una parvenza di unità della vita politico-sociale si ha in quanto ogni parte si acconcia ad accettare una soluzione legislativa che la danneggia, solo nella speranza di poter presto modificare gli equilibri a proprio vantaggio. E, se

l'avvantaggia, non c'è ragione per tentare, appena possibile, di modificarne i contenuti a ulteriore proprio vantaggio. Questa non è unità, ma somma di disgregazioni.

In breve: la legge non è più né l'espressione di una ragione superiore e stabile, né di un progetto capace di imporsi senza troppi compromessi contigenti. Di questi ultimi è invece – esattamente – l'espressione puntuale. Ma, data la mobilità della situazione sociale di base, una legislazione più rigida sarebbe probabilmente rigettata come fattore ostativo della dinamica delle forze del pluralismo corporativo, spesso attivissime nell'attività di lobbying, per promuovere questo tipo di legislazione.

Che cosa cambia con il maggioritario

In questo contesto, prendono corpo i progetti riformatori. Uno di questi è stato la modifica della selezione del ceto parlamentare, attraverso una legislazione elettorale che imponesse la creazione di forze politicamente omogenee, chiamate a elaborare un programma, a proporlo all'elettorato, a essere investite del compito di attuarlo in caso di vittoria, e a rispondere, se del caso, della mancata attuazione. Questo avrebbe richiesto una trasformazione della legge elettorale in senso maggioritario «a doppio turno». Nel secondo scrutinio, i partiti sarebbero stati costretti a schierarsi o di qua o di là, con proposte politiche riconoscibili e impegnative. Invece, è stato adottato un ambiguo sistema, maggioritario a un turno e proporzionale. In parlamento entreranno di nuovo numerosi partiti, senza alcun vincolo programmatico. Inoltre, ancor più che per il passato, il successo dei singoli candidati, legati strettamente a piccole realtà locali, sarà condizionato dagli interessi settoriali. Un'ulteriore degradazione apolitica del parlamento sembra alle porte. Così, il parlamento verrà riconosciuto anche ufficialmente non più come il luogo delle sintesi politiche di dimensione nazionale, ma come luogo delle transazioni microsettoriali. La sua vocazione al generale, cioè al politico, rischia di essere definitivamente spenta. E, di contro, si ergerà l'esecutivo, organo semplice, magari incarnato in un uomo investito direttamente da un voto popolare. A esso si richiederanno le decisioni propriamente politiche, di cui il parlamento è ormai incapace. In parlamento, si dirà (ma già si dice), si traffica; il governo invece si preoccupa davvero degli interessi generali del paese. La vicenda della legislazione di spesa – col parlamento spendaccione senza freni e il governo preoccupato delle compatibilità generali – è espressiva di questo quadro.

La concorrenza dell'esecutivo

Questo è un possibile destino delle nostre istituzioni, un destino nel quale si inseriranno componenti plebiscitarie e demagogiche, non precisamente conformi all'idea della democrazia. Ma la proposta dell'elezione diretta del capo del governo o del presidente della repubblica, insieme all'elezione uninominalistica e personalistica dei membri del parlamento, prefigura questo esito. Allora, anche il potere normativo rifluirà nelle mani dell'esecutivo e al parlamento si lasceranno le briciole.

In altri termini, il potere normativo dell'esecutivo è l'alternativa realistica – non necessariamente l'unica e la migliore – della crisi della legge parlamentare. Che ci si muova in questa direzione è dimostrato non solo dall'uso abnorme del decreto-legge (le doglianze contro il quale sono numerose, ma pressoché senza conseguenze), ma anche dalla tendenza alla delegificazione (in sé sacrosanta) e dalla previsione – con un'evidente lesione di uno dei principi cardini dello stato di diritto e della legalità nell'amministrazione – di un potere regolamentare «autonomo» del governo, in tutti i campi non pre-regolati dalla legge.

Leggi regionali, contratti collettivi, codici deontologici

Ma la posizione «primaria» della legge è insidiata anche dalla moltiplicazione delle fonti. Alla legge parlamentare si affiancano fonti regionali e locali, norme di autonomia sociale, come i contratti collettivi nell'ambito delle relazioni sindacali, e le ormai tante forme di autoregolazione di poteri sociali, come i codici deontologici stabiliti dagli stessi interessati. Il parlamento, per tanti aspetti della vita sociale, si dimostra vieppiù incompetente, a causa della sua posizione al centro di un sistema le cui periferie assumono caratteri per lui sempre più lontani e sconosciuti.

A questa «frana» della legge verso il basso, si accompagna una riduzione verso l'alto, derivante dalla partecipazione dell'Italia a un sistema di produzione del diritto di dimensione europea. A poco a poco i diversi ordinamenti nazionali vengono a essere attratti e quasi inglobati nel più vasto ordinamento comunitario, i cui poteri normativi (attraverso i cosiddetti «regolamenti», che sono in realtà leggi europee) si rivolgono non solo ai governi dei singoli Stati, ma ai cittadini stessi degli Stati, senza mediazione da parte della legge statale.

Le fonti comunitarie e il «deficit democratico»

Con l'aumento delle funzioni dell'Unione europea, dovuto al trattato di Maastricht, questo processo di «snazionalizzazione» del potere normativo diverrà anche più incisivo di quel che è ora. E diverrà anche più evidente il difetto fondamentale dell'intero edificio europeo, quel «deficit di democrazia» che caratterizza la produzione normativa a quel livello, ove il parlamento europeo conta poco, costretto in procedure farraginose e inefficaci, mentre il ruolo decisivo è rappresentato da istituzioni burocratico-governative (il consiglio dei ministri e la commissione). Anche qui, una crisi dell'istituzione parlamentare, a vantaggio di quelle governative. La garanzia della coerenza di tutti questi materiali normativi, in sé eterogenei, e la garanzia dei diritti dei cittadini di fronte a questa congerie di norme che nascono spesso occasionalmente, fuori di ogni disegno sistematico, e sono pertanto particolarmente pericolose, spetta oggi ai giudici. I poteri normativi producono, ma i giudici sono chiamati a mettere ordine, attraverso i loro poteri di interpretazione e, ancor più, di controllo sulla validità delle norme. Per il diritto interno, questo ruolo è assegnato alle corti costituzionali, alle quali si richiede l'arduo compito di trasformare il disordine in un ordine conforme ai principi costituzionali.

Slittamenti di potere

Anche la garanzia della coerenza tra il diritto nazionale e il diritto comunitario è nelle mani dei giudici, ai quali spetta far valere il «primato» del diritto comunitario. Ma, al vertice, i giudici nazionali non trovano più le supreme giurisdizioni nazionali (la corte di cassazione e la corte costituzionale), quali garanti dell'unità degli ordinamenti nazionali, ma la corte di giustizia dell'unione europea. Questo è l'organo al quale, in prospettiva, spetterà la creazione di un superordinamento giuridico, che riconduca a unità (un'unità di principio, adattabile alle situazioni particolari) i diversi ordinamenti nazionali, nei settori – sempre più estesi – di competenza europea.

Si comprende così il senso delle vere trasformazioni in atto nella dislocazione dei poteri normativi: dagli organi parlamentari a quelli esecutivi, in primo luogo. In secondo luogo, dagli organi politici a quelli giudiziari. Che tutto questo possa avvenire senza pericoli è dubbio. Non è invece dubbio che la riflessione costituzionalistica su questi slittamenti di potere è ancora ben lontana dal saper indicare rimedi ai pericoli che si profilano per le comuni libertà.

La corte di giustizia dell'Unione europea

È composta da 13 giudici assistiti da 6 avvocati generali tutti nominati ogni 6 anni di comune accordo dagli stati membri. Ha sede nel Lussemburgo.

Ha il compito di assicurare il rispetto delle norme comunitarie decidendo sulle controversie tra la Comunità e gli Stati membri, tra gli Stati membri, tra i cittadini e la Comunità, tra gli organi della Comunità. Si pronuncia, dietro richiesta dei giudici nazionali, sulla corretta interpretazione o sulla validità delle norme comunitarie.

Pesi e contrappesi

Mario Dogliani

Il mutamento delle regole elettorali, volto a instaurare una democrazia «maggioritaria», pone il problema del mantenimento delle garanzie (dei contrappesi) che la Costituzione ha voluto imporre al «potere di maggioranza». Tali garanzie consistono nei diversi *quorum* e nei diversi procedimenti costituzionalmente previsti per approvare le modifiche costituzionali e i regolamenti parlamentari, per concedere e revocare la fiducia al governo, per eleggere i membri della corte costituzionale e del consiglio superiore della magistratura. Tali *quorum* e procedimenti erano stati pensati in riferimento a un parlamento proporzionale, e le nuove regole elettorali evidentemente li vanificano, essendo il loro significato garantistico legato al disegno di attribuire poteri di controllo alle minoranze «rispecchiate» dal sistema elettorale.

Salvaguardare la rigidità della Costituzione

Al di là della tutela delle forze politiche minori, il problema è quello della salvaguardia della rigidità della Costituzione: i poteri di controllo attribuiti alle minoranze vanno compresi essenzialmente come finalizzati a mobilitarle permanentemente in funzione di quel valore (considerato preminente) che consiste nel sottrarre la Costituzione al potere della maggioranza. Il mutamento delle leggi elettorali pone pertanto urgentemente il problema della riscrittura delle norme stabilite a garanzia della rigidità stessa della Costituzione. Trascurare questo punto significherebbe ritornare alla situazione ottocentesca delle costituzioni «flessibili», e cioè negare i fondamenti del costituzionalismo moderno e regredire a quella sua impropria versione autoritaria che fu incarnata dal costituzionalismo liberal-oligarchico del secolo scorso.

Il tema dei pesi e contrappesi si riferisce in primo luogo ai diritti di libertà degli individui e alla autonomia del potere giurisdizionale. Questo argomento è trattato più oltre nell'articolo *Giustizia e potere politico*. Altrettanto vale per il classico «contrappeso» rappresentato dalle autonomie territoriali. (Vedi oltre: *I poteri locali*).

Il ruolo dei referendum

Molto problematico è oggi il ruolo degli istituti di democrazia diretta, e in primo luogo del referendum. Dopo un periodo di apertura, culminato nella ammissione dei referendum del 18 aprile 1993, e la corte costituzionale ha avuto una svolta, il cui sintomo più significativo è rappresentato dalla sentenza n. 2/1994, con la quale ha dichiarato inammissibili referendum concernenti leggi di spesa (in quanto tali, assimilandole alla legge di bilancio), e malgrado si riferissero a diritti sociali. A seguito di tale contraddittoria giurisprudenza, è oggi assai arduo ritenere che esista ancora una disciplina costituzionale del referendum non totalmente svuotata dalla discrezionalità della corte, che decide caso per caso. La sentenza citata è particolarmente preoccupante perché potrebbe spianare la strada a una legislazione di smantellamento dello stato sociale, rendendola inattaccabile non solo attraverso il divieto di sottoporla al referendum, in quanto collegata alla «manovra finanziaria», ma anche sottraendola allo stesso controllo di costituzionalità (che potrebbe essere invocato alla luce delle norme concernenti i diritti sociali) sempre per lo stesso motivo: e cioè perché, in quanto oggetto di «manovra finanziaria», rientrerebbe totalmente nella discrezionalità politica del legislatore.

La corte costituzionale

Troppo complesso sarebbe qui trattare del ruolo che nella attuale fase di transizione ha svolto la corte costituzionale. Dobbiamo limitarci a ricordare che essa ha bilanciato la tendenza della maggioranza a produrre leggine «di privilegio» in favore di questa o quest'altra categoria (e cioè la fondamentale tendenza inscritta nella natura dei governi centristi a vocazione totalizzante, i governi «piglia tutto» che si sono sempre succeduti in Italia), correggendo le diseguaglianze attraverso una giurisprudenza incentrata sul parametro della «ragionevolezza». Salvo quanto detto al punto precedente circa la possibile involuzione del suo ruolo proprio in riferimento alle attuali tensioni che toccano lo stato sociale, la corte è stata effettivamente finora il contrappeso alle tendenze governative verso l'assistenzialismo diseguale. Meno incisivo è stato invece il ruolo che essa ha ultimamente svolto in relazione alla tutela del principio di difesa nei procedimenti penali, e dunque in ultima istanza del principio di libertà personale. Le esigenze della difesa sociale, connesse ai processi contro la criminalità organizzata, sono state infatti considerate prevalenti rispetto a quelle della difesa dell'imputato, con una scarsa sensibilità per il sistema di garanzie che dovrebbero caratterizzare il nuovo modello processuale accusatorio. (Ma sul punto vedi gli articoli della sezione «Giustizia penale e società»).

Il «ricorso diretto» e l'esempio tedesco

Le tensioni che attualmente investono il ruolo della corte (non più nitidamente definito dal compito che ebbe negli anni passati — e che fisiologicamente si è esaurito — di adeguare alla Costituzione la legislazione prerepubblicana) trovano un sintomo significativo nelle proposte, alle quali si presta oggi grande attenzione, di riconoscere ai suoi giudici il diritto alla «opinione dissenziente» e ai cittadini il diritto di ricorrere a essa direttamente. Il primo istituto mira a rendere operante un controllo interno (rendendo difficili le pronunce che si presterebbero a essere duramente criticate dai giudici rimasti in minoranza all'interno del collegio) e a «tenere aperte» le questioni di costituzionalità dichiarate (dalla maggioranza della corte) infondate. Il secondo mira a estendere l'ambito di operatività della corte, rendendo possibile sottoporre al suo controllo anche quelle leggi che oggi ne sono escluse, in quanto difficilmente possono formare oggetto di un giudizio ordinario (condizione richiesta dal meccanismo incidentale, per cui solo partendo da un processo in corso si può sollevare la questione di costituzionalità). Tutto questo amplierebbe il suo ruolo politico, come ha dimostrato il fatto che in Germania il ricorso diretto ha consentito alla corte costituzionale di pronunciarsi sulla legittimità della legge di esecuzione del trattato di Maastricht, con un'importante pronuncia che ha sancito il diritto del cittadino alla «democraticità dell'ordinamento».

Trasparenza dell'attività di governo

Si può far rientrare nel tema dei «pesi e contrappesi» anche quello degli strumenti che rendono possibile ai cittadini conoscere più precisamente le responsabilità dei governanti, per poterle meglio fare valere; e si possono dunque ricordare a questo proposito le iniziative volte a ridurre il numero dei ministri, e a rendere quindi più trasparente e identificabile la loro attività. Si tratta di iniziative molto significative, che si sono rese possibili solo con il trapasso a quell'assetto semi-presidenziale (o comunque caratterizzato dalla estrema debolezza del parlamento) di cui si è precedentemente parlato nell'articolo sul Potere di governo. La responsabilizzazione dei governanti non è certo l'unica ragione alla quale tali innovazioni obbediscono. Sono state introdotte soprattutto per motivi di efficienza, e il segno sociale e politico di questa efficienza è ancora tutto da accertare.

Meno ministeri

La riduzione del numero dei componenti del governo è avvenuta con diversi strumenti. In primo luogo attraverso l'attribuzione alla medesima persona della titolarità di due ministeri (nei governi Ciampi e Amato, per esempio, è stato nominato un unico ministro per il coordinamento delle

politiche comunitarie e per gli affari regionali), ovvero attraverso la mancata nomina di ministri senza portafoglio (nel governo Ciampi manca il ministro per il coordinamento della protezione civile). Si è poi proceduto alla soppressione del ministero delle partecipazioni statali e all'attribuzione delle relative funzioni al ministro dell'industria; alla soppressione del ministero per gli interventi straordinari nel Mezzogiorno e all'attribuzione delle residue funzioni al ministro del bilancio; alla soppressione del ministero dell'agricoltura (in conseguenza del referendum del 18 aprile 1993) e all'attribuzione delle relative funzioni alle regioni (in suo luogo è stato istituito il ministero delle risorse agricole, alimentari e forestali, con compiti di programmazione e di cura delle relazioni internazionali); alla soppressione del ministero del turismo e dello spettacolo (sempre in conseguenza del referendum del 18 aprile 1993) e alla devoluzione delle sue principali competenze alle regioni (anche qui accompagnata dall'istituzione presso la presidenza del consiglio di un dipartimento con compiti di indirizzo e di coordinamento). Sono inoltre stati soppressi quasi tutti i comitati interministeriali, conservando solamente quelli per la programmazione economica, per le informazioni e la sicurezza, per il credito e il risparmio, oltre a quelli per la difesa del suolo e per la salvaguardia di Venezia.
In questo stesso ordine di idee il ministro per la funzione pubblica ha predisposto uno schema di decreto legislativo (dicembre 1993) che prevede la riduzione del numero dei ministeri a quindici: affari esteri, ambiente e territorio, beni e attività culturali, difesa, economia e privatizzazioni, giustizia, infrastrutture e trasporti, interno, istruzione, lavoro, politiche di coesione, protezione sociale, tesoro,

università e ricerca scientifica e tecnologica.

Autonomia della burocrazia

Ulteriore articolazione del sistema dei pesi e contrappesi può essere rinvenuto nei tentativi volti a separare la politica dall'amministrazione, sanando un vizio che l'Italia si porta dietro dal tempo dell'unificazione (la scarsa coscienza del ruolo, orgoglio professionale, e dunque autonomia, della burocrazia). Il decreto legislativo n. 29 del 1993 ha previsto che gli organi del governo (consiglio dei ministri e singoli ministri) definiscano gli obiettivi e i programmi da attuare, verificando poi la corrispondenza dei risultati della gestione amministrativa alle direttive generali impartite, mentre ai dirigenti spetta la gestione finanziaria, tecnica e amministrativa, compresa l'adozione di tutti gli atti che impegnano l'amministrazione verso l'esterno, mediante autonomi poteri di spesa, di organizzazione delle risorse (umane e strumentali) e di controllo. I dirigenti sono così resi responsabili della gestione e dei relativi risultati.

Ridimensionato il potere di nomina

Nello stesso ordine di idee (instaurare un «antagonismo istituzionale» fecondo per il reciproco controllo) si muove – per quanto il fenomeno sia di più ampia portata – il drastico ridimensionamento del potere governativo di nomina conseguente alla riduzione dello spazio dell'economia pubblica. La legge 218/1990 ha previsto una riorganizzazione delle banche pubbliche fondata sulla scissione fra la struttura proprietaria e l'organizzazione imprenditoriale. Quest'ultima deve avere la forma della società per azioni, e la quota azionaria maggioritaria dovrà essere posseduta da enti pubblici. Essi si vengono a trovare nelle stesse condizioni di un socio di capitali, con la conseguenza che non vi è alcuna deviazione dalla regola della competenza dell'assemblea (in cui possono essere presenti anche soci privati) per la nomina o la revoca degli amministratori. Viene pertanto meno il potere di nomina precedentemente attribuito direttamente al governo. A conseguenze simili dà luogo il processo di privatizzazione delle partecipazioni statali.

Tra autonomia e federalismo

I poteri locali

Giovanni Pitruzzella

Nella storia politica e amministrativa italiana ogni mutamento del regime politico o della costituzione materiale ha coinciso con una riforma dei poteri locali.

Dapprima è stata la legge del 1865 di unificazione amministrativa a regolare la materia secondo i principi dell'accentramento statale e dell'uniformità organizzativa risalenti al pensiero politico della rivoluzione francese. Poi, in seguito all'allargamento del suffragio (1882) e all'eliminazione del principio secondo cui il sindaco doveva essere di nomina statale, è intervenuta la legge del 1888. Mentre si realizzava il passaggio dallo «stato monoclasse» allo «stato pluriclasse», si rafforzava il controllo statale di merito sugli atti degli enti locali, in modo tale da rimediare alle conseguenze negative per il potere centrale derivanti dall'allargamento del suffragio. Subito dopo l'introduzione del suffragio universale maschile (1912) è entrato in vigore il testo unico del 1915, che confermava la linea di subordinazione del potere locale al potere centrale. Anche il fascismo ha avuto la sua legge sui poteri locali: il testo unico del 1934, che prevedeva, tra l'altro, la soppressione delle cariche elettive e la supremazia del prefetto.

Un punto critico del rapporto Stato-società

Le coincidenze fra trasformazioni del regime politico e mutamento della disciplina dei poteri locali non sono casuali. È stato infatti evidenziato che la legge sui poteri locali è la «legge del rapporto tra la società e lo Stato» (E. Rotelli). È naturale, pertanto, che non appena un nuovo regime politico tende ad affermarsi, entri in vigore una nuova legge sui poteri locali, in funzione del rapporto che esso intende instaurare con la comunità diffusa sul territorio.

In tale prospettiva possono essere lette le trasformazioni dell'assetto dei poteri locali realizzate in Italia negli anni novanta. Invero, la Costituzione del 1948 aveva operato il pieno riconoscimento del principio del decentramento politico e dell'autonomia locale. Tuttavia, per circa un quarantennio (fino all'adozione della legge 142 del 1990) l'Italia ha conservato, almeno per quanto riguarda l'impianto generale, la disciplina degli enti locali (comuni e province) ereditata dal precedente ordinamento, mentre ha aspettato il 1970 per dare avvio al processo di attuazione delle regioni ordinarie. Con molta plausibilità, questi ritardi possono essere spiegati in rapporto al problema di fondo con cui ha dovuto fare i conti la classe politica italiana. Il problema, cioè, dell'integrazione di quella che, secondo la terminologia di Lijhpart, era una «società plurale», ossia una società divisa da profonde fratture di carattere sociale, economico, ideologico e territoriale.

La via del decentramento

Una delle vie prefigurate nel dopoguerra per risolvere il problema era costituita da un ampio decentramento territoriale, dalla valorizzazione delle autonomie territoriali e sociali. Questa strada è stata tracciata, non solo dal testo costituzionale, ma anche, e in termini molto più marcati, dallo Statuto della regione siciliana del 1946. Il decentramento e l'autonomia regionale dovevano servire, come in quegli anni ebbe cura di rimarcare don Luigi Sturzo, a mantenere insieme le diversità, che pure erano garantite, e quindi a facilitare l'integrazione di tutti gli italiani nel nuovo Stato.

La via effettivamente seguita è stata un'altra. Da un lato essa faceva leva sulla «doppia virtù» dei partiti politici, ossia sulla capacità del sistema dei partiti di tenere insieme la rappresentanza della società e la capacità di decidere attraverso la mediazione. Dall'altro lato, è stato lo sviluppo dello stato sociale e dell'intervento pubblico nell'economia, entrambi sottoposti al rigido controllo partitico. Di questi ultimi, nel periodo più recente si tende a vedere solo il volto ignobile, rappresentato dal clientelismo, dalla corruzione e dalla crescita del deficit del bilancio pubblico, mentre essi hanno avuto anche un volto nobile, costituito dalla realizzazione di una maggiore eguaglianza sostanziale (il «famoso» art. 3, 2° comma della Costituzione) e dalla crescita dell'omogeneità sociale, ossia di una delle condizioni della democrazia.

Un potere politico rigidamente monistico

In questo schema, basato su un potere politico rigidamente monistico, non poteva esserci spazio per un'effettiva autonomia delle regioni e degli enti locali. Il mantenimento della normativa pre-repubblicana dei poteri locali - con i suoi principi di uniformità organizzativa, di unità del potere amministrativo localizzato nel consiglio comunale, di finanza locale di tipo derivato - era funzionale alle esigenze di un sistema dei partiti fortemente centralizzato, alle loro pratiche compromissorie, al bisogno di una rete capillare di raccolta del consenso. Anche quando, a partire dagli inizi degli anni settanta, si attuarono le regioni, il risultato è stato ben lontano dalla creazione di un vero pluralismo di poteri pubblici, dotati di proprie competenze e responsabili per il loro esercizio. Semmai si è avuta la creazione di molteplici strutture amministrative legate da rapporti di reciproca interdipendenza (la versione italiana del «regionalismo cooperativo»).

La riforma dei poteri locali ha preso avvio quando l'«anima» del sistema politico e istituzionale italiano, cioè la partitocrazia, ha attraversato una crisi sia sul versante della rappresentanza sia su quello della mediazione, contestualmente all'altrettanto grave crisi della finanza pubblica, favorita dalla scissione, tipica del nostro sistema di finanza derivata, tra potere di spesa e responsabilità.

La riforma degli enti locali

Il primo passo è stato rappresentato dalla legge 142 del 1990, la quale ha innescato un processo di dislocazione del potere attraverso una trasmigrazione di competenze dal consiglio comunale (o provinciale) alla giunta, dagli organi politici all'organizzazione burocratica (il potere di gestione amministrativa è stato attribuito direttamente ai dirigenti), dall'amministrazione dell'ente locale a strutture esterne (come le società per azioni a capitale pubblico locale incaricate della gestione di pubblici servizi), dall'organizzazione amministrativa ai cittadini singoli o associati (attraverso svariati istituti come il referendum locale, le petizioni, l'azione popolare ecc.).

Il secondo momento del processo riformatore è stato rappresentato dall'elezione diretta del sindaco. Preceduta dalla legge approvata dalla Regione siciliana nel 1992, ispirata agli schemi della forma di governo presidenziale, con una rigida distinzione-separazione tra il consiglio comunale e il sindaco, entrambi forniti di autonoma legittimazione democratica, una legge del 1993 ha introdotto in tutto il paese l'elezione diretta del sindaco e del presidente della provincia. In tal modo si delinea - insieme con la crisi del controllo della partitocrazia, la scelta popolare diretta del vertice politico dell'ente locale e la personalizzazione della competizione politica - il superamento dell'antico monismo e l'avvento di un sistema pluralistico di poteri locali che intendono praticare davvero la loro autonomia.

I moventi del federalismo

A questo punto, però, il processo di trasformazione si fa più complicato perché investe altri tratti caratterizzanti: quella che i costituzionalisti chiamano la «forma di stato», ossia le finalità dello Stato e i suoi rapporti con la società. Nel dibattito pubblico hanno assunto una posizione di centralità i temi del federalismo e del cosiddetto neoregionalismo. La commissione bicamerale per le riforme istituzionali ha comunicato alle presidenze dei due rami del parlamento un progetto di legge costituzionale che prevede, tra l'altro, una profonda revisione del titolo v della parte seconda della Costituzione (A.S. 3597, A.C. 1789).

Il bersaglio polemico dei federalisti è chiaro, ed è costituito dallo Stato accentrato in cui i partiti politici avevano il monopolio della rappresentanza politica, mentre è più difficile stabilire che cosa effettivamente vogliono i sempre più numerosi fautori del decentramento politico.

Alcuni dati, però, emergono con sufficiente nettezza. Nella pluralità dei casi la creazione dello Stato federale è stata il risultato di un processo di accentramento, ossia la costituzione di uno Stato con legami più forti rispetto a quelli inizialmente esistenti tra le unità periferiche che lo componevano (gli esempi classici sono quelli degli USA, Svizzera, Canada e Australia). Viceversa, in Italia la direzione del processo è inversa: da una struttura statale con un certo grado di accentramento si intende passare a una struttura con un grado assai più elevato di decentramento. Invero anche in Belgio il processo di federalizzazione, sfociato nella legge costituzionale del 14 luglio 1993, ha preso le mosse da uno Stato accentrato. Ma il fattore che ha dato impulso a tale processo è stato il conflitto etnico-linguistico tra Valloni e Fiamminghi, il quale non sembra presente in Italia. Per la verità, la Lega nord ha fatto riferimento a un'etnia lombarda, ma questo richiamo è sembrato alla maggioranza degli studiosi niente di più che una sovrapposizione ideologica operata da un movimento politico alla ricerca di una sua marcata identità e di una propria cultura. È difficilmente controvertibile che la Lega nord non possa avanzare motivazioni etniche o storico-culturali analoghe a quelle che legittimano l'autonomismo della Catalogna o della Slovenia. Piuttosto, le motivazioni reali che sembrano stare alla base della domanda di un accentuato decentramento politico riguardano prevalentemente la sfera economico-finanziaria: le regioni del Nord sopporterebbero un'elevata pressione tributaria per finanziare la spesa pubblica del Sud. Pertanto, federalismo e neoregionalismo significano almeno due cose importanti: autonomia finanziaria delle Regioni, che dovrebbero essere dotate di autonoma potestà impositiva, con cui raccogliere i mezzi necessari per finanziare la parte prevalente della propria attività (le risorse restano nella regione dove sono prodotte); attribuzione alle Regioni di funzioni delle quali attualmente è titolare lo Stato (a quest'ultimo dovrebbero spettare solamente le competenze che gli sono espressamente riservate), sicché nelle Regioni più ricche per l'esercizio di tali funzioni sarebbero disponibili quelle maggiori risorse che attualmente sono invece redistribuite a favore di altre aree del paese.

Autonomia finanziaria e responsabilità

In effetti, alcuni dati sembrerebbero confermare l'attendibilità delle «ragioni» dei federalisti. Secondo il Rapporto sull'economia del Mezzogiorno elaborato dalla Confindustria nel 1992, nel Mezzogiorno la quota di spesa pubblica è pari al 34%, un po' al di sotto del corrispondente peso relativo della popolazione, ma ben al di sopra della quota di Prodotto interno lordo creata nel Mezzogiorno (25%). Per quanto concerne, invece, il versante delle entrate tributarie, nel Mezzogiorno si raccolgono solo il 29% delle imposte indirette, il 20% delle imposte dirette e il 16% dei contributi sociali. Tuttavia, non appena si approfondisce l'analisi è agevole rendersi conto di come la situazione complessiva delle relazioni finanziarie tra Nord e Sud non si presti a facili conclusioni. Per esempio, per quanto riguarda la distribuzione dell'onere tributario è necessario passare dal concetto di «pressione tributaria», intesa come semplice rapporto tra il complesso dei tributi e il PIL, al concetto di «incidenza tributaria», che, tenendo conto degli effetti di traslazione delle imposte, considera il complesso dei tributi che vanno realmente a incidere sugli abitanti di ciascuna circoscrizione. Proprio a causa della traslazione delle imposte che si nasconde nei prezzi, secondo lo SVIMEZ l'incidenza tributaria in percentuale del PIL sarebbe pari a 40,9% per il Centro-nord e a 42% per il Sud. Per quanto riguarda invece il versante della spesa pubblica, non va dimenticato come la spesa pubblica nel Mezzogiorno è servita a tenere elevata la domanda di beni di consumo prodotti dalle imprese del Nord e come gli elevati tassi di interesse sui titoli di Stato, attraverso cui è stata finanziata tale spesa, hanno avuto effetti redistributivi a favore di quelle regioni, prevalentemente settentrionali, in cui è stata collocata la quota più elevata dei titoli.

Meccanismi ridistributivi

Va osservato che se in tutti gli Stati federali o regionali assume particolare importanza l'autofinanziamento delle unità periferiche attraverso imposte, prezzi pubblici e tariffe, perché solo così si valorizza la responsabilità della classe dirigente locale e si assicurano servizi corrispondenti alle effettive preferenze degli utenti, nondimeno questo non significa necessariamente aumento delle diseguaglianze; in questi Stati, infatti, esistono meccanismi di ridistribuzione a favore delle aree e dei soggetti più poveri. Il quesito cruciale, tante volte nascosto, del dibattito sul federalismo sembra essere proprio questo: se e in che modo dalla crisi di un potere rigidamente monistico, imperniato sulla triade partitocrazia-accentramento-assistenzialismo, si possa passare a una concezione effettivamente pluralistica dei poteri pubblici, in cui la nuova triade decentramento-autonomia-responsabilità sia compatibile con la garanzia dei diritti sociali e il godimento da parte di tutti gli italiani di eguali diritti di cittadinanza.

─────── **BIBLIOGRAFIA** ───────

E. Rotelli. *Il martello e l'incudine*, Il Mulino, Bologna 1991.

SVIMEZ, *Rapporto sulla distribuzione Nord-Sud della spesa pubblica*, Il Mulino, Bologna 1993.

O. Sales, *Leghisti e sudisti*, Laterza, Roma-Bari 1993.

G. Brosio, *Equilibri instabili*, Boringhieri, Torino 1994.

Giustizia e potere politico

Guido Neppi Modona

Per comprendere l'eccezionalità del ruolo svolto dalla magistratura negli ultimi due anni – da quando, cioè, le inchieste sulla corruzione del sistema politico e sulle connivenze tra mafia, politica e istituzioni hanno decapitato il ceto dirigente che aveva governato l'Italia per quasi un cinquantennio – è necessario richiamare brevemente i rapporti tra potere giudiziario e potere politico nell'ultimo secolo di storia italiana.

Quando il PM dipendeva dall'esecutivo

Nello Stato liberale e, a maggior ragione, durante il ventennio fascista, la magistratura non è mai stata indipendente dal potere esecutivo. Il pubblico ministero era un funzionario dipendente dal ministro della giustizia, tenuto a eseguirne gli ordini e le direttive: l'esercizio dell'azione penale era conseguentemente condizionato dalle esigenze e dagli interessi politici contingenti del governo in carica. Molto rari erano pertanto i casi in cui venivano perseguiti gli eventuali abusi e le illegalità del ceto politico dirigente e della pubblica amministrazione.

Anche i giudici, pur essendo formalmente indipendenti dal governo, alla stregua della concezione illuminista della separazione tra potere legislativo, esecutivo e giudiziario, erano in realtà esposti a incisivi condizionamenti: tutti i provvedimenti relativi al loro stato giuridico (dall'ingres-

so in carriera all'assegnazione delle sedi, dalle promozioni ai trasferimenti, dalla nomina agli uffici direttivi alla responsabilità disciplinare) erano infatti deliberati da commissioni controllate dal ministro della giustizia.

Con la caduta del fascismo e l'entrata in vigore della Costituzione repubblicana del 1948 i rapporti tra potere politico e magistratura subiscono un radicale rovesciamento: per la prima volta nella storia italiana, la Costituzione afferma la piena e totale indipendenza dei giudici e del pubblico ministero dal potere esecutivo, significativamente espressa dal principio che i giudici sono soggetti soltanto alla legge. L'autonomia della magistratura dal governo (la cosiddetta indipendenza esterna) è garantita dal consiglio superiore della magistratura (CSM), definito come organo di autogoverno dell'ordine giudiziario, competente per tutti i provvedimenti sullo stato giuridico dei magistrati in precedenza attribuiti al ministro della giustizia. A quest'ultimo la Costituzione riserva solo le competenze in tema di organizzazione e funzionamento dei servizi relativi alla giustizia. Le garanzie di indipendenza sono completate dal principio costituzionale di obbligatorietà dell'azione penale, che impone al pubblico ministero di esercitarla per qualsiasi reato, da chiunque commesso: anche ove si tratti di reati commessi da esponenti del ceto politico di governo e della pubblica amministrazione.

La lenta attuazione
dei principi costituzionali

Per almeno un ventennio dopo l'entrata in vigore della Costituzione, la magistratura italiana non riesce a rendere operanti i nuovi principi: continua a prevalere la tradizionale cultura di subordinazione alla volontà del governo in carica, anche perché dopo la caduta del fascismo i magistrati non vengono epurati e ai vertici degli uffici giudiziari sono posti i magistrati che avevano fatto carriera durante il regime. Viene inoltre mantenuta la struttura gerarchica all'interno degli uffici giudiziari e i capi continuano a esercitare i loro poteri di controllo sui giudici più giovani e più sensibili al nuovo clima democratico.

Le correnti nell'ANM

Solo a partire dagli anni settanta incomincia a maturare all'interno della magistratura una nuova cultura della legalità: pubblici ministeri e giudici rivendicano il ruolo, loro assegnato dalla Costituzione, di colpire le illegalità da chiunque commesse e di controllare anche l'operato del potere esecutivo, dei partiti di governo, degli apparati istituzionali. A seguito della formazione delle «correnti» all'interno dell'Associazione Nazionale Magistrati (ANM), espressione delle diverse posizioni culturali, ideologiche e politiche presenti tra i giudici, si incrina l'esclusiva subordinazione al potere esecutivo e si afferma un nuovo modello di rapporti tra giustizia e politica: l'indipendenza della magistratura si accompagna all'integrazione pluralistica con tutte le forze politiche dell'arco costituzionale, compresi i partiti di opposizione. Incominciano a svilupparsi le inchieste giudiziarie su episodi di corruzione

degli esponenti politici dei partiti di governo e sulle deviazioni di apparati istituzionali, a cominciare dal ruolo svolto dai servizi segreti nelle indagini sulle stragi.

Nell'ultimo ventennio, la faticosa affermazione dell'effettiva indipendenza della magistratura ha trovato una duplice spalla – rispettivamente istituzionale e politica – nelle funzioni di autogoverno del CSM e in un quadro politico caratterizzato da una opposizione politica di sinistra forte e interessata a che i giudici potessero realmente svolgere i loro compiti di garanti della legalità. È del tutto naturale, infatti, che in un ordinamento democratico di tipo policentrico i partiti esclusi dal governo sostengano l'indipendenza della magistratura e la sua azione volta a contrastare abusi e privilegi di chi detiene il potere. Dal canto suo il CSM tutela l'indipedenza della magistratura da eventuali attacchi portati dal potere politico all'istituzione giudiziaria nel suo complesso, ovvero a singoli magistrati che conducono indagini su esponenti di governo o dei partiti di maggioranza.

I tentativi di «governare» la magistratura

Nella seconda metà degli anni ottanta, i partiti di maggioranza – in particolare il PSI – hanno colto i rischi che queste iniziative giudiziarie potevano rappresentare per la stessa stabilità del governo ed hanno promosso una campagna contro l'indipendenza del pubblico ministero, l'obbligatorietà dell'azione penale e il ruolo del CSM, in nome della parola d'ordine della «governabilità» della magistratura.

Gli attacchi contro l'indipendenza dei magistrati trovano un terreno fertile nella grave crisi di efficienza e, quindi, di credibilità che l'istituzione giudiziaria sta attraversando: i conflitti di competenza tra i diversi uffici giudiziari impegnati nelle inchieste contro la criminalità di stampo mafioso e la corruzione politica, gli scontri istituzionali tra i ministri socialisti della giustizia e il CSM, l'entrata in campo contro i giudici dello stesso capo dello Stato Francesco Cossiga, le difficoltà nel coprire i posti vacanti nelle sedi di prima linea nel Mezzogiorno, minano l'immagine della magistratura e privano la sua azione del consenso sociale che, per esempio, aveva sorretto le iniziative giudiziarie contro il terrorismo. All'inizio degli anni novanta le sorti dell'indipendenza della magistratura paiono gravemente compromesse, in un clima ormai propizio per introdurre forme di controllo politico sul pubblico ministero e sull'esercizio dell'azione penale.

L'investitura popolare a «Mani pulite»

Nel volgere di due anni queste pessimistiche previsioni si sono radicalmente capovolte: la crisi irreversibile del sistema dei partiti, sanzionata dai risultati delle elezioni politiche del 5-6 aprile 1992, coincide con l'inizio delle inchieste «Mani pulite» e con la ripresa delle indagini contro la criminalità mafiosa e le collusioni tra mafia e politica. La magistratura si trova improvvisamente circondata e sostenuta da un consenso sociale che non ha precedenti nella storia italiana, riceve una sorta di investitura popolare a fare pulizia di un sistema di governo corrotto, inefficiente e in certi casi colluso con il potere mafioso. Nessuno parla più di sottoporre il pubblico ministero al controllo del governo; al contrario, si diffonde presso l'opinione pubblica la convinzione che l'indipendenza della magi-

stratura e l'obbligatorietà dell'azione penale siano stati i presupposti indispensabili del risanamento morale e politico in corso nel paese.

I pubblici ministeri più impegnati nelle inchieste «Mani pulite» o sui rapporti tra mafia e politica instaurano un dialogo diretto con la pubblica opinione: le dichiarazioni televisive, le interviste, le conferenze stampa di questi magistrati hanno ormai un peso e una credibilità maggiori degli interventi di qualsiasi uomo politico. Nel dialogo diretto tra magistratura e società sta il dato di maggiore novità e di maggiore forza del potere giudiziario: sembra che i giudici antitangente o antimafia non abbiano più bisogno né della spalla istituzionale del CSM, né della spalla politica dei partiti di opposizione per adempiere al compito costituzionale di reprimere qualsiasi forma di illegalità, ma abbiano ricevuto una sorta di impropria delega politico-istituzionale non più mediata dai filtri del CSM e dal sistema dei partiti.

Professionalità contro le tentazioni del maggioritario

Questo nuovo modello, assolutamente inedito nella storia italiana, sembra anticipare alcuni caratteri dei rapporti tra magistratura e società civile propri del sistema di democrazia maggioritaria, verso cui potrebbe avviarsi l'Italia a seguito della riforma del sistema elettorale. Da un lato è prevedibile che la maggioranza tenderà a dominare tutte le leve del potere e, conseguentemente, a limitare l'autonomia della magistratura e i controlli di legalità; dall'altro la minoranza esclusa dal potere avrà meno forza di quanta ne avessero i partiti di opposizione nel sistema di democrazia policentrica che ci ha sinora governato:

la magistratura si troverà priva della spalla politica e dovrà quindi fare affidamento sulle inedite forme di legittimazione popolare sperimentate nell'ultimo biennio.

L'affermazione di questo nuovo modello pare comunque subordinata a due condizioni: da un lato la riattivazione dei circuiti della responsabilità politica e delle relative sanzioni (rimozione e revoca dalla carica, dimissioni), al fine di fare venire meno l'eccessiva sovraesposizione della magistratura e di sdrammatizzare il ruolo politico svolto dalla giustizia penale; dall'altro un tasso di professionalità molto alto dei giudici, tale da assicurare la continuità di quelle forme di consenso e di legittimazione sociale che costituiranno il principale baluardo a tutela dell'indipendenza della funzione giudiziaria.

I diritti di cittadinanza

Il consiglio superiore della magistratura
(art. 107 Cost.)

Composizione:
— il presidente della repubblica che lo presiede;
— il presidente della corte di cassazione;
— il procuratore generale presso la corte di cassazione;
— 20 magistrati ordinari eletti da tutti i magistrati ordinari;
— 10 membri eletti dal parlamento in sede comune tra professori universitari in materie giuridiche e avvocati con almeno 15 anni d'esercizio della professione.

I diritti di cittadinanza

Giuseppe Armani

99 Il tema dei diritti civili e politici non può essere affrontato prescindendo dalla dimensione costituzionale. È la Costituzione, infatti, che accanto ai diritti di libertà della tradizione sette-ottocentesca accentua il rilievo dei diritti sociali, e lega il riconoscimento effettivo dei primi alla garanzia concreta di questi altri.

È la Costituzione che in una delle sue disposizioni più significative, l'art. 3, indica una prospettiva di superamento della tutela soltanto formale dei diritti dei cittadini, configurante una società che sia libera in quanto sia anche giusta, e assegna alle istituzioni il compito di intervenire per eliminare le più gravi disparità sociali, viste come ostacoli al fondamentale principio dell'ugualianza.

La situazione dei diritti di cittadinanza in Italia è il frutto di un processo di adeguamento dell'ordinamento giuridico alle direttive costituzionali svoltosi nel corso di alcuni decenni con andamento non uniforme. Come conseguenza si è avuta una diffusione disomogenea delle libertà, che ha portato i principi della Costituzione a incidere in modo diverso nelle diverse aree che ne sono state investite. In alcuni campi l'attuazione del dettato costituzionale risulta piena, in altri carente. Non sempre, peraltro, la produzione legislativa è andata nel senso indicato dalla Costituzione determinando rilevanti incongruenze.

Libertà personale

Le vicende della legislazione penale in materia di criminalità organizzata sono, a questo proposito, rivelatrici, giacché, per fronteggiare situazioni di emergenza, sono state introdotte numerose norme eccezionali, che hanno ridotto la sfera delle garanzie assicurate a imputati e condannati, e posto l'accento più sulle esigenze della repressione per le persone coinvolte in fatti di mafia e eversione che non su quelle della tutela dei loro diritti. Lo stesso principio dell'uguaglianza di trattamento dei cittadini davanti alla legge, ha così subito deroghe a favore dei «pentiti», i collaboratori della giustizia.

Alle incongruenze delle leggi si sono aggiunte le prassi giudiziarie, particolarmente degli uffici del pubblico ministero. Si è così assistito – anche qui per scelte legate a effettive situazioni di eccezionalità: l'affiorare della grande mappa della corruzione politico-amministrativa, la necessità di acquisire rapidamente qualche prova per orientarsi nel suo magma – a un uso strumentale della custodia in carcere, cui si è rimproverato di mirare a ottenere la collaborazione degli imputati e la loro confessione più che a evitare il pericolo di fuga o di inquinamento del materiale probatorio.

I processi in TV

L'accentuazione del ruolo processuale dei pubblici ministeri, sottolineata dall'enorme pubblicizzazione delle loro iniziative, finisce per spostare dalla fase del giudizio a quella delle indagini preliminari il momento saliente del processo penale. La garanzia della terzietà del giudice fra accusa e difesa viene in qualche modo compromessa, di fatto, anticipando di fronte all'opinione pubblica una sanzione che dovrebbe essere data soltanto al termine del dibattimento. I mezzi di informazione televisiva, riprendendo i processi, guardano al solo esercizio del diritto di cronaca, e sono portati a dimenticare il diritto di tutela degli imputati, ridotti a dare spettacolo delle proprie difficoltà umane proprio nel momento in cui dovrebbe essere massima la loro protezione ambientale. Più che il pacato accertamento dei fatti e delle responsabilità individuali la repressione sembra profilarsi come il solo fine del processo penale.

Il ruolo di una Costituzione rigida

Situazioni del genere consentono di apprezzare il ruolo di una costituzione rigida, come è la Costituzione italiana: giacché è nel riferimento costante ai principi di un testo costituzionale del genere che si può trovare un orientamento sicuro, una sponda affidabile a tutela dei diritti di libertà anche di fronte a fenomeni sociali allarmanti. In particolare, la sua parte introduttiva, dedicata ai «diritti e doveri dei cittadini», ha conservato nel tempo piena attualità. I progetti di revisione non hanno toccato questa parte del testo se non in modo marginale (per esempio, per chiarire letteralmente ciò che già risulta, e che «uomo» significa anche donna). Il mutare del quadro storico entro cui la Costituzione continua a operare non ha reso necessaria una integrazione delle norme sui diritti individuali e sociali. I diritti elencati dalla carta hanno mostrato, nel loro complesso, una portata espansiva, che ne ha consentito senza forzature applicazioni nuove. Un «diritto alla integrità ambientale», per citare un solo caso, pur se non scritto fra quelli riconosciuti costituzionalmente, è scaturito senza fatica dal grappolo degli altri.

I diritti sociali

Motivi di compressione dei diritti sociali, che condizionano i diritti di libertà poiché toccano la dignità dei cittadini, sono dipesi da concrete situazioni di carattere economico. La crisi dello stato sociale avvenuta all'inizio degli anni novanta ha travolto alcune delle conquiste dei lavoratori. Il sistema di garanzie del lavoro costruito legislativamente a partire dagli anni settanta è stato in parte cancellato. Le leggi garantiste del lavoro continuano in buona parte a restare in vigore, ma si moltiplicano le possibilità di deroga, se ne riducono i margini di applicabilità. Accanto a esse sono operanti altre leggi, di segno contrario, che tolgono certezza alle situazioni giuridiche acquisite; incentivano l'abbandono dei posti, rendendo meno stabile la permanenza negli organici, riducono l'entità reale dei salari e degli stipendi (per esempio, con l'abolizione della scala mobile). La disoccupazione dei licenziati e del personale avviato attraverso il percorso degli ammortizzatori sociali all'espulsione definitiva dalle attività di lavoro, la sottoccupazione e lo sfruttamento di fasce consistenti di persone (per lo più donne), l'umiliazione dei pensionati costretti ad attività di mera sussistenza dalla insufficienza degli assegni erogati, sono espressioni di massa di questi fenomeni di compressione o annullamento delle libertà dei cittadini, colpite nel loro nucleo essenziale: la libertà dal bisogno.

Un altro esempio è dato dalla disfunzione del mercato delle locazioni, che condiziona la vita dei nuclei familiari, la possibilità dei giovani di costituire convivenze autonome, quella degli anziani di continuare ad abitare nei luoghi in cui hanno sempre vissuto.

I referendum popolari

Una conferma significativa della verità del principio che nel campo delle libertà «tutto si tiene», è data da una vicenda referendaria su cui si è pronunciata la corte costituzionale con la sentenza n. 2/1994 (vedi l'articolo *Pesi e contrappesi* di Mario Dogliani, nella sezione precedente).

Si è trattato di una proposta referendaria di inziativa popolare intesa a ottenere l'abrogazione di alcune norme in materia pensionistica, che la corte ha rigettato perché si è assunta il compito, non attribuitole costituzionalmente, di assecondare le scelte politiche di governo in una situazione di emergenza caratterizzata dal forte disavanzo delle finanze pubbliche. Ma da ciò sono dipese diverse conseguenze negative, sia sul piano dei diritti politici dei cittadini sottoscrittori della proposta che sul piano dei diritti sociali per la mancata tutela delle posizioni pensionistiche che il referendum avrebbe potuto assicurare. Anche in questa occasione si è fatto appello a una «necessità». Ma il «bene» cui si è guardato ha forse provocato un «male» maggiore, se la corte è venuta meno alla sua funzione di organo di garanzia, e così ha contribuito a intaccare il principio della certezza del diritto sul quale riposano tutti i diritti dei singoli e dei gruppi. La discrezionalità con la quale la corte ha anche altre volte operato valutando proposte di referendum, estendendo la portata dei divieti costituzionali e presentandosi in veste di difensore della normativa esistente più che del diritto di sottoporla alla consultazione diretta del popolo, si è di fatto tradotta nell'adesione alle scelte politiche nei gruppi di maggiore consistenza e, di riflesso, in una limitazione delle iniziative dei gruppi politici minoritari. Gli ostacoli frapposti alle iniziative referendarie hanno in tal modo procurato una compressione del diritto dei cittadini di promuovere l'evoluzione del sistema giuridico italiano, essendo questa strada, in molti casi, la sola percorribile di fronte all'inerzia dei partiti. Più di una volta l'iniziativa dei referendum popolari è partita da gruppi operanti come organizzazioni politiche di base, da comitati appositamente costituitisi, più che da forze ben rappresentate in parlamento. Di qui la conferma dell'importanza dello strumento referendario come mezzo di affermazione immediata della volontà popolare, senza i filtri che i partiti continuano a porre con i loro apparati fra elettori ed eletti.

La scelta di candidati e programmi

I diritti politici dei cittadini, pur nella crisi della partitocrazia emersa nel corso della legislatura 1992-94, non hanno infatti trovato espansione rispetto ai meccanismi tradizionali della scelta di candidati e programmi. Come era sempre avvenuto in passato, nessuna garanzia formale del funzionamento democratico interno dei partiti è stata assicurata dalla legge a tutela degli iscritti e, indirettamente, del corpo elettorale nel suo complesso. I gruppi di potere operanti al vertice delle vecchie e nuove formazioni politiche ne hanno sempre diretto il corso senza possibilità di controllo da parte degli associati. Anche le coalizioni e le candidature nel 1994 sono state decise senza le consultazione preventiva degli iscritti. La stessa distribuzione dei candidati nei collegi uninominali è avvenuta quasi sempre tenendo conto degli equilibri interni alle coalizioni più che dei rapporti esistenti fra i candidati e i collegi di presentazione. Gli elettori si sono così trovati a scegliere fra programmi e persone loro offerti a pacchetto chiuso, senza che la individualizzazione delle candidature e il restringimento numerico della base elettorale chiamata a pronunciarsi su ciascuna di esse abbiano potuto dare sostanza al diritto politico esercitato.

Le direttive comunitarie

Un allargamento del numero e della portata dei diritti dei cittadini è venuto dall'armonizzazione delle leggi italiane con le direttive comunitarie. Sono stati definiti, in particolare, nuovi diritti dei consumatori, degli operatori del mercato finanziario, degli utenti di servizi delle banche. In alcuni casi, tuttavia, la ricezione delle direttive europee ha segnato punti di regresso rispetto alla disciplina nazionale precedente (come in tema di prevenzione degli infortuni sul lavoro).

Parità uomo-donna, associazioni

Anche per quanto riguarda i normali canali di produzione legislativa la rispondenza del sistema giuridico ai principi costituzionali non è uniforme. Vi sono settori (come quello della parità uomo-donna nei rapporti sociali e di lavoro, estesa poi anche ai rapporti politici dalle leggi elettorali del 1993) in cui i risultati raggiunti possono considerarsi ottimali. Lo stesso deve dirsi, per fare un altro esempio, della legge del 1982 sulla rettificazione dell'attribuzione di sesso nell'atto di nascita, che ha dato un adeguato riconoscimento al diritto dell'identità sessuale.

In altri campi, l'arretratezza del sistema italiano permane. Anche situazioni «classiche» di tutela delle libertà restano da troppo tempo aperte, come avviene per la disciplina delle associazioni, i cui obblighi (in primo luogo, di comunicazione degli elenchi degli aderenti) non sono definiti.

I dilemmi della bioetica

In tema di posizioni soggettive legate alla bioetica, le carenze del sistema italiano sono palesi: mancano norme sul diritto a preservare il proprio patrimonio genetico, a conoscere la propria ascendenza etnica, ad avviare informazioni sulle malattie ereditarie, alla sterilizzazione. La disciplina dei trapianti è inadeguata (tanto da favorire sia il ricorso a strutture sanitarie straniere, operanti sotto regimi giuridici diversi, sia l'avvio di un mercato clandestino interno di organi), come lo è la disciplina del consenso del malato ai trattamenti terapeutici sperimentali o pericolosi (il cosiddetto consenso informato). L'eutanasia non ha riconoscimento, né è prevista una regolamentazione dei casi di accanimento terapeutico sui malati terminali, la cui valutazione resta affidata alle scelte dei medici.

La cittadinanza europea

Innovazioni positive sono state introdotte dalla legge sulla cittadinanza del 1992 che, rispetto alla normativa preesistente, dà maggiore risalto al principio della volontarietà e accoglie quello della parità tra i coniugi come espressione della generale parità dei sessi. La «cittadinanza europea», conferita anche agli italiani dall'entrata in vigore, nel 1993, del trattato di Maastricht, integra la cittadinanza nazionale attribuendo posizioni comuni nei confronti dei paesi terzi e, in termini politici, estende il diritto di voto e di eleggibilità alle elezioni comunali ai cittadini dell'Unione europea residenti in uno stato di cui non abbiano la cittadinanza, oltre a riconoscere diritti di informazione e petizione verso gli organi comunitari.

I diritti degli extracomunitari

Su un piano diverso, la condizione degli extracomunitari resta precaria: vige tuttora il principio (introdotto per la prima volta nel codice civile del 1942, perché ignoto alla legislazione liberale precedente) della «reciprocità» nel trattamento degli stranieri, per il quale gli stranieri sono ammessi a godere dei diritti civili attribuiti ai cittadini italiani soltanto quando negli stati di origine ai cittadini italiani siano riconosciuti trattamenti analoghi. L'applicazione di questo principio comporta, per esempio, che numerosi stranieri non possano acquisire immobili in Italia, o ottenere l'abilitazione all'esercizio di attività professionali ed

economiche. La «legge Martelli» del 1990, prevedendo un sistema di controlli sull'ingresso e il soggiorno degli extracomunitari, introduce forme di tutela connesse ai motivi della presenza in Italia degli interessati che in parte aggirano i divieti dipendenti dal principio della reciprocità. Ma accanto agli stranieri censiti moltissimi altri vivono e lavorano nel nostro paese in condizioni di assoluta mancanza di garanzie, in spregio al principio costituzionale che estende a tutti, e non soltanto ai cittadini, la tutela dei «diritti inviolabili dell'uomo» (così come riconosce a «tutti» una serie di diritti fondamentali: di libertà personale, di religione, di manifestazione del pensiero).

Fra i diritti inviolabili dell'uomo va annoverato il diritto di asilo, riconosciuto dalle leggi italiane come il diritto degli stranieri a non essere estradati nei paesi di origine per ragioni politiche (esclusa l'ipotesi di complicità in atti di genocidio).

I diritti individuali in campo sessuale

La tutela dei diritti individuali e sociali in materie che toccano la sfera sessuale è rivelatrice dell'orientamento liberale o autoritario di ogni sistema di leggi. Nel caso italiano, l'atteggiamento del legislatore è stato, anche in passato, abbastanza tollerante, forse più per una valutazione realistica dei fatti che per una scelta ideologica permissiva. Anche nelle leggi penali fasciste (tuttora vigenti) non è stata differenziata l'età minima richiesta per la validità del consenso a rapporti sessuali nel caso dell'uomo e della donna. Non è stato introdotto un limite diverso per il consenso a rapporti omosessuali. È stato riferito a quattordici (e solo in certi casi a sedici) il limite di età per la violenza carnale presunta. Non sono stati configurati in termini di reato i rapporti omosessuali. È praticamente caduta in desuetudine, per quanto riguarda il favoreggiamento della prostituzione, la «legge Merlin» del 1958, che colpì duramente ogni attività che servisse, anche indirettamente, a consentire il meretricio, e così è raramente applicata la norma che punisce l'adescamento pubblico. La legge che, a tutela della particolare sensibilità dei minori, prevede limitazioni alla diffusione e presentazione pubblica di materiale osceno, anche di stampa, non ha quasi mai attuazione. Se norme come quelle citate consentono larghi margini di libertà, o quanto meno di tolleranza, in materia sessuale, non per questo è venuta meno la tradizionale ipocrisia con cui vi si accenna dalle cattedre del potere, anche a scapito del diritto all'informazione (e all'educazione) di tutti i cittadini. La campagna di prevenzione dell'Aids, a differenza di quanto si è fatto in altri paesi, non ha comportato una capillare informazione diretta sull'uso del preservativo, termine, esso stesso, per lungo tempo bandito dai comunicati ufficiali e dalla prosa degli annunciatori televisivi. Nelle scuole non si pratica l'educazione sessuale. La permanente opposizione all'aborto va di pari passo con l'ostinata condanna, da parte di chi vede nell'interruzione volontaria della gravidanza un fatto da condannare, di ogni ragionevole mezzo di prevenzione delle maternità non gradite.

Obiezione non vuol dire solo aborto

La legge del 1978 che ha legalizzato l'aborto ha anche ribadito il riconoscimento di un «diritto al dissenso» rispetto a scelte legislative che coinvolgono principi etico-civili dei singoli cittadini, tradotto nella possibilità di esimersi dal darvi personale adempimento con l'obiezione di coscienza. Il dato è significativo (al di là dell'uso strumentale poi fatto dell'istituto, per boicottare l'attuazione della legge), perché ribadisce il principio per il quale nessuno può essere costretto a tenere comportamenti che ripugnino profondamente con le sue convinzioni morali in settori in cui il contrasto tra prescrizioni autoritative e libertà di coscienza può essere più lacerante. Il precedente della legge sull'aborto era stata, nel 1972, la legge sull'obiezione di coscienza al servizio militare, e sulla stessa linea si pone il riconoscimento della possibilità di obiettare fatto da una legge del 1993 per gli addetti a laboratori in cui si pratica la sperimentazione sugli animali. Nessun riconoscimento legislativo ha invece ottenuto la richiesta di consentire l'obiezione al pagamento della quota di imposte destinata, secondo le previsioni generali del bilancio dallo Stato, a sostenere le spese militari, per rispettare la vocazione pacifista di chi avrebbe voluto avvalersene.

Dissenzienti e minoranze

Il livello effettivo di rispetto delle libertà civili è rivelato dalla tutela delle posizioni dei dissenzienti, come gli obiettori, o delle minoranze in genere. Per quella omosessuale, come si è detto, le leggi non prevedono limitazioni formali, che sono, invece, radicatamente presenti nel costume sociale. In questo caso la mancanza di interventi legislativi di sostegno (paragonabili a quelli adottati per assicurare la parità di trattamento delle donne) si traduce in una disapplicazione del principio stabilito dall'art. 3, secondo comma, della Costituzione, per il quale la repubblica deve rimuovere gli ostacoli che di fatto limitano l'uguaglianza dei cittadini e impediscono il pieno sviluppo della persona umana. Il vuoto legislativo che si registra dà luogo a trattamenti di disfavore cui potrebbe ovviare il riconoscimento delle unioni e delle convivenze di persone dello stesso sesso, per finalità previdenziali, pensionistiche, successorie, di conservazione dei contratti di locazione ecc. In questa direzione si sono avute sporadiche iniziative di amministrazioni locali, presto bloccate dagli organi regionali di controllo, e la parificazione delle famiglie di fatto (anche omosessuali) a quelle legali compiuta dal comune di Bologna in un bando per l'assegnazione di alloggi popolari ha provocato violente reazioni polemiche. Iniziative con migliori possibilità di attuazione sono state prese da organizzazioni sindacali, che si sono impegnate a fare inserire nei contratti collettivi di lavoro clausole di tutela di gay e lesbiche.

Le unioni omosessuali

In complesso, resta lontana la possibilità che l'Italia accetti la mozione approvata dal parlamento europeo all'inizio del 1994 sul riconoscimento delle unioni matrimoniali fra persone dello stesso sesso e il loro diritto di adottare minori. In questo come in altri settori in cui diffuse prevenzioni sono di chiusura a riforme radicali, e più si avverte il condizionamento rappresentato dal prevalere della Chiesa cattolica nella vita pubblica italiana, la prospettiva europea potrà offrire, in futuro, soluzioni positive. Questo avverrà se l'Unione, allargata a paesi dell'Europa del nord, saprà darsi anche in tema di diritti di libertà l'aspetto coerente che ancora manca.

L'amministrazione

a cura di
Sabino Cassese

Una riforma da condurre a termine

Come sono cambiati i rapporti tra sistema politico e burocrazia

Sabino Cassese
e Giulio Vesperini

❞ La regolamentazione dei rapporti tra il sistema politico e l'amministrazione pubblica, negli ordinamenti democratici, deve tenere conto di due esigenze contrapposte: quella di assicurare una guida all'amministrazione e quella di sottrarre l'amministrazione all'abuso della politica.

Che cosa prevede
la Costituzione repubblicana

Se l'amministrazione dipende dal sistema politico, essa riceve una legittimazione democratica, ma è parziale in quanto guidata dalla parte politica maggioritaria. Viceversa, se è indipendente dalla politica, essa è imparziale, ma resta fuori dal circuito democratico.

Come le altre costituzioni del nostro secolo, anche la Costituzione italiana del 1948 riflette questa duplice esigenza. L'amministrazione, da un lato, è considerata quale organismo esecutivo, sottoposto al comando politico del governo (articolo 95). Secondo il modello ottocentesco, in questo modo verrebbe assicurato il processo circolare tra governati e governanti. I primi, associati in partiti, designano le persone sulle quali si opera una scelta popolare. Selezionati tramite il voto, i parlamentari, a loro volta, danno fiducia a un governo, al quale deve rispondere l'amministrazione. Quest'ultima è posta così, indiret-

tamente, sotto il controllo del popolo. Dall'altro lato, per compensare gli effetti del primo principio, è stabilito che l'amministrazione sia tenuta a comportarsi in modo imparziale (articolo 97). Per questo l'accesso agli impieghi pubblici avviene per concorso. È stabilito anche che gli impiegati pubblici non sono al servizio di una parte, ma dell'intera collettività (articolo 98) e, quindi, debbono applicare in modo neutrale e imparziale la legge. Inoltre a essi è precluso di valersi della carriera politica per conseguire promozioni e talvolta può essere addirittura limitato il loro diritto di aspirare a cariche politiche.

Come stanno realmente le cose

Di fatto, la vicenda dei rapporti tra amministrazione e sistema politico nei primi quarantacinque anni di storia repubblicana si è ampiamente discostata dal modello costituzionale. L'amministrazione non è stata apparato al servizio del governo, anche se posta alla dipendenze dei ministri. Essa non è stata neanche corpo autonomo, benché alcuni poteri siano stati affidati alla alta burocrazia. Né è stata soggetta interamente al parlamento, anche se la legge ha condizionato ampiamente l'attività e l'organizzazione amministrativa.

È accaduto, invece, che l'amministrazione, costretta a convivere con governi deboli e partiti forti, abbia realizzato uno scambio particolare con il potere politico. Da un lato, infatti, la burocrazia è stata emarginata dalle decisioni di maggior rilievo, mentre dall'altro la classe politica le ha assicurato la sicurezza del posto e la possibilità di gestire autonomamente la carriera. Si è creato, pertanto, un *modus vivendi* alquanto singolare tra vertice politico e vertice amministrativo, fondato su una politica di *self restraint* (autolimitazione) da parte di entrambi. Tale risultato è stato favorito da un difetto di circolazione tra dirigenza politica e vertice amministrativo: i dirigenti amministrativi solo di rado hanno assunto responsabilità politiche; i ministri, viceversa, a causa dell'instabilità dei governi, hanno avuto in genere una conoscenza limitata dei fatti amministrativi.

Lo scambio tra «potere» e «sicurezza del posto»

Questo scambio tra «potere» e «sicurezza» ha avuto conseguenze negative per l'interesse collettivo, in termini di inefficienza dell'apparato amministrativo e di costi a carico del Tesoro. Innanzitutto, il vertice amministrativo, posto in una posizione marginale, ha badato più ad autoamministrarsi che non ad amministrare il paese: da un calcolo recentissimo, per esempio, emerge che l'amministrazione statale impiega più della metà del

proprio tempo di lavoro per provvedere alle esigenze del proprio funzionamento. La burocrazia, inoltre, si è mostrata poco propensa ad adottare decisioni e ad assumerne le relative responsabilità. Così, per esempio, essa si è fatta scudo delle leggi e delle incertezze interpretative di alcune norme per evitare il «rischio» di scegliere, con il risultato, tra l'altro, di pregiudicare l'attuazione di importanti leggi di riforma sociale. In altri casi, invece, ha preteso che la responsabilità della decisione amministrativa fosse frazionata tra una pluralità di amministrazioni, con conseguenze negative sulla celerità e l'efficacia dell'azione amministrativa.

In secondo luogo, per accrescere la quota di consenso tra le centinaia di migliaia di addetti all'amministrazione pubblica, il vertice politico ha attribuito alla burocrazia una serie di privilegi di diritto e di fatto. Così, per esempio, negli ultimi quindici anni circa il 60% degli impiegati pubblici è entrato non per concorso, come prescrive la Costituzione, ma con assunzioni «precarie», seguite da successive «titolarizzazioni» cioè da inserimenti in ruolo più o meno automatici. Spesso, poi, i ministri hanno nominato impiegati dello Stato nei consigli di amministrazione degli enti pubblici: carica questa che non conferisce poteri né aumenta il carico di lavoro, ma dalla quale conseguono indennità non disprezzabili. Infine, soprattutto in ambito locale, la burocrazia è stata coinvolta nel ricorso da parte del sistema politico alla concussione e alla corruzione.

Per vincere le resistenze della burocrazia e, a tempo stesso, assecondarne la fuga da autonome responsabilità di direzione, il vertice politico ha fatto ricorso a una legislazione minuziosa e dettagliata per regolare ogni aspetto della vita amministrativa. Ma,

I dipendenti dei ministeri

	1988	1991
Affari esteri	6 828	7 311
Agricoltura e foreste	9 303	10 172
Ambiente	114	279
Beni culturali e ambientali	26 148	24 749
Bilancio	309	433
Commercio con l'estero	544	536
Difesa	297 821	307 839
Finanze	122 304	127 432
Grazia e giustizia	68 478	77 283
Industria, commercio e artigianato	1 464	1 434
Interno	129 569	146 671
Lavori pubblici	4 422	4 622
Lavoro e previdenza sociale	15 530	15 924
Marina mercantile	1 911	2 062
Partecipazioni statali	133	129
Poste e telecomunicazioni	5	5
Pubblica istruzione	1 216 403	1 154 621
Sanità	5 230	5 096
Tesoro e Presidenza del consiglio dei ministri	21 249	23 780
Trasporti e aviazione civile	5 655	6 610
Turismo e spettacolo	381	440
Università e ricerca	—	107 326

Fonte: ISTAT

in questo modo, i problemi si sono acuiti: si sono alimentati irresponsabilità e legalismo della burocrazia e si è condizionata in modo negativo l'efficacia dell'azione amministrativa, impedendo un sollecito adeguamento alle esigenze del corpo sociale. In altri casi, infine, la classe politica ha preferito fare a meno della burocrazia. Si sono costituiti a questo scopo numerosi enti pubblici parastatali, per la trattazione di singole questioni economiche o sociali. Casi tipici sono la Cassa per il Mezzogiorno e il Commissariato per il terremoto campano del 1980. Tali enti, dotati di poco personale, con impiegati meglio pagati, più liberi nell'agire, sono al tempo stesso più permeabili all'influenza politica. In questo modo, però, da un lato, si sono create le condizioni per la lottizzazione della pubblica amministrazione da parte dei partiti; dall'altro, con l'aumento delle dimensioni del corpo amministrativo, se ne è reso più difficile il governo. Né tale sviluppo di corpi amministrativi si è sempre uniformato a criteri di razionalità: viceversa, sono frequenti i casi di duplicazione di competenze, appesantimenti di strutture, introduzione di meccanismi farraginosi di azione.

■ **Numero di addetti delle amministrazioni pubbliche e del settore pubblico allargato**
(*medie annue in migliaia*)

	1970(a)	1980	1985	1990	1992(b)
Amministrazioni pubbliche(c)					
Amministrazioni centrali	1 366	1 662	1 806	1 926	1 956
Amministrazioni locali	751	1 285	1 387	1 460	1 476
Enti di previdenza	87	93	63	62	62
Totale amministraz. pubbliche	2 204	3 040	3 256	3 448	3 494
Altri enti					
Ferrovie dello Stato	191	220	219	197	168
Aziende autonome(d)	185	228	264	270	259
Aziende municipalizzate(e)	114	143	154	159	157
Enel	104	115	115	113	109
Totale altri enti	594	706	752	739	693
Totale settore pubblico allargato	2 798	3 746	4 008	4 187	4 187

(a): Dati stimati
(b): Dati provvisori
(c): Al netto dei militari di leva
(d): Esclude AIMA, Cassa depositi e prestiti, ANAS ed ex Azienda statale foreste demaniali (ASFD), già comprese nel settore delle amministrazioni pubbliche all'interno del sottosettore «amministrazioni centrali»
(e): Il dato riportato nella colonna 1970 è riferito al 1973, mentre quelli riferiti agli anni 1990-1992 sono provvisori
Fonte: Presidenza del consiglio dei ministri. Dipartimento della funzione pubblica, *Rapporto sulle condizioni delle pubbliche amministrazioni*, Istituto Poligrafico e Zecca dello Stato, Roma 1993, p. 213.

Le novità legislative degli ultimi anni

La legislazione degli ultimi anni ha introdotto alcuni importanti cambiamenti nella disciplina dei rapporti tra sistema politico e amministrazione. Alcune leggi recenti, come la legge sul procedimento amministrativo (1990), la riforma delle autonomie locali (1990) e il decreto legislativo sulla cosiddetta privatizzazione del pubblico impiego (1993), hanno affermato il principio della distinzione tra indirizzo politico e gestione amministrativa: ciò significa che agli organi di direzione politica (per esempio, ministri, sindaci, presidenti di enti pubblici ecc.) è attribuita la determinazione degli obiettivi, dei programmi, delle direttive in materia di organizzazione e di funzionamento degli apparati; ai dirigenti, invece, spetta la gestione amministrativa, tecnica e finanziaria. Una separazione ancora più netta tra sistema politico e amministrazione si è realizzata tramite la costituzione di amministrazioni dotate di un alto tasso di autonomia e di indipendenza dal governo e dal parlamento. Gli esempi più importanti sono quelli della Commissione nazionale per la società e la borsa (Consob, 1974), dell'Istituto per la vigilanza sulle assicurazioni private (Isvap, 1982), del Garante delle radiodiffusioni e dell'editoria (1990), dell'Autorità garante della concorrenza e del mercato (1990). Queste amministrazioni assolvono a compiti di regolazione del mercato per fini di tutela della concorrenza e di protezione del consumatore e nell'esercizio delle loro competenze non sono soggette ad alcun controllo da parte dell'autorità politica.

Le cause e le prospettive delle trasformazioni in corso

Queste trasformazioni dipendono da cause diverse. In primo luogo, sono scaturite dalla *crisi del sistema politico* e dalla correlativa reazione contro l'invadenza dei partiti nel corpo sociale e amministrativo. In secondo luogo, la *crisi finanziaria dello Stato* da un lato, ha ridotto i margini per la prosecuzione dello scambio tra amministrazione e sistema politico, dall'altro, ha posto l'esigenza di semplificare i meccanismi della decisione amministrativa e di attribuire a tale scopo autonome responsabilità al vertice amministrativo. In terzo luogo, lo *sviluppo del mercato* e l'accelerazione del processo di integrazione europea hanno indotto i governi a ridurre l'intervento diretto dello Stato nell'economia e ad assumere, correlativamente, compiti di regolazione.

Distribuzione del personale delle amministrazioni pubbliche e del settore pubblico allargato per area geografica (*medie annue in migliaia*)

	Nord	Centro	Sud e isole
Amministrazioni pubbliche			
1980	1 263,0	729,0	1 048,0
1985	1 325,0	767,0	1 164,0
1990	1 370,0	811,0	1 267,0
1992(a)	1 380,0	816,0	1 298,0
Altri enti settore pubblico allargato			
1980	328,3	170,6	207,5
1985	341,9	188,9	220,8
1990	330,0	191,5	217,0
1992(a)	304,6	184,0	204,2
Settore pubblico allargato			
1980	1 591,3	899,6	1 255,5
1985	1 666,9	955,9	1 384,4
1990	1 700,0	1 002,5	1 484,0
1992(a)	1 684,6	1 000,0	1 502,2

(a): Stime
Fonte: Presidenza del consiglio dei ministri. Dipartimento della funzione pubblica, *Rapporto sulle condizioni delle pubbliche amministrazioni*, Istituto Poligrafico e Zecca dello Stato, Roma 1993, p. 215.

Infine, anche a seguito dell'aumento delle dimensioni del corpo amministrativo, è entrata in crisi la concezione, di origine ottocentesca, per la quale i cittadini, con il voto, danno un giudizio complessivo sul funzionamento di tutta la macchina politico-amministrativa. Si riconosce, piuttosto, che vi sono bacini di utenza, interessati a giudicare particolari amministrazioni e particolari servizi pubblici. Ne deriva la necessità che le amministrazioni rispondano autonomamente ai propri utenti delle prestazioni rese.

Le resistenze al mutamento

Se questi sono i fattori di accelerazione, ve ne sono altri che rallentano il mutamento. Innanzitutto vi sono le resistenze di coloro che dall'assetto preesistente hanno tratto benefici: sia la burocrazia sia i ceti sociali sviluppatisi sotto la protezione dello Stato. In secondo luogo, il passaggio da un'amministrazione abituata a non assumere responsabilità a un'amministrazione che deve decidere autonomamente circa i tempi e i modi della propria azienda è accompagnato da molte difficoltà, anche di tipo culturale. A ciò si aggiunge il travaglio che accompagna la nascita di un nuovo ceto politico e la conseguente incertezza di comportamenti che connota questa fase. Si registra, d'altro canto, nei titolari degli organi di direzione politica la tendenza a interferire continuamente nell'attività di gestione minuta degli apparati burocratici. Permane, poi, una produzione legislativa sovrabbondante e contraddittoria che rende difficili le scelte dei dirigenti e dei funzionari chiamati all'attuazione e li sospinge a lasciare l'iniziativa agli organi del vertice politico.

Infine, occorre adeguare il sistema nel suo insieme ai nuovi principi.

Per esempio, non è sufficiente affermare che il dirigente è responsabile della gestione delle risorse; occorre anche attribuirgli un budget del quale egli possa disporre senza i vincoli imposti attualmente dalla legge sulla contabilità.

BIBLIOGRAFIA

P. Farneti, *Sistema politico e società civile. Saggi di teoria e ricerca politica*, Giappichelli, Torino 1971.

S. Cassese, *Le basi del diritto amministrativo*, Einaudi, Torino 1991.

S. Cassese, *Il sistema amministrativo italiano, ovvero l'arte di arrangiarsi*, in S. Cassese e C. Franchini (a c. di), *L'amministrazione pubblica italiana. Un profilo*, Il Mulino, Bologna 1994, pp. 11-18.

Per una pubblica amministrazione dal volto umano

Giacinto della Cananea

Democrazia e amministrazione, due termini considerati opposti nel secolo scorso, hanno seguito percorsi tali da divenire strettamente connessi. Ma i cambiamenti intervenuti fra la situazione iniziale e quella attuale sono meno lineari e progressivi di quanto possa sembrare.

Nel modello iniziale, l'amministrazione appare, per molti versi, estranea alle istanze democratiche, a causa della forma di governo. Com'è noto, alla formazione del Regno d'Italia, il suffragio era riservato a una parte ridotta della popolazione. Inoltre, nella legge fondamentale, lo Statuto albertino (in vigore dal 1848 al 1948), nel solco della Costituzione francese del 3 settembre 1791, non si prevedeva alcun carattere di rappresentatività dell'amministrazione. Per l'effetto congiunto di questi principi, l'amministrazione risultava isolata dagli interessi della maggior parte dei cittadini.

L'apertura dell'amministrazione verso i cittadini era limitata anche per altri due motivi. Per un verso, le funzioni dell'amministrazione si riducevano ai compiti di ordine, relativi cioè alla cura dell'ordine pubblico, della difesa, del fisco. Essa non si occupava, cioè, della sfera sociale. Per un altro verso, il regime giuridico dell'amministrazione, il diritto amministrativo, si distaccò progressivamente dal diritto comune, assumendo connotati autoritari.

La repubblica italiana: Stato «pluriclasse»

Tutti questi caratteri mutano lentamente, a partire dagli ultimi decenni dell'Ottocento, in conseguenza dell'evoluzione della forma di governo. Il progressivo ampliamento del suffragio segnò, infatti, il passaggio dallo Stato monoclasse – diretto, cioè, da una sola classe sociale – allo Stato pluriclasse (contraddistinto invece dalla partecipazione di tutte le classi sociali). Un momento particolarmente importante di questo processo evolutivo si ebbe con la Costituzione del 1948. In essa, fra l'altro, sono affermati il principio della sovranità popolare e quello dell'uguaglianza fra i cittadini (formale e sostanziale), alla stregua del quale è valutata la legittimità delle leggi e dell'attività amministrativa, e sono stabiliti diritti non solo civili e politici, ma anche sociali. Il mutamento della forma di governo trasformò il rapporto fra pubblica amministrazione e cittadini, secondo quattro principali direttrici.

Conciliare democrazia e amministrazione

Innanzitutto, l'amministrazione mutava ruolo, dedicandosi in misura crescente alle funzioni che attengono al benessere dei cittadini, soprattutto a partire dagli anni sessanta. Così, per esempio, la sanità non si è interessata più soltanto dell'igiene e della sicurezza del lavoro, ma anche delle condizioni igieniche ambientali in generale e, più tardi, della salute dei cittadini e di coloro che non hanno tale status (legge 23 dicembre 1978, n. 833, istitutiva del servizio sanitario nazionale). Altrettanto vale per l'istruzione e la previdenza sociale. I pubblici poteri, e anche le amministrazioni, hanno assunto, quindi, una funzione correttiva, di riequilibrio. Da ultimo, sono aumentati i soggetti che ottengono riconoscimento (anziani, portatori di handicap, stranieri) e si affermano i diritti della terza generazione, i giovanissimi, come, per esempio, quello all'ambiente.

In secondo luogo, è divenuta capillare e diffusa la presenza degli interessi privati all'interno dell'amministrazione. In corrispondenza con l'ampliamento del numero dei dipendenti pubblici, si è rafforzato il ruolo dei sindacati, non solo nella contrattazione, ma anche in ordine allo svolgimento dell'azione amministrativa. Infatti, in diversi enti, specie fra quelli aventi compiti di erogazione, è prevista la partecipazione dei sindacati (è il caso dell'Istituto nazionale per la previdenza sociale). In generale, diverse leggi, varate soprattutto nel corso degli anni settanta, dispongono l'inserimento di cittadini o di loro rappresentanti in uffici pubblici: per esempio nell'organizzazione scolastica sono stati istituiti appositi consigli.

In terzo luogo, si sono affermati *nuovi criteri di armonia* fra i sempre più numerosi interessi curati dall'amministrazione. Per effetto dei principi costituzionali dell'imparzialità e del buon andamento, l'amministrazione è obbligata a tener conto degli interessi privati e collettivi. Essa deve non solo valutarli assieme all'interesse pubblico a essa affidato, ma anche

consentire l'audizione di cittadini o di loro rappresentanti nel corso dei procedimenti mediante i quali si esplica la sua azione. L'intervento dei privati nei procedimenti, dapprima previsto soltanto in funzione di collaborazione o di difesa (per esempio, nei procedimenti espropriativi), assume poi fini di partecipazione, soprattutto in ordine alle attività amministrative che si concludono con atti generali, come i piani urbanistici.

In quarto luogo, si è avuta una attenuazione progressiva della supremazia prima attribuita all'amministrazione. Sono aumentati gli accordi con i privati: in alcuni casi, specie nel settore urbanistico, essi si accompagnano agli atti autoritativi dell'amministrazione, disciplinandone l'esercizio; in altri casi, li sostituiscono. Sono aumentati, altresì, i casi nei quali le decisioni amministrative sono il risultato di un negoziato con gli interessati. Sempre più spesso, viene applicato il diritto comune, anche in ordine alle obbligazioni pecuniarie.

In conseguenza di questi mutamenti, l'amministrazione diviene sempre più permeata dagli interessi costituiti, di singoli o di gruppi. Al tempo stesso, però, si serve di essi per trovare legittimazione e consenso, in modo alternativo alla legittimazione indiretta, derivata dal potere politico. Si realizza, così, una crescente penetrazione delle istanze democratiche nell'amministrazione.

La contraddizione interna di istituti «più democratici»

Ma questo processo ha come esito paradossale proprio la «messa a repentaglio» di principi democratici. Alcuni esempi valgono a chiarire questo aspetto. Innanzitutto, la crescita degli interessi pubblici, a causa anche

Personale femminile di ruolo delle amministrazioni pubbliche
Incidenza percentuale sul totale dei dipendenti di ruolo (situazione al 1° gennaio di ciascun anno)

	1985		1990		1992	
	num.	**%**	**num.**	**%**	**num.**	**%**
Magistrati	852	10,8	1 526	17,9	1 791	19,4
Ministeri impiegati civili e operai (a)	138 236	38,2	182 056	44,3	191 462	45,3
Insegnanti (esclusa università)	578 414	73,2	610 787	74,3	613 436	75,0
Personale con ordinamen. particolare	4 663	41,0	10 629	83,0	11 364	68,0
Università Docenti e ricercatori	10 081	25,3	12 692	27,2	12 824	27,7
Amministrativi	15 572	38,0	22 283	45,4	22 794	41,9
Enti pubblici non economici	n.d.	n.d.	33 105	42,2	32 038	43,3
Enti di ricerca	n.d.	n.d.	5 404	34,3	5 309	33,5
Enti locali (b)	n.d.	n.d.	266 908	38,6	263 371	39,8
Regioni autonome a Statuto speciale	n.d.	n.d.	9 893	36,6	n.d.	n.d.
Sanità	n.d.	n.d.	328 539	51,7	346 363	52,9
Aziende autonome (c)	84 790	32,1	94 196	34,6	96 754	36,1
Totale	832 798	51,4	1 578 081	49,5	1 597 506	50,0

(a): Compreso personale non docente della scuola
(b): Il dato del 1992 è stato stimato in assenza di rilevazione da parte del Dipartimento per la funzione pubblica
(c): Per l'anno 1985 è escluso il personale femminile della cassa DD.PP. (non disponibilità del dato alla fonte)
Fonte: Presidenza del consiglio dei ministri. Dipartimento della funzione pubblica, *Rapporto sulle condizioni delle pubbliche amministrazioni*, Istituto Poligrafico e Zecca dello Stato, Roma 1993, p. 215.

Dirigenti e qualifiche equiparate delle amministrazioni statali per sesso.

	1980	**1985**	**1990**
Uomini	5 972	6 066	6 791
Donne	347	455	802
Totale	6 247	6 521	7 593

di alcune caratteristiche generali del sistema politico-amministrativo, ha determinato l'aumento dei procedimenti burocratici e la loro crescente complessità. In particolare, l'esigenza che siano sentiti, per ogni decisione, tutti i soggetti interessati oppure che essi partecipino all'adozione della decisione, ha finito con il rendere lenta e inefficace l'azione amministrativa, con grave danno per gli interessi protetti.

A questo problema si è tentato di porre rimedio con la legge 7 agosto 1990, n. 241: essa introduce, infatti, principi generali (di efficienza, semplificazione, trasparenza e pubblicità) nell'azione amministrativa; stabilisce alcune regole generali (dalla previsione dei termini complessivi dei procedimenti all'indicazione del responsabile, dall'esigenza della motivazione all'accesso ai documenti amministrativi); introduce strumenti di semplificazione dei procedimenti (accordi di programma, conferenze di servizi).

Ma la legge prevede anche istituti di partecipazione alle procedure che rischiano di riprodurre gli stessi inconvenienti che si sono presentati negli Stati Uniti, in quanto gli interessi «deboli» hanno risorse limitate, sicché la partecipazione può giovare, più che altro, agli interessi «forti».

In secondo luogo, per migliorare la qualità dei servizi pubblici (oggi inadeguata, specialmente per quanto riguarda determinati servizi e talune aree del paese), si è introdotta una Carta dei servizi pubblici. Essa pone nuovi principi, prevede strumenti volti a dar loro attuazione e rimedi in caso di inosservanza. Inoltre, mira ad accentuare il rapporto fra gli enti erogatori dei servizi a fruizione individuale (come l'istruzione o l'assistenza) e gli utenti. Ma è dubbio se sia corretto attribuire la natura di utente ai fruitori dei servizi pubblici: i cittadini, infatti, non sono solo consumatori, ma anche proprietari, sia pure «pro quota», di molti servizi.

Infine, per rendere effettivo il principio di uguaglianza, molte norme attribuiscono, di volta in volta, al consumatore, all'utente, al lavoratore, posizioni differenti rispetto al cittadino comune. Ma, in tal modo, si lacera la dimensione egualitaria, di cui la cittadinanza era il sostrato, perno dell'affermazione dei diritti nei confronti dell'amministrazione.

Sotto accusa per scarso rendimento

Stefano Battini

Più di ottanta italiani su cento, per ritirare la pensione, devono attendere, davanti allo sportello, un tempo superiore a trenta minuti e, nel 70% dei casi, senza un sistema di regolazione della fila. Un procedimento amministrativo di un ministero si conclude, in media, dopo sei mesi dal suo inizio (ma vi sono tipi di procedimenti amministrativi per i quali i tempi di conclusione superano anche i sei anni). La spesa pubblica italiana per la salute è lievemente superiore a quella tedesca (6,3% del PIL, in Italia, contro il 6,0% in Germania), ma gli istituti di cura tedeschi offrono un numero maggiore di posti letto (10,4 ogni mille abitanti, contro i 7,2 italiani). Nel 1990 oltre 200 000 cittadini italiani residenti nelle regioni meridionali hanno deciso di ricoverarsi in istituti di cura del Nord del paese.

Quelli appena esposti sono solo alcuni sintomi di un fenomeno – l'inefficienza della pubblica amministrazione – che non ha, per la verità, bisogno di dimostrazione. L'esistenza di una tale malattia sarà, di qui in avanti, assunta quale verità assiomatica (secondo il concetto euclideo di nozione comune di evidenza immediata), di cui si tenterà di analizzare, brevemente, effetti, cause e possibili rimedi.

L'inefficienza costa cara

Tra i molteplici effetti dell'inefficienza degli apparati pubblici sulla società italiana, possono segnalarsi i seguenti. In primo luogo, il fenomeno incide, in modo rilevante, sulla spesa e, quindi, sul disavanzo pubblico. Nel 1990, la spesa necessaria per il funzionamento delle amministrazioni pubbliche ha raggiunto, in Italia, il 53,4% del Prodotto interno lordo, contro il 44,8% della Germania e il 41,7 della Gran Bretagna. Se si considera, poi, che la quantità e la qualità del servizio reso dalle amministrazioni italiane è, spesso, inferiore a quella degli altri paesi europei, può comprendersi come una buona misura della spesa pubblica rappresenti il costo sopportato dalla collettività a causa della inefficienza degli apparati amministrativi.

In secondo luogo, l'inefficienza del settore pubblico incide, più direttamente, sulla produttività del settore privato. Quest'ultimo appare, infatti, in vario modo condizionato dalle pubbliche amministrazioni. Anzitutto, l'esercizio di un'attività economica privata è generalmente subordinata a una serie di permessi, autorizzazioni o altre decisioni amministrative, la cui ritardata adozione finisce per avere effetti paralizzanti. Poi, alle amministrazioni pubbliche sono affidati compiti di incentivazione delle attività economiche private. In questo caso, l'inefficienza amministrativa può convertirsi in una perdita di opportunità per l'economia italiana: è quanto avvenuto, per esempio, in materia di cofinanziamenti comunitari, in cui, a causa dei ritardi degli apparati burocratici italiani nell'adozione delle decisioni nazionali di cofinanziamento, ingenti risorse comunitarie non state utilizzate in Italia e sono state, invece, destinate a beneficio di altri paesi membri della CEE. Ancora, l'inefficienza nella gestione dei servizi pubblici costringe le imprese italiane a operare in un «contesto» che finisce per sfavorirle rispetto alle concorrenti imprese della Comunità europea.

Gli usi impropri dell'amministrazione

Tra le cause dell'inefficienza amministrativa, si possono distinguere quelle prossime, che riguardano il modo in cui è regolata l'organizzazione e l'attività dell'amministrazione, e cause remote, che riguardano la stessa posizione dell'amministrazione nell'ambito della società italiana.

L'amministrazione subisce gli effetti di una iperregolazione normativa (150 000 leggi in vigore in Italia, a paragone delle 7325 francesi e delle 5587 tedesche), che ne irrigidisce i comportamenti. L'amministrazione, poi, agisce secondo procedure complicate, in parte disegnate dalle norme, in parte costruite, in via di prassi, dagli stessi apparati burocratici.

Ogni decisione è il prodotto di un percorso faticoso, intessuto di interventi di numerosi uffici, in ordine rigidamente sequenziale, con frequenti duplicazioni di competenze. L'amministrazione, ancora, gestisce il proprio personale secondo regole che ignorano il profilo della produttività. La progressione in carriera e la retribuzione del dipendente pubblico è, in Italia, collegata all'anzianità e in massima parte indipendente dalle prestazioni rese e dal rendimento.

Quanto alle cause remote dell'inefficienza amministrativa, può dirsi che le amministrazioni pubbliche sono state spesso usate, in Italia, per la soluzione di problemi diversi da quelli cui dovrebbero istituzionalmente rispondere e per il raggiungimento di finalità improprie.

Per esempio, l'amministrazione pubblica è stata usata come «ammortizzatore sociale», soprattutto allo scopo di porre rimedio al problema storico dell'arretratezza delle regioni meridionali e del tasso di disoccupazione ivi riscontrabile. Le pubbliche amministrazioni hanno funzionato come datori di lavoro per la popolazione meridionale, con la conseguenza di provocare una irrazionale distribuzione geografica del personale, che non è in funzione dei servizi da svolgere, ma della provenienza degli impiegati.

Inoltre, le pubbliche amministrazioni sono state frequentemente utilizzate dal corpo politico per garantirsi l'appoggio delle proprie clientele: in tal modo, per esempio, nel reclutamento del personale, il criterio dell'appartenenza politica ha spesso prevalso su quello, sancito dalla Costituzione, del merito.

Gli interventi di riforma

Degli effetti e delle cause della inefficienza della pubblica amministrazione può registrarsi, oggi, un sufficiente grado di consapevolezza, non solo sul piano degli studi, ma anche su quello delle scelte di politica legislativa. Molti interventi di riforma, volti anche o prevalentemente al recupero dell'efficienza della pubblica amministrazione, possono, infatti, ritrovarsi nella più recente legislazione. Va segnalata la legge sul procedimento amministrativo (legge n. 241/1990), che pone il principio di efficienza e di efficacia sullo stesso piano di quello di legalità dell'azione amministrativa e prevede una serie di istituti e meccanismi diretti alla semplificazione delle procedure. Vi è stata poi la riforma del pubblico impiego (D. lgs n. 29/1993 e successive modificazioni), ispirata, tra gli altri, ai principi di distinzione di ruoli tra corpo politico e corpo amministrativo, di contrattualizzazione e privatizzazione del rapporto di lavoro dei dipendenti pubblici, di previsione di meccanismi di mobilità del personale. In tale direzione vanno anche le privatizzazioni delle imprese pubbliche, che rispondono all'idea di un diverso intervento pubblico nell'economia, basato su funzioni di controllo esercitate in posizione di terzietà piuttosto che sulla gestione diretta, e spesso inefficiente, dell'impresa. La riforma dei controlli amministrativi (legge n. 20/1994) è a sua volta fondata sull'introduzione di controlli, interni ed esterni, sulla gestione, cioè diretti a verificare costi e rendimenti dell'azione amministrativa. Si segnalano infine le più recenti tendenze normative in materia di erogazione di servizi pubblici, che, sulla scorta di esperienze di altri paesi (il «Citizen's Charter» inglese e il «National Performance Review» statunitense), vanno affermando importanti diritti degli utenti, tra i quali il rispetto di standard di qualità del servizio (una «codificazione» di tali diritti è contenuta, in Italia, in una *Carta dei servizi pubblici*, elaborata dal governo nel 1993, i cui principi sono stati recepiti in una direttiva del presidente del consiglio del gennaio 1994).

Della accresciuta consapevolezza del rilievo del problema dell'inefficienza della pubblica amministrazione è testimonianza, da ultimo, l'impostazione data dal governo alla manovra di bilancio per il 1994; essa è basata su una riduzione della spesa pubblica che dovrebbe conseguirsi attraverso una razionalizzazione dell'organizzazione e dell'attività della pubblica amministrazione, le cui linee essenziali sono contenute in un provvedimento legislativo collegato alla legge finanziaria (legge n. 537/1993).

Il recupero dell'efficienza della pubblica amministrazione viene così a essere riconosciuto come condizione necessaria per il riequilibrio dei conti pubblici e, insieme, come l'obiettivo principale e portante della riforma amministrativa.

─────── **BIBLIOGRAFIA** ───────

Presidenza del Consiglio dei ministri – Dipartimento della funzione pubblica, *Rapporto sulle condizioni delle pubbliche amministrazioni*, Istituto poligrafico dello Stato, Roma 1993.

S. Cassese, *Ipotesi sul sistema amministrativo italiano*, in Confindustria – Centro studi, *L'Italia verso il 2000. La società, le istituzioni, l'economia*, Sipi, Roma 1992.

■■■■■■■■ I controlli sull'amministrazione

Chi garantisce l'efficacia della burocrazia?

Gaetano D'Auria

Una fase di grandi trasformazioni

L'assetto dei controlli amministrativi è in pieno movimento, per molti motivi. I principali sono quattro.

■ **Primo motivo** è che, come si evince dagli altri contributi di questa sezione, sta cambiando il soggetto passivo dei controlli, la pubblica amministrazione. Essa vive una fase di profonde trasformazioni (la più intensa, forse, degli ultimi 130 anni), in tutte le sue componenti: l'organizzazione, le funzioni, il personale, i procedimenti, la finanza, le regole della gestione. Le trasformazioni avviate assecondano, a loro volta, la tendenza a moltiplicare i tipi di amministrazione, dal momento che la varietà degli interessi pubblici da curare richiede, per molti di essi, l'esistenza di amministrazioni costruite «su misura». Di qui, la necessità di adeguare il sistema dei controlli alla varietà delle amministrazioni, secondo la regola per cui amministrazioni diverse richiedono controlli diversi.

■ **Secondo motivo** è intrinseco alla cultura dei controlli. Per anni si è coltivata una lettura fortemente riduttiva (e sostanzialmente continuista rispetto al precedente regime) degli articoli 100, 125 e 130 della Costituzione, i quali, anche se «codificano e impongono l'antiquata figura del controllo preventivo di legittimità su atti» (così, nel 1979, il «Rapporto Giannini»), tuttavia non escludono altri tipi e modalità di controllo su gestioni amministrative e loro risultati. La cultura insita nel sistema di governo ha, invece, attribuito a quelle norme il compito di assicurare le amministrazioni contro il «rischio» di controlli che non fossero di mera legittimità, impedendo, di fatto, lo sviluppo di controlli intesi a verificare – oltre alla formale regolarità di atti amministrativi – i risultati sostanziali delle pubbliche gestioni.

■ **Terzo motivo** sta nella diffusa insoddisfazione per i controlli amministrativi tradizionali: sia di quelli preventivi (strutturalmente inadeguati a valutare economicità ed efficacia dell'azione amministrativa) sia di quelli successivi e di risultato. A questi, infatti, si imputa – non nel nostro paese, che ancora non li conosce, ma altrove – di assolvere, molto spesso, un ruolo inquisitivo e repressivo di «*waste, fraud and abuse*», piuttosto che valutativo e propositivo di sistemi per assicurare servizi efficaci ed efficienti.

■ **Ultimo motivo** è che, a distanza di quasi mezzo secolo dall'entrata in vigore della Costituzione, una serie di leggi emanate negli ultimi anni ha profondamente modificato l'assetto dei controlli: sia di quelli interni (svolti da uffici dell'amministrazione su uffici della stessa o di altre amministrazioni), sia di quelli esterni (svolti da organismi estranei all'amministrazione).

Le nuove norme e i loro obiettivi

Si tratta di una legislazione che riflette la tensione alla ricerca di strumenti, modelli, parametri di controllo sempre meno a carattere esteriore e legalistico e sempre più orientati a verificare costi, qualità dei prodotti, soddisfazione degli utenti, performance dei servizi; il tutto, nel segno di una crescente «domanda» di controlli moderni ed efficienti, da servire per arginare la corruzione degli amministratori, per accrescere la trasparenza dell'amministrazione, per assicurare la corretta gestione delle pubbliche risorse.

Il **primo obiettivo** di queste norme consiste nel ripristinare l'esercizio dei controlli interni, fiorenti fino ai primi decenni del secolo ma, poi, deperiti o resi «inoffensivi» per la poco nobile ragione che le ispezioni, da un lato, erano contrarie all'interesse dei politici (che avrebbero dovuto guidare l'amministrazione e, invece, ne approfittavano a proprio vantaggio) e, d'altro lato, davano fastidio agli stessi burocrati, che si vedevano giudicati da propri pari. Alcune norme tendono, in particolare, a rivitalizzare i controlli sulla «sana gestione» delle risorse finanziarie, a opera della Ragioneria generale dello Stato. Ma è d'obbligo osservare che essa non ha mai esercitato i controlli di «proficuità della spesa» (che sarebbero, in sostanza, controlli di gestione), a essa attribuiti fin dal 1923.

Il **secondo obiettivo** delle norme di riforma riguarda i controlli esterni, che vengono ridotti all'essenziale e concentrati sugli atti fondamentali del governo e dell'amministrazione. In particolare, la legge n. 20 del 1994 ha previsto che la corte dei conti svolga controlli *successivi* sulla gestione di tutte le pubbliche amministrazioni, nel convincimento che tali controlli siano in linea anche con le norme costituzionali sui controlli nei confronti delle amministrazioni regionali e locali. La corte inoltre dovrà effettuare i controlli successivi sulla base di appositi *programmi* e riferire al parlamento e ai consigli regionali sull'esito dei controlli eseguiti; alla corte dei conti la legge n. 20 affida infine la verifica della *funzionalità dei controlli interni* a ciascuna amministrazione.

Le aspettative:
efficacia degli atti e nuovi orientamenti

Il risultato dovrebbe essere duplice: da una parte, una più responsabile gestione delle risorse da parte degli amministratori pubblici, ormai liberati dai lacci e lacciuoli di minuti ed estenuanti controlli preventivi; dall'altra, un riscontro non più formale ed esteriore di atti amministrativi posti a raffronto con norme di legge o di regolamento (com'era prima d'ora), ma verifiche e analisi di risultati, di «prodotti amministrativi» e – nondimeno – di legittima impostazione e svolgimento di attività amministrative. Tutto ciò ha lo scopo di rilevare e *denunciare alla pubblica opinione* sprechi, ritardi ed errori, inefficienze e disorganizzazione, lungaggini e opacità di procedimenti. Ma in tal modo gli organi di controllo potranno riferire agli organi di governo, in quanto vertici politici dell'amministrazione, e agli organi della rappresentanza (parlamento e assemblee locali), in quanto titolari di poteri normativi e di indirizzo nei confronti dei governi (nazionale, regionali, locali), sullo svolgimento della gestione, sulla sua conformità alle norme che regolano l'attività amministrativa, sulla sua complessiva rispondenza ai programmi, alle direttive e agli input che gli organi della rappresentanza impartiscono all'esecutivo. Ciò significa anche

segnalare a governi e parlamenti le direzioni in cui occorre provvedere ad aggiustamenti, correzioni, riordini di azione amministrativa, così da migliorare qualità di servizi, redditività della spesa, trasparenza della gestione.
È questa la direzione di marcia sulla quale il legislatore ha posto i «nuovi» controlli amministrativi, nell'intento di rimediare all'arretratezza del preesistente sistema di controlli e agli effetti disastrosi che ne sono derivati sia sul funzionamento interno delle amministrazioni, sia sulla qualità e sui costi dei servizi erogati alla collettività.

BIBLIOGRAFIA

M. S. Giannini, *Controllo: nozioni e problemi*, in «Rivista trimestrale di diritto pubblico», 1974, p. 1263 sgg.

G. Carbone, *Art. 100*, in *Commentario della Costituzione* diretto da A. Pizzorusso, Zanichelli-Il Foro italiano, Bologna-Roma 1991.

S. Cassese (a c. di), *I controlli nella pubblica amministrazione*, Il Mulino, Bologna 1993.

Università di Venezia-Consorzio Venezia nuova, *Atti del Convegno «Attività di controllo sulle opere pubbliche»* (Venezia, 22-23 gennaio 1993), Venezia 1993.

Presidenza del consiglio dei ministri. Dipartimento per la funzione pubblica, *Rapporto sulle condizioni delle pubbliche amministrazioni*, Istituto poligrafico dello Stato, Roma 1993, p. 55 sgg.

Presidenza del consiglio dei ministri. Dipartimento per la funzione pubblica, *Il nuovo sistema di controllo interno nelle pubbliche amministrazioni*, Istituto poligrafico e Zecca dello Stato, Roma 1993.

La fatica di stare in Europa

Claudio Franchini

Con l'approvazione del trattato sull'unione europea di Maastricht, si è intensificato il trasferimento di compiti dal livello nazionale a quello della Comunità economica europea, sino a giungere addirittura a investire i tre settori di intervento tipici degli stati nazionali: la politica monetaria, quelle estera e della difesa e quelle della sicurezza interna e della giustizia. Questo processo ha determinato conseguenze importanti non solo per le istituzioni comunitarie, che hanno ampliato e modificato il proprio ambito di azione, ma anche per le amministrazioni nazionali: la loro attività viene condizionata, sia sotto il profilo strutturale, sia sotto quello funzionale, in misura sempre maggiore dall'attività della Comunità europea. Interi settori del diritto amministrativo sono ormai quasi completamente regolati da norme di natura comunitaria, da quello dell'agricoltura a quello del credito, da quello dei sussidi alle imprese a quello degli appalti di opere pubbliche. In molti altri poi l'influenza della Comunità europea si realizza in via indiretta. In questo modo, si modifica il rapporto tra l'ordinamento amministrativo interno e quello comunitario, in quanto l'amministrazione nazionale tende a divenire elemento di un più vasto sistema giuridico. Le pubbliche amministrazioni, da una parte, devono adeguarsi a una nuova e diversa realtà; dall'altra, si trovano a svolgere un ruolo differente rispetto a quello tradizionale. Si modificano i compiti, in termini quantitativi e qualitativi e, nello stesso tempo, si moltiplicano le occasioni di contatto e le possibilità di integrazione tra l'azione delle autorità amministrative interne e quella degli organi comunitari.

Le ripercussioni dell'Unione sull'amministrazione italiana

In Italia, l'accentuazione del processo di integrazione europea ha prodotto modificazioni rilevanti nel sistema amministrativo. Innanzitutto, la progressiva affermazione del pluralismo amministrativo ha favorito lo sviluppo di rapporti immediati tra le istituzioni della CEE e le autorità italiane competenti per i singoli settori. Nelle relazioni con la Comunità europea lo Stato italiano si presenta quindi come un conglomerato di amministrazioni. Di conseguenza si sono rese necessarie numerose modifiche sul piano organizzativo, soprattutto nell'amministrazione centrale: esse sono però state realizzate essenzialmente per adattamenti più che per addizioni, nel senso che si sono utilizzate le strutture esistenti, limitandosi ad ampliare le competenze: soltanto a livello governativo sono state adottate soluzioni innovative, con l'istituzione di un organo di coordinamento delle politiche comunitarie. Sul piano procedurale, invece, poiché le fasi di preparazione e di collaborazione hanno acquistato una sempre maggiore rilevanza nei confronti di quelle di decisione, si sono diffuse tecniche rivolte al raggiungimento di soluzioni concordate, che tengono conto delle diverse esigenze degli interessati.

In secondo luogo, si è verificato un mutamento del ruolo delle pubbliche amministrazioni: sempre più spesso esse si limitano a svolgere attività meramente esecutive di decisioni adottate dagli organi della Comunità europea. Se si esaminano le modalità di azione dell'amministrazione comunitaria, ci si accorge che il disegno delineato in origine nei trattati istitutivi si è modificato: alla tendenza ad agire attraverso le amministrazioni nazionali si va ora sostituendo quella a utilizzare procedure che si indirizzano direttamente ai soggetti del diritto comunitario, cioè agli enti e agli stessi cittadini europei. La regola generale ha subito rilevanti eccezioni, perché si sono moltiplicati i casi in cui è previsto che le decisioni comunitarie trovino attuazione in via immediata.

Funzioni
Servizi generali, ordine e sicurezza
Difesa
Istruzione
Sanità
Previdenza e assistenza
Trasporti e comunicazioni
Spese non ripartite
Altre spese
Totale

Fonte: Elaborazioni su dati EUROSTAT

*: Dati riferiti al 1989
(a): Per l'Olanda il dato esclude i servizi

Più problemi che risultati

Nel complesso, comunque, i mutamenti verificatisi hanno provocato tendenze contrastanti nella pubblica amministrazione italiana, tant'è vero che, sino a oggi, i cambiamenti sono stati meno rilevanti di quanto ci si sarebbe potuto attendere. I principali problemi si sono verificati rispetto all'organizzazione, alle procedure, al personale e ai rapporti finanziari.

Sul piano organizzativo, le disfunzioni più importanti si sono manifestate a livello governativo, amministrativo e territoriale. Per quanto riguarda il governo centrale, si è rivelata limitata l'azione del comitato interministeriale per la programmazione economica, il quale, di fatto, ha eserci-

tato il ruolo di centro di ripartizione delle risorse finanziarie della Comunità, piuttosto che quello di organo di programmazione e di impulso delle politiche comunitarie. Sul piano dell'amministrazione, innanzitutto non vi è stata una ridefinizione unitaria delle strutture incaricate di mantenere rapporti con la Comunità europea, che, quindi, hanno mantenuto carattere di eterogeneità e di frammentarietà; inoltre, è rimasto sostanzialmente irrisolto il problema del coordinamento delle varie amministrazioni interessate: l'istituzione del dipartimento per il coordinamento delle politiche comunitarie presso la presidenza del consiglio dei ministri non ha determinato effetti positivi, perché all'attivazione dell'organo, già di per sé macchinosa, non è seguita la necessaria attribuzione di poteri idonei ad assicurare l'efficacia degli interventi dei soggetti pubblici coinvolti nel procedimento di elaborazione e di attuazione delle decisioni comunitarie. Nelle strutture decentrate sul territo-

Struttura della spesa pubblica per funzione in alcuni paesi europei
(composizione percentuale)

Italia		Germania		Francia		Regno Unito		Olanda		Danimarca	
1980	1990	1980	1990	1980	1990*	1980	1990	1980	1990	1980	1990*
11,4	11,2	10,1	10,3	7,9	9,7	7,8	9,4	n.d.	0,0	8,9	9,3
4,0	3,6	6,0	5,0	7,7	6,3	11,2	10,0	5,6	4,8	4,6	3,6
11,4	10,0	10,8	9,2	12,3	10,6	12,4	11,7	12,6	9,8	14,2	12,3
13,3	11,8	13,2	13,3	13,1	13,9	11,3	12,1	n.d.	0,0	10,6	9,2
31,4	31,1	40,9	39,6	40,7	40,0	27,9	31,3	38,3	37,4	39,0	40,3
8,3	6,4	5,8	3,9	3,2	2,9	3,8	3,5	n.d.	0,0	4,8	3,3
9,0	16,9	3,9	5,8	3,2	5,2	12,1	9,4	n.d.	0,0	8,5	12,8
11,2	9,0	9,3	12,9	11,9	11,4	13,5	12,6	43,5	48,0	9,4	9,2
100,0	100,0	100,0	100,0	100,0	100,0	100,0	100,0	100,0	100,0	100,0	100,0

relativi alla difesa, all'istruzione e alla previdenza e assistenza.

rio, infine, è mancata una corretta definizione dei rapporti tra centro e periferia e tra quest'ultima e le istituzioni comunitarie: gli interventi della Comunità europea nei settori di competenza degli enti locali, che già negli ultimi anni sono notevolmente aumentati, sono destinati ad ampliarsi in misura maggiore nel prossimo futuro in seguito all'introduzione di un sistema di ripartizione delle funzioni tra diversi livelli di governo concorrenti e, specificamente, all'affermazione dei principi della sussidiarietà e della cooperazione.

Per quanto riguarda le *procedure*, i problemi più rilevanti investono la partecipazione delle amministrazioni italiane alle fasi di elaborazione e di attuazione delle politiche comunitarie. Per un verso, la promozione degli interessi nazionali in sede comunitaria è inadeguata, perché, in mancanza di un effettivo coordinamento, spesso si verificano disfunzioni e inefficienze; per l'altro, l'attuazione del diritto comunitario in via amministra-

tiva è stata realizzata in termini molto limitati, benché il nostro ordinamento – unico tra gli Stati membri – ne preveda espressamente la possibilità, con ripercussioni di ordine negativo sul processo di recepimento della normativa comunitaria.

In relazione al personale, va segnalata l'inadeguatezza della partecipazione italiana alla «funzione pubblica comunitaria». Sotto questo profilo, vi sono differenze notevoli rispetto agli altri stati membri, sia per quanto riguarda gli aspetti quantitativi (numero dei funzionari di nazionalità italiana, effettivi e distaccati), che a quelli qualitativi (distribuzione nei gradi più elevati della carriera e livello medio di preparazione). Tale situazione è dovuta, in parte, a una carenza italiana di sensibilità e di interesse per le problematiche comunitarie e, in parte, alla mancanza di una politica di qualificazione e di aggiornamento dei pubblici dipendenti (circostanza ancora più grave se solo si tenga conto degli orientamenti contenuti nella nuova disciplina del pubblico impiego).

Anche nel settore dei rapporti finanziari non sono stati raggiunti risultati particolarmente soddisfacenti. Negli ultimi anni, i contributi versati dallo Stato italiano alla Comunità europea sono stati superiori ai finanziamenti ricevuti. Le ragioni di un simile fenomeno sono sostanzialmente quattro: l'inettitudine a negoziare trattamenti più favorevoli (come dimostra la vicenda dell'esclusione dall'accesso al fondo di coesione istituito dal trattato di Maastricht), l'incapacità di accedere tempestivamente alla ripartizione delle risorse (per il forte ritardo nella presentazione di progetti e programmi), l'insufficienza della utilizzazione dei fondi assegnati (spesso l'Italia non riesce a usufruire di più del trenta per cento delle somme rese disponibili) e l'inadeguatezza dei controlli (che si sono dimostrati non idonei a prevenire frodi e irregolarità).

Per concludere, si può affermare che nelle relazioni con la CEE si riflettono i difetti strutturali del sistema amministrativo italiano: frammentarietà degli interventi, difficoltà di coordinamento, vuoti di competenza, inadeguatezze funzionali, insufficiente preparazione del personale e dispersione di risorse.

Le forze armate

Dopo la fine del confronto Est-Ovest

Le forze armate: un nuovo ruolo per gli anni novanta

Giorgio Rochat

99 All'ultimo posto tra le potenze militari medio-grandi, dotate di armi non nuove, prive di armamenti nucleari, le forze armate italiane vivono un momento di passaggio dopo il crollo dell'impero sovietico: o la riduzione dell'intero apparato militare o un cambiamento di rotta verso funzioni di pronto intervento a livello internazionale.

Il confronto tra le dimensioni, il costo, l'organizzazione e i compiti delle forze armate di diversi paesi non è facile a causa delle forti differenze di impianto e di ruolo (nonché per le oscillazioni delle valute nazionali). Sintetizzando i principali dati riportati in *The Military Balance 1993-1994*, annuario dell'International Institute for Strategic Studies di Londra, il più

Spese militari 1992

		milioni di dollari	per cento sul prodotto nazionale	spesa pro capite in dollari
Stati Uniti	(X)	314,32	5,3	964
Russia		39,68	9,9	268
Francia	(X)	43,11	3,4	385
Germania	(X)	42,35	2,4	251
Gran Bretagna	(X)	41,95	4,0	366
Giappone		35,94	1,0	136
Italia	(X)	24,55	2,0	136
Israele		7,37	11,1	783
Cina		6,71	5,0	19

Nota: Per i paesi contrassegnati con (x) la spesa militare è indicata secondo la definizione NATO, alquanto maggiore dei bilanci ufficiali di difesa, perché tiene conto di spese attribuite ad altri ministeri. Per esempio, la spesa ufficiale per la difesa dell'Italia nel 1992, carabinieri esclusi, è di 24 517 milioni di lire, pari a 19,89 milioni di dollari, mentre la spesa secondo la definizione NATO ammonta a 24,55 milioni di dollari, carabinieri esclusi. Tutti i paesi non considerati hanno spese militari minori dell'Italia, tranne l'Arabia Saudita. Naturalmente un confronto in dollari è condizionato dai rapporti con le monete nazionali e dai loro diversi valori di acquisto.

autorevole centro di ricerca in materia, indipendente nell'ambito NATO. Ne risulta che l'Italia è l'ultima delle potenze militari medio-grandi, dopo Germania, Francia, Gran Bretagna e Giappone (Stati Uniti, Russia e Cina per motivi diversi quanto evidenti fanno categoria a sé), con un netto vantaggio su tutti gli altri stati (eccettuato Israele, la cui efficienza bellica è certamente superiore alla spesa ufficiale). Una posizione tutto sommato corrispondente al suo rango di nazione sviluppata. Da notare però che, mentre la forza alle armi non è molto inferiore a quella di Francia e Germania e superiore a quella di Gran Bretagna e Giappone, la spesa militare italiana è decisamente inferiore, il che lascia presumere livelli più bassi di armamento e addestramento.

Organizzazione

■ Esercito italiano conta 233 300 uomini, di cui 165 000 di leva (continuiamo a utilizzare i dati di *The Military Balance 1993-1994*), organizzati in tre corpi d'armata e sette regioni militari, con una quindicina di brigate corazzate e meccanizzate, quattro di alpini e una di paracadutisti. Dispone di 1200 carri armati M.60A1 e *Leopard*, 150 carri da ricognizione *Centauro*, 3700 mezzi blindati per la fanteria, 944 pezzi d'artiglieria trainati e 286 semoventi, 18 complessi missilistici, 1980 mortai, 1432 missili anticarro, 1720 missili campali, 400 pezzi leggeri e 280 missili antiaerei, 62 aerei leggeri e 335 elicotteri da combattimento e da trasporto. La maggior parte di questi mezzi sono relativamente vecchi, ma non superati, poiché pure gli altri eserciti hanno difficoltà a rinnovare armamenti di costo straordinariamente elevato, anche per il ruolo crescente di elettronica e informatica. È in corso una riduzione e riorganizzazione complessiva delle forze: per lunghi decenni il compito principale dell'esercito era la difesa della frontiera orientale dalla minaccia (vera e propria) dei paesi comunisti; oggi le unità vengono ridistribuite sul territorio nazionale (anche con compiti di ordine pubblico in Sardegna, Sicilia, Calabria) e in parte preparate per interventi su teatri lontani (al 1° gennaio 1994 circa 1000 uomini erano in Mozambico e 2500 in Somalia nel quadro di operazioni ONU).

■ Marina italiana conta 43 600 uomini (di cui 16 400 di leva) e 28 navi da combattimento. È in preparazione la piccola portaerei *Garibaldi*: dopo lunghe lotte con l'aeronautica, la marina ha ottenuto di disporre di aerei imbarcati, gli *Sea Harrier* a decollo verticale, destinati alla portaerei citata. Registriamo poi un incrociatore, 4 cacciatorpedinieri e 22 fregate, variamente dotati di missili antinave e antiaerei e di elicotteri. Inoltre 16 navi minori, 12 posamine, 2 mezzi da sbarco, 8 sottomarini e altro naviglio di supporto. Anche la marina sta cercando di uscire dai suoi compiti tradizionali di forza integrata nei comandi NATO del Mediterraneo centrale, per mettersi in grado di affrontare missioni autonome a largo raggio.

■ Aeronautica italiana dispone di 77 700 uomini (di cui 26 500 di leva) e di 385 aerei da combattimento (più 123 di riserva), ripartiti in una ventina di stormi con vari tipi di caccia (*Tornado*, F.104, G.91, AMX e MB-339). Dispone poi di reparti per la ricognizione marittima, la guerra elettronica, il trasporto e il rifornimento in volo. E naturalmente di aerei ed elicotteri da addestramento e collegamento, nonché unità missilistiche antiaeree. Quasi tutti questi mezzi sono relativamente vecchi (benché ancora impiegati da molte altre aviazioni), ma lo sviluppo di un nuovo caccia europeo competitivo è rallentato da problemi tecnici e soprattutto finanziari.

■ Forze paramilitari (secondo la definizione di *The Military Balance*) sono imponenti: 118 000 carabinieri (che dispongono anche di mezzi blindati e elicotteri), 80 400 agenti di pubblica sicurezza, 64 100 guardie di finanza. In totale 256 300 uomini (tutti di carriera o volontari a lunga ferma, salvo una parte di giovani in servizio di leva), molti di più che negli altri paesi NATO, dove le forze di polizia sono numerose, ma non hanno generalmente una struttura paramilitare così marcata.

Le forze armate italiane non dispongono di armamenti nucleari. La vasta gamma di testate atomiche immagazzinate sul territorio nazionale è di proprietà e sotto controllo statunitense, anche se teoricamente impiegabile dalle forze italiane nel caso di guerra atomica limitata.

Il ruolo delle forze armate

Fino agli anni ottanta il ruolo delle forze armate era determinato dall'inserimento dell'Italia nella NATO, senza margine per iniziative nazionali. Il crollo dell'impero sovietico ne ha rimesso in discussione gli obiettivi: il cauto ridimensionamento effettuato per le forze di terra dovrebbe per alcuni preludere a una riduzione complessiva dell'apparato e delle spese militari permessa dalla fine del confronto Est-ovest, per altri costituisce la premessa necessaria di uno sviluppo delle forze combinate di pronto intervento, che consentano all'Italia una parte più dinamica e autonoma nell'ambito della riorganizzazione degli equilibri internazionali. Le gerarchie militari puntano su questa seconda ipotesi, ma trovano ostacoli sia nell'insufficienza dei mezzi finanziari (la riduzione delle strutture tradizionali non sembra aver liberato risorse), sia nelle esitazioni e divisioni della classe dirigente dinanzi all'impostazione di una nuova politica estera.

I quadri permanenti

Le forze armate italiane contano 136 700 tra ufficiali e sottufficiali di carriera e volontari con ferma di tre anni o raffermati (con i corpi di polizia si arriva quasi a 400 000 uomini). Il personale di carriera non è diverso per livello e cultura politica da quello delle altre grandi istituzioni nazionali, non ha tentazioni di intervento politico (anche l'impostazione fortemente anticomunista degli anni della guerra fredda non autorizzava i sospetti di golpe diffusi dall'estrema sinistra) e trova nella rivendicazione di istanze corporative tipiche di tutte le burocrazie (stipendi, promozioni, sicurezza) una difesa dalla latente crisi di identità che accomuna i militari nelle società sviluppate come conseguenza della profonda trasformazione della guerra, degli eserciti, del mestiere delle armi. Da notare la ripresa di vocazioni militari: dopo un lungo periodo di difficoltà, il reclutamento di nuovi ufficiali è oggi migliorato sotto tutti gli aspetti.

La truppa

La leva pone in Italia problemi come nelle altre società sviluppate: giovani disponibili, ma insufficientemente motivati (le forme di rifiuto o protesta politica sono però scomparse), difficili da impiegare in compiti adeguati alla loro crescente preparazione culturale, ma anche da addestrare in 12 mesi (ferma generalizzata) ai ruoli di maggiore complessità. Marina e aeronautica hanno risolto il problema affidando a volontari e raffermati tutti gli incarichi specializzati e impiegando ridotti contingenti di leva in mansioni secondarie. L'esercito, che ha una forza notevolmente maggiore, non può rinunciare all'apporto della leva, con risultati ora soddisfacenti, ora mediocri. Tenta quindi di aumentare il numero di volontari, finora senza grande successo, perché non può garantire ai più la specializzazione e i gradi che offrono marina e aeronautica (secondo una recente risoluzione, ai volontari dell'esercito sarà aperta la continuazione della carriera nei corpi di polizia). La prospettiva di sviluppo dovrebbe essere l'affiancamento di unità di pronto intervento e alto addestramento, composte soprattutto da volontari, e di unità orientate alla difesa territoriale e basate sulla leva.

L'industria bellica

Malgrado gli stretti legami tra ambienti militari e industria nazionale, non si può dire che in Italia esista un «complesso militare-industriale» capace di determinare le scelte di politica militare, perché la spesa per gli armamenti non è sufficiente per dare continuità a una moderna industria bellica e perché per una serie di componenti sofisticate è indispensabile il ricorso all'industria e ai brevetti stranieri. Le commesse passate all'industria bellica nazionale ne hanno favorito concentrazione e modernizzazione, ma non sembrano sufficienti per garantire la sopravvivenza senza drastiche riconversioni, nel momento in cui le esportazioni registrano un pesante calo (primi anni novanta).

Obiezione di coscienza e servizio civile

Le gerarchie militari, dopo avere opposto una sorda resistenza al riconoscimento dell'obiezione di coscienza, hanno sabotato l'applicazione della legge del 1972, impedendo di fatto la creazione di un servizio civile efficiente e organizzato. In realtà la forza di leva è sovrabbondante rispetto alle esigenze delle forze armate, che contestano l'obiezione di coscienza essenzialmente per la difficoltà di accettare gli articolati atteggiamenti della società moderna verso le istituzioni militari (partecipazione e consenso come critica e pacifismo). La stessa origine ha il rifiuto di ogni ipotesi di arruolamento delle donne. Una razionale organizzazione del servizio civile, che elimini soprusi e abusi, dipende dall'approvazione della proposta di legge da tempo dinanzi alle camere.

I capi di polizia

La straordinaria crescita dei corpi di polizia risale alla necessità di fronteggiare la più forte opposizione social-comunista dell'ambito NATO nel periodo della guerra fredda. La scelta di sviluppare, accanto all'arma dei carabinieri, anche il corpo di pubblica sicurezza, con una duplicazione di reparti e ruoli che non poteva non provocare rivalità periferiche, fu dovuta sia ai vantaggi che le autorità periferiche traevano dal diretto controllo della polizia (i carabinieri avevano invece una struttura centralizzata), sia al desiderio del potere politico di sottrarsi al condizionamento di un solo troppo potente corpo di polizia. Il miglioramento del clima interno non ha modificato questa situazione, per la capacità di resistenza burocratica dei due grandi corpi di polizia, come per l'interesse del potere centrale a non rinunciare al loro controllo a favore delle amministrazioni locali. E infatti anche la guardia di finanza, con compiti ben lontani dall'ordine pubblico, ha conservato una struttura militare centralizzata. La demilitarizzazione della pubblica sicurezza negli anni ottanta e la presenza al suo interno di forti spinte democratiche ne hanno migliorato l'efficienza e i rapporti con i cittadini, aprendone l'accesso anche alle donne, con risultati positivi. Tuttavia l'impianto paramilitare dei corpi di polizia, forti oggi di oltre 250 000 addetti, continua a caratterizzare la politica interna italiana.

I servizi segreti

Non è possibile definire con qualche precisione l'attività e l'organizzazione dei servizi segreti e la proliferazione delle loro branche, né tanto meno valutarne la concreta efficacia. Il loro obiettivo fondamentale è sempre stato il controllo e la destabilizzazione delle opposizioni di sinistra, quelle legali s'intende, perché nei confronti del terrorismo «rosso» i servizi diedero prova di notevole inefficienza (per non parlare delle coperture concesse al terrorismo «nero»). Dopo la riforma del 1977, con la divisione tra un SISDE prevalentemente civile e un SISMI legato ai militari, le «deviazioni» (ossia le pesanti intromissioni politiche) dei servizi segreti sembrano diminuite. Gli esperti sostengono che la loro presenza è necessaria per la difesa dello Stato; sulla base dei dati che abbiamo, questa è più una dichiarazione di principi che una realtà documentata.

Giustizia penale e società

a cura di Guido Neppi Modona

La giustizia penale degli anni novanta
Guido Neppi Modona

Dal sistema inquisitorio al modello accusatorio
Guido Neppi Modona

La mafia-azienda si sconfigge sul piano finanziario
Luciano Violante

Tangentopoli e Mani pulite: dopo le indagini, i processi
Guido Neppi Modona

Crisi del carcere e incertezza della pena
Guido Neppi Modona

Delinquenza minorile: una malattia sociale
Livio Pepino

Uscire dalle «emergenze» e dai particolarismi

La giustizia penale degli anni novanta

Guido Neppi
Modona

99 Il sistema della giustizia penale e i suoi rapporti con il tessuto sociale, politico ed economico hanno subito negli ultimi anni, mutamenti di grande rilievo, che toccano praticamente tutti i settori dell'ordinamento penale.

Gli articoli che seguono affrontano alcuni aspetti particolarmente significativi delle trasformazioni in atto: alcune ricollegabili a tendenze di lungo periodo e di carattere generale, altre alle «emergenze» criminali che si sono sviluppate nell'ultimo biennio.

Indirizzi generali e modifiche contingenti

Gli articoli sul processo penale, sulla situazione carceraria e sulla pena detentiva, sulla delinquenza minorile si propongono di fornire il quadro delle trasformazioni di lungo periodo che interessano questi settori; gli interventi dedicati alla mafia e alle inchieste giudiziarie sulla corruzione del sistema politico risentono invece maggiormente delle emergenze che hanno accompagnato le relative risposte giudiziarie. In realtà la distinzione, pienamente legittima sul terreno «scientifico», è nei fatti molto meno netta: le «emergenze» mafiosa e politico-affaristica hanno avuto, infatti, una profonda influenza sulle linee di tendenza della giustizia penale e del sistema carcerario, al punto che non sempre è facile distinguere tra gli indirizzi generali dell'ordinamento penale e le modificazioni contingenti.

L'intreccio tra linee di fondo e situazioni di emergenza è visibile nei tre momenti degli interventi legislativi, nelle prassi giudiziarie e della percezione sociale del sistema penale, che costituiscono gli indicatori fondamentali per inquadrare i rapporti tra giustizia e società. Prendendo le mosse dal processo penale, nel 1989 è entrato in vigore un nuovo codice di procedura penale, che ha integralmente sostituito il codice Rocco del 1930 e ha introdotto per la prima volta in Italia i principi del modello processuale accusatorio. Il mutamento ha avuto un'incidenza profonda non solo sui meccanismi processuali, ma sugli atteggiamenti culturali e di costume degli operatori giudiziari e dell'opinione pubblica. Ai principi autoritari del processo inquisitorio, basati sul potere del giudice di condurre in segreto le indagini, si sono sostituiti principi di visibilità e di trasparenza, emblematicamente rappresentati dai poteri dell'accusa e della difesa di presentare e formare in contraddittorio tra loro le prove nel corso del pubblico dibattimento.

Le inevitabili e scontate resistenze degli operatori – basti pensare al giudice, che si è visto espropriato del tradizionale potere di ricerca, raccolta e formazione delle prove, e agli avvocati che hanno dovuto affrontare un ruolo molto più attivo nella gestione della difesa – si sono accompagnate ai dubbi sull'idoneità dei meccanismi ordinari del nuovo modello processuale nel fronteggiare la criminalità organizzata, specie se di stampo mafioso. Di qui una serie di interventi legislativi, soprattutto in tema di disciplina di libertà personale e di utilizzazione in dibattimento come prove delle dichiarazioni testimoniali raccolte dalla polizia giudiziaria e dal pubblico ministero durante le indagini preliminari, che hanno mutato profondamente la disciplina originaria del nuovo codice più attenta nell'affermazione del principio secondo il quale le prove valide ai fini della decisione sono solo quelle che si formano in dibattimento.

Un unico modello processuale

Da un lato, dunque, sono stati reintrodotti alcuni meccanismi propri del modello inquisitorio, il che ha creato una situazione di incertezza sugli stessi caratteri generali della riforma; dall'altro, l'emergenza delle inchieste sulle degenerazioni politico-affariste del sistema dei partiti ha prodotto gravi effetti distorsivi sul terreno della percezione sociale della giustizia penale, inducendo nella coscienza collettiva la convinzione che non il dibattimento, ma le indagini del pubblico ministero siano il fulcro del processo penale. Così come, appunto, accadeva sotto il vigore del vecchio codice inquisitorio del 1930.

Non a caso, i problemi posti da queste due emergenze hanno stimolato una riflessione sulla possibilità di utilizzare un unico modello processuale – quello introdotto, appunto, nel 1989 – per rispondere sia alla tradizio-

nale delinquenza individuale, sia alle manifestazioni criminali particolarmente aggressive e diffuse di tipo mafioso. Come ai tempi del terrorismo, alcuni hanno sostenuto la necessità di introdurre una sorta di processo parallelo per fronteggiare l'emergenza mafiosa, sacrificando talune garanzie tipiche del processo accusatorio in vista di una risposta giudiziaria più snella ed efficiente. A ben vedere, ci si muove nella medesima direzione anche quando si propone una via d'uscita legislativa (o politica) dai processi di tangentopoli: di fronte alla obiettiva difficoltà di celebrare in termini ragionevolmente brevi le centinaia di processi conseguenti alle inchieste «Mani Pulite», si è parlato di introdurre una speciale disciplina premiale per favorire il «patteggiamento» degli imputati, sì da indurli ad ammettere le proprie responsabilità in cambio della garanzia di non dovere scontare la pena della reclusione.

Ove queste tendenze al particolarismo dovessero prevalere, diverrebbe addirittura problematico parlare di linee generali della trasformazione del processo penale, in un contesto in cui la proliferazione dei modelli processuali renderebbe assai difficile individuare i caratteri di fondo della giustizia penale degli anni novanta.

Sanzioni e carcere

Anche nel settore delle sanzioni e del carcere, la linea di tendenza degli ultimi cinque anni, caratterizzata dalla crisi progressiva delle misure alternative alla pena detentiva e dalla presenza di categorie di detenuti sempre più differenziate tra loro, sino alla proposta di una revisione globale del sistema sanzionatorio e dell'istituzione di autonomi circuiti carcerari, si è intrecciata con l'emergenza mafiosa. In effetti, da un lato le modifiche legislative in tema di misure alternative alla detenzione che si sono succedute nel 1991 e nel 1992 sono state soprattutto determinate dall'esigenza di escludere i detenuti per reati di mafia dalla possibilità di accedere a tali misure, dall'altro il circuito carcerario differenziato che ha sinora avuto effettiva attuazione è quello riservato a tali detenuti. Pur avendo ragioni profonde e di lungo periodo, la crisi del sistema carcerario e della pena detentiva è precipitata a causa della massiccia presenza di detenuti appartenenti alla criminalità organizzata: ancora una volta le emergenze sembrano condizionare le prospettive generali riformatrici (o controriformatrici) del sistema penale.

La criminalità ordinaria

È questa, in definitiva, la ragione di fondo per cui non è stata dedicata un'autonoma trattazione alla cosiddetta delinquenza ordinaria o tradizionale, quella formata dagli autori di reati commessi individualmente, privi di connotazioni politiche o di collegamenti con le varie forme di criminalità organizzata.

Le problematiche e le esigenze della tradizionale delinquenza individuale, che peraltro statisticamente continua a rappresentare l'aliquota più alta tra gli autori dei reati e tra la popolazione carceraria, sembrano infatti schiacciate da un evidente monopolio dell'interesse e dei provvedimenti legislativi sulla criminalità organizzata, sia sul terreno processuale, che su quello del diritto penale sostanziale e delle istituzioni penitenziarie.

Eppure, l'amministrazione ordinaria della giustizia penale (e della polizia giudiziaria) presenta gravissimi proble-

	entrati dallo stato di libertà	usciti in libertà
1970	52 592	64 929
1971	58 229	56 308
1972	67 193	72 389
1973	74 352	76 883
1974	86 212	82 610
1975	94 334	86 814
1976	94 234	88 188
1977	95 121	88 012
1978	89 764	94 035
1979	83 895	80 029
1980	93 375	87 400
1981	101 091	99 327
1982	102 925	96 801
1983	107 868	98 906
1984	112 834	104 348
1985	95 329	94 546
1986	95 026	97 542
1987	85 875	82 217
1988	89 741	87 245
1989	83 600	80 837
1990	57 738	58 109
1991	80 234	63 655

Fonte: ISTAT
(a): La diminuzione è dovuta all'applicazione del DPR 4/8/1978 n. 413 sulla concessione di amnistia e indulto.

mi di efficienza, emblematicamente dimostrati dalle statistiche, da cui emergono, l'altissimo numero di reati di cui non si riesce a individuare l'autore e la costante sproporzione tra il numero dei detenuti condannati e quelli in attesa della sentenza definitiva.

Queste constatazioni non sono un se-

Movimento in entrata e in uscita dei detenuti: posizione giuridica a fine anno

Presenti a fine anno			
a disposizione dell'autorità giudiziaria	condannati	sottoposti a misure di sicurezza e ricoverati	Totale
10 737	7 939	3 441	22 117
14 644	9 444	4 489	28 577
14 171	11 448	3 810	29 429
13 428	11 735	3 393	28 556
15 194	11 673	2 787	29 654
17 681	11 642	2 644	31 967
17 588	11 203	2 218	31 009
18 535	12 565	2 076	33 176
17 460	6 435(a)	2 440	26 335(a)
17 955	7 852	2 251	28 058
19 792	8 585	1 996	30 373
19 981	7 502(b)	1 916	29 399(b)
24 004	9 294	1 745	35 043
27 080	11 419	1 726	40 225
27 320	13 537	1 857	42 714
24 326	15 528	1 682	41 536
20 099	11 906	1 604	33 609(c)
18 615	11 617	1 541	31 773
16 383	13 557	1 442	31 382
14 235	15 048	1 397	30 680
13 906	11 030	1 214	26 150(d)
20 113	14 120	1 252	35 485

(b): Nell'anno 1981 è stato emesso provvedimento di amnistia e indulto con il DPR del 18/12/1981 n. 743.
(c): Amnistia e indulto concessa con DPR 16/12/1986 n. 865.
(d): Amnistia e indulto concessa con DPR 12/4/1990 n. 75.

gnale di buona salute della società italiana, costretta a misurarsi in termini di continue e incessanti emergenze con i problemi delle risposte legislative e giudiziarie alle varie forme di devianza criminale: la cultura e gli operatori giudiziari vorrebbero potere affrontare, nel prossimo decennio, le tematiche della giustizia penale in una prospettiva di ordinaria amministrazione, premessa indispensabile di processi riformatori di vasto respiro, a cominciare dalla riforma del codice penale, che rimane anacronisticamente quello emanato nel 1930 in pieno periodo fascista.

Dal sistema inquisitorio al modello accusatorio

Guido Neppi
Modona

99 Negli ultimi cinque anni il processo penale ha subito radicali cambiamenti ed è stato chiamato a svolgere funzioni che hanno avuto riflessi politici e istituzionali assolutamente inediti nella storia giudiziaria italiana.

Il 24 ottobre 1989 è entrato in vigore un nuovo codice di procedura penale che ha per la prima volta introdotto nell'ordinamento italiano i principi del processo accusatorio tipico dei paesi di common law. Il precedente codice del 1930, chiamato codice Rocco dal nome del guardasigilli fascista che l'aveva emanato, si ispirava all'opposto sistema inquisitorio, che caratterizzava anche la codificazione processuale dell'Italia liberale e tuttora connota la disciplina dei principali paesi dell'Europa continentale.

Principi antitetici

Il mutamento ha avuto grande rilievo, non solo giuridico, ma culturale e di costume, in quanto i principi dei due modelli processuali sono specularmente antitetici. Il sistema inquisitorio si basa sulla supremazia del giudice istruttore (e del pubblico ministero) nei confronti dell'accusato. Fulcro del modello inquisitorio è la fase istruttoria, nel corso della quale il giudice istruttore e, prima di lui, la polizia giudiziaria e il pubblico ministero, ricercano e raccolgono in segreto (cioè senza la presenza del difensore) le prove contro l'accusato (per esempio, deposizioni testimoniali, perizie, la confessione dell'imputato), destinate a essere poi utilizzate ai fini della decisione. Le prove raccolte nella fase istruttoria sono infatti documentate in appositi verbali e conservate nel fascicolo processuale, che viene trasmesso al giudice del dibattimento. Caratteri fondamentali del sistema inquisitorio sono dunque la segretezza e la scrittura: è vero che il dibattimento è pubblico e si svolge in contraddittorio tra l'accusa e la difesa, ma le prove si formano per la prima volta in segreto nella fase istruttoria e tutti i verbali raccolti nel fascicolo processuale possono essere utilizzati come prove dal giudice del dibattimento. Non a caso, il modello inquisitorio viene anche definito come «inchiesta ufficiale», per rendere evidente il ruolo predominante svolto dal giudice nella raccolta e nella formazione delle prove: anche nel dibattimento, è infatti lo stesso giudice a interrogare direttamente l'imputato e ad esaminare i testimoni.

I caratteri del sistema accusatorio

Diametralmente opposti sono i caratteri del sistema accusatorio, significativamente definito come «processo di parti»: il ruolo preminente nella raccolta e nella formazione delle prove è svolto dall'accusa e dalla difesa, poste su di un piano di parità, mentre il giudice, in funzione di arbitro terzo e imparziale dello scontro tra pubblico ministero e difensore, si limita a verificare che le parti rispettino le regole del gioco. Il sistema accusatorio non conosce quindi la figura del giudice istruttore, ma risolve il problema delle fasi precedenti al dibattimento attribuendo al pubblico ministero il potere di svolgere indagini preliminari, tendenzialmente non utilizzabili come prove in giudizio. Fulcro del processo è il pubblico dibattimento, nel corso del quale pubblico ministero e difesa presentano le proprie prove e procedono direttamente all'esame dei testimoni, che sono poi sottoposti al controesame per iniziativa della controparte.

Caratteri fondamentali del sistema accusatorio sono dunque la pubblicità, l'oralità, il contraddittorio e la parità tra le parti. Logici corollari di quest'ultimo principio sono la presunzione di innocenza prima della sentenza e lo sfavore per la carcerazione preventiva, che porrebbe l'imputato in una posizione di inferiorità nei confronti del pubblico ministero. I maggiori poteri delle parti rispetto al ruolo di mero arbitro svolto dal giudice spiegano anche la presenza di riti alternativi al dibattimento: accusa e difesa possono accordarsi per una definizione anticipata del processo, per esempio nel caso in cui l'imputato ammetta la propria responsabilità e concordi con il pubblico ministero la misura della pena. In tali ipotesi al giudice non rimane che prendere atto dell'accordo intervenuto tra le parti e pronunciare la relativa sentenza di condanna nei termini negoziati tra pubblico ministero e imputato.

Il codice del 1989

Il nuovo codice del 1989 ha appunto operato il passaggio dal modello inquisitorio a quello accusatorio, sia pure con le cautele imposte dalla necessità di adattare un sistema processuale nato e operante nei paesi di *common law* alle diverse e profondamente radicate tradizioni giuridiche e culturali dell'Europa continentale. Eliminata la figura del giudice istruttore, l'impianto originario del nuovo proceso penale italiano prevede una fase di indagini preliminari svolte dalla polizia giudiziaria e dal pubblico ministero, tendenzialmente destinate a non valere come prova in giudizio; nel corso di tale fase il giudice per le indagini preliminari interviene solo con funzioni di garanzia dei diritti dell'imputato e di controllo sull'operato del pubblico ministero, per esempio quando questi richieda una misura di custodia cautelare ovvero l'anticipazione della formazione di una prova prima del dibattimento. Sono previsti riti alternativi al dibattimento, dal giudizio abbreviato all'applicazione della pena su richiesta delle parti, che presuppongono l'accordo tra pubblico ministero e imputato e consentono una definizione anticipata del procedimento; salve queste ipotesi di giustizia negoziata, il fulcro del processo è il dibattimento, ove accusa e difesa presentano e formano le proprie prove.

L'insoddisfazione degli operatori

Malgrado il codice italiano abbia concesso al giudice poteri di intervento

■ **Totale delitti e delitti denunciati di autore ignoto per i quali l'autorità giudiziaria ha iniziato l'azione penale**

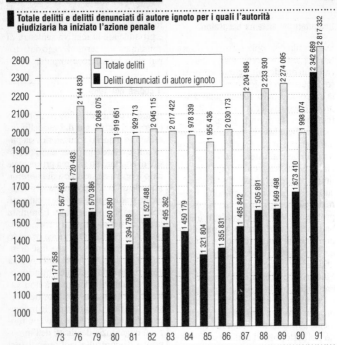

Legend:
- Totale delitti
- Delitti denunciati di autore ignoto

Anno	Totale delitti	Delitti denunciati di autore ignoto
73	1 567 493	1 171 358
76	2 144 830	1 720 483
79	2 068 075	1 570 386
80	1 919 651	1 460 580
81	1 929 713	1 394 798
82	2 045 115	1 527 488
83	2 017 422	1 495 362
84	1 978 339	1 450 179
85	1 955 436	1 321 804
86	2 030 173	1 355 831
87	2 204 986	1 485 842
88	2 233 930	1 505 891
89	2 274 095	1 569 498
90	1 998 074	1 673 410
91	2 817 332	2 342 689

■ **Persone denunciate per le quali l'autorità giudiziaria ha iniziato l'azione penale**

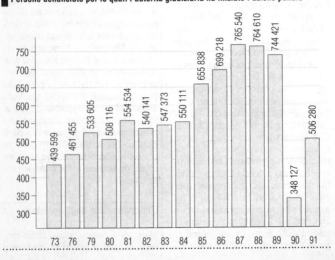

Anno	Persone denunciate
73	439 599
76	461 455
79	533 605
80	508 116
81	554 534
82	540 141
83	547 373
84	550 111
85	655 838
86	699 218
87	765 540
88	764 610
89	744 421
90	348 127
91	506 280

e di controllo di gran lunga maggiori rispetto ai modelli processuali accusatori dei paesi di *common law*, la riforma del 1989 ha suscitato diffuse reazioni di insoddisfazione e di disagio tra gli operatori giudiziari.

I giudici si sono sentiti espropriati dei loro tradizionali poteri di ricerca, raccolta e formazione delle prove e hanno lamentato che gli accordi tra le parti in tema di giudizio abbreviato o di patteggiamento minacciavano la pienezza della loro funzione giurisdizionale.

Dal canto loro i pubblici ministeri hanno avvertito il rischio della dispersione degli elementi raccolti nel corso delle indagini preliminari, conseguente al tendenziale divieto di utilizzazione in giudizio. Gli avvocati, infine, hanno dovuto affrontare i più gravosi impegni professionali derivanti dai maggiori poteri loro riconosciuti dal sistema accusatorio, con particolare riferimento alla scelta dei riti alternativi e all'esame diretto e al controesame dei testimoni in dibattimento.

Le resistenze culturali e professionali al nuovo codice hanno trovato parziale accoglimento presso la corte costituzionale, che in più di un'occasione ha riconosciuto fondate le eccezioni di illegittimità delle norme che avevano potenziato i poteri delle parti: da un lato sono state estese le facoltà di controllo e di intervento del giudice sui riti alternativi, dall'altro sono stati ampliati i poteri del giudice del dibattimento di acquisire d'ufficio prove ritenute decisive ai fini dell'accertamento della verità.

Una prova di efficienza

Malgrado le vivaci polemiche sull'impianto accusatorio del nuovo codice, alla prova dei fatti la giustizia penale è riuscita a dare una dimostrazione di eccezionale efficienza nell'affrontare le due emergenze esplose a partire dal 1992: le inchieste sulla corruzione del sistema politico e sulle connivenze tra mafia, politica ed esponenti degli apparati istituzionali hanno dimostrato la funzionalità dei meccanismi del nuovo codice nei confronti di indagini estremamente complesse e di così grande rilievo.

I poteri del pubblico ministero di condurre iniziali investigazioni segrete e di esercitare l'azione penale, con il conseguente intervento del difensore, solo nel momento in cui ritenga di avere acquisito sufficienti elementi a carico dell'accusato, riproducono lo schema tipico dei sistemi processuali di stampo accusatorio. Questo prevede la massima libertà d'azione del pubblico ministero nella fase delle indagini preliminari e, quindi, riconoscimento di poteri investigativi che pongono l'accusato in una posizione di evidente inferiorità; il riequilibrio dei rapporti tra accusa e difesa nella fase del giudizio, ove possono essere utilizzati solo gli elementi di accusa che il pubblico ministero riesce a individuare e trasformare in vere e proprie prove davanti a giudici del dibattimento.

A ben vedere, però, nelle numerosissime inchieste «Mani Pulite» e in quelle sui rapporti tra mafia, politica e istituzioni si è realizzata solo la prima parte di questo schema. Infatti i pubblici ministeri hanno ormai presentato un grande numero di richieste di rinvio a giudizio ma sinora è mancata la seconda fase dello schema, quella della verifica dibattimentale. Anzi, alcune recenti modifiche legislative hanno sollevato il fondato timore che si stia verificando un ritorno al sistema processuale inquisitorio.

Quanto dura un processo penale (*in giorni*)

	1988	1990	1992
Pretura (istruttoria + giudizio)	186	194	305
Procura	132	94	86
Ufficio istruzione - Sezione istruttoria dell'89 Gip	289	59	107
Tribunale	752	124	269
Corte d'assise	287	188	205
Corte d'assise d'appello	361	201	208
Corte d'appello	638	266	391

Si torna indietro?

A cavallo tra i mesi di giugno e di agosto 1992, sull'onda dello sdegno morale e civile sollevato dalle stragi mafiose in cui hanno perso la vita i giudici Giovanni Falcone, Paolo Borsellino e le loro scorte, sono state emanate (anche sulla base di una sentenza della corte costituzionale di poco precedente) norme che hanno sconvolto il sistema dei rapporti tra le indagini preliminari del pubblico ministero e la formazione della prova in dibattimento. In particolare, è stato attribuito in via generale valore di prova alle dichiarazioni rese dai testimoni alla polizia e al pubblico ministero, anche se non confermate o ritrattate in dibattimento: ben al di là dei casi, tipici dei processi di mafia, in cui i testimoni fossero stati intimiditi o minacciati. La riforma sembra quindi prefigurare un ritorno ai meccanismi del precedente modello inquisitorio, caratterizzato appunto dalla utilizzazione probatoria degli atti assunti dalla polizia giudiziaria e dal pubblico ministero nelle fasi istruttorie: in un contesto, peraltro, in cui i diritti della difesa risultano gravemente sacrificati, in quanto ora non è previsto l'invio dell'informazione di garanzia all'accusato sin dall'inizio delle indagini.

A meno di cinque anni dalla sua entrata in vigore, il nuovo processo penale si trova ad affrontare una vistosa contraddizione tra l'impianto generale del sistema accusatorio e la reintroduzione di alcuni meccanismi del modello inquisitorio. Contraddizione di cui è ora difficile prevedere le possibili vie d'uscita: se nella direzione di ulteriori passi indietro verso il sistema inquisitorio del codice del 1930, ovvero ricercando più meditati equilibri tra l'impianto accusatorio del codice del 1989 e l'indiscussa esigenza di affrontare con strumenti processuali idonei le emergenze poste dalla criminalità di stampo mafioso e dalle inchieste che hanno messo in stato di accusa il sistema politico che ha governato l'Italia per quasi un cinquantennio.

La mafia-azienda si sconfigge sul piano finanziario

Luciano Violante

99 La nozione di criminalità organizzata è oggi troppo vasta per poter essere omogenea. Appartengono alla criminalità organizzata, infatti, tanto bande di minorenni dedite permanentemente e in modo programmato al furto di autoradio, quanto il cartello di Cali, una delle più potenti organizzazioni di trafficanti di cocaina.

La nozione cominciò a essere usata in Italia nella prima metà degli anni settanta, quando, in coincidenza con l'esplodere del fenomeno dei sequestri di persona e con l'insorgere dei primi gruppi terroristici, si introdussero modifiche legislative frutto della crescente consapevolezza della differenza tra criminalità individuale e criminalità organizzata.

Allora la differenza fondamentale era determinata da due caratteri: il numero delle persone e la natura permanente e professionale dell'attività criminale organizzata rispetto al carattere casuale, accidentale della criminalità individuale.

A venti anni da quei primi approfondimenti la geografia criminale è completamente mutata. La criminalità individuale è un residuo folcloristico. L'organizzazione è entrata prepotentemente nel mondo criminale e non c'è attività illegale che non abbia una sua forma organizzata, dalla immigrazione clandestina al traffico di armi.

La differenza essenziale, oggi, è tra associazioni mafiose e organizzazioni che tendono a svolgere una o più attività criminali, senza rivestire i caratteri propri delle prime. Per definirne i caratteri fondamentali, è opportuno fare riferimento alle tre principali organizzazioni mafiose che operano in Italia: Cosa nostra, 'ndrangheta e camorra.

Quali sono i caratteri fondamentali delle organizzazioni mafiose e in che cosa esse si differenziano dalle altre forme di criminalità organizzata?

Cosa nostra

L'organizzazione più pericolosa è Cosa nostra. Ha sede principale in Sicilia, ha una struttura piramidale, con al vertice la cosiddetta commissione, che raccoglie i capi più importanti, e alla base circa 5000 uomini che ne costituiscono l'esercito. È responsabile di omicidi che hanno scosso tutto il mondo civile.

Cosa nostra è un'organizzazione criminale, dotata di precise regole di comportamento, di organi formali di direzione, con aderenti selezionati sulla base di criteri di affidabilità, con un territorio sul quale esercita un controllo tendenzialmente totalitario. Ha una struttura organizzata di tipo verticale, con commissioni provinciali e una commissione regionale. La commissione provinciale di Palermo è, di fatto, quella più potente. L'obiettivo permanentemente perseguito è l'accumulazione del massimo potere possibile nella situazione concreta. Ciò la differenzia dalle organizzazioni criminali affini e le conferisce una cultura, una dimensione e una strategia politica. Agisce con particolare flessibilità allo scopo di meglio adattarsi all'ambiente e meglio estendere la propria influenza, e quindi il proprio potere, attraverso relazioni di scambio, favoritismi, sviluppo di rapporti familiari, costituzione di clientele, prestazioni di favori che costituiscono il presupposto per ottenere contropartite.

Il criterio guida delle azioni di Cosa nostra è l'utilitarismo. Tutto ciò che giova all'organizzazione si deve fare. Tutto ciò che la danneggia o può, eventualmente, danneggiarla è severamente proibito.

La 'ndrangheta

La 'ndrangheta ha sede principale in Calabria e conta 144 organizzazioni con 5600 affiliati; ha una struttura prevalentemente orizzontale: esistono rapporti tra i diversi gruppi della 'ndrangheta, ma non esiste un vertice regionale, né esistono vertici provinciali. La 'ndrangheta ha commesso solo due omicidi «eccellenti»: nell'agosto 1991 fu ucciso il magistrato Scopelliti, che avrebbe dovuto sostenere l'accusa in cassazione contro i boss imputati nel maxiprocesso proveniente da Palermo; due anni prima

era stato ucciso l'ex presidente delle ferrovie dello Stato, Lodovico Ligato. Un episodio può far intendere la differenza tra Cosa nostra e 'ndrangheta. Alcuni anni fa a Reggio Calabria un magistrato decise di controllare i cantieri edili della città, che nella loro maggioranza erano in mano alla 'ndrangheta. Incaricò del controllo un vigile urbano, Maqueda. In Sicilia avrebbero ucciso il giudice; in Calabria uccisero il vigile urbano. Raggiunsero egualmente, e senza clamore, il risultato voluto, perché i controlli furono sospesi e il magistrato venne trasferito, viste le condizioni di pericolo, in un'altra sede. Questa tecnica di reazione apparentemente «minimalista» dipende proprio dall'assenza di un «comando centrale», l'unico in grado di frenare le rivalità interne e di coordinare operazioni su vasta scala.

Le organizzazioni di gran lunga più pericolose, per radicamento sociale, collegamenti esterni, potenza criminale e per i rapporti con Cosa nostra, sono quelle di Reggio Calabria, 86 con circa 3800 affiliati. Nella città due gruppi contrapposti, facenti capo alle famiglie De Stefano-Tegano e Imerti-Condello-Fontana-Serraino, hanno aperto nel 1985 una guerra di mafia che ha fatto registrare centinaia di morti. L'accordo è stato raggiunto nel 1991 per intervento di Cosa nostra e con due novità.

La prima ha riguardato l'assassinio del sostituto procuratore generale presso la corte di cassazione, Scopelliti, che avrebbe dovuto sostenere l'accusa nel maxiprocesso. L'assassinio, sulla base degli elementi di cui sinora si dispone, fu eseguito dalla 'ndrangheta, su mandato di Cosa nostra. Si tratta del primo omicidio «eccellente» commesso in Calabria.

La seconda novità è costituita dalla istituzione di un «coordinamento provinciale», che non ha funzione di vertice gerarchico come la *cupola* di Cosa nostra, ma serve a dirimere le controversie, prevenire gli scontri, cogestire gli affari di maggiore rilevanza. In tal senso la 'ndrangheta, in provincia di Reggio Calabria ha assunto una struttura di tipo federale, che la salvaguarda dalle risse interne e moltiplica l'aggressività sul «fronte esterno».

La camorra

La camorra ha sede principale in Campania; ha una struttura pulviscolare con gruppi che si aggregano e si disgregano con facilità; conta 126 organizzazioni con circa 6800 affiliati. Mancano vertici regionali e provinciali e mancano, di conseguenza, omicidi «eccellenti», che richiedono grande compattezza organizzativa.

La camorra ha una sua specifica tecnica di controllo del territorio. Cosa nostra impone il proprio controllo grazie all'intimidazione che deriva dalla sua struttura unitaria. La 'ndrangheta impone il controllo del territorio grazie all'altissimo rapporto affiliati-cittadini (un affiliato ogni 383 abitanti, contro l'uno ogni mille in Sicilia, e l'uno ogni 855 in Campania). La camorra, invece, che non ha vertici unificanti, e ha un rapporto numerico con i cittadini più basso della 'ndrangheta, sviluppa il proprio controllo del territorio intervenendo nell'economia delle famiglie appartenenti agli strati sociali più poveri.

È tipica della camorra l'industria dei falsi: i falsi Dior, i falsi Vitton, i falsi Ray-ban, le duplicazioni abusive di musicassette, compact, videocassette. Migliaia di persone, sfruttate e sottopagate, ma che ritengono di non poter trovare altro lavoro, vivono in questo modo. Singolare è il rapporto tra camorra e traffico di stupefacenti. Le altre due organizzazioni si occupano delle importazioni medio grandi, ma non dello spaccio minuto, lasciato alla malavita di quartiere. La camorra, invece, delega ad altri la grande importazione, ma si occupa direttamente della piccola distribuzione. In questo modo riesce a controllare minutamente il territorio e la vita quotidiana delle persone che vi abitano.

Internazionalizzazione

Caratteri comuni alle tre organizzazioni sono il controllo del territorio, i rapporti con la politica, l'internazionalizzazione, l'utilizzazione della corruzione, la tendenza a trasformarsi da mafia-imprenditrice a mafia-azienda. I primi due caratteri sono ampiamente noti. (Si vedano in proposito le relazioni della Commissione parlamentare antimafia, XI legislatura, su mafia e politica, la camorra e la relazione finale, che contiene un'analisi della 'ndrangheta). Meno noti sono gli altri tre.

L'internazionalizzazione dipende da vari fattori. Sono decisivi, innanzitutto, i beni trattati: droga, armi e danaro. La droga e le armi sono, per definizione, merci che attraversano diversi paesi del mondo. In particolare la loro utilizzazione finale avviene, tanto per le armi quanto per la droga, in paesi diversi da quelli di produzione. Il commercio che le riguarda comporta la necessità di superare molte frontiere, di utilizzare molte istituzioni legali (banche, società finanziarie, dogane), di intrattenere rapporti con gruppi illegali di diversi paesi.

Per il danaro vale un analogo ragionamento: la mafia ha la necessità di riciclare il danaro sporco e, successivamente, di investirlo. Tutte le inchieste dicono che non esiste grande riciclaggio senza circolazione internazionale del danaro sporco.

La mafia, inoltre, sfrutta la libertà di circolazione delle merci e dei capitali tra tutti i paesi avanzati per collocare le proprie ricchezze dove si corrono meno rischi. Il collaboratore della giustizia Gaspare Mutolo ha riferito alla Commissione antimafia, per esempio, che nel 1982, di fronte al timore che venisse approvata in Italia una legge sulla confisca dei beni mafiosi, proposta dal deputato La Torre, un «uomo d'onore» appartenente alla potente famiglia dei Madonia consigliò massicci investimenti in Germania dove era «tutto tranquillo».

La grande liberalizzazione europea e internazionale della circolazione dei capitali e delle merci non è accompagnata ancora dalla circolazione internazionale di regole adeguate a difendere la ricchezza legale dalla ricchezza illegale. Le frontiere nazionali sono barriere di carta per i criminali, ma sbarrano il passo ai magistrati. Questa situazione spinge le organizzazioni mafiose a utilizzare ampiamente la scacchiera internazionale per guadagnare impunità e per moltiplicare gli utili.

La mafia-azienda

Le tradizionali analisi delle organizzazioni mafiose ruotano attorno al concetto di mafia imprenditrice. Si intende in tal modo fotografare l'attività economica della mafia, la capacità del mafioso di investire, di ricavare utili, di muoversi anche sul mercato e non solo nella sfera puramente criminale. Ma le organizzazioni mafiose non sono state ferme a quel modello; sono andate avanti, per troppo tempo incontrastate, e hanno sviluppato un vero e proprio sistema economico-criminale. Il codice civile, all'art. 2555, definisce l'azienda come il complesso dei beni organizzati dall'imprenditore per l'esercizio dell'impresa. Il concetto guida per aiutarci a scoprire la nuova dimensione della mafia è il concetto di «mafia-azienda». Oggi la mafia si distingue dal passato per essere una vera e propria azienda criminale, con modelli organizzativi, distribuzione di ruoli, logiche di espansione, sistemi di alleanze che ruotano attorno al profitto illecito e ai mercati illegali. L'omicidio, l'estorsione, l'usura sono sempre più inseriti in questo modello di azienda criminale e sempre meno nella vecchia logica di pura espansione d'influenza. Criminalità mafiosa ed economia mafiosa sono due facce della stessa medaglia.

Potenza corruttrice

Il modello mafioso non è caratterizzato solo dalla struttura verticale e gerarchizzata e dall'uso spregiudicato della violenza, ma anche da relazioni «orizzontali» tra mafia e pubblici uffici e dal ricorso altrettanto spregiudicato alla corruzione.

Nella cultura mafiosa la corruzione viene prima della violenza. Il primo atto che il mafioso compie nei confronti di un pubblico funzionario non è l'omicidio, ma l'«avvicinamento», il cauto sondaggio sulla sua disponibilità a favorirlo. Solo se l'avvicinamento ha avuto esito negativo, e altre vie non sembrano praticabili, si passa a considerare la possibilità della intimidazione e poi della eliminazione. La corruzione costituisce una modalità dell'avvicinamento e ha una funzione-cardine nella strategia di espansione mafiosa. Cosa nostra non ha problemi di danaro; il costo della conquista del funzionario alla propria causa è irrilevante di fronte ai vantaggi, anche perché la corruzione lega il corrotto al corruttore mafioso con un rapporto inevitabilmente destinato a durare nel tempo, vista la continuità delle azioni criminali della mafia e la condizione di ricattabilità permanente in cui è posto il corrotto. Tanto necessaria è la conquista dei pubblici funzionari cui il mafioso offre i propri servigi anche in assenza di una contropartita immediata: prima o poi tornerà comunque utile potersi rivolgere a un funzionario di polizia, un magistrato, un burocrate che deve «sdebitarsi» con lui.

Per effetto della pratica della corruzione, diventano componenti ulteriori del sistema mafioso: a) i rapporti con il mondo politico e istituzionale al fine di ottenere impunità e di beneficiare delle erogazioni pubbliche, dagli appalti alle licenze edilizie alle concessioni per discariche; b) la raccolta del voto in favore di politici locali e nazionali, che non ha una pura finalità di scambio: serve infatti anche per manifestare all'esterno le alleanze politiche, coinvolgere i beneficiati, rafforzare il proprio prestigio in caso di vittoria; c) la corresponsione di tangenti a politici e a burocrati o direttamente o obbligando gli imprenditori a corrisponderle; d) i rapporti con gli imprenditori, in genere del ramo lavori edili; questi imprenditori sono vittime quando pagano le tangenti con i propri utili, ma sono complici quando le corrispondono, aumentando artificiosamente i costi dei lavori effettuati.

La strategia vincente

La chiave di volta per aggredire in modo vincente queste nuove dimen-

sioni della mafia, che potrebbero costituire, con il passar del tempo, anche un modello per le organizzazioni criminali meno «nobili», è il varo di un'organica strategia di attacco alla mafia-azienda, alle dimensioni finanziarie della mafia.

Oggi siamo in grado di colpire il versante puramente criminale della mafia, ma siamo in forte ritardo sul versante finanziario. Esiste, infatti, uno scarto tra il processo di modernizzazione della mafia e una certa arretratezza che caratterizza la strategia di risposta. Non esiste una vera azione di sgretolamento della mafia se non si opera anche sul versante finanziario. Anzi, lasciare intatto il versante finanziario significa lasciare a queste organizzazioni molte possibilità di proseguire nella loro azione.

All'inizio degli anni ottanta vi fu un primo importante cambiamento della strategia di attacco alla mafia, perché si comprese che non era utile cercare solo i responsabili dei singoli delitti di mafia: occorreva sviluppare l'attacco alla mafia in sé, come organizzazione criminale, anche prescindendo dai singoli delitti commessi. Fare diversamente avrebbe voluto dire procedere come se la criminalità organizzata non esistesse e ci si trovasse di fronte a singoli, distinti, autonomi episodi criminali.

In questo modo invece è stato possibile individuare i vertici della organizzazione, si sono scoperte le relazioni politiche e si sono individuati gli autori di alcuni gravi delitti.

Oggi bisogna dar vita a una svolta analoga: all'indagine sul singolo riciclaggio occorre sostituire l'indagine sull'intero sistema economico delle organizzazioni mafiose. In questo modo si verrà a capo dei singoli riciclaggi e, finalmente, si potrà smantellare la mafia-azienda.

Contro la corruzione del sistema politico

Tangentopoli e Mani pulite: dopo le indagini, i processi

Guido Neppi
Modona

99 Le indagini della giustizia penale negli anni 1992-1994 hanno portato alla luce un diffusissimo sistema di corruzione, nel quale sono rimasti coinvolti quasi 200 parlamentari dei partiti di governo (e marginalmente anche delle forze di opposizione), i segretari dei partiti di maggioranza, numerosi ministri e direttori generali dei ministeri, la maggior parte degli enti pubblici territoriali e dell'amministrazione locale, i principali gruppi imprenditoriali e finanziari.

Non vi è praticamente stato appalto per la prestazione di beni o servizi in favore della pubblica amministrazione che non sia risultato inquinato da manovre concussive o corruttive, in vista dell'illecito finanziamento dei partiti e, sovente, del contestuale arricchimento personale di esponenti politici e della pubblica amministrazione: in ciascun settore le varie inchieste giudiziarie hanno accertato l'esistenza di un copione unico, fatto di reati che spaziano dalla concussione alla corruzione, dal finanziamento illecito dei partiti alla ricettazione, dal falso in bilancio alla frode fiscale.

Un ruolo politico inedito per i magistrati

Alla fine del 1993 nella sola sede giudiziaria della procura della repubblica di Milano oltre 1000 erano le persone sottoposte alle indagini, 500 gli ordini di custodia cautelare, oltre duecento le richieste di rinvio a giudizio. A ragione si è dunque parlato di una vera e propria rivoluzione, condotta con gli strumenti legali del processo penale. La magistratura è stata accreditata del ruolo politico, assolutamente inedito nella storia giudiziaria italiana e, più in generale, delle democrazie occidentali, di avere concorso alla crisi irreversibile di un intero sistema politico, che aveva governato l'Italia per quasi un cinquantennio. Le ragioni di questa eccezionale stagione giudiziaria sono nello stesso tempo processuali ed extraprocessuali (politiche e di costume, ivi compresi i rapporti che si sono instaurati tra i giudici e la pubblica opinione: si veda, in proposito, l'articolo *Giustizia e potere politico* nella sezione «I poteri dello Stato». Gli stessi pubblici ministeri di Milano hanno in più occasioni rilevato che le cause extra-processuali sono state di gran lunga prevalenti: in effetti, è stato il mutamento del quadro politico e del modo di sentire della gente a consentire ai giudici di utilizzare gli strumenti processuali al massimo delle loro potenzialità.

I poteri investigativi del PM

Sul terreno strettamente processuale, le inchieste su «Tangentopoli» sono state certamente agevolate dagli accresciuti e più agili poteri investigativi riconosciuti al pubblico ministero dal nuovo codice di procedura penale, entrato in vigore nel 1989. Al pubblico ministero è stata infatti riconosciuta la facoltà di svolgere investigazioni libere, informali e segrete (cioè senza obbligo di informare la persona sospettata e di invitarla a nominare un difensore) sino a quando i sospetti non si siano trasformati in precisi elementi di accusa. È quindi presumibile che i pubblici ministeri di Milano abbiano svolto investigazioni ben prima del 17 febbraio 1992, data in cui hanno ufficialmente preso avvio le indagini nei confronti di Mario Chiesa, presidente del Pio Albergo Trivulzio, arrestato in flagranza mentre stava incassando una modesta tangente di 7 milioni.

Modifiche dell'ordinamento giudiziario coeve all'entrata in vigore del nuovo codice hanno inoltre legittimato l'istituzione di gruppi di magistrati coordinati tra loro per seguire a tempo pieno filoni di indagini particolarmente delicate e complesse: il pool «Mani Pulite» di Milano è appunto espressione di queste utilissime forme di coordinamento, già sperimentate di fatto ai tempi dei processi di terrorismo e, poi, a Palermo durante le prime grandi inchieste sulla mafia condotte da A. Caponetto, G. Falcone e P. Borsellino.

Il crollo del sistema dei partiti

Infine, a Milano come nelle altre sedi giudiziarie, le inchieste «Mani Pulite» si sono sviluppate senza trovare ostacoli nei paralizzanti conflitti di competenza tra i vari uffici, che in passato erano stati una delle cause principali dell'insabbiamento delle indagini sulle illegalità del potere. Qui le cause processuali si fondono già con il nuovo clima politico: i magistrati hanno avvertito che l'opinione pubblica non avrebbe accettato i trabocchetti dei balletti di competenza per bloccare o ritardare le indagini e hanno utilizzato i meccanismi offerti dal nuovo codice per coordinare le inchieste tra le diverse sedi giudiziarie.

Le cause principali del travolgente sviluppo delle indagini sono però state politiche e di costume. Mano a mano che si consuma il crollo del vecchio sistema dei partiti (particolarmente significativa è la data delle elezioni politiche del 5-6 aprile 1992), sono radicalmente mutati gli atteggiamenti e la mentalità della coscienza collettiva nei confronti del malcostume politico-affaristico e dei magistrati che conducevano le inchieste. Le indagini giudiziarie sono state accolte con un senso di liberazione anche da chi per lunghi anni era stato nello stesso tempo artefice e vittima del sistema delle tangenti. Si è verificato un fenomeno che all'inizio ha sconcertato gli stessi pubblici ministeri: non solo chi aveva già ricevuto un'informazione di garanzia ammetteva le proprie responsabilità e indicava quelle di altri, ma decine di potenziali imputati, soprattutto imprenditori, si presentavano spontaneamente negli uffici della procura e confessavano il pagamento di tangenti.

La collaborazione degli imputati

Nella collaborazione degli stessi imputati con la giustizia sta probabilmente la causa principale della crescita in progressione geometrica delle indagini. Ciò che sino a ieri era stato accettato come un'ordinaria regola dell'agire politico, si è trasformato nella coscienza collettiva in comportamenti politicamente e moralmente censurabili, non più sopportabili, anche a costo di pagare di persona. Caduti i referenti politici che avevano fino ad allora legittimato quei comportamenti, politici e imprenditori, corrotti e corruttori, non più sostenuti dall'esercizio del potere, sono divenuti, di fronte a se stessi e all'opinione pubblica, ciò che in realtà erano sempre stati: ordinari autori di gravi reati, e si sono di conseguenza comportati come fa qualsiasi imputato, cercando di prevenire o di ridurre al minimo gli effetti del processo penale.

L'atteggiamento collaborativo della maggior parte degli stessi imputati è stato dunque determinante. Non si dimentichi che gli illeciti trasferimenti di denaro in nero non lasciano prove documentali e possono essere accertati solo mediante le ammissioni di chi ha dato o ricevuto: anche il pagamento di una tangente in Svizzera può essere verificato solo dopo che uno degli imputati abbia indicato la banca e il numero del conto.

Il consenso dell'opinione pubblica

Altrettanto determinante si è rivelato il crescente e sempre più vasto consenso dell'opinione pubblica. Ciò vale soprattutto per l'uso della custodia cautelare nei confronti degli indagati non disposti a collaborare con la giustizia: al riguardo, il codice di procedura penale ammette il ricorso alla custodia cautelare quando sia ritenuto necessario per prevenire il pericolo di fuga dell'inquisito, ovvero l'inquinamento probatorio o la reiterazione di reati della stessa specie di quelli già commessi. Nelle indagini su Tangentopoli il rischio che la persona inquisita, ove lasciata in libertà, inquinasse le prove concordando versioni di comodo con i coimputati, ovvero continuasse a commettere analoghi reati (è stato accertato che si sono ancora verificati episodi di illecito finanziamento dei partiti nel 1992 e persino nel 1993), era senza dubbio verosimile. Ma la constatazione che le richieste di custodia cautelare dei pubblici ministeri sono state pressoché tutte accolte dai giudici per le indagini preliminari e non abbiano suscitato reazioni negative (fatte salve, evidentemente, le vivaci polemiche del «Partito degli inquisiti» e dei difensori degli imputati), induce a ritenere che l'uso così massiccio di uno strumento che il nuovo codice vorrebbe limitato a casi e situazioni eccezionali sia dovuto anche al consenso manifestato dall'opinione pubblica nei confronti degli arresti degli imputati eccellenti. In altre parole, alla notizia dell'invio di un'informazione di garanzia si accompagnava l'aspettativa della confessione o della custodia cautelare, in vista della successiva confessione.

Un pericoloso travisamento

Queste aspettative denunciano peraltro un pericoloso travisamento delle funzioni della giustizia penale. Atti quali l'informazione di garanzia, la custodia cautelare, la confessione dell'imputato dovrebbero avere un significato provvisorio, in attesa che le ipotesi accusatorie abbiano trovato conferma nella fase del dibattimento, ovvero l'imputato abbia riconosciuto formalmente la propria responsabilità, patteggiando la pena con il pubblico ministero.

L'eccezionalità dei compiti che si sono rovesciati sulla magistratura in questa situazione ha determinato nella coscienza collettiva uno spostamento dalla cultura della giurisdizione a quella dell'investigazione: il fatto che l'accusato raggiunto da un'informazione di garanzia o sottoposto a custodia cautelare venga sbrigativamente ritenuto colpevole dalla pubblica opinione reca un grave pregiudizio alle garanzie costituzionali e processuali che sovraintendono all'accertamento della verità.

Sanzionare le responsabilità

È anche questa la ragione per cui gli stessi giudici di Tangentopoli più consapevoli dei rischi connessi all'eccesso di attese riposte nella giustizia penale e alla sovraesposizione politica della magistratura hanno ripetutamente caldeggiato soluzioni legislative idonee a una rapida conclusione dei processi: l'allargamento della sfera di applicazione del patteggiamento tra accusa e difesa (per esempio, per pene sino a tre anni di reclusione, coperte dalla sospensione condizionale), accompagnato però dal risarcimento dei danni e dall'interdizione a ricoprire per il futuro cariche politiche o incarichi pubblici, potrebbe essere un valido strumento per sanzionare in tempi brevi le responsabilità penali degli esponenti del regime dei partiti e per riequilibrare il ruolo dei giudici e le funzioni del processo penale.

▌Le date di Tangentopoli

17 febbraio 1992 Arresto di Mario Chiesa, presidente del Pio Albergo trivulzio di Milano. È l'avvio di Mani Pulite.

14 luglio Avviso di garazia per Gianni De Michelis, ex ministro degli esteri. Chiesta l'autorizzazione a procedere contro il segretario amministrativo della DC Severino Citaristi.

15 dicembre Avviso di garanzia per il leader del PSI Bettino Craxi.

1 marzo 1993 Arresto di Primo Greganti. Anche il PDS entra nel ciclone di Tangentopoli.

16 marzo Il dibattito alla camera sulla questione morale degenera in rissa. La proposta di «soluzione politica» avanzata dal ministro della giustizia Giovanni Conso non viene raccolta.

29 aprile La camera blocca il procedimento contro Craxi.

29 giugno-19 luglio Scoppia lo scandalo della sanità. Tra gli arrestati il presidente della Farmindustria. Avviso di garanzia per Francesco De Lorenzo.

20 luglio Suicidio di Gabriele Cagliari, presidente dell'ENI.

23 luglio Suicidio di Raul Gardini, indagato per falso e corruzione in relazione alla vicenda Enimont.

20 settembre Arresto di Duilio Poggiolini, ex direttore del servizio farmaceutico del Ministero della sanità.

28 ottobre Avvio del processo Cusani.

28 ottobre-3 novembre scandalo SISDE.

Occorrono nuove soluzioni. Intanto i detenuti sono ormai 52 000

Crisi del carcere e incertezza della pena

Guido Neppi Modona

La crisi delle istituzioni penitenziarie ha radici lontane, legate alla tradizionale arretratezza delle strutture edilizie e del personale di custodia che ha costantemente caratterizzato questo settore dell'ordinamento penale nel periodo liberale come durante il ventennio fascista e il cinquantennio repubblicano.

Nell'ultimo decennio l'universo penitenziario ha peraltro subìto, sia sul terreno della disciplina normativa che della popolazione carceraria, mutamenti profondi, che ne hanno messo in discussione gli ordinari criteri di gestione.

La riforma carceraria del 1975

Per comprendere la portata delle trasformazioni in atto è opportuno prendere le mosse dalla riforma del 1975, con la quale è stato sostituito il regolamento per gli istituti di prevenzione e di pena in vigore dal 1931. La legge del 1975 ha superato gli aspetti più scopertamente afflittivi e vessatori della disciplina emanata nel periodo fascista: in ossequio al dettato costituzionale, secondo cui le pene «non possono consistere in trattamenti contrari al senso di umanità e devono tendere alla rieducazione del condannato», il fondamento della nuova legge si basa sull'osservazione scientifica della personalità del condannato e sul trattamento penitenziario individualizzato o di gruppo, mirante a garantire a ciascun detenuto,

ovvero a gruppi omogenei di detenuti, gli interventi più idonei al recupero sociale e al reinserimento nella società libera. Rovesciando la tradizionale impostazione del carcere come istituzione segregante ed emarginante, la riforma ha lasciato, per esempio, ampio spazio ai contatti con la società libera, considerati quali elementi del trattamento e della rieducazione del condannato. In altre parole, le esigenze della prevenzione speciale hanno preso il sopravvento sulla tradizionale concezione della pena retributiva, intesa come castigo proporzionato all'entità del male commesso con il reato.

Gli «anni di piombo»

Le concrete possibilità di attuazione delle finalità specialpreventive della pena carceraria si basavano su due presupposti: un numero di operatori penitenziari (assistenti sociali, educatori, psicologi, criminologi) idoneo a svolgere le attività di osservazione della personalità di ciascun detenuto, e poi ad attuare i relativi programmi di trattamento; una popolazione carceraria non superiore alle 15-20 000 unità, cioè tale da consentire un rapporto ottimale tra le esigenze del trattamento e le strutture dell'edilizia penitenziaria.

Entrambe le condizioni non si sono realizzate: gli organici degli operatori penitenziari sono rimasti assolutamente sproporzionati per difetto rispetto al fabbisogno posto dalle regole del trattamento; la popolazione carceraria, salvo le temporanee diminuzioni dovuto ai ricorrenti decreti di amnistia e di condono, ha sempre di gran lunga sfondato il tetto massimo ritenuto compatibile con l'attuazione della riforma. Nel giro di pochi anni gli operatori e gli studiosi hanno dovuto prendere atto del fallimento della riforma penitenziaria: si è parlato di «illusione correzionale», facendo riferimento alla totale mancanza di corrispondenza tra gli obiettivi di recupero sociale dichiarati dalla legge del 1975 e le risorse per darvi attuazione. Queste oggettive difficoltà si sono aggravate durante gli anni di piombo del terrorismo, che hanno provocato un irrigidimento generalizzato del regime penitenziario, anche nei confronti dei detenuti estranei all'ambiente terroristico. All'inizio degli anni ottanta, le prospettive riformatrici della legge del 1975 parevano dunque definitivamente tramontate.

La legge Gozzini

La fine dell'emergenza e il ritorno a un clima culturale e politico non più oppresso dalla minaccia del terrorismo hanno peraltro ispirato nel giro di pochi anni un importante intervento legislativo: una legge del 1986 (la cosiddetta legge Gozzini) ha tentato di affrontare e razionalizzare i principali motivi di crisi delle istituzioni penitenziarie

Da un lato è stato introdotto il regime di sorveglianza particolare, destinato agli imputati e ai condannati che con il loro comportamento compromettono l'ordine e la sicurezza o impediscono con violenza o minaccia le attività degli altri detenuti, ovvero li pongono in stato di soggezione. Evidente è il riferimento agli esponenti

della criminalità organizzata di stampo mafioso, nei cui confronti sono appunto previsti controlli e limitazioni soprattutto in tema di contatti con il mondo esterno, volti a impedire che possano continuare a dirigere i traffici illeciti delle associazioni criminose di appartenenza.

Le misure alternative alla detenzione

Contestualmente la legge del 1986, preso atto del fallimento del trattamento rieducativo all'interno del carcere, ha potenziato le misure alternative alla pena detentiva, già presenti nella legge del 1975.

Quello che ne è emerso è un quadro in cui, incidendo sia sulle modalità di esecuzione che sulla durata, la pena detentiva tende a proiettarsi fuori del carcere: attraverso l'affidamento in prova al servizio sociale l'intera pena può essere scontata in libertà; mediante la semilibertà il condannato trascorre la giornata fuori dal carcere per svolgere attività lavorative; grazie alla liberazione anticipata possono essere abbuonati sino a 90 giorni di pena all'anno; infine i permessi premio, della durata massima di 15 giorni ciascuno, per un totale di 45 giorni all'anno, consentono di uscire dal carcere per coltivare interessi affettivi, culturali e di lavoro.

Oltre a facilitare i collegamenti tra carcere e società libera, il potenziamento delle misure alternative alla detenzione si è rivelato un prezioso strumento di governo delle istituzioni penitenziarie: da un lato ha infatti contribuito a una sensibile diminuzione della popolazione carceraria; dall'altro ha prodotto una sostanziale tranquillità e governabilità degli stabilimenti di pena, grazie ai convergenti interessi dei detenuti a mantenere una condotta tale da renderli meritevoli delle misure alternative, e dell'amministrazione penitenziaria a favorirne la concessione, al fine di mantenere costante la diminuzione del numero dei detenuti.

Effetti sulla certezza della pena

Questa felice stagione ha peraltro avuto breve durata, per una serie di ragioni ricollegabili sia agli elementi di imprevedibilità e di incertezza introdotti dalle misure alternative nel tradizionale sistema delle pene detentive, sia ai rapidi mutamenti quantitativi e qualitativi della popolazione carceraria.

A seguito della vasta applicazione delle misure alternative, la condanna pronunciata in esito al processo a un certo numero di anni di reclusione (e anche all'ergastolo) ha assunto un valore meramente nominale, in quanto la pena effettivamente scontata è divenuta profondamente diversa, sia per la durata che per le modalità di esecuzione.

I presupposti della concessione delle misure alternative alla detenzione, indicati dalla legge sulla base di giudizi prognostici assai elastici sul venir meno della pericolosità sociale del condannato (quali i progressi compiuti nel corso del trattamento, le condizioni per il reinserimento nella società, le prove di partecipazione all'opera di rieducazione), hanno inoltre determinato una notevole disparità di valutazioni dei tribunali di sorveglianza.

Ne sono rimasti incrinati i principi della certezza, dell'eguaglianza, della prevedibilità e dell'uniformità della pena detentiva, cioè i criteri a cui deve ancora ispirarsi il giudice nel momento della pronuncia della sentenza di condanna.

Componenti della popolazione carceraria

L'applicazione generalizzata delle misure alternative, oltre a mettere in crisi i valori della certezza della pena, si è scontrata, soprattutto nell'ultimo triennio, con la crescente presenza in carcere di categorie di detenuti nei cui confronti, per ragioni diverse, il sistema delle alternative alla detenzione si è dimostrato inadeguato o impraticabile. Nei confronti dei detenuti per reati di criminalità organizzata di stampo mafioso, le misure alternative sono state strumentalizzate per mantenere illeciti collegamenti con le associazioni criminali di appartenenza, al punto che nel 1992 il legislatore è stato costretto a vietarne del tutto la concessione, salvi i casi di collaborazione con la giustizia, anche per alleggerire le pressioni e le intimidazioni cui erano sottoposti gli operatori penitenziari e i giudici di sorveglianza. Dal canto loro, i detenuti extracomunitari, che ormai rappresentano il 15% della popolazione carceraria, possono difficilmente usufruire delle misure alternative, in quanto privi di quel minimo di collegamenti sociali (per esempio, la possibilità di un inserimento lavorativo), che ne giustificano la concessione. Infine, i detenuti tossicodipendenti (la cui percentuale sfiora il 30%) non sempre sono idonei a usufruire della specifica misura alternativa del trattamento terapeutico in una comunità o in altre strutture, e rimangono quindi tendenzialmente esclusi dal sistema delle alternative alla detenzione.

Più in generale, il costante e vertiginoso aumento della popolazione carceraria, che ha superato nei primi mesi del 1994 le 52 000 unità (cioè quasi il doppio dell'ordinaria capienza degli stabilimenti penitenziari), ha reso pressoché impossibile le valutazioni prognostiche in vista della concessione delle misure, anche nei confronti di quelle categorie di detenuti «tradizionali» che potrebbero utilmente usufruirne.

Due vie di uscita

Le vie d'uscita dalla grave crisi in cui si dibattono le istituzioni penitenziarie pare possano essere ricercate in due direzioni, operanti rispettivamente all'interno del carcere e sul terreno del sistema sanzionatorio. Da un lato la creazione di circuiti carcerari differenziati, ciascuno sorretto da regole di trattamento adeguate agli specifici problemi posti dalle diverse categorie di detenuti che formano l'universo carcerario (per esempio, massima apertura verso la società libera

per gli extracomunitari, al fine di favorire l'apprendimento dei costumi e dei valori di una società a loro estranea; massima sicurezza per gli appartenenti alla criminalità organizzata). Dall'altro il recupero dei contenuti positivi delle misure alternative alla detenzione, mediante la trasformazione in pene principali e l'anticipazione della loro applicazione nel momento della pronuncia della sentenza di condanna.

Pare questa la soluzione migliore per non perdere i vantaggi connessi al processo di decarcerarizzazione ormai in atto da quasi un ventennio, nella prospettiva di riservare la pena detentiva, opportunamente ridotta nella sua durata massima a 15-20 anni, solo agli autori dei reati più gravi o comunque portatori di un'alta carica di pericolosità sociale.

■ Detenuti condannati secondo la pena inflitta; situazione a fine anno

		Reclusione					Ergastolo	Totale
	Arresto	Mesi	Anni					
		fino a 12 mesi	1-5	5-10	10-15	15-30		
1970	145	1 184	2 782	1 055	630	1 548	529	7 873
1975	795	2 840	4 325	1 093	720	1 417	436	11 629
1978 (a)	166	1 350	2 176	877	524	1 000	342	6 435
1980	551	2 347	3 232	839	516	811	289	8 585
1985	694	4 055	6 401	1 716	915	1 505	242	15 528
1986	275	2 198	4 817	1 526	1 034	1 809	247	11 906
1987	228	2 751	4 693	1 340	926	1 459	220	11 617
1988	295	2 900	5 692	1 739	1 030	1 626	275	13 557
1989	248	3 337	6 306	1 958	1 063	1 836	300	15 048
1990	90	1 770	4 167	1 876	1 124	1 696	308	11 031
1991	117	3 712	5 595	1 787	995	1 600	314	14 120

Fonte: ISTAT
(a): La diminuzione è dovuta all'applicazione del DPR 4/8/1978 n. 413 sulla concessione di amnistia e indulto.

Delinquenza minorile: una malattia sociale

Livio Pepino

La delinquenza minorile, non diversamente dalla questione minorile in generale, è spesso considerata da criminologi e giuristi una sorta di questione minore, demandata a specialisti separati. Eppure i minorenni sono, in Italia, oltre 12 milioni, circa un quarto della popolazione; e tra i 348 127 denunciati per delitti nel 1990, ben 39 734 (pari all'11% del totale) non avevano ancora compiuto il diciottesimo anno. Troppi per consentire approcci riduttivi.

Crescono i «delinquenti» sotto i 14 anni

Ciò è confermato, anche in cifre assolute, dalle statistiche riguardanti l'andamento della criminalità. Se dal 1970 alla metà degli anni ottanta il nostro paese ha conosciuto una costante diminuzione delle denunce per delitti a carico di minorenni, passando dalle 36 000 del 1970 alle 20 000 del 1986, da allora la parabola è in continua crescita: 24 523 denunce nel 1988, 29 144 nel 1989, 39 734 nel 1990, 45 000 circa nel 1991. Né è senza significato che di esse non poche riguardino infraquattordicenni: 3420 nel 1988, 5398 nel 1989, 8348 nel 1990, 10 000 circa nel 1991.
Sociologicamente, in base all'esperienza comparata, il reato minorile si manifesta con caratteristiche assai eterogenee, schematicamente riportabili a tre situazioni: a) *crisi* (o anche solo superficialità) *adolescenziale*; b) *de-*

vianza radicata, spesso accompagnata da forme di aggregazione delinquenziale (le «bande giovanili»); c) fenomeni di *sfruttamento da parte degli adulti*.

Crisi adolescenziali o devianza radicata?

Nella realtà italiana la situazione prevalente è stata (ed è tuttora) la prima, con una presenza massiccia di denunce per reati di lieve o media gravità (piccole prevaricazioni tra compagni di scuola o di gioco, danneggiamenti, furti di modesta entità), destinati per lo più a rientrare, senza seguito di comportamenti devianti, con l'età adulta. Ciò trova un elemento di riscontro nel numero modesto, a fronte del totale delle denunce, degli ingressi negli istituti carcerari minorili (1180, pari al 3% dei denunciati, nel 1990; 2287, pari al 5% dei denunciati, nel 1991) e nel tipo di imputazioni cui si riferiscono in prevalenza sia le denunce che gli ingressi in carcere (il 60-70% dei casi riguardano delitti contro il patrimonio, essenzialmente furti).

Tossicodipendenza, sfruttamento da parte di adulti

Da alcuni anni, peraltro, si avvertono segnali rilevanti di cambiamento. Crescono i delitti connessi con situazioni di tossicodipendenza o grave

Persone denunciate minori di 18 anni per le quali l'autorità giudiziaria ha iniziato l'azione penale

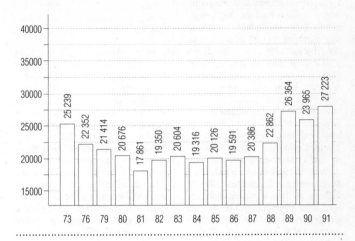

emarginazione (e si tratta per lo più di facce diverse della stessa realtà), pur se il fenomeno non ha – almeno sino a oggi – valicato i confini della cosiddetta «criminalità individuale» per far posto alle «bande giovanili», rese famose dalla cronaca (e dalla letteratura criminologica) delle metropoli nordamericane. Parallelamente, si estendono, ancorché in modo non uniforme nelle diverse realtà regionali, le forme di sfruttamento della mano d'opera minorile da parte della delinquenza adulta.

Gli esempi di questo inquietante fenomeno sono numerosi: i «ragazzi cantori» o i *baby killer* di Bari in grado di controllare un territorio che, nel solo 1991, ha visto denunce a carico di minorenni per ben 22 omicidi o tentati omicidi), i «muschilli» napoletani coinvolti nelle attività della camorra (nipoti dei più celebri *scugnizzi*) e i «ragazzi della mafia» di Gela

(otto dei quali uccisi in una sola sera per aver commesso «sgarri», violando le regole mafiose); ma lo sono anche zingari giovanissimi (e, soprattutto, giovanissime), brutalmente costretti a furti in appartamenti, e ragazzi nordafricani utilizzati senza scrupoli nello spaccio «al minuto» di stupefacenti (fenomeni – questi ultimi – evidenziati dalla continua crescita di ingressi in carcere di minorenni stranieri, saliti nel 1991 al 34,2% del totale – 783 su 2287 – e all'83,7% – 284 su 339 – nel settore femminile). Non è questa la sede per valutare se ciò sia segnale di forza o di debolezza per la delinquenza adulta; certo si tratta di un fenomeno non solo criminale, ma anche sociale di grande portata, in cui è evidente il ribaltamento di ruoli tradizionali nella famiglia (con assunzione di ruoli primari, barattati con la perdita dell'adolescenza da parte di bambini e ragazzi).

Responsabilità penali: le «Regole di Pechino»

La risposta istituzionale al reato commesso da minorenni si è storicamente articolata con modalità diverse da quelle previste per gli adulti: lo *status* del soggetto ancora in fase di crescita è stato, ed è, in generale fonte di un trattamento più favorevole.

Anzitutto è pressoché ovunque esclusa la punibilità dei minorenni di età inferiore a una soglia minima (pur diversamente quantificata a seconda dei luoghi e delle epoche). Nell'attuale ordinamento italiano l'età punibile inizia con il compimento dei quattordici anni, in conformità all'indicazione, contenuta nelle cosiddette «Regole di Pechino» (regole minime delle Nazioni unite per l'amministrazione della giustizia minorile, New York, 29 novembre 1985), secondo cui «l'inizio della responsabilità penale (del minorenne) non dovrà essere fissato a un limite troppo basso, tenuto conto della maturità affettiva, mentale e intellettuale». Non si tratta di novità: già la legge delle XII Tavole (fondamento dell'antico diritto romano) prevedeva la non imputabilità degli *impuberes* e in senso analogo disponevano diverse legislazioni germaniche. Ma questo apparente *sentire comune* (secondo cui per esser chiamati a rispondere penalmente dei propri atti è necessario avere una capacità di discernimento e di autodeterminazione difficilmente conciliabile con una maturazione fisiopsichica ancora in atto) ha conosciuto nella storia ampie eccezioni. Basterà ricordare la situazione inglese del secolo scorso, ove si registrano non solo sentenze di condanna capitale («essere appeso al collo fino alla morte») o ai lavori forzati nei confronti di bambini di nove anni o poco più, colpevoli di aver sfondato vetrine o porte, ma anche «normali» internamenti in prigioni o case di correzione di bambini di sei anni.

Misure educative

In secondo luogo, è ormai principio del diritto internazionale – in forza delle citate «Regole di Pechino» – che «il minorenne non è penalmente responsabile come un adulto»; che la sanzione a lui applicabile deve essere proporzionata non solo alle circostanze del reato, ma anche alle sue caratteristiche di personalità, che le misure sanzionatorie devono essere accompagnate – e, quando possibile, sostituite – da misure educative (pur se in non pochi paesi, a cominciare dagli Stati Uniti d'America, ciò resta una pura affermazione di principio, mentre in concreto i minorenni sono soggetti a ogni specie di pena, ivi compresa quella capitale).

Nell'ordinamento italiano la specificità minorile dà luogo a una vasta gamma di istituti diretti a decriminalizzare di fatto comportamenti occasionali e di piccola o media gravità (sentenza di non dover procedere per immaturità o per «irrilevanza del fatto», estinzione del reato «per esito positivo della prova», perdono giudiziale); in caso di condanna, è prevista una diminuzione della pena fino a un terzo.

Un processo per i minori

L'intento di dare effettività ai principi accennati ha, infine, portato in molti paesi – a partire dall'inizio di questo secolo – alla previsione per i minorenni di un processo *particolare* (attento non solo ai fatti, ma anche alle caratteristiche psicologiche e alla situazione socioambientale dell'imputato) e, soprattutto, di un giudice *specializzato* (dotato cioè di competenze psicologiche e sociologiche oltre che giuridiche): ciò risale, in Italia, al 1934 per quanto riguarda il tribunale per i minorenni e al 1989 per quanto riguarda il processo.

Nei fatti, le risposte istituzionali al reato minorile hanno variamente combinato nel nostro paese – a seconda di epoche, cultura dominante, caratteri della «delinquenza minorile» – i modelli della *punizione*, della *correzione* e dell'*educazione*. Così la concezione della devianza come «traviamento individuale» e la conseguente impostazione custodialista e contenitiva, dominanti nella prima metà del secolo, hanno lasciato il posto, negli anni cinquanta, al *mito* del «trattamento scientifico» dei devianti (impostato su «istituti e gabinetti medico-psico-pedagogici»), a sua volta sostituito negli anni settanta dalla valorizzazione dell'impegno del «territorio», strettamente connessa con la considerazione della delinquenza minorile come *malattia sociale*. All'esito di questo percorso, la questione minorile resta più che mai aperta, ma più nessuno dubita del suo decisivo condizionamento (assai più di quanto non accada per gli adulti) da parte del contesto sociale. Non è poca cosa, anche per l'individuazione degli interventi più corretti e più idonei a un ingresso nella società degli adulti non pregiudicato dagli eventuali reati commessi nell'età minore.

Lo Stato sociale

a cura di
Ugo Ascoli

Le prospettive dello Stato sociale
Ugo Ascoli

Il sistema sanitario
Giovanna Vicarelli

Le USL verso un nuovo modello di gestione della salute
Giovanna Vicarelli

I servizi per gli anziani
Patrizia David

La politica per l'infanzia
Patrizia David

Difesa o superamento della legge 180?
Patrizia David

Le prospettive dello Stato sociale

Ugo Ascoli

99 La crisi del *Welfare State* costruito in Italia negli anni settanta sembra ormai giunta a un punto di svolta.

Sta tramontando definitivamente l'ipotesi di una programmazione da parte dei soggetti pubblici tale da coprire sul territorio ogni area di bisogno, così come sembra superata l'idea che debbano essere le agenzie pubbliche a erogare principalmente i servizi. Contemporaneamente sta perdendo sempre più consenso l'opzione universalistica, ovvero la volontà di garantire gratuitamente a tutti, in quanto cittadini, una determinata prestazione sociale. La privatizzazione viene invocata da più parti come l'unica strategia in grado di cogliere diversi obiettivi allo stesso tempo: innanzitutto risparmio nella spesa sociale, maggiore efficienza e maggiore efficacia dei servizi, maggiore flessibilità organizzativa nell'erogazione delle prestazioni, più libertà di scelta per il cittadino-utente, minore burocratizzazione, maggiore responsabilizzazione della società civile, fine dell'assistenzialismo.

Servizi sociali e crisi fiscale

La spesa sociale è stata messa profondamente sotto accusa nel corso degli anni ottanta come la principale (se non l'unica) responsabile della crisi fiscale e delle sue drammatiche dimensioni. A ben vedere tuttavia la spesa per sanità o previdenza o istruzione non ha mai assunto in Italia proporzioni tali da porla in posizione singolare rispetto ai principali partner della Comunità europea. Si può senz'altro sottolineare come per tutto il passato decennio tali voci siano state sostanzialmente sotto controllo. Per quanto riguarda poi i servizi sociali alle persone, i dati della contabilità nazionale ci mostrano una dimensione assai contenuta, non certo in grado di influenzare la mole del debito pubblico.

La maggiore responsabilità va invece ricercata negli interessi sul debito, in grado ormai di «spiegare» l'intero deficit annuale. L'origine di ciò va rintracciata, come è noto, nelle dissennate politiche adottate nella seconda metà degli anni sessanta, quando l'Italia fu l'unico paese europeo a non adeguare tempestivamente le proprie entrate alle crescenti spese: erano infatti gli anni d'oro del *Welfare State*, ma le esigenze di consenso e di leggittimazione della classe dirigente di allora, oltreché miopi calcoli di politica economica, impedirono un congruo aumento della pressione fiscale, dando così origine ai primi deficit pubblici consistenti. Oggi la situazione appare alquanto compromessa: la pressione fiscale è aumentata notevolmente a partire dalla seconda metà degli anni ottanta, arrivando ormai a valori superiori alla media comunitaria; contemporaneamente l'assai iniqua ripartizione fra le varie categorie di contribuenti rende ormai questo peso, soprattutto per taluni ceti, intollerabile.

Nuove emergenze per il sistema previdenziale

Se, a fronte di ciò, si riflette sul continuo deterioramento dell'offerta pubblica di servizi, oltreché sul dilagare di episodi di malcostume e di vera e propria corruzione nell'ambito delle burocrazie preposte alle prestazioni sociali, si può comprendere come la rivolta fiscale abbia ormai fatto la sua comparsa anche nel nostro paese e come le questioni relative al fisco siano diventate quelle strategicamente più significative per il futuro sistema di *welfare*. In questo quadro vanno poi inseriti i profondi mutamenti in atto, che rischiano di far deteriorare ulteriormente l'equilibrio finanziario in alcuni assi portanti del sistema pubblico di protezione, primo fra tutti il sistema previdenziale. La contrazione delle nascite e l'allungamento delle aspettative di vita, la riduzione del lavoro alle dipendenze nell'industria (e nella grande industria in particolare) e la crescita di occupazione nel terziario, così come l'affermazione di nuove tipologie lavorative, la maturazione di molte posizioni pensionistiche ad alto rendimento nel campo delle pensioni di anzianità, la trasformazione dei tradizionali percorsi lavorativi e la precarizzazione di una gran parte del mercato del lavoro, l'ingresso massiccio delle donne nell'area delle attività lavorative e la crescente presenza di lavoratori extracomunitari, rappresentano solo alcuni dei fenomeni che impongono una riforma profonda delle caratteristiche dell'intervento sociale.

Nel contempo nuove emergenze si sono imposte sulla scena: dalle problematiche legate all'immigrazione da paesi poveri alle tossicodipendenze; dai senza-tetto alla crescente massa di «grandi» anziani (ultrasettantacinquenni) e di anziani non autosufficienti; dal riemergere della povertà e dell'indigenza alle nuove gravissime patologie quali per esempio l'AIDS, dalla presenza di ex degenti dei manicomi e degli ospedali psichiatrici, al disagio giovanile e alla disoccupazione.

Privatizzazione: una parola dai molti significati

Di fronte a tutto ciò la risposta che è stata data con sempre maggiore decisione è indubbiamente quella della privatizzazione: appare all'opera, cioè, un complesso disegno di riordino del sistema italiano con l'obiettivo di attribuire un peso crescente ai soggetti privati, siano essi operanti nel mercato, e quindi con fini di lucro, o classificabili tra le associazioni *non-profit*, il cosiddetto «terzo settore», approdando conseguentemente a un ruolo diverso ed economicamente meno oneroso per i soggetti pubblici. In tale prospettiva vanno collocate le nuove normative approvate nella seconda metà del 1991 per regolare e favorire i rapporti di *contracting out* fra Stato e volontariato organizzato, allorché quest'ultimo offre servizi (legge 266/1991), e fra Stato e cooperative sociali (legge 381/1991). Anche sotto questa luce si possono leggere i provvedimenti che hanno riformato il Servizio sanitario nazionale (decreto 502 del dicembre 1992).

Quando parliamo di privatizzazione intendiamo alludere tuttavia a fenomeni molto diversi fra loro. Innanzitutto occorre evidenziare una progressiva riduzione del peso dei soggetti pubblici nell'erogazione diretta dei servizi; crescono infatti in modo assai rilevante le convenzioni e gli accordi per affidare a organizzazioni volontarie o a cooperative prestazioni di varia natura, da quelle sanitarie vere e proprie all'assistenza domiciliare a interventi di tipo assai specialistico nel campo dell'handicap.

Secondariamente, in taluni comparti assai significativi per il benessere collettivo si è assistito a una de-regolazione pubblica e ciò rappresenta un'altra direzione possibile dei processi di privatizzazione: basta pensare al settore delle abitazioni dove la rinuncia all'ambizioso progetto di regolamentazione che era alla base della legge dell'equo canone (1978) ha portato, di fatto, alla delega totale alle forze di mercato.

Infine, ancor più rilevante, si è innescato un processo di privatizzazione dal punto di vista dell'onere del finanziamento: è infatti aumentata in modo considerevole la partecipazione degli utenti alla spesa, dai trasporti alla sanità, per non parlare degli asili nido.

Accanto a questo processo che assume dunque valenze molto diverse, occorre mettere in evidenza la mancata o insufficiente attuazione delle normative più avanzate varate nel corso degli anni settanta, fra cui la realizzazione di servizi sul territorio per i malati mentali, alternativi al ricovero in strutture segreganti, o l'integrazione dei servizi sociali e sanitari. Analoga sorte è toccata ad alcuni provvedimenti innovativi degli ultimi dieci anni, e qui basta pensare alle politiche per rendere effettivo l'istituto dell'affido familiare.

In molti altri casi ci troviamo di fronte a interventi avanzati sul piano delle affermazioni di principio o dei valori che li ispirano, o delle costruzioni teoriche, ma totalmente disattesi, oppure privi della strumentazione indispensabile perché possano raggiungere gli scopi prefissati. Valga come esempio l'incapacità di ridurre in molte aree l'ampia evasione dell'obbligo scolastico o di costruire sul territorio delle reali possibilità di assistenza e tutela per gli anziani in difficoltà, in alternativa al ricovero, che continuano a rappresentare a tutt'oggi le principali modalità d'azione.

La soluzione del decentramento

Il futuro assetto del sistema dei servizi sarà certamente assai influenzato dal rapporto fra Stato centrale, governi regionali e autonomie locali. L'attuale situazione che vede un meccanismo centrale di riscossione, gestione delle entrate e finanziamento, e una pletora di centri di spesa tecnicamente e istituzionalmente non responsabili è infatti destinato rapidamente a venir meno. Si sta andando verso la «responsabilizzazione» delle regioni, degli enti locali e dei soggetti pubblici territoriali da un lato, e verso autonomia impositiva e decentramento fiscale dall'altro: tutto ciò dovrebbe accompagnare un reale decentramento di poteri.

All'orizzonte si intravede allora la possibilità di sistemi regionali di servizi sociali e sanitari, le cui tipologie di intervento verranno sempre più a dipendere non solo dall'utilizzo efficace delle risorse affidate alle burocrazie pubbliche locali, ma anche dalla capacità di promuovere e realizzare profonde sinergie fra soggetti, pubblici e non. Si attuerà necessariamente un riordino delle funzioni di programmazione, gestione, finanziamento e produzione dei servizi: gli enti locali, in particolare, dovranno attrezzarsi anche per poter mettere altri in grado di produrre, al di fuori dell'ambito pubblico.

L'esperienza compiuta quasi esclusivamente in altri paesi nulla ci ha detto finora di definitivo circa la differenza di efficienza e di efficacia fra prestazioni erogate direttamente dai soggetti pubblici e privati. Si può registrare spesso un vantaggio dei secondi in termini di efficienza interna; altri filoni di riflessione ci inducono a sottolineare, invece, l'influenza delle variabili dimensionali e degli aspetti organizzativi, al di là del tipo di strutture nelle quali è erogato un determinato servizio.

Assai poco si conosce inoltre sugli effetti per l'utenza qualora una prestazione sia erogata da un'agenzia pubblica o privata.

Infine, c'è un lungo elenco di problemi legati alla prospettiva di una crescita di importanza del «terzo settore» e del mercato nell'aspetto futuro dello Stato sociale: la loro soluzione appare decisiva per ogni discorso che voglia garantire universalismo, eguaglianza delle opportunità, equità sociale, libertà.

Solidarietà territoriale e cultura dei servizi

Vista la distribuzione assai differenziata tra le regioni della pressione fiscale e delle spese sociali, così come i grandi dislivelli in termini di efficacia e di efficienza, di strutture sanitarie e sociali e di dotazioni infrastrutturali, occorrerà identificare nuovi meccanismi redistributivi e promozionali che provvedano, nella più assoluta trasparenza, a favorire la crescita di reti collettive di protezione sociale nelle zone che più ne sono sprovviste. Tutto ciò implica una nuova «coscienza fiscale», basata su una più equa ripartizione degli oneri fra le diverse categorie e su un chiaro collegamento tra fisco e servizi pubblici.

Alla base di ogni trasformazione del sistema di *welfare* italiano che gli consenta di affrontare vecchie e nuove emergenze e di realizzare gli obiettivi di benessere che gli sono propri, stanno la nascita, il consolidamento e la diffusione di una nuova cultura amministrativa e dei servizi. Con tale definizione intendiamo un modo complesso di operare da parte dei soggetti pubblici, di cui formazione, sperimentazione, programmazione, valutazione, controllo costituiscano altrettanti capisaldi.

In quest'ottica anche le attività di *contracting out* assumono un significato diverso: non già trasformazione verso un'impostazione «residualista» del sistema pubblico, ma piuttosto capacità di potenziare una rete collettiva di protezione sociale, in cui soggetti pubblici e privati collaborino in modo continuativo e strategico.

BIBLIOGRAFIA

U. Ascoli, *Nuovi scenari per le politiche sociali degli anni 90: uno spazio stabile per l'azione volontaria?*, in «Polis», n. 3, 1992, pp. 507-533.

U. Ascoli, S. Pasquinelli (a c. di), *Il Welfare Mix. Stato Sociale e terzo settore*, Franco Angeli, Milano 1993.

M. Ferrara, *Modelli di solidarietà. Politica e riforme sociali nelle democrazie*, Il Mulino, Bologna 1993.

M. Paci (a c. di), *Le dimensioni della disuglianza*, Il Mulino, Bologna 1993.

E. Ranci Ortigosa, *La politica assistenziale*, in B. Dente (a c. di), *Le politiche pubbliche in Italia*, Il Mulino, Bologna 1990.

C. Ranci, U. De Ambrogio, S. Pasquinelli, *Identità e servizio. Il Volontariato nella crisi del Welfare*, Il Mulino, Bologna 1991.

Una riforma incompiuta

Il sistema sanitario

Giovanna Vicarelli   **99** In un'ottica di lungo periodo le politiche sanitarie in Italia presentano tempi
e caratteristiche che le distinguono da quelle di altri paesi europei.

Le differenze di ordine temporale trovano le proprie radici nel notevole ritardo con cui si è istituita l'assicurazione sanitaria obbligatoria (1943) e
nella lentezza con cui si è proceduto
all'espansione di un sistema collettivo di protezione. Tale processo ha
condotto il paese a sperimentare le
prime forme di mutualità nel ventennio fascista, a procedere al consolidamento del sistema negli anni cinquanta e sessanta, a espanderlo in termini universalistici negli anni settanta, per giungere a una sua revisione
nel decennio successivo, con un ritardo di quindici anni rispetto alla maggior parte dei paesi europei.
Si tratta di un ritardo che trova spiegazione in un insieme di fattori economici, politici e culturali che hanno
condizionato la nascita del Welfare
State nel nostro paese, ma che può
essere ricondotto anche a una oscillazione tra modalità differenti di protezione sociale. Una tendenza all'universalismo, contrapposta a forme
selettive e occupazionali di protezione sanitaria si è infatti mostrata ripetutamente nel corso del Novecento,
fino a trovare soluzione negli anni settanta, quando l'Italia, pressoché unico paese in Europa, ha modificato radicalmente il proprio sistema di tutela
sanitaria passando da un tipo meritocratico-occupazionale a uno universa

listico-istituzionale. Quest'ultimo sistema, collocandosi in una fase di
tempo circoscritta e per certi versi
anomala, ha avuto fino a oggi un'influenza socio-culturale ed economica
ben diversa da quella dimostrata da
Servizi sanitari nazionali di più lunga data.

Il sistema mutualistico
e l'intreccio di pubblico e privato

Tali specificità spiegano, in larga misura, le caratteristiche che il sistema
sanitario italiano assume sia in termini strutturali, di organismi e di soggetti che erogano e finanziano i servizi, sia funzionali, di soddisfazione
del bisogno di salute. La prima anomalia è che esso non risulta finanziato, come altrove, mediante tassazione sui redditi, ma in larga misura attraverso contributi di derivazione mutualistica (59% del totale) e pagamenti
delle famiglie (4,4%), così che i fondi integrativi pubblici assommano
mediamente al 36% del totale di cui
una quota, relativa all'indebitamento consolidato delle USL negli anni
ottanta, è appoggiata sulle disponibilità future di bilancio. Inoltre la spesa pubblica che nel 1980 incideva per
l'84,8% sul totale della spesa sanitaria è passata, nel 1990, a una inciden-

Tasso di ospedalizzazione
(numero di ricoveri per 100 abitanti)

	Pubblici	Privati	Totale
1970	12,2	2,0	14,2
1975	15,1	2,1	17,2
1980	15,6	2,0	17,6
1985	14,7	2,1	16,8
1990	13,1	2,3	15,4

Fonte: Elaborazioni su dati ISTAT.

Durata media della degenza
presso istituti di cura pubblici e privati
(in giorni)

	Pubblici	Privati	Totale
1970	19,2	18,6	19,1
1975	16,1	18,1	16,3
1980	12,9	18,3	13,5
1985	11,5	17,3	12,2
1990	10,7	17,8	11,7

Fonte: Elaborazioni su dati ISTAT.

Durata media della degenza presso istituti di cura pubblici e privati in alcuni paesi dell'Europa comunitaria *(in giorni)*

	1970	1980	1990
Italia	19,1	13,5	11,7
Germani (Ovest)	24,9	19,7	16,5
Francia	18,3	16,8	12,3
Gran Bretagna	25,7	19,1	14,5
Belgio	n.d.	19,5	14,4
Olanda	38,2	34,7	34,1
Danimarca	18,1	12,7	8,0

Fonte: OCSE.

Numeri di dipendenti degli istituti di cura pubblici e privati per 100 posti letto

	Pubblici	Privati	Totale
1970			
Medici	13,9	6,7	7,6
Altro personale sanitario	22,5	12,5	20,9
Totale (anche non sanitario)	60,9	25,4	55,0
1980			
Medici	14,3	10,2	13,7
Altro personale sanitario	46,3	25,8	43,3
Totale (anche non sanitario)	110,1	73,9	104,9
1990			
Medici	27,8	10,8	23,8
Altro personale sanitario	75,8	27,7	64,5
Totale (anche non sanitario)	171,9	80,8	150,5

Fonte: Elaborazioni su dati ISTAT.

za del 75,9% a dimostrazione di un impegno finanziario delle famiglie che è andato dilatandosi in funzione delle politiche restrittive messe in atto dal governo. Si tratta di consumi privati che riguardano principalmente i servizi medici e i farmaci e in misura assai minore le cure ospedaliere, che restano di competenza quasi esclusivamente pubblica.

Il personale degli istituti di cura costituisce la quota più rilevante dei dipendenti del Servizio sanitario nazionale, il quale eroga direttamente le prestazioni ospedaliere attraverso il 65% degli ospedali e l'83% dei posti letto, cui vanno aggiunte alcune prestazioni specialistiche territoriali erogate attraverso il 33% degli ambulatori e laboratori, il 99% dei consultori familiari, il 72% delle comunità terapeutiche e case protette, il 91% dei presidi socio-sanitari. La quasi totalità della medicina specialistica extraospedaliera e la totalità della medicina di base (pediatrica o generale) sono, invece, offerte dal Servizio sanitario tramite medici convenzionati che prestano il proprio lavoro presso alcuni presidi pubblici (poliambulatori e distretti), ma assai più spesso in studi e laboratori privati. Tali attività medico-convenzionate nel complesso incidono sul bilancio pubblico per il 20%, mentre la spesa farmaceutica convenzionata oscilla attorno al 17%. Ciò significa che, nel corso degli anni ottanta, non solo l'incidenza della spesa pubblica è andata progressivamente diminuendo, come al suo interno la quota dei fondi statali in senso proprio, ma che attraverso il fondo sanitario nazionale si sono pagati, con risorse pari al 40%, attività mediche e farmaceutiche convenzionate.

A un simile intreccio di pubblico e privato nell'erogazione dei servizi e nel loro finanziamento, va sommato il fatto che, negli ultimi anni, risultano in crescita le prestazioni sanitarie offerte sia dal libero mercato, sia dalle associazioni volontarie e di mutuo aiuto. Non sembra inoltre diminuire il lavoro di cura delle famiglie e delle reti di parentela, che continuano a mantenere una funzione non trascurabile di «protezione sanitaria interna» accanto e in connessione con quelle svolte dallo Stato e dal mercato.

La relativa giovinezza del sistema di sanità pubblica e le difficili condizioni economiche e politiche in cui esso è cresciuto negli anni ottanta spiegano come possano trovarsi al suo interno modalità di derivazione mutualistica (contributi e convenzioni) e forme intrecciate e sovrapposte di assistenza pubblica e privata. Esse spiegano anche il permanere di forti squilibri territoriali.

Situazioni regionali fortemente differenziate

L'analisi della situazione regionale dimostra come nonostante si sia raggiunta una certa razionalizzazione nell'ambito ospedaliero tramite un taglio cospicuo di posti letto pubblici (40 000 dal 1985-89), permangono tuttora forti disparità territoriali, testimoniate dai 10 posti letto per mille abitanti del Friuli (8,9 pubblici e 1,1 convenzionati) contrapposti ai 5 della Valle d'Aosta (tutti pubblici) e della Campania (3,6 pubblici e 1,4 convenzionati). Tale disparità è ancor più accentuata se si guarda al solo utilizzo dei posti letto pubblici, che passa da una percentuale dell'82,6 della Valle d'Aosta a una del 59,4 della Calabria. Più in generale, se le regioni del centro-nord presentano istituti ospedalieri numerosi ed efficienti, dove si

Spesa pubblica per servizi e prestazioni sanitarie
(valori assoluti e composizione percentuale)

	1980		1985		1990		1992	
	v.a.	%	v.a.	%	v.a.	%	v.a.	%
Servizi amministrativi	1 432	7,7	2 769	6,7	5 095	6,4	5 940	6,5
Servizi sanitari	10 090	54,6	22 169	53,4	40 804	51,6	49 308	53,8
— prevenz., profilassi e vig.ig.	794	4,3	1 844	4,4	3 479	4,4	4 259	4,6
— assistenza ospedaliera	8 620	46,6	18 806	45,3	34 426	43,6	41 579	45,4
— altra assistenza	676	3,7	1 519	3,7	2 899	3,7	3 470	3,8
Totale servizi collettivi	11 522	62,3	24 938	60,0	45 899	58,1	55 248	60,3
Prestazioni sociali	6 958	37,7	16 598	40,0	33 112	41,9	36 399	39,7
— farmaci	2 622	14,2	6 940	16,7	12 941	16,4	13 123	14,3
— assistenza medico-generica	1 168	6,3	2 805	6,8	5 176	6,6	5 406	5,9
— assistenza medico-specialistica	1 524	8,2	2 787	6,7	6 428	8,1	6 483	7,1
— assistenza case cura private conv.	1 278	6,9	3 090	7,4	5 772	7,3	6 796	7,4
— assistenza protesica e balneoterm.	297	1,6	804	1,9	2 380	3,0	3 892	4,2
— altra assistenza	69	0,4	172	0,4	415	0,5	699	0,8
Totale servizi e prestazioni	18 480	100,0	41 536	100,0	79 011	100,0	91 647	100,0

Fonte: Contabilità nazionale ISTAT.

sono attivati di recente servizi di day hospital e letti a pagamento, esse si differenziano in special modo per le strutture extraospedaliere, dal momento che nel Mezzogiorno i consultori, le comunità terapeutiche, i presidi socio-sanitari sono pochi e con livelli assai difformi di prestazioni sul piano qualitativo e quantitativo. Alla povertà di strutture sanitarie si connette nelle regioni del sud, un ricorso assai più netto al convenzionamento; di conseguenza la composizione di risorse pubbliche e private appare sbilanciata a favore di un settore spesso clientelare e parassitario cui, nel corso degli anni ottanta, non ha fatto da contrappeso lo sviluppo di aree di li-

bero mercato e di volontariato. Non a caso i consumi sanitari delle famiglie meridionali risultavano essere nel 1989 meno della metà di quelli delle famiglie del Nord (32 000 lire mensili contro le 75 000 del Nord e le 57 000 del Centro secondo i dati ISTAT) mentre la spesa sanitaria pubblica dimostrava uguali differenziazioni, nonostante una riduzione delle distanze nel corso degli anni ottanta. Mentre, infatti, nel 1977 la spesa sanitaria del Friuli eccedeva del 23,7% la spesa nazionale e quella del Molise era pari solo al 67% della media nazionale, alla fine degli anni ottanta la spesa massima si registrava nel Friuli con una eccedenza del 14,9% e quella mini-

Spesa delle amministrazioni pubbliche per la salute
incidenza percentuale sulla spesa totale per la salute e sul PIL

	1980		1985		1990	
	inc.% sulla spesa per la salute	inc. % sul PIL	inc.% sulla spesa per la salute	inc. % sul PIL	inc.% sulla spesa per la salute	inc. % sul PIL
Italia	81,1	5,6	77,1	5,4	77,8	6,3
Germania (Ovest)	75,0	6,3	73,6	6,4	71,6	6,0
Francia	78,8	6,0	76,9	6,5	74,4	6,9
Gran Bretagna	89,4	5,2	86,3	5,1	83,5	5,2
Irlanda	82,2	7,5	77,4	6,3	74,8	5,2
Belgio	83,4	5,5	80,4	6,0	88,9	6,8
Olanda	74,7	5,9	75,3	5,9	71,2	5,7
Lussemburgo	92,8	6,3	89,2	6,1	91,4	6,4
Danimarca	85,2	5,8	84,3	5,3	82,8	5,5
Spagna	79,9	4,5	80,9	4,6	80,5	6,6
Portogallo	72,4	4,3	56,3	3,9	61,7	4,1
Grecia	82,2	3,6	81,0	3,9	77,0	4,1

Fonte: Elaborazioni su dati OCSE ed EUROSTAT.

ma nella Basilicata con uno scarto del 14,9%.

All'inizio degli anni novanta, dunque, l'Italia si presenta con un Sistema sanitario pubblico da pochi anni istituito, e mai compiutamente realizzato, che deve far fronte alle restrizioni del bilancio statale e alle nuove domande di salute senza aver riequilibrato le proprie differenze territoriali e senza aver creato tra gli operatori e i cittadini orientamenti diffusi di identità e appartenenza. Ciò nonostante è stata creata, almeno in alcune aree, una rete diffusa e qualificata di servizi di base che costituiscono un referente importante per i bisogni della popolazione meno abbiente ma anche di ceto medio-alto. Ciò significa che a quindici anni di distanza dalla creazione del Servizio sanitario nazionale, una combinazione di ruoli pubblici e privati, di strutture accentrate e decentrate, di modernità e arretra-

tezza, taglia trasversalmente il sistema italiano di protezione sanitaria, ponendosi come uno dei problemi di fondo del settore e del paese nel suo complesso.

——— BIBLIOGRAFIA ———

M. Ferrara, *Modelli di solidarietà. Politica e riforme sociali nelle democrazie*, Il Mulino, Bologna 1993.

Le politiche di decentramento regionale in Sanità, in «ISIS», n. 32, 33, 34, 1992.

OECD, *The Reform of Health Care, A comparative Analysis of Seven OECD Countries*, in «Health Policy Studies», n. 2, 1992.

M. Paci, *Pubblico e privato nei moderni sistemi di Welfare*, Liguori, Napoli 1989.

G. Vicarelli, *Politica sanitaria e medicina privata in Italia*, in «Stato e Mercato», n. 36, 1992.

◼️◼️◼️◼️◼️◼️ **Dall'universalismo alla selettività**

Le USL verso un nuovo modello di gestione della salute

Giovanna Vicarelli

L'istituzione del Servizio sanitario nazionale, nel dicembre del 1978, ha segnato la nascita delle Unità sanitarie locali (USL) che, secondo il dettato di legge, dovevano costituire il nuovo sistema di erogazione e di gestione dei servizi sanitari pubblici sostituendo la rete diseguale e irrazionale delle strutture mutualistiche sorte nei decenni precedenti. La delimitazione territoriale, la gestione unitaria, l'attribuzione del governo alle autonomie locali costituivano i presupposti politico-istituzionali di un mutamento tecnico e organizzativo, centrato sulla programmazione degli interventi, sull'integrazione delle attività sociali e sanitarie, sulla globalità delle prestazioni e su un'ampia accessibilità ai servizi da parte di una popolazione chiamata a partecipare direttamente alla loro gestione.

Di fatto le ambiguità insite nella definizione normativa delle USL, dovute in larga misura al difficile dibattito parlamentare, hanno reso subito sofferta la strutturazione del nuovo sistema che, nel corso degli anni ottanta, è sembrato divenire sempre più ingovernabile, incontrollabile e lontano dagli obiettivi per cui era nato. Senza escludere le difficoltà derivanti dalla non completa attuazione della legge di riforma e dalle trasformazioni che se ne sono fatte e senza sottovalutare i problemi scaturiti dai limiti finanziari imposti al rinnovato sistema sanitario, due punti nevralgici

appaiono limitare la funzionalità dell'intero assetto.

Inefficienze e clientelismo

In primo luogo le USL, nate come strumenti operativi dei comuni singoli o associati, hanno finito per assumere la natura di nuovi enti locali in tutti quei casi, e sono la maggioranza, in cui esse ricoprono il territorio di più comuni. Trattandosi di enti che gestiscono un ingente patrimonio finanziario e umano essi sono diventati luogo di spartizioni e clientele, a causa di una politicizzazione degli organi di gestione che era nata per garantire il controllo democratico sulle scelte dei tecnici della salute, e che si è dimostrata invece foriera di comportamenti e pratiche spesso irrazionali e inefficienti. L'assenza, inoltre, di un organigramma e di un sistema di incentivi alla produttività ha influito sulla governabilità di un settore, a cui il DPR 761 del 1979 imponeva una struttura gerarchica e piramidale e l'inamovibilità dei funzionari e quadri delle vecchie mutue.

In secondo luogo le USL sono risultate sempre più sganciate sia dal controllo dei cittadini, esclusi da qualsiasi forma seppur blanda di gestione sociale, sia dalla regolazione delle regioni e dello Stato, in seguito alla indistinzione delle funzioni e degli obblighi insita nella legge di riforma e alla mancata realizzazione dei previsti strumenti di controllo, primo fra tutti il piano sanitario nazionale. Se, così, lo Stato non è riuscito a dare direttive alle regioni e queste alle USL, le stesse Unità sanitarie hanno dovuto fornire al Ministero della sanità pochi e limitati indici sui livelli assistenziali raggiunti e sulla propria situazione finanziaria. Tale sistema non ha garantito il raggiungimento degli obbiettivi sanitari e ha permesso lo sfondamento sistematico dei tetti di spesa prefissati.

Se a questi elementi si aggiunge il fatto che larga parte della configurazione organizzativa delle USL, compresa la definizione e l'istituzione dei distretti socio-sanitari di base, è stata lasciata alla legislazione regionale e che questa ha dato vita, nella prima metà degli anni ottanta, a forme assolutamente diversificate, si comprende come gli scarsi dati a disposizione indichino modalità di strutturazione, gestione e produttività assai poco comparabili tra loro. In generale, mentre le Unità sanitarie del Centronord sono apparse in linea con i principi di riorganizzazione della riforma e coerenti con gli obbiettivi di valorizzazione della medicina pubblica e di base, grazie anche alle esperienze acquisite negli anni precedenti la riforma, le USL del Mezzogiorno hanno dimostrato carenze e distorsioni che non equivalevano necessariamente a un minor utilizzo di risorse umane e finanziarie.

Tentativi di riorganizzazione

A partire dal 1982, tuttavia, mentre è stata emanata una lunga serie di provvedimenti legislativi che tendeva a rafforzare il potere di indirizzo dello Stato e in misura minore delle regioni, ci si è preoccupati di ridefinire gli organi di gestione delle USL nonché la loro configurazione organizzativa e funzionale. I primi disegni di legge, presentati dalla DC, dal PSI e dal PLI, proponevano di individuare le Unità sanitarie come «aziende speciali», con la soppressione delle assemblee, l'istituzione del consiglio di amministrazione, l'attribuzione di un ruolo esecutivo all'ufficio (o agli uffici) di direzione, il maggiore coinvolgimento dei tecnici e, non da ultimo, l'autonomia dei presidi multizonali e dei grandi ospedali. Questa logica ha trovato una prima formulazione giuridica nel 1985, a ridosso delle elezioni amministrative, quando il governo, per impedire che gli organi di gestione si ricostituissero con le vecchie modalità, ha fatto approvare un provvedimento ad articolo unico (legge n. 4 del 1986) con il quale si sopprimeva l'assemblea generale e si riconducevano i membri del comitato di gestione vincolandoli alla dimostrazione di requisiti di accertata professionalità. Tale norma è stata tuttavia ben presto disattesa e alterata, sia attraverso gravissimi ritardi nell'adozione delle nuove modalità nella legislazione regionale, sia attraverso un rispetto puramente formale dei requisiti di esperienza amministrativa dei componenti dei comitati di gestione, tanto che a una indagine successiva questi risultavano provenire nel 75% dei casi dal settore pubblico, avere una età media di 55 anni e una laurea quasi esclusivamente in giurisprudenza.

Negli anni seguenti, i progetti di riorganizzazione si sono fatti più intensi ed espliciti dal momento che si è giunti all'idea di un accorpamento delle USL su base provinciale, di una loro giurisdizione sulle sole attività di medicina di primo livello, di una configurazione giuridica come aziende regionali di servizi, di una gestione affidata a un amministratore unico di comprovata capacità professionale. Questa riorganizzazione ha incontrato tuttavia grandi difficoltà nell'approvazione ed è proseguita assieme alla volontà, sempre più condivisa, di rivedere l'intera struttura del Servizio sanitario nazionale che sarebbe dovuta divenire, secondo i ministri alla sanità degli ultimi governi di pentapartito, più selettivo o addirittura residuale rispetto a un sistema sanitario privato e solidaristico centrato sulle assicurazioni sanitarie da un lato e sulle associazioni mutualistiche dall'altro.

Un'impronta manageriale

È in questi termini che dopo aver introdotto nel marzo del 1991 la figura dell'amministratore straordinario (legge n. 111 del 1991), si è giunta con il decreto 502 del dicembre 1992 alla configurazione di un modello di sanità che prevede per le USL una nuova veste giuridica, amministrativa e territoriale, ma soprattutto nuovi rapporti di potere, risultando ora dipendere dalle regioni, cui si riconosce la responsabilità primaria in tema di salute. Al tempo stesso il nuovo sistema appare centrato sulla libertà concessa ai cittadini di accedere a forme di assistenza indiretta per alcune prestazioni o a modalità di assistenza differenziata grazie all'iscrizione a mutue volontarie sostitutive dei servizi pubblici.

Con il decreto 502, dunque, il processo di revisione del Servizio sanitario nazionale è giunto al suo limite massimo e di conseguenza la configurazione delle USL che ne sono lo strumento operativo. Secondo la legge di riforma del 1978, infatti, le Unità sanitarie rappresentavano una modalità di erogazione dei servizi sanitari a carattere universalistico e isti-

tuzionale, individuabile nella formula «un territorio, una comunità, una politica». Con il nuovo testo legislativo esse rappresentano invece una delle tre possibili forme di erogazione dei servizi sanitari (pubblica, privata e mutualistica) rivolta, si presume, alla maggioranza dei cittadini non abbienti o in difficoltà. Una modalità le cui prestazioni dipendono in via prioritaria da scelte di carattere finanziario ed economico, le quali giustificano un'impronta manageriale, un ampliamento del territorio di competenza delle USL e una loro dipendenza dai livelli più alti del sistema politico.

A tutt'oggi, invero, tali norme non hanno trovato realizzazione e sono anzi oggetto di modifiche in aspetti salienti e per certi versi cruciali, poiché la crisi dei governi di pentapartito e le nuove condizioni politiche del paese hanno modificato alcuni indirizzi di fondo, specie laddove si concedevano ampi spazi ai mercati privati. Questi risulterebbero, infatti, sostituiti da forme assistenziali integrative derivanti dall'adesione dei cittadini a fondi sanitari di carattere professionale o territoriale. Caduta in tal modo la scelta di rendere immediatamente residuale il sistema pubblico di protezione sanitaria, occorre vedere se si imboccherà la strada di una selettività degli interventi in una base universalistica di prestazioni, o si lascerà che la selettività scaturisca dalla stessa dequalificazione del servizio pubblico e dalla sua incapacità di adere ai bisogni dei meno abbienti, come alle necessità dei ceti più elevati. Su questa scelta un peso non indifferente avrà il buon governo delle USL che, se nella nuova formulazione potrà forse essere garantito sul piano amministrativo, potrebbe risultare limitato proprio sul piano politico-qualitativo, mancando alle nuove aziende sanitarie qualsiasi vero rapporto con i cittadini e con i loro rappresentanti.

In conclusione, a quindici anni di distanza dalla istituzione del Servizio sanitario nazionale, dopo aver scongiurato il pericolo di un suo definitivo superamento, il rischio è che le USL sappiano dimostrare livelli elevati di efficienza e di redditività, ma siano incapaci di cogliere i reali bisogni della popolazione realizzando gli obbiettivi di salute e di benessere per i quali dovrebbero esistere.

─── **BIBLIOGRAFIA** ───

I nodi istituzionali del sistema sanitario, Franco Angeli, Milano 1986.

P. Donati, *Salute e complessità sociale*, Franco Angeli, Milano 1986.

F. Merusi (a c. di), *Unità sanitarie e istituzioni*, Il Mulino, Bologna 1982.

IRS, *Distretto di base e domanda di salute*, in «Prospettive sociali e sanitarie», n. 21-22, 1987.

G. Vicarelli, *Castelli di sabbia. Progettazione ed attuazione del Servizio sanitairo nazionale*, Clua, Ancona 1989.

────────────────────────────

▌ I bisogni di una categoria in aumento

I servizi per gli anziani

Patrizia David

Divenire anziani costituisce oggi un privilegio che nelle società sviluppate, compresa la nostra, tende a estendersi sempre più. Nel 2000 in Europa le persone di età superiore ai 60 anni rappresenteranno il 20% della popolazione. Nel nostro paese in particolare gli ultrasessantenni passeranno da poco più di 11 milioni a oltre 13; si accresceranno nel contempo lo squilibrio a favore delle donne e la presenza delle classi d'età estreme: gli ultraottantacinquenni rappresenteranno il 9% del numero totale degli anziani. Oltre alla rilevanza demografica del fenomeno, dal punto di vista della politica sociale va prestata attenzione alle dinamiche interne a questa fascia di popolazione, che appare sempre più articolata e stratificata e che, pertanto, richiede un'offerta di servizi e prestazioni adeguati. Si tratta infatti di una fascia non omogenea per caratteristiche e bisogni, dipendenti dalla diversa accentuazione che possono assumere, nell'esperienza individuale, due variabili in particolare: la salute e le risorse economiche.

Il rischio dell'emarginazione

Malgrado il generale miglioramento delle condizioni di vita, è dimostrato che gli anziani rappresentano una quota di popolazione soggetta a forti rischi di emarginazione e povertà. Recenti stime evidenziano la presenza tra i poveri in Italia di quasi un quinto di soggetti con più di sessantacinque anni di età; si tratta anche in questo caso, in gran parte, di donne che rappresentano oltre l'80% dei pensionati sociali. Soprattutto nelle grandi città, dove più ampio è l'allentarsi delle reti parentali e delle relazioni di vicinato, si nota la maggiore vulnerabilità degli anziani rispetto a fenomeni quali pensioni insufficienti, sfratti, abitazioni fatiscenti e con presenza di barriere architettoniche, fino ad arrivare a volte a veri e propri drammi della solitudine e dell'abbandono.

L'istituto di ricovero: un modello ancora dominante

Relativamente allo stato di salute, nel nostro paese si è stimato che il 3,5% della popolazione ultra-sessantacinquenne non sia autosufficiente e l'1,5% lo sia solo in parte. Nei confronti di queste due categorie, il caposaldo dell'intervento è ancora oggi rappresentato dall'istituto di ricovero, sebbene l'esperienza e la ricerca abbiano ampiamente dimostrato che esso non offre una risposta adeguata alle esigenze degli anziani, ma piuttosto a richieste di ordine familiare, medico, o istituzionale.

Si tratta in effetti di un intervento che trova le proprie radici nelle marcate caratteristiche istituzionalizzanti del nostro sistema assistenziale. La situazione attuale presenta, tuttavia, un quadro dalle caratteristiche molto eterogenee negli ultimi anni infatti si è tentato di qualificare e specializzare l'intervento residenziale, progettando case protette o residenze sanitarie assistite, rivolte esclusivamente a quegli anziani che per la loro particolare condizione richiedono assistenza sociale e sanitaria intensiva e continuativa.

L'assistenza a domicilio

Il progetto-obiettivo «Tutela della salute degli anziani», stralcio del piano sanitario nazionale 1991-1995, oltre a determinare il quadro di interventi per la realizzazione di tali strutture, afferma anche la necessità di aumentare l'assistenza domiciliare, mirando a integrare l'intervento sociale con quello sanitario. Questo servizio, nato tra la fine degli anni sessanta e l'inizio degli anni settanta come sperimentazione di un'assistenza alternativa a quella istituzionale, è oggi previsto nella legislazione di quasi tutte le regioni e risulta particolarmente diffuso nei comuni del nord e del centro Italia. Esso varia a seconda delle esigenze dei soggetti comprendendo interventi di tipo esclusivamente sociale (pulizia dell'appartamento, invio di pasti caldi, igiene personale, disbrigo di pratiche amministrative) e di tipo socio-sanitario (assistenza infermieristica, attività riabilitativa). Dove sono stati realizzati servizi adeguati, si sono registrati una netta diminuzione dei ricoveri e un aumento del grado di soddisfazione degli utenti. È comunque indispensabile partire da una valutazione e programmazione integrata sul territorio dei diversi interventi.

L'assistenza a domicilio non può comunque essere considerata sostitutiva delle cure ospedaliere, per le quali rappresenta invece un importante servizio complementare, capace di limitare il ricorso alla ospedalizzazione, spesso impropria, dell'anziano. Diversa è infatti la ospedalizzazione a domicilio che consiste nel trattenere a casa persone che necessitano di ricovero ospedaliero, o nel rinviare precocemente a casa persone ospedalizzate, per un proseguimento di cure al domicilio, sotto la responsabilità assistenziale diretta del presidio ospedaliero. È fondamentale in questo caso la presenza di familiari, nonché dei necessari ausili tecnici per garantire anche nell'ambiente domestico i livelli di cura ospedaliera.

L'obiettivo dell'autosufficienza

Un'altra importante acquisizione della politica sociale degli ultimi anni è rappresentata da quegli interventi che, seppure non direttamente assistenziali, sono rivolti al recupero delle risorse e potenzialità presenti negli anziani. Si tratta in sostanza di interventi a carattere preventivo, fondati sulla consapevolezza che la salute non sia tanto caratterizzata dall'assenza di malattia, quanto dalla conservazione di uno stato globale di autosufficienza. Gli anziani vengono incoraggiati nella loro ricerca di un ruolo sociale, attraverso il sostegno alle iniziative di volontariato e mutuo aiuto, l'apertura di centri sociali, l'organizzazione di soggiorni estivi, la promozione di attività culturali e ricreative, l'inserimento in attività socialmente utili.

Guardando al futuro, le attuali restrizioni finanziarie sollevano numerose preoccupazioni circa la concreta possibilità, per tale quadro di interventi, di crescere e migliorare. Il rischio, come sempre accade quando si affrontano le questioni di politica sociale in chiave contabile ed economica, è che si verifichi una massiccia ripresa degli interventi tradizionali (ricoveri e contributi economici), in quanto rivolti a un'utenza più facilmente pre-determinabile, piuttosto che proseguire sulla strada dell'ampliamento di una rete di servizi con finalità di prevenzione, promozione della salute e integrazione sociale.

------- **BIBLIOGRAFIA** -------

G. Giumelli, P. Membrino (a c. di), *I servizi sociali per anziani: una sfida possibile*, Guerini, Milano 1992.

G. Pieretti, S. Porcu (a c. di), *Le politiche sociali per gli anziani nella prospettiva europea*, Franco Angeli, Milano 1992.

Tutela dei diritti e prevenzione del disagio minorile

La politica per l'infanzia

Patrizia David

La condizione dell'infanzia e degli adolescenti presenta oggi caratteristiche fortemente contraddittorie. Se da un lato si nota infatti un crescente interesse di molti genitori nei confronti dei figli e in generale si afferma la necessità di un ampio investimento sociale sui minori, dall'altro si registra una diffusa disattenzione nei riguardi delle concrete condizioni di vita di bambini e ragazzi: dalle «piccole violenze quotidiane» legate alla mancanza di spazi idonei e usufruibili, ai casi più drammatici di abuso e maltrattamento.

La stessa tendenza alla diminuzione delle nascite, se da una parte costituisce un segnale di maggiore considerazione per l'infanzia, dall'altra rappresenta anche il sintomo della sua graduale espulsione dalla vita sociale.

Una realtà spesso difficile per i minori

In effetti, molti degli avvenimenti che toccano l'infanzia e i minori possono essere interpretati come violazione di diritti essenziali quali il diritto all'integrità psico-fisica, all'istruzione, alla famiglia. Si consideri, per esempio, l'estrema contraddittorietà tra il miglioramento, da un lato, dello stato di salute dei bambini nel nostro paese, che presentano un minor numero di malattie e anche una minore gravità delle singole forme morbose, e dall'altro il crescente ricorso ai ricoveri ospedalieri. Oppure, il fatto che il fenomeno del maltrattamento minorile può riscontrarsi oggi all'interno di tutti gli strati sociali e non è quindi direttamente e esclusivamente imputabile a condizioni economiche e culturali svantaggiate, ricollegandosi invece, spesso, ad aspetti banali della vita quotidiana. Relativamente alle opportunità nell'istruzione esistono difficoltà e ostacoli per un discreto numero di bambini; anche se l'obbligo scolastico viene generalmente atteso dalla quasi totalità dei minori, 38 ragazzi su 1000 tra gli 11 e i 14 anni abbandonano la scuola senza un titolo di studio e 1 su 10 ripete almeno una classe nella scuola dell'obbligo. Che dire poi del diritto del minore alla famiglia? Sebbene esso sia difeso nel nostro ordinamento dalle leggi sull'adozione e l'affido, oltre 50 mila minori vivono ancora all'interno degli istituti.

Esiste in sostanza un profondo malessere nella realtà quotidiana dell'infanzia, mentre nascono nuove forme di emarginazione e deprivazione e aumentano le disparità economiche, sociali e formative e di conseguenza le differenze nelle opportunità di vita. In questo quadro, l'obiettivo della politica sociale è quello di ricostruire una cultura dell'infanzia, oggi frammentata in molteplici e contrastanti dimensioni, riportando a unitarietà d'intenti le diverse agenzie preposte alla sua tutela.

I servizi per l'infanzia

Storicamente, i servizi per l'infanzia sono nati sulla scorta di esigenze diverse, non tutte connesse al riconoscimento del diritto dei bambini all'educazione e alla qualità della vita, ma spesso rivolte al controllo della forza lavoro femminile. Ciò ha determinato, nel passato, un ruolo piuttosto scarso degli stessi servizi nel processo di costruzione di una cultura dell'infanzia capace di riconoscere effettiva cittadinanza ai minori.

Nel nostro paese, l'elaborazione di una politica pubblica in questo campo ha trovato espressione concreta dapprima nell'esperienza della scuola materna statale (1968), e successivamente nell'istituzione degli asili nido comunali (1971).

Questi ultimi, in particolare, hanno costituito un elemento importante di diffusione di una cultura dell'infanzia che tenesse conto sia delle modificazioni familiari, sia delle acquisizioni scientifiche sulla fisionomia del bambino.

Oggi, se adeguatamente riqualificati e riorganizzati, essi possono rappresentare il luogo dove si affrontano e risolvono le contraddizioni e incertezze della famiglia, spesso impreparata rispetto alle esigenze educative della prima infanzia. È noto infatti che, quanto minore è il numero dei nidi e degli altri servizi in un territorio, tanto più sono frequenti i casi di internamento dei bambini provenienti dai nuclei culturalmente ed economicamente più deboli.

Nuove forme di prevenzione

Nell'ambito della prevenzione del disagio minorile, si comincia a porre attenzione ai genitori, al fine di migliorare le capacità e competenze educative. A tale riguardo si va estendendo l'esperienza di introdurre corsi di formazione e informazione per genitori all'interno degli stessi servizi educativi (nidi, scuole). Come risorsa rivolta sia ai bambini, sia agli adulti, in diversi comuni dell'Italia centro-settentrionale, iniziano a comparire centri socio-ricreativi per l'animazione e l'appoggio psico-sociale dei ragazzi nella fascia d'età della scuola dell'obbligo. Negli ultimi anni il sostegno ai minori si è articolato inoltre sotto forma di assistenza domiciliare, con l'introduzione dell'aspetto educativo nel quadro degli interventi socio-assistenziali rivolti a quei minori che nella loro casa e nella loro famiglia non ricevono le cure e le attenzioni necessarie.

Infine, nel caso in cui la famiglia di origine si trovi nella temporanea impossibilità di provvedere al minore stesso, è possibile fornire a quest'ultimo il sostegno di una famiglia affidataria. L'affido è nato storicamente come intervento alternativo al ricovero in istituto e ha trovato affermazione giuridica con la legge 184 del 1983: con essa il minore è stato riconosciuto per la prima volta soggetto con propri diritti, e sono state date disposizioni alle istituzioni di servizio sociale affinché provvedano a evitare che i minori si trovino in stato di abbandono. Malgrado siano trascorsi dieci anni, in molte situazioni non si è ancora avviata la crescita, nel tessuto sociale, di quella disponibilità all'accoglienza che sta alla base stessa dell'affido, mentre proliferano iniziative di intervento per i minori in difficoltà, quali comunità alloggio e gruppi famiglia. Esse, se ben condotte, rappresentano comunque un'alternativa valida e sono in grado di evitare forme di intervento anacronistiche, come il ricovero del minore in istituto.

——— BIBLIOGRAFIA ———

P. Cendon (a c. di), *I bambini e i loro diritti*, Il Mulino, Bologna 1991.

Consiglio Nazionale dei Minori, *I e II Rapporto sulla condizione dei minori in Italia*, Franco Angeli, Milano 1990.

Direzione Generale dei Servizi Civili del Ministero dell'Interno (a c. di), *Politiche sociali per l'infanzia e l'adolescenza*, Unicopli, Milano 1991.

Difesa o superamento della legge 180?

Patrizia David

È indubbio che stiamo assistendo oggi a un aumento delle condizioni che vengono definite psichicamente anormali; si calcola infatti che nei paesi dotati di una rete di servizi psichiatrici, mediamente il 2% della popolazione entri in contatto con essi. Ciò può essere il duplice effetto da un lato della crescita di una cultura dei servizi che crea una domanda di terapia, dall'altro della diminuzione della capacità della società di accettare e tollerare situazioni di devianza. Gli studi effettuati nel corso di decenni evidenziano l'importanza dei fattori socio-culturali nello stabilire le correlazioni fra sintomi e diagnosi, nel senso che la prevalenza dei disturbi mentali, così come la loro tipologia, come peraltro anche la terapia prescritta dagli psichiatri, appaiono in relazione con la posizione sociale dell'individuo. Quanto più la classe di appartenenza è bassa, tanto maggiore è la percentuale di pazienti psichiatrici.

La riforma dell'assistenza psichiatrica

In Italia, la codifica istituzionale e legislativa della malattia mentale e della relativa cura ha fatto riferimento, almeno fino al 1978, anno in cui è stata approvata la riforma dell'assistenza psichiatrica, alla legge Giolitti del 1904, che tendeva a una doppia finalità: rendere innocuo il «malato mentale» attraverso l'internamento nella struttura manicomiale, e secondariamente predisporre la cura, basata essenzialmente sulla cultura della separazione della malattia dal contesto sociale.

Negli anni sessanta il movimento antipsichiatrico ha imposto anche nel nostro paese una prima modifica della legislazione vigente, con l'istituzione, nel 1968, dei centri di igiene mentale, fino all'affermazione, dieci anni dopo, della legge 180 di riforma dell'assistenza psichiatrica, che ha sancito un fondamentale cambiamento di gestione della malattia mentale, ponendosi come obiettivo lo smantellamento del manicomio. Alla base di tale processo sta la convinzione che la malattia mentale sia una malattia come le altre, che non richiede l'isolamento, ma al contrario impone che il malato mentale non perda contatto con il contesto di appartenenza. La chiusura dei manicomi, l'accoglimento dei malati psichici all'interno di strutture ospedaliere civili, lo sviluppo di una rete di servizi territoriali in grado di filtrare i ricoveri e sostenere l'inserimento dell'assistito nella comunità, ne costituiscono gli aspetti strutturalmente e culturalmente più importanti. La legge 180 ha inoltre costituito, a difesa dei diritti dei pazienti, un importante baluardo giuridico, prevedendo il ricovero in regime di «trattamento sanitario obbligatorio» solo in presenza di alterazioni psichiche tali da richiedere interventi terapeutici urgenti; e stabilendo per questi, allo scopo di impedire gli abusi nei ricoveri manicomiali verificatisi in passato, la necessità di un provvedimento del sindaco, su proposta di un medico, a sua volta convalidata dalla USL.

Le carenze nell'attuazione

A fronte di un quadro normativo estremamente avanzato, tanto da essere guardato all'estero come modello cui ispirare l'elaborazione di analoghe riforme, si sono tuttavia registrati sin dall'inizio gravi ritardi nell'attuazione. Soprattutto non si è verificata quella diffusione dei servizi territoriali e delle strutture intermedie (comunità alloggio, case famiglia, centri diurni) tale da garantire adeguati livelli di assistenza su tutto il territorio nazionale. Di conseguenza si è avuta in una prima fase la sopravvivenza di molti ospedali psichiatrici, e successivamente, in seguito alla loro definitiva chiusura, il determinarsi, nelle realtà territoriali più carenti di nuove strutture, di gravi situazioni di abbandono dei malati di mente. Un'indagine condotta nel 1984 mostrava come il 15% della popolazione italiana risiedesse ancora in località totalmente sguarnite di qualunque presidio psichiatrico; oltre la metà di tali presidi era comunque dislocato nelle regioni settentrionali e solo il 14% di essi poteva essere considerato valido sotto l'aspetto organizzativo per soddisfare i bisogni della popolazione di riferimento. Alla stessa data risultavano presenti complessivamente sul territorio nazionale, 674 centri di salute mentale, 236 servizi psichiatrici di diagnosi e cura, 50 centri diurni, 248 comunità protette e 188 ospedali psichiatrici (tra pubblici e privati). Tali servizi risultavano inoltre distribuiti in maniera diseguale con la presenza al Nord e al Centro di un maggior numero di comunità terapeutiche, case protette e residenze diurne, e al Sud di strutture di ricovero di grandi dimensioni.

Una questione di ordine pubblico?

In effetti ancora oggi si hanno nel paese due diverse modalità d'intervento: accanto a esperienze nelle quali è avvenuto il processo di riconversione delle strutture tradizionali, in un quadro di sensibilizzazione del contesto esterno, sopravvivono situazioni arretrate, nelle quali la deospedalizzazione «selvaggia» ha comportato l'abbandono dei pazienti. Inoltre, il «residuo manicomiale» sebbene abbia cessato di essere il perno dell'assistenza psichiatrica, continua a svolgere un ruolo nei confronti di una certa fascia di utenza (anziani, psichiatrizzati da un gran numero di anni, privi della famiglia o rifiutati da essa). È evidente come il modello d'intervento sul territorio sia, dal punto di vista organizzativo, molto più complesso da attuare rispetto alla tradizionale struttura manicomiale. Il primo prevede infatti la presenza di servizi diversi e diversificati, ognuno con una propria funzione distinta, che però devono essere coordinati e integrati fra loro. Soprattutto, la chiave dell'intervento sulla disabilità psichica è rappresentata dalla capacità di connettere aspetti sociali e sanitari; dove tale raccordo è mancato, si è registrato il fallimento della 180.
In particolare, la deistituzionalizzazione, in un quadro di sviluppo insufficiente dei servizi territoriali ha comportato un carico di responsabilità e una sofferenza per le famiglie dei malati. Di tale disagio si sono fatte portavoce numerose proposte di riforma della 180, avanzate nel corso delle ultime legislature. Alcune di esse, partendo dalla considerazione che i problemi esistenti sono causati da una

mancata applicazione della legge per quanto riguarda lo sviluppo dei servizi, si pongono l'obiettivo della difesa dei principi della 180, promuovendone l'attuazione reale attraverso precisi vincoli normativi a livello regionale. Altre proposte, invece, puntano a modificare aspetti sostanziali della 180, ripristinando per esempio, il ricovero d'urgenza tramite l'autorità giudiziaria, oppure riciclando le strutture manicomiali, sulla base della convinzione dell'esistenza di una certa quota di inguaribilità e incurabilità nella malattia mentale.

In ogni caso, non si tratta certamente solo di un confronto tra modelli organizzativi, quanto invece di posizioni socio-culturali profondamente diverse, che evidenziano quanto il dibattito all'interno del settore sia ancora aperto e soprattutto come, di fronte all'incapacità dimostrata dal settore pubblico in questi anni, riemergano con forza posizioni tendenti a sottolineare il legame tra malattia mentale e ordine pubblico e a rivitalizzare interessi privati e corporativi.

Il sistema scolastico

a cura di
Marzio Barbagli

La scuola è uguale per tutti?
Antonio Schizzerotto

Quanto si impara a scuola
Giancarlo Gasperoni

Nella scuola secondaria le radici delle disfunzioni dell'università
Marzio Barbagli

Scuola e mercato del lavoro
Roberto Moscati

Insegnanti, parola d'ordine: insoddisfazione
Marcello Dei

——— **BIBLIOGRAFIA** ———

P. D'Atena, *L'uomo e la società*, Bulzoni, Roma 1990.

P. Ferrario, *Politica dei servizi sociali*, La Nuova Italia Scientifica, Roma 1989.

M. Tognetti Bordogna, G. Carabelli, P. Ferrario, *L'assistenza psichiatrica oggi in Italia*, in «Inchiesta», n. 77, 1987.

Famiglia, appartenenza territoriale, sesso: tre variabili significative

La scuola è uguale per tutti?

Antonio Schizzerotto   **99** Negli ultimi quarant'anni i livelli di istruzione della popolazione italiana si sono enormemente accresciuti. Entro i soggetti con età compresa tra 20 e 64 anni, i laureati (5,5%) sono, oggi, quattro volte più numerosi di quanto fossero agli inizi degli anni cinquanta.

Contemporaneamente si è sestuplicata la percentuale dei diplomati (26,0%) e quintuplicata quella dei possessori di licenza media inferiore (35,0%) mentre si è ridotta di quasi due terzi la percentuale dei soggetti con la sola licenza elementare (33,5%). Malgrado questi enormi progressi nel grado di scolarità, l'Italia è ancora lontana dall'assicurare l'eguaglianza delle opportunità di istruzione tra tutti i cittadini. Come accade nella generalità delle nazioni a economia di mercato e a sistema politico pluralistico, anche in Italia il livello di istruzione raggiunto da un individuo non dipende solo dalle sue doti intellettuali e dall'impegno posto nello studio ma anche dalle sue caratteristiche sociali.

Il peso della famiglia

Tra queste ultime, un peso di particolare rilievo riveste la provenienza familiare. È possibile dimostrarlo fa-

Distribuzione dei titoli di studio
secondo la posizione sociale della famiglia d'origine

	Laurea	Diploma	Licenza media	Licenza elemen.	Totale
Imprenditori, liberi professionisti e dirigenti	24.2	55.6	16.6	3.6	5.6
Impiegati di concetto	14.4	52.9	26.4	6.3	9.7
Artigiani e commercianti	5.6	27.8	35.1	31.5	21.0
Coltivatori diretti	3.3	10.3	22.4	64.0	19.8
Operai dell'industria e del terziario	2.1	20.8	39.5	37.6	34.9
Braccianti agricoli	0.2	4.5	22.0	73.3	9.0
Totale	5.3	23.8	31.0	39.9	N = 4931

Fonte: Barbagli, Capecchi, Cobalti, De Lillo e Schizzerotto, *Indagine nazionale di mobilità*, 1985.

cendo ricorso ai dati di un'indagine di mobilità sociale condotta nel corso del 1985. Si tratta di una ricerca che ha riguardato un campione nazionale di quasi 5000 italiani, uomini e donne, occupati e non occupati, nati tra il 1920 e il 1967. Dall'indagine, i cui risultati sono riportati nella tabella qui accanto, traspare che i discendenti degli imprenditori, dei liberi professionisti e dei dirigenti pubblici e privati ottengono una laurea assai più spesso di quanto non riescano a fare, nell'ordine, i figli degli impiegati, quelli degli artigiani e dei commercianti, quelli dei coltivatori diretti, quelli degli operai dell'industria e dei servizi e quelli del bracciantato agricolo. Gli eredi della classe media impiegatizia e i figli di imprenditori, liberi professionisti e dirigenti presentano anche le più alte percentuali di diplomati. Essi sono seguiti, da lontano, dai discendenti di artigiani e commercianti e, via via, dai figli di operai, di coltivatori diretti e di braccianti agricoli. Gli eredi di queste ultime tre categorie sono per lo più costretti a limitare la propria istruzione alla scolarità d'obbligo.

In armonia con le osservazioni iniziali, i valori riportati nella tabella qui accanto conoscono non secondarie variazioni quando vengono articolati secondo la classe di età degli intervistati. Così, per esempio, poco più di un ventesimo (6,6%) dei figli di operai dell'industria e del terziario, nati tra il 1920 e il 1935, riuscivano a raggiungere il diploma di scuola media superiore. Ma tale titolo di studio è stato ottenuto da oltre un quarto (27,5%) dei discendenti da famiglie operaie nati tra il 1952 e il 1967. E mentre nella prima delle due generazioni considerate i due terzi (69,6%) dei figli di operai arrestavano la loro partecipazione scolastica alle elementari, nel gruppo più giovane meno di un

quinto (18,4%) di essi si trovava in tale condizione. Fenomeni simili hanno interessato i discendenti di tutte le classi, comprese quelle maggiormente privilegiate. Basti ricordare che, dal più anziano al più giovane dei gruppi qui presi in esame, la quota dei possessori di diplomi di scuola media superiore, entro i discendenti degli imprenditori, dei liberi professionisti e dei dirigenti, è passata dal 44,9% al 60,3%. Parallelamente, l'incidenza dei possessori di licenza elementare si è ridotta, nella classe appena richiamata, da un decimo (10,2%) a meno di un trentesimo (2,9%). Se, dunque, è vero che oggi i discendenti dai gruppi sociali subalterni hanno molte più chance di un tempo di raggiungere le fasce superiori del sistema formativo, è anche vero che lo stesso vale per i figli delle classi privilegiate.

Attraverso opportune tecniche di analisi statistica si può anzi mostrare che, nel corso dell'ultimo mezzo secolo, le diseguaglianze nelle possibilità di raggiungere i vari titoli di studio intercorrenti tra i figli delle diverse classi sociali sono rimaste sostanzialmente invariate. Questo significa che dalla riforma della scuola dell'obbligo (1962) e dall'apertura a tutti i diplomati degli accessi all'università (1969), così come dalla complessiva crescita della domanda sociale di istruzione, i figli dei gruppi sociali inferiori hanno tratto gli stessi vantaggi dei figli dei gruppi superiori. Ne consegue che oggi il nostro sistema scolastico non è affatto più democratico e meritocratico di quanto fosse nei primi anni cinquanta.

Le osservazioni che precedono non vanno lette nel senso che le capacità cognitive e l'applicazione allo studio siano ininfluenti sui risultati scolastici. Esse stanno invece a indicare che, a parità di doti intellettuali e di impegno personale, la provenienza fami-

Distribuzione dei titoli di studio secondo il genere

	Laurea	Diploma	Licenza media	Licenza elementare	Totale
Uomini	6.3	24.5	33.6	35.6	49.3
Donne	4.4	223.1	28.5	44.0	50.7
Totale	5.3	23.8	31.0	39.9	N = 4931

Fonte: Barbagli, Capecchi, Cobalti, De Lillo e Schizzerotto, *Indagine nazionale di mobilità*, 1985.

liare costituisce una causa di sistematiche diseguaglianze negli esiti del processo formativo.

Uomini e donne: un certo equilibrio

Anche l'appartenenza di genere (l'essere, cioè, una donna o un uomo) influisce sui livelli di partecipazione scolastica. In media gli uomini posseggono lauree e diplomi con maggiore frequenza delle donne (vedi tabella qui sopra). Questo stato di cose rappresenta, tuttavia, più un prodotto del passato che uno specchio dell'attualità. In altre parole, mentre nelle generazioni più anziane le donne raggiungono le fasce superiori del sistema formativo assai più raramente degli uomini, a partire dalla seconda metà degli anni settanta, la situazione si è riequilibrata. Anzi, essa si è quasi capovolta. Entro i soggetti nati tra il 1952 e il 1967, infatti, la proporzione di donne laureate (5,4%) risulta, sia pure di poco, superiore alla corrispondente proporzione di uomini (5,2%). Lo stesso vale per i possessori di diploma (34,3% tra le donne e 30,2% tra gli uomini).

Che la distribuzione dei titoli di studio delle giovani donne sia la stessa dei giovani uomini non significa che dal nostro sistema scolastico sia scomparsa ogni forma di segregazione collegata al genere. È noto, per esempio,

che l'istituto magistrale rappresenta, oggi più che mai, un segmento formativo tipicamente frequentato dalle donne che, per contro, assai raramente accedono agli istituti tecnici industriali. Similmente, la facoltà di lettere risulta altamente femminilizzata, mentre quella di ingegneria costituisce un'enclave maschile. Rimane comunque vero che in Italia le uniche disparità nelle chance di istruzione ad avere conosciuto un'effettiva riduzione nel tempo sono quelle legate al genere. Va ancora sottolineato che negli ultimi cinquant'anni l'influenza del genere sulle opportunità formative è sempre stata assai meno incisiva di quella attribuibile alle appartenenze di classe. Si tenga infine presente che le disparità nelle possibilità di istruzione connesse alla provenienza familiare sono le stesse entro gli uomini ed entro le donne.

Il peso del territorio

Un'altra caratteristica sociale in grado di influenzare le carriere scolastiche è costituita dall'appartenenza territoriale. I residenti nelle regioni meridionali e insulari si laureano con frequenza simile a quella degli abitanti del nord e del centro. Tuttavia tra i primi si incontra un numero minore di diplomati e di licenziati dalla media dell'obbligo. L'inverso accade per

■ Distribuzione dei titoli di studio secondo la zona di residenza

	Laurea	Diploma	Licenza media	Licenza elementare	Totale
Nord e Centro	5.2	24.8	32.8	37.2	67.0
Sud e Isole	5.7	21.7	27.4	45.2	33.0
Totale	5.3	23.8	31.0	39.9	N = 4929

Fonte: Barbagli, Capecchi, Cobalti, De Lillo e Schizzerotto, *Indagine nazionale di mobilità*, 1985.

i possessori di licenza elementare. La loro incidenza risulta infatti inferiore nelle regioni settentrionali e centrali (vedi tabella qui sopra).

Il minore sviluppo della **scolarità** di base nelle regioni meridionali risale a tempi anteriori alla formazione dello Stato unitario. È tuttavia sorprendente scoprire che neppure l'istituzione della media unica sia riuscita a porre riparo a tale situazione. Si può anzi osservare che il divario nei livelli di **scolarità** delle due grandi ripartizioni geografiche italiane è, paradossalmente, aumentato proprio in corrispondenza di quella che rimane una delle poche riforme educative di gran respiro istituzionale attuate in Italia nel secondo dopoguerra. Il fenomeno appena richiamato deriva, con ogni probabilità, dalla minore presenza e dalla più veloce contrazione nel centro-nord, rispetto al meridione, dell'incidenza del bracciantato agricolo. Si è visto infatti, in apertura di questa nota, che sono proprio i figli della categoria sociale in questione a presentare la proporzione più elevata di soggetti privi della licenza di scuola media inferiore.

Anche nel caso delle influenze esercitate dall'appartenenza territoriale sulle opportunità formative valgono tuttavia considerazioni analoghe a quelle esposte parlando delle disparità di genere. In altre parole, la zona di residenza incide sulle possibilità di ottenere i vari titoli di studio in misura sensibilmente inferiore alla classe d'origine. E i condizionamenti esercitati da quest'ultima sono invarianti rispetto all'appartenenza territoriale.

Come quarant'anni fa

Malgrado l'assenza di interazioni reciproche, gli effetti sulle diseguaglianze nelle opportunità formative prodotti dai tre caratteri presi in esame si sommano gli uni agli altri. Ne consegue che, almeno entro le generazioni più giovani, sono le figlie degli imprenditori, dei liberi professionisti e dei dirigenti residenti al nord e al centro a godere le chance più elevate di ottenere una laurea. Per contro, sono i figli del bracciantato agricolo meridionale a incorrere nei maggiori rischi di non ultimare nemmeno la scuola dell'obbligo.

─────── **BIBLIOGRAFIA** ───────

M. Barbagli, *Disoccupazione intellettuale e sistema scolastico in Italia*, Il Mulino, Bologna 1974.

D. Gambetta, *Per amore o per forza*, Il Mulino, Bologna 1990.

R. Moscati (a c. di), *Centralità e marginalità della scuola*, Zanichelli, Bologna 1988.

Alunni iscritti per specie della scuola e tipo di gestione

	Valori assoluti			
	1970	1980	1990	1992(a)
Materne	1 560 220	1 901 849	1 590 399	1 563 390
di cui statali	89 284	725 065	822 614	826 976
di cui non statali	1 470,936	1 176 784	767 785	736 414
Elementari	4 731 466	4 506 466	3 164 159	3 009 609
di cui statali	4 396 543	4 171 043	2 918 435	2 768 631
di cui non statali	334 923	335 423	245 724	240 978
Medie inferiori	2 064 137	2 900 220	2 387 910	2 144 715
di cui statali	1 961 453	2 770 881	2 277 845	2 045 711
di cui non statali	102 684	129 339	110 065	99 004
Secondarie sup.	1 568 926	2 396 867	2 847 475	2 858 221
di cui statali	1 384 578	2 138 426	2 579 064	2 597 197
di cui non statali	184 348	258 441	268 411	261 024

(a): Dati stimati a eccezione di quelli relativi alle scuole secondarie superiori
Fonte: ISTAT.

Tassi di scolarità in alcuni paesi dell'Europa comunitaria per specie di scuola

	1970	1980	1990
ELEMENTARE			
Italia	108	102	101
Germania (Ovest)	129	99	105
Francia	117	111	111
Gran Bretagna	111	103	107
Belgio	102	104	102
Olanda	102	100	117
Danimarca	97	96	98
MEDIA SUPERIORE			
Italia	60	72	79
Germania (Ovest)	66	94	104
Francia	74	85	99
Gran Bretagna	75	83	84
Belgio	80	91	104
Olanda	91	92	103
Danimarca	73	105	n.d.
UNIVERSITÀ			
Italia	17	28	31
Germania (Ovest)	14	26	33
Francia	16	26	40
Gran Bretagna	14	20	25
Belgio	19	26	37
Olanda	20	30	34
Danimarca	18	29	n.d.

Fonte: UNESCO.

Un problema di qualità e di quantità

Quanto si impara a scuola?

Giancarlo Gasperoni

La questione di *quanto* si impara nella scuola italiana non può essere affrontata senza tener conto di *quante* sono le persone che imparano o hanno l'opportunità di imparare.

La popolazione italiana, infatti, è una delle meno scolarizzate tra quelle dei paesi avanzati: solo il 20% degli adulti ha portato a termine il ciclo dell'istruzione secondaria superiore (contro il 33% della Francia, il 48% del Regno Unito, il 60% della Germania).

Il numero di iscritti alla scuola secondaria superiore per ogni 100 persone con l'età normalmente prevista per tali iscritti è solo 60,2%; la Turchia e il Portogallo sono gli unici paesi OCSE con tassi inferiori.

La situazione peggiora ulteriormente se si prende in esame il rapporto tra diplomati della scuola secondaria superiore e numero di residenti dell'età prevista per il conseguimento del titolo: l'Italia presenta un tasso di riuscita pari al 43,2%, contro una media OCSE del 76,9%. Nel Regno Unito e in Francia, di converso, i rispettivi valori sono 65,1 e 84,5%.

Insomma, l'Italia presenta dei tassi di scolarizzazione piuttosto bassi per quanto riguarda l'istruzione secondaria superiore, molto più bassi di quanto comunemente si pensi.

Sono pochi gli italiani che hanno l'opportunità di imparare, al di là della frequentazione scolastica imposta dalla legge.

Livelli più alti o standard più bassi?

Le fonti informative più comuni sui livelli di rendimento della scuola italiana attengono ai tassi di ripetenza e agli esiti degli esami che si affrontano alla fine di ogni ciclo di studi (gli esami di licenza alla fine del quinto anno della scuola elementare e del terzo anno della scuola media inferiore; l'esame di maturità alla fine del quinquennio della scuola secondaria superiore).

La tabella mette in evidenza come nella scuola dell'obbligo i tassi di ripetenza e di riuscita siano migliorati (più licenziati rispetto al totale dei candidati; meno ripetenti rispetto al totale degli iscritti) nel corso del dopoguerra. È evidente, tuttavia, che questa tendenza può dipendere tanto da un miglioramento nei livelli di profitto degli studenti, quanto da un abbassamento degli standard richiesti dagli esaminatori.

Nella scuola media superiore, il fenomeno della ripetenza al primo anno manifesta invece un lieve peggioramento, il che indica una scarsa continuità didattica tra i due cicli dell'istruzione secondaria. Questo peggioramento non è compensato dal forte aumento dei tassi di riuscita; infatti, è ormai un luogo comune che l'esame di maturità non offre alcuna garanzia circa la qualità della preparazione degli studenti e non opera alcuna differenziazione tra gli studenti più e meno «bravi».

Licenziati per 100 esaminati alla conclusione dei cicli di istruzione (*1950-1990*)

	1950-51	1960-61	1970-71	1980-81	1990-91
Elementare	92,0	88,1	96,2	98,5	99,4
Media inferiore	80,1	85,8	93,0	96,9	98,0
Media superiore	71,3	79,3	89,1	91,5	94,4

Fonte: ISTAT.

Ripetenti per 100 iscritti al primo anno dei cicli di istruzione in alcuni anni scolastici (*1950-1990*)

	1950-51	1960-61	1970-71	1980-81	1990-91
Elementare	24,8	11,2	10,4	1,6	1,1
Media inferiore	—	14,8	10,8	11,3	10,7
Media superiore	—	9,2	7,5	9,7	11,5

Fonte: ISTAT.

Ritardi preoccupanti

Da decenni ormai, l'Italia prende parte a speciali indagini internazionali volte a identificare i fattori che più contribuiscono al rendimento scolastico. I risultati di queste ricerche sono particolarmente illuminanti.

La scuola elementare italiana raggiunge risultati piuttosto buoni. Nelle scienze, benché non eguagli i livelli di preparazione dei paesi dell'Estremo Oriente e della Scandinavia, l'Italia si colloca tra i paesi più preparati e supera persino gli Stati Uniti. Per esempio, oltre il 61% dei bambini italiani di 10 anni conosce il motivo per cui uno strato di vernice impedisce a un oggetto in ferro di arrugginire. Nella comprensione della lettura, i bambini italiani sono addirittura ai vertici della «classifica» mondiale.

Nella scuola media inferiore la situazione è un po' meno felice, sia nelle materie scientifiche che in quelle umanistiche: l'Italia rientra nel novero dei paesi più avanzati, ma non più con una posizione di preminenza. Oltre il 77% dei ragazzi alla fine della scuola dell'obbligo è in grado di spiegare perché verniciare il ferro impedisce la formazione di ruggine; ma negli altri paesi la percentuale è ancora più alta. Anche nella comprensione della lettura vi è una relativa arretratezza nelle prestazioni italiane.

Nella scuola media superiore, infine, l'Italia esprime un netto ritardo nei confronti degli altri paesi. L'apprendimento scientifico è così scadente che studenti di altri paesi i cui programmi di insegnamento non comprendono queste discipline, riescono a ottenere prestazioni migliori. Una recente indagine dell'Istituto Carlo Cattaneo di Bologna rivela che solo il 46% dei diplomandi italiani riesce a calcolare la distanza tra due città esaminando una mappa in scala; il 40% non sa che il parlamento è composto da camera dei deputati e senato della repubblica; ben il 33% non riesce a calcolare una velocità media; il 24% non sa in quale anno fu proclamato il Regno d'Italia.

Un divario da eliminare

Queste indagini hanno messo in evidenza anche un altro fatto importante: l'Italia possiede uno dei sistemi scolastici più disomogenei al mondo. In altre parole, in Italia il livello di apprendimento dipende in misura notevole dalla scuola frequentata: le singole scuole di uno stesso indirizzo di studio manifestano livelli qualitativi molto diversi tra loro. Questa disparità presenta, tra l'altro, una spiccata caratterizzazione geografica.

Infatti, come per molti altri aspetti della vita sociale, economica e culturale del nostro paese, anche nell'apprendimento scolastico vi è un divario ragguardevole tra Nord e Sud: le prestazioni scolastiche sono significativamente migliori nelle scuole settentrionali. L'aspetto più preoccupante di questo divario è che le sue dimensioni si allargano a mano a mano che si avanza nel ciclo dell'istruzione. Infatti, lo scarto Nord-Sud è relativamente ridotto per quanto riguarda la scuola primaria e diventa poi molto marcato nella scuola media superio-re. Piuttosto che eliminare o quanto meno attenuare le differenze nelle situazioni socio-economiche di partenza degli studenti, sembrerebbe che la scuola italiana le accentui, venendo meno a una delle sue funzioni sociali.

BIBLIOGRAFIA

M. Fierli, *La seconda indagine Iea sull'apprendimento delle scienze*, in «La ricerca», 15 gennaio 1989, pp. 1-12.

ISTAT, *Statistiche dell'istruzione. Dati sommari dell'anno scolastico 1990-91*, ISTAT, Roma 1992.

P. Lucisano, *Svantaggiati in partenza. Un primo riguardo ai dati dell'indagine Iea sull'alfabetizzazione*, in «Riforma della scuola», 1992, n. 12, pp. 13-6.

OECD, *Education at a Glance: Oecd Indicators*, OECD, Paris 1992.

«Ricerca educativa», rivista del Centro europeo dell'educazione (CEDE), Frascati.

Le conseguenze della mancata riforma della media superiore

Nella scuola secondaria le radici delle disfunzioni dell'università

Marzio Barbagli

Non diversamente da quello francese, il sistema scolastico italiano è stato fin dall'inizio fortemente centralizzato e uniforme, a tal punto che i ministri della pubblica istruzione che si sono succeduti nel nostro paese avrebbero potuto benissimo dire con soddisfazione quello che sembra abbia affermato una volta un loro collega d'oltralpe: «In questo preciso momento, in questa data classe, tutti gli studenti dell'impero studiano la stessa pagina di Virgilio». Centralizzato e uniforme il nostro sistema scolastico resta anche oggi, nonostante alcune innovazioni degli ultimi anni, a livello universitario. Anzi, secondo i dati di un recente studio dell'OCSE, quello italiano è il sistema con il tasso più alto di centralizzazione delle decisioni fra quelli dei paesi occidentali (vedi tabella nella pagina seguente).

Le riforme degli anni sessanta

Inoltre, fino al 1962, il sistema scolastico italiano, come per altro quel-

Livelli di decisione riguardanti la scuola secondaria di primo grado in alcuni paesi occidentali

	Livello istituto scolastico	Livello intermedio 1	Livello intermedio 2	Livello nazionale	Totale
Spagna	56	19	22	2	100
Paesi Bassi	46	28	0	26	100
Finlandia	45	35	0	20	100
Portogallo	39	0	15	46	100
Svezia	37	58	0	5	100
Belgio	35	0	47	18	100
Francia	34	0	25	42	100
Norvegia	30	36	0	34	100
Italia	29	11	2	57	100
Stati Uniti	22	73	5	0	100
Svizzera	10	35	55	0	100

Fonte: OECD, *Education at Glance*, Parigi 1992.

lo di molti altri paesi europei, era tipicamente cooptativo, cioè fondato su una selezione precoce, che avveniva a undici anni, al termine della scuola elementare.

Esso aveva una struttura dualistica, prevedendo una scuola media inferiore, che dava accesso a quelle superiori, e una scuola di avviamento al lavoro, che in pratica non permetteva la continuazione degli studi.

Da questo punto di vista, la situazione è profondamente cambiata negli ultimi trenta anni. Con la riforma del 1962, che ha istituito la scuola media unica, l'Italia si è trovata per un po' di tempo all'avanguardia dei paesi della CEE per grado di apertura del sistema scolastico. La legge di «liberalizzazione degli accessi» del 1969 ha ulteriormente trasformato questo sistema, consentendo l'iscrizione a tutte le facoltà universitarie, fino ad allora riservata solo a coloro che aveva-

no terminato il liceo classico, anche agli studenti provenienti dalle altre scuole secondarie.

Le riforme degli anni sessanta, facilitando l'accesso dei giovani di molte classi sociali alle scuole secondarie e all'Università, hanno dato una spinta ulteriore all'espansione della popolazione scolastica.

Nonostante questo, tuttavia, in Italia, come avviene in quasi tutti i paesi occidentali, si è ben lontani dalla realizzazione dell'eguaglianza delle opportunità di istruzione per tutti.

Come ricorda Schizzerotto nel contributo che precede, il titolo di studio raggiunto da un individuo non dipende solo dalle sue doti e dal suo impegno, ma anche dal ceto di appartenenza della famiglia di origine. Queste diseguaglianze nelle opportunità educative legate all'origine familiare sono rimaste costanti negli ultimi decenni.

Università inefficiente: il 70% lascia

Per la verità, questo fenomeno è comune a gran parte dei paesi industriali. Ma in Italia esso presenta degli aspetti particolari, soprattutto nell'istruzione universitaria. Il numero degli studenti iscritti all'università è considerevolmente aumentato, superando – nell'anno accademico 1992-1993 – il milione e mezzo. Ma è contemporaneamente cresciuta la quota degli studenti fuori corso e di coloro che non terminano gli studi. Oggi, nell'università italiana, circa il 70% degli iscritti non prende la laurea. È una percentuale molto alta, che non troviamo in nessun altro paese occidentale. La quota di coloro che abbandonano gli studi varia molto a seconda del ceto sociale di provenienza e del tipo di scuola media superiore frequentata. A interrompere gli studi sono più frequentemente i giovani i cui genitori hanno un basso livello di istruzione e che vengono da un istituto tecnico o professionale.

Quando lo Stato aiuta chi non ha bisogno

Le tasse di iscrizione all'Università sono nel nostro paese molto più basse che altrove. Si calcola che il costo medio annuo dell'istruzione universitaria pagato da ogni studente sia di circa 548 mila lire, pari al 9% del suo costo totale. Questo significa che, poiché fra gli studenti universitari sono sovrarappresentati quelli provenienti dalle famiglie dei ceti medi e medio-superiori, lo Stato finisce per fornire a queste un servizio sottocosto, cioè in sostanza per aiutare i gruppi sociali che meno ne avrebbero bisogno.

Ma è sicuramente nella scuola secondaria che troviamo la parte più debole dell'intero sistema scolastico italiano. Anche a questo livello sono avvenuti, nell'ultimo trentennio, notevoli cambiamenti. Vi è stato, in primo luogo, un significativo aumento degli iscritti. È mutata, in secondo luogo, la loro distribuzione fra i vari tipi di scuola. È diminuita considerevolmente la quota degli iscritti ai li-

▌ Percentuale di persone che raggiungono la laurea
In rapporto alla popolazione in età corrispondente, in alcuni paesi, nel 1988

	%		%
Canada	25,4	Paesi Bassi	11,4
Stati Uniti	25,6	Svizzera	7,6
Australia	19,5	Regno Unito	16,3
Giappone	26,3	**ITALIA**	**7,7**
Nuova Zelanda	15,7	Spagna	17,0
Austria	7,2	Turchia	5,8
Belgio	11,6	Danimarca	10,1
Francia	12,1	Finlandia	18,6
Germania	13,3	Norvegia	23,6
Irlanda	17,2	Svezia	12,7

Fonte: OECD, *Education at Glance*, Parigi 1992.

cei classici, mentre è aumentata quella degli studenti degli istituti tecnici e professionali. È cresciuta, in terzo luogo, la percentuale delle ragazze sul totale degli iscritti.

La riforma della media superiore

A dispetto di questi mutamenti e di quelli che le leggi hanno introdotto nella media inferiore e nell'università, i partiti rappresentati nel parlamento italiano non sono mai riusciti, in trenta anni, a trovare un accordo per riformare la scuola media superiore. Della necessità di fare questa riforma si è iniziato a parlare nel 1962, quando fu approvata la legge che istituiva la scuola media unica. Le proposte di riforma presentate e discusse in questi trenta anni non si contano più. Gli articoli e i libri dedicati a questa questione possono riempire molti scaffali di una biblioteca. Ma una riforma non è mai stata approvata. È per questo che, a differenza che negli altri paesi occidentali, in Italia l'obbligo scolastico si ferma a 14 anni. È per questo che il tasso di scolarità del nostro paese a questo livello è inferiore a quello degli altri paesi occidentali. Ed è anche per questo che il numero di persone che si laureano è in Italia più basso che altrove (vedi tabella qui sopra).

BIBLIOGRAFIA

H.P. Blossfeld e Y. Shavit, *Ostacoli permanenti: le diseguaglianze di istruzione in tredici paesi*, in «Polis», Aprile 1992, pp. 147-179.

G. Martinotti, *Un regalo alla classe media: chi paga il costo degli studi universitari*, in «Il Mulino», Luglio-Agosto 1993, pp. 695-702.

OECD, *Education at Glance*, Parigi 1992.

R. Simone, *L'università dei tre tradimenti*, Laterza, Roma-Bari 1993.

Il sistema formativo di fronte alle esigenze dell'economia e della società

Scuola e mercato del lavoro

Roberto Moscati

Nel ripercorrere sin dai primi anni dello Stato unitario, l'evoluzione del rapporto fra sistema formativo e mercato del lavoro emerge in modo ricorrente e paradossale l'attenzione del ceto politico (più in generale, dell'opinione pubblica) per gli effetti del funzionamento del primo sulle logiche e sull'operare del secondo: mentre, al contrario, il mondo economico appare scarsamente preoccupato per il funzionamento del sistema formativo. Di conseguenza, l'istruzione, nel suo articolarsi e nel suo trasformarsi, si è dovuta sovente misurare con gli effetti che si sarebbero andati producendo nel sistema occupazionale. Quest'ottica, interessata più a chi usciva dal sistema scolastico (dunque, all'offerta di lavoro) che non alle evoluzioni del sistema produttivo (dunque alla domanda), si è legata in modo particolare alla costante difficoltà di raggiungere e conservare un ragionevole equilibrio fra qualità del prodotto del sistema formativo e qualità del sistema occupazionale. Ha prevalso dunque la preoccupazione che l'istruzione creasse eccessive aspettative e diffuse frustrazioni per il surplus dell'offerta sulla domanda di lavoro, venendo così a turbare la pace sociale e l'ordinato sviluppo del paese.

Sostenere lo sviluppo

Solo in uno specifico momento storico questa impostazione comune sia alle politiche formative sia alle analisi interpretative, è stata rovesciata a favore di un'accentuazione della prospettiva economica. Sul finire degli anni cinquanta e sino a poco oltre la metà del decennio successivo, il culminare del periodo di ricostruzione e di ripresa post-bellica (il «miracolo economico») ha suggerito un'impostazione del rapporto scuola/mercato del lavoro che vedeva la prima come elemento produttore del «fattore umano» indispensabile al sostegno dello sviluppo. Si muoveva, quindi, dalle esigenze del sistema occupazionale per chiedere alla scuola di adeguarsi ai ritmi e alle necessità dell'economia.

Questo rovesciamento di ottica non a caso ha coinciso con una richiesta di allargamento del sistema formativo (in funzione di un sistema occupazionale e produttivo in espansione), mentre la costanza delle politiche e delle analisi precedenti e successive al periodo indicato è stata quella delle richieste di contenimento del prodotto scolastico o dell'allargamento del sistema occupazionale per rimediare a un eccesso del prodotto della scuola. A partire da questo particolare momento storico, e dunque dai primi anni sessanta, il tema del rapporto fra scuola e mercato del lavoro ha acquisito uno spazio centrale nella politica economica come nella pubblicistica.

In questa evoluzione si possono identificare alcune fasi caratterizzate dal grado di centralità di volta in volta attribuito al soggetto (lo studente e/o il lavoratore).

Nel dibattito aperto dagli studi della SVIMEZ nel 1961, la rilevanza del personale qualificato a livelli intermedi e superiore per il sostegno del processo di sviluppo attribuisce ovviamente grande importanza alla qualità delle competenze professionali e dunque della formazione acquisita dal soggetto.

L'università di massa

Nei primi anni settanta per contro, emerge la difficoltà incontrata dal mercato del lavoro nell'assorbire il prodotto della scuola. Da un lato, i percorsi formativi si sono semplificati e il numero dei diplomati e dei laureati è aumentato rapidamente; dall'altro, il settore industriale non appare in grado di allargare le proprie capacità di occupazione di quadri medi e alti. Ne deriva che gran parte del prodotto della scuola trova collocazione nel settore terziario a livelli scarsamente professionalizzati. Il problema della disoccupazione «intellettuale» si salda con quello della dequalificazione.

L'università di massa rivela l'ambivalenza dell'istruzione superiore, perseguita anche come canale di mobilità sociale e come valore in sé. Il fenomeno assume rilevanza particolare nel Mezzogiorno, dove la forte domanda d'istruzione superiore non è giustificata dalle opportunità occupazionali ma trova sostegno nei processi di emancipazione di ceto e di genere (le nuove utenze proletarie, piccolo-medio borghesi e femminili).

Il confronto Mezzogiorno/Centronord diventa particolarmente significativo sotto il profilo delle trasformazioni sia dell'offerta che della domanda di lavoro. Mentre nel Centronord l'articolazione del mercato provoca il diffondersi delle figure miste di studenti lavoratori e lavoratoristudenti, quale anticipazione di una crescente diversificazione delle uscite dal sistema formativo in funzione di una più stretta correlazione fra studio e lavoro, nel Mezzogiorno si registra una diversa tipologia di atteggiamenti degli utenti del sistema scolastico. La differenza trova spiegazione in un mercato del lavoro assai meno articolato e ricco, che negli anni settanta sembra privilegiare chi abbandona la scuola a livello secondario (e si colloca in un mercato non ufficiale o «sommerso», che nel Sud riproduce i caratteri di basso livello dell'economia e del mercato del lavoro «emerso»). D'altra parte, l'attribuzione di funzioni emancipatrici all'istruzione superiore spinge le nuove categorie di utenti a proseguire sino al massimo livello possibile.

La scuola (l'università in particolare) – al Sud come al Centro-nord – viene percepita come rimedio alla disoccupazione in quanto «area di parcheggio» in mancanza di opportunità adeguate nel mercato del lavoro.

Le figure professionali dell'impresa rinnovata

Negli anni ottanta, la spinta alla modernizzazione del sistema produttivo, porta a privilegiare i rapporti tra produttività e costi di produzione mentre il soggetto passa in secondo piano (il riferimento al «fattore umano» è qui legato al costo del lavoro). L'attenzione degli analisti si concentra sulle nuove figure professionali, necessarie all'impresa rinnovata e il dibattito si articola attorno alle statistiche relative alla composizione della struttura occupazionale in termini di figure ad alta, media o bassa qualificazione. Il sistema formativo, intanto, continua a funzionare in forme tradizionali e modi non correlati all'evoluzione del mercato del lavoro, segnando così una specificità tutta italiana, dal momento che nel contempo in Europa le trasformazioni del sistema produttivo e di quello formativo procedono in parallelo.

In un primo tempo, un relativo aumento di figure professionali ad alto livello di formazione (dirigenti e impiegati), sia nel settore industriale che in quello terziario, consente un ridimensionamento delle pessimistiche valutazioni circa la pressione dell'offerta di forza lavoro «intellettuale». La percentuale di laureati sul totale della disoccupazione ufficiale si riduce, anche in ragione della larga disponibilità ad accettare occupazioni dequalificate da parte dei laureati, specie nel Mezzogiorno.

Produttività della scuola e abbandoni

Verso la fine degli anni ottanta il sistema formativo viene di nuovo correlato alle trasformazioni del sistema occupazionale. Da un lato, si domanda se la scuola sia in grado di rispondere alle richieste di professionalità, dall'altro, sorge il problema della sua scarsa produttività.

Se dunque, la pressione alla diversificazione dell'istruzione superiore consente al dibattito sui cicli brevi di sfociare nella legge istitutiva delle lauree di primo livello (legge n. 341/90) e, soprattutto, si manifesta nella proliferazione dei corsi post-laurea, in

Percentuale di donne nell'insegnamento
1989-90

	elementare	secondaria inferiore	sec. superiore	
			liceale	tecn.prof/le
Austria	81,3	60,3	53,5	49,6
Francia	66,8	62,5	51,3	31,0
Germania	79,8	45,3	34,9	31,0
Giappone	57,6	36,1	23,9	3,4
Gran Bretagna	78,1	52,5	55,7	45,8
Italia	89,9	69,9	63,5	50,7
Olanda	63,7	—	28,0	29,0
Spagna	67,6	52,9	53,8	40,7
Svezia	82,3	68,5	44,3	—

Fonte: OECD, 1993.

particolare per la formazione della nuova dirigenza aziendale (Master); si introduce anche nel nostro paese, sia pure in ritardo, il dibattito sulla clamorosa dispersione degli iscritti all'università, per lungo tempo trascurata perché di fatto ritenuta correttivo «naturale» alla liberalizzazione degli accessi e perché non considerata disfunzionale da una domanda di forza lavoro «a elevata qualificazione» sostanzialmente contenuta (specialmente nell'industria) e predisposta a utilizzare l'alta percentuale di abbandoni quale informale articolazione del prodotto del sistema formativo.

Le nuove professioni

Negli ultimi anni dunque il soggetto riacquista una parte almeno della rilevanza perduta, attraverso la revisione critica degli effetti reali dei processi di modernizzazione e di introduzione delle nuove tecnologie. In una visione che non si limita al settore industriale ma comprende l'intero mercato del lavoro, il tema delle «nuove professioni» consente di recuperare compiti e mansioni tradizionali che devono essere aggiornati, accanto a figure professionali di nuova creazione in funzione di una risposta a nuove o meno nuove (e disattese) esigenze dell'economia come della società. Anche qui significativamente l'attenzione per il Mezzogiorno (area di endemica e acuta difficoltà produttiva e occupazionale) consente di svelare le contraddizioni e le fughe in avanti di una lettura del tema formazione/professione a volte troppo legata a dibattiti e realtà distanti e in parte estranei.

Ne deriva una riflessione più realistica sui meccanismi di accesso al mercato del lavoro; sul ruolo delle professioni tradizionali e nuove in relazione ai diversi contesti socio-culturali (con speciale attenzione al rapporto fra clientelismo e professionalità); sulla cultura delle figure professionali legate al settore dei servizi e della pubblica amministrazione.

In questo quadro anche il tema della diversificazione del sistema formativo assume una concretezza e una pertinenza sino a ora sconosciute.

Un'élite popolare

Insegnanti, parola d'ordine: insoddisfazione

Marcello Dei

Il corpo docente della scuola italiana consta (1991-92) di circa novecentomila insegnanti: 79 000 operano nella scuola materna, 280 000 nelle elementari, 266 000 nella media, 265 000 nella media superiore. È il più numeroso gruppo occupazionale in seno al pubblico impiego. Sul piano strutturale una variabile pesa più di ogni altra: l'ipertrofia. Sul piano soggettivo, dei sentimenti, domina una seconda caratteristica: l'insoddisfazione.

Soltanto un ammortizzatore sociale

Se osserviamo l'evoluzione quantitativa del corpo docente, è facile rendersi conto che l'incremento degli anni sessanta e settanta fu determinato dalla forte espansione della scolarità, prima nella fascia dell'obbligo e poi nella secondaria superiore. A partire dagli anni ottanta le leve scolastiche incominciarono a risentire gli effetti della caduta del tasso di natalità. Il calo degli alunni della fascia dell'obbligo trovò un contrappeso parziale e temporaneo nell'aumento del tasso di passaggio alla media superiore. A parte questo assestamento spontaneo e, per così dire, fisiologico, la forza di lavoro docente di ogni ordine e grado ha continuato a crescere ininterrottamente fino alle soglie dei nostri giorni. Per comprenderne le ragioni è necessario ricordare da un lato i numerosi provvedimenti di poli-

Numero medio di alunni per insegnante
per specie della scuola e tipo di gestione

	1970	1980	1990
Materne	34,2	18,5	14,9
di cui statali	25,9	14,1	11,6
di cui non statali	34,9	23,0	21,3
Elementari	21,8	16,4	11,4
di cui statali	21,4	15,9	11,0
di cui non statali	27,7	25,7	18,5
Medie inferiori	11,6	10,7	8,5
di cui statali	11,7	10,7	8,5
di cui non statali	9,9	10,5	9,0
Secondarie superiori	13,3	10,0	9,2
di cui statali	13,1	10,2	9,5
di cui non statali	15,2	8,6	7,0

Fonte: Elaborazioni su dati ISTAT.

Numero medio di alunni per insegnante in alcuni paesi dell'Europa comunitaria
per specie di scuola

	1970	1980	1990
ELEMENTARE			
Italia	21,8	16,4	11,4
Germania (Ovest)	25,5	n.d.	17,7
Francia	26,8	24,0	15,6
Gran Bretagna	23,2	18,9	19,7
Belgio	n.d.	18,1	9,9
Olanda	29,7	23,2	17,4
Danimarca	10,9	n.d.	11,8
MEDIA SUPERIORE			
Italia	12,3	10,4	8,9
Germania (Ovest)	16,1	n.d.	13,6
Francia	15,8	19,6	12,4
Gran Bretagna	14,3	n.d.	n.d.
Belgio	n.d.	n.d.	7,2
Olanda	n.d.	n.d.	n.d.
Danimarca	n.d.	n.d.	n.d.

Fonte: Elaborazione su dati UNESCO.

tica scolastica volti a migliorare il servizio (tempo pieno, integrazione degli alunni handicappati, fissazione del numero massimo e minimo di alunni per classe, introduzione di due insegnanti nelle classi delle elementari), dall'altro il meccanismo impiegato per reclutare il personale necessario.

Orbene, quanto al primo punto, i vari provvedimenti si sono sovrapposti senza coordinamento né controllo degli effetti. Il personale docente è stato reclutato in parte attraverso concorsi macchinosi, imperniati su enciclopedici e decrepiti programmi di studio, ma assai più ampiamente per

Numero medio di alunni per classe
per specie della scuola e tipo di gestione

	1970	1980	1990
Materne	n.d.	27,2	23,0
di cui statali	n.d.	25,4	22,5
di cui non statali	n.d.	23,0	21,3
Elementari	16,8	16,7	15,6
di cui statali	16,4	16,2	15,4
di cui non statali	24,9	24,8	19,5
Medie inferiori	22,0	22,2	20,0
di cui statali	21,9	22,0	19,9
di cui non statali	23,8	27,3	23,9
Secondarie superiori	25,9	23,4	21,7
di cui statali	26,2	23,4	21,8
di cui non statali	23,7	23,7	20,8

Fonte: ISTAT.

successive infornate di precari «ruolizzati» per decreto. È solo l'ennesimo esempio di cattiva amministrazione? Proviamo a guardare le cose da un altro punto di vista. Un confronto internazionale mostra che il numero degli insegnanti è cresciuto a dismisura nei paesi industrializzati. Tuttavia il numero medio di alunni per insegnante indica che in Italia il fenomeno è più accentuato rispetto agli altri paesi. Il fatto è che arruolando insegnanti, la scuola ha funzionato da spugna nei confronti di una massa di laureati (e in misura minore di diplomati) in cerca di lavoro. Questa politica, di cui sono stati artefici i governi e le rappresentanze sindacali, è andata avanti per anni e anni, senza che la scuola, trovandosi bene o male a fungere da ammortizzatore sociale, approfittasse dell'occasione per convertire la quantità dei docenti in qualità del servizio.

Nuovi equilibri

Prima di prendere in considerazione la dimensione soggettiva, vediamo in breve alcuni altri caratteri oggettivi della categoria.

La femminilizzazione non è un luogo comune, ma una tendenza diffusa a livello internazionale rispetto alla quale l'Italia si colloca al primo posto. Nel nostro paese tra il 1973 e il 1989, le donne sono passate dall'83% al 90% nelle elementari, dal 63% al 70% nelle medie inferiori, dal 48% al 52% nelle superiori. La presenza maschile resiste in alcune nicchie specifiche dell'istruzione tecnica e professionale che corrispondono alle discipline caratterizzanti. Esse restano riservato e incontrastato dominio di insegnanti maschi, per lo più già in possesso di un altro lavoro (avvocati, commercialisti, architetti, ingegneri

ecc.). Inquadrandosi nel processo di afflusso delle donne sul mercato del lavoro, la femminilizzazione del corpo docente enfatizza i problemi connessi con la «doppia presenza» femminile nella sfera pubblica e nella sfera domestica. Contribuisce, secondo alcuni, a deprimere il prestigio sociale dell'insegnamento. Dimostra invece, secondo altri, che il lavoro della donna tende a essere sistematicamente sottovalutato: i maschi fuggono dalle professioni in declino.

Non solo per prestigio

Quanto alle origini sociali, una recente indagine IARD ha confermato le evidenze delle ricerche precedenti. In gran parte gli insegnanti provengono dai vari strati della classe media. Sono interessati a processi di mobilità circa un terzo degli insegnanti, divisi in parti uguali tra «mobili verso l'alto» (ossia figli di operai) e «mobili verso il basso» (figli di dirigenti, imprenditori, liberi professionisti), con una tendenza degli uni a crescere di numero nel tempo e degli altri a ridursi.

Il meccanismo di formazione professionale è lo stesso di mezzo secolo fa. Solo gli insegnanti elementari hanno alle spalle un corso di studi mirato all'insegnamento (però l'istituto magistrale si distingue per il basso profilo culturale). A tutti gli altri docenti, come sempre, non resta che prendere a modello i loro insegnanti di un tempo e affidarsi al *training on the job*. Siamo in attesa dell'attuazione della riforma degli ordinamenti didattici universitari che per i maestri stabilisce la formazione universitaria e per gli altri docenti la frequenza di corsi abilitanti di specializzazione post laurea. Con il miglioramento della preparazione didattica, la riforma dovrebbe cogliere un altro obiettivo: accrescere il prestigio sociale degli insegnanti.

Insieme alla retribuzione, il prestigio è la fonte principale di insoddisfazione per gli insegnanti. La citata ricerca IARD ci dice che più di due insegnanti su tre pensano che negli ultimi dieci anni il prestigio sociale della categoria sia diminuito. A ben guardare la stessa indicazione è scaturita puntualmente da tutte le indagini condotte a partire dagli anni sessanta. La diagnosi pessimistica è fondata, le ragioni della scarsa considerazione sociale sono numerose. Alcune di esse possono essere rimosse, per esempio con l'attuazione di un sistema efficiente di formazione professionale. C'è però una contraddizione che spesso non viene messa in conto: come può appartenere all'élite un gruppo occupazionale che sfiora il milione di persone? L'espansione quantitativa forte e incontrollata del corpo docente non ha propiziato una dinamica retributiva ascendente. E parimenti non ha potuto evitare di accompagnarsi a un calo degli standard di qualità e a una caduta di immagine della professione.

Confederali e autonomi: la stessa rivendicazione

Come accade ormai da vari anni in molti settori del mercato del lavoro, la rappresentanza della categoria è divisa. L'ala istituzionale, rappresentata dai sindacati confederali e autonomi, ha un tasso di adesione che varia dal 50% dei maestri al 33% degli insegnanti della secondaria. È più forte tra i maschi e tra i più anziani. Il consenso dei più giovani tende a dirigersi verso i movimenti di base, Cobas e Gilda, che a loro volta sono la proiezione di istanze contraddittorie: gli uni rivendicano benefici ugualitari, gli altri privilegi «corporativi». Questi movimenti sono venuti alla ribalta nel momento in cui i sindacati stentavano a governare le frustrazioni e lo scontento della categoria e, in quanto prodotto di movimenti collettivi, il loro punto di forza e la loro ragion d'essere stanno nella capacità di organizzare la protesta e di mobilitare gli insegnanti, tutti gli insegnanti, accantonando ogni linea di frammentazione. Tuttavia non propongono un'immagine del ruolo dell'insegnante e della scuola diversa da quella delle organizzazioni sindacali.

Dal punto di vista degli orientamenti politici la categoria è eterogenea. Gli insegnanti elementari non formano più un blocco monolitico cattolico-moderato. Secondo la ricerca IARD, la dimensione destra-sinistra non discrimina la percezione né del declino della professione né della dinamica dei valori nella società attuale, mentre spiega solo in parte le opinioni degli insegnanti in materia di politica scolastica.

——— **BIBLIOGRAFIA** ———

D. Gambetta, *Per amore o per forza? Le decisioni scolastiche individuali*, Il Mulino, Bologna 1990.

G. Monaci, *Gli abbandoni degli studi universitari in Lombardia*, Franco Angeli, Milano 1992.

SVIMEZ, *Mutamenti della struttura professionale e ruolo della scuola. Previsioni per il prossimo quindicennio*, Giuffré, Roma 1961.

A. Cavalli (a c. di), *Insegnare oggi. Prima indagine Iard sulle condizioni di vita e di lavoro nella scuola italiana*, Il Mulino, Bologna 1992.

OECD, *The Teacher Today. Tasks, Conditions, Policies*, Paris 1990; in edizione francese: *L'enseignant aujourd'hui. Fonctions, status, politiques*.

Cultura, comunicazione, tempo libero

Cultura, comunicazione, tempo libero

Editoria
Vittorio Spinazzola

Giornali e giornalisti
Giovanni Cesareo

Mass media
Mauro Wolf

Cinema
Goffredo Fofi

Teatro
Franco Quadri

Enti lirici
Piero Rattalino

Musica leggera
Stephen Gundle

La cultura giovanile
Andrea Colombo

L'arte visiva
Antonello Negri

Musei
Andrea Emiliani

**La ricerca scientifica
e tecnologica**
Giovanni Nassi

Sport
Stefano Pivato

Editoria: letteratura «pura» eclissata da satira e giornalismo

Vittorio Spinazzola

L'editoria ha sprazzi di vitalità. Ma non tanto nel campo letterario, dove il bello scrivere di tanti esordienti non serve a nascondere la mancanza di veri scrittori, quanto nella produzione un tempo ritenuta minore e di consumo. Anche il giornalismo di attualità, con i suoi racconti non inventati, fa concorrenza al romanzo.

Durante gli ultimi anni, nel campo dell'editoria letteraria si sono verificate tendenze di segno diverso e contrastante. Le imprese hanno conosciuto amari fenomeni di crisi e larghi processi di ristrutturazione. Ne è derivato anzitutto un rafforzamento delle posizioni di alcuni grandi gruppi industriali, d'indole multimediale, in primo luogo Mondadori e Rizzoli-Fabbri.

Ciò tuttavia non ha impedito, anzi sembra aver incentivato, la fioritura di numerose piccole aziende, spesso decentrate sul territorio nazionale. Nell'insieme, anche se le difficoltà di sempre non sono certo diminuite, il sistema di attività editoriali ha manifestato una vitalità notevole: ne danno la prova manifestazioni come il Salone del libro di Torino o la Festa del libro mondadoriana, ma anche le Mostre mercato dei piccoli editori e del libro economico tenute al castello di Belgioioso.

Aura rarefatta

Nello stesso tempo però la vita letteraria ha attraversato una fase di illanguidimento. Non che non siano stati pubblicati libri di buona fattura, si capisce; e neppure che la qualità media dei testi sia apparsa scadente, tutt'altro. Ma personalità davvero robuste di scrittori nuovi se ne sono rivelate poche. E nel complesso la produzione di questo periodo, specie in campo narrativo, è apparsa avvolta da un'aura di letterarietà alquanto rarefatta.

Si potrebbe pensare che sia stata l'editoria a frapporre ostacoli peggiori che in passato all'affermazione di ingegni originali, estrosamente innovativi. Invece non è così. Opere di esordienti ne sono state pubblicate molte, e spesso dalle maggiori case commerciali. Ma sembrerebbe che proprio la disponibilità degli editori abbia indotto gli autori a preoccuparsi soprattutto di «scrivere bene»: come se questo fosse il modo per mostrare di non essersi fatti catturare dalle seduzioni del mercato di massa.

In questa situazione, si capisce che non si sia avuta una crescita del pubblico, cioè non si sia allargata l'area asfittica della lettura.

Calano i lettori abituali

Le indagini più recenti concordano nel rilevare un qualche incremento nel numero dei lettori occasionali, sporadici, quelli attratti dai best seller di turno; ma per compenso vi è stata una contrazione ulteriore della fascia dei lettori abituali, quelli che danno vera tenuta ai consumi librari.

Si può anche sostenere che la società letteraria italiana è venuta omogeneizzandosi, a prezzo però di un calo notevole di dinamismo propositivo e dialettica delle idee: poche le polemiche, pochi i dibattiti non a livello di chiacchiera o pettegolezzo. Appare ormai declinato il ciclo della neoavanguardia, con le sue provocazioni clamorose e il suo sperimentalismo esoterico: il tentativo di costituire un «Gruppo '93», che si proponesse come erede ideale del «Gruppo '63», non ha avuto esito.

Fra gli scrittori giovani, a prevalere è una narrativa d'ambiente contemporaneo, poco proclive alle tinte forti, orientata in senso intimistico: ne sono protagonisti i sentimenti confusi e smarriti, non antisociali ma non socializzabili perché improntati a un assaporamento narcisistico dell'impotenza dell'io, solitario nel mondo. Tra un'attenzione asciutta alla fenomenologia minima del vivere quotidiano e il vagheggiamento di combinatorie narratologiche astrattizzanti, i personaggi appaiono o sospesi nell'inco-

scienza o alle prese con un intellettualismo ipertrofico.

Le tendenze più interessanti

La tendenza di maggior interesse riscontrabile fra i nostri narratori più affermati può venir emblematizzata coi nomi di Giampaolo Rugarli e Aldo Busi. Li accomuna una sorta di neoespressionismo, molto colorito e accalorato; i riferimenti alla realtà attuale sono ben percepibili, ma appaiono trasfigurati da una estrosità visionaria prossima all'allucinazione. Meno convincente sembra la tendenza neosimbolista, nutrita di vaste ma vaghe metafore esistenziali. Le si possono ascrivere due libri dei quali si è parlato molto nel corso del '93, ambientati entrambi nel passato, sette o ottocentesco: *Il cardillo addolorato*, di una vecchia gloria delle patrie lettere, Anna Maria Ortese; e *Oceano mare*, del giovane Alessandro Baricco, il quale in precedenza, con *Castelli di rabbia*, si era qualificato come il miglior narratore dell'ultima generazione.

Letteratura e intrattenimento

Nel complesso, a egemonizzare la produzione di scrittura sono testi rivolti a un pubblico mediamente acculturato, ed elaborati secondo criteri estranei sia alla sofisticazione iniziatica sia alla corrività più andante. Si tratta di opere che tendono a coniugare il rispetto per le norme costitutive della letterarietà con la piacevolezza dell'intrattenimento romanzesco, la vivacità inventiva con i richiami alla tradizione novecentesca. In effetti, a derivarne sono libri che possono raggiungere un buon risultato di vendite senza per questo essere deprezzati dai critici: ma non aprono energicamente orizzonti nuovi alla rappresentazione dei bisogni e desideri e assilli dell'immaginario collettivo.

Come esemplificazione, valgano i titoli dei vincitori dei premi letterari più noti nel 1993: lo Strega è toccato a Domenico Rea per *Ninfa plebea*; il Viareggio al già citato Baricco per *Oceano mare*; il Campiello a Raffaele Crovi per *La valle dei cavalieri*; il Bancarella a Carmen Corvino per *La bruttina stagionata*. Tutti questi volumi sono in vario modo e misura meritevoli di stima. Difficile però sostenere che se ne configuri una stagione letteraria pienamente memorabile.

Una osservazione va fatta anche per la letteratura marginale, quella di leggibilità più pronta e agevole. Il fenomeno più indicativo è costituito dal fumetto *Dylan Dog*, ideato da Tiziano Sclavi: storie o storielle dell'orrore, insaporite da molte citazioni, rimandi, strizzate d'occhio colte e percorse da una vena ironica non disprezzabile. Il grande successo di questo prodotto è degno di nota perché testimonia come la letteratura «popolare» tenda a un relativo innalzamento di livello, che la renda meglio appetibile al pubblico medio. Si conferma così quella sorta di convergenza verso il centro che domina il mercato delle lettere.

La satira

Una reazione significativa alla fase di turbamento profondo che il paese attraversa è rappresentata dalla fortuna strepitosa della comicità e della satira. A fronte del crollo di tanti sistemi di valori e strutture di potere, la delusione la protesta la rabbia si sfogano ridendo. Dunque una ilarità con un forte segno di contestazione, che adotta un linguaggio e una tecnica violentemente aggressivi. Sintomo più evidente ne è il ricorso quasi ossessivo al turpiloquio: metodo certamente efficace per connotare il rifiuto del perbenismo filisteo, ma ormai tanto generalizzato da ridursi spesso a mera insolenza verbale senza costrutto. Portabandiera della nuova satira è il settimanale «Cuore», diretto da Michele Serra, dedito programmaticamente a una derisione gustosa anche se greve dei ceti dirigenti e di quanti si lascino abbagliare dai miti del conformismo di successo.

In campo librario, vale la pena di segnalare due best seller che esemplificano bene le diverse possibilità dell'umorismo odierno. *Anche le formiche nel loro piccolo s'incazzano* di Gino e Michele rivendica sin dal titolo il diritto a reagire di chi troppi altri diritti si vede negati o misconosciuti. Il fortunatissimo libretto si offre come una specie di manuale di comportamento beffardo, attraverso un repertorio antologico di battute ben selezionate. Qui l'ironia è meno nutrita di riferimenti all'attualità sociopolitica ed è perciò più cordialmente fruibile; d'altronde, il meccanismo asciutto del motto di spirito, basato sulla logica dell'illogico, esclude gli appesantimenti del discorso inevitabili nella satira di tipo parodistico. *La Compagnia dei Celestini* di Stefano Benni ha ambizioni maggiori e mette in opera procedimenti più complessi. Potremmo parlare di una comicità di tipo «demenziale», fondata sull'accelerazione frenetica dei tempi narrativi e sulla enfatizzazione iperbolica di tutti gli aspetti del racconto. L'immaginazione si sfrena, sfondando ogni criterio di verisimiglianza in nome di un surrealismo grottesco con una carica vistosa di deformazione espressiva. A tenere il campo è una polemica alquanto fragorosamente apocalittica contro la civiltà dei consumi, l'utilitarismo tecnologico, la brutalità e la fraudolenza dei governanti, lo strapotere dei mezzi di comunicazione di massa. L'occasione di spasso è intelligente, anche se la carne al fuoco sembra davvero troppa. D'altronde, proprio la sovreccitazione costante della pagina trova accoglienza positiva nella voglia convulsa di prendere e prendersi in giro, diffusa tra un largo pubblico, specie giovanile.

La memorialistica

I letterati odierni mostrano una scarsa attitudine a inventare dei personaggi corposi, ben costruiti, capaci di sollecitare un impulso immedesimativo nella fantasia del lettore. Questa facile constatazione serve a spiegare il successo straordinario delle scritture biografiche, autobiografiche, memorialistiche. Gli autori appartengono per lo più alla categoria professionale dei giornalisti; e si applicano a esercitare una funzione di supplenza nei confronti delle inadempienze della produzione letteraria «pura».
In effetti le loro opere non sono romanzi, anche se hanno un sapore romanzesco; ma nemmeno sono studi storici rigorosi, com'è ovvio. La caratteristica comune è di esporre vicende autentiche, dotate di un forte interesse obbiettivo, dandone un resoconto di indole vivacemente narrativa. A venir raccontate sono esperienze di realtà, vissute in prima persona o capitate ad altri, nel presente o nel passato, recanti comunque l'impronta di una personalità superiore. Il linguaggio è accattivante: lo scopo non è tanto o solo di far bella letteratura ma di offrire una lettura utile e insieme piacevole, che stimoli la riflessione senza escludere l'appello all'immaginazione. L'ottica resocontistica è quella di una borghesità laica, spregiudicata, dotata di un senso duttile della concretezza empirica e volta a trarre ammonimenti di buon senso universale del ripensamento di un percorso individuale irripetibile. Il vissuto dell'io fra i propri simili viene interpretato alla luce di una visione delle norme collettive non recisamente trasgressiva ma nemmeno grettamente conformista. Il lettore viene invitato a confrontarsi con individualità che hanno vissuto un destino più ricco, più esaltante del suo; ma nello stesso tempo questi personaggi d'eccezione vengono riportati a una misura di umanità comune, mostrandoli partecipi delle preoccupazioni e dei rovelli di tutti. Il superomismo non è di casa, in questi libri.
Molte testimonianze degne di attenzione o almeno di curiosità emergono dalle autobiografie di personalità viventi: vip, gente che conta nei campi della politica o della comunicazione o dello spettacolo o del costume. L'interesse si accentua nei casi in cui lo scrivente appartiene a pieno titolo alla classe dirigente dell'Italia postfascista, però in posizione laterale, di critica dall'interno e di censura morale dei fenomeni degenerativi cresciuti negli scorsi decenni. In questo senso, il titolo più rappresentativo è forse *Il provinciale* di Giorgio Bocca.
Meno cospicue appaiono le opere di stampo biografico, anche quando si possono riconoscere loro dei meriti di onesta divulgazione. È peraltro notevole che a venir evocati siano soprattutto personaggi illustri dell'età ottonovecentesca: le epoche precedenti, anche il mondo classico antico, sembrano non offrire più figure esemplari attualizzabili nella coscienza culturale diffusa. Degno di rilievo è anche che spesso si tratti di italiani, protagoni-

sti delle nostre vicende risorgimentali e postrisorgimentali; una preferenza accentuata riguarda poi le immagini femminili, che si prestano particolarmente a venir proiettate sul doppio versante del sublime melodrammatico e della sentimentalità quotidiana. I risultati migliori sono tuttavia offerti da libri impostati non su un ritratto singolo, ma su un affresco di costumi a respiro corale, come ne hanno redatti Gian Franco Venè o Miriam Mafai. A parte va ricordato il caso della biografia familiare di Clara Sereni, *Il gioco dei regni*.

L'inchiesta giornalistica

Il filone più significativo della produzione attuale di racconti non inventati è però quello dedicato alla lunga serie di scandali e misteri politico-amministrativi giudiziariamente irrisolti. Siamo sul terreno dell'inchiesta cronistica, sviluppata secondo le movenze della narrativa gialla. Chi scrive si fa promotore di una indagine, o controindagine, volta ad accertare una verità attendibile da rinfacciare all'inerzia o alla complicità degli indagatori ufficiali. Ma il punto è che la ricerca porta un risultato di frustrazione: impossibile chiarire sino in fondo cause e responsabilità di delitti, connessi inestricabilmente ad altre vicende criminose, più ampie e oscure. Al colpevole supremo potremo dare tutt'al più un nome anonimo, la Mafia, il Sistema. Per compenso, ne trarrà maggior luminosità il risarcimento morale delle vittime, cioè coloro che sono stati tratti dalle circostanze a sfidare un nemico ultrapotente per mantener fede a un impegno di difesa professionale della legalità. Il titolo del libro di Corrado Stajano sull'assassinio dell'avvocato Ambrosoli è emblematico: *Un eroe borghese*. Solo recentemente le vicende di Tangentopoli hanno consentito di imprimere un andamento diverso a questi resoconti pervasi di indignazione civile.

Produzione libraria per tipo di edizione

	Prime edizioni	Edizioni successive	Ristampe	Totale
1991				
Opere pubblicate	24 961	2 790	12 391	40 142
Tiratura complessiva (in migliaia)	124 993	16 112	74 542	215 647
Tiratura media per opera	5 008	5 775	6 016	5 372
1992				
Opere pubblicate	26 241	3 110	12 656	42 007
Tiratura complessiva (in migliaia)	131 267	16 260	76 128	223 655
Tiratura media per opera	5 002	5 228	6 015	5 324
Var. assolute				
Opere pubblicate	1 280	320	265	1 865
Tiratura complessiva (in migliaia)	6 274	148	1 586	8 008
Tiratura media per opera	–6	–547	–1	–5
Var. %				
Opere pubblicate	5,1	11,5	2,1	4,6
Tiratura complessiva	5,0	0,9	2,1	3,7
Tiratura media per opera	–0,1	–9,5	—	–0,9

Fonte: elaborazione CENSIS su dati ISTAT.

Giornali e giornalisti: informazione e scambio politico

Giovanni Cesareo

La carta stampata è ancora importante, le tirature dei giornali aumentano e, se si aggiungono i periodici, il «bilancio informativo» non è inferiore a quello britannico. Ma il giornalismo italiano soffre di debolezza culturale e dei vincoli dello scambio politico: i giornalisti preferiscono dettare le loro opinioni piuttosto che cercare informazioni e approfondirle. La professionalità si rifugia nelle testate di base.

Secondo l'opinione corrente, l'attuale fase di transizione dalla prima alla seconda repubblica è dominata dalla videocrazia. Si tratta di un'opinione formulata a «colpo d'occhio» (il «colpo d'occhio» è purtroppo il fondamento più frequente delle tesi e delle convizioni che prevalgono nel nostro paese).

La grande trasformazione

Ma, tuttavia, dei venti giornalisti che sono entrati in parlamento con le ultime elezioni (e non si tratta di un'inezia!) la maggioranza appartiene alla carta stampata. Vogliamo concluderne, con un altro «colpo d'occhio», che la stampa italiana, in particolare la stampa quotidiana, pur obbligata a confrontarsi con lo strapotere televisivo, è in ascesa e magari è ormai destinata a portarsi al livello dei maggiori paesi europei? Forse, prima di abbandonarsi a una simile previsione è meglio tentare qualche analisi. All'inizio degli anni novanta esistevano in Italia 62 quotidiani (18 testate nazionali e 44 locali). Si tratta di cifre che possono subire qualche fluttuazione (recentissimamente, per esempio, «La voce» si è aggiunta al novero delle testate nazionali), ma non tale da mutare sostanzialmente il quadro. Al di là di questi numeri, la situazione della stampa quotidiana italiana ha subito nel corso degli anni ottanta quella che qualche studioso ha definito «la grande trasformazione».

Sono entrate in campo le nuove tecnologie, che hanno determinato mutamenti profondi: si è passati da una struttura pressoché artigianale a una organizzazione d'impresa relativamente industriale; si è velocizzato il processo produttivo e si è anche incrementata la produttività; alcune fasi del processo produttivo sono state facilitate, in particolare per le piccole testate, grazie al *desk top publishing*.

Le tirature aumentano

Nelle tirature e nella diffusione si è avuto un salto: come conseguenza, si dice, di un'ottica diversa in relazione agli scopi dell'impresa e alla dinamica del mercato. Da circa cinque milioni di copie di quotidiani diffuse alla fine degli anni ottanta (e stabili da gran tempo) si è passati alle 6 600 000 copie degli anni novanta, con un incremento di circa il trenta per cento. Una copia ogni nove italiani, più o meno. E, tuttavia, la Federazione degli editori continua a denunciare la «debolezza strutturale» del settore, confermando l'esistenza di un «caso italiano» (in negativo). Eccesso di pessimismo? Lamentela per ottenere una più equa distribuzione degli introiti pubblicitari, costantemente vampirizzati dalla televisione?

Sono i periodici la vera stampa popolare

Certo, non si può negare che la stampa quotidiana in Italia continui a essere nella zona più bassa delle classifiche europee: la media di diffusione negli altri grandi paesi è di una copia ogni cinque abitanti. Ma chi fa questi conti dimentica costantemente che nel nostro paese non è mai esistita e non esiste una stampa quotidiana «popolare»: questa vasta zona di mercato in Italia è occupata, piuttosto, dai periodici (45 settimanali e 81 mensili agli inizi degli anni novanta). Non è vero che gli italiani «non leggono i giornali»: è vero piuttosto che se si mettono insieme quotidiani e periodici, il «bilancio informativo» in Italia non è qualitativamente inferiore a quello degli altri paesi, per esempio della Gran Bretagna.
È ragionevole sostenere che questa particolarità deriva dal fatto che la stampa quotidiana non viene tuttora percepita come fonte di informazione e che un alto numero di lettori si rivolge piuttosto ai periodici per avere informazioni di tipo «popolare» (di

cronaca, di costume e così via) e alla televisione per ottenere informazioni «di base» di carattere politico e sociale. D'altra parte, i periodici, in questi ultimi anni, hanno ampliato fortemente i propri orizzonti informativi, sia pure continuando a orientarsi verso la «narrazione» piuttosto che verso l'«approfondimento» (basti pensare ai settimanali femminili).

Opinionisti e «grandi firme»

Il fatto è che la «grande trasformazione» si è innestata sulla tradizionale debolezza non solo «strutturale» ma anche *culturale* della stampa quotidiana nel nostro paese. Si può dire che siamo passati da una stampa di opinione di élite a una stampa di opinione relativamente di massa. E «opinione» non è necessariamente nutrita da un autentico approfondimento delle informazioni e da un'analisi fondata di esse. L'«opinione» equivale, molto spesso, al «pensierino del mattino» di chi la esprime, «grande firma» o no che sia.
Questa caratteristica deriva da molti fattori, che la «grande trasformazione» non ha rimosso ma anzi, per alcuni aspetti, ha ribadito pesantemente. Intanto, in Italia permane – lo afferma il Centro di economia e di politica industriale dell'Università di Bologna – «una tendenza alla multimedialità con vocazione all'oligopolio». La proprietà dei giornali è ristretta a pochi gruppi che, tuttora, esercitano la maggior parte delle proprie attività al di fuori del sistema dei media e si servono dei giornali come strumenti di pressione sul potere politico per promuovere i propri interessi particolari e per ottenere vantaggi anche in rapporto alla propria attività editoriale.
Ne risulta un intreccio perverso tra

potere politico e potere editoriale, fondato sulla logica dello scambio, che pesa anche sulla cultura professionale dei giornalisti.

Le fonti e i loro «fiduciari»

In queste condizioni, le fonti «centrali» dominano più che in qualsiasi altro paese il processo di produzione dell'informazione: la fonte ha nelle redazioni i suoi «fiduciari», i quali traggono ovviamente vantaggio dalla «rendita» che a loro deriva da questa fiducia.

Vantaggio per il loro lavoro e anche rispetto al giornale che li impiega, ben lieto di avere una via d'accesso privilegiata alla fonte: non sta anche qui l'ossessione per lo *scoop* che tutti rimproverano alla stampa italiana?

La «informatizzazione» dei giornali, d'altra parte, ha peggiorato questa situazione, perché i giornalisti hanno finito per essere sommersi da «materiali» già pronti o semilavorati e hanno avuto sempre meno tempo (e poi, con il perpetuarsi della situazione, anche meno voglia) di ricercare, verificare, approfondire, confrontare. Così le fonti possono rinvigorire la propria tendenza organica a elargire i materiali informativi quando vogliono, a chi vogliono, come vogliono, mettendosi al riparo da ogni verifica e quindi lasciando ai giornali soprattutto la facoltà di arricchire (o inventare) i dettagli.

Giornalisti senza iniziativa

Questa tendenza non è affatto tipicamente italiana: ma qui essa si radica profondamente sia nella tipologia dei gruppi editoriali e nel tradizionale modo di produzione sia nella cultura dei giornalisti, i quali generalmente amano «dettare» la propria opinione piuttosto che ricercare informazioni e approfondire con analisi capaci di mettere i lettori in grado di capire e giudicare in autonomia. In un suo editoriale, dopo l'incriminazione di Carlo De Benedetti, Eugenio Scalfari, formulò tormentosamente un singolare interrogativo riferito al Gotha degli imprenditori italiani. Scrisse: «Poiché molti di loro partecipano a gruppi editoriali importanti, non riesco a capire perché non convocarono i giornalisti e non affidarono a essi le prove della tentata concussione ai loro danni». Già, perché? Ma ci si potrebbe anche chiedere: poiché nei giornali appartenenti a quei gruppi editoriali sono all'opera ottimi direttori e redattori, perché costoro – avuto, come ebbero, sentore del clima che si andava diffondendo – non decisero di andarsi a cercare informazioni e prove su quanto stava accadendo e s'era ormai strutturato come un vero e proprio sistema? Perché? E dire che «la Repubblica» viene di solito attribuita a un editore almeno parzialmente «puro».

La stampa locale

Ma la «debolezza» culturale della stampa italiana può essere illuminata anche da un altro dato. Nel 1992, secondo l'Audipress, in ben 84 province su 95 i quotidiani più letti erano quelli a diffusione regionale o locale: le testate locali raccoglievano nel complesso quasi il 50% dei lettori italiani. Si può sostenere che questo derivi dal provincialismo dei lettori (che comunque i quotidiani a carattere nazionale non sono riusciti a superare). Ma, tenendo conto del fatto che la stampa locale non differisce dall'altra per quanto riguarda l'informazione di livello nazionale (anzi, su questo piano è confezionata in serie), è possibile anche ipotizzare che i quotidiani locali operino *nel loro ambito diffusionale* ricerche, inchieste e approfondimenti che interessano i lettori (e sono certo più facili da realizzare) e per questo hanno successo.

Gadget e TV fanno vendere di più

Nel contempo, si può sostenere che i quotidiani nazionali hanno incrementato il numero degli *acquirenti* (che non significa necessariamente *lettori*) soprattutto per le campagne promozionali a colpi di concorsi, gadget e così via. Infine, è forse un caso che l'aumento della diffusione abbia coinciso con una forte moltiplicazione delle pagine di «cultura e spettacoli», per tanta parte dedicate alla TV?

Se alla seconda repubblica ci si affaccia con questa situazione, è ipotizzabile che la stampa nel suo complesso e i quotidiani in particolare aumentino il loro peso specifico e soprattutto riescano a collocarsi al di fuori della stretta logica dello scambio con il potere politico?

Anche laddove si rovesciasse la «vocazione all'oligopolio» (ma cosa mai incoraggia a prevederlo?), non basterebbe certo l'entrata in campo di qualche altro grande gruppo economico-finanziario per incidere sulla «debolezza culturale» della stampa che, come s'è visto, ha radici profonde sia a livello del modo di produzione sia a livello delle routine redazionali e delle «abitudini» dei giornalisti (nonché a livello della loro selezione e formazione). Un importante fattore controcorrente potrebbe essere rappresentato, piuttosto, dalla moltiplicazione e dal rafforzamento delle testate minori, «di base», che nei tempi più recenti hanno fatto la loro comparsa un po' dovunque nel paese. Vicine ai protagonisti dei processi sociali e per lo più gestite da giornalisti o militanti «esperti» (vedi, per esempio, i giornali vicini agli ambientalisti o al volontariato), queste testate hanno un rapporto critico con le fonti e sono in grado di ricercare e valutare i materiali spesso sulla base dell'operazione diretta.

Ma, vedi caso, alcune misure «di mercato» (aumenti delle tariffe postali, criteri di tassazione, orientamenti degli investimenti per lo sviluppo delle imprese) adottate sul finire della prima repubblica da alcune «autorità» politiche che si sono poi rapidamente affacciate alla seconda sembrano semmai coltivare pervicacemente l'annosa tradizione.

Diffusione dei periodici (*numero medio di copie vendute*) (1)						
	1990	1991	1992	var.% 90-91	var.% 91-92	var.ass. 91-92
Settimanali	14 418 187	14 612 831	14 592 836	1,3	–0,1	–19 995
Mensili	11 855 142	11 715 188	11 100 574	–1,2	–5,2	–614 614

(1) Sono state conteggiate solo le testate accertate dall'ADS nei tre anni

Fonte: elaborazione CENSIS su dati ADS.

Mass media:
tra bulimia e anoressia

Mauro Wolf

TV, home video, stampa locale crescono in modo ipertrofico, il cinema è in crisi, i quotidiani nazionali in stallo, ma tutto il sistema dei media sembra aver perso la funzione di modernizzazione esercitata in passato.

Lo sviluppo enorme del sistema dei media in Italia continua a coesistere con situazioni di cronica debolezza, ritardi culturali e provincialismi, accentuati da una cronaca giornalistica esageratamente attenta ai fenomeni dei media (è stato calcolato che su un campione di 18 testate comprendente quotidiani, settimanali e mensili appaiono in un anno circa 10 000 articoli riguardanti la Rai e la Fininvest).

Dilatazione della programmazione televisiva

Appartengono allo sviluppo ipertrofico i dati relativi alle ore di programmazione televisiva: dal 1976 al 1986, per le tre reti della televisione pubblica, le ore di programmazione sono passate da 5951 a 14 500. Nel 1986 bisogna poi aggiungere le 19 500 ore di programmi trasmessi dal principale polo privato, il gruppo Fininvest, e si arriva così a un totale di 34 000 ore di televisione. In dieci anni, quindi, tra il 1976 e il 1986, l'offerta di programmi televisivi è passata da 6000 a 34 000 ore; per le reti Rai l'offerta media giornaliera di programmi ammontava nel 1987 a 43 ore e mezza e nel 1992 raggiungeva invece le 72 ore. Per la Fininvest l'incremento è stato simile: nel 1987 l'offerta media giornaliera era di 53 ore e tre quarti; nel 1992 si è giunti alle 72 ore giornaliere (fonte: Annuario Rai 1991-1992).

Ovviamente un'analoga dilatazione è avvenuta per quanto riguarda il numero degli spot pubblicitari trasmessi dalle reti televisive (pubbliche e private): nel 1983 sulle tre reti Rai sono passati 40 000 comunicati commerciali, nel 1987 sulle tre reti Rai e sulle reti Fininvest sono stati trasmessi più di 300 000 spot. Una vera e propria alluvione che indica bene la «mutazione genetica» avvenuta nel sistema televisivo italiano. Mutazione che si è determinata con la contrapposizione/concorrenza/assimilazione tra la televisione pubblica e il polo televisivo di un privato (Berlusconi), situazione nella quale l'emittente pubblica ha scelto la strategia editoriale di contrastare l'emittenza privata principalmente sul terreno degli ascolti. Il duopolio Rai-Fininvest ha inizio tra il 1983 e il 1984, quando Berlusconi consolida, con l'acquisto di

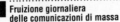

Fruizione giornaliera delle comunicazioni di massa

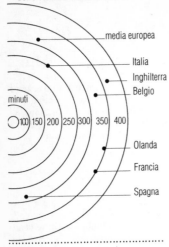

media europea
Italia
Inghilterra
Belgio

minuti

100 150 200 250 300 350 400

Olanda
Francia
Spagna

Vendita di quotidiani in Italia 1980-1992

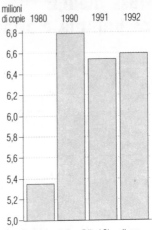

Fonte: Federazione Italiana Editori Giornali, FIEG.

Italia 1 e Rete 4 che si aggiungono a Canale 5, la sua posizione dominante nell'emittenza commerciale, in un sistema che rimane privo di regolamentazione giuridica fino all'agosto del 1991, e che da quella data è regolato da una legge subito invecchiata e giudicata unanimemente inadeguata a governare gli sviluppi del sistema mediale.

Fermi i quotidiani

Appartiene ancora all'ambito dell'ipertrofia il fenomeno delle televisioni locali che sono circa 500 (considerando solo quelle con ascolti medi giornalieri superiori ai 10 000 spettatori; fonte: Data Media, 1992). In realtà il fenomeno delle televisioni locali è ancora più frammentato perché le emittenti che hanno fatto la richiesta per ottenere la concessione della frequenza, sono più di 750: ma è vero, anche, che ammontano a non più

di 200 quelle in grado di essere significativamente presenti sul mercato pubblicitario locale.

Accanto a questi segnali di apparente «esuberanza» e vitalità del mezzo televisivo, si trovano sintomi di incertezza o di crisi e arretratezze mai superate.

Il riferimento è al settore della stampa quotidiana: dal 1980 al 1990 si era passati da 5,3 a 6,8 milioni di copie vendute giornalmente; a partire dal 1991 le vendite sono scese nuovamente a 6,5 milioni, con un decremento del 4,4%, seguito nel 1992 da un lieve aumento che ha portato a 6,6 milioni di copie vendute giornalmente (fonte: Federazione Italiana Editori Giornali, *La stampa in Italia*, 1989-1991). Ma i freni a superare la soglia dei 7 milioni di copie di quotidiani vendute giornalmente non sono occasionali: esistono invece dei nodi che da molto tempo non riescono a essere sciolti, quali la rete di distribuzione concentrata sulle edicole, l'i-

Lettura dei quotidiani
(minuti al giorno)

Spettacoli cinematografici
milioni di biglietti

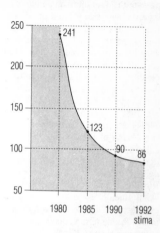

nefficienza del servizio postale e quindi la debolezza dello strumento degli abbonamenti; o ancora gli squilibri nel mercato delle risorse pubblicitarie, l'inefficacia delle politiche scolastiche di educazione alla lettura.

Spostando la prospettiva dal lato del pubblico fruitore, si può osservare che rispetto al tempo giornaliero dedicato al consumo di comunicazione di massa nei paesi europei (una media di 347 minuti), in Italia si dedicano 261 minuti ogni giorno alla fruizione mediale (a fronte dei 360 minuti dell'Inghilterra, 372 del Belgio, 305 dell'Olanda, 304 della Francia, 277 della Spagna).

Ma più che la differenza in termini assoluti colpisce il fatto che i minuti dedicati alla lettura dei quotidiani in Italia sono 14, superati in negativo solo da Francia (12 minuti), Grecia (11), Portogallo (8) ed equivalenti a quelli della Spagna (fonte: Media industry, Istituto di economia dei media, 1992).

Un «caso italiano», dunque, che non è tale solo per il modo in cui si è sviluppato il settore della televisione commerciale in assenza di un quadro normativo, ma che presenta soprattutto un sistema mediale complessivamente debole, disomogeneo e con le prospettive di sviluppo che sono minacciate da squilibri di fondo.

Cinema e mercato discografico

Altri aspetti deboli del sistema mediale italiano riguardano il cinema: è vero che nei paesi della CEE tra l'80 e il '90 si sono venduti 420 milioni di biglietti cinematografici in meno e quindi la tendenza di crisi nella frequentazione delle sale cinematografiche è generalizzata. In Italia tuttavia tale declino sembra essere più accentuato: nel 1980 erano stati venduti 241 milioni di biglietti, nel 1985 si era scesi a 123 milioni, nel 1990 ne sono stati venduti 90 milioni e la stima per il

1992 era di 86 milioni di biglietti. In dieci anni (1980-1990) si è dunque passati da 241 milioni a 90 milioni di ingressi nelle sale cinematografiche. È continuata anche la chiusura delle sale cinematografiche, che alla fine del 1991 assommavano a circa 3100 con una previsione per il 1992 di 3000 esercizi; ma solo il 20% di tutto il parco-sale è aperto in modo continuativo (fonte: Media Key, n. 122, 1993). Nel 1980 il nostro paese deteneva il 24,5% del mercato europeo, nel 1990 si è passati al 16%; infine l'Italia si colloca all'ultimo posto tra i paesi CEE per quanto riguarda il numero delle multisale.

Ricondurre tale situazione di difficoltà all'unica causa della concorrenza esercitata dalla forte presenza di film in televisione non è giustificato. Esistono specifiche difficoltà strutturali e lentezze di ammodernamento complessivo del settore.

Segni di difficoltà si ricavano anche dal mercato discografico che nel 1991 presentava una contrazione nelle vendite del 6,5% e che, soprattutto, si avvia a divenire un settore monoprodotto, nel quale cioè il compact disc espande progressivamente la sua quota, che attualmente è del 48,4%.

Il mercato dell'home video

Un esempio è fornito dall'andamento del mercato dell'home video: tra il 1989 e il 1992 esso ha aumentato il fatturato da 232 a 500 miliardi. Ma al di là di questo elemento vistoso e significativo della forte e rapida crescita del settore, altri aspetti completano il quadro. Tra essi il rallentamento nella crescita manifestatosi negli ultimi tempi (anche se l'Italia raggiunge ora la quarta posizione in Europa, dopo Regno Unito, Germania, Francia), la dinamica interna ai vari canali di diffusione (si consolida l'edicola quale canale privilegiato, con tutti i problemi legati a tale strumento distributivo «omnibus») vede crescere la grande distribuzione commerciale, mentre cala fortemente il noleggio.

Contemporaneamente si amplia la gamma dei prodotti disponibili sul mercato. Non si tratta soltanto di prodotti di fiction: documentari, grandi eventi, programmi scientifici raggiungono ormai quasi il 30% di tutti i titoli disponibili in videocassetta. Tale tendenza rende il settore dell'home video un comparto interessante che può incidere anche sulle dinamiche degli altri settori, per esempio sul consumo televisivo. Tuttavia l'espansione dell'home video, ha subito un rallentamento mentre gli 8 milioni e mezzo di famiglie italiane che posseggono un videoregistratore determinano una penetrazione (rapporto tra acquirenti effettivi e potenziali) di questo mezzo pari circa al 40% (a confronto del 75% inglese, del 70% del Lussemburgo, del 59% belga e tedesco, del 58% francese o del 57% olandese, fonte: dati Anica 1993).

Media e investimenti pubblicitari

Accanto a espansioni accentuate e debolezze congenite, il sistema italiano dei media presenta, come detto, squilibri tra settore e settore, che perpetuano una condizione di sviluppo difficile. Il caso più vistoso riguarda la distribuzione degli investimenti pubblicitari tra i diversi media, in particolare tra stampa e televisione. Nel 1992 la parte degli investimenti pubblicitari rivolti alla televisione ha raggiunto il 52,3%, mentre il flusso pubblicitario indirizzato alla stampa è sceso sotto il 40%. Il confronto con altri paesi nei quali il sistema televisivo è comunque forte e sviluppato indica chiaramente l'anomalia italiana: negli Stati Uniti gli investimenti pubblicitari che si indirizzano alla televisione ammontano al 37% di tutti gli investimenti pubblicitari sul sistema mediale; in Inghilterra si arriva al 31%, al 29% in Francia, al 28% per la Spagna; in Germania al 18%. In Italia all'inizio degli anni ottanta la stampa deteneva il 57,65% degli investimenti pubblicitari ed era il principale veicolo pubblicitario, mentre la televisione si attestava intorno al 27% (così suddiviso: Rai 12%, network commerciali 6,2%, emittenti locali 6,4%).

Nel 1990 le percentuali si disponevano nel modo seguente: stampa 43%, televisione 48% (con i network privati che raggiungevano il 30,4%). Negli anni successivi la tendenza è continuata, accentuando il ruolo primario della televisione come strumento di crescita delle spese pubblicitarie. Ma va anche accennato al fatto che, a fronte di tale ruolo della televisione in quanto strumento di comunicazione pubblicitaria, sta la constatazione che nel 1992 il 67,9% degli italiani dichiara di non trovare «spesso» o «qualche volta» alcun programma televisivo di proprio gradimento, e che il 35,9% degli italiani ritiene che i programmi televisivi siano monotoni e noiosi mentre il 28,4% rivela «mancanza di interesse» per gli argomento trattati nelle trasmissioni (fonte: 26° Rapporto CENSIS, 1992).

Oltre agli squilibri di sistema appaiono dunque anche alcuni segnali di crisi dal punto di vista dell'attenzione del pubblico; inoltre si sta radicando la tendenza a investire sempre di più fuori dai media tradizionali, in promozioni, direct marketing, mailing, cioè in canali più innovativi rispetto a quelli che hanno segnato la crescita impetuosa del sistema televisivo italiano. Segnali di crisi e squilibri che vengono interpretati prevalentemente in chiave di difficoltà che un mezzo di comunicazione provoca sugli altri, come nel caso della televisione che erode moltissime risorse pubblicitarie alla stampa, o della televisione che provoca la crisi del cinema. I dati prima citati mostrano che queste situazioni di squilibrio e di concorrenza sono reali: esse, tuttavia, non spiegano da sole le difficoltà dei vari media.

La stampa e la concorrenza televisiva

I problemi della stampa quotidiana sono certamente dovuti alla concorrenza della televisione (e non solo sul piano delle risorse pubblicitarie), ma nascono anche da vincoli interni al settore stesso che ne impediscono uno sviluppo più ampio. È esemplare l'aspetto dei canali distributivi e delle strutture di commercializzazione della stampa: in molti paesi la forma di vendita del quotidiano per abbonamento è il canale più sfruttato e presenta molti vantaggi in termini di conoscenza del proprio pubblico e quindi di possibili strategie ottimali di marketing. In Italia nel 1991 le vendite dei quotidiani per abbonamento ammontavano al 7,5%, contro percentuali del 90% in USA, Giappone e paesi del nord Europa, del 60% in Germania e Inghilterra e del 50% in Francia. La strozzatura del settore è evidente, se si considera che questa forma di commercializzazione consente un'ampia disponibilità anticipata di risorse finanziarie, un rapporto più diretto con i propri lettori. Inefficienze del servizio postale, legislazioni sociali e fiscali inadeguate, posizioni di privilegio, concorrono a rendere gli attuali modelli di distribuzione disfunzionali per un mercato già per altro difficile.

Nel sistema complessivo dei media, dunque, a motivi legati a una crescita disordinata, si sovrappongono elementi ugualmente importanti di mancato ammodernamento, specifici ai singoli media. Ne risulta una situazione nella quale apparenti stati di floridezza e di crescita si intreccino a debolezze di lunga data.

Il cinema e la concorrenza televisiva

È il caso del rapporto tra televisione e crisi del cinema. A livello di programmazione la fortissima e disordinata crescita del sistema televisivo italiano ha provocato una accentuata presenza di film nel piccolo schermo. Nel 1988 i film programmati sulle principali reti televisive italiane (3 reti Rai, 3 della Fininvest, Odeon TV, Montecarlo) erano 5400; nel 1991 sono divenuti 6577.

È una quantità di titoli che, chiaramente, non invoglia a frequentare le sale cinematografiche. Ma succede qui lo stesso fenomeno che accade per la carta stampata: attribuire esclusivamente alla programmazione televisiva la responsabilità della crisi dell'esercizio cinematografico è come sostenere che si leggono pochi giornali per la concorrenza dei telegiornali, dimenticando così che in altri paesi l'informazione televisiva o addirittura le reti televisive di informazione (per esempio la CNN) non impediscono di vendere milioni di copie di quotidiani. Anche nel caso del cinema, oltre indubbiamente al fatto dei tantissimi film dati in televisione, occorre considerare pure altre cause.

È stato calcolato che esiste un mercato potenziale di circa 15 milioni di spettatori cinematografici, che non vanno al cinema per motivi legati alle sale (assenti, scomode, sgradevoli), per il prezzo elevato dei biglietti, per la qualità carente della programmazione. Questi spettatori potenziali sarebbero disposti ad andare al cinema se le condizioni di esercizio (qualità delle sale, politica dei prezzi, programmazione, qualità dei servizi legati alle sale ecc.) si collocassero su standard più elevati.

Sviluppo e arretratezza

Al termine di questa panoramica si profila dunque l'immagine di un sistema dei media che internamente a ogni comparto presenta situazioni di arretratezza sia strutturale sia culturale: un sistema che ha conosciuto accelerati sviluppi in alcuni settori specifici come per esempio quello televisivo, dell'home video e della stampa locale, ma che è costretto a svilupparsi entro un quadro normativo approssimativo, incompleto, che ostacola l'elaborazione di precise strategie industriali. Un sistema dei media molto orientato a «parlarsi addosso» ma poco attento a seguire l'evoluzione e i cambiamenti culturali del pubblico. Un sistema dei media, in definitiva, poco capace di svolgere la funzione di modernizzazione che, pur con molti limiti, ha comunque svolto nei decenni dello sviluppo industriale del paese.

─────── **BIBLIOGRAFIA** ───────

B. Fenati, *Fare la radio negli anni '90*, Rai-VQPT n. 119, Eri, Torino 1993.

G. Richeri, *La tv che conta. La televisione come impresa*, Baskerville, Bologna 1993.

P. Dorfles (a c. di), *Atlante della radio e della televisione*. Quarant'anni di Tv, Rai-VQPT, Torino 1993.

F. Silva, M. Gambaro, G. C. Bianco, *Indagine sull'editoria*. Fondazione Agnelli, Torino 1992.

Cinema:
raccontare il paese e la società

Goffredo Fofi

L'emendamento al GATT, che protegge gli audiovisivi europei dalla concorrenza statunitense, dà ossigeno a un cinema asfittico, che dipende troppo dall'assistenza dello Stato e dalla televisione. Eppure le opere che offrono un ritratto probante della realtà italiana sanno anche conquistarsi il favore del pubblico. La lezione di Federico Fellini.

Tre avvenimenti importanti hanno segnato la stagione in corso: la scomparsa di Federico Fellini; quella del produttore Cecchi Gori, nel bene e soprattutto nel male sponsor del cinema italiano di spettacolo, «impegnato» e «disimpegnato», a seconda della moda, e legato alla Fininvest; e la nuova legge sul cinema, segnata da compromessi prevedibili, determinata dai valori (e dai reciproci piaceri) delle corporazioni più forti, produttori, distributori, esercenti, nonché registi. L'emendamento al GATT dà ossigeno a un cinema asfittico, che continua a dipendere dallo Stato, oggi, più che dalla televisione visto che la televisione, sulla spinta di Rai 3 e della dilatazione berlusconiana, predilige allo spettacolo cinematografico, la rissa politica e lo scandalismo in diretta.

La funzione dello Stato

Il cinema vuole farsi ancora proteggere e assistere dallo Stato, vivere a spese dello Stato, ma non fa molto per meritarselo, e se è giusto che lo Stato assista i giovani di talento, meno giusto è che assista e produca i film di autori che hanno dimostrato, da anni, di non avere molto da dire. Lo Stato assistenziale va difeso, ma non quando perpetua un malcostume o una corruzione e non si vede perché debba crollare in settori importantissimi dell'assistenza ai più poveri e non in quelli del superfluo, e finanche del parassitario.

Era prevedibile, e si è puntualmente verificata, un'alleanza sui modi dell'assistenzialismo tra i «vecchi» registi capitanati da F. Maselli e i «nuovi» capitanati da R. Faenza. E oggi come sempre, ma con più premura che in passato, il problema centrale delle nostre istituzioni è quello del funzionariato che le dirige e condiziona. Non sembra che stia cambiando. Non cambiando neppure le logiche politiche degli autori e produttori, c'è da presumere che continueremo ad avere del cattivo cinema assistito, una parte del quale potrà anche incassare denaro, a seconda della sua efficacia spettacolare (e anche della sua volgarità), e che a decidere chi dev'essere assistito saranno gli stessi che il cinema lo fanno, i loro rappresentanti e amici politici, e non dei funzionari «al di sopra delle parti» e abbastanza autorevoli e intelligenti da avere una loro politica «al di sopra delle parti».

La crisi continua

Sul fronte delle strutture, nulla di nuovo, dunque; la crisi continua, su dati più o meno stabili, e nelle sale si assiste ai soliti grandi successi americani, a qualche buon successo nazionale (nel cinema o commedia e nel politico-poliziesco-di-denuncia, i due generi portanti della nostra tradizione), a qualche notevole sorpresa in quel tipo di sale, diffuse ormai quasi ovunque nelle città maggiori, dove si è stabilito un rapporto più sano dei gestori con la distribuzione più coraggiosa, a favore di film di cinematografia non ovvia (africana, asiatica, quella dell'Est).

In questi ultimi spazi trova ricetto anche il cinema italiano più eterodosso e più giovane, quando non spinto da grosse macchine produttivo-distributive. Il pubblico in genere dimostra di sapere assai bene ciò che gli piace, e decreta la fortuna delle opere non tanto in rapporto alla loro portata pubblicitaria, all'investimento economico che hanno alle spalle, ma alla loro «presa» spettacolare, alla loro capacità di intrattenimento e di cogliere qualcosa degli umori dell'epoca, delle tensioni che attraversano una società.

Maestri senza idee

Questo vale soprattutto per il cinema nazionale, ed è questo, io credo, a determinare l'insuccesso di tante opere ambiziose e costose, realizzate dai nostri registi, un tempo famosi, in grande crisi di idee, di vitalità, di profondità, di sensibilità. Dei nomi? Eccoli: F. Rosi, i Taviani, M. Bellocchio, E. Scola, P. Avati, M. Monicelli, L. Cavani, E. Olmi eccetera, con un po' di riserve per M. Ferrari, che continua annaspando a cercare qualcosa che non sa bene cos'è.

La scomparsa di Fellini è forse un segno! Se ne è andato il migliore dei registi di una generazione isolata nella sua grandezza e nella sua originalità inimitabile. Il suo ultimo film, *La voce della luna*, è un'opera non risolta, forse, ma è certamente un ritratto probante della nostra realtà, dell'Italia degli anni ottanta e della sua degradazione ambientale e umana, ma anche, nei suoi protagonisti, piccoli personaggi poetici e minoritari, di una ripetuta speranza. L'Italia delle maggioranze si confronta con quella delle minoranze, nel film senza forza propositiva né altre figure che quelle di una poetica, ma patetica sconfitta della diversità.

Nulla di rilevante c'è da segnalare tra i registi della generazione venuta dopo, sopravvissuti tutti più o meno male alla loro piccola gloria, e nella successiva c'è solo Bernardo Bertolucci, a godere di grande credito, più del meritato, ma muovendosi con piena agilità tra Europa e Hollywood, in imprese costosissime e sovranazionali, tra una cultura un po' kitsch e uno spettacolo molto calcolato. Vanno ricordati alcuni nomi di registi bizzarri, eterodossi che resistono, nella stessa generazione di Bernardo Bertolucci: Sergio Citti, emancipatosi da Pier Paolo Pasolini e con amara forza di apologhi comico-didattici; Giuseppe Bertolucci, che non sa mettere la sua onestà al servizio di una causa continua e si disperde tra realtà e intellettualità senza una giusta chiave mediataria; Silvano Agosti, molto esteriore; L. Piavoli, molto politicistico; S. Piscicelli, molto ideologico. Quarantenni e oltre, di grande dignità e senso del proprio valore e del dovere di essere all'altezza come anche Gianni Amelio, che con *Il ladro di bambini* ha visto infine riconosciuta la sua statura di grande, e Nanni Moretti, che con *Caro diario* è riuscito a convincere anche chi non lo aveva mai preso sul serio, e diffidava del suo esibizionismo fisico e psichico.

La generazione dei quarantenni

Assieme a *La voce della luna*, il film di Amelio è destinato a restare come il più veridico e intenso ritratto di un paese sbandato, negli anni finali di una repubblica, quando perfino il valore più tradizionale e in Italia il più amorale di tutti, la famiglia, ha cominciato a frantumarsi e a non costituire più un punto di riferimento chiuso e incorrotto.

Qualcosa da spartire con il film di G. Amelio (più in generale, anche con quello di N. Moretti) hanno alcuni altri film, che in modi molto liberi, «d'autore», con una sensibilità registica non solo al servizio di una sceneggiatura, si muovono con freschezza insolita in un cinema troppo «prosastico» come è quello italiano. Penso soprattutto a quelli di C. Mazzacurati (*Notte italiana* fu l'unico film a parlare, con *Il portaborse* di D. Luchetti della normale corruzione socialista mentre essa avveniva e trionfava, con il consenso dei più; *Un'altra vita* scopre un mondo romano inedito e un'umanità mai raccontata, con dolorosa partecipazione critica e morale), di Pasquale Pozzessere (*Verso Sud* è la fuga da una Roma notturna di diffusa solitudine di una coppia di

giovani, emarginati senza futuro), di Silvio Soldini (*Un'anima divisa in due* porta calore nel suo cinema milanese di solito freddo, per quanto saldo nel giudizio su tempi e persone, e confronta in una storia d'amore due mondi non facilmente conciliabili, quello di un impiegato in crisi e quello di una piccola rom). Mentre Francesca Archibugi (*Il grande cocomero*) si affida a sceneggiature forti e motivate per narrare un disagio, meno poetica ma non meno precisa nell'analisi e nella proposta.

La «scuola napoletana»

Una novità decisamente rilevante è l'affermazione di una sorta di «scuola napoletana» con tre film diversissimi ma complementari nel loro progetto: *Morte di un matematico napoletano* di Mario Martone, venuto dal teatro e in esso ancora attivo (*Rasoi* trasferito anche in video), è una crepuscolare e austera indagine su un insolito personaggio di intellettuale della Napoli anni cinquanta, non irreggimentabile nelle ideologie del tempo e infine suicida; *Vito e gli altri* di Antonio Capuano è un povero, estremamente inventivo e «godardiano» percorso alla *Vivre sa vie* di un ragazzino destinato alla malavita e alla camorra; *Libera* di Pappi Corsicato è un trittico provocatorio, su personaggi femminili dentro una società meridionale «post-moderna» nel suo intreccio di situazioni e tensioni disparate, vista con feroce e irresistibile sarcasmo. Attorno a loro altri autori si muovono (e il più eroico dei filmaker italiani «d'avanguardia», G. Gaudino), mentre in Sicilia, nonostante l'Oscar a G. Tornatore, autore di mediocri commedie di costume e sentimenti, non si è definita, per eccesso di cautela, una scuola comparabile alla napoletana, nonostante Francesco Calegaro, autore di delicatezza angosciata e sospesa. Solo nel video, con il duo D. Cipri e F. Maresco ben noti per la loro partecipazione in bianco e nero ai *Blob* di Enrico Ghezzi, cioè con *cinico Tv*, si è rivelata la possibilità di una narrazione ai limiti dell'astrazione, per gag distanziate a freddo su un universo marginale, sottoproletario, rivelatore proprio per la sua estraneità; e per la «cattiveria» dei suoi autori.

Si possono ricordare altri nomi: il calabrese P. Misuraza, il milanese M. Zaccaro, i romani E. Eronico e S. Cecca, G. Campiotti e F. Martinotti e altri ancora.

Molti gli esordi, e molte sono le novità anche nel settore più marginale del video, ma tante le difficoltà.

Raccontare il paese e la società

Un segno di cambiamento grandissimo è dato, nel cinema italiano attuale, non solo dalla perdita di senso dell'opera di tutti i vecchi registi (così d'un colpo, una generazione dimostra di non sapere più interpretare l'Italia, di non sapere più cosa dire, ed è davvero una cosa impressionante!) ma anche dal fatto che una generazione di trentacinque-quarantenni riscopra la necessità di narrare il paese con sintonia nuova (e con nuovo dolore), fuori dalla superficialità e dalla compromissione delle due strade dominanti.

Il comico e la commedia resistono, eccome, ma non hanno più la presa che hanno avuto per tutti gli anni ottanta (gli anni dei «nuovi comici» di regime, sui quali l'unico a svettare è rimasto, purtroppo proponendosi anche in pessime regie, R. Benigni). La commedia non se la passa meglio, nonostante un C. Verdone pieno di buo-

na disposizione sentimentale, e qualche piccolo esordio di qualche sapore (Corso Salani, che è anche attore, e la mescolanza per una volta non stride).

L'equivoco del film di denuncia

Continua il successo di film di denuncia a volte solo opportunistici e irritantissimi nel loro profittare della cronaca e dei morti (cinema di avvoltoi, l'ha definito Marcelle Padovani), altre volte, più generosi negli intenti e sinceri nelle indagini ma ugualmente poveri nei risultati, predicatorii e generici nelle analisi e nei messaggi e rozzi nelle modalità. Ma nonostante tutto, qualche regista l'abbiamo, e qualche speranza ci resta, per un cinema che sappia raccontare e cantare, interpretare e dolersi, individuare cause e proporre modelli in un'Italia (e in un sistema cinematografico) che forse questi registi non se li merita.

E naturalmente si deve ricordare, dal cinema ricco, l'altro Oscar, Gabriele Salvatores, autore di rimpatriate pseudo sessantottine e, con *Sud*, di un teatrino didascalico-ribellistico esteriore e convenzionale, molto nordico per il peculiare tipo di ipocrisia politica che è stato della cultura milanese di sinistra nel suo insieme.

Teatro:
il diritto di sopravvivere

Franco Quadri

Sofferente di un senso di inferiorità nei confronti della televisione, il teatro italiano va cercando con fatica le strade della propria identità, del proprio specifico, chiedendo il diritto di sopravvivere senza dover ammiccare a soluzioni commerciali.

Il teatro sa di non essere il mezzo degli anni novanta; anzi il teatro italiano ne è a tal punto consapevole da soffrire un complesso d'inferiorità davanti alla televisione. Come combatterne il predominio? Forse potenziando il proprio specifico, cioè il magnetismo della presenza, una comunicazione dal vivo, senza mediazioni, offerta a un gruppo di spettatori riuniti proprio per vivere insieme quest'espressione di creatività? Sarebbe l'antidoto al mezzo elettronico già praticato all'estero, e predicato anche da Pier Paolo Pasolini, almeno implicitamente, quando nel Manifesto del Teatro di Parola (1968) auspica rappresentazioni destinate a una nuova, ristretta *polis* di «minoranze avanzate». Invece la nostra scena commerciale s'inchina alla TV come a un modello, da cui imitare e riciclare personaggi, semplificazioni tematiche, procedimenti tecnici, effetti spettacolari, durate e tempi sbrigativi.

Aziende artigianali

Dalla televisione assimila anche la politica corriva del consenso, secondo una ricetta che impera pure nella logora Broadway, dove il mercato è sovrano. Ma a New York quel tipo di intrattenimento assume dimensioni industriali grazie al numero di persone coinvolte, soprattutto dietro le quinte, e per le lunghe teniture, l'afflusso del pubblico di turisti, la conseguente imponenza dell'indotto. Le nostre aziende artigianali, messe su con criteri improvvisati all'ultimo momento in ossequio alla secolare tradizione dei guitti, sono semmai addestrate alla frequentazione dei politici, perché in Italia, e qui soltanto, anche il teatro privato viene sovvenzionato dallo Stato, con il pretesto che, non esistendo metropoli capaci di assorbire da sole lo sfruttamento di una produzione, gli spettacoli sono costretti a percorrere la penisola, sobbarcandosi costi suppletivi, a profitto almeno teoricamente della comunità.

Quantità contro qualità

I contributi attivati finora dal Ministero del turismo e dello spettacolo – soppresso in seguito a referendum, ma tuttora in funzione come «dipartimento», finché non interverranno nuove leggi – sono assegnati in quest'ambito privato secondo principi dove la quantità, anche d'incassi, prevale sulla qualità; viene cioè privilegiato non chi più meriterebbe per benemerenze artistiche, ma chi già più ha. Anche per questo le grandi compagnie cercano di ricalcare schemi consolidati, scritturando grandi nomi (ma bastano facce note) per presentare testi riconoscibili: classici, attenendosi ai titoli di repertorio più frequenti, restringendo il cartellone come avviene nella lirica, lavori già collaudati con successo nel passato prossimo o consacrati da riprese sullo schermo, con sempre meno personaggi, perché i nostri attori sono i più cari del mondo, e senza azzardi. Passano quindi con il contagocce le novità, guardate con molta diffidenza, anche se raccomandate da importanti firme e da felici trascorsi stranieri. E i nuovi autori italiani?

Gli Stabili

Per affrontare un tema così delicato bisogna addentrarsi meglio nella situazione, lasciando l'uniformità stagnante del circuito commerciale per territori più culturalmente impegnati, dal momento che il teatro consiste ormai di tanti tipi di teatro, ciascuno con il proprio pubblico, o le proprie clientele. È il caso quindi di soffermarsi sugli Stabili, di nome ma non di fatto, emanazioni pubbliche finanziate anche dagli enti locali. I cosiddetti «stabili privati» – dai Teatridithalia e dal Pierlombardo di Milano all'Eliseo di Roma, al Collettivo di Parma, tanto per citarne qualcuno – costituiscono una fascia intermedia con sale proprie che, ibrida per natura e per differenza di programmazione, vanta un'attività e un'impronta continuativa. Gode ormai un riconoscimento economico importante la ricerca, in quanto resta fuori dalle regole di diffusione del mercato, anche se ha superato il periodo eroico dei gruppi e l'impostazione decisamente collettiva di quando, trent'anni fa, veniva chiamata avanguardia, e poi sperimentazione; oggi il suo linguaggio è divenuto più accessibile e i suoi leader, ormai assimilabili alle tradizionali figure di registi, come Federico Tiezzi, Giorgio Barberio Corsetti, Mario Martone, Elio De Capitani, appaiono sempre più orientati verso la rappresentazione di testi o di adattamenti letterari.

Registi: i nuovi autori

Questi registi s'inseriscono quindi nella categoria di quelli che si sono distinti come i veri creatori a partire dal dopoguerra, e non solo nel nostro paese – il paese della Commedia dell'Arte, e cioè del teatro come pratica spettacolare – sostituendosi agli autori, anche grazie al rinnovamento svolto sui classici. A loro, appunto dagli anni quaranta, dalle rivoluzionarie messinscene di L. Visconti, quando G. Strehler con P. Grassi riformava anche le strutture fondando il Piccolo Teatro di Milano, il teatro italiano deve il suo avvicinamento all'Europa. E da allora i nostri maggiori registi, come è accaduto oltre che con Strehler a Milano, per esempio con L. Squarzina a Genova negli anni sessanta, e quindi con A. Trionfo e oggi con L. Ronconi a Torino, (e in più zone d'influenza con G. Cobelli, M. Castri, Patroni Griffi), hanno legato il proprio nome a teatri pubblici dove, nei casi migliori, hanno potuto elaborare e imporre una loro estetica, anche se a scapito, a volte, di un ricambio generazionale.

L'insidia delle ripetizioni

Neppure loro, a lungo andare, sono rimasti indenni da quell'impasse della ripetizione nella quale, come si diceva, il nostro teatro si dibatte, anche perché applicando ciascuno un proprio metodo e trovandosi soprattutto alle prese con opere risapute, dentro le quali scovare letture nuove, hanno continuato a imporre la loro personale tematica, appiattendo in parte il discorso, o impreziosendolo con compiacimenti e autocitazioni. L'autobiografia ha toccato in particolare Strehler, portandolo a rimbalzare negli anni, da un autore all'altro, una dimostrazione felliniana sulla magia della finzione teatrale, ma anche ad appropriarsi come attore e demiurgo del cammino di Faust, per tracciare attraverso il capolavoro di J.W. Goethe un bilancio, congeniale a chi sente vicina la fine di una carriera, in concomitanza con il concludersi di un secolo e di un millennio.

Tempo di riepiloghi

Un momento favorevole ai riepiloghi, per esempio, è quello offerto dalle riprese dei grandi spettacoli degli ultimi decenni. Ci si provano Bob Wilson con *Einstein on the Beach* e Peter Stein con la sua *Orestea*, affidata questa volta a una produzione russa. In Italia il Maestro di via Rovello, in un difficile frangente della sua istituzione da anni in attesa di una nuova sala, torna a evocare i propri fantasmi e, complice un Bicentenario goldoniano scarsamente prodigo di occasioni, riprende, oltre al sempiterno *Arlecchino servitore di due padroni*, due esperienze rimaste nella memoria anche grazie alla perfezione stilistica delle scene di Luciano Damiani: *Le baruffe chiozzotte*, visionarie

e livide, e il più stucchevole *Campiello*. Di rincalzo rimonta per la terza volta *I giganti della montagna*, testo pirandelliano presago dell'indurirsi dello scontro tra l'arte e l'indifferenza brutale della vita, che ha da poco dettato a Leo De Berardinis una bellissima edizione, con la sua figura ascetica di guru a dar corpo alla protagonista femminile, e impegna tra gli altri all'estero Cesare Lievi ad Amburgo e Luca Ronconi con un'inedita lettura legata alla storia privata dello scrittore al Festival di Salisburgo.

Ritorno a Pirandello

Pirandello, uno dei drammaturghi che ha segnato il Novecento, si appresta a vivere una nuova giovinezza, perché la liberalizzazione dei diritti d'autore ne permette ora anche adattamenti e interpretazioni critiche aldilà della tutela degli eredi, dopo che Patroni Griffi nel corso di tre stagioni a Trieste e Anatolij Vasilev in edizioni sperimentali ne avevano superbamente ripreso la trilogia del teatro nel teatro. Già il succitato Leo aveva posizionato i suoi sei Personaggi a recitare le loro battute ai colleghi di *Aspettando Godot*, ad ascoltarne le repliche, nel testamento di un secolo da lui riunito in *Novecento e Mille*.

Nuovi progetti

Intanto la nuova atmosfera di sintesi e confronti dà via libera ai «progetti»: ed ecco *La Divina Commedia* dei Magazzini mobilitare per l'adattamento dantesco tre poeti dei giorni nostri, ecco a conclusione di quattro riduzioni kafkiane Barberio Corsetti proporre una itinerante e acrobatica *America*, ecco *I demoni* dostoevskiani tentare registi e gruppi a partire da Thierry Salmon coinvolto in una coproduzione di più paesi nel nuovo spirito comunitario, ecco Gibellina rivisitare l'*Orestea* dalla parte della Sicilia con Emilio Isgrò e poi, sempre con le scene monumentali e gli istoriati attrezzi mobili di Arnaldo Pomodoro, far rivivere con la regia di Cherif la leggenda di due regine d'Africa, Didone secondo l'elisabettiano Marlowe e Cleopatra secondo l'egiziano Shawki; e Massimo Castri affrontare in Umbria due tragedie di Euripide in una lettura di verismo rusticano che le apparenta a tentativi di riscrittura vicini a noi.

Ma è ancora una volta Ronconi, da sempre tentato dalle imprese impossibili e dalla riesumazione di testi sconosciuti di dimensioni inconsuete, a creare, nella vecchia fabbrica torinese del Lingotto, il kolossal: con *Gli ultimi giorni dell'umanità* di Karl Kraus, condensando in tre ore di spettacolo un montaggio sterminato di azioni simultanee, riaccarezza i fasti dell'*Orlando furioso* e, proponendoci l'apocalisse della prima guerra mondiale mediante un processo ai media che ce la documentano, trasmette un quadro di terribile attualità. Del resto la direzione del Teatro Stabile di Torino gli permette finalmente un dialogo con la drammaturgia contemporanea che, dopo la cavalcata di una saga familiare americana in *Strano interludio*, culmina con il trittico pasoliniano formato da *Affabulazione* e, nelle intense interpretazioni dei ragazzi della scuola, di *Pilade* e *Calderon*. È un contributo «al teatro di poesia», una delle odierne tendenze della nostra scena, che ha già visto un protagonista sublime in Carmelo Bene, e verso cui ha confluito la ricerca dei Magazzini, dopo essersi applicata all'immagine e al suono. La scoperta delle tragedie di Pasolini è proprio uno dei fatti rilevanti di un teatro che, prima della fine del secolo, nel suo dissesto d'immaginazione e d'organizzazione, a lungo aveva trascurato il problema dell'autore nostrano, specialmente quando le autorità credevano di poterlo risolvere con una politica protezionista. A lungo, la popolarità della nostra drammaturgia è stata garantita dai testi di attori come Eduardo e Dario Fo. A parte figurava la metascrittura straordinaria ricalcata addosso a se stesso da un altro interprete come Carmelo Bene, o l'opera borghese di due registi quali Brusati e Patroni Griffi. Come ha teorizzato nitidamente Pasolini, il nostro teatro cercava di supplire con la convenzione all'inesistenza di un *italiano parlato medio*; e ha continuato a farlo.

I «nuovi comici»

Alle radici di Fo, che dal Ruzante raggiungono l'espressività della Commedia dell'Arte, si sono conformati i «nuovi comici», perlopiù di scuola padana, che si son trovati soli con la loro aggressività da *comedians* a dialogare con la realtà. E il teatro d'autore post-Eduardo sta ritrovando vitalità solo grazie alle diramazioni dialettali, che coniugano una tematica «bassa» con l'estrema sofisticazione formale nel plurilinguismo napoletano di Enzo Moscato e di Annibale Ruccello, scomparso poco più che trentenne, o nelle sontuose litanie funerarie del palermitano Franco Scaldati. Né si può ignorare il vernacolo di Ugo Chiti o il torinese degradato degli immigrati meridionali di Antonio Tarantino, pittore maturo e ultimo acquisto di questa nuova generazione di «nipotini dell'ingegnere», guardata crescere da Gianni Testori, finché è rimasto in vita, contaminando il suo lombardesco in un *patois* maccheronico impastato di «latinorum» e vecchio «franzese», tra i neologismi e la tensione verso una sillabazione sincopata.

Nel segno della parola

Come per contrappasso, al culmine della ricerca che negli anni sessanta aveva rifiutato i testi scritti e la parola per il gesto, ci sono ora, al chiudersi del cerchio, questi scrittori. A loro, come agli storici scardinatori dell'identità del personaggio si rivolgono alcuni dei registi maggiori, avvertiti della necessità di rinvigorire i propri moduli ripetitivi alla luce della contemporaneità. E i più giovani cercano se stessi in questi coetanei che rimescolino le loro stesse lingue, nei padri ritrovati, magari con un supporto recuperato di artaudiana crudeltà, affiancati come maestri ai poeti maledetti in cui si sono riconosciuti, da R.W. Fassbinder a B.M. Koltès, da J. Genet a H. Müller. E nel segno della parola il teatro chiede al Nuovo Evo il diritto di sopravvivere.

Enti lirici: i giganti dai piedi d'argilla

Piero Rattalino

Regolata da una legge ormai sorpassata, l'offerta di musica in Italia è minata dalla sproporzione fra costi economici e ricavi culturali. La soluzione del difficile rapporto tra teatro musicale e società è la scommessa per gli anni a venire.

L'organizzazione della vita musicale italiana è ancor oggi regolata dalla legge 800 del 1967, detta «legge Corona» dal nome del ministro che la presentò al parlamento. Secondo la legge Corona i centri di produzione per il teatro musicale sono divisi in «Enti lirici e istituzioni concertistiche assimilate», «Teatri di tradizione», «Lirica minore». I primi ricevono dallo Stato una sovvenzione annua, hanno sede in edifici di proprietà del comune e sono gestiti da consigli d'amministrazione presieduti dal sindaco, i secondi ricevono sovvenzioni a recita sulla base di un numero massimo di recite preventivamente assegnate, la lirica minore riceve sovvenzioni a recita in base a domande presentate di volta in volta.

Differenti contesti

Gli enti lirici hanno sede a Torino (Teatro Regio), Milano (Teatro alla Scala), Genova (Teatro Carlo Felice), Verona (Arena), Venezia (Teatro La Fenice), Trieste (Teatro Giuseppe Verdi), Bologna (Teatro comunale),

Firenze (Maggio Musicale Fiorentino), Roma (Teatro dell'Opera), Napoli (Teatro S. Carlo), Palermo (Teatro Massimo), Cagliari (Teatro Massimo). Le «istituzioni concertistiche assimilate» sono in realtà una sola, l'Accademia di S. Cecilia, con sede a Roma.

Gli enti lirici e l'Accademia di S. Cecilia stipulano con i lavoratori del settore – orchestra, coro, ballo, maestri collaboratori, tecnici, impiegati – contratti a tempo indeterminato, e svolgono attività per l'intero anno.

I Teatri di tradizione – tra i quali si contano anche istituzioni di fama internazionale, come il Regio di Parma, o di notevole prestigio storico, come il Grande di Brescia – svolgono invece attività stagionale, servendosi di un piccolo nucleo di dipendenti a tempo indeterminato e di un grande nucleo scritturato a tempo determinato a seconda delle necessità che si presentano di volta in volta. Fa eccezione il Teatro Massimo «Bellini» di Catania che, grazie a una legge regionale siciliana, può contare su una dotazione annua e funziona esattamente come gli enti lirici. La lirica minore, ancora fiorente nel 1967, all'atto della promulgazione della legge Corona, ha progressivamente ridotto i suoi spazi di attività ed è oggi del tutto saltuaria.

I dodici enti lirici operano in contesti sensibilmente diversi e con organici molto vari. Rispetto a ciò che avviene in altri paesi, in Italia risulta molto sacrificata la danza. Enti lirici come il Regio di Torino, il Comunale di Bologna, la Fenice di Venezia, il Massimo di Palermo hanno eliminato del tutto il corpo di ballo, altri non lo hanno in pratica mai avuto, e alla Scala di Milano, all'Opera di Roma e al San Carlo di Napoli, che dispongono di corpi di ballo numericamente cospicui, l'attività di balletto è scarsa e interessa un pubblico nettamente più limitato di quello dell'opera. Ancor minore interesse desta l'operetta, che è viva solo a Trieste, città di tradizioni asburgiche.

Le orchestre sinfoniche

La dotazione italiana di orchestre sinfoniche è limitatissima. A Genova, Verona, Venezia, Trieste, Bologna, Napoli, Cagliari esistono solo le orchestre degli enti lirici, che devono quindi organizzare l'attività ripartendola in lirica e sinfonica: la stagione lirica inizia in genere in autunno avanzato e termina in primavera, l'attività sinfonica si svolge in genere nella tarda primavera e nella prima parte dell'autunno.

Tuttavia, anche gli enti lirici che non dovrebbero necessariamente provvedere all'attività sinfonica fanno concerti, sia più o meno saltuariamente sia organizzati in stagioni. Per esempio, la Scala di Milano apre la stagione lirica il 7 dicembre e la conclude in luglio; tra settembre e novembre tiene una stagione di concerti sinfonici, e durante il resto dell'anno ospita circa un concerto al mese della Filarmonica della Scala, formata in massima parte da strumentisti della sua orchestra.

Contemporaneamente, a Milano si svolgono la stagione sinfonica dell'Orchestra della RAI e la stagione dell'orchestra da camera «I Pomeriggi Musicali». A Firenze ha luogo durante tutto l'anno la stagione dell'Orchestra Regionale Toscana. L'ente lirico programma una stagione sinfonica, una stagione lirica, e un festival, «Maggio Musicale Fiorentino», con rappresentazioni liriche, di balletto e concerti sinfonici.

Mai per più di una stagione

Gli enti lirici svolgono quindi un'attività prevalentemente teatrale, ma non solo teatrale, e a rigore dovrebbero esser chiamati «centri di produzione musicale». Ciò accade per precise ragioni storiche. Sebbene la cultura melodrammatica sia stata in Italia assolutamente dominante nell'Ottocento, con circa ottocento teatri attivi e *nessuna* orchestra sinfonica stabile, l'organizzazione delle stagioni ha sempre rifiutato il modello tedesco del teatro di repertorio e delle compagnie stabili.

Fin verso la metà dell'Ottocento i teatri svolgevano in genere due stagioni, una di autunno e una di carnevale-quaresima, scritturando compagnie di canto in grado di sostenere tutte le produzioni in programma. Successivamente, soprattutto a causa del miglioramento dei mezzi di trasporto, che consentì ai divi più richiesti e meglio pagati di spostarsi rapidamente, invalse in Italia l'uso di scritturare una compagnia per ogni singola produzione invece che per una stagione. Nello stesso momento, impostando una politica culturale della musica, i paesi tedeschi si orientarono verso il complesso di artisti di canto legati al singolo teatro da contratti a lungo termine e verso lo sfruttamento pluriennale delle produzioni, «innestando» sul repertorio già preparato, per così dire, la celebrità di rango internazionale scritturata per un numero limitato di recite.

Questo tipo di organizzazione, come dicevamo, venne rifiutato nella prima metà del Novecento, malgrado l'esperimento condotto negli anni venti da Toscanini alla Scala di Milano, e venne rifiutato anche in seguito.

In Italia è così del tutto eccezionale che si riprendano anche solo per due stagioni di seguito le stesse produzioni: era accaduto negli anni settanta a Bologna, dove venne effettuato l'unico serio tentativo, presto abbandonato, di avviare parzialmente il teatro a repertorio, ed è accaduto di recente alla Scala di Milano, con la ripresa per due stagioni consecutive della *Traviata*, diretta da Riccardo Muti e con la regia di Liliana Cavani.

Un'occasione per pochi

Di norma, invece, gli spettacoli vengono provati per un periodo che copre dalle due alle tre settimane, vengono rappresentati per un numero di recite che varia dalle sei alle dodici, e vengono poi abbandonati. Poiché gli enti lirici non sono dotati di sufficienti sale per le prove d'orchestra, di scena e d'assieme, e impegnano perciò molto la sala di spettacolo, il numero delle rappresentazioni non può essere alto e i costi sono elevatissimi. Ragioni logistiche e ragioni finanziarie determinano così una vera e propria asfissia delle stagioni liriche, che per numero di titoli e di recite non sono paragonabili a quelle dei paesi centroeuropei e dell'Europa orientale. Questo inconveniente è in parte compensato dalla qualità degli spettacoli, mediamente più alta, in Italia, che altrove. Ma questo è sicuramente un nodo che mina in modo grave il rapporto tra la vita musicale e la società italiana: basti pensare che i due teatri musicali di Vienna, la Staatsoper e la Volksoper, totalizzano in un anno quasi la metà del pubblico che accede agli spettacoli lirici in tutta Italia.

Una suddivisione dei ruoli non sempre chiara

Gli enti lirici, come già detto, sono retti da un consiglio d'amministrazione, presieduto dal sindaco della città e formato da rappresentanti degli enti locali, delle organizzazioni sindacali dei lavoratori e dei musicisti, dal direttore del locale conservatorio, da eventuali rappresentanti di enti pubblici o privati che sovvenzionano l'ente per una quota minima prestabilita del suo bilancio. La gestione dell'ente è affidata a un sovrintendente, nominato dal ministero su designazione del consiglio comunale, che svolge in pratica le funzioni di direttore generale e che è inquadrato secondo lo stato giuridico e il contratto dei dirigenti d'azienda, con un mandato rinnovabile, di quattro anni. Il sovrintendente è affiancato, per legge, da un direttore artistico nominato dal consiglio d'amministrazione e, a seconda degli statuti dei vari enti, da un direttore amministrativo, da un direttore tecnico, da un segretario generale. Il rapporto tra sovrintendente e direttore artistico è regolato dalla legge, ma in modo imperfetto e nebuloso, sicché le competenze del secondo dipendono di fatto dalle situazioni locali o addirittura dal temperamento e dal carattere. Fanno parte della direzione artistica il maestro del coro e la direzione degli allestimenti scenici, il direttore del ballo (quando esiste il corpo di ballo), talvolta il direttore stabile dell'orchestra, in qualche caso il direttore musicale, le cui funzioni e le cui attribuzioni non sono mai esattamente definite.

Scelte condizionate

Le scelte di repertorio dipendono sia da ragioni culturali che dagli spazi teatrali disponibili. Con l'eccezione del Maggio Musicale Fiorentino e dell'Arena di Verona, gli enti lirici dispongono di una sola sala di spettacolo, di costruzione settecentesca (Mi-

lano, Venezia, Bologna, Napoli) o ottocentesca (Trieste, Palermo) o della prima metà del Novecento (Roma) o della seconda metà del Novecento (Torino, Genova, Cagliari). Anche le sale costruite nel Settecento e nella prima metà dell'Ottocento furono però modificate nel tardo Ottocento con la creazione della fossa d'orchestra e con il taglio del proscenio, cioè con l'eliminazione della porzione di palcoscenico che era situata all'altezza del primo palco. Lo spazio scenico risulta quindi in ogni caso arretrato rispetto alla sala, e ciò causa molti inconvenienti quando si mettono in scena opere del Settecento e del primo Ottocento secondo criteri di anche relativa fedeltà filologica. L'emissione della voce perde in questo caso la sua proiezione nella sala, e il cantante è costretto a ricercare un volume e una brunitura che non consentono un efficace gioco di chiaroscuro e uno stile di conversazione. Anche la gestualità dev'essere in questo caso enfatizzata, e la mimica facciale va in gran parte perduta.

L'Ottocento la fa da padrone

Il repertorio settecentesco è quindi poco praticato nei teatri italiani, assente del tutto è il repertorio barocco, che sarebbe veramente affrontabile, negli spazi a disposizione, solo in trascrizioni moderne come quelle – di Respighi, di Ghedini, di Benvenuti ecc. – che vennero ampiamente impiegate nella prima metà del Novecento. I due assi portanti del repertorio corrente sono Verdi e Puccini, che ritornano pressoché costantemente in tutte le stagioni liriche. Molto frequente è l'inserimento nella programmazione di certe opere di Donizetti (*Lucia di Lammermoor*, *Elisir d'amore*, *Don Pasquale*) e delle opere buffe di Rossini (*Barbiere di Siviglia, Cenerentola, Italiana in Algeri*); ma negli ultimi decenni non è mancata la frequente riproposizione delle opere serie di Rossini, eccettuato il *Guillaume Tell*, anche grazie all'intenso lavoro culturale svolto dal Festival Rossini di Pesaro. Non infrequente è la riproposizione della *Sonnambula* e della *Norma* di Bellini e, limitatamente a pochi titoli, di opere di Mascagni (*Cavalleria rusticana*), Leoncavallo (*Pagliacci*), Giordano (*Andrea Chenier*) e Cilea (*Adriana Lecouvreur*). Il repertorio italiano del Novecento, escluso Puccini, non compare quasi mai, e rarissime sono le produzioni di teatro italiano contemporaneo, tanto che si può considerare come assolutamente eccezionale il caso di Azio Corghi, di cui sono state prodotte in Italia, nell'ultimo decennio, due opere (*Gargantua* a Torino, *Blimunda* a Milano e a Torino). Costante è la riproposta del repertorio francese dell'Ottocento, limitatamente a Gounod (*Faust*), Massenet (*Werther, Manon*) e Bizet (*Carmen*), del repertorio russo, limitatamente a Mussorgskij e Ciaikovskij, e di Wagner, di cui sono peraltro affrontati rarissimamente i drammi della *Tetralogia*. Del tutto saltuario è invece il ritorno sul repertorio internazionale del Novecento, anche per quanto riguarda autori come Strauss, Janáček, Berg, Prokofiev, Shostakovic, praticamente sconosciuti alla generalità del pubblico. Nessuna opera contemporanea straniera, eccettuate quelle di Sthockhausen, rappresentate alla Scala, è stata ripresa in Italia negli ultimi venticinque anni.

Modernizzare per affrontare il futuro

Tutto ciò non significa che la vita del teatro musicale sia in Italia, complessivamente, povera. Al contrario, se si considera nell'insieme la nazione, non già le singole realtà territoriali, il ventaglio delle proposte è ricchissimo e molto articolato, con frequenti avvenimenti di grande interesse e culturale e spettacolare. Piccoli, ma agguerritissimi gruppi di spettatori, sparsi un po' ovunque e organizzati in molti club degli Amici della lirica, sfruttano sistematicamente i fine-settimana per spostarsi da un teatro all'altro, totalizzando in un anno anche le quaranta-cinquanta recite. Per lo stesso motivo la programmazione degli enti lirici, per varietà, accuratezza di esecuzione, imponenza degli allestimenti, presenza di grandi interpreti, offre moltissimi motivi di interesse per il turista straniero. Ma il teatro musicale italiano, e in ciò consiste la sua debolezza, i suoi piedi d'argilla, è fatto più per i viaggiatori che per i residenti, più per chi coltiva un hobby musicale che per chi potrebbe considerare la musica come parte della sua vita culturale. La sproporzione tra i costi economici e i ricavi culturali è quindi tale da provocare periodicamente problemi finanziari e politici. Situazioni ricorrenti di grave emergenza, con interventi-tampone o con più radicali interventi legislativi, ma sempre e solo intesi a sanare momentaneamente situazioni gravemente compromesse, si sono susseguiti negli ultimi vent'anni. In verità, non si può nemmeno dire che la quantità di denaro pubblico erogato dallo Stato e dagli enti locali agli enti lirici sarebbe eccessivamente elevata, in linea di principio, in relazione con una vera e propria politica della cultura, ma la scarsa incidenza sociale e anche una irrazionale gestione delle risorse, che si verifica in qualche caso e che crea scandalo, rendono difficili i rapporti tra il teatro musicale e la comunità nazionale.

Musica leggera:
non solo rime scontate e infatuazioni rock

Stephen Gundle

Fenomeno popolare per eccellenza, quasi sempre ammiccante ai gusti del pubblico, sensibile nel bene e nel male alle infatuazioni straniere, la musica leggera italiana ha saputo proporre anche contenuti e musiche di indubbio valore.

La canzone italiana è fortemente identificata con la tradizione melodica. Sia in patria che all'estero la melodia è vista come un prodotto autentico e tipico che distingue la canzone italiana dalle forme di musica più ritmata della musica pop internazionale. Pur nascendo da due radici illustri e robuste quali la lirica e la canzone popolare napoletana, questa tradizione si è piegata spesso a celebrazioni retoriche di valori e istituzioni consolidate, prestandosi a strumentalizzazioni ideologiche e politiche da parte dei detentori del potere.

Grandi voci per piccole canzoni

Ciò non ha impedito alla melodia di conquistare una larga popolarità presso molte fasce della popolazione. Dopo la caduta del fascismo e la diffusione massiccia del jazz e del «boogie woogie» da parte degli alleati si pensò che ogni sforzo per far rivivere il «bel canto» e ridurre le contaminazioni francesi e americane fosse vano. Invece, negli anni cinquanta, la melodia tornò a trionfare, favorita dal clima di restaurazione che seguì la vittoria della Democrazia cristiana nelle elezioni del 1948. Cantanti di fa-

ma consolidata e nuovi astri come Luciano Tajoli, Nilla Pizzi e Claudio Villa contribuirono al suo ritorno in auge. La popolarità di questi cantanti, quasi tutti di origini umili, fu immensa grazie alla radio (e poi alla televisione), a un mercato discografico in espansione e alla vetrina del Festival di San Remo. Persino oggi alle loro voci possono essere riconosciute qualità tanto più rimarchevoli quanto meno sono attribuibili a una preparazione formale. Meno belle furono le canzoni. In sintonia con il desiderio di dimenticare le tragedie della guerra e i conflitti politici, esse furono per lo più sentimentali ed evasive. Innumerevoli risultano i riferimenti ad arcaismi letterari, fiori, mamme, i campanili di piccoli paesi, felicità a buon mercato e immotivata spensieratezza giovanile.

Fuori d'Italia

Chiunque avesse desiderato novità o cibo più nutriente si trovava obbligato a cercare all'estero. In Francia, dove il contributo degli intellettuali alle canzoni fu considerevole e dove Edith Piaf e Juliette Greco godevano di un seguito popolare. Di grande attrattiva inoltre risultarono il jazz e i ritmi latino-americani che si diffusero attraverso il cinema e le tournée di orchestre come quella di Xavier Cugat che li portarono nei night-club e nelle balere. Nei *night* trovavano spazio gli americanismi, l'ironia e l'umorismo di cantanti come Renato Carosone, che mescolò una *verve* tutta napoletana con codici musicali americani, e Fred Buscaglione, torinese, vagamente rassomigliante a Clarck Gable, i cui gesti e canzoni erano frutto di una cultura fatta di film di Bogart, romanzi di Mickey Spillane, donnine e whisky.

Un impegno d'élite

Un tentativo di portare la canzone verso forme e problematiche più impegnative fu operato dal gruppo delle *Cantacronache* al quale aderirono musicisti e scrittori tra cui Italo Calvino e Franco Fortini. Ai loro sforzi si può anche accostare l'esplorazione delle tradizioni popolari avviata dal *Nuovo canzoniere italiano*. Anche se nobili e interessanti, queste incursioni nel terreno occupato dalla canzonetta d'evasione rimasero iniziative elitarie.

La vera scossa alla melodia disimpegnata a livello di massa provenne dall'estero. Sotto l'impulso di Elvis Presley e poi dei Beatles prese forma una nuova musica orientata esclusivamente verso le giovani generazioni e diffusa per mezzo di juke-box, dischi a 45 giri e nuovi riti come le piccole feste casalinghe e le vacanze estive.

Imitazioni senza trasgressione

In America e in Inghilterra rock'n'roll e pop rappresentarono una vera sfida per istituzioni sociali quali la Chiesa, la famiglia, la scuola. In Italia non fu così. Il *beat* italiano fu un fenomeno curioso che consistette in gran parte di imitazione. Si copiarono, oltre ai nomi (Bobby Solo, Little Tony), pettinature, vestiti e gesti e si incisero «versioni italiane» dei successi d'oltreoceano e d'oltremanica. Nel processo di appropriazione, ha scritto Franco Minganti, furono eliminati tutti gli elementi inquietanti e anticonformisti come la cultura nera, la critica sociale, l'impulso sessuale. Mentre «Elvis the pelvis» si esercitava in contorsioni volutamente allusive, il suo imitatore Adriano Celentano si lanciava in acrobazie «matte» senza seguito. In Italia non vi furono tra i cantanti giovanili ragazzi sbandati del tipo che godeva di tanta cattiva fama all'estero ma solo bravi ragazzi e ragazze come Gianni Morandi e Rita Pavone.

Cambiamento all'insegna della continuità

Per questo motivo la nascita della musica per giovani non segnalò una rottura con le tradizioni e i gusti precedenti. Era sempre musica leggera (un termine che nei paesi anglosassoni non comprende il pop e il rock), facilmente assorbile dal Festival di San Remo che rivestì nuovi panni in seguito alle notevoli innovazioni portate alla tradizione melodica nel 1958 dal surreale *Nel blu dipinto di blu (Volare)* di Domenico Modugno. Vi trovarono posto lo shake, il twist e altri ritmi mentre il *beat* e la melodia si legittimarono a vicenda nei duelli tra cantanti maturi e giovani leoni. Per Gianni Morandi, Bobby Solo, Adriano Celentano fu l'inizio di lunghe e redditizie carriere che li avrebbero riconciliati del tutto con la melodia. Tuttavia le piccole innovazioni nello stile e sui temi spinsero alcuni giovani, specie studenti, a cercare nuove possibilità e a esplorare il retroterra culturale da cui era nato il rock'n'roll. Tanto più in un contesto come quello italiano negli anni sessanta e settanta dove la contestazione alle istituzioni fu più pronunciata che altrove. Mentre il *beat* nacque e morì all'interno di San Remo i due movimenti successivi, i cantautori e il rock italiano, si svilupparono fuori e contro San Remo inteso come istituzione e come canone della tradizione melodica.

I cantautori

Alcuni autori di canzoni, poeti dotati di non poco talento, che si occupavano programmaticamente dei malesseri e delle insoddisfazioni del periodo del boom, si misero a cantare i propri testi anziché cederli ad altri. Lasciando da parte l'allegria e la spensieratezza, i genovesi Gino Paoli, Sergio Endrigo, Frabrizio de André, Luigi Tenco e i milanesi Giorgio Gaber e Enzo Jannacci portarono una ventata di anticonformismo e di spregiudicatezza nella canzone. Sulla loro scia vennero poi autori più giovani che prendevano come modelli non Brassens e Brel ma gli esponenti della canzone di protesta, Bob Dylan e Joan Baez. Proprio perché Francesco Guccini, Francesco De Gregori, Antonello Venditti e Roberto Vecchioni cercavano di coniugare impegno e canzone, Gianni Borgna ha potuto vederli (Guccini in primo luogo) come gli eredi di *Cantacronache*. Ma, al contrario di questi ultimi, i nuovi cantautori si proposero come interpreti di ansie quasi esclusivamente giovanili. La capacità di parlare al cuore e alla testa non di tutto il pubblico ma di parte di esso conferì loro grande popolarità. Senza mai farsi ve-

dere alla televisione e raramente alla radio, vendevano centinaia di migliaia di dischi e riempivano senza fatica gli stadi.

Il rock italiano

Come i cantautori, i fautori del rock italiano (che altro non era che «il *beat* che ha imparato a suonare» secondo il parere di Gianfranco Baldazzi) non avevano niente a che vedere con la canzone tradizionale. Essi non si limitavano a copiare i complessi stranieri ma si proponevano piuttosto come sostituti più o meno degni dei vari Pink Floyd, Jethro Tull ecc. Banco, Formula Tre, Area e altri enfatizzavano la musica rispetto al testo ma nessuno di loro fu particolarmente memorabile. L'unico complesso che godette di qualche fortuna fuori patria fu la PFM (Premiata Forneria Marconi).

Il rock italiano fiorì nella seconda metà degli anni settanta quando gli stranieri, stanchi delle continue contestazioni, si ritirarono dal giro dei concerti dal vivo. I complessi di allora però durarono poco. Si trovarono presto spazzati via negli anni ottanta quando una serie di cantanti e complessi anglosassoni tornò a conquistare il campo: Duran Duran, Talking Heads, Simple Minds, Bruce Springsteen.

Eppure dall'humus delle tradizioni locali e da una consolidata familiarità con i codici della musica internazionale per giovani sono venuti fuori artisti di buon livello capaci di contendere agli stranieri il primato nelle vendite di dischi e biglietti: Pino Daniele, Edoardo Bennato, Vasco Rossi, Gianna Nannini, Zucchero.

Dopo essere sopravvissuta sia pure non senza difficoltà agli anni sessanta, la canzone melodica cominciò a perdere rapidamente colpi. Attaccata da più parti e sostituita nel cuore degli italiani, e specie dei giovani, da forme e generi di canzone molto più vicini alla realtà vissuta o sognata di tutti i giorni, regna sovrana sul Festival di San Remo.

Il Festival costituisce ormai una sorta di WWF per cantanti che magari non vendendo più dischi si piegano volentieri ai temi zuccherosi e alle melodie banali cari alla tradizione. Imbalsamata nel Festival la canzone italiana vive ancora tra artisti che inseguono non la pista di Villa e della Pizzi ma la problematicità di Modugno, o l'introspezione di Lucio Battisti, le parole poetiche dei cantautori e i ritmi contenuti di un certo pop internazionale. Vive e prospera nel *soft rock* di Lucio Dalla, nei cantautori «morbidi». Claudio Baglioni e Riccardo Cocciante, Luca Carboni e nelle nuove voci dei giovani della periferia Eros Ramazzotti e Laura Pausini.

La cultura giovanile: dalla tv alla realtà virtuale

Andrea Colombo

Dalla cultura prettamente televisiva degli anni ottanta i giovani si spostano oggi verso forme tecnologiche nuove, capaci di trasformare lo spettatore in attore.

Fin dai primi anni del decennio, e poi sempre più massicciamente, la cultura giovanile italiana degli anni ottanta è cultura televisiva. Il video amplifica e diffonde le sperimentazioni d'avanguardia elaborate nei laboratori giovanili. Inevitabilmente annacqua e depotenzia la «tendenza», in compenso la impone come cifra culturale complessiva. Ma il circolo è virtuoso: allo stesso tempo la TV fornisce nuovi imput che, una volta rielaborati, offriranno nuova merce al vorace mercato televisivo.

Laboratorio permanente

«No Future», nessun futuro, lo slogan apocalittico che aveva dominato il mondo giovanile alla fine degli anni settanta, in Italia si era intrecciato con la diffusa militanza politica, dando vita a quell'esperienza a suo modo unica di contaminazione fra innovazione linguistica e radicalismo politico passato alla storia come «movimento del '77». All'inizio degli anni ottanta, questo quadro appare già completamente trasfigurato. Terminato con una secca sconfitta il decennio di rivolta 1968-78, la sperimentazione linguistica e culturale abbandona i lidi della politica per indirizzarsi univocamente verso quelli dell'avanguardia espressiva. Il mondo giovanile si fa così laboratorio permanente da cui escono gli stili che segneranno il decennio: «nonsense» demenziale, visionarietà apocalittica, primato della satira, gusto delle citazioni, frammentazione del racconto, patchwork di stili diversi. Nelle loro performance gruppi di sperimentazione teatrale come «La Gaja scienza» e i «Magazzini criminali» rompono i confini fra le aree espressive. La scena musicale si sposta verso Sud, coniuga i ritmi locali con il blues americano, trasforma la Napoli del terremoto in capitale della tendenza musicale, mentre a Nord i gruppi post-punk come gli Skiantos puntano su dosi massicce di ironia e autoironia. Satira e fumetto vivono un irripetibile momento di sviluppo, in particolare grazie al gruppo radunato intorno alla rivista «Frigidaire», Andrea Pazienza, Stefano Tamburini, Tanino Liberatore, Filippo Scozzari.

Nihilismo disperato o dinamica propulsiva?

In una pionieristica ricerca sul campo, *La fine del futuro* (Editori del Grifo, 1985), Beatrice Barbalato, Felice Liperi e Stefano Scialotti dimostrano come l'assenza di senso del futuro, si sia capovolta da disperazione nihilista in dinamica propulsiva e incentivo alla ricerca culturale. L'attività dei laboratori linguistici giovanili s'incrocia con l'espansione dei nuovi mezzi di comunicazione, in primo luogo i computer, e con l'imporsi della televisione come centro propulsivo del sistema dei media. Dalla computer graphic ai video musicali alla rivoluzione che gli spot pubblicitari introducono nel ritmo della narrazione visiva, un intero continente creativo, essenzialmente giovanile, emerge grazie alla sinergia fra computeristica e televisione. Pescando a man bassa nei codici espressivi del mondo giovanile, Renzo Arbore ottiene nel 1985 un clamoroso successo con la trasmissione *Quelli della notte*, prodotta e trasmessa da Raidue. Per la Fininvest, Italia 1 risponde con *Lupo solitario*, programma parallelo, meno fortunato ma in compenso più sofisticato e fedele ai modelli originali.

Gruppi non comunicanti

Ma la produzione culturale, per quanto determinante, riguarda in prima persona solo una minoranza di giovani. Venuto meno il vincolo della politica, l'universo giovanile anni ottanta esplode e si divide in gruppi tra loro non comunicanti. I cosiddetti «paninari» incarnano al meglio il *look* e lo stile di giovani che ingannano il tempo tra discoteche e ricerca di lavoro, miraggio di folgoranti carriere *yuppie* e cura dell'abbigliamento.
Basandosi su di loro, ancora la Fininvest, stavolta su Canale 5, inventerà il programma più longevo del decennio *Drive In*, e una nuova generazione di cineasti giovani, per lo più giovani, per lo più figli d'arte come i fratelli Carlo ed Enrico Vanzina, Ricky Tognazzi, Christian De Sica, conquisterà il successo. Restano invece escluse da qualsiasi circuito ufficiale, ma non certo dalla realtà degli adolescenti le sottoculture *hooligans*, i circoli delle tifoserie presenti in tutte le principa-

li città. Violente, spesso attraversate da ventate razziste, le sottoculture calcistiche raccolgono tutta la carica di frustrazione, rabbia e insoddisfazione che negli anni settanta si era parzialmente incanalata nella militanza politica. Divisi all'inizio in tifoserie di destra o di sinistra a seconda della squadra del cuore, gli ultrà si sono tutti caratterizzati nel corso degli anni ottanta come tendenzialmente di destra.

«Virtual reality»

Sul finire del decennio la tendenza s'inverte d'improvviso. Gli anni d'oro della televisione sono terminati. Le reti private, ormai affermate, non hanno più bisogno di pescare freneticamente nei laboratori giovanili. La crisi bussa alle porte e impone tagli drastici alla produzione. La nuova onda della ricerca giovanile parte ancora una volta dall'innovazione tecnologica, non più i computer ma la *virtual reality*, tecnologia ancora in fase sperimentale che trasforma lo spettatore in attore, offrendogli l'illusione di vivere nella realtà trasmessa dagli schermi.

Negli USA un'intera scuola di autori (William Gibson, Bruce Sterling e John Shirley i principali) di fantascienza anticipa o segue da presso la nascita delle *virtual reality*. In Italia il fenomeno «cyberpunk» viene ripreso da alcuni centri sociali, in particolare quello milanese di Conchetta, che ne coniugano le suggestioni ipertecnologiche con un più classico radicalismo politico.

Conchetta dà vita a una fortunatissima rivista «Docoder» e numerosi centri sociali decidono di allacciare «reti telematiche» che intendono usare in modo alternativo computer e alta tecnologia. Il modello ufficiale sono gli *hackers*, i pirati del computer, attivi soprattutto negli USA e in Germania.

Ma il «cyberpunk» esaurisce solo in parte l'attività dei centri sociali che, nati alla fine degli anni settanta e moltiplicatisi nel decennio successivo, rappresentano una delle poche realtà collettive giovanili presenti nei primi anni novanta.

Sebbene caratterizzate principalmente dall'estremismo politico, operano essenzialmente sul piano della produzione e del consumo culturale, in primo luogo musicale ma non solo. Nei centri viene riadattato alla realtà italiana il rap dei ghetti americani. Fra il 1989 e il 1993 si formano decine di posse rap, Onda Rossa Posse, AK47, Assalti frontali, Camels in effect a cui si aggiungono band reggae e raggamuffin, come i veneti Pitura Freska. Posse e gruppi reggae si esprimono soprattutto nei concerti dal vivo oppure incidono per etichette autonome rifiutando l'ingresso nel mercato ufficiale. I testi sono sempre molto politici, ma con un'attenzione particolare per le culture locali. Frequenti quindi l'uso del dialetto e il ricorso a musica etnica regionale.

Il fenomeno skinhead

Infine, anche in Italia come nel resto d'Europa, sono comparsi negli ultimi anni gli *skinheads*, gruppo sottoculturale razzista e fascista nato nell'Inghilterra degli anni sessanta. Le «teste rasate», spesso ultrà legati alle tifoserie più violente degli stadi, hanno in parte aderito all'inizio di questo decennio a formazioni neonaziste, come il Movimento politico, sciolte nel 1993 per ordine del ministero degli interni.

L'arte visiva:
lussi e immagini di troppo

Antonello Negri

Un vecchio pregiudizio tende a vedere come prevalente nella produzione artistica italiana il senso delle armonie e degli equilibri formali. Ma oggi la ricerca della forma pura è diventata accademia. Non meno sterile è la tentazione di uniformarsi all'idea televisiva-telematica di immagine. Ma vi sono «periferie» dove gli artisti operano contro le idee pure e l'immagine. Saranno i centri di domani.

Lo stato della produzione artistica nell'Italia degli ultimi anni richiama alla mente riflessioni come quelle di sant'Agostino o san Girolamo sulla musica vocale, nel cui ambito si avvertiva una contrapposizione tra la bellezza fascinante della voce e dei toni e l'importanza delle parole, cioè delle idee espresse in funzione di una loro comunicazione. Credo si possa formulare l'ipotesi che nella nostra arte recente ci sono state poche idee, mentre grande impegno è stato generalmente dedicato alla ricerca di ciò che quei buoni padri appunto indicavano, riferendosi al campo musicale, in termini di bellezza di voce e di toni.

Materiali e astrazione

In campo artistico questo ha significato un predominante interesse per i diversi aspetti «lussuosi» dell'opera, se si può usare un termine del genere: intendendo per «lusso» l'inclinazione alla creazione di un manufatto carico di mistero, basato su un'elaborazione dei materiali di carattere quasi alchemico, nel senso di un più o meno dichiarato programma dell'artista di trasformazione di valori, di massima intensificazione cioè del valore di materie per lo più assolutamente comuni attraverso un loro particolare uso o aggregazione. Va da sé, inoltre, ma questa è una considerazione in fondo marginale, che l'opera d'arte tende sempre di più a proporsi come prodotto di lusso anche nel senso più volgare del termine. Chi abbia una minima consuetudine con le mostre artistiche italiane, il cui spirito dominante mi pare sia stato piuttosto ben recepito e concentrato nell'ultima edizione della Biennale di Venezia, si sarà reso conto di trovarsi generalmente di fronte a «distillati» di personalità artistiche, talvolta originali, talvolta banali o ripetitivi di modi altrui, comunque ferreamente concentrati sulla propria supposta genialità, o sul dono, avuto in sorte da un benevolo destino, di poter creare la «bellezza» o la «poesia» attraverso i propri strumenti specifici. Il primo termine è da intendere naturalmente in un senso molto ampio, certamente al di fuori di canoni stabiliti; mentre il secondo come «aspirazione all'universale», e ben distinguendosi da volgari descrizioni di fatti, ci riconduce ai deboli spiritualismi che stanno governando questa fine di secolo.

Una purezza che sfiora il nulla

Accanto al lusso di «bellezze» e «poesie» senza regole e piuttosto astratte anzi, spesso intrecciato con esso c'è stato, e continua ad avere considerevole fortuna, il lusso del rifiuto del manufatto a vantaggio dell'enunciazione teorica o dell'azione alternativa, attualizzazione obbligata in tempi di poca chiarezza sui ruoli, della tradizione dell'artista con complesso d'inferiorità nei confronti del filosofo o, più in generale, dell'intellettuale. Una variante dell'inclinazione precedente, che vi si contrappone solo in apparenza, è stata anche quella in direzione del «lusso» come piacere del materiale allo stato puro (intendendo con ciò sia materiali reali — lasciati al naturale o variamente lavorati — sia la purezza sfiorante il nulla di molte idee), talvolta sostenuto da giustificazioni ecologiche troppo à la page. Un problema piuttosto serio è tuttavia consistito, quasi senza eccezioni, nella povertà e nella risibilità delle une e delle altre, cioè di enunciazioni teoriche e di azioni talvolta manifestamente dichiarate alternative, talvolta con una certa supponenza sottintese come tali: ma se il *Manifesto bianco* e i successivi manifesti dello Spazialismo non hanno, a suo tempo, impedito a Lucio Fon-

tana di fare dei bei quadri, le operazioni, per esempio, di Piero Manzoni e della massima parte dei successivi epigoni poveristi e concettualisti, di recente fatti oggetto di tentate rivitalizzazioni, dai connotati piuttosto di imprese commerciali, conservano oggi per lo più un interesse di pura curiosità storica. In fondo, al di là delle periodicamente annunciate riprese della «pittura» o di generiche «figurazioni», quanto generalmente emerge della produzione artistica attuale in Italia è in buona parte dominato da lievi giochi di «traduttor dei traduttor d'Omero» (perché si direbbe proiettata in tale dimensione la figura di un vecchio maestro come Fontana, in confronto ai figli e ai nipoti che in molti modi e per molte strade lo hanno seguito).

La «maniera italiana»

Si direbbe proprio questa, d'altra parte, la «maniera italiana» per la quale oggi la nostra arte contemporanea è più nota e internazionalmente recepita: a partire, appunto, da Fontana, che è generalmente presente con una o più opere in tutti i musei stranieri importanti (e in non pochi dei meno importanti). Forse lo si deve a un antico e radicato giudizio (rivitalizzato all'inizio del secolo dal libro di W.R. Worringer *Astrazione ed empatia*, dagli effetti più duraturi di quel che si creda) tendente a vedere come prevalente, nella produzione artistica intesa come tipicamente italiana, il senso della forma, delle armonie e degli equilibri formali. Non è certamente un caso, in tal senso, che l'altro artista italiano della seconda metà del nostro secolo maggiormente considerato a livello internazionale (naturalmente a prescindere da qualsiasi giudizio su tale considerazione e sulle sue ragioni, prendendola cioè semplicemente come un dato di fatto) sia Alberto Burri. Gli sviluppi più recenti, quelli degli anni ottanta, hanno confermato la tendenza: sulla scena internazionale, in altri termini, la parte italiana è stata giocata dalla dominante linea formalista-concettualista (o neoformalista e neoconcettualista), con l'aggiunta di quell'inventato fenomeno transavanguardista che, nonostante le sue grandi fortune immediate, non poteva essere meno innovativo e incisivo.

Provincialismo

Oggi la situazione specificamente artistica appare, in sintonia con il clima complessivo, piuttosto aperta: le tentazioni di rimanere nel campo meglio conosciuto, più confortevole e rassicurante, della forma pura e di una lussuosa bellezza astratta sono naturalmente forti; ma sono al tempo stesso estremamente deboli, con tutta probabilità, manifestazioni di una provinciale passione per una propria piccola tradizione, certo gustosa come gli spaghetti, e come tale molto amata anche all'estero, ma sostanzialmente costruita sul luogo comune e sulla ripetizione all'infinito di un modello che sembra aver perduto d'attualità, essere fuori gioco, quando ovviamente si prescinda da mode e mercati, dalle correnti forti, molto più «comunicative», che sulla scena internazionale meno ovvia si profilano da qualche anno. È inevitabile che un termine desueto come «avanguardia», che pure continua a trovare estimatori, sembra oggi adatto soltanto a connotare quanto un tempo rientrava nel campo dell'Accademia; mentre suggestioni più corroboranti tendono a un'esplicita, spesso violenta e dura, comunicazione di idee e di

messaggi, secondo il termine altrettanto desueto di «contenuto», senza preoccuparsi più di tanto della pulizia, della novità o della sperimentalità del linguaggio. Tali suggestioni arrivano per lo più da situazioni periferiche rispetto ai tradizionali centri artistici. I «centri» di oggi sono tutt'altro che centrali, sono anzi estremamente diffusi, da Glasgow a Città del Capo, nelle periferie multietniche dei grandi agglomerati urbani. Ed è molto probabile, anzi sicuro, che si trovino, anche da noi, in minima misura nei tradizionali luoghi dell'arte, e di massima in circuiti e situazioni lontani dalle sedi di consolidato potere artistico. Non è certo un caso, a questo proposito, che il prepotente provincialismo italiano sia riemerso in una Biennale, quella già ricordata, che si proponeva uno scopo opposto: di apertura internazionale e sovranazionale.

Parametri e criteri della qualità

Un'altra questione che nella situazione di oggi, anche italiana, torna comunque a presentarsi con forza riguarda la qualità, e la mancanza di soddisfacenti parametri e criteri di giudizio. Nel 1937 lo storico e critico d'arte inglese Anthony Blunt scriveva: «È difficile, allo stato presente, andare al di là dell'applicazione di un doppio modello: quello cioè dell'efficacia con cui l'opera propone le sue idee e del significato storico delle idee proposte. Né è facile vedere come i due modelli possano essere fusi in un unico criterio di giudizio sulla bontà o meno di un'opera d'arte». Mi pare che questo modo di porre la questione possa ancora essere buono e utilizzabile, benché molto problematico. Si tratta, lasciando perdere flussi e filosofie da dilettanti, di provare a cercare (senza la certezza di trovarla) la «qualità»: una categoria naturalmente sfuggente, non riconducibile a regole troppo ferree nel campo dell'arte; che si può forse intravvedere per approssimazioni e, nella situazione attuale, cercare soltanto là dove il sistema della produzione artistica è meno invasivo e condizionante, anche a costo di soffermarsi su fenomeni apparentemente regressivi da un punto di vista linguistico. L'unica cosa sicura è che non si tratta di una questione di stile, né di scuola.

L'idea televisivo-telematica di immagine

La recente Biennale di Venezia è stata definita «a misura di zapping» (E. Crispolti): effettivamente il riferimento televisivo sintetizza la più marcata debolezza di un sistema che in fondo tende a uniformarsi a una dominante idea televisivo-telematica, quella di «immagine».

Negli anni passati «immagine» è stata la parola d'ordine tracimata anche nel campo della produzione di opere d'arte, nonché in quello della conservazione del nostro patrimonio artistico.

Non è affatto facile giudicare i risultati dei restauri di grandi opere d'arte del passato avviati e conclusi in questi anni. Ma vi è il fondato sospetto al di là delle ragioni dei sostenitori e dei detrattori dei restauri stessi, che comunque il concetto di visibilità abbia assunto un'importanza preponderante.

La Cappella Sistina è diventata una macchina che dev'essere in grado di accogliere al proprio interno il massimo numero di spettatori compatibile con la conservazione dei colori che ne rivestono le pareti interne, vale a dire i colori di Michelangelo riportati al loro vecchio splendore, o a quello che si suppone fosse il loro vecchio splendore, poiché su questo problema gli specialisti non sembrano affatto d'accordo. Certo è che dal punto di vista dell'«immagine» la Sistina funziona assai meglio di prima, con colori molto più simili a quelli della televisione, che si direbbero costituire lo standard cromatico della nostra civiltà.

Il problema è soltanto apparentemente lontano da quello della produzione artistica contemporanea, dato che in quest'ultimo campo si è manifestata la stessa passione per il modo in cui le cose appaiono o possono essere viste, in relazione a un'ottimizzazione dell'uso (o circolazione) del prodotto. Mi pare ci siano, in quelle periferie forse destinate a diventare i nuovi centri, artisti che operano contro l'«immagine», nell'accezione che si è assai sommariamente cercato di delineare.

Sono artisti che operano anche contro le idee pure; in fondo ne hanno di molto migliori i filosofi, che se ne occupano da professionisti; e che si sporcano le mani alla ricerca del modo di costruire oggetti di cui la visibilità non sia la prima ragione. Sono artisti che conservano tecniche produttive di manufatti, ne inventano di nuove, non traducibili in «immagini» e, osando pensare e tradurre in forme, riescono a riempire questi manufatti di vere idee.

Musei:
gli archivi dell'identità sociale

Andrea Emiliani

L'Italia, paese ricchissimo di strutture museali e di città che sono esse stesse musei e in cui la riflessione sulla conservazione ha una tradizione plurisecolare, non ha mai visto un impegno serio e attivo da parte di chi era chiamato a governare questa ricchezza. Oggi, all'interno della Comunità europea si fa impellente l'esigenza di creare un'economia della cultura che vada di pari passo con il governo della cultura.

Il dibattito sul museo italiano ha occupato negli ultimi due decenni uno spazio perfino maggiore che non altri gravi problemi della società. E nel 1993 ha addirittura aumentato il suo ritmo, giungendo quasi all'affanno quotidiano. È vero che la nomina di un giornalista di larga notorietà come Alberto Ronchey al dicastero dei beni culturali, ha in qualche modo avvalorato la tempestività degli organi di informazione e sospinto il giudizio degli stessi opinionisti. Ma resta comunque così elevato anche il quoziente statistico del problema da far quasi pensare a una raggiunta maturità del dibattito.

Una pesante burocrazia

Ciò non è sempre vero, o almeno ci obbliga a scindere l'ipotetica maturità in due luoghi contrapposti: l'opinione pubblica, che accompagna con generosità il lavoro del settore e che, sia pur genericamente, ne avvalora la presenza attiva; e la burocrazia centrale legata a un passato qualunquista, senza idee programmatiche e priva di intelligenza coordinativa. Forse sarebbe più semplice dire che, nel pieno d'una possibile dinamica del settore, l'apparato non ha sufficiente conoscenza reale del problema dei musei, e che in fondo non desidera forse neppure averla per non incontrare, sulla sua strada di sopravvivenza, riforme e guai ulteriori. In questo clima, ha preso forma e purtroppo destino tuttora incerto anche la rivalsa, perfettamente legittima, dell'uso dell'intero Palazzo Barberini, a Roma, destinato a quella Galleria d'arte antica che la capitale, unica e sola in Europa, non possiede ancor oggi.
L'opera del ministro tendeva a riscattare decenni e secoli di passiva interpretazione dell'effettiva importanza, oggi, di una politica di immagine, intesa come arma della strategia inter-

nazionale di fronte al crearsi di grandi flussi dinamici e come strumento centrale d'una possibile economia della cultura. Il confronto con le sonanti imprese parigine del Grand Louvre rinnovato e ampliato, oppure con le novità londinesi, i cui valori statistici sono del tutto impressionanti, unitamente alla ritrovata vitalità di Berlino e di Dresda, e alla macchina turistica di Vienna e di Madrid, appesantiscono la crisi italiana, che oltre a tutto esce da un decennio di iniziative volenterose di ammodernamento dei musei (Fondi Fio) segnate tuttavia da scelte parziali, tendenziosità partitiche, nonché da sfruttamenti e da pesanti speculazioni.

Apertura ai privati

Il tema che è stato posto in evidenza e fortemente marcato, nel panorama italiano dell'ultimo anno, è stato quello di assegnare un principio di autonomia e qualche possibilità di gestione economica anche ai musei nazionali. Il regolamento della legge è stato attardato per oltre un anno almeno dalle consuete passività procedurali di stile borbonico.

Su questa base, sarà possibile, anche se decisamente complicato, affidare alla gestione privata alcuni servizi dei musei, tra i quali certo necessità urgenti come guardaroba e libreria, fototeca e diapositive di proiezione, e altre aggiuntive come vendite di bibelots museografici o infine gestione di buvette o addirittura di ristorazione.

Naturalmente, la libera iniziativa si attende un elevarsi del numero dei visitatori fino ai confini del suo possibile guadagno. Questa iniziale congiuntura positiva ha ora necessità, dunque, di meglio conoscere la distribuzione, la struttura, l'effettiva capacità di pubblico e perfino la realistica ospitalità ambientale per i servizi citati, da parte dei musei italiani. In un paese dove le città, centinaia e centinaia di insediamenti, sono in media altrettanto e più attraenti e interessanti che non i loro talvolta piccoli, spesso fragili musei, è tuttavia utile tener d'occhio anche la possibilità di sviluppo che il museo sopporta ora, anche come futuro nucleo di gestione di una parte impegnativa del patrimonio pubblico della città.

Le statistiche dei 3300 musei italiani

E passiamo allora, come si fa di solito, al voyerismo statistico. Secondo un censimento del 1990, i musei italiani d'ogni specie, stazza e conformazione, sono nel totale la bellezza di 3311: naturalmente si tratta di un dato da leggere dall'interno e che cioè comprende anche piccole o minime istituzioni.

Quasi cinquecento «luoghi» sono gestiti dallo Stato, e sono il 14% circa del totale. La parte maggiore è invece di proprietà dei Comuni, i quali con oltre 1500 unità all'ingrosso raggiungono il 43% del panorama italiano. Altre cifre consistenti sono quelle relative alle raccolte diocesane (circa 14%) o infine di proprietà privata (16%). Il museo d'arte rappresenta la formula più diffusa (24,7%) seguito dal museo archeologico e d'antichità (18,9%).

Numerose sono, sulla carta, le raccolte scientifiche e si aggregano in genere attorno agli istituti universitari (circa 13%). Il numero dei musei nel Nord, al Centro e nel Mezzogiorno è abbastanza equilibrato. Il Sud e le Isole sono naturalmente avvantaggiati dal numero crescente degli scavi archeologici.

Distribuzione dei visitatori dei musei e gallerie statali, 1954-89
(valori assoluti in migliaia)

Fonte: ISTAT, *Annuario Statistico Italiano*, anni indicati.

Fruibilità e frequenza

Gli ottimismi calano, ovviamente, quando si passa a esaminare l'effettiva fruibilità di questi musei. Nel totale, dichiarano di spalancare le porte al pubblico con un orario normale quasi il 52% di essi. Si tratta di orari per lo più brevi, circoscritti alla mattinata. Il 33% è semichiuso, oppure saltuariamente aperto. Ed è proprio a queste caratteristiche negative che s'è rivolta negli ultimi mesi l'opera normalizzatrice del ministero dei beni culturali.

Un altro tema che solo l'occhio dello statistico può far parlare, è quello dell'effettiva frequentazione di visitatori e di turisti nei musei italiani. Sono note e iper lodate le caratteristiche degli afflussi nei maggiori musei del mondo; e una certa euforia, tipica degli anni ottanta, ha fatto parlare di grandi potenzialità economiche legate ai flussi turistico-culturali anche dalle nostre parti. Certo, restano in evidenza differenze cospicue, addirittura impressionanti, che vanno valutate soprattutto come derivate da una condizione imperfetta dell'organizzazione del turismo italiano. A fronte dei quasi dieci milioni di visitatori annui dei tre principali musei di Londra (National Gallery, British Museum e Tate Gallery), il reddito italiano complessivo dei primi dieci musei, a cominciare da Pompei e dagli Uffizi stessi, raggiunge solo la terza parte del flusso inglese. Per giunta, è in corso una flessione abbastanza pronunciata dei visitatori, per cui il primo semestre del 1993, rispetto allo stesso periodo dell'anno precedente, ha segnato riduzioni di pubblico preoccupanti. Per esempio, il museo di riferimento italiano, e cioè gli Uffizi, ha segnato 455 mila visitatori tra inverno e primavera del 1993, rispetto ai 528 mila dell'anno prima. Risultano invece in modesta crescita luoghi più popolari o di semplice accesso, come il Foro Romano con il Palatino oppure il Palazzo Ducale di Mantova.

Città e musei: un unico «sistema» museografico

D'altra parte, individuare il nocciolo del problema italiano è indispensabile anche per disegnare un metodo impegnativo e opportuno, che valga sia per la tecnica organizzativa dell'immagine, e dunque dell'appetibilità del museo, sia per il suo modello di istituzione connessa intimamente alla città; e che insieme alla città storica, al vero capolavoro dell'arte italiana, deve essere valutato. Qui, l'occhio del geografo, più ancora che quello dello storico, fa presto a individuare l'eccezionale ubiquità e la bella convivenza del museo in ogni insediamento o città tra le tante distribuite lungo la penisola. Sarà un effetto di lenta umanizzazione, sarà la secolare tensione creativa delle comunità italiane, fatto sta che la vera peculiarità per noi è nell'intensa distribuzione del museo, dello scavo, della raccolta accademica o scientifica in centinaia e centinaia di città. Per non dire del forte potenziale che ancora si cela in luoghi che, come per esempio le opere pie oppure le confraternite o le chiese non più officiate, potrebbero entrare anch'esse nel novero di un «sistema» museografico: quell'organizzazione di scala nel cui disegno è possibile leggere, credo, una buona parte dei risultati positivi possibili nel futuro.

Nuove strategie per un turismo intelligente

Infatti, una distribuzione tanto intensa è tutt'uno con la eseguità elegante, addirittura con la fragilità strutturale – anche se qualitativamente elevata – dei nuclei museografici e delle stesse città italiane. Venezia insegni. Qui non servono, dunque, politiche del turismo di massa, quanto piuttosto strategie raffinate di fronte alle quali, tuttavia, si estende l'orizzonte del turismo esplorativo e creativo: un turismo motivato culturalmente, in cerca di vere emozioni, dotato di mezzi e capace di sostare nei luoghi, al di là degli schemi di agenzia. In realtà, una riflessione turistica di questo genere deve essere affrontata seriamente, e proprio in connessione con gli itinerari delle città d'arte e dei territori così intensamente abitati e vissuti. In questo modo, il museo può davvero unire la sua suggestione a quella, sempre molto alta, della città, e provocare anche il restauro e il recupero alla vita, soffocata e ammorbata da ogni genere di ferraglia e dal tanfo automobilistico, della vitalità architettonica e della forma urbanistica che stanno ai vertici della qualità effettiva del paesaggio culturale italiano.

La vera opportunità per la burocrazia

Ricordo una pagina intellettualmente molto provocatoria di Paul Valery, avversa a un'idea classificatoria e ambulatoriale del museo. Uscire all'aperto, egli scriveva, voleva dire restituire dipinti e sculture alla madre architettura che le aveva originariamente espresse e vivificate. Credo che l'idea italiana del museo non sia molto lontana da questa, capace di conservare anche dentro il flusso turistico di massa quelle caratteristiche di identità locale che del resto fan sì che il museo sia una specie di piano regolatore della città stessa, e insieme l'archivio di riferimento della personalità della comunità sociale. Anche la forma degli itinerari di percorso, e della stessa strategia dell'accesso a luoghi, città e campagne, diventa in fondo il disegno che sostiene un progetto costruttivo, ne detta le volontà di lettura e ne consiglia il modello di fruizione. Anche attorno alle città italiane è possibile, insomma, creare aree di compatta personalità formale e espressiva, omogenee per materiali e per trattamenti artigiani. Questo è un carattere forte, una possibilità aperta della riforma dei musei, che dalla città si allarga con la sua personalità al territorio, e traccia il cammino di un sistema culturale e artistico straordinario. Questa è, davvero, la grande differenza, forse la vera opportunità italiana rispetto al mondo.

Solo un gravame per la burocrazia

Ogni considerazione rivolta al patrimonio artistico italiano dovrebbe esaminare anzitutto l'antica e tradizionale avversione d'ogni governo e di ogni suo burocratico apparato a ricollocare il problema dell'arte al vertice delle attenzioni — anche di quelle economiche e produttive — della nazione. Sarà probabilmente la storia del costume politico e istituzionale a dover scrivere folte pagine di confessione su questo argomento. Sta di fatto che da almeno un secolo e mezzo, e cioè dall'unità nazionale a oggi, questa benedetta faccenda dell'arte e delle città, del paesaggio e dei musei, e insomma del mirabile complesso sedimentato e stratificato da duemila anni almeno di storia, del meraviglioso paese solennizzato dal «grand Tour» degli intellettuali europei del Settecento, e codificato come scuola d'ogni creatività ed empireo d'ogni felicità ambientale, dev'essere suonata all'orecchio dei primi nostri parlamentari, come poi agli altri che si sono succeduti via via in Montecitorio e dintorni, come una solenne jattura. Perché? Ma perché proprio questa bellezza, questa immacolata misura di equilibrio che la tradizione ci consegnava in eredità come un acquarello turistico (qualche volta effettivamente imbarazzante per la sua immensa bellezza) costituiva un crescente, indisponente «gravame» per le sospirate attività di crescita, sviluppo e progresso del paese chiamato finalmente Italia. Da allora si cominciò a pensare che progredire voglia dire anzitutto distruggere.

In questa intolleranza economica che emergeva dalla nuova compagine nazionale nata nel risorgimento liberale, nelle reazioni all'insopportabile «cogenza» e all'autoritarismo delle belle arti locali o nazionali, e all'imperio di uffici spesso disorganizzati e tuttavia saccenti, si sviluppa un corpo oscuro (di profonda radice culturale anch'esso) che è quello dell'avversione, e ciò specie nell'ultimo dopoguerra e dunque all'ingresso dell'Italia nel novero dei paesi di libero mercato. Inizia insomma tra le demolizioni il cammino di un sempre più necessario e progressivo incremento annuo e inesorabile del prodotto nazionale e privato. La data più che simbolica del 1945 segna infatti per la penisola italiana, e un po' meno appena per la già «civilizzata» pianura padana del triangolo industriale (Milano-Torino-Genova), il nastro di partenza per l'ingresso esaltante e disordinato nel vivo dell'economia europea.

Gli anni dell'ammodernamento

Dopo i disastri della guerra 1940-45, gli anni della ricostruzione nazionale segnarono tappe di progressivo «ammodernamento» dei modelli urbanistici storici. Fenomeni come l'abbandono della montagna e la fuga dalle campagne ebbero l'intensità d'un evento biblico. Al *déracinement* sociale fece seguito anche lo sradicamento delle culture, l'impoverimento costante dei valori locali, e infine l'emorragia dell'organismo minuziosamente ornato della scena liturgica. Le chiese italiane avevano avuto nei secoli una forte presenza storica nell'identità culturale e affettiva delle popolazioni. A differenza d'ogni altra area culturale europea, l'umanizzazione del territorio, la quantità sorprendente di città e di insediamenti urbanistici di grande qualità, il paesaggio rurale e ogni altra forma storica ereditata dal passato, furono in Italia eventi tali da impegnare duramente, oggi ancora, anche la storia della distruzione del tramando generazionale secolare. Dopo la grande crisi degli anni novanta, le ragioni stesse del rinnovamento del programma economico potrebbero forse indurci a disegnare un progetto nazionale impostato sull'economia della cultura. Ciò che tuttavia rende dubbioso un orizzonte di questa qualità è il fatto che proprio la crisi oggi in atto sembra non aver tratto dall'esame di coscienza un progetto di cultura qualsiasi. Anzi.

Le tappe della tutela del patrimonio

Il disegno storico della grande tradizione italiana di tutela e di salvaguardia del patrimonio artistico e di cultura ha fondazioni forti e sviluppo esemplare, almeno in sede teorica, almeno fino allo scadere del XVIII secolo. Mentre i primi musei, intesi per lo più come antiquari e lapidari, iniziano a dar forma a una conoscenza parallela a modelli organizzati dell'opera di conservazione fin dal tardo medioevo, è proprio all'ultimo quarto del Cinquecento che le prime norme di legge vengono emanate a tutela fisica di particolari eventi d'arte. Non è un caso se proprio dalla Toscana dei Medici decorre un provvedimento a garanzia di quei singolari «lapidari» araldici che sono oggi ancora le facciate dei palazzi civici del Granducato e dell'ex repubblica di Siena (1575). Già nel 1602, il governo fiorentino si mostra in grado, interloquendo con l'Accademia del Disegno, di porre un freno all'esportazione delle opere d'arte importanti per la città e per il dominio; e stila un elenco di 18 artisti, che saranno da quell'anno in poi assoggettati a severa tutela e a un divieto di «extra-regnazione». Come si può notare, i concetti tuttora fondamentali di vincolo di importante interesse e di ispezione doganale non sono eventi di corrente burocrazia, ma antiche protezioni stese a garanzia dell'identità culturale delle città, dopo la crisi di Controriforma.

Raccogliere in una silloge, come è stato fatto, l'insieme delle leggi, e delle norme, dei regolamenti dei bandi dei diversi stati preunitari affissi alle gabelle e alle cantonate per almeno due secoli e oltre, può sembrare sfizio di bibliofilo piuttosto che opera di storico. E tuttavia, poche pagine come queste mettono in luce la varia profondità del tema sociale dell'arte (il diritto di pubblica proprietà delle opere), la qualità degli atteggiamenti diversi (il pragmatismo lombardo a petto della concettualità meridionale) e l'affioramento di proposte di metodo, tra le quali l'apice intellettuale e di colma «antiquaria» umanistica viene raggiunto specie dallo Stato pontificio romano. Non a caso, d'altronde, nel colmo dell'opera della segreteria di Leone X, nel 1515, nasceva dall'intelligenza di Raffaello e dalla penna di Castiglione, quella lettera indirizzata appunto al pontefice che segna la prima istituzione di operatività critica proiettata, tramite la conoscenza scientifica e tecnica, nel seno d'una storia che con questo gesto diventava improvvisamente moderna. La lettera infatti era, tutt'insieme, la dichiarazione piena d'una politica vaticana delle arti, per la costruzione d'una immagine che nel quadro del pensiero neoplatonico e marsiliano prendesse corpo come componente centrale della strategia d'un nuovo e moderno potere. Quello appunto dell'arte e della cultura.

Il riformismo illuminista, nei modi regionali che abbiamo appena suggerito, e che comunque si diffondono in tutta la penisola, matura in effetti nel corso del Settecento una così conseguente sequenza di esperienze metodologiche, da lasciare in eredità agli eventi politici che concludono il corso del secolo una serie di strumenti, proprio alla vigilia della discesa di Napoleone in Italia. Primeggiava su tutti il richiamo imperativo alla tutela dell'arte italiana come insostituibile esperienza offerta all'educazione universale. È singolare, ma solo in apparenza, che a disegnare un affresco modernissimo di questa verginale difesa dell'«antico» e dell'arte, fosse proprio un cittadino francese, Quatremère de Quincy, nelle pagine brevi e perfette delle sue *Lettres à Miranda*.

L'arte della Libertà

Non c'è momento più straordinario per comprendere quella che un famoso studioso di Quatremère e dell'età rivoluzionaria, Edouard Pommier, ha appunto chiamato «L'arte della Libertà». Pubblica per statuto politico, sociale per magistero educativo, l'arte della nuova libera democrazia non può che regnare alta e intatta, aliena dal commercio, frutto di un'attività assoluta ed esclusiva. In questo senso, il suo nitore non può che assomi-

gliare a quello, del resto, che l'intelligenza sovrana del secolo dei Lumi aveva concepito: e che addirittura l'aureo intelletto dell'Autocrate per eccellenza, il Pontefice romano, porterà proprio ora al massimo significato possibile. Infatti, spetterà a Pio VII Chiaramonti, alle soglie dell'esilio in terra di Francia, di stendere di proprio pugno quella Lettera chirografa sulla tutela del patrimonio che, elaborata nel 1802, divulgata con fortuna subito dopo e infine dotata di un minuzioso regolamento nel 1821 a opera del Camerlengo Cardinal Pacca, raccogliendo l'esperienza critica e storica di uomini come il Lanzi, il Fea, il Borghesi, doveva divenire il seme più fecondo per la tradizione non solo legislativa, ma anche di comportamento amministrativo, della società italiana dopo il plebiscito unitario nazionale e la stessa conquista di Roma (1870).

La cultura amministrativa delle Belle Arti

La legge dell'Italia unita stenterà quasi mezzo secolo a impegnare il parlamento e sarà frutto fortunato che concilierà appunto la tradizione illuminista con la nuova stagione dell'autorità ministerialistica di Giovanni Giolitti (1909). La raccoglierà senza varianti il regime fascista, nel punto massimo del suo consenso (1939) e sotto l'accorta politica personale del ministro G. Bottai, dietro il quale si celava il lavoro di studiosi come G.C. Argan, C. Brandi e lo stesso R. Longhi.

Ma a chi si domanda come potesse conciliarsi una legge di imperio intellettuale, nata nei secoli come teoria della tutela piuttosto che come norma di polizia, perfetta nei suoi esiti concettuali, messa a confronto con la vita dopo l'ingresso che il paese aveva fatto nell'ambito del libero mercato, già dal 1860 in poi; e come soprattutto potesse una norma cogente e assoluta imporre il dettato dell'intelligenza contro speculazioni immobiliari, devastazioni urbanistiche, emorragiche dissoluzioni patrimoniali, scandali mercantili e vendite abusive; la risposta non può essere che quella, consueta in Italia, che vede nella frattura che separa il paese legale dal paese reale il segno d'una antica e insanabile crisi strutturale. Ma nelle belle arti, almeno, il segno storico della cultura e dell'educazione è un fine molto alto e punta verso l'universalità.

L'economia della cultura e dell'arte

Oggi la tutela dell'arte non può più essere addebitata a responsabilità private. Come in ogni Stato moderno, l'imperatività della legge è stata da poco affiancata (1982), come in tutto il mondo civile, dalla possibilità di usare lo strumento fiscale a vantaggio della tutela d'arte. L'esempio delle promozioni private statunitensi nei musei di oltre Atlantico, la gestione delle «dations» francesi che hanno dato nuova vitalità alle acquisizioni di opere d'arte nei musei, hanno guidato, specie negli anni ottanta, anche qualche entusiasmo italiano.

La riduzione successiva dell'aliquota ammessa al vantaggio dell'esenzione o del rimborso, il 27%, ha spento poi molti entusiasmi. Ma ormai la direzione del cammino è segnata. In una società che, per di più, è ora parte integrante del liberismo della Comunità europea, e che dunque deve confrontarsi con le leggi di Bruxelles, è urgente creare un'economia della cultura e dell'arte che cammini parallela al governo dell'arte e della cultura.

▮ Distribuzione dei musei per regione
1990 (valori assoluti)

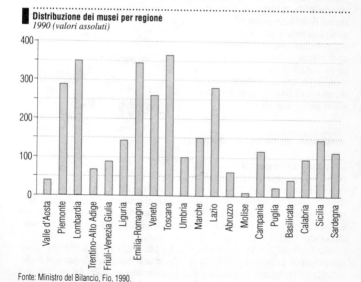

Fonte: Ministro del Bilancio, Fio, 1990.

La ricerca scientifica e tecnologica: un divario da colmare

Giovanni Nassi

Nonostante gli sforzi compiuti, una sostanziale dipendenza dall'estero continua a caratterizzare l'Italia dal punto di vista scientifico e tecnologico. Per colmare la distanza che ci separa dalle realtà più avanzate, occorrerà in futuro rimuovere gli ostacoli che, a livello pubblico e privato, ancora impediscono una moderna organizzazione della ricerca.

Lo sviluppo della ricerca in Italia in rapporto alla situazione di altri paesi continua a essere caratterizzabile con un andamento a forbice. Il settore ha compiuto sforzi significativi per recuperare il distacco passato che, se gli altri paesi industrializzati stessero fermi, potrebbe essere colmato nell'arco di cinque o dieci anni. Ma gli altri paesi si muovono a una velocità maggiore della nostra; la distanza quindi, invece di ridursi, aumenta, almeno in alcuni comparti.

Investimenti, risorse umane, strutture

Il rapporto tra la spesa destinata alla ricerca e l'andamento del PIL, indicatore efficace per valutare il reale potenziale tecnico e scientifico di un paese, ha subito un incremento sensibile e costante passando, dai primi anni settanta al 1992, da un valore intorno allo 0,8% all'1,41%. Nonostante tali progressi la percentuale rimane tuttavia molto inferiore a quella della Germania (2,58%), della Francia

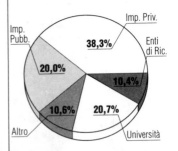

Ripartizione % spese R&S in Italia 1990
settore di esecuzione

Imp. Priv. 38,3%
Imp. Pubb. 20,0%
Enti di Ric. 10,4%
Altro 10,6%
Università 20,7%

Fonte: ISTAT.

(2,62%) e del Regno Unito (2,22%), mentre è superiore a quella della Spagna (0,85%), che sta comunque aumentando a ritmi sostenuti gli investimenti.
Un altro indicatore degli sforzi compiuti dall'Italia per adeguarsi al livello europeo è costituito dal numero dei ricercatori attivi sia nel settore pub-

Rapporto tra spese di R&S e PIL in %
Confronto paesi OECD 1987-1990-1991

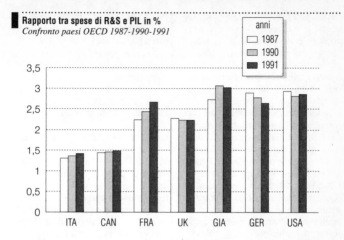

Fonte: OECD 1993.

blico che in quello privato: dal 1967 al 1990 si è passati da 61 000 a 145 000, ricercatori, concentrati per il 67,5% nei rami della pubblica amministrazione.

L'impegno prevalente dello Stato

La ripartizione delle spese tra i diversi enti (Stato, università, imprese e altri enti senza fini di lucro) indica per

Ripartizione % spese R&S per provenienza
Confronto paesi OECD 1991

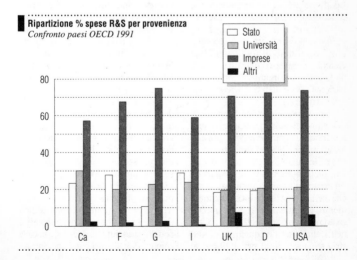

l'Italia una percentuale notevole, seconda solo a quella francese, a carico degli enti statali. Se si considera che in altri paesi come la Francia o gli Stati Uniti la spesa per la ricerca a scopo militare è di gran lunga superiore a quella italiana, il paragone diviene ancora più significativo.

L'amministrazione pubblica nel suo complesso sostiene anzitutto la ricerca universitaria. Esistono poi enti come il Consiglio nazionale delle ricerche (CNR) o l'Ente nazionale per l'energia nucleare e le energie alternative (ENEA) che, oltre a svolgere compiti di controllo, provvedono al finanziamento e alla gestione di programmi finalizzati a obiettivi individuati e perseguiti dal governo.

Per quanto riguarda il ruolo delle imprese private, nonostante l'intenso processo di ristrutturazione compiuto dalla fine degli anni settanta, il loro contributo alla ricerca è stato in realtà limitato. La spesa destinata nei bilanci a questa voce risulta tra le più basse in Europa e mancano grandi interventi mirati di politica industriale.

Lo sforzo dell'industria nel settore è coperto attraverso l'autofinanziamento, l'apporto dell'amministrazione pubblica e, in misura non secondaria, il contributo di fonti estere (per esempio, attraverso contratti derivanti da iniziative e organizzazioni sovranazionali, o stipulati con aziende e società straniere).

Il confronto tra «settore di esecuzione» e provenienza dei finanziamenti mostra che le imprese private, pur utilizzando il 38,3% dei fondi per la ricerca, contribuiscono solo per il 30,8%; la differenza viene colmata da finanziamenti statali. Significativa anche la differenza di localizzazione: mentre gli investimenti della pubblica amministrazione sono per il 55,9% nell'Italia centrale, quelli dell'industria si concentrano per il 79,6% al

Nord. Da osservare infine che le imprese pubbliche, che operano in settori a più elevata intensità d'innovazione, impiegano in proporzione un numero maggiore di ricercatori di quelle private.

Conti con l'estero in rosso

Un parametro importantissimo per valutare lo stato di salute della ricerca è costituito dalla «bilancia tecnologica dei pagamenti», che viene utilizzata anche come indicatore indiretto dei trasferimenti «invisibili» di tecnologia come brevetti, invenzioni, disegni, licenze, marchi di fabbrica, *know-how* e assistenza tecnica. Sotto tale profilo l'Italia è stata negli ultimi trent'anni nettamente deficitaria, praticando largamente l'importazione di tecnologia e mostrando una modesta capacità di esportazione.

La situazione non ha impedito di conseguire tassi di progresso elevati, resi possibili tra l'altro dalle tecnologie di provenienza estera attraverso cui le imprese sono riuscite a ristrutturare rapidamente le loro produzioni. Ma la crescita della produttività è stata soprattutto il frutto di una riorganizzazione spontanea e della diffusione di innovazioni tecnologiche «incrementali», le uniche possibili senza un forte ricorso alla ricerca.

Vi sono infine tecnologie, come quella degli elaboratori elettronici, in cui l'Italia, che ha visto nascere alcuni tra i primi elaboratori gestionali del mondo come l'ELEA dell'Olivetti, sta addirittura seguendo un processo inverso, passando dal livello di produttore al ruolo di mero assemblatore di prodotti progettati e realizzati da altri. Questa grave involuzione coincide con la saturazione dei mercati e con l'accresciuta capacità tecnica e commerciale di quei paesi che, inizial-

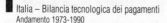

■ Italia – Bilancia tecnologica dei pagamenti
Andamento 1973-1990

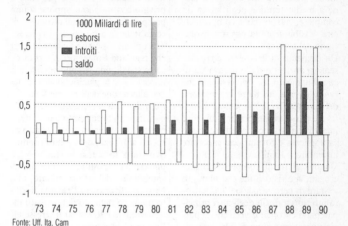

Fonte: Uff. Ita. Cam

mente subfornitori di componenti, sono divenuti concorrenti diretti nella fornitura di sistemi e di servizi.

Tentativi di innovazione

Per recuperare il ritardo sono stati compiuti diversi passi, come l'istituzione del ministero dell'università e della ricerca scientifica e tecnologica e la creazione di sportelli tecnologici presso diversi enti, il cui utilizzo tuttavia è stato per il momento modesto da parte delle aziende. Prospettive interessanti si sono aperte con la nascita di parchi scientifici e tecnologici, progettati allo scopo di offrire un terreno di collaborazione e di scambio tra realtà produttive e ricerca, anche se a tutt'oggi in Italia esistono pochi esempi del genere.
Tecnopolis Novus Ortus a Bari è una struttura attiva ed efficace, a cui lo Stato ha notevolmente contribuito, e che è funzionale alle esigenze del contesto socio-economico in cui opera. L'Area di ricerca di Trieste mostra spiccate connotazioni accademiche e internazionali. Il Polo tecnologico Milano Bicocca è un altro esempio, in cui brilla tuttavia l'assenza del partner pubblico. Tecnocity, nella zona industriale piemontese tra Torino e Ivrea, vede un'elevata concentrazione di aziende meccaniche, elettroniche e aerospaziali sia di grandi che di medie dimensioni.
Infine è da registrare la creazione di «incubatori» nei quali far crescere, con il supporto di una serie di servizi ad alto contenuto tecnologico condivisi e perciò meno onerosi, aziende dalle caratteristiche fortemente innovative.

Motivi di persistente debolezza

Il quadro attuale della ricerca e sviluppo in Italia registra una tendenza positiva di vari indicatori, ma anche la presenza di alcuni ostacoli di fondo di tipo strutturale e pianificazione a medio termine degli sforzi da compiere, che potrebbe compromettere sensibilmente la positiva evoluzione del settore.

Un elemento di debolezza è rappresentato anzitutto dalla mancanza di coordinamento tra i diversi enti che fanno ricerca, anche se la creazione del ministero ha rappresentato un notevole passo avanti per una migliore integrazione tra ricerca di base, ricerca applicata e formazione superiore in ambito pubblico.

Quanto ai fondi complessivamente erogati, si è visto come essi siano, in termini di percentuale del PIL, ancora inferiori a quelli degli altri principali paesi europei. È vero che, a parziale compensazione di tale dato negativo, si può osservare come l'innovazione compiuta da molte aziende di piccole e medie dimensioni non venga calcolata all'interno di questa voce di spesa. Il problema è tuttavia per quanto tempo queste aziende riusciranno a fare innovazione senza un supporto effettivo dello Stato, delle associazioni di categoria e degli enti pubblici preposti alla ricerca.

Burocratizzazione

Un altro fattore di debolezza è rappresentato inoltre dall'estrema burocratizzazione che, lungi dal proteggere da abusi e illegalità, li favorisce e in un certo senso li giustifica come unico mezzo per superare l'enorme numero di sbarramenti che si oppongono al conseguimento degli obiettivi. L'accesso alle risorse esistenti è infatti ancora ostacolato da procedure farraginose, mentre c'è una diffusa mancanza di informazioni sulle possibilità esistenti.

La mancanza di sviluppi originali

Diversi ostacoli a livello pubblico e privato continuano a opporsi a una prospettiva di allineamento della ricerca italiana a quella di altri paesi. Tra i primi si possono citare le leggi che regolano i maggiori centri di ricerca statali, non rispondenti alle esigenze attuali; la pianificazione carente dell'allocazione delle risorse finanziarie, più simili a elargizioni che a finanziamenti mirati; infine il trasferimento tecnologico lento e limitato rispetto ai bisogni del mondo produttivo, data la scarsa interazione tra università e industria. Quanto alle responsabilità del settore privato, alla base del divario tra l'elevato livello tecnologico richiesto dal mercato internazionale e lo scarso interesse all'avvio di produzioni innovative, si possono indicare anche fattori di tipo storico e culturale.

Si è visto come le imprese italiane abbiano fatto largamente ricorso alla ricerca prodotta in altri paesi, sia sotto forma di brevetti e di licenze, sia sotto forma di tecnologia incorporata di beni strumentali acquisiti all'estero. Non si è trattato di un processo di acquisizione passivo: la nostra industria ha dato prova di grande flessibilità e di una notevole capacità di assimilazione. Il limite reale di questa metodologia di acquisizione e di gestione del *know-how* tecnologico risiede tuttavia nella sua caratteristica di «imitazione» e di «inseguimento», poiché mancano sviluppi originali che possano porre le imprese in una posizione di guida e di indipendenza rispetto all'estero. In ciò, come ulteriore elemento di freno, gioca anche la scarsa disponibilità delle aziende italiane a unire le forze in consorzi, per raggiungere dimensioni che consentano loro di effettuare una ricerca realmente produttiva ed efficace.

Sport: verso nuove forme di consumo

Stefano Pivato

In principio era il football. In questi termini favolistici potrebbe cominciare una storia del consumo dello sport in Italia negli anni recenti. Le modificazioni di costume intervenute in quest'ultimo ventennio hanno profondamente modificato attitudini, abitudini e consumi degli italiani nei confronti dello sport.

Un grande potere di suggestione

Osservatorio privilegiato per le modificazioni che intervengono nel mondo dello sport, l'Italia va senz'altro considerata come la massima «consumatrice» di sport al mondo: è l'unica realtà nazionale in cui vengono pubblicati tre quotidiani sportivi, è – secondo un luogo comune – il paese che «ospita il campionato più bello del mondo» (ma, forse, sarebbe più corretto dire il «più caro e il meglio pagato»). Ed è, ancora, una nazione che continua a investire massicciamente nello sport nonostante una crisi economica che non ha risparmiato alcun settore produttivo. Esemplare, al proposito, il fatto che il maggiore quotidiano italiano, «la Repubblica», dopo anni di intellettualistico e snobistico ostracismo nei confronti del fenomeno sportivo abbia deciso, proprio nell'autunno del 1993, di uscire in edicola con un numero del lunedì in gran parte dedicato allo sport.

Lo sport, consumo superfluo, nonostante la crisi economica «tira» ancora. E la sua suggestione sull'italiano medio è ancora talmente alta che uno dei massimi imprenditori italiani ha deciso di candidarsi alla guida del paese utilizzando linguaggi, stili e modi che traggono suggestioni, effetti (e consensi) proprio dal mondo dello sport.

Lo sport si ristruttura

Tutto dunque farebbe supporre che la crisi economica che dal 1992 ha investito i paesi industrializzati abbia lasciato intatto il potere di suggestione e di consumo dello sport.

In realtà, se si accettano le analisi di alcuni fra i più quotati economisti, la crisi che investe l'Italia assieme ai grandi paesi industrializzati è una crisi di ristrutturazione del sistema. Anche di quello sportivo. Che, a onta di allarmismi di maniera, continua a essere un'industria che produce e che, soprattutto, continua a investire in un prodotto per un pubblico che continua a consumare sia pure in maniera diversa che in precedenza.

Frutto del caso il sorprendente risultato senza precedenti delle venti medaglie conquistate alle olimpiadi di Lillehammer? Niente affatto, frutto semmai di sempre più massicci investimenti in sport un tempo considerati «poveri» ma che oggi si rivelano oggetti dei nuovi consumi dell'Italia della crisi. A Calgary (1988) e ad Albertville (1992) Tomba era il simbolo dello yuppismo vincente, dell'Italia consumistica ed edonistica. A Lillehammer i nuovi eroi olimpici dell'Italia vincente sono gli atleti «poveri» di una disciplina faticosa come il fondo che hanno il loro simbolo nel «vecchio» De Zolt che imposta la sua dieta a fiaschi di vino piuttosto che a stereoidi e ad anabolizzanti.

Tuttavia la scoperta del fondo (sport ecologico, che costa poco, e che soprattutto costa fatica) costituisce il punto di arrivo di modifiche che hanno attraversato il costume sportivo almeno a partire dall'inizio degli anni ottanta.

Cambiano i modi del consumo sportivo

A partire da quella data il football perde progressivamente quella posizione monopolistica che deteneva fra le varie discipline sportive. In Italia, in Germania, in Olanda, in Inghilterra e in Italia il pubblico degli stadi calcistici inizia una inesorabile discesa. In Inghilterra, dove negli anni cinquanta la media dei biglietti venduti a fine stagione si aggirava attorno ai 40 milioni, alla metà degli anni ottanta superava di poco i quindici milioni. Analoga la decrescita in Italia dove la media degli spettatori a partita del campionato di serie A è passata dai 38 872 della stagione 1984-85 ai 29 454 del 1988.

Il considerevole calo degli spettatori di uno sport così popolare non è però da considerare solo come un indice di un diminuito interesse del pubblico. Certamente la televisione ha contribuito a disaffezionare le folle domenicali degli stadi. Ma, verosimilmente, la diminuzione del pubblico degli stadi va considerata anche come conseguenza di profonde mutazioni culturali e di costume che hanno modificato il «consumo» dello sport.

Sci e tennis dalle élite alle masse

Prova ne è il fatto che proprio negli anni ottanta – in coincidenza con la diminuzione delle folle calcistiche negli stadi – l'aumento dei praticanti attività sportive è in considerevole ascesa e la percentuale complessiva di persone che praticano lo sport passa dal 15,4% nel 1982 al 22,3% nel 1986.

▌Praticanti attività sportive
Percentuale della popolazione (1982-1986)

	1982	1986
Uomini	21,5	31%
Donne	9,5	14,1
Totale	15,4	22,3

L'aumento dei praticanti le attività sportive va certamente messo in relazione a una vasta gamma di «nuovi sport» che, grazie alle sollecitazioni del mercato dell'abbigliamento e degli articoli sportivi, si trasformano in pratiche di massa. Fra la fine degli anni settanta e l'inizio degli anni ottanta, pratiche come lo sci e il tennis, un tempo elitarie, si sono trasformate in attività di massa trascinate dalle vittorie di Gustavo Thoeni prima e di Alberto Tomba poi e dalle vittorie in Coppa Davis di Adriano Panatta e di Attilio Bertolucci. Sport come il basket o il volley hanno conosciuto negli anni ottanta una popolarità precedentemente sconosciuta. Ma sono anche altre le pratiche che fra la fine degli anni ottanta e l'inizio degli anni novanta contribuiscono a ridistribuire gli interessi sportivi degli italiani. La mania salutista degli anni ottanta, il *phisical fitness* e una nuova cultura del corpo non solo hanno innescato diffusi cambiamenti di attitudine nei confronti dell'attività fisica e sportiva ma hanno altresì stimolato l'attenzione verso la valorizzazione di pratiche fisiche e sportive assolutamente inedite per la tradizione italiana. A cominciare dai cosiddetti sport californiani (dal free-climbing, al wind-surf, al beach-volley), che negli anni ottanta hanno fatto irruzione nella cultura e nella pratica sportiva italiana come simbolo dell'eterno giovanilismo americano, del gusto del rischio e della sfida oltre il limite.

Cultura e consumo della cura del corpo

Salute, bellezza, benessere ed efficienza fisica sono stati – e in parte lo sono tuttora – fra i valori emergenti della società italiana nel corso degli anni ottanta rivelandosi certo come una moda di importazione ma anche come un oggetto di «consumo» che assecondava quelli che, a metà degli anni ottanta, venivano indicati fra i valori emergenti della società italiana.

Quanto per la realtà italiana lo sport e l'attività fisica si siano rivelati non solo una ricerca del benessere fisico ma anche uno stile di vita da esibire è dimostrato anche dalla spesa pro-capite che l'italiano ha investito nel consumo dell'attività sportiva. Nel 1987, per esempio, un'indagine rivelava che l'italiano era il massimo «consumatore di sport».

La spesa per attività sportive in alcuni paesi industrializzati
Dollari USA (1987)

Regno Unito	122	Francia	213
Danimarca	132	Olanda	239
Germania Ov.	211	Italia	293

Una nuova industria per nuovi stili

A poco più di un anno dall'inizio della crisi economica che ha investito i paesi industrializzati, e particolarmente l'Italia, è difficile fare previsioni sulle mutazioni del «consumo di sport» degli italiani. Certo, forse scenderà la spesa pro-capite che alcuni anni fa indicava l'italiano come il massimo consumatore di sport. Probabilmente le medaglie dei fondisti (delle fondiste) dei giochi di Lillehammer (e all'opposto le magre figure di Tomba) faranno scoprire all'italiano il fondo come sport certo meno costoso. Ma il passaggio di testimone dello sport degli anni ottanta a quello degli anni novanta non è solo personificato da due personaggi simbolo come lo «yuppie» Tomba e il «montanaro» De Zolt. C'è da starne certi: così come l'economia italiana sta sperimentando nuove strategie per uscire dalla crisi, anche l'industria dello sport sta apprestando nuove forme, nuovi stili di vita e nuove pratiche per costruire, sulle ceneri dell'edonismo e del consumismo degli anni ottanta, una nuova industria sportiva che già sembra aver scoperto nell'*understatement* il nuovo stile di vita sportiva anni novanta. In definitiva il modello dello sportivo degli anni ottanta, quello con la T-shirt arrotolata che metteva in mostra formosi bicipiti, sembra destinato a estinguersi di fronte all'*understatement* per il quale l'importante non è più apparire ed essere belli, ma stare e vivere meglio.

L'Italia
nel mondo

La politica estera

Copia sbiadita della politica interna

La politica estera

Carlo Maria Santoro **99** La politica estera dell'Italia, soprattutto dal 1945 in poi, non è mai stata un *Sonderweeg* rispetto alla sua politica interna. Ha assunto solo le sembianze di una copia sbiadita e politicamente periferica di quella.

Uscita sconfitta e declassata dalla seconda guerra mondiale, l'Italia si è assicurata uno spazio internazionale modesto all'interno del sistema satellitare dell'Ovest, sotto la protezione degli Stati Uniti. Sicurezza in cambio di sovranità: questo è stato lo slogan dell'Italia durante il mezzo secolo postbellico. Protezione contro obbedienza in un mondo gestito bipolarmente dalle due superpotenze. Di qui l'assenza dell'Italia dai fori internazionali, ovvero la sua presenza formale, puramente di contorno. Di qui la disattenzione della classe politica e dei leader di partito verso le questioni di politica estera che ha caratterizzato il periodo. Di qui il basso profilo dei comportamenti nazionali e la sostanziale inesistenza delle iniziative.

Ultima delle grandi potenze, prima delle piccole

Nondimeno i suoi caratteri originali, quelli che possono definirsi come le principali «costanti» storiche della politica estera italiana, fin dall'unificazione e nonostante la situazione postbellica diversa, rispetto a quelle del periodo liberale o di quello fascista, non si sono affatto modificati.

Anche nel secondo dopoguerra, infatti, come sempre nel passato, il rapporto tra il «rango» dell'Italia e il suo vero «ruolo» nel contesto internazionale, ha continuato a essere ambivalente e non è si mai davvero definito. Per esempio, l'Italia è stata faticosamente accolta nei «summit» dei sette paesi più industrializzati a puro titolo onorifico, ma non ha mai voluto svolgere alcun ruolo specifico all'interno della NATO, di cui è peraltro socio fondatore.

L'imbarazzante condizione di essere considerata come l'«ultima delle grandi potenze» europee e al tempo stesso come «prima delle piccole potenze», oggi come nel 1900, ha sempre prodotto una strutturale doppiezza della politica estera italiana, dalla quale essa non si è tuttora liberata.

La «dispersione degli obiettivi»

D'altronde, anche l'inarrestabile tendenza a stringere alleanze con attori molto più forti di lei, seguendone quindi le sorti, anche al di là dei propri interessi, ovvero abbandonandoli a sorpresa e vergognosamente, non ha subito nel tempo dei veri cambiamenti. Alleata della Francia durante il Risorgimento, poi della Germania con la Triplice, di nuovo con la Francia e l'Inghilterra nella prima guerra mondiale, successivamente ancora la Germania e, nel secondo dopoguerra, con gli Stati Uniti, l'Italia ha stabilito sempre dei legami di tipo asimmetrico che ne hanno vincolato o distorto la condotta internazionale.

Accanto a queste due costanti principali della politica estera ce n'è una terza che si potrebbe definire con la formula della «dispersione degli obiettivi», che si manifesta cioè attraverso l'incoerenza, la molteplicità e l'incertezza delle scelte. È stato questo il comportamento tipico dell'Italia verso l'esterno che si è manifestato in più occasioni e che denuncia l'assenza di un quadro certo e identificato come tale di quelli che sono gli «interessi nazionali». Rivela inoltre una mancanza di fini consapevoli che non siano quelli opportunistici del cercare di cogliere l'occasione al volo, con risultati che spesso si sono rivelati disastrosi.

I condizionamenti geografici e dimensionali

Attribuire però le contraddizioni di linea, ovvero le oscillazioni di giudizio solo alla classe politica, ovvero alle leadership di governo, non sarebbe sufficiente a spiegare questa incoerenza dei comportamenti politici. In effetti, il problema della politica estera italiana è legato a fattori strutturali molto complessi che agiscono nel lungo termine a discapito di quelli di breve periodo. Si tratta anzitutto del fattore geografico, che vincola di per sé l'azione esterna dell'Italia diversi-

ficandone le «vocazioni» politiche per il fatto stesso di essere contemporaneamente un'isola e una penisola. Da una parte collocata al centro del Mediterraneo, con quasi 8000 km di costa, e dall'altra parte con una sezione territoriale decisamente continentale, con la schiena appoggiata alle Alpi e all'Europa centrale. È chiaro che questa doppia condizione, marittima da una parte e terrestre dall'altra, non poteva non influenzare anche la politica estera del paese. In secondo luogo si tratta di fattori dimensionali, dovuti cioè al suo statuto di media potenza, a cavallo quindi fra le ambizioni delle grandi potenze e le velleità o i timori delle piccole potenze. Il ruolo di media potenza è molto complesso e delicato da svolgere. Sempre in bilico fra forza e diplomazia, una media potenza come l'Italia dovrebbe attrezzarsi sia per l'una che per l'altra funzione: in particolare, nel momento in cui la fine del sistema internazionale bipolare costringe gli attori medi e minori a pensare la politica estera sempre meno in termini di alleanze permanenti e asimmetriche, come la NATO o la CEE, e sempre più in termini di autonomia parziale e di iniziative collettive provvisorie, stabilite di volta in volta dalla necessità di rispondere a eventi imprevisti o imprevedibili.

Per fare questo l'Italia sarà costretta a rivedere la propria tradizionale filosofia politica relativamente alla gerarchia esistente fra politica interna, che è stata sempre al primo posto, e politica estera nelle vesti di ancella della prima.

Che cosa c'è dietro l'angolo

Le ipotesi alternative a quella dell'ordine bipolare, di collocarsi cioè all'interno di un quadro normativo e istituzionale di tipo integrativo o federale, così come potrebbero essere quelle delle Nazioni unite e della Comunità europea, non saranno mai in grado di coprire il vuoto lasciato dal crollo del sistema bipolare e dalla fine del sistema di sicurezza speculare Est-ovest. Mancherebbero infatti il perno centrale di funzionamento dell'intero sistema politico che finora era fornito dagli Stati Uniti d'America. Ma la NATO e gli USA in primo luogo non sono più una garanzia inamovibile di sicurezza per l'Europa e per l'Italia in particolare. Il loro ruolo è diminuito. Gli Stati Uniti sono solo l'attore leader di un gruppo di paesi affini, ma senza il potente collante di una minaccia globale, che, volta a volta, potranno coalizzarsi per risolvere singoli problemi, senza automatismi d'intervento o procedure prestabilite, ma che in altri casi potrebbero trovarsi anche su sponde opposte. Ne deriva che l'Italia sarà costretta a riflettere e individuare il suo sistema di interessi nazionali, ridefinire le modalità e le direttrici della politica estera, graduare in una scala di priorità definita, aree e paesi, temi e budget, sia per la politica di sicurezza che per quella di cooperazione.

Sta diventando, infatti, una necessità non più rinviabile quella del riorientamento generale geopolitico delle aree d'interesse primario e secondario del paese, in relazione all'emergenza di nuove occasioni e nuovi rischi, soprattutto di quelli provenienti da Est e da Sud, e sulla base della riorganizzazione funzionale e politica del sistema politico, istituzionale e partitico interno, oggi in fase di radicale trasformazione.

Le ipotesi di modificazione della natura stessa dello Stato, da centralista-regionalista a federale, avranno certo una ricaduta sulle forme della proiezione esterna dell'Italia orientando la classe politica e l'opinione pubblica verso direzioni nuove, sia nel campo delle alleanze possibili come in quello delle regole della sicurezza nazionale.

La politica di alleanze

Nuovi scenari nella NATO e nella CEE

Alessandro Colombo

Dalla seconda guerra mondiale a oggi la politica di alleanze dell'Italia non si è discostata dalla solidarietà con gli altri paesi occidentali che ha permeato tutta la sua politica estera. Le due alleanze multilaterali di cui l'Italia fa parte, la NATO e la CEE, hanno un orizzonte geografico diverso ma mantengono una sostanziale unità d'intenti. È vero che la CEE è nata come istituzione specificamente europea e non comprende tra i suoi membri i due membri non-europei della NATO, gli *Stati Uniti* e il *Canada*. Ma è altrettanto vero che la solidarietà politica tra i paesi dell'Europa occidentale è sempre stata inseparabile dal fatto, sul quale riposava la loro fiducia reciproca, che tutti dipendevano dalla protezione americana. Se i paesi europei sono riusciti a promuovere l'interesse comune è perché essi sono rimasti, durante tutta la guerra fredda, «consumatori di sicurezza».

Che cosa cambia, dunque, con il collasso dell'«Unione Sovietica»? E cominciando dalla NATO: quali sono i punti nevralgici dell'alleanza, e quelli destinati a essere investiti per primi? La prima cosa che balza agli occhi è che la NATO è un'alleanza vecchia, istituita più di quarant'anni fa nel pieno della guerra fredda. Questa origine ha una importanza decisiva anche per il suo futuro. Anche se il legame tra gli alleati viene normalmente nascosto sotto il velo di ragioni diverse, la verità è che le alleanze sono sempre *contro*, e solo in conseguenza di ciò *a favore* di qualcuno o qualcosa. La scomparsa della minaccia sovietica non si limita a modificare l'ambiente nel quale l'alleanza si trova a operare, ma la priva del suo fondamento.

Alla lunga permanenza dell'alleanza si collega anche una seconda importante caratteristica. A differenza delle alleanze tradizionali, la NATO è un'alleanza stabile, non vincolata a un obiettivo definito ma istituita sin dall'inizio per durare a lungo. Non è un caso che essa si stia sforzando di prolungare la propria vita anche dopo la fine della guerra fredda, benché per farlo sia costretta a trasformarsi da alleanza di guerra a custode armato del «nuovo ordine internazionale» e ad ampliare il proprio raggio d'azione anche oltre il continente europeo. La terza e ultima caratteristica da non perdere di vista è il fatto che l'alleanza occidentale è un'alleanza ineguale.

Italia-Usa: un rapporto di garanzia?

Il rapporto tra i paesi europei e gli Stati Uniti non è mai stato un rapporto simmetrico, come quello che governa le alleanze tradizionali. L'Italia e gli altri paesi europei non hanno mai avuto e non hanno neppure

oggi la possibilità di difendere gli Stati Uniti, mentre gli Stati Uniti hanno la possibilità di difendere l'Italia e gli altri paesi europei. Quello che ha stretto l'Italia agli Stati Uniti è stato, essenzialmente, un rapporto di garanzia. Gli Stati Uniti garantivano la sicurezza nazionale dell'Italia in caso di scenari di crisi con l'Unione Sovietica o con qualcuno dei suoi alleati. In cambio, l'Italia (come gli altri paesi europei) riconosceva agli Stati Uniti il monopolio dei due strumenti classici della politica estera: la forza e la diplomazia, l'arsenale nucleare e i negoziati sul controllo degli armamenti. La scomparsa della minaccia sovietica rimette in discussione questa delega di sicurezza. La politica di alleanze dell'Italia si trova alle prese con lo stesso problema che affligge la sua politica estera. Da un lato, l'alleanza occidentale si è rivelata uno strumento efficiente come pochi altri per garantire la sicurezza nazionale nel corso della guerra fredda. Dall'altro lato, la scomparsa del nemico mette definitivamente allo scoperto il fatto che l'alleanza è sempre stata molto efficiente contro la minaccia sovietica, mentre lo è meno in tutte le altre direzioni. La finalizzazione pressoché esclusiva dell'alleanza alla competizione est/ovest ha sempre lasciato dei «vuoti» di insicurezza ai livelli inferiori. Ma mentre, in passato, la paura dell'Unione Sovietica era più forte di qualunque altra preoccupazione, oggi che l'esercito sovietico ha smesso di essere la preoccupazione principale dell'Italia è facile rendersi conto che la garanzia americana non è sempre lo strumento migliore per le altre. La paralisi della NATO di fronte alla guerra nei Balcani ha già dimostrato che non è più sempre possibile concordare una politica comune con gli alleati europei e con l'alleato americano, perché le preoccupazioni e gli interessi di ciascuno non coincidono più necessariamente con quelle degli altri.

La profonda trasformazione del sistema internazionale e dei sottosistemi regionali che lo compongono, con le conseguenze che si possono immaginare in termini di crisi regionali, conflitti etnici e processi migratori, espongono il nostro paese a minacce di tipo completamente diverso da quella per la quale venne istituita l'alleanza. Come ogni alleanza vittoriosa, anche questa porta con sé i segni della guerra che ha vinto e prima di tutto il modo come si è organizzata per vincerla. Il dilemma che si trova di fronte è che, nata come alleanza bipolare, essa conserva la struttura e soprattutto la stabilità dell'alleanza bipolare, mentre il contesto internazionale più complicato in cui si troverà a operare sarà sempre più favorevole a coalizioni di breve durata, con scopi limitati, che consentano di coalizzarsi con certi paesi su certe questioni e con altri su questioni diverse.

Non molto dissimili, malgrado le apparenze, sono le conseguenze della fine della guerra fredda sulla Comunità economica europea. Malgrado gli ingenui ottimismi suscitati al trattato di Maastricht, non c'è voluto molto tempo per capire quanto si illudesse chi, fino all'inizio del 1990, pensava di potere far procedere parallelamente l'unificazione tedesca e quella europea. In realtà, l'unificazione della Germania e la scomparsa della minaccia sovietica hanno spazzato via contemporaneamente due dei presupposti impliciti dell'integrazione europea. È vero che la Germania ha ancora bisogno dell'Europa e l'Europa ha ancora bisogno della Germania, ma la ripresa sotterranea della competizione tra i paesi europei alimenta timori e diffidenze reciproche. Fino al 1989, il fatto che qualcuno potesse guadagnare di più di qualcun altro contava meno del fatto che tutti, in un modo o nell'altro, guadagnavano qualcosa. In futuro, invece, i membri della Comunità non potranno accontentarsi di guadagnare qualcosa, perché dovranno tenere sempre più conto della differenza tra quello che ottengono loro e quello che ottengono gli altri. Il rischio è quello di un corto circuito tra integrazione economica e integrazione politica. Dal momento che, giunta a un certo punto, la prima non può fare a meno della seconda, le diffidenze e gli ostacoli che potranno sorgere sul terreno politico minacciano di mettere in crisi anche l'integrazione economica.

BIBLIOGRAFIA

G. F. Liska, *Nations in Alliance. The Limits of Interdependence*, Johns Mopkins University Press, Baltimore 1962.

D. P. Calleo, *Beyond American Hegemony. The Future of the Western Alliance*, Basic Books, New York 1987.

C. M. Santoro, *La politica estera di una media potenza. L'Italia dall'Unità ad oggi*, Il Mulino, Bologna 1991.

Le operazioni di tutela della pace

Giuseppe Barravecchia

In missione per conto dell'ONU

La fine della guerra fredda ha rinvigorito l'impegno italiano nell'ambito delle operazioni di tutela della pace, in cui rientrano le missioni dette di peace-keeping, dirette al suo mantenimento, e quelle dette di peace-enforcing, che ne prevedono invece il ripristino, in entrambi i casi attraverso un impiego della forza militare legittimato dal diritto internazionale. Basti pensare che a partire dal 1990 le forze armate italiane sono intervenute in quattordici paesi impegnando oltre 11 400 militari, più di quanti ne siano stati assegnati in tutte le missioni all'estero dei precedenti quarant'anni. La storia della partecipazione italiana alle operazioni di tutela della pace cominciò infatti già nel 1948, con l'invio di un gruppo di osservatori a Gerusalemme, collezionando fino a oggi 64 interventi in tutto il mondo. Questa cifra non deve comunque ingannare: prima degli anni novanta soltanto in due casi, in Somalia nel 1950 e in Libano nel 1982, si sono svolte operazioni pluriarma con un consistente impiego di risorse.

L'anzianità del suo impegno internazionale ha comunque distinto l'Italia dalle altre due ex potenze sconfitte nella seconda guerra mondiale: la Germania e il Giappone, uscite dal conflitto con forti inibizioni nazionali sull'impiego all'estero delle proprie forze armate. Per quei paesi queste inibizioni si sono espresse nell'interpretazione restrittiva delle rispettive costituzioni e solo di recente hanno lasciato il passo a un primo intervento, in Somalia e in Cambogia, sotto la bandiera dell'ONU. Teoricamente anche in Italia l'opposizione avrebbe potuto appellarsi all'ambiguità dell'art. 11 della Costituzione per cavillare sul legittimo impiego delle forze armate in missioni fuori del territorio nazionale, sia pure per la tutela della pace. In realtà si può affermare che, a partire dalla seconda metà degli anni settanta, almeno il PCI abbia mascherato dietro aspre critiche il proprio sostanziale consenso agli interventi militari italiani all'estero, rendendo così possibili operazioni che richiedevano un sostegno che i soli partiti di governo non avrebbero potuto fornire e ottenendo in cambio una maggiore influenza nella politica estera del paese. Non si possono però nemmeno trascurare i sotterfugi tecnici e terminologici dietro a cui è stata mascherata ogni missione: dalla colorazione di bianco dei mezzi inviati in Libano nel 1982, per far apparire le nostre truppe sotto l'egida delle Nazioni unite quando in realtà l'operazione era gestita da un insieme di paesi occidentali, all'intervento nel Golfo del 1991, definito come un'operazione di polizia internazionale condotta da forze dell'ONU, mentre si trattava di una vera e propria guerra combattuta da forze che operavano

Operazioni di tutela della pace e umanitarie svolte dalle forze armate italiane
dal 1990 a oggi

Nome	Scopo	Luogo	Inizio - Fine	Risorse impiegate
Locusta	Difesa dell'Arabia Saudita e liberazione del Kuwait	Golfo Persico	Agosto 1990 - agosto 1991	3400 uomini, 16 navi, 10 aerei da combattimento (1 caduto)
Unikom	Controllo della tregua fra Iraq e Kuwait	Confine fra Iraq e Kuwait	Aprile 1991 - in corso	7 osservatori
Unscom	Controllo del disarmo iracheno	Iraq	1991 - in corso	2 osservatori
Minurso	Controllo del referendum sull'autodeterminazione	Sahara occidentale	Luglio 1991 - in corso	6 osservatori
Onusal	Controllo della tregua	Salvador	Luglio 1991 - in corso	10 carabinieri
Untac	Amministrazione fiduciaria e controllo delle elezioni	Cambogia	Marzo 1992 - settembre 1993	75 carabinieri
Airone 1 e 2	Assistenza umanitaria alla popolazione curda	Confine fra Turchia e Iraq	Maggio 1991 - ottobre 1991	1900 uomini, 8 elicotteri e 3 aerei da trasporto
Ippocampo	Rimpatrio di connazionali	Somalia ed Etiopia	Gennaio 1991	60 uomini, 4 aerei da trasporto, una nave

per conto dell'ONU, e quindi fuori del suo controllo operativo.

Carenza di risorse e nuovi modelli di difesa

In effetti il vero ostacolo alla partecipazione italiana alle operazioni di tutela della pace è stata la carenza delle risorse necessarie per affrontare queste eventualità. Fino agli anni novanta le missioni militari all'estero sono state infatti pregiudicate dal carattere prevalentemente statico della nostra strategia difensiva, che concentrata sulla minaccia di un'aggressione del Patto di Varsavia ha trascurato lo sviluppo di un'adeguata componente di trasporto aerea e marittima sulle lunghe distanze.

Tuttavia, i problemi di trasporto e logistici evidenziati in particolare dalle missioni in Libano del 1982 hanno avuto il merito di rimettere in discussione i compiti e i relativi materiali delle forze armate. Il Libro bianco del 1985, iniziando un processo di revisione che prosegue tuttora con l'emissione a cadenza quasi annuale di nuovi modelli di difesa, sancì infatti per la prima volta esplicitamente l'asse-

Nome	Scopo	Luogo	Inizio - Fine	Risorse impiegate
Pellicano/ Ippogrifo	Distribuzione di generi di prima necessità	Albania	Settembre 1991 - novembre 1993	900 uomini, 3 elicotteri, 5 navi
Missione di monitorag-gio CEE	Controllo del cessate il fuoco e inter-vento umanitario	Croazia	Ottobre 1991 - in corso	77 uomini, elicotteri, aerei da trasporto (8 caduti)
Speranza	Distribuzione di generi di prima necessità	Russia	Febbraio 1992 - aprile 1992	Aerei da trasporto
Sharp Fence	Applicazione del-l'embargo verso Serbia e Montenegro	Adriatico	Giugno 1992 - in corso	2 navi
Ibis	Distribuzione di generi di prima necessità, disarmo della guerriglia	Somalia	Dicembre 1992 - in corso	3700 uomini, 27 elicotteri, 2 aerei da trasporto, 4 navi
Albatros	Controllo del ces-sate il fuoco	Mozambico	Marzo 1993 - in corso	1300 uomini, 8 elicotteri, 2 aerei

gnazione alle nostre forze armate di compiti di intervento all'esterno del territorio dell'Alleanza atlantica. Si trattava in quel caso della 5ª Missione operativa, quella degli «Interventi di sicurezza», che aveva il suo principale strumento di applicazione nella Forza di intervento rapido, l'attuale FIR. Costituita da elementi delle tre armi e caratterizzata da un'alto stato di prontezza e da un'elevata mobilità strategica, la FIR ha rappresentato l'embrione materiale e dottrinale dei contingenti inviati di recente in Somalia, Mozambico e nel Curdistan. Ma se il livello di forze inviato dal-l'Italia in questi paesi è stato tale da chiudere il capitolo della sua partecipazione poco più che simbolica alle missioni di tutela della pace, si è aperto quello ben più serio dei pregiudizi che l'assolvimento di questi impegni, prevedibilmente in aumento piuttosto che in diminuzione, può arrecare al-l'efficienza delle forze armate. Esse infatti hanno una lista già lunga di compiti interni, che vanno dalla lotta alla criminalità agli interventi nel-l'ambito della protezione civile, alla cui esecuzione vanno aggiunti tagli al bilancio e al personale. Tutto questo si riflette negativamente sull'addestramento e sulla disponibilità in caso di emergenza di mezzi ed equipaggiamenti. Altre critiche possono essere mosse alla validità di certe missioni, frutto più dell'improvvisazione che della programmazione. Gli ambienti operativi si presentano infatti sempre più frequentemente del tipo a bassa intensità, come in Cambogia, nella ex Iugoslavia o in Somalia, dove predominano le tattiche di guerriglia e dove la presenza di una pluralità di attori ostacola il raggiungimento di una soluzione negoziale.

L'Italia ha avuto una dimostrazione dei danni che questi problemi possono infliggere con le perdite umane e la crisi dei rapporti con gli USA che hanno sconvolto la missione in Somalia. Ma questi episodi non hanno cancellato la determinazione dell'opinione pubblica e del governo sul mantenimento dell'operazione. Nel prossimo futuro vedremo se questa reazione è stata soltanto un evento anomalo, in un paese normalmente indifferente alle proprie forze armate, o se si rivelerà come la prova di una maggiore disponibilità nell'accettare le responsabilità internazionali dell'Italia con tutti i rischi connessi.

L'Italia, l'Europa, il Mediterraneo

L'Italia, l'Europa, il Mediterraneo
Paul Ginsborg

Europa difficile per l'Italia
Gianfranco Pasquino

Agricoltura italiana e CEE
Roberto Fanfani

BIBLIOGRAFIA

W. Coraluzzo, *L'Italia del Golfo. Cronache di un intervento contrastato*, in «Relazioni Internazionali», n. 19, settembre 1992, pp. 78-86.

G. Cucchi, *Gli interessi vitali che l'Italia protegge*, in «Relazioni internazionali», n. 22, giugno 1993, pp. 66-70.

E. Magnani (a. c. di), *Oltremare. Le missioni dell'esercito italiano all'estero*, Stato maggiore esercito, Roma 1993.

C. M. Santoro (a c. di), *L'elmo di Scipio. Studi sul modello di difesa italiano*, Il Mulino, Bologna 1992.

L'Italia, l'Europa, il Mediterraneo

Paul Ginsborg

> 99 Alberto Arbasino (la «Repubblica», 25 marzo 1994) ha individuato sotto la superficie moderna della campagna elettorale televisiva italiana delle «costanti, innate e profonde», del tutto negative che derivano da «una congenita attrazione mediterranea per tutto ciò che può risultare asociale e distruttivo,... trasgressivo e disgregatore, casinaro e lazzarone».

Non è certo facile accettare una tale visione catastrofica della *mediterraneità*. Dietro l'iperbole giornalistica, però, si nascondono delle domande importanti che concernono sia il passato che il presente dell'Italia: fino a che punto il paese condivida una cultura mediterranea che lo inceppa e gli impedisce di migliorare la qualità della sua democrazia, del rapporto tra Stato e cittadini, del suo limitato «senso civico»? E fino a che punto questa cultura rende difficili i suoi rapporti con l'Europa?

Prima di affrontare questi temi delicati, è opportuno fare delle importanti distinzioni. La prima riguarda il Mediterraneo. Da quando nel suo fondamentale lavoro sul Mediterraneo ai tempi di Filippo II, Fernand Braudel insisteva sulla «unità e coerenza della regione mediterranea» ed esprimeva la convinzione che «l'intero mare partecipa di un destino comune» (1974), molti sono stati tentati a seguire le sue orme e a cercare una cultura unificatrice laddove in realtà essa non esiste. Nel Novecento la regione è stata caratterizzata da profondissime *diversità* religiose, politiche, demografiche ed economiche: che cos'ha in comune Beirut con Barcellona e Torino con Tunisi? O lo straordinario incremento demografico dell'Algeria con l'altrettanto straordinario declino della popolazione italiana? A livello antropologico, John Davis ci ha ammonito di non cercare di individuare i denominatori comuni del Mediterraneo: «I giuramenti collettivi in Marocco e Albania; le torri in Italia e nei Balcani; forse il comparaggio; forse il senso dell'onore: l'elenco è breve, e nessuna istituzione è universalmente diffusa nel Mediterraneo né esclusiva di esso».

La seconda distinzione interessa proprio l'Italia. Come Carlo Maria Santoro puntualizza nel suo articolo *La politica estera*, l'Italia ha una doppia identità geografica. Da un lato si colloca al centro del Mediterraneo, una stretta striscia di terra che divide i due bacini molto diversi del grande mare; dall'altro, è indissolubilmente legata, attraverso la pianura padana e la catena delle Alpi, all'Europa centrale e settentrionale. C'è sempre stata la tentazione di risolvere il problema di questo paese bifronte separando i suoi due aspetti: una cultura politica «mediterranea» per il Mezzogiorno; e un'altra, «nordica», per il Centro e il Nord. Una divisione che, come avverte giustamente Piero Bevilacqua, non sta in piedi: non solo per la complessità e diversità del Sud (e, quanto a questo, anche del Nord), ma perché i 130 anni di storia unitaria, pur con la sua «nazionalizzazione» debole, hanno comunque prodotto più di un elemento di cultura unificata.

Un Mediterraneo con tutte le sue diversità e un'Italia che non è solo mediterranea: questi sono i fatti della storia con i quali ci si deve confrontare prima di passare a generalizzazioni di qualsiasi tipo. Soltanto allora, e con la dovuta cautela, potremo passare alle somiglianze. Se fissiamo l'attenzione su Spagna, Italia e Grecia, i tre principali paesi mediterranei della Comunità europea (al Portogallo è stato spesso tributato, ma impropriamente, lo status di paese mediterraneo), incomincia a delinearsi un mosaico di identità e culture politiche comuni. Ma è *solo* un mosaico, giacché persino in questo campo ristretto ci imbattiamo in differenze profonde: la Grecia, paese balcanico e di religione ortodossa; la Spagna iberica e cattolica, e con un passato imperiale; e l'Italia, con il suo cumulo di identità multiple. Ciò nonostante, troviamo anche delle somiglianze considerevoli. Il desiderio, così diffuso tra storici e commentatori politici italiani, che l'Italia segua il modello dei paesi dell'Europa settentrionale (Francia e Inghilterra in primo luogo), il più delle volte ha impedito loro di riconoscere la cultura comune a tutto il Sud dell'Europa.

Il peso del fallimento della rivoluzione borghese

L'individuazione di questo terreno comune parte da traiettorie storiche. Seguendo l'orientamento del sociologo catalano Salvador Giner, nella storia degli ultimi duecento anni di tutti e tre questi paesi è possibile enucleare quattro fasi. La prima, e la più importante, è quella che può essere definita l'età della rivoluzione borghese parziale o incompleta (dalla fine del Settecento al 1870); la seconda, che precede la prima guerra mondiale è caratterizzata dagli sforzi, per lo più falliti, da parte dei principali statisti liberali – Cánovas in Spagna, Giolitti in Italia, Venizélos in Grecia – di allargare le basi sociali dello Stato. La terza è l'epoca tragica delle dittature e delle guerre civili: in Spagna quasi ininterrottamente dal 1923 al 1975; in Italia dal 1922 al 1945; in Grecia dal 1936 al 1949 e ancora, con il regime dei colonnelli, dal 1967 al 1974. La quarta fase è quella della democrazia stabile e dell'appartenenza alla Comunità euopea. Quest'ultima fase è più solidamente radicata e duratura in Italia, che fonda la sua Repubblica nel 1946 e partecipa direttamente alla costituzione del Mercato comune nel 1957, mentre in Spagna la democrazia si costituisce solo molto più tardi, nel 1975, e poi nel 1985 con l'adesione alla CEE. In Grecia la democrazia trionfa dopo la caduta dei colonnelli (1974) e con l'ingresso nella CEE nel 1981. Queste somiglianze, attraverso duecento anni e quattro fasi, sono sconcertanti. Non ci sono altri paesi sia in area mediterranea sia in Europa (con la possibile eccezione del Portogallo), che possano vantare una tale comunanza di retroterra storico.

In questo contesto, non è possibile fermarsi su ciascuna delle quattro fasi, ma qualcosa si deve dire sulla prima (l'età della rivoluzione borghese parziale o incompleta) a ragione del ruolo centrale che essa ha avuto nella formazione di una cultura politica comune. I fallimenti ottocenteschi hanno pesato gravemente sulla storia di tutti questi stati, che hanno dovuto faticare molto nel corso del Novecento per recuperare il terreno perduto. In questa sede dobbiamo limitarci solo a un rapido elenco degli elementi costitutivi di tale patrimonio negativo (senza mai dimenticare che raramente in tutti e tre i paesi si sono verificate tendenze identiche): l'assenza di una borghesia matura, di quella «preponderanza di numero e d'influenza della classe media» osservata da Leopoldo Franchetti in Sicilia nel 1877 ma riscontrabile in quasi tutta l'Europa meridionale e che impediva «quella trasformazione dei costumi e del diritto» tanto necessaria a uno Stato moderno; la mancata soluzione, soprattutto in Italia e Spagna, della questione agraria, che aveva abbandonato milioni di famiglie contadine alla miseria più nera e al ribellismo endemico; l'incompleto controllo sul territorio nazionale (in particolare nelle regioni dell'Italia meridionale e della Spagna settentrionale); le enormi carenze della pubblica amministrazione, soprattutto in Grecia e in Italia; l'incapacità dei governi a imporsi sugli altri maggiori centri di potere, in particolare la monarchia e l'esercito in Grecia e in Spagna; la preponderante egemonia ideologica e la forte tendenza a interferire a livello politico, delle chiese conservatrici; e infine la mancata integrazione delle classi subalterne nello Stato nazionale, che avrebbe dovuto garantire loro i diritti civili e politici. Tutto ciò, per usare una terminologia gramsciana che sembra non aver perso la propria pertinenza, finiva con

l'assicurare il trionfo del *dominio* sulla *direzione*, della sudditanza sulla cittadinanza.

È da queste basi storiche che si possono far derivare gli elementi di una comune cultura politica sudeuropea e mediterranea, che sarebbe meglio definire come una fenomenologia di particolarismi. In questi paesi lo Stato moderno non ha potuto, o voluto, esercitare una funzione di tipo pedagogico nei confronti della società nel suo insieme; la pubblica amministrazione non è stata governata da norme e procedure eque e trasparenti: non esiste una tradizione di rapporti di reciproco rispetto fra i cittadini e lo Stato. Al contrario, sono stati riformulati in contesto moderno alcuni elementi dei rapporti pre-moderni.

Clientelismo e familismo

Il campo in cui tale continuità spicca con maggiore risalto è quello dei rapporti patrono-cliente. Alberto De Bernardi ha descritto lo sviluppo storico di questi processi in Italia nel suo saggio sul clientelismo (cfr. «Sedimentazioni», *Clientelismo*). I partiti di governo nell'Italia repubblicana hanno modificato profondamente la forma, ma non la sostanza, del clientelismo dei vecchi notabili, creando una complicata gerarchia di mediazioni fra il centro e la periferia, dove la fedeltà politica è scambiata con posti di lavoro, favori, pensioni ecc. È il sistema del clientelismo di Stato in cui molte, se non tutte, le risorse dei poteri centrali e locali vengono usate in maniera discrezionale dai partiti al potere.

In Italia, queste pratiche sono ben note e sono state già più volte denunciate, mentre sono ancora da esaminare sistematicamente i loro numerosi punti di contatto con la vita politica in Grecia e Spagna. Alla fine dell'Ottocento, l'attività dei *caciques* nel governo locale spagnolo aveva molto in comune con quella dei notabili italiani. Un secolo dopo troviamo notevolissime somiglianze fra le pratiche clientelari dei tre principali partiti socialisti dell'Europa meridionale: lo PSOE in Spagna, il PSI in Italia e il PASOK in Grecia. Qui gli elementi comuni non sono soltanto gli scandali e la corruzione che hanno afflitto tutti e tre i partiti e che sono stati sottoposti a indagine giudiziaria soprattutto in Italia, dove la magistratura gode di maggiore autonomia e ha agito con maggiore coraggio. Sono anche l'«occupazione» dello Stato da parte dei partiti socialisti al potere, che hanno distribuito sistematicamente protezioni statali seguendo elaborate linee gerarchiche. In Grecia, dove il PASOK è stato al governo dal 1981 al 1989, e di nuovo dal 1993, il sistema politico è stato definito un «party state» (Featherstone), e si calcola che negli anni ottanta l'89% dei membri attivi del partito erano dipendenti e funzionari pubblici.

Se il clientelismo è uno degli aspetti più diffusi della cultura politica dei paesi mediterranei dell'Europa, un altro è il familismo. Nel mio saggio sul familismo italiano (cfr. «Sedimentazioni», *Familismo*) ho avuto occasione di definirlo «un rapporto fra famiglia, società civile e Stato, in cui i valori e gli interessi della famiglia sono contrapposti a quelli degli altri momenti principali dell'associazionismo umano». Il familismo non è mai stato una costante in Italia, dove ha subito grandi variazioni nel tempo e nello spazio. Tuttavia, ci sono molti aspetti di tale atteggiamento che lo collegano alle analoghe manifestazioni dei vicini paesi sudeuropei. La peculiare combinazione italiana di legami familiari molto forti, so-

cietà civile relativamente debole e Stato privo di credibilità ha un suono ben noto all'orecchio dei greci. Come ha scritto Du Boulay a proposito degli isolani dell'Eubea, è solo la famiglia «che definisce categoricamente tutti i diritti e gli obblighi degli abitanti del villaggio, che richiede la loro assoluta lealtà e che fornisce loro un aiuto incondizionato; è solo l'identificazione con tale gruppo che li rende capaci di acquisire una propria individualità e di esprimere il proprio autentico potenziale». Il caso spagnolo presenta più di un elemento di diversità, ma il rapido processo di urbanizzazione e di modernizzazione, unito alla coesione tipica delle famiglie spagnole, hanno reso molto simili le esperienze della Spagna e dell'Italia contemporanea.

Chiese e sfiducia

Il problema delle influenze religiose su questa cultura politica è affascinante ma difficile da definire in poco spazio. In tale campo, ovviamente, sono le cattoliche Italia e Spagna ad avere molti punti in comune, mentre la Grecia ortodossa se ne discosta in modo significativo. Tuttavia, gli Eurobarometer (i sondaggi condotti dalla CEE) mettono in rilievo che i paesi mediterranei della Comunità sono, insieme con l'Irlanda, i soli a considerare tuttora il fattore religioso, tra gli elementi più importanti di una scelta politica. Dell'influenza della Chiesa cattolica sulla formazione del familismo si è già trattato sopra. Per quanto attiene al clientelismo, non sembri fuori luogo ricordare che nel cattolicesimo, ben più che nel protestantesimo, c'è sempre stata una mediazione fra l'uomo e Dio. La figura della Madonna è centrale a questo riguardo, come lo sono i molti santi locali che esercitano il loro potere, si crede, a beneficio esclusivo di certi gruppi, paesi o città. I patroni celesti e i clienti di questo mondo continuano a prosperare con incredibile vigore in tutte le chiese dell'Europa mediterranea.

Infine una parola va detta a proposito della fiducia. Un sondaggio Eurobarometer del giugno 1986 ha chiesto alle popolazioni della CEE quali fossero le nazioni nelle quali avevano più o meno fiducia. Tali inchieste ovviamente vanno sempre prese con molta cautela, ma sono emersi alcuni dati sbalorditivi, se non sui fatti, almeno sugli atteggiamenti. Non solo i nordeuropei non avevano fiducia nei sudeuropei, ma questi ultimi non avevano fiducia neppure gli uni negli altri. Peggio ancora, questa mancanza di fiducia era più rilevante all'interno di ciascun paese sudeuropeo (per esempio, i greci non si fidavano dei greci) che non nei paesi settentrionali. Mentre solo il 10% dei tedeschi consideravano i connazionali «non molto affidabili» o «per nulla affidabili», lo stesso atteggiamento di sfiducia verso i connazionali era nutrito dal 16% di spagnoli, dal 25% dei greci e da un clamoroso 35% di italiani (percentuale che aumentava al 45% fra italiani del Mezzogiorno continentale e delle isole).

L'Italia: fanalino di coda della Comunità europea?

In conclusione: ci sono buone ragioni per affermare, con la dovuta cautela, che in Italia sussistono gli elementi di una cultura politica comune col resto dell'Europa mediterranea, e che tali elementi, per rispondere alla domanda posta all'inizio di questo articolo, agiscono come un intralcio alla democrazia, ai rapporti fra

Stato e cittadini, allo sviluppo di una coscienza civica. Stabilito questo, rimane il compito di valutare in quale misura tale cultura influenzi i rapporti dell'Italia con l'Europa nel suo complesso. La risposta, sia pure ovviamente provvisoria, è alquanto sorprendente se non inquietante. Ci si sarebbe potuto aspettare che l'Italia, data la maggiore longevità della sua democrazia e la sua lunga appartenenza alla CEE, avrebbe manifestato, all'interno della Comunità, doti di abile statista meridionale: la capacità di rispettare le norme comunitarie, di svolgere un ruolo trainante in sede decisionale, di utilizzare al meglio i fondi erogati dalla CEE. La verità è invece proprio l'opposto. Come dimostra Gianfranco Pasquino nel suo contributo a questa sezione, l'Italia sembra aver acquisito fin dall'inizio della sua appartenenza alla CEE abitudini di passività e assenteismo. I suoi vicini dell'Europa mediterranea, per quanto siano arrivati dopo di lei (o forse proprio per questo), negli ultimi anni hanno spesso dimostrato ben altre energia e impegno. L'Italia detiene un ignominioso primo posto per un numero di truffe perpetrate a danno della Comunità, e resta il paese, come ha scritto recentemente Marco Giuliani, meno in grado di spendere i fondi che le vengono assegnati sia al livello strutturale, sia al livello dei Programmi integrati mediterranei (PIM fondi assegnati agli agricoltori per compensare gli altri paesi mediterranei per l'entrata della Spagna e del Portogallo nel 1985). Un esempio fra i tanti. Nel biennio 1987-89, la Grecia ha utilizzato l'82% dei suoi fondi PIM, la Francia il 73%, l'Italia il 40%: i fondi non utilizzati vengono ripartiti tra gli altri paesi. L'Italia inoltre è rimasta del tutto indietro nell'istituzione di una rappresentanza regionale a Bruxelles, un campo nel quale si è invece distinta per prontezza la Spagna.

L'immagine che emerge da tutto ciò è cupa. Ci sono piuttosto tratti della cultura mediterranea che gravano come un pesante fardello sulle spalle dell'Italia come su quelle dei suoi vicini, ma quando si passa a esaminare il rapporto che questi paesi hanno con la CEE, si scopre che l'Italia, per motivi politici e amministrativi di lunga durata, presenta una specificità negativa che è esclusivamente sua.

─────── **BIBLIOGRAFIA** ───────

S. Giner, *Political Economy, Legitimation and the State in Southern Europe*, in *Uneven Development in Southern Europe*, a c. di R. Hudson e J. Lewis, London 1985.

K. Featherstone, *The «Party-State» in Greece and the Fall of Papandreu*, in «Western European Politics», vol. 13 (1990), n. 1.

M. Giuliani, *Il processo decisionale italiano e le politiche comunitarie*, in «Polis», anno III, 1992, n. 2.

Un cammino lento e contraddittorio

Europa difficile per l'Italia

Gianfranco Pasquino

Punto di riferimento ideale degli spiriti liberi e progressisti italiani fin dalle lotte risorgimentali, l'Europa diventa concretamente oggetto di azione politica a partire dal 1941. È il Manifesto di Ventotene stilato dagli antifascisti Altiero Spinelli e Ernesto Rossi, allora insieme al confino nell'isola omonima, a fissare la necessità storica ineludibile degli Stati Uniti d'Europa. Tornata l'Italia alla democrazia, saranno Alcide De Gasperi e Ugo La Malfa a realizzare le prime tappe del tragitto italiano verso l'Europa. Alla ricerca di legittimazione politica per l'Italia repubblicana e per la sua nuova classe dirigente, il presidente del consiglio De Gasperi è fra i promotori, con il cancelliere tedesco Konrad Adenauer e con il ministro degli esteri francese Robert Schumann, della Comunità europea del carbone e dell'acciaio (CECA) nel 1951. Dal canto suo, il ministro per il commercio estero Ugo La Malfa promuove nello stesso anno la liberalizzazione degli scambi economici

per l'inserimento delle imprese italiane nel mercato europeo affinché la concorrenzialità produca l'ammodernamento del sistema industriale italiano. Così attrezzata, l'Italia continuerà senza interruzioni nel suo cammino europeo: dalla firma nel 1957 del trattato di Roma, istitutivo della Comunità economica europa, all'edesione al Sistema monetario europeo nel 1978, dalla promozione dell'Atto unico nel 1985, per un potenziamento delle istituzioni europee, alla firma nel 1991 del trattato di Maastricht, prodromo di una completa integrazione monetaria e economica, ma non politica.

Europeisti a parole

I governanti italiani sono europeisti sostanzialmente passivi. Il loro sostegno verbale, spesso ripetitivo e retorico, al processo di unificazione politica non è quasi mai seguito né da un impegno concreto né dalla ricerca di un reale consenso dell'opinione pubblica informata. Cosicché i governanti italiani si accontentano di stare dentro il processo di unificazione europea senza una vera iniziativa. Il maggiore europeista italiano, Altiero Spinelli (1907-1986), occupò per decenni un ruolo del tutto marginale nella politica nazionale. Nominato commissario all'industria nel 1970, Spinelli restò membro della Commissione europea fino al 1976. La centralità politica del suo ruolo verrà riconosciuta soltanto grazie alla svolta europeistica compiuta dal Partito comunista alla metà degli anni settanta. Il PCI lo fece eleggere al parlamento europeo come indipendente nelle sue liste nel 1979 e lo riconfermò nel 1984. Il punto più alto dell'iniziativa europeista di Spinelli è stato raggiunto con la ridefinizione dei poteri del parlamento europeo, della Commissione, degli stati-membri che ha portato all'approvazione il 14 febbraio 1984 da parte del parlamento europeo del progetto di trattato per l'Unione europea. Fortemente diluito dall'Atto unico firmato a Milano l'anno successivo, il senso del progetto di trattato (che pone la politica al primo posto nella costruzione di un'Europa federale, quindi con la formazione di un governo europeo) è andato quasi del tutto perduto con il trattato di Maastricht. Firmato il 7 febbraio 1992, e poi ratificato con parecchie riserve dai dodici paesi membri, questo trattato ha messo l'economia e la moneta al primo posto, con risultati che sono presto apparsi difficili da conseguire e non produttivi di unificazione politica. I governanti italiani non hanno mai fatto mancare il loro voto nei passaggi più importanti del processo di unificazione europea, compresa una rapida e completa approvazione del trattato di Maastricht. Per esempio, il parlamento italiano chiamò nel giugno 1989 i cittadini italiani a votare per un referendum che impegnava l'Italia a richiedere, e conferire, poteri costituenti per il parlamento europeo. Fu una sorta di plebiscito con una percentuale di sì ben superiore al 90 per cento, ma non ne scaturì nessuna iniziativa incisiva.

D'altronde, l'Italia è spesso il paese maggiormente inadempiente quando si passa al recepimento e all'attuazione delle direttive della Commissione europea. Questi ritardi sono il prodotto congiunto dell'inefficienza del sistema politico-amministrativo, che non riesce a produrre decisioni rapide, e della sua permeabilità alle pressioni dei gruppi d'interesse e delle lobby particolaristiche, che interferiscono efficacemente per difendere le loro rendite di posizione. Cosicché, il governo italiano viene ripetutamente richiamato all'ordine e condannato dalle corti europee per la violazione, talvolta plurima, di quelle direttive. L'Italia è, inoltre, uno dei paesi più lontani dal convergere sui parametri di debito pubblico e di inflazione stabiliti dal trattato di Maastricht per passare alle fasi successive e più impegnative dell'integrazione monetaria e economica. L'uscita dal Sistema monetario europeo nel settembre 1992 è da considerarsi, soltanto, come la presa d'atto definitiva di difficoltà oggettive derivanti da incoerenze e carenze di impegno politico e di capacità di governo. Quanto ai partiti, le loro campagne per le elezioni del parlamento europeo sono per lo più intrise di temi nazionali. I loro segretari si fanno eleggere a Strasburgo per brillare poi soltanto per gli alti tassi di assenteismo. Dal canto loro, con pochissime eccezioni, i rappresentanti nominati dai governi italiani nella Commissione europea non sono mai stati personalità politiche significative né tecnici di valore indiscusso. Eppure l'Europa serve all'Italia e ai suoi governanti, costituisce la rete di sicurezza della democrazia italiana nella sua tormentata esistenza e complicata transizione. Gli altri governi europei appaiono uniti nella consapevolezza che l'Italia è un paese sufficientemente importante da non potere essere abbandonato a esiti autoritari, pena un serio contraccolpo sulla Comunità europea e sulle sue componenti più fragili e più esposte.

Una rete di sicurezza democratica

L'Europa rappresentata ancora, inoltre, un possente alibi per i governanti italiani. Sacrifici pesanti e riforme dolorose possono essere, e sono, giustificati attribuendoli alla necessità imprescindibile, comunque largamente condivisa, di «rimanere in Europa», di adempiere a quanto viene richiesto dalla Comunità europea.

La preveggente affermazione del famoso giurista del Partito d'azione Piero Calamandrei: «tutte le strade che un tempo conducevano a Roma conducono oggi agli Stati Uniti d'Europa» è, nonostante tutto, sicuramente più aderente alla realtà italiana a pochi anni dalla fine del secondo millennio di quando fu pronunciata nella prima metà degli anni cinquanta. I cittadini italiani continuano a esprimere un sostegno quasi entusiastico per l'Europa unita senza peraltro trovare il modo di tradurlo in pratiche davvero europee. Ma lungo il percorso europeo, i governi italiani camminano nei fatti lentamente e contraddittoriamente, spesso al traino di altri paesi. D'altronde, è impensabile che chi è stato incapace di governare l'Italia abbia credenziali e risorse per assumere un ruolo guida in Europa. Ed è aspettarsi troppo, da chi si assumerà il compito di governare l'Italia per cambiarla, pensare che sappia rapidamente acquisire un posto centrale nella politica e nel governo dell'Europa. È già molto se l'Italia riuscirà a seguire il processo d'unificazione e ad adattarvisi diligentemente.

--- **BIBLIOGRAFIA** ---

H. David, *L'Italia e l'Europa: la presidenza italiana e la gestione nazionale delle questioni della Comunità europea*, in F. Anderlini e R. Leonardi (a c. di), *Politica in Italia. Edizione 1991*, Il Mulino, Bologna 1992, pp. 85-110.

B. Olivi, *L'Europa difficile. Storia politica della comunità europea*, Il Mulino, Bologna 1993.

A. Spinelli, *Il Manifesto di Ventotene*, (con un saggio di N. Bobbio), Il Mulino, Bologna 1991.

Opportunità scarsamente utilizzate

Agricoltura italiana e CEE

Roberto Fanfani

L'agricoltura è stata oggetto della principale politica comunitaria dalla firma dei trattati di Roma a oggi. Infatti, alla politica agricola comunitaria sono stati destinati dai due terzi ai tre quarti delle spese totali della Comunità (nel solo 1992 questi finanziamenti hanno superato i 35 000 milioni di ECU, oltre 60 000 miliardi di lire). Non tutti i paesi membri, però, hanno usufruito pienamente di così cospicue risorse.

L'agricoltura italiana, in particolare, ha scarsamente utilizzato le opportunità offerte dalla politica agricola della CEE e dall'allargamento del mercato comune, e si è trovata in una situazione atipica rispetto alle altre agricolture europee. Pur essendo uno dei principali paesi produttori di beni agricoli, secondo solo alla Francia, l'Italia ha visto progressivamente aumentare il proprio deficit commerciale di prodotti agroalimentari, soprattutto nei riguardi degli altri partner. Il deficit italiano ha superato quello tedesco ed è determinato essenzialmente da un valore molto elevato delle importazioni, circa 16 000 milioni di ECU nel 1991, mentre il valore delle esportazioni verso gli altri paesi della CEE non ha superato i 6800 milioni di ECU. L'agricoltura italiana non è quindi stata in grado di affermarsi sui mercati europei, neanche nel settore dei prodotti ortofrutticoli, dove si pensava all'esistenza di vantaggi competitivi.

Le difficoltà della posizione italiana all'interno dell'agricoltura europea sono dipese sostanzialmente dal mancato adeguamento strutturale e dal rinnovamento di molte imprese agricole. A solo titolo di esempio, basta ricordare che le dimensioni medie delle aziende agricole italiane sono rimaste sostanzialmente invariate nel corso degli ultimi trenta anni, poco più di 8 ettari, escludendo le aziende con meno di un ettaro. Negli altri paesi le dimensioni delle aziende sono notevolmente cresciute e hanno raggiunto in Germania e Olanda livelli doppi di quelle italiane, mentre in Francia esse sono più del triplo di quelle italiane. Altro elemento di rilievo della partecipazione italiana alla politica agricola europea è stata la scarsa utilizzazione dei fondi strutturali per l'ammodernamento delle aziende agricole e dei circuiti di trasformazione e commercializzazione.

La riforma dei fondi strutturali, avviata nel 1988, e l'aumento delle disponibilità finanziarie decise nell'ambito degli accordi di Maastricht, offrono nuove opportunità per gli interventi strutturali. Questi interventi dovrebbero raggiungere alla fine del 1997 quasi 30 miliardi di ECU, circa il 35% del bilancio comunitario. Il loro impiego dovrebbe concentrarsi soprattutto nelle regioni in ritardo di sviluppo, quelle che hanno un PIL procapite inferiore al 75% della media comunitaria. Per l'Italia sono quindi interessate soprattutto le regioni meridionali. La piena utilizzazione di queste risorse, con la predisposizione di programmi integrati di sviluppo rurale passa però attraverso un maggiore impegno da parte degli enti e delle istituzioni locali, che nelle procedure di programmazione degli interventi fissate dalla CEE, assumono rilievo nelle fasi di progettazione, controllo e monitoraggio degli interventi stessi. In questo ambito, acquista una valenza europea notevole anche la recente riforma dell'intervento pubblico nell'agricoltura italiana, determinata dal referendum abrogativo del ministero dell'agricoltura, che vede assegnare alle regioni tutti gli interventi primari in agricoltura e al nuovo Ministero il coordinamento delle politiche agricole, alimentari e forestali.

La politica

Durante la progettazione di questo volume, pensavamo di dover prevedere una sezione convenzionalmente intitolata «Il sistema politico italiano». Da allora le trasformazioni della politica italiana sono state così rapide che gran parte dei nostri programmi originari sono risultati superati. Non accade spesso, salvo in condizioni di guerra, rivoluzione, calamità nazionale, che i cinque maggiori partiti che hanno governato il paese per quasi mezzo secolo scompaiono nel corso di un solo anno. Con loro se ne è andato il vecchio sistema elettorale. Nuove elezioni con nuove regole hanno prodotto un'altra novità: una chiara maggioranza di destra. Per la prima volta dopo la guerra un movimento politico che, nelle parole del suo leader, Gianfranco Fini, riconosce Benito Mussolini come il «più grande statista del secolo», partecipa al governo della repubblica italiana. Ma il fatto, a quanto pare, ha sorpreso e preoccupato più la stampa internazionale, sia progressista sia conservatrice, che la maggioranza degli italiani. La novità della situazione è dunque, davanti agli occhi di tutti. Quel che, in questo momento, è meno chiaro ma certamente degno di interesse, è la misura in cui si può ritenere spezzata la continuità della politica italiana. Ogni dieci parlamentari, sette non erano mai stati a Montecitorio. Ma quanti di loro por-

La politica

tano realmente nella politica una mentalità che rompe radicalmente con le peggiori pratiche della vecchia repubblica? Né si tratta di una questione limitata alla storia degli ultimi cinquant'anni. Alcune delle «sedimentazioni» negative di cui si parla nella prima parte di questo volume sono così profondamente radicate che occorrerebbe muovere contro di esse una campagna esplicita e prolungata per far cambiare realmente i parametri della cultura politica italiana. Ci sono pochi segni che la nuova maggioranza in parlamento rappresenti questo genere di novità.

La sezione che segue si concentra innanzitutto su eventi legati direttamente o indirettamente alle ultime elezioni politiche. Luigi Bobbio offre una stimolante interpretazione dei risultati, mentre Antonio Gibelli li pone in una prospettiva storica a più lungo termine. Seguono articoli sulle più importanti forze politiche. In chiusura, lo scrittore Corrado Stajano racconta la sua campagna elettorale come candidato del PDS per il senato.

Paul Ginsborg

Dalla destra alla destra, una strana alternanza

Luigi Bobbio

99 Le elezioni del 1994 hanno prodotto un paradosso. Il tracollo del vecchio regime moderato (diciamo pure di destra) non ha avvantaggiato il suo antagonista storico (la sinistra), ma ha portato alla ribalta un'altra destra.

Il pendolo si è fermato dalla stessa parte. Dopo mezzo secolo di governi democristiani si è effettivamente realizzata, per la prima volta, l'alternanza. Ma è stata – per così dire – un'«alternanza in casa», ossia un'alternanza destra-destra.

Per esaminare più da vicino questo peculiare fenomeno osserviamo i risultati elettorali del 27-28 marzo 1994. Alla camera la destra ha ottenuto, in termini di voti, un successo tutt'altro che travolgente, attestandosi sul 42,9% dei voti (nella proporzionale), mentre la vecchia destra di governo (il quadripartito) aveva raggiunto nel 1992, in un momento di declino, il 49%. Tale risultato è stato amplificato dai meccanismi maggioritari del nuovo sistema elettorale: il polo delle libertà ha infatti conquistato il 64% dei collegi uninominali e il 41% dei seggi proporzionali, ottenendo nel complesso la maggioranza assoluta (58%) dei deputati. Al senato i risultati sono stati dello stesso tipo anche se meno vistosi. Con il 40,2% dei voti la destra ha conquistato il 55% dei collegi uninominali e il 32% dei seggi proporzionali sfiorando la maggioranza assoluta dei seggi (49,2%).

In termini di voti, la sconfitta del polo progressista non è stata molto pronunciata. Lo scarto della destra è di 8,6 punti percentuali alla camera e di 7,1 al senato. Ciò significa che per assicurare la vittoria alla destra è stata determinante una quota di elettori attorno al 4% (un milione e mezzo alla camera, poco più di un milione al senato): un risultato netto, ma sicuramente ribaltabile. La distanza tra i due poli è invece salita notevolmente nella distribuzione dei seggi: i deputati progressisti sono infatti un terzo del totale (25 punti percentuali meno della destra); i senatori progressisti sfiorano il 40% (10 punti percentuali meno della destra).

Infine il centro è rimasto schiacciato, sia in termini di voti sia soprattutto in termini di seggi, dalla forzatura bipolare del sistema elettorale. Con il 16% dei voti alla camera e il 17% al senato ha ottenuto rispettivamente solo il 7% e il 10% dei seggi. Da questi dati si direbbe pertanto che il trionfo della destra è stato determinato più dal sistema elettorale che dalle scelte degli elettori. La nuova destra ha infatti ottenuto meno voti della vecchia destra di governo e non

Camera dei deputati. Elezioni del 1994. Sintesi dei risultati

	% voti (proporzionale)	seggi uninominali (a)	seggi proporzionali (b)	totale seggi (a)+(b)	% seggi
Destra					
Polo delle libertà (Forza Italia + Lega + Alleanza nazionale)	42,9	302	64	366	58,1
Sinistra					
Progressisti (PDS + RC + PSI + Rete + Verdi + AD)	34,4	164	39	213	33,8
Centro					
(PPI + Patto Segni)	15,7	4	42	46	7,3
Altri	7,0	5	—	5	0,8
Totale	100,0	475	155	630	100,0

molti più voti del polo progressista. La nuova maggioranza potrebbe perciò essere considerata come un fenomeno precario, gonfiato dai premi elettorali ma con scarse prospettive di durata, tanto più che essa raccoglie tre componenti diverse e per molti versi antagoniste, che si sono coalizzate principalmente per ragioni opportunistiche e che, verosimilmente, litigheranno ancora a lungo.

Ma le cose non stanno affatto così. Se non ci fermiamo ai dati aggregati, ma procediamo ad analizzare la distribuzione territoriale del voto, ci accorgiamo che il mutamento è stato assai più profondo (forse) non proprio transeunte.

Il polo delle libertà è stato visto dagli elettori come un'alternativa al regime democristiano o una semplice prosecuzione di esso sotto mutate spoglie?

Senato della repubblica. Elezioni del 1994. Sintesi dei risultati

	% voti	seggi uninominali (a)	seggi proporzionali (b)	totale seggi (a)+(b)	% seggi
Destra					
Polo delle libertà (Forza Italia + Lega + Alleanza nazionale)	40,4	128	27	155	49,2
Sinistra					
Progressisti (PDS + RC + PSI + Rete + Verdi + AD)	33,1	96	26	122	38,7
Centro					
(PPI + Patto Segni)	16,7	3	28	31	9,9
Altri	9,8	5	2	7	2,2
Totale	100,0	232	83	315	100,0

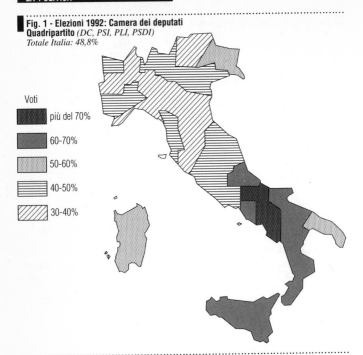

Fig. 1 - Elezioni 1992: Camera dei deputati
Quadripartito *(DC, PSI, PLI, PSDI)*
Totale Italia: 48,8%

Voti

- più del 70%
- 60-70%
- 50-60%
- 40-50%
- 30-40%

Destra contro destra

Nel voto di destra ha prevalso la continuità o la rottura? il «nuovo» o il riciclaggio? Astrattamente disponiamo di indizi per entrambe le ipotesi: i tre raggruppamenti del polo delle libertà sono nati all'esterno del vecchio regime, ma presentano allo stesso tempo più d'una contiguità con esso. D'altra parte i suoi elettori non sono verosimilmente molto diversi da quelli che hanno garantito il cinquantennale predominio democristiano.

Ma se confrontiamo la distribuzione territoriale dei voti della vecchia coalizione di governo (il quadripartito) nel 1992 e quelli dei nuovi vincitori nel 1994 la discontinuità non potrebbe apparire più netta. La seconda appare del tutto contrapposta e speculare alla prima. In soli due anni è avvenuto – all'interno della destra di governo – un completo ribaltamento.

Nel 1992 (fig. 1) la forza del quadripartito era inversamente proporzionale alla latitudine. Aveva la maggioranza assoluta in tutte le regioni del sud (con punte oltre il 70% in Campania e Molise) e in nessuna regione del nord (tranne in Friuli dove disponeva di un risicato 50,1%). Perfino nelle zone bianche del nord-est la DC e i suoi alleati erano scesi al di sotto del 50%.

Il Polo delle libertà presenta nel 1994 (fig. 2) un insediamento territoriale diametralmente opposto. Ottiene la maggioranza assoluta in tutto il Nord (con eccezione della Liguria e dell'a-

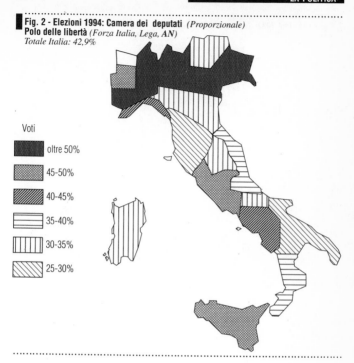

■ **Fig. 2 - Elezioni 1994: Camera dei deputati** *(Proporzionale)*
Polo delle libertà *(Forza Italia, Lega, AN)*
Totale Italia: 42,9%

Voti

- oltre 50%
- 45-50%
- 40-45%
- 35-40%
- 30-35%
- 25-30%

rea torinese) e, malgrado l'apporto di un partito come Alleanza nazionale fortemente radicato nel Mezzogiorno, rimane assai più indietro nel Centro-sud; con due eccezioni assai significative: il Lazio, che aderisce massicciamente all'ondata di destra, e la Sicilia, il cui voltafaccia rispetto ai successi della Rete e al plebiscito per Orlando del novembre 1993 costituisce il dato sbalorditivo e inquietante di questa tornata elettorale. Possiamo concludere che il polo delle libertà è stato visto dagli elettori come l'alternativa al vecchio regime. Ha ottenuto successi travolgenti nelle regioni che avevano cominciato, già nel 1992, a voltare le spalle al pentapartito, mentre ha segnato il passo nelle aree che erano rimaste fedeli al governo DC-PSI.

La meridionalizzazione della sinistra

Del tutto diversa è la geografia del voto progressista (fig. 4), soprattutto se confrontata con l'insediamento tradizionale della sinistra di opposizione (fig. 3). Ho preso in considerazione, a questo fine, i risultati ottenuti dal PCI, dai Verdi e da DP nel 1987, ossia prima della caduta del muro di Berlino e dell'affermazione della Lega. La distribuzione territoriale del voto di sinistra mostrava allora un forte insediamento nelle regioni centrali con due significative propaggini: l'una a Nord-ovest verso il triangolo industriale (Milano, Torino, Genova), l'altra verso le regioni immediatamente confinanti con il nucleo storico (Marche, Abruzzo, Lazio).

Fig. 3 - Elezioni 1987: Camera dei deputati
Sinistra *(PCI, DP, Verdi)*
Totale Italia: 30,8%

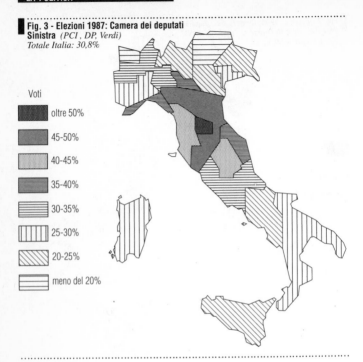

Voti

oltre 50%

45-50%

40-45%

35-40%

30-35%

25-30%

20-25%

meno del 20%

Il voto del 1994 ai progressisti offre un quadro assai diverso. Permane intatta la forza elettorale nelle regioni centrali (cui s'aggiungono le Marche, dove la sinistra compie un formidabile balzo), ma si sfalda l'insediamento nord-occidentale. I progressisti si ritirano dal Nord e dilagano, invece, nell'Italia meridionale. La Basilicata si colloca, a sorpresa, appena tre punti percentuali al di sotto dell'Emilia-Romagna.

L'area metropolitana di Napoli si rivela più a sinistra delle aree metropolitane di Torino e di Genova. Ma soprattutto in qualsiasi circoscrizione centro-meridionale si registra una percentuale di voti progressisti superiore a quella di qualsiasi circoscrizione settentrionale (eccetto l'area torinese e la Liguria, in cui la sinistra mantiene una parvenza di radicamento).

Non è facile spiegare il successo della sinistra nel Sud. Le ragioni sono probabilmente diverse da zona a zona. Possono aver contato i nuovi movimenti di opposizione civile contro l'intreccio politico-mafioso (in Campania e in Sicilia), l'onda lunga del risultato delle elezioni comunali del dicembre 1993 (a Napoli, ma non a Palermo). Così come può aver inciso il processo di sviluppo e modernizzazione (nella fascia adriatica). Ma è difficile sfuggire all'impressione che si sia soprattutto riversata sulla sinistra la domanda tradizionale di protezione statale che fino ad allora era stata rivolta alla DC e ai suoi alleati.

Fig. 4 - Elezioni 1994: Camera dei deputati *(Proporzionale)*
Progressisti *(PDS, RC , PSI, VERDI, RETE , AD)*
Totale Italia: 34,4%

Voti

- più del 50%
- 45-50%
- 40-45%
- 35-40%
- 30-35%
- 25-30%
- 20-25%
- meno del 20%

Di fronte a una destra che aveva assunto una spiccata fisionomia liberista e anti-meridionalista, gli elettori meridionali hanno scelto la sinistra più per una garanzia di continuità, che per provocare una rottura.

Nel complesso, la geografia del voto progressista del 1994 rappresenta una combinazione tra l'insediamento tradizionale della sinistra (il centro Italia) e l'insediamento del pentapartito (il Sud). Non appare del tutto alternativo a quest'ultimo; ma ne rappresenta in parte la continuazione. Nel 1994 la sinistra si è meridionalizzata. Ha ereditato dal pentapartito. Se osserviamo nella lunga durata il ciclo di vita delle forze politiche in Italia non possiamo non rilevare l'esistenza di un modello territoriale ricorrente.

Ascese e declini

A partire dall'Unità d'Italia le forze politiche sono costantemente nate nel settentrione, si sono poi diffuse – nella fase della maturità – in tutto il territorio nazionale e alla fine si sono concentrate – nella fase del declino – nelle regioni meridionali. L'ascesa e la decadenza si sono accompagnate a una trasmigrazione da Nord a Sud. L'idea monarchica e la fedeltà alla dinastia sabauda, nata sotto le Alpi, è diventata non senza resistenze un'idea nazionale, per essere assunta – al momento del tracollo – come la bandiera delle regioni del Sud contro quelle del Nord nel referendum istituzionale e per resistere fin dentro gli anni cinquanta nella Napoli laurina. Il fascismo ha conosciuto la medesima parabola: dalla pianura padana, dov'è nato, ai quartieri popolari di Napoli, Reggio Calabria e Catania che hanno costituito, in età repubblicana, l'epicentro del suo insediamento, fino a configurare il suo diretto erede Alleanza nazionale come «partito del Sud». L'analoga trasmigrazione democristiana è troppo nota per essere commentata (la fig. 1 fotografa in modo inequivocabile l'attimo che precede il tracollo). C'è solo da aggiungere che il PSI è riuscito a realizzare la medesima migrazione nel corso di un solo decennio, trasferendo bruscamente la sua capitale da Milano a Salerno (o Bari o Reggio Calabria) e offrendosi contemporaneamente alla dissoluzione.

Da questo punto di vista, la distanza che separa la destra dai progressisti nelle elezioni del 1994 appare assai maggiore di quegli otto punti percentuali che risultano dalla differenza tra i voti dei due schieramenti. La distribuzione territoriale del polo delle libertà presenta tutti i caratteri dello stato nascente. La distribuzione territoriale dei progressisti contiene tutti gli indizi del declino.

Questa conclusione tende a essere avvalorata dall'andamento del voto giovanile. L'analisi delle differenze tra il voto della camera e quello del senato non consente, per il momento, elementi di prova particolarmente forti, ma permette comunque di affermare che la leva degli elettori compresi tra 18 e 25 anni ha smesso di essere più a sinistra degli elettori adulti. E se il comportamento dei giovani di oggi è una spia del domani, occorre dire che il futuro prossimo sarà ancora più a destra. Perché la destra e non la sinistra è riuscita a presentarsi agli occhi degli elettori come il campione del rinnovamento e l'alternativa al regime democristiano?

Tra progressisti conservatori e conservatori innovatori

Un po' certamente per la congiuntura europea. Il vento di destra, prima di soffiare su Milano e Varese, aveva agitato da almeno un decennio i cieli di Londra e poi quelli di Parigi, senza che le rispettive sinistre riuscissero a offrire qualcosa di più di un'opaca resistenza.

Ma anche per una specifica congiuntura interna: ossia l'improvviso tracollo del regime democristiano. In un primo tempo era parso che il vuoto creatosi nel centro-destra avrebbe favorito la sinistra al di là dei suoi meriti specifici e questo si era effettivamente realizzato nelle elezioni dei sindaci del dicembre 1993. Ma molto rapidamente quel voto si è trasformato in una formidabile risorsa per la destra che ha potuto riempirlo di immagini e volti del tutto esterni al precedente regime (che lo fossero realmente non importa in questa sede: gli elettori delle aree più sviluppate del paese l'hanno creduto) senza doversi portare appresso le scorie del passato. Viceversa la sinistra, sostanzialmente risparmiata dagli scandali, si è sentita esonerata dal rinnovamento e ha presentato il suo tradizionale repertorio di uomini e di idee, con i piedi ben piantati nel clima della prima repubblica. È così riuscito il gioco del ribaltamento dei ruoli: i progressisti si sono obiettivamente presentati come conservatori e i conservatori come innovatori. E alla fine la sinistra si è scoperta come una forza residuale, sostenuta in parte da antiche lealtà nelle «zone rosse» (ma quanto resisteranno?) e in parte da vecchie domande di protezione statale un tempo rivolte alla Democrazia cristiana e oggi dirottate sull'opposizione di una volta. Lo stesso (fragile) successo dei progressisti a Genova e

Torino, ossia in due aree industriali in declino, conferma il quadro di decadenza.

Subito dopo il voto si è aperto fra i progressisti il dibattito sulle responsabilità. Alleanza democratica ha stigmatizzato la presenza di Rifondazione comunista che avrebbe respinto il voto moderato. Rifondazione comunista ha accusato la coalizione di eccessiva tiepidezza nella difesa dei più deboli che avrebbe respinto il voto popolare. Entrambi hanno qualche ragione, dal momento che gli elettori sono stati presumibilmente perduti in ogni direzione. Ma nessuno di loro coglie il nocciolo della questione. Di fronte agli elettori del 1994 non si trattava di essere «un po' più a destra» (come pensa AD) o «un po' più a sinistra» (come pensa RC), ma di presentarsi come «altro» rispetto al passato regime statalistico, clientelare, burocratico, inefficiente e soffo-

cato da un'iper-regolazione formalistica. La destra ha saputo compiere con rapidità mirabolante la propria conversione (almeno nell'immagine) verso i valori dell'autonomia, della responsabilità individuale, dell'antistatalismo. La sinistra no. E si è trovata al di fuori dell'onda.

Questo non significa necessariamente che l'affermazione della destra sia destinata a durare nel tempo e che dopo il «cinquantennio democristiano» avremo un «cinquantennio berlusconiano». Molto dipenderà da come la destra saprà sfruttare il suo attuale stato di grazia nell'azione di governo. Ma le chance dei due schieramenti rimangono del tutto asimmetriche. Alla destra basterà non commettere clamorosi errori (e non è detto che ci riesca). La sinistra dovrà al contrario esporsi al rischio di commetterne parecchi, cambiando in blocco volti, parole, idee.

La sindrome della sconfitta

Antonio Gibelli

Il ricambio del ceto politico, avvenuto premiando forze (in particolare il raggruppamento berlusconiano) che accentuavano nella loro immagine, nel loro programma e soprattutto nelle loro tecniche promozionali, gli aspetti di radicale novità ma apparivano per altri versi propaggini della fase politica appena conclusa, ha spinto molti commentatori a chiedersi quanto l'esigenza del nuovo si fosse intrecciata con la conservazione di alcuni aspetti del vecchio regime travolto. A un primo sommario esame è parso in sostanza che all'interno del cor-

po elettorale si ripresentassero i due blocchi di sempre – uno progressista o di sinistra – moderato o di centro-destra – nella proporzione classica di 1/3 e 2/3: come se l'elettorato – anziché cogliere l'occasione per rimescolare davvero le carte – si fosse distribuito nella nuova configurazione delle forze politiche ma anche nei nuovi meccanismi di formazione delle maggioranze in modo da riproporre praticamente inalterati i suoi precedenti orientamenti di fondo. Inchieste realizzate sui flussi elettorali hanno dato qualche argomento a questa impressione di staticità, mostrando come la fetta più cospicua degli elettori che avevano in passato votato per DC e PSI non si fosse ricollocata variamente sui due fronti ma avesse trasferito compattamente le sue preferenze sulle forze di centro-destra, in particolare su Forza Italia (che avrebbe raccolto oltre il 21% dei voti ex-democristiani e quasi il 29% di quelli ex-socialisti).

Dal canto suo la sinistra appariva ancorata al cuore del proprio elettorato tradizionale. Infatti, malgrado qualche vistoso cedimento in alcune delle sue roccaforti del Nord (come certi quartieri operai di Torino o Sesto San Giovanni), aveva visto parzialmente confermato il suo più classico insediamento, e in particolare la sua indiscussa supremazia nelle regioni «rosse» dell'Italia centrale (dall'Emilia alla Toscana). Nel contempo aveva ribadito la sua storica incapacità a superare la soglia critica della maggioranza.

C'è un limite invalicabile per la sinistra?

Soprattutto quest'ultimo aspetto ha fatto affiorare nelle file del polo progressista una sorta di sindrome della sconfitta, come se si fosse ribadito un limite invalicabile e quasi una condanna storica. Alcuni hanno osservato, con una battuta che tradiva un forte senso di frustrazione, come «da Garibaldi in poi» la sinistra italiana fosse sempre uscita battuta dai confronti diretti con l'avversario. Uno degli esponenti più prestigiosi di quest'area, il filosofo e politologo Norberto Bobbio, ha messo in risalto che nei momenti decisivi aveva sempre giocato la insuperabile diffidenza e la paura della maggioranza degli italiani nei confronti dell'alternativa di sinistra. Cosicché, a differenza che nel-

le altre democrazie occidentali, la sinistra non era mai andata al governo, anche quando le classi dirigenti erano apparse più indebolite e screditate, come durante il primo e il secondo dopoguerra.

All'inizio del secolo, in una fase di grande sviluppo e modernizzazione dei rapporti sociali, malgrado la crescita imponente dell'influenza socialista, le redini del governo erano rimaste saldamente in mano al «ministro della malavita» Giolitti. La concessione del suffragio universale maschile era stata compensata dall'entrata in campo dei cattolici in funzione di stabilizzazione conservatrice. Poi erano venute la guerra, la crisi dello Stato liberale e la delegittimazione delle vecchie élite al potere, ma il «nuovo» era venuto avanti attraverso le squadre mussoliniane, l'annientamento del movimento operaio e lo scardinamento delle libertà formali. La Resistenza contro il nazifascismo aveva visto nelle sinistre la forza trainante, ma nel 1946 il partito cattolico aveva raggiunto la maggioranza relativa, e nel 1948 quella assoluta. Complice la divisione del mondo in blocchi, la potente richiesta di cambiamento era rifluita subito nel moderatismo democristiano. In sostanza la sinistra aveva mancato gli appuntamenti di governo proprio nelle fasi «rivoluzionarie», quando la spinta di trasformazione sembrava accreditarla come forza guida del paese. Che questa invalicabile diffidenza si fosse riproposta inalterata quando, con la caduta dei regimi comunisti, la netta separazione della sinistra italiana dalle sue radici comuniste e la modifica delle leggi elettorali, l'Italia sembrava aver imboccato la via dell'alternanza secondo il modello occidentale, è parsa come una deprimente replica del «già visto». Secondo questo punto di vista, anche le motivazioni del successo del centro-destra erano intrise di conferme non meno che di novità. A quanto pare le schiere dell'Italia centrista, contemporaneamente desiderosa di sbarazzarsi del vecchio regime e timorosa dei cambiamenti veri, preoccupata soprattutto di essere lasciata libera di fare i propri affari e di godere dei propri piccoli e grandi privilegi, erano passate in blocco dal consenso al regime assistenziale alle sponde della nuova destra ultraliberista, vedendo in ciò l'occasione di chiudere con un ricambio indolore la crisi dei vecchi equilibri. A riprova di questo è stato portato il fatto che l'elettorato aveva ritenuto di affidarsi alle promesse – anche le più demagogiche – del polo neo-liberista (nuova occupazione, abbassamento del carico fiscale), considerando viceversa con fastidio le diagnosi realistiche di cui si era fatto portatore il polo progressista.

La retorica del realismo e della compostezza

Il PDS, in particolare, puntando tutto sulla retorica del realismo e della compostezza, cercando – non senza successo – di accreditarsi sul piano internazionale e negli ambienti imprenditoriali, aveva però mancato completamente la prova del consenso di massa. Pareva dunque che una volta di più le minoranze virtuose fossero incapaci di diventare maggioranze.

C'è chi ha visto in questo intreccio di vecchio e nuovo una sorta di trasformismo di massa, o di «gattopardismo» (dal titolo di un celeberrimo romanzo di Tomasi di Lampedusa, imperniato sulla filosofia del «cambiare tutto perché nulla cambi») non dissimile da quello che aveva caratterizzato altre fasi cruciali della storia italiana. Nel risultato elettorale del mar-

zo 1994 è parso addirittura riaffiorare – s'intende *mutatis mutandis* – il «paradigma storico» del 25 luglio 1943 quando, di fronte ai disastri della guerra e del fascismo, si era tentato di promuovere un «fascismo senza Mussolini», vale a dire ancora una volta un cambiamento nella continuità, tutto gestito dall'alto, e si era diffusa per un momento l'illusione di una svolta senza lacerazioni e senza esami di coscienza. La cosiddetta «rivoluzione italiana» degli anni novanta, ossia il superamento del regime democristiano, ha avuto del resto molti caratteri della «rivoluzione dall'alto»: innescata dall'ondata di protesta leghista e nordista contro la rapacità dello Stato fiscalista, burocratico e accentratore e contro la classe dirigente che ne aveva retto le sorti edificandovi le proprie fortune a spese dei contribuenti, ha assunto però un ritmo inarrestabile ed è precipitata per iniziativa di un settore dello Stato, la magistratura, ossia solo quando il problema politico è diventato problema giudiziario. I vecchi notabili sono usciti di scena sotto la spinta delle inchieste sulla corruzione e sulle illegalità nel finanziamento ai partiti, mentre la maggioranza degli italiani è stata più che altro spettatrice, acclamando le gesta dei magistrati, amplificate dai mezzi di comunicazione di massa, con un atteggiamento simile a quello della folla negli stadi, senza autocritiche sostanziali e senza riflettere a fondo sulle proprie responsabilità nell'aver fornito appoggio alle forze politiche ora messe sotto accusa. D'altra parte una notevole passività ha caratterizzato gli atteggiamenti della sinistra di fronte alla messa in stato d'accusa del vecchio regime: convinta di poter beneficiare della sua caduta, ne è viceversa rimasta coinvolta non solo perché lambita sia pur marginalmente dagli scandali, ma in quanto accumunata alle vecchie forze politiche in ragione della sua compartecipazione subalterna alla gestione del potere inaugurata all'epoca del «compromesso storico». Di qui la profonda disillusione, aggravata dalle speranze suscitate dai risultati della recente consultazione amministrativa, che l'avevano vista largamente vincente.

Il dialogo della Chiesa con i detentori del potere

L'atteggiamento delle gerarchie cattoliche, da sempre fattore decisivo nell'orientare le scelte elettorali e politiche degli italiani, sembra ribadire questa continuità di fondo: pilastro del regime democristiano dopo essere stato interlocutore privilegiato di quello fascista, il cattolicesimo ufficiale ha preso le distanze senza il minimo accenno autocritico dal ceto politico al tramonto, pur tentando fino all'ultimo di salvare le forze centriste eredi della Democrazia cristiana. Infine – a elezioni concluse – ha dato segni di caute aperture nei confronti del vincitore, benché la forza portante di quest'ultimo, per la sua filosofia consumistica e per il suo programma di liberismo senza freni contraddicesse alcuni aspetti fondamentali della cultura e della dottrina sociale cattolica, a cominciare dal solidarismo. Ancora una volta la Chiesa ha insomma tenuto fede alla sua tradizione di dialogo privilegiato coi detentori del potere, vedendo per di più nel privatismo dilagante qualche garanzia ulteriore di rivitalizzazione delle scuole cattoliche e di primato nel settore dell'educazione, cui ha sempre affidato un'importanza preminente nei suoi rapporti con lo Stato. La domanda che si può porre è se un bilancio così deludente configuri anche una previsione per il futuro, ossia se la vittoria del centro-destra, debba intendersi non come un risultato occasionale ma come un'ipoteca stabile sui prossimi decenni.

Vittoria del centro-destra e tutela della democrazia

Qualche indizio viene dal campo dei vincitori e dal grado effettivo della sua coesione. Le contraddizioni al suo interno, presentate nel corso della campagna elettorale come secondarie, sono riemerse in sede di definizione della fisionomia del governo e della sua leadership. La Lega Nord, nata da un movimento di protesta dal basso e di plateale rottura col vecchio mondo politico, ha avvertito l'alleanza con Forza Italia e il suo leader, in ragione del suo straordinario potere economico e di controllo dei media, come un abbraccio soffocante, tentando perciò di divincolarsene e assestandosi su una forma di collaborazione conflittuale fondata sull'esasperazione dei suoi obiettivi federalisti sostenuti da una ricorrente minaccia secessionista. Ciò ha appannato quello che doveva essere il primo risultato della vittoria, su cui Berlusconi aveva costruito tanta parte della sua immagine di efficiente imprenditore messosi al servizio degli interessi nazionali: la costituzione in tempi rapidi di un governo autorevole e compatto, capace di metter fine alle defatiganti mediazioni e ai sottili giochi di potere che avevano caratterizzato lo stile della vita politica e parlamentare nella fase precedente. Ma questa constatazione non è certo sufficiente a diagnosticare una effettiva debolezza e una breve durata della coalizione vincente.
Al di là di questi aspetti contingenti, l'interrogativo più inquietante che si

è acceso dopo il voto è tuttavia un altro. Si è davvero aperta in Italia una autentica democrazia dell'alternanza, o vi è il pericolo che la coalizione vittoriosa si spinga oltre i suoi legittimi poteri di governo per modificare le regole del gioco ovvero per confermare quelle «diseguali» già in atto? Detto in termini più semplici: la vittoria del polo di centro-destra configura, nella concreta situazione italiana, una minaccia per la democrazia? L'affacciarsi di un progetto di sostanziale revisione costituzionale affidato direttamente alla maggioranza di governo ha dato in questo senso un segnale poco rassicurante. Uno dei banchi di prova sarà quello della legislazione antitrust, della regolamentazione del settore dell'informazione (specie per quanto concerne la televisione), e della separazione tra potere politico e potere economico. La concentrazione dei poteri nella figura del leader della maggioranza appare una preoccupante anomalia della realtà italiana rispetto a quella di altri paesi dove la democrazia dell'alternanza è da lungo tempo collaudata e affidata a regole precise, a cominciare dagli Stati Uniti. Se tale concentrazione dovesse essere ribadita o addirittura esasperata, avrebbero ragione quanti temono che la vittoria del centro-destra nella tornata del marzo 1994 non abbia segnato l'inizio di una fase più aperta e dinamica del confronto e della competizione socio-politica, ma più semplicemente una svolta neo-autoritaria e l'avvento di un nuovo regime.

Domanda e offerta di moderatismo

Forza Italia: il mercato elettorale dell'«imprenditore politico»

Ilvo Diamanti

Per chiarire le ragioni del successo di Forza Italia, può essere utile delimitare e caratterizzare il suo bacino elettorale, la «fascia» del mercato elettorale nel quale si insedia. I sondaggi svolti in questi mesi (facciamo riferimento ai dati pubblicati da CIRM e Directa e a un'indagine dell'ISPO) permettono di tracciare la fenomenologia dell'elettorato berlusconiano con un buon grado di approssimazione. Si tratta di un elettorato distribuito in tutto il paese, ma particolarmente concentrato al Nord (un po' dovunque, ma soprattutto nelle zone a maggiore concentrazione urbana e in quelle di grande impresa) e al Sud (con una densità elevatissima in Sicilia). In queste diverse aree esso presenta tratti socio-grafici e orientamenti di valore non omogenei, anche se alcuni caratteri specifici lo distinguono dagli altri: un peso superiore alla media delle donne (55%), in particolar modo delle casalinghe (32-33%), dei giovani, ma non dei giovanissimi (40% sotto i 35 anni), delle persone di istruzione media, dei gruppi sociali borghesi e, sul versante opposto, dei ceti più popolari.
Sotto il profilo degli orientamenti, questo elettorato esprime grande fiducia nell'impresa, sia piccola sia grande, concepita come centro eco-

nomico, ma anche come valore in sé; manifesta, inoltre, adesione verso le istituzioni che regolano la giustizia e l'ordine sociale (magistratura, forze dell'ordine) e sfiducia profonda verso le istituzioni politiche tradizionali (ancor più della Lega). Si tratta, infine, di un elettorato dove il peso della tradizione religiosa appare rilevante, per la presenza di una componente molto estesa di cattolici praticanti: oltre il 30%, la metà nelle aree un tempo definite bianche (lo si desume da un sondaggio curato dall'UPA Marketing & Comunicazione di Padova nel febbraio 1994).

È il profilo di un elettorato composito e trasversale, il quale, tuttavia, proprio in questa «medietà» ha la sua identità specifica e riconoscibile. Si tratta, della «società media», ancorata ai valori e ai luoghi istituzionali della tradizione – la famiglia, il mercato, la Chiesa –, caratterizzata da una domanda di ordine e di stabilità. Un settore sociale ampio ed esteso, che negli ultimi anni e, in particolar modo, dopo le elezioni del 1992, si è ritrovato orfano dei riferimenti politici consolidati, i tradizionali partiti di governo, con in testa la DC e il PSI, e ha cominciato a vagare, alla ricerca di nuove case.

Circa il 30% degli elettori sia del PSI, sia della DC, quasi il 50% di quelli liberali, secondo gli exit-poll del CIRM, in questa occasione avrebbero votato per Forza Italia. Parte di essi alle elezioni amministrative del 1993 si erano accostati alla Lega Nord, mentre nel Centro-sud avevano optato per l'MSI. Ma entrambi gli approdi risultavano loro precari e insoddisfacenti. Troppo attestata sulle questioni dell'autonomia territoriale e troppo estremista nel linguaggio, la Lega; troppo marchiato e inquietante per il suo passato storico e recente l'MSI. E poi si trattava, almeno

allora, di soggetti politici sostanzialmente «esclusi», di cui era, comunque, difficile prevedere un accesso stabile a compiti di governo. Scendendo nella competizione politica, Silvio Berlusconi si è offerto, dunque, come sbocco a questa domanda politica latente e fluttuante. Le proposte e le promesse avanzate da Berlusconi in campagna elettorale sono quelle che questi elettori volevano sentire, in quanto ne riflettono le domande e le paure.

Un crescente desiderio di normalizzazione

La riduzione del carico e delle procedure in materia fiscale («Occorre abbassare le tasse»), l'allargamento dell'occupazione («Un milione di posti di lavoro in più») intrecciata al potenziamento dell'autonomia delle aziende («Più libertà nelle politiche del lavoro, eliminare il prelievo fiscale sul costo del lavoro sulle nuove assunzioni»), il richiamo all'unità e all'orgoglio nazionale (il cui slogan migliore è costituito dalla stessa denominazione dei club «Forza Italia!») appaiono messaggi che, più ancora che a qualificare la proposta politica della nuova formazione, servono a garantire visibilità e rispecchiamento a questo settore sociale e ai valori che esso esprime. Sotteso alle diverse proposte, comunque, è «l'ottimismo» a fare da collante culturale: la promessa di un «nuovo miracolo italiano», rivolta a un contesto sociale che, dopo anni di instabilità e di insicurezza, ha voglia di nuova normalità ed è disposto a credere in chi lancia messaggi di speranza, anche se il fondamento di queste promesse è fragile. D'altronde, il ciclo di «protesta antisistemica» promosso dalla Lega durava ormai da troppo tempo per non suscitare nella stessa base sociale che le aveva garantito sostegno, tradizionalmente moderata (i ceti medi delle aree produttive del Nord), un crescente desiderio di «normalizzazione» (non a caso quasi il 30% di chi aveva votato per la Lega nel 1992 in questa occasione la abbandona proprio per Forza Italia). Infine, per definire in senso oppositivo i confini del segmento di «mercato elettorale» prescelto viene utilizzato il richiamo all'anticomunismo. Si tratta di un tema che, da un lato, restituisce memoria a questi settori sociali, facendo riemergere un motivo culturale radicato a fondo, mentre, dall'altro, serve a stigmatizzare l'avversario politico, i Progressisti, costringendoli a lottare con il proprio passato, prima ancora che a parlare dei propri progetti futuri.

Berlusconi, dunque, riesce ad acquisire consensi tanto estesi in tempi tanto rapidi perché questi consensi, in realtà, già esistevano; perché, cioè, esisteva un'area ampia di elettorato conservatore, alla ricerca di un riferimento.

Berlusconi si presenta sul mercato elettorale, elaborando e avanzando un'offerta coerente con questo esteso segmento della domanda politica. Vi riesce, meglio di altri, anzitutto perché dispone di strumenti e di risorse, organizzative e comunicative.

Ma non inventa nulla. Intercetta, riproduce, rappresenta un'area sociale che esisteva già molto tempo fa, ma che non appariva perché dissimulata sotto il velo protettivo della DC e dei suoi alleati.

Un partito istantaneo è sempre sintomo di una malattia sociale

Forza Italia:
l'anomalia italiana non è finita

Marco Revelli

La scienza politica ha coniato un'espressione tecnica – «partiti istantanei» – per definire le formazioni politiche caratterizzate da un improvviso processo di crescita: forze che sembrano scaturire dal nulla (per esempio, dalle convulsioni di una guerra, come fu per il partito fascista) e che in brevissimo tempo catalizzano un voto maggioritario di protesta.

I quarantanove giorni

Ma raramente una formazione politica ha meritato la definizione di «partito istantaneo» più di quella che ha vinto le elezioni politiche italiane del 1994.

In appena 49 giorni (se si intende assumere come *terminus a quo* il 6 febbraio 1994, data in cui Silvio Berlusconi presentò ufficialmente il programma del suo movimento alla convention del Palafiera di Roma); o, se si preferisce, in 60 giorni (anticipando la nascita formale al 26 gennaio, quando la decisione di partecipare alle elezioni fu comunicata per mezzo di una videocassetta di 8 minuti teletrasmessa), Forza Italia è divenuto il partito di maggioranza relativa nel primo parlamento della seconda repubblica, con il 21% dei suffragi conteggiabili ai fini della ripartizione proporzionale alla camera. Ha catturato, cioè, 8 119 287 voti, contro i 7 855 610 del PDS, i 5 202 698 di Alleanza nazionale, i 3 237 026 della Lega nord, assicurandosi 155 deputati (24,7%) e 56 senatori (17,8%). E lo ha fatto – secondo una modalità tipica dei «partiti istantanei», appunto – saccheggiando l'elettorato di un ampio fronte di partiti dalle distanze ideologiche anche assai ampie: il 31% degli elettori che nel 1992 avevano votato per la Lega nord – dice il CIRM –, il 24% dell'elettorato democristiano, ma anche il 13% di quello della Rete e la stragrande maggioranza di quello PSI (il 27% dei consensi proverrebbe da questa area). La coalizione da esso promossa sotto il nome di Polo della libertà ha raggiunto addirittura la maggioranza assoluta (366 seggi su 630 alla camera, 155 su 315 al senato), facendo del suo leader il più accreditato candidato alla carica di presidente del consiglio.

Ambigui precedenti

Non esistono precedenti storici di un successo così folgorante. Quali dunque le ragioni di questa ennesima «anomalia italiana»?
Una prima linea di riflessione riguarda la portata della crisi socio-culturale che il paese sta attraversando. O, se si preferisce, il tipo di modernizzazione consumatosi. La formazione di un «partito istantaneo» è sempre sintomo di una qualche «malattia morale» in corso. Di un processo dissolutivo. Lo spostamento repentino di grandi masse di elettori, il loro improvviso catalizzarsi intorno a un punto di attrazione inedito, presuppone necessariamente la rottura di consolidate identità collettive, la lacerazione di tradizionali reti comuni-

cative, la «liberazione» di atomi sociali privi di riferimenti stabili, orientabili in rapporto alla «potenza» del segnale indirizzato loro.

La fine delle appartenenze ideologiche

L'Italia dell'ultimo quindicennio è stata segnata a fondo dalla dissoluzione delle tradizionali culture (o «subculture») politiche; dalla scomposizione dei tradizionali soggetti sociali, a cominciare da una classe operaia totalmente ridefinita dai processi di ristrutturazione industriale; dalla liquidazione di interi segmenti di memoria collettiva, inabissatasi prima nelle acque stagnanti del consociativismo, poi nell'orgia consumistica degli anni ottanta. La fine delle consolidate appartenenze ideologiche (soprattutto cattolica e comunista) in cui si è autorappresentata la cattiva modernizzazione italiana, ha lasciato dietro di sé null'altro che una forma di egoismo razionale estraneo a ogni riferimento comunitario e potenzialmente affascinabile da un «potere forte».
Da questo punto di vista, l'operazione di Berlusconi sembra, più di ogni altra proposta politica, aver saputo capitalizzare le trasformazioni maturate in Italia nel corso del decennio precedente per almeno due aspetti: la crescente centralità dell'impresa nella gerarchia di valori sociali, dominante per tutti gli anni ottanta sia a destra sia a sinistra (il mito dell'«azienda Italia», l'enfatizzazione del manager come modello di decisore ideale ecc.); e la progressiva trasformazione dei soggetti sociali (dotati di identità e interessi specifici) in un generico pubblico di consumatori e spettatori. Il che, da una parte ridimensiona il carattere di «immediatezza» del suo successo: più che in poche settimane,

Forza Italia affonderebbe le radici in una «durata» per lo meno decennale. Dall'altra suggerisce una lettura dell'impetuosa trasformazione in atto nel sistema politico italiano e della stessa Tangentopoli, assai meno rivoluzionaria di quelle finora prevalenti.

«Forma impresa» e «forma partito»

Un secondo ordine di ragioni riguarda il modello organizzativo. Forza Italia è il prodotto di un'operazione che era, per così dire, nell'aria, ma che con tale «purezza» non era mai stata tentata: la sovrapposizione pressoché palmare della «forma impresa» alla «forma partito», o meglio: la riproposizione dell'impresa come forma organizzativa totale, capace di travalicare dalla sfera economico-produttiva a quella politico-sociale e tale, in ultima istanza, da dare «forma» alla politica. Un tipo d'impresa, occorre aggiungere, che opera sul fronte più avanzato della dinamica industriale occidentale: quello dell'informazione e della comunicazione. Quello cioè che utilizza le tecnologie più avanzate e che più di ogni altro «lavora» sul confine tra potere economico e dinamiche culturali, tra produzione e immaginario sociale.

Il «prodotto» Forza Italia

La struttura del nuovo «partito» Forza Italia è interamente ricalcata su quella della vecchia «finanziaria» Fininvest.
Stessi, d'altra parte, gli stili di lavoro. Il «prodotto» Forza Italia è stato offerto sul mercato con un'operazione di marketing del tutto simile a quelle poste in essere per il lancio sul mercato di qualsiasi altra merce.

Gusti e aspettative dell'elettorato sono stati monitorati settimana per settimana con le medesime sofisticate tecniche di rilevazione già ampiamente sperimentate per misurare gli indici di gradimento.
Lo stesso target è stato individuato grazie a una rete di gruppi campione guidati da psicologi (i cosiddetti «focus», decisivi per la formulazione del programma), utilizzando le strutture Fininvest.
L'esercito di pubblicitari cui è stata affidata la creazione dell'immagine del nuovo movimento, d'altra parte, era già da tempo inquadrato nelle file di Publitalia: la medesima società che, grazie al proprio capillare reticolo di relazioni, ha costituito il principale canale di reclutamento dei candidati (spesso sottoposti a test di presentabilità televisiva negli studi di Segrate). E che ha governato il processo di innervamento dei club «Forza Italia»: una rete, questa, giunta rapidamente a oltre 13 000 sedi e a circa 1 milione di iscritti, decisa per «fissare» nel sociale il messaggio televisivo che altrimenti inevitabilmente evaporerebbe.
È significativo che l'affermazione di Forza Italia sia stata particolarmente netta nel Nord del paese, e in particolare in quelle regioni che furono l'epicentro della forte spinta al cambiamento dando inizio, con un forte spostamento verso la Lega, alla crisi del vecchio sistema politico, 25,8% e 27,4% nelle due circoscrizioni piemontesi, 28,2% in Lombardia 1, con punte elevatissime a Milano, 23,6% in Lombardia 2, 26,7% in Lombardia 3, 23,2% e 24,3% in Veneto.

Lega svuotata

Ovunque, nel profondo Nord, il nuovo movimento svuota la Lega di una buona metà dei suoi voti (i voti di più recente acquisizione, quelli ereditati dalla frana del vecchio regime), e la supera con percentuali talvolta doppie. Al centro e al sud, invece, le percentuali di Forza Italia sono ovunque assai più basse (in media di una decina di punti): solo in due casi (Lazio 2 e Campania) si collocano infatti al di sopra del 20%; e sono comunque (in 7 circoscrizioni su 11) quasi sempre inferiori a quelle del suo diretto alleato territoriale, Alleanza nazionale. La stessa distribuzione dei «Club Forza Italia», d'altra parte, nella fase dello stato nascente – all'atto cioè della sua presentazione in pubblico (inizio febbraio 1994) – mostra una distribuzione geografica che dall'epicentro lombardo-veneto-piemontese si espande verso il resto del paese: 1146 in Lombardia, 444 nel Triveneto, 418 in Piemonte, 354 in Toscana, 309 in Emilia Romagna, 89 in Umbria, 132 nelle Marche, 148 in Abruzzo, 24 in Molise, 55 in Basilicata, 274 in Calabria, con punte isolate in Sicilia (822) e nel Lazio (879). Ciò suggerisce l'idea di una stretta connessione con la cosiddetta «rivoluzione italiana», quel processo di delegittimazione del sistema politico che la sinistra aveva letto solo come espressione di una rivolta morale, lasciando in secondo piano più prosaici interessi, come quelli legati alla riforma fiscale.

La «rivoluzione italiana» è medio-borghese

Il fatto che la crisi apertasi, due anni or sono, con i primi arresti da parte della magistratura milanese e con la parallela crescita di consensi per la Lega nord, finisca per sboccare nettamente a destra, concentrando i consensi su uomini che con il «vecchio regime» (per lo meno con la sua componente «affaristica») avevano intrattenuto rapporti assai stretti, mostra come sulla motivazione etica di essa abbia, in qualche modo, prevalso quella «materiale»: l'esaurimento dei margini di manovra per la creazione di consenso attraverso la spirale perversa dell'evasione fiscale e degli alti tassi d'interesse sul debito pubblico che aveva caratterizzato gli ultimi governi a guida socialista e democristiana; l'impossibilità di estendere l'erogazione di quote di ricchezza monetaria a un ceto medio sempre più vasto; la fissazione di precise regole di amministrazione pubblica e finanziaria anche per effetto della pressione da parte della Comunità europea. La palingenesi sociale che qualcuno si aspettava dalla «rivoluzione italiana» finirebbe per rivelarsi nient'altro che il processo di individuazione da parte della piccola e media borghesia, fondamentalmente sempre uguale a se stessa, di una nuova rappresentanza politica.

Lega Nord: un partito per le periferie

Ilvo Diamanti

Il fenomeno delle leghe autonomiste ha costituito la principale fonte di cambiamento degli orientamenti elettorali e del sistema politico emersi nel dopoguerra.

Una nuova identità politica

L'innovazione più rilevante introdotta da questi soggetti sta, probabilmente, nella capacità di rompere con i tradizionali fondamenti dell'identità politica e della delega partitica: la religione, la classe, l'ispirazione laica. Al loro posto, le leghe hanno introdotto altri riferimenti, coerenti con le contraddizioni storiche della società italiana: il contrasto fra centro e periferia, fra Nord e Sud, fra privato e pubblico, fra società civile e partiti tradizionali. L'espressione, se non esclusiva, indubbiamente dominante del fenomeno delle leghe è la Lega Nord, un «attore politico» che deve il suo successo a una combinazione efficace di fattori quali: una base ideologica scarna e plastica, un'organizzazione flessibile, meccanismi decisionali semplici e centralizzati attorno a un leader, Umberto Bossi, dotato di carisma e di istinto politico, un uso del linguaggio aggressivo e spregiudicato, ma efficace, in grado di garantirgli visibilità e specificità. L'evoluzione della presenza politica leghista in Italia può venire articolata in quattro periodi, ciascuno dei quali esprime non solo un diverso grado di penetrazione e di localizzazione dei consensi, ma anche una diversa combinazione tra elementi della domanda (tendenze della società, dell'economia, dell'elettorato) e dell'offerta politica (proposta, leadership, linguaggio, organizzazione). Quindi un «diverso tipo di Lega».

Nel primo periodo (1983) le leghe registrando una presenza politica ed elettorale circoscritta e molto caratterizzata, espressa dapprima dalla Liga Veneta nel 1983 e, in seguito, per qualche anno (fino al 1987, circa) dalla Lega Lombarda e dalle formazioni autonomiste piemontesi. L'insorgere del fenomeno si rivela alle elezioni politiche del 1983, quando la Liga ottiene oltre il 4% a livello regionale, raggiungendo valori molto elevati nelle province centrali (circa il 7% a Vicenza e Treviso, poco meno a Belluno, Padova e Verona).

Un canale dell'insoddisfazione dei ceti emergenti

A questo primo successo concorrono alcuni importanti processi che coinvolgono il contesto: la crisi della subcultura bianca, le tensioni che investono le aree di più recente e ampia industrializzazione, l'insoddisfazione e le rivendicazioni dei gruppi socioeconomici emergenti (il lavoro autonomo e dipendente dell'economia diffusa, i piccoli imprenditori), il contrasto fra centro e periferia. La Liga agisce «offrendosi» come canale del dissenso e come specchio della lacerazione delle tradizionali solidarietà politiche; incide, in tal modo, soprattutto sulla base della DC. Essa catalizza la domanda e il disagio latente, evocando, in forma rozza ma efficace (attraverso slogan, manifesti e dimostrazioni improvvisate), due bersagli tradizionali dell'insoddisfazione e dell'intolleranza sociale: il Sud e lo Stato.

Per consolidare la propria presenza, la Liga inserisce questi obiettivi in una prospettiva etnoregionalista; rivendicando, dunque, in nome della specificità etnica, la massima autonomia amministrativa possibile per la regione-nazione. Ma questa offerta appare scarsamente coerente con la domanda a cui si rivolge e ciò ne riduce molto le possibilità di espansione.

Il linguaggio della vita quotidiana

La seconda fase è caratterizzata dalla ripresa elettorale delle leghe, la cui crescita avviene soprattutto in Lombardia, fra le elezioni politiche del 1987 e quelle amministrative del 1990. L'espansione leghista rispecchia, infatti, l'emergere della Lega Lombarda e l'affermarsi della leadership di Umberto Bossi, che caratterizzerà la successiva evoluzione di queste formazioni. Egli ridefinisce la concezione del territorio. Ne ridimensiona il significato di riferimento storico e culturale e lo contrassegna, piuttosto, in quanto «comunità di interessi», contesto di vita del «popolo lombardo», laborioso e produttivo, naturalmente contrapposto allo Stato e al Sud, ritenuti centri di dissipazione e di assistenzialismo. Per rafforzare questa identità, la Lega manovra la leva dell'intolleranza nei confronti dei «diversi», soprattutto degli immigrati, presenti come minaccia sociale e culturale. Inoltre, Bossi elabora un nuovo linguaggio politico, crudo e immediato,

mutuato dalla vita quotidiana, che serve a segnare la distanza rispetto alle forze politiche tradizionali. Dopo il 1989, altri fattori concorrono ad alimentare il successo leghista: l'incapacità delle forze politiche tradizionali di comprendere il fenomeno e, a livello internazionale, l'avvio del processo di disgregazione del blocco dei paesi socialisti.

L'elettorato si allarga

Se nella prima fase la Lega aveva attinto soprattutto all'elettorato della DC, in questa fase cattura flussi di elettori anche di altra provenienza: dal PSI, in primo luogo, quindi dal PCI e dai partiti laici. Il profilo sociale dei suoi elettori in precedenza mostrava una sagoma molto netta: maschi, adulti, con un livello di istruzione basso, con una prevalenza di lavoratori dipendenti e autonomi dei settori dell'economia diffusa; ora, invece, si avvicina maggiormente alla media sociale, soprattutto per quel che riguarda l'età e l'istruzione, mentre crescono i ceti medi urbani.

Da queste premesse scaturisce l'affermazione leghista degli anni successivi, che assume proporzioni inattese alle elezioni politiche del 1992. La Lega Nord, infatti, supera il 23% dei voti validi in Lombardia, il 18% in Veneto (dove altre leghe autonomiste ottengono l'8%), si attesta attorno al 15% in Piemonte, Liguria e Friuli, attorno al 10% in Trentino e in Emilia Romagna. Questa tendenza è favorita dall'accelerazione dei processi di trasformazione e di crisi che attraversano il contesto politico, economico e sociale, in ambito nazionale e internazionale. È incentivata anzitutto dal dispiegarsi degli effetti della crisi dei paesi a socialismo reale, che accentua tra i partiti tradizionali la perdita di identità e di legitti-mazione sociale, quindi, dalla paral-lela, rapida degenerazione del rappor-to fra società e politica e dai proble-mi dell'economia e soprattutto del di-savanzo pubblico, che determinano una crescente pressione fiscale.

La Lega Nord si trova, così, a ope-rare in un quadro particolarmente fa-vorevole per la sua proposta; anche in questo caso, però, essa non si li-mita a «beneficiare» delle crisi siste-miche, ma vi partecipa, a sua volta, attivamente.

Ridefinisce di nuovo i contenuti del-la sua offerta politica, allargando, an-zitutto, l'ambito territoriale di riferi-mento dalla regione all'intera Italia settentrionale. Da arcipelago di for-mazioni regionaliste, si trasforma in federazione del Nord, al punto tale da paventare ipotesi secessioniste piut-tosto che federaliste. E, soprattutto, pone in primo piano la lotta al siste-ma politico tradizionale, alla «parti-tocrazia», alle istituzioni, al centrali-smo dello Stato e dell'intervento pub-blico, nella società e nell'economia. Allargando i riferimenti dell'offerta politica, essa allarga anche i canali di accesso per la domanda sociale. Quantitativamente e qualitativamen-te. Il profilo sociale dei suoi elettori e simpatizzanti coincide sempre più con quello della popolazione nell'as-sieme. Acquista simpatie e voti, in particolare, fra i giovani e fra le com-ponenti sociali di istruzione medio-alta, guadagna la fiducia della bor-ghesia urbana, mentre sotto il profi-lo degli atteggiamenti e dei valori le differenze tra chi vota per la Lega e il resto della popolazione si assotti-gliano; appare una componente so-ciale segnata maggiormente da atteg-giamenti di intolleranza e di sfiducia istituzionale, in una società dove que-sti atteggiamenti tendono a diffonder-si sempre più.

La svolta istituzionale

La fase successiva al successo eletto-rale del 1992 fa osservare un'ulterio-re, sensibile riconversione della pro-posta e dell'immagine politica della Lega Nord, sollecitata dai mutamenti, veloci e profondi, che toccano il con-testo generale in cui l'attore-Lega ope-ra. La disgregazione del sistema po-litico e dei partiti tradizionali, resa de-finitiva dalle inchieste della magistra-tura sulla corruzione politica; la cre-scente instabilità nell'ambito interna-zionale e della CEE che produce una crisi economica e monetaria che in-veste il paese; un'accelerazione della spirale di violenza, innescata dalla cri-minalità e soprattutto dalla mafia. Tutto ciò indebolisce ulteriormente la legittimità dei partiti politici e delle istituzioni dello Stato, rendendo poco produttiva per la Lega una strategia di mero antagonismo. La Lega, inol-tre, ha il problema di stabilizzare e di dare peso politico a un base ampia quanto segmentata, facendola uscire dal dissenso in cui staziona. La Le-ga, quindi, smette l'atteggiamento di mero antagonismo verso il sistema politico e mira ad accreditarsi come forza di rinnovamento e di consoli-damento delle istituzioni: modera le rivendicazioni di segno territoriale, i toni della polemica anti-politica e an-tipartitica, l'immagine e il linguaggio. Accentua l'importanza degli aspetti istituzionali ed economici della sua proposta. Si presenta come polo del rinnovamento della prima repubbli-ca e, al tempo stesso, come forza marcatamente neo-liberista. Anche questa svolta strategica ha successo, come testimoniano i risultati ottenu-ti alle consultazioni amministrative anticipate del 1992 e del 1993. Se ne ha conferma in occasione delle elezio-ni amministrative del giugno 1993, quando la Lega si impone in molti capoluoghi di provincia settentrionali, riuscendo soprattutto a conquistare Milano, capitale simbolica del «Nord che produce».

Battuta d'arresto

Rispetto a questa decennale marcia trionfale, però, le successive consultazioni amministrative dell'ottobre 1993 costituiscono un punto di svolta, che conduce la Lega a imboccare una nuova fase.

Essa, infatti, pur confermandosi primo partito del Nord, non riesce tuttavia a conseguire alcuni obiettivi importanti per il suo futuro: la conquista degli altri maggiori centri urbani (i suoi candidati sindaci a Genova, Trieste e Venezia non vengono eletti), la crescita elettorale al Centro e al Sud. A una analisi attenta, la causa di questa battuta d'arresto può essere fatta risalire al mancato funzionamento di tre fattori che in passato ne avevano garantito il successo, mentre in questa occasione, al contrario, agiscono come limiti. Il primo è il suo «linguaggio», caratterizzato da toni e contenuti provocatori, che intimorisce i ceti moderati e la borghesia urbana (tecnici, professionisti, intellettuali), i quali avevano in precedenza sostenuto la Lega considerandola un mezzo di «modernizzazione» e/o di moralizzazione del sistema piuttosto che un soggetto «anti sistema». Il secondo problema è costituito dalla sua «identità nordista», che risulta un limite invalicabile alla diffusione elettorale della Lega in altre aree del paese e, implicitamente, alla sua legittimazione come forza politica nazionale. Il terzo problema è posto dal sistema elettorale maggioritario, nel quale è determinante la capacità di coalizzarsi. Ma la Lega, in precedenza aveva agito sempre da sola,

per sottolineare la sua diversità da tutti gli altri soggetti politici. Anzi, essa di questa «diversità» aveva fatto un punto di forza. Di fronte alla capacità di allearsi dimostrata dalle forze politiche di centro-sinistra e di sinistra, l'orgogliosa solitudine della Lega diventa però una virtù perdente. Per legittimarsi su scala nazionale, per superare i limiti territoriali della sua presenza elettorale, per adeguarsi alle esigenze imposte dal sistema maggioritario, la Lega è, quindi, costretta a rivedere le sue strategie tradizionali e, in primo luogo, a cercare alleati.

Il costo di un'alleanza

L'intesa con Silvio Berlusconi, appare vantaggiosa perché Forza Italia è una realtà politica nuova, senza radici, senza concrete basi di consenso; e perché Berlusconi può garantire una presenza sui mass media importante in vista delle elezioni. L'accordo, tuttavia, produce alla Lega effetti non previsti. Esso, anzitutto, fornisce fondamento reale all'elettorato di Forza Italia, la cui rilevanza appariva, fino a quel momento, «virtuale», ipotizzata in base a sondaggi elettorali «fatti in casa». Inoltre, l'accordo con la Lega, soggetto «nuovo» ed «estraneo» al sistema politico tradizionale, trasmette questi connotati di novità e alterità a Berlusconi, il quale dentro al sistema politico tradizionale era cresciuto. Per contro, l'elettorato leghista subisce, a seguito di ciò, un significativo motivo di indebolimento della «fedeltà». Berlusconi, inoltre, non è un semplice alleato. È un protagonista che interpreta una delle anime del successo elettorale leghista, quella che, nella «rivolta elettorale» promossa dalla Lega, vede una strada verso la «normalizzazione sociale». Se la Lega è «la rivolta», Berlusconi rappresenta per un'ampia quota di elettori la «quiete dopo la rivolta»: la possibilità di riconciliarsi con il proprio passato, chiudendo i conti con le tensioni del presente.

Berlusconi può sviluppare, inoltre, strategie di coalizione impossibili alla Lega, cresciuta nell'esaltazione della propria «diversità». Tuttavia, in questo modo, la Lega si trova, indirettamente, collegata a soggetti politici ostili e ciò ne compromette ulteriormente l'immagine e l'identità.

La Lega non è più l'unico tram sul quale salivano tutti coloro che avevano dei motivi di insoddisfazione e di dissenso verso lo Stato e verso il sistema dei partiti. L'ingresso di Berlusconi sulla scena politica ha ridefinito l'offerta politica, invadendo una parte importante del «campo» occupato dalla Lega. In particolar modo, Forza Italia ha già sottratto alla Lega lo spazio più moderato. Bossi si ritrova, quindi, a dialogare con una base più circoscritta, ma anche più omogenea e recettiva rispetto ai temi e ai linguaggi tradizionali della Lega. E ne approfitta con molta efficacia. Riesce, così, a ricostruire il suo retroterra originario, a restituirgli identità.

Tenuta elettorale

Il risultato delle elezioni gli dà effettivamente ragione, in quanto la Lega, rispetto al 1992, dimostra una notevole capacità di tenuta. Ma questa «tenuta», oltre a segnare la fine del ciclo di irresistibile ascesa conosciuto dalle origini sino al 1993, riflette una ulteriore, profonda ridefinizione del suo modello di adesione sociale e territoriale. La sostanziale stabilità del dato complessivo, infatti, sottende una realtà in profondo movimento. Dei 611 collegi elettorali dell'Italia del nord, infatti, solo in 31 casi (15%) la

Lega registra un'effettiva stabilità della base elettorale, mentre cala (almeno dell'1%) in 116 casi (55%) e cresce in altri 64 (30%). Quindi la Lega registra una redistribuzione dei consensi, caratterizzata da una diffusa contrazione, cui corrisponde un processo di concentrazione in alcune aree ben definite. Per comprendere in quale senso vadano questi processi, è utile prendere in esame il gruppo di collegi nei quali la Lega guadagna oppure perde maggiormente (+ oppure – 3,5%). Si tratta in entrambi i casi di 27 collegi, la cui localizzazione risulta ben definita. Solo 4 sono situati in Lombardia, 3 in Friuli, 5 in Piemonte e ben 15 in Veneto. Se localizziamo meglio i collegi nell'ambito delle regioni il quadro si precisa ulteriormente. Nel Veneto la progressione coinvolge pressoché esclusivamente le province di Vicenza, Treviso e Belluno: le zone in cui il fenomeno leghista aveva conosciuto la sua prima affermazione. Questo radicamento del risultato recente nel retroterra originario caratterizza anche le altre zone. In Lombardia e in Piemonte, infatti, la Lega si espande maggiormente in province (Bergamo, Sondrio, Cuneo) che già nel 1987 erano apparse come zone di forza.

La «marcia verso il passato»

Speculare è l'immagine offerta dai «luoghi della sconfitta»; dai collegi in cui la Lega subisce le maggiori perdite (– 3,5%). Anche in questo caso si tratta di 27 casi, localizzati per la maggior parte (14) in Emilia Romagna, dove la Lega pur non attecchendo in profondità aveva, tuttavia, registrato una grande espansione alle elezioni politiche del 1992. Lo stesso discorso vale per i 5 collegi della Liguria dove, tuttavia, alle elezioni precedenti aveva superato il 15% dei consensi. La maggiore sorpresa è, invece, costituita dalla presenza, in quest'area di «declino leghista», di 8 collegi della Lombardia, dove in precedenza i consensi elettorali della Lega andavano dal 18 al 25%. Peraltro, nella «geografia storica» della Lega, questi collegi hanno una localizzazione chiara. Si situano, infatti, per metà in provincia di Milano, per l'altra metà nelle province di Cremona e di Mantova: zone nelle quali la Lega era penetrata nelle fasi più recenti, nel corso degli anni novanta. Si configura, dunque, una sorta di «marcia verso il passato», che conduce ai luoghi originari. La Lega, infatti, si ritira vistosamente dalle aree in cui non è mai stata forte (le zone rosse) e da quelle in cui lo è divenuta solo nelle fasi più recenti (le aree metropolitane – Milano in primo luogo –, la Liguria, le regioni a Statuto speciale, soprattutto il Trentino). Si rafforza, invece, nei contesti dove aveva trovato condizioni favorevoli alla genesi e al primo sviluppo. La nuova geografia politica della Lega, di conseguenza, ripropone in larga misura il profilo di quella originaria. I collegi nei quali essa supera il 25,5% sono situati nelle province di Belluno (2), Treviso (5), Vicenza (5), Verona (1), Brescia (5), Bergamo (6), Como (3), Varese (7), Milano (2, ma si tratta dei collegi periferici di Busto Garolfo e Legnano) e Cuneo (2). I collegi nei quali non arriva all'8,5% sono concentrati, invece, in Emilia Romagna (27), in Piemonte (3, tutti in provincia di Torino), in Liguria (2, in provincia di La Spezia) e, infine, nei contesti specifici di Trieste (2) e di Bolzano (3). I caratteri politici ed economici che accompagnano la presenza territoriale della Lega accentuano l'immagine della «fuga verso il passato». Sotto il profilo politico, il successo della Le-

ga matura dove, anche nel passato recente, la DC appariva più forte e la sinistra (PDS e RC) più debole. Sotto il profilo socio-economico, invece, la Lega si rivela più solida nelle zone a più elevato tasso di industrializzazione e a minor dimensione di impresa, dove la crisi anche in questa fase fa sentire di meno i suoi effetti sull'occupazione. Tutto ciò sottolinea come essa non sia più, come negli anni novanta, il «partito del Nord», ma piuttosto, come negli anni ottanta, il partito della «periferia industriale del Nord». L'altro Nord, improntato maggiormente dal ruolo della grande concentrazione urbana e industriale, politicamente più laico e, soprattutto negli anni ottanta, attratto dal rassicurante «sogno italiano» espresso dal PSI di Bettino Craxi, si volge in altra direzione. Privilegia l'offerta avanzata dall'«imprenditore politico» Silvio Berlusconi e dalla sua «impresa elettorale», Forza Italia, la quale, non a caso, presenta un impianto territoriale e sociale simmetrico rispetto a quello della Lega. Si afferma, cioè, principalmente nelle aree urbane, caratterizzate da un'incidenza dei servizi oppure della grande impresa industriale; e appare tanto più forte quanto più estesa appariva in precedenza (alle elezioni del 1992) la base elettorale del PSI.

Due Nord divisi negli interessi

Le elezioni del 27 e 28 marzo 1994, dunque, fanno emergere due Nord, ben distinti e differenziati. La Lega ne «occupa» uno, che ha identità socio-economica e retroterra politico ben precisi. È il Nord dei piccoli produttori, delle tradizioni politiche «bianche»; lo stesso da cui la Lega era emersa. E dove oggi pare essere rientrata, delineando dei «confini» oltre i quali difficilmente potrà espandersi, ma all'interno di cui sarà difficile per chiunque «sradicarla». Questa «ri-definizione» sociale e territoriale della Lega, a mio avviso, contribuisce a spiegare le ragioni della conflittualità manifestata, prima e dopo il voto, da Bossi nei confronti non solo degli antichi avversari, ma anche dei nuovi alleati. Egli, infatti, è indotto, in questa fase, a tutelare l'identità e gli interessi di una periferia socio-economica insidiata non solo dalla capitale della prima repubblica, la Roma dei «partiti tradizionali», ma anche da quella della seconda: la Milano di Berlusconi.

─────── **BIBLIOGRAFIA** ───────

I. Diamanti, *La Lega. Geografia, storia e sociologia di un nuovo soggetto politico*, Donzelli, Roma 1993.

La questione settentrionale, «Meridiana», n. 16, 1993.

A. Mazzette, G. Rovati (a c. di), *La protesta dei «forti». Leghe del Nord e Partito Sardo d'Azione*, Franco Angeli, Milano 1993.

I. Sales, *Leghisti e sudisti*, Laterza, Roma-Bari 1993.

Leghe, leghisti, legami, «Polis», n. 2, 1992 (con saggi di V. Belotti, I. Diamanti, G. Mazzoleni, P. Segatti).

L'apartheid contro il MSI è caduto ma gli uomini sono gli stessi

Alleanza Nazionale: la componente «storica» del Polo delle libertà

Chiara Valentini

«Tenga d'occhio questo giovane perché è bravissimo, è il mio delfino. Presto dovrà chiedere a lui di venire in Tv», aveva detto Giorgio Almirante a Maurizio Costanzo nell'85, presentandosi a «Buona Domenica» assieme a un giovanotto allampanato con la faccia da seminarista, Gianfranco Fini.

Ma nemmeno Almirante, l'ex repubblichino che è stato per quarant'anni l'incarnazione stessa del Movimento sociale, avrebbe potuto prevedere pienamente le fortune che aspettavano il suo pupillo. Neanche nei suoi sogni più rosei Almirante avrebbe potuto immaginarsi il crollo della prima repubblica e la nascita della nuova destra riunita nel Polo delle libertà, dove il suo partito avrebbe rappresentato l'unica forza politica con radici storiche. Né avrebbe potuto aspettarsi che il suo successore Gianfranco Fini sarebbe riuscito a far cadere l'apartheid che aveva sempre circondato il MSI e, alla vigilia dei cinquant'anni di Piazzale Loreto, ad accreditarsi pienamente come forza di governo.

Ricandidato il 95% dei parlamentari uscenti

Certo nel gennaio '94 il Movimento sociale si era riverniciato con le nuove insegne di Alleanza nazionale. Ma che non si fosse trattato di una trasformazione molto profonda è testimoniato fra l'altro dal fatto che alle elezioni di fine marzo, mentre tutti gli altri partiti tradizionali si affannavano a rinnovare drasticamente le proprie liste, Gianfranco Fini ricandidava i parlamentari uscenti al 95 per cento, ultrasettantenni compresi, completando le altre caselle con uomini e donne provenienti quasi esclusivamente dall'apparato della Fiamma.

Dal MSI ad AN senza lacerazioni

Nel grande caos italiano può forse apparire poco più che un dettaglio burocratico il fatto che nel gennaio '94 non c'era stato nessuno scioglimento del MSI e nessun congresso costituente. Anche se la maggior parte dei giornali aveva dato con qualche superficialità una diversa immagine, l'assemblea che aveva deciso per acclamazione la nascita di Alleanza nazionale non era fatta da delegati regolarmente eletti ma solo da dirigenti locali accompagnati dai propri uomini di fiducia. Quel che invece ha un significato più profondo è che la trasformazione non era stata preceduta né accompagnata da alcun dibattito interno sulle idee guida del MSI, da nessuna lacerazione o travaglio. E infatti non è certo per caso se, dopo essere diventato da un giorno all'altro il leader della terza forza politica del XII parlamento repubblicano anche l'abile e rassicurante Gianfranco Fini abbia abbassato per un momento la guardia e si sia lasciato andare, con Alberto Statera de «La Stampa», a un'affermazione che ha scandalizzato i giornali di mezzo mondo. «Mussolini? È stato il più grande statista del secolo. Berlusconi dovrà pedalare per dimostrare di appartenere alla storia come Mussolini», aveva sostenuto Fini, mostrando una convinzione che è senso comune del suo partito.

La carriera di Fini

D'altra parte questo astro nascente della seconda repubblica, che si è accreditato presso un elettorato molto più largo di quello tradizionalmente fascista anche grazie alla grande abilità dimostrata in Tv, è un prodotto abbastanza tipico del Movimento sociale, della sua cultura e delle sue regole interne. Fini aveva scalato rapidamente i gradini della carriera non certo per le idee innovative, per la personalità spiccata o per il carisma, ma piuttosto per la capacità molto politichese di giocare dietro le quinte e di adattarsi con rapidità alla linea vincente. Già il suo lancio in politica ne è una dimostrazione. È il '77 quando il giovane Fini, che allora aveva 25 anni ed era arrivato a Roma dalla natia Bologna, da militante senza gloria del Fronte della gioventù da un giorno all'altro ne era diventato il segretario. Non si era trattato di una congiura, né dell'improvvisa scoperta di un capo. Era solo la conseguenza del fatto che Fini era rimasto praticamente solo. Il segretario del Fronte, Massimo Anderson, assieme a quasi tutti i dirigenti giovanili, era passato con gli scissionisti di Destra popolare. E nel MSI erano rimasti quasi solo i giovani della sinistra di Pino Rauti, il grande avversario di Almirante.

Lo scontro con Rauti

Fini quindi era diventato quasi per forza di cose il candidato del segretario, anche se il mondo giovanile nero l'aveva in scarsa simpatia, considerandolo un burocrate senza molto coraggio. E infatti alle votazioni Fini era arrivato solo al quinto posto, mentre era risultato primo il giovane rautino Marco Tarchi (che uscirà presto dal MSI), sensibile alle inquietudini che si manifestavano anche a destra, ai temi dei nuovi bisogni e della nuova identità giovanile.

A portare alla testa del partito, nell'87, il giovane bolognese che intanto si era laureato in pedagogia, era stata soprattutto la convinzione di Almirante che Fini avrebbe applicato fedelmente la sua linea politica di cauta ricerca di una legittimazione, pur tenendo ben ferma l'identità del partito. Identità che, sia pure in modi diversi, veniva messa in discussione dal movimento di Pino Rauti, dal tradizionalismo a oltranza di Giulio Caradonna, dalle tentazioni modernizzanti di Domenico Mennitti (che poi diventerà uno dei principali consiglieri di Berlusconi). E poi Almirante, già malato ma certo non consapevole di essere ormai alla fine, era convinto che con il suo pupillo come segretario avrebbe continuato a governare per interposta persona. E invece, pochi mesi dopo il congresso di Sorrento, che aveva eletto Fini per un soffio, in alternativa a Rauti, Almirante moriva.

Le esternazioni di Cossiga

Rimasto orfano e in balia della rissosità crescente delle correnti, il nuovo segretario si aggrappava al richiamo all'ortodossia e ai gagliardetti. Nel '90 veniva scalzato da Pino Rauti, che sperimentava senza successo su la linea movimentista e di ricerca di consensi nell'area di sinistra. Il partito scendeva al suo minimo storico e nel '91 Gianfranco Fini, di nuovo segretario, riportava il MSI su strade più rassicuranti. «Il fascismo ha lasciato un'eredità ideale cui il Movimento sociale si rifà senza alcuna vergogna», scriveva nel suo primo editoriale sul «Secolo d'Italia».

Ma proprio nel '91 si preparava per

Fini un altro di quei grandi incontri che ne segnano la biografia. Questa volta l'uomo del destino era nientemeno che il presidente della repubblica in carica, Francesco Cossiga. Nella sua strategia ancora in parte oscura delle picconate, dell'annientamento del sistema politico, Cossiga aveva giocato anche la carta della riabilitazione dell'unico partito non compromesso con la prima repubblica, il movimento sociale. In un viaggio a Londra era avvenuta la prima esternazione a favore del MSI.

Fra il Quirinale e il segretario neofascista si era costituito un filo diretto forse ancora più intenso di quanto non fosse percepito in quegli anni dall'opinione pubblica. Se n'erano però resi conto alcuni conduttori televisivi come Michele Santoro e Maurizio Costanzo. Per raccontare gli umori e le bizze di Cossiga avevano cominciato a chiamare nelle loro trasmissioni l'uomo che sembrava quasi esserne diventato il portavoce, Fini appunto. Che intanto si rivelava, oltre che una spalla fidata, un ottimo personaggio televisivo, capace di dar di se stesso un'immagine rassicurante. E poneva le basi delle sue fortune future sul piccolo schermo.

Fini circondava Cossiga di una venerazione non molto diversa da quella riservata al suo primo padre spirituale, a Giorgio Almirante. Teneva ben in vista sulla scrivania un simbolico piccone. Tutte le esternazioni del capo dello Stato venivano abilmente lodate. E il fulcro della campagna elettorale del '92, diffuso in migliaia di manifesti, era stata la più cossighiana delle immagini: «Ogni voto una picconata». Intanto il Movimento sociale individuava un nuovo ruolo nella crisi politica crescente. Proprio per il suo passato di emarginazione aveva buon gioco a far diventare Mani Pulite uno dei suoi cavalli di battaglia. In molte città, da Milano a Roma a Napoli, i consiglieri comunali del MSI erano fra i più informati accusatori delle malefatte tangentizie. L'investimento di credibilità si sarebbe presto rivelato ottimo.

In tutta quella fase Fini commetteva anche uno sbaglio, quello di schierarsi dalla parte perdente nella grande bagarre del referendum sulla legge elettorale («Sono i corrotti che vogliono il maggioritario», aveva sostenuto). Ma subito dopo i risultati era stato velocissimo a cambiare fronte. «Quando un popolo indica una via con un plebiscito non si può deluderlo», aveva scritto sul «Secolo d'Italia». Ed è proprio nel clima euforico del dopo referendum che, incontrandosi con Cossiga e con il liberale Costa, cominciava a mettere a punto l'idea di una Alleanza nazionale nel segno del presidenzialismo.

Berlusconi sponsor

Ma la vera trovata vincente, che più di ogni altra cosa avrebbe accreditato la figura politica di Fini, era stata, nell'autunno del '93, la scelta di candidarsi come sindaco di Roma. Forse per la prima volta nella sua carriera Fini aveva giocato d'azzardo. Dopo aver sperato di poter dare i voti del suo partito a un candidato amico, addirittura a Francesco Cossiga che per un attimo era sembrato propenso a presentarsi, quando aveva visto che i moderati riuscivano a mettere in campo solo lo sbiadito prefetto Caruso, si era buttato personalmente nella mischia. Era stata una mossa rischiosa ma indovinatissima. Come a Napoli Alessandra Mussolini, a Roma Fini coagulava un insieme di forze che già prefigurava il nuovo blocco di destra. A Roma il «generone» aveva scoperto che la vecchia

DC di Sbardella poteva essere degnamente sostituita, mentre la gente delle disastrate periferie correva ad ascoltare un personaggio non compromesso con il passato. Una parte del mondo cattolico si entusiasmava alle promesse di cancellare la legge sull'aborto e di garantire la sacralità della famiglia. A completare il quadro arrivava una piccola frase di Silvio Berlusconi: «Se votassi a Roma sceglierei Fini».

Lo strano cocktail di corporativismo e neoliberismo

La vittoria di stretta misura di Rutelli diventava la piattaforma delle ulteriori fortune di Gianfranco Fini. Quella campagna elettorale aveva segnato il suo incontro con il terzo grande sponsor della sua vita, con Silvio Berlusconi. Fra colloqui riservati e colazioni ufficiali in quel nuovo centro della vita politica italiana che diventava nel frattempo la villa di Arcore, nasceva l'accordo a tre Berlusconi-Fini-Bossi. Con la sua abituale disinvoltura Fini cercava di coniugare il corporativismo del suo partito con il neoliberismo, teneva aperta una forte conflittualità con Bossi e si accreditava come l'anima sociale del nuovo schieramento. Accettava in prospettiva l'idea di un moderato federalismo, ma in cambio incassava l'impegno a una trasformazione in senso presidenziale della repubblica (sia pur accettando la pasticciata versione dell'elezione diretta non del capo dello Stato ma del governo). E intanto un regalo insperato gli arrivava da sinistra. Se la variopinta coalizione che l'aveva sconfitto a Roma era stata tenuta insieme soprattutto dall'idea che un neofascista non poteva diventare sindaco della capitale, nella campagna delle politiche passava fra i progressisti l'idea che era meglio lasciar perdere con un tema apparentemente stantio come l'antifascismo e concentrare gli attacchi su Berlusconi. A quel punto anche gli ultimi argini erano rotti. Nel suo trionfale giro conclusivo Fini riempiva con decine di migliaia di simpatizzanti piazze fino ad allora impraticabili per i missini come piazza Duomo a Milano e piazza Maggiore a Bologna. Inondava di interviste i giornali ma soprattutto trionfava in Tv. Secondo Maurizio Costanzo sarebbe stato addirittura il miglior comunicatore di tutta la campagna elettorale.

Fra inviti alla pacificazione nazionale e accuse di voler cancellare, assieme alla prima repubblica, anche il patto antifascista che la garantiva, Fini si assicurava intanto un primato che comunque vadano le cose nessuno potrà togliergli: quello di essere stato il primo in Europa, dopo la fine della seconda guerra mondiale, a pilotare un partito neofascista verso il governo.

La sinistra, la crisi, la sconfitta

Paul Ginsborg

È anche troppo facile criticare lo schieramento dei progressisti dopo la sconfitta del 28 marzo. Gli animali feriti sono un facile bersaglio e tutti, amici e nemici, non si trattengono dall'assestare un colpo. D'altro canto, proprio per il fatto che i progressisti sono stati sconfitti, si impone la ricerca del *perché*. Ed è una domanda alla quale bisogna rispondere in modo equilibrato, non solo nei termini della campagna elettorale, ma in una prospettiva di maggiore ampiezza.

È essenziale vedere la sconfitta dei progressisti come parte di una crisi generale di idee e proposte della sinistra. Tale crisi è iniziata assai prima della caduta del muro di Berlino e dei comunismi dell'Europa orientale. L'ultima volta che la sinistra è stata capace di conquistare il cuore e la mente della gioventù europea fu la congiuntura del 1968-69, quando antimperialismo, rivoluzione culturale, protesta studentesca e ripresa dell'azione di massa della classe operaia si combi-narono in una miscela esaltante. Per breve tempo l'ideologia della sinistra coincise con il corso degli eventi su scala mondiale e con quelli che allora erano i protagonisti della trasformazione socioeconomica. Ma dalla metà degli anni settanta quella sintonia svanì, forse per non più riproporsi.

In Europa le difficoltà crescenti della sinistra sul piano elettorale negli ultimi anni sono diventate sempre più evidenti. Nel 1993 i socialisti francesi sono stati estromessi dal potere, umiliati e quasi cancellati in termini parlamentari. I laburisti britannici non vanno al potere da quindici anni e i socialdemocratici tedeschi da dieci. Felipe Gonzales ha resistito in Spagna tra diffusa apatia, scandali e delusioni. Vero è che in Grecia nel 1993 è tornato a vincere A. Papandreu, ma ben pochi sono disposti ad associare la sua particolare ricetta di populismo o clientelismo con i valori della sinistra.

Sembra che in tutta Europa la sinistra sia presa tra due fuochi (rappresentati in Italia da Rifondazione comunista e Alleanza democratica). Da un lato, può scegliere di rilanciare un programma ancorato agli schemi della sinistra tradizionale; compiacendo così i suoi militanti ma rischiando di relegarsi al ruolo di minoranza permanente e alla condizione di venerabile dinosauro. D'altro lato, può spostarsi a destra, rassegnandosi a un annacquamento del suo programma e della sua identità; così facendo, però, pur aprendosi al voto dell'elettorato moderato, rischierebbe di privarsi di ogni carattere distintivo e di ogni carica ideale.

Questi sono i dilemmi della sinistra europea nel suo complesso. In cosa consiste la specificità della variante italiana? La risposta, in termini storici, è semplice e sconcertante: la sinistra italiana è stata l'unica che non ha *mai* vinto negli ultimi cinquant'anni. Due volte, per periodi brevissimi, è stata al o vicino al governo: una volta tra il 1945 e il 1947 e poi, ma senza alcun comunista titolare di dicastero, dal 1976 al 1978. È vero che i socialisti italiani sono stati al potere assai più a lungo, ma solo al prezzo di ridursi a soggetto neanche lontanamente accostabile a una matrice socialista. Nel 1993-94, in un'Europa postcomunista liberata dai tabù politici, nella grande crisi di Tangentopoli, con la sinistra vittoriosa alle elezioni amministrative, sembrava che fosse alfine arrivato il momento. Perché non vinse?

Parte della spiegazione, come suggeriscono Marco Revelli e altri, potrebbe essere ricercata nell'insuperabile conservatorismo dei ceti medi della società italiana. Parte sta senza dubbio nella moderna guerra di manovra messa in atto da Silvio Berlusconi. In parte, però, deve essere riportata anche al fallimento specifico della sinistra. Anche se è ancora troppo presto per avere un quadro chiaro di ciò che è andato storto in quei mesi e in quegli anni, può essere di qualche utilità tracciare un bilancio provvisorio. Quello che segue è un abbozzo critico ma simpatetico, incentrato sulla forza più rilevante della sinistra italiana, il Partito democratico della sinistra.

Il PDS: dissenso e paralisi

Quando, nel novembre 1989, Achille Occhetto decise di giocare d'anticipo cambiando il nome del Partito comunista italiano, parve che una nuova era si fosse dischiusa per la sinistra italiana. Per alcuni mesi il suo nobile sogno palingenetico suscitò grandi entusiasmi e speranze sia all'interno che fuori del partito. Tuttavia provocò anche un considerevole dissenso e alla fine la scissione. Occhetto fece del suo meglio per mediare, ma il risultato complessivo fu la paralisi. È qui che ha origine il primo, pernicioso punto di debolezza che ha afflitto il PDS negli ultimi tempi: l'alto grado di dissenso interno che ha corroso tanta parte delle sue energie, impedendogli di rapportarsi al mondo esterno con sufficiente forza e chiarezza. La vecchia linea monolitica del PCI veniva sostituita da un frazionismo logorante. L'atmosfera di quei mesi può essere sintetizzata dal titolo di un editoriale di Michele Salvati su «l'Unità» del 9 luglio 1991: «Se il PDS fosse unito forse saprebbe di avere una linea».

È in quel clima di incessante mediazione che il PDS entra nel vortice di Tangentopoli. E va qui ricordato che a far scoppiare quella che è la crisi politica e istituzionale più dirompente del secondo dopoguerra non è stata la massima compagine della sinistra:

i suoi eroi sono stati Falcone e Borsellino, Segni, Borrelli e Di Pietro. Era una crisi messa sul tappeto soprattutto da una minoranza di servitori esemplari dello Stato, che avevano approfittato degli spazi politici aperti dalla turbolenta ascesa della Lega in Lombardia e nel Veneto. Perché la crisi potesse trovare pieno sbocco era necessario che quella minoranza stringesse alleanze sia con altri settori dello Stato, sia soprattutto con altre forze della società civile.

Mentre la crisi si diffondeva, la sinistra, pur non essendone stata l'artefice, avrebbe potuto svolgere un ruolo critico, traendone vantaggio, come alla fine seppe fare Berlusconi, personaggio tutt'altro che estraneo al vecchio regime. La straordinaria vicenda della dissoluzione dei vecchi partiti politici dominanti e l'attacco a cui erano sottoposti i membri più potenti dell'élite economica, sia pubblica che privata, offriva alla sinistra un'occasione senza precedenti. Fu però un'opportunità che in sostanza non colse. E non la colse per tre ordini di ragioni.

Il primo motivo è che il PDS stesso si sentiva minacciato dall'offensiva giudiziaria. Fin dalle prime settimane di Tangentopoli fu chiaro che elementi del partito in passato erano stati mischiati nel malcostume tangentizio del sistema. Occhetto tornò alla Bolognina, a chiedere scusa al paese per le colpe del suo vecchio partito, ma il suo discorso non riuscì a trasmettere un segno forte e convincente che il PDS aveva davvero intenzione di fare i conti con il passato e che non aveva paura degli scheletri dell'armadio comunista. Sembrava che il partito preferisse una strategia difensiva, nell'attesa che i magistrati scoprissero ciò che potevano, e sperando che non scoprissero molto. Rimproverare al PDS di non aver adottato un altro atteggiamento è facile a dirsi (se gli scheletri fossero stati troppi, il giovane partito sarebbe stato travolto).

Era, comunque, il solo modo per affermare senza ambiguità questa *diversità* tra il PDS e i vecchi partiti di governo, per salvaguardare l'onore delle migliaia di militanti onestissimi, per preservare l'elemento di novità e di rottura che aveva sollevato tanto entusiasmo alla fine del 1989. La decisione di «fare pulizia» nella primavera del 1992 sarebbe stata traumatica e dirompente, ma avrebbe messo tutta la sinistra in assai miglior condizione per affrontare la decisiva tornata elettorale di due anni dopo. Invece, a riprova della fallacia della strategia, al momento cruciale il PDS diede l'impressione di essere una componente del vecchio sistema più compromessa di quanto fosse in realtà.

Inerzia: un vecchio vizio

In secondo luogo, il PDS non riuscì in sostanza a prendere iniziative che spostassero la crisi dalle aule di tribunale e dagli schermi televisivi alla vita quotidiana. E riemerge qui un vecchio difetto del PCI: una certa inerzia e mancanza di immaginazione nei confronti dei movimenti sociali moderni. Per travolgere i molti centri di potere blindati della società occorreva un moto di rivolta; ma, stranamente, quella disposizione era estranea alla cultura politica del PCI/PDS. Ci fu solo una regione dove la rivolta si manifestò, soprattutto nell'estate del 1992. Quella regione è stata la Sicilia, dove la campagna antimafia, il più coraggioso movimento sociale emerso in Europa nell'ultimo decennio, riuscì realmente a mettere radici sociali per la prima volta. Non a caso, alla testa del movimento vi fu in larga misura la Rete, non il PDS.

Infine, la sinistra nel suo complesso non fu in grado di leggere correttamente la parabola della crisi. Oggi, con il senno del poi, è chiaro che l'apice della crisi si colloca nella primavera del 1993.

Nel mese di marzo quasi ogni giorno qualche importante figura dell'establishment riceveva un avviso di garanzia. Craxi era stato costretto a lasciare la segreteria del PSI, mentre Gava aveva appena ricevuto un avviso di garanzia per associazione camorristica. L'episodio più clamoroso lo si ebbe il 27 marzo 1993, con l'avviso di garanzia per associazione mafiosa ad Andreotti.

Il punto di svolta della crisi politica

Era *il* momento di spingere per assumere un maggior ruolo di leadership nella crisi. I ministri indicati dalla sinistra – Barbera, Berlinguer, Rutelli e Visco – che erano entrati nel governo Ciampi non avrebbero mai dovuto dimettersi, perché la loro attività governativa sarebbe stata per il PDS un elemento di rinnovamento e la sinistra si sarebbe messa in maggiore evidenza e, quasi certamente, in termini favorevoli.

Inoltre, si sarebbe dovuto esercitare maggior pressione per andare alle urne. Ogni settimana che passava era una settimana in cui la destra si riassestava, la crisi si smorzava e l'occasione svaniva.

Il comunista Fausto Gullo, riferendosi a un altro periodo di grandi possibilità, quello in cui era stato ministro nel 1944-47, aveva in seguito espresso un commento significativo: «l'impressione di tutti noi era che il vento soffiasse nella nostra direzione e che quello che non si faceva oggi si sarebbe potuto fare domani». Ma il tempo non è quasi mai a favore di co-

loro che vogliono innovare.

Non si può dire che il PDS abbia risposto alla straordinaria fluidità e alla promessa degli anni 1992-94 con l'adeguata capacità di manovra e di iniziativa. Nondimeno era rimasto una forza politica di tutto rilievo e si avviava ad affrontare le elezioni politiche sull'onda delle vittorie ottenute nei comuni nel novembre-dicembre 1993, quando la capacità di Occhetto di costruire coalizioni, la scelta dei candidati, le divisioni della destra e il doppio turno avevano favorito la vittoria di Rutelli, Bassolino, Orlando.

A livello nazionale, la campagna elettorale per le politiche fece riemergere vecchi vizi, con ben poche virtù nuove a controbilanciarli. La strategia difensiva adottata per Tangentopoli ora poneva perfino Craxi in condizione di danneggiare il PDS e in particolare D'Alema, proprio all'inizio della campagna. Peggio ancora, proprio nel momento in cui Berlusconi stava lanciando la sua grande offensiva, la sinistra in pratica scomparve dalla scena politica per due mesi. Gli interminabili negoziati al tavolo dei progressisti significavano che ancora una volta tutte le energie venivano spese all'interno, mentre poche risorse venivano lasciate per il mondo esterno. Quando alla fine i progressisti presentarono la loro lista (sette *uomini* di mezza età, con una debita spruzzatina di socialisti riciclati), fu chiaro che il vecchio aveva trionfato sul nuovo. Poche erano state le scelte coraggiose e molti i compromessi con personaggi del vecchio regime; e si dovette assistere allo spettacolo indecente di esponenti importanti di tutti i partiti che assicuravano la propria rielezione presentandosi in due o tre collegi, invece di battersi per conquistare i voti degli elettori in un solo collegio (o di limitarsi alla lista proporzionale), lasciando così il posto ad altri. In pochissimi casi si ebbero validi candidati espressi a livello locale. Candidature indipendenti come quella di Magris a Trieste non furono tentate altrove. Il quadro complessivo era tutt'altro che «una gioiosa macchina da guerra». Era piuttosto quello di una torma di politici di professione che difendevano la propria poltrona. Sembrava che nella sinistra ben pochi avessero fatta propria la fondamentale considerazione espressa da Platone nella *Repubblica*: «L'accesso al potere deve essere riservato a coloro che non lo amano».

Una seconda debolezza di fondo era la questione della leadership. In un sistema politico che andava rapidamente personalizzandosi, in una campagna elettorale sempre più orientata al mezzo televisivo, la sinistra avrebbe dovuto riflettere di più sull'eventualità di dotarsi di un leader che non fosse solo espressione delle gerarchie di partito. Il rifiuto di Ciampi di svolgere quel ruolo creò un vuoto. Occhetto, indipendentemente dai suoi meriti o demeriti, con il suo passato di dirigente del PCI e la carica attuale di segretario del PDS, non poteva che apparire agli occhi della gente più legato al vecchio che al nuovo.

Il fallimento più emblematico, però, fu quello relativo alle idee e alla loro applicazione. Il PDS aveva formulato un programma che molti, compreso «Il Sole 24 Ore», avevano giudicato il migliore della campagna elettorale. Tuttavia fu scarso l'uso che se ne fece. Nella presentazione del programma il segretario del partito aveva sottolineato che il documento toccava «temi per noi insoliti, quali per esempio la politica per le famiglie, [...] i diritti del consumatore e dell'utente». La famiglia, però, non divenne mai una parte centrale della cam-

pagna del PDS, e ancora una volta fu il centrodestra a usare la materia con grande efficacia. La proposta del PDS di un «assegno di cura» per le famiglie non fu mai quantificata, così da poterla offrire come impegno specifico per controbattere le promesse di Berlusconi. A Bologna il 19 marzo, in occasione della più importante iniziativa lanciata dal PDS sul tema della famiglia, erano presenti 50-60 persone, delle quali solo sei o sette uomini. A parte l'adesione meramente formale, era chiaro che le politiche per la famiglia non rivestivano alcuna importanza per la leadership maschile del partito.

Un secondo esempio è quello della riforma della pubblica amministrazione. La lotta contro la burocrazia, che secondo le stime di Sabino Cassese costava a ogni cittadino italiano tra le quindici e le venti giornate lavorative all'anno, avrebbe dovuto essere uno dei cavalli di battaglia dei progressisti. Invece non lo fu. Le proposte contenute nel programma andavano nella linea giusta, ma non furono mai tradotte in parole d'ordine convincenti o in promesse di azione immediata.

Le idee *e* la loro applicazione, si è detto. L'unico scampo dal doppio vicolo cieco indicato all'inizio di questo articolo – il tradizionalismo perdente, da un lato, e l'appiattimento totale, dall'altro – sta nel coraggio di affrontare terreni nuovi e nella volontà di tradurre le idee in azione di massa e in consenso di massa. Solo così la sinistra può avere qualche probabilità di evitare il fato catastrofico tracciatole da Luigi Bobbio; quello di un vecchio movimento con vecchie idee, destinato a trascorrere i suoi ultimi anni sulle calde spiagge del Mediterraneo meridionale.

Il bosco della società

La prima immagine di Roma vista da un senatore della Repubblica di fresca nomina è il giardino di palazzo Farnese con il verde della vite americana che scivola morbidamente dalla muraglia su via Giulia. E poi, giovani coppie abbracciate davanti all'ambasciata di Francia, fabbri, restauratori, corniciai che si intravedono nelle ultime botteghe e una scritta, «W Cristo Re morte a Satana e ai massoni». Nel tratto di strada che dal Ponte Sisto arriva a Palazzo Madama traspare ovunque la magnificenza, la sovrabbondanza di storia, la stratificazione dei miti, dei riti, il barocco, i resti umbertini, i papi, i re e qualche isolato ribelle finito male, mescolati con le grida dei monsignori murate su certi spigoli dei palazzi, che invitano a tener pulita la città dall'immondizia. In un bar di piazza Navona due avventori discutono con competenza dell'amnistia che, a sentir loro, è già in arrivo e fanno conteggi aggiungendo e togliendo anni di galera. Quanti cittadini romani nei secoli hanno salutato i regimi nascenti chiacchierando di amnistie e di condoni? Prima di varcare la soglia di Palazzo Madama si ha ancora una volta, se non bastassero la letteratura e la storia, il senso della relatività delle cose, della mancata meraviglia che segna una città come questa, come se quel che deve ancora accadere fosse già passato, stritolato, dimenticato in un calderone dove bolle e marcisce di tutto, Pio IX e l'Hotel Raphael, Quintino Sella e Cirino Pomicino, Giordano Bruno e Irene Pivetti, la presidente leghista della Camera definita già «la pupa mannara».

Tutto o quasi sembra scivolare senza drammaticità, senza inquietudine, tra rassegnazione, scetticismo e cinismo. Non sembra turbare l'idea che i fascisti dopo quasi cinquant'anni siano in un governo della Repubblica, non turba troppo (neppure la sinistra ufficiale) l'idea che il presidente della Repubblica Scalfaro non abbia dubbi nell'affidare l'incarico di formare il governo a Silvio Berlusconi che, da capo dell'esecutivo, potrà dettare le regole per tutelare i suoi interessi in conflitto con gli interessi pubblici. Com'è distante da qui la città di Cinisello Balsamo, il mio collegio elettorale a ridosso di Milano, dal nome saltellante che rammenta un gioco di bambini poveri. La lontananza va ben oltre il conto dei chilometri dell'autostrada del sole. Qui a Roma, le cupole fiammeggianti, le torri, le piazze, le fontane, il senso del fluire delle cose del mondo. Là l'approssimazione, un'area metropolitana che sembra nata dal caso, un panorama informe popolato di fabbricati simili a scatole da scarpe capovolte, disseminate da un costruttore pazzo. Per decenni ci si è dimenticati che l'intelligenza urbanistica è anche economicamente produttiva, come hanno dimostrato e dimostrano gli esempi dell'Olanda, della Germania, della Svizzera. La speculazione e il mancato rispetto della legge hanno impoverito anche economicamente l'ambiente. La crisi economica ha reso ancora più gravi le condizioni generali. La zona è tra quelle definite «a declino industriale», con un tasso di disoccupazione più alto che altrove.

Se penso a quella che è stata la campagna elettorale mi prende un senso di malinconia, di accoramento, di impotenza. Perché era impari lo scontro tra il nostro uso di ragione portato a piccoli gruppi di persone per lo più già convinte e il massiccio uso delle televisioni berlusconiane. Andavo nei circoli, nei centri sociali, nelle cooperative, nelle sezioni del PDS e di Rifondazione comunista. Piccoli numeri al confronto di quanti potevano essere raggiunti dai media di Forza Italia.

Il Polo progressista era una finzione, nel mio collegio. Quelli di Alleanza democratica non li ho mai visti, è arrivato una volta Giuseppe Ayala per un comizio in una sala della Villa Ghirlanda, con due ore di ritardo. La gente si era stancata di aspettarlo e se n'era andata. I socialisti nuovi si erano staccati quasi subito dal Polo progressista. Il sindaco, del vecchio PSI, si era schierato con Forza Italia e fungeva da calamita. I cristiano sociali erano pochi, la Rete era rappresentata da una giovane donna di Palermo. Con Rifondazione comunista era soprattutto il PDS a tirare, con grande forza, con grande generosità. Ma è mutato negli anni l'assetto sociale della città e dei paesi del collegio, la popolazione – lombardi, veneti, siciliani, pugliesi – non è più divisa come un tempo in classi. Solo che il partito possiede i vecchi strumenti di approccio, non altri. Mi guardavo intorno e non facevo che vedere banche. Quante banche a Cinisello! Di chi è quel denaro diffuso, chi rappresenta, quali sono i nuovi interessi, come si fa a raggiungerli? Ha detto Adornato che bisogna o bisognava occhieggiare verso il centro per poter vincere. Ma era proprio Al-

leanza democratica che si era assunto questo compito (e onere) e ha fallito la prova.

Io parlavo, parlavo magari a poche persone che venivano ad ascoltare anche la sera delle partite di calcio, molto attente, consapevoli, vogliose di sapere: il lavoro, la previdenza, le pensioni, il fisco. Chi può dire che i progressisti non hanno spiegato il loro programma? I presenti erano contenti anche quando si parlava della forza degli ideali che distinguono la gente della sinistra dagli altri, una forza che non si può pesare con il piatto di una bilancia. Ogni volta saltava fuori l'infelice proposta di Bertinotti sui BOT e dovevo fare una fatica d'inferno coi sostenitori e coi detrattori. «Volete presentarvi di fronte al nemico a petto nudo?», «Ne parleremo dopo».

Parlavo anche della mafia che è arrivata a lambire queste terre, della relazione della Commissione antimafia scritta da Carlo Smuraglia sulle regioni non tradizionalmente mafiose che spiega come in Italia, ormai, non c'è più un'isola felice. Parlavo dei poteri criminali, parlavo dei tentativi fatti dal dicembre 1969 – la strage di piazza Fontana – per distruggere l'ordine democratico in Italia. Quale paese al mondo è stato tormentato da una simile serie di stragi, di delitti politici senza colpevoli e senza «pentiti»? E spiegavo, cercavo di farlo, che in Italia c'è stata, malgrado tutto, una lunga opposizione, dalla strage di Portella della Ginestra in poi, fatta da persone – politici intellettuali, sindacalisti, uomini dei partiti della sinistra – che hanno fatto il possibile per difendere la Costituzione. Parlavo anche della P2. Mi pareva e mi pare essenziale per ca-

▶

pire i misteri d'Italia. Non basta la sentenza assolutoria di una corte d'assise per cancellare i guasti di una loggia segreta che è stata sciolta perché ha violato i principi della Costituzione e ha gestito i servizi segreti, ha manovrato l'informazione, è stata protagonista in un terribile caso, il sequestro e l'assassinio di Aldo Moro. Altro che demonizzazione. Negli Stati Uniti, amato modello dei nostri neoliberisti, vengono scorticati vivi i candidati alle elezioni. Io raccontavo la pericolosità della loggia. I giudici Gherardo Colombo e Giuliano Turone nel 1981 arrivarono a scoprire le liste della P2 mentre stavano indagando sulla mafia, sull'assassinio dell'avvocato Giorgio Ambrosoli, commissario liquidatore della banca sindoniana, oltre che sullo stesso Michele Sindona che, finto prigioniero in Sicilia nel 1979, tenne costanti rapporti con Gelli. E raccontavo di Silvio Berlusconi, incappucciato anche lui della P2, favorito – come spiegano bene i documenti della Commissione parlamentare d'inchiesta – dai crediti delle banche in mano a uomini della loggia segreta.

Di comizio in comizio scoprivo un'Italia sconosciuta e autentica. L'Italia delle donne non più giovani, soprattutto. Capivano più degli uomini la gravità della situazione, capivano che la posta in gioco andava al di là di una competizione elettorale. Riguardava i figli, i nipoti. Mi facevano venire in mente ogni volta «L'anello forte», il libro di Nuto Revelli che racconta le storie della vita contadina nelle valli del Cuneese e spiega come nei momenti difficili sono sempre le donne a far fronte.

Era un'Italia intoccata dalle televi-

sioni quella che vedevo. Certe domeniche, duecento, trecento vanno a ballare tra loro. Certe domeniche a giocare a tombola, preoccupate dei figli, dei nipoti.

Chi non incontravo mai erano proprio i figli, i nipoti, i giovani. Una volta in un'azienda di periodici. Gli operai del Consiglio di fabbrica erano partecipi, desiderosi di raccontare le loro esperienze, i loro problemi. I giovani erano distanti. Corretti, gentili, ma mentre li salutavo capivo che ormai avevano saltato il fosso. Se per i padri e per i nonni, protagonisti nel 1943 dei temerari scioperi contro i nazifascisti, il modello era stato la visiera di Stalin, per loro il modello non era certo di ventato il cappello di Occhetto o di Bertinotti.

Erano il frutto degli anni ottanta, i lustrini dell'apparenza, i figli di Berlusconi e del craxismo. Sapevo che era inutile discutere. Nel subconscio forse sapevano, ma c'era come un rifiuto nei loro occhi fermi. Rifiutavano la politica, non soltanto i partiti. Per eccesso di delusione, di fastidio, di stanchezza o semplicemente perché la vita ha assunto ritmi differenti. Passivi. I giovani di una volta, mi ha detto Paolo Rossi, il comico, amavano la chitarra, si impegnavano con la chitarra, la loro voce si impastava con quella della chitarra. Tanti giovani di oggi, invece, preferiscono il karaoke, una finzione, un muover la bocca, con la testa altrove, nuova forma di delega.

Corrado Stajano

Dopo il tramonto della Democrazia Cristiana

Partito Popolare e Patto Segni: il centro non tiene

Alberto De Bernardi

Alle elezioni politiche dell'aprile 1992 la DC si era affermata ancora non solo come il più grande partito politico italiano, con un consenso che sfiorava il 30% dei suffragi, ma soprattutto come indiscutibile centro del sistema politico. Intorno alla DC avrebbe dovuto ruotare la formazione di qualsiasi maggioranza politica, da quella neocentrista che aveva governato dalla fine dell'esperienza della «solidarietà nazionale», ad altre possibili che inglobassero il PDS. Solo due anni dopo la DC non esiste più e le forze politiche che hanno ereditato quella tradizione, quegli stessi ancoraggi sociali e buona parte del suo ceto politico sono ridotti a piccoli partiti minoritari, con una rappresentanza parlamentare di poche decine di eletti, raggranellata soprattutto con la quota proporzionale, perché nei collegi uninominali i suoi candidati sono sempre stati battuti o dalle destre o dai progressisti.

Questo processo ha tre grandi fattori scatenanti: Tangentopoli, la scomparsa del nemico storico e il nuovo sistema elettorale uninominale.

Effetto Tangentopoli

Più ancora che il PSI, la DC si è rivelata chiave di volta del sistema di corruzione, di scambio clientelare, di collusione con le organizzazioni malavitose e, nel contempo, epicentro dell'occupazione partitocratica dello Stato e della pubblica amministrazione. L'intera sua classe dirigente, che per decenni era stata al centro di quell'intreccio di mediazioni tra potere politico, interessi forti, gruppi di pressione, su cui aveva appoggiato la governabilità del paese, era stata travolta da un'ondata di arresti e di denunce senza precedenti. Il crollo di una élite politica di questo genere ha prodotto non solo una caduta verticale dell'immagine pubblica del partito ma anche una disarticolazione reale dei suoi legami sociali. Pezzi di società, dai gruppi imprenditoriali alle forze giovanili del volontariato, hanno perso e/o abbandonato consolidati punti di riferimento e tradizionali rappresentanze, che, in termini elettorali erano riconoscibili nelle turbolente fluttuazioni dei consensi.

La rottura dell'unità politica dei cattolici

Sotto l'urto di queste spinte è definitivamente saltata la più forte delle appartenenze che cementavano la coesione interna della DC , l'unità politica dei cattolici. Già la scissione della Rete, precedente alla «grande slavina» di questo ultimo biennio, era indicativa della profondità delle forze centripete presenti nell'universo democristiano. Ma anche la scelta di rottura promossa da Mario Segni e da altri dirigenti democristiani costituiva un'ulteriore conferma dello smottamento incipiente, che nemmeno la Chiesa era più in grado di (o disposta a) arginare.

Ma questo scollamento di tutte le articolazioni materiali e ideali che tenevano insieme il partito cattolico è stato solamente accelerato dal ciclone giudiziario; Tangentopoli ha rappresentato il detonatore di un processo ben più profondo che affonda le sue radici nel 1989, nella caduta del regime comunista, nella nascita del PDS, sulle ceneri del PCI.

Superamento dell'anticomunismo

La fine del bipolarismo planetario sottraeva molte ragioni storiche a un partito cattolico, nato come centro aggregatore di interessi e di aspirazioni assai difformi, ma coagulabili in nome dell'anticomunismo e della tutela della civiltà democratica dell'Occidente. Senza più «orso sovietico» e senza più il più forte partito comunista dell'Occidente, che ne rappresentava la minaccia all'interno dei confini nazionali, in una società sempre più secolarizzata, culture e interessi divergenti sono usciti dal bozzolo e hanno cominciato a ricollocarsi nello schieramento politico.

Lo sforzo del nuovo Partito popolare italiano, fondato alla vigilia dello scontro elettorale del 27-29 marzo 1994, di tenere insieme, nella tradizionale collocazione centrista, le composite espressioni del cattolicesimo democratico avrebbe forse potuto sortire risultati migliori se non fosse intervenuto il terzo fattore di disgregazione, vale a dire le nuove regole elettorali.

Fiaccato da Tangentopoli, deprivato del collante dell'anticomunismo, il centrismo democristiano è stato definitivamente destrutturato dalla scelta degli italiani di abbandonare la proporzionale e di riscrivere in senso uninominale le leggi elettorali.

Lo sforzo del gruppo dirigente democristiano di ridurre al minimo gli effetti di bipolarizzazione del sistema politico impliciti nell'opzione uninominale, introducendo massicci correttivi al proporzionale e impedendo la soluzione dei due turni, si è rivelato vano. Alla prova dei fatti il progetto centrista di M. Martinazzoli e M. Segni, che prevedeva la creazione di un sistema politico ancora multipolare, o per lo meno tripolare, nel quale al cattolicesimo democratico sarebbe rimasto ancora il ruolo del banco della partita politica postelettorale, si è liquefatto.

Effetto uninominale

La volontà popolare ha travolto tutte le alchimie dei politici e dei politologi, perché la polarizzazione tra destra e sinistra si è imposta con la forza di un processo insito nello stesso meccanismo elettorale: nei sistemi elettorali uninominali, in luogo di un centro politico, si coagulano due schieramenti tendenzialmente polarizzati (laburisti e conservatori in Inghilterra, democristiani e socialdemocratici in Germania, socialisti e liberalgollisti in Francia) che prevalgono nella misura in cui sono in grado di calamitare il ventre moderato e mobile dell'elettorato. La società non si governa dunque «dal centro» attraverso un abile meccanismo di cooptazione di segmenti dei lati dello schieramento, secondo il capolavoro politico inaugurato da Alcide De Gasperi nel lontano 1948; si governa «dai lati», secondo la logica dell'alternanza, inglobando il centro.

Il dramma del cattolicesimo democratico è racchiuso interamente in questa sottovalutazione della forza cogente delle regole sui comportamenti elettorali, e nella sopravvalutazione della capacità del vecchio sistema dei partiti, fondato sulla forza consociativa del centro, di sopravvivere alla crisi complessiva delle relazioni internazionali uscite dall'ultimo conflitto mondiale e alla rottura di quel «patto per lo sviluppo» tra le classi sociali affermatosi negli anni del «miracolo economico» e infrantosi negli anni ottanta.

L'Aventino della Chiesa Cattolica

Va aggiunto, infine, che questo processo è stato accelerato dal fatto che la Chiesa cattolica, storica organizzatrice del consenso intorno alla DC, non è scesa in campo con tutto il suo peso. La curia romana e le altre gerarchie ecclesiastiche non hanno speso tutta la loro forza in favore del nuovo Partito popolare, sono salite su di una sorta di Aventino per essere nelle migliori condizioni per trattare nuove relazioni con i vincitori. Come era già accaduto nella crisi del '21-22, in occasione dell'avvento del fascismo, anche in questo travagliato crepuscolo della prima repubblica la Chiesa si dimostra disposta a sacrificare le proprie rappresentanze politiche di riferimento, per ricollocarsi rispetto alle nuove dislocazioni del potere politico. Di fronte alla vittoria della destra il Partito popolare di Martinazzoli sembra destinato a una rapida eclisse, come il vecchio Partito popolare di Luigi Sturzo.

Iscritti a DC, PCI e PSI - valori assoluti e variazione percentuale
(1984-1988)

	DC	PCI	PSI
1984 (*)	1 382 278	1 605 929	579 084
1986	1 395 784	1 537 435	585 479
1988	1 887 615	1 450 156	625 763
var.% 1984/88 (*)	26,8%	–10,7%	7,5%

Fonte: Uffici organizzativi DC, PCI, PSI
(Tratto da: ISPES, *Rapporto Italia '90*, Vallecchi editore 1990)
(*): Per il PSI, il dato si riferisce al 1985.

Per finire

Christine Wolter

C hi da quindici anni vive in Italia, può ancora sostenere di vederla dal di fuori?

Quando guardo l'Italia, mi sembra alle volte di giocare con un binocolo: ora la vedo ingrandita, vicinissima, ora, girando lo strumento, la scopro lontana, minuscola, inafferrabile; poi si avvicina di nuovo, s'allontana...

Ho optato per l'Italia molti anni fa. Studiavo lingue romanze a Berlino Est, si doveva scegliere la seconda lingua del corso di laurea. Mentre i miei compagni, per ragioni di utilità o di ideologia s'iscrivevano al corso di spagnolo (c'era Cuba!), io ho scelto l'italiano. Perché? Un misto di ignoranza e di amori letterari. Pensavo a Dante, alla *Certosa di Parma* di Stendhal... Così è cominciata la mia storia d'amore con l'Italia, storia platonica allora, molto platonica, visto che vivevo in un paese che mi proteggeva con un muro contro la contaminazione capitalistica. L'Italia era un paese da sognare, usciva dai quadri dei nostri pittori romantici, oppure era un film, e allora somigliava a Gina Lollobrigida e a Vittorio de Sica. Ma siccome c'erano poche persone che parlavano italiano, appena finiti gli studi, venni ingaggiata per accompagnare come interprete una tournée operistica a Venezia: tre settimane di lavoro dal mattino alla sera con trecento pazzi scatenati. Mi rimasero le notti insonni per passeggiare nelle calli veneziane, e le poche ore rubate al lavoro per visitare chiese e musei. Tutto ciò mi lasciò incanto e nostalgia, sapevo di aver visto e capito troppo poco.

Seguirono, a distanza di anni, altri viaggi, come interprete, più tardi come traduttrice letteraria, ma tutti questi brevi soggiorni mi sembravano briciole di una realtà difficile, dalle molte facce. L'Italia che vedevo, come in istantanee, non era certamente l'Arcadia della tradizione classica tedesca, ma non era neanche la realtà. Questa era troppo intricata, vischiosa, equivoca per poterla capire, malgrado i racconti appassionati, amareggiati o infuriati che mi facevano i miei amici italiani. In più c'era sempre quel fascino che ha questo paese per noi, gente del Nord: questo cielo luminoso, questo abbraccio del Mediterraneo, questi colori, questi profumi. E i suoni: questa bella lingua nelle sue varie, diversissime cadenze, la musica, la poesia (che cominciai allora a tradurre); e l'arte, queste ricchezze inesauribili nelle chiese, nei musei, nei centri storici, bellissimi perfino nell'abbandono. Quando qualcuno mi chiese allora che cosa mi fosse piaciuto di più dell'Italia, dissi, riassumendo tutto in una parola: la gente.

Allora, ammetto, vedevo le cose da molto lontano, dal di dietro del muro e questo non mi permetteva di osservare in profondità. Le cose cambiarono quando mi sposai con un italiano e mi trasferii, nel 1978, a Milano. Credevo di conoscere, almeno un po', ciò che mi aspettava. Ma la vista così ravvicinata mi sorprese fortemente. Il binocolo era girato. Quello che era stato lontano, ora era troppo vicino; quello che era stato vicino, troppo lontano. Vedevo una città senza alberi. Periferie spaventose, circondate da discariche. Spiagge di cemento. Paesaggi di autostrade, svincoli, cavalcavia. Percorrevo infiniti corridoi, passavo da sportello a sportello, riempivo montagne di moduli. Mi sembrava di trovare dappertutto gerarchie medievali che si erano armate di tecnologie nuove, per difendersi meglio dai cittadini. Quando avevo lasciato Berlino, uno scrittore allora celebre e celebrato nell'Est mi aveva augurato di non sposare «un ricco capitalista» perché avrei «perso il contatto con la realtà». Questo augurio si avverò: il mio compagno, un architetto, né ricco né capitalista, non aveva mai cercato incarichi di favore, e così ho potuto vedere l'Italia in questi anni anche dalla parte di queli che erano «fuori», di quelli che non volevano stare al gioco. Attraverso l'esperienza di un uomo impegnato, ma di nessun partito, ho conosciuto da vicino un'Italia ambigua e cinica: come non accorgersi dei giochi dietro le quinte, degli scambi di favore, dei compromessi, di storie di appalti, concorsi, incarichi? Bisogna ammettere però che le quinte erano luccicanti e ben decorate ma, a differenza di quello che succedeva in tutto il mondo, particolarmente stridule davanti al crescente deterioramento della vita italiana. E le quinte mettevano in mostra veramente tutto: tette, saponette, ricette, villette, canzonette; tutto ciò che fa parte della grande compravendita che finge di essere vita.

E ora, dopo Tangentopoli, dopo la rivoluzione di «Mani Pulite», è cambiata l'Italia? Vuole cambiare davvero? Non dimentichiamo la battuta del giovane «rivoluzionario» Tancredi nel *Gattopardo*: «Se vogliamo che tutto rimanga come è bisogna che tutto cambi...».

Troppo vicina, questa Italia, troppo lontana. Odiosa, amabile, brutta e bella. Non riesco a descriverla senza ossimori. Diventa più reale, se considero gli italiani che ho conosciuto: personaggi meravigliosi,

umanamente ricchi, calorosi, estrosi. Vorrei raccontare di tanti che
mi hanno fatto capire e amare questo paese. Di uno ho già parlato.
Ricorderò sempre un siciliano, un uomo piccolo, con gli occhi di fuoco, un poeta non solo delle parole, ma anche delle cose, che cercava
con amore e disperazione di salvare le bellezze della Sicilia minore.
Si chiamava Antonio Uccello, viveva a Palazzolo Acreide, città del-
l'antica Magna Grecia. Fui ospite nella sua casa, trasformata in museo della vita contadina siciliana, una casa piena di attrezzi agricoli
semplici e belli, ma anche di quadri, pitture, sculture e centinaia di
pupi. Alcuni di questi erano appesi attorno al divano che i miei ospiti mi avevano preparato come letto. Ricordo ancora quella breve notte
dopo le lunghe discussioni sul destino della Sicilia: ero distesa su un
bianco lenzuolo di lino dietro a un paravento dipinto, circondata dai
legnosi cavalieri difensori di un onore già da tanto tempo perduto,
e mi sentivo come un'arca, dove un nuovo Noè sperava di salvare
la bellezza e la semplicità del suo popolo.
Quando penso agli italiani mi viene in mente un altro «saggio», un
architetto che non parlava mai delle sue opere che sono fra le più
belle del razionalismo italiano: l'Umanitaria a Milano, il Centro scolastico a La Spezia, il Palazzo di Giustizia a Genova, i suoi mobili:
tutte opere di classica semplicità, vera arte. Giovanni Romano sorri-
deva e taceva, non si vantava mai dei suoi lavori né del suo passato
di antifascista e partigiano, non si faceva fare pubblicità con libri
o premi, e quando fu festeggiato per i suoi ottant'anni alla Trienna-
le di Milano, raccontava con un sorriso d'ironia della sua prima opera
ricordando la grande ignoranza che allora aveva delle cose architettoniche.
È una vera e tipica italiana, la mia amica Maria? Difficile dirlo. Viene da una famiglia numerosa e tradizionale, i genitori erano agricoltori e vivono ancora oggi in un piccolo paese sul lago d'Iseo dove
tutti i parenti si riuniscono a Capodanno e a Pasqua. Una faccia da
ragazzina, occhiali sottili, capelli grigi corti, quarant'anni. Maria am-
ministra una scuola superiore, ma in realtà ne è l'anima; è un genio
dell'organizzazione. La sua carriera è cominciata con la fuga dalla
scuola tradizionale, è passata attraverso le scuole serali, il diploma
della media, l'autoistruzione, i corsi di informatica. Ma la sua vera
formazione è avvenuta attraverso due esperienze: Maria ama l'Africa: da aiutante e cooperante ha lavorato in Angola e in Mozambico.
La seconda esperienza è la fede che ha trovato a trent'anni: per sei
mesi è stata in clausura in un monastero, dopo ha continuato a occuparsi di studi religiosi. Ecco una sua frase, che è professione, ma
anche provocazione: «Il lavoro è servizio verso gli altri». Maria è
forte. Maria è la mia Italia. Ma spesso la vedo stanca e delusa dal-
l'ambiente che la circonda: l'Italia appunto.

Cronologia

a cura di Maria Chiara Fugazza

1989

14 gennaio *Allarme criminalità*. I procuratori generali sottolineano nelle loro relazioni annuali il deterioramento della convivenza civile e il dilagare nel paese della mafia e della criminalità organizzata.

8 febbraio *Disastro delle Azzorre*. 137 passeggeri italiani e 7 membri dell'equipaggio muoiono per la caduta di un Boeing della compagnia statunitense Independent Air, in volo da Bergamo a Santo Domingo.

16 febbraio *Crescita record della produzione industriale*. I dati rivelano nell'88 un aumento del 5%.

18-22 febbraio *Forlani segretario della DC*. A Roma, al XVIII congresso della Democrazia cristiana, il presidente del consiglio Ciriaco De Mita perde la segreteria, sconfitto da un'alleanza tra Arnaldo Forlani, Giulio Andreotti, Antonio Gava e Carlo Donat Cattin. La fine del doppio incarico segna un indebolimento del governo.

20 febbraio-10 marzo *Sentenze a Catanzaro e a Brescia*. Il sesto processo su piazza Fontana a Catanzaro e il settimo a Brescia per la strage di piazza della Loggia si concludono con l'assoluzione degli imputati.

8 marzo *Non obbligatorietà della materia alternativa*. La corte costituzionale stabilisce che la legge sul nuovo concordato non consente di rendere obbligatori gli insegnamenti alternativi a quello della religione cattolica.

1 aprile-10 maggio *Protesta sui ticket*. Caos negli ospedali per il ticket sui ricoveri entrato in vigore il 1° aprile e fortemente criticato da sindacati, opposizioni e settori della maggioranza; il 10 maggio è indetto uno sciopero generale.

10 aprile *«Repubblica» alla Mondadori*. Il finanziere Carlo De Benedetti annuncia l'acquisizione da parte del gruppo Mondadori del controllo dell'Editoriale L'Espresso, che possiede tra l'altro il 50% del quotidiano «la Repubblica». Carlo Caracciolo assume la presidenza del gruppo.

3 maggio *Istituzione del ministero dell'università e della ricerca*. Il nuovo dicastero è affidato ad Antonio Ruberti.

13-19 maggio *45 congresso del PSI. Uscita dei socialisti dal governo e apertura della crisi*. Al termine del congresso del partito a Milano, dopo un incontro tra Bettino Craxi e Forlani (che sarà ricordato come «patto del camper») è annunciato l'abbandono della maggioranza da parte dei socialisti. Le conseguenti dimissioni di De Mita aprono una lunghissima crisi, che vedrà fallire i mandati esplorativi affidati a Giovanni Spadolini e allo stesso De Mita.

18 giugno *Indebolimento del pentapartito alle elezioni europee*. Il PSI è l'unico partito di governo a registrare una se pur debole avanzata alle consultazioni per il rinnovo del parlamento europeo, che vedono una lieve flessione della DC e una netta sconfitta del polo laico; calo del PCI, che comunque recupera rispetto alle politiche del 1987, e affermazione delle nuove liste. Presenti, in base alla nuova normativa, anche candidati di altre nazionalità.

30 giugno *Nascita di Enimont*. L'assemblea della Montedison dà il via alla creazione con l'ENI della Enimont, che dovrebbe diventare il più grande polo italiano nel settore chimico.

19 luglio *Il Corvo di Palermo*. Clima di sospetti alla procura di Palermo, dove si diffonde la notizia di cinque lettere anonime contro il giudice Giovanni Falcone, sfuggito il 21 giugno a un attentato della mafia. In agosto si apriranno indagini d'ufficio sul sostituto procuratore Alberto Di Pisa, più tardi scagionato dalle accuse.

9-30 luglio *Governo Andreotti*. A conclusione della crisi più lunga nella storia della repubblica, che sancisce la sconfitta di De Mita da parte dell'alleanza tra Craxi, Andreotti e Forlani (il cosiddetto CAF), Andreotti riceve il 9 il mandato di formare il nuovo governo. Il 23 presenta la nuova compagine, la sesta da lui presieduta, una coalizione di pentapartito che il 30, dopo l'approvazione del senato, ottiene la fiducia della camera.

17 agosto *Scandalo BNL*. Indagini avviate dalle autorità americane portano alla luce un ingente prestito di oltre 4 mila miliardi, concesso all'Iraq dalla Banca nazionale del lavoro. L'operazione è stata condotta attraverso la filiale di Atlanta dell'istituto. Mentre emergono risvolti legati a traffici illegali di armi, il 7 settembre Nerio Nesi e Mario Pedde, presidente e direttore della BNL, presentano le dimissioni. Saranno sostituiti da Giampiero Cantoni e Paolo Savona.

24 agosto *Italia razzista?* Un gruppo di giovani aggredisce a Villa Literno, in provincia di Caserta, alcuni emigrati di colore e uccide un profugo sudafricano. Il fatto, insieme a vari altri del genere, solleva interrogativi sulla diffusione dell'intolleranza razziale nel paese.

27 agosto *Omicidio Ligato*. L'ex presidente dell'Ente ferrovie, il democristiano Lodovico Ligato, dimessosi il 25 novembre 1988 a seguito dello scandalo delle «lenzuola d'oro» e in attesa di giudizio, è assassinato da killer sconosciuti a Bocale, presso Reggio Calabria.

4 settembre *Disastro di Cuba*. All'Avana un aereo cu-

bano precipita poco dopo il decollo. L'incidente costa la vita a 113 turisti italiani.

24 ottobre *Nuovo codice penale*. Entra in vigore il nuovo codice di procedura penale, la più importante riforma giuridica nella storia della repubblica. Assimilando elementi del modello anglosassone esso pone sullo stesso piano accusa e difesa.

29-30 ottobre *Elezioni a Roma*. Tenuta dei partiti di governo nelle elezioni amministrative anticipate nella capitale. Il 18 dicembre il socialista Franco Carraro sarà eletto sindaco, alla testa di una giunta di quadripartito.

3 novembre *Cambio ai vertici degli enti di Stato*. Il democristiano Franco Nobili e il socialista Gabriele Cagliari assumono la presidenza di IRI ed ENI.

24 novembre *Costituente per il PCI*. In conseguenza dei fatti in corso nell'Est europeo, il comitato centrale del PCI approva dopo accese discussioni la proposta, avanzata dal segretario Achille Occhetto, di aprire la «fase costituente di una nuova formazione politica» e delibera la convocazione di un congresso straordinario.

29 novembre-1 dicembre *Michail Gorbaciov in Italia*. Il leader sovietico, accompagnato dalla moglie in visita ufficiale, ha uno storico incontro con il Papa e sottoscrive accordi economici con le autorità italiane.

2 dicembre *Caso Mondadori*. È ufficialmente annuncia-

to che la famiglia Formenton, rompendo l'alleanza con De Benedetti, ha raggiunto un'intesa con la Fininvest di Silvio Berlusconi e con Mimma e Leonardo Mondadori. Modificando gli equilibri di potere, l'alleanza permette al nuovo polo di ottenere la maggioranza della finanziaria di controllo della editrice milanese. Si apre una lunga battaglia legale per il possesso della casa di Segrate.

1990

5 gennaio *Lira nella banda di oscillazione stretta dello SME*. La decisione, che permette alla moneta nazionale di allinearsi alle altre monete forti dell'Europa, equivale a una svalutazione del 4%.

18 gennaio *Via libera a quattro referendum*. Le consultazioni, proposte da gruppi ecologisti e da DP, sulla caccia, i pesticidi in agricoltura e l'applicazione dello Statuto dei lavoratori anche alle piccole aziende.

30 gennaio *Liberazione di Cesare Casella*. Il giovane, da due anni prigioniero dei sequestratori, viene rimesso in libertà nella Locride.

gennaio-marzo *La «pantera» nelle università*. Un movimento di contestazione, denominato «pantera», dilaga negli atenei italiani. Nato per contestare un progetto di riforma avanzato dal ministro Ruberti, investe vari aspetti della condizione studentesca e giovanile.

l'esplosione muoiono anche cinque agenti della scorta.

31 luglio *Cancellata la scala mobile.* Confederazioni sindacali e Confindustria raggiungono un accordo per l'abolizione della scala mobile e per il blocco fino al 1994 dei contratti integrativi aziendali. Scioperi e proteste dei lavoratori.

febbraio-luglio *Tangentopoli dilaga.* A qualche mese dall'avvio dell'inchiesta, lo scandalo delle tangenti dilaga nel paese, colpendo imprenditori e politici, soprattutto DC e PSI, comprese personalità di primo piano. Il 14 luglio riceve un avviso di garanzia il socialista Gianni De Michelis, ex ministro degli esteri, e la procura di Milano chiede l'autorizzazione a procedere contro il segretario amministrativo della DC Severino Citaristi; il 16 luglio è tradotto in carcere il costruttore Salvatore Ligresti, che verrà rilasciato il 25 novembre; il 18 luglio è la volta del vicesegretario della DC Silvio Lega. Il 30 luglio, con quello di Loris Zaffra, capogruppo socialista al Comune di Milano, il numero degli arresti sale a 74.

13 agosto *Italia declassata.* L'agenzia economica americana Moody's, che nel luglio del 1991 ha già retrocesso il nostro paese nella graduatoria degli stati finanziariamente affidabili, decreta un ulteriore arretramento per l'Italia.

6 settembre *Arresto di Giuseppe Madonia.* Alla cattura del boss, considerato il

numero due di Cosa nostra, seguono nel giro di pochi giorni altre importanti azioni contro la criminalità organizzata, tra cui l'arresto del capo della camorra Carmine Alfieri e l'estradizione in Italia dei fratelli Cuntrera, boss del traffico internazionale di stupefacenti.

8 settembre *Si insedia la Bicamerale.* La Commissione bicamerale per le riforme istituzionali, presieduta da Ciriaco De Mita, inizia i lavori per valutare le proposte di revisione costituzionale.

13-17 settembre *Terremoto valutario. Lira fuori dallo SME.* Non essendo in grado di rispettare le previsioni di cambio con le monete più forti, la lira, che il 13 perde il 7% nei confronti delle altre divise dello SME, esce dal sistema monetario europeo. Il governo vara una manovra da 93 mila miliardi e anticipa per decreto una parte della finanziaria. Proteste nel paese. In ottobre, in presenza di ulteriori indebolimenti della lira sui mercati valutari, sarà cotrattato un prestito dalla CEE per sostenere l'azione di riequilibrio e far fronte alle conseguenze della crisi.

10 ottobre *Movimento dei popolari per la riforma.* Il leader dei referendari Mario Segni illustra le finalità del raggruppamento a una folla di simpatizzanti riunita a Roma.

12 ottobre *Mino Martinazzoli nuovo segretario della DC.* L'esponente politico è eletto in sostituzione del dimissionario Forlani; il 27

Rosa Russo Jervolino assumerà la presidenza del partito.

15-29 ottobre *Rivolta contro la minimum tax.* L'introduzione di un nuovo sitema di tassazione del lavoro autonomo, basato sul calcolo del reddito presunto, scatena le proteste di commercianti e artigiani.

17 ottobre *Nasce Alleanza democratica.* Suo obiettivo è l'unione delle forze politiche democratiche e di sinistra, per favorire le riforme istituzionali.

29 ottobre *Ratifica del trattato di Maastricht.* Dopo il voto favorevole del senato il 17 settembre, il testo è approvato anche dalla camera.

29 ottobre *Indagini sul voto di scambio.* Finiscono sotto inchiesta a Napoli il liberale Francesco De Lorenzo, ministro della sanità, il socialista Giulio Di Donato e il democristiano Alfredo Vito.

1 dicembre *Modifiche al sistema sanitario.* Un decreto introduce più decentramento e un regime di concorrenza, riducendo il numero delle USL. Il cittadino potrà tra l'altro autoescludersi dal servizio e aderire a forme diverse di mutualità volontaria.

13-14 dicembre *Effetto Tangentopoli alle amministrative.* Forte arretramento dei partiti di governo, DC e PSI in particolare, alle elezioni amministrative parziali in 55 comuni tra cui Varese e Reggio Calabria. Avanzata di Lega e Msi.

15 dicembre *Avviso di garanzia per Craxi*. Il leader socialista riceve un primo avviso di garanzia per corruzione, ricettazione e violazione della legge sul finanziamento pubblico dei partiti.

1993

15 gennaio *Arresto a Palermo di Totò Riina*. Latitante da circa 24 anni è ritenuto il capo di Cosa nostra.

22 gennaio *Riforma del pubblico impiego*. Il provvedimento approvato dal consiglio dei ministri prevede tra l'altro la possibilità di licenziamento, limiti di spesa per i rinnovi contrattuali, più poteri ai dirigenti e ridefinizione degli orari per diverse categorie di dipendenti pubblici.

11 febbraio *Craxi lascia la segreteria del PSI*. A pochi giorni dalla perquisizione della sede del partito disposta dai giudici, denunciando mesi di persecuzioni e di accuse «assurde e infondate» Craxi si ritira dalla guida del PSI; subentrerà al suo posto Giorgio Benvenuto, mentre Gino Giugni assumerà la presidenza del partito. Il 28 maggio Benvenuto, dimissionario, sarà sostituito da Ottaviano Del Turco.

10-19 febbraio *Terremoto nell'esecutivo*. Dopo le dimissioni il 10 febbraio del ministro della giustizia Martelli, coinvolto dalle rivelazioni di Silvano Larini in vicende relative al crac del vecchio Banco Ambrosiano, lasciano il governo anche i ministri Giovanni Goria e De Lorenzo.

5-16 marzo *Soluzione politica per Tangentopoli?* Continua l'ondata di scandali, che tocca soprattutto DC e PSI ma non risparmia gli altri partiti (il 25 febbraio il segretario del PRI Giorgio La Malfa rassegna le dimissioni, dopo aver ricevuto un avviso di garanzia per violazione della legge sul finanziamento pubblico dei partiti; il 1 marzo con l'arresto di Primo Greganti anche il PDS entra nel ciclone di Tangentopoli) il mondo degli imprenditori (il 26 febbraio Gardini è accusato di irregolarità in bilancio) e quello dei manager di Stato (nei primi giorni di marzo una raffica di arresti colpisce il presidente dell'ENI Cagliari e i presidenti di AGIP, SNAM, SAIPEM). Un decreto varato dal ministro della giustizia Giovanni Conso, che propone una soluzione «politica» dello scandalo, prevedendo la depenalizzazione del reato e una sanzione amministrativa, è di fatto bloccato dal presidente Scalfaro. Esso è comunque oggetto di vivaci reazioni nei paesi e alla camera, dove il 16 il dibattito sulla «questione morale» degenera in vera e propria rissa.

25 marzo *Nuova legge per l'elezione dei sindaci*. È approvato il nuovo sistema per l'elezione degli organi amministrativi locali, che attribuisce ai cittadini la facoltà di scegliere direttamente i sindaci ed estende il metodo maggioritario ai comuni fino a 15 mila abitanti. La nuova normativa fa decadere il quesito referendario in materia cui, insieme ad altri, la corte costituzionale ha dato via libera il 16 gennaio.

27 marzo *Richiesta di autorizzazione a procedere per Andreotti*. È avanzata al senato dai giudici di Palermo per presunti legami con organizzazioni mafiose. Negli stessi giorni il capogruppo dei senatori DC Gava è accusato di associazione camorristica.

29 marzo *Mario Segni lascia la DC*. Il leader dei Popolari per la riforma giudica ormai irriformabile il partito.

18-19 aprile *Vittoria dei sì ai referendum*. Con un'altissima percentuale è approvata la modifica del sistema di elezione del senato. Accolte anche le altre proposte abrogative, che riguardano il finanziamento pubblico dei partiti, l'intervento governativo nelle nomine dei vertici delle Casse di risparmio, i ministri di partecipazioni statali, turismo e agricoltura, il controllo dell'ambiente affidato alle USL; abolite di stretta misura anche le disposizioni di legge che prevedono pene detentive per i semplici consumatori di droga.

28 aprile *Ciampi primo ministro*. Dopo le dimissioni del presidente del consiglio Amato il 22 aprile, il governatore della Banca d'Italia Carlo Azeglio Ciampi, incaricato il 26, presenta il nuovo governo. Ne fanno parte esponenti di DC, PSI, PRI PSDI, PLI, tecnici indipendenti e, per la prima volta, tre esponenti del PDS e uno dei Verdi.